通识文库

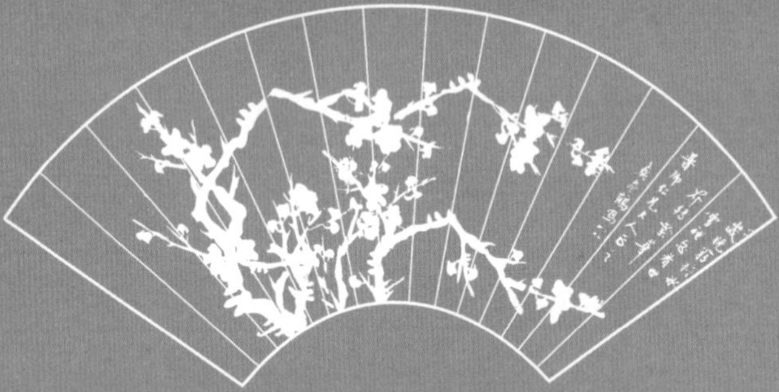

名伶访问记

老生卷 I

李世强 编

生活·讀書·新知 三联书店

图书在版编目（CIP）数据

名伶访问记/李世强编．—北京：生活·读书·新知三联书店，2025.3.—（通识文库）．—ISBN 978-7-108-07989-3

Ⅰ．K825.78

中国国家版本馆 CIP 数据核字第 2025G5D533 号

责任编辑　杨柳青
封面设计　黄　越
责任印制　洪江龙
出版发行　生活·讀書·新知　三联书店
（北京市东城区美术馆东街 22 号）
邮　　编　100010
印　　刷　江苏苏中印刷有限公司
版　　次　2025 年 3 月第 1 版
2025 年 3 月第 1 次印刷
开　　本　787 毫米×1092 毫米　1/32　印张　56.75
字　　数　1005 千字
定　　价　198.00 元

名伶訪問記

一得軒主

【一】

故[illegible]發源之地，產生名伶，甲於全國，而一般老伶工，[illegible]，詳國劇典故者，咸推許之，軒主不才，來京也晚，未及學程汪之藝、然而名伶輩出，代有傳人，時序推移，而藝術益見發達，因遍訪名伶，作藝術之商榷，對於其人之歷史，及戲劇之經驗與感想，亦詳加探詢，集思廣益，而成大觀，或可爲改良戲劇者，作芻助耳，庚午清明後五日，一得軒主識。

王又宸

演戲經過

昨日（九日）下午四時記者赴宣外永光寺西街訪王又宸、承[illegible]接見，茲節錄其談話大要如次。

王又宸，現年四十八歲，爲譚貝勒英秀門婿，七八歲時，即嗜戲劇，喜聽歌，歸家後，常自學唱，摹仿當時名腳，十餘歲，私淑諸名伶，二十三四歲在肅王府消遣，猶未曾粉墨登台也，既而爲友人所邀，赴京東高碑店彩唱・演黃金台・空城計兩齣，完全係票友客串性質，其第一次正式登台，在廊房頭條大舞台，（按即今時第一樓遺址）其所演之戲，爲碰碑、打棍出箱，洪洋洞，桑園寄子等劇，均摹仿譚老板，（即譚鑫培）做此一民國元年，赴上海，出演新新舞台，此後離申演唱之處，是時譚老板在滬，聆王唱，識許之，未幾，由友人介紹，執贄於譚老板之門，譚親爲之說戲頗多。

（未完）

名伶訪問記

一得軒主

〔八十六〕

俞振庭

六月二十六日下午三時，軒主赴前外百順胡同三十號斌慶社，訪問俞振庭，承荷接見，談逾一小時，同時李萬春，藍月春，蕭春亮，均在座，軒主亦一一詢問。茲錄俞君簡單談片如次。

俞君家庭

予（俞君自稱）現年五十二歲，北京人，予先大父唱小生，予先父諱潤仙，字菊笙，唱武生，予兄弟三人，予居長，次弟贊庭，三弟華庭，均習武生，子六人，長子步蘭，習旦，在斌慶社坐科、出科後，拜陳德霖老夫子為師，次子少庭，三子鴻岩，四子永興、五子鴻年，六子順翠，均習武生，少庭，鴻岩，現均出科，少庭在京演唱，兼為予管理斌慶社事務，鴻岩則現在綏遠演唱，永興，鴻年，順翠，現均在斌慶科班習藝，順翠今年，僅六歲，所能之戲頗多，質亦聰穎可喜，倘長大不荒廢，或可以藝自糊其口也，予之家庭狀況，大概如是。（寫眞為俞君去年所攝便裝）

（未完）

名伶訪問記

一得軒主

【三十】

龔雲甫（再續）

維持舊侶

鼓師扎順清，，扎金奎之父也，爲余打鼓多年，後扎年老，手不靈敏，，余演戲時，扎打鼓常有錯誤，或經余辭退之，另延鼓師，但余因扎從余多年，相處極久，，今年已老，而乃子金奎，又在幼稚間，未能掙錢養家，使扎一旦失業，將何以爲生，爲維持久年伙伴生活計，自不能不勉力維持，迄後，扎因病，不能打鼓，余不得不另覓鼓師，然每過堂會演戲，則余必添扎鼓金一份，藉以維持其殘年生活，至終其身，又余當在宮供奉時，有趕輛車夫小王者，隨余多年，迨國體改革，清帝遜政，余雖不再坐輛車，然尚用小王，名義上仍令其趕輛車，實則因小王年老，且伺候余久，未忍令其凍餒以死也，蓋余對於老年伙伴，在可能之範圍內，無不盡余棉力，以維持其生計也

研究藝術

余所演各戲除幼年時少數由師授者外，其餘均係自己細心研究其腔調須如何而後方能圓穩，身段必如何而後方能細膩，每每有一腔一字，或一舉一動，研究多日，更改多次，始敢出演，近來習老旦者，如李多奎，文亮臣諸君，藝術均有可觀，其間或仿摹余腔調身段，而外間遂有謂其爲龔派老旦者，余何人斯，而敢以一派自稱乎，此不過愛余者過譽之言，實足令余汗顏也。

（仍未完）

時慧寶訪問記

幼年爲龍長勝所賞識

長常就正於孫菊仙

（記者桂宇）

【特訊】老生時慧寶，號智農。在近今梨園界，爲老成一流。孫菊仙既逝世，以黃鐘大呂之音，著稱於時者，除此君外，殆無第二人。此君並擅書畫，臨魏碑，殊極淸古。其指畫蘭花，尤邃近知名。十餘年前，此君赴漢口獻技時，大舞台主人，爲冠「伶界才子」之頭銜。往往演戲迷傳，當場寫字。在舞台上，另成一種風味。記者特於昨日赴棉花下七條五號時之寓所訪問。比承延入書房，與記者接談。其書桌上．列魏碑帖一幅，前淸朝考卷眞楷書一幅，有詩書氣。問答間，雅善諧謔，無殊所謂「老靑年」。但攜謔殊甚，談戲之處，略而不詳。而吉光片羽，亦可概見一斑，兹分誌如次：

時之家世

記者問：時君原籍何處？高壽幾何？時答：本人今年五十一歲。原籍江蘇吳縣。先父（時琴香，即時小福）於淸咸豐末年，隻身來北京，即在此落成家。生子四，本人居最小。本人尙有一妹，適陳老先生（德霖）爲繼室。陳之前妻，遺有二女。余叔岩夫人，卽陳前妻所生。故本人與叔岩，尙有瓜葛之戚誼也。記者問：蘇州爲江南勝地，貴府原籍人口，當極衆多？時答：咸豐末年，髮匪猖獗，所至爲墟，先父北上，完全爲避難性質。本族人丁，向爲蘇州望族，世代書香。先父北來而後，卽與原籍斷絕音耗。本人纍曾以南下之便，囘籍探詢，則時姓極少。本人懸述家世，迄鮮知者。後見一住宅牆畔石基上，鐫有時姓堂名。本人於附近詳探，亦不知其屬於何宗何支。本人此行，乃無結果而返。蓋原籍人丁，想巳同罹髮匪之浩劫矣。

八歲學戲

記者問：時君學戲，始於何年？時答：本人開始學戲，其年甚稚，僅爲八歲。當年，有龍長勝者，唱老生，大氣磅礴。每一登台，即有人滿之患。值龍長勝演鐵蓮花，需本人試配小倭。蓋初學崑時，必學娃娃生。如三娘敎子，桑園寄子，汾河灣等戲中之小倭，本人在八歲時，即能演唱。本人一度與龍長勝配戲，彼即許爲奇材。謂其嗓音宏亮寬敏，爲難得之選。此本學戲之最初時代也。記者問：時君後拜何人爲師？時答：本人之師，惟姚增綠先生，爲正式拜門者。其他，有屬先父知交，以友誼相訓數者，則不勝枚擧矣。

不願學奎

記者問：時君之戲，果爲何派？時答：本人之戲無所屬派。不過，本人之思想：習奎派（張二奎）乎？板而不靈，不願學。習孫派（孫菊仙）乎？而孫之嗓音，爲天賦特質。實大聲宏，空前絕後。雖程長庚，亦自歎弗如。本人之嗓，以比孫翁，殊有小巫見大巫之憾。又不能學。無巳，乃就其性之所近者，采摹前人之長，揉雜成腔。上得台去，放開嗓音，喊得幾口，足供戲迷過癮之用而已。記者問：時君之戲，以孫腔爲最多。則時君得力於孫菊仙者，當屬不少？時答：孫翁與先父爲契友。當年，先父接辦四喜班，爲羅致人材計，曾於舍間，以一花廳，爲孫翁下榻之所。孫翁在舍間，起居食宿，有如家人父子。故本人之戲，亦時有就正於孫翁處。然駑劣之材，不敢自遣於學孫之列也。（未完）

梅蘭芳琴師

徐蘭元訪問記

（五十三）【記者柱宇】

製胡琴的工作偏重計劃

配合担筒須有拉胡琴經驗

計劃配合

記者問：製造胡琴，屬於工藝問題乎？抑係計劃問題乎？徐答：自來任何製造工事，屬於計劃問題者，最佔重要成分。屬於工藝問題者，不過匠人工作，無關大體。梓人之家，其床缺一足而不能理。今日之工程師，亦猶是也。製造胡琴一道，其理亦然。譬如：做竹為担子，挖竹為筒子，削木為軸子之等等工作，以及刮之使圓，磨之使光，屬於工藝問題。此担子，筒子製成以後，外觀難無所軒輊，實質則顯然棱出。若從事挑選，何者優而何者劣，從事配合某一担子，應配某一筒子。配就以後，響音之程度如何。辨別其優劣，定其價格之貴賤，凡此種種，則屬於計劃問題。大抵，工藝問題，其事小，普通匠人，皆可為之。計劃問題，其事大，非於拉胡琴一道，具有高深之經驗，不能担任。同一外觀之胡琴，有值三元一具者，即有值三十元一具者。優劣之殊，別於毫末。在匠人，又往往混淆是非，不足以言計劃也。

自行担任

記者問：凡製造胡琴者其營業主人，皆須有拉胡琴之高深經驗乎？徐答：胡琴一物，不重形式，偏尚音韻。形式特佳者，音韻或又窳劣。形式平常者，音韻或又佳良。故從事挑選，從事配合，從事試驗音韻，種種心得，皆須由拉胡琴經驗中得之。一般胡琴舖主人，不必皆有拉胡琴之經驗。然執業既久，亦可於經驗中得出相當之經驗。本人執琴師業，凡二三十年。担子以何為佳，筒子以何者為良，應如何搭配，配合結果，音韻究竟佳良與否。以本人經驗所得，皆確有一種把握。故本人雖不能為木匠，為竹匠，而本人所開之竹蘭軒胡琴舖，其揀選材料，配合担子筒子，以及試驗音韻，標定價格，皆由本人一人任之。徐言間，持出照片一紙。據謂：係其試音之姿勢。記者因其屬於拉胡琴之標準姿勢，乃乞歸，製成銅版，如下圖：

（未完）

譚富英訪問記

【三】（記者柱宇）

譚小培生於正月初一日子時

富英之六歲幼子能唱能打

小培誕生

記者問：小培君高壽幾何？令尊作古，若干年矣？小培答：先嚴（譚鑫培）於民國六年時作古，殁時年七十二歲。先嚴之年，若計至今年止，恰為八十八歲。乃於多年前故去，本人兄弟，未盡人子之職、奉養先嚴，終其餘年，至今思之，覺不勝哀悼。本人今年五十二歲，係癸未年生人。不過，此項計年之標準，至今尚有問題，蓋本人之出生，係在臘月三十日夜內子時，換言之，即係甲申年正月初一日子時，若作癸未年生人，則為五十二歲，若為甲申年生人，又為五十一歲，以子時為根據，當然屬於甲申年。究竟，一般為本人算八字者，皆謂：確係按癸未年計算。故本人與人談及生辰，即稱五十二歲。想當然，無論應作正月初一日生人與否，總之，其時必未交立春節，則可斷言也。

乃在歲首

記者問：然則小培君歷來生辰，究以何日為辦壽日期？小培答：吾國提倡以日為主之國曆，為時已久。但一般度生辰，辦壽誕者，仍一律以舊曆為標準。蓋吾國舊曆，有干支，可以推出五行之屬。至於國曆，則無所謂干支，無所謂五行也。本人每屆生日，無論為臘月三十，無論為正月初一。總之：一為除夕，一為元旦。任何對於之中，各有相當事務。在除夕，則無法分身。在元旦，則為大年初一，緊閉財門。故此兩日，皆非舉行壽誕之日期。至於本人家內，辦生日，團祭祖先。辦除夕，辦元旦，亦祭祖先。本人每屆生日，皆係特殊之形式。其泛泛友朋，更不知本人之生日。如此度過生日，既省金錢，又省酬應。言及本人之生日，乃發其可笑耳。

鑫培迷信

記者問：聞於小培君之生辰，令尊生前，亦曾言及：應以何日為標準乎？小培答：先嚴生前，往往談及此事。據謂：先慈懷孕足月，至臘月三十晚間，忽呼痛腹，即將分娩。先嚴則甚為焦急，默曰：我已得四子，此胎定係女兒。而今年癸未，為羊年。羊年生一丫頭，不辯執甚？」及本人落草，乃為一子，先嚴得報，心始釋然。蓋先嚴亦極信術數之言者也。收生婆子料理產婦事件既畢，天色已明，乃改元旦氣象。先嚴又謂：該癸未年臘月，是否小建，是否只二十九天，亦既忘去。不過，出生之日，係在除夕元旦之交，則確實不舛。算八字者謂係癸未年生人，則作癸未年計算而已。

如此家庭

記者問：小培君昆仲凡幾人？姊妹若干？有公子幾位？小培答：本人弟兄，共為八人，相當於「楊家將」之數。本人排行第五，故至今親友人等，皆呼為「五爺」。而今兄六人，皆不永壽，先後故去。今猶存者，惟二家兄及本人。二家兄，今年六十餘歲矣。先嚴在日，二家兄常為先嚴操琴，一般呼之為「譚二」。較年事已高，精神不甚康健。風燭殘年，聊以家庭之樂自娛。所幸本人頗稱健，堪負承先啟後之責。本人有姊妹各一。姊適夏若潤，今在上海。妹適王君又宸，未離北平。本人一生，僅有一子，即富英也。富英今年二十九歲，娶婦後，已連生二子。大者今年六歲，乳名「百歲」。自幼甚聰穎，喜唱，尤嗜習武打。其腰腿功夫，出於天然，未假教授之力。本人有子有孫，於願斯足矣。

（未完）

名伶訪問記

瓜子生輯

禁止轉載

【一】馬連良

—一—

本月七日下午七時餘，記者因負本報使命，特至崇外翟家口豆腐巷名鬚生馬溫如（連良）宅訪問。當承於燕室中接見。其室中陰森，涼度頗適於夏日，案上除馬君之各種大小照片外，即南鴻北鯉函信鱗櫛，布置異常精優，馬君衣白色短衣，其瀟灑流宕，體任自然，無殊在台上表演，因嘆古人「百聞不如一見」信非虛語，嘗聞外間頗有傳言，以爲馬君夙昔倨傲，迄今一見，始知人言之謬，因坐對馬之言談委態，頓覺不愧「溫如」也。茲將訪問所得，彙誌於後。

家世近劇

記者問：素稔馬君世奉天方古教，但其家世，請略見告；馬君答：先父西園公弟兄六人，公其長也，世居西城。先父業商，開設濟眞茶肆於阜成門外，箭樓對面，爲西城最著名之「門馬茶館」，記者問：「門馬」一名，即爲食肆字號乎？曰：否—此茶肆名「長順館」，「門馬」乃俗稱也。先父曾與譚鑫培老板交有舊誼，故對內行先進。異常接近，彼時凡有票友嗣起，必先至「門馬」清唱，然後登臺入阜成園，自是始來南城。故內行中如孫菊仙，劉鴻昇，金秀山，龔雲甫，諸老先生，皆常來此，鄙人耳目薰染，後來之入科班，稍覺駕輕就熟者，亦以此爲。最後在門馬消遣之票友，乃書子元先生，彼時書先生衣襄紅紬袍，乘坐騾車，僕從圍隨，聲勢赫奕，後曾搭鄙人之班，在前演戲，盛衰代謝。思之可長。鄙人之爲此言，乃正自譬喻，非敢鄙薄。時鄙人方五歲，此光緒三十一年事也。記者問：當日貴號中爲百戲雜陳乎？抑僅止皮黃清唱乎？馬君答：僅止皮黃清唱，但有一次，則言之可笑。乃彼時海禁初開，科學未臻發達，初創留聲機，人竟以爲怪事。鄙肆曾以留聲機（當時謂之「話匣子」）號召，告一滿座，人各嗡若一嘶，中置留聲機，咿啞喃斷，高唱入雲，衆皆相觀而嬉。此所謂「話匣子實滿堂」，亦可見彼時之風氣矣。後鄙人學業爲成，先父則孜孜爲善，老而彌篤、凡鄙教清眞寺之修葺，清眞小學校之組織，先父對其經濟方面，莫不竭力補助，故所得之董事長董事等名譽頭銜，無慮十數。而鄙人十數年來所獻甘旨之需，亦因之用罄。殆前年歸主，鄙人方始知之。今日思及，不禁愈興風木之戀。

《名伶访问记》的当代观照（代序）

一、综述

《名伶访问记》为1930—1947年间，由王柱宇等多位民国报人发起的戏曲访谈栏目。纸媒的纪实内容，具体涉及戏剧理论、戏曲美学、表演技巧、演技经历等诸方面。受访对象从德高望重的“老乡亲”孙菊仙、“驰誉九城，并时无与伦比”的“老十三旦”侯俊山、“名青衫无不出其门下”之陈德霖、花旦祭酒田桂凤，到科班家族与曲家“红豆馆主”，尚有翰林门人、名票兼编剧的陈敬余（墨香）……囊括彼时昆、弋、梆、（皮）黄范畴内绝大多数戏曲名家，为国剧概念构建了完整的研讨系统。就现存报道中所遴选的57位口述人材料而言，无疑是在“九一八”前夜至新中国成立拂晓，全方位掌握戏曲生态与发展、变迁的第一手材料，对近代戏曲断代史研究有着不可或缺的文献价值。

二、证伪

戏曲学之征途，任重而道远。波普尔名言："不能被证伪的就不是科学。"自然科学如是，人文社科领域更是如此。凡是脱离历史语境的描述，难免"譬如朝露"，沦为文字泡沫。拜读本书专访，可认定醇亲王奕譞（光绪、载沣之父）对高腔伶人的态度，确系推诚尊重[1]。但在极"左"思潮时期，哪怕有醇亲王要求宗室向艺人道歉的史实，也只得描述成玩物关系[2]。静言思之，"想"必老人落笔之时，也有"委曲求全"的深深无奈。

古来戏曲创研，确是在封建统治者傲慢地视之为"小道末技"的眼光中野蛮生长、开花结果的。这种"口嫌体正直"的背后，事实却是"贤时便用，不贤便黜"[3]；"贤"与"不贤"的范围，界定标准公然全在"独夫"。前辈编剧将此名言"配送"与之，恰使其本质的扭曲暴露无遗。实则"贱籍"这种可笑、可耻、可悲的等级设计，早已被雍正帝打破，由此引发花部戏曲的绽放。可与此同时，明明是废除乐籍制度、人

1 见本书韩世昌受访，景孤血采访，原载 1938 年 12 月 8 日—1939 年 3 月 4 日《新民报》。

2 《优孟衣冠八十年》，侯玉山口述，刘东升整理，中国戏剧出版社，1988 年。

3 电视连续剧《大明王朝 1566——嘉靖与海瑞》（刘和平编剧、张黎导演），第 46 集，朱厚熜台词。

头税——“摊丁入亩”，打击江南豪强盘剥百姓的民生改善者，比起他那逼死洪昇、闭关锁国的父与子更有益于史，但一旦到了民间形象，为何反数三朝最劣？乃至人都没了，还要愣给凑个金脑袋当梗儿。想来，原本“励精图治”，也未必是为了“垂青史”的，岂在乎谁是豪强，谁说，说谁？因此也出现了《绣襦记·打子》郑儋饰演者无心多口，被其以干政罪名乱棍打死的掌故。“成人还要自成人”[1]，如是而已。

而曲道之扬于士大夫，尚作为“曲，词之余”的文学载体，而非综合性独立学科。曲家的戏曲理论，虽已具备传统曲律、曲论的宏伟规模，但对于粉墨登场的“戏工”，多“差别对待”，好似忘却了其自己也有“戏瘾”。至今不乏邯郸学步之士，登龙有术，无惧贻笑大方。但取悦于遗老、遗少的圈画，自然沦为“手把件儿”，言行岂以“学问”概括？自甘攀附，自成附庸。“皮之不存，毛将焉附”，岂能用着包浆？反而在“铜驼荆棘”的“另一路”上，自强不惜的戏曲人“不以为耻”，自心安理得，打造出风光旖旎的“锦绣江山”。

三、学术

清季至民初，人物公论存在“有学有术”“有学无术”“不学有术”“不学无术”之别。不论事迹之是非

1 京剧《状元谱》即《打侄上坟》结尾，陈大官念白。

曲直，“学术”“艺术”还是“艺术学术”，则均需先“学”方可有“术”。如果真的是“艺术起源于非功利性的游戏冲动”[1]，自是心向往之。但“大爷高乐”说辞或不功利，抑或是功利主义的遮羞布，均有其固然的傲慢与先验的自负。由此观之，言菊朋能离票社、下艺海，理论不改曲家本色，更能创作《瑜亮差》《马鞍山》舒张个性，孔明与周郎、仲达便可惺惺相惜，亦对手，亦知音，确系“沧海遗珠”。虽说“寂寞言不尽”，同道难寻，但艺术家本自孤独，情操亦无愧于“大艺术家”之列。遥想延锡[2]当年，与溥侗合爨《九莲灯》（“外”应工的阴阳判官），后创佳构，终不违背仰山夙愿。火内种金莲，岂不懿欤？打破反动主义的“不成文体”“贱业”谬论与非智识的、认知上的病态糟粕之论，更无必要随“尊古”“整理国故”名义死灰复燃。必要否定“线性进化论”、保留文化价值相对独立的同时，也亟待自主选择与“戏剧复古，戏曲含义取新”[3] 的“和平变革”。

访问记主要采访人景孤血，其为“天桥马连良”

1 18世纪德国哲学家席勒、19世纪英国哲学家斯宾塞的理论合称。席勒《美育书简》首先提出了艺术起源于游戏的观点，强调艺术是一种以创造形式外观为目的的审美自由的游戏；认为艺术活动的“自由”是其精髓，不受任何功利目的的限制。人们只有在精神游戏中才能摆脱实用和功利的束缚，获得真正的自由。

2 言菊朋，字延锡，号仰山。

3 《马连良演剧近感》，马连良撰，《实报半月刊》，1936年9月22日。

改编的《反徐州》，保留了花云妻先断手、徐达后上场的梆子传统叙事结构（梁益鸣出身梆黄“群益社”）。虽与马连良本《串龙珠》次序不同，然其对戏剧张力的铺垫不可谓不充分。如此孰真孰假？何谓“传统”？无非二者俱真，后学择其可取者取之而已。既已创、编，何须遮遮掩掩？不实事求是，假借传统名义捏造，流于空泛的情怀空谈；不尚思考，盲从蹈袭，不加判断、辨析，使传统概念的范畴及真伪丧失普适性，限于录影与宗派“本本论”，才是良性“新陈代谢”的逆流。古典艺术被“请进博物馆”不可怕，怕的是“脑死亡”。(裘继戎语)“千年纸墨会说话”，可“夹带私货”的“立门户”自不在其列；既“论从史出”需“言之有物”，总结健康而“可持续发展”的必由之路，才是口述史文献的意义所在。此《名伶访问记》的集结问世，或将成为破局、裂冰之开始。

四、本体

孔子曰：“不患人之不已知，患不知人也。”是故，旁人可以不理解，不可使人错理解。“我是谁，从哪儿来，到哪儿去”的哲学问题，之于艺术研究本体特征的自觉性，亦是艺术家个体意识的觉醒。艺术从业者自我尊重，方有成为艺术家之可能。脱离“菊榜”的因循，艺术家独立思考才臻至善，将知识分子的思想熔铸剧中，而非依附的合作关系，何尝不是尊重与真挚的共情？

诚如马连良对萧伯纳所说："锣鼓不是每出戏、每场都有的，也如同西洋影片中的音乐，代表喜、怒、悲、乐，比如打仗或事情很紧急时，便大敲锣鼓，以示紧张。"[1] 这套梅博士首肯的马派理论，也常被马温如用以答复崔承喜等外籍艺术家，不致被误读，只因中国戏曲也有自己的"艺术语汇"——属于我们本民族的"蒙太奇"。虑及"中国实在好，处处都好，惟有戏园子给人的印象太糟。试想这对于戏剧界的人是怎样的难为情"[2] ……马投入到净化舞台、改良观演环境的第一线："并以身作则，率先垂范。为了改革舞台装置，更新台帐，曾先后看了五次美国影片《威尔逊总统传》，细心观察了影片中四十八个州剧场中的舞台设施，最后决定把京剧舞台上的绣花守旧（台帐）改为浅色淡雅的图案，以衬托台上人物的造型。"[3] 在此态势下，"凌霄汉阁主"的理想模式与之适应，"京伶演海戏"的蓝图得以实现。尽管徐凌霄的理论有待商榷处，未及戏曲以"四功五法"程式性手段塑造人物，确有缺失，但马"表情好的，特别是肌肉放松，与斯坦尼理论暗合"[4]，以及《名伶访问记》提倡的鲁肃、

1 见本书马连良受访，林秀华采访，原载《华文大版每日》第二卷第六期（1939 年 3 月 15 日出版）。

2 同上。

3 《中国戏曲志 · 北京卷》下卷，马连良条目，《中国戏曲志》编辑委员会，2000 年。

4 《马连良流派艺术》，上海京剧院许思言著，选自《京剧老生艺术》，上海市青浦区文化馆京昆剧之友社编印，1981 年单行本。

马义“真动心”，即戏曲表演如何“体验（派）”，便知中、西方异同，亦得以填补这重要的一环——

“昔日之北京人士，以为北京，为吾国首善之区。所谓首善，一切皆为首善。与首善之善不同者，即为不善。外江派之唱做，既与其成见不合，即与此间人士，格格不入。但近年以来，新潮澎湃。一般心理之转变，公认不合成见者，不必即不佳不良。且此不合成见之唱做，容有其独到之处。趋势如此，已渐成风气。故近年麒麟童来平（北京）时，其上座情形，乃十分拥挤。且旧式人物，尚有啧啧称羡麒麟童之唱做者。此为一般审美观念之进步，而值得梨园界人所深切注意者也。”[1] 对于融合彩砌（末）、饰景灯光，李万春一向敢为人先。但随周氏内弟刘奎童习艺，学得麒剧改以马腔，北京剧坛确绝无仅有。于今，之于“里下河”徽班淡出视野、南派京剧真髓被抹杀的“末法时代”，海洋派文明的“创作法”，无疑是值得钩沉的珍稀遗产。不仅李氏如此，其义父马连良也是“从来不轻视连台本戏，在京沪曾长期参加演出，谁说演连台本戏又降低身价呢”[2]。

同为受访人，王泊生“划时代”的戏剧理论开启

1 见本书李万春受访，王柱宇采访，原载 1937 年 4 月 6 日—5 月 24 日《世界晚报》（北平）。

2 《马连良流派艺术》，上海京剧院许思言著，选自《京剧老生流派》，上海市青浦区文化馆京昆剧之友社编印，1981 年单行本。

了近代四大声腔兼而有之的教学模式。王聘请昆弋名师田瑞亭授艺，培养、输送的艺术人才如任桂林，日后北方昆曲剧院成立，其即为《百花记》导演，可谓一啄一饮，求仁得仁。又如喜（富）连成的深湛梆、黄功底，仿佛已被有意无意地回避，但在叶氏父子的访谈中，可知其无戏不备、自成体系。“十全大净”金少山回忆“玉成班”的“一棵菜”，时为配角，心向往之，殊为怀念。“私心想着”，或许这才是霁月光风的故纸梨园。性情洒脱地“对了知音谈几句”，与翁偶虹的描述颇为神似[1]，远非小报、庸人所诬的纨绔面目。而有“梆子派昆腔”之称的北方昆弋，诸多特征“确发源于梆子。梆子之来，较之皮黄在前，当昆曲未衰时，梆子已然崛起，不过彼时之梆子与今不同，且有带曲牌名如〔山坡羊〕〔驻云飞〕等，魏长生所演，即为此类，故跷之为物，虽滥觞于梆子，而《双合印》中有之，不足为奇。此亦犹之梆子班中亦常有整双牌曲，或全剧皆唱昆腔，皆非后来所偷，而其牌曲有时亦为〔梆子山坡羊〕〔梆子驻云飞〕之类，更不足奇矣。盖昆弋班中之小戏，尚有许多彼时所谓之杂剧，实际昆黄交替中之产物，如《打刀》《打杠子》之类，此非即今日皮黄中之所常见到者乎？……除《打刀》《打杠子》，余若《一匹布》《打面缸》《绒花计》，鄗班

1 《翁偶虹编剧生涯》，翁偶虹著，同心出版社，2008 年 1 月第 1 版。

中亦时时列为开场。此则《缀白裘》中固已谓之梆子腔矣，是知《双合印》之上跷者，诚源渊于梆子，特此梆子非后来之梆子耳。……（昆弋）班带演梆子……实则确乎尚有许多梆子戏在，不知者必以为是欺人之谈矣。惟其唱法亦与今异，盖仍近于弋腔也”[1]。

上文系出自韩世昌之口，简直难以置信。这位保定府高阳县河西村的学艺者，生长自山水田园、半农半艺的环境。其所知、所见、所实事求是的，并非演员略有口才、粗通文墨即自称“学者”辈所能企及。而如此高度与水平的史论真知，实因艺术实践所需，因之所做的充要探究而得。通过对《缀白裘》的精研，韩氏之“文化”即比之曲学教授亦不遑多让。这也是20世纪50年代，梨园故老们职称可以相当于“高级知识分子”的合理性所在。“此梆子非后来之梆子”，此“文化”亦绝不等同于彼文化。“学而不思则罔，思而不学则殆”，古人诚不欺我。其活态的“文化”性质，决定了“此事要躬行”。

时值民国七年，肯定《闹昆阳》（点将、激掌、擒霸）的“平妥某伶之邓禹唱高腔，甚高朗可听”[2] 观

1 见本书韩世昌受访，景孤血采访，原载1938年12月8日—1939年3月4日《新民报》。

2 《天乐园之一日谈》，梦鹿、希儒、鹤仙合稿，《日知报》1918年5月22日。

感，便与跟风否定高腔、大肆嘲弄的言论大相径庭。殊不知，周信芳艺事得高腔余韵最多。弋阳腔经运河入徽调，转为【吹腔】；京剧《扫松》板式称【清江引】，即原滚调、放流的正统称谓。正如李想兄感慨："中国戏曲，并不在于哪一剧种的消亡；其本体与剧目的特质，永远在血液中不停地变化、流淌。正如人类个体的基因同样会遗传后代，只是人的成熟度不断精进。"欲知兴替，先明古今，读史而已。

五、达者

因之"麒派创始人"乐于观摩昆弋，"坐在前台参观，一致击节叫绝，承认他（郝振基）比花旦身上还要来得柔顺。……当场托我介绍一位昆腔先生，他要学这出戏"[1]，复与韩世昌联袂《刺虎》，南、北赞襄。正所谓如能"佛眼看众生，众生皆是佛"。此金句若用以形容古君子之风，也毫不为过。问及谭富英等较其相对资浅的"青年艺术家"时，言菊朋无不肯定与鼓励，何来任一非议之辞？即知坊间某些传闻，实乃别有用心、向壁虚构。而对同仁的了解与认知或许有限，贤如高庆奎却仍尊重对手，也是艺术家的道德使然。即使创世之世家，以"过犹不及"的观点评价他人，其论断也不乏可取部分，绝非不尊、不敬前辈者可相提并论的。

---

1 《从昆弋班谈到麒麟童》，朱瘦竹，《罗宾汉》，1937 年 6 月 29 日，7 月 3 日、4 日、7 日、8 日、13 日、14 日。

《尚书·大禹谟》有云“谦受益”，反之则是“狂，没好处”[1]。马连良即曾对后进演出的《斩郑文》表示“这出戏我唱不过麻子（赵化南）”[2]，与其“北京要有您周福才（老调《调寇》寇准），就没有我”如出一辙。其与程继先受访，均对传统剧目与所在梆子剧种敬畏和尊重，自然和先人、师长不无关系，即因都是“学来的”。这并非是戏班的“假客气”“江湖口”，而是“能耐人瞧谁都是长处”：“我是马连良不假，马连良也不是万能，千万可别刚有点儿人缘就晕头转向，谁都有点儿‘看家的’，哪怕是‘旗罗伞报、院子过道、底包龙套’，也许人家有你不会的，甚至不知道的，没别的，学！”[3]“（人物经验）不过痴长几龄，犹及见清代亲贵之服色，谓为能似蒙古藩王，则亦颜之厚矣。”[4]——郝寿臣为尝试外国角色观察生活是“学”，荀慧生“承名画家吴昌硕先生之不弃，列之桃李”也是“学”：“亦不过聊以点缀剧情耳，乃更谬膺能画之名，益汗颜”[5]，结合乃“口外派”师爷

1 小品《吃饺子》，编剧赵德平、李文启，1994 年中央电视台春节联欢晚会演出。

2 《马连良天津南市听戏的启示》，王文玉著，《曲苑杂谭：南市艺谈旧闻录》，天津社会科学院出版社，2022 年 7 月第 1 版。

3 《马连良天津南市听戏的启示》，王文玉著，《曲苑杂谭：南市艺谈旧闻录》，天津社会科学院出版社，2022 年 7 月第 1 版。

4 见本书郝寿臣受访，景孤血采访，原载 1938 年 8 月 2 日—9 月 3 日《新民报》（北平）。

5 见本书荀慧生受访，林醉黼（一得轩主）采访，原载 1930 年 4 月 14 日—19 日《全民报》（北平）。

"侯老西儿"自诉，曾经"以艳慧嗓于时，艺亦殊绝。光绪以还，名伶以色艺倾动京师"的老先生，唯绚烂至极归于平淡，已达"讷于言而敏于行"的境界。如韩君青无愧于"昆弋巨子"，对京高腔尚"言之滋愧，鄙人对于弋腔实未学好，不敢以之欺骗嗜曲诸君。原弋腔之难，难在昆曲上"[1]。与其弟子顾凤莉描述"真有本事的人，待谁都客气、谦虚"[2]，足可互为印证。

六、作剧

读到个别艺术家关注剧作成果与戏曲生态建设，其深度、广度足令笔者咋舌，始料未及却未脱"情理之中"；即便之于当下，也具现实意义。如"第三代掌门"谭小培批评"所谓编剧家，又多不能唱戏，又或本为梨园行人，稍识之无，于文艺太不彻底，又或本为文人，稍懂几句皮黄，于戏剧之精神，终属隔膜，以一人之脑力，编出一种之新剧，其拖沓繁冗、重复脱节"[3] 之现象屡见不鲜，岂知当年亦并不罕见。闻人尚且"尺有所短"，如编剧缺乏舞台实践，作品势必与戏剧性无缘。平心而论，其批评的对象未必就是尽善尽美，但出于对前人尊重，今日称之为"经

1　见本书韩世昌受访，景孤血采访，原载 1938 年 12 月 8 日—1939 年 3 月 4 日《新民报》。

2　顾凤莉谈话。2014 年 3 月 18 日笔者赴顾宅所记。

3　见本书谭小培受访，王柱宇采访，原载 1934 年 7 月 22 日—8 月 25 日《世界晚报》（北平）。

典”——

“以甲剧之行腔，移用于乙剧，自编新腔，又绝无编造之余地，若排演新戏，则此腔路从何而来？唱工如此，做白表情可以推知。何种之腔，为何剧中所独有……旧剧之腔，系各随剧情而制成，虽为行腔，实则示意也。彼唱新排戏者，座客闻之，即纷纷曰……(某某戏) 果尔，则听戏者，何不去听……（某某戏）沿用旧剧之腔，拉杂拼凑，非驴非马，吾人之良心上，已过不去。以拖沓繁冗、重复脱节之剧情场面，配以东扯西拉、驴唇不对马嘴之行腔，其毫无价值，索然无味，不问可知。至于新造之腔，不外奇腔怪调，或为长腔大花，听之，但觉其可厌，不觉其可喜，公然登台大唱，不知是何取意？……座客之中，懂戏者固多，不懂戏者亦复不少，以听戏为目的者固多，以看热闹为目的者亦复不少。[1]”现下读来，仍触目惊心。作为创作者，不以为忤、必以为戒。凡未经舞台千锤百炼处，作品仍待发觉问题与症结所在。剧本文学既为学问，戏剧文学的二、三度创作与人物塑造，其书写与记录工作，何尝不是学问。

而郝寿臣赞美编剧吴幻荪“才笔高华，词颇藻

1　见本书谭小培受访，王柱宇采访，原载 1934 年 7 月 22 日—8 月 25 日《世界晚报》(北平)。

丽，所制唱念，多有近元曲之处”[1]，确系方家之见。如其所作《春秋笔·杀驿》中“狂风日落”之名句，意境与马致远《天净沙·秋思》工力悉敌，本色当行，明白如话，可以入画（吴本业为画家）；与上一折王彦丞“孤檠独枕”下场词句，同化自范文正公《御街行·秋日怀旧》词，可谓洗尽铅华、无斧凿痕，羚羊挂角，无迹可寻。但读到“记忆甚费脑力，配角遂多不肯照念。结果，除范增（马饰）、项羽（郝饰）二人悉依原词以外，余多现成陈腐之词，君子是知编剧之难”[2]，自哑然失笑，感同身受。作品难调众口（既是观众，也是演员），亦不必牵肠挂肚。“任他燎原火，自有倒海水。”“无适也，无莫也”，唯“忠恕”二字。

七、推敲

基于上述，在实际编剧工作中，如舞台传承缺失必要内容，从业者如何就史料研摩、修复，便成为古典戏曲文献作用于舞台实践的重要课题。个人受马氏家属责成整理改编《春秋笔》一剧，之所以能成为现实，除稿本外，也受益于马连良访问记谈《春秋笔》《一捧雪》两剧不同的“十点之多”：其（六）（九）两

---

1 见本书郝寿臣受访，景孤血采访，原载 1938 年 8 月 2 日—9 月 3 日《新民报》（北平）。

2 见本书郝寿臣受访，景孤血采访，原载 1938 年 8 月 2 日—9 月 3 日《新民报》（北平）。

则即分别源自“秦精昆粹”的传统。按肖长华采访，主动对景孤血谈起了酬神戏：戏班封箱往往演《六国封相》，祭神典礼为全班大集会。景文 1939 年元旦记录《春》剧北京首演盛况，乃借此戏名曲“合唱一只【村里迓鼓】”（系马所授）。笔者遂以程英奎所传唯一【村里迓鼓】唢呐唱口处理，以合群曲规制。第（十）条原主创或早有所思，“战摩尔连捷，文武俱全”，原各路梆子均遵此例。或因史上与剧中形象差距不小而改为“拓跋安撷”；笔者为给王彦丞挫败权奸提供人证，在此基础上更增写其落马被擒，完结于曲尾。而《换官》遇友陶二潜，令人忍俊不禁的“赤红脸”“高阳酒徒”形象，终于不必局限“先生”口口相传，有“支撑材料”无妨照本宣科。又因（八）马氏自谓：“此则两不见面，愈显替死者纯出本心，亦可避免人替己死者之太无心肝，一味冷酷成凉血动物。”河北梆子本即按景氏建议：老路王彦丞下朝见仆，京剧本则说服执排不必因循，仍遵马设计以张恩“自报家门”形式，将前史乃至“和战廷争”内容一一交代。囿于后者演出版本人选，（五）“（旦角）后部乔装小生，俱有大段话白”未及实现，达成第四次“李代桃僵”；幸主演穆宇获国家艺术基金 2024 年青年艺术创作人才资助项目，经高彤再次深造以备呈现。另如上文荀现场作画之《丹青引》，入藏墨本虽有分场提纲，但与魏效荀藏本均无人物行当标注。幸得访问记编者提供民国报评，知悉谭富英、杨宝森先后以老生扮董其昌，金钟仁饰太监黄天福，又得耆宿任岫云老人告知“穷生”扮相。由此可见，《名伶访问记》即一手材料贯通古今，往圣先贤编、研、导（排）三位一体的艺术素养，遗风犹自可追。

八、琢磨

晚生不才，得遇李世强先生；其虽非戏曲从业者，却为当代构建“马学”（即马连良学术研究）的第一人。成名作《认知马连良的十三扇门》，倒为儿时的我打开了这扇溯源马氏，廓清马派，探幽、整理马剧的艺术、学术大门。因“马迷”而相知，同出“三联”一个名门，2019 年因北京演艺集团采风、调研赴沪，恰得机缘以就《梨园春秋笔——马连良文集》一书的整理工作进行对接。虽未署名编者，凡马先生旧文，多为李世强老师提供原件，为集结出版做出巨大贡献。书中掌故：“都知道马连良好，却不知马连良受罪”；“高腔好的时候，人才济济”，反之人才难得，稍纵即逝。本着挚诚如韩、马的精神，李世强老师始终秉承公开艺术资料的原则。既知学海无涯、艺海逐浪，在个人受邀撰写国家社科基金《新中国戏曲史》期间，得其予以大量史料支持，如郭宝臣、崔灵芝、一千红、十二红、十三红、二宝红戏报，洋洋大观、叹为观止，又得访问记据实论证，钩沉声腔渊源。知本书学术价值如斯，亦耗费先生八年光景。今当付梓，须知信息时代，如将史料单摆浮搁，并非“武林至尊”；具备辨伪存真的分析能力，才是核心技术。

正是集腋成裘日，剧学大同时。是为序。

丁嘉鹏写于京南良乡良骏街

2024年4月16日星期二

整理说明

一　本编整理的底本为国家图书馆、上海图书馆所藏相关报刊缩微胶卷、数字文献，因年代久远，原报刊存在缺期缺号情况，相关篇章内以脚注形式予以说明。

二　旧报刊文字用词有着时代特色与习惯，本编整理，一般性用词，按现代汉语规范转录，如“喝采”与“喝彩”、“反覆”与“反复”之类；相关戏曲术语仍按原文写法，如“脚色”；剧目名称、演员名字一般按现在通行写法修改，个别加注说明；个别演员名字如“程艳秋”与“程砚秋”，不同时期名字不同，按原文转录，不做统一。

三　由于旧报刊印刷、手民排版问题，难免错漏、讹误。对于错字、讹字，以“（　）”形式注以正确字词，字体大小一致。原文括号内表述的文字，排版比正文小一号字体，以示区别。对于漏字，据上下文意可补者，以“[ ]”表示；未便擅补者，以“□”代替。对于原文印刷模糊而辨认不清者，亦以“□”替代。个别语句有讹误而莫名其意者，加注以“原文如此”类句。

四　本编文字均系口述笔记，因代远年湮，回忆者难免错综，记录者总有缺漏。再者，讲述、记录两方，受制于时间、能力、学识，所叙内容各有偏重，繁简不一，编者为存前辈名伶艺事鳞爪，故略加考证，撰写注解，以补文献之不足，个别注解篇幅较长，望阅者鉴谅。

五　本编句读基本按原文，标点符号则按现代汉语规范予以调整，对于原文标点有误、影响阅读理解者，编者径按上下文语意修改。

六　本编原文均为繁体竖排，现统一为横排简体，部分原文每期均有大标题或小标题，均予以保留。

七　编者才疏学浅，整理原文，目视手录，难免错漏，祈请方家大雅赐教。

目　录

孙菊仙

采访人：林醉酶（一得轩主）

原载1930年10月15—29日《全民报》

前日（十三）下午三时余，轩主同李万春，赴王府井大街华安保险公司，访问老乡亲孙菊仙，承荷接见，并由孙老供奉之门人尚仙舫、李松延（岩）、于幼青、董永华四君，殷勤招待。孙老供奉，年臻九秩，而精神之佳，宛如五六十岁人，起立行止，均不需人，述七八十年前［事］，累累如贯珠，而谈话清晰，声音洪亮，非修养有素者，曷克臻此，惟以年纪太大，耳略患重听耳。与轩主谈话，几及一小时，始终略无倦容，并即席书“春秋在世”四字，并上下款见赠。至四时余，轩主始辞出，兹特录孙老供奉谈片如次。

孙氏家世 予（孙君自称，下同）现年九十岁[1]，名濂，字学年，号菊仙，祖籍奉天，因世承业为津沽粮坊于槽栈，遂为津人，予先世业商，而以运粮为活者，且二百余年矣。予家世多显宦，子弟辈多习文读书，而予则异是，恶文好武，喜谈兵事，当幼从群生读书，虽性质聪颖，尚不觉苦，然对于文绉绉之生涯，殊不惯也。

(1) 生于道光二十一年（1841 年）正月初一日。

弃文习武 会太平军起，北拈（捻）乘势剽劫，乡里患之，予于是益激愤，以“毛椎（锥）子安足戡乱，行当从军，率健儿杀贼，呫哔胡为哉”，遂弃文习武，乃为骑射刀石。予刀大，乃为侪辈所推许。年二十，应解至京师，不第，适清亲王僧格林沁，死于拈（捻），津人倡义勇队，为僧杀仇，予壮之，遂入伍。转战至山东，为敌所劫，义勇队溃散，予身受重创，间道投医，七八月始愈。既而投陈国瑞，颇得之器重，任为军需。旋改投刘铭传，亦任要职。既蒙李鸿章、曾国藩、陈国瑞、刘铭传四大员，奏保三品花翎，旨下照准。未几，解职去，返津门。

习戏之始 迨后天下太平，清称中兴，予自念前敌功劳，身受重伤，几死者数，而论功行赏，一不及焉，心颇愤懑，虽（遂）恣情于声乐。且予性耽音歌，每遇名伶奏演，辄私引吭为学，节奏皆合拍，人咸称誉焉，自是自后，对于戏剧，益生兴趣，日夕琢磨，故进步颇速，然仅清唱演习，犹未曾粉墨登场也。

初次登台 既而予任江苏督粮道押运员，适因事至沪，为友人所嬲，客串于某班者三日，揭名孙处，是为予现身色相之始。[2] 三日所演，皆京师名剧，观者逾万，咸加赞许。时督粮道某，闻予演戏，极为不快，因借故罢予职，予因是欲有所建树，以雪斯耻焉。

(2) 同治十一年（1872年）初次来沪，搭刘维忠之丹桂茶园，《绛芸馆日记》同年九月二十八日条云“席散后，抢先邀余暨秋甫往丹桂园看夜戏，新到清客孙菊仙串演《牧羊卷》，杜蝶云串演

《玉玲珑》，安静芝亦到丹桂，演《虹霓关》，杨月楼演《翠屏山》，并皆佳妙，丹桂日盛一日矣”。后刘维忠在小东门外分开南丹桂，以孙菊仙、杨月楼间日分唱。《绛芸馆日记》同年十月二十五日记至南丹桂看戏事，十月二十六日《申报》刊载《各戏园戏目告白》中亦列有南丹桂戏码。

英翰知遇 予罢职后，遂赴皖，谒皖抚英翰，英固识予者，见予至，大喜，令予为中军巡捕官，带亲兵，如是者有一年余。适英抚起为两广总督[3]，令予随行，予感知遇之恩，遂从至广东。就任未几，英因故被谴[4]，予遂离广东，返上海。

(3) 同治十三年（1874 年）九月初八日，奉上谕，英翰升任两广总督。

(4) 光绪元年（1875 年）八月初二日奉上谕，将英翰交部议处开缺，来京听候部议，九月初四启程，取道江西清江一带回京。

营升平轩 予抵沪后，无以事事，因出所蓄，营升平轩戏馆于小东门[5]，营业颇佳。惟予生性疏豪，喜挥霍，好结纳知名文士，凡有告急者，无不帮助，甫半载，而亏空至三万余两，不得已举升平轩暨所有以偿之，尚不足，乃与丹桂园主约，代付所欠，而予演戏一年以偿之，迨后如约清还，予遂北归。[6]

(5) 哀梨老人《同光梨园纪略》言升平轩开办于同治十三年冬，《绛芸馆日记》同治十三年（1874年）十月二十六日条云“饭后，偕往升平轩看戏，子范亦来，园主孙菊仙作东道主。戏散，往北付公班价银兼往复新定席，仍即回南至同福楼，赴仁甫之约，璜伯、鲁孙、秋甫、燕庭均来。饭后，再至升平看戏，季花亦来。子正进城”。按日记作者几乎逐日看戏、逐日有记，又与孙氏等伶人往来频仍，而此前未见有记“升平轩”，则升平轩开业之期应为是年十月，角色有花旦刘凤玲，丹桂轩旧人。光绪元年（1875年）三月二十三日《申报》所载升平园戏报，“客串孙菊仙”赫然在列，与夏奎章、李春来、孙瑞堂、茹福官、小庚弟即夏月珊等同班，时值“国服”期间，各戏园均为“说白清唱”。

(6) 据《申报》所刊戏报，光绪元年（1875年）十月十三日，孙菊仙过班丹桂茶园，泡戏《四郎探母》代“回令”。升平轩合股人陈永和不满改入丹桂，商于后台，引发张大四“穿台”（见《戏园互殴》，《申报》，1875年11月15日，第1、2页），后涉讼，以丹桂选拔角色助演升平轩而解纷（见《优人解和》，《申报》，1875年11月22

日，第2页）。孙氏此期演至光绪三年（1877年），腊月二十一日，丹桂茶园夜戏，孙氏连演《战樊城》《长亭会》代《文昭关》，次日起辍演。是年八月二十三日，再搭黄月山之大观戏园，演至光绪五年（1879年）九月二十日，是日夜戏，与常子和合演《三娘教子》，次日辍演回京。

内廷供奉　予抵京后，拟赴古北口从军，不欲以伶官自淹，卒以内监所强，不得已登台演唱，先后维持嵩祝成[7]、四喜[8]诸班。未几，入内廷供奉[9]，演伍子胥剧，极得西太后赞许，赏赐极厚，令领二品俸，并赏福寿字、鼻烟壶、如意、衣料等恩品。同时在内廷当差者，有何九、谭鑫培、德处、胡二立、孙玉云、吴顺林等[10]。西太后对予，皇恩优渥，令予始终为教习，以示优宠。予在内廷当差，侍奉诸帝后，凡十八年，始终未尝得过，偶有缓颊，后亦未曾不嘉纳也。戊戌政变，谭林弃市，康梁潜逃，田际云因某伶之谮，几至杀身，予托李莲英为之缓颊，复而以全家保际云，际云始免祸焉。是时予虽供奉内廷，然犹时时出在四喜献技，顾曲者争乐趋听。予在四喜演戏，近二十年，梨园子弟、苦工役，待予举火者，凡数十家，故同行中人，对予尤为推许，予亦因是故，少有蓄积。盖是时，内廷供奉，俸金极薄，官俸所得，以之为大内应酬费用，尚虞不足，所恃以维持者惟赏赐之金耳。而予赏赐既厚，且各王府堂会，外间演戏，所得尤丰，计动产与不动产，已逾百万两，予一伶人耳，而得如此，予于是益感戴皇恩之浩厚，战战兢兢，未敢稍有陨越也。

(7) 光绪六年（1880年），在京搭庞太监所组之嵩祝成班，光绪八年（1882年）正月，再次来沪搭大观戏园，三月辍演北归，仍搭嵩祝成班，出演打磨厂福寿堂（见《优伶相妒》，《申报》，1882年9月16日，第2页）。

(8) 光绪十年十一月二十六日（1885年1月11日）《申报》载《京师近事》云“名伶孙菊仙现辞嵩祝成班而搭四喜班，又有春台班之老生小叫天同在四喜演唱”，因孙辞班，故“嵩祝成班遂至响灭音沉”而报散。《道咸以来梨园系年小录》云孙氏于光绪九年末进四喜班，今查该年五月嵩祝成班报精忠庙甘结文书所附花名册，孙菊仙仍在该班，《五十年来北平戏剧史材》第一册所载“四喜班准演光绪壬午八年五月初六日八月十六日”戏单（叶八六）中有孙菊轩即孙菊仙、谭鑫培，年份存疑。又《史材》第一册所载“十二年嵩祝成班外串”戏单（叶三四），中有孙菊轩即孙菊仙演出剧目，光绪十二年（1886年）五月复出嵩祝成报班挂牌演唱，承班人周春奎，该班于五月初四日开演，此时孙菊仙已在四喜班演唱，当系以外串角色身份加入演出。另，今存四喜班花名册一份，未写年月，其承领人署名孙菊轩即孙菊仙、时琴香，当是孙菊仙过班四喜后事。

(9) 光绪十二年（1886 年）二月十五日，与李连仲、李燕云、时小福三人一起挑选进升平署担任民籍教习，时年四十岁。

(10) 谭鑫培，光绪十六年（1890 年）五月二十五日，挑选进升平署担任民籍教习；孙玉云，当系孙怡云，光绪二十一年十一月二十九日即 1896 年 1 月 13 日挑选进升平署担任民籍教习；何九即何桂山、德处即德珺如、胡二立即胡素仙、吴顺林，名均不见于升平署及内廷档案，均非民籍教习或民籍学生，当系随班进内承应。

庚子之变　庚子之变，予有楼居在东交民巷，所有积蓄，均藏予家，而银行存款，以及买卖财产，数逾百万两，变乱既起，仇视外人，凡与外人相往还，及居址邻近者，皆焚掠之，予家因是故，全部财产，均遭劫夺，予仅以身免，潜携予子及孙赴津，辗转至沪，身无长物，乃复献技[11]，始得自给。至宣统元年，方返北京，然不复再理旧业，粉墨登场矣。

(11) 据《新闻报》所刊戏报、告白，光绪二十七年（1901 年）四月初七日出台上海天仙茶园，泡戏《空城计》代“斩谡”。

生性慈善　自后予虽不作买卖式之登台演戏，然每遇有慈善之举，如水火兵灾以及关系慈善之义务戏，予均极力提倡，以身为率，登台演唱，凡有请求，无不竭力帮忙，共襄善举，盖以一己力所能者，无不为之，二十年以来，在京津沪间，时因义务戏而登台，一现色相。

拿手戏剧　予自演戏以来，曾演唱各戏甚多，不可胜记，其最常演者，如《钗钏大审》、全本《一捧雪》带“杯圆”、全本《鼎盛春秋》、《八义图》、《朱砂痣》、《四进士》、《奇冤报》、《碰碑》、《双狮图》、《完璧归赵》、《清官册》、《教子》、《骂王朗》、《戏迷传》、《骂杨广》、《逍遥津》、《寄子》、《武昭关》、《马鞍山》、《空城计》、《七星灯》、《安五路》、《天水关》、《取信（荥）阳》、《探母》、《上天台》等戏。上述各戏，均为予所常演之剧，而最受欢迎者，则为《钗钏大审》《八义图》《四进士》《朱砂痣》《逍遥津》《骂杨广》《上天台》《碰碑》《探母》及《鼎盛春秋》等戏，每次出演之盛况，殊足令予惭愧无已也。

即席挥毫　予本不能书者，而年事过大，手腕无力，尤懒作书，惟一般谬爱者，每向予丐书，以作纪念，虽欲藏拙，不可得也。年前徐大总统之侄徐一达先生，嘱予书匾，予不获辞，率尔涂鸦，殊不足以博一粲也（孙老供奉言至此，轩主向其丐题数字，以作纪念，承书“春秋在世”四字，并上下款见赠）。

孙之徒弟 予之亲授徒弟，在京在津以及上海等地，票界者极多，如伴云野鹤（即于幼青）、尚仙舫、李松延（岩）、武兰舫、张继舟、王竹生、天罡侍者等，均系予耳提面命者。至于戏界内行中人，则有龚云甫、刘景然、马连良、马最良等数人而已。各徒弟对于予所授诸剧，能领解者甚多，此尤为予所可自告慰者也。

今夏赴沪 予近十年来，登台极少，在津沽时，或以义务戏关系，慈善之举，义不容辞，偶尔登台演唱，而赴外埠演唱者，则今年旧历四月间，有上海之行。是次南下，予本拟不行，但因某君之关系，婉求再四，予以友谊难却，勉强成行，在上海舞台，演唱七日(12)，上座之佳，实出予意料之外，开销之外，净存大洋一万五千元，此非予艺术之能，盖亦上海人好看古董之一种特殊现状也。在未登台之前，上海舞台为［印］刷宣传品数十万张，分送各界，以资鼓吹，其中多过分揄扬，予愧不足当此也。

(12) 1930年5月14日至20日，共演七场夜戏，计《朱砂痣》、前本《四进士》、后本《四进士》、《浣纱计·鱼藏剑》、《李陵碑》、《火烧葫芦峪》、《逍遥津》，配演者有刘永奎、黄玉麟、李鑫培、葛次江等。

孙老供奉言至此，即出上海舞台所印传单见示，轩主商得其同意，照录如次。

上海舞台启事

卑人到天津邀角，先人与老乡亲，管理武行，总算世交，求老翁代邀角色，后闻老翁搬灵赴申，卑人帮忙办理，老翁情不可却，在本园消遣几日，本园托福老乡亲，实是热心，愿老翁多活，多作善举，好救苦人，众人之愿也。(13)

(13) 民国十八年（1929 年）8 月，义兴公司向三鑫公司租借上海舞台经营，其后台经理常云恒，其父为名武生常国泰，协理刘筱衡，其父为名净刘永春，与孙氏均是老友，尝同班同台演出，故有“世交”之谓。因孙氏有小辈某，其灵柩暂厝于沪，欲归葬天津，而有“搬灵”之称。

此次来平 予自沪北归后，在津静养，拟不外出，前者，北平红卍字会，公推代表数人赴天津，约予来平，演龙泉孤儿院义务戏，予性好道，素以慈善为怀，且为天津红卍字会会员，对于此举，义不容辞，遂与董善庭、张紫垣、李宝书（即沧浪客）、于幼青、张公衡、李松延（岩）、尚仙舫诸君，一同来平，并拟于龙泉孤儿院义务戏外，对其他慈善事，亦尽力之所能者，略尽其绵薄。抵平以后，偶患肚泻，微觉不适，故当晚聚贤堂之《朱砂痣》，临时改为《戏迷传》，越日，即赴汤山休息，寓段律师别墅，计往汤山三日，洗浴三次，至昨日方返城，今（十三）、明（十四）晚，在吉祥戏园演唱，星期六（十八）、星期（十九）晚，在华乐演唱，龙泉孤儿院义务戏，则定下星期三（二十二）、四（二十三）晚，在中和戏院演唱也。又西单牌楼旧刑部街，哈尔飞大戏院主人彭秀康君，叠次来访，特邀予在该院，演唱一天，以作纪念，予重以彭君之请，已表示允意，但须待予演唱龙泉孤儿院义务戏后，如无特别情形，届时或在哈尔飞大戏院，演唱一晚，其戏码则定为全本《四进士》也。俟哈尔飞演唱后，即行返津[14]，如再得空，或再入京一游，则又可与诸君，再作一邕叙也。

(14) 10 月 26 日八点二十五分早车回津，马连良、李永利、李万春、蓝月春到车站送行。

起居饮食　予现年已九十，而精神尚佳，目力尚好，宛如壮年，凡书籍小说，蝇头小楷，犹能看见，惟耳患重听，故听话极为费力耳。每日早晨五时，即起床，午间再睡三小时，至夜，每喜阅书，恒至子刻以后，方就寝，睡眠三小时即足，食量亦佳，宛如五六十岁时，曾不稍减，且予喜饮酒，酒量尚可，每饭必酒，口腹贪馋，殊不值足下一笑也。闻足下亦喜饮，稍暇当与足下，满浮大白也（孙老供奉语至此时大笑，极表示其老当益壮之概）。

孙氏家庭 予家庭之组织，人数颇多。予有子三人，现丧其二，此时共有男孙□二人，女孙三人，曾孙六人，元孙男一、女一。予自民国而后，演戏极少，除慈善性质之义务戏外，均在家静摄，含饴弄孙，以乐余年。概自少年，投笔从戎，壮岁以后，优孟衣冠，粉墨登场，东奔西驰，南辕北辙，曾无一日一夕之安居，至七十以后，始得享人生家庭之幸福，孙曾绕膝，以承予欢，天伦乐叙，春煦同温，陶性冶情，莫此为极，予年老得此，殊可以自慰也。

称“老乡亲” 予本奉籍，寄居津沽，顷已为足下言之矣。予于天津，不啻为予第二祖乡，而津中人士，与予感情亦洽，不以予为寄籍人，而生外视之心，自予演戏以来，每至津沽，登台之日，津人咸争相告曰：“此吾侪老乡亲也。”争先恐后，莅园捧场，故予每一出台，座辄为之售罄，后至每有向隅之感，其盛况为津沽各园所未曾有，自是而后，津人咸呼予为“老乡亲”，而园主为号召计，海报遂贴以“老乡亲”三字，予于是亦以“老乡亲”自名矣。

不喜照相 予又有一癖性，即不喜照相是也。自数十年来，所照之相，寥寥可指，计前曾与杨以德先生，合拍一照，予抱其九个月孙子同摄，又曾与袁寒云公子，合拍一照，又曾与严范孙君、林墨青[15]君，三人合拍一照，范孙亲为题跋，此外并未拍过，其余各报所刊之照，均系予壮年所拍者，然亦不多见，此非予过甚之词，想亦为足下所洞悉也。予不拍照外，又有一癖，即不灌话匣也，此类癖见，虽知为时人所不悦，然予习性所具，亦不自知其然而然也。

(15)原文作“林墨卿”。林氏与严范孙同为天津教育界先驱，清末即在津创办小学堂，致力于社会教育，培养人才，开启民智。

孙之感想 予今年九十矣，去日已多，来日实少，回想九十年来有如尘影，窃以予奔走七十年，少年杀贼，壮志未遂，中岁以来，耽悦歌舞，更与伶官为伍，至不自拔，予教予子孙，令习诗礼，得厕列黉序，或束冠带，筮仕当时，为小官吏，治官事，视予之傀儡衣冠，摹为贤豪间人物，以自写胸次者，当有真赝之别矣。故予戒予子孙，令不得复为伶人，不许好声歌，其幸免乎。予慕名伶程长庚之为伎，而学其为人，长庚喜为伍子胥剧，予师子胥，予学长庚，窃师其贤豪也。程君重学士，未曾不礼貌之，予在军在梨园，尝惓惓于是，不敢自菲薄也。其他各事，多已数见京津汉沪各报中，想亦为足下所洞悉，且非此短时间内所能详尽，过日当再为足下详述也。

孙老供奉言至此，轩主因谈话时间太久，非老年人所宜，遂起立告辞，互为珍重而别。

叶春善

采访人：王柱宇

原载1932年5月29—30日《世界日报》（北平）

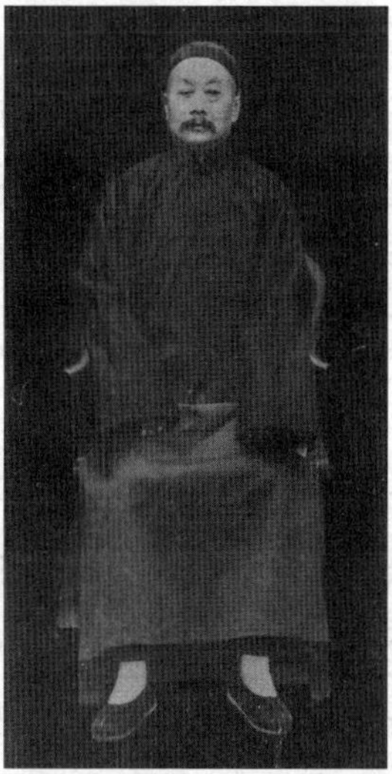

清乾隆帝带四大徽班入京

谭汪以前无所谓派

富连成社社长叶春善为现今剧界老前辈，创办该社，自喜连成社起，迄今已三十年。造成剧界人才，不可数计。记者于昨日赴海北寺街叶之寓所访问，据谈剧界情形，及该社成立经过甚详。兹分志谈话情形如次：

皮黄来源

记者问：我国盛行之皮黄戏，其来源如何？

叶答：现今所唱之皮黄戏，发源于何时？殊难断言，盖由逐渐改革而来也。清乾隆帝下江南时，带四大徽班入京，于宫中设升平署[1]，以容纳之。所谓四大徽班，即三庆、四喜、春台、和春，在宫内应差。当时之四大徽班，固非现在所谓皮黄，亦非徽调，完全为昆腔。其三庆班，即程长庚所起，自同治年间，始改唱徽调。今日之皮黄腔，则创始于谭鑫培、汪桂芬、陈德霖、金秀山、龚云甫诸人。在此数人以前，则为徽调，与今日通行之腔调迥异。故此数人者，可谓为皮黄最近之始祖。陈德霖系三庆班学生，今日硕果仅存之钱金福、程继先，乃陈之师兄弟也。

（1）清康乾时，南府、景山两处为内监学戏之所，以备承应，是为内学，并设衙署管理，后渐添民籍学生即外学，道光元年六月初三日，奉谕裁撤景山衙署，其大小班“着归并在南府”，道光七年二月初六日，奉谕旨，将南府民籍学生即伶人全数退出，改南府为升平署，设总管一名，定例七品官职。

谭汪略历

记者问：谭鑫培、汪桂芬，为老生界之圣人，其略历如何？

叶答：谭鑫培之父，名老叫天，唱老旦。谭鑫培拜师学艺时，初名金福，习武生。继改名小叫天，后始更名鑫培。据云：因其生庚八字，五行缺金，故最后用三“金”字。唱戏一道，因重唱工表情，而腰胫如无功夫，姿态终不雅观。惟鑫培幼习武生，又兼天资过人。故艺成后，唱白念打，台风表情，屹然为一全材。汪桂芬为春茂堂之弟子，初唱老旦，不甚闻达。旋为程长庚操琴，得程腔甚多，又改唱老生。因在沪献技，不得售，郁郁返都门，寄寓败寺中。后入升平署为学生[2]，渐以成名。综计其一生，走红仅二十年，死时尚在五十岁以内[3]。其人赋性古梗，人缘不佳，身后甚为萧条。

(2) 光绪二十八年（1902 年）六月十一日挑选进升平署担任民籍教习，时隶福寿班。

(3) 生于咸丰十年（1860 年）八月十四日，殁于光绪三十四年（1908 年）五月十二日，卒年四十九岁。

硕果人物

记者问：叶社长籍贯何处？

叶答：原籍安庆，流寓此间已三世矣。先祖讳庭科，以清嘉庆年间入京谋事，未就。于道光年间，入松竹科班[4]学戏。松竹班，后改松竹成[5]。先父讳坤荣，幼习架子花脸。出科后即入四喜班应差。本人生长此间，亦可谓之本地人矣。

(4)“松竹班”，应为嵩祝班。按此处记录有误，叶春善父叔叶坤荣、叶述荣均坐科于嵩祝，坤荣名中定，工昆乱净行，述荣名中兴，工昆老生，同门师兄弟有詹天喜、王松林、王长桂、姚起山、殷德瑞、汪年保（汪桂芬父）、夏奎璋（夏月珊、月润弟兄之父）、孙八十、李寿儿等。

(5)“松竹成”，应为嵩祝成。

问：叶社长亦曾学戏乎？

答：本人幼在小荣春[6]科班学戏，与朱玉康、郭际湘（即老水仙花）、杨小楼同科。老朽今年五十八岁，同时学戏，至今尚存者，不满十人矣。

（6）报班文书作“小荣椿班”。

问：叶社长学戏系何工？

答：老生。

问：即今日所谓之谭派乎？

答：否。本人学戏，尚系一种之老腔，无所谓派。本人出科后，搭入四喜班献技，谭鑫培尚不甚著名。盖鑫培之戏，系由徽调中程长庚、张二奎、卢台子诸人，融荟变化而出，今谓之谭派，在昔即一种之红运腔而已。

组织科班

记者问：富连成社，系叶社长所创办，其来由可得闻欤？

叶答：本人搭四喜班献技有年，碌碌无足述。庚子以后，光绪二十八年，随班出关献技。二十九年，由关外回京。同业以本人少年老成，信用甚著，劝组一科班，收戚友子弟，教使学戏。本人从之，于琉璃厂西南园，组喜连成科班。[7] 成立之始，得学生五十余人。不过，科班与学校性质不同，无所谓固定程度与年龄。其年龄太稚者，毕业年限较长。年龄稍长，或曾在别处学戏，具有相当程度者，毕业年限，自不能不比较缩短。盖剧界同业，非戚即友，介绍来学者，大都情不可却。无已，只好量其资质，酌予安置。好在，年长而有根柢者，其学戏亦较易。故本科班所收学生，往往陆续加入，并无春季始业、秋季始业之限制，而各科人数，亦无固定之可言。

(7) 光绪三十年（1904 年）成立，光绪三十二年（1906 年）九月报班挂牌演唱。

已造成人才三百名左右
梅兰芳为叶之带师徒

养成人才

记者问：叶社长所组科班，养成人才，不知若干？

叶答：喜连成时代为九年，改富连成后[8]，已历二十一年。初组喜连成时，学生皆以喜字、连字为派名。改富连成后，学生则以富字为派名。以次为盛、世、元、音[9]。喜字为第一科，连字为第二科，富字为第三科，盛字为第四科，世字为第五科。现正学戏者为世字派，属第五科。至三四两科，有已毕业者。至于六七两科，尚未开始招收。计头科五十余，二科八十余，三科一百余，四科八十余，已出科献技者，约三百名左右。第一科之侯喜瑞、雷喜福、高喜玉（即元元旦，现在南方），二科之马连良、骆连翔、于连泉（即小翠花），三科之谭富英、茹富兰、沈富贵、吴富琴、尚富霞，四科之李盛藻、李盛泉[10]，五科之袁世海、傅世兰等，皆其著者。

(8) 富连成班，民国元年（1912 年）8 月 28 日开市。

(9) 实际按“盛世元韵”排名。

(10) 原文作“李盛全”，下同。

叶之二子

记者问：尚有叶盛章、叶盛兰，亦四科出色人才，确乎？

叶笑答：此次三两小儿也，承顾曲界谬赞，老朽甚为感荷。

问：叶社长令郎共几位？

答：小儿凡四，长名龙章，现充某军军需职务，幼名成章，现在小学肄业，各从其志也。

问：闻李盛泉为坤伶李桂芬之弟，然欤？

答：诚然。此子家学渊源，夙有根底。更兼资质聪颖，举一足以反三。唱老旦，颇为一般所器重，将来极有希望。

问：闻李慧琴有一子，最近入科，系何派名？

答：此子年仅八九岁，派名世香，习老生。

问：世香之名，系青衣花旦一流，尚兼学小生否？

答：不。其命名由来，系一笑话。因此子乳名大臭，故为起派名曰世香。盖登台演戏，求其能香，而恶其为臭也。

学生待遇

记者问：科班对于学生，如何待遇？

叶答：小孩入科，例须七年毕业。中途由戚友介绍入科者，三四年毕业不等。在科时，一切需用，均由社供给。演剧所得，亦归社内收入。出科后，各不相涉。学生饭食，早十时，食馒头，晚七时，食米饭，夜内，食稀粥。每月食肉两次，有堂会则临时增加。衣服，为一律的。同时穿用，同时换洗。每人给行李一套，在大木炕上睡眠。夜内，由两老先生看管，并有更夫二人巡更。学生每日沐浴三次[11]。有疾病时，由指定大夫治疗，医药之费，亦由社内担任。平时，社内尚洒防疫药水，或分给卫生药品，综计一年医药费用，往往耗费数千元。学生睡眠时间，每日规定为七小时，通常如无夜戏或堂会，则于早五时余起，练武工，喊嗓，以次习唱做白等。至于睡眠太晚，则起时，亦稍宴。因睡眠不足，于学戏，于学生身体均有影响也。

(11) 原文如此。

出路种种

记者问：学生出路，固以唱戏为唯一目的。但亦有别种出路乎？

叶答：此系学生毕业后之自由。能唱者，固登舞台演剧，其不能唱而不愿走者，本社亦可代为安插。或充场面，或司管场，或任管事，或留科教戏，现社内有先生十余人，专任教戏。尚有助教若干，则前科毕业学生也。

问：社内毕业学生而出色者，如前述而止乎？

答：尚有所谓“带师徒”者，系一种之记名学生。如王文源、高百岁、贯大元等，皆本社带师徒。梅兰芳亦本社带师徒之一。彼于光绪三十二年，入本社为带师徒，与康喜寿、金丝红、王喜禄等，同台演唱。历时一年，始改搭他班。惟彼能博学多闻，故成今日之艺术。成一名士者，其师实□仅一人。唱戏一道，亦具此种理由。彼于老朽，至今仍执弟子礼，但老朽则愧不敢当矣。

时慧宝

采访人：王柱宇

原载1933年1月10—14日《世界日报》（北平）

幼年为龙长胜所赏识
长常就正于孙菊仙

老生时慧宝，号智农。在近今梨园界，为老成一流。孙菊仙既逝世，以黄钟大吕之音，著称于时者，除此君外，殆无第二人。此君并擅书画，临魏碑，殊极清古。其指画兰花，尤远近知名。十余年前，此君赴汉口献技时，大舞台主人，为冠"伶界才子"之头衔。往往演《戏迷传》，当场写字。在舞台上，另成一种风味。记者特于昨日，赴棉花下七条五号时之寓所访问。比承延入书房，与记者接谈。其书桌上，列魏碑帖一幅，前清朝考卷真楷书一幅，有诗书气。问答间，雅善谐谑，无殊所谓"老青年"者。但㧑谦殊甚，谈戏之处，略而不详。而吉光片羽，亦可概见一斑，兹分志如次：

时之家世

记者问：时君原籍何处？高寿几何？

时答：本人今年五十一岁[(1)]，原籍江苏吴县。先父（时琴香即时小福）于清咸丰末年，只身来北京，即在此间成家。生子四，本人居最小。本人尚有一妹，适陈老先生（德霖）为继室。陈之前妻遗有二女，余叔岩夫人，即陈前妻所生。故本人与叔岩，尚有瓜葛之戚谊也。

(1) 生于光绪七年（1881 年）七月二十七日。

记者问：苏州为江南胜地，尊府原籍人口，当极众多？

时答：咸丰末年，发匪猖獗，所至为墟，先父北上，完全为避难性质。本族人丁，向为苏州望族，世代书香。先父北来而后，即与原籍断绝音耗。本人曩曾以南下之便，回籍探询，则时姓极少。本人历述家世，迄鲜知者。后见一住宅墙畔石基上，镌有时姓堂名。本人于附近刺探，亦不知属于何宗何支。本人此行，乃无结果而返。盖原籍人丁，想已同罹发匪之浩劫矣。

八岁学戏

记者问：时君学戏，始于何年？

时答：本人开始学戏，其年甚稚，仅为八岁。当年，有龙长胜者，唱老生，大气磅礴。每一登台，即有人满之患。值龙长胜演《铁莲花》，索本人试配小孩。盖初学戏时，必学娃娃生。如《三娘教子》《桑园寄子》《汾河湾》等戏中之小孩，本人在八岁时，即能演唱。本人一度与龙长胜配戏，彼即许为奇材。谓其嗓音洪亮宽敞，为难得之选。此本学戏之最初时代也。(2)

（2）光绪二十二年（1896年）六月，时慧宝与其兄炳奎同搭小长庆班，时炳奎为领班人之一，次年搭新出春和班，承班人时炳奎、李荔秋，实际掌班者为其父小福，前者小长庆或亦如此，因时小福名庆，嵌名入班亦是常理，后陆续搭新出春庆班（光绪二十四年三月）、小双庆班（光绪二十九年闰五月）、搭新出小双庆和班、复出洪奎班（光绪三十一年五月）、太平和班（宣统二年）等，光绪三十一年（1905年）正月赴沪，先后搭玉仙、春仙茶园，次年二月再搭春仙，光绪三十三年（1907年）正月起，再次来沪搭新开玉成茶园，其民国前略历如上。

记者问：时君后拜何人为师？

时答：本人之师，惟姚增禄先生，为正式拜门者。其他，有属先父知交，以友谊相训教者，则不胜枚举矣。

不愿学奎

记者问：时君之戏，果为何派？

时答：本人之戏无所谓派。不过，本人之思想：习奎派（张二奎）乎？板而不灵，不愿学。习孙派（孙菊仙）乎？而孙之嗓音，为天赋特质。实大声宏，空前绝后。虽程长庚，亦自叹弗如。本人之嗓，以比孙翁，殊有小巫见大巫之憾。又不能学。无已，乃就其性之所近者，兼摹前人之长，揉杂成腔。上得台去，放开嗓音，喊得几口，足供戏迷过瘾之用而已。

记者问：时君之戏，以孙腔为最多。则时君得力于孙菊仙者，当属不少？

时答：孙翁与先父为契友。当年，先父接办四喜班，为罗致人才计，曾于舍间，以一花厅，为孙翁下榻之所。孙翁在舍间，起居食宿有如家人父子。故本人之戏，亦时有就正于孙翁处。然窳劣之材，不敢自进于学孙之列也。

时琴香为四大庙首之一
《马鞍山》为慧宝拿手戏

程甚高狂

记者问：如时君所言：孙菊仙嗓音之佳，虽程长庚亦自叹弗如。何以孙菊仙之名，远逊于程长庚？

时答：孙翁终属票友出身，根底甚差。而程大老板之戏，文武唱做白，无一不擅，无一不佳。至于孙翁，则仅能以唱见长。能文而不能武，能唱而白口太差，此孙翁之缺点也。

记者问：程长庚与尊大人，交谊如何？

时答：程大老板为人刚正而高狂，见人不肯假以辞色。当时，精忠庙有庙首四人[3]，总管梨园行事务。程长庚、谭鑫培，及先父，俱为庙首，但程之身份特高。因事务上，会于一处，彼于先父，亦不甚周旋。先父固无如之何也。一日，程大老板之子程章甫，因事为九城御史捕去。程焦急无法，恳于先父，代为缓颊。先父向与九城御史为知交，疏通结果，将章甫释放。自此，程大老板感于先父之惠，二人始成莫逆。

(3) 同治五年前，庙首系程椿即程长庚、刘宝山即刘赶三、周启元三人；同治六年至光绪四年，庙首为程刘两人；光绪四年十二月，庙首程椿即程长庚因年近七旬，推举徐炘即徐小香、杨久昌即杨月楼帮办差务，暨刘赶三，庙首共四人；光绪五年十二月十三日程氏病故，挑选王九龄补缺，庙首仍为四人；光绪九年，因徐小香出京，以俞光耀即俞菊笙补缺；光绪十一年，庙首为时庆即时小福、刘宝山、杨久昌、俞光耀四人（按王九龄卒于是年六月十九日，时小福当系补其缺）；光绪十七年六月初一日杨月楼病故（见光绪十七年《恩赏日记档》乃是年六月十八日《申报》所载《京畿新语》），八月，谭鑫培补其缺，与时刘俞并为四大庙首。

体力与嗓

记者问：嗓音之优劣，为先天的乎？抑后天的乎？

时答：嗓音优劣，源于先天者半，源于后天者半。

不过，所谓后天者，系指保养身体而言。盖唱戏一道，全恃体力强健，乃能底气充实。若体质衰弱，纵有佳嗓，亦无法使出。因唱戏时，最忌喉中生痰。不过，体力强健者，即有痰沫，而一吐即脱，殊不碍事。惟体质衰弱者，痰格喉际，咽之不下，吐之不出，即无法唱戏矣。叔岩之嗓，原无所亏损。但因溺血日久，体质衰弱。底气不足，喉际多痰。遂不能登台。彼家居数年，静极思动，拟于明春一试。究竟，至时能否实现，尚系一问题。故嗓音源于后天之关系，全在保养身体。至于喊嗓吊嗓，犹在其次。

保养之法

记者问：时君近来亦吊嗓乎？

时答：本人从不吊嗓。三五天以内，登台一次，殊无试唱之必要。不过，倘搁置数月，在登台前数日，则非试唱不可。

记者问：时君保养身体之法如何？

时答：此无他，早眠早起，清晨作野外散步一次。最近，时已岁暮，天气甚短。本人每日起床时间，必在上午九时以前。盥漱后，即徒步至先农坛附近，散步时许，再徒步返回。在先农坛附近，亦只为最平和之运动。不喊嗓，亦不试唱。行之不间，觉身体舒适，嗓音亦颇适用。

记者问：何以不至更远之郊外？

时答：此种运动，只取其空气清新，并不取其路途遥远。因过于劳乏，又于嗓音大有妨碍也。

退避贤路

记者问：时君之嗓甚佳，但时君所贴演各戏，多为《朱砂痣》《上天台》《马鞍山》之类，如《探母》《卖马》《洪洋洞》之类，时君亦能之乎？

时答：本人以唱戏为职业，四十余年于兹，各种旧戏，无不能者。不过，《探母》《卖马》《洪洋洞》之类，近今所崇尚者，仅为谭鑫培一派。本人之腔调唱法，与谭派迥然不同。与其唱来而不受欢迎，何如不唱？至《马鞍山》一类之戏，其腔调韵味，［本］人既觉绰有把握，而谭派诸人，又迄不贴演。故本人之不唱谭派戏，为退避贤路。本人之唱《马鞍山》等戏，为人弃我取。亦各从其志而已。

记者问：时君有饮酒嗜好乎？

时答：无。

记者问：闻之，酒能坏嗓，然欤？

时答：不然。有一绝大例证，可证酒与嗓音，并无关联之处。

时琴香唱戏酒愈足而嗓愈佳
程长庚之空车可叫座

酒可润嗓

记者问：酒于嗓音无碍，有何例证？

时答：先父唱青衣，驰名一时。有多数青衣剧本，系本人家藏。如《汾河湾》一剧，原本极力描写柳迎春在寒窑中十八年来之苦况。而一般演者，多以全力集中于科诨。遂使一出悲剧，变成一出喜剧。当时，独先父演来，令人不禁凄然泪下。厥后演者，遂以先父之本为宗。然先父以唱青衣著称，又酷嗜杯中物。

言间，取座侧一瓷茶盅，示记者曰：此先父生前用以饮酒者也。

记者视之，瓷甚细，系裂为数半，而以铜钉拘住者。

时又曰：先父嗜酒，饮绍兴，恒数十碗不醉。每出场，非酒不能唱，在后台上，必尽量痛饮。酒愈足，嗓愈佳。先父每生辰，必举行一次之“八仙庆寿”。缘先父之弟子，皆为“仙”字派。又俱与先父，同其嗜好，各各量宏善饮。诸门徒来庆贺生辰，则择善饮者八人，陪先父痛饮，故谓之“八仙庆寿”。可见酒于嗓音，不惟无所妨碍，且有润嗓之功效也。

慈禧赐饮

记者问：酒可润嗓，亦殊奇谈。然则尊大人之嗜酒，外间亦有所传闻乎？

时答：岂独外间有所传闻？前清宫中，亦莫不共知。一日，慈禧太后召先父入宫演剧。剧目，系《二进宫》。先父饰龙国太，唱完一段出场慢板，慈禧大乐，乃语左右曰：时小福善饮，酒愈足嗓愈佳。可烫酒一壶，赐之饮。内侍奉旨，携酒上台，宣称：奉太后旨：赐时小福饮。先父急跪下，饰杨波、徐彦昭者，各背身而立。场面乐器，同时并歇。先父引水袖，自障其面，如饮场状，吸尽一壶。谢恩毕，始继续唱下。其嗓音，得此一壶御酒，乃益觉悠扬婉转。慈禧则大赞曰：小福真奇材也。厥后，先父每一入宫演剧，归时，必携陈绍数坛。其酒坛，黄封绘龙，盖慈禧所赏赐也。该项御酒，先父珍视之，不轻启封。作古以后，犹遗留数坛，作传家宝。年前，舍间宴客，曾开一坛，以飨来宾。其酒，色黯黄，醇厚芬芳，乃百余年物。非如今日之卖酒者，故作狡狯，倒印年号，自谓系数十年前酿得，实则欺人之谈也。

程之魔力

记者问：尊大人既为宫中所赞美，又与程长庚，同为庙首。程即高狂，何得傲睨一切？

时答：程大老板之乖僻，有出人意料者。缘程之技术，为一时所崇尚。则其声价，自无形增高。其时，梨园行人在各园演剧，系轮流掉换。而各园有何角出演，亦无贴戏报之办法。程大老板每赴园演戏，必乘其自备之轿车。抵园后，车停门首。追逐程大老板听戏者，见何园门首，停有程之轿车，即纷纷入园，就座听戏。一日，广德楼主人，因生意不佳，忽思得一妙计。言于程之赶车人，请其将程大老板之空车，赶至广德楼门首，停放片时，出银五两为运动费。赶车人从之，将程之空车，赶至广德楼门首。停歇不半小时，而广德楼座客告满。但戏已终场，迄无大老板上场。座客大哗，纷纷质问：何以无程大老板？主人则辩称：事前并未声明有程大老板。座客又问：门首何来大老板之空车？园主则曰：适大老板来此，小谈即去，本园并未约其演戏。座客词穷，各自认晦气而去。其号召座客之魔力，有如是者。

程长庚在后台叱退贝子贝勒
程演戏必偕三庆班

胆大不惧

记者问：程长庚受社会之热烈欢迎，故性情高狂。闻其常有抗拒官府之事，然欤？

时答：彼岂只抗拒官府？前清时代，贝子贝勒，势焰之大，炙手可热。其视梨园界人，直奴隶之不如。而程大老板，且目无贝子贝勒。一日，有贝子贝勒数人，相将入后台。盖后台虽不容闲人出入逗留，而于贝子贝勒辈，则无或敢禁止者。当时，戏园门首，不惟不贴戏报，即戏园之内，亦不挂戏牌。入园听戏，惟有静坐而待。一剧上场，始知当演何戏。在派戏以前，照例由班主在后台，随时写于水牌上。此水牌，惟后台管事人，可以窥见。写出何戏，后台管事人，即走告诸演员，而临时支配角色。其时，程大老板坐于房内，持笔派戏。诸贝子贝勒，不能耐，入房看牌。程大老板则将水牌，覆置桌上，叱问："你们干什么？"词严色厉，诸贝子贝勒托词曰："来此商订堂会戏耳。"程大老板又曰："订堂会戏，有账房可以接洽。不要到这里探看！"诸贝子贝勒无法，唯唯而退。程大老板之胆大不惧又如是。

抗拒御史

记者问：程长庚抗拒官府之事，可得闻欤？

时答：彼抗拒官府，往往有之。在昔九城御史，为直接管辖梨园界者。九城御史如有传唤，无或敢违。独程大老板之眼底，无所谓官府，无所谓九城御史。一日，九城御史有堂会戏，唤其加入演唱。彼不应。九城御史怒，派差役传之。公差既至程家，以御史之意相告。程曰："官传我去，我即去。但我之去，为服从官厅，不为演戏。我空身去，不许送戏衣随行。"言毕，自请上锁链。公差知程为官方所重视，并不加锁链，率程至御史署。御史问："来乎？"公差曰："来矣。但未带戏衣，因其不肯演戏也。"御史曰："姑问之：愿演戏，抑愿闻尿桶？"公差以语程，程则曰："不愿演戏，愿闻尿桶。"御史怒其无礼，立命锁于尿桶之侧，使其以鼻俯就尿桶。并曰："彼何时愿演戏，即于何时释放。"

愿闻尿桶

记者问：然则程先生吃苦矣。

时答：公差领命，将程大老板脖项，用铁链锁住，牵就尿桶之侧。使程之鼻端，紧承尿桶边际。程无言，以目视尿桶，若甚自得者。公差又为述御史之言，程摇首曰："此味甚佳，强如演戏也。"诸梨园行人，见事已闹僵，纷纷前往，委婉劝□，晓以利害曰："'现官不如现管'，吃梨园行饭，则归九城御史管辖。唱一出戏，我辈并无损失，何必执拗到底？"程则答曰："演戏与否，其权在我。要我闻尿桶，其权在官。官之权，仅能要我闻尿桶，不能强迫我唱戏。我愿服从官之权威而闻尿桶，不愿受人强迫而演戏，以致失去我之演戏自由也。"御史闻之，钦其有"匹夫不可夺志"之概，命左右释之。其戏终未演唱。

记者曰：程长庚如此倔强之理由安在？

时答：此为程大老板之操行过人处。缘程有一信条：彼演戏，必偕三庆班同人。据谓：我不与三庆全班同演，则三庆班同人，皆饿死矣。当日班底，非三庆班，故程始终不演，以头可断志不可屈自誓。此种顾全同人之美德，令人不复可及！

程长庚一怒而令吸烟的滚蛋

座客告满程演《黄金台》

禁止吸烟

记者问：程长庚之抗拒官府，完全为顾全同人生活，似不得谓之乖僻?

时答：彼之性情，实有乖僻过人处。程不吸烟，而恶人吸烟。当时，一般座客，多为达官贵人。入园听戏，则以听差携烟袋随行。有吸高关东之京八寸者，亦有吸皮丝烟之二马车的水烟袋者。既就座，各各燃火吸烟，水旱齐发，浓烟弥漫，充满戏园之内。一日，程大老板适患嗽，小病甫愈。一出场，则烟雾蔽目，随呼吸以入口鼻，程在台上，乃大嗽不止。一场既下，程大怒，唤前台司事人至，拍案大吒曰："你们干什么的？我咳嗽，闻不得烟味。满园子的人，一个个都吸烟，害得我咳嗽不止，你们怎么不管?"前台司事人错愕不知所对。盖坐客多贵族阶级，而戏园内禁止吸烟，在中国梨园史上，实未之前闻，有不容加以阻止之势也。程见司事人等有难色，又怒曰："去！问他们来听戏？还是来抽烟？抽烟，可以在家里抽，不要上戏园子来抽。愿听戏的，不许他们抽烟。要抽烟的叫他们滚蛋。"司事人无法，赴前台，以程大老板之意，委婉告语于座间，但曰："大老板病嗽，畏烟气。倘再抽烟，则大老板不敢出场矣。"座客闻语，纷纷自灭其火，无一人反抗者。一时，烟雾消灭，空气清明，大老板出场，全场且欢声雷动。此其性情高狂，濒于乖僻之一证也。

人少戏佳

记者问：系事实所限。盖程患嗽，一闻烟气，即有碍演剧，程固不能不向座客订此条件。座客为听戏计，亦有接受容纳之可能。似亦非绝对高狂？更非绝对乖僻？

时答：程大老板之乖僻历史，尚有一例证。一日，值风雨兼旬，甫放晴而又阴雨。道途泥泞，行人绝少。程赴园演戏，未开戏，即于帘门窥探。则见座客寥寥，甫二三百人。后台司事人，问："大老板今天演何戏？"大老板则执笔大书曰"探母回令"。司事人阴疑之，语程曰："今日上座太少，此《探母回令》为第一重头戏？不可惜乎？"程曰："你们知道什么？这样天气，到这里来听戏，这是真正来听我唱戏的。人家来听戏，便该唱好戏给人家听。人多人少，有什么分别？"迨《探母回令》上场，出于座客意料之外，其喜于色，有不可形容者。

人多戏劣

记者问：此或系为营业起见。因人少唱好戏，则风雪雷雨之际，亦可招徕座客。若座告满时，亦必演好戏也？

时摇首曰：不不。所谓乖僻者，出人意料之谓也。又一日：天气晴明，日暖风和。入园听戏者，肩摩踵接，座无隙地。拥挤于座后者，且以数百计。程入园，于帘内窥探，则意兴索然，不发一语。后台司事人问："大老板演何戏？"大老板则执笔大书"黄金台"三字。后台司事人，又失惊曰："《黄金台》这戏，太不过瘾。

恐不能满足座客之欲望。”大老板曰：“你们太糊涂！你别看人多，他们不是来听戏，是出来透风的，也许在前门大街走得乏了，到这里喝点水，歇歇脚。也许到别的戏园子里去，没有座位，挤到这里来了。他们不会听戏，我不能演好戏。”司事人不能争，座客亦只好认命。此种乖僻，则难于理解矣。

时语毕，记者遂辞去。

王凤卿　附王幼卿

采访人：林醉陶（一得轩主）

原载1930年10月3—14日《全民报》（北平）

昨日（二日）下午四时，轩主赴前外大马神庙二十八号，访问王凤卿。刺入，先由王幼卿出为招待，有顷，凤卿出晤，谈及时余，兹录王凤卿君谈片如次。

王君家世　予（王君自称，下同）现年四十九岁[(1)]，原籍淮安府清江人。先君家琳，八九岁时到北京，从郝兰田老板学戏，郝老板与程长庚大老板同时，唱老旦，极负盛名。先君从郝老板学昆旦，艺术进步极速，郝老板极为赞爱，婿之以女，于是由门生而为门婿矣。自是而后，外大父授先君艺，不遗余力，而先君业益遂猛进，在当时出演各园，极负盛名，博得一般人赞许。既而先君与俞菊笙老板（俞振庭之父）结把兄弟，情谊之深，逾于骨肉，每次出演，互相辅助，相得益彰，故获益良多，而声誉亦日益隆矣。自家慈来归后，育予兄弟三人，予居次，长兄为瑶卿，三弟为立卿。既而先君弃伶习贾，开设当行，自后不复粉墨登场、现身红氍毹上矣。先君自习贾后，营业所入颇丰，家况稍裕，及庚子之变，京师大乱，予家所开设之当行，爇于火，先君亦因是惊悸成病，至于弃养。斯时也，孤儿寡妇，无以自立，予辈不得已，又入伶界，习艺以自活，时予年方十四岁，而家兄瑶卿，则正十六岁也。予习戏至今，荏苒三十余年矣，徒负虚名，了无建树，差足以自慰者，则老母在堂，寿正古稀之年，而康健犹如壮岁。且予现已有子二人，长子少卿，次子幼卿，女一人，男孙三人，女孙二人，得先人之余荫，承欢膝下，诚天伦之乐事也。

(1) 生于光绪九年(1883年)六月初九日。

演戏经过 予十四岁时，即入三庆班习戏(该班为程大老板长庚所创办)，予习文武老生，颇为一班人所赞许。既而从贾丽川老板(贾鸿林之叔)学戏，贾老板为当时须生泰斗，对于戏剧，深有研究，予受其陶铸，获益良多。至十七岁时，入福寿班，出演于广和楼，与大家兄瑶卿同台。[2] 二十岁，与姜妙香，同在鸿奎班演唱。[3] 时妙香尚唱青衫，未改小生，且嗓子绝佳，无论何戏，均始终卖力，故有“姜八刻”之绰号，予与妙香合演，极受台下欢迎。既改搭玉成班，与姜妙香、刘鸿升、俞振庭等同班，时刘鸿升尚唱黑头。彼时最受台下欢迎者，为予与鸿升、妙香，合演《二进宫》，鸿升去徐彦昭，妙香去李艳妃，［予去］杨波一脚，刘之黑头，姜之青衫，在当时均推绝响，而以予之不才，亦得附之骥尾，殊为一时之盛会。迨后予与姜妙香，脱离玉成班，改搭长春班[4] 演唱，亦极博得九城中一般人之美誉焉。

(2) 光绪二十一年(1895年)初次出台，系搭四喜班，光绪二十七年(1901年)，陆华云、余玉琴合组福寿班，王凤卿再搭福寿班演唱。

(3) 即复出洪奎班，承班人贾洪林即贾鸿林、陈素卿，光绪三十一年（1905 年）五月二十七日报班挂牌演唱。

(4) 即小长春班，光绪三十一年十二月报班挂牌演唱，承班人陆华云、胡素仙，该班系小科班，外串名角演唱，光绪三十三年（1907 年）十月初五日，班主陆华云卒，长春散班，王凤卿、姜妙香改搭承平班。

入宫供奉 迨予二十五六岁时，入内廷升平署当差(5)，与予同时在内廷供奉者，有谭鑫培、杨小楼、陈德霖、朱素云、龚云甫、余玉琴、钱金福、王长林、李寿山，及家兄瑶卿等人。今者，鑫培早已作古，德霖、素云近亦逝世，长林则久病未能出演，玉琴则已留须，不再作现身相想，云甫则久未粉墨登场，家兄亦一意于课授生徒，久未演唱，目下时出台者，惟小楼、金福、寿山，及予数人而已，缅念旧游，不禁有今昔之感矣。

(5) 光绪三十四年（1908 年）三月初八日挑选进升平署担任民籍教习，时年二十六岁。

师李顺亭 予在内廷当差时，极荷皇太后赞许，且当差诸人，以予年龄为幼，如谭鑫培，如陈德霖，如余玉琴等，均比予长，至杨小楼，亦比余大数岁，皇太后以予年幼无师，因下懿旨，令予拜李顺亭老板为师，皇恩优渥，奉旨拜师，在伶界中，殊为鲜见，实为予毕生之荣幸也。

师汪桂芬　予师汪桂芬老板，在予二十三四岁时。予常在肃王府堂会，肃王之弟善二爷，极赏予艺，适汪桂芬老板，亦在肃王府演戏，予对汪戏，极端赞成，每逢汪老板演戏之时，静聆仿摹，善二爷窥予意，知予之有意于学汪戏也，因为予介绍于汪老板，从汪老板学戏。汪亦喜予之诚意也，逐日为予说戏，计先后为予说《战成都》《文昭关》《鱼肠剑》《御碑亭》《群英会》《朱砂痣》诸戏，耳提面命，不遗所能，予亦敬谨研究，未敢或懈。彼时虽未曾正式行拜师礼，然所得于汪老板之教实多，予至今之能借以自糊其口者，实汪老板教导之赐也，饮水思源，感靡涯矣。

与梅合演　自民国后，予即与梅兰芳同唱。[6] 民三，在吉祥园，一同出台，极得一般人赞许，时兰芳初露头角，在社会上，尚未知名，自在吉祥演后，而声誉鹊起矣。[7] 及民五六间，在第一舞台，予与杨小楼、梅兰芳同台，尤得九城人士之称赞。[8] 计予自与兰芳合演以来，至今几二十年，除前者赴日，此次游美，予因故未与兰芳偕行外，其余无论在京演唱或赴京外，予与兰芳，未曾须臾离也。计先后同赴上海者七次，汉口者一次，杭州者一次，南通州者二次，至于同赴天津演唱，则次数极多，述亦不胜述也。其赴上海者，第一次、第二次，均在丹桂舞台，第三次，则在天蟾舞台，而最后一次，则为大舞台也。[9] 除上述赴京外演唱外，在京中演唱之日颇多。忆民七八时，予与兰芳，出演新明大戏院，彼时为最盛时期。每次出演，成绩之佳，实有出于人意外。曾于七夕在新明连演《天河配》三晚，立而聆者，不下百人，而望门兴叹者，不知凡几也。

(6) 民国元年（1912年），与梅兰芳、王瑶卿同搭田际云之大玉成班演唱。

(7) 民国四年（1915年），与梅兰芳同搭俞振庭之双庆社演唱。

(8) 民国六年（1917年），与梅兰芳同搭杨小楼班在第一舞台演唱。

(9) 第一次，民国二年（1913年）11月，丹桂第一台；第二次，民国三年（1914年）12月，丹桂第一台；第三次，民国五年（1916年）10月，天蟾舞台；第四次，民国九年（1920年）4月，天蟾舞台；第五次，民国十一年（1922年）5月，天蟾舞台；第六次，民国十二年（1923年）12月，共舞台；第七次，民国十五年（1926年）11月，大新舞台；第八次，民国十九年（1930年）12月，荣记大舞台，此后未再与梅兰芳同班演唱。

谈姜妙香　予与姜妙香，相处最久，当予在鸿奎班演唱时，即与妙香同台，妙香少予数岁，以兄事予。彼时妙香尚艺青衣，嗓子特佳，如《玉堂春》《二进宫》等戏，妙香演来，绰有余裕，故当时有“姜八刻”之称，观此可见其一斑矣。迨后同搭玉成、长春等班，互相辅助，盖须生、青衫二脚，关系尤为密切也。及予与畹华同班，而妙香已改唱小生，辅助畹华，排演新戏，予两人又复同台出演矣。予与妙香，相处几三十年，感情尤为融洽，此次妙香，因特殊关系，随艳秋赴沪，而畹华演戏，遂另约蕙芳[10]配演矣。

(10) 王蕙芳，原工花衫，时已改工小生。

拿手戏剧　予之戏剧，予自问并无可谓拿手者，承君询及，转足增惭。予幼时，从贾丽川老板学戏，严加指导，故凡须生唱做之戏，均可演唱。迨后奉旨拜李顺亭老板为师，获益良多，及汪桂芬老板为予说戏后，对于汪派之戏，均略有研究。现在予所常演者，除与畹华合演新戏（如《太真外传》等）外，如《战成都》《朱砂痣》《文昭关》《鱼肠剑》《御碑亭》《群英会》《汾河湾》《武家坡》《二进宫》《探母回令》等戏，均常演唱，然固未敢自谓拿手剧也。除上述各戏外，其余如《浣纱计》《战长沙》《捉放曹》《群臣宴》《宝莲灯》《回荆州·美人计》《长坂坡》等戏，演唱之时颇多。其与畹华合演本戏者，如《霸王别姬》中之韩信、《太真外传》中之唐明皇、《西施》中之越王勾践、《天河配》中之张有才等戏，亦颇受一般人谬许也。至于从前与杨小楼同在大内供奉时，合演之戏甚多，最为西太后懿赏者，为与杨小楼演《莲花湖》，杨去韩秀，予去胜英，每次演唱，必膺懋赏，殊优遇也。

王君言毕，轩主即向幼卿君询问，发表谈片如下。

王幼卿谈 予（幼卿君自称，下同）家庭中之状况，已由家严奉告矣。予现年二十四岁，髫龄时，即在家学艺，习文老生戏。九岁时，在庆王府彩唱，演《黄金台》，颇得一般人谬许。十一岁入三乐社（正乐社改名）坐科，与尚小云、荀慧生、芙蓉草等同科，艺老生，与尚小云等同演，凡老生戏，如《汾河湾》《武家坡》《探母回令》《南天门》《御碑亭》《辕门斩子》《桑园寄子》《卖马当锏》《举鼎观画》《审头刺汤》《浣纱计》《机房训》等戏，均能演唱。至十八岁，三乐社散，予适倒嗓，因改习青衫，从家伯瑶卿学戏，自是以后，不加（再）演唱须生戏矣。迨学之稍得，得家伯、家严之允许，出台演唱青衫戏，在京津各园，时常演唱，颇受欢迎。至民十六，三月底，随家伯瑶卿，与言菊朋等赴沪，在共舞台，演唱二个月，颇受春申江上一般人士赞许。(11) 予自改艺青衫以来，经家大伯瑶卿，严加督责，不稍宽假，故得略知概要。大凡旦脚唱戏，与须生不同，唱词须加京音，则尖团分析清楚，阴阳高低不乱，而后才好听。倘如学谭音[12]唱去，则不可入耳矣，此生旦之音不同也。至于排演新戏，颇不容易，必人人演唱皆好，方佳，若只宜于自己演唱，而不能普遍，虽好，仅属脚好而已，未可谓为戏好也。

(11) 民国二年（1913 年）11 月，王幼卿首次来沪，为其父及梅兰芳配演娃娃生，如《汾河湾》薛丁山、《朱砂痣》韩玉印等，第二次为民国十五（1926 年）年 5 月，与王瑶卿、言菊朋出演法租界共舞台，后搭马连良班，民国二十三年（1934 年）10 月再次来沪，演唱于荣记大舞台。

(12) 谭鑫培或谭派之音调，概指湖广音。

幼卿君言毕，轩主因有他务，遂与凤卿君等告辞，互为珍重而别。

王又宸

采访人：林醉陶（一得轩主）

原载1930年4月10—13日《全民报》（北平）

昨日（九日）下午四时记者赴宣外永光寺西街访王又宸，承荷接见，兹节录其谈话大要如次。

演戏经过 王又宸，现年四十八岁[1]，为谭贝勒英秀门婿。七八岁时，即嗜剧，喜听歌，归家后，常自学唱，模仿当时名脚，十余岁，私淑诸名伶，二十三四岁在肃王府消遣，犹未曾粉墨登台也。既而为友人所邀，赴京东高碑店彩唱，演《黄金台》《空城计》两出，完全系票友客串性质。其第一次正式登台，在廊房头条大舞台（按即现时第一楼遗址），其所演之戏为《碰碑》《打棍出箱》《洪洋洞》《桑园寄子》等剧，均模仿谭老板（即谭鑫培，下仿此）。[2]民国元年，赴上海，出演新新舞台，此乃离平演唱之始。[3]是时谭老板在沪[4]，聆王唱，赞许之。未几，由友人介绍，执贽于谭老板之门，谭亲为之说戏颇多，如《南阳关》《清官册》《打棍出箱》《定军山》等剧，均为详细加以说明，对于外间所传各曲本，亦多所更正，艺术于是益进。谭极加赞许，益尽力教授，并妻之以女[5]，于是由门生进而为门婿矣。民三四间，往上海共和中舞台演唱[6]，新排《诸葛亮招亲》[7]，连演四十七晚，每晚皆满座，诚有出人意表者，此可为一生最大纪念也。迨后该台亏累，至五万元，乃演反串独出心裁之《纺棉花》[8]，未及旬日，营业所入赢款，已足偿亏累之数而有余矣。

(1) 生于光绪九年（1883年）。

(2) 廊房头条大舞台，由乔荩臣等于宣统二年腊月集资兴办，为北京戏园子最先用“舞台”二字者。“庚子事变”后，清政府实施新政，凡事讲改良，处处开民智，社会人士常在报端鼓吹改良，乔荩臣即为代表人物之一，常对梨园行演说“新事”。大舞台，按他的话说，就是“舞台，全在样式稀奇，布置得当，不在乎转不转（编者按：指转台机关），将来我们的大舞台，不管好歹，总要让听戏的座位舒服，再者敝人每提倡一件新事，必有若许效法的，这就叫作赌胜争强”（见《说舞台》，乔荩臣，《北京新报》，宣统二年十二月十二日/1911年1月12日，第四版）。大舞台于宣统三年（1911年）正月工竣报厅，禀请开市，实行男女分座，因为田际云当时在革除梨园旧习、改良戏剧方面，与乔荩臣志同道合，所以由田际云之玉成班进箱演唱。当时风尚最重老生，特别是谭派老生，此次玉成班出演大舞台，特约新由玩笑旦改工谭派老生的孟小如担任头路老生，这是孟氏以老生工亮台的处女作。

现在能找到王氏最早演出记录为宣统三年（1911年）二月初一日大舞台戏报，报签子上写“特请清客串王幼臣”，戏码为《失街亭》代“斩谡”，排中轴，刘寿峰饰司马懿，普世亨饰马谡，大轴《贾家楼》（沈华轩），压轴《法场换子》（孟小如），另有《御碑亭》（刘景然、常荣福）、《胭脂虎》（许荫棠、荣蝶仙、德珺如）、《恶虎村》（李春来、小何九、沈杰林）等。按李春来因黄朱氏一案被诬“淫伶”，因刑满释放递解回籍，此时亦搭玉成班演戏。

（3）民国元年（1912 年）4 月下旬，王氏随高福安来沪，由高氏推荐给鸣盛公司新新舞台老板黄楚九，5 月 1 日出台，三天泡戏为《琼林宴》《洪洋洞》《空城计》，新新舞台为老天仙茶园班底，再加入四盏灯（周咏棠）迎贵茶园旧人马，著名角色有麒麟童、林颦卿、赵君玉。此系王又宸第一次来上海演出，甚受欢迎，声名鹊起。

（4）谭鑫培于当年（1912 年）11 月离京赴沪，11 月 14 日出台新新舞台，泡戏《空城计》，此时王氏与王蕙芳、田雨农等出演中华大戏院（亦舞台前身），风头甚健，号称“天下第一老生”。

（5）民国二年（1913 年）5 月 14 日，王氏原配奚氏病殁于沪，遗子一，名士楷。民国四年（1915 年）5 月 10 日迎娶谭鑫培之幼女嘉礼为继室。

（6）民国二年（1913 年）3 月，王氏与老票友江梦花接办中华大戏院，并改名为共和中舞台，角色除本人与江梦花外，尚有沈华轩、白文奎、刘永春、一盏灯、郎德山，4 月 1 日亮台，泡戏全本《奇冤报》，戏码排压轴，演至 11 月 3 日，旋改搭醒舞台（二马路新新舞台改名），系帮忙性质，半个月后辍演回京。

(7)《诸葛亮招亲》系民国十年（1921 年）王又宸搭沈少安之亦舞台期间所排本戏，与白牡丹（荀慧生）、孟鸿茂合演，5 月 30 日第一次出演，后又排演二本，连演数月，轰动一时，引发沪上各舞台竞相排演所谓“招亲”戏。亦舞台前身即共和中舞台，再前即中华大戏院，时间久远，记忆难免混淆。

(8) 系王氏搭醒舞台时所演剧目，民国二年（1913 年）11 月 7 日至 9 日夜戏，连演三场“戏中串戏”戏，分别为《盗魂铃》《十八扯》《纺棉花》。《纺棉花》原系梆子，以小马五演来最为出名，徽班京角串演以王又宸为嚆矢。

戏剧感想　国剧为我国旧有艺术之一，其词句剧情，几经先辈更削，始有今日之完备，后之演者，虽不能过于拘泥，然对于所有一切规矩，亦不可任意更易，务必本“求真”二字做去，间或有因文词之颠倒，或错误，大半为传授时之大意，或抄本之鲁鱼亥豕，亦未曾不可稍为改正，惟须以不背原词为要。此种词句，亦曾略为更改，如《空城计》中，“论阴阳，如反掌，保定乾坤”句，“保定乾坤”四字，与“论阴阳如反掌”八（六）字，不相贯串，不若移下句之“博古通今”四字以易之，似为较妥。[9]又“国家事，不容你等劳心”，又与潮流不合，盖天下兴亡，匹夫有责，“国家”两字，易以“军中”两字，较佳。但在沪演唱时，曾一度更易，而顾曲者多不以为然，故以后亦照原词演唱，习俗拘人，不得不尔也。近二三年来，票友之登台演唱者甚多，而社会中人走票者，又比比皆是，甚至于久住京师者，几乎无一人不能唱几句，曾谓十年以后，九城之内，必至于唱者多，而听者少，此非过甚之语，实亦观测京师目下社会情形而言。至于票友与科班比较，双方互有优点，自无待言，惟票友多出身念书，对于戏词，易于领悟，故亦多所更正。科班则当念书之年，正是坐科之日，为时间所限制，无法念书，而每日所与接近者，非戏师，即科友，有志念书者，亦苦无指引，及出科之后，又每为艺业所拘制，自不能深心研究学问，对于戏剧，自不能不照老词念唱，此为科班之缺点，欲救此弊，应于坐科时，加以相当之普通文字教育，当能免去此种缺点也。

(9) 民国三年（1914 年）10 月 4 日白天，王氏在文明园演出《空城计》，唱词即按新词，舆论所谓“到底读过书的人，比他们梨园行通些”[见《戏场闲评》，瘦郎，《群强报》，北京，民国三年（1914年）10月8日，第五版]，可惜从者无人，仅马连良晚年灌制唱片时沿用。

传授富英 前者承谭老板口授艺术，对于戏词腔调，得力极多，现在并未收教生徒，惟谭老板之孙谭富英，时来问艺，故不吝教诲，将所受于谭老板之艺术，及数十年自己经验所得者，咸告之富英，俾得克绍乃祖箕裘，此不过尽一己感恩之心，以报谭老板教导指引之德也。富英年富力强，学有根底，将来造就，诚未可量，至其前途迈进，固须视其个人之毅力与决心以为定，但予力则期助成富英，能于百尺竿头，再进一步。至承下问拿手戏为何一节，在余自己，实不知自己拿手戏为何，在谭老板当年，亦有以拿手戏见问者，谭老板答曰：“余亦不自知其何戏为拿手，余不过照规矩演唱而已。”今请即借谭老板之语，以答下问，君子意何如乎。总之，戏剧虽小道，而影响于社会极大，其摹写社会一切情形，务必使其逼肖，奸诈忠烈，现于红氍毹之上，故千殊万化，不外乎“求真”两字，而一切唱做道白，要须不越闲逾矩，则其所演之剧，自能使听者之如身临其地、亲见其人也。且茫茫宇宙，何一非戏，剧中人，演者，与观众，何一非戏中人，天下明眼人，自能见及之，固毋待赘言也。

今承不弃鄙陋，辱加下问，敢不竭诚奉答，惟对于戏剧，所得极少，有负雅意耳，尚望进而益之，则尤幸感焉。

谭小培　附谭富英

采访人：王柱宇

原载1934年7月22日—8月25日《世界晚报》（北平）

富英在今日为唯一谭派正宗
谭氏寓所无应酬来宾之布置

吾国皮黄戏之艺术，除化装外，简言之，即唱做念打，数者之中，又以唱工一道最为吃重。北平为皮黄集中之区，一般人士对于皮黄，大致皆有相当之常识，入园观剧，不曰“看戏”而曰“听戏”，盖其听的价值，实远过于看的价值之上。释言之：即唱工一道，在皮黄中最占势力。故业皮黄之伶工，其第一条件，即为嗓音优良，若倒仓后，嗓音竟不能出，无论其如何长于化装，长于表情，无论其如何长于念白，长于武打，即为失去登台鬻技之资格。其次，则唱之方法，是否宗法昔日最享盛名之剧界前辈，是否为某派传人。原因最享盛名之剧界前辈，其所歌唱，自有一种过人之特长。犹之写字，即非模仿古代碑帖不可，今人唱戏，亦非模仿剧界前辈不可。

正宗问题 彼不懂书法者，辄曰：写字不须临帖，我若成名，则我之字亦即后人之帖法也。其实，未摹碑帖之字体，决难成为佳良之字迹，唱戏非有宗派不可，其理正同。高庆奎在剧界，嗓音特佳，底气最足，然因所学不专，有时杂乱无章，有时出于自造，鬻技多年，品格终不名贵。近年有人谓：一处戏园演剧，但看其戏园门首，停歇车辆情形如何，即可断定重角为何人，如汽车多，必为马连良，自用洋车多而无汽车，必为高庆奎。有无宗派之区别，其成绩有如是者。老生一门，向为戏中主角，谭派老生势力又极伟大，今日号称谭派正宗者，群推余叔岩为第一人。但余氏有溺血症，久不就愈，衷气衰弱，剧界中人，屡传其行将登台，始终未能实现。此后究竟有无登台希望，吾人尚难预料。居今日而言谭派正宗，其嗓音又足应用者，实以谭富英为第一人物。

家学渊源　富英出身富连成科班，其年尚幼，虽为谭派祖师谭鑫培之嫡孙，而未能亲得谭氏之教益，但谭之第五子小培，今尚健在，其家中所蓄之剧本剧词，亦尚存留。小培为人，忠厚谨愿，对于乃父之种种遗风，登台时或苦限于资质，转而教授富英，则又优乎有余。近来富英之嗓音特佳，又得小培之耳提面命，艺术乃与日俱进，将来执老生界之牛耳者，实舍富英而莫属。谭氏世居，在前外大外廊营一号，其临街大门凡二，门向偏侧，不与一般住宅相同。正门门框上，有红漆木牌一，上有四黑字，文曰“英秀堂谭”。街门长期扃闭，不常与一般社会通往来，从事访问，颇感困难，投刺踵谒，往往拒而不见，此谭氏世袭而来之家风，不自今日始也。记者特辗转托友人介绍，前往访问，蒙谭氏父子以友谊关系，作例外之接见，兹录志其情形如次：

不事应酬 记者于昨日下午五时许，随友人某君，赴大外廊营一号谭宅门首，某君叩门后，一阍者启门，询来意，某君谓："来拜访五爷，作小谈耳。"旋出名刺付阍者，阍者接名刺，嘱于门外稍候。记者与某君静候久之，阍者出，传语"请客人"，阍者即导记者及某君，曲折入内室。庭院房屋，皆狭小而精致整洁。记者与某君行抵一院落中，小培拱手出迎，延入室内。坐定后，小培则笑曰："舍间房屋隘陋，布置不完，门首客厅，过于狭小，不足以速嘉宾，有至好亲友光降，惟有延入内室共话。"如此家庭，一望而知为不事酬应者也。

谭小培生于正月初一日子时
富英之六岁幼子能唱能打

小培诞生

记者问：小培君高寿几何？令尊作古若干年矣？

小培答：先严（谭鑫培）于民国六年时作古，殁时年七十二岁。先严之年，若计至今年止，恰为八十八岁，乃于多年前故去，本人兄弟，未尽人子之职，奉养先严，终其余年，至今思之，觉不胜哀悼。本人今年五十二岁，系癸未年生人[1]，不过，此项计年之标准，至今尚有问题。盖本人之出生，系在腊月三十日夜内子时，换言之，即系甲申年正月初一日子时，若作癸未年生人，则为五十二岁，若为甲申年生人，又为五十一岁，以子时为根据，当然属于甲申年。究竟，一般为本人算八字者，皆谓确系按癸未年计算，故本人与人谈及生辰，即称五十二岁。想当然，无论应作正月初一日生人与否，总之，其时必未交立春节，则可断言也。

(1) 光绪九年。

乃在岁首

记者问：然则小培君历来生辰，究以何日为办寿日期？

小培答：吾国提倡以日为主之国历，为时已久，但一般度生辰办寿诞者，仍一律以旧历为标准。盖吾国旧历，有干支，可以推出五行之属。至于国历，则无所谓干支，无所谓五行也。本人每届生日，无论为腊月三十，无论为正月初一，总之一为除夕，一为元旦，任何家庭之中，各有相当事务，在除夕则无法分身，在元旦则为大年初一，紧闭财门，故此两日皆非庆贺寿诞之日期。至于本人家内，办生日，固祭祖先，办除夕、办元旦，亦祭祖先，本人每届生日，皆无特殊之形式，其泛泛友朋，更不知本人之生日。如此度过生日，既省金钱，又省应酬。言及本人之生日，乃觉其可笑耳。

鑫培迷信

记者问：关于小培君之生辰，令尊生前亦曾言及应以何日为标准乎？

小培答：先严生前，往往谈及此事。据谓：先慈怀孕足月，至腊月三十晚间，忽呼痛腹，即将临蓐，先严则甚为焦急，叹曰："我已得四子，此胎定系女儿，而今年癸未，为羊年，羊年生一丫头，不祥孰甚？"及本人落草，乃为一子，先严得报，心始释然。盖先严亦极信术数之言者也。收生婆子料理产褥事件既毕，天色已明，乃成元旦气象，先严又谓：该癸未年腊月，是否小建，是否只二十九天，亦既忘去。不过，出生之日系在除夕元旦之交，则确实不舛。算八字者谓系癸未年生人，则作癸未年计算而已。

如此家庭

记者问：小培君昆仲凡几人？姊妹若干？有公子几位？

小培答：本人弟兄，共为八人，相当于"杨家将"之数。本人排行第五，故至今亲友人等皆呼为"五爷"，而弟兄六人皆不永寿，先后故去，至今犹存者，惟二家兄及本人。二家兄今年六十余岁矣，先严在日，二家兄常为先严操琴，一般呼之为"谭二"。彼年事已高，精神不甚康健，风烛残年，聊以家庭之乐自娱。所幸本人顽躯犹健，堪负承先启后之责。本人有姊妹各一，姊适夏君月润，今在上海，妹适王君又宸，未离北平。本人一生，仅有一子，即富英也。富英今年二十九岁，娶妇后已连生二子，大者今年六岁，乳名“百岁”。百岁甚聪明，喜唱，尤嗜习武打，其腰腿功夫，出于天然，未假教授之力。本人有子有孙，于愿斯足矣。

谭鑫培年逾七十尚能登台演剧
富英在剧界历史共十七年

耳濡目染

记者问：此六岁之“百岁”，未经教授，能唱能打，其故何耶？

小培答：此为梨园行人之通常现象。至其原因，可分为两点：一、为先天的遗传性；二、为耳濡目染，习与性成。大抵，梨园行人之幼小子弟，在家庭中无所事事，父兄唱，则于无意中听去，父兄练习做派武打，则于无意中看去。彼嬉游之际，即曼声试唱，或走台步，或理髯口，有时就地拿大顶，有时为围腰之状态。浸润既久，稍稍整理，即可登台，其唱做武打之神理，且与父兄相暗合，此通常现象，无足怪者。

印象深刻

记者问：令尊作古之际，富英为若干岁？

小培答：先严逝世于民国六年，至于今日，凡历十七年矣，富英今年二十九岁，当先严逝世时，彼为十二三岁。先严在日，教本人唱做，富英在旁，即习其唱做，先严教本人武打，富英即习其武打。厥后，富英遂入富连成科班学戏，虽其教授情形与先严之遗风不甚相合，而富英之脑际，则永留先严之种种印象，最为深刻。加以出科而后，回家用功，即完全由本人为之纠正，故稍稍指点，便能妙合先严之神味。此为天然关系，外人无法企及者也。

长于守成

记者问：令尊作古以前，迄未停止演剧乎？

小培答：先严精神极佳，意气极豪，故年逾七十，尚能登台演剧，绝无松懈之处。本人每谓：先严一生辛勤，为儿孙辈挣来产业，挣来名誉，而本人不肖，竟未代其勤劳，贻此无涯之戚。本人惟有秉承先严之遗风，为治家之准绳，竭本人之所能，转而教授后人。本人除逐日为富英说戏以外，即操持家务，先严如何对亲友、恤故旧，本人亦如何对亲友、恤故旧。先严生前，所有应酬往来，概立有账簿。故旧之穷困者，先严如何周济，本人亦如何周济，亲友值婚丧寿诞之期，先严赠以纹银四两者，本人即封大洋六元送去。凡此，虽无创业之能力，而守成一节，本人自问尚无愧也。

遭际过人

记者问：小培君生于正月初一日子时，可谓得天独厚，一生遭际，自有过人之处。中年以前，令尊以伶界大王独步一时，则小培君为少爷时代；中年以后，富英又崭然露头角，有执老生界牛耳之希望，则小培君又为老太爷时代。此种幸福，可谓古今所未有？

小培答：本人资质鲁钝，性又疏懒，故家居日最多，登台献技时极少。不过，先严逝世为民国六年，其时，老生界人才极感缺乏，富英又在科班，学力不足，箕裘之绍，本人责无旁贷，乃不时在各园演唱，使一般社会共知谭鑫培尚有儿子。富英出科后，至于今日，彼之技术已渐精进，本人得过且过，亦即无长期登台之必要矣。

富英入科

记者问：富英以何时入科班？

小培答：富连成办理迄今，共有五科，而“喜”“连”两科，为喜连成时代，“富”“盛”“世”三科，始为富连成时代。富英在富连成，则为第一科。彼入科班之年[2]，为十二岁，在科班学戏共历六年，出科时为十八岁，在各处鬻技者，已十一年，计其自入科班起，至现时止，在剧界之历史，共为十七年。

(2) 民国六年（1917年）3月5日即旧历二月十二日签订关书，中保人文瑞图（退庵居士）、辻剑堂（日人，《顺天时报》之辻听花），3月15日即旧历二月二十二日入社，民国十二年（1923

年）3月28日即旧历二月十二日满科，在科所学剧目有《珠帘寨》《定军山》《阳平关》《战太平》《南阳关》《宁武关》《战长沙》《翠屏山》《连环套》《殷家堡》《八蜡庙》《溪皇庄》《落马湖》《三侠五义》《取南郡》《取帅印》《战樊城》《鱼藏剑》《文昭关》《失街亭》《斩子》《洪洋洞》《碰碑》《卖马》《戏凤》《乌龙院》《汾河湾》《寄子》《御碑亭》《捉放曹》《教子》《八大锤》《桑园寄子》《朱砂痣》《乌盆记》《举鼎观画》《探母》《牧羊卷》《盗宗卷》《打棍出箱》《打渔杀家》《开山府》《铁莲花》《黄金台》《黄鹤楼》《仙圆》《弹词》《南天门》《青石山》《骂曹》《战蒲关》《群英会》《借东风》《搜孤救孤》《四进士》《镇潭州》《赶三关》《武家坡》《银空山》《回龙阁》《打金枝》《金水桥》《二进宫》《甘露寺》《回荆州》《连营寨》《法门寺》《上天台》等。

科班子弟唱戏全属三环套月
谭小培系天仙科班学生

科班时代

记者问：富英在科班学戏，当然得有名师？

小培答：科班学戏，只能验其资质，培其根底，若望成名，则有待于出科后自行究习。其原因有二：一、科班之教戏先生，最大限度亦只属于中高以下之人才，真正头等名角，绝不充教戏先生。其头等名角，纵中途倒仓，不能登台，亦不为人教戏，盖在科班中教戏最为劳累，一字一腔，一行一动，皆须以身作则，故剧界中人，但属可以敷衍生活者，即不肯费唇舌、费精神，担任教戏事务；二、科班子弟，概为十余岁之幼童，其毕业期间，总在十七八岁左右。原因青年至十七八岁，非倒仓不可，唱戏之嗓遂分两个时期：未倒仓以前，嗓音嘹亮而直率，调门较高，能扬而不能抑，能刚而不能柔，响震屋瓦而缺乏韵味，此为幼童时期。倒仓后，嗓即喑哑，不复有唱戏之能力。倒仓后，嗓音再出，即比较宽宏而有韵味，可抑可扬，可柔可刚，此为成年时期。大抵，科班教戏，皆利用幼童时期之嗓，倒仓以后能否复出，科班方面殊无过问之必要。有此两种原因，科班学生所学之腔路遂多长腔大花，难登大雅之堂。有人谓：科班学生唱戏，全属“三环套月”。此系实在情形，非谑语也。富英在科班学戏，教戏者为雷喜福及金丝红，此两君根本不甚高明，加以幼童时期之嗓，于阳平入声诸字，又无法读准，无法行腔，故富英在科班时代，乃无甚可取。不过，幼童学戏，究以入科班为最相宜，因人数既多，诸学生即咸具一种争胜之心理，且科班教戏，于各种规则，总极严整也。

小培出身

记者问：小培君学戏时，亦曾入科班乎？

小培答：本人幼年亦曾入科，当时有荣春、天仙两个科班[3]，比邻而居，为合办性质。一般谈者，皆呼之为“小荣春”“小天仙”，此两“小”字，殊无根据，而众口同声，视若固然。意者，科班子弟皆系幼小儿童，以成年人谈科班，固无妨加一“小”字也。此天仙科班系杨隆寿先生所办，杨为梅兰芳之外祖，今甫毕业于富连成之武生杨盛春，即杨之嫡孙也。本人于十二岁时，入天仙科班，阅四年，尚未毕业，而天仙科班中途解散，本人乃改入“小洪奎”科班[4]，为带艺投师性质。此“小洪奎”之“小”字，则系原来固有字样，与“小荣春”“小天仙”之“小”字，并非一律也。

(3) 荣春，即小荣椿班，由杨隆寿创办，光绪十三年（1887 年）报班挂牌演唱，光绪十九年冬，杨氏将小荣椿班转让给迟玉泉、张玉贵等人接办，改名为小天仙班，十二月初十日报班挂牌演唱。

(4) 应为“小鸿奎”，该班承班人陈永源、靳铭，光绪二十一年（1895 年）四月初二日报班挂牌演唱。

家庭教育

记者问：小培君之戏，是否根据科班唱法？

小培答：本人适言，科班中所学之戏，只能培养根底，以后造诣则全恃个人之努力。本人鬻技术时，一切唱法，全系先严口授，与一般唱法多不相同。不过，在先严名满全国之后，凡习老生者，十有八九，纷纷模仿先严，以获得“谭派老生”之头衔为荣。但其来源，全系于舞台下窃窥而去，间有一二类似先严之处，大抵属于皮毛，貌合神离，愈趋愈下。先严与本人，为父子关系，正式教授，固可学戏，无事闲谈，亦无一而非学戏之机会，其中秘诀有不可以言语形容者。今富英每次出演之前，必向本人询问有无晓示之处，本人则按重要之点，一一说明，其语意，大致谓：“你爷爷是这样唱，是这样做。”富英尚聪明，一经指点，往往酷肖乃祖遗风，此则带有遗传性使然耳。

余叔岩从谭鑫培只学得一出戏
谭氏原籍武昌并非黄陂

老谭出身

记者问：令尊是否科班出身？

小培答：先严学戏并未入科，其所能诸戏皆由先祖教出。先祖嗜养鸟，蓄一“叫天”，甚宝爱之，一般人遂呼先祖为“叫天”。及先严登台，因渊源家学，一般人乃又呼之为“小叫天”。准此，则先严之戏，出身家学，可以推知矣。

记者问：闻之谈戏者云，令尊之戏系学之于余三胜，余三胜为余叔岩之祖，余叔岩之戏又系学之于令尊。此事然欤？

小培答：大抵，一种艺术人才，其成功必系旁搜博采，集众人之长，为一人之长，一人之身兼备众人之长，此一人即可成为名家矣。先严之戏，乃综合多数前辈之唱法而来。余三胜为湖北人，本族亦湖北籍，因同乡关系，先严曾向余三胜学得三出戏，其一为《打渔杀家》，其二为《乌盆计》，其三为《桑园寄子》，此为余三胜亲口教出者，其余诸戏，则各有宗法，不可一概而论也。

教授叔岩

记者问：余叔岩之戏，究竟是否令尊教出？

小培答：先严生性亦近疏懒，为人说戏极所不愿，余叔岩因酷嗜先严之作风，追逐窃听，为日已久，后又乞于其岳父陈德霖为之介绍，拜先严为师，先严迫于情面，又嘉其意诚，许之。但正式教授时，则只教得一出《太平桥》，以后即未一一指点。不过，学戏一道，全恃资性聪颖，有一出戏，于唱做念打，各尽其长，推而用之于其他各戏，亦可触类旁通。叔岩于舍间往来日久，先严演剧时，彼又所在追随，从旁领略，所谓“举一隅，能以三隅反”，又所谓“天下无难事，只怕有心人”，故叔岩之成名，源于聪明者半，源于刻苦努力者亦半也。

三岁北上

记者问：令尊之唱戏，以湖北音为主。湖北人念湖北音，出于本行，当然无甚困难，究竟，令尊以何时入北京？

小培答：此项问题，尚有遗传性及经验关系。实际上，先严乃以北京为第二故乡，能说北京话而不能作湖北语。盖先严之来北京，尚在襁褓中，年仅三岁，其时，值洪杨变乱之余，由先祖及先祖母携以北上，遂家焉。此后，先严即居于北京，成长于北京，故乡语言如何，遂不复知悉。不过，家庭之中，先祖及先祖母，常作乡音，湖北音之神理，遂萦绕于先严之脑海，唱白之间，即脱口而出。湖北之音，至极平正，于阳平入声诸字，韵味特别浓厚。一般人士，沉醉于平正浓厚之音韵中，乃觉其可喜，而不知其所以然耳。

原籍问题

记者问：闻之一般谈戏者，皆谓令尊为湖北黄陂县人，与黎元洪为亲同乡。记者亦湖北人，于湖北字音知之甚悉。令尊之读音，完全以武汉音为标准，此为湖北音适用于皮黄之明证。究竟，有一部分之字，非北京读法，亦非武汉读法，譬之“如同”之“如”、“诗书”之“书”、“诸侯”之“诸”以及“出入”两字，皆撮口卷舌读出，此为黄陂之乡音，不同于一般者，则令祖当作黄陂乡音矣？

小培答：本人先世为湖北江夏县人，而非黄陂人，江夏即武昌省城，与黄陂相距数百里，先严唱戏，概以武汉音为标准，并无用黄陂音之事。至于“如”“书”“诸”“出”“人”等字，则系皮黄中之通常读法。谈者以讹传讹，俱谓本人先世系黄陂县人，殊与事实不符也。

“黄陂三杰”系无聊文人所捏造
“三杰”为捧角之良好名词

凑成三杰

记者问：然则一般谈戏者何以不约而同，俱谓令尊为黄陂人？

小培答：此项谣传完全出于狡狯文人之口。吾国旧日观念，往往以“三”为巧数，天地人，则谓之“三才”，福禄寿，则谓之“三星”，解元、会元、状元，则谓之“三元”，刘关张，则谓之“桃园三结义”，汉高祖时代之萧何、张良、韩信，则谓之“三杰”。此“三杰”之名词，后世沿用者尤极繁多，每有并时为人注目之人物，大都凑出三人，美其名曰三杰。究竟，此三杰之人物，是否有同等势力，殊不甚过问。至于近代，一般捧人者，则因被捧之一人而凑出两个业已成名之人物，统谓之三杰。此三杰之传闻一出，则此一□名者，遂因该两个早已成名者，亦得享有盛名。此种事实，甚为繁多。彼谓先严为黄陂人者，为欲捧一妓女，故拉出一黎元洪，以至拉出先严，硬凑成三杰之数。先严之是否黄陂人，彼固不暇过问，其实，该被捧之妓女是否为黄陂人，亦系问题也。

颠倒事实

记者问：此被捧之妓女，果为谁乎？

小培答：当年有小阿凤者，为一小班中之妓女，据谓其原籍为湖北人，因长于酬应，颇有艳名，而一般无聊文人，总善借妓女为作文之材料，一方欲攫取名士之头衔，一方欲献勤于妓女。盖文人好冶游，苦于手头拮据，则不惜对妓女歌功颂德，于报纸之上，拼命大捧，以资博得妓女之欢心，妓女亦因文人捧场，有发达营业之希望，往往加以优待。于是文人之捧妓女者，更无所不用其极。小阿凤为湖北人，乃硬派为黄陂人，使其与黎元洪总统之名，共以“黄陂”著闻，不足，又加入先严，亦硬派为黄陂人，凑成“黄陂三杰”之数。文人之狡狯伎俩，乃致颠倒事实，抑何无聊乃尔？

以讹传讹

记者问：然则“黄陂三杰”之说为虚构矣？

小培答：此言本太无稽，所谓“黄陂三杰”，除黎元洪一人为黄陂籍以外，先严固非黄陂人，小阿凤亦非黄陂人，而此言传出，纷腾于南北各地之报纸，真伪莫辨，以讹传讹。一般所谓评剧家，遂奉为根据，当其作稿登报，编集出书时，亦纷纷为先严作出小传，径指为黄陂人，且从而牵强附会，绘假如真，一若先严绝对为黄陂人，无可疑问者。而本人先世，以不事交游为家风，对于新闻界人物，从不接近，喧嚷既久，先严以一笑置之，亦无更正之事。小阿凤成名后，黎元洪固不值得，而硬派先严为黄陂人，先严尤引为文学界之巨耻奇羞，太恶作剧也。

又一“三杰”

记者问：尚有与此相同之事实乎？

小培答：曩坤伶黑净金凤奎，于民国七八年间赴汉时，汉口某报记者，为捧金凤奎起见，曾撰《余氏三杰》一文，亦殊喧传于武汉三镇。其文中大意，略谓：余叔岩为著名老生，余洪元为汉调泰斗，皆湖北人，金凤奎为湖北广济县人，亦姓余，而金凤奎在坤伶黑净中，则首屈一指，合此三人，恰为“余氏三杰”。有此一文，金凤奎之名，乃哄传于武汉矣。此文影响，于余叔岩、于余洪元不惟无所利益，抑且有贬声价，占便宜者，惟金凤奎一人。此事，则与“黄陂三杰”之事，极相近似。盖已成名者，羞与碌碌无闻之庸劣下驷为伍，而未成名者，则有攀龙附凤之必要也。文学界自来有此现象，一一指出，不胜枚举矣。

谭氏原籍住所在武昌宾阳门外田家湾 谭小培赴汉出演挂第一块牌

谭氏故居

记者问：然则尊府原籍，在武昌省城之何街何巷？

小培答：先严生前，只回汉口一次，而其北上之年仅为三岁，于故乡情形，绝无所知。但先祖在日，曾偶与先严言及，原籍家门在武昌宾阳门外田家湾。宾阳门即东门，田家湾系一小村落，距省城约一二十里，盖乡下人也。曩先祖赴汉时(5)，向人询问武昌宾阳门外之田家湾，竟无人能知。本人至现时止，共回汉口三次，从前两次，询问田家湾，亦无人能知者，今年春间，本人赴汉，演唱义务戏，曾晤杨庆山大哥，彼询问本人之故乡住址，本人以田家湾对，彼为当地人，苦忆久之，亦不知有田家湾。彼思索再四，又问于本人是否系“谭家湾”，本人闻之先严，确为田家湾，而非谭家湾。其实，此谭家湾亦系想象之词，并无谭家湾之所在。厥后，本人一度过江赴武昌，专赴宾阳门外寻访田家湾之消息，结果徒劳往返而已。

(5) 宣统元年（1909 年）十一月，谭鑫培第五次赴沪演出，由京乘火车至汉口，再乘轮船到上海，在汉候船期间，曾由谭小培及女婿夏月润陪同，至大东门即宾阳门寻根而无果，民国元年（1912 年）11 月，谭氏第六次赴沪演出，仍经汉而沪，再往大东门寻访故乡遗迹，仍无果。

沦为丘墟

记者问：尊府原籍，已无同族人口乎？

小培答：先祖父母之携先严北上，系洪杨变乱后，属于避难性质，迨时局平定，又无回籍之机会，兵燹余生，音耗断绝。先严及本人先后回武昌探询时，距北来之日，为六十余年以至八十余年，桑田沧海，更无遗迹可寻。意者，变乱之际，原籍人口，流离转徙，不知寄迹何所，而田家湾又为一小村落，经过浩劫之洗除，或已沦为丘墟，耆老云亡，乃无能道六八十年前事者，故本人原籍之家门遗址，实已无寻获之希望。论最近舍间宗谱，惟有以先祖为第一世始祖，更溯而上，不复能查考矣。

小培赴汉

记者问：小培君赴汉出演，一则家学渊源，为谭门正宗，一则一般人士共知小培君为谭鑫培之哲嗣，且吾国人士，于同乡观念最为浓厚，则武汉人士对于小培君，宜极表欢迎矣？

小培答：本人赴汉，皆挂第一块牌，有人谓本人之受一般推崇，完全仰赖先严名誉之力。实则入园听戏，所听者为戏，父亲之势力不能及于儿子。譬如，父为伶界大王，子乃荒腔走板，舞台之上，决无受人欢迎之理。且唱戏一道，与其他事业迥然不同，其他事业，往往并无实学，徒拥虚名，至于唱戏，则孰劣孰优，相形之下，可以立判。戏码先后，尤有一定标准。唱前三出者，不能移至中轴，唱中轴者，不能移至后三出。盖一般听戏者之心理，渐入佳境，则感觉满意，若大轴戏不如倒第二，听者即觉索然无味，不俟终场，已纷纷散去。故剧界之中，挂第一块牌者，非有实学不可，倘无其能力，勉强唱大轴戏，必显然失败。所谓名下无虚者，剧界中人尚堪告无愧。本人之能挂第一块牌，不过赖先严口传心授之力，有过于普通人处，必谓本人全恃先严之面子挂第一块牌，本人则期期不敢赞同也。

如此制胜

记者问：老生一门，制胜之点何在？

小培答：剧词佳良，洞悉秘诀，嗓音够用，咬字真切，气口停匀，皆老生制胜之点，而此数者，除嗓音外，皆非真正传授□□□□□得真正传授□□□□□□聪颖，无论□□□□□□开口，一上□□□□□□毛病。本人□□□□□□音扮相，□□□□□□□其余各点□□□□□□□□者，为不□□□□□□。

谭小培之扮相酷肖谭鑫培
谭鑫培时代无人赠送银盾

老谭遗响

记者问：嗓音佳良，亦成名之一种原因乎？

小培答：唱皮黄戏，全恃嗓音之佳良。彼嗓音佳良者，即咬字不真、唱法不高，亦殊可使听者叫好。若嗓音不佳，纵研究有得，功夫精到，以登舞台，仍非失败不可。盖唱法为一问题，动听为一问题。无论本领如何，若嗓音不敷应用，吞吐抑扬之间，总难入耳。至于嗓音特佳者，即随口歌唱，皆成韵味也。老生之嗓，除圆润外，尚须苍老沉着，宽大雄浑，具此嗓音，稍稍使一小腔，听者即觉风趣无限，忍俊不禁。先严之嗓，兼备圆融流利、苍老沉着、宽大雄浑之众长，其成名原因，得力于嗓音者，实居半数。本人以血统关系，嗓音颇似先严，往往于一白一笑之间，博得台下之盛大欢迎。此点属于天赋，无甚功夫之可言，但在其他唱戏者，又无法企致也。

面目酷肖

记者问：扮相于戏剧，有何种关系？

小培答：登台演戏，"演"之一字，亦极重要，而演之一事，作用全在观瞻。须使台下观者，一见台上情形，即知剧情如何，剧中人至何种身份。此代表一切者，自以演剧人之扮相，最占重要成分。老生扮相，宜瘦而不宜肥，盖代表老年人，总以清瘦最为相宜，若丰肥过甚，即不类老年人风味也。先严至晚年，目睛内陷，两颊凹入，扮戏后，目光炯炯，髯口根际，现有深坑，两颧耸出，一望而知为精神矍铄之老年人，论扮相，在老生界亦最为出色。本人之面部，极与先严酷肖，近年以来，因年逾五十，渐入老境，一般友朋，佥谓本人扮戏登台，与先严竟如一人。

言间，指左右壁间，语记者曰：此两照片，一为先严，一为本人，亦大有近似之处也。

两放大像

记者视壁间，左右两方，各悬一放大像，皆为半身，一年老，一年较幼。想象之间，可以断定：年老者为谭鑫培，较幼者为小培。面目部位，果极相似，因问：此两像为何时所照？

小培答：此两像皆为民国二年时所照。其时，先严年近七十，本人则只三十岁。此处房间，今为本人之卧室，昔为先严之住所，故将先严遗像及本人小影，一并悬于此间。人去室□，睹先严之遗像，乃觉音容宛在，当年情形，一一可以覆忆而出。本人近年所拍小影，尚未如此放大，若放大近年小影，当与先严遗像更相近似也。

银盾满目

记者则视室内，两放大像以外，罗列银盾殆满，各种形状，不一而足，其面积直径，概在一尺以上，最大之银盾，有直径二尺许者。视银盾上之字迹，赠小培者少，赠富英者多。审睇已遍，迄无一赠谭鑫培者，因问：此银盾何以独无赠令尊者？

小培答：先严在日，赠银盾之风气尚未大行，对于剧界中人，尤无赠银盾者。近年以来，风气大盛，富英所得银盾，总数达五六十座，此间陈列者，不及总数三分之一，其余则堆置于储藏室，殊无用处。此项物事，购买时，动需数十元，以至百余元，在受礼之家，又可谓一文不值，加以舍间承先严之遗风，闭门索居，不事酬应，陈列于内室，固无人得见，陈列于客厅，亦无客进门。至今舍间客厅之内，仅有“□□□□孔子之神位”，□□□□，陈列银盾之□□□□□□银盾（以下残十余字）。

《洛神》《天女散花》诸剧词最为劣品 谭派为正则无所谓走低音

佳良剧词

记者问：剧词佳良之道何在？

小培答：剧词为唱白之根据，剧词之价值如何，与唱白自有密切之关系。不过，所谓剧词佳良者，并非文义之典雅深邃，而为语意之雅俗适中，字音又妙合唱白神理。一般文人，往往咬文嚼字，误认富丽堂皇者，为佳良之剧词，又或以佳良之剧词，为文法粗浅。此种推论，皆不懂戏词之原理者。盖文章之作用在观赏，故须文字典雅，用意深邃，剧词之作用在听闻，雅俗适中则易解，字音有神则动听，若过于典雅深邃，则听者乃不知其命意之所在，欲其动听，更无希望矣。昆曲高腔之剧词，偏于典雅，有涉深邃，遂成文人学子之娱乐品，与一般社会格格不入，此种剧词已失剧词之旨趣。他如梅兰芳之《洛神》《天女散花》《嫦娥奔月》诸戏，其剧词，则完全属于文人之作品，必欲演唱于舞台之上，哼哼久之，听者乃不知所言何事。此种剧词，在一般剧词中，最为劣品，稍懂戏剧者，皆鄙弃之，认为卑不足道。至于真正之佳良剧词，台下听者，必可完全领略，以至悠然神往，以至忍俊不禁。剧界前辈，于剧词之研究，亦自煞费苦心，酸腐文人无此本能也。

五声之别

记者问：所谓咬字真切者，其意义如何？

小培答：咬字真切，于单双音、尖团字固须分析清楚，于阴阳平以及上声、去声、入声诸读法，尤宜判别准确。此五声字，阴平最高，上声次之，再次则为去声，最低者为入声及阳平。所谓阴阳平者，北音读来，不甚精彩，惟湖北音于阴阳平，判别极准。如“阴”字，阴平也，其音高而幽细，“阳”字，阳平也，其音低而浑阔。故吾人唱戏，于字音之高低轻重，判别准确者，始为咬字真切。一般唱戏者，只知注意尖团字，而不知注意阴阳平，以及上去入诸声之高低轻重，纵有佳良剧词，唱来亦难期动听。先严于此五声，莫不一一注意。读阴平，则高而清幽，读上声字，则峭而较轻，读去声字，则至极稳重，读入声、阳平诸字，则沉郁跌宕，重而浑阔。凡此种种，皆湖北音之读法，一般谈戏者不知此义，乃谓老生三派，汪派走高音，孙派为中声，谭派走低音，各有所短，各有所长。其实，判别五声，非以湖北音为标准不可，如此评戏，皆局外人想象之词，于先严之苦心，未能领略。自以为有眼光，自以为态度公正，不惧识者齿冷矣。

鄂音最准

记者问：所谓"高音"与"中声"者，为无理由之说乎？

小培答：读音之法，阴平清幽，而阳平入声比较浑润，此为天然之读法，无所谓走低音。譬如《卖马》之"店主东带过了黄骠马，不由得"之数字，"店"字为去声，则读出平正稳重，"主"字为上声，"东"字为阴平，则读出较轻，"带过"两字为去声，又较稳重，"了"字为上声，又较轻，"黄"字为阳平，最重，"骠"字为阴平，"马"字为上声，又稍轻，"不由得"三字，一为阳平，两为入声，故三字一律沉重。各字读法，皆非此不可。彼所谓中声者，则系以北方音为标准，北音者，偏于高响者也。故凡谓中声者，即非正当之读法。至于所谓走高音之读法，阴平上声诸字，固嫌火候太过，于去声、入声、阳平诸字，更无读准之可能。固不得以各有短长论之也。

唱高音趋入窄小幽细并非正当唱法
王幼卿换气之法最为神妙

兼备五声

记者问：余叔岩、马连良，每唱阴平诸字，以及翻高行腔，或拔尖子处，其嗓音必趋入窄小幽细之境，此种唱法为正当规则乎？

小培答：唱戏须五声各极其妙，不容有所偏缺，阴平比较幽细，然不得窄小，翻高行腔，更须痛快淋漓，拔尖子更须高响彻云霄。幽细窄小，两非所宜。先严唱戏，兼备五声之长，遇阴平字，遇翻高行腔，遇拔尖子处，嗓音则愈唱愈亮，圆融宽宏，并无渐趋幽细窄小之事。先严虽早已作古，吾人尚可于留声片中得之。至于近年模仿先严者，大抵嗓音欠缺，难臻完备，能低而不能高。遇阴平字，或翻高行腔，或拔尖子等处，欲唱之□真，殊无法努力，乃尽量提足衷气，以期稍近于是，而嗓音所限，人力无法挽回，乃至愈努力而愈趋入窄小幽细之境。此系唱者之短处，亦无可如何之事，一般听戏者不知此理，以为系正当唱法，有志学戏者，且取为宗法，以为另成一派。尤可笑者，本有充足完备之嗓音，为模仿此特殊唱法，亦故意逼喉作响，使其幽细，使其窄小，相沿成风，实歌唱中之大笑话。本人及富英唱戏，绝不如此，应高响者，绝不出以幽细窄小。盖本人在家庭中，听先严吊嗓，又或本人在家庭中，自行吊嗓，从来宜高则高，宜响则响，不作此类特殊唱法，若本人唱出怪腔，即非挨先严之打不可也。

气口须匀

记者问：何谓气口停匀？

小培答：戏之为用，唱者与听者，其注意之点各有不同。听戏者注意之点，全在腔调悦耳，唱戏者注意之点，乃在不唱之处。盖能注意此不唱之处，唱出腔调，始有悦耳之可能也。所谓不唱之处，即歌唱之际，由一适当机会，中断其腔路，换气后，再继续唱下也。此换气之际，虽系不唱之处，然得此换气机会，以下之腔路始能显出精彩。不然，若一直唱下，未有不气闭力竭者。且换气之际，腔虽中断，而在听戏人出于不觉，分明听出腔路中断时，亦觉其停顿可喜。故唱戏人是否长于换气之法，遂与能否成名作正比例。其长于换气者，即所谓气口停匀也。今在开明，与富英同台演唱之王幼卿，系王凤卿之子，彼唱青衣，完全学之于其伯父王瑶卿，瑶卿固以唱腔著名之老成人物，然换气之法，尤所特擅。故幼卿唱戏，往往因换气神妙，博得盛大之采声。审是，则气口停匀与唱戏关系之切重，可以推知矣。

听之不出

记者问：唱戏换气，有固定之规则乎？

小培答：换气之法，全恃个人自行揣摩，在教授方面并无固定之说明。盖各人生理，各人嗓音，不相从同，换气时，亦以各从其宜为依归。如《探母》中“南来雁”以下之行腔，在老生腔中，最为长大。若一气唱下，必致虎头蛇尾，或且难乎为继。其中换气之处，或一次或二次，殊无成法，要在唱者审度情形，自由出之，本人唱时，究竟如何换气，此时亦难指定。总之，唱此等整个长腔，换气之际，须使听者无法听出，若显然分为数截，又太不相宜。此种换气之法，尤须注意研究。不过，距离太近，又无胡琴鼓板，值换气之际，固易于辨识，若在舞台上，佐以胡琴，乱以鼓板，只需换气得法，台下人即不能听出耳。

谭氏祖孙父子皆唱正工以上调门
说白之调门须与唱腔一致

浑阔最佳

记者问：嗓音佳良之原因如何？

小培答：嗓音一物，源于天赋者半，源于锻炼者亦半。天赋不足，锻炼亦无所用。不过，生质佳良，而锻炼不得其法，亦可成为劣嗓。叔岩、连良之嗓，沉郁有余，高响不足，以长于运用，尚可唱出五声。但五声之中，有优劣之分，此种原因则系限于天赋，非人力之故。本人之嗓，在前清光绪三十一年至光绪三十四年间，嗓音太粗，有横音而无立音，唱戏时，听之总难入耳。厥后，至三十余岁，嗓音突然变哑，凡历二年，嗓音又出，此后之嗓，横音立音兼而有之，此亦天赋所关，无法以人力挽回者也。其锻炼不得其法者，大抵系吊嗓时，贪唱高调之故。盖嗓音一道，首须浑阔，其次始为高响。故吾人吊嗓，如何浑阔即应如何唱法，宁可失之调低而努力于浑阔，不可贪唱高调，至于失之窄小。因贪唱高调，即可使浑阔之嗓，渐逼入窄小之途也。不过，在嗓音充足以后，唱高调亦能浑阔，仍以唱高调为佳，不然，亦不能尽酣畅淋漓之长也。

亦须高响

记者问：小培君此时，可唱何种调门？

小培即嘱仆，唤琴师至，为唱《洪洋洞》之原板一段，记者听之，殊极高响浑阔，淋漓酣畅。小培又索记者唱，记者听其胡琴调门，似颇高，遂谓："我唱一段《卖马》，用这调门。"胡琴头子完毕，记者开口时，竟不能入弦，琴师因记者之嗓过矮，降落其调门，记者始唱完一段，因问：小培君之调门为何种调门？

小培答：唱二黄可至正工调，唱西皮可至工半调。王先生之嗓，唱西皮只能唱六字半，故本人唱二黄之调门，王先生亦不能入弦也。

记者问：令尊之嗓为何种调门？

小培答：先严之嗓，亦系唱二黄为正工调，唱西皮为工半调，至拔尖子处，且能陡然翻起，有响彻云霄之概。今富英唱戏，亦用此种调门，如《南阳关》中“南阳关杀一个浪里蛟”之“关”字，高响洪亮，至于无与伦比。此种风味为先严之遗风，如叔岩、连良至此等处，则只能示意，出以幽细窄小之嗓音。先严及本人以至富英，各有五声兼备、运用自如之嗓音，皆血统关系使然也。

说白调门

记者问：说白一道，亦有调门之可言乎？

小培答：说白亦为一种之声韵，当然有调门问题。最好说白与唱腔为同一调门，听者乃觉说白唱腔为连合的。但唱腔易入高调，说白最难用高调门。因唱腔用足嗓，无妨提足衷气，尽量嘶喊，故有唱高调之可能，而说白之音，发于喉头，真正之嗓，殊难用出，非有特殊佳喉，即难与唱腔之调门一致。先严及本人，以至富英，说白唱腔，皆用同一调门。普通唱戏者，多唱高腔而说白低。往往一个角出场，当其开始说白之际，台下听者极力听去，不能听出字音，甚至台上作大段说白，台下乃纷纷耳语，扰攘纷腾，乱成一片，及唱腔开口，听者始寂静不哗，屏息领略。实际上，所唱何字何腔，亦能完全了然。此即说白之调太低，唱腔之调较高之故。扎金奎在里子老生中，尚为有数人物，其唱腔调门可至工半，但一入说白，即又喑不可闻，盖其嗓音，已转入扒字调矣。剧界之中，此等现象极多，非唱戏之原则也。

贾洪林曾为谭鑫培充“家人”
青衣唱倒第一始于梅兰芳

老生为主

记者问：在前清光绪三十一年至三十四年之间，小培君之嗓音太粗，有横音无立音，当时尚登台唱戏乎？

小培答：当时，本人在中和园演唱，与先严同台，大抵由先严唱大轴子，本人唱倒第三，或倒第二。先严及本人以外，青衣为王瑶卿，黑净为金先生（金秀山），老生之中，尚有贾洪林，靠把老生为刘春喜，总之，一切角儿之戏码，概随先严为转移，因剧界之中，照例以老生为台柱子也。其派戏之法，如先严唱《捉放》，则以金先生去曹操，此时，瑶卿即自唱一出青衣戏，排于倒第二，本人及贾洪林合唱一出《搜孤救孤》，本人去程婴，贾洪林去公孙杵臼，或唱一出《战蒲关》。如先严唱《汾河湾》，则以瑶卿去柳迎春，此时，金先生即自唱一出黑净戏。有时，本人亦与瑶卿或金先生，合唱一剧，排于倒第二。盖一天之戏码，所注重者，仅为一出老生之大轴子，此外，大轴子以前诸戏，皆因大轴子而斟酌搭配者。

各有身份

记者问：小培君亦与贾洪林合唱《珠帘寨》乎？

小培答：唱戏一道，各有身份。台柱子所唱，概为重头大戏，二路角儿所唱，概为二路戏，三路角儿若必欲唱重头大戏，即非碰不可。在二路角儿，最好唱一零碎或小配角，降格以求，尚可获得良好成绩。如《珠帘寨》一类之大戏，系先严所独唱，同台诸人无敢唱者。本人与贾洪林固不敢唱，后台派戏人亦不肯派出也。贾洪林在当时，为先严充扫边时最多，往往唱一两口，即能博得盛大之采声，有时先严唱《状元谱》，贾洪林竟去一不开口之家人，先严叫一声“家院”，贾洪林应一声“有”，此应声一出，而采声雷动矣。但促其唱重头大戏，即又有索然无味之憾，所谓“棋力酒量”，非可强致也。

专尚青衣

记者问：令尊唱戏时代，亦有青衣唱大轴戏者乎？

小培答：唱戏，当然以老生为主体。譬之一国，为皇帝者，老生也，太后为老旦，娘娘为青衣或花旦，臣下为小生为黑净，或粉脸以及小花脸。譬之一家，为家长者，老生也，老太太为老旦，主妇为青衣，子弟为小生，家人为小丑。以唱白言，老生一门，大中至正，腔调则繁简适中，字音则清晰准确。至于青衣，言行腔，则咿咿呀呀，言咬字，则含混不清。故言戏中角色者，皆曰“生旦净末丑”，以示“生”为主体，“旦净末丑”皆为附属品。先严唱戏时代，青衣绝无唱大轴戏之可能也。

绝无理由

记者问：近年以来，如梅兰芳、程砚秋、尚小云、荀慧生，以及坤伶雪艳琴、李桂云等，往往以青衣而演大轴戏，其故何耶？

小培答：青衣演大轴戏，在梅兰芳以前，为剧界历史中所未有，青衣演大轴戏，其风气实开于梅兰芳。盖梅兰芳得一般斗方名士之捧场，声价鹊起，其时，先严作古，老生界中又无甚出色人才，所谓斗方名士，乃编出以青衣为主之戏剧，新制装束，佐以布景，一般社会为好奇心理所驱使，遂趋之若鹜。厥后，程尚荀诸人亦应时而起，以青衣挂第一块牌，其时，可谓绝无理由。至于坤伶，根本不会唱戏，间有一二优秀青衣，于戏园中挂第一块牌，又事当别论也。

谭鑫培教子以骂“讨饭郎”为口头语
小培富英父子之间感情极洽

注重字音

记者问：小培君与令尊同台出演时，令尊对于小培君之戏，亦参观乎？

小培答：先严从不至前台听戏，有时先严入园较早，值本人在台上唱戏，先严或立于门帘内，听一二段，有不满意处，回家后即严厉责骂。先严于唱戏，最注意咬字发音，若本人于五声有舛误时，先严即一一为之纠正。忆某次，本人唱《桑园寄子》，唱至“兄与弟，共商量，家道隆兴”之“家道”两字，本人将“家”读如“假”，“道”字读如“倒”，先严则气冲牛斗，大骂本人为“讨饭郎”。此“讨饭郎”，盖湖北语也。又一日，本人唱《乌盆计》，至“有三载，老丈呵”处，将“老”字唱成阴平，“丈”字唱成入声，一失之过高，一失之过低，先严闻之，呵叱如雷，又骂本人为“讨饭郎”。其意，盖谓倒字之弊，在剧界必无饭吃，非上街讨饭不可也。

南腔北调

记者问：令尊尚能作湖北语乎？

小培答：大抵南人流寓北地者，往往有此种现象。为父母者，生于南，长于南，其语音当然为南方音，所生子女，生于北地，长于北地，因水土之关系，受同化于环境，其语音又天然为北方音，但幼小子女，不能脱离家庭，家人谈笑，父母作南方话，子女亦随声试摹，学作南方话。故旅居此间之南方人，其子女，对一般社会人，则操本地语言，在家庭中又说南方话。不过，此幼小子女之南方话，必音韵是而读法非，口齿之间仍为北方读法。先祖逝世之年，先严为三十八九岁，先祖在世之日，先严学的南方话当然不少，先严之南话，又系南方音韵北方读法，用于皮黄戏中，最为相宜。惜先祖逝世时，本人只三岁，于先祖之音容，竟复不能记忆，亦本人之莫大遗憾也。

纠正谬误

记者问：令尊生前，小培君于家居中吊嗓，令尊亦有所纠正乎？

小培答：先严生前，即以此处（与记者谈话之室内）为卧室，本人卧室则在东院，现在，本人以此处为卧室，富英之卧室则在东院，今昔情形，正复相同。有时，本人在本院吊嗓，先严则衔雪茄烟一支，于此室外走廊之下，往来徘徊，本人吊嗓既毕，先严则嘱从人唤本人至，就本人谬误之处，一一纠正。其态度有威可畏，其语意尤极严峻，一声呵叱，本人则遍身战栗。此系湖北人家风，王先生为湖北人，可以知其然也。

家规极严

记者问：令尊与小培君共话，小培君亦有座位乎？

小培答：先严唤本人来时，先严或坐或躺卧，本人则于适当距离之处，垂手肃立，先严有所晓示，则唯唯应命，有所询问，则敬谨对答，并无本人坐处，亦不假以辞色。先严语意既毕，向本人云："去罢！"本人始缓缓退出。此种家规，不得稍有违误。譬如，王先生常来敝宅，与先严共话，而本人与王先生亦极相熟，若王先生与先严对坐共话之际，先严唤本人来，本人对王先生亦应肃然为礼，作庄严之周旋，应酬毕，就僻处憩立，不言亦不动。先严或王先生向本人问事，本人始能以简单之语意答复，不得作闲谈口吻，不询及本人，本人即无置喙之余地。先严如此治家，而家庭之中，秩序整然，但本人一生，仅有富英一子，故本人之于富英，特别钟爱，富英之于本人，尤有一日不能离开之概，盖恩威二者，实各有其作用也。

无小培在座富英不能赴宴
孟小冬卑视言菊朋

父子不离

记者问：富英此时在剧界，已成台柱身份，演剧地点不能固定，今日在北平，明日或赴天津，又或转往上海、转往汉口，竟不能离开小培君而个人活动乎？

小培答：富英之于本人，不惟至外埠演剧不能离开本人，最可笑者，富英出外应酬，赴友朋宴会，亦不能离开本人。吾国宴会，例有父子不同席之习惯，盖父子同席，则有若干之障碍也。但富英无本人在座，则绝不前往，因其于人情世故，过于隔膜，偶与不识人晤见，即踧局不安，对方有所询问，不知如何应答，无本人在旁，即觉手足无措也。富英此种惯性，一般友朋莫不共知，故约其赴宴时，必约本人同往，此为社交中之特殊现象，本人亦无可如何也。

所至同行

记者问：富英若应外埠之聘，出外演剧，则将如何？

小培答：富英每赴外埠演剧，无论至天津、上海、汉口，皆非有本人同去不可。最近，天津方面又约富英于旧历下月初间，赴津演唱四天，业经接洽妥协，本人无论有无私事，至时即须与富英同去，本人在此时，竟为富英之附属品，其实，本人之精神、本人之嗓音，此时俱可登台演剧而有余。有人谓：本人之性情太懒，富英成名后，本人即不肯演剧。此亦揣测之词，与事实不符。盖父子分别在两处出演，原属可能之事，但所订合同，所有演期，彼此万难一律。若富英在此处演期已满，须改赴外埠，无本人同去，彼又不能成行，至于本人，则尚未满期，不随富英俱去，固于富英前途大有妨碍，弃本人之职务，突然随富英他往，又为情理所不许，故本人不能出演之原因，实受富英之限制也。

放弃自由

记者问：然则小培君竟不欲演剧乎？

小培答：本人自问，此时在剧界，尚可占一席地位，本其所学，常与社会人士相见，亦本人之所愿。盖此“谭小培”“谭富英”之两块牌，无妨各行其是，各挣名誉也。但事实上，同台出演，既无法派戏，分别演出，又为富英之行止所限。若本人与演剧之处事前约定：倘富英他去，本人立即解除契约，而任何之演剧团体，皆有一定之组织，不容中途截止退出。在本人突然截止退出后，该团体将向何处觅应急之替人乎？有此种种困难，宁可本人放弃演剧之自由，使富英于社会中单独造成名誉，彼年富力强，来日方长，本人及此时机，略事休养，优游卒岁，亦只好如此而已。

从不听戏

记者问：小培君在不演剧期间，亦常至各处，参观他人演剧乎？

小培答：先严从不在前台观剧，本人亦不赴他园听戏。其实，剧界中人，并非不嗜听戏，盖剧界中人听戏，全属参考性质，希望获得他山攻错之益，与一般人之入座听戏，性质完全不同。至于台上唱戏者，或调不成调，腔不成腔，则无法领教矣。近年以来，老生诸角，迄无具有特点之人才，听而讨厌，何如不听？最近，坤伶孟小冬，欲拜本人为师，本人谓："汝何不拜言菊朋？"小冬则笑曰："他还没有我唱得好，我跟他学什么？"小冬此言，可以代表一般剧界中人听戏之心理。比我唱得好，听之可也，他没有我唱得好，惟有不听而已，不然，挤于人丛座间，正襟危坐，受热、受汗气之熏蒸，有何道理乎？

言菊朋咬字之棱角太大

谭小培父子从不演新戏

过犹不及

记者问：孟小冬在坤伶界，论嗓音韵味，论咬字行腔，本为第一人物，究竟，总属一个坤伶，论精神、论大方，比之男性名伶，当然相形见绌，然则孟小冬卑视言菊朋之理由何在？

小培答：言君菊朋，号称著名谭派老生，而其擅长之点，全在咬字，一般谈戏者，谓言菊朋之于五声诸字，研究极有心得，能以完全湖北音，一一送入听者之耳鼓。甚有谓：言菊朋宗法先严，其咬字之出色，尚有过于先严者。实则唱戏一道，咬字固贵清楚，发音固贵准确，总之，无论为说白、为唱工，系为唱戏，系为一种之歌唱，歌唱者，贵能流利自然，得音曲之神理者也。言君之口齿，特别努力于咬字，其唱其白，总嫌矫枉过正，乃至棱角太大，听之觉喉际作恶，殊无快感，故云“过犹不及”“中庸不可能也”。言君之长处，正即言君之短处，失之太过，难几于中庸之道耳。至于小冬，流利之处尚在言君之上，但眼高手低，为一般艺术家之通病，小冬终属一弱女子，其不如言君处，正复不少也。

专演旧剧

记者问：近年以来，如言菊朋、王凤卿、马连良、高庆奎诸人，各有新排戏剧出演，小培君及富英何以不排新戏演唱？

小培答：本人之意见，排演新戏为绝对无价值之事。且老生诸戏，总计其数凡五六百出，若一一研究有得，次第出演，即每日登台，亦可演唱一二年，不必翻戏。是吾人演剧，专从旧剧努力，尚苦惟日不足，焉有排演新剧之余暇？且入座听戏者，其目的可以析为两大部分：一、听戏消遣者；二、入园学戏，等于入学校受课者。旧戏剧词，人所共知，其编制，尤与一般心理极端适合，即从未听闻之剧词，亦入耳了了可辨。吾人演唱旧戏，以消遣为目的者，固可感觉剧中之兴趣，以学戏为目的者，更有模仿究习之可能。至于新排戏剧，无论毛病太多，情节较新而腔调不新，太无戏剧之价值。即以剧词而论：第一，词句新造，为一般人所不解；其次，编制不得法，不能适合听众之心理。座客入园，听一次戏，乃等于北方子弟听南方教员之授课，半懂半不懂，消遣既无法消遣，学习更无从学习，则听众方面，有何意味之可言乎？

不演新戏

记者问：新戏毛病太多之理由何在？

小培答：任何一出之旧戏，皆经若干之研究而来，故情节紧凑，场面简单，而事实明了，一剧有一剧之取意，一剧有一剧之精彩，绝无拖沓繁冗、重复脱节之弊窦。至于新编诸戏，大抵费角儿、费场面、费说白，往往松懈无力，令人心烦，甚或一剧既终，竟不知其要领之所在。盖能唱戏者，多未念书，无编戏之能力，而所谓编剧家，又多不能唱戏，又或本为梨园行人，稍识之无，于文艺太不彻底，又或本为文人，稍懂几句皮黄，于戏剧之精神，终属隔膜，以一人之脑力，编出一种之新剧，其拖沓繁冗、重复脱节，自在吾人意想之中。有人谓：本人及富英不排新戏演唱，系属思想顽固，不合潮流。又有人谓：本人保守过甚，欲维持此一“谭”字之尊严，故不肯随波逐流，演唱新排戏剧。凡此议论，皆非本人之用心，实则新排诸戏，不惟令人无法行腔，抑且无法唱做表情，绝无从事演唱之可能也。

每一旧剧之行腔各有特点不能移用新戏东拼西凑非驴非马

无法行腔

记者问：新排诸戏何以无法行腔，何以无法唱做表情？

小培答：本人适言，旧日戏剧，一剧有一剧之取意，一剧有一剧之精彩，不仅此也，每一剧中之唱做表情，以及白口种种，大抵各有其特殊风味。今专以唱工言：同为二黄戏，《黄金台》倒板、原板之行腔不能移用于《王佐断臂》，《朱砂痣》三眼之行腔不能移用于《二进宫》，《搜孤救孤》摇板之行腔不能移用于《洪洋洞》；同为西皮戏，《汾河湾》之行腔不能移用于《武家坡》，《捉放曹》之行腔不能移用于《空城计》；同为反二黄，《乌盆计》之行腔不能移用于《碰碑》。盖每剧各为一腔，始有特点之可言，如剧剧之行腔相同，即不必更换戏码，而听过此一剧，亦无再听彼一剧之必要矣。本人每谓今日实不如古人，古人所创制之老生戏，至少在五六百出以上，而每剧各成一格，不相从同。今人唱戏，惟有恪守古人成法，努力摹习。以甲剧之行腔，移用于乙剧，固势有所不能，自编新腔，又绝无编造之余地，若排演新戏，则此腔路从何而来？唱工如此，做白表情可以推知。故本人谓：本人父子之不唱新戏，系无唱做表情，非本人之脑筋顽固，亦非本人之自命过高也。

两种劣技

记者问：今日之演新戏者，不外沿用旧剧之腔调，拉杂拼凑，成为一出之新戏，此外，如南方角儿，亦间有编出新戏，加入新排戏剧中者，其得失如何？

小培答：沿用旧剧之腔，拉杂拼凑，非驴非马，吾人之良心上，已过不去。且北平人士，多半数于听戏经验，甚为丰富，何种之腔，为何剧中所独有，其观念甚为明了。无论在任何场所，于无意中听得一两口，虽闻其腔，不辨其字，总之，皆可断定为何剧。因旧剧之腔，系各随剧情而制成，虽为行腔，实则示意也。彼唱新排戏者，座客闻之，即纷纷曰“这是《洪洋洞》的腔”“这是《打渔杀家》的腔”，果尔，则听戏者，何不去听《洪洋洞》？何不去听《打渔杀家》？以拖沓繁冗、重复脱节之剧情场面，配以东扯西拉、驴唇不对马嘴之行腔，其毫无价值，索然无味，不问可知。至于新造之腔，不外奇腔怪调，或为长腔大花，听之，但觉其可厌，不觉其可喜，公然登台大唱，不知是何取意。本人鲁钝，不敢自我作古，贻剧界以羞辱。彼号称惯造新腔者，吾人偶一领教，往往遍身肉麻，头晕眼花，吾人即非旧脑筋，亦无法恭听。新排本戏之风，至今已十余年，如有一种花腔，可以脍炙人口，则本人自知理绌，不复以旧戏问世矣。

标新立异

记者问：今梨园界，究以新排戏剧者为多，其故何耶？

小培答：旧剧之一切，既各有定法，则每学一剧，非心传口授不可。诸角儿或出身科班，或出身票友，所学唱白，十九难登大雅之堂，欲模仿前辈名人又无法模仿，欲与学有根底者相为抗衡，殊大不易，不得已，惟有另谋出路，标新立异，至于新戏之价值如何，亦已无暇顾及。好在，座客之中，懂戏者固多，不懂戏者亦复不少，以听戏为目的者固多，以看热闹为目的者亦复不少。唱者东拼西凑，听者或以为别致，唱者张口乱喊，听者或以为新鲜。台上之人多，各穿花衣，则热闹也；场面多，则等于看小说也；说白多，则以为听评书也。故每有一新剧之出，大登广告，“首次公演”，往往可以上满座，所谓“货卖与识家”是也。

一种板眼之尺寸前后务期一律
开口唱戏有操纵板眼之可能

一种怪腔

记者问：近年老生角儿，往往唱出一种特别怪腔，在有板无板之间。如唱《黄金台》之“西凉国，这三载，未把贡上”一句，本为二黄原板之第一句，其板眼似应为全段之准绳，与以后诸句之板眼一律相同。某日，记者在哈尔飞，听李盛藻之《黄金台》，其唱此原板第一句时，胡琴头子为原板之板眼，唱“西凉国”以及小过门之胡琴，为原板之板眼，但唱“这三载”时，□突然转慢，其意味有如原板而转入三板（眼）之关键，与《逍遥津》中“恨奸贼，把孤王，牙根咬碎”之“把孤王”完全相同。此种唱法，已为记者所未闻。及唱完此“这三载”，胡琴过门又转入原板，过门拉完，唱“未把贡上”时，其行腔尺寸又特别转慢，无与伦比，此时，台下即有大批之采声出现。但唱完此第一句，以下胡琴过门，仍恢复原板之尺寸，唱第二句至段末，亦用原板尺寸。此种自由操纵板眼之法，尤出于记者意料之外，其理由如何？

不合原则

小培答：唱戏之有板眼，等于音乐之有节拍。无论为音乐、为歌唱，无论为中乐、为西乐，腔路旋律，虽有缓急之分，而前后节拍总须一致。盖其缓念之处，全在节拍范围之中也。吾人欲急，以多数之字、多数之腔，用于一板之中，则听者觉其急矣。吾人欲缓，以一个之腔，使其度过若干板，则听者觉其缓矣。有缓有急，乃能兴奋听者之神经，使其感觉一种之愉快。其实，板眼节拍，仍为原来之尺寸，不得有所伸缩，不然，何贵有此板眼？何贵有此节拍？至于由原板而转入三眼，于关键之处，特别缓慢，此为必然之理，事当别论。因不如是，不能转换板路，不能叫起胡琴之过门，使转入三眼也。今人唱戏，学无专长，舞台之上，无法博得采声，则唱出奇腔，以期听者失惊，希望听者叫好，其唱法，乃至逸出板眼原则之外。一人发明于前，众人模仿于后，结果，亦竟因此而享名，致使一段原板之中，其唱腔、其胡琴，忽快忽慢，不知究属何种之板。此为中西音乐歌曲原则所不许，而前辈名人所不为者。听众不明此理，哗然誉之，剧事至此，尚复何言？

操纵板眼

记者问：唱者自由操纵板眼，为不可能之事乎？

小培答：操纵板眼，本亦可能之事。盖板眼速度，虽有相当尺寸，但在唱戏人，各有其习惯，□有气口。甲唱较缓者，乙唱或较急，今日气充力足，或须较急，明日意致闲逸，或须较缓，此种区别，在拉胡琴者不知也。若唱者宜较急，而胡琴头子又太缓，吾人开口时，催之使急，则胡琴鼓板亦一齐加急矣。若唱者宜较缓，而胡琴头子太急，吾人开口时，按之使缓，则胡琴鼓板亦一齐转缓矣。胡琴鼓板，为唱者之□佐品，板眼尺寸，应由唱者利用，而唱戏人不能受胡琴鼓眼（板）之支配。不然，胡琴鼓板太缓，唱者不宜缓，竟随之而缓，则唱者气结不伸，感觉不能舒展发挥之痛苦。又或胡琴鼓板太急，唱者不能急，竟随之而急，则唱者难乎为继，有不能终场之危险。此板眼尺寸之可自由操纵者。但开口以后，以下之尺寸，即非一律不可。总之：于一段原板之中，忽快忽慢，突而急促，突而重压，使板路散乱，系不可能之事。彼唱奇腔者，概为自用之琴师鼓手，若加入他人之场面中唱戏，则两无办法矣。

“二片”之胡琴无法打板点眼
“喇嘛”在琴师界为有数人物

第一琴师

记者问：近年胡琴名手，有谓当推王少卿□第一者，然欤？

小培答：拉胡琴，须尽圆融流利之能事，此为一个原则。拉胡琴与唱戏，皆须板眼准确清楚，□为唯一原则。拉胡琴之艺术，在舞台上，不能独立，总系唱者之附属品，座客之目的，系为唱戏，不为听胡琴，此为皮黄戏之定义。二片（王少卿之乳名）之胡琴艺术，尽圆融流利之长，故在近年琴师之中，屹然露出头角。究竟，其手法过于花哨，往往无法分□板眼。彼拉头子及大过门时，操鼓板者，概随其腔路，任意敲击，无所谓眼，无所谓板。听者因其花妙悦耳，往往报以采声，但若操鼓板者，为之打板，为之点眼，彼之手法，即感觉困难而无法施展。即此一端，已无成为第一名手之希望。且胡琴在舞台上，既立于附属地位，则花妙过甚、采声太烈，即有喧宾夺主之概。故真正唱戏名家，往往深恶过于花妙之胡琴。有此种种，“二片”在琴师中，其地位可知矣。

推徐兰沅(6)

记者问：小培君之意，当以何人为第一琴师？

小培答：唱□与拉胡琴，完全为公开性质，非可以个人私意自由评论者。近年琴师之中，论圆融流利而板眼又准确清楚，恰堪为唱腔之辅佐，无过与不及之弊者，当然推徐兰沅为第一。其次，最近为富英拉胡琴之“喇嘛”(7)，亦个中有数人物。梅兰芳唱戏，照例由徐兰沅拉胡琴，由“二片”拉二胡，□琴□唱者之辅佐，二胡又为胡琴之辅佐，其艺术之价值，谁优谁劣，不问可知。不然，若“二片”之胡琴，高出徐兰沅之上，梅兰芳绝不如此倒置人才。再如梅兰芳如有私心，“二片”亦必不肯甘自退让，处于徐兰沅之下。此中情理，非常明显，不必深懂胡琴者，始能判别也。

(6) 原文作“徐兰元”，下同。

(7) 赵济羹，一作继羹。

人云亦云

记者问：有人谓王少卿之胡琴，实居第一位，彼为人拉胡琴，每月所得报酬竟达三千元。至于徐兰沅，则与梅兰芳为亲戚，颜面所关，不得不用徐兰沅拉胡琴，用王少卿拉二胡。其实，梅兰芳亦重视王少卿，闻每次赴沪，梅兰芳对于王少卿，必暗中津贴若干。此说然欤？

小培答：此皆局外人不明真相、又不懂胡琴者，妄加揣测、以讹传讹之词。徐兰沅为梅兰芳拉胡琴，每月所得报酬仅为一千二百元，一“二片”拉二胡之所得，其数可想。近年所谓剧界阔人，当然以梅兰芳为第一，“二片”傍梅兰芳，所得且如此，转而傍其他角儿，又何从得此惊人数额？至于亲戚颜面问题，在梨园行从无此种劣习。至亲如父子兄弟，亦以艺术为先决问题，颜面实居其次。盛名如梅兰芳，倘“二片”之胡琴，确能为彼生色，而徐兰沅之胡琴，有损于梅兰芳之艺术，决无顾全颜面、颠倒人才之理。不过，在局外人，不明真相、不懂胡琴者，往往□为索隐之论，自命别具眼光，乃有暗中津贴之说。好在“二片”之胡琴，亦自得花妙之长。人云如此，我亦云然，辗转传述，全非事实，滋可笑也。

喧宾夺主

记者问：胡琴花妙过甚，乐声太烈，其喧宾夺主之影响如何？

小培答：座客目的，既在听戏，则其全副精神，当然集中于唱者，但若胡琴花妙过甚，则听众之精神，至少分至一半，其甚者，若唱腔偏于平稳时，且有不能引起听众注意之危险，而全场人众之精神，或将完全集中于胡琴。黄钟毁弃，瓦釜雷鸣，在唱戏人，乌将不受极大之损失乎？

“喇嘛”拉胡琴独用左手
擅动他人胡琴为剧界之大忌

独用左手

记者问：近为富英操琴之“喇嘛”，拉胡琴时总用左手，其故何耶？

小培答：拉胡琴之法，概用左手按弦，右手拉弓子。盖吾人两手之运用，右手比较灵，左手比较笨滞，为一般之公例。但亦间有左手之运用，较之右手为灵活者，持箸吃饭，持刀切菜，持剪裁衣，皆用左手，此为例外之现象。“喇嘛”自幼喜拉胡琴，但运动之间，总觉右手不甚适用，偶翻转胡琴之方向，试用左手拉之，则极端灵活，以后，遂固定用左手。习技既成，乃因左手而享名，舞台之上，“喇嘛”一出，知其人者，则曰“此‘喇嘛’也”，不知其人者，见其用左手拉胡琴，为从来所未有，因而大惊，纷纷相顾耳语，探询结果，亦遂知为“喇嘛”。通常座客听戏，多不注意胡琴，“喇嘛”独以左手拉胡琴，在舞台上乃特别引起座客之注意。至今稍有听戏经验之人士，莫不共知琴师之中，有一“喇嘛”其人者，为个中名手。所谓成名须具一种之特点者，此其一斑也。“喇嘛”姓赵，通常径呼为“喇嘛”，故谈者多不知其姓名，人以“喇嘛”名，亦殊成名之一道，固不必以“总司令”、以“主席”为限也。

借用胡琴

记者问：“喇嘛”所用之胡琴，与一般之胡琴是否相同？

小培答：左手拉胡琴，其运用部位，比之一般胡琴，当然不同。上场时，他人之胡琴，“喇嘛”无法借用，“喇嘛”之胡琴，他人亦无法借用。胡琴一物，有一惯性：最好，何人之胡琴，永远供给何人应用，运用之际始能圆转自如，音韵清醇，若经他人借用一次以后，取回自用时，往往转动阻滞，音韵不纯。故梨园行人向以擅动他人胡琴，为一大禁忌。不幸而被他人执去拉用一次，一经发觉，必恶声詈骂，如有不共戴天之仇者。盖琴师之胡琴，等于唱戏者之嗓音，唱戏者嗓音变劣，登台时，即致减去精彩，以至惹起反响。因唱戏全恃嗓音，嗓音不佳，则唱不成声，不能使听众满意，或且惹起听众之厌恶也。胡琴亦然，所奏音乐之优劣，全视胡琴本质之优劣为断。譬之琴师名手，吾人若仅付以三角钱一把之胡琴，彼亦无法施展。琴师之重视胡琴，有如唱戏者之重视嗓音，有由然也。惟“喇嘛”之胡琴，因他人无应用之可能，彼亦不甚注意，以左手拉胡琴，其独得便宜处，乃复不少。

老成人物

记者问：陆五之胡琴技术如何？

小培答：陆五之胡琴技术，在剧界当然系老成人物。彼之手法，过于花妙，而气势急促。曩龚云甫登台，因其嗓音清脆，底气充足，歌唱之际，有响遏行云之概，得陆五为之操琴，牡丹绿叶，相得益彰。不过，若非龚云甫之嗓音底气，亦不免有喧宾夺主之嫌。且陆五之耳，不甚了了，彼拉胡琴时，总嫌琴音太低，则拧其转轴，使之增高，再高犹嫌不足，则再拧之，如此增高调门，唱者实难乎为继。以龚云甫之资质，歌唱之际，对于陆五，且发恨恨之声，易以他人，更无法唱下矣。所可贵者，彼傍龚云甫为时甚久，于龚之腔路，完全了然，在今日而傍老旦人物拉戏，为唱者帮忙处亦自不少，但傍老生拉戏，实不甚适用耳。

红豆馆主与谭鑫培往还最密
那家花园之堂会戏摔落石块

虚心就正

记者问：尊大人唱戏，以湖北音定五声之标准，故乡风味，原无困难之可言，究竟，剧词之意味，实介于文言与白话之间，有人谓：尊大人于音韵之学，亦极有研究，故发音咬字，一致准确。此说然欤？

小培答：唱戏与读书，各为一种之职业，读书人兼学唱戏，则毛病太多，唱戏人兼学读书，充其量不过记问之学。盖唱戏人自幼学戏，习武工，喊嗓，习唱，习白，习做派表情，寒暑无辍，惟日不足，焉有读书之机会？先严为人，于虚心功夫最为努力，每与读书人往还，往往互相研究字音。先严成名后，时相过从者，多为清室王公大人之流，故积之既久，于读音一道，至极准确，一般捧角文人，遂谓先严长于音韵之学。其实，音韵一道，亦一种专门之文字学，先严固无此时间，从事于字里行间之究习也。

谭派票友

记者问：前清末季，无论富贫贵贱，无论□愚贤否，群以模仿谭腔为荣，一般票友之习老生者，尤以谭腔为唯一根据。号称著名谭派票友如王君直辈，当然与尊大人极相熟识矣？

小培答：票友之中，与先严最相得者，惟红豆馆主一人。馆主名溥侗，外间多称为“侗五将军”，又称“侗五爷”。彼系前清宗室，与溥仪为同辈兄弟，酷嗜歌唱，自置场面行头，有如梨园界内行人物。因系宗室身份，喜与先严往还，先严亦喜其文雅，乐与交谈，故红豆馆主之□，近似先严处比较为多。厥后，馆主因迷惑歌舞，不事生产，入民国后，家业因而中落。盖研究一种艺术，欲其成功，非竭全副精神不可也。王君直与先严并无深切交谊，追逐先严听戏，因而学得一两句而已。

研究方法

记者问：红豆馆主与尊大人谈戏，亦实际摹习唱法乎？

小培答：票友学戏，概以戏园为受课之教室，演者唱于台上，票友静听于台下，如何发音，如何咬字，如何用嗓，如何行腔，如何换气，如何支配板眼，一律成为一种之直观教授。听戏既终，功课斯毕，回家以后，即曼声摹习。不过，唱戏终与教戏之意义不同，台上所表现者，为成绩而非方法，仅于台下听戏，多知其然，不知其所以然，故有直接谈话，求得方法之必要。红豆馆主与先严谈戏，大抵属于研究方法，若一人唱之，一人和之，等于科班之教戏，不惟无此时间，在请益人亦无学戏之资格。有人谓“常与剧界中人往还，可以学得若干之腔路”，此皆不懂学戏之法者所言，全与事实不符也。

盛大堂会

记者问：戏园等于学戏之教室，则尊大人之门徒亦太多矣？

小培答：本人适言：此地人入园听戏，半为消遣，半为学戏。实际上，入园学戏者，为最占多数。忆民国四年，那家花园，曾有一盛大之堂会戏，当日戏码为九阵风、王长林之《小放牛》，余叔岩、梅兰芳之《汾河湾》，大轴为先严之《捉放宿店》。戏场之内，肩膝相摩，鼻息相闻，拥挤而听者，凡三四千人。花园中山石之上，或坐或立，至于挤落石块。先严出场时，台上人挤立已满，至“叹五更”之际，先严坐于台隅，台上听戏者，自场面之旁，以迄先严座椅之畔，一律挤成一片，何者为戏中人，何者为听戏人，几于不能辨别。办事人员乃嘱台上听者，盘膝坐于台上，因不如是，无法制止秩序之骚动，台上唱戏之陈宫，或将有不能立足之危险也。此种听戏情形，则无所谓消遣，其目的，完全属于学戏而已。

模仿名伶非嗓音相近不可
红脖子王五学谭最为神肖

台下学戏

记者问：台下学戏，知其成绩，不知其方法，则一般人学戏，似俱有与梨园行人晤谈之必要。但事实上，学尊大人之戏而神肖者，即非与尊大人晤谈不可乎？

小培答：台下学戏，于唱做白哭笑，皆能完全领略，至于方法，则不必以某一人为限。大抵，票友学戏，皆系延请剧界老人如里子、零碎之类，从事学习方法，明了方法规则之后，再自行赴戏园听戏，摹习名家之腔路。因剧界名人，绝不为人说戏，而里子零碎之类，苦于收入太少，不敷生活，不得已而在外间，为票友说戏，每月挣得三数元之报酬，作生活之补助，其腔路，即难登大雅之堂也。故学家严而能神肖，亦有与先严从无往来者，不然，谭派票友充斥于各通商大埠，而先严于一般社会又不甚交游，其学戏之法，当然系由台下听去也。

人才之难

记者问：台下学戏，亦能臻绝顶神肖之程度乎？

小培答：学戏之条件，须嗓音佳良，赋性聪颖。赋性聪颖，则富于模仿性，嗓音佳良，始有神肖之可能。要以嗓音一端为特别重要。盖赋性无论如何聪颖，倘嗓音不佳，亦无法运用，无法至于神肖。若嗓音既佳，赋性又聪颖，于台下听戏既久，往往可臻神肖之境。不过，吾人之声□，各有其机能，近似者太少，而相差悬远者太多，事属天赋，无法以人力挽回。故模仿先严者，人数满全国，真能神肖者，乃难于披沙拣金。先严在日，曾语人云："学我唱戏，有个红脖子还不错。"除此以外，皆在唯唯否否之列。孔子叹才难，证以学戏，亦正恰合原则。

摹唱《宿店》

记者问：此"红脖子"为谁乎？

小培答：先严但知为红脖子，不知其姓名。厥后，有知其人者，据谓：该红脖子姓王，行五，人称为"红脖子王五"，至今其人尚健在，年六十余矣，子嗣多在政界服务，惟不甚登台，故其名不彰。但此王君，实与舍间从无来往也。原因某次中和园夜戏终场后，座客纷纷散去，王君与友人数辈，赴煤市街某饭馆子小饮，座间，众人谈论先严之《捉放宿店》，或谓某一腔太佳，或谓某一字太妙，王君则谓"我能摹之"，遂于饭馆中，借胡琴至，由一人操琴，王君唱《宿店》。因其嗓音酷似先严，甫唱一二句，各饭座即闻而大惊，疑系先严所唱，但先严在饭馆中唱戏为必无之事，乃纷纷挤于该雅座门首，隔窗静听，历时既久，始知为赝品，然其学力亦足以令人咋舌也。

谭亦莞然

记者问：此一事也，尊大人何以知之？

小培答：当时，先严亦在该饭馆内小饮。盖夜戏完毕，为友人约去晚餐也。王君唱时，与先严同座之友人，相顾愕然，先严听之，亦忍俊不禁，叹为神肖。玩索其声口，又为从未谋面之人，亟欲一觇其人，虑为他人所注意。先严用餐毕，持茶碗嗽口，嗽毕，出雅座，吐于门外，此际，王君方唱至“拿宝剑，将贼的，头割下”处，提足衷气，高响无伦。先严不能耐，由窗隙窥之，见立而唱者，昂其首，鼓其喉，其脖项间，有红色痕迹一块，宛然在目。先严得此符志，急退入室内，因语友人曰：“学戏者，为一红脖子，君等共识之，勿小觑其人也。”有此品题，而红脖子王五之声价十倍矣。

一般唱戏者多唱“诸格亮”“格登云”
梅兰芳说“白开水”为“剥开水”

“割”读如“郭”

记者问：此“拿宝剑，将贼的，头割下”之“割”字，与《南阳关》“敲牙割舌为的是那条”之“割”字等，一般唱戏者，多读如“格”，然欤？

小培答：读“割”如“格”，系北方土音，湖北音读“割”如“郭”，唱戏之法亦如此。一般唱戏者，多为北方人，其唱戏，亦往往唱成北方土音。先严唱戏，绝对不用北方土音。但歌唱一道，出口即逝，听者不知注意，摹习时，或竟读“割”如“格”，且以为系学自先严，与人谈论，争持之下，至于面红耳赤，绝不认错。其实，此项问题亦极易解决。先严生前所灌留声片，有《桑园寄子》两面，其“见坟台，不见人，刀割我心”之“割”字，显然读“郭”（ㄍㄨㄛ），此为绝大证据，可以听而得之，空口争持，殊无意义也。

舞台笑柄

记者问：一般谈戏者，谓《探母》定场诗“雁过衡阳各一天”之“各”字，与《空城计》“各为其主统貔貅”之“各”字等，应读如“格”，不得读如“郭”，诸葛亮之“葛”，与《打棍出箱》中“葛登云”之“葛”等，亦应读如“格”，此种读法如何？

小培答：“各”与“葛”，读如“格”，亦系北方土音，在唱戏中仍为禁忌。不过，此“各”与“葛”，亦不能读如“郭”，其发出之音，在“格”“郭”之间。此类字音，在北方字音中，尚不可得，在注音字母中，为“ㄍㄛ”，比之“郭”字，少“ㄨ”之字母。但台下听者，因不甚注意，又不知此种特殊读法，以其经验听去，似与“割”字不同，则以讹传讹，愈差愈远。唱《打棍出箱》，则满口“格登云”，唱《空城计》，则满口“诸格亮”，为舞台上之大笑柄。至于唱“格为其主”“雁过衡阳格一天”，尚属小事一段耳。

北音独无

记者问："学生""学习"之"学"，"觉得""不觉得"之"觉"，"却是为何""一旦丢却"之"却"，一般唱戏者，皆读"学"如"雪"，读"觉"如"绝"，读"却"如"缺"，是否为正确之读法？

小培答：此皆北方土音，正确读法仍应以湖北音为标准。不过，此类字音，为北方土音所绝无。北方人唱戏，无所依据，遂多用北方土音，唱《二进宫》，则唱"站宫门，听'雪'生，细说比方"，"千岁爷，进寒宫，'雪'生不往"；唱《洪洋洞》，则唱"醒来时，不'绝'得，遍体寒淋"；唱《打渔杀家》，则唱"他叫我，把打鱼事，一旦丢'缺'"，"飞过来，叫过去，'缺'是为何"，倒字满口，贻笑大方。实则此等字音，亦极易唱，以注音字母注出，则"学"为"ㄒㄩㄛ"，"觉"为"ㄐㄩㄛ"，"却"为"ㄑㄩㄛ"，将韵母之"ㄝ"，换成"ㄛ"字之音而已。

两属错误

记者问："南北"之"北"、"黑白"之"白"之"白"，唱戏应如何读音？

小培答：此两字，用湖北音读出，其事非常简易。在北方人读来，又感若干之困难。盖北方人读"北"，其音为"ㄅㄟ"，读"白"，其音为"ㄅㄞ"，而凡学唱戏者，皆知此为北方土音，须避免，但读湖北音不准，则又读"北"与"白"，一律读如"剥"（ㄅㄨㄛ），读

"北京"为"剥京"，读"白开水"为"剥开水"，自以为系研究而来，实则同一错误。因"北"与"白"两字，皆应读如"ㄅㄛ"，系南音所常有，北音所绝无也。曩梅兰芳与先严合演《汾河湾》，梅兰芳说"白开水"时，竟说成"剥开水"，先严曾当台为之纠正。[8]此事，谈戏者多能道之。

(8) 系民国二年（1913年）10月22日谭鑫培、梅兰芳在段祺瑞宅合演《汾河湾》事。

谭氏祖孙父子皆饮绍兴酒
谭氏世代以"英秀"为堂名

烟酒与嗓

记者问：小培君谓：尊大人赴某饭馆子小饮，然则饮酒无碍于嗓音乎？

小培答：剧界中人，"在理"者多，所谓"在理"，即不动烟酒之一种同盟，于卫生、于保护嗓音，本有关系。究竟，天地间之事，不可一概而论，以卫生言：嗜烟酒者，不必多病，不必促短寿算，一生不动烟酒者，不必健康无病，不必永年；以保护嗓音：嗜烟酒者，往往有特殊之歌喉，不动烟酒者，又多为劣嗓。故唱戏人是否动烟酒，都不成问题。原因：烟能生痰，亦有不生痰之烟，酒能坏嗓，亦有不坏嗓之酒。先严生前，于烟，则吸吕宋烟，因其不生痰也；于酒，则饮绍兴酒（黄酒），因其不坏嗓也。盖宾客应酬之场，无烟无酒，即感干燥枯寂，太无趣味，而先严生前，所与往还者，皆王公大人之流，吕宋烟、绍兴酒，各系名贵物品，喜其不生痰、不坏嗓，故俱嗜之。至今本人及富英，偶赴宴会，亦各饮绍兴酒少许，此亦先严之遗风也。

例外之嗓

记者问：饮白干酒于嗓音有妨碍乎？

小培答：白干酒之性燥，而嗓音非润泽不可，故常饮白干酒者，其嗓音多刚烈响脆，或致运用不灵，而剧界中人，遂多绝对不饮白干。究竟，人之生理，不能一致，亦有饮白干酒而嗓音不坏者，自以唱工为唯一任务之黑净，多能饮白干酒。今唱老旦之李多奎，亦能饮白干酒，其量甚大。不过，圆润近沙之嗓音，一饮白干，即非变不可。其饮白干而无碍者，大抵属于脆亮方面之嗓，不惟无碍，而且可以助长其脆亮之程度，如黑净、如李多奎，是其例也。

贝勒之称

记者问：一般谈戏者，往往称尊大人为“谭贝勒”，清室“贝勒”爵位，以皇室近枝为限，尊大人为汉人，与宗室绝对无关，何以有此“贝勒”之雅号？

小培答：此种称道，乃为一种笑谈。汉人获得

"贝勒"爵位，系绝无之事。原因先严生前，辄蒙太后之召，出入宫禁，所与往还者，又多为王公大人，故先严之行动起居，以及种种排场，多与宗室相接近，而先严成名之后，声震全国。一般人见其排场，羡其尊荣，竟以"贝勒"呼之，随口呼作，一笑而已。

英秀之号

记者问：一般谈戏者，又多称尊大人为"谭英秀"，□谓"英秀"为尊大人别号。此说然欤？

小培答："英秀"为本族之堂名。譬之：姓王者，多为"三槐堂"，姓张者，多为"百忍堂"，皆全族所公有，子孙相沿，不以某一辈为限。本族为"英秀堂"，故舍间门首有"英秀堂谭"之木牌，此"英秀"二字，当然非先严所独有。文人谈戏，往往不明真相，捕风捉影，遂径谓先严为"谭英秀"，其意味，有如呼姓王者为"王三槐"，呼姓张者为"张百忍"，此种称呼，已令人可笑，且谓"英秀"为先严之别号，可笑孰甚。意者，当时文人，竟以侈谈先严之身世为荣，而与先严素无往来，无法取得材料，见先严出入戏园时，其衣箱之上，有"英秀"字样，突然发现，以为获得珍宝，执笔谈戏之际，为自命熟悉先严之身世起见，则曰：谭某之事，我一一尽知。彼之别号，系为"英秀"。此种谬误认识，载之报章，编为画册，阅报阅书者，且因讹传讹，不啻天然事实。自来书史所载，往往如此，无足怪也。

谭鑫培曾唱“后方跟随兵部杨侍郎”既须快走又禁止敲击骡马

临时改词

记者问：一般唱戏者，往往于舞台之上，临时变更词句，故意与合演人为难，尊大人亦有此种轶事乎？

小培答：此类事件，出于演戏原则之外，全属开玩笑性质。大抵，偶与票友合唱堂会戏时，容或有之至于营业戏，同是梨园行人，则绝无其事。一日，先严于堂会戏中，与某唱黑净之票友合唱《二进宫》，该票友唱至“前面走的开国将”处，先严应唱“后面跟随兵部侍郎”，当时，先严忽改其词为“后面跟随兵部杨……”该票友听去，疑其词至“杨”字为止，盖“杨”字为平声，又为“江阳辙”，可以构成一句之戏词也。此“杨”字过去，该票友即接唱“站立在”，不意，先严唱出“杨”字后，其下又唱出“侍郎”两字，全句戏词系为“后面跟随兵部杨侍郎”，此“郎”字遂与“站立在”之“站”字，碰在一板上。此时，先严唱出“侍郎”，与该票友碰上后，即于台上曰：“你别快啊！”该票友受此奚落，竟无办法。(9)

(9) 民国四年（1915年）12月25日广和楼夜戏，谭鑫培、陈德霖、书子元合演《二进宫》，亦曾发生类似事故。书子元系票友初下海，上台前曾问陈德霖："谭老板的杨波，有什么特别俏头应当留心对付地方，请照应照应。"陈氏不以为然，说："一出大路《进宫》，有什么特别，你只照规矩唱，没有错！"当徐杨跪地联唱时，花脸唱上句"昔日有个李文李广"，老生一般唱下句"弟兄双双保定朝纲"，谭氏临场改词为"换刀斩妻保皇娘"，书子元耳生以致接唱不及而脱板，倒好四起。（见《一撮前尘》，阁，《京报》1935年6月23日，第十版）

大开玩笑

记者问：该票友本亦太忙，尊大人唱"侍郎"之"侍"字时，尚在板之前方，既有"侍"字，其下当然有"郎"字，乃不俟词毕，张口接唱，不亦心粗气浮乎？

小培答：此为无办法之事，该段合唱戏词，有板无眼，前者词毕，后者即非于板上接唱不可。先严唱出"兵部杨"后，该票友若不急起接唱，万一先严唱至"杨"字而止，致使空过一板，该票友更难辞误场之咎，故此次先严之临时改词，全属大开玩笑，唱黑净者，无论何人，亦非出笑话不可。双方碰上一板，其事尚小，总比空过一板，胜强数倍也。

最爱骡马

记者问：尊大人生前，有何种之嗜好？

小培答：先严生前，于鼻烟壶、各种之鸟以及骡马牲口，皆所癖嗜，往往同时喂养骡马，至七八头。因当时一般之交通工具，概为以骡或马，拉运轿车，并无此时之汽车，亦不同于今日之马车也。先严爱骡马，禁止赶车人以鞭击骡马，但先严每赴戏园演剧，又不肯提前而往，概预计其时刻，一到园即扮戏，扮毕即出场，偶为时较晚，半途之上，又催快走，向例：欲轿车之增加速度，非以鞭击骡马不可。先严坐于车内，与赶车人相距至近，既催快走，又禁止敲击骡马，赶车人乃陷于无办法之中。实际上，若不快走，又有误场至之危险。赶车人左右为难，日久，乃思得一法，既不敲击骡马，又可催骡马之快走，遂成一种之笑柄。

过犹不及

记者问：赶车人如何而有此两全之法？

小培答：赶车人手中，照例执有皮鞭，鞭梢部分，为一大结子，该赶车人思索结果，乃以小针数枚，插于结子之内，针尖出于结子者，仅数分许。赶车时，举其鞭，使鞭梢部分与骡马之腹部相接触，先严催快走时，该赶车人即晃动其皮鞭，使鞭梢之针尖，与骡马之腹起摩擦作用，针尖触于骡马之肚腹，骡马负痛，不得不向前疾驰。先严见之，惊为神技。盖鞭梢之针尖，目标甚小，先严不能看出，但知未加鞭捶，可以达速行之目的，既不误事，骡马又不受痛苦，可谓两全其美。实则骡马痛苦，尚有甚于鞭，爱物太过，等于不及，天地间，固无此两全其美之事也。

金秀山不唱《宿店》自由入后台
谭鑫培与庆亲王开玩笑

变更辙口

记者问：尊大人曾向某票友开玩笑，亦有向尊大人开玩笑者乎？

小培答：与先严开玩笑者，亦往往有之。如《捉放》戏词，净唱“八月中秋桂花香”，生唱“行人路上马蹄忙”，净唱“坐立雕鞍用目望”，生唱“见一老丈坐道旁”。两人合唱，皆用“江阳辙”。一日，某唱净之票友，出场后，开始即唱“八月中秋桂花开”，先严听去，“江阳辙”之戏词，竟被该票友改为“怀来辙”，先严接唱原词，即为不合辙，明知该票友系开玩笑，但非设法应付不可，乃于一刹那间，改唱下句为“我随明公到此来”。该票友又唱“坐立雕鞍用目睬”，先严即接唱下句为“见一老丈坐土台”。先严思想之敏捷，闻者莫不叹服。此一事也，老于谈戏者多能道之，报章及谈戏书籍亦有载其事者。

作一恶剧

记者问：舞台上，尚有何种开玩笑之法？

小培答：囊金先生（金秀山）曾向先严作一恶剧。向例：先严与金先生合唱《捉放》，系大轴戏，非带

"宿店"不可，而入园座客，其目的即皆为听此一出《捉放宿店》。某次，上座特别拥挤，先严出场，受欢迎之情形，异常火炽。唱至"捉放"将毕，群众之心目中，以为尚有大段"宿店"可以过瘾也。不意，金先生唱完"紧加鞭，催动了，能行胯下"，即进入后台，而"宿店"剧中非有曹操不可，曹操进入后台，即宜同时截止。先严乃不得不唱"大不该，随此贼，海走天涯"，作一结束，其下之"宿店"遂无法演唱，先严固甚恚恨，诸座客尤大失所望。后先严询之金先生，据答："我让你露脸。"其意，盖含有嫉忌心理也。

鼻油四两

记者问：尊大人虽不免为他人所算计，而其事甚少，以尊大人之捷才，尚有与人开玩笑之事迹乎？

小培答：先严亦常与王公之流开玩笑。值盛暑，先严奉召入宫演剧，携有折扇一柄，其扇骨系水磨骨子，因携用多年，浸入汗液甚多，骨面发红，异常光亮。比为庆亲王所见，询其扇骨美观之由，先严对曰："系为鼻油四两所染成。"庆王大喜，因志之。回府后，嘱仆携纹银二十两，出外购"鼻油"。该仆持银，于三街六市，寻觅殆遍，迄无售卖鼻油之商店。还白庆王，庆王大怒，骂其不会办事。更以他仆，仍以无法购买对。如此，凡易数仆，皆然。亲王阴念：此鼻油，或系家传秘制之物，非可以银钱购得者。乃又嘱仆，至舍间，向先严乞□。先严则语仆人曰："舍间并无此物，无从报命。”仆白庆王，庆王仍骂其不会办事。

如何可得 仆窘甚，再至舍间，向先严哀恳，先严庄语曰：“实无此物，非吝啬也。”仆请于先严曰：“王爷索此物甚急，左右皆受责斥，无已，惟有请谭老板过府一谈。”先严诺之，乘车赴庆王府。接见后，庆王曰：“彼此交谊，乞少许鼻油而不得，何太吝啬乃尔？”先严始笑曰：“所谓鼻油，吾人鼻际之汗液也。市上固无法购买，舍间亦无从积蓄。王爷无事之际，持扇骨，接触于鼻际，时时摩擦，日久，其色自红润光亮，不必□助于其他外力也。”庆王闻之，始哑然失笑。清代王公之尊严，莫敢忤犯，独先严以艺术人资格，常与诸王公征逐流连，自由谈笑，此为历史上空前所未有，至先严而打破纪录矣。

谭鑫培曾收养一贫婆子凡七年
书吏之家随意召名伶演剧

老谭慈善

记者问：尊大人之性情甚为诙谐乎？

小培答：先严之诙谐，不过偶一为之，实则先严为人，最好佛，于因果报应极端崇信，一生所作慈善事业，至为繁多。当年，有樊静庵者，以豪富驰名一时，樊夫妻二人，老而无子，至晚年，保养一异姓子为嗣，此养子，不满樊之所为，自立门户，与樊不通往来。樊死后，其老妻贫无衣食，先严因樊生前，挥霍之际，对于剧界中人，无所吝惜，不忍樊妻之穷蹙，收养于舍间凡七年。死时，先严为之殡殓葬埋。此事，一般人知者甚夥，如此仗义，如此慈善，俱叹为得未曾有。

书吏起家

记者问：此樊静庵如何而起家？

小培答：樊初在吏部选司中为书吏，此书吏，为一种之最低职员。盖其地位，实介于职员与差役之间也。至于录事，尚为一种之下级职官，较之书吏，高出数倍。向例：录事以上，皆可着袍服，衣冠楚楚，惟书吏阶级，只能穿败旧布大褂，到衙门办公。办公之际，无座位，有所差委，唯唯而答。所乘轿车，以破烂不堪者为限，因其身份太低，收入又少，每季所得，仅为纹银四两，按月计之，仅为纹银一两也[10]。此书吏之中，有一"经承"，为书吏首领，管理一种卷宗。此经承死去，则于书吏中，择其资格较老者，擢升为经承。值前任经承逝世，樊静庵因资格较老，乃由书吏而升任经承。有此优缺，不三数月，即已家资巨万，居然为富家翁。究竟，经承所得，每季仍为纹银四两，与一般书吏相同。其一跃而成富家翁者，作一种之公开的积弊而已。

(10) 原文如此。

公开积弊

记者问：此公开积弊为何？

小培答：前清之季，一切官员，御史皆可参奏举发。第一次参奏，为一参，第二次参奏，为二参，第三次参奏，为三参，三参奏折既上，即非革职不可，而此项奏折，照例皆须经过吏部，由经承书吏转呈，其一参二参，不过按办公手续呈上，至三参既至，即为经承压置，一面暗中通知各被参官吏，索贿赂，贿赂满其欲望，经承即将“三参”字样改为“二参”，奏折虽上，于被参官吏，殊无妨碍，其作官吏，刮地皮之机会，仍然如故，若为数太少，不能满经承之欲望，径以三参奏折呈上，而被参官吏革职矣。樊静庵以前之经承，因当差多年，肠肥脑满，所索贿赂之数，至为高昂，遇三参奏折，概索二三千两，索而不得，则随手压置公文箱内，一二月间，积成两满箱。该经承死去，樊静庵继任时，清理卷宗，以廉价售出，每一“三参”奏折，只索二三百两，到处通知，各被参官吏，得此消息，纷纷送贿赂至，两箱之公文售尽，而樊静庵已成富家翁矣。

如此豪富

记者问：樊静庵之豪富，至于如何程度？

小培答：其豪富程度，殆不可以言语形容。樊之私第在前门外甘井胡同，第宅之内，规模廓大，布置华丽雄伟，北京人言甘井胡同樊宅，无不知者。其中建有戏台，戏箱行头，场面锣鼓之类，一律制备齐全。樊兴至，则随意召各名伶至其家，或清唱，或粉墨登场，皆听樊之指挥。诸剧界名人，按月在其家领有照例津贴。偶感经济缺乏，白于樊，三五百两，可以立得，求之今日宦海中人，无此排场也。

黑幕重重之前清官场情形
樊氏阴宅有如巨室府邸

载银一车

记者问：以一书吏而排场之阔绰如此，亦出人意料矣。

小培答：当时之樊静庵，实有挥金如土之概。其意气之豪，尚有一笑谈。樊为经承数年，家资之雄，数诚可惊，而每日赴吏部办公，仍须着破旧蓝布大褂，乘破轿车，身份所限，名义上之收入太少（每季得银四两），亦无如之何也。樊之出私第时，衣冠皇皇，车马煊赫，道经珠宝市某茶馆，即入内更衣，既出，则戴小帽，着破蓝布大褂，改乘破轿车，以赴吏部衙门。公毕，再至该茶馆，换衣帽，换轿车，而一般通贿赂、行关说者，亦于该茶馆中举行交易，得银，贮于破轿车中，运回私第。如此，成为定例。一日，樊由吏部衙门返回，至该茶馆更衣后，适有宴会，暂不回家，其所得赂银共四千二百两，乃嘱轿车夫任二曰："这银子，拉回家去。"任二唯唯，樊则去作酒食之征逐。但此四千二百两之赂银，竟为任二运往其家，而未拉至樊宅。

拉回家去

记者问：四千二百两之赂银，被轿车夫任二运往其家，樊静庵竟无所觉察乎？

小培答：翌日，樊又在该茶馆收□赂银一宗，嘱任二拉运回家，抵樊宅后，樊偶忆及昨日尚有一宗，因问任二："昨日之四千二百两，已缴账乎？"任二对曰："主人不命我拉回家去乎？"樊骂曰："叫你拉回我家，怎么拉回你家了？"任二乃笑曰："这算我听错了。不过，主人日进数千两，此四千二百两银子，只算小事一段，这一车赏给我了，以后主人多拉几车回来，不就够了么。"樊遂笑曰："得啦！拉去了就拉去了，你好好买点房子，买点地，不许胡花。"任二唯唯，而此四千二百两之纹银，已攫归己有。盖任二随樊有年，颇得樊之欢心，所谓"听错"者，非听错也，故意出此狡狯，以资骗去银两耳。

挥金如土

记者问：樊静庵之雄于资财，亦殊可为谈助，更尚有挥金如土故事乎？

小培答：其事多矣。樊母逝世，其殡仪之盛，可埒王侯。棺罩之上，绣“寸蟒”。“寸蟒”者，多数寸许长之小鱼状态也。清制：官至二品以上，棺罩可用寸蟒，不及二品者，为僭越，经御史举发，即受惩处。当时，樊豪富之余，捐纳得四品衔，为候补道，但以职衔论，终不得用寸蟒。灵柩甫出前门大街，即为御史拦截，询系何官，从人不语，以盘盛元宝，为御史寿。御史得银，乃放行。至珠市口，御史拦截如前，奉银亦如之。如此，所至被拦截，皆同样放行。盖樊之出殡，自知仪式僭越，然为壮观计，又非用寸蟒棺罩不可，故于就道以前，即以轿车数辆，满载白银，备沿途之馈赠，其巡查御史亦明知拦截无用，不过借拦截为名，勒索一宗贿赂耳。

入阴宅游观几致被火焚死
富翁之夫人陷于衣食两难

伟大阴宅

记者问：樊母出殡，耗费亦殊不赀矣？

小培答：樊母之阴宅亦空前所无。通常富室出殡，有焚烧阴宅之举，其阴宅形式，概仿生前住宅，依式制造。樊母出殡时，因其住宅伟丽廓大，阴宅状态亦极伟丽廓大之能事。有亭有台，有楼有阁，有院落有花园，有别墅有戏台，其中陈设布置，古玩字画，与樊之私第完全相同，陈列于坟地之内，绵亘数十丈见方。曲廊可以步履，楼阁可以跂登，骤入其中，几不知为阴宅，而疑即巨室之府邸。举火焚之，顷刻化为灰烬。其豪富程度，可想而知矣。

流连忘返

记者问：如此阴宅，竟与真正住宅相同乎？

小培答：该阴宅陈列于茔地之内，附近人民纷纷入内参观，盖一般民众，于巨室府邸，无缘进入，布置陈列如何，俱无法参观，而该阴宅系纸糊赝品，任人参观，金吾不禁。且如彼伟大之阴宅，五光十色，红绿灿然，亦自成一种之工艺品。此伟大阴宅之消息传出，诸男妇老幼，即互相传呼，欲见所未见。阴宅之中，竟至熙来攘往，门庭如市，其情形，较之开放公园、不收门票时，尤为热闹，甚至已届举火焚化之际，诸男妇老幼，尚贪看热闹，徘徊流连，不肯舍去。樊之表弟某，在阴宅中，未能提前退出，举火后，几致葬于火窟，有如真正住宅之发生火警。

险遭不测

记者问：举火焚烧阴宅时，事前竟不通知乎？

小培答：如彼巨大之阴宅，屋宇栉比，重门叠户，入内通知亦苦难周到，乃于举火以前，鸣锣高呼，晓示举火。其时，距街门较近之参观人等，骤闻警耗，即仓卒退出。盖阴宅所以备焚烧之用，一般观众虽身入其中，而各怀栗惧，不敢纵情游览，虑遭不测。惟樊之表弟，以戚谊攸关，其胆甚豪，且樊氏住宅，为其经常出入之处所，彼此对照，兴致尤烈，因而愈入愈深，竟忘举火焚化之危险。迨游观至最内部，忽闻锣声甚厉，高呼焚火，彼心慌意乱，竟致迷失出路，东突西奔，罔知所从。外间鸣锣高呼久之，无人退出，以为阴宅之内已空无一人，遂实行举火。此纸糊房屋，一经着火，竟即烈焰飞腾，烟雾障天。樊之表弟，在火窟中失声大号，迄无应者，惶骇之余，竭力冲突，幸纸糊之具，尚可破围而出，而衣履被焚处甚多，肌肤亦有灼伤，其阴宅之伟大富丽，亦可以推知矣。

身后萧条

记者问：如此豪富之家，何以主人死后，主妇至于无法生活？

小培答：原因樊之养子，鉴于樊之起家殊无价值，每于背后语人曰：如此发财，有何困难？若我为书吏，以资格老而擢升经承，则黄白之物，亦当纷纷为我送来，一二年间，我亦可成富家翁，发财而无价值，即不能使人佩服也。其养子有此态度，乃与樊另立门户，不相往来。樊死后，其老年夫人，遂贫无衣食，先严悯其身世，收而养之，完全属于慈善心理之表现耳。

独成义举

记者问：尊大人或以□昔曾受樊氏之津贴，故有此报施耳？

小培答：樊之势焰煊赫时，经年受其津贴者，皆为一时名伶。大抵名伶之家，各有相当之财产，樊死后，其夫人贫困无依，一般人莫不共闻共见，其他名伶，曾受其常年津贴者，皆谓：我之受津贴，乃为劳动所得之报酬，曩受其津贴时，并非无功受禄，则为应得之津贴。盖我若不会唱戏，我若非当代名伶，我若不供其呼唤，彼绝不作此无代价之布施。彼因挥霍而贫困，乃其分之所宜，于我无关。故曾受其常年津贴者，甚为众多，大都袖手旁观，迄无一人顾恤该日暮穷途之贫婆子。先严独不忍坐视，大发恻隐，完全为慈善心理，完全为良心问题，属于绝对自动，无责任与义务之可言。此种义举，求之一般人中，亦漫不可得也。（更正：本记所载樊静庵事实，兹据甘井胡同樊宅来函，谓所云各节，与事实不符，特代更正。）

谭鑫培曾蒙慈禧赏给三品顶戴
昔日精忠庙会首各有品级

慈禧优待

记者问：记者曾见报载：尊大人生前曾蒙慈禧太后赏穿黄马褂，有其事乎？

小培答：赏穿黄马褂之说并无其事。惟庚子之变，八国联军入京，太后皇上出巡赴西安，迨辛丑平定后，两宫回銮，慈禧重入宫廷，对于一般职官，赏赉有加，一面召梨园行人入宫演剧，歌舞升平。先严入宫时，慈禧欣喜之余，曾用口头传旨，独赏先严以三品顶戴，虽无明文之颁，而专制时代，皇上太后，出口成旨意，事实上，即可发生绝对之效力。不过，先严自思：以一梨园行人，若戴亮蓝顶，缀花翎着袍褂，未免不伦不类，故虽有旨意，先严终身迄未戴用。此一事也，惟在剧史上留一话柄而已。

剧事停顿

记者问：庚子变乱，至辛丑回銮之间，北京市面亦演剧乎？

小培答：庚子之变，大栅栏一带完全被焚，化为灰烬，而当年之戏园，皆麇集于大栅栏，除大栅栏以外，其他各处并无戏园之建设，故大栅栏既毁于劫火，在秩序纷乱之中，即无法演剧。惟日兵租界魏家胡同内，有一会馆，曾在剧事停顿之中，演唱营业戏。该营业戏之组织，系报请租界当局批准后，开始办理，辛丑回銮，亦即闭歇。

均富状态

记者问：曩北京市面竟有日本租界乎？

小培答：联军分别占据北京后，北京市面，即成八国租界，当时之日本租界，即东四牌楼一带也。

记者问：变乱之际，国破家亡，演唱戏剧，尚可维持营业乎？

小培答：庚子变乱之中，一般富贵之家，或出亡，或被抢，所有财产一齐化为乌有，唯一般贫民，皆易贫而富，衣食无忧。盖两宫出巡后，京城地面无人负维持秩序之责，诸无业贫民，强者为盗为寇，公然抢劫，弱者为贼为偷，乘间窃物。且珠宝古玩，器具衣物，弃掷迤逦，即手难持鸡之辈，亦可随处拾取。故当时之社会情形，乃为均富状态，演剧营业，亦自有维持之可能也。

会首身份

记者问：梨园界人，除尊大人以外，尚有经慈禧赏给花翎顶戴者乎？

小培答：梨园界团体，在今日为梨园公会，在昔为精忠庙会。依向例，为精忠庙会首者，皆有六品顶戴。[11] 先严独蒙恩赏三品顶戴，此为特殊优遇，但该项制度，不久旋即消灭。原因充会首者，在从前皆为老生武生之类，如程长庚、余三胜、杨月楼，以及先严是也，厥后，田际云以花旦充当会首，而会首之价值乃告降落，照例之六品顶戴，亦遂停止矣。[12]

(11) 据周明泰《道咸以来梨园系年小录》“公历一八九三年光绪十九年癸巳”条云：“梨园公所初成立之日，其首领谓之庙首，只程长庚一人，后陆续添至四人，如杨月楼、刘赶三、黄月三、田际云等，皆曾任此职，向归内务府管辖，庙首皆四品顶戴。”按光绪十七年（1891 年）八月，谭鑫培抵杨月楼缺新补庙首，时年四十三岁。

(12) 光绪十一年（1885年）六月十九日，王九龄病故，以四喜班时庆即时小福补缺，旦行充庙首非自田际云始。光绪二十年（1894年），刘赶三病故，以田瑞麟即田际云补缺，光绪二十六年（1900年）五月十三日，时小福病故，光绪二十七年冬月二十八日（1902年1月7日）两宫回銮，再以余玉琴补缺，仍为旦行。又，余三胜未曾任过庙首。参见《时慧宝》篇注（3）。

各有所长

记者问：今日谈□剧者，动曰谭汪孙三派，究竟，谭汪孙三派，其优劣如何？

小培答：所谓谭派者，系以先严为宗法，汪派之祖为汪桂芬，孙派之祖为孙菊仙，本人言汪言孙，皆系前辈先进，本人不便为先严捧场，而抹煞汪孙两派，故有人以此项问题询及本人，本人即答以前辈唱戏，各有专长，后生晚辈，不敢妄加批评。实际上，在听戏人，心理不同，嗜好各异，嗜大嗓者，欢迎孙派，嗜高嗓者，欢迎汪派，吾人皆不能强不同以为同。若乃冰炭水火，互不相容，各立门户，肆意攻击，此皆同业之弱□，本人不肯为也。

谭富英并无模仿余马之事
中声与中州韵为谭派所不取

百出旧戏

记者与小培谈至此，适富英至，乃再与富英谈话，问：富英君之能戏共有若干出?

富英答：本人之戏，完全系旧日剧本，其总数约在一百出左右。盖旧日之老生戏，总文武昆乱、有剧本可寻者，共为二三百出，而常见于舞台上之老生重头戏，又仅为百出以内。无剧本可寻者，既无法演唱，新排戏剧，本人又绝不肯为，惟有于今日之剧界，巡回演唱此百出左右之旧戏。家规如此，本人亦不舍此他求，贻先人以羞辱也。

得之家学

记者问：富英君之旧戏，完全学自富连成科班乎?

富英答：此百出左右之戏，有学自科班者，亦有在科班未学，而在家庭中由家严（小培）教授者。盖科班中之各学生，应学若干戏，并无固定之数额，资质佳者，一个月间或学成三五出戏，鲁钝不堪者，或不能学成一出。总之，出科后之自行研究，乃为必然之事。在家学戏之法，常多延老成人物来家指授，本人□戏，则完全由家严教出。好在，只需学得三五十出戏，若再学其他旧戏，即无甚困难，熟读其剧本，揣摩其剧情，即可自由登台，化装唱白，有不妥处，由家严面加纠正。盖家严学戏之法如此，本人学戏之法亦如此，所谓家学渊源是也。

譬如房屋

记者问：富英君之唱腔，亦有宗法科班者乎？

富英答：科班教戏，譬如筑地基，架房屋，建筑既成，其油饰点缀，期于美观之工程，则为科班所不问，故科班出身之角儿，其能享名于社会者，全恃个人研究，若以科班腔路问世，绝无成名之希望。盖科班教戏者，多为戏包袱之类，能戏极多，但无甚特长。科班中学戏，一教者唱于前，数生徒摹于后，有如旧式学校之读书，其腔调只成印板文字，无甚韵味，无甚神理，可以推知。科班中为本人说戏者，系雷喜福君与金丝红君，今日本人登台，其所教腔路，早已忘去矣。

未摹他人

记者问：有人谓富英君之戏，有学之于余叔岩者，亦有人谓富英君之身段，系摹之于马连良，此两说然欤？

富英答：余叔岩先生，以年龄言，处于前辈地位，偶随家严赴余先生处，名曰求教，实则不过应酬口吻。余先生体弱多病，亦无精神、无工夫为本人说戏。至于马君连良，则与本人为师兄弟，不过，马君为第二科，本人为第三科，身段问题，各有心理，各有习惯，本人与马君并无互相模仿之事。倘谓本人模仿马君，则本人若在马君前一科，即马君模仿本人乎？此皆局外人揣测之词，不值识者一笑也。

咬字发音

记者问：富英君之家学，与一般不同处，有若何之显著例证？

富英答：本人家传，最与一般不同处，为咬字发音。发音一端，一般趋重中声，本人家传，则走低音。所谓走低音者，所发之音，在胡琴之下方也。咬字一端，一般用中州韵，本人家传，则用湖北音。此等分别最为明显，一开口即可判别，犹之武术界人，一动手即可知其程度也。不过，走低音、用湖北音，一般号称谭派者，往往貌合神离，瑕瑜互见，故虽挂“谭派老生”之牌，其真够先祖之遗风者，又不可多得。本人在家庭中，由家严教戏，一字一腔，实煞费研究也。

通常唱“孙仲谋与孤王”不辨五声
谭富英拍《探母》影片得洋七千元

五声分明

记者问：富英君之唱戏，不同于一般处，可为例以证之乎？

富英答：其例甚多，不遑枚举。姑以最显著者言之：如《连营寨》出场时，刘备唱“孙仲谋，与孤王，结下仇寇”一句，通常号称“谭派老生”之名家，多将“孙仲谋与孤王”六字连贯唱出，而此六字之音，几致立于水平线上，不惟木直无势，无腔调韵味之可寻，抑且不辨五声，大失唱戏之规则。本人根据家传唱法，则于五声，字字准确。“孙”字为阴平，“仲”字为去声，“谋”字为阳平，“与”字为上声，“孤”字为阴平，“王”字为阳平，既为抑扬，可以显出各个字音，且韵味盎然，悦耳耐听，此六字，为最难唱而最显著者。又如“白盔白甲白旗号”之“白”字，一般多唱成去声，听之但觉讨厌，不复有唱戏之意味。本人家传，则唱极显著之入声，虽系一字之差，而听者非常注意。

倒字可笑

记者问：一般唱戏，倒音之处最为繁多，富英君试再述一显著之例证！

富英答：《空城计》一剧，“我本是”之“本”“是”两字，一上声，一去声，本人家传，唱出各为本音。一般唱者，往往将“本”字唱成阴平，“是”字唱成入声，此大段西皮慢板，一开口即知其不会唱戏矣。又如“周文王”之“文”“王”两字，皆为阳平，以腔调言，本极难唱，不过，无论如何困难，亦非设法唱出不可。盖难唱之字音，若能唱之使准，尤足惹起听者之注意也。至于一般唱者，概以字就腔，将“文”字唱成上声，“王”唱成“汪”字，此种唱法当然顺口，但在真懂戏剧者，一听即知其倒字满口，难登大雅之堂矣。

一套影片

记者问：富英君曾与坤伶雪艳琴，合演一出《四郎探母》，拍入电影。至今统计，旧剧之拍入电影者，共有几出？

富英答：旧剧是旧剧，电影是电影，旧剧而拍入电影，不合之处甚多，故至今已制成之旧剧电影，只有梅兰芳先生之《春香闹学》及《贞娥刺虎》。此外，即本人与雪艳琴合演之《四郎探母》(13)，其总数共为三出。但本人对于该《四郎探母》之影片，总觉非电影，非戏剧，不伦不类，无甚重大价值也。

(13) 系上海古代有声影业公司出品，天一公司代摄，民国二十二年（1933年）2月1日首映于上海新光大戏院，该片监制郑绒三（该公司经理），导演尹声涛，编剧谭小培，分幕王芸芳，演员除谭富英、雪艳琴外，尚有邱治云、吴继兰、雪艳舫、翁梅倩、林宝森。

古代公司

记者问：此拍制影片之公司，对于旧剧，仅拍有此一出《四郎探母》乎？

富英答：该影片公司成立不久，名义为"古代影片公司”，顾名思义，其以拍制古装戏为目的，可以推知矣。但其经常拍制者，概为该公司新排之戏剧，着古代衣冠，于口部四周遍粘胡须，此种电影，见之更属可笑，在中国社会绝无映演之可能。据云：此项电影制成后，全数运往南洋一带，从事营业。南洋为世界之一大商场，各国人士麇集该处，见此莫名其妙之电影，亦殊踊跃参观。

两项条件

记者问：富英君与雪艳琴拍照该影片时，与古代公司所订条件如何？

富英答：该影片之摄制，与本人及雪艳琴订有两种办法，一为一次赠送，二为营业花红。其一次赠送者，为一个月之包银，本人系七千元，雪艳琴亦七千元，盖雪艳琴之技，不惟在坤伶届首屈一指，即求之著名男伶中，亦不可多得也。营业花红办法，系由该公司各赠股票数纸，本人与雪艳琴皆属于该影片［公司］之股东，年终计利，则按股摊分其花红，此项数目之多寡不能预料，视营业情形而已。

电影营业分财力人力之两种股东
电影营业不能卖公司字号

财力人力

记者问：此项花红有无期限？

富英答：所谓股东者，当然为无限期的。电影营业，向有财力股与人力股两种。盖营业之是否可以成立，固非赖财力不可，而营业之是否可以发展，则人力又有极大关系，故财力、人力在营业条件中，乃为并重的，实际上，人力之价值尚较财力为重。具有同样财力，经营同样之事业，而前途结果则有成功者，有失败者，此无他，得人与不得人之分耳。摄制一套影片，所有一切需费，当然非钱不可，但摄成电影以后，是否有人租映，上座是否踊跃，则全恃演者之魔力，则一套影片之成功，在财力股东，固应享有无期获利之权，在人力股东，亦当然应享有无限获利之权。不然，一种营业之成功，只成财东子孙帝王万世之基业，而重要得力之人员，乃拒之门外，尚有何公道？

社会经济

记者问：吾国普通营业，承认人力股东者极少，其故何耶？

富英答：此中原因可分两点。一、社会经济，贫富悬殊，且富者太少，而贫者太多，故有人出资，经营一种之事业，一般穷劳动者，即纷纷钻营，希望攫得一宗饭碗，结果，必致人浮于事，粥少僧多。财东在此状况之下，乃鄙视人力之无价值，对于人力，绝无相当之条件。在人力方面，亦苦于生活困难，目的只在救急，财东允给最少数之工资，维持劳动者之生活，该劳动者即千恩万谢，不胜欣喜。至于营业发达以后，有无权利问题，亦已无暇计及。至实际工作之际，财东方面则为虚伪之奖励，促众人之努力，许以营业成功后，可以利益均沾。其实，此项口头契约，绝无保障。营业逐渐成功，最初努力之人员，即被财东逐渐淘汰，借故驱逐，其尚得保持一席地位者，乃属万幸。敬慎将事，图全饭碗，且在在堪虞，有朝不保夕之危险，安敢计及营业红利？此社会经济太不平等之影响，而一切劳动者遂屈伏于财东势力之下矣。

专长技术 二、所谓人力，多无专长之技术，在营业上亦无绝对之影响，故财东方面，对于劳动者无妨任意雇用，任意解雇，无妨任意定工作时间，任意克减工资。总觉营业之中，惟财东独尊，劳动者俯拾即是，爱干不干，实际上，用甲即可办事，用乙亦可办事。有此原因，人力方面，亦遂不敢争论红利，而致自贻伊戚。至于拍制电影之主角，则不然，一主角成名后，公司方面得之则成功，失之则无可施展。盖电影一物，概随主角而异其成绩，非如其他营业可以卖公司字号者，而演员主角，生活方面亦不致发生困难，故电影公司不得不承认人力为重要股东。但主角演员以外之演员，因于营业无甚关系，其待遇又仅以劳动报酬为限，不能与主角同也。

查账问题

记者问：年终分红之办法如何？

富英答：主角演员，既为股东之一分子，则年终计利时，有查账之权。该古代公司，远在上海，至年终摊分红利时，任其报告营业情形，寄汇红利应得之款，查账与否，不必固定举行，公司信用所关，在法律上负有责任，其所开账目，偶托上海友人就近查看，事实上，亦可办到也。

旧戏与电影根本为两种艺术
谭小培主张直接拍照旧戏

观者大笑

记者问：富英君与雪艳琴拍制之《探母》影片，开幕时系室内布景，及唱完“要相逢，除非是，梦里团圆”后，公主出场时，又改为花园布景，公主唱“芍药开，牡丹放，花红一片。艳阳天，春光好，百鸟声喧”，其唱其景，恰相吻合。此等处，在该片中甚为繁多，以电影方法演唱戏剧，亦自别有风味。但富英君唱至“虽然分别只一晚，人生还要礼当先。辞别公主跨走战”之处，小番牵来马匹，乃并无马匹，而为马鞭子一根，富英君接过马鞭子，作旧剧中上马姿势，观者乃哄堂大笑。此一问题，至富英君唱至“为探老母一片心，乔装改扮回宋营，大胆且把宋营进，闯进宋营见娘亲”处，其布景，满山冰雪，隐约露出番营旗号营垒，富英君行于其中，令人悠然神往，但唱完“见娘亲”三字，即于冰雪起伏之中，作一抢背，此种表演，系形容坠马被擒之意，一般观者又必哄堂大笑。至于观众失笑之原因，当然系笑其出人意料，且与电影规则不甚相合。富英君对于此等处，有无若何意见？

显然歧出

富英答：旧戏与电影，显然为两种之艺术。盖电影之旨趣，在肖真；旧戏之作用，在示意。看电影无须经验，看旧戏则非有经验不可。中国人最初看舶来电影时，一望而知，并无扞格之处，外国人每看中国旧戏，往往莫名其妙，至于圆睁两眼，开口而笑，此即需要经验与否之明证。譬之，旧戏原则，绕场一周，即为另至一处，同样场面，包括若干之空间时间，此皆旧戏之艺术，不同于电影者。且化装表情，说白唱工，身段台步，亦皆与电影显然歧出，故旧戏为物，实无拍入电影之可能。不过，影片制成后，可以携以行远，可以留存永久，自由运用，不易磨灭，不受空间时间之限制。

场面布景 留声片虽为保存旧戏之一种方法，但面积太小，收音不多，一面之片，充其量可以灌完一段原板，灌慢板，一段则需两面，至翻片处，其腔调即不伦不类。其有行腔太长，一面之片，只灌完两句戏词者，听戏者对之，殊太不满意。且留声片一物，可以留声而不能留影，则为扩充旧戏之势力、保存旧戏之规模起见，亦有将旧戏拍入电影之必要。但以旧戏拍电影，其目的系为扩充旧戏之势力、保存旧戏之规模，期能携以行远，期能留存永久，决非使古代衣冠文物，覆现于今日之电影布景中。故化装表情、说白唱工、身段台步，以及场面布景等等，即须一律作舞台上之规则形式。此外，胡琴鼓板诸形式，亦无妨相对拍入。以电影原则拍制旧戏，乃为不可能之事，但公司方面，期期以为不可，乃有以上种种之笑柄，本人亦无如之何也。

发生争执

记者问：古代公司之意如何？

富英答：古代公司与本人开始接洽时，家严即力争，主张直接拍出一出旧戏，而公司方面则谓旧戏拍入电影，终属电影，而非舞台上之戏剧，以电影方法拍制旧戏影片，始能推陈出新，使不懂旧戏者可以了然，常观旧戏者，亦欲一扩充眼界，满足其见所未见之欲望。若直接拍成一台旧戏，则不懂旧戏者瞠目不解，常观旧戏者不愿观光，拍制结果，恐将无人问津。此项争执，久而不决，终以公司血本所关，不得不曲从公司之意旨，成绩所得，乃无所收获，且为营业损失之根源。

雪艳琴辍演而《探母》影片之音容宛在 拍制旧戏影片须以马鞭代马

拍照旧戏

记者问：富英君之意，以为直接拍照旧戏，有若何之利益？

富英答：直接拍照旧戏之利益，即所谓“扩充旧戏之势力，保存旧戏之规模”也。盖旧戏演员，其个人之艺术，以个人演唱为限，演者在北平，艺术不能贡献于天津、上海、汉口、青岛、香港以及其他各处，亦无到达之可能，欲其至日本、至欧美，更无论矣。而电影一物，只需备有发电机，备有电影之装置，即可从事映演。一套影片摄成后，可以制为若干之同样影片，运往各处，其事简易，其租价较廉，售票数目亦至低贱。国内僻小之区，以未能一睹皮黄为憾者，可于电影中得之，国外人士，无法参观中国旧戏者，亦可于电影中扩其眼界，而直接拍入旧戏之电影，在电影中亦自可以独立成为一种之风格。此扩充旧戏势力之说也。外此，人寿不过百年，旧戏演员，其生命修短，鬻技年限不能预期，至截止鬻技，或演者死去以后，其艺术音容即渺不可得，拍成一套影片后，可以久至不灭，独能永远存在，犹之雪艳琴在停止鬻技以后，一般人尚可得之于电影中。此保存旧戏规模之说也。

有利无弊 不仅此也，直接拍成旧剧电影后，即皮黄荟萃之区，亦有映演之可能。原因一般人士，有一试新之心理，一出旧戏之影片既成，即常听旧戏者亦急欲参观，为之鉴别。如本人与雪艳琴合演之《探母》影片，到达北平后，轮流在各园映演，往往可上满座。其实，购票往观者，初不知为电影式之布景也。电影一物，其作用只在供人试新，无论如何名贵之影片，看过二三次以后，即不欲费目力再往参观。旧戏式之旧戏电影，只能使人看三五次，电影式之旧戏电影，使人参观三五次而不可预期，则何如直接拍成旧戏乎？

三项损失

记者问：电影式之旧戏电影，富英君之意，当受若何之损失？

富英答：此项损失可分三种。一、有电影经验者不愿看；二、酷嗜旧戏者不愿看；三、从未看过旧戏者亦不愿看。言其理由：第一项，有电影经验者，概本其经验以看电影，稍有不合，彼即不能满意。今电影式之旧戏电影，既因性质不同，无法拍制，以致拍成不合电影原则之电影，在有电影经验者当然认为可笑，无一顾之价值。第二项，嗜旧戏者，所喜者为皮黄之场面、化装、表情以及皮黄之种种意味，今以电影方法拍出，旧戏之规模全失，而皮黄戏迷亦当然不看矣。第三项，从未看旧戏者，所欲得者为旧戏之经验，至于电影，殊无看旧戏电影之必要，今拍制成绩既为电影形式，而非旧戏形式，则为不能满足其欲望。有此三因，其不能扩充旧戏之势力、不能保存旧戏之规模，无俟赘论矣。

马鞭问题

记者问：富英君与古代公司磋商结果，决定用电影方法，拍制旧戏影片后，何以又有以马鞭子代马之事？

富英答：本人适言，旧戏与电影，根本为两种艺术。必欲以电影方法，拍照旧戏，则化装、表情、身段、台步，以及唱做白等等，俱无拍照之可能。拍照之际，关于马鞭子一层，本亦煞费研究。古代公司初欲以真马入影片，但事实上，因无法演唱，遂不得不以马鞭子代马。关于此点，舆论界颇多非议。实则旧戏规模，根本不能以电影方法拍入电影，必欲拍照，即非以马鞭子代马不可。一般文学家，以电影眼光批评旧戏电影，亦无怪其然矣。

骑真马上台无法演唱旧戏
唱旧戏不能于嘴畔粘胡须

种种原因

记者问：拍制旧戏电影，非以马鞭子代马不可之原因何在？

富英答：演唱旧戏，全恃身段台步，若无身段台步，即不成其为旧戏，但欲使出身段台步，即非步行不可。剧中人在马上，而演剧人仍可使出身段台步者，因其系以马鞭代马也。必欲骑出真马，将何以使身段、使台步？此以马鞭代马之原因，一也。旧戏之一切动作，皆以步行为根据，马上诸戏，唱至何处，演剧人即应走至何处，若骑出真马，欲其合于唱腔，合于锣鼓，合于旧戏之规则，其可得乎？即如先生所举之“为探老母一片心，巧装改扮回宋营，大胆且把宋营进，闯进宋营见娘亲”一段戏词，唱至“见娘亲”处，即须以马鞭作打马之状，此“见娘亲”三字，每字须打马一下，唱完，紧接用一抢背，表示被擒之意。若真骑在马上，此打马姿势即无法显出，且真马出场，如何使其翻倒？即能设法使其翻倒，何能如彼之神速而合于旧戏精神？

不能骑马　又如，唱“忽听番儿要令箭，翻身下了马雕鞍。用手取出金铍箭，把关儿郎仔细观”一段，系速度甚高之快板，唱“翻身下了马雕鞍”时，在此一霎那中，口中唱戏，脚下即作下马状态，手中马鞭立即掷于台上，此下唱“用手取出金铍箭”时，又应用手将项间所插令箭取下，再唱“把关儿郎仔细观”时，亦应将令箭持示把关人。此三句快板，各有姿势，各有动作，于最速时间以内，上一句须下马，下一句须抽出令箭，再下一句又须向把关人表情，若骑真马，事实上，即绝对不能合于此项原则，将如何唱下乎？此以马鞭代马之原因，又一也。此外，旧戏所着之靴，其底甚厚，若骑上真马，两足即不能进入镫中，关于此项问题，虽无妨斟酌改良，亦困难情形之一斑。唱旧戏不能骑真马之例证尚多，不遑一一举出。总之，旧戏规模，绝非为拍照电影而创制，故拍照旧戏电影，亦只好直接拍照旧戏，而骑真马唱旧戏，乃为不可能之事。

挂髯问题

记者问：拍制此《探母》影片时，尚有他种之争执乎？

富英答：挂髯一层，亦曾发生争执。公司方面主张于嘴畔粘短胡须，露出口部。但唱旧戏，粘胡须亦为不可能之事。盖旧戏挂髯，长可及腹，在剧理上为示意，此项表现亦旧戏之一种精神。若必欲粘短胡须，老生露口唱戏，已不雅观，且《探母》之四郎，戴雉尾，着长袍，挂大带，与沿口短胡须相为辉映，化装方面，尚复有美观之可言乎？盖老生化装，以髯口为主要条件，而《探母》一剧之四郎，头盔雉尾之巍峨，蟒袍玉带之庄严，脚着厚底靴，手笼于水袖之内，嘴上即非挂长髯不可，不然即猥屑不堪，不惟失去旧剧之精华，抑且不成其为化装。至于髯口形式，较之真胡须似乎过于长大，且髯之根际，分明连缀于一根铁丝之上，而旧戏作用，乃为可远观不可亵玩的，髯之过于长大，所以扩大髯之目标，使观者一望而知为老生之须也。此项理由，经说明后，公司方面亦遂同意。此本人拍照《探母》影片之经过也云云。

张荣奎

采访人：双吉斋

原载 1942 年第 5 卷第 1 期《游艺画刊》（天津）

这一期我们的“梨园掘古”工作是由蛰居津门的老伶工张荣奎老板身上下笔，张老板在今日菊坛“靠背工”老生堆中，称得起第一流好佬，当代的名须生，向他请益靠背老生戏的很多很多，如同故伶王又宸的靠背戏大半是他说的，最近红紫一时的坤伶须生张文涓，那是他几个月造成的一个红角儿，可是张文涓已然离开这个老先生而去了，师生还发生了一点裂痕。关于张文涓的拜师弃师始末，以及须生的派别，靠背老生工种种问题，都是我们预定的题目。事先由味梅兄去接洽谈话地点、时间（仿佛味梅做了双吉斋的经励科，一笑），于是在二十日下午八时，我们便去敲法租界潘经荪大夫的门，由司阍人问明了访问者的来意，把名片拿进去，不到两分钟，那位张荣奎老板便随着开门的人迎了出来，我们在潘大夫的客厅里，开始我们的工作。

四十来年老话　祖籍苏州　现年五十七

张老板穿着汗衫，表示失敬与歉意，矮矮的个儿，精神很好，很谦恭地说是怕担不起诸公美意的访问，先简单地自述他的历略：

“在下是苏州人，到北京来落籍是从先祖那个年月。先祖叫张德喜，在苏州的昆班里，也享过一点小名声的。大清国恭亲王爷提倡昆曲，把先祖那一班子人接到北京来，打那算是在北京落了户。在下从六七岁(1) 学戏，在杨隆寿老前辈成立的小天仙科班(2) 学了二年半，大师哥杨长喜[3] 病故了，长喜是杨隆寿的少君，因为伤心，于是小天仙科班也就报散了。正赶上福寿科［班］[4] 成立，福寿科［班］由迟润卿、陆华云、陈德霖、范福泰等十大股成立[5]，在下又进去坐科，杨小楼老板当年同我也在一个科里。出科后，在喜庆和[6] 搭班，那时候同班有张毓庭、钱金福、龚云甫诸人。后来又搭玉成班[7]，玉成班是皮黄梆子'两下锅'，田际云、黄润甫，都是同班。这是头四十年的老话，如今在下已然虚度五十七岁，真是转眼之间啊！"

(1) 生于光绪十一年（1885 年）冬月。

(2) 光绪十九年冬，杨隆寿将小荣椿班转让给迟玉泉、张玉贵等人接办，改名为小天仙班，十二月初十日报班挂牌演唱，《道咸以来梨园系年小录》（周明泰编撰）称之为"小荣椿科班后科小天仙"，盖小天仙实为小荣椿之继续。

(3) 此处记录有误，杨长喜故于 1958 年 11 月 23 日，杨隆寿有二子，长子名长林。

(4) 福寿班，迟韵卿所起之小班即科班，光绪二十二年（1896 年）十月初十日报班挂牌演唱，由学生并外串名角合演，一如小荣椿班。

(5) 此"福寿班"，系光绪二十七年（1901 年）复出福寿班，此时迟韵卿已故，小班改大班，许荫棠、陆华云、余玉琴、胡素仙、王瑶卿五人合股，承班人有陆华云、余玉琴、陈德霖、许荫棠、俞振庭、王瑶卿、孙藕香、胡素仙、王凤卿、果香林，共为十人。

(6) 该班系科班，宣统元年（1909 年）闰二月报班挂牌演唱，外串名角合演。又光绪三十四年（1908 年），张氏曾搭承平班并赴上海，在春桂茶园演唱一期。

(7) 张氏搭玉成班系在宣统二年（1910 年）十一月，民国后则陆续在京搭福寿、双庆、天庆、陶咏、桐馨、诚庆、普庆、裕群、余庆、松庆、富庆、春和、群益、庆和成、春庆、同庆诸班社演唱。

在京无聊　天津友好很多　只搭金少山班

“去年我就住在天津，天津的朋友也不少，新闻界的如同从先的叶畏夏先生，那时很过点么的。他办的永兴洋行，买卖皮毛，曾有一年到张家口去买羊皮，因为我对这行有点经验，特意带了我去。后来办长城唱片公司，我去给他接洽好佬们灌片，很有点交情。再如同沙游天先生也都很不错的。去年到天津来，住在三十五号路李少庄君的家里，后来病倒栈房里，遇见沙先生，说：‘潘大夫很想见你。正找你呢！’于是便搬到潘大夫这里住。在京里也没有事，只搭金少山的班子，弄几个钱吃饭。都说我教徒弟发财了，谁也不会想到我弄几个钱都为教徒弟赔进去了！”

授徒生涯今昔不同了　三七二八分账　须看字儿规定

“教徒弟有怎样的权利义务呢？”

“坐科的教徒弟是一事，拜先生的教徒弟又是一事，不同，不过收徒弟先要立个字儿，写几年出师，效力几年，再以后怎么分账。如果徒弟成了名，挣的包银和先生是三七分？是四六分？是二八？是对分？还要看徒弟的行头是由先生供给，还是由徒弟自备。早年徒弟对先生必恭必敬，徒弟都听从先生的，如今先生都听徒弟的了。”

徐朗西君慧海大师　介绍张文涓是面子的事

“张文涓的事是怎么一回事？”

“提起来话就长了。文涓这孩子不错，也听话，也用心，只是文涓的父亲张连棠老是三心二意。他是群芳会拉弦的，老怕自己的姑娘跟先生一心了，这不是傻吗！我收文涓是冲着上海两个朋友，一位是徐朗西先生，一位是慧海大师。这二位都是名票，常到时代坤书馆去听清唱，看见文涓这个孩子有造就，就跟我说，要给我磕头。那时候我正在上海几家银行的俱乐部里说说玩艺，金城和四明银行的同人们都熟，弄得感情都好。自从文涓磕了头，大家又主张回一趟北京，那么唱个三月两月的再回南，名字也就站得住了。为了不能得罪朋友，只可在四明、金城各处请了三个月假，带着文涓晋京[8]，是挂号的意思。”

(8) 民国二十九年（1940年）3月到京。

北京三个后起坤伶须生　孟幼冬李宗英张文涓

“三个月的工夫太短了。”

“到在北京说一出唱一出，北京班子那么多，馆子有数的几个，一个月轮不上两次，三个月能露几天？所以到了三个月，不得已，只得向上海去信和银行界诸公请假，这不是得罪人吗？由上海到北京来的坤角，唱须生的，先后有三个，一个是孟幼冬，跟仇月祥学，一个是李宗英，跟陈秀华学，一个就是张文涓，而能在观众以及听戏的老爷们的口里批评说不错的还不就是数文涓吗？可是文涓是随着一个张荣奎来的，跟人家谁也比不了！人家幼冬有好姐姐小冬的牌子关照着，宗英有银行巨子的好亲戚，都能不愁人捧，只是文涓而有今日可谓不易，这不能不说是幸运。”

三心二意　张连棠拆散了我们的师生好感

“结果如何呢？”

“后来张连棠老三心二意，对先生老不放心，我说的戏，那一个身段应当怎样，他背着我就给改改，又背着我在窑台工房里请陈秀华说《断密涧》，这出戏我又不是不会啊！当晚三庆有戏，可是身上还没有，又找我说。我说：‘这也没有关系，谁哪出戏好找谁说，我还不愿意姑娘你好吗？虽然这样，我绝不耽误你今天的戏。’照旧给她说身上。后来看出张连棠是别具用心，便说明取消师生关系，各干各的了。文涓临回南[9]还有信约我，说到天津来接先生一同南下，我也写了封信谢谢她的美意，并勉励了她几句，完了。”

(9) 民国三十年（1941年）8月25日，张文涓由京过津返沪。

天赋不同　身材不同　嗓子不同　教法自异

“教徒弟不易啊！”

“赶情不易，您说的不易是说徒弟对先生一心一意的恭敬不易，其实拿我们教徒弟的经验来说，也的确不易，也无论是为内行说，为外行喜欢研究的票友们说，也各有不同的教法。一个人有一个人的天赋，如同嗓子，高呀，低呀，宽呀，仄呀，你给他说腔，就得适合他的天赋。又如同说做工，这个胖，那个瘦，这个人高，那个人矮，无论作身段，走步，都得按着他的身体不同予以改正，如果千人一面的教法，一定不会收良好的成绩。而且学玩艺不是忙事，无论为作艺而学，或者为遣兴而学，总是要学出个滋味来，那么非慢不可！我以前给几位票友说戏，他们老说慢，其实内行老板们坐科八年还不见得到家，哪能一说就成呢！而且一字一步都有研究的地方，绝不是马虎能成的呢！”

滥串各角不合梨园行中的规矩　唱过《［战］长沙》关公

“张老板所教的都是老生吗？”

“也没有教过多少徒弟，不过给国剧社说戏，哪一工都可以说，文的武的，净工，丑行，要在前台上，则不敢错了老前辈们的规矩，不敢乱动，唱老生的也唱丑，唱丑的也唱老旦，再一高兴连花脸戏也来，那样，戏饭还有别人吃的吗？反串戏，我也甚末都来，要是平常不反串也滥来，岂不成了长期反串，那叫甚末呢！我倒是唱过红生，那也不算反串，早年像程大老板、汪笑侬老板、谭老板，都唱过老爷戏，也不过只有两出，一出是《战长沙》，一出《华容道》。有一年马温如老板在中和园唱《战长沙》(10)，他扮黄忠，找我扮关公，我还是头一遭唱，没有行头，现从凤卿那借的，髯口新买了一口，因为人的口味不同，所以不能借用。”

(10) 民国十八年（1929 年）5月，张氏搭马连良之扶春社，6月14日白天在中和园合演《战长沙》。

靠背老生专工姚起山先生　《斩子》《斩黄袍》是靠背工的戏

“靠背老生戏在今日，张老板很高了！”

“那可不敢当。在下坐科的时候，从姚起山老先生学靠背老生戏，姚老先生在当时是‘靠背专工’，人家的玩艺高。还有一位姚先生，就是姚喜成的父亲姚增禄，也是靠背工，有研究的，在下不过得先辈之点滴就是。按靠背老生工倒不一定非穿靠的老生才是，如同《定军山》《阳平关》《战太平》，这都是靠背老生戏，可是《斩黄袍》的赵匡胤、《斩子》的杨延昭、《战蒲关》的王霸，穿箭衣的也一律叫靠背老生工，这就不在穿章扮相上了，而在能唱能做的。也绝非武老生，黄忠在《定军山》是靠背老生工，在《伐东吴》是武老生，再如《飞叉阵》里的马援，也是武老生应工。”

“我本是一穷儒”唱不好没有人问　《琼林宴》是末工戏　看的是做念

“末在须生行里的地位如何？”

“末倒不一定是扫边，末必须是上了年岁的，髯口也要参白，比白满要短——‘白二滔子’，所扮之角多为奴仆，奴仆必须扫地，那有长髯扫地的道理，所以髯要短，戴二滔子。早年唱末的人，非到火候不成，像今日年轻的应末工，连走路都还不会。末工戏如同《南天门》的曹福、《一捧雪》的穆成都是。末工戏很多，像《打棍出箱》，有人在当年如果挑眼说‘我本是一穷儒’唱得不好，那叫瞎挑，这出戏是看做工、道白，唱工在末这行原不注意的。再如《盗宗卷》的张苍也是末工，陈平是里子，不过那年月都是专工，现下杂工，甚末都唱了，也不能分了。”

“三分能耐七分运”　谭鑫培也走霉运

“老伶唱戏是否也说运气？”

“一样的，俗语有‘三分能耐七分运气’，没有运气有天大本事也不易唱好。拿谭鑫培谭老板说，今日须生界几乎完全是谭家天下，可是早年谭老板也非常不得意。由出科就在燕郊、下店、东陵一带跑大棚，唱外台子戏，唱完了连夜向京城赶，背着小包裹，那份困难无以复加。到了三十岁后，才把一年挣三百三十钱的大棚生意割舍了。到上海，那时候老生正有几个红运当头的，像孙小六、老奎官、景四宝[11]，哪有谭老板的份儿，无奈又回了北京，又唱不过杨月楼，于是再拜到程大老板名下，苦心研究，在三庆效力，仍然老唱不起来。到四十岁后，小有名声，与小桂凤（即田桂凤）同台，仍然唱不过人家。”[12]

(11) 孙小六，即孙春恒；老奎官，当指张奎官，即张胜奎；景四宝，即景庆云，著名老生，文武不挡。谭鑫培首次赴沪系光绪五年（1879年）正月，演唱年余，初在金桂茶园，后搭黄月山之大观茶园，时孙菊仙在大观茶园；孙春恒先后在丹桂茶园、天仙茶园露演，风头极健，传谭鑫培曾趋门请教；十月，景四宝再来上海，在天仙茶园演唱，一出《定军山》，园为之满，而景氏光绪元年（1875年）即来上海演唱，此刻早已成名，以上三人均为谭氏劲敌。次年九月，谭鑫培第二次来沪，出演丹桂轩，时景四宝出演天仙茶园，张胜奎出演大观茶园，张氏擅演剧目颇多，如《天水关》《三娘教子》《群臣宴》《黄金台》《空城计》《铁莲花》《牧羊卷》《樊城长亭》《法门寺》《打金枝》等，故此期谭氏专演武生戏，老生戏出极少，以避锋芒。

（12）同春班时代（光绪十三年十二月十三日报班挂牌演唱，约在光绪二十二年十月散班），谭鑫培常以大轴让田桂凤而自甘压轴，同庆班时代（新出同庆班于光绪二十五年二月二十三日报班挂牌演唱）则大轴戏以谭氏为主，同春、同庆演出戏目可参见《五十年来北平戏剧史材》第一册（刘半农、周明泰编，北平商务印书馆1932年8月）。

田桂凤能叫满堂　谭老板登台送客

“小桂凤的好在何处呢？”

“小桂凤不过是个唱小旦的，路子与今日小翠花相同，好在做工细腻，乐而不淫，香而不艳，点到为止，俗不伤雅，无论是眼神、手式、跷工、一颦一笑、一个转身、一个回眸，均有戏。有一次大轴谭老板的《失街亭》，坐帐斩谡，小桂凤压轴《送灰面》，不过一出小玩笑戏，可是，《送灰面》这一出竟唱得有声有色，采声不绝。老谭的《失街亭》，配角也非常硬整，如同黄三（黄润甫）的马谡，陈清太的司马懿，等到《送灰面》下去，接着坐帐上赵云、马岱、王平、马谡四将起霸，吹牌子，这一吹牌子，正与散戏的调门一个样，人全起堂了。等谭老板升帐，一看台下哪还有人啊！”

再接再厉虚心求教　谭鑫培五十岁后出人头地

“没有人还能唱吗？”

“那也得唱啊。谭老板看着台下只剩了有数的三五十人不肯走，不由得叹息，照样卖力气地唱下来，直到‘斩谡’而止。后来不敢唱单挑戏，老是与田桂凤唱对儿戏，如同《战宛城》，钱宝峰的典韦，黄三的曹操，谭老板的张绣，田桂凤的邹氏，唱到‘刺婶’，小桂凤一个抢背，乌龙搅柱，被刺，甩发下场，谭老板这儿有身段，刚在‘叫头’，台下又开了闸，谭老板暗道：‘诸位，我谭鑫培真不值你们多坐五分钟吗？’于是越发地发奋，博采各家之长，如同孙小六的唱，卢台子的做，程大老板、余三胜的精绝之点，到了四十九、五十岁，在同春班、同庆班的时代，才算出人头地。看起来，运气是不能不信啊！”

老伶演戏要累死在前台　一个人在台上也要全台铺满

“老角的艺术贵在何处？”

“老角唱戏一丝不懈，有道是‘累死在前台’，上得台去，全神贯注，讲究是精气神能‘铺满’全台，如同一个人在台上也要使台上不冷，不显着人少。‘起霸’，一个人在台上能显出满台杀气才是。群戏好唱，人多，如同《战蒲关》，三个人，一样要火炽，《二进宫》三个人，《乌盆记》两个人，都不能叫台下看着没有戏。早年伶工做戏都研究得入情入理，谭老板的《定军山》唱到‘来来来带过爷的马能行’，这块儿要走几步‘老步’，表现衰老模样，但是认镫上马，则步法骤变，干净轻快，是为马上与马下之分，人老马并不老，很有道理。”

一行一样　慢道做工难易　台步颇有讲究　一种服装一样［走法］

“是的，这一点今人多忽略了。”

“再看《洪洋洞》，令公[13]、六郎、八贤王，都是唱二黄原板，各有各的不同上场，也各自意味不同，如同令公魂子带四小鬼，手持风旗，上场唱几句，觉得阴风凄惨，六郎上场用小锣，八贤王上场打长锤，一声‘摆驾’，悠闲自在地走上场来，同是唱二黄原板，可各自不同，此点也是编剧人当年研究的苦心，后人唱戏能体会编剧人的用心，一一做到好处，方不负原剧之妙处。慢说一切的做工，单讲台步，就有很大说处。自然生旦净末丑的走法是各自不同，而各行角色穿一种服装有一种走法，因为所扮演的人格不同，台风自异，虽然同是须生，而年龄不同，身份不同，走起台步来，又焉能始终如一呢！”

(13) 原文作“七郎”，下同。

须生武工　起打不求火炽　下场不要花哨　武戏文唱　不必卖冲

“须生的武工与武生的武工有分别吗?”

“有别！须生的武老生戏自然武唱，有好多是应当武戏文唱的点到为止，起打不用火炽，下场不能花哨，可是一招一式交待清楚，不能一撸而下。像老生也有抢背、吊毛、虎跳，就以《战太平》说，华云被人砍了马腿，由马身跌下被擒，此点后起诸伶，多以摔得冲为俏，其实应当形容马失前蹄，应当人由马上摔下，先翻身作坠马状，然后再翻一虎跳。《探母》过关时的四郎也是，唱到‘闯进宋营见娘亲’，便一扔马鞭来一吊毛完事，其实应当唱完，做绊马索将马绊倒，马鞭出手不是故意地扔出，而是由马上摔下掉的，则吊毛也好，抢背也好，意思对了。《战太平》华云的枪，也仿佛早有‘排枪’‘虎跳’准备一般，与戏理悖矣。总之，须生武工要合理，不要卖‘冲’！”

谭叫天的绝活《沙桥饯别》　谭鑫培用他调嗓叔岩也遵古炮制

“余叔岩《沙桥饯别》怎么没有人唱？”

“《沙桥饯别》原是唐玄奘往西天取经的启程一节，为老旦应工戏，扮唐玄奘，龚云甫常演[(14)]，然不如早年之老谭——谭鑫培之父谭叫天，他对这出戏有特长，谁也唱不过他。到了谭老板时代，虽然不唱这出戏，但是为了纪念老老板，每晨调嗓则喊这出，余叔岩亦是由谭老板调嗓时掳了来的，所以他调嗓也喜欢用这出。去年高亭公司还灌了这出《沙桥饯别》一面片子[(15)]，现在这出戏，很少有人唱。”

(14) 民国二年（1913年）5月18日白天，首演于广和楼（鸿庆班）。

(15) 民国二十八年（1939年）12月，余叔岩在国乐公司灌该剧唱片一张。

《定军山》严延（颜）《空城计》王平　和老谭常配演的戏　在王府外串堂会

“与老谭一起唱过吗？”

“在下那工夫在玉成班，谭老板在同庆班，早年不准过班赶场，有几次在王府演堂会，除了同庆班[(16)]的角外串，曾同谭老板唱《定军山》《空城计》等戏，后来老了，演个《探庄》的老头儿而已，可是观众对谭老板仍然重视，绝无烦言，这就是艺术精湛的问题了。所谓‘戏在人唱’，无论是一出怎样的小戏，只要能把戏做到家便是一出好戏，不怕是扮个院子，也要把院子的身份、年龄，做得入情入理，才能算是对。老角不争牌，不取悦观众，台下叫好，台下不叫好，一样地唱，不能因为取悦观众滥要彩，那便失了做戏的规矩。”

（16）原文作“三庆班”。

花旦戏应有好丑为佐　梆子班演戏诲淫遭禁

“花旦戏如今失传的很多吧？”

“很多，因为花旦戏多半是调情，勾奸谋杀，所以官方不时地禁演，如同梆子班的《遗翠花》《卖胭脂》《卖饽饽》《日月图》《关王庙》，这些梆子班的花旦戏便有些诲淫的表演，二黄班只有做工细腻，含蓄不露，适可而止，像杨小朵的《十二红》就很受当时的大老官们的欢迎。再如什么杨幼朵[16]的《双铃记》《双钉记》《杀子报》都很好，不过演此类戏，要以丑角为硬配，丑角做得好，才能显出旦角的精彩，像罗寿山、董智斌，艺术都高，绝非丑态百出、面目伧俗可比。”

（16）按杨幼朵即杨孝芳，工武生，此处记录有误，《双铃计》等均为杨小朵拿手戏。

暂不离津　一月前遭了梁上君子的光顾

“张老板今后将长住天津吗?”

“这也不一定，不过目前还不离开天津，有些人找我说说玩艺，只要好（欢）喜，我倒不在乎报酬，很可以大家研究。最近一个月前罢，我在潘大夫楼下住，夜间门没关好，不想梁上君子惠顾，把我的衣服，以及潘大夫的西装多件，还有我腰里的几百块钱都拿了去，只给我留下几件驼绒袍子，现在也穿不着，这不是成心开玩笑吗?”

送出门来　“闲着请再来谈谈!”

整整地谈了两个多钟点，张荣奎老板不厌其烦的谈锋很健，精神矍铄的举手投足，做身段，学腔调，一着一式都是四十年工夫造诣出来的，现在没有班可搭，不能不说是“三分能耐七分运”，我们很满意的告辞，张老板送到门外，笑容可掬地扬着手说“闲着请再来谈谈”。

高庆奎

二篇　附高联奎

一

采访人：林醉酶（一得轩主）

原载：1930年5月27日—6月7日《全民报》（北平）

前日（二十三日）下午四时许，赴东四礼士胡同六十三号，访高四宝及高庆奎，先由高君次子联奎，出为招待，继邀进内室，与高君晤谈。高君卧病三年，脚足麻木，不能移步，卧躺椅上，而精神甚佳，言语亦极清朗。见余至，作谦语致意，寒暄后，即谈其数十年来演戏之经过，历历如数家珍。已而余辞出，由联奎君介绍，与乃兄高庆奎相见，畅谈逾二小时。兹将四宝及庆奎、联奎昆仲所谈，分纪如次。[1]

(1) 原文下接高四宝访谈，见《高四宝》篇。

高君尚欲有语，轩主因谈话时间太长，恐于老人健康有碍，遂与辞，与联奎到外厅，晤庆奎君，庆奎君对轩主发表谈片如次。

高庆奎谈 余（庆奎君自称，下同）现年四十一岁[2]，当七岁时，入学堂念书，至十一岁，改业伶，从贾丽川（贾鸿林之叔）先生学戏，先生为起艺名曰庆奎，唱娃娃生。在天乐堂（即梨园会馆）与谭鑫培、王瑶卿合唱《汾河湾》（去薛丁山）、《寄子》（去邓芳）、《朱砂痣》（去韩天赐）、《铁莲花》（去定生）、《取帅印》（去秦怀玉）、《教子》（去薛倚）等戏。[3] 既又从贾鸿林学唱做戏，从李鑫甫学武工戏，鑫甫为余姊丈，能戏甚多，文武全材，昆乱不挡，故所得极多。及后谭鑫培在肉市广和楼演戏时，如《连营寨》之诸葛瑾、《碰碑》之杨六郎，均由余饰演。[4] 民二三间，余与梅兰芳、郝寿臣等，同出演天乐，颇受一般人欢迎。[5] 二十七岁，赴杭州，是为予南下之始。[6] 返京后，适贾鸿林卧病，令予承其乏。及贾死[7]，一般爱贾者，更表示欢迎，予益自奋励，未敢或懈，盖恐有负爱余者之盛意也。自是而后，对于各派戏剧，如刘（鸿升）、谭（鑫培）、孙（菊仙）等，均悉心研究，而刘戏尤为专心，故各派所称拿手之戏皆唱，间或反串花脸，如《草桥关》《铡判官》《黑风帕》《刺王僚》等，人有以博而不精诋予者，予不顾也。二十九岁，赴上海[8]，演谭派戏之《珠帘寨》[9]，沪上人咸谬加赞赏，因自谭老板鑫培死后，上海戏园，年轻之脚，唱是戏者，以予为最先，自予唱后，沪各伶亦相继唱矣。[10] 由沪返京后，适尚小云成班，邀予加入，遂同出演三庆园。民八，梅兰芳东渡，予偕行焉。[11] 迨由日返国后，与梅兰芳、余叔岩、王凤卿等，同出演于新明戏院，王与予为师兄弟，极为相得，同台演唱，互相提携，故成绩大佳。年来演唱于京津沪等处，人缘甚佳，最近在沪演唱，虽为期颇长，而沪人始终表示好感，实为荣幸也。

(2) 生于光绪十六年（1890 年）四月二十八日。

(3) 其父高四宝搭同庆班时期。

(4) 民国四年（1915 年）12 月 26 日广和楼夜

戏，高氏与谭鑫培、书子元合演《托兆碰碑》，时年二十五岁。

(5) 民国二年（1913年），高氏与其父同搭田际云之玉成班，同班除梅兰芳、郝寿臣外，尚有孟小如、路三宝、王蕙芳、瑞德宝、田雨农、李连仲、谢宝云、张宝昆、胡素仙等；民国三年（1914年）旧历正月起，玉成班改名为翊文社，高氏仍在班。9月起，兼搭俞振庭之双庆社、余玉琴之春庆社，出演文明园、庆升园、丹桂园。

(6) 民国六年（1917年）1月23日即旧历正月初一日起出演杭州第一台，与冯子和、常春恒、李兰亭、任长海、于振庭等同班，演至3月11日，回京后搭第一舞台桐馨社，3月24日夜戏，与郝寿臣合演《搜孤救孤》，梅兰芳、王凤卿、姜妙香、贾洪林、姚玉芙初演后本《花木兰》，杨小楼演出大轴《艳阳楼》，同班演员有路三宝、许荫棠、许德义、朱桂芳、钱金福、陆杏林等。

(7) 贾鸿林，即贾洪林，坐科小洪奎科班，班名“洪林”，该班于光绪十四年（1888年）十一月二十三日报班挂牌演唱，因光绪二十一年（1895年）复有小鸿奎科班，“洪”“鸿”音同，故昔日写剧评者，常误写其名为“鸿林”。贾氏生于同治十三年（1874年），卒于民国六年（1917年）11月7日即旧历丁巳九月二十二日辰时，享年四十四岁。

(8) 民国八年（1919 年）10 月 24 日起出演尤鸿卿之永记丹桂第一台，与周信芳、王灵珠、高秋颦、樊春楼、冯志奎、元元旦、罗小宝等同台，戏码排大轴，三天泡戏为《空城计》《辕门斩子》《黄金台》与《连营寨》。高氏出演丹桂之先，刘鸿升（戏报贴“刘鸿声”）出演大舞台，10 月 15 日起休息，29 日起恢复演出，前三天戏码为《空城计》《辕门斩子》《洪洋洞》，朱瘦竹尝言，此系刘鸿升捧高氏之举，“放他出一头地”（见《高庆奎、高盛麟》，《修竹庐剧话》，中国戏剧出版社，2015 年 1 月，第 2—3 页）。高氏此次赴沪，演至次年 5 月 27 日，临别纪念演出双出《黑风帕》、三本《戏迷传》，随后应王蕙芳之约赴汉口，出演合记大舞台，泡戏全本《胭粉计》，与王蕙芳、贯大元、郝寿臣、李兰亭、郭仲衡等同台，6 月底回京，“直皖战争”爆发，在家休养，9 月 3 日起搭俞振庭之双庆社，戏码排大轴，由里子一跃而为头路老生，声名鹊起。同班演员有王凤卿（旋转搭梅兰芳之喜群社）、尚小云、九阵风、俞赞庭、德珺如、诸如香等。11 月 8 日，应上海亦舞台之聘离京二次赴上海演出，11 月 10 日起演，三天炮戏为《辕门斩子》《空城计》《连营寨》，与三麻子、绿牡丹（黄玉麟）、白牡丹（荀慧生）、张国斌、张德俊等同台，演至12月31日，临别纪念戏与白牡丹、张国斌、韩长宝、李永利等合演全本《草桥关》。

(9) 11月1日夜戏初演于丹桂第一台，与周信芳、王灵珠、高秋颦、王金元、樊春楼、陈嘉祥等合演，此期在沪共演十一场。

(10) 民国四年（1915年）8月29日，谭鑫培、赵君玉、周凤文、夏月润、赵文连、邱治云、潘桂芳合演此剧于新舞台，此后上海演《珠帘寨》者仅二人，其一为汪笑侬（1917年3月、1918年5月、8月，丹桂第一台），其二为杨瑞亭（1919年8月30日，天蟾舞台），汪氏为前辈，杨瑞亭与高氏系同辈，惟仅演一场而已。

(11) 民国八年（1919年）4月21日，高氏与其弟联奎同随梅兰芳及喜群社部分演员及场面东渡日本，5月30日回到北京，7月2日再搭喜群社，出演新明戏院白天。

予家庭现在之组织，可约略为君一言之。家严自卧病来，起居需人，然而精神极为旺健，君顷间与之长谈，固已深知，毋庸予之多述。予弟联奎，幼年时，习娃娃生，亦时与谭老板配戏，近改习琴师，为予操弦，予弟之事，当由其自己详细告君，亦毋庸予之赘述。予有男五女二，长子晋昌，在中国大学念书，今夏卒业，次子盛麟、三子世泰、四子世寿，均在富连成坐科，盛麟习文武须生，世泰习小花脸，世寿习武生，五子则尚在怀抱中，长女现在高小念书，小女现年一岁，此即予家庭之现状也。今且为君谈盛麟矣。盛麟现年十六岁，质尚不劣，本钱亦有，幼即嗜戏，初唱娃娃生，八岁时，随予登台[12]，予唱《汾河湾》《扫雪》等戏，娃娃生一脚，即由盛麟饰演，极得前后台赞许。迨后，叶春善老板，极为赞爱，谓是儿可以造就，力促其入科，予亦以幼年习艺，必下苦功夫，始可望其成，坐科学戏，自较在家为佳，故令其入富连成[13]，艺名为盛麟，习文武老生。盖当时在家中，学习武生戏多种，如《蜈蚣岭》《潞安州》等，已能登台演唱矣。入科以后，叶老板爱屋及乌，携掖后辈，未及二年，能戏颇多，除本戏外，文武老生正工戏，如《连环套》《凤凰山》《翠屏山》《定军山》等，共有三十余出矣，予于是不能不感叶老板教导之功也。至民国二十一年，即可出科，倘能尽心研究，力图上进，则盛麟将来，或不至无啖饭处也。至于三子世泰、四子世寿，现年尚在幼稚中，且入科未久，将来之能否成就，尚观其自己之努力如何耳，此时固难预料也。

(12) 本名高仲麟，民国十一年（1922 年）8 月 24 日白天，在华乐园庆兴社与乃父及朱琴心等合演《四郎探母》，饰演杨宗保，系首次出台。后陆续拜张增明、张鸣才为师，学武生、老生戏。

(13) 民国十四年（1925年）12月，高盛麟、高世寿、高世泰同入富连成社坐科。

予家庭之组织，既如上述矣。予辈承先人之余荫，始得有今日，饮水思源，益自庆幸，家严年逾古稀，虽足疾不能起舆，但精神旺健，一如无病时，予兄弟亲承色笑，博老人欢，家严每以“戏德”两字，戒予兄弟，令无堕家声，予秉严命，常自勖勉，不敢或越，贻老人忧。但挽近世风日下，自利心重，“戏德”两字，已成陈列名词，试观之近来成班者，每每失败，其缘因在于主其事者，看钱太重，而搭班之脚，又复高抬身价，重索包银，每至赔累不堪，班寿益短，此均不思之甚也。今且以搭班而论，一般名脚，搭唱一班，包银动辄千百，开销既大，戏价遂高，而社会上普通人，又因经济关系，只有过屠门而大嚼，终至上座不佳，幸而卖个满堂，而所谓台柱之脚，则又因班主获利，又起妒心，窃不思己所搭之班，倘时常赔亏，则以后何人敢再邀己耶，自利之心太重，实足以自害也。若自己成班，则又自拿偌大戏份，对中等以下之脚，又复故低其价，卒至配演各脚，裹足不前，成一光杆戏班，其失败亦意中事也。至于演唱新戏，必大加彩钱，是亦大大失策，在梨园老规，概不加钱，即谭老板壮年，亦未曾演一新戏，而大加戏价者，故余排演新戏，除特别切末垫款过大者外，概不加钱，盖亦秉承家训，未敢稍存自利之心也。予之言此者，非敢以是自炫于君前，实亦感乎挽近之颓风，不觉而有斯言也。

至承询予拿手之戏，尤为惭愧，予之演戏，素来不拘拘于一派之作，盖以各派之戏，有所长，而亦有所短，我辈后生学戏，固不妨参考各派，取其长，而去短，则胜于拘拘一派者多矣。今且以谭老板之艺而论，当谭老板壮年，对于各派戏剧，如余（三胜），如张（二奎），如程（长庚），无不研究，亦无不演唱，取其精而舍其糟，迨至晚年，始得集大成而自成一派，为梨园老生行之正宗，其所学固未限于一派一别也。予所学之戏，固宗刘（鸿升）派，然汪（桂芬）孙（菊仙）谭（鑫培）各派，亦均研究，顷间已言之矣，而论者时加抨击，然此实未足为予学艺决心之阻力。盖以谭老板壮年，学习各派戏剧，潜心研究，及至晚年，始得成名，予虽不敢比拟于谭老板，然所愿则亦未曾不希望如谭老板晚年之成名，其亦古人所谓“取法乎上，所得乎中”也欤。现在予所最常演者，如《探母》《斩子》《斩黄袍》《汾河湾》《朱砂痣》《鼎盛春秋》等戏，均为或汪，或孙，或谭，等派之戏剧，实未限于一派一别。至如新排各戏，如《浔阳楼》等戏，唱做亦各派均有者，盖以此也。且予之演戏，向持不偷怠主义，无论演唱何戏，上座如何，均系照常演唱，从未有偷油省力删截减去者。盖以上座不佳，必自己艺术有所未尽，应自加奋激，潜心研究，使艺术进步，则上座自加。且来园顾曲者，无论百数十人以至于一二人，必皆为喜听予艺者，空谷足音，正我知己，揆之“士为知己者用”之义，自应加倍卖力，以酬盛意。若以上座不佳，更而随便敷衍了事，窃恐此百数十人以至于一二人，亦将望望然而去之矣，是“自杀”之政策也。予秉严训，时以是益自勉励兼以勖予弟及子焉。

予自业伶以来，同行中感情颇洽，与郝寿臣尤相得，因予与郝，志同道合，相处最久，相知最深，互相谅解，从无片言之忤，其余如各同行辈，亦不稍存有丝毫意见，存乎其间，盖合则留不合则去，各行其是，似不必作无谓之争，以伤同行义气也。苟非是者，以妒忌之心，起投鼠之念，相煎相燃，极力排挤，其结果必为侪辈所同弃，腾笑于内外行，于己无益，于人有损，非至愚者，孰出此哉。予所欲言者甚多，固非短促时间所能详尽，倘不以鄙陋见弃，时加赐教，则当详为君陈述鄙见也。再予近来新得秘本颇多，如《安五路》《苏秦张仪》《战睢阳》等戏[14]，现已着手排演，添制切末，拟于最短时间内，络续演唱，届时请参观，加以指导批评，俾得逐一改良，希无吝赐教也。

(14)《苏秦张仪》，民国十八年（1929 年）

1月27、28日白天，首演于华乐园，分前后部。又，《战睢阳》，清逸居士溥绪编剧，民国二十一年（1932年）9月11日白天，首演于华乐戏院。《安五路》，排而未演。

庆奎君言至此，轩主即向其致谢意，并转向联奎君询问，由联奎君发表下列简单谈片。

高联奎谈 予（联奎君自称）家庭之大概，经家兄略为述及，兹就家兄所言者，再为补充之。予先伯父，讳胜泉，学说书，以说《东汉》《明英烈传》著名，为当时社会中所推许，自先伯父弃养后，后辈中已无人能继承其业矣。予现年三十一岁，童年时即学戏，唱娃娃生，十一二岁时，承家兄之后，在同庆班，为谭鑫培老板配戏，如《取帅印》之秦怀玉、《铁莲花》之定生、《寄子》之邓芳、《机房训》之薛倚等，均由余饰演，在中和园演唱。民国元年，入富连成坐科，习正工老生，如《汾河湾》《南天门》《天堂州》等戏，均演唱。(15) 至十六岁出科，十七岁，学操胡琴，为家兄琴师，兼帮排整本戏。予现有一男二女，男名晋卿，现年九岁，在高小念书，二女均年幼。予与家兄同居，每日除登台操胡，及帮排本戏外，均在家侍奉老父，未曾外出，故与各界交游甚少，因家父久病，在在需人，一步亦不敢远离也。予兄弟秉承严训，以“孝悌”两字处家，不敢或违，而子侄辈，亦幸尚能秉承家训，以博老人欢，故天伦之间，颇觉雍雍自乐也。且家严生性慈善，对于各种善举，均极力提倡，无论何项义务戏，凡关于慈善之举者，均令予兄弟参与，平居时训予兄弟曰“为善最乐”“当仁不让”“见义勇为”，家兄及予，秉承严训，数十年如一日，未敢或忘，予辈之得稍温饱者，皆老人之荫也。其余各事，顷间家兄所述颇详，固毋容予之赘述也。

(15) 民国元年（1912年）9月6日，三庆园白天富连成班，高联奎演《浣纱河》，9月11日，与小金钟（王连浦）合演《忠保国》。

言至此，高君庆奎，出其尊人数年前所拍之小像，并其自己及联奎君，及盛麟，最近便装戏像见赠，轩主因谈话之时过久，因与辞，遂珍重而别。

二

采访人：王柱宇

原载1934年2月1—25日《世界晚报》（北平）

济南进德会戏场可容二千六百人
韩复榘亦懂西皮二黄

名伶高庆奎，论嗓音，论底气之足，论能戏之多，论势力之普及，在今日梨园界老生行中，堪称首屈一指。最近，由济南返平，定于本星期日白天，出演于华乐，下星期四夜晚，出演于哈尔飞。记者特于昨晚，赴保安寺街八号高之寓所访问，高接见后，与记者谈话如次：

瑞雪飘摇 记者赴高宅，为下午八时，途间，瑞雪飘摇，其大如掌。下车后，叩门而入，帽上已落有雪花。入客厅后，即脱帽拂去之。高自内出，含笑曰：入冬以来，此为第二次大雪。久晴不雪，空气干燥，疾病相乘，精神郁结，得此大雪，皆欣欣然有喜色矣。先生从何处来？

记者曰：闻高君新由济返平，特来造访耳。高君此次赴鲁，演戏几日？于何日回平？

高答：本人此次赴鲁，共演戏八日，为七天营业戏，一天黄河水灾义务戏。演毕，于上星期六下午六时，由济南登车北旋，星期日上午十一时，即安抵此间，托庇，幸告无恙。

官民同乐

记者问：高君此次在济南演戏，系在何剧院？

高答：本人此行，系济南进德会约去，进德会，一官民同乐之俱乐部，其组织内容，有如北平市上之城南游艺园。有魔术，有电影，有杂耍，有大戏院，本人一行，即在此大戏场内演唱。其进德会之入门券，售铜元二十枚，入门后，可以赴各处游览，惟入大戏场，则须另购门票。若为公务人员，佩有徽章者，即不收入门券。不过，入大戏场时，仍非照购门票不可。因此进德会，本为办公人员而成立，故公务人员，不须购买入门券。至于大戏，则因耗费过大，不能不收门票，以资维持。若为一般人民，又不能不略收门票，以示限制耳。

旧式戏场

记者问：此进德会之大戏场，为旧式乎？抑新式乎？

高答：此进德会中之大戏场，为一种之旧式戏场，建筑不甚良好，于音韵上，殊不相宜。惟座位甚多，全场若上满座，可容二千六百人。其大致，为一纵长形，正面无楼，池座前二十余排，为平列的，渐后，则以次渐高，为斜坡状，楼座在两旁，仅有一层，下方为廊子。总之，一切俱不合剧院规则，因该大戏场，除演剧外，尚有其他用途，等于一种之公务场所也。

举行朝会

记者问：该剧院尚有何种用途？

高答：此为韩主席之制度，凡济南各机关，诸服务人员，上自主任官，下迄一切员司，每日必于清晨六时，赴进德会，举行“朝会”。朝会之际，各机关、诸服务人员，列坐一台下，韩主席于台上，持册点名毕，作一小时之训话，闻不赴朝会者，尚有相当之处分。韩主席起床甚早，注重运动，如体操武术等，每日起床后，必锻炼一两次。衣食方面，亦极朴素。此时，韩主席之衣，等于一普通军人，青布军衣，裹腿，头戴毡帽，出外，多系步行，从人遥随，相距数丈以外，不知者，以为一个大兵而已。

亦喜听戏

记者问：韩复榘亦听戏乎？

高答：韩主席亦喜音曲，认为系一种之正当娱乐。本人在进德会演唱时，彼共听戏四次，盖八天之中，听者半，不听者亦半也。彼亦喜谈戏，此次，曾与本人闲谈戏中诸事，殊不外行，多中肯綮，惟未聆其一唱，能否开口，则不得而知。彼今年，似在四十一二岁左右，勤政爱民，颇著声誉，求之一般伟人政客官僚中，实不可多得也。

济南人听戏程度尚高
汉口人看戏持尝新主义

纯粹义务

记者问：此次所演义务戏，各角儿亦当有少数之开消？

高答：此次义务戏，诸同人，如本人及李慧琴等诸重要角色，皆为纯粹义务，不支分文开消，但班底场面，则非领相当之生活费不可。此项必需开消，总共费去二百元之谱。盖同人一行，为数甚众，而里子、零碎、龙套、下把，以及琴师、鼓手、场面诸人，每日所得戏份，至极微小。演一天义务戏，若竟不给以相当之生活费，则一天两顿亦感困难，故不得不照付若干之工资，以示体恤，并非名曰义务戏，而需索二百元之统包银也。

记者问：高君一行，在济南时，住于何处？

高答：大抵，诸重要角色则在旅馆寄居，班底场面诸人，则在进德会中居住。因旅馆中需费比较为多，收入太少者，感觉难以应付，而重要角色，又觉不伤大雅也。

趋重旧剧

记者问：济南人士，对于戏剧之辨识力如何？

高答：该处人士，对于皮黄，仍趋重旧戏，如《探母》《昭关》《寄子》《卖马》之类，无妨一再贴演。对于文明戏及新剧旧唱之类，则不甚感觉兴味。至今，该进德会中，并无此类戏剧。而经常主顾，则以商界人居多，学政两界为数极少，而商界之中，又以棉花商人居大半数。本人于民国十三年时，曾往该处献技，当时情形，与现时完全相同。是济南人之听戏程度，较之上海、汉口，实有过之，殆无不及也。

习惯不同

记者问：上海与汉口人对于戏剧之兴味如何？

高答：上海人心理，最嗜外江派，所谓外江派者，即注重布景、衣饰、切末，唱工则尚奇腔怪调，长气大声，戏情戏理俱不甚讲究，真正韵味，亦寻之不出。缘上海为商埠性质，华洋杂处，风俗奢靡，重虚表而不尚实际，外江派之用意，即一种之投机事业也。至于汉口人，则另有一种之特性，对于任何戏剧，一律持一种尝新主义，新发现一种之戏剧，必一往观光，借扩眼界。新到一名伶，亦必前往，一瞻丰采。新贴一戏码，又必争先恐后，窥其究竟。但只此一遭，下不为例，一度参观，下次即不再往。故北方名伶到汉口后，常苦不能立足，习惯如此，相沿成风。各地有各地之特点，不能强不同以为同也。

不许翻戏

记者问：高君赴汉口时，记者正在该处，服务于日租界《湖广新报》馆，高君旅汉时期，较之一般名伶，最为悠长，所享名誉，亦最圆满。高君足迹所至，任何地方，莫不竭诚欢迎，其故何耶？

高答：艺术人之幸运，全恃一般社会人之捧场，人缘不好，即有高尚艺术，亦不能受人欢迎。人缘好，纵艺术平常，亦可走红运。本人所至受人欢迎，不过人缘甚好，至于艺术，何敢自矜？究竟，本人在汉口受人欢迎，自有一种之原因。盖本人能戏较多，若一一演唱，最小限度，可以维持半年之久。本人在汉口，献技五六个月，每日所演，绝无二出相同者，故每日上座，均极良好，若非翻戏不可，则又不肯光临矣。

北平人戏院名为听戏实则学戏
麒麟童旧在北京学戏

各地习惯

记者问：喜听旧戏与喜听外江派，或喜看文明戏、喜尝新，其原因何在？

高答：此无他，入戏院之目的不同耳。北平人嗜唱，相沿成风，几于男女老幼，无人不了解皮黄之韵味，其中，十有八九，能开口模仿。且票房林立，凡有志学戏者，第一步，为请人说戏，而此说戏人，大抵，规矩尚佳，而无甚韵味派数可言。盖说戏一事，最费气力，所得报酬又极低微。通常为人说戏者，每月所得仅为三四元，以至五六元，最高报酬亦不过二十元左右。梨园行人有言曰“愿唱一天不愿教一时”，因其劳而无功也。故为人说戏者，多半系倒仓时期，或年老无以为生者，但能登台演唱，绝不为人说戏。则学戏者，非就名伶参考，即难登大雅之堂。一般票友，往往欲学一戏，即接连前往听之。譬如，欲学余叔岩之《打棍出箱》，则余叔岩每次贴演《打棍出箱》，即非听不可。其他有志学戏者，莫不皆然。有此原因，在北平市上演戏，乃愈演旧戏，愈能卖钱。至于上海人，入戏院一次，目的仅为看热闹，故外江派在上海，乃盛极一时。汉口人入戏院，不曰“听戏”，而曰“看戏”，其买票入园，根本非为学戏，乃为看一次好玩，一度观光，即曰“不过如此”。故至汉口唱戏，最好系“初次到汉”，其次，则永不翻戏，所谓尝新主义也。文明戏之意味，有如外江派，且能随时排演新戏，又能供人尝新，故文明戏在汉口、上海，尚有发展维持之可能。济南人士，与北平人之习惯相同，故亦喜旧戏，而排斥文明戏，各有原因，不能一律也。

论小达子

记者问：小达子之戏，为外江派乎？

高答：小达子近已改名李桂春，彼原习梆子老生，为元元红之弟子，后在上海，始改唱二黄，因沪人嗜好不同，遂造成一外江派之出色人才。彼享名后，自知系外江派，不入北平人之耳，故至今年近五十，北上至济南、天津，迄不来此一行。生于淮南则为橘，生于淮北则为枳，地域不同，各适其宜。李君不来北平，系李之自知甚明处，且李君之为人，性情极好，为梨园行中不可多得者，吾人不能不致其推崇也。

谈元元红

记者问：元元红有两人，小达子之师，老元元红乎？小元元红乎？

高答：李君之师，系小元元红。此小元元红，不甚敦品，孟恩远为吉林督军时，据闻：孟之某姨太太与小元元红有暧昧情事，孟查觉后，杀该姨太太，小元元红逃至大连，被人刺死，此为风流报应，梨园行人，应引为炯戒者也。

论麒麟童

记者问：麒麟童亦外江派，何以来北平时，尚能受人欢迎？

高答：麒麟童名周信芳，今年四十一岁，彼本外江派中之翘楚，但彼幼年时代，系在此间学戏，曾搭喜连成班演戏，即名麒麟童，盖其旧戏实在此间学出也。彼有此根底，此间人士对之，尚有一种印象，故彼敢来一试，成绩亦殊不恶劣。究竟，彼之做戏，以及身段台步，亦自有一种长处，惟嗓音太低，在舞台上不能谓非一种之绝大遗憾耳。

应社会需要有新排本戏之必要
余叔岩在灯节可以登台

新排本戏

记者问：新排本戏，究竟价值如何？

高答：近年以来，本人亦常演新排本戏，此有两说。其一，社会上需要此种新排本戏，以演剧为业者，因一般需要而予以供给，亦时势使然，系无可如何之事；其次，戏剧一物，亦无止境者，昔日新排之戏，今日则成旧戏，将来之旧戏，或即现在新排之戏。吾人生于此时，一方固贵保持前人之精华，一方尤宜推陈出新，为相当之创作，不然，倘保守过甚，绝不排演新戏，则昔日之旧戏，势必因流传而逐渐澌灭，使戏剧前途不日进，且日退，至最终时期，乃归于消灭。吾人既然从事戏剧业，论义务，论天职，皆有新排本戏之必要。不过，新排为一问题，价值又为一问题。本人所演之新排各戏，其价值如何，则不敢自信耳。

谈余叔岩

记者问：余叔岩所演各戏，全为旧戏，其理由如何？

高答：一人有一人之个性，未便以此例彼。叔岩与本人同岁，今年四十有四矣，其所能戏，全按前人成法，根底极厚，高出本人之上，在今日之梨园界，实为第一人物。本人此言，非自贬声价，盖艺术一道，自有一种之公道，傲岸自尊之事，本人殊不敢为也。不过，彼既以传人自任，则对于前人成法，不敢越出雷池一步，志愿不同，各从其是而已。

膝下无子

记者问：余叔岩近抱鼓盆之戚，将来不知尚当续弦否？

高答：叔岩正当壮年，续弦为当然事实。因其年将半百，膝下尚无子嗣，纵至五十六十，亦有续弦之必要也。其已故陈夫人，体弱多病，骨瘦如柴，即生活于人世，亦无生育之希望。惟夫妻之间，感情极为融洽，故因循多年，竟未纳妾，陈夫人既逝世，则不成问题矣。

又将登台

记者问：余叔岩久不登台，近闻将于新年中，于红氍毹上与北平人士相见，此项消息，确乎？

高答：叔岩身怀绝技，长此闭户索居，已觉可惜，此间人士又钦崇其艺术之高贵，渴想维殷，重登舞台，亦为当然事实。其溺血病，近已就愈，精神渐好，底气渐充，旧历新年中必可重登舞台。其日期，或在灯节前后，不过，至时有无变化，则不敢必耳。

极能刻苦

记者问：余叔岩之戏得力于天赋乎？抑成功于造诣乎？

高答：演剧一事，一方须有过人之资质，一方尤贵努力。叔岩之资质，本极良好，其锻炼功夫，亦极能刻苦。忆本人幼年十三岁之谱，叔岩亦十三岁，本人赴先农坛附近喊嗓，每日必见叔岩。今彼在家闲居，于唱白做打，每日亦必练习，寒暑不辍。盖一事之成功，其原因必不只一端，不仅唱戏为然也。

未免荒唐

记者问：余叔岩之为人，殊极乖僻怪诞，一日，彼打电话约记者至其家，有事面谈。迨记者赴其门首，门房则答称“三爷（余叔岩行三）不在家”，连去三次皆然。记者催门房入内寻视，门房出，仍以不在家对。此事，未免太荒唐矣。

高答：彼四十余岁人，尚有孩子气，兴至，则侃侃而谈，历久不倦，忽然不高兴，又一语不发，甚或拒人于门外，此事，往往有之，朋友辈亦无办法也。

民国初年孟小如曾为台柱子
郝寿臣系与华乐经理人不睦

住宅毗连

记者问：高君与余叔岩，亦常相往来乎？

高答：本人与叔岩自幼交好甚笃，直至今日，感情仍极端融洽。曩本人与叔岩之住所，相隔仅一条胡同，而本人住宅之最后部，与叔岩住宅之最后部又相紧连，往往至深夜时分，双方灯光未息，可以互相看出，本人隔房曰：“哟！还没睡？”叔岩则于其住宅中遥答曰：“还没睡，你还不睡？干什么？”如此问答，虽各住一条胡同，实则与一家人相同，故数十年以来，如一日也。

际遇相同

记者问：高君与郝寿臣之感情如何？

高答：郝爷与本人，亦为老朋友。民国二三年间，本人与郝爷皆不甚著闻，其时，同在鲜鱼口今华乐园之旧址天乐园[1] 演唱，挂第一块牌者为孟小如，第二块牌为梅兰芳，第三块牌为王蕙芳，贾洪林尚在孟小如之下，本人与郝爷，每演一剧，不过拿戏份一二十吊。[2] 当时，银洋价格甚低，约合一元余。至今，郝爷在花脸中，已为第一人物，本人在老生界，亦有一席地位，言其际遇，实相同也。

(1) 原文作“民乐园”。

(2) 民国三年（1914 年）田际云之翊文社时期。

烈士暮年

记者问：孟小如在民国二三年间，竟为第一人物乎？

高答：孟君之戏，自有一种长处。当民国初年，谭鑫培已在将死未死之际，年迈力衰，不常登台，后起人物又俱未成名，青黄不接，故孟君有挂第一块牌之可能。不过，孟君之嗓，日就干滞，衷气亦渐次衰弱，至于今日，只成其为梨园界之老资格，往往充硬里子，或为人说戏，烈士暮年，令人感喟无既。吾人自思，亦殊栗栗自危，前车可望，恐求不为孟君而不可得也。[3]

(3) 参见《王又宸》篇注（2）。

嗓音变迁

记者问：高君在民国初年，名尚不彰，殆嗓音不如今日乎？

高答：本人在民国初年，不过二十三四岁，其时，嗓音洪亮而高亢，雄浑坚实处，较之今日，殆有过之。究竟，老生之嗓，总须苍老而圆润，以无火气为佳。吾人声带，在三十岁以前，刚烈有余，苍老圆润则不足，三十以后，始徐徐软化，退去火气。不过，嗓音既随年龄而变迁，则改革之际，非慎重保养不可。盖吾人之嗓音，与生理之健康，成正比例。体质衰颓，嗓音斯不可救药矣。

专事保养

记者问：高君在今日，尚喊嗓吊嗓乎？

高答：嗓音为物，在幼年时代，须勤加锻炼，壮年以后，又宜慎重保养，喊而不出，更当加紧用功，已成佳嗓后，又当使其休息，俾得保养之道。本人在近年以来，喊嗓之事早已不作，吊嗓一节，亦未举行。不过，本日有戏，则于晨起，试唱数段，仍不宜过多，盖本人之在今日，已无所谓用功矣。

华乐内幕

记者问：郝寿臣原与高君同在华乐演唱，今则郝君脱离华乐，高君独留，谈者谓高君与郝君颇有意见，然欤？

高答：郝君与本人，感情仍如平日，至郝君离开华乐之原因，则系与后台经理人万子和微有意见，而华乐营业，共系六个股东，万君郝君各为股东之一，郝君既与万君不睦，至于退股，亦当然离开华乐。总之，郝君与本人，并无纤毫芥蒂也。

郝寿臣离华乐后即与杨小楼合作
高之大公子毕业于中国大学

各行其是

记者问：郝寿臣既离开华乐，高君若为友谊起见，似宜同时离开华乐矣？

高答：郝君与万子和以及本人，三方俱为朋友，郝君与万君不睦，离开华乐，系其个人行动，本人与万君既无裂隙，则无离开华乐之必要。盖本人与郝爷，在华乐演唱，俱为搭班性质，一切不问，唱一次戏，拿一次戏份，其班底则为华乐自行组织者。郝君既去，营业上已受相当之打击，若本人再离开华乐，即为拆台，班底及一切员役生活之费，亦将无所从出。故本人为维持万君方面之友谊计，固不容离开华乐，为顾全多人生活问题计，亦不容离开华乐也。

两个教徒

记者问：此次，郝寿臣与高君忽然分离，各行其是，外界不明真相，佥谓高君与郝寿臣闹有意见，然则，高君最近在哈尔飞出演，何以亦不与郝寿臣合作？

高答：本人最近出演于哈尔飞，系该戏院约去，其时，郝爷已与杨爷（小楼）合作，事实上遂不能与本人同台出演。总之，本人与郝爷，并无任何意见。且郝爷与万君子和，同系基督教徒，万君入基督教尚系郝爷带去，同奉一教，同在一会中，将来意见化除以后，或有言归于好之一日。本人曾言于郝爷，君离开华乐，无妨暂取自由，我留华乐，将来在朋友中，尚有转圜之地步，故本人预料，经过相当时日以后，大家必仍为好朋友也。

高之公子

记者与高谈至此，高因事入内，其大公子晋昌即与记者共话，记者问：晋昌君亦学戏乎？

晋昌答：我未学戏，不能唱，亦不能拉，有弟三人，皆学戏，同隶富连成科班。我今年二十五岁，旧肄业于中国大学，前年始毕业。

记者问：尊府一家人皆系内行，耳濡目染，亦当能唱能拉？

晋昌答：戏剧一道，规则极严，在不懂戏者，张口乱喊，动手乱拉，自以为高明，在懂戏者即又以一开口、一动手为最可畏之事，稍不中节，便贻笑柄。唱而不好，不如径曰不会唱，拉而不好，不如径曰不会拉，至于胡凑，则又略知门径耳。

家庭状况

记者问：尊府人口，共有若干？

晋昌答：舍间上下共十九人，祖母健在，先祖则于大前年逝去。家严今年四十有四，家慈小于家严三岁，生弟兄五人，本人居长，于二十岁时结婚，不久，内人旋夭亡；二弟盛麟，唱武生，学戏时皆演文戏，毕业后在家延师，练习短打剧，嗓音尚好，将来颇有希望；三弟世泰，今年十六岁，习小花脸；五弟世寿，今年十五岁，亦习武生，俱未出台；六弟尚小，无学戏能力也。

记者问：晋昌君言三弟十六岁、五弟十五岁，尚有四弟，为十几岁乎？

晋昌答：弟兄六人，系大排行。缘家严弟兄凡二，家严居长，二叔名连奎，旧为喜连成学生，倒仓后遂改习胡琴，近为家严拉胡琴者，即家叔也，四弟系家叔子，已死。

威而不猛

记者问：武生之中，亦有文戏乎？

晋昌答：如《盗御马》《落马湖》一类之戏，皆武生中之文戏也。此类文戏，本为武生戏，但不动家伙，亦无所谓扑跌，观者又一望而知为武生，有威而不猛之概。杨小楼先生最擅此类武生中之文戏，演来无过不及，恰到好处，其事似易而难，所谓中庸不可能也。

李盛藻每日支戏份五十吊
伶界生活往往后顾堪虞

科班例规

记者问：令二弟盛麟，业已毕业出科，则叶盛兰、叶盛章、李盛藻、刘盛莲辈亦皆毕业矣？

晋昌答："盛"字班，多已毕业，未毕业者，不过二三人。科班毕业后，尚有一年义务期间，此义务期间，不过可以敷衍生活。义务期满后，始得到自由，或回家，另延名师学戏，或留科班，照常演戏，略支戏份，其无演戏能力者，尽可改营他业。舍弟盛麟，系在家学戏，故未登台。叶盛章、叶盛兰、李盛藻、刘盛莲等，系留科班演戏者，其李盛藻、刘盛莲，每日有照例戏份，叶盛章、叶盛兰，则因系少老板，俱不取戏份。

不容争论

记者问：李盛藻、刘盛莲每日可得戏份若干？

晋昌答：毕业学生在本科班演戏，所谓戏份甚少，其例额概以吊计，不以元计。李盛藻每日得戏份五十吊，合大洋一元，刘盛莲之戏份尚不及一元。

记者问：李盛藻在今日之富连成科班中，似为个中翘楚，其所得戏份乃只一元，则其他毕业学生亦无越过一元者矣？

晋昌答：不然。科班对于毕业学生之待遇，概以资格为限，不问叫座力。如骆连翔，论戏虽不如李盛藻，但因资格较老，所得戏份遂超过李盛藻之上，每日所得为六十吊，此系科班例规，不容争论者也。

全恃幸运

记者问：李盛藻之前途似极有希望？

晋昌答：梨园行人，红与不红，完全属于幸运关系。运佳，则嗓音渐次变优，运蹇，则渐次变劣。幼年时代之嗓，最不可靠，年龄渐长，嗓音亦渐转变，转变以后，为优为劣，实不可预期。往往有三十岁以前唱大轴子、充台柱，三十以后，又只能充配角者。李盛藻今年才二十二岁，今年如此，明年尚在不可知之数，且彼坐科时，因体质单弱，仅习唱白，未练武功，如嗓音劣化，即无法立足于梨园界，则此每日一元之戏份，为多为少，尚不能以一语断定。但彼之嗓音，系倒仓后新出，在短时期中，或不致发生变化也。

李氏家庭

记者问：李盛藻之家境如何？

晋昌答：彼与舍间有戚谊，故于其家境知之甚悉。彼有一兄，名盛荫，亦系富连成毕业学生，二人系同胞兄弟。其父名寿峰，二叔名寿山，三叔寿安，四叔鑫甫，老弟兄四人，先后逝世，因无甚积蓄，颇有亏空。盛荫已过继鑫甫为子，而鑫甫为我之姑父，故我与盛荫为表兄弟。不过，盛藻、盛荫仍同居一处，其家中有人口七人，除生活外，来宾且众多，一日之间，往往有十个来宾以上，茶烟应酬之费亦殊不资，由盛荫盛藻兄弟共同负担，其所负亏空，尚待逐渐偿还也。

生活一斑

记者问：李盛藻每日仅得戏份一元，一家七口亦难以为生矣？

晋昌答：盛荫之收入尚较盛藻为多，缘盛荫在富连成每日得戏份二十六吊，合银洋为五角余，而彼在科班中，尚有教戏任务，每月得薪资十五元。此外，兼在外为人说戏，教有五人，此项收入亦在十余元之谱，总计盛荫之收入，每月合大洋四十余元，弟兄二人共可收入七十余元，敷衍家用，尚可过去耳。

高之能戏总共有三百出之多
老生须能兼演武生戏

能戏之多

记者与晋昌谈至此，高君庆奎又自内出，与记者谈话。

记者问：高君本工系老生，但有时亦唱大花脸、武生、老旦诸戏，然则，高君之戏共有若干出？

高答：本人之老生戏，总括大小轻重而言，共有二百余出，大花脸戏共有二三十出，武生戏有十余出，老旦戏则只二三出。铜锤花脸一类之唱工戏，本人皆可贴演，常演者则为《探阴山》、《刺王僚》之王僚、《草桥关》、《牧虎关》等，武生戏之常演者，则为《连环套》《落马湖》《翠屏山》之石秀等，老旦戏则为《孟津河》《掘地见母》等。

记者问：老生戏如何而有大小轻重之别？

高答：如《探母》《珠帘寨》《寄子》《洪洋洞》《骂曹》《捉放》等，则可谓之大戏重戏，如《黄鹤楼》之刘备、《胭脂虎》之元帅、《战蒲关》之王霸等，则可谓之小戏轻戏，盖其场面词句，显然有多少之不同也。

兼擅黑头

记者问：铜锤花脸之嗓，与老生之嗓迥然不同，高君唱铜锤花脸戏时，亦感觉吃力否？

高答：老生之嗓为立音，而平平使出，铜锤花脸之嗓为横音，须极满足之概，二者旨趣相离太远。好在本人之嗓，立音横音俱可运用自如，故唱老生、唱铜锤花脸，殊无歧致。不过，运用嗓音，有一种之习惯性，唱老生者，一用嗓即为立音，唱铜锤花脸者，一用嗓即为横音，若今日唱铜锤花脸，明日唱老生，运用嗓音时，即感觉十分之困难，必经过相当之休养，始能复原。本人唱铜锤花脸时，无论唱几天，此一出铜锤花脸戏，总在最后一天，唱毕即休息。不然，若先一日唱花脸，次日唱老生，必须发生若干之流弊。故在一般梨园行人，多以只唱一工为限，甚有只具一种嗓音，绝对无反串能力者。

亦擅武生

记者问：高君唱武生戏，亦觉吃力否？

高答：本人所能之武生戏，概为架子戏。所谓架子戏者，如《连环套》《落马湖》一类之黄天霸，虽不起打，而精神动作、唱白口吻，处处描写出一不肯让人之绿林英雄身份，所用嗓音须极雄浑矫健之概，丹田衷气，非十足提出不可，与老生之嗓自不相同。但旧日规矩，能演《定军山》之黄忠者，即能演《连环套》《落马湖》以及《翠屏山》一类之武生戏，演时，属于老生本工戏，并非反串性质，其不能兼演者，或限于武工根底，身段台步不能胜任，或限于嗓音，弱而不强，无法写出英雄气概，此类人才皆属缺点。不过，短打一类之戏，则另属一工，无兼演之必要。

记者问：杨小楼为专门武生，其所演各戏，似以架子一类之戏为限？

高答：杨爷于长靠短打皆所兼工，如《一枝桃》一剧，杨爷饰谢虎，尚宗旧法，勾成三块瓦之紫脸，此为旧日规模，今日演者全用俊脸，则将一贼人，写成英雄本色矣。

反串老旦

记者问：高君唱老旦，感觉何种之意味？

高答：老旦一角，虽所以写老年人，究竟，总属一种女性，故使嗓音不尚刚而尚柔，其使衷气，较之武生尤须充足而悠长，且行腔之际，又须满腔满调，不容偷空。故老旦在各角中，为最难唱者，本人学得二三出，不过备反串时偶一为之，至于精彩，则谈不到也。

谭汪孙三人不能全学程长庚 当代名人尚不成其为派

宗派问题

记者问：高君之老生戏，果宗何派？

高答：本人之戏，只知唱戏，不知为何派。不过，吾人生当老前辈之后，对于诸老前辈之长处，取其与吾人嗓音相近、资质相合者，亦无妨模仿。其与吾人嗓音不相近，与吾人资质不相合者，即应转学其他前辈。又如自身之心得，亦尽可尽量发展。故本人之老生戏，谓为兼学谭汪孙刘固可，谓为无派，亦无不可。常见报纸上诸评剧文字，多谓本人之戏杂而不纯，此言亦殊近理。不过，本人之意，后人唱戏，决无专摹一人一派之可能，实际上亦无专摹一人一派者。“杂而不纯”之评语，不仅用之本人最为适宜，即用之于任何梨园行同业，亦极恰当耳。

不容专摹

记者问：高君何妨专摹一人一派？

高答：专摹一人一派，本人亦愿努力，但本人自知：专摹任何一老前辈，皆苦于不够。谭鑫培，道集大成，为戏中圣品，本人摹之，不够也。汪桂芬，嗓音高耸清醇，可唱至上字半调以上，本人摹之，不够也。孙菊仙，黄钟大吕，大气磅礴，五音六律，莫不俱备，本人摹之，不够也。本人觉摹而不够，即不如不专摹一人一派，兼采前人之精华，参以个人之长处，以登舞台，未敢云自成一家，究竟，亦可聊尽个人之责任。此本人之管见，不惧识者齿冷者也。

古人皆然

记者问：据高君言，事实上，竟无专摹一人一派者乎？

高答：此理实浅显易解。谭汪孙，所谓三大派之教主也，此谭汪孙三前辈，各为程长庚之门徒。谈者谓：程大老板之戏，前无古人，后无来者，谓其妙处，不可以语言形容。吾人出生太晚，未及躬逢其盛，所知者，谭汪孙三前辈，则显然为三派，若谓谭与程完全相同，则汪孙不与焉，若谓汪或孙为程之嫡系传人，则谭又失去根据。准此，谭汪孙之三人，必无一人全似程大老板者。盖吾人唱戏，以模仿前人为根底，以发挥天赋为职志，以推陈出新为希望，故程圣人以后，又有谭汪孙三圣人，不然，此谭汪孙三派，何由而来？倘必谓：唱戏非专摹一人一派不可，则谭汪孙三前辈，在唱戏时亦已博得“杂而不纯”之批评矣。后之唱戏者，正与此相同。本人模仿前人既不够，发挥天赋又不足，至于推陈出新，则更无希望，厕身梨园，滥竽充数而已。

如此学戏

记者问：然则高君学戏时，如何学法？

高答：本人学戏时，谭汪孙虽各有地位，但在当时，尚无所谓谭派、汪派、孙派，仅知有谭鑫培、汪桂芬、孙菊仙，皆为剧界名人而已。学戏之法，不过按科班规矩学去，出科以后，偶与诸前辈同台出演，或在旁窃听，择其性情相近者而摹之。至于今日，参以己意，即成本人之唱法。不过，模仿他人，各随其心理而异其成绩。一人有一人之长，一人有一人之短，得人之长，又有类似之资质，则成绩佳，或拾人之短，资质又绝不相同，则成绩劣。往往有资质极佳，因模仿错误，或学人之短，至于误去一生前程者。故求学一事，固贵努力，而选择途径，尤须审慎。在一切学术，皆有重大之影响，唱戏一道，其小焉者耳。

程长庚之戏不能入今日之剧园
许荫棠至老年受人唾弃

程事难稽

记者问：程长庚之戏，高君竟不知其妙处乎？

高答：本人憨直性成，不工作伪，尤不能作谎语，大言欺人之事，本人不敢为，亦不能为也。本人今年四十四岁，距程大老板逝世之年，相离太远，再长四十四年，或尚不能谈出程大老板之妙处。惟闻同仁堂之周子衡，系能模仿大老板者，究竟，此周子衡，学程大老板有若干成分？吾人亦不敢武断，因吾人于程大老板，根本不能了解，故无所根据也。

时代之殊

记者问：当今之世，若有能完全模仿程长庚者，此人自可受一般人之欢迎与推崇乎？

高答：此项问题，亦难断言。盖音曲一道，往往含有时代性，今日之音曲，或为昔人所鄙视，昔日之音曲，若流传至今日，或又不入人耳。此种原因，半为思想变迁，半为习惯使然。譬如，二十年前，“奴在房中打牙牌”之声，所在皆有，几于大街小巷，无处无之，听者，亦公认为一种之小调。至十年前，“奴在房中打牙牌”之声渐次绝迹，继之而起者，则为“月亮一出照楼梢”与“想起从前泪纷纷”，同时，“你把那冤枉事对我来讲”“未开言不由人牙根咬恨”等等之声，又庞然杂作，近年以来，又完全绝迹。本人曾设想：程大老板之戏，本人虽未赶上，总之，其与今日之腔调迴然不同，实可断言。若程大老板尚未作古，以入今日之舞台，一般听者，或且掩耳不乐闻，至于退避三舍，至于恨之刺骨。惟程大老板实已死去，无复生之希望，故一般谈者乃愈谈愈神，以不能一聆佳奏为毕生遗憾，此种观念，所谓不彻底者也。

今昔不同

记者问：高君谓昔日名伶，不能受后人之欢迎，亦有相当根据乎？

高答：有之。有许大嗓者，其名为许荫棠，实大声宏，有触耳如雷之概。当光绪庚子以前，某次出演于大栅栏之庆乐园，曾卖二千四百座，在梨园史上为空前未有之纪录。嗜戏者逐而听之，梨园行人亦纷纷模仿，得其皮毛，或有一二分相近，在舞台上即足以自豪，其受欢迎之程度，可以想见。但至宣统年间，则又为一般人所厌恶，许之戏码亦渐移至前方，且许一出场，尚未开口，台下听戏者即纷纷相顾曰“叫驴来了，出去活动活动”，此时，有吸烟者，有饮茶者，有吃瓜子、吃点心者，亦有出园散步者，厕所之中，撒尿拉屎者，肩膝相摩，特别拥挤，座间秩序，一时大乱。宣统年间，距庚子年，为时不过十年，前后情形竟相差如此，则程大老板之不容于今日之歌场，亦意想中事也。

当年盛况

记者问：大栅栏之庆乐园，竟能容二千四百人，殆昔日之庆乐园比较广大，改造而后，其缩小范围者乎？

高答：今日之庆乐园，仍为原来状态，卖满座，亦不过容一千五百人，至于卖二千四百座之理由，则因许大嗓之叫座力过于高强，座已卖满，来宾尚接踵而至，戏场内不能容纳，则挤于窗外，或坐或立，照价购票。好在，许既为大嗓，窗外闻之，亦甚了了，听而不看，亦殊满意。许大嗓走红运时，魔力竟至于此，谓非时代性使然耶？

孙菊仙红时瞧不起谭鑫培 双处瞎后尚能登台演剧

孙之传人

记者问：近代学孙菊仙者，尚有何人？

高答：孙老板之戏，精彩处全在唱工。盖其声音洪亮宽敞，各种音韵一律俱备，听者无不感觉淋漓酣畅，而中正醇厚，无刺耳之弊。至于咬字，则带津音，身段台步以及做戏，皆谈不到。但孙在极盛时代，尚瞧不起谭鑫培，孙唱大轴子，往往以谭唱倒第三，专凭唱工之力，竟能压倒谭鑫培，则孙之唱工可以知其高贵。今学孙者，唯一时慧宝。时在壮年，底气充实，学孙尚有四成近似，今时君年在五十许，已入老境，底气渐衰，相差遂渐远，且有痰喘疾，乃益成强弩之末。惟时君尚知竭力保养身体，每日清晨，即持手杖出外散步，故其健康得以相对保持，不然，恐早已失去登台能力矣。

一个瞎子

记者问：时慧宝之外，尚有能模仿孙菊仙者乎？

高答：有双克庭者，因系票友出身，一般呼之为“双处”。双之嗓，宏大响亮，等于孙老板，但取而比较，则双处之嗓，刚烈过甚，清醇不足。此人一生学孙，而戏运不佳，迄未走红，死时系在上海，身后萧条，甚可悲悯也。

记者问：民国四五年间，汉口爱国花园之大戏场中，有一名双处者，其人，双目失明，嗓音宽大。彼一出台，见者即曰“双瞎子来矣，叫驴来矣”，全场纷乱，有如许荫棠之晚年。此双处即高君所言之双处乎？

高答：是矣。此双处，宣统以前，在剧界尚有一席地位，入民国后，双目即告失明，但失明以后，仍照常登台，在民国八九年间，始殁于上海。剧界人物，无视力而登台演剧者，此为第一人，故知此双处，即彼双处也。

太子拿顶

记者问：双目失明，尚能登台演剧乎？

高答：演剧表情，全在一双眼神，视力既失，即无表情之可能。不过，演唱旧剧，最重唱工，且嗜旧戏者，于表情种种俱不甚注意，故双处瞎后，尚能登台。原因舞台面积，有一定度数，何处应转身，何处应站应坐，各有尺寸可记。且鼓点小锣，应行则行，应止则止，亦不啻一种之指挥口令。双处在后台，概由人搀到门帘后方，家伙点到时，彼自走出，于各种过场，尚无所舛误。惟某日在此间演《二进宫》之杨波，当接过太子时，竟颠倒抱于怀内，使太子之头向下而足向上，台下观众轰然失笑曰“太子拿大顶矣”，双处闻之，急以手摸太子，始知为颠倒的，乃为易其方位，而观众笑声已哄堂矣。

大可不必

记者问：大前年，孙菊仙未死时，曾由津来平，出演于吉祥戏院，做白表情，台步身段，当然俱谈不到，唱工一端，亦不成腔调，其故何耶？

高答：当时，孙老板已九十余岁，行动需人，两耳已不能闻胡琴之声，兼之嗓音底气，亦已完全消失。不过，近年以来，汪谭早已物故，老前辈之硕果仅存者，仅此孙老板一人，一般社会苦思孙老板之音容，漫不可得，得其出演之消息，不问是否能唱，但能一睹颜色，已慰渴想，孙不惜以垂死之躯现身舞台，即属千载一时之良机，至于唱戏，以小孩扶侍而出，胡琴若何，唱来是否搭调，有无韵味，是否唱戏，皆在不必研究之列。不过，以吾人思之，孙老板之最后一行，似乎大可不必也。

戏班封箱往往演《六国封相》
祭神典礼为全班大集会

年终停演

记者问：各剧院每届年终，必停演数日，此何故耶？

高答：一种事业，皆有一种之结束。梨园行同人，辛苦一年，于年底数日间，略事休息，亦在情理之中，且每届年终，任何人等，各有一种之事务，而银钱俱□吃紧，多无心情听戏，即照常演唱，营业亦必不佳。是以自身言，固有停演数日之必要，以营业言，亦有停演数日之必要也。至于停演之日期，总在二十三祭灶期前后，由班主自由斟酌，各从其宜而已。

封箱大吉

记者问：常见各剧院，在停演前，最终一日之戏码，往往演唱《六国封相》，其故何耶？

高答：《六国封相》，为苏秦佩六国相印故事，此剧为老生戏，有演全本者，有仅演“六国封相”之一段者。若仅演“六国封相”一段，则以苏秦为正角，若演全本，又以张仪为正角。此剧在任何时期，皆可演唱，惟“封箱”与“封相”不同，字音略同，故梨园界多以此剧为封箱戏，取其吉利。但近年以来，迷信之说已渐次打破，不演《六国封相》而演其他之吉利戏，固可，不演任何吉利戏，而何剧卖钱，贴演何剧，亦无不可。盖今日之人心，多倾向于彻底。演吉利剧而不卖钱，即为不吉利，不演吉利戏而可卖大钱，即可名之曰吉利戏。吉利与否，视钱为断，所谓时代进化之结果也。

全体义务

记者问：封箱以后，即可无事矣？

高答：梨园行向有一次年终之公益义务戏，此义务戏，总在各剧院完全封箱以后，北平市上之梨园行义务戏，则凡在北平市上之演员，须一律出台，任何角儿一律不支戏份，所得票价，全数由梨园公会管理。按梨园行之贫苦同业，凡在梨园公会注有名姓者，按情形之轻重，酌予支配散发。此为同人顾恤贫苦同业，施以相当救助之意，不容推诿，事实上亦无推诿者。演完此义务戏，此一年内，即不再演戏矣。

祭神典礼

记者问：梨园行人演完义务戏，其自由活动之角儿，即回家休息，则科班子弟将如之何？

高答：科班子弟，在封箱后，可以回家过年。但封箱以后，尚有一次之"祭神"，此祭神即一种之聚餐会性质，其中尚有数种之作用，以演剧为业者，非到不可。祭神既毕，始绝对无事。

记者问："祭神"之意义如何？

高答：祭神者，一年既终，蒙神力庇佑，齐集一堂，对神烧香磕头，致其酬谢之敬意也。此祭神地点，在班主私人住宅可以举行，但住宅地点，多甚偏小，而祭神人数甚为众多，故在饭庄内举行者最为普通。祭毕，则在饭庄内聚餐，亦殊便利，故一般祭神日期，总在各饭庄封灶以前。

盛大集会

记者问：祭神之办法如何？

高答：祭神办法，每以一个之戏剧团体为限，如某某社，则由该社之组班者为主体，某某科班，则由该科班之社长为主体，出具请柬，约齐全班诸人，赴某处祭神，此被约之人，凡台柱、副台柱、正角、配角、扫边、零碎、龙套、下把、场面、诸执事人、后台诸服务人，一律在内，不容遗漏。至时，全班聚齐，即举行祭神礼。此祭神典礼，为该一团体之盛大集会，多者三百余人，少亦在二百人左右，局外人不得加入，最小限度，亦系有一种之相当任务者。

后台神像为小生态度帝王装束
班主不请祭神即表示开除

祭神情形

记者问：祭神之情形如何？

高答：祭神时，由到会诸人，每人次第上香一股，对神磕头。不过，到会人甚多，不能一律各上一股之香。大抵，班主及各重要角色，则每人上香一股，至于普通角色，或配角、零碎、龙套、下把，以及前场执事人、后台服务人，则由一人代为上香一股，以从省减。其次序极为严格，如班主，则上第一股香，挂第一块牌者，则上第二股香，挂第二块牌[4]者，则上第三股香，以此类推，不得错误。盖伶界最讲究身份，身份高者，戏份即高，身份小者，戏份即小，故其次序亦不得不在讲求之列。

（4）原文作“第三块牌”。

果何神乎

记者问：所祭之神为何神？

高答：剧界所奉之神，来源不甚可考，谈者各是其是，言人人殊。有谓为唐明皇者，有谓为唐宣宗者，亦有谓为后唐庄宗者，孰是孰非，迄无绝对之证据。此外，尚有所谓“老郎”者，亦不知其为何神。各剧院后台之正中，有一小生像，作帝王装束者，即此神也。此神之旁，尚有一神像，相传为“武昌大元帅”，此武昌大元帅果为何神，亦不得而知。在饭庄中祭神时，则将神像请至饭庄，祭毕，再请回原处。不过，此神来历，虽不得其详，总之，可以抽象地公认为剧界之神而已。

对神作揖

记者问：记者常至后台参观，每一角儿出场时，即先对此神像作揖，又或由神前经过，亦必对神拱手。此何意也？

高答：此系内行之一种习惯。当学戏时，教戏先生首先即教使礼神，其说谓：每出场，或由神前经过，即须对神作揖，如此，行之不辍，出场时可以不致遗忘词句，不致坠落家伙，其遗忘词句、坠落家伙，皆未礼神之故也。实际上，不礼神，亦未必遗忘词句，未必坠落家伙，礼神后，亦往往有遗忘词句、坠落家伙之事，则迷信一事，似无甚理由。但有恰未礼神，恰致遗忘词句、坠落家伙者，又或系心理作用使然也。

有关去留

记者问：若祭神之先，为班主者，竟不下请帖，则角儿方面将如之何？

高答：祭神之举，名义上为祭神，实际上包括若干之人事。如新年以后，如何演戏？何角应增加戏份？何角应减少戏份？又如何角有所争论磋商？皆于祭神会中决定之。最重要者，又为去留问题。如何角应留，班主则出具请柬，何角应解约，则无请柬送去。凡配角、零碎、龙套、下把，以及前场执事人、后台服务人，身份无大小，职责无重轻，一律以此为断。故戏班中人，对于祭神一事，极端重视。请柬至，则知来年可以照常工作，不见请柬，则知失去职业，非另设他法不可矣。

征求同意

记者问：班主送请柬，约同祭神，系班主约请来年共同努力之表示，但角儿方面，若不同意，则将如何？

高答：凡属重要角色，事前皆有成说，不致临时发生问题。其普通诸人，若预计来年，将改营他业，或改投他班，班主之请柬至，尽可派人送回，答以

"没有工夫"，此即不肯合作之表示。故约请祭神，固所以表示班主之希望，而收受与否，又可证明各当事人之志愿。有此种种关系，祭神一事，乃为梨园界之大典。

祭神后之聚餐费由班主一人负担
正月初一演戏不能得钱

单纯祭神

记者问：普通戏班祭神，尚有若干人事问题，至于科班祭神，则为单纯祭神乎？

高答：科班学生为学徒性质，社长之于学生，有升降革留之全权，无所谓约请，亦无所谓解雇，至于所有事务，亦完全由社长作主。故科班祭神意义比较单纯。但学生以外，尚有教戏先生，以及职员、服务人等，约请与解雇，或有所磋商，仍在祭神时决定。大抵，教戏先生、职员、服务人等，须由社长出具请柬，约请祭神，其科班子弟，则无约请之必要，随众祭神后，大家吃一顿，亦甚欣喜也。

出资大嚼

记者问：祭神后，全体聚餐，此项经费从何处来？

高答：此项经费为数总在三五百元左右，众人大嚼，一人出资，在各戏班，则由组班者担任；在科班，则由社长担任。此项负担，为必然之事，一年一度，在科班子弟，实认为不可多得之机会。

记者问：科班子弟在科班中，其饭食如何？

高答：此事不能一律。如北平市最大科班富连成，其待遇，科［班］子弟为一日两顿，上午十时许，食白面馒头，下午七时许，食大米饭，菜蔬则为市面上价格最低者。如在冬令，则以熬白菜为最多，仅为一品，贮以大碗，围而食之。有时亦食热汤面、炸酱面之类，尚无食窝头之事。如晚间有戏，则于散戏回社后，加食小米粥一顿。此一类，系点心性质，仅有咸菜一种，但不演夜戏时，即免去此一顿。因科班子弟，须于清晨赴野外喊嗓，晚间就睡，为时提早，故无食之必要，而科班社长，亦可省一顿费用也。

补偿损失

记者问：祭神而后，至正月初一日，即非演戏不可乎？

高答：正月初一日，在原则上，实非演戏不可。如本人在华乐戏院，照例系星期六、星期，连演两日，其余日期并不演唱。此次，正月初一日为星期三，并非演戏时期，实际上则自正月初一日起，连演五天，为星期三、星期四、星期五、星期六，至星期日为止，比较平常日期，多演三日。至于正月初一日，非演戏不可之理由，尚有数端，最重要者，则为正月初一日之戏，系一种之义务戏，无论正角、配角、零碎、龙套、下把、场面执事人、后台服务人，一律不支戏份，不领工资，营业收入所得，完全归班主享有，其用意，盖所以补偿班主在祭神时所受之损失，不过能否补偿该项损失，尚系一种疑问。因此正月初一日之营业情形如何，实不可预期。总之，全班诸人，只能尽此一天义务，卖满座，班主固可发一小财，卖数十人，班主亦只好自认而已。

只得喜份

记者问：以演剧为业者，于正月初一日开始唱戏，即无代价，亦愿意乎？

高答：正月初一日之戏，虽无戏份工资，但演完时，尚有一种之“喜份”，无论何人一律由班主给以喜份。此喜份，为一红纸包，在昔年每包有铜元五大枚，近年以来，改为十大枚。喜份之数，通常为一包，如零碎、龙套、下把、场面执事人、后台服务人，皆为每人一包，其比较重要之人物，则不止一包，有两包者，有四包、六包、八包者，亦有一二十包者。戏班中诸人，得此喜份，亦甚为欣喜，等于获得戏份工资，其意，盖以此为一年之吉兆也。

新年吉利戏多无甚精彩
梨园行人最喜新年演戏

照常努力

记者问：正月初一日之戏，既无所谓戏份，各角儿亦肯努力乎？

高答：梨园行人，全恃名誉吃饭，无论得钱与否，一律非慎重将事不可，且得钱不得钱为内幕问题，在观众，实不能因其未得戏份而予以原谅，若因未得钱而竟不努力，台下人不明真相，或且纷纷传说，谓某某之戏已逐渐退化，则不努力者，即受相当之损失。同时，梨园行人，迷信心理最重，此正月初一日为一年岁首，努力结果，饱受观众之欢迎，即为一年之吉兆。倘怠忽从事，至于发起反对之批评，即为不详之预征。故正月初一日演戏，仍有努力之必要。不过，正月初一日听戏者，多为不常听戏之人，新年元旦，赴一次剧园，等于作一次之出行大吉，听戏一事，尚属第二问题。各角儿值新年元旦，亦多半有一种之应酬，演剧间，往往减头去尾，仅演一段而止。此种事实，则为无可讳言者。在观众，亦不甚吹毛求疵，大家图一吉利而已。

俱图吉利

记者问：正月初一日之戏码，亦有所选择乎？

高答：正月初一日之戏，为一年之开台戏，观众图吉利，演员与剧院亦图吉利，故于戏码有所选择。通常演《五路财神》《渭水河》《回荆州》《黄金台》《化子拾金》，其武打戏，往往有死亡受伤之事，在正月初一日，则择其打而不死不伤者，在昔日，宫中演戏，在新年或□日中，于“死”“杀”等字，且有避讳。究竟，如此演戏，如此避讳，即为失去戏剧之精彩，故所谓新年元旦之吉祥戏，多无甚可观，无甚可听，聊资点缀，名之曰演戏而已。

生意兴隆

记者问：高君谓，高君在华乐之戏，仅为星期六、星期日，每星期中只有两次，此次正月初一、初二、初三之三天为加演之戏。此三天仅一天不支戏份乎？

高答：本人适言，新年中非自正月初一日起演戏不可者，原因尚有一般人士，在新年中，十有八九为休息期间，即不嗜听戏者，亦往作一次主顾，故为营业计，为梨园行人生活计，亦非趁新年开演不可。大抵，新年诸戏，无论价值如何，总有上八九成座之希望，稍稍走运，座即告满。梨园行同业，乃以新年演戏为最省力而最挣钱之事，因正月初一日过去，自正月初二日起，即照支戏份，不再白尽义务也。本人在华乐，仅此正月初一日，至正月初五日，连演五天，故此以往，仍恢复原来状态，每星期六、星期日演两次，其余时间为休息日。

钱多力大

记者问：新年元旦之五六日中，在一般人为休息日，而在梨园界，乃工作日，劳逸之差，未免太不平均乎？

高答：好逸恶劳，人情之常，但卖力求财，又为一般公例。一般人士，辛苦一年，只在此新年数日中，作一次之休息，求一次之娱乐，而戏剧作用，则以供人娱乐为职志。若梨园行人一并休息，一并求娱乐，则嗜戏者，将向何处求娱乐乎？好在，梨园行人虽不能于新年中休息，其余日期自有休息之时机。且一方工作，一方可挣较多之钱，语云“钱多者力大”，同业工作之际，亦自欣欣然有喜色。至于其他营业团体，若但促其照常工作，又无相当之优遇，其心理上，自感若干之不快耳。

余叔岩大部分学贾洪林
马连良无法学谭鑫培

出外过年

记者问：然则梨园界人，在新年中竟不能休息矣？

高答：封箱以后，休息至腊月三十，正月初一日登台，新年中虽不能休息，而年前数日，尚可在家办年货，除夕，尚可在家吃年饭。此种情形，尚为梨园行人之幸运。实际上，梨园行人以不能在家过年时，居最多数。盖梨园行同业，多在北平住家，而外埠来平，约请角儿，多趁腊月间接洽，尽元旦登台。如汉口、上海等处，由此间启行，限期年前赶到，在途总须耽搁三四日以至六七日，则祭灶前后，即非趣装首途不可，故十年之中，往往有七八年不能在家过年者。以演剧为业者，换言之，即以伺候人为业，不能在家过年，亦无可如何之事也。

大爷有钱

记者问：拟于旧历灯节前后登台之余叔岩，系纯正谭派乎？

高答：叔岩之戏，在今日之剧界，可谓极守前人轨范者，不演新排本戏，亦不演他派之戏。一般社会，嗜本戏，彼亦不问，一般社会，喜怪腔，彼亦不管，把握十足，不随流俗为转移，其品格，自有足多者。但其所以如此之故，则系家境充裕，有饭吃，有钱花，无妨在家充大爷，若乃衣食维艰，其是否能坚持到底，恐尚为一疑问。不过，叔岩之戏，究不能谓为纯正谭派。今一般谈剧者，有“余派”名词，此余派，果能成为余派，尚近情理，谓为纯正谭派，则未必也。

谭派不纯

记者问：余叔岩之戏，何以不能谓为纯正谭派？

高答：叔岩之戏，不能谓为纯正谭派处，可分嗓音不同、腔调不同之两种。谭鑫培生时，本人曾与同台演戏，不过，谭为正角，本人则充配角，总之，谭老板之腔调嗓音，本人实知之甚悉。谭老板之嗓音，圆润之中，亮音尤著，无所谓哑音。叔岩之嗓，沙老有余，圆亮不足，且音极多，此不同之点一也。谭老板之调门，常在工半以上，叔岩之调门，则往往唱六半，取而相较，至少差一个调门，此不同之点二也。至于行腔，谭多满足，余多假借，谭尚简老，余多花哨，此不同之点三也。好在，叔岩嗓虽哑而不难听，调虽矮而有韵味，腔虽花而落落大方，故能在老生界首屈一指。

仅够四成

记者问：然则余叔岩之戏，果以何者为根据？

高答：谭老板生前，极不愿为人说戏，叔岩之戏，仅数出为谭老板所教，但叔岩为人赋性聪明，又极肯用功，谭老板演戏时，叔岩常追而听之，既归家，则竭力模仿，行之既久，自有所得。其实，叔岩之戏，得之于贾洪林处，比较最多。故叔岩之戏，可谓为四成像谭老板，其余之大部分学贾洪林，亦有由彼自行创造者。实际上，只需创而好听，即无妨自创，此固不足为叔岩之病也。

谈马连良

记者问：今马连良，亦有谓为谭派者，然欤？

高答：连良之戏，亦自有其长处，不过，谓为谭派，则太无理由。至谭老板于民国初年去世，其时距今已二十年，连良今仅三十五岁，则谭老板死时，连良才十五岁，连良在十五岁以前，尚在喜连成科班中为学生，舞台上，既无与谭老板同台出演之机会，而科班规则极严，欲随谭老板听戏，亦不可得，无论连良十五岁以前，不够学谭之程度，即有志求学，亦无法去学，故谓连良谓谭派者，乃绝无根据。(5)

(5) 谭鑫培殁于民国六年（1917 年）5 月 10 日，是年 2 月 10 日马连良满科，未出科时，富连成社在堂会中常充大班班底，龙套、下手均需扮上，马氏由此得以观摩诸名角演出，其学贾洪林亦以此为捷径（见马连良：《我学习戏曲艺术的一些体会》，《梨园春秋笔——马连良文集》，生活·读书·新知三联书店，2021 年）。

马连良追逐余叔岩学戏
王凤卿唱戏面红脖子粗

听蹭儿戏

记者问：马连良之戏，亦有谓其学贾洪林者，然欤？

高答：连良学贾洪林，本亦有几分相似，但贾洪林之戏，连良亦无法学得，因贾早已作古，故无从模仿也。(6) 连良之嗓，清醇浓厚，所有行腔咬字，无刺耳之弊，虽调门甚矮，听者乃乐之不疲，至于连良之根底问题，则系学之于叔岩。每值叔岩登台演戏，连良必至戏台上，立于门窗附近，听蹭儿戏。(7) 彼在台上听蹭儿戏时，概将其美式呢帽，扯至眉际，遮住眼之上部，其面部大半为电灯阴影遮住，台下观者，多不知为马连良。连良如此学戏，亦自煞费苦心，成一名伶，固非易事也。

(6) 马连良坐科时代，舆论即有“小贾狗子”之评，言其“学贾洪林有心得”（相关评论、事迹参见《马连良艺事年谱 1901—1951》，李世强著，中国戏剧出版社，2012 年 1 月），时富连成社学贾者成风，著名者有雷喜福、阎喜林、马连良、方富元，马氏尝经友人介绍，从贾学戏（参见《马连良》篇一），民国六年（1917 年），贾洪林曾入富连成教戏，惟为时不久即病殁。

(7) 民国十年（1921 年）6 月 4 日起，余叔岩搭俞振庭之双庆社，在三庆园演夜戏，马连良白天在富连成社演出，晚即赴三庆园观摩，熬夜听戏多日，以致害眼病，在广和楼告假数日方愈，足见其勤奋。

在旁玩索

记者问：马连良如此学戏，余叔岩亦有所闻知否？

高答：登台演戏，属于任人参观，任人旁听性质，叔岩方面，亦不能禁止连良在旁参观。且叔岩固为第一人物，连良亦属有名老生，叔岩演戏，连良乃在旁玩索，叔岩亦甚欣喜，无嫉视之必要。后台之上，双方往往寒暄问候，并非秘密行为也。

记者问：近年以来，余叔岩久不登台，马连良在剧界颇占重要势力，谈戏者，且有“余派”“马派”之名词，其意，似谓余叔岩与马连良，为同等身份，取而比较，孰优孰劣，尚在未定之数。高君言：余叔岩演戏，马连良在旁玩索，有如教室内听讲。究竟，马连良之旁观，安知其非为消遣？安知其非为好玩？何以知其必系学戏乎？

高答：梨园行人听戏，有两种用意。徒登台，师听之，此为监督研究性质；名家登台，其他同行角儿，逐而听之，此即学戏性质。除此二者以外，即不肯听。盖有此闲工夫，不如回家睡觉也。不然，连良登台时，何以叔岩不肯旁听乎？

汪派传人

记者问：王凤卿以学汪桂芬著名，但其演剧，听之殊感不快，汪桂芬固如是乎？

高答：汪桂芬之戏，亦甚充畅淋漓，清醇悦耳，其长处全在高响悠扬，曼妙可喜。学汪者，王凤卿而外，殆无第二人。不过，凤卿在壮年时代，嗓佳气足，摹汪尚有三四成近似，凤卿今年已五十余岁，嗓音渐次干涩，衷气亦渐衰弱，每唱戏，多含茹而欠痛快，且目睛突出，鼻峰高耸，颈部青筋隆起，大有面红脖子粗之概。听者聆其音节腔路，觉喉际哇然作恶，有如骨鲠在喉，须一吐为快，有谓“听王凤卿之戏，不如不听，还落得个松快”者，此言虽谑，亦殊近理。盖唱戏之职责，在使听者感觉愉快，听者难堪，当然不如不听之为愈，但凤卿在壮年时代以前，不如是也。

福寿科班

记者问：高君学戏时，系在家延师教授乎？抑系由科班中学出？

高答：本人八九岁时，入福寿科班，学戏七年，毕业后，即搭入各班唱戏。(8) 在民国初年以前，碌碌无闻，为人充配角而已。同科学戏，以本人为最幼，今尚登台演戏者，唯一范宝亭，颇著声誉，其余诸人，至今犹存者，或为人说戏，或散之四方，死去者，为数甚多。

(8) 福寿班，光绪二十二年（1896 年）十月初十日报班挂牌演唱，班系迟韵卿所起之小班即科班，承班人陈德霖、余玉琴，除去学徒外并外串名角，该班头科按“德”字排名，如许德义，光绪二十六年（1900 年）庚子，迟韵卿病故，小福寿班报散。光绪二十七年（1901 年）之复出福寿班，系许荫棠、陆华云、余玉琴、胡素仙、王瑶卿五人合股，小班改大班。按高氏生于光绪十六年（1890 年）四月二十八日，以八岁（光绪二十三年）入科而言，所谓“学戏七年”，后三年当在复出福寿班，该班为大班，其坐科学戏则所谓“搭班学艺”是也。

记者问：此福寿科班，记者尚未前闻，该科班历史如何？

高答：此福寿科班，成立于光绪十九年，仅有一班学生，至二十六年，因庚子变乱，此科班即告瓦解，北京市面平定后，亦未续办，故知有此福寿科班者，多为老年人，若无人谈及，亦竟忘却矣。

科班出身者于正配各角俱能演唱
李慧琴二十二岁守寡

票友习惯

记者问：高君在科班中学戏时，学正角乎？学配角乎？

高答：上台唱戏，人人欲充正角，为人作配，乃无办法之事。故票友学戏，十分之十，皆学唱正角，求一配角为票友，乃漫不可得。其实，工力如何，有无唱正角能力，又一绝大疑问。至于科班，则又不然。如老生一角，凡老生戏，无论为正角、为配角，皆非学不可。故科班出身者，倘一出之戏，统计正配角，其为三个老生，或四个老生，必角角可唱。学成后，视其程度而定正角、配角之职务，能力佳，则充正角，能力弱，则为配角。科班子弟，其身份往往发生变化，有今年充正角，明年降级而为配角者，有今年为配角，明年忽又高升而充正角者。以是之故，亦可免去高不成低不就之积弊。本人在科班中，当然亦兼学正配各角，不专学一角也。

不学配角

记者问：票友学戏，不肯学配角，亦殊可笑矣。

高答：票友学戏，无论成绩如何，总之属于大爷高乐，若为人作配角，何如不学？王先生喜唱戏，尊夫人芰波女士亦喜唱戏，曾学配角乎？

记者问：内人常至慧琴处闲谈，而李慧琴常为高君作配角，高君亦在李慧琴处，听内人唱戏乎？

高答：未也。本人虽与慧琴常同台出演，但彼系孀妇，又系青年守寡，本人为避嫌起见，迄未一至慧琴家中。故慧琴之家，为如何门面，本人尚未一见。不过，其家在棉花上七条，门牌号数，本人亦知之。因有时发生特别事故，常派人至其家，约其来舍面谈，事实上，非知其门牌号数不可。

艺术问题

记者问：李慧琴亦常至尊府乎？

高答：慧琴不常至舍间，每逢年节，或来舍作一次应酬。在此种时机，则按家庭规则，官客应酬官客，堂客应酬堂客，本人与慧琴见面，不过礼节关系。此外，排新戏时，则令其来舍对词，除此以外，不甚交谈。盖演戏是演戏，人事是人事，粉墨登场，全属艺术问题，台下相逢，则男女有别，各避嫌疑。本人为旧脑筋，慧琴亦旧脑筋，对于旧礼法，俱极重视，一般谈者，谓本人与慧琴常演夫妻戏，致启种种之猜疑。究竟，上台演戏，各有职责，一切唱做表情，一白一笑，全系剧情剧理使然，于本身感情，绝对不生关系。有演戏经验者，皆知此中意味，台下观者，往往以剧中人与扮演人，混为一谈，此皆不懂戏之故。其所猜疑，本人只好付之一笑而已。

不知年龄

记者问：李慧琴年几何矣？

高笑答：据闻，慧琴与尊夫人芰波女士常相往来，慧琴又与尊府比邻而居，王先生知其年几何矣？

记者答：李慧琴常至舍间，与内人共话，但彼至时，记者从未与其攀谈，彼之年龄，记者亦未向内人打听，故不知也。

高笑答：本人之于慧琴，亦犹王先生之于慧琴也。据闻，彼于二十二岁时守寡。彼上台前，因化装关系，似二十岁左右人，但下台而后，视其本来面目，又殊老气横秋，窥其状，约在二十八九岁之间，究竟其真实年龄，则无从而知也。

李桂芬在上海开旅馆为生

姚玉兰已生子女各一

人格问题

记者问：李慧琴之戏如何？

高答：慧琴之戏，以工稳见长，嗓音极佳，底气充实，演配角固极称职，演正戏，如《女起解》《玉堂春》《宇宙锋》[9] 之类，亦能演倒第二。李慧琴在华乐系第二块牌，在坤伶界，实不可多得之人物。此时，与本人在华乐同台出演者，名义上系为男女合演，以实际言，则女角之中，仅有慧琴一人，其他角儿完全为男性，至于班底，更无论矣。不过，本人之所以需慧琴合演者，艺术尚为第二问题，其最重要之条件，则为人格问题。盖男女合演之戏班，往往产生若干之轶事，名誉既坏，内部即致动摇。故人格方面，非慎重选择不可，不然，一个之团体，加入一二害群之马，即可影响于全局之前途。本人于民国十八年间，在上海，首次与慧琴合演，演毕，认为工力尚佳，后经考查，其人格尤可钦佩，乃约使合作，每至一处，亦必约与俱行。荏苒迄今，已近五年，戏班内部，秩序固极整严，外间空气，名誉尤甚良好。本人与慧琴，双方俱感便利，艺术与人格，其关联有如是者。

(9) 原文作“宇宙风”。

撑持家务

记者问：李慧琴之家务，在往年，尚由其姊李桂芬予以资助，最近桂芬亦有资助之事乎？

高答：桂芬向在上海，为郑毓秀充私人秘书，其时收入尚佳，偶亦有所资助，厥后，因慧琴收入尚可敷衍家务而有余，桂芬遂不再资助，且去年，郑毓秀因事出国，成为一种之逋客，桂芬亦遂无所收入，近在上海闲居，聊可自给而已。慧琴以一青年孀妇，矢志柏舟，鬻技所得，赡养一大家人口，则其人格，尤可钦佩矣。

谈李桂芬

记者问：李桂芬之戏，在当年亦殊占势力，究竟，桂芬之戏为何派乎？

高答：桂芬在昔年，以“三斩”戏著闻，可谓专门刘派。因刘鸿声之嗓，特别佳良，于重大唱工戏最为拿手，而《斩马谡》《斩黄袍》《辕门斩子》皆重大唱工戏，故嗓佳调高者，多摹刘鸿声，摹刘鸿声，即注意此三出。但桂芬至中年，衷气渐衰，非复昔日之高响悠扬，乃又摹谭派，坤角而能摹谭派，以桂芬为第一人，至于孟小冬，尚属后起之秀也。桂芬适人后，常在上海住家，本人每赴沪，必与晤于杜太太处。近年以来，彼之衷气，逐渐衰弱，已失登台能力，但彼在上海开有旅馆一处，营业收入，亦足敷衍生活也。

谈姚玉兰

记者问：高君所言之“杜太太”为何人乎？

高答：杜太太，即当年之姚玉兰也。玉兰为坤伶先进小兰英之女，玉兰尚有一妹，名玉英，姊妹二人，各貌美心慧，多艺多才。玉英在十岁左右，即能登台，演花旦、小生、小丑、大花脸各角，娇小玲珑，见者莫不爱之，惜不久即致夭亡，谈者同声伤悼。玉兰之戏，较之其妹尤为出色，能演老生、老旦、青衣、花旦，嗓佳气足，台风极佳。至上海时，杜月笙先生见而爱之，乃商于小兰英，娶玉兰。结褵后，感情甚洽，偶与梨园行人接见，其太太派殊极庄严。初生一女，已三四岁，又产一男，颇得杜先生之欢心。坤伶之有正式结果者，玉兰实居第一流也。

李氏家庭一门两寡妇
李慧琴之子世香已能登台

李氏家庭

记者问：李慧琴之家，记者尚不甚洞悉，不知有人口若干？

高答：慧琴家中人口，本人尚知之甚详。彼之婆母，现尚健在，其公爹则已去世，有一妹，名桂馨，尚未出阁，因其常随慧琴至后台，故本人往往见之。桂馨未学戏，据闻颇能料理家务，识字甚多，能阅报章。慧琴有两弟，一名敏芝，工书法，现在铁路局为职员，一即李盛泉，已毕业于富连成科班，学老旦，于去年冬季拜李多奎为师，在同和轩行礼时，来宾颇众，盛极一时。惟盛泉倒仓后，至今尚未全出，偶加入富连成班演戏，因嗓音不甚充畅，只能担任配角，但将来嗓音全出以后，实极有希望也。

又一寡妇 此外，慧琴尚有一弟妇，名李又芬，又芬亦系青年守寡，矢志不肯改嫁，在坤伶中亦殊不可多得。盖守寡之事，若闭门索居，尚不甚困难，而身为坤伶，耳之所闻，目之所见，皆足移其神志，摇其心旌，竟能熟视无睹，充耳不闻，古井无波，有如老僧之入定，此即绝大困难之点，而慧琴、又芬并足为坤伶中之高尚人物者，亦即在此也。又芬习老旦，亦工老生，惟其嗓音偏于脆亮，故以唱老旦最为相宜。其所能老旦各戏，在坤伶界实无与比肩，但始终无人携带，故赋闲家居，久未登台，命运限人，滋可慨也。慧琴尚有二子，长名大臭，次名二臭，大臭已十二三岁，近在富连成科班学戏，名“世香”，演大花脸戏及老生戏，颇不恶劣。不过，能戏尚不甚多，故不常随富连成出演，偶一为之而已。二臭才十岁左右，白皙可爱，如一小书生，未学戏，闻将入学校读书耳。

谈李多奎

记者问：李多奎之戏，高君以为何如？

高答：多奎幼习老生，曾演大轴子，倒仓后，久不复出，乃学拉胡琴，亦甚佳，约历十年之久，嗓音复出，坚实洪亮，衷气又强，遂改唱老旦。近年以来，龚云甫老板作古后，老旦人才缺乏，多奎竟以老旦享名，独步一时，此固赋性聪明，嗓佳气足之故，亦戏运所关，助其成名也。不过，多奎之长处，尚不仅在戏，其心性行为，殊极优良，诚朴可喜，无梨园行人之积习，交际应酬场中，骤见之，几疑为办公人员，而不知其为李多奎。盖多奎在倒仓时间，曾在税局当差，故习与性成，有如一政客官僚之排场也。

戏运使然

记者问：成名原因，亦于命运有关乎？

高答：此则无可讳言者。如本人适言：孟小如在民国初年，亦能挂第一块牌，在民元以前固无此希望，至于今日，且只能充配角，则孟小如之挂第一块牌时，乃戏运关系使然耳。昔日之龚老板，扮相、身段、嗓音、衷气、腔调、咬字发音，以及神情做派，无一而不妙到极顶，李多奎对之，未免有小巫见大巫之憾，是昔日之李多奎，无成名之希望也。龚老板逝世后，若资质学力，有胜于李多奎者，则李多奎亦难享盛名于今日，故吾人谈李多奎独享盛名之原因，实不能不委之于戏运。究竟，宦海升沉，有上台者，即有失意者，亦无一而非命运使然，岂独唱戏而已耶？

汪桂芬之头难觅适当头盔
昔时老生只自备三种物事

一个杂拌

记者问：所谓戏运足以成名，如昔年之谭鑫培，固享名独盛者，其中亦有戏运关系乎？

高答：谭老板之戏，道集大成，为戏中圣品，其名当然可以震古烁今，千古不朽。盖谭老板之为人，实尽唱戏之能事者也。唱戏须有武工根底，谭老板则出身武行，早年曾唱武生。唱戏须为全材，谭老板则于唱做白哭笑，文武昆乱，无不兼工并擅。唱戏须字正腔圆，谭老板则以湖北音读中州韵，嗓音有刚有柔，巨细并佳。唱戏须腔调全备，谭老板则冶程长庚、张二奎、余三胜之腔调于一炉，而且有黑头腔，有青衣腔，应有尽有，无美不收。谭老板成名之原因，其理固极繁多，非一语所能道尽，但吾人生当谭老板之世，若取攻击态度，亦无妨曰：谭老板者，杂而不纯，一个大杂拌而已。

徽调遗响

记者问：汪桂芬之戏，究视谭鑫培如何？

高答：汪桂芬之戏，全在嗓音佳，能唱上字半调，行腔咬字，亦各极其妙。不过，汪为摹程最守规律者，以程腔为最富，尚偏于保守徽调。今王凤卿为汪之传人，其腔调则大异于一般，盖即徽调之遗响也。此外，汪于靠把各戏，殊难胜任，且汪之体态，为一种之畸形的，腿短，体腔极长，头甚大，故一般人呼之为“汪大头”。彼头大之程度，亦殊可笑，于戏箱中之各种头盔，皆不能戴，戴时，不过勉强对付，则其状态自极可笑。准此以观，则言唱工，本谭汪孙自成一派，各有长处，但以全部言，则以谭为个中全材，则谭为戏中圣人者，职是故也。

三种物件

记者问：汪桂芬之头过大，竟不能戴一般头盔，乃非勉强对付不可，则汪桂芬何以不自备头盔，而必取给于戏箱中乎？

高答：昔时剧界老前辈，与此时情形不同，无论何种角色，皆用戏箱内之行头，其行头亦可着用，但不如今日戏衣之花哨美丽。唱老生者，赴戏园演戏时，所携随身物品，仅为三种：一曰网子，二曰髯口，三曰靴子。除此以外，皆无须自备。当年，惟谭老板尚有自置戏衣数件，此种事实，乃为特殊情形，今日剧界之习惯则不然。稍露头角，即非自置戏衣不可。在角儿，不自置戏衣，固不肯上台，实际上，大衣箱中，亦难觅相当之戏衣。以情□言，唱后三出者，若穿破烂戏衣，等于乞儿，亦难制胜于今日之剧界，而自置戏衣，乃成一种之原则矣。

不幸之幸

记者问：谭汪孙三人，既俱为程长庚之门徒，何以摹程最佳者，独为汪桂芬？

高答：谭孙两人摹程，不过得程之一部而加以变化，惟汪老板一人，因随程大老板甚久，故最为神肖。缘汪老板在早年，系唱老旦，倒仓后改习胡琴，其中，为程大老板拉胡琴之时期，达二三年之久，而拉胡琴之职务，在能与唱腔适合。汪老板既为程大老板拉胡琴至二三年，则于程之所能各戏，所唱各腔，莫不一一印入脑际，迨嗓音出后，以老生登台，出其所蓄，自能酷肖程大老板。好在嗓音既佳，自能无所困难。人生有幸有不幸，汪老板倒仓之年，不能唱戏，本属梨园行人之不幸，但因此而获得大老板之腔路，又不幸中之大幸也。

昔日之徽调即今日之皮黄
旧本《失街亭》与此时完全不同

唱工专家

记者问：如高君言，则谭汪孙之三人，以谭汪为最佳，孙为最劣矣？

高答：孙老板之长处，全在嗓音洪亮，各种音韵，无所偏缺，扬之则响遏行云，抑之则尽沉郁跌宕之长，放之则声震屋瓦，收之则细如游丝，以言唱工，实无与伦比，但白口、身段、做派、武工，则太不及格，因孙老板系票友出身，根底太差故也。不过，北京人习惯，谓之“听戏”，至于“看”之一字，向不注意，且在当时，一般人所习尚者，完全趋重于大嗓，谭老板之唱，一般人且不甚重视，至有訾其为靡靡之音，不合唱戏原则者。故当时戏码，总以孙老板唱大轴子，而以谭唱倒第三。此中原因，则属于流行性关系。盖唱戏一道，概视习尚而异其好恶，多数人重视大嗓，则一般人亦重视大嗓，多数人喜孙腔，则一般人俱摹孙腔。

谭派老生 犹之今日，谭派风靡一时，挂出“谭派老生”之招牌，则有人买票，学得一两口谭腔，则台下轰然叫好。其实，谭老板作古已二十年，所谓“谭派老生”者，是否真正谭派？事实上，亦颇难证明。大抵，以谭老板所灌之几块留声片，取为标准，似留声片，则众人誉为真正谭派。其实，此留声片以外之戏，尚不只数百出，今日之谭派老生，与昔日之谭老板，相差几何？在听戏人方面，固无法辨别。在所谓谭派老生，无法去学，只好盲人瞎马，夜半深池，胡乱唱去，而一般人既难辨明，所谓谭派老生者，已于此时机，饱受台下之欢迎矣。吾人生当此种环境之下，以演戏为业亦甚困难，幸而资质与谭派相近，即有成名之希望。不然，或资质不同，不容削趾适履，牵就谭派，即陷于无办法之中。真能了解戏剧原理者，有几人乎？

皮黄由来

记者问：程长庚所唱为徽调，而今日之皮黄并非徽调，则今日之皮黄，其来源如何？

高答：徽调与今日之皮黄，乃一而二、二而一者。昔日之徽调，即今日之皮黄；今日之皮黄，即昔日之徽调。不过，一般音曲，概随时代而变更。大抵，昔日之音节，比较苍老简单，今日之腔调，渐趋花妙复杂，取而比较，乃显然歧出，不啻各自为派。如陈老先生（德霖），在近代剧史上，本为旦中鼻祖，而陈老先生则出身于三庆科班，三庆科班为程章甫所立，章甫又为程大老板之子，是三庆科班之戏，即所谓徽调也。今日之王瑶卿、梅兰芳诸名旦，各受业于陈老先生，其所唱诸腔，则又不同于陈老先生，故知今日之皮黄，实由徽调改革而来耳。

戏词改良

记者问：皮黄之腔，因时代而改革，剧本词句亦因时代而改革乎？

高答：所谓剧本，亦无固定标准。一人成名角，即无妨以意删改词句，摹之者渐多，此一名角之词句，即成一般公用之剧本矣。如昔日之《失街亭》，其中戏词，即与今日通行者。大不相同。原本戏词，“坐帐”之末，尚有一段二六，由谆嘱马谡，近山靠水扎营之意，第二场出场时，尚有一段西皮原板，大意等于“兵扎祁山地，要擒司马懿”。厥后，谭老板研究结果，以“坐帐”之二六，词意累赘，且与城楼上之二六，腔调重复，遂删去。又以第二场之西皮原板，与“坐帐”时之“两国交锋龙虎斗”一段，腔调重复，遂改为念上，以“兵扎祁山地，要擒司马懿”二语，平平说过。今日唱《失街亭》者，完全以此为准，是戏词因时代改革之一证也。

今唱《失街亭》者改唱“两国交锋如虎斗”
三麻子为徽班中最后一人

一字之差

记者问：《失街亭》中“坐帐”之第一段，“两国交锋龙虎斗”，今一般唱者似有不同之处，其故何耶？

高答：今唱《失街亭》者，多唱为“两国交锋如虎斗”，将“龙”字改为“如”字。其说谓：两国相争，不过如两虎相斗，若唱“两国交锋龙虎斗”，则孰为龙孰为虎乎？其实，以名分言，当然后汉为正统，魏为叛逆，以人情言，当然我为龙，敌为虎，则唱“两国交锋龙虎斗”，辞意亦极大雅，殊无瑕疵可指。一般唱者，自以为是，适贻弄巧成拙之讥，但该种唱法今已风行一时，本人则仍宗前人唱法，未敢人云亦云，为有识者所窃笑也。

三庆科班

记者问：三庆班主，本为程长庚，何以高君谓：三庆科班皆为程章甫之弟子？

高答：程大老板带三庆班入北京，以程大老板为老板，此“老板”等于“经理人”之意，则程大老板为三庆班旧人之首领，无所谓师徒。厥后，又成立三庆科班于北京，乃为科班性质，此三庆科班，程大老板即委之于其子章甫，负责办理。但章甫不工唱戏，仅在三庆班司打单皮之责，故实际上，系以章甫名义，而由程大老板教戏。今三庆科班中之旧人，尚生存于世者，唯一钱金福先生，本人此言，钱先生当能知其非谬也。

谈三麻子

记者问：旧日徽调人物，尚有为今人所及知者乎？

高答：徽班旧人，唯一三麻子，因新死不久，今人尚多见之者。三麻子名王洪寿，扬州人，幼年至安徽学戏，鬻技走南北，以演红生著名。红生，即关公戏。其台风，威仪、举止、口吻、嗓音、唱工等等，与一般角色，大异其旨趣。盖关圣为亘古第一人物，忠义仁勇，求之历史中人，实无与比肩者。故关公一角，在戏剧中乃另成一派。三麻子作古后，唯一李洪春，尚有演关公戏之能力，然取而与三麻子相较，则又望尘莫及。吾人能于近年，获观徽班最后人物之三麻子，实为莫大荣幸，徽班之名贵，于此亦可概见一斑。

四大徽班

记者问：所谓四大徽班者，言人人殊，果为何班？其组织如何？

高答：四大徽班，即“三庆”“四喜”“春台”“松竹成”(10)。此松竹成，为四大徽班之最后一班。当年，四大徽班在北京演戏时，前门外一带，共有六处戏园子，今日之三庆、庆乐、广和楼，皆旧日原址，其余，或已更改名称，或因毁于庚子之变，今则改为商店。其实，四大徽班以外，尚有两个梆子班，一为宝盛合，一为义盛合。(11) 此六个戏班，轮流在六戏园演唱，巡回往复，并无固定处所。如三庆班，初一至初四，在甲戏园唱演，初五至初八，则至乙园演唱，初九至十二，又至丙戏园演唱，如此轮流，其他戏班亦然。听戏者，择其就近之戏园听之，若逐日在一个戏园中听戏，则六个戏班必可一一听到，非如今日之戏班，以一个戏园为根据。譬之，本人在华乐演唱，则永远在华乐演唱，不改赴其他戏园也。

(10) 即嵩祝成。四大徽班者，另说为三庆、四喜、春台、和春。

(11) 应为宝胜和、义胜和。

三麻子说话不能操北语
昔日唱戏概按年节分钱

全用南音

记者问：徽调咬字，亦与今日之皮黄完全相同乎？

高答：今日皮黄，实以南音为主。如北人说话，凡“行”“成”“青”“明”“兵”等字，全入于鼻音，若用注音字母注出，则“行”为ㄒㄧㄥ，“成”为ㄔㄥ，

“青”为ㄑㄧㄥ，“明”为ㄇㄧㄥ，“兵”为ㄅㄧㄥ，韵母全用ㄥ字，与“人”“辰”“申”“分”“今”等字，迥然不同。但唱戏时，“行”“成”“青”“明”“兵”诸字，则用半鼻音，读如ㄒㄧㄣ、ㄔㄣ、ㄑㄧㄣ、ㄇㄧㄣ、ㄅㄧㄣ，韵母全为ㄣ字，入于“人辰辙”，如此读法，则与南人说话相同。故徽调咬字，实与今日之皮黄完全相同，而南方人唱戏，往往不假雕凿，恰合咬字之法。三麻子说话时，不能操北语，说“不行”“不成”之类，一听而知为南方人。但其上台唱戏，听者又不知为何处人，因其说话之字音，即等于唱戏之字音也。

鼻音诸字

记者问：唱戏用鼻音，亦有一定规则乎？

高答：以原则言，十三道辙中，惟“中东辙”与“衣齐辙”宜用鼻音，至于“人辰辙”，则为半鼻音。所谓半鼻音者，其收音时，半在鼻际，半由口出也。如《桑园寄子》之二黄慢板，第一句末尾为“一旦丧命”，第二句末尾为“好不伤情”，此“命”字与“情”字之下，各有甚长之行腔，行腔之际，历较长之时间，概为半在鼻际，半由口出。在此等处，非有显著之鼻音不可，若无鼻音，固无法唱下，鼻音太小，听者亦不甚了了。因此类半鼻音之字，全用鼻音，全由口出，俱不适宜也。此类“人辰辙”之戏词，如《空城计》之城楼慢板，《武家坡》之“八月十五月正明”一段，皆然。不过“人”“坤”“分”“盛”“生”“文”等字，可以不入鼻际，且《武家坡》之“八月十五月正明”一段，中有“自有人缝”与“运不通”两句，此“缝”字、“通”字，则又转入“中东辙”，其理又不可解耳。

自由运用

记者问：中东、衣齐两辙之字，皆非用鼻音不可乎？

高答：中东、衣齐两辙之字，本宜用鼻音，但亦因情形而各有不同。如大花脸唱中东辙，往往用极显著之鼻音，老生又多不用。《托兆》中之“驾阴风”之“风”字，为中东辙，大花脸唱来，则用极大而长之鼻音，谭老板唱《卖马》中之“店主东”之“东”字，则又全从口出，汪派老生遇衣齐辙，则极力由鼻际转折，谭派老生唱衣齐辙，又或不入鼻际，或径变音唱下。“还你的”之“你”字，为衣齐辙，谭派老生唱法，则唱成“还你呀的”，是其例也。此外，谭派老生唱戏，往往加“嘞”“哪”等字，用意皆在避免鼻音。如“月正明嘞”“无用之人哪”“嘞领兵□”，其旨趣，则与汪派之尽量扩大鼻音者，不相从同矣。

唱戏报酬

记者问：昔日徽班规则，尚有与今日剧界不同之点乎？

高答：今日唱戏所得之报酬，办法不同。如北平市上，有逐日按上座情形分钱者，上座多，则分钱多，上座少，则分钱少。有按戏索价者，一个之戏，需戏份若干，上座情形乃在所不问。外江各处，如上海、汉口等埠，概以月计。每月得包银若干，营业情形□何，角儿概不过问。至于昔日徽班，则按季分钱，所谓“季”者，即一年三节之谓。当□情形，每个角儿，每季至多亦只在二百两、三百两之间，无超过四百两者，与今日报酬相较，相差实甚悬远。不过，昔日银钱贵而货物贱，数虽少而□途多，且季费之外，每日尚□车资四吊六吊，以至十余吊不等耳。

昔日之金丝红今在富连成教戏
高定今日离平赴津出演

今人狡诈

记者问：昔时徽班，皆按季发钱，此款项由何人保管？由何人发给？

高答：该项款项，概由程大老板保管，在年节前由程大老板发给。此种办法，完全以信用为担保。盖程大老板之为人，道德心至为隆重，信用二字，殆不成问题。若在今日，则不容如此办理。不然，多数人仰赖、指为生活之款项，积存半年，始能颁发，负保管之责者，或扯有亏空，至时无法发放，或卷款潜逃，高飞远扬，一切角儿班底，又有何法对付？故此种按季发钱办法，不久旋即改革。古人诚笃可靠，今人狡诈堪虞，亦不得不然也。

按成分钱

记者问：今日之唱戏报酬，据高君言，外江概以月计算，北平则按日按戏领取。其利弊如何？

高答：劳动报酬，当然以按月计算为最适宜，若零碎支取，往往随手耗去，于购置物品、支配用途方面，必感种种之困难。但此间角色，赴外江各埠演戏，往返川资，为数颇巨，且耽延时日，需用亦殊浩繁，则外江来约角儿，自非以月计不可，而一个月之包银，又非先付不可。至于在本地出演，一个之戏园内，在一星期中，往往只能演二三次，不能逐日有戏，则以月计算，实无法计算，故事实上，亦只好按日按戏拿钱。不过，按戏拿钱之办法，亦不一律。角儿方面，有一剧规定若干之定价，须预先取得，事后，始赴园演剧者，亦有与戏园约定，视上座情形、收入多寡而按成分钱者。按成分钱之法，有得有失。上座多，则收入多，上座愈少，所得即愈微，至有演完一剧不能分得一文者，则以叫座力之强弱与当时之机会为断，不能预期也。

全恃运气

记者问：成为名角以后，所拿戏份，为数自多，但若不幸而倒仓，则将如何？

高答：梨园行人吃饭，全恃运气，运气佳则嗓音渐良，运气劣则突然倒仓。倒仓以后，若生活无虞，只好匿迹销声，不再登台。不然，为人拉胡琴，亦殊可以成名。最不幸者，或为人充零碎、跑龙套、管场面、看衣箱，亦啖饭之法。昔日之老生金丝红，为旧喜连成科班优秀学生，毕业后，每一出演，必告满座。彼初名王喜秀，后改金丝红，金丝红之大名，此间人士，几于无人不知。乃突然倒仓，嗓音竟不复出。富连成科班以其从前曾为科班帮忙，值其不幸时期，遂留使教戏，月给薪资若干，聊敷生活。此为伶人之末路，而幸受主人优待者，不然，即教戏职务亦恐无法取得，生活维艰，则又可怜之尤矣。

高母诞辰

记者与高君谈至此，高曰：先生若早日光临，尚可多为长时间之谈话，惜此时，琐务纷繁，苦于应接不暇，乃负枉顾之谊，斯为憾耳。

记者问：高君在此时，何以特别繁忙？

高答：近日以来，外江各地，多派人来此接洽，约往演戏，本人以不便远行，一律谢绝。正月十一日，为家慈六十五岁诞辰纪念日，而家慈在去年暑期，患病卧床不起，迁延半年，至冬季始告痊可，则此次诞辰，乃为值得纪念之日期。至时，拟宴会亲友，借娱高堂。此外，天津法界春和戏院，已约妥本人，于十二日赴津出演，预定一星期回平，将来，当再与先生畅谈也。

语毕，记者即辞退。

通识文库

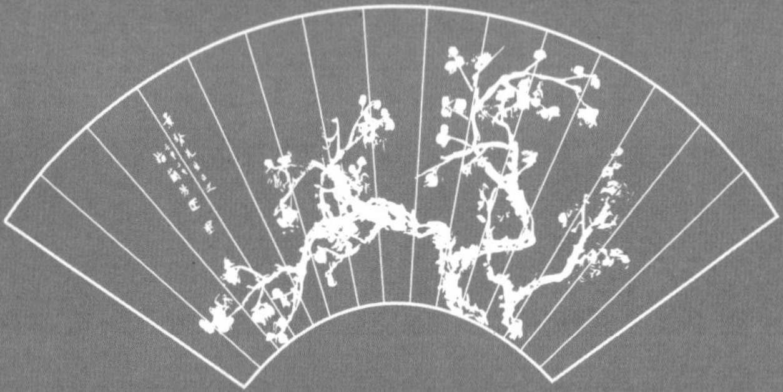

名伶访问记

老生卷 II

李世强 编

生活·讀書·新知 三联书店

图书在版编目（CIP）数据

名伶访问记/李世强编. —北京：生活·读书·新知三联书店，2025.3.—（通识文库）. —ISBN 978-7-108-07989-3

Ⅰ. K825.78

中国国家版本馆 CIP 数据核字第 2025G5D533 号

目　录

老生卷Ⅱ

余叔岩

二篇

一

采访人：林醉陶（一得轩主）

原载1930年4月25—30日《全民报》（北平）

日前（十九）午后九时，轩主赴宣外椿树上头条十五号，访问余叔岩，晤谈逾半时，余君对于声音之使法，及戏剧之原理，言之极为详晰，并作种种之姿势以证明之，非精研有素者，实未足语此也，兹节其谈话于次。

演戏经过 余（余君自称，下同）鄂人，现年四十一岁[1]，名第祺，艺名叔岩，字叔远，余祖余三胜，唱须生，余父余紫云，唱青衫，在梨园中，具有声誉。余九岁，入姚增禄老师所组织之班学戏，时出演于景泰园及南药王庙，初学短打武生，继习靠把武生，最后乃改须生，与吴连奎（习做工老生）同班，承姚指导，艺进颇速。十四岁，靳六爷、张二爷组织德胜魁科班于天津，余遂入该班坐科三年[2]，与白玉昆[3]、苗胜春同科，时出演于津沽，颇得美誉，人以余祖故，咸呼为“小小余三胜”焉。至二十五岁，余拜谭鑫培为师，谭亲授《探母》《寄子》《战太平》《定军山》《珠帘寨》《卖马》《琼林宴》等十二出，不吝教诲，盖谭艺当年系学余之祖父，今则以余祖之艺，而传之余也。余自学戏以来，拜师者凡十有六，而传艺得力者，当以姚谭二师为最，余此时得以鬻艺糊口，饮水思源，未始非谭姚二师，及诸师之德也。年来献艺于平津汉沪等处，谬膺虚名，现因病辍演，未登台者年余，刻虽稍愈，但医嘱静养，故未演唱也。

(1) 生于光绪十六年（1890年）十月十七日。

(2) 德胜魁班于光绪三十一年（1905年）十月开演于天津东门外袜子胡同天仙茶园（俗称“上天仙”），十月十四日，余叔岩出台，戏报初名“小叫天”，旋改“小余三胜”，与坤伶王克琴同日登台，泡戏《空城计》，当系搭班演戏性质。

余氏初次到津系光绪三十一年正月，搭北门外东大马路绘芳茶园玉成班（参见《金少山》篇注（15）），系初次到津演出。德胜魁班此期演至是年腊月初一日，初八日起改搭日界闸口天仙茶园（俗称“下天仙”）鸣凤班，戏报贴“小小余三胜”，与杨小楼、李吉瑞、马吉祥、白文奎、高福安、王益芳、赵广义、刘永奎、范宝亭、杨翠喜、王克琴等同班，演至次年腊月初八日。又，余氏初出台名小紫云。

光绪三十三年（1907年）正月起，余氏再搭鸣凤班（后改三庆班），出演下天仙，与薛凤池、马吉祥、李吉瑞、九阵风、麒麟童即周信芳、白文奎、尚和玉、朱玉康、王益芳、薛凤池、张德俊、杨翠喜等同班，因下天仙修理楼房，冬月起全班改入奥界天仙茶园（俗称“东天仙”）演唱。

(3) 白玉昆在科名白胜萍，艺名小绛州，戏报有时贴“小降州”，常演剧目有《回荆州》《梵王宫》《大劈棺》《拜寿算粮》等。

音调研究 戏剧为一种艺术之表现，因地域水土之关系，而有南曲北曲之分，南曲如昆腔，用南音，苏人倡之，北曲如二黄，用北音，鄂人始之，南北二曲，各有一种特长。余，鄂人也，且所习北曲也，故舍昆腔而言二黄。二黄之唱，与念白同，字有字之准音，上下阴阳，平上去入，不能丝毫糊混，平字之音，既有上下之分，而分上下平后，又有阴阳之别，或以为上下平，即阴阳平，实误也。古乐，五音为“宫商角徵羽”，由五音而为“心肝肾肺脾”五脏，由五脏而为“金木水火土”五行，相生相克，其理一也。今再以胡琴而论，胡琴一乐器耳，而其构造之成分，则有“金石丝竹匏土革木”之八音（言至此，取桌上胡琴，逐一指以相告）。胡琴定音高下之铜钩（千斤），金也，其上两轴，石也，盖轴原系石制，今则改为竹制矣，两弦，丝也，中间之杆，竹也，杆末之管，匏也，管上之松香，土也，管之一端，蒙以皮，革也，皮外挡弦之马，木也。此不但胡琴为然，其他之乐器，大概亦相似。盖无论何种乐器，不能外此“金石丝竹匏土革木”八音，或八音中之一部之构成也。至于吾人唱戏之声音腔调，亦各有分别，非笼统之名称。盖由丹田刚发出者为“声”，至于喉间变为“音”，音有“喉，齿，唇，鼻，腭，舌”等音，再由唱出之声浪而为“调”，“调”延长而为“腔”，然后方有“韵”，复杂极矣，固非片言只语所能详尽也。现在学戏剧者，对于腔调之分别，多混合而为一，而字音之准确与否，则茫然莫解者甚多，戏剧之衰微，可发一叹。

做派研究 音调之复杂，既如上述矣，而做派之繁难，亦与音调相埒，今且以手指而论，各脚色之手指，各有一定之准绳，一定之格式，非可以随便伸屈开合也。花脸之手，五指分开，老生之手，五指虽分开，而须略弯曲，武生之手，五指并合，小生之手，则大指按在掌心，其余四指，直伸合拢，旦脚之手，则五指如兰花，柔曲合于一处，此其常例之大概也。然有时出于例外者，则必有特别之状态矣。又如抬腿一节，功夫最深，生脚抬腿，尤为繁难，且有一定之姿势，不能稍易毫厘，抬腿功夫，内行推杨小楼、钱金福，票界则推侗五，其火候已到纯青时矣。总之，种种做派，非研究有根底者，非失之飘，则失之莽，甚则至于瘟，是在于演戏者之能否体悟耳，然必下十年苦功夫，始克以语此也。

上下场门 旧剧台上，例有上场门，与下场门，即俗所谓"左青龙，右白虎"者也。近来演新剧之台，则或仅有中门，或左右各二门，或三门、五门不等，因其与旧剧之关系、之编制不同，另当别论，而旧剧之演唱，则均从下场门而上，说者谓为不对，并有谓上下场门亦应取消者，是不知旧剧之深意也。盖旧剧台上，所表演者是古人，是前人，而演者由下而上，即表明台上所扮演者，系后人饰前人，今人做古人之事，即逆而上之之意，若由上而下，则不但后五百年之事，非演者所能知，即明日之事，亦不能知，其中实含有至大之理性，不但上下场门不能取消，而由下而上之定规，亦不容稍有更改也。

国剧特征 旧戏脚色，分为十门，即末、净、生、丑、旦、外、小、贴、付、杂是也，俗所谓“生、末、净、丑、旦”五门，不过举其大概耳。或谓中国之戏，过于失真，如执鞭谓之乘马，提舵谓之坐船，等等，实不如外国戏之真马、真船、真水也，然此实未知旧剧之真意义耳。盖中国旧剧，犹绘画之写意，如以手扶空，作步步登高状，虽台上并未有扶梯切末，而见者即知其为上楼矣。若必事事求真，则雄兵三千，必上三千人，虽台上已有二千九百九十九人，仅欠一人，亦不能称其为三千也。演至杀人者，必于台上真杀一人，可乎？此实胶柱之见也。又有谓旧戏上场，报名，报事，殊为无谓，今古天下人，断无立而自呼其名、自道其事者，苟有之，非神经错乱，即狂呓无伦，此等举作言语，应予取消，此又为不明旧戏真意义之尤者。盖报名，报事，即为暗场之表示，为其心中之意思，并未发之于声音者也，与“背弓”之唱白相同。如《武家坡》之薛平贵，听王宝钏说明后之“薛平贵离家一十八载”一段说白，及“洞宾曾把牡丹戏”一段摇板，说唱半天，而对面同立之王宝钏，一字未曾闻见，断无此理也，其于说唱之前，举手横遮，即为所说所唱之语言，系其心中意思之表示，使不如是，则聆者何由其心中之意思乎？诸如此类，不胜枚举，是即戏为写意之一大明证也。

须生三派 昔时须生，计分三派，三派为何？即张派、程派、余派也。张派为张二奎，工皇帽戏，许荫棠、周春奎宗之，程派为程长庚，汪桂芬、王凤卿宗之，余派为予祖，讳三胜，予师谭鑫培宗之，目下谭派须生，皆学予祖也。予祖讳三胜，字起云，予父讳紫云，字砚芬，习青衫，与时小福（时慧宝之父），同时负盛誉于梨园，予得予祖（指余三胜）之秘传，兼承予师（指谭鑫培）之口授，潜心研究，略识门径，但戏剧虽小道，然博而且宏，非研究有根底者，实未可以率尔操觚而谈之也。今且以盔头而论，某君曾著书，论述盔头，不下数十种，连篇累牍，几数千言，但亦一鳞半爪，未可称为全豹。盖盔头一门，为戏剧中行头所最复杂者，谈论盔头之书，当以故宫中乾隆藏本为最完备，惜见之者少矣。其他盔头外之各行头，亦略同，均有一定之名词，在考梨园典故者，实有知之必要也。

曹之知音 目下内外行中，对于戏剧，可称为知音者，厥推曹君心泉。曹君工昆曲，善制谱，与老伶工陈德霖君为把兄弟，当清末之时，侗五造国乐，招曹听之，曹出，语人曰：“清将亡矣。”人问其故，曹曰：“乐有亡国之音，不祥之兆也。”未及一年，而武昌举义，清室覆矣。高山流水，曹君其亦今之钟期欤？

戏可养神　戏剧之繁难，既如上述矣。而学戏者，不无过于操劳，损神促寿乎，则又异乎是。盖戏剧一道，实足以怡神养性，却病延年也。以梨园一行而论，上寿者大有人在，如现在之王长林、陈德霖、钱金福等，或年逾八十，或寿近古稀，可为余言之一明证。盖学戏者，如能守身洁己，循规蹈矩，而不作戕贼心身之行为，乐其天年，保其天真，未有不长寿者也。予曾谓学戏如学道，实为养生之良法，而夭短者，实自戕耳，知者或不疑予言之过也。今晚承君枉顾，鬯叙逾欢，予亦放骸忘形，拉杂而语，诚不足以博大雅一粲，惟以限于时间，未能尽倾积愫，稍暇当再陈述，以就教于高明耳。

二

采访人：王柱宇

原载1932年6月10—14日《世界日报》（北平）

裆际染有血迹一块
对湖北人便说湖北话

近代第一皮黄老生余叔岩，不常登台献技，旧都嗜戏人士，想念殊深。至其不常出演原因，谈者众说纷纭，莫衷一是。本报记者，特于昨晚，赴宣外椿树头条余君之寓所，加以访问。承余君接见，谈话甚久。所言种种，多足供研究戏剧者之参考。兹分志如次。

精神满足 记者投名刺后，阍人旋出云“请”，乃导记者入余之书房。余君急拱手相迎，请记者坐。坐既定，记者视余君，体格矫健，面色莹白光润，二目闪动，烁烁有光。其拱手及让客姿势，非常活泼而恳切，殊无病容。室内陈列器物，精雅有古意。北首窗下，为余君之书桌，南有木炕一，为余君休息之所。西首列一长沙发，东首列长方桌一，其旁各有靠椅。盖余君之书房，亦余君内客厅也。从人献茶烟毕，记者乃与余君为下列之谈话。

便血未愈

记者问：闻余君有便血症，然欤？

余君答：本人夙有此隐疾，二十年于兹矣。时发时愈，病根难除。近年以来，乃连绵不断，殊以为苦。

余君时着白洋布褂裤，言间，指其裆际，有血迹一块。盖甫经换上，即染血迹也。

记者问：观君言动，精神甚为满足，逾于恒人。然则便血病，于精神无伤乎？

余君答：当然亏损元气。幸保养尚足，语言行动，无甚妨碍。而日与药炉为伴，终为人生憾事。

衷气稍弱

记者问：余君在剧界，为泰山北斗。学戏者，皆以余君为宗法。但余君久不登台，谈者谓余君金玉其音。究竟余君之本意如何？

余君答：先严初意，原不欲本人学戏。后因种种关系，既习于此道，所能者、所谈者，亦遂寝馈于斯。承各界谬相赞许，良用惭怍。雕虫之技，何敢自秘。但便血既久，衷气不足。唱戏一道，首须气足，若乃敷衍了事，贻讥通人，便不如不唱。本人不常登台，实别有苦衷。偶值赈灾公益各戏，义不容辞，不得不力疾出演。好在，本人便血之症，外间其闻共知。纵有疵谬，而事关义务，但能加以原谅。一般于本人不常出演之原因，深滋怀疑，则不暇计及矣。

嗓音进步

记者问：便血于嗓音，有无影响？

余君答：衷气与嗓音，截然为二事，嗓音须练而成，衷气宜养而改。本人在现时，衷气虽差，而嗓音则一如平昔。其闭户自修，结果尚比较进步。

言已，张口试喊各种嗓音，或沙或亮，或纵或横，或高扬而清幽，或跌宕而沉着，或雄伟，或雅淡，运用自如，韵味各极其妙。

工湖北话

记者问：闻余君系湖北罗田人，县城乎？乡村乎？

余君答：闻先生为湖北人，本人忝属同乡。原籍罗田县余家湾，乡下人也。

问：余君能湖北语乎？

答：不会不会，不过可以学一两句。

余君此语，完全为汉口土话。记者听去，恍如置身汉口，听当地人说话。乃笑云：余君之湖北话，妙极矣！但余君生长此间，所与往还接谈者，皆此间人。然则此一口湖北话，从何处学来？

余君答：故乡戚友，常有北来，盘桓者。本人相与晤谈，或三五月，或一二载，皆说湖北话。惟矫揉学语，不免闹出笑话，对付而已。

先世北来

记者问：余君先世，于何时北来？

余君答：先祖三胜公，以清嘉庆年间入都，遂流寓此间。

问：尊府同族尚有在故乡者乎？

答：敝族人丁极旺，同族除本人一支以外，皆在故乡。所谓“余家湾”，盖以敝族为地名也。戚族自故乡来者，据谓故乡“赤匪”横行，荆棘匝地，匪去兵来，祸乱相寻。风声鹤唳，往往一夕数惊，本人寄籍此间，深感为世外桃源也。

程长庚往往就正于余三胜
近今青衣倒字太多

只有汉调

记者问：令祖唱戏，闻以巧妙制胜，为徽调乎？

余君答：所谓徽调，实无所谓徽调。盖所唱之腔，原为汉调。不过，四大徽班入京时，系安徽人最多，故谓之徽班。其腔调，亦遂谓之徽调。谈者辗转相沿，皆传言之误也。

问：谭鑫培之戏，学自令祖乎？

答：谭老师系先祖之弟子，其腔调，多得力于先祖。不宁惟是，程长庚之戏，亦往往就正于先祖。盖先祖系道地鄂省人，咬字最纯正，为外省人所不及也。

鄂音为主

记者问：唱戏应以湖北音为主乎？

余君答：先生为湖北人，亦喜唱，占便宜处极多。湖北人说话，若加以腔调，即成绝妙好戏。因湖北居吾国之中心点，皮黄又发源于汉调也。

问：皮黄咬字，完全与汉调相同乎？

答：唱戏以湖北音为主，此系不可变更者，但所取者，为湖北之音，非湖北之读法。湖北之音，平正通达，不亢不卑，以入音乐，极中庸之能事。惟读法简单，尖团不分，出字时，听之不甚了了。故皮黄取湖北之音，而取中州郡之读法。

师谭鑫培

记者问：余君言必称谭老师，然则余君之师，为谭鑫培老板乎？

余君答：固也。本人之戏，十九得力于谭老师。不过，本人之师，总计凡十余人。本人幼在德胜奎科班坐科[1]，初习昆曲，继习武生，最后始改唱老生。如昆曲，则师承于姚增禄，做工多取法于吴连奎，其他师傅，各有所长，不胜枚举也。

(1) 见前篇注(2)。

问：余君之戏，一般皆知为谭派正宗。但余君之巧妙，常有高出于谭老板处。所谓青出于蓝，而胜于蓝者欤？

余君笑而言曰：不好不好！

余君此语，又为一句纯粹汉口话。

以说话喻

记者问：唱戏以湖北音为主，既闻高论矣。但今日之唱戏者，派别繁多。谭派而外，尚有所谓汪派、孙派，以及刘派等等。其咬字发音，则多与湖北音不同。至于青衣，虽专以唱工见长，而律以湖北音，则往往格不相入，岂谭派用湖北音，而其他各派，无用湖北音之必要。或者老生应取湖北音，而青衣不必用湖北音乎？

余君答：说话所以表示吾人之意思，唱戏亦所以表示吾人之意思。凡唱戏，以口音平正为主，故凡角色，皆宜用湖北音。唱老生倒字，固属大忌，唱青衣倒字，尤属不当。请以说话喻：男人说话，以口音清楚为贵；女人说话，可以不必清楚。此言则成立乎？先严紫云公，唱青衣，一字不倒，而不碍于行腔。近人唱青衣者，皆以字就腔，倒字满口。一般人听成习惯，亦遂视若固然。此种唱法，实剧界之罪人也。

行腔责任

记者问：唱戏行腔之责任何在？

余君答：总而言之，唱戏与说话等。以原理言，初无行腔之必要。不过，唱戏须合音乐规则。两音相同者，须使之齐出，高下悬殊者，在过渡时必以腔连贯之。他如感喟无既，则引之使长。慷慨悲歌，则力事跌宕。而收音时，总期能还至本音。因此种种关系，始有行腔之产生。其责任，当然以能过渡、能表示意思、能还至本音为止。至于字音明了，无行腔之必要者，当然以短秃为原则。若乃无病呻吟，哼哼不已，其可笑未免太甚。

汪笑侬派

记者问：汪笑侬亦自成一派，其所演唱各剧，余君亦能演唱乎？

余君笑答：我不唱，我不唱。

问：强而后可，何如？

答：必欲本人演唱，亦未始不可。不过，本人唱戏，其取音，其读法，其行腔，只知用谭老师之规则，与谭老师之原则相背者，本人不愿模仿，实亦无模仿之价值也。

胡琴圣手不免倒字
改良胡琴失去妙用

鄂音长处

记者问：皮黄之音，以汉语为主，咬字则宜用中州韵，余君前既言之。但“睁睁”“楚楚”，依中州韵，应读如“ㄓㄣㄓㄣ”“ㄔㄨㄔㄨ”，皮黄唱来，则又读如“ㄗㄣㄗㄣ”“ㄘㄨㄘㄨ”(2)，为上口音，恰为湖北读法，其故何耶？

余君答：此等读法，完全为湖北读法。所以然者，因读中州韵，其音沉闷，有不能脱口而出之虞，故取湖北读法，贵其响亮也。此外，尚有“你连夺三城多侥幸”之“侥”字，多数唱者，读如“徼”，其实，此字，无上口之必要。而鄂人读“侥”如“ㄒㄧㄠ”(3)，为团字，非上口音。其音平正可听，不如此音之刺耳。故仍读如鄂人读法。此等处，须以湖北口音，与音乐原则相参证也。

（2）“ㄓㄣㄓㄣ” “ㄔㄨㄔㄨ”，汉语拼音为 zhenzhen、chuchu；“ㄗㄣㄗㄣ”“ㄘㄨㄘㄨ”，汉语拼音为 zenzen、cucu。

（3）“ㄒㄧㄠ”，汉语拼音为 xiao。

谭不倒字

记者问：唱戏有无简单之原则？

余君答：唱戏，首须研究音韵，四声各分阴阳，以音出口，以韵行腔。曲折迂回，总期适可而止。若音韵不倒，纵其腔调不佳，亦无大疵谬。

问：一般谈戏者，皆奉谭老板为圣人。然谭老板唱戏，果能一字不倒乎？

答：谭老师之戏，实一字不倒。曩陈十二（名彦衡，号称胡琴圣手）自谓研究音韵，业已升堂入室，曾谓谭老师有倒字处。盖管蠡之见，殊足贻笑方家耳！

论陈彦衡

记者问：陈君之说可得闻欤？

余君答：陈十二曾谓谭老师唱《卖马》中“黄大人”之“人”字，读如阴平。“人”字实为阳平，乃谭老师倒字处。其实，唱戏之法，有时因腔调关系，不能不用“阴出阳归”，或“阳出阴归”者。即以“黄大人”之“人”字而论，若开口即读阳平，腔调殊难入耳。故谭老师唱来，取“阴出阳归”之法。在唱戏中，舍此其道末由。即以陈十二之主张而论，彼谓须出口即读阳平，亦不免为“阳出阴归”，而唱入腔调，其固陋实大可哂。陈十二责人固属不当，自知尤属不明。彼近灌有留声机一面，为《空城计》之西皮三眼一段，彼唱“周文王”之“文”字，硬以阳平唱为阴平，读“文”如“温”。识者齿冷，彼盖无暇计及矣。

论杨小楼

记者问：然则名伶亦常倒字乎？

余君答：近人唱戏，倒字之处，俯拾即是，不如不听之为愈。本人亦在其内，可谓无一够唱戏资格者。谈戏者，动曰尖团字，须分析清楚；其实，能分析清楚者，能有几人？

问：杨小楼以口音清楚名家，彼或无倒字之事乎？

答：此亦难言。所谓“人非圣贤，孰能无过”，是也。杨君曾念“说书唱戏”之“戏”字为尖字，读如“ㄙㄧ”。实则粗细之“细”字，为尖字；唱戏之“戏”字，为团字，须读如“ㄒㄧ”。[4] 是尖团混淆，杨君亦不能免也。

(4)“ㄙㄧ”，汉语拼音为 si；“ㄒㄧ”，汉语拼音为 xi。

胡琴之妙

记者问：唱戏何以非胡琴不可？

余君答：在昔唱戏，系以双笛合唱。故至今言皮黄者，一律谓之二簧。后有人发明胡琴，乃为一无上完备之乐器。此发明人，至极高明。

言间，伸其大指。旋谓：胡琴之为用，可谓趋音乐之极点。故唱戏，非用胡琴不可。因其抑扬顿挫，清幽洪亮，各尽音乐之能事也。

八音克谐

记者问：胡琴何以高妙？其道可得闻欤？

余君答：音乐原料，都凡八种，曰“金石丝竹匏土革木”，求音乐之完备者，莫不兼收并蓄，有缺一不可之概。而胡琴一物，则八音兼备。千斤钩，金也。担子头，今用骨质，实乃大谬。昔日用玉石为之，石也。里外弦，丝也。担子、弓子，竹也。筒子，匏也。松香□之，滴于筒上，土也。蛇蟒皮、马尾，革也。转轴，木也。一胡琴耳，具有如此妙用，故成其为名贵乐器。彼以云母石代替蛇蟒皮，制为改良胡琴，盖亦不知胡琴之妙用耳。

凡开口以前之胡琴俱为八板
公推主席与叫好同

论徐兰沅[5]

记者问：谈胡琴者，共推陈彦衡、孙老元、陆五等，为硕果仅存之人物。究竟，在现时，应推何者为名手？

余君答：徐兰沅、王少卿，谈者谓其为后来居上。但最近，本人在国剧传习所，曾问徐兰沅：汝为胡琴名家，何者为“老八板”？兰沅则答称：此系初学胡琴，即用以发蒙者，何得不知？非“工工四尺上，合四上，四上上工尺。工工四尺上，合四上，四尺上四合”乎？本人□曰：此误。试记以板数，不只四十八板，何得云八板？兰沅竟无以对。兰沅之为人，殆亦好拉胡琴，不求甚解者。

(5) 原文作“徐兰元”，下同。

八板之意

记者问：然而“老八板”之意何解？

余君答：“老八板”，亦谓之“八板头”，因其为头子也。无论西皮二黄，无论三眼原板，其头子，皆系八板。八板头过去，即张口唱戏，此项问题，无所谓研究，亦无所谓价值。本人不过在学戏时，得之师授。忆本人学戏之始，不能听胡琴，不知张口之处。师则曰：汝其听之：凡西皮二黄，三眼原板，从开始第一板起，至第八板止，为头子。唱二黄，则由第九板张嘴。唱西皮，则由第八板后之眼上张嘴。本人遂永远永志不忘。

言已，余君以琴谱证之，即念“合工尺上四合工尺工工四合四合四合……”“合四上尺工尺上四合四合四上尺……”等，而同时于掌上以手拍板。记者听之，至张口以前，果俱为八板。

论马连良

记者问：近今谈戏者，每谓唱戏等于写字。写字非模仿前人，或为颜柳欧苏，或为米黄，或为王羲之。故唱戏亦非模仿前人不可，学老生者，曰谭曰汪，非孙即刘。余君为谭派正宗，近今又有所谓“余派”者，则奉余君为教主。果学戏非摹派不可乎？

余君笑答：其实，唱戏何尝有派？本人师承于谭老师，因谭老师之唱做白哭笑、手眼身法步，各有特长，实可高出一切。以为舍谭老师之法，不足以言唱戏。盖所谓“唱戏等于写字”者，实在懂戏与不懂戏之间耳。

问：马连良之戏，以余君批评，何如？

余君迟疑久之，微笑而颔其首曰：他那另是一路罢了！

论余胜荪

记者问：令弟余胜荪之戏，何如？

余君笑答：本人学戏，凡二三十年，一举一动，一字一腔，遇高明者而请益。所用苦功，外人无从而知。近虽薄有微名，究属率尔操瓠（觚）。舍弟一外行耳，于唱戏一道，直可谓之不知门径。乃亦大唱高调，自命为模仿程长庚。本人曾笑问其学程大老板，近何如矣？彼吃吃无以应。总之，唱戏的一碗饭，亦不容易吃。舍弟欲在梨园界，占一席地位，前途殊不乐观！

叫座问题

记者问：有人谓，戏无论好坏，能叫座者，即是好戏。余君以为何如？

余君答：此理非一语所可解释。以戏剧原理言：总以雅俗共赏为佳。由此言之，则能叫座者，即属好戏。但稠人广众之中，往往无真是非。譬之，聚众至数百以上，一人发声呼“打”，则众声齐和，轰然呼“打”。此种影响，可以置一人于死地。其实，此被打死者，或竟为一圣人君子。又如开会时，一人倡首云：今天公推某先生主席。则全场鼓掌赞成。究竟，所鼓掌赞成者，是何理由？是否崇拜某先生之为人？恐鼓掌赞成者，亦无法答复。故唱戏，有真好，有假好。真好之例，为“冷场”；假好之例，为大声长气，令人或失惊而叫好，或见其可怜而叫好。原因繁多，不可一概论也。

假好实例

记者问：假好之实例，可得闻欤？

余君思索良久，笑曰：报端上可不宣其名。某夕，有某君在某处唱义务戏。其戏码，为《击鼓骂曹》。彼唱“谗臣当道谋汉朝”倒板，竟用《南阳关》“恨杨广斩忠良谗臣当道”之哭腔，实乃大谬。盖“谗臣当道谋汉朝”，应用《战太平》“叹英雄处处遇罗网”(6)之腔，表现愤怒之意。于出场后，始有骂曹操之可能。

若乃未骂先哭，等于我要和您拼命，在拼命以前，我先哭一阵，还拼什么命？然此君之倒板唱完，台下即轰然叫好。此即所谓假好，所谓令人失惊，或听者见其可怜，不得不报以一声好也。

（6）原文如此

许荫棠之嗓等于卖水萝卜
自修与公演不同

二六之意

记者问：凡开口唱戏以前之胡琴，皆系八板，已闻高论。但“二六”之意何解？

余君答：从前唱二六者，其前尚拉头子，为十二板，盖二六一十二，以算法言也。现时多扫去，或紧接家伙，或俟胡琴一响，立即张口。今内行中，尚有不知二六之命意者。实则顾名思义，其理至浅显也。

论言菊朋

记者问：言菊朋以字正著名，余君以为何如？

余君答：所谓字正者，务期适可而止。含混固为大忌，故意使力，亦成笨伯。又同样之字，有在甲处应著力如千斤重，而在乙处只宜出以四两者。此则须综合全段腔调而论，兼审度字义、参酌剧情出之。言君咬字，似太着色相耳。

论王凤卿

记者问：剧中以手指指人，有何等规则？

余君答：做派架式，各有不同。如武生、老脸，应用大架式；开口跳，应用小架式。老生，则宜儒雅大方。至于以手指人，武生应伸二指，老生概伸一指。国剧学会中，悬有王凤卿之鲁肃戏像一幅，竟伸出二指，一般以为极富神理，实违戏剧之规则也。

唱重情理

记者问：登台唱戏，所应注意者何事？

余君答：唱戏非至烂熟，不能登台。上台以后，只知极力由情理中唱出喜怒哀乐爱恶欲之意味，其他则更不顾虑。若乃上得台去，首先顾虑忘词，次虑荒腔走板，心猿意马，罔知所措。唱戏者，头晕目眩，听戏人，亦捏一把汗，此种戏，便不如不唱。

佳嗓之义

记者问：唱戏以嗓音为根本，何者为佳嗓？

余君答：四声五音俱备者为佳嗓，欠缺或□者为劣嗓。质言之，唱戏须高音、矮音、纵音、横音、壮音、闷音、沙音、哑音、响脆音、幽细音，门门俱有。有人谓：谭老师嗓音太小，许荫棠嗓子宽大。此言，皆不懂戏者。谭老师惟求各种声音兼备，惟求韵味浓厚，故不得不比较稍小，而究能完全送入听者之耳鼓。其以大嗓为能事者，所欠缺之音，实不可数计。彼卖水萝卜之嗓，可谓脆亮矣。但其声浪，嚎也，非唱也。

五味妙喻

记者问：刘鸿升一派之高音，何如？

余君答：简言之，唱戏仍以各种声音俱有为宜。与食物须能五味调和，其理正同。全系酸味，酸得牙痛。全系甜味，甜得起腻。全系辣味，辣得出汗。全系苦味，苦得皱眉。全系咸味，咸得难当。故唱戏，阴阳平上去入，宫商角徵羽，无一欠缺，方能胜任。

吊嗓之法

记者问：余君练嗓，如何练法？

余君答：不外勤于用功而已。本人虽不常登台，而吊嗓则无一日间断。吊嗓之法，缺何种音，则吊何种音。有何种音，即不必吊。盖吊嗓之目的，在自己用功，非令人听也。本人有时吊嗓，喊之不出，比哭还难听。语云“要得露脸，背下现眼”，此言，实自修之唯一方法。不过，极力挣扎之后，仍正式唱一段。因恐嘶喊结果，其他嗓音，俱回去也。

出演时期

记者问：余君闭户自修，苦心孤诣，但一般皆以余君不常登台为憾。敢问余君：预定何时可以出演？

余君答：唱戏者，求各种嗓音之完备，非至一定年龄不可。昔谭老师之嗓，至五十岁始告完成，足以运用自如。本人今年才四十三岁，正在用功之时。不过，迩来自修结果，嗓音既稍进步，亦勉强可以问世。

本人之溺血症，如能告愈，即预定自明年春初，开始公演，演期亦只以三年为限。如不能愈，则不唱矣。先生爱唱，无事可来此，大家凑一凑，固无妨也。

言菊朋

采访人：王柱宇

原载1936年7月19日—9月24日《世界日报》（北平）

谭鑫培死时富英尚在襁褓中
菊朋常赴钱金福宅练习武打

皮黄之在今日，演老生一门，莫不以谭派为正则。故唱老生者，十分之九，号称谭派老生。如余叔岩、马连良、谭小培、王又宸、贯大元、安舒元、谭富英、王少楼等等，固皆所谓谭派老生也。此数人者唯一余叔岩，论资质，论学力，以及嗓音、根底，在谭派老生中，堪称完人。其余诸人，不过各得谭氏之一部。甚有一知半解，貌合神离。号称谭派老生，实则与当年之谭鑫培，乃相去天渊，不可以道里计。

后人不肖　小培，为鑫培之哲嗣。以亲缘言：其得于谭氏者，似应独多矣。但小培为人，资质过于鲁钝。酷肖乃父之处，乃难于披沙拣金。惟有时，张口大笑，俨然出诸老谭之口。此则属于血统关系，于学力无干。富英为小培之子，而鑫培之孙。且资性比较聪颖，远在小培之上。家学渊源，似应克绳祖武矣。然鑫培逝世之日，富英尚在襁褓中。教学关系，尚谈不到。至今富英之技，仍以科班风味为多。间有模仿乃祖之处，则系转由他人处学来。富英出科后，虽曾拜叔岩为弟子。而叔岩之性极懒，指授云云，不过兴之所至，故求谭派老生于今日之剧界，除叔岩外，殊不数觏。

票友和淑 近年以来，叔岩又因体弱多病，久不出演。吾人苦思谭腔，竟感无处可寻。唯一言菊朋，虽出身票友，而言之家世，本系宦门，自幼读书，学识颇为湛深，其思想远为梨园人所不及。论学识，谓菊朋为梨园界第一人物，亦无不可。菊朋幼喜听戏，出入戏园，流连忘返。年十二三即能曼声试唱。因酷喜谭腔，凡谭氏出演之处，菊朋必竭力追逐，十余年来，习以为常。谭氏唱于台上，菊朋受业于座间，故论谭派票友以菊朋为第一人，论今日之谭派老生亦无妨谓菊朋为第一人。不过，凡票友出身者，于靠把诸戏往往不敢演唱，而菊朋则常与叔岩，赴钱金福之私宅，练习武打。盖钱金福出身三庆科班，独擅武打，且老谭生前，钱氏亦常为作配，故菊朋之靠把诸戏，亦自有相当造诣，与一般票友出身者，不可同日而语。总之：菊朋在梨园界，实为独树一帜，不可多得之人物。

本《访问记》接谈数次始能竣事
菊朋亲笔书翰颇具文人身份

无人介绍 记者既钦菊朋之艺术，又慕菊朋之学识。久欲访问，借聆高论，惟记者历来访问名伶，办法，概系托友人于事前介绍。俟征求当事人同意以后，再行约期晤谈。因此种访问，与新闻访问性质不同。通常新闻性质之访问，概系访问官厅，或某一要人。其谈话范围，大致为某一新闻。故谈话时间，至为短促。只需五分钟，至十分钟间，即可竣事。且访问一次以后，下次是否接见，亦俱不成问题。至于此种访问，乃为一种之具体的谈话。不惟时间太短无从说起，且非三五次之接谈，不足以言完备。事前征求当事人同意者，希望当事人与记者，发生一种之朋友关系。接见以后，始能尽兴畅谈，无所拘泥，无所顾忌耳。但菊朋之为人，于外界人，于梨园界人，俱少所交游。托人介绍，竟无门径。记者筹思久之，遂冒昧修函，征求菊朋之意见。函中有云："据为先生写一长篇《访问记》，由《世界报》发表。该报得先生之言论，定可放一异彩也。"

一封复函　上函付邮，寄至宣外校场小六条七十五号言之寓所。约历一星期，接到菊朋复函，原文云："杜宇先生道鉴，前接大札，敬悉种切。渥承藻饰，愧无以当。先生名满海内，朋素极钦服，每思趋教，奈冗务纠缠，未能如愿，至为怅叹。朋滥竽剧界，碌碌无长。委编长篇稿件，实非枵腹愚陋所克逮。且近日胃肝失和，更加失眠，脑力尤感弗及。容贱悉稍□，定当造府攀谈。尚希勿吝指导，至幸！诸希鉴宥，谨稽。即请文安！菊朋顿首。"菊朋此函，颇有误会之处。盖记者原函，所谓"言论"，系欲得其口头言论。

所论“写一长篇”，系记者之任务。菊朋误为求其作稿，故有此考虑也。记者得其复函以后，因亦致函解释。菊朋始允接见，然有此次误会，乃为不幸之幸。原梨园界人，以不通文义者为多，凡有书翰往来，概系他人代庖。菊朋此函，字迹有神，颇具《十七帖》风味。原函文义，亦亦殊典雅。菊朋之亲笔函，而一般不易获得者。于此，亦见菊朋之学识，与一般梨园界人，不可同日而语。吾人论菊朋，正不得以伶人视之也。

谭鑫培所挂髯口长不过尺许
主角与配角间多不发生关系

任意谈笑 记者既征求得菊朋之同意，因前往访问。承接见后，双方任意谈笑，殊无形迹之拘束。其所言论，乃多发人所未发。兹分别录志其谈话情形如次：

三不注意

记者问：闻之一般谈者云，言君演戏，有三不卖主义。一曰不卖脸子，故言君于扮相一道，不甚讲究。且一般老生之髯口，皆长可及膝，而言君之髯，则长仅尺许；二曰不卖戏衣，故言君之戏衣，并无特殊之点缀；三曰不卖配角，故言君演戏，于配角问题，并无严格之选择。此说然欤？

言答：所谓“三不卖”云云，总而言之：不过注重艺术之意。今日之演戏者，往往以老生身份，而作一种之美丽的化妆及装束。于老生性质，似不相合。当年，谭鑫培唱戏，于戏衣问题，并不讲究。当时，一般老生之髯口，多长可及膝。此种情形，与真人太不相近。故谭之髯口，比较最短。因真人之须，亦不过如此也。至于配角问题，依今日情形，往往持严格主义，非名伶不与合演。此种意味，未免过于势利。盖艺术系个人问题，配角如何，往往无过问之必要。

配角无关

譬之，主角演《空城计》，王平之艺术如何，绝对不能影响及于主角。则主角方面，对于王平之人选，可以不过问也。又如，主角演《托兆碰碑》，六郎之艺术如何，亦绝对不能影响及于主角，则主角方面，对于六郎之人选，可以不过问也。然而，一般所谓角儿，往往虚荣心过甚。演《空城计》，尚选择王平，演《托兆碰碑》，尚选择六郎。昔有演《空城计》，以用余叔岩饰王平为荣者。其实，主角是主角，王平是王平。主角之艺术而佳，即王平糟到极点，于主角何伤？主角之艺术而劣，即王平为剧中圣人，又有何益处？彼以余叔岩饰王平者，余叔岩仍不失为余叔岩，相形之下，主角反见绌焉。是非徒无益，抑又害之矣。但重视配角，蔚成风气。演一台戏，希望全为头等名角。实际上，主角程度如何，乃系绝大问题。故此种习惯，未免令人可笑。本人之不重视配角，欲一挽此项酷慕虚荣之风气耳。不过，有时，若为双方对口，或互相表情之戏剧，配角问题，又非相对注意不可。所谓不可一概而论也。

《卖马》与《汾河湾》须有良好配角
昔日之戏剧报单贴于小便处

配角关系

记者问：主角与配角，有密切之关系者，属于何种之戏剧？

言答：艺术，本系个人问题。主角与配角，不能互相影响。究竟，有时，一种之戏剧，尚有非有良好之配角不可者。即如《捉放曹》一剧，当然以老生为主角，花脸为配角。此《捉放曹》一剧，所以描写陈宫之忠厚，曹操之奸险。无陈宫之忠厚，不足以见曹操之奸险。无曹操之奸险，亦不足以见陈宫之忠厚。以一般情形言，任何一种剧本，只需按情节演来，剧中人之身份如何，意味如何，观者皆可一望而知。不过，配角之艺术精到者，主角即可收事半功倍之效。如此《捉放曹》一剧，若饰曹操者，工力十足，在饰陈宫之主角，即工力稍差，亦可得到良好之成绩。因描写曹操之奸险，至淋漓酣畅时，陈宫之忠厚，即在观众想象之中。故配角而佳，当然显出精彩，配角而劣，亦自减色不少。此类情形，不一而足。如《卖马》之王老好，如《乌盆计》之张别古，如《汾河湾》之柳迎春，如《梅龙镇》之李凤姐，何者为配角，何者为主角，且不甚明了。总之，其借助于配角之力者当然不在少数也。

戏剧报单

记者问：戏剧之中，今尚虚荣，昔重实际，一般皆然乎？

言答：中国之在今日，一切皆尚虚荣，不仅戏剧为然。今亦以广告及戏单而论，昔日情形，与今日情形，亦迥不相同也。昔日之戏剧广告，仅为用笔者写之报条。此报条之上，往往仅有戏目，并无人名。有时，于戏名之上，用名戳，印一演员之名。其名戳之面积，长不过一两寸，宽仅数分。远观之，仅有戏名并无演员。近观之，始有极小而模糊之名戳，隐约可辨。且此贴戏报之处，唯一地盘，为小便处之墙壁上。其次，比较最高尚之处，始为各城门洞中。今日则不然。戏报之上，大书演员之姓名，至于戏名，尚比较渺小。且此项戏报，必首先披露于报纸之上。其由戏园方面张贴者，乃布满三街六市，红线灿然。至于戏单，备场内临时散发者，昔时办法，不过以窄小纸条，书写若干剧目于上。今日则不然。每次出演之戏名及演员，概印为大张之戏单。有将演员名字，印作拳头大者。此种情形，皆为昔日所绝无。所谓昔尚实际，今重虚荣者，于此亦可概见也。

昔年相声家推随缘乐为第一 子弟说书较之内行最为名贵

小便处所

记者问：昔日戏报，往往张贴于小便处。其理安在？

言答：今日张贴戏报之处，各通衢地方，多有广告牌。往来行人，极易注目。昔日则不然，并无广告牌之设置。而各住户宅第之墙壁上，又多钉有木牌，上书“禁止招贴”字样。故张贴戏报，乃无地盘之可言。惟小便处之墙壁上，既无人干涉，又不碍观瞻。于是一般张贴广告者，皆麇集于小便处之墙壁上。诸如“五淋白浊丸”“专治疝气”“鱼口便毒”以及“大仙爷真灵”等等之广告，重重叠叠，陆离满目。而各戏园之戏报，亦参杂其间。余如书馆广告，“特约九城子弟，演唱八角鼓快书单弦”之类，亦当然以小便处为集中之厂所。当年，最享盛名之相声家，曰“随缘乐”。此随缘乐，口齿滑稽，闻者多为哄堂。随缘乐之技，不仅能说，抑且工唱。其弹弦子人，小名“双子”。一日，随缘乐说相声时，向座客曰：“您到别处，想不起我。您到小便处，撒尿时，一面撒尿，一面看墙壁上。念‘特约九城子弟随缘乐，加约双子弹弦’，就想起我们来啦。”随缘乐说时，同时，以手比式，作取便时之状态。盖谓弹弦之双子，即小便之双子也。闻者哄然，笑不可仰。此一事也，亦昔年张贴戏报，在小便处之明证也。

子弟较佳

记者问：随缘乐系子弟乎？

言答：随缘乐，初为子弟，后乃下海为内行。不过，旧日情形，书馆与戏厂，各有特点。于书，则重子弟，不尚内行。于戏，则重内行，不尚票友。子弟说［书］，因其学识较高，故说书技能，较优于内行。譬之，弹弦中之荣剑尘，固子弟出身也。然而，荣剑尘之单弦，在杂技厂，乃为个中圣品，一般内行，望尘莫及也。至于戏剧，则不然。内行学戏，自幼入科班。朝斯夕斯，竭全副精神，练习六年，始能造成一个全材。于唱，于念，于做派，于表情，于哭，于笑，于身段台步，于武打，门门精通，根底十足。故一般习惯，称杂技者，即谓之“子弟书”，称伶人者，又以“科班出身”人为比较优良。在书馆方，而无论是否子弟，一律［名］之为“子弟书”。自之来如此，亦各有原因也。

说书无须化妆故以子弟为佳
昔用双笛合唱故亦称为二簧

化妆问题

记者问：所谓“书”“戏”，如何而区别？

言答：本人适言，书以子弟书为佳，戏以科班出身为规矩谨严。何者为书？何者为戏？似不易条分而缕析。不过，书与戏，有一简单的区别，即不化妆，而以说唱为事者，谓之书。化妆以后，以一个演员，饰一个剧中人，各按剧中人身份，动作表情者，谓之戏。盖化妆以后，除动作表情以外，尚有台步，有身段，有种种之规则。稍有不合，即贻大雅之讥。凡科班出身者，自幼入科，练习唱白哭笑，身段台步，以及一切动作表情。积年累月，自能规矩谨严，恰到好处。至于票友出身者，各有其相当之职业。且练习机会，亦比较困难。登台串戏，即不免有明于此而昧于彼，知其一不知其二之弊。故论戏，票友身份，当然不如科班出身。不化妆之书，则不然。无非便装上台，以口说唱。但具口齿清朗，嗓音圆润之长，即可以意表情。而子弟出身者，多知书识字，常识广博。内行出身者，反多目不识丁，昧于人情世故，于是内行说书，反不如子弟。故论书与戏之区别，仅在化妆与不化妆，其中意义，自可概括无余也。

名称皮簧

记者问：所谓戏，当然统昆曲、梆子，以及皮黄而言。今日言及皮黄者，或谓之“二黄”。此“皮黄”与“二黄”之名词，究竟孰为妥当？

言答：所谓“皮黄”，系指“西皮”与“二黄”，而简言之。皮黄戏中，可以大别之为西皮与二黄。至于昆曲，则细析为若干之牌子。梆子，又无所谓西皮二黄。故“皮黄”名词，本极妥当。被专称为“二黄”者，专言二黄，而不及西皮。顾名思义，似不足以概括西皮与二黄。不过，言“二黄”者，尚有两种之意。一、皮黄戏，发源于湖北之黄陂、黄冈两县，故至今言皮黄，则统名之曰“二黄”，志其发源地也；二、非“二黄”，而为“二簧”。“簧”者，竹也。昔日唱戏，不用胡琴托腔，而用两根笛子，有如昆曲之办法。至今改用胡琴托腔以后，仍名之曰“二簧”者，志昔日之规模也。此二说，各有取意，吾人无妨人云亦云。所谓“好唱戏不求甚解”者，即吾人之意也。

二黄不足征信二簧可以考证
笛眼只有六个音调乃有限底

二簧近理

记者问：“二簧”之名称，比较孰为妥当？

言答：一般新闻界人，一般评剧界人，说及皮黄，有写作“二黄”者，亦有写作“二簧”者。写“二黄”者，则指“二簧”之非是，写“二簧”者，又嗤“二黄”为不通。各有取意，各有来历。吾人遽谓：何者较为妥当？殊无此学识，无此胆量。不过，吾人无事闲谈，无妨本其一知半解，试就事实讨论。彼主张写作“二黄”者，意谓：皮黄来源，始于湖北之黄陂、黄冈两县。究竟，最初，在黄陂、黄冈两县时，属于何种之腔调，已漫不可考。则谓发源于黄陂、黄冈云云，为后人附会之词，亦未始不可。以吾人所知：皮黄戏中，改用胡琴托腔，系最近事实。其时间，最长不过六十年，而在此六十年以前，确系用两根笛子。根据此项来历，则写作“二簧”，比较切中事实。盖“二黄”之意，系回溯发源之地点，而荒渺难稽，不足征信。“二簧”之意，系纪念当年之情形，而事实俱在，比较可以考证。同为历史问题，要有可信不可信之分。但究竟如何，则有待于高明之决定也。

改用胡琴

记者问：皮黄最初用双笛合唱，后又改用胡琴托腔。其理安在？

言答：胡琴之来源，不甚可考。不过，以字而言：“胡”者，北地也，胡琴，当然为北地之一种弦乐。此项弦乐，音波短促，而声浪强烈，用于皮黄，恰尽抑扬顿挫之能事。想当然，最初，用笛合唱时，唱者觉其音节过于平庸，不足以言发扬尽致。取胡琴代之，乃比较佳良。此其原因。笛眼，为有限度的，胡琴之音阶，乃为无限度的。今试释言其故：笛之眼，共为六个。由上而下，第一个，为凡；第二个，为工；第三个，为尺；第四个，为上；第五个，为乙；第六个，为四；全闭，为合。六个笛眼，可以发出七个音调。再重吹之，则合变为六，四变为伍，乙变为凡，上变为仩。大抵，笛之音阶，至此而止。除此以外，无施展之余地也。胡琴不然。左手按弦，右手拉弓。按弦之法，空弦之外弦为尺，里弦为合，四个手指，由上而下，外弦最上为工，次为凡，次为六，次为伍。里弦最上为四，次为乙，次为上。如此，似以九个音阶为止矣。然实际上，在此九个音阶之外，不知尚有若干之音阶也。

胡琴之音调可以谓为无数量
以里弦代表里外两弦为例外

音调无限

记者问：胡琴之音调，本为九个。实际上，则其数无限。其故何耶？

言答：胡琴音调，所谓共为九个云云，系指大体规模而言，系指练习初基之方法而言。至于胡琴技术之高深者，则所拉音调，谓为九个，固可。谓为十八个，谓为三十六个，谓为无量数，亦无不可。盖练习胡琴之始，所有琴谱，大致为九个音阶。而进步言之：除工、凡、六、伍、四、乙、上、尺、合，以外，最小限度，尚有伬、仩等音调。且胡琴原则，里弦音调，本为合、四、乙、上。但有时，突然外弦断折，而正值歌唱之际，更换胡琴，临时换弦，各有来不及之危险。此时，若拉胡琴者，手法高妙，尚可于一根里弦之中，代表里外两弦，拉出九个音调，以至十一个音调。如此计之，合里外两弦，所有音调，已为数极多。而通常手法之灵活者，尚可于两个音调之间，拉出两三个音调。此外，尚有“挨”“滑”等手法。则稍高、稍矮，俱各有其音调。谓之为无量数，谓之为无限度，当然在情理之中也。

特别办法

记者问：拉胡琴者，若值外弦突然中断，有以一根里弦，代表里外两弦之法。此其拉出之音调，与两根弦索所拉出者，有无歧异？

言答：胡琴之外弦，较之里弦，为最细而易于断折。故拉胡琴之原则，系以一根外弦，拉三出戏，而大轴戏码，最好以一根外弦，拉一出戏。拉完一出戏以后，即弃去，另换新弦。此种办法，所以预防临时断弦也。但丝弦一物，往往因种种原因，临时断弦之事，乃无法避免。正当歌唱之际，突然断弦，无法救穷，而不得不以一根弦索，代表两根弦索。因里弦之长，除四、乙、上以外，尚可拉出尺、工、凡、六、伍等等之音调。事实上，并非不可能。不过，此种办法，究属特别例外。盖音调之高矮，为一问题。音韵之强弱意味，又为一个问题。里弦代表外弦，虽音阶不舛，而韵味总不调协。故谓为救急之法则可，谓为经常办法，则离事实太远。大致，戏剧开演时，司弹月琴之责者，尚备有胡琴一具，负临时代理之保险责任。专拉一根弦索，其时机，亦极短促也。

皮黄有原理原则而方式活动
唱有板之腔易而无板之腔难

方式不定

记者问：胡琴之音调无限，为胡琴之长处乎？

言答：皮黄戏与其他戏曲，有一迥然不同之处。即皮黄戏有原理原则，无固定之方式。其他戏曲，则并外表方式，皆为固定的。今试以昆曲为例：昆曲之唱，有固定之工尺谱。为工者，不能唱为尺音。为四者，亦不能唱为合音。且凡有行腔，皆在固定工尺谱之内。谱中所有者，不容减免，谱中所无者，不能增加。所谓方式固定之意义，即在于此。皮黄则不然。各种音调之中，只有原理原则，并无固定方式。所谓原理者，如西皮之音调高亢，二黄之音调柔和，反调之音调凄凉，四平调之音调闲逸，是也。所谓原则者，如慢板为三眼一板，原板为一眼一板，流水快板，有板无眼。西皮由中眼起，落板上，或落中眼，二黄由板上起，落于板上等等，是也。但在此原则之中，某一腔，应历若干板，若干眼，则任唱者之自由伸缩。多唱一板，以至三数板，可也。少唱一板，以至三数板，亦可也。

自由伸缩

且在此原则之外，如西皮落板上，或落中眼，似无可变更也。然如《卖马》之“两泪如麻”以下，尾腔则落第三眼。又如二黄落板上，似无可变更也。然如《朱砂痣》之“难配鸾凰”之“凰”字，则落第三眼。《宿店》中“乱如麻”之“麻”字，则落第三眼。《清官册》中“暗自思忖”之“忖”字，亦落第三眼。凡此种种，举不胜举。总之，皮黄之唱全在神理，至于规则，尚在其次。学皮黄者，在入门之始，往往喜唱无板之腔。其意以为摇板、散板、倒板之类，随口歌唱，无板无眼，无所谓规则，无所谓限制。至于有板之腔，如唱二黄，开口时，非在板上不可。唱西皮开口时，非在眼上不可，稍前稍后，皆非所宜。且上板以后，多一眼，少一眼，皆为大忌。在有经验者，一听而知绝大错误。如此，似唱有板之腔难，而唱无板之腔易矣。究竟，在内行，唱有板之腔，并不困难，而无板之腔比较不容易入妙。大致唱倒板、摇板、散板之类，而能使人叫好者，必为超等技能。因其韵味，全在无规则之神理也。皮黄之难处如此，固辅佐乐器，亦遂以音调无限为佳。胡琴音调，并无限度，皮黄之难，全在神理。二者相得，乃益彰焉。

昆曲人才虽少各为个中人才
皮黄势力普及乃竟无一佳者

无法努力

记者问：有板之腔易工，无板之腔难唱。规则太严者，不足为奇。变化多端，乃见高妙。其故安在？

言答：此中理由，亦至浅显。盖腔而有板，吾人无妨于板中致力揣摹。练习既熟，即已告成也。至于无板之腔，根本无规则之可言。大抵，技能佳者，信口唱来，韵味盎然，而程度低者，无法努力，不知所从也。规则之严不严，其理亦然。昆曲之唱，规则极严，无通融之余地。故开始练习，往往望洋兴叹。然熟悉以后，亦至此而止。甲唱如此，乙唱亦如此，丙丁戊己庚等等唱来，亦不过尔尔。至于皮黄，规则过于简单，但初学时，虽觉不甚吃力，而用功既久，乃益感困难。所谓“学然后知不足”者，恰堪为皮黄之写照。吾人试留心考察，酒楼饭馆之中，夜行道歌之际，上自达官贵人，下迄贩夫走卒，几称无人不知皮黄，亦即无人不能唱皮黄，求之昆曲，不如是也。究竟，学昆曲而成功，尚有止境，学皮黄而毕业，亦难窥其门径。

易学难工

今统计昆曲与皮黄之人才，合内行与票友，几为一个与千万个。则千万个皮黄人才，与一个昆曲人才为比例也。然而，此一个昆曲人才，确为一个昆曲人才。千万个皮黄人才，可谓竟无一个人才。而此千万个皮黄人才之中，其程度，又至极复杂。若细析之：几于各占一个等级。假定足分为一万分，用以甄别程度。则一万个皮黄人才之中，最多者，为一万分，其次，为九千九百九十九分，再次，为九千九百九十八分，再次，为九千九百九十七分。如此，递推而下，最低者，乃为五分、四分、三分、二分、一分。且一个人才之中，竟无两个相同者。此无他，皮黄变化太多，故因学者之资质，而程度各殊。而此程度悬殊之故，又往往为貌合神离。在唱者自身，以为我之唱，与某名伶相等矣。其实，乃迥然不侔。不仅相差太远，而且不可以道里计。本人故谓：皮黄规则宽泛，并不严格。其易处在此，其难处亦在此，其好处在此，其坏处亦在此。本人又谓：学昆曲，易工难学；学皮黄，易学难工。此言，应为昆曲与皮黄之定评，而无可疑问者也。

摹名伶与碑帖二者俱难酷肖
名伶珠玉在前始终无人企及

貌合神离

记者问：唱皮黄，模仿他人，何谓貌合神离？

言答：唱戏模仿名伶，犹之写字模仿碑帖。盖名伶之所以为名伶，碑帖之所以为碑帖，自有其特别长处，为一般所不及。吾人欲推翻前人一切成法，而自我作古，事实所限，乃为绝对不可能之事。不过，名伶之唱法具在，碑帖之遗迹具在，尽可由吾人，自由模仿。然一个名伶，一种碑帖，起而模仿者，何止数千万人？何止数万万、数百万万人？而模仿者自模仿，名伶与碑帖，仍是名伶与碑帖。往往模仿方面，自觉完全酷肖，不爽毫厘。究竟，由口头唱出，乃与名伶，相差不可以道里计。由手头写出，乃与碑帖，相差不可以道里计。今日之唱老生，而模仿谭鑫培者，固风行一时，举国若狂也。然而，吾人虽竭尽智力，日以模仿谭鑫培为务，所得结果，谭鑫培确是谭鑫培，吾人确为吾人。吾人欲混充谭鑫培，乃不可得。模仿碑帖，其理正同。一种碑帖之行世，近者千余年，远者二三千年。模仿其笔意者，代有名手，而欲恰如碑帖，不可得也。

不如古人

记者问：模仿名伶之唱法，始终不能与名伶相同，其故何耶？

言答：此中原因，可分两点。一、嗓音一物，因人而异。二人之嗓，绝无完全相同者。四五人之嗓，数十百人之嗓，数千人之嗓，亦绝无二人完全相同者。譬之，吾人家居，突然有人叫门，问其为谁？叫门者答称："我。"此一"我"字，本理由，但因此一"我"之音，即可辨明为何人。准此以观，则一切诸人，自成嗓音，其理明矣。嗓之生理不同，所发音韵，当然悬殊。此以嗓音言，不能酷似名伶者，一也。其次，运用板眼，行腔规模，此为有法捉摸者。然吾人之心性、习惯，亦至不同也。吾人所模仿名伶者，不过板眼之部位，以及剧词、腔路、发音、收音等等。但人口歌唱之际，其轻重急徐，含茹吐属，乃全在神理之中，别无形迹可寻，而差之毫厘，谬之千里。故唱者自以为酷肖，听者总觉其不伦不类。此以神理韵味言，不能酷似名伶者，又一也。合此两种原因，于是名伶珠玉在前，古今人终有不相及之憾。以事实证之，可以知其然。

形式绝对相同精神相差太远
覆白纸描摹碑帖仍难期酷肖

形式易肖

记者问：吾人模仿名伶之唱，神理别于毫末。形式虽同，而旨趣各殊。其事其理，有何显然之佐证？

言答：此种理由，甚为明了。譬之，谭鑫培之《卖马》，其“店主东带过了黄骠马”一段，曾经灌入留声片中，吾人取而模仿，其事甚易。故唱此一段之戏者，可谓：遍中国，皆是也。然而真能模仿入微，与当年之谭鑫培，完全一致，有几人耶？进一步言之，如该段剧词，为“店主东带过了黄骠马，不由得秦叔宝两泪如麻。提起了此马来头大，兵部堂黄大人相赠与咱。遭不幸困只在天堂下，还你的店饭钱，无奈何只得来卖他。摆一摆手儿你就牵去了罢，但不知此马落在谁家”。其唱法，为“店”字下加“嘞”字，“东”字开口放音，“不由得”三字，平平而出，“如麻”以下之腔，落第三眼，“此马”以下之腔，落板上，“兵部堂”之“兵”“部”两字，变音，唱时，有如“兵嘞部哦”，“还你的”之“你”字，变音，加“吓”字。如此等等，在学谭者，皆极力模仿，但无论如何努力，以形式言，绝对相同，而他人听去，一听而知为赝鼎，可断言也。此其例证，不胜枚举。

精神难学

记者问：模仿各伶之唱，听者一听而知为赝鼎。容系模仿功夫，尚有未尽妥善之处乎？

言答：此种意味，完全为神理问题，在形式上，无可捉摸。质言之，形式方面，纵能尽善尽美，而精神方面，确有不可以道里计者。今即以谭鑫培之一段

《卖马》而论，在模仿者，努力十年、二十年，以尽善尽美，无以复加矣。试以胡琴合之，与谭鑫培之腔之板，完全相同也。更开留声机，放其《卖马》之唱片，而由模仿者，在旁合唱。其剧词，其唱法，其咬字，其尖团，其平上去入，二者亦完全相同也。但由模仿者单人歌唱，则又一听而［觉］其无当。譬之写字，以白纸覆于碑帖之上，按照原来状态，一一描摹其笔画。为点，为横，为竖，为钩，为撇，为捺，一一相同也。但揭开白纸，取描出之字迹，与碑帖之字迹，互相对照，则二者相差，又不可以道里计。不然，碑帖之为碑帖，尚复有何价值？尚有何名贵之可言乎？

有学力无天才终难成为名伶
孙菊仙之字音属于最大短处

天才最重

记者问：模仿名伶，形式方面，无论如何酷肖，而精神方面，总相差太远。其理安在？

言答：唱皮黄，用功练习，努力揣摩，固不可少，而天才问题，乃占重要成分。本人尝谓：学皮黄，其无研究、无真确传授者，无论矣。其得到真确传授，又有深刻研究者，此类人物，尚可分为三种：一、真正名伶，成为伶界杰材者；二、规模具在，工力尽有，迄难掀露头角者；三、知其方法，而不能上口，一上口，即令人可笑者。大抵，一代名伶，不可多得。除此以外，往往有若干之伶人，以年事久远，屹然为老资格。但教他人唱、充教师则有余，自行登台，作演员则不足。凡科班出身之老伶工，有日暮途穷之感者，大半属于此类人物。至于能说而［不能唱］者，乃最为众多。凡听戏较多，而富于研究性者，皆属之。故无事闲谈，鄙视汪桂芬[1]、诽谤谭鑫培者，大有人在。及粉墨登场，又荒腔走板，手足无措。不然，或且上得台去，张口结舌，面红耳赤，不能成一字：此无他，天才所限，人力无法企及耳。

（1）原文作“汪桂芳”。

模仿昔人

记者问：言君论，今日唱戏，非模仿昔日名伶不可。然则，今日之唱老生者，非模仿谭鑫培不可乎？

言答：皮黄老生，其过去人物，屹然为名伶者，最古者为程长庚、余三胜、张二奎。此三人者，各成一派。程长庚为徽派，余三胜为鄂派，张二奎为北京派，各有韵味，各有长处。而其人早已死去，究竟如何，乃无可寻求。此三派以下，为汪桂芬[2]、谭鑫培、孙菊仙。此三人者，派亦各成一派。汪桂芬为徽派，谭鑫培为鄂派，孙菊仙为津派，亦各有韵味，各有长处。孙之长处，为腔调淋漓甜畅，有天马行空之概。

但其咬字，则偏于天津口音。而皮黄之在中国，已成一种之国剧，偏用天津口音，乃无普及之希望。故孙之字音，属于最大短处。汪之字音，以徽音为主。规则谨严，行腔亦极动听。不过，汪氏逝世较早，吾人于其遗响，已无处寻觅。惟谭氏死去以前，吾人相对有所玩索。故吾人之学谭，乃钦其字正腔圆，比较又可模仿其梗概。遽谓谭氏以外，其他皆不足模仿。吾人亦不敢下此断语也。

(2) 原文作“汪桂荣”。

唱戏所有行腔以字音为根据
皮黄用湖北音并非普及问题

分派原因

记者问：同是皮黄，何以又分三派？

言答：所谓派者，读音不同，故腔调各异也。当年，徽班入北京，有程长庚者，为安徽人。故其唱戏，以徽音为主。余三胜为湖北人，故其唱戏，以鄂音为主。张二奎为北京人，故其唱戏，以北京音为主。而唱戏之行腔，要以字音为根据。字音高者，行腔亦高，字音矮者，行腔亦矮。北京音韵，比较高扬。故以北京音为主者，其行腔亦极高扬之能事。安徽音韵，比较强硬，故以安徽音为主者，其行腔，亦尽刚劲之特长。湖北音韵，比较平善，故以湖北音为主者，其行腔，亦低回无限，成为一种靡靡之音。老三派不同之点，即在于此。厥后，新三派者出，汪桂芬宗徽派，为程氏之传人。孙菊仙宗北京派，因惯用天津乡音，虽隶属于张氏系统之下，而只成其为“老乡亲”。谭鑫培本鄂人，虽生于北京，长于北京，而其家庭中人，则完全用湖北语。故谭得为余派传人，而以鄂音享名。因谭之为人，长于戏剧天才，其腔调，可谓集诸家之大成。至今谭派人物，多于过江之鲫者，职是故也。

韵味浓厚

记者问：唱皮黄，以用鄂音者为多。不然，即谓为倒音。岂鄂音比较普及，听者无论籍贯如何，皆易于了解乎？

言答：此项问题，颇多聚讼之处。吾人觉普及问题、易于了解问题，乃非绝对理由。譬如吾人说“今天”二字，在吾人听去，以为极易了解矣。然而，山西人、陕西人、江苏人、浙江人、广东人、福建人，听此“今天”二字，亦不能了解也。故字音问题，只有相对之普及，并无绝对之普及。遽谓鄂音可以普及，故一般唱戏者，一律奉为根据，殊属不通之论。实际上，鄂音比较平善，取为根据，韵味始觉浓厚而悠长。此种意味，可以意味，可以意会，不可以言传。此外，谭之字音，既以鄂音为主，故所谓集诸家之大成之腔调，始能运用自如，无所所扞格。谭派之所以普及，其中自有若干之原因，一言难尽。不过，汪孙两派之能独辟门户，其中，亦当然各有妙谛，未可一概抹煞。本人每谓“宽宏量大”之“宏”字，以鄂音唱来，故韵味浓厚，以徽音唱来，亦殊入耳可听。(3) 必谓非宗鄂音不可，吾人亦不敢武断也。

(3) 此节所谓“宏”字“鄂音”“徽音”唱法，即戏班所谓之“低阳平”“高阳平”唱法，湖广音为“低阳平”，中州韵或京音为“高阳平”。因程长庚为安徽人，故一般谈剧者附会其为“徽音”，实则程氏坐科于河北保定昆班（见《程继先访问记》篇），其唱念字音仍属中州韵。

谭鑫培为鄂派系指读音而言
今日之大杂拌并非道集大成

道集大成

记者问：谭鑫培之戏，佥谓系集诸家之大成。然则，何以又为鄂派？

言答：鄂派者，指读音而言也。鄂派读音，无论为唱为白，总以与鄂人说话之音相近为主。至于行腔，则各派有各派之长处，各人有各人之韵味。谭鑫培之唱戏，除以鄂音为主外，所有腔调，概系旁搜博采而来。大抵，去其糟粕，存其精华。凡与鄂音相近，凡与鄂音相宜之腔调，无之不兼收并取，各个老［生］长处当然兼而有之。除［老］生，此之（外），凡黑净、青衣之腔调，可以采用者，亦在搜集之列。故谭氏之腔，可谓应有尽有，无美不收。究竟，其读音，则完全以鄂音为标准。故论谭氏者，谓其为集诸大家大成，而以根本言，仍不失为鄂派正宗传人也。

非大杂拌

记者问：兼用众人之腔，萃于一身。此种办法，不仅谭鑫培一人为然。然昔日之谭鑫培，则谓之为集诸家之大成，今日之集诸家之大成者，又谓之为“大杂拌”。同是兼用众人之腔，萃于一身，而一般舆论，则显然不同。其故何耶？

言答：吾人平心而论，昔日之谭鑫培，旁搜博采，兼收并蓄，谓之“大杂拌”本无不可。今日之某甲，东涂西抹，无派别之可言，谓之为集诸家之大成，亦似可以成立。究竟，吾人非好为苛论。昔日之谭鑫培，确系道集大成，无怀疑之余地，谓之为“大杂拌”，似乎唐突贤者。今日之某甲，确系“大杂拌”，无揄扬之可能，谓之为道集大成，又似乎急不择言。盖佛头着粪，固属罪过，而沐猴而冠，又未免侮辱人类也。原因道集大成之意，其所资为模范者必皆为名人哲士，不然即不足以言“大成”。“大杂拌”之意，其所模仿者，必皆为不堪承教之流，不然，亦不成其为“大杂拌”也。当年，谭鑫培学戏之时，一般老成人物，各为岸然名家。譬之书家，非颜真卿，即柳公权；非欧阳询，即赵孟頫。学书法者，兼得其长，则为道集大成矣。至于今日之时代，一切所谓人才，非驴三，即马四；非狗七，即猪八。于此时期，乃云兼采众人所长，结果所得，几何不成其为“大杂拌”耶？吾人此言，乃由衷之论，非谑而近虐也。

谭鑫培之短处亦可谓为长处
言之模仿谭派并未当面受业

道大无名

记者问：谭鑫培之长处，仅在以鄂音为主，而能集诸家之大成乎？

言答：谭鑫培之成名，其长处，固至极博大。然其短处，亦可谓为长处。谭鑫培之短处为一、身量矮小；二、面貌瘦削；三、嗓音软弱。有此三点，在当年之老生人才中，遂最为劣等资质。盖当年之老生，身材须魁梧，面貌须丰隆，嗓音须洪亮，三者缺一，皆非全材。谭鑫培乃兼而有之，其无法出奇制胜，亦吾人意料之中矣。但谭之为人，可谓聪明达于极点。身量虽矮小，然文武靠把，一律兼工，做派表情，极活泼之能事也。面貌虽瘦削，然扮为老［生］者，极清癯苍劲之能事也。嗓音虽软弱，而长于运用，工于行腔，以走低音，为一般人所欢迎。所谓软弱者，正所谓靡靡之音，而为戏曲音乐之特殊韵味也。大抵，谭鑫培之唱戏，道大，无能名焉。必欲加以批评，乃无法以寥寥数语，形容尽致。通常论名伶者，每曰：咬字好，行腔好，念白好，做派表情好，以及台步、身段、扮相种种好。然取而论谭，则不知所云也。

私淑谭氏

记者问：言君为谭派老生正宗传人。然则言君曾执贽于谭鑫培之门，受业为弟子乎？

言答：一般学谭者每谓曾受业谭氏。其实，有两种之重大原因：一、名伶教人唱戏，任何人亦所不愿。且谭氏之为人，性情乖僻，而非常懒惰。欲其教人，万难办到。本人虽酷慕谭氏之艺术，欲受业为弟子。而本人自维：以本人之声望，以本人之势力，以本人之金钱，皆不足以动其心。本人自知无希望者，乃不作此非分之希望；二、学戏，与读书不同。读书人学写文章，非请业师为之讲授不可，非请业师为之改文不可。至于学戏，规则具在，凡有戏剧常识者，类能知之。韵味云云，完全由于吾人之自由玩索，自由领悟。且名伶上台演戏，其唱，其白，其咬字，其发音，其做派，其表情等等，一律公开，无所遁藏。名伶演唱于台上，座间之有志学戏者，即皆为受业之学生。所费票价，即不啻一种之学费。谭鑫培虽不肯教本人，而不能禁止本人之听戏。故本人之学谭，乃在座间听戏得来。谭生前，每一出演，本人必追逐玩索。经营十年，于谭之梗概，亦可相对了然矣。

名伶之弟不必皆成为名伶
言在幼时专［听］贾洪林刘春喜

口授无益

记者问：模仿名伶，口授与私淑，有无不同之处？

言答：模仿名伶，有私淑者，即有亲受教益者。以表面言：私淑者，似难得个中三昧，而亲受教益者，似可得到所谓真传矣。究竟，名伶之戏，得于书法，□之碑帖。碑帖之笔意，任人模仿，名伶之戏，亦任人模仿。历代书家皆由模仿碑帖而来，未闻书家之子孙门徒，为书家也。所谓口授云云，无非教其执笔之法，用笔之道。至于书法之神理，则在学者之自由玩索，自由领悟。后之学书者，虽未得前代之书家之口授，而但能执笔，但能用笔，于书法之神理，尽可于碑帖中，自由玩索。故历代书家，不必互有师徒关系，亦不必互有父兄子弟关系。而书家之门徒，书家之子弟，往往因天才所限，不得成为名书家。学戏亦然。所谓口授云云，不过教其咬字、换气之法，至于唱戏之韵味，亦在学戏者之自由玩索，自由领悟。一般学戏者，虽未亲得名伶之口授，而但能咬字，但能换气，而腔调之韵味，尽可于戏台之下自由领悟。故历代名伶，不必互有师徒关系，亦不必互有父兄子弟关系。而名伶之门徒，名伶之子弟，往往因天才所限，不得成为名伶。原则如此，则私淑与口授云云，殊属不成问题也。

幼极恶谭

记者问：言君自幼，即酷喜谭腔，而有模仿之决心乎？

言答：本人家世皆为外行，盖皆为听戏人，而非唱戏人也。本人在十一二岁以前之孩童时代，因常识不充，当然不足以言听戏。忆六七岁时，随先人入戏园听戏，见大花脸出，一声断喝，则惊惶失［声］，面目变色，或且匿于先严之怀际，大嚎不止。此其时期，无问题之可言。迨年事渐长，至十二岁左右，即听戏，且喜听老生，程度过于幼稚，无辨别优劣之眼光。此一时期，约三四年。其所最崇拜者，乃为贾洪林，为刘春喜，所最恶者，则为谭鑫培。先严带使入戏园以前，本人必先询为听何人之戏？先严谓：听贾洪林，听刘春喜，固欣然愿往。倘谓为听谭鑫培，本人即大呼“不去不去”，且曰：“听谭鑫培，无味不过瘾。”其□之意，甚为坚决。其实当时，本人已能随口唱西皮二黄之类，但程度不到，遂有此种谬误观察。至今思之，实可笑也。

言在幼时喜火炽而痛恶委靡
程度渐高乃渐知崇拜谭鑫培

谬误见解

记者问：言君在幼年，喜听贾洪林与刘春喜，而恶谭鑫培。其故何耶？

言答：本人在十二岁至十六岁之间，一方面喜听戏，一方面尚于票房中走票。但所最崇拜者，为贾洪林与刘春喜，所最恶者，乃为谭鑫培。当时，一般谈戏者，颇谓本人为不懂戏，故有此种谬误见解。本人则极表反对，谓众人颠倒黑白。其理由为听戏，不过取乐。贾洪林之戏，痛快淋漓，刘春喜之戏，非常火炽。我听之，感觉一种之愉快。可供人取乐者，当然属于好戏。贾洪林之痛快淋漓，刘春喜之异常火炽，可以供我取乐，亦即属于好戏。反之：不能供人取乐者，当然为不好之戏。谭鑫培之戏，委靡不振，我听之觉恹恹欲睡，必欲谓其有味，乃觉无味可寻。本人之此项见解，恒三四年，坚决不变。故随先严听戏，为贾洪林与刘春喜，则欣喜欲狂，为谭鑫培，则厌恶之意，见于辞色。先严百般譬喻，戚友多方劝解，迄无少效。愈谓本人为不懂戏，本人则谓众人为不懂戏。以为好恶不同，无妨各行其是而已。

心理转移

记者问：言君由反对谭鑫培，一变而崇拜谭鑫培，其过程可得闻欤？

言答：本人十六七岁左右，戏剧之知识，稍稍进化。先严率其听戏，值谭鑫培出场，其一动一唱，一调一腔，先严必细为解说。且曰："戏剧者，须有余味可寻者也。谭之字，最为中正，谭之腔调，最为圆润。有时而简净苍老，有时而曼妙多姿。表面听去，觉无甚出奇，而仔细玩索，乃余味无穷。往往一字一腔，韵味全在神理之中。粗心人听去，率忽放过。在懂戏者，乃觉如食蔗糖，其甘如饴；如食燕翅，其风味，蕴藏于清淡之中。彼贾洪林，彼刘春喜，在食品中，不过咸菜窝头，有粗枝大叶之感。所谓有力之处，言酸，则为山西醋，可以使人倒牙；言辣，有如小青椒，食之满口生痛。"有此种种解说，加以本人之嗜戏程度，亦逐渐提高。以后，对于谭鑫培之戏，细加玩索。阅日既久，不觉愈听愈佳。凡听戏，即非谭鑫培不可。本人至此时机，亦有人劝使听贾洪林、听刘春喜，乃深恶而痛绝焉。

字不能正者其腔调即不能圆
尖团之分系国语之当然读法

字正腔圆

记者问：谭鑫培之唱戏，其最大长处，可以简单言之乎？

言答：谭鑫培之唱戏，虽云其道至大，无能名焉，而简言之，要可一言蔽之曰字正腔圆。此“字正腔圆”之一语，至今谈戏者，乃为一种之口头禅。欲捧某一伶人，则曰字正腔圆。其实，字何以正？腔何以圆？乃无人细加玩索。吾人严格立论：谈何容易字正？谈何容易腔圆？字正者，然后可以言腔圆，腔圆者，其目的，亦只在求字正。字不正，则腔无由圆，腔不圆则字不能正。盖吾人唱戏，表面言之：所唱者为腔。而实则所唱者，乃为字。故唱戏以前，所最宜注意者，为某字应如何读音。而所谓读音，即唇齿喉舌，须能分别清楚。平上去入，须能支配停匀。所谓尖团字，即唇齿喉舌，不许混淆也。所谓单双音，即平上去入，不许错乱也。此外，其平上去入，在谭派读法，又为绝对之湖北读法。如此，咬字读音，既告妥当，唱戏时，不过顺读音之必要，斟酌唱为种种之腔路。总之，无论有腔无腔，字音非准确不可。字音既告准确，腔调又能圆润，而唱戏之能事毕矣。

并不秘密

记者问：一般梨园界人对于尖团字问题，非常重视。在个中老手，往往认为秘诀，不肯轻易传人。此尖团字云云，果为一种之秘诀乎？

言答：吾人唱戏，所谓字音问题，仅知用国语发音之法，参上湖北之平上去入及读法。至于尖团字问题，可不必过问。如“明”读如“民”，“程”读如“陈”，“生”读如“申”，“京”读如“今”，“可”读如“阔”，“北”读如“白”，“百”读如“ㄅㄛ”[4]，此参用湖北之读法也。除此以外，其唇齿喉舌之运用，大部分以国语读法为主。所谓尖团字云云，乃为国语之当然读法。读字而恰如国语，尖团字自然分明。读字而不合国语之读法，即为尖团不分。如“前”“钱”为尖字，“乾”为团字。在国语上，“前”“钱”之注音，为“ㄘㄧㄢ”，“乾”之注音，为“ㄑㄧㄢ”。[5] 又如“修”是尖字，［“休”为团字，］在国语上，“修”之注音，为“ㄙㄧㄡ”，“休”之注音，为“ㄒㄧㄡ”。[6] “箭”为尖字，“见”为团字，在国语上，“箭”之注音，如“ㄗㄧㄢ”，“见”之注音，为“ㄐㄧㄢ”。(7) 国语，为公开的学识，吾人求字正而已，何必问［何］为尖团字？又何秘密之可言乎？

(4)“ㄅㄛ”，汉语拼音为 bo。

(5)“ㄘㄧㄢ”“ㄑㄧㄢ”，汉语拼音为 cian、qian。

(6)“ㄙㄧㄡ”“ㄒㄧㄡ”，汉语拼音为 siou、xiou。

(7)“ㄗㄧㄢ”“ㄐㄧㄢ”，汉语拼音为 zian、jian。

粗细之细唱戏之戏字音迥异
大处人人注意小处易于忽略

当然读法

记者问：颇有人谓，尖团字，其中有若干之神秘，完全由心传口授而来，并无理由，可资研究。即如“粗细”之“细”字，在唱戏规则上，为尖字。又如“唱戏”之“戏”字，在唱戏规则上，为团字。若颠倒错乱，识者即引为笑柄。有人谓：某名武生，念“说书唱戏”之“戏”字，念为尖字。梨园行人，乃物议繁生。究竟，此类之尖团字，尚有理由之可言乎？

言答：本人适言，尖团字之分，本为国语之当然读法，决无任何神秘之可言。一般人说话，以至真正之北平人说话，本与国语相近。不过，通常说话之际，口齿方面总不甚着力，于是尖团混淆，“细”“戏”不分。“粗细”之“细”，以及“唱戏”之“戏”，竟属字异音同，殊无区别。其实，皆说话时，不甚注意之故。在国语读法，根本迥不相同。“细”之注音，为“ㄙㄧ”，“戏”之注音为“ㄒㄧ”。[8] 由“ㄙ”发音者，当然为尖字，由“ㄒ”发音者，当然为团字。原则如此，一查字典便知。有何神秘之可言？有何心传口授之可言？

(8)“ㄙㄧ”“ㄒㄧ”，汉语拼音为 si、xi。

宗法谭氏

记者问：言君于留声片中灌有一面《御碑亭》，其中“又谁知半途风波生”一句，唱法奇特，与一般人迥异。依一般唱法，“风”字由板上起，经过一板以后，应由中眼出“波”字而以“生”字落板上。言君板法，乃于“风”字由板上起以后，经过一板，经过中眼，仍不出“波”字。直至中眼过去，约在中眼之后，板之前，出“波”字。此“波”一出，即接出“生”字。则此“波生”两字，其中并无距离。谓为同时出口，亦无不可。此种唱法，为通常现象所无。言君之唱法为此，其故何耶？

言答：此等小处，在一般人，并不注意。听戏者，多忽略过去，唱戏者，亦遂不加研究。其实，唱戏之韵味，不在大处，而在小处，因大处人人注意，不足为奇，小处易于忽略，始见功夫也。当年，本人听戏时，极注意者，乃为此类小处。而所得于谭氏者，如此小处乃甚为繁多。盖此“风波生”之唱法，系当年谭鑫培之唱法，本人记之，故本人摹之。他人不作此种唱法，乃为忽略所致。本人不自我作古也。

正板尺寸太慢双声不甚分明
原板比较最速往往两字紧连

同为阴平

记者问：《御碑亭》之“风波生”三字，以“波生”二字齐出，系当年谭鑫培之唱法。究竟，此种唱法，尚有理由之可言乎？

言答：所谓名伶，唱之于前，而吾人奉为蓝本，摹之于后。其中，当然据有一种理由。不然，昔日名伶，固不肯如此歌唱，而吾人亦不肯奉为蓝本，依样葫芦。原因此类剧词，以原理言，为一种之“双声”字。所谓双声者，两个紧连之字，同为一种之音韵，或同为阴平，或同为阳平也。双声之例，甚为繁多。如《捉放》之“陈宫心中乱如麻”，此“如麻”两字，同为阳平，为双声。故唱时，“如”字在中眼，“麻”字嵌于第三眼，取其紧连也。又如《朱砂痣》之“莫不是嫌我老难配鸾凰”之“鸾凰”两字，亦同为阳平，为双声，故唱时，“鸾”字在中眼，“凰”字嵌第三眼，亦取其紧连也。但两段之板名，为正板。换言之，为慢三眼。其紧连程度，尚不甚急促。至于原板，则比较急促，而可以显然看出双声字之唱法矣。

两字紧连

记者问：原板中之双声字，比较最紧连，而最易看出者，有何种例证？

言答：原板中之双声字，唱来最为急促。骤听之，几为同时出口。其实，原板之尺寸最速。所谓紧连之处，无非以尾一字落板上，前一字嵌于眼后板前。又或以前一字嵌中眼，尾一字嵌板前眼后。即如此《御碑亭》之“风波生”之“波生”两字，同为阴平，为双声。则系以“生”字落板上，“波”字嵌于板前眼后中。除此之外，如《南阳关》之“叹双亲不由人珠泪双抛”之“双抛”两字，亦同为阴平，为双声。则系以“双”字嵌中眼，“抛”字嵌眼后板前者。一般听戏者，听此“波生”两字，以及“双抛”两字，因其极端急迫，并无距离，遂疑同时出口，无所安顿。实则此种唱法，因事实之必要。乃极端严格。非如外江派之故作奇腔，以资惊世骇俗者。而双声之两字紧连，遂为唱戏之一种原则。惟西皮慢板，因尺寸太慢，乃无双声之唱法。如《空城计》之“博古通今”之“通今”两字，本同为阴平，为双声。必欲两字紧连，乃无法歌唱，亦无前例之可援也。

唱戏行腔须曲折可婉忌直率
双声齐出既不倒音又可成腔

腔须曲折

记者问：凡双声字，非紧连唱出不可，此何故耶？

言答：凡双声字，须紧连唱出。此种方法，乃为一种之原则。而所谓原则云云，当然自有一种之理由。盖唱戏，以读音为主。唇齿喉舌，如何发音，固不容舛误。平上去入，音阶高矮，亦不许混乱。而依唱戏惯例，每一句之戏词，或为七字，或为十字，总之，其音韵之高矮为曲折的，而非直率的。上一字高的，下一字即矮，上字矮的，下一字又高。如此，委曲转折，摇曳生姿，始成一种之腔调，始成一种之歌声。有时，若上一字过高，下一字过矮，唱之不易成腔。必于两字之间，赘以若干之曲折腔路，以期过渡。如《乌龙院》中之"莫不是马二娘打骂你的身"一句，"马"字，为上声，最高，"二"字为去声，曰（略）矮，其下之"娘"字，为阳平，更矮，由此"马"字，唱至"二娘"两字，乃非常艰难。于是唱此一句时，于"马"字之下唱为极长之行腔，落"二"字后，急出"娘"字。有此一腔，本系无办法之办法。然听者对之乃认为一种之妙腔，唱戏之以曲折为主，于此亦可概见。

不致倒音

但双声之字，以两个同声之字，上下接连，若依行腔规则：上一字高，则下一字矮；上一字矮，则下一字高。此两个字音，必有一个倒音。在唱戏中，属于大忌。又若依读音规则：平上去入，不许混乱。此两个字音，非各读本音不可。而两字平唱，又不能成腔。盖两个相连之字，若平平唱出，又与念书之意味相同矣。有此两难，故遇双声之字，使其急促紧连，一齐唱出。如此唱法，既不倒音，又可成腔。两全之策，莫善于此。至于慢三眼中之双声，如上述《空城计》中“博古通今”之“通今”两字，因尺寸太慢，无急促紧连之可能。依原则唱法：嵌“通”字于中眼，以“今”字落板上，“通”“今”两字之中，尚历一个慢眼。但事实上，殊无何等之障碍。此则情形不同，事当别论。盖“通”“今”两字之中，既历一个慢眼，则吾人唱时，尽一于“通”“今”两字之中，加一小腔。即出“通”字后，急低降其小腔，至唱“今”时，再行返高。“通今”两字，本同为阴平，但加此一小腔，使其低降，不啻于两个阴平字之中，加一较矮之字音。亦自成理由，不可一概论也。

咬字可宗国语发音必用鄂音
谭鑫培之家庭通常说湖北话

咬字较易

记者问：所谓咬字，凡唇齿喉舌，由何处发音，可于国语读法求之。至于平上去入，于音韵书籍中求之。可乎？

言答：咬字一道，凡唇齿喉舌，如何发音问题，当然应以国语读法为根据。至于国语云云，又与北平口音，极相近似。故北平人唱戏，口音比较正确。惟“明”“程”“行”“京”一类之字，改读人辰辙，大体即可不舛。余如“可”“黑”“白”“北”“百”一类之字，非读如鄂音不可。其事亦甚简易，不甚困难。而北平人唱戏，乃为一种之天然利益。不过，此为读音问题。至于发音，因韵味问题，非用鄂音不可。而湖北与北平远隔两三千里，湖北之口音如何，在北平人，乃无由知悉。以北平人，模仿湖北人发音，一字一字，不许舛误，稍有不言，即为倒音。此项问题，遂为梨园界人所共同注意。盖平上去入，虽一一载于音韵之书，但各处乡音不同，其读平上去入，亦自成韵味。同为平声，北平人读法，与湖北人读，乃相差悬远。上与去入，其道亦然。故发音一事，乃无法于书册中求之者。其难处，亦在是也。

发音最难

记者问：北平人唱戏，而欲模仿鄂音。书册中既无法寻求，则于何处得之？

言答：此项问题，有关唱戏艺术者甚巨。伶人之能否成名，亦即视此为断。大抵当年，余三胜为鄂人，其平时说话，亦即用鄂音。唱戏之际，欲用鄂音，当然随口唱来，自然入妙。此下，谭鑫培之父，亦为鄂人。其家庭中，经常说话，所用者，亦为湖北口音。谭鑫培虽生于北京，长于北京，其口音，完全为北京口音。但在家庭中，听湖北话，亦已烂熟。且唱皮黄原则，须用国语字，固属天然能力。而用鄂语发音，亦系天然技能。谭鑫培之得享大名，得为谭派教主者，其最大原因，亦即在此。谭鑫培以后，凡摹谭派者，于发音之法，可分三种来源：一、于观聆谭氏之歌唱，一一谨记其发音之法；二、转求之于老年伶人，一一为之口授；三、遇湖北人说话之际，一一揣摩其音韵之神理。大抵，一般学谭人物，不外此三种方法。其中，要各有得失，则视学戏人之天资为何如耳。

摹谭之口音以亲聆谭唱最佳

众中选将惟余叔岩倒音极少

各有得失

记者问：研究湖北音字之法，须有相当来历。一、亲听谭氏之歌唱；二、得之于老成人物之口授；三、注意湖北人说话。此三种方法，孰优孰劣？孰难孰易？

言答：此三种方法，各有得失，各有难易。以难易言，亲听谭氏之歌唱，似为简单方法矣。但发音之难，难于文字太多。吾人通常唱戏用之文字，至少在三四千字以上。各个之文字，有各个发音之法。摹谭者，欲于各出之戏，完全无遗，各个文字，准确无舛。以事实言，以脑力言，各有种种之困难。向老成人物求教，似为补助吾人学识之方法。然所谓老成人物，有一技片长，大抵秘而不传。则字字向老成人物求教，不惟不易获得，抑且求不胜求矣。注意湖北人说话，似为直接方法矣。但吾人为北平人，欲经常与湖北人谈话，亦不易得到机会也。再以得失言，湖北人说话，字音虽不舛误。然用于唱戏，如何而运用，则在吾人之取决也。老成人物之谈话，虽多所根据，然耳音有限度，脑力有限度，容有差之毫厘，谬以千里之处也。故比较言之，惟视听谭之歌唱，字音既不舛误，抑且成法具在，吾人易于模仿。惟谭氏早已作古，遗响已归消灭。留声片所存，不过一鳞半爪。故模仿谭之口音，乃成不易办到之绝大问题。

余为俊杰

记者问：余叔岩与言君，皆谭派传人。则余叔岩与言君之于谭之口音，果由何处学来？

言答：唱戏原则，不许倒。严格立论：除谭鑫培以外，后之学者，可谓无不倒音者。不过，众中选将，求倒音极少者，惟余君叔岩，为差强人意。盖其发音既极近是，行腔又最合拍，神理宛然，韵味浓厚。至于余君之用功，则与本人相同。当年，谭鑫培在世时，每一出演，本人在座，余君亦必在座。竭十余年之揣摹，始有今日成功。此外，余君因先世为湖北人，故余君之家庭中，不时有湖北戚友，常相往来。于是余君之技，乃称个中俊杰。至于本人，根本为旗籍人。所有发音之法，完全得之于谭氏歌唱之际。本人之意，极愿与湖北人往还，一一听其乡音，著作有力之参考。

而事实上，本人竟无湖北籍贯之友朋。事与愿违，亦无如之何也。

唱戏与说话不同多类似倒音
《武家坡》之“不由人”三字有问题

不许倒音

记者问：唱皮黄，以用鄂音为主。稍有不合，即为倒音。然则，谭鑫培唱戏，决无倒音之弊矣？

言答：唱戏，依湖北音，不许倒音，此为原则。故谭鑫培唱戏，决无倒音之事。不过，唱戏，究与说话不同。说话情形，每出一字，即为一个之字音，与上一字之音，下一字之音，不相连续。故各字，非常工稳。至于唱戏，每句总有若干之字。此一句之中，若干之字，连续唱下共为一个之腔。本人适言：行腔规则，各个之字总须一高一矮，一矮一高。曲折起落，始能成为一种悦耳之腔路。有此原因，故每唱一字，与上一字之余音，及下一字之起音，各有连带关系。若上一字高，下一字矮，则出下一字时，最初不免尚为高音。此为事实所限，无可抗争。如《乌龙院》“又听得众宾朋说短道长”之“宾朋”两字，“宾”字为阴平，最高，“朋”字阳平，最矮，而“宾朋”两字，又相紧连。于“众”字行腔之下，急出“宾朋”两字，此“宾”字，当然为高音。惟出“朋”字时，当最初出口之际，类似阴平。不过，一出此阴平之音，乃又急转入阳平。如此唱法，即为不倒音。而所谓“不倒音”者，意义即在此。

事实所限

字出口之际，并非阳平，属于倒音。此种口吻，又未免近于胶柱鼓瑟，失之不通。忆余君叔岩，与本人闲谈，据谓：谭鑫培唱《卖马》，于“黄大人”之“人”字，似倒音，唱为阴平声。其实，“人”字之上，为“大”字。此“大”字为去声。去声之字，比较极矮。“大人”两字紧连，上一字为去声，下一字为阳平字。[两]个矮音，仍（乃）无法行腔。依“行腔须曲折高矮相间”之原则，出“大”字后，于其尾音，非稍稍翻高不可。“大”字尾音既高，其趋势，几有阴平之意味。于是，出“人”字时，其最初出口之际，不能不读如阴平。但此阴平之“人”字，一出口，即急转为阳平。吾人听此“黄大人”之“人”字，就前半言，似为阴平，就后半言，又绝对为阳平。依唱戏读音之原则，只好如此。依“行腔须高矮相间”之原则，亦不得不如此。若竟诋为倒音，则《武家坡》“一马离了西凉界”以下，唱“不由人”时，几如“步又任”，遂有三字全倒之嫌。究竟，此“不由人”三字，不过出口之际，有如“步又任”，结果仍落“不由人”之本音，无所谓倒也。

谭鑫培仅于唱戏一道见天才
一般名伶论学识则太谈不到

但能唱戏

记者问：如言君所云，则谭鑫培之成功，得力于咬字准确、音韵恰当者，乃最占多数。然则，谭之为人，除其先世为鄂籍，故家庭之中，常用湖北语言，而谭氏所得鄂音，乃比较确切以外，岂尚富于学识，长于音韵研究乎？

言答：谭鑫培之为人，对于唱戏一道，则富于天才。于其他一切，皆所不谙。至于学识云云，音韵研究云云，乃太谈不到。不过一技之长，足以名家。谭鑫培长于唱戏，吾人不妨崇□其戏的能力。对于其他种种，可以不问。一般恒情，往往嫉忌为怀。见人长于唱戏，则曰“某某只会唱”，此种口吻，未免可笑。盖人生世间，不患长处不多，而患无一长处。有一种之长处，斯亦足矣，何必门门精通？事实上，亦无门门精通之可能也。今肄业大学者，学文科，于理科，则弃置不问也。学理科，于文科，又弃置不问也。学文科、理科，于博物，于医学，则又弃置不问也。反对者曰“某某，理学博士耳，他规其术，皆所不通也”，“某某，医学博士，其他学术皆所不通也”，如此论人，天地之大，乃竟无一有能力若（者）。是攻击人者，不惟不能攻击他人，抑且自贻不通之诮耳。

不谙学识

记者问：无学识者，不懂音韵学者，亦可成为名伶乎？

言答：今日之所谓名伶者，大抵，非科班出身，即世代以演戏为业之子弟。自幼，不过七八岁左右，即从事练习武打，练习腰腿功夫。以次，而练习唱歌，练习念白，练习做派表情，练习身段台步。除此之外，更无余暇可资研究其他学识，更无余暇，研究音韵之学也。故成为名伶以后，往往胸无点墨，目不识丁。纵能为人书扇面，或为人作画，皆事后自行练习。而伶人与学识，遂无关系之可言。其实，学戏，一切唱做合哭笑，皆可于规则中求之。若于人情世故，稍稍留心，能蜕化规则，以意变通，发于戏剧，即可成为头等名伶。至于咬字一道，与发音之法，不必求之于音韵之书。但于日常说话间，皆可随时留心，加以揣摹研究。所谓音韵之学，且不免迂腐无当。一般谈戏者，常谓“某某名伶，学识丰富，种（擅）长音韵之学”，此种言论，与事实相去太远。质言之，恭喜发□财而已。

唱戏于学问一道关系极密切 余三胜临时编词连唱二刻钟[9]

有关学问

记者问：然则，唱戏，无兼通学识之必要乎？

言答：唱戏，念剧词，考字音，以致探讨剧情之历史，在在与学问相关联。故唱戏人，有研究学问之必要。所谓口传心授，其弊有二：一、在教授人，非具体说明、巨细靡遗不可，稍有挂漏，在学戏人，即无法举一反三。若有相当学识，即可本其原理原则，概括其余。虽不教不学，亦可自行揣摩。即如所谓尖团字，在不通学问者，乃须一一说明，牢牢谨记。而在有学问者，一翻国语字典，即可了然。二、若教授方面，稍有错误，后之学戏者，必致愈错愈远。而在有学问者，尽可本文学眼光，纠正其错误。此外，关于戏剧方面，由心传口授，流传而来之固陋秘诀，有待改良者，其事正多。不通学问者，泥守前人成法，不敢越雷池一步，欲其稍加改良，乃决无希望。有学问者，以意变通，其事乃轻而易举。总之，唱戏之与学问，关系实至为密切。昔时名伶，对于学问一道，多有相当造诣。今日梨园界人，对于学问一道，往往格格不入。古今人不相及，亦无如之何也。

(9) 原标题为“唱戏于学问一道关极秘切，

余之胜临时论词连唱二刻钟”。

临时编词

记者问：昔时名伶，对于学问，多有相当造诣。有无显著之例证？

言答：当年，余三胜演《四郎探母》。戏码已到，而饰铁镜公主者，尚未到达。余三胜不肯延候，自行扮戏。且嘱后台管事人曰：“我先出场。旦角来时，可速化装。我缓缓而唱，不致误事也。”后台管事人曰：“若旦角延误太久，以他人顶替可乎？”余曰：“不许以他人替代，彼延误太久，我自有办法。”语毕，匆匆出台。其而，催戏者，骇汗奔走，而旦角久不至，余在台上，之唱“我好比”处，后台派人，至余之身旁，低语报称“旦角尚未来”。余颔之，缓缓而唱其“我好比”。继续编唱，新词杂出，连唱至二刻钟之久。最后旦角赶到化妆间，有后台派某，通知余氏。余始截止其“我好比”，按旧词唱下，旦角化装出场，恰无贻误。此一事也，在老于听戏者，类能道之。则余三胜之具有相当学问，亦可概见。不然，临时编唱“我好比”，至二刻钟之久，在无学问者，事实上，断难办到。该一僵局，即别无救济之法也。

今日之唱戏者使人不能暂耐
读祢衡之衡如行乃为大笑话

听无可听

记者问：昔时名伶，多于学问一道，有相当之造诣。而今日之所谓名伶，则又毫无学识，目不识丁。于艺术方面，有何种之影响？

言答：本人出身外行，换言之，在梨园界，为一听戏人，而非唱戏人。故吾人谈戏，无妨居于听戏人之地位。以本人听戏经验，觉从前之戏，各有可听之价值。以岸然名家言，谭鑫培、汪桂芬、孙菊仙，此为三教教主，各有其韵味神理，无可反对。等而下之，如贾洪林，如刘春喜辈，要亦各有其出奇制胜之处。吾人听去，总觉有味可寻。程度虽不齐一，究非毫无可取。再等而下之：刘景然，固一生以唱里［子］为职务者，然其歌唱之际，吾人听之，总觉大气磅礴，古意盎然。是一里子人物，亦非不堪入耳者。乃今日之梨园界，吾人一入戏园，但见其状态非状态，表情非表情。一开口，则倒字倒音之处，随时可以发现。必欲吾人入座听戏，乃不能暂耐，浑身难受。故近若干年以来，本人遂绝不听戏。且本人家中，如留声片、无线电收音机之类，皆所不备。盖听无可听，不如不听之为愈也。

阴差阳错

记者问：唱戏而不通学问，有何最大可笑之处？

言答：此类可笑之处，有一最大例证。《打鼓骂曹》之祢衡，在念白中，以及歌唱中，皆应读“衡”如“ㄏㄣ”[10]，人人辰辙。此种办法，乃为原则所许。但颇有一般之学老生者，读“衡”如“行”，以注音字母注之，为“ㄒㄧㄣ”[11]。或谓其错读字音，则曰“此唱戏秘诀也”。读“衡”，应读如“ㄒㄧㄣ”。吾人试思：“衡”之与“行”，相差太远，读“衡”如“ㄒㄧㄣ”，所谓秘诀者，果有何根据？其实，如此错误，乃有可笑之经过：盖从前戏词，概用笔抄录。“衡”与“珩”，字异音同，于是抄戏词者，往往抄“衡”为“珩”。依字音读去，本无舛误也。但唱戏者，因不通文义，见“珩”字，不识，乃读如“行”。入于戏中，又读如“ㄒㄧㄣ”，入人辰辙。于是辗转舛误者，居然自以为秘诀。此事，在梨园界，为一大笑话，顾一般文人，不知此义，尚有疑为真正秘诀，盲从而附和者。不识字、不通文义之弊如此。唱戏人出口，皆为文字，其阴错阳差之处，正复不知凡几也。

(10)“ㄏㄣ”，汉语拼音为 hen。

(11)“ㄒㄧㄣ”，汉语拼音为 xin。

言之为人一切富于革命精神
王长林主张走路不随他人后

坚决奋斗

记者问：今日梨园界，几于听无可听。然而，一种时期，自有一种之诸名伶。其势力，亦自普及一时。则居今日而唱戏，亦非迎合时下之潮流不可矣？

言答：人生世间，欲作一种之事业，非有一种之独立精神不可。本人自幼读书，长而入梨园界，碌碌迄今，两无一成。顾区区之志愿，乃无时而不希望革命。盖社会中之一切种种，往往因一般思想之谬误，往往因一般私欲之横流，大势所趋，演为不正常之畸形状态。则吾人但有一分思想，有一分见解，即宜本其奋斗精神，随时为之革命。不过，以谋生言，以发财言，以应付环境言，最好不加主张，迎合时下之潮流。正当不正当，虽为一绝大问题，而但能发财，但能应付环境，立足于纷争扰攘之社会，可以生活，可以养家糊口，斯亦足矣。必欲悬一目标，不顾一切，自由前进，乃至不惜奋斗，不惜牺牲。结果，成功者少，而失败者多。大抵富于革命精神，结果失败者，往往不惟不能发财，抑且无法谋生。故一时豪俊，多迫于生活，软化于时下潮流之中。其情其景，虽极可怜，而以事业言，以价值言，未免可耻太甚也。

自辟路径

记者问：然则，决心革命者，其思想如何？

言答：所谓革命者，不随流俗，自行开辟一条路径也。譬如一切众人，同向一个目的地进发。目的地虽同，进行之路径则异。有坐火车者，有乘轮船者。而且坐火车之中，有坐平汉车者，即有坐津浦车者。乘轮船之中有乘海船者，即有乘江船者。若欲迎合潮流，势非随众人之后不可。众人乘船，我亦乘船，众人坐车，我亦坐车。此种办法，未免太无意味。曩王长林先生有言："走路，最好自己找一条道路，不要尽跟别人走。要是大家同走一条大路，自以为得计。其实，如果行人太多，便可以挤下来。不如自己找路去走，走通了，该我一人走。即便有人，从后边追来。总之，我已走了很远，别人已追不上了。万一此路不通，落个失败，而以价值言，也不失为英雄，不失为好汉。"王先生此言，大足为一般事业界人，作一当头棒喝。本人对于其言，乃拳拳服膺，奉为终身圭臬。唱戏一道，其小焉者耳。

专听唱白可以表现喜怒哀乐
一切角色皆非注重字音不可

唱词最重

记者问：言君所言，人生做事，须独辟蹊径，不随流俗。而所谓“独辟蹊径，不随流俗”者，其意何居？

言答：本人之意，觉今日之唱戏者，往往不顾字音，专以行腔悦耳为能事。如此唱戏，不问某所唱之腔，是否悦耳，总之，其为失去唱戏本旨，则可断言。盖所贵为唱戏者，贵能表现剧情中之喜怒哀乐也。顾如何而可以表现喜怒哀乐，所仰赖于做派表情者半，所仰赖于唱词之能传达剧情者，尤属大半数。彼留声片，固除歌唱以外，无做派表情之可言者也。但若由真正名伶，灌为一出之戏剧。自始至终，有唱有白，其喜怒哀乐之情，自可于剧词之中，活跃涌现而出。在听留声片者，乃恍如置身歌场，亲聆其化妆表情之状态。此无他，其一字一音，明正准确。一切剧情，能全由剧词中，完全发挥，形容尽致。本人故谓：唱白在戏剧中，最占重要成分。所谓化妆表情云云，尚居其次。盖唱白之意义，以能字正为主。字而不正，乃等于不唱不白。今人不重视字音，本人则以字音为性命。所谓“独辟蹊径，不随流俗”者，亦即在此也。

字音宜讲

记者问：言君论唱戏，以字正为第一要务。不过，言君为老生人物，故立于老生之立场，坚持字正主义。而今日之唱戏者，惟老生一角，无论为优为劣，一律以字正为唯一标的。其程度如何，字音究竟是否正确，尚为第二问题。但除老生外，其余诸角，似俱惟腔是务，不问字音之是否正确。岂老生注重字音，而其他诸角，无妨有腔无字耶？

言答：同是伶人，同是唱戏。老生为伶人，以唱戏为业。其他，旦、净、丑、末，亦为伶人，亦以唱戏为业。本人所论：唱戏以字正为主，乃概括一般角色而言，非专指老生一门而言。原因老生唱戏，以有韵味为主，以使人了解为主。其他诸角，亦犹是也。若谓老生须字正，其他诸角，字可以不正。此种理由，其孰信之？彼唱小调者，以一个之腔调，概括若干之唱词。譬如“想起从前泪纷纷，老五从小苦伶仃”，为前两句之行腔，而“第一叹来养媳妇来做，养媳妇作人真真苦”，亦为前两句之腔。此后，凡若干唱词，亦皆为同样之腔。一鼻出气，工尺全同。此种办法，唱小调则可，唱戏则不行。不然，亦不成其为大戏与小调也。

旦角属于第二等级字音亦重要
轻嫩之与含混不能混为一谈

各角皆然

记者问：青衣一角，最重唱工。但青衣咬字，比较含混。且音韵问题，亦不甚讲究。有人谓：青衣之唱，只能行腔，不能以字为重。此说然欤？

言答：本人适言，唱戏一道，非注重字音不可。

一切角色皆然，不以老生为限。不过，老生之唱，比较普通。吾人随时随地，可以听到老生之腔调。然究人数既多，其中精义，自愈讲求而愈玄深。而除老生之外，依“生、旦、净、丑、末”之次序言，旦角地位，属于第二等级，吾人严格立论：唱净者，其有韵味处，全在字音之准确；唱丑者，求口齿之清朗，亦在字音之准确。所不同者，净角之白，往往适用北平土音，丑角之白，更以北平土音为最夥。故以湖北音韵言，不必完全相符。以此例之：旦角之白，亦多适用北平口音处。非如老生上台，无论为唱为白，皆非适用湖北口音不可。则旦角字音问题，似无绝对讲求必要矣。然而，青衣一角，以唱为重。平均言之：比之老生，尚为繁多。且以第二等级之地位，亦自有绝对讲求音韵之必要。不过，今日之旦角人才，往往不知音韵为何物。往往以字就腔，相沿成为习惯。一般人在此谬误现状之下，遂疑旦角一门，为可以不讲音韵者。剧事至此，尚复何言？

音韵为重

记者问：旦角之讲究音韵，可与老生相同乎？

言答：任何角色总须讲究音韵，此为原则。不过，身份不同，讲究音韵之法，亦即稍有歧异。即老生一角为老年人身份，故老生一角之字音，第一，须口齿之间，力量雄厚；其次，始为平上去入，不许错乱。至于旦角，根本为少妇或处女身份，其字音问题即与老生，相差悬远。大抵，旦角之咬字，以轻嫩为主。于粗重，乃有老辣之嫌。不过，轻嫩是轻嫩，含混是含混。若乃名曰轻嫩，实则含混不清，此又唱戏之大忌。不分生旦，难逃此项公例。此外，至于平上去入问题，然非准确不可。当今日之唱旦者，往往知有行腔，不知有平上去入。极而言之，其快板、流水之类，往往因字就腔，并不过问音韵。甲段唱词，与乙段唱词之工尺字，殊无任何之差别。老腔如此，新腔尤荒谬绝伦。若干旦角人才之中，竟无一是处，人亡政息，兹可概也。

《女起解》人人能唱而人人倒音
青衣满口倒音听之令人肉麻

一段快板

记者问：言君论，青衣之唱白，咬字固须轻嫩，发音不可不准。然则青衣之唱白，于平上去入，可以完全准确，不致有倒音之弊乎？

言答：通常唱青衣者，皆因字就腔，一若青衣一角，因于腔路，只好随方就圆，无法使之准确者。即如《女起解》一剧，凡唱青衣者，几于无人不能唱，无人不以此一剧，为开蒙之戏，而所唱腔路，大抵如出一辙。今以快板一段而论，其剧词为“苏三离了洪洞县，将身来在大街前。未曾开言心内惨，过往的君子听我言。哪一个去往南京转，与我那三郎把信传。言说苏三把命断，来生变犬马当报还”。此段剧词，依平上去入原则，“离”字为阳平，“将”字为阴平，“来”字为阳平，“在”字为去声，“大”字为去声，“街”字为阴平，“心”字为阴平，“过”字为去声，“往”字为上声，“君”字为阴平，“子”字为上声，“我”字为上声，“去”字为去声，“南”字为阳平，“三”字为阴平，“信”字为去声，“把”字为上声，“命”字为去声，“报”字为去声，此无可舛误者。而今日之唱青衣者，乃完全倒音。

倒音二十

“离”字唱为上声，“将”字唱为入声，“来”字唱为去声，“在”字唱为入声，“大”字唱为上声，“街”字唱为入声，“心”字唱为阳平，“过”字唱为入声，“往”字唱为阳平，“君”字唱为上声，“子”字唱为入声，“我”字唱为入声，“去”字唱为入声，“南”字唱为阴平，“三”字唱为上声，“信”字唱为入声，“把”字唱为入声，“命”字唱为阳平，“报”字唱为入声，此一段快板，寥寥八句唱词，而倒音之字，竟达二十个之多。且此二十字，尚举其比较彰明而较著者。其余，在似是而非之间者，吾人亦不必过于吹求。一段八句尚且如此，一出整戏，更可推知。一剧如此，他剧可知。人人能唱之戏尚且如此，故今日之剧界，倒音者已多，而青衣之倒音者，乃尤多。吾人听去，但觉满口倒音，浑身肉麻。本人谓：数年以来，不敢入剧园，不敢听戏。盖听而可厌，不如不听之为愈也。不过，唱青衣者，完全倒音，不足为奇。所奇者，一般唱戏人，以及一般听戏人，皆以青衣一角，为非倒音不可。此种口吻，则未免太奇耳。

今之名旦腔皆为现代新刑律 听戏人对于伶人有监督之责

新腔风行

记者问：今日之旦角，应讲音韵，而不讲音韵。凡唱旦人物，不知讲求音韵。一般听戏者，亦视为固然，不加讲求。其最大原因何在？

言答：此项原因，可分两端。一，今日之号称名旦者，群以行腔为务，不知音韵为何物，而既成名旦以后，即有其名旦之身份，有其名旦之势力。一般旦角人物，无所依据，亦遂以所谓名旦之腔路为准绳。吾人试入歌场听戏，其号称名旦者无论已，其非名旦而有志成名者，乃纷纷以模仿名旦为能事。彼其所唱腔路，不问是否佳良？不问是否妙合音韵？若竟无来历，则公认为不良。若某一句，某一腔，稍稍近似某名旦之腔路，则轰然叫好，为某派新腔。如此，则今日所谓名旦，其腔路一出，乃成一种之“现行新刑律”。而此“现行新刑律”之腔路，是否佳良？是否妙合音韵？亦遂无人过问。此项现状，风行一时。于是号称名旦者，自有操纵于上，一般后起人物，盲从附会于下。演成一“盲人骑瞎马，夜半临身（深）池”之势。盛世元音，不复发现于今日之舞台。此吾人以唱戏立场言、以听戏立场言，皆值得痛哭流涕者也。

监督之责

记者问：言君论，今日之名旦，自由造为新腔，皆成“现行新刑律”。名旦而不讲音韵，一般唱旦者，亦即不知讲究音韵。极而言之：知讲求音韵，亦不敢讲求音韵。故今日之旦腔，竟无可听者。此项原因，为原因之一。此外，尚有一个原因，为何种之原因？

言答：伶人之是否佳良？音韵之是否准确？伶人自身，虽负重大责任，而在听戏人，亦负有同等之重大责任。譬之中央委员会，有执行委员，即有监察委员，执行委员固不可少，监察委员亦不可无。执行委员而倒行逆施，监察委员即宜起而纠正，起而弹劾。不然，在监察委员，即为放弃责任。唱戏者唱于台上，听戏者监察于台下。听戏人，对于唱戏人，有三种之处分：一、喝彩与倒彩；二、静听与离座；三、捧场与不买票。唱而佳，即买票入座，屏息静听。最佳，或为之喝彩。唱而劣，即不喝彩，或竟喝倒彩。其甚者，离座而去。以后，且永不买票。凡此三者，在今日之听戏人，乃失其处分之道。换言之，即为失去监督之责。不然，亦无以造成今日之梨园之现状也。

听戏人不辨优劣乃养成名伶
净角若妙合音韵比较尤动听

养成名旦

记者问：听戏人对于唱戏人，如何而可实行监督？

言答：本人适言，听戏人对于唱戏人，有三类处分。唱而不佳，最小限度，为不喝彩。进步言之，或竟喝倒彩。再进步言之，可以离座他去，可以不买票。今日之听戏人，不如是也。其思想中，对于戏剧，根本不知何者为佳，何者为劣。见所谓名旦之戏报一出，则纷纷买票。名旦出场，则屏息静听，欲其离座他去，乃绝对不肯。名旦一开口，无论为满口倒音，且彩声四起，轰然道好。有此原因，为名旦者，遂益自信其为名旦，其所唱腔路，遂益自信其为“现行新刑律”。而一般后起人物，惟利是图，惟叫座是务，乃不得不群起模仿，自居为某名旦教徒。好在，得名旦大纛之庇佑，亦竟可以成名于今日之剧界。于是所谓名旦，乃日见彼猖。其实，满口倒音之名旦，若竟贴出报子，无人买票，若竟出场之际，才开口，座客即纷纷离去。如此，亦何能成为名旦？其歌唱之际，若竟无彩声，甚或倒彩杂起，亦何能取得名旦之头衔？无如一般听戏者，各无辨别优劣之眼光。明明为倒音之旦角，而具有叫座势力。其出场也，一般座客，且鸦雀无声。明明为倒音之腔，不惟无倒彩，抑且有满堂彩声。以致养成名旦之身份，养成名旦之势力。故曰：旦角之倒音，实一般听戏人，共同为之养成也。

皆可准确

记者问：有人谓，旦角腔路，其平上去之音韵，无法使之准确。关于此点，言君亦曾研究及之乎？

言答：本人虽专唱老生，而本人之听戏经验，绝不以专听老生为限。本人每谓：任何角儿，皆可妙合音韵。彼唱净者，其行腔，似无法妙合音韵也。然净角之唱，惟其嗓大音宽，若能妙合音韵，乃比较尤能动听，比较味尤浓厚。昔金秀山，以唱铜锤，独步净界。其长处，即在妙合音韵。所谓妙合音韵之处，亦即为一种之湖北音韵。金氏于湖北音韵，读之极准。故听其唱工，往往使人击节叹赏。其神理，乃超出老生之上。净且如此，旦角可知。不过，旦角与丑角，在二黄中，因剧情关系，有时，非用北平口音不可。此种理由，以白为限，不能入于唱工。在昔日，谓之为“京白”。总之，其字音，不能入于行腔之内也。

金秀山之《刺王僚》极妙合音韵
青衣不讲字音乃易掀露头角

吉光片羽

记者问：净角之唱，亦能妙合湖北音韵。在今日之剧界，已渺不可及得矣？

言答：本人适言，任何角色，皆可妙合湖北音韵。不过，艺术而佳，确可妙合湖北音韵，即满口倒音，无论如何，亦不知如何可妙合湖北音韵。极而言之，纵有人明告以湖北音韵，应如何读法。彼研究审度结果，亦不知如何可以成腔。故能唱与不能唱，因限于天才，乃为无可如何之事。即以净角言，今日之净角，固不甚讲究音韵者也。但昔日之金秀山，则于音韵一道，极端讲求。金氏虽已物故，其遗响，尚可于留声片中，得其吉光片羽。其所灌之《刺王僚》一段，如“口吐寒光照人的双眸”以及“冷汗流”等等之处，其湖北音韵，极端准确，极端响脆。听之，觉韵味浓厚，徘徊吾人之脑际，久而不去。且其各个字音，亦皆明了准确。不惟不倒，抑且绝不含混。易以他人，乃无此种工力。在今日，因伶人程度渐低，求妙合湖北音韵者，不复可得。于是一般人士，乃疑净角□无法妙合湖北音韵的，而湖北音韵，仅为老生一角之专利品。其然，岂其然耶？

不自振作

记者问：然则，一般角色之唱，不能妙合湖北音韵者，乃为艺术不佳之故。言君之意，青衣一角，欲其妙合湖北音韵，尚有改良之希望乎？

言答：以原理言，一般角色，皆须妙合湖北音韵。以原则言，一般青衣，亦须妙合湖北音韵。则凡唱戏者，自非一律妙合湖北音韵不可。青衣而不讲字音，乃为青衣界人，不自振作之故。其实，在此现象，亦即青衣界人，掀露头角之绝妙机会。若有人焉，下一决心，研究音韵，对于青衣之腔，其合于音韵者，则保存之，不合音韵者，则改去之，另设他法，务期妙合音韵，仍为一种悦耳之腔。对于一切所谓名旦完全推翻，一切所谓新腔完全弃而不用，质言之，具一种伟大之志愿，与一般所谓“现行新刑律”作剧烈之激战。而耳之于声也，有同嗜焉。此种新角儿一出，必能一新听戏者之脑筋。只需三数月间，必可享名今日之剧界。无如今日后起之旦角人物，甘自附于某某名旦势力之下。某名旦所有之行腔，则奉为圭臬。前其所无之行腔，乃不敢试唱。如此，亦何怪剧事之江河日下，无复兴之希望也。

欲求改良革命须有万全技能
今日青衣人物一律畏难苟安

技能当先

记者问：唱戏改良，唱戏革命，魄力为一问题，技能为一问题。言君在剧界专唱老生，则青衣之腔路，有无改良之可能？又何从而知？不然，如许青衣人才，何竟无一起而改良、起而革命者？

言答：青衣界之腔路，除由名旦阶级，自由操纵以外。其余，皆为盲从附会之流。其原因，全在无技能，无魄力。此两种原因，各占半数势力。所谓无改良可能云云，乃绝对不成问题。不过，所谓技能，所谓魄力，亦殊难得相当之人选。试分析言之：一、技能问题，是否确知音韵？是否确有改良腔路之把握？此为根本问题，无俟赘论。而所谓能力者，乃为整个的，而非部分的。如青衣一角，凡化妆、身段、做派表情、嗓音，一切等等，皆为种种之能力。此外，音韵与唱工，与此种种能力，并擅兼工，始得成为一个之全材。必为个中全材，始为一般人所注意。不然，不知音韵，不擅唱工，固无改良之可能。即知音韵，擅唱工，而嗓音不佳，亦难以言改良。音韵确，唱工良，嗓音佳，似有改良之资格矣。而化妆不雅，身段不灵，做派表情，不能妙得三昧，亦殊为全材之累。

故曰：凡欲改良、欲革命者，即非具有万全之能力不可。才难兴叹，而改良与革命，乃根本无希望矣。

魄力为主

二、魄力一节，在具有佳良之资质以后，似不成问题矣。究竟，做事以魄力为主。一切皆然，改良与革命，乃为尤甚。今日之唱戏者，其唯一目的，仅在叫座。模仿所谓名旦，而易于叫座，即可挣钱。改良云云，革命云云，更不暇计及。同时，其心理上，且谓：改良有何益处？革命有何价值？若乃根据音韵，自成腔路，而听者怀疑，甚或惹起听者之反感，曷若不加主张，以模仿名旦，为信条？结果，尚可收事半功倍之效？人人如此，人人畏难苟安，而改良与革命，亦遂绝无希望。非然者，若青衣界人，下一决心，注意音韵。久而久之，凡唱旦者，以及听戏者，即共知音韵为唱戏之唯一重要条件。不合音韵者，即为唱戏之大忌。如此，一般听戏人，始知注意音韵，为鉴别优劣之标准。一般唱旦者，亦即非注意音韵不可。人人注意音韵，而音韵乃得昌明。然改良与革命之始，无强健之魄力，不足以言开端，不足以言号召一切也。

批评不佳良者即须说明佳良
青衣妙合音韵事实并不困难

曾经试验

记者问：言君对于青衣腔路，可以改良之处，亦曾为一种之实验乎？

言答：天下事，有正当者，即有不正当者，无正当，不成其为不正当。本人常谓：批评，为必要之事实。不过，批评某一事，为不良，同时，必举一良者，作其反证。若不能举此良者，作其反证，则其所谓不良，亦即不能成立。今日之批评家，往往批评甲为不正当，乙为不良，丙亦荒乎其唐。但所谓正当者，所为良者，所谓不荒唐者，究竟如何，亦无具体之说明。此类批评家，乃自失其批评人价值。本人之戏，自知不足以言佳良。极愿一般批评家，历指其不佳不良之处。惟外间赐教，最好说明如何而始佳，如何而始良。如此，本人乃奉为至理名言，乃奉为良师益友。不然，若仅谓言某之唱做念打，完全糟不可言。至于如何始不糟，彼又不能说出理由。此种批评，本人乃无法接受。一般批评，不能离此原则。本人之批评青衣倒音太多，在本人，当然有其不倒音之法，曾经试验。不然本人亦未免为妄人也。

确可改良

记者问：言君试验之法如何?

言答：有人谓，青衣而不倒音，乃无法行腔。本人对于此种口吻，根本反对。一日，本人试取留声机，上一所谓名旦之唱片，开其机关，留心听去。而将其倒音之处，一一摘出，笔而记之。记出以后，再开机关，反复证明其是否倒音。经过再四之推敲，确为倒音。此时，即公开任人批评。批评结果公认为倒音。再由本人，按音韵原则，改良腔路。务期既不倒音，又于行腔，无所阻碍。不倒音矣，无所阻碍矣，再研究本人所谓改良腔路，是否如青衣之行腔?果如青衣之行腔，再研究其腔路，是否为悦耳之腔?经过此数次之推敲，其结果，如一、不倒音；二、于行腔并无障碍；三、确为青衣之行腔；四、确为悦耳之腔。有此四点，当为青衣之正则。青衣界而决心改良，决心革命，即宜根据此项标准，改良一切腔路，改良一切音韵。无如青衣界人，各无此项毅力，各无此项研究。有人非议，且曰：青衣之腔，不比老生，为无法妙合音韵。此本人所最痛心，而认为此中国剧，行将与国家之命运，同归于尽者也。

言谓国剧前途行将归于灭亡
演戏而上满座艺术不必佳良

行将灭亡

记者问：今日之伶人，不知讲究音韵，今日之听戏者，亦不知注重音韵。求一具有万全技能，且有充分毅力，决心改良，决心革命者，又渺不可得。则剧界前途，将有何种之影响？

言答：戏剧一道，如唱，如白，如做，如表情，如身段，其事甚繁。凡剧界中人，皆须同等讲求，同等注意。不过，各种条件之中，成分有重轻，势力有厚薄，言其重轻厚薄，则音韵问题，占十分之六七。今日之伶人，今日之听戏人，于字音问题，固不甚注意。于其他种种条件，其观念，亦在似是而非之间。长此以往，恐皮黄前途，行将归于灭亡。一般谈者，每谓：中国剧势力之逐渐澌危，源于听戏人之不知拥护，漠视国粹，不自尊重祖国固有之艺术。此种理由，本属原因之一。究竟，欲求中国剧之发展，惟赖剧界同人之共同努力。今日之伶人，其注意一点，仅在如何而可叫座，如何而可卖钱。至于艺术本身，是否佳良？艺术前途，如何而可进于修明之境地？凡此种种，即皆无人过问。语云："物必先腐也，而后虫生之。"剧事如此，不亡何待？

势力问题

记者问：言君本身为剧界中人，对于剧界，当然应负一部分之责任。以言君之意，中国剧之前途，尚有改良之希望乎？

言答：设法改良，为一问题。有无改良之能力，又为一个问题。今日之剧界，其握有最高势力者，不必有改良戏剧之苦力，不必有改良戏剧之学识。此中原因，则全由听戏诸人，有以养成之。本人言念及此，乃极端痛心。一日，有友人某君，问本人曰："今日之演员，以何人为最佳？"本人答曰："汝询已故伶人，我尚无妨为汝说明。若问今日之伶人，我乃不敢答复。不过，尚有一办法，可以证明其能力之优劣。即听戏时，可以统计其上座之数目。上座最多者，即为最佳之演员。盖此上座之人，各须出资购票。若演员不佳，即不能召来如许之座客。故一看上座情形，即可判明演员之优劣也。"本人此言，闻者共知为滑稽口吻。原因今日之剧事，可谓是非颠倒，黑白混淆。确有能力者，不必可以上满座。极而言之，甚或营业尚须亏本。而无能力者，恶劣不堪者，又或为人所欢迎，又或可上满座。此类演员，而在剧界握有势力。则谋改良，将如何改良？

谋戏剧改良金钱与势力并重
养成标准人才为改良之基础

金钱势力

记者问：谋戏剧前途之改良，地位与势力，为一问题。方法与计划，为一问题。今无论地位与势力，有无改良之希望。以言君之意，有无改良之方法与计划。

言答：本人对于此项问题，筹之已久。本人曾谓：倘政府当局，认为中国戏剧，有力谋改良、力谋扩充之必要，又或为社会方面，助以金钱，创办一改良戏剧之团体，则本人愿贡其一得之愚，谋中国戏剧前途之发展。无如谈改良戏剧，兹事体大，非有充足之金钱，与雄厚之势力，不足以言进行。不然，金钱既不充足，势力又不雄厚。画虎不成反致类犬。则吾人空有一腔热血，不如自甘缄默，以自藏拙。本人入剧界，已十余年。所至鬻技，仅足敷衍此一家人之低度生活。若时运稍差，此一家人之生活，且亦频于危险。生活既不安定，此一腔热血，万丈雄心，亦只好搁之不道。盖一般事业，罔不在金钱与势力支配之下。金钱属于根本，无金钱则不能活动。势力属于手段，无势力则障碍尤多。一般皆然，而戏剧问题为尤甚。

缺一不可

记者问：改良戏剧，非有充足之金钱、雄厚之势力不可。请言其大略。

言答：本人之意，以为欲谋改良戏剧，首须养成一班之标准人才。今日之剧界，可谓人才济济，盛极一时。如马君连良，如谭君富英，皆至极为良好之人才。惜空有美玉，并无良工，于是一代人才，行将埋没于剧事纷乱之时机。前途埋没，言之可慨。最好，由政府方面，创办一种之“国剧学校”。或由社会方面出资，组为一种之“国剧学社”。组成以后，由富有思想、长于研究性之老成伶人，为之指导，务期纳入正轨。然此“国剧学校”“国剧学社”，乃非有一宗之巨额基金不可。不然，不足以言号召，不足以言支持，不足以言竞争，以至于发挥光大也。至于势力问题，亦经营事业之一种根基。若空有金钱，而不具势力，则开办之始，已不易成立。开办以后，尤多所阻碍。往往一种之事业，耗费巨大之资本，结果乃归于失败者，多系势力太差之故。即以办理“国剧学社”而言，当成立之始，向官厅方面备案，或遭驳斥，不许进行。其最小阻碍，亦致稍延时日，不能如期成立。如此，尚望前途发展乎？

欲改良戏剧须养成标准人才
同台演唱一剧优劣自易判明

取货比货

记者问：今姑假定，有金钱，而有势力。则言君将有何法改良？

言答：关于此项问题，本人早有具体之计划。其计划，可分两种之步骤：第一，由负指导之责者，养成一批标准人才，与非标准人才［比较］。此为根本问题，非竭力培养不成。其次，所谓标准人才，何以得为标准人才？此标准人才，与非标准人才比较言之：孰优孰劣？标准人才价值何在？凡此种种，皆不可不有具体之证明。顾此标准人才，与非标准人才，其区别之点，欲为显著之辨明，乃又极端困难。本人曾筹得一法：在养成标准人才以后，一面以金钱，罗致号称一时名伶之人物。办理既就，即同时登台。譬如一晚之戏，其倒第一，由号称名伶者演唱。倒第二，则由标准人才演唱。而此倒第一与倒第二，乃为同样戏码。最小限度，为同类之戏码。若倒第一为《汾河湾》，倒第二，为《武家坡》。如此，孰优孰劣，在听戏人，自可得到明了之认识。语云："不怕不识货，只怕货比货。"经过若干次之比较，所谓不规则之名伶，自可不攻而自倒，而此标准人才，自可取得标准人才之地位也。

不攻自破

记者问：号称一时名伶者，其艺术程度，无论如何，皆供吾人之比较研究乎？

言答：伶人以演戏为职业。有人出资，即为人演戏。所谓名伶，亦以演戏为职业，有人出资，亦即为人演戏。不过，地位愈高，声望愈大，其价格，乃愈益昂贵。今以普通名伶言，每演戏一月，可以收入一千元。而此一千元之收入，要于机会有关。机会佳，尚可保持一千元之平衡收入，机会而劣，其收入，即降落至于一千元以下。吾人网罗此项名伶时，非出一宗之巨额资本不可。如以每月一千元计之，即每年为一万二千元，再以每年一万二千元计之，即十年为十二万元。吾人与其订立合同时，最好以十年为期，付以十二万元之包银。彼接收吾人十二万元之包银，即每日须为吾人唱一出戏。所谓“得人钱财与人消遣”，吾人令其演何种之戏，彼皆无法反抗。此时，彼演何剧，吾人即派标准人才，同台演唱何剧。只需一二年间，优劣之分，即可昭然若揭，而所谓名伶者，亦不成其名伶矣。

国剧势力在外交上有关荣誉
吾国国剧舍皮黄外亦将莫属

政府提倡

记者问：言君对于改良戏剧，谓须政府当局，出资开办“国剧学校”。戏剧一道，尚有由政府出资开办学校之必要乎？

言答：一个国家，有一个国家之国剧。此国剧，即代表一国之戏剧的艺术。凡一国之国民性，以及全国人民之爱美心理，皆可于国剧中，表现而出。故凡欲考察某一国家之文化程度，考察某一国家之国民性，考察某一国家民族之爱美心理，一观其国剧，即可知其大概。有此原因，戏剧一道，虽系一种之游戏艺术，实际上，于国家之荣誉，乃极关重要。政府当局，若一任戏剧之自由生灭，不加干涉或提倡。影响所及，言内，则不免摧残一国之国民性；言外，则不免腾笑列邦，贻无上之羞辱。今试为一譬喻：政府当局，若值一种之喜庆大典，欢宴各国使节。当酒酣耳热之际，演奏国剧，借娱嘉宾。此国剧之程度高，诸来宾必一致赞赏，肃然起敬，于国体，即显十分之尊荣。又如此国剧而过于鄙俗，或过于幼稚，诸来宾又必窃窃非笑，或且宣扬于各该国家，表示其轻侮之意。政府当局，对于号称国剧之戏剧，有干涉提倡之必要者，此也。

确系国剧

记者问：今日之皮黄，果足成为一种之“中国剧”，并无疑义之可言乎？

言答：吾人严格立论，一个国家之国剧，种种方面，必臻尽善尽美之程度，始足当之无愧。则今日之皮黄，俨然号称国剧，似尚不够程度。不过，所谓国剧，其戏剧本身，为一问题，其势力与历史，又为一问题。今日之皮黄，言价值，虽不甚圆满，言势力与历史，则又舍此莫属。盖皮黄在中国剧之历史上，亦系逐渐改良，逐渐演进而来。至于今日，通国之内，无不有皮黄之势力。演（听）戏者，非皮黄不听。非其他戏剧，受有地理之限制。盛行于甲地者，乙地又格格不入。吾国人士，无论原籍何处，大抵，凡唱皮黄，则人人能懂，人人欢迎。此外，昆曲，固亦国剧之一种也。然其咬字，尚分南北两派，无绝对之标准音。其行腔，又过于严格，无变通发扬之可能。且其字音之传达，不能及于三丈以外。以文化中心、人文荟萃之北平地方，昆曲营业，尚有不能维持之趋势，则转而外出鬻技，无发展之希望，尤可推知。故曰：吾国之国剧，舍皮黄亦莫属也。

长短与高下并无固定之标准
谈戏自由毁誉伶人罔知所从

明定标准

记者问：假定政府设一国剧学校，或社会方面，有人出资，办一国剧学社。而又聘请言君，担任指导，总司其成。则言君对于戏剧，将如何改良？

言答：所谓改良，无所谓改良。不过，吾人所努力者，首须明定国剧之标准。盖天地之间，原无真是非。老子云："长短相形，高下相倾。"其意盖谓：长，非长；高，非高；下，非下。两种纵长之物体，相为比较，则较长者为长，较短者为短。但若此较长者，又遇一更长者，则此长者为长，前此所谓较长者，又为短。又若此较短者，又遇一更短者，则此更短者为短，前此所较短者，又为长。有此原因，吾人若突然取一纵长之物体，问人曰："此物长乎？此物短乎？"则被问者，乃无法答复，必欲答复，乃非问明标准长度不可。譬如长矛之长，为一丈八尺，此一丈八尺即为标准长度。若取一长矛，仅长一丈七尺，或一丈七尺以下，问其为长为短，被问者，即可答云："此为短的长矛。"又若取一长矛，在一丈九尺以上，问其为长为短。此时，被问者即可答云："此为长的长矛。"不然，乃无法答复。而所以有法答复者，全在有一标准长度。故欲辨明纵长物体之长短，首须定一标准长度。高下之理，其道亦然。

可资比较

两直立之物体，相为比较，则较高者为高，较矮者为矮。但若此较高者，又遇一更高者。则此更高者为高，前此所谓较高者，又为矮。又若此较矮者又遇一更矮者，则此更矮者为矮，前此所谓较矮者，又为高。有此原因，吾人若突指一直立之物体，问人曰："此物高乎？此物矮乎？"被问者亦将张口结舌，不知所对。必发问者，首先说明："军人体格之高，须为五尺三寸。此五尺三寸，为标准高度。"此时，再指一身高五尺二寸以下者曰："此人高乎？矮乎？"被问者乃不假思索，立即答云："此人身量为矮。"再若指一身高五尺四寸以上者曰："此人高乎？矮乎？"被问者又可答云："此人身量过高。"此无他，有一标准高度，可资比较耳。今日之谈戏者，捧甲，则曰："甲为名伶，唱做俱佳。"但何以为佳？无固定之标准也。骂乙，则曰："乙为饭桶，唱做俱劣。"但何以为劣？无固定之标准也。如此，评戏既自由毁誉，唱戏者亦不知所从。求戏剧之进步，乌可得耶？

今日之二黄不应名之曰平剧
南京为首善之区应名曰京剧

名义问题

记者问：所谓国剧之标准，究应如何规定？

言答：所谓标准，其道亦自繁多。而此项标准，乃为天然的而非人为的。盖一种艺术，有一种之天然的意义。合于此天然的意义者，为好的艺术，不合于此天然的意义者，为不好的艺术。吾人欲明定国剧之标准，即应研究如何而合于天然的美。自须条分缕析，详为规定，附注理由。本人之意，欲国剧之标准，首须明定"国是"。而此"国是"之道，又首须正名义。今日之国剧，在名义上，亦甚紊乱也。二黄在戏剧中，是否有国剧之价值？是否有国剧之势力？其理论已如前述。二黄既属中国之国剧，则吾人定名，亦即名之曰"国剧"。不得冠以他种名义，自失国剧之信用，混淆国人之观听。但今日之国剧，乃不名之曰“国剧”，而名之曰“平剧”。其意以为二黄者，北平地方之一种戏剧耳。此其意义，乃与“奉天评戏”“河南坠子”“山东大鼓”“苏滩”“无锡戏”“宁波戏”“四明文戏”“扬州戏”“常州戏”“滦州影”“黄陂花鼓”等等，立于同等地位。所谓“名不正则言不顺，言不顺则事不成”，剧事之紊乱，此为起点，剧界中不能不力讲改善也者。

失之不通

记者问：言君之意，此“国剧”之名称，若不能实行，尚可改用他名乎？

言答：中国之国剧，即不名之曰“国剧”，亦应名之曰“京剧”。盖二黄在历史上，并非北平地方之土产戏剧。其第一步历史，为“湖北戏”；第二步，转入安徽后，又为“安徽戏”；第三步，输入北京，又名之曰“京剧”。所谓“京剧”者，其义有二：一、以北京字音为主；二、北京，为中国首善之区。故言“京剧”者，即代表其为“国剧”之意。以今日情形言：二黄之字音，既以国语为标准，而今日之首善之区，又属于南京，则今日之二黄，不得谓其为北京字音，只能谓之为国语字音。谓其“平剧”，已失之不通。且明明为国剧，明明南京为吾国首善之区，而代表中国之国剧，乃名之曰“平剧”，则国语字音，不足为代表中国之国语乎？抑南京地方，不足为中国首善之区，而中国首善之区，仍须属之于北平乎？凡此种种，皆为无理之甚。总之，“平剧”两字，可谓不通之尤。吾人平心立论：应名之曰“国剧”。不然，名之曰“京剧”，亦示二黄为国有之戏剧，南京地方，恰为中国首善之区之明证也。

中国谓之“唱戏”故唱腔最重 “字正腔圆”之一语并非滥调

唱为最重

记者问：国剧问题，若名分既正，则所谓标准，当如何规定？

言答：中国之以演戏为职业者，不名之曰“演戏”，而名之曰“唱戏”。盖戏剧之为义，在欧美，析为三种：一、歌；二、舞；三、白。以歌为主要者，名之曰“歌剧”。所谓“歌剧”，当然以歌为能事，于舞于白，则略而不讲。以舞为主要者，名之曰“舞剧”。所谓“舞剧”，又不唱不白。以白为主要者，名之曰“话剧”。绝对不唱，亦无所谓舞。吾人平心而论，戏剧者，代表人事，形容离合悲欢之一种艺术也。歌，所以表现胸中之感慨。舞，所以表现剧中人之美。白，所以传达剧中人之意思。故既称戏剧，即宜歌、舞、白，三者并重，始能构成一种之美的艺术。彼欧美戏剧，如为歌剧，则无情节之可言。此种戏剧，与小调何异？如为舞蹈，又哑口无言，有如无声电影。欲其传达剧中人之意思，发挥剧中人之感慨，不可得也。如为话剧，乃剌剌不休，不著艺术之精彩。惟中国之二黄，冶歌舞白之三者于一炉。此种戏剧，当然属于最文明之戏剧。然其名称，既谓为“唱戏”，则唱之成分，比较最重，从可推知。故吾人定国剧之标准，首须研究唱之一事。

字正腔圆

记者问：唱之艺术，以何者为标准？

言答：唱者，一方表示剧中人之感慨，一方与听众以一种之美的刺激也。准此定义，则唱的艺术，可分两个重要条件：一曰字正；二曰腔圆。合之，乃为演戏之一种滥调，无非字正腔圆而已。字正，则一般听者，始能了解。字不正，听者且不知所唱为何字，欲表示剧中人之感慨，不可得也。腔圆，则一般听者，始觉有味可寻。腔不圆，听者且发生不快，欲与听众以美的刺激，不可得也。顾字何以正？其中乃包含二义：一、用国语之音；二、用湖北之韵。二者缺一，不得为字正。吾人欲研究国语之音，有一部《国语字典》，已足恃为根据。据以读字，大致不差。吾人欲研究湖北之韵，有一个之湖北人，一一诵读剧词，据以上口，亦可无大谬。至于行腔，不过顺音韵之自然，缀以相当之腔路。具此二长，唱之能事已毕，唱之标准，亦即在此。

唱腔与念白意味须大致相等
合口音与鼻音多属非变不可

音韵混杂

记者问：然则，行腔，为天然的乎？

言答：行腔，当然为天然的，而非人为的。盖唱，所以鸣剧中人之感慨。以原理言，唱之意味，须与念白相等。所不同者，为唱，则须连贯一句中之各字，使成一种腔路。且一面歌唱，一面则佐以丝弦乐器。为白，则一字一字，无连续一气之必要。且念白之际，并无丝弦乐器，为之辅佐。不过，何种腔路，应如何连贯，歌唱之际，始能合于该项腔调之原则，听者始觉悦耳。此项问题，乃为歌唱界人，所共同研究。总之，歌唱之义，既与念白相等，则其第一要件，乃为字正，其次，始为腔圆。因字不正者，其腔路，即漫无依据，不得谓之圆。必欲谓之圆，乃圆其所圆，非吾所谓圆。大抵，真正之腔圆者，概随各个字音，严格读出，而以少许之腔路，缀连为一气。绝不倒音，绝不倒韵。今日之号称名角者不然，只求唱腔之流利，不顾音韵之正则。吾人听去，乃竟无一是处。而彼所谓名角，俨然自居于名角，一般剧界，亦奉之为名角，一般听众，亦公认为名角。如此而谓名角，毋以名角之羞？所以然者，音韵一道，无固定之标准。故名角之头衔，只需嗓佳，即可取得耳。

变音之理

记者问：言君之意，以为唱戏，任何一字，皆不许倒音倒韵。所谓不倒韵者，即每一字之出口，恰如湖北人说话。所谓不倒音者，即唇齿喉舌之发音部位，不许舛误。且每一字音以下之腔路，恰如各该字音之余音。此为原则。但唱戏之中，除不倒音外，尚有变音之法。即一字既出口，立即变为他字之音。如《四郎探母》之三个“只杀得”，其“只”字一出，立即变音。又如《卖马》之“兵部堂”三字，其“兵”字、“部”字，皆一出口即变。此变音之处，尚有标准之可言乎？

言答：唱戏，以不变音为原则，以变音为例外。不变音之原则，已如上述。至于变音，虽属例外，亦即可谓原则。盖各个字音，因读法之不同，有不变音，而唱来动听者，亦即有限于发音部位，非变不可者。此非变不可之处，大抵为“合口音”，或尾音入于鼻际者。若不变本音，泥守成法，不惟不成悦耳之音，抑其无法歌唱。故遇此等处，即又非变不可。总之：此非变不可之处，亦十分严格，不容自由变更。今日之名角，不知此义，往往任意变音，以为自成一家。其实，在唱戏中，乃为大忌。故变音之例，亦有明定标准之必要。

“穷则变”为唱戏变音之原则
“刀”“当”一类之响脆音不可变

遇穷则变

记者问：言君谓，凡合口音，以及尾音入于鼻际者，乃为非用不可之例。除此以外，即无变之必要，无变之可能。其理安在?

言答：唱戏，须唱为悦耳之腔。若音韵已穷，不惟不能悦耳，抑且无法歌唱。此时，为歌唱便利计，为悦耳计，当然非变不可。至于开口音，至于可以传达于口外之音，则又以顺音韵之自然，丝毫不变为宜。不然，若漫无标准，随口乱变，即又毫无理由，有如唱莲花落。岂复成为唱戏?而唱戏之价值何在?《易》曰：“穷则变，变则通。”盖一般事理，其进行之际，突遇穷时，乃非变不可。唱戏一道，亦难逃此公例。即如“只杀得”之“只”字，以字音言，须以卷舌音，入于口腔中，至尽而止。此种情形等，即所谓“穷”也。不变音，即无法连续而下。故该三个“只”字，皆非变音不可。又如“兵部堂”之“兵”字、“部”字，一为尾音入于鼻际者，一为合口音。此种情形，亦即所谓“穷”也。不变音，亦无法唱下。变音以后，且尽灵活之能事。即所谓“变则通”也。变音之标准如此，乃非明定不可者。

不合原则

记者问：有某名伶，唱《辕门斩子》，至“斧劈刀开”处，将“刀”字变音，唱为“斧劈刀呵呵呵开”。又唱《四郎探母》之“当年事”之“当”字，将“当”变音，唱为“当厄年事”。此两字，并非合口音，亦非尾音入鼻际者。某名伶则变音，其故何耶？

言答：本人适言，“穷则变”乃为变音之原则。反之，不变，即当然不变。无变之必要者，亦即无变之可能。此“刀”字与“当”字，绝对不穷，即当然不能变音。且唱戏之原则，贵能顺本字之音韵，扩而大之，赘以一种之腔路。而此“刀”字、“当”字，在音韵上，比较最为扩大，比较最为响脆。若顺本音歌唱，不惟易于行腔，抑且最为悦耳。此类之字，变之不宜，不变最佳。然则，何以变？何必变？昔日剧界，对于唱戏变音，限制最为严格。在学戏时代，若不当变音而变音，为师者乃非痛加夏楚不可。不过，成为名伶以后，既脱师方之羁绊，又受社会之推崇，不问理由，自由变音，亦即无人干涉，无人过问。然剧事至此，乃紊乱极矣。

“穷则变”虽为定义亦不固定
“兵”“部”等字有时亦不变音

机会不同

记者问：“穷则变”为变音之原则。不穷，则无变音之必要，无变音之可能。如此，乃为变音之标准。然则，某种之字音，为穷的字音，某种之字音，为不穷的字音。亦即某某字音，非变不可，某某字音，绝不可变。凡此种种，有严格之限制乎？

言答：所谓“穷则变”，为一种之定义。至于某字非变不可，某字无变之余地，乃又煞费研究。盖各个之字音，因腔调不同，地位不同，即又不可一概而论。譬如某一字，在某一种之腔调中，在某一种之部位上，为穷的时机，当然非变不可。又如此某一字，移置于某一种之腔调中，移置于某一种之部位上，又为非穷的时机，无变之必要。即如“只”字，在“只杀得”之腔调中，在“只杀得”之部位上，为非变不可者。但若移置于“只见”之腔调中，移置于“只见”之部位上，无妨一气唱下，属于非穷的时机，则无变之必要。又如“兵”字、“部”字，在“兵部堂”之腔调中，在“兵部堂”之部位上，为非变不可者。但若移置“兵”字于“我用兵数十年”与“十万神兵”之腔调中，移置于“我用兵数十年”与“十万神兵”之部位下，又属非穷的时机，无变之必要。“部”字移置于“吏部大堂”之腔调中，移置于“吏部大堂”之部位上，亦属于非穷的时机，无变之必要。

存乎其人

总之，唱戏，对于字音，究以不变为原则。在某一种之腔调与部位，处于山穷水尽之境地，当然非变不可。因移置腔调之不同，地位之不同，审时度势，不得谓之穷，即又不必变，不可变。若刻舟求剑，胶柱鼓瑟，对于某某字音，牢记为非变不可之字音。不问腔调如何，不问部位如何，一律非变不可。如此唱戏即又不免为笨伯。即如此“只”字，在《四进士》之“只见杨春与素贞”处，唱“只惹见”。又如此“兵”字，在《空城计》之“我用兵数十年”与“十万神兵”处，唱为“我用兵嘞数十年”“十万神兵嘞”。又如此“部”字，在《南天门》之“吏部大堂”处，唱为“吏部呵大堂”。如此唱戏，岂复成为腔路？岂复成为韵味？有此原因，故唱戏之道，乃千变万化。神而明之，存乎其人。不然，亦不成其为名角，亦不成其为笨伯也。

有时不应变音之字亦可变音
较快之大段唱腔有例外唱法

特别变音

记者问：唱戏一道，以韵为主。而音韵原则，又以不变为主。能变音之字，虽有非变不可者，究属一种之例外。因腔调部位之不同，若有不变之可能，仍以不变为宜。则唱戏一道，最好为不变音乎？

言答：不变音，当然为唱戏之原则。但有不变之可能，即不应变音。不过，所谓原则，究与例外相紧连。质言之，即有原则，不能无例外。唱戏不变音，此为原则。但有不变之可能，即不应变音。此种理由，亦系一种之原则。而在此原则以下，有时，遇一种之特殊时机，乃又以变音为佳。释言之，凡合口音，凡尾音入鼻际之字，有变之可能者，固特别唱出其变音之意味。同时，相连之字，虽非合口音，虽非尾音入鼻际之字，无变音之可能者，亦可特别唱出其变音之意味。使一般听者，一听而知为一种之特别变音。听去，乃极活泼玲珑之能事。非常悦耳，生动可喜。盖唱戏一道，终以变化多端为旨趣。大段之剧词，一字一音，极端严格，不许变不许倒。以神理言，终嫌沉闷。突为剧烈之变音，在音节上，乃如异军突起。又如万山丛挫，忽见奇峰。此皆天地之大观，足以令人拍案叫绝者也。

两个条件

记者问：大段戏词之中，一字一音，极端严格，不变不倒。突为剧烈之变音，如异军突起，如忽见奇峰。此诚天地之大观，此诚足以令人拍案叫绝。言君试举其例！

言答：此类例证，亦至繁多。大抵，凡小段之唱词，凡较慢之腔路，突为剧烈之变音，乃绝对为大忌。至于突然剧烈变音之处，有两个重要之条件：一、为大段唱词之中部；二、为较快之腔路。姑举两个例证：一、《空城计》之二六一段，为较快之腔路。唱至“早已命人去打听，打听得司马领兵往西行”处，恰为大段唱词之中部，而此“领兵”两字，皆为尾音入鼻际者，则为剧烈之变音，唱为“打听得司马领嘞兵嘞往西行”。二、《连营寨》之反西皮二六一段，亦为较快之腔路。至“过五关斩六将，擂鼓三通，把蔡阳的首级枭”处，恰为大段唱词之中部，则为剧烈之变音，唱为“擂吓鼓呵三哪通把蔡阳的首级枭”。此类变音，听去皆极著精彩。在歌唱中，最为动听。但此“大段唱词之中部”“较快之腔路”之两个条件，乃缺一不可。不然，又成其为莲花落，失去大戏之意义，失去大戏之价值，不可不慎也。

歌唱音韵仅足以言相对准确
身段与武打极富艺术之神理

念白最重

记者问：唱戏一道，除各个字音，各个之韵，应明定标准以外，其变音之例，与变音之理，亦有明定标准之必要。除此以外，念白方面，亦有所谓标准乎？

言答：念白之中，有所谓引子，有所谓定场诗，有所谓自白，有所谓对白，有所谓背工，凡此种种，各有一种之规则，各有一种之神理。其急徐节段，自成意味。谈标准，亦无从谈起。不过，歌唱之中，虽以音韵为重，究竟，总有一种之腔路。故论音韵之准确，尚有时间性问题，即其所谓准确云云，只能于一个时间以内，有准确之意味。即出口准确者，经过相当之时间，或又转入他韵。又或出口并不准确，至唱音时，始能归于准确。此种情形，在行腔中，乃为无办法之事。虽任何名伶，亦不能逸出此项原则。有此原因，故唱戏之所谓音韵准确，仅属一种之相对的准确。严格立论，殊多窒碍。惟念白一道，有字无腔，引子虽有小腔，终无丝弦乐器之限制。故念白之字音，乃非绝对准确不可。昔人唱戏，有一术语曰“千斤念白四两唱”。盖念白之字音，比较最为严格。非如歌唱，仅以一个之时间为限。而念白之分量，遂重于唱腔。此种意味，谓为念白之标准，并无不可也。

艺术动作

记者问：除唱念以外，其做派表情，以及身段、武打等等，尚有标准之可言乎？

言答：本人之意，觉二黄艺术，无一而不有其标准。如做派，如表情，当然有其标准。不过，做派表情，属于人情问题，而非规则问题。大抵能顺人情之自然，而以艺术方法，表现而出者，即为好的做派表情。换言之，亦即可谓标准的做派表情。惟欲明定何者为标准，乃难言耳。至于身段，与武打，其中，乃有种种之规则。此项规则，完全属于艺术精神。譬之出场、入场、站立、转身、绕场，虽为人之动作，而移植于舞台之上，遂为艺术的动作。其方向如何，角度如何，无一而不含有艺术之神理。吾人欲明定身段之标准，亦即各［有］一种之研究与推论。武打一道，亦各有艺术之意味。惟在梨园界，所谓内行者，往往能由之，而不能知之。上台演戏则有余，解释理由则不足。故学戏者，概由所谓心传口授而来。本人之意，觉有明定之标准之必要也。

中国艺术多因无标准而退化
身段与武打各有固定之规则

今不如古

记者问：若身段武打之类，皆可明定标准。则前此之剧界，何以竟无规定标准者？

言答：此种情形，不只戏剧为然。即如武术一道，在发明之始，各有其高尚之原理，与固定之原则。故古代武术家，往往有惊人之技能。其所谓特殊成绩，往往出于吾人意料之外。吾人由传说中，听来之古代武术成绩，几疑其不近情理。又或疑为故甚其词，牵强附会。其实，牵强附会之传说，事实上，容或有之。必谓古代并无该项武术成绩，吾人亦不敢断言。所最关重要之一点，即各种武术，经发明以后，教徒时，完全由于心传口授，无固定之标准。而师徒相乘，不免以讹传讹，一辈不如一辈。盖教之一方，往往限于口词，不能为之具体说明。同时，吾国之一切技能又多视为秘术。或知之而不肯言，或言之而不能尽。有此原因，一种之艺术、一种之技能，递嬗至数百年、数千年以后，即愈离愈远，愈传愈讹。所谓今人不如古人，其最大症结，即在于此。故本人论中国剧，若不明定标准，若干年后，即非灭亡不可。

舞台的美

记者问：身段与武打，可以明定标准，其理由何在？

言答：关于身段与武打，本人早已主张明定标准。顾一般剧界中人，颇谓：戏剧艺术，为一种之神秘的艺术。神而明之，存乎其人。不可以言语形容。或又谓：戏剧之神理，全在心领神悟。一般名伶，往往明于心，不明于口。本人则谓：此种口吻，未免太不彻底。天地间之一切事理，凡人力所能为者，即皆可以言之成理，即皆无神秘之可言。彼所谓不可以言语形容者，必其言语程度太差，无形容之能力。彼所谓明于心不明于口者，必其内心，并不明了。纵能上台演剧，幸而佳，彼亦不知如何而佳。不幸而劣，彼亦不知如何而劣。此类人物，多为无思想、无学识之流。在稍有思想、稍有学识者，绝不出此无理由之谈话。中国剧之身段，如出场亮相，如入场步法，如转身，如绕场，各有固定之方向。中国剧之武打，如亮相，如端枪，如挥刀，以及对打，各有固定之角度，各有固定之形式。凡此种种，皆梦想不到。若不明定标准，后之以演戏为业者，不免以讹传讹。久而澌灭，甚可惜也。

笔底唱戏之文学家不够师资
老伶工而略通文义最宜教徒

养成师资

记者问：改良戏剧、整顿戏剧之法，只需明定种种之标准，斯为已足乎？

言答：明定标准，在改良戏剧、整顿戏剧中，固为当务之急。究竟，此明定标准之工作，谈何容易？明定标准以后，剧界中人，如何而能了然于此标准之意义？凡此两端，皆为绝大问题。故一面明定标准，一面尤贵办一标准式之戏剧学校，即本人适间所言“国剧学校”“国剧学社”之类。不然，此种种戏剧之标准，即无由产生，产生以后，[剧] 界中人，亦即无法接受。而欲办此“国剧学校”“国剧学社”一类之学校，除本人所言，非金钱与势力，二者缺一不可以外，尚有一必具之重要之条件，即养成师资是也。担任教授戏剧之师资，当然非老伶工不可。其空言学理、无济于事之文学戏剧大家，乃无教戏之资格。此种意味，为不争之事实。一般倡言戏剧改良者，引梨园界人，多目不识丁，为痛心疾首之症结。于是矫枉过正，漠视老伶工，而崇拜笔底唱戏之文人学者。以为能写文章者，即能唱戏。文章而写来天花乱坠，即为戏剧大家。

理与术异

其实艺术与技术，究为术的问题，而非学的问题。故为文人学者所鄙弃之老伶工，教出生徒，虽不足以言高明，虽不免乖谬滋多。然生徒毕业后，依样葫芦，究能上台鬻技。至于所谓文学派的戏剧大家，本其文学思想，本其文学眼光，教出学生，反多贻笑大方。既不齿于内行，又见恶于观众。盖所谓老伶工，虽不具学识，而本所学所能以教人，大致总相差不远。彼专长文学，以纸上谈兵为能事者，用以蒙蔽文人则可，用以蒙蔽官僚则可，转而入于歌台舞榭，又觉格格不入，为识者所窃笑。王先生历来所写《名伶访问记》，甚为繁多，所谈理由，莫不丝丝入扣，其详尽恳切之处，多为老伶工所不能言。但王先生而粉墨登场，则觉手足无措，非复纸上笔底之意味。此无他，高谈学理者，与艺术及技术之真谛，相差太远耳。不过，文人而专谈学理，固多不切事实。艺人而不通文字，在教授方面，又往往不能道出艺术之精义。吾人就事论事，戏剧教育家，当然非文人所能胜任者。最好，老伶工而略通文艺，略知科学之门径，即为良好之师资。此项良好师资，则非养不成也。

梨园界人通文义者间亦有之
坤伶福瞻云即一良好之师资

两种方法

记者问：改良戏剧、整顿戏剧之师资，如何而养成？

言答：所谓改良戏剧、整顿戏剧之师资，须备几种之条件：一、为个中老手；二、略通文义；三、粗知科学之门径。具此三种条件，在明定各种标准以后，由担任教师者，据以传徒，乃非常准确，非常简易。不过，此最大关键，为利用个中老手，稍稍加以训练，使其略通文义，使其粗知科学之门径。若仅言通文义，晓科学，而非个中老手，此其人才，又不免为笔底唱戏之戏剧家。实际上，绝无改良戏剧、整顿戏剧之资格。但此个中老手，是否肯受训练，又一绝大问题也。一般梨园界人，自来不通学识，而登台鬻技，仍有叫座之功效。于是痛诋所谓学识，为无用之物。欲其伏案用功，造成一个之良好师资，必多所非议。此时，惟有采用两种之方法：一、充教师时，给以比较优厚之待遇，则促其略受训练，亦必同意；二、今日之梨园界人，不通学识者固多，而已具普通学识之根底者，亦间有之。从事物色此项人才，稍稍加以解说，亦即良好之师资也。

良好师资

记者问：今日之梨园界，具有良好师资者，为何种之人物？

言答：此项人物，亦非太少，即如坤伶福瞻云，即系一良好之师资。彼原系旧制中学毕业，对于汉文，早具相当程度。对于一般科学，亦有相当之认识。在梨园界，虽系票友出身，然其唱其白，其做派表情，以及身段武打之种种，莫不至极稳练。虽内行中人，虽老伶工，亦叹为个中俊杰。若开办“国剧学校”或“国剧学社”，而延聘揽此类人才，担任教授。于各种剧规，固无所舛误。且能以意变通，解释种种之原理。欲其根据种种之原则，加以指授，当然事半而功倍。盖旧日教戏方法，皆为各个教授的。譬之尖团字之教授，凡曾经师傅者，始知某字为尖字，某字为团字；其未经师傅者，提出一字，为尖为团，在学生方面，乃无法答复。如此教授，已极繁难。且唱戏所用之字，亦至繁多。未经教授者，固不得而知，已经教授，而又遗忘者，亦无法查考。如此，教学方面，皆感极大之困难。若有固定之标准，又得良好之师资，此项困难，即可迎刃而解。总之，非粗通文义者，不足以言变通也。

本原则以教戏事简而效最宏

戏中之特别读音乃原理所关

原则作用

记者问：通文义之教师，能根据原则，说明原理，在教授方面，可以应用无阻乎？

言答：教授人对于学戏生徒，若一一为之指授，其事当然繁难。譬如一个角儿之戏，共为二百出。则此二百出之戏，即非按出教授不可。而教授此二百出戏时，凡一场、一段、一腔、一字，亦即非一一指授不可，稍有遗漏，为学生者，即欠缺一种之能力。为教师者，若能本原则原理以教戏，为学生者，了然于原理原则以后，即可取此例彼。触类旁通，自由变化。不惟无须一一为之指授，且原来错误之处，尚可本原理原则，为之纠正。充其量，教师方面，对于某一出、某一场、某一段、某一腔、某一字，其具有特殊情形之处，略加说明，即可豁然贯通。即如尖团字问题，在旧日教戏方法，须一一说明者，若用原理原则方法，教授生徒，即可说明曰："咬字，无所谓尖团，能将各字，读成标准音，自然妙合尖团字之意味。而所谓尖团字之标准音，即注音字母。凡用'ㄗ''ㄘ''ㄙ'(12)为声母字者，皆为尖字。"有此一语，乃胜如千言万语，胜如一一苦记，尚有舛误之虞。此外，韵的问题，凡平上去入，一律以湖北语为主。又如变音的问题，有一格言曰“穷则变”。换言之，不穷，即不能变、不可变。学者本此原理原则以唱戏，即可应用无阻。其事既简，且无荒唐乖谬之弊，但能证明原理原则者，非通文义者不办也。

(12) “ㄗ”“ㄘ”“ㄙ”，即汉语拼音之声母 z、c、s。

原理所关

记者问：本原理原则以教人，在教授法上，当然最为适用。但读音一道，以国语为标准，此原则也。然而，颇有若干之字，逸出此项原则之外者。即如“明”“程”“京”“行”等字，依国语，应读为“ㄇㄥ”“ㄔㄥ”“ㄐ一ㄥ”“ㄒ一ㄥ”(13)，入中东辙。但在皮黄中，又读如“ㄇ一ㄣ”“ㄔㄣ”“ㄐ一ㄣ”“ㄒ一ㄣ”(14)，入人辰辙。“脸”字，依国语，应读如“ㄌ一ㄢ”；“更”字，依国语，应读为“ㄍㄥ”。(15) 但在皮黄中，则“脸”读为“ㄐ一ㄢ”，“更”读为“ㄐ一ㄣ”。(16) 又如“楚”“初”等字，依国语，应读如“ㄔㄨ”，但在皮黄中，则读为“ㄘㄨ”，(17) 其故何耶？

(13) “ㄇㄥ”“ㄔㄥ”“ㄐ一ㄥ”“ㄒ一ㄥ”，汉语拼音为 meng、cheng、jing、xing。

（14）“ㄇㄧㄣ”“ㄔㄣ”“ㄐㄧㄣ”“ㄒㄧㄣ”，汉语拼音为 min、chen、jin、xin。

（15）“ㄌㄧㄢ”“ㄍㄥ”，汉语拼音为 lian、geng。

（16）“ㄐㄧㄢ”“ㄐㄧㄣ”，汉语拼音为 jian、jin。

（17）“ㄔㄨ”“ㄘㄨ”，汉语拼音为 chu、cu。

言答：此则属于原理问题，出于一般原则之外。不过，原理而成习惯，亦即一种之原则，换言之，谓为例外之原则，亦无不可也。

皮黄发源南省故往往用南音
“初”“楚”等字须变通之以期悦耳

原理所关

记者问：言君谓：“明”“程”“京”“行”读为“ㄇㄧㄣ”“ㄔㄣ”“ㄐㄧㄣ”“ㄒㄧㄣ”，“脸”读为“ㄐㄧㄢ”，“初”“楚”读为“ㄘㄨ”，乃原理问题，而非原则问题，其理如何？

言答：唱戏，用标准音。换言之，即用国语之音，此原则也。但此类之字，不用国语之音，而用戏中规定之读法。此其用意，乃属原理问题。其理由，可分别言之：一、“明”“程”“京”“行”一类之字，依国语读法，应入中东辙。但中东辙一类之字，有两种唱法。其一，为用鼻音；其二，变音，不用鼻音。用鼻音者，须极明显之能事，务期听者，一听而知为鼻音。变音，不用鼻音者，在戏剧中，又如例外唱法。此“明”“程”“京”“行”一类之字，因读法关系，若用极显明之鼻音，事实上，乃不可能。且此类之字，至极繁多，而每句煞尾，尤多用之。若句句末尾，入于鼻音，乃竟不成腔调。于是变更其音，使入人辰辙。至于入人辰辙之理，在南方各地读来，皆如人辰辙。而皮黄戏，又发源于湖北，唱本音，入中东辙，非常难听。故不如用南方音，入人辰辙。此种意味，则唱戏之原理所关。因不如是，不能如悦耳之音也。

比较悦耳

二、“脸”读为“ㄐㄧㄢ”，“更”读为“ㄐㄧㄣ”，在戏剧中，已成一种之习惯法。吾人欲寻其根据，殊无绝对之把握。不过，以吾人思考所及。似乎“脸”字音，比较过于软弱，不甚动听。“更”字之音，又似乎过于刚烈，比较最为刺耳。唱戏，以字音清楚，而能悦耳为主。读“脸”为“ㄐㄧㄢ”者，取其字音清楚也。读“更”为“ㄐㄧㄣ”者，取其为悦耳之音，不致刺耳也。此外，北平人通常说话，概谓“打更的”为“打惊（ㄐㄧㄥ）的”，故“更”字之读法，为比较有根据者。再“初”“楚”等字，不读本音，而读如“ㄘㄨ”之理，亦系字音清楚，而又比较悦耳之故。盖

"初""楚"等字，为卷舌音而带合口音者。通常卷舌音之声浪，往往不易传达于口腔之外。其合口音之声浪，尤不能及于较远之处。改读为"ㄘㄨ"者，所以避去卷舌音，亦不成为合口音。以期可以吐出口腔之外，以期及于较远之处。昔人唱戏，对于此类之字，煞费研究。吾人宗之，正属服善之意。流传既久，亦遂成为原则。但此类之字，究非为教师者，一一解说不可。故曰：非原则关系，而为原理关系也。

先究学术次习戏剧乃多扞格
学戏须不通学识又操之过激

学术并重

记者问：养成师资以后，对于学生，授以如何之功课？

言答：师资既已养成，然后开办为"国剧学校""国剧学社"一类之改良戏剧团体。对于学生，教授功课之种类，大致可分两类：一曰术科；二曰学科。本人适言：戏剧一道，为术的问题，而非学的问题。不过，研究学识，乃为研究戏剧之工具。无技术，固不足以言演剧。无学识，亦无法研究戏剧之整顿与改良。故术科居首，学科居次。且研究任何一种学术，皆非自幼用功不可。科班出身者，于戏剧之种种，最有根底。所以然者，亦因其为自幼用功也。故吾人欲养成戏剧方面之健全人才，亦即非自幼对于学术两科，同时究习不可。颇有一班人，主张开办戏剧学校，而招收学校出身之学生。其意，即以为学校出身者，对于一般学识，略知门径。从事学识，乃比较易于着手。不知“先入为主”，势力最为雄厚。彼学校出身之学生，但知所谓肤浅之学识，对于戏剧，则毫无门径。此时而令其学戏，乃但知本其一知半解之眼光，硬欲纠正戏剧之谬误。此其结果，乃至根底未立，滥行变更前人之成法。在学戏方面乃为大忌。故为学生者，先习学术，次学技术，事实上，乃多所窒碍。

矫枉过正

记者问：颇有一般之戏剧人物，主张学生学戏，不宜研究学识。此其得失如何？

言答：昔富连成科班社长叶君春善，即主张生徒学戏，以不通学识为佳。其所根据，不过鉴于凡通学识者，往往以意变更成法。结果，往往变得不良之成绩。究竟，所谓以意变更成法，结果成绩不良者，系为先究学识，后学戏剧。彼其思想中，乃先有一学识之印象，而率尔操觚，从事学戏，自多格格不入。未能了解戏剧之真义者，而欲改良戏剧，当然多所谬误，成为戏剧方面之罪人。其实，若招收青年学生，使其以学术两科，同时究习。则含育既久，学生方面，对于学术两科，必能得到同等之印象。取而互相印证，比较得失。因其成见相同，必可得到真正之是非。叶君春善之主张，乃正嫌其矫枉过正。故曰：太过者，亦犹不及也。

伶人学戏多有抄写错读之误
窃听他人唱戏往往愈错愈远

因讹传讹

记者问：生徒学戏，于学术两科，兼究并习。其结果，约有何种之例证？

言答：戏剧之中，其各种成法，各有相当之理由。不过，在无固定标准以前，所有各种成法，往往因讹传讹，发生若干之错误。其原因，或系苦于心传口授，不免有误记之处。或系抄戏词者，不通文义，写为文义不通之字。又或系读剧词者，错读字音，至于愈错愈远。凡此种种错误，若学戏生徒，稍通文义，即可推知其错误之原因，从事更改，乃可渐几于是。然梨园界人，自来泥守成法。成法而当，固不敢更改。成法而讹，亦只好一仍旧贯。如是，遂永无纠正之一日。数十年、数百年以后，将不知伊于胡底也。此类错误，最可笑之处，有一显著之例证。《南天门》之快板，有一段剧词为“头上取下金钗来。缠足带，忙松解。轻轻刺破红绣花鞋，好把路挨”。此一段剧词之字音，各如本字，原无问题之可言。乃有一种之教戏人，教为“缠松带，忙松解”。不惟不通，抑又难听。然在学戏人，又不敢更改。此种情形，则可笑之尤也。

阴错阳差

记者问：其错唱“缠足带”为“缠松带”之理由何在？

言答：教戏人如此而教授生徒，生徒方面即不通文义，亦可一听而知为错误。但若转而询之教授人，则曰：姑无论其通讲与否，总之，此为唱戏之秘诀，非如此唱出不可。学戏者听之，因无学识，抑又无唱戏根底。对于其错误之理，乃无法推知。有此原因，亦遂确认为一种之秘诀，本此转而传徒。好在“足”字与“松”字之音，在歌唱中，殊不易判明。一般听者，乃亦无人过问。其实，彼所谓秘诀者，乃原于窃听而来。盖名伶唱戏之际，即有多数人，在旁静听。其一字一腔，无不牢牢谨记。而此“缠足带”之“足”字，若读而太重，即嫌刺耳。为避重就轻起见，乃不读如“足”，而读如“ㄘㄨ”[18]。此“ㄘㄨ”之音，连上下唱来，遂与“松”字之音，相为接近。总之，其所唱者，乃绝对为“足”字，而非“松”字。无知伶人，本其博闻强记之精神，随处留心，偷学他人唱法。至于偷学之正确与否，彼固无从就正，亦无人为之指摘。所谓阴错阳差之字，大率类此。

(18) 汉语拼音为 cu。

皮黄在历史上迄无标准剧词以文学眼光编剧词多不适用

戏词歧出

记者问：戏词之中，因流传而致错误者，甚为繁多乎？

言答：戏词之中，错误当然极多。原因二黄剧词，在历史上，迄无正当之标准刊物。而梨园界应用之剧词，其流传方法，大致可分两种：一、不通文义、不识字者，概由心传口授，辗转告语而来；二、自行抄写之件，作为枕中秘笈。其口传者，不免因记忆力之欠缺或误记，至于以讹传讹。流传数辈以后，当然愈错愈远。其自行抄写者，又分两种弊端：第一，教戏人不识字，担任抄写者，或致演为音同字异之笑话。由通文义者，本其文学眼光，加以修改，又多濒于酸腐，不适用于歌唱。如此，辗转删改，亦当然多所错误。欲免除此项弊端，即非由通文义之老伶工，编为一种之标准剧词不可。如此既可免去以讹传讹之弊，而伶人上台，亦不致因剧词歧出，至于互相顶撞。两全其美，莫善于此。不过，有人谓：剧词，因嗓音不同，因习惯不同，以各从其宜为佳。必欲定一标准剧词，不免适此者，而不适于彼。本人则谓：标准剧词者，原则也。各人所宜用之剧词，例外也。原则既立，例外即无妨自由变通。因例外而免除原则，此为一般事实所不许。故定标准剧词，乃亦当务之急。不过，欲求编为标准剧词，以及通读此标准剧词，即非教学双方，各有相当之学识不可。而养成师资，与开办学校之两种办法，乃缺一不可。

文义居次

记者问：以文学眼光，删改剧词，乃为不可能之事实乎？

言答：戏词，以能歌唱为主。樊樊山为梅兰芳，编出数出，剧词，文字非不佳妙。然上口歌唱，即又含混不清，几于不复成为剧词。盖剧词之条件有二：一曰清通而浅显；二曰音韵铿锵。质言之，但求音韵铿锵，即文义稍嫌牵强，亦无甚妨碍。试举一例：《汾河湾》剧词中，有一句为“丢下了仁贵无处身存”，此“无处身存”四字，有唱为“无处存身”者。如此唱法，文义本极通顺。但在腔调上、在音韵上，则唱“存身”者，不甚入彀，而唱“身存”者，极悦耳之能事。盖“身存”二字，在文义上，本嫌牵强，但求悦耳，则又不能不唱为“身存”。文学家见其文字而可笑，然入耳听去，则知其意旨之所在矣。知此，则以文学眼光，删改剧词，当然多不适用。

《戏考》一书之编辑者并非内行
今日通行剧词多与老词不同

《戏考》问题

记者问：言君谓，皮黄在历史上，迄无一种之标准刊物。今坊间发售之《戏考》，在剧词中，比较尚佳。不足以言标准剧词乎？

言答：皮黄在历史上，迄无一种之标准刊物，此为事实问题。《戏考》一书，销路颇称畅旺。但其剧词，往往为陈腐不堪之文字。在观众购作参考资料则可，在内行，取为标准剧词，事实上，乃办不到。此其原因，可分二端：一、任何人学戏，无论为内行，为外行，总之非有师承不可。而教师教戏，其首先教授者，乃为开戏词。而所谓戏词，其文字，各为一种之意义。盖各人之嗓音不同，习惯不同，派别不同，亦即各人适用之剧词，不容取此以例彼。有此原因，故《戏考》中之剧词，不能使一般学戏者，奉为标准，亦无权使一般学戏者，奉为标准。二、《戏考》之编辑者，并非内行，而为文人学子。本人适言：文人学子，本其文学之眼光，作为文章则有余，纠正戏词则不足。其例繁多，不遑枚举。由此原因，故学戏者，无法奉为标准，亦不肯奉为标准。故谓无标准剧词，应无不可也。

尚用老词

记者问：《戏考》之剧词，不适用于歌唱。试为例以实之！

言答：《戏考》之剧词，不通用于歌唱者，甚为繁多。姑举最显著者，作为例证：《武家坡》一剧，固尽人所知者也。但《武家坡》之出场一段，今日通行之剧词，为“一马离了西凉界，不由人一阵阵泪洒胸怀。青的山绿是水花花世界，薛平贵好一似孤雁归来。老王允在朝中官居太宰，哪把我贫穷人挂在心怀。恨魏虎是内亲将我谋害，苦苦的要害我所为何来。柳林下栓战马武家坡外，见了那众大嫂细问开怀”。此一段剧词，无论为内行，为外行，无论知与不知，皆认为当然应尔之剧词。然在《戏考》中，其剧词则为老词：“披星戴月往长安。”以腔调言，今日之剧词，当然为比较悦耳的。不然，亦不如是之风行一时。且剧词一道，亦无真正之是非。合于歌唱者，即为良好之剧词。不合于歌唱者，即为不良之剧词。今日通行之剧词，《戏考》中乃无之。则何贵乎为“戏考”？亦焉有标准剧词之资格？此一剧，虽为极普通之戏，然其沿用老词处，尚不止此一段。故曰：《戏考》者，绝无标准剧词之资格者也。

一般通行者始得为标准剧词
《戏考》所载戏词今日多不适用

两段剧词

记者问：《武家坡》剧词，尚有何处，与《戏考》所载不同？

言答：此出之戏，可谓极普通之戏。所有剧词，几于无人不知。夜行道歌，随处皆是。然最普通之剧词，如“一马离了西凉界”一段，《戏考》所载，尚为不适用于今日之老词。有人谓：所谓《戏考》，含有一种之考据性质，故无论适用与否，非保留旧日之剧词不可。其实，剧词不分新旧，适用于歌唱者，即为良好之剧词。旧日剧词，尽有具有特殊价值，不容改良者。然其中，不乏过于陈腐，不适用于歌唱之处。有时，握有势力之名伶，仍自由编为新词。一经演唱，为一般人所欢迎，于是剧界中人，即纷纷模仿。阅日既久，亦即成为一种之标准剧词。而旧日之剧词，遂失其效力。所谓标准剧词，其意义，即在于此。《戏考》一书，无论其价值如何，总之，其所谓老词，既不适用于今日，当然无标准剧词之资格。《武家坡》中，除出场一段，不适用《戏考》中之剧词以外，尚有两处，最为一般人所注意，《戏考》之中，亦系老词，不适用于今日之剧界。

《戏考》所无

记者问：此两处剧词，《戏考》不能通行者，为何种剧词？

言答：生旦于对唱之快板，“好一个节烈王宝钏，百般调戏也枉然。怀中取出银一锭，将银放在地平川。这锭银，三两三，拿回去，把家安。买绫罗，制衣衫，少年的夫妻过几年”，以及青衣对唱之一段，故为现时所通行者。然《戏考》之中，则无之。此外，窑门一段，老生唱：“提起了当年泪不干，夫妻们受苦寒窑前。为丈夫降服了红鬃战，唐王驾前去讨官。官封我后军都督府，你的父上殿把本参。自从盘古立地天，哪有岳父把婿参？西凉国贼造反，为丈夫作了先行官。两军阵前遇代战，代战公主好威严，将我擒过马雕鞍。多蒙老王不肯斩，反将公主匹配良缘。后来老王把驾宴，代战女保我坐银安。那一日驾坐银安殿，宾鸿大雁口吐人言。手拿金弓银弹打，打下了半幅血罗衫。打开罗衫从头看，才知道寒窑受苦的王宝钏。不分昼夜回家转，为的是夫妻两团圆。三姐不信屈指算，算来算去十八年。”此一段，在《戏考》中，则仍为老词“二月二日龙发现……”此种剧词，今日梨园界人，迄无沿用者。[19] 谓之为标准剧词，当然不可能也。

(19) 马（连良）派老生仍唱此老词。

伶人对于剧词不肯轻泄一字
马连良之嗓其甜如蜜故成名

剧词秘密

记者问：梨园界人，对于剧词，往往视为秘本，不肯公开示人。其故何耶？

言答：当然，文字是文字，唱词是唱词。文字之高妙者，不必适用于唱词。唱词之悦耳者，不必为高妙之文字。一般名伶，往往于歌唱经验中，以意更改剧词，唱来非常悦耳。一般听者，于座间听戏时，往往觉其非常动听。文义方面，相差不远。临时率忽听过，不知其更改者为何字。从事模仿，亦无从学起。为名伶者有此过人之长，乃足资以自豪。无论对于外行，不肯轻减（泄）一字，即内行之中，有执贽为弟子者，偶于指点一二字，亦觉为天高地厚之恩。彼为徒者，得来不易，亦遂视若拱璧，不肯轻于传人。梨园界人，对于剧词，往往奉为秘本者，原因亦即在此。关于此点，惟有于办理“国剧学校”“国剧学社”之时，集合多数老伶工，各用其秘本，互相参考，斟酌定为一种之标准剧词。但自来秘密之剧词，欲求尽量公开，“学校”“学社”方面，即非有优厚之待遇不可。所谓“人无利息，不肯早起”，凡百皆然，不仅唱戏一道已也。

嗓音为重

记者问：然则公开秘本，于名伶方面，确有损失乎？

言答：在秘密剧词者，其意以为剧词为歌唱之根本。无良好之剧词，无论如何，唱来亦难动听。而唱戏一道，成为名伶后，可以名利双收。而所以成为名伶之故，其第一根据，则为剧词佳良。利之所在，当然不肯公开传人。其实，唱戏之条件，甚为繁多。剧词佳良，固为根本问题。然有佳良之剧词以后，尚有两种之重要条件：第一，为不倒音，不倒韵。此项条件，严格论之，已极难能可贵；其次，则为嗓音佳良。往往同是一种之唱词，在嗓音佳者唱来，非常悦耳，在嗓劣者唱来，又入耳可厌。甚或嗓佳者，唱不良之剧词，亦极富韵味，嗓劣者，唱最优之句词，亦复不成腔调。今以留声片中之剧词而论，固尽人皆知者也。然一段之唱片，模仿者遍中国，其真能模仿入妙者，万人之中，乃不得一焉。今日之马君连良、谭君富英，无他长，惟其嗓音流利，可以圆转自如，高下俱宜。故马谭两君，屹然成为名伶。马君之嗓，吾人听去，觉其甜如蜜，于是马君在剧界，乃不可及。知此，则剧词之成分，不甚重要，其理甚明也。

高与大与响俱非佳嗓之资格
宫商角徵羽五者咸备为佳嗓

三者并重

记者问：言君论，唱戏之三大要件，一、为剧词；二、为音韵；三、为嗓音。此三者之中，究竟孰轻孰重？

言答：以哲理言，此三者，当然为并重的，无程度之可言。不过，以今日之情形言，则嗓音一道，比较最为重要。只需嗓音佳良，唱不通之剧词，或者满口倒音，满口倒韵，听众亦可哗然叫好。而此嗓音佳良之中，又可分为两种之意味：一、为确有一种之韵味，不必高，不必响，不必大；二、为高，响，大，并无任何之韵味。今日之听戏人，其对于确有韵味之嗓音，致其崇拜者，即为比较高明之听众。其甚者，乃闻高嗓、大嗓、响嗓，不问其有味无味，一律哗然叫好。此类角儿，居然可以叫座，居然可以成为名伶。至于是否倒音，是否倒韵，更无过问者。听戏人之程度，卑劣乃至于此。亦无怪人存一种侥幸之心理，以冀成为名伶也。实际上，无文义通达、音韵铿锵之剧词，当然不足以言唱戏。无佳良之嗓音，当然不足以言悦耳。无准确之音韵，亦当然不足以言价值。三者鼎立并峙，殊无轩轾之分。不过，今日之剧界，则又当别论耳。

佳良嗓音

记者问：剧词以文义通达、音韵铿锵为主。此项问题，可不赘论。所谓嗓音佳良而确有韵味者，果为何种之嗓音？

言答：嗓音而佳良，当然为悦耳之音。顾嗓音何以悦耳？乃值得讨论。本人适言：今日之听戏也，往往以高嗓、大嗓、响嗓，为佳良之嗓。其实，高，大，响，仅足使人失惊，仅足使人恐惧。所谓悦耳者，决非使人失惊、使人恐惧之意。刘鸿声之嗓高，且悦耳，在嗓音中，似佳良矣。但其嗓，能高而不能低，飘扬则有余，沉郁则不足。唱阴平、上声之类，尚极稳妥。而去声、入声、阳平之类，则无味也。双克庭之嗓，响则响矣。但其嗓，能放而不能收，惟有断续生腔，杂凑成腔。欲其曼妙多姿，则不能也。刘景然之嗓，大则大矣。但其嗓，能巨而不能细，若号哭若诉冤，致有“驴鸣”之讥。因其一片浊气，不见秀媚也。知此，则可高可矮，可放可收，可巨可细，凡宫商角徵羽，五音咸备之嗓，始能成为佳嗓。所谓韵味，即在其中。必欲以言语形容，亦无形容。马君连良之嗓，是一例也。

音韵佳者外国人听之亦欢迎
程度不同批评之眼光乃各异

天然悦耳

记者问：音韵一道，言君论之綦详。究竟，音韵与歌唱，确有密切之关系乎？

言答：唱戏，非音韵准确不可。其原理，已如前述。不过，所谈理由，系就歌唱本身言。至于听众之于音韵，乃为另一问题。盖音韵之悦耳，听众对之，可分两种意味：一、为音调的；二、为程度问题。所谓音调，即各个之字，各有其悦耳之音韵。读音准确，出韵准确，听者乃感觉悦耳。不然，即索然无味。因剧词之制成，第一要义，即在悦耳。文义是否高雅，尚居其次。故求歌唱之悦耳，尽可于各字之音韵中努力。果能读音出韵，正确无讹，自然悦耳。懂戏者，听之悦耳，不懂戏者，听之亦悦耳。极而言之，中国人听之悦耳，外国人之不懂中国话者，听之亦可悦耳。此种价值，得力于剧词之佳良者，固居半数。但若音韵不准，则徒有佳良之剧词，亦不能悦耳。吾人不懂外国语，而听外国戏，有时，亦可感觉一种愉快。此其原因，即剧词字音之天然悦耳之故。文义如何，用意如何，乃不必讨论。此唱戏必重音韵之原因，一也。

难能可贵

此外，所谓程度问题，则于听戏经验，有重要关系。盖听戏人之有程度与否，其批评戏剧，即自成眼光。适间所言：音韵准确，而能天然悦耳者，无论懂与不懂，一律欢迎。此种情形，可勿赘论。吾人于听戏之中，常见有两种之现象：一、腔调虽佳，在不懂戏者一致叫好，而在懂戏者，又摇首不同意；二、一字出口，并无腔调。不懂戏者，方瞠目不解，而懂戏者，又或大喝其采。此其摇首与喝彩之原因，即为音韵是否准确之故。譬之某某名伶，往往倒韵，出“言”如“眼”，出“人”如“仍”。某某名伶，往往倒音，读“可”如“克”，读“割”如“格”。在不懂音韵者，或哗然誉之，在懂音韵者，乃觉肉麻可厌。不惟不肯叫好，抑且掩耳不乐闻。又如有时，读出一个之字，其音其韵，难能而可贵。在懂戏者，心悦诚服，不禁失声叫好。然在不懂戏者，则不知所叫何好也。根据此两种现象，故讲求音韵与否，乃各有得失。因讲求音韵者，受欢迎于懂戏人，而为不懂戏人所漠视。不讲求音韵者，见恶于懂戏人，又或有不懂戏人为之捧场，比较言之，似无所轩轾也。究竟，吾人唱戏，宁可为懂戏人所称道，不必受不懂戏人之捧场。审是，则非讲求音韵不可也。

台步身段做派有关三角几何
灌唱留声片于嗓音绝无影响

粗通科学

记者问：言君谓，学戏，尚非粗通科学不可。其故何耶?

言答：唱戏，似与科学无关。昔时名伶，不通科学。然其艺术之精，多足千古。不过本人适言：中国之一切艺术与技术，往往在发明之始，确有高尚之价值。及流传数世，辗转教学，其程度，即以次退化。此中最大原因，即种种之艺术与技术，无科学方法，为之分析，为之说明。故教者无法讲解，学者无法努力。于是旧日规模，以次消失，以次澌灭。我国在世界上，立国最古，开化最先。其间，代有哲人硕士，发明若干之学术。而降迄今日，一般读者，佥谓今人不如古人。其症结，即全在此种理由。欧美各国，则反是。立国最晚，开化最迟。然其所有制度文物，皆为逐渐进步、逐渐发展的。其原因，即能用科学方法，分析说明。故教者有讲解之方，学者有努力之法，于是欧美各国，乃得进步发展。盖经过一种之发明以后，绝无消失澌灭之虞也。戏剧一道，其台步、身段、做派，各与三角几何，有连带之关系。若剧界中人，能用三角几何之理由，说明台步、身段、做派之姿势及规模，其种种方法，必可日渐精进。然非粗通科学者，无此程度也。

一宗笑谈

记者问：谈者谓，名伶灌唱留声片，于其嗓音，有极大之损失。灌一次唱片，非休息数日，嗓音不能复原。故灌唱片之代价，至为崇高。然欤？

言答：此种传说，完全出于伶人之口。其毫无科学常识，即此亦可概见。昔照相术，最初输入中国时，一般人，方惊其术之高妙，可以拍出人物风景之丰神。同时，即有一部分无知识之人，纷纷议论曰：“照相术者，以一种之方法，摄取吾人之精神也。照一次相，损耗一次之精神。照相愈多，精神损耗愈甚。最后，精神耗尽，即可致死。”此种可笑之传说，一人唱之，百人和之。弄假如真，颇具一种之势力。其实，照相者，合化学作用，与光学作用，制为一种之方法者也。照一次相，相当于被人眼观一次。若谓照相可以损耗精神，则被人观看一次，亦可损耗精神矣。本人每灌一次唱片，第二日，即可登台唱戏。本人所灌唱片，数亦不少，而本人之嗓音，依然如故。至于代价问题，不过劳动报酬所关。获利较大者，灌唱人索价亦自较昂。剧界中人，乃因此以讹传讹，抑何可笑！

灌一次唱片可翻制数十万块
劣等伶人灌唱片时肉跳心惊

无理传说

记者问：灌唱留声片，于唱者嗓音，实无妨碍。则此妨碍嗓音之传说，何由而出？

言答：此项传说之由来，可分两种原因。一、由未灌唱片者，传说而已。大抵，灌制唱片，总以比较负有声誉之名伶为标准。盖艺术佳者，灌制之唱片，始有价值之可言。同时，因其名誉较大，制成唱片以后，其销路，始能畅旺。此项唱片，最初制造时，为一面铜版，等于照相之底版。由此一面底版，翻制唱片，动以数万块、数十万块计。故名誉愈高，公司方面愈欢迎，因销路畅旺，公司方面，始有利可获。不然，若销路不佳，或致亏累血本也。有此原因，于是负有声望之名伶，灌唱一面之留声片，其报酬，亦动以数千元计。报酬太少，即不肯灌唱。而碌碌无闻之伶人，乃求灌一次唱片，亦不可得。质言之，即不索报酬，公司方面，亦不肯代灌。于是碌碌无闻之伶人，遂纷纷告语曰："灌唱留声片，可以损耗嗓音。"此其意味，一方系对于名伶之价格，有所怀疑。一方所以自行宽解，若谓不灌留声片，尚为不幸中之大幸者。

不值一笑

二、由不甚高明之伶人，而曾灌唱片者，传说而出。盖灌唱片者，为优为劣，关系个人之一生荣辱。当灌唱之际，荒腔走板者有之，忘词者有之。最小限度，往往一面灌唱，一面兢兢业业，心惊肉跳。结果，自感头昏眼花，精疲力竭。彼不知此意，于是阴自揣曰：灌唱片者，乃将吾人之嗓音，收入留声片之中。故灌一次唱片，即受一次损失。此类传说，太无科学常识。其实，灌制唱片之心理，不过因声浪之大小强弱，由空气传达，留其痕迹，于留声片之上。用留声机开出时，即依灌唱声浪之大小强弱，放出同等之声浪。而留声机中之歌唱，遂与真人之歌唱，完全相同。吾人若用显微镜，观察留声片，则见若干大小高低之坑坎，密如蜂窝。总之，留声片上之痕迹，系空气激荡而成。于吾人之嗓音，绝无任何之关联也。吾人在戏园中唱戏，抑或家居吊嗓，其发出之声浪，皆有制为留声片之可能。即平居闲谈，亦即有制为留声片之可能。果尔，本人与先生，作此长时间之谈话，则先生与本人之声嗓，皆受极大之损失矣。可笑孰甚也云云。

余胜荪

采访人：王柱宇

原载1932年10月20日—11月7日《世界日报》（北平）

余叔岩在兄弟四人中财产独多
许荫棠唱戏挤破戏园

剧界有余胜荪者，为余叔岩之弟，唱老生，宗法程长庚。而时人崇尚谭腔，于程氏遗响，漠然不解，但言程长庚，又眉飞色舞，致其景慕。实则程长庚之戏，程长庚之腔，究竟如何？无论外行，即梨园界人，亦多莫名究竟。胜荪古调独弹，曲高和寡，时人且竞相菲薄，传为笑柄，胜荪至此，乃无可施展，偶一登台献技，听者以格于成见，不能了解，非笑之声，乃腾起于座间。胜荪遂致清贫株守，以售卖古玩为业，得钱，聊以糊口。此君关系旧剧前途，至为重要，时人但有觉悟，此君即有掀露头角之一日，盖剧界之奇材也。记者特于昨日，前往魏染胡同十八号门牌余君之寓所访问，据其所谈，于剧界皆有重大之价值。兹分志如下。

余氏家世

记者问：余君之家世若何？

余君答：本人为湖北罗田籍，自先祖三胜公始，寄籍故都。紫云公，为本人之先严，现时号称谭派正宗之余叔岩，为本人之三家兄。本人排行第四。长兄早已去世，至今遗有老嫂，及一侄。二家兄懦弱无能，有三子二女，家道甚为贫寒，有时，且不能举火。叔岩及本人，皆无子，各有小女三。兄弟四人，析居久矣。本人潦倒剧界，迄未得意，家道之艰窘，与二家兄等。四壁之内，仅存者，惟戏衣约值千元，但终年废置，无所用处。兄弟二人中，独叔岩坐拥巨资，戏衣可值六七千元，自用皮衣，可值八百元，其他财产，可值二十余万。剧界论皮衣贵重者，首推王凤卿，次则叔岩。故彼唱戏或不唱戏，并无关系，以富户兼艺术家资格，结交豪贵，出入权门，屹然成为社会名人之一。本人则铺醊维艰，行见老死于社会压迫之下。从知命运限人，实无可如何之事也。

出身家学

记者问：余君在剧界，为内行，为票友？

余君答：本人当然为内行，盖叔岩今年四十三，自六岁起学戏，本人今年三十九，自七岁起学戏。不过，本人学戏一年，因倒嗓，曾停止二年。厥后则不断学戏，无时或辍也。

记者问：余君是否科班出身？

余君答：内行出身，不以坐科为限。本人家学渊源，且历经各名师口授，亦自成为一种内行。

记者问：昆仲四人中，独叔岩财产特多。当然系其成名以后，登台鬻技之所得？

余君长叹曰：此事一言难尽。彼倒仓期间，久不唱戏。出台以后，又不常露演。无论所得不多，即令收入尚厚，亦致坐吃山空，何能有如许巨大之财产？盖先慈以民国十一年作古，家庭中，曾发生一大波澜，然此为兄弟阋墙，关系家丑，不欲暴露同胞骨肉之弱点于先生之前也。

唱娃娃生

记者问：余君登台演戏，始于何时？

余君答：本人学戏之始，休养二年后，于十岁时，又开始习娃娃生，十一岁时，常为贾洪林、刘景然配戏。时贾洪林唱《铁莲花》，其小孩由本人去，刘景然唱《桑园寄子》，则本人去大孩，高庆奎或杨瑞亭去小孩。[1] 此为本人登台最初时代。

(1) 杨瑞亭曾言“乃于每日演戏之暇习练二黄，此时我仅十二岁也。习练数月，居然登台串演，记得第一天登台唱二黄，是饰《三娘教子》剧中之薛倚哥，饰老薛宝者为刘景然，饰王春娥者为吴彩霞。一场下来，尚还不错。嗣后又习《桑园寄子》剧中之邓儿、《铁莲花》剧中之丁生、《杀子报》剧中之王官保”（见《唱戏五十年》，杨瑞亭，《小日报》，1947 年 4 月 28 日，第四版）。杨瑞亭系宝胜和班主杨祥翠之孙，其初出台即在本班，余胜荪最初登台当亦在宝胜和。

记者问：刘景然在当时，亦走红乎？

余君答：在庚子年前后，最走红者，为许荫棠。一日，许演《探母回令》，因观众过于拥挤，乃至将戏园子挤破，此为梨园界之佳话。许死后，刘景然之名，即大噪于京城。本人业师甚多，刘景然先生其一也。

记者问：记者于民国十一年间，曾见刘老先生于鲜鱼口之旧华乐园，刘老先生演《搜孤》之公孙杵臼，似极淋漓酣畅，但无叫好者。其故何耶？

余君答：时人迷谭过深，非靡靡之音，不能过瘾。嗜好不同，亦莫如之何矣。

余叔岩为周子衡所拒始而学谭 五家金店断送于捧角

师周子衡

记者问：余君学戏，最得力之业师为谁？

余君答：本人最得力之业师，为周子衡先生。

记者问：此周老先生，于何时作古？

余君答：周老先生死于七八年前，周逝世之年，已一百零九岁矣。[2]

(2) 此处记录有误。民国十六年（1927 年）4 月 26 日出版第 226 期《上海画报》刊《北京票界泰斗周子衡先生遗像》一帧，林屋山人步章五有记云“建国初元，余因孙（菊仙）氏，得于筵间，聆周一曲，年虽八十，精力弥漫，黄钟大吕，哀角清商，不足喻也”，“后周九十余始殁，此照乃其弟子余胜孙所藏”，当以此说为是。

记者问：周老先生非票友乎？

余君答：周虽票友，但为学程长庚最神肖者。先严生时，语叔岩及本人曰：儿辈不学戏则已，学戏则宜学程大老板。程大老板早已作古，得其衣钵者，厥为周子衡先生。儿辈师事周先生，得其教诲，我死亦瞑目矣。故本人自十六岁起，即从周老先生学戏。本人之戏，不敢云酷肖大老板，但于周老先生之腔调神韵，可谓得其八九。

问：叔岩亦曾师事周老先生乎？

余君曰：否。彼曾求为周老先生之弟子，周老先生索其试唱，嗓沙而哑。周老先生曰：如此资质，安望学大老板？竟不肯教。后本人又求为弟子，唱数声，周大嘉许，遂尽出所学，以教本人。后叔岩愤而学谭，成名后，乃与本人，成为不两立之势。彼于本人，无在不取攻击口吻。因彼在社会中，握有最大势力，其所批评，时人乃奉为至理名言。盖黑白颠倒，至此而极矣。

戏迷小传

记者问：周老先生以一票友，何以摹大老板，能臻酷肖之境？

余君答：此则言之长矣。周老先生，本宦门子弟，家私巨富，于北京城内，开有五个金店。自大老板来京之日起，周迷嗜太深，每大老板贴出戏报，必前往听戏。其时，除三庆外，尚有戏园三处，共为四家。大老板唱戏，每四天一循环，轮流在四处演唱。大老板出演于何园，周老先生即至何园听戏。大老板未来，周老先生即守候于门首，大老板入园，周老先生即随之入园。大老板唱于台上，周老先生即摹习于台下。大老板唱毕出园，周老先生又随之出园。盖周老先生之于大老板，不惟摹其唱做念打，而大老板之一切行动姿势，周老先生亦必尽量摹习。如头背一侧，手足一动，亦皆在摹习之列。周老先苦心孤诣，为时已久，而大老板不知也。周老先生以捧大老板，耗费无度，五家金店，于以关闭，乃入同仁堂为司账。周老先生之热心毅力，有如是者，盖大老板不啻与周老先生之性命相关联也。

雨中故事

记者问：如此学戏，亦不过隔靴搔痒，恐难得其真传？

余君答：周老先生，在与大老板未结识以前，摹习大老板之戏，亦已得其十之六七，其结识大老板时，又有一笑话。从前唱戏者，排场不如今日之阔绰，亦无所谓跟包人，戏衣则取用于大箱。至老生行之私人自备者，仅有三种：一髯口，二网子，三靴子。此三种，谓之“三大件”。入戏园时，用布袱包之，提之以行。大老板因地位已高，有一自用轿车，乘之赴戏园，其“三大件”，则置于轿车之上。当时，大栅栏一带，任何车辆不许停歇，独大老板之轿车，为五城御史所特许停歇。大老板赴戏园时，其轿车即停于戏园门首，出园时，乘之返寓，如此久矣。一日大老板赴三庆演戏，演毕，携“三大件”出园，则见大雨滂沱，没踝没胫。大老板正看雨势，门旁忽闪出一人，携有雨衣、油鞋、雨伞，含笑向大老板曰：大老板辛苦，敬为大老板备此物事，聊应急需，希笑纳！大老板曰：我自有轿车，焉用此物？其人曰：已不在门首矣。大老板审视，果已不见轿车。大老板喜而受之，问其名，其人曰：周子衡，慕大老板有年矣。大老板喜，携以俱归，至此遂成莫逆交。大老板之戏，乃完全举而相受。至该轿车之踪迹，则因当时未带雨篷，躲于今瑞蚨祥门首檐下避雨也。

周子衡上台三庆班子弟疑为程长庚
余叔岩私恳陈德霖

真伪莫辨

记者问：周子衡结识大老板后，经大老板悉心指授，结果肖大老板处，约有几成？

余君答：票友出身，无论如何，属于靠把方面者，当然比较逊色。至于唱做念，以及台步身段，可谓惟妙惟肖。直言之，周老先生，即大老板之化身也。此事，有一轶事，足资谈述：原大老板系三庆班主，而驭下极严，秩序整然。但儿童心理，多喜噪动，后台秩序有如乡村私塾。师在，则寂静不哗，无或言笑。师去，则笑语杂还，纷扰之声，乱成一片，有如千军万马，又如怒潮汹涌。周老先生与大老板结识后，因其技术精到，三庆班亦常请其彩串。一日，大老板尚未至戏园，后台生徒，人声鼎沸，有嬉笑怒骂者，有打架者，有嚎哭者。前台歌唱中，诸生徒突然失惊，互相摆手，不言不笑，各守纪律。纷纷耳语曰：大老板来矣，在台上唱戏。众听之，果为大老板，竟以恢复秩序。迨一剧既终，演者至后台，则周子衡先生也，众又失笑。周老先生之酷肖大老板，虽三庆班中人，且不能判出真伪，则程度如何，亦可推知矣。

介绍波折

记者问：叔岩欲从周子衡学戏，约在何时？

余君答：彼原有人介绍，日赴同仁堂，寻周子衡先生，时彼约在二十岁左右。且彼之岳父陈德霖，与周老先生，交谊最深，常有往来。但周老先生，因其资质不佳，未肯传授。周老先生之为人，赋性亦甚骨梗，实无如之何也。

记者问：周老先生既不肯教叔岩，则余君之从周老先生学戏，有何渊源？

余君答：本人之从周老先生学戏，曾有一番之波折。当时，周老先生之不教叔岩，仍未明白拒绝，叔岩尚不时往来于同仁堂。本人初乞陈德霖介绍，私恳曰：老先生！（按陈德霖，有“老先生”之号）为我介绍，拜周老先生之门，可乎？陈以本人与彼亦系亲戚，已慨然允诺。后，此事为叔岩所闻，乃私语陈曰：爸爸！（按北京人呼岳父为爸爸），您给老四（即胜荪）介绍，拜周子衡之门乎？周子衡不教我，而教老四，则将来老四前途，不可限量。爸爸何厚于老四而薄我乎？陈迫于翁婿之面子，乃允不为本人介绍。遇本人时，但唯唯否否，不甚响答。本人至此，乃知托陈介绍于周老先生，亦已绝望。

秘室教戏

记者问：若然则无法介绍于周老先生之前矣？

余君答：周老先生之不教叔岩亦完全对于艺术问题，人情面子尚在其次。后，本人托得外行某先生，便中向周老先生探询。周老先生云：但有资质，无不教者。本人见周老先生后，周索本人试唱，听一二声，即曰：此子嗓音，大似大老板，惟体质单弱，身量瘦小，与大老板不类。但将来得承大老板之衣钵者，仍当属之余老四。遂欣然接收，认为及门弟子，而将其所学，完全教授于本人。但艺术一道，嫉忌之心最盛。周老先生惧有阻碍，乃于同仁堂秘室之内，一一口传。故本人之从周老先生学戏，外间迄鲜知者。如此，学习既久，叔岩尚无所闻知。一日，叔岩赴周老先生处，闻有学唱之声，悄然而入，惊知为本人，不知周老先生之不肯教彼，已无法挽回，不得不改而学谭。但自此以后，叔岩与本人兄弟之间，乃如有不共戴天之仇。

周子衡唱戏文武昆乱不挡
谭鑫培非学程资料

周氏学戏

记者问：周子衡之学程，为其开始学戏乎？

余君答：非也。周老先生之父，即系票友，故周老先生，自幼即学习戏剧。其最初学习者，为高腔。又兼工青衣、刀马旦，能演《秦雪梅吊孝》《孤鸾阵》《彩楼》《祭江》《秦良玉》等戏。后改习武工，演开口跳，如《武松杀嫂》之武大郎□魂、《时迁偷鸡》、《盗九龙杯》等，皆其所擅。毯子工，如前瞧、后瞧、小翻捏、出场过门、倒踢紫金冠之类，亦冠绝一时。周在二十二岁时，又习昆曲，能演《酒楼》《赐福》《弹词》《伏虎》《别母》《天打》等剧，与周同学者，为浦阿四、玉五乱等。继又从范四宝学《三字经》，从张胜奎学《一捧雪》，此皆周在学程以前之历史也。

记者问：周子衡醉心学程之原因何在？

余君答：周学戏既久，于此道悉心钻研，一时名伶，如张二奎、王九龄，以及先祖（余三胜），周皆一一揣摹，并旁搜博采，转而研究徽汉各调。研究结果，断定程大老板，在京调中，推之而徽调、汉调，皆以大老板为第一人物。故始于拼命捧场，终于与大老板结识，因而获得大老板之真传。此事来历甚久，非偶然也。

走票之红

记者问：周子衡学程成功后，常在何处演唱？

余君答：当年同仁堂在其新开路之住所内，设有乐家票房，周即常在乐家票房内消遣。每年值元旦灯节，大栅栏各大商号，如同仁堂、瑞蚨祥，必举行彩唱，招待来宾。每次彩唱，周必在被约中。故历来该商号等彩唱之期，大栅栏一带，□□□周老先生前往者，几于途为之塞。又清室王公，每有堂会戏，必约周加入。但周方梗性成，往往拒绝。惟肃王、端五帅以及显宦如杨立山、王文韶等，来柬相邀，周必应命而往。此则交情关系，周又不卖钱，被拒绝者，亦无如之何也。当时，有票友青衣孙春山者（即孙十爷），内外行皆奉为泰山北斗，孙每演《武昭关》，必约周去伍员。周不允，孙即不唱。周老先生之受时人拥戴，其程度如是。

高足甚多

记者问：周子衡之戏，如此其佳，则从其学戏者，当甚繁多？

余君答：多矣。外行（即票友）从其学戏者，不胜枚举，内行如先严（即余紫云），亦曾经周老先生指教者，因周老先生亦工青衣也。老生界如汪桂芬、孙菊仙，则常就正于周老先生。谭鑫培每求老先生指教，周因其资质不宜学程，不肯教授。其时，内外行多喜玩鼻烟壶，周老先生喜鼻烟壶，谭亦酷嗜此物，二人往往相逢于裕兴鼻烟壶铺。谭一再求教，周迄不允诺。谭愤甚，乃苦心孤诣，搜集各伶之腔，以成其今日所谓谭派之腔路。盖当日之谭鑫培，不啻今日之高庆奎，其所歌唱，并非出自一源一派，可云集诸家之大成，亦可谓之“大杂拌”也。

记者问：谭老板非曾经大老板指授者乎？

余君答：大老板谓谭“嗓既不佳，扮相又苦，只宜唱老旦”，未肯指授也。

谭派夹用大鼓腔路
冯柱口吃连唱“等等等等”竟为成法

谭之难堪

记者问：周子衡所教内行，共有几人？

余君答：昔年仅有汪桂芬及孙菊仙，今日剧界，仅本人一人。

记者问：谭老板之戏，何以为“大杂拌”？

余君答：谭鑫培之腔，来源极多。有黑头腔，有青衣腔，有老旦腔，甚至有大鼓腔。此种唱法，已失老生之原则。至于派别种类，尤极纷歧。所取腔调，有程大老板，有先祖，有张胜奎，有王九龄、老双处、冯瑞祥（即冯柱）等人，揉杂一堂，令人不可捉摸。不过，成名而后，遂致成为谭派之祖师。

记者问：谭腔类似大鼓者，记者尚未之前闻，有无显著之例证？

余君答：例证甚多。如《宿店》“自有那神灵儿天地鉴察”之“鉴察”两字，及《乌龙院》“莫不是思想我宋江”之“思”字下之行腔，皆自大鼓腔移来。

记者问：谭腔之短处何在？

余君答：此事一言难尽。最著者，为使疙瘩腔、大喘气，及纯走低音，皆其天赋所关，辗转摹习，则不成腔路矣。

记者问：何为疙瘩腔？

余君答：疙瘩腔，纯由嗓际滚折而出，如《捉放》“却原来贼是个人面兽心肠”之“人面”底下之花腔，完全系声带用力，与衷气无关。是其例也。

记者问：何为大喘气？

余君答：唱戏贵用真气力。换气则可，偷巧大喘气，则为大忌，如谭唱反二黄第一句底下之行腔，必显然截为数段，慢慢喘气是也。

不及犹过

记者问：何为走低音？

余君答：唱戏咬字发音，贵乎中正。得中庸之道者，唯一程大老板。而取调门，则宜以正工调为标准。盖正工调为声韵之中和的，扬之极高，抑之极低，各尽应有之能事。程大老板而后，唱正工调、以嗓佳见长者，当属孙菊仙，惜其口齿不合乃成缺陷。汪桂芬之嗓太高，总唱乙字调，高则高矣，而低音不甚沉雄，至于失之太过。谭鑫培之嗓，沉郁跌岩（宕）则有之，高扬爽豁则不足。其发音，总由调底，向上托唱，故谓之走低音。与汪唱之走高音者，盖不及犹过，均不足以言合乎中庸也。

歌唱趣谈

记者问：余君适言谭氏所摹腔调，尚有所谓冯柱其人者。冯柱之名，不著于世，亦名伶乎？

余君答：此冯柱之艺术，无甚可取，故谈戏者，亦殊不称道。冯为人，性格卑劣，而口吃。唱戏时，喜用垛字。彼夜间由外回家，叩门时，有一定之腔路，总为"打，打，打打打打打"，其家人一听，即知其由外归来矣。其唱戏，亦大率类此。一日，冯演《四郎探母》，唱至"三尺青锋挂腰间，将身来在宫门站，等候了公主好过关"，其"等"字一出口即口吃，不能唱下，连唱四个"等"字，始挣出以下戏词，谭以为佳，效而摹之，唱为"将身来在宫门站，等等等等候了公主好过关"。今谭派须生，甚至一般坤伶，无不如是者。其实原唱只一个"等"字，何来四个"等"字？谭摹之于前，学谭者追步于后，乃成固定之唱法。辗转相因，以讹传讹，大老板有知，宁不笑掉大牙。

音乐歌唱可以代表国民性
周子衡一人能唱《二进宫》

亡国先兆

记者问：谭鑫培、汪桂芬、孙菊仙，三人唱戏，孰先孰后？

余君答：今后（谈）戏者，开口即言“谭汪孙”，其次序，似谭在前，而孙居后。其实，孙菊仙本票友出身，下海最早，驰名剧场独先。汪桂芬初为大老板操琴，后因大老板作古，时人苦思大老板之腔调不得，汪因随大老板操琴甚久，得大老板之腔颇多，一登舞台，乃能走红一时。谭鑫培成名独后。盖汪死后，孙又以口音不佳，时人不甚重视，谭乃得以低回靡靡之音，为士大夫所喜。上有好之，下必甚焉，谭鑫培之戏名，乃轰动全国矣。

记者问：低回靡靡之音，非唱戏之正则乎？

余君答：音乐歌唱一道，高扬沉郁，各有妙境。偏高偏低，皆为缺陷。且音乐歌唱，感人最深，时人嗜好若何，可以代表出一部分之国民性。嗜高响者，其人必雄健，而勇气十足。喜低回者，其人必懦弱，而颓唐特甚。前清末季，谭氏造成靡靡之音，极力为软化国民性之工作，习听不怪，乃视为固然。而嗜好程度，有如饥渴，清末士大夫之宴安耽毒，于以尽量描出，驯至酿成亡国之祸。故谭派腔调，实歌唱界之罪人，于国家，于社会，所谓非徒有益，而又害之者也。

能戏何多

记者问：周子衡既学戏极久，其所能戏剧，总共若干出？

余君答：周老先生，于文武昆乱，生旦净丑，除靠把戏稍次外，其余无一不精，无一不妙。所能之戏，总数在一千出以上。此外，并能自拉胡琴自己唱戏。一日，周老先生在同仁堂后屋，自拉自唱，消遣全出《二进宫》。唱龙国太，则去小嗓，唱徐千岁，则唱黑头，唱杨大人，则唱老生，一人三角，兼拉胡琴。在屋外窃听者，以为系四人在一处演习，后询知为周老先生一人所办，咸出于意料之外，无一不咋舌称奇者。不过，本人从其学戏，仅学得老生戏百余出，好在，全属大老板之遗响，本人亦视如拱璧也。

终身走票

记者问：周子衡之艺术，如此其高深。若入剧界鬻技，似可驾谭汪孙而上之，则结果可望名利双收。何以终身为票友，迄未下海？

余君答：从前票友与内行，身份相差悬远。票友唱戏，谓之清客串。在后台，在前台，一切用品器具，皆本人自带，茶水不沾。此外，配角场面，及后台开销，亦由本人自任。唱一出戏，动费数十元。至于艺术之优劣，成绩之良否，尚属另一问题。故昔时票友，较内行身份为高。因票友多为世家子弟，而内行则属于优伶，至有不得应考试之限制也。此类终身为票友者，人物甚多。今红豆馆主，系当年票友中之硕果仅存者。周老先生，在孙汪未登台之前，大老板即劝其接任三庆班主。周老先生以系宦裔，不肯下海，决持“消遣不换钱”主义，故终身未入伶界。今日情形则大谬不然。内行身份渐高，一般票友，多系名为消遣，实则求下海而不得。乃使一般社会，闻票友之声而头痛。古今人不相及，此又一例证矣。

胡琴名手陆五不如孙老元
字分八种音分五十四阶级

胡琴五诀

记者问：周子衡于胡琴一道，亦擅长乎？

余君答：周老先生拉胡琴，亦系名手。不惟头子拉得好，腔托得稳，且能拉一根弦。偶值唱戏时，忽然断去一根弦索，无论为老弦，为二弦，只需剩有一根，即能照旧拉下，无须更换胡琴，其工尺音阶，绝无缺乏。周老先生论胡琴，据谓：有阴阳音，有泛音手音，有五诀，为粘、担、揉、搓、滑。此五诀，用好一诀，即能成名。当年为先父（紫云）操琴之李四，为胡琴中第一名手，彼与周老先生，常在一处，研究胡琴。李四于各角腔调，托得非常周密，熟而且妙。其拉西皮二黄之慢板原板头子，出神入化，往往获得台下彩声。以次，为梅雨田，系曾经李四指教者，亦称胡琴名手。但梅雨田，仅得五诀之一，不过揉音练得熟巧。再次为孙老元、陆五，而孙之长处，仅在搓音，陆之长处，为半搓半揉。究竟，半搓半揉之妙，不如整个之搓，故陆五较逊于孙老元。一诀如此，兼能五诀者可想。周老先生兼擅五诀之妙，则周老先生之胡琴程度，可以推知矣。

小鼓之妙

记者问：闻能胡琴者，亦知鼓板。周子衡亦能打鼓乎？

余君答：周老先生论小鼓，亦妙得三昧。周老先生曾谓：一种锣鼓，有快慢之不同，不能完全一致。如长捶，有紧长捶，有慢长捶，有不紧不慢之长捶。又如发箭子，有冷箭子，有热箭子，有不冷不热之箭子。近今打鼓者，千篇一律，于小鼓精华，失之太远。周老先生所见之鼓手，所最赞许者，只有周喜子（即周生儿）、余鸭子、王寿三人，为文武昆乱不挡之名手。厥后，则当属之沈大力、刘顺两人。

程不可及

记者问：周子衡为崇拜程大老板之第一人，其论程腔之长处，有如何之论调？

余君答：程大老板，为戏中之泰山北斗，道大莫名。周老先生论程大老板之长处，虽竭三数月之力不能毕其意。试举其最显著者。如唱戏咬字，今但曰尖团，周老先生则谓：大老板唱戏，分八种字音，为尖、团、粗、细、宽、窄、强、柔。尖字之例如“千”，团字之例如“铅”，粗字之例如“楚”，细字之例如“处”，宽字之例如“叔”，窄字之例如“书”，强字之例如“能”，柔之音如“农”。工尺音阶，西皮二黄，各分上中下三种。调中有九个工尺，调面有九个工尺，调底有九个工尺，二者总计，共为五十四个工尺。此八音，及五十四个工尺，于唱戏时，须完全用上，方具备宫商角徵羽之五音。如不能用全，则四声、五音、六律，无论唱京调，唱徽调，唱汉调，俱不能极字正之能事。以上各项，非本钱充足，万难办到。而大老板，则应有尽有，绝无缺陷。

今人太糟

记者问：今人唱戏，有能如大老板者乎？

余君答：近今走红一时之名伶，不唱谭派，即宗汪刘，非失之低，即失之高。其实，唱戏之原则，非唱正工调不可。因其抑扬顿挫，可以自由操纵，无或梗阻。若唱乙字调，或唱扒字调，高之至者，不能抑之使低；低之甚者，不能扬之使高。或如唱秧歌，或如和尚念经，焉有唱戏资格？

十三道辙可供喊嗓之用
谭唱《空城计》不近情理

辙之作用

记者问：戏有十三道辙，当然为顺口关系，有如诗之有韵脚？

余君答：唱戏须合辙，固有顺口关系。究竟，辙之作用，不全在顺口。原各种字音总括之，可分十三类，在戏中，即为十三道辙。“东冬”两字，在诗韵中，为“一东二冬”，但唱戏时，因其唱法相同，故皆属“中东辙”。吾人喊嗓，须兼练十三道辙，各种字音，始能完备。缺一种或数种，即为不及格。今精忠庙墙面，尚绘有“罗祖听声”故事，即分析各种字音之缘起也。又每字出口，以原则言，绝对不能离开本音。今之唱戏者，不翻音，即倒韵，盖嗓音欠缺，本钱不足，不得不变通办理。细小者有之，高左者有之，沙哑者有之，皆非唱戏之原则。大老板后，内行中勉强及格之嗓音，汪孙而外，其余俱卑不足道矣。

做派繁难

记者问：周子衡于做派如何？

余君答：唱戏不工做派，便不配登台。周老先生，研究剧情剧理，无微不至。据云：传神表情，可分七百余种，各有用法。一出一样，一段一样，与唱工相同，不能千篇一律。如《举鼎观画》之薛蛟，当举鼎时，脚尖上亦须有戏，不然，便不像举鼎。盖旧剧全在表示，若囫囵吞枣，即失去戏之精彩也。

谈《空城计》

记者问：谭鑫培唱戏，既然集诸家之大成，亦有奉为剧□圣人者，则其唱戏，有无谬误之处？

余君答：谬处太多，一言难尽。试举《空城计》一剧为例：《空城计》，固亦谭派拿手戏之一，深入一般社会。而此一剧中，谬误之点即太多。出场引子“阴阳反掌定乾坤，保汉家，两代明君”，此原词也。谭唱此剧，则改为“两代贤臣”。原因谭鑫培长于低音，而无高音。“君”为阴平，不易念出，乃以“臣”字煞尾，“臣”系阳平，无妨低沉。但此种改法，文义既欠通，而第一个引子，系“快似风云”，“云”字亦为阳平，而两句引子，煞尾皆用阳平，于音节亦嫌重复。此开场即错到极点也。

谬误太多

记者问：其余错处，余君何妨一一指出？

余君答：“坐帐”一段西皮，原词系“自从先帝宴驾后，南征北剿有数秋。曹魏屡次兴兵寇，多仗奸人设机谋。孙吴占据江东地，周郎良策神鬼愁。司马懿文武精通为戎首，善能用兵统貔貅。你此去带兵街亭守，保城安民美名留”，谭鑫培因原词一句一腔，颇不易唱，乃改为“两国交锋龙虎斗，各为其主统貔貅”。

又第二场，三个“再探”以后，说“难道叫我束手被擒”时，至第二个“束手被擒”，即大起【乱锤】，同时，以手指敲头，以一手摸屁股，形容诸葛亮，为一临事张皇之态。如此惊慌，焉能设空城计？原来演法：说“束手被擒”时，只平平说过，并不起立，而表示考虑事理，默运神机之意。如此，始为一胸有成竹，临事不惧之诸葛先生。谭之演法，所谓弄巧成拙者是也。

余叔岩从谭鑫培仅学得两出半 老三派分为徽汉京

论打王平

记者问：适余君言，谭唱《空城计》谬误太多。除此以外，尚有谬处乎？

余君答：此外，城楼上大段慢板，原词并非“我本是卧龙岗散淡的人……”谭鑫培则改成此词。且第二句“论阴阳如反掌”以下，当然为“博古通今”，第六句“东西征南北剿”以下，当然为“保定乾坤”。谭唱此二句，则互相颠倒，戏词文义，遂贻不通之诮。至“斩谡”，谭唱更有大错。原来演法，并不责打王平，因失街亭之咎，王平绝不负责也。谭唱“斩谡”，则改唱“若不是画图来呈进，定与马谡一罪名，来来来，将王平责打四十棍”，诸葛亮赏罚严明，何能罚及无辜？昏聩如此，何以服众将？若谓失守街亭，关系重大，诸葛于盛怒之下，非打王平，不显精彩，则诸葛先生亦意气用事，以“迁怒”为示威之手段者。诸葛先生有知，恐将具公呈，向地府控告谭鑫培公然侮辱之罪名也。

叔岩学谭

记者问：余叔岩号称谭派正宗，余君与叔岩，为同胞兄弟，当能知其学戏之历史？

余君答：彼原从谭鑫培，学过两出半。一为《问樵闹府·打棍出箱》，一为《定军山斩渊》，一为《太平桥》。此《太平桥》一剧，仅学得半出。故叔岩登台打炮，常贴《问樵闹府·打棍出箱》，或《定军山》。至于《太平桥》一剧，因未学全，谭鑫培又不常贴演，彼无法偷学，遂迄未演唱。

问：叔岩能戏，亦甚繁多。彼何由学来？

余君答：此事言之长矣。盖彼在二十岁以前，未倒仓期间，其所唱腔路，完全为普通唱法，并无派别。倒仓而后，在家用功，亦未经高人指授。后由其岳父陈德霖介绍，始渐摹谭派。而谭鑫培与舍间，素无来往，无从得其指授。值谭鑫培演戏，彼必约本人，同往偷学。有时，彼观听中，遗忘数处，则问本人曰：老四！你知谭鑫培演某某处，如何演唱？时本人年甚稚，不知其为激将法。乃举谭鑫培之唱做念打，摹以相示，其实，彼又向本人转学去矣。其所能各戏，大率类此。

未得结果

记者问：闻谭鑫培系令祖之弟子，何得与尊府素无来往？

余君答：谭鑫培并非先祖之弟子。不过，先祖唱戏时，谭鑫培年甚稚，有时，谭鑫培发生错误，在后台上，先祖或唤其名曰：金福！你错了，应如此演唱。即随意指点一二处。此系前辈提携后进之意。实际谭鑫培既未拜先祖之门，先祖亦未正式教授谭鑫培。故谭鑫培与舍间，实不通吊庆。言谭鑫培为先祖之弟子者，不过，老三派中，程大老板为徽派，先祖为汉派，张二奎为京派，而谭鑫培之戏，最与汉派相近，故谈者以意揣测，谓为如何如何耳。

记者问：陈德霖介绍叔岩学谭派，其经过如何？

余君答：陈德霖介绍叔岩，只介绍其学王君直及李志成，至介绍见谭鑫培尚未得结果。此事，又为一宗之笑话。本人精神，此时殊极兴奋，愿为先生缕析陈之。

民国二年余叔岩曾穿军服挂军刀
师谭不得大费手腕

交换条件　叔岩倒仓时，在二十岁左右。彼时，尚未结婚。但彼常往来于陈德霖之家中。一日，陈令叔岩吊嗓，叔岩唱一段，陈大不谓然，以戚谊攸关，语叔岩曰：孩童时代，唱普通腔路，尚无不可，将来，嗓出以后，若再登台，即不能唱此种普通腔路。不然，梨园界无汝啖饭之处矣。旋带其赴受壁胡同柏心亭家中，听票友唱戏。当时，有票友王君直、李志成等，常在柏家票房消遣，皆一时上选。叔岩听数出，又自唱一出，诸名票咸嗤之以鼻，叔岩大惭，乃与王李诸人，极力拉拢，交换学戏。因王李等唱工虽佳，而做工身段，终不熟谙。叔岩则系内行，做工身段，又无派可分。王李诸人，向叔岩讨做派身段，叔岩则向王李等，学谭派腔路也。

不当爷爷　学之既久，叔岩终以未得谭鑫培指授为憾，乃恳于陈德霖，乞为介绍。陈携叔岩去，见谭后，陈令叔岩呼谭为“爷爷”。盖陈之于谭，较小一辈，陈常呼谭为“大爷”，叔岩又为陈之门婿，故陈令叔岩呼谭为“爷爷”也。谭亟阻止曰：勿尔！余老先生（即三胜）为我之前辈，若叫我“爷爷”，则我与余老先生同辈矣。此事不可，叔岩可仍叫我“大爷”，与你（德霖）一样，各人归各人的辈数可也。陈闻之，以为谭对叔岩，另眼相看，乃乘机言曰：此子甚聪明，特带来拜门，乞收为门徒。谭闻拜门之语，则变颜曰：我从来不收门徒。陈不能相强，叔岩在当时，遂不得以谭为师。然慕其技术，乃设法用手段。

谭被抓拿　在民国二年，袁世凯时代，有总统府承宣官王锦章者，系叔岩之干父，叔岩乃得衣军服，挂指挥刀。每值总统府内演戏，王则为提调。王贪心极重，总统府赏钱，多为王扣去。如谭鑫培、刘鸿声、杨小楼等，在总统府演戏一次，总统往往给赏洋四千元，王则随意给以数十吊，众无如之何。王之权势，有如是者。一日，值总统府演戏之期，传谭，谭称病不去。王怒，派队将谭捆去至新华门，叔岩以为有机可乘，亟赴该处，央求诸官差，特予优待。并让谭至门首办公处，令其抽大烟，奉以茶点。谭见叔岩对己，殷勤备至，又在总统府内，势力不小，颇为感激，兼惧其可作威福，至此，乃注意叔岩。

机会难得　向例，入总统府应差，皆须由新华门步行而入，直抵人字松，虽有小火车可通，然梨园界人，无福乘坐也。谭在新华门，守候逾时，府内唤谭入，叔岩又央求诸官差，将谭松绑，而将谭搀上小火车。既入内，传谕：谭鑫培演唱一出，不唱重办。谭鑫培至此，无法顽抗，乃为唱《乌龙院》一剧。当时为谭拉胡琴者，系徐兰沅(3)。此剧演毕，谭回家，思叔岩之厚意殷殷，而在总统府内，有操纵剧界之权势，颇加研究。时叔岩乃为进一步之手段，言于谭二，使转告谭鑫培曰：总统谓谭鑫培在府内，不好好唱戏，拟令行警察厅，禁止谭鑫培唱戏。谭闻之，大惊失色。盖谭之一家人，全恃谭鑫培演剧生活，果被禁止，则生路即濒断绝，不啻置之于死地也。

（3）原文作“徐兰元”。

谭鑫培被迫而为余叔岩之师
大烟枪传授《定军山》

一套戏法 谭鑫培在情急之下，忽忆叔岩对其态度极佳，或可求助。乃嘱谭二，转乞叔岩缓颊。其实，叔岩此言，全系意存恐骇，为一种之手段作用，在总统府内，并无此种意思。袁克定并曾语人云：鑫培七十许人，带病登台，殊大不易。颇有怜惜之意，焉有禁谭演戏之说？谭二见叔岩，以谭鑫培乞代缓颊之意，一一转述，叔岩初似为难，谭二力恳，叔岩答称：姑试其可。逾日，谭二又恳于叔岩，叔岩乃曰：幸不辱命，总统颜开，谓许谭鑫培演戏。谭二又言于谭鑫培，谭大感激，深佩叔岩之穿军服，佩军刀，宜乎可以左右一切。叔岩至此，以为有所要求，无不奏效矣。孰意事实上，有大谬大然者。

二次失败 叔岩又恳于陈德霖，乞为介绍。陈有难色，叔岩曰：今非昔比矣，爸爸试言之！迨陈又述及叔岩之意于谭，谭迟之又久始曰：彼为我帮忙，原甚感激。但学戏一节，我因精神太差，万难办到，俟诸异日可也。陈转告叔岩，叔岩如沃冰水，大失所望，大恚曰：此老何太吝啬？此时不教我，而待诸异日，我岂随汝赴鬼门关学戏乎？愤恨结果，恳于其义父王锦章，王曰：与谭鑫培为难，易如反掌耳。允迟日遇有机会，即尽量摆布谭鑫培。

谭又吃苦 不久，总统府又有戏，王饬传话名伶，前往应差。谭鑫培曾在总统府吃苦，不敢抗命，拟届时前往。不意，谭正在家抽大烟之际，公差忽汹涌而入，将谭锁拿。谭力辩曰：我立时前往应差，无须锁拿。公差冷笑曰：谁与汝讲生意？兹奉命来锁拿，则锁拿耳。候汝抽足大烟，总统早睡觉去矣。不听，锁拿以去，拘禁门首，不惟不许抽大烟，不惟不奉茶点，且将谭吊起。谭至此，一筹莫展，呼吁无门，顿忆叔岩可以帮忙，又使谭二往觅叔岩。叔岩既至，则曰：谭老板允收我为门徒，教我唱戏，我即应命。谭在性命攸关之际，不得不慨然允诺。叔岩恐其事后翻悔，乃恳袁克定作保，王锦章为介绍人，书立收徒字据。手续办妥，立即将谭释放。谭既归家，遂不得不教叔岩，乃为说《问樵闹府·打棍出箱》《定军山》《太平桥》。其《定军山》一剧之刀法，系以大烟枪比式教出。此叔岩学谭之大致经过也。

欷歔不止

记者问：余君既已学得程大老板之嫡派戏剧百余出，而程大老板之遗响，近已不传于世，时人方苦思程腔，余君何妨现身舞台，以慰社会之渴望？

余君慨然曰：此事亦太难言。时人苦思程腔，固也。究竟程腔如何？抑又迄无知者。本人曩曾一再登台，欲以程腔问世，但听者有一成见，以为惟谭腔最好听，余叔岩之腔最好听，与谭腔相近者亦好听，与谭腔不类者，即不好听。故本人唱戏，迄难得众之了解。有非笑者，有訾议者。此种听戏之眼光，恐程大老板复生，亦不容立足于今日之梨园界。不然，本人赋闲多年，生活亦感困难，焉有不谋登台鬻技者？不过，以今日之情势言：本人与他角同台，本人唱大轴子，他角既不愿陪班；他角唱大轴子，本人为良心驱迫，又不肯甘落人后。此最无可如何之时机也。

言竟，唏嘘不止！(4)

(4) 按此篇访问涉及余氏家事，发表后即有余氏二嫂赴报社会见采访者，讲述内中情节而有“余二嫂谈余氏家务”一篇，11月8日至10日刊载于《世界日报》第八版。

周信芳

采访人：不详

原载：1935年8月8—17日《社会日报》（上海）

（一）从七龄童到麒麟童

麒麟童，原名周信芳，浙江慈溪人，今年四十二岁[1]。

(1) 生于光绪二十年十二月十九日。

大家都知道麒麟童并非“科班子弟”，而是单独拜师入门的。以前，关于他的唱戏，听到过这样一点故事：说他原是洋货铺的学徒，因为生性爱好戏剧，无论何时何地，嘴里总哼着皮黄这玩艺儿，于是被东翁认为没有出息，而解雇，结果他就真的登台唱戏，恃此为生了。

现在，由于他亲口所述，知道并非如此。

当年父亲曾在他姑父所开的上海一家洋货铺里学生意，因为爱好戏剧，把一笔亲戚托办嫁奁的钱移用过来，去请先生教戏，当时是一种玩票性质。其后也曾正式上台演唱过，但为了顾到周家历代为宦的“光荣”，不得不易姓为金。不久，在南昌为官的祖父已故，家庭的开支渐渐感到拮据起来。为了出路，同时也为了本人也爱好戏剧，他也拜师学戏了。这时还只有七岁，学的是一种从小习戏者必经的过程——“娃娃生”。

推算上去，大概是光绪廿四年[2] 光景吧，他以“娃娃生”的身份初次出现于杭州拱宸桥天仙茶园的舞台上，第一次所起的是《三娘教子》中小东人的角色。虽然还像在眼前，却已是三十六年前的事了。

(2) 光绪二十六年，虚岁七岁，据《周信芳年谱》(周氏口述　胡梯维、周翼华笔录）云：六岁，就私塾读，未两日而辍，则以父病后嗓败，渐不为时重，时搭班于杭拱宸桥天仙茶园，所得至不足以糊口。君幼喜肉食，父常节膏火之资以应之曰：“不可令我儿无肉也。”母夫人许，习于歌曲，耳熟能详，偶授君《文昭关》“一轮明月”词，辄朗朗上口，父喜其慧，始延名武生陈长兴为说曲。以《黄金台》开蒙，一日而得其韵，更授以《一捧雪》《庆顶珠》等。翌年，即以“小童串”名露演《黄金台》于天仙，座客喜其慧黠，群加赞赏。未几，小孟七至杭演《铁莲花》，遍相娃娃生，未能当意，偶以君进，“滑雪”场竟来一吊毛，彩声雷起，于是“小童串”之名，渐播六桥三竺（载《社会日报》，1937年6月16日，第二版)。

因为是七岁，所以给贴出去的名字是“七龄童”。戏班子中，“×龄童”“×岁红”这些名字是最普通不过的。但到年龄渐渐成长之后，例须改一个正式的名字。他就以“七龄童”谐音的关系，被改成了“麒麟童”，这名字就直用到了现在。

他说：“现在是四十二岁的人了，‘童’实在已不适宜了，不过，再要改名字有许多麻烦，所以也便就马马虎虎地‘童’下去了。”

（二）怎样训练表演

麒麟童素来是以擅于表演为人所称道的，田汉曾誉之为平剧一切演员中最懂 Action 的一个。街头巷尾之赞美他的表演者，说是“背心也会做戏”。这自然有点夸大，不过表演胜人这点，却是事实。

那么，麒麟童怎样练习他的表情呢？这大概是很多人想知道的一个问题。当我将这问题提出了之后，他这样回答了：

“照理，旧戏的演、白、唱是三者并重的，要不然，只能称之为唱戏，而不是演戏了。譬如先生教授的初步，叫学者唱的当儿，脖子不能前俯，不能后屈，脖子上的筋也不能绽出来；再如，须练习对眼、皱眉、抖动；这都是平剧也重于表演的明证。不过这非得要长期的练习和修养不可，自然也很费力，因此有许多同行，就不愿练习这一套而只在唱上用功夫了。倘若，无论是喜怒哀乐的戏，总只是一种表情，结果，演员是演员，剧中人是剧中人，不能达到假戏真做的一步。”

“前辈先生王鸿寿（即三麻子）说过：‘演戏的，第一要肯毁容。’所谓毁容，就是何时应该上油，何时应该上几笔黑色，都须一丝不苟地做到。这样，在化妆方面也可帮助演员不少。而时下许多名角，往往为了保持漂亮的本来面目，在这点上显得非常马虎，于是使观众们难起真实的情感了。”

想起了这样一个的故事：

据说，有人问老谭，为什么演《空城计》那么出神入化，老谭回答说：三次听探子来报“司马懿大兵……”须相继的有被盗、失火、伤亲三种一层紧一层的表情[3]。不管这是否真出老谭之口，但我们相信谭鑫培之所以如此为观众爱戴，不单是靠着嗓子和运腔是事实。

至于麒麟童究竟这样能表演得如此出神入化，则半由人才，半由练习而来。“麒迷”诸君，这点认识是应该有的。

(3) 原文如此。

（三） 哑嗓的原因及其他

麒麟童的特点，除了擅于表演之外，那就是“哑嗓”了。许多“麒迷”视哑嗓为麒麟童的传神之处。因之，既自称“麒派”，却并不注意到他的表演或念白，而一心一意在“如何把自己的嗓子喊成哑嗓”这上面用功夫。他们看来，麒麟童像是故意把那条嗓子喊哑来的。

哑嗓是否是麒麟童的长处，是否是演员应该必修的课程，这问题在这里不必也不便论及，所要讲的是麒麟童怎样哑嗓的问题。我问：

“听说，若干年前，与一位名角在一起登台，因为被对方嫉妒，才暗箭伤人地把您的嗓子弄哑了——这自然不足资信的，是风传人语。”

“我的嗓子是天生的干嗓，有时候精神好些，嗓子也跟着好些，否则，就格外干哑了。”

这是事实。近来听过几次，确有这种感觉。我继续问他，所谓“麒派”是否应该把您的嗓子模仿得惟妙惟肖？他不禁笑了。

“那是不必的，不一定要把嗓子一定要学得跟我一样的。”

意思是“麒派”的特长并不在于哑嗓，“麒派”也一样可以有圆润的歌喉。

“在这许多麒派先生之中，你看来谁能乱真呢？”

“那是郭�傒先生。”此时他像得到很大的安慰似的。

“傒傒非常用功，同时请着新旧两派的先生，虽然小半是天才，但大半总还在于埋头下苦功。”

郭傒傒是上海名票之一，他是宗麒的，但他与一般的“麒派”不同，就是他仍然保持着天赋的韵味、饱满的嗓子，不像一般的只在“哑”字上竭力追随。由于麒麟童之赞誉郭傒傒，更明白地使我们知道，即使这位“麒派鼻祖”，也不以哑嗓为荣的。

对麒麟童真正有认识的、爱护的戏剧爱好者，对这点应该认识清楚，否则那只是皮毛的模仿，化了很大的心力，很可惜的。

（四）关于“四大名旦”

目下提起旦角，那就是梅兰芳、程砚秋[4]、荀慧生、尚小云这所谓“四大名旦”了，不论是京朝派抑外江派，代表旦角的大致是这四位。

(4) 原文作“程艳秋”，下同。

从麒麟童眼中看来，这所谓“四大名旦”究竟能得到怎样的评价呢？据他的意见：

“梅兰芳该说是全材，无论扮相、唱白、身段、做工，全在水准之上，而且现在几度漫游海外，又获得了文学博士、伶界大王的头衔，不管这博士或大王的头衔怎样得来，更不管这些个头衔与演技方面有什么关系，但梅兰芳之被人特别地重视，则是不可讳言的事实。因之，他的地位颇不容易站稳，因为人们对他的希望太高。至于前途，许是已过了演技的最高峰，这是年龄的关系。”

“程砚秋在扮相身段方面，自不及梅氏的婀娜多姿，而其唱白，有时候则会出人意表地奇峰突出。以‘不平凡’三字来批评程氏是比较适宜的。有许多观众誉程砚秋为四大名旦中之最佳者，也就是为了爱他这一派的唱。”

“荀慧生则以善演丫环、小家碧玉等身份著称于剧坛，无论身段表情都丝丝入扣，出神入化。他开始学梆子，这些得益于梆子之处不少。唱白也在水准之上，不过较诸其他几位，似乎稍差一点。”

“至于尚小云则是以嗓子洪亮为剧坛所称道的，扮相称得上雍容华贵。不过，与好几位名角一般，近年来的环境略逊于昔日，因之，最近风闻嗓子起了一点变化。这自然是很可惜的。”

“四大名旦之外，徐碧云也颇值得注意，惜乎只长于唱，扮相则以先天的关系，不能与四大名旦似的为人所爱。这是最吃亏的一点。不良的嗜好于他也贻害不少，这会减损扮相上的美姿。”

“照目下情形而言，最怕的是后继无人。几位名旦都已到了相当年龄，无论怎样努力，若要超过本人最好的成绩恐怕是不可能的了。我以为目前最重要的还是怎样把自己的心得传授于人，以使得新的人才能够继之而起，否则这剧坛真将荒漠冷落了。”

其实，这在老生方面，已证明了这点。直到现在，我们还看不到一位真能与谭鑫培乱真的人才。是的，目前已到了相当年龄的名优，其最大任务并不在努力登台，保持已往的荣誉，而是怎样传钵于人。

（五）略谈余马谭诸人

那么麒麟童对余叔岩、马连良、谭富英等几位时下名老生的评价如何？概括他的意思大致如此：

“目下之老生大都唯谭是宗，所谓‘谭派正宗’者是。但其中比较最能得老谭的神似者，该说是叔岩了。最大的原因在于叔岩看到老谭表演的机会较多，并非一定是他的天才较诸他人独厚。但因为叔岩在生活上有着相当保障，而毋须得以演戏为生，因之，在艺事上未免渐渐生疏一点。连良的扮相之潇洒俊逸，在几位名老生中或可以说无出其右，表演则在京朝派中许是最佳的一位，讲念白，也都呖呖可听。不过，要讲到‘规矩’，讲到‘正宗’，则就及不上叔岩。至于富英，那是非常可惜的。他是老谭的孙儿，小培的哲嗣，真是家学渊源的谭派嫡系。不过，在他懂戏之后，他祖父已很少登台的机会，因之，他所看到祖父的表演不多，而乃父并不能将老谭的神似全部学习过来而授给富英。到现在富英之‘谭味’，倒还是从他人的表演中私习过来的，今日之有如此的地位，有恃于天才之处颇多。菊朋是票友下海，因之，许多自小学戏者所学习的功夫，在他是生疏一点。同时，表（脸）部表情，即使在京朝派诸人中，也是较差的一个。不过，歌喉却得天独厚，别成一格。他之所以号召观众者，就是这一条得天独厚的歌喉。王又宸，唱做念白都是很好的一个，谭小培则真是所谓嫡传的谭派，高庆奎，亦有嗓子高亮的特长，惜乎年龄都渐渐老大，精力也渐渐不足，纵然卖力，也真是心有余而力不足了。”

“总之，这一派也与旦角一样，有只见老者退隐、不见新者踵起的危险。少楼是后起诸秀中的一个特出人才，然而这样的人才终嫌过少，而且到现在为止，少楼还不能全部接受前辈的遗产。”

这剧坛一天一天地冷落起来，我们真让它这样冷落下去吗？

麒麟童又说：“目前倘若兰芳能挺身而出，募集若干款子，开设一个戏曲学校，以较新的教授法来提拔新人，实在是最适当不过的。因为在现在，实以兰芳来干这件事最为易于号召。”

（六）谈到《萧何追韩信》

这一年来，在收音机中，一天总可以收到一二十次的《追信》，在街头巷尾，也时常可以听到哼着的“是三生有幸”，票友、独脚戏，也都以《萧何月下追韩信》作为吸引听众的上好资料。这情形，《追信》似已成为代替《毛毛雨》《桃花江》的民间歌曲了。这出戏在艺术上的成就如何姑不论，不过它之如此红是值得注意的。

据麒麟童说：这戏，在十几年前，原是为一个亲戚而编，由那人饰萧何，而自己则饰韩信。(5) 可是那位先生唱得不能受人注意，其后就由自己饰演萧何，并将剧本略加删改。不料各处上演，居然为观众热烈欢迎。因之每到一处，《追信》总要特别多演几次，因为每演此戏，一定可以吸引观众，后台就爱排这戏了。

看这戏的人，似乎都是看“追信”那一段，一待“三生有幸”唱过，观客就一个个地开始向后转，其实后面那一段自己倒以为不错的。至于前段，观客大都也感不到兴趣，他们静待着“三生有幸”，实际上前面的三次保本，是非常“戏剧”的一段。

(5) 民国十一年（1922年）5月4日夜戏，首演于丹桂第一台，刘奎童饰萧何，周氏饰韩信，其他参加演出者有刘四立、张韵亭、冯志奎、李少棠、周五宝等。民国十五年（1926年）2月28日夜戏，周氏在明达公司更新舞台开演九、十本《汉刘邦统一灭秦楚》，前饰韩信，后饰萧何。单演此戏，最早记录为民国十六年（1927年）2月6日即旧历正月初五日夜戏，与唐韵笙、董志扬等合演于天蟾舞台。

“在你所唱的戏中，大概《追信》跟《明末遗恨》《打严嵩》《投军别窑》同样的，认为是得意的杰作吧！”

听到这话，他微笑着，摇摇头，回道：

“倒并不如此。现时似乎这几出戏被视为我的杰作了，其实在我自己，《战蒲关》跟《白帝城》两出，倒是挺爱唱的。前些时，白天曾唱过一次《白帝城》，那戏要扮演两角，唱做都是很繁重，在我自己也认为很卖力，可是观众不及看《追信》或《别窑》的多，这是没有办法的，观客爱这些啊。但自己不一定认为是我的代表作。”

“我想从《追信》排出之后，大概你以唱这戏的次数为最多了？唱过几次有个记录没有？”

“记录是没有的。不过已被视为我的看家戏，到一处无论演三天五天，《追信》总得演一次。”

记者以为《追信》之红，在乎能尽量发挥麒麟童的特长——表演。“追”的一场，不但前无古人，或者后也无来者的了。其次，电台中每天的常播这片子，也是帮助它红的一个主因。于是，每当他演《追信》而唱到“三生有幸”时，台下就像全是萧何似的，低低地跟着“三生有幸”起来。现在再想静静听他唱一段《追信》，简直是并不可能的了。

（七）终于没有“怒吼”

《怒吼吧中国》是一个帝国主义压迫中国劳工的悲壮热烈的戏，世界各国都上演过。在日本，译作《吼的支那》，由筑地剧场沙见洋等上演过多次，自始至终，都能紧握住观众的心弦。在中国，据说广东曾演过，不过成绩不大佳妙。上海，则前年才由应云卫、袁牧之诸人演过一次，其后，大概是有些人不希望中国“怒吼”，因此也就不再上演了。

听朋友说，麒麟童也想演一次《怒吼吧中国》。

他告诉我经过的情形如此：以前在北平时，确曾有过此愿。由余上沅、王泊生，和他几人发起，结果，开过了几次会，事情也就完了。王泊生想饰演那“爱国大学生”，因为易于使观众同情，而麒麟童则被派饰舰长，可是他以自己的身材不适宜于扮演外人，而且，这样的角色与自己的个性也不大吻合。他希望演老工人那角色，就是上海出演时袁牧之所扮演的。更因为许多配角的问题，《中国》终于没有在北平“怒吼”起来。

“你还想上演这个剧吗?”我说，“在上海事情比较容易办了，可以跟应云卫先生商量。上次，这个戏由他导演的，弄得很不错。”

他也似乎“转变”了，说：

“现在倒不想演这个戏了。”

京戏和话剧之间像横着一条不能越过的鸿沟，话剧出身的京剧演员王泊生，现在已有“话剧不成立”的主张，而话剧界有一部人们（其实都是浅薄者流）唯我独尊，不把京剧看得起。但麒麟童，对这两种戏剧没有门户之见，他认为话剧与自己所干的京剧，同样的值得研究。

照我想：麒麟童在《怒吼吧中国》饰演舰长固然身份不合，但要饰演那工人也是挺危险的。虽然他具有老工人的“衰派”的轮廓，也具有丝丝入扣的表演大才，然而动作——京戏中所说的“身段”，在一时要使之改变过来，恐怕不是容易的事。记得袁美云初上银幕演《小女伶》，一举手，一动作，总脱不了“台步”“台风”的残迹。这实在是习惯成自然了。

希望麒麟童能演一次话剧，但须于若干时日的修养之后。

（八）关于《明末遗恨》

旧戏中，《打渔杀家》是不可多得的杰作，它具有反映现实的社会的意义。新戏中，则该说是《明末遗恨》了。这戏，真可以叫人感泣涕零。其所以获得如此的效果，不全是靠着麒麟童的表演，大半还在于剧本编制的佳妙。

据麒麟童说：此戏原是潘月樵当年在新舞台所排演者。不过，现在场面或词句都加以删改过了，其他，参照《明史》的记载者也很多。记得辛亥《民呼画报》的郑正秋氏的《粉墨场中之杂货店》中，曾提到过此戏。

“最近，有人想把《明末遗恨》改摄电影，你有什么意见?”我问。

“不知道怎样摄制，恐怕不容易拍吧。”

“要拍，自然服装、道具都得好好考据过，如‘逃难’一场吧，当然不能像舞台上以七八人来代表。这些，确是很难摄制的。”

“又恐怕不容易通过吧。”

大概因其中讽刺的成分太多，如“周奎做寿”前与其妇商议的一段对白，真把目前的许多“打抽丰”

过日的阔人挖苦得厉害。再如“国家的土地是一天一天地少了，你们的腰包一天一天地饱了”，许多在我们听来非常爽辣的对白，有些人是不大乐意的。一旦搬上银幕了，难免会发生问题。

“看过这戏，我觉得除了看你个人的表演之外，其他演员的空气不能与戏同时进展，有些演员也像配置得不得其所，譬如金少山就没有戏做，王兰芳，根本也是多余的。”

他点点头，大概也承认的，然而回答的只是一个声音极微的微笑，猜测起来，这一笑中有这么四个字：“没有办法。”

（九）“我也做过电影呢”

许多人于剧赏麒麟童的表演之余，很希望他能在开末拉前露一露脸，虽然舞台的表演术与电影的迥然不同，但这到底是姊妹艺术。不说好来坞，即使说中国吧，近一两年来已有许多演员从舞台跑上银幕，成绩虽不能说个个都好，但较诸一无舞台经验的新人，究竟便宜得多。

“你也希望上镜头吗？”听到我这话，暂时地他沉默起来，于是我又接下去，“大概是，不能给相当的报酬吧。”

他摇着头：“不，并不为此。最重要的是在剧本，倘使有一个能够适合自己个性的剧本，那我也希望试试，否则，一无把握地，到银幕上去，结果免不了失败，那当然用不到多此一举。”

真的，目前中国电影之最难解决的问题是在于剧本，每个公司根本没有健全的编剧部，许多能做戏的银幕新人，都为莫名其妙的剧本所杀害。麒麟童注意到剧本，实在是他的聪明之处。

静了一回，忽然他噗哧地笑了起来：“我也做过电影呢——在以前商务印书馆拍过《赵五娘》，但后来这片子好像没有公开放演过。不过也不值得拿出来，成绩真要不得！”

“你对于田汉有点什么感想？”忽然我想起了在狱的田氏。

“寿昌，我们是很熟的朋友。我觉得他有一个特点：譬如一个剧本写好了，他就拿出来给上演，自己则在旁边静静地看。若是什么地方不好，就重新加以删改，要是有一段超过他意料之中的美妙，那就以所演的为标准。这方法我以为是很好的。”

“他也很爱京戏。”我说。

“是的，这是与许多话剧家所不同的。他认为京戏很有研究的价值。当我们排演《潘金莲》时，他曾提出过意见，还改过几句对白。”

田汉已恢复自由了，嗣后他或者又将回到“只谈风月”的路上去。果尔如此，则大可与麒麟童合作。以前者之编剧经验，后者之表演天才，一旦合作，定能为旧剧界一放异彩。不过，这总不过是一个希望而已吧。

（十）怎样改良京剧?

记得梅兰芳博士讲过关于京剧难以改良的意见。他举一个例说，锣鼓如何不可以改良，场面如何不解剧本的原理。结论是难以改革。

又听见程砚秋谈过，那时他刚游法归来，他说在法国遇到几位专攻音乐的留学生，他们都愿意与程氏合作，拟把新式的乐器来替代胡琴、三弦之类，程氏亦颇赞同这种改良，而结果到现在还不能实现起来，自然有难以实现的苦衷。

麒麟童对改良京戏的意见怎样呢？似以为须好好地设立一个训练所。以前，上海伶界联合会预备在康悌路祖师殿中开设这么一个，而结果却流产了。他对于目前一般机关布景的连集戏，认为是不能久长其生命的，而于京朝派的门户之见，则也认为是束缚京戏进步的原因之一，而有“取消门户”的必要。

“既然认为改良京剧须有一个好好的训练所，那么这责任你就可以担负起来。”

“不行，最要紧的是筹款，我对这恐怕办不到。我以为兰芳是很适宜，以他的声望，怕还号召不到吧。”

我所希望的，也可以说访问的主要目的是想知道麒麟童对于改良国剧的意见。我认［为］只有他能够发表改良的意见，而他却不能给我以具体的满意的答复。在言语之中，大概是有不便指出其弊端的苦衷。

这在一个“革命的戏曲家”是不该有所忌惮的，应该以他所见到的症结指点出来，更指示以一条新的出路。京剧到现在，实已到不得不锐意整顿的时候了，否则，有被观众唾弃的危险。

这，有待于麒麟童能挺身而出了。

马连良

四篇

一

采访人：林醉陶（一得轩主）

原载：1930年11月9—21日《实报》（北平）

日前午后六时，轩主赴崇外翟家口豆腐巷七号，访问马连良，承荷接见，畅叙甚欢。马君叙述其个人历史，颇为详尽，并即席挥毫，赠书法一小幅，又惠以最近玉照，以作纪念。谈一小时，始辞出，兹录马君谈片如次。

科班出身 予（马君自称）北京人，字温如，号遗风馆主，现年三十岁。九岁时入喜连成（后改富连成）科班坐科，为第二科学生，从茹莱卿（茹富兰之爷爷）先生学戏，初习武生，是年即登台，第一日演《探庄》，颇得一般人推许。及后因教师以予嗓音颇佳，习武生戏为可惜，令改习老生戏，遂从蔡荣贵学《定军山》《南阳关》《珠帘寨》等戏，出演以后，大受九城人士欢迎，自是以后，改演胡子戏，不再演武生剧矣。予在富连成科班坐科，前后共十年，至出科时，时年已十八岁矣。[1]

(1) 宣统元年（1909 年）正月入喜连成，初工武小生即武生，兼梆子小生、丑、老旦，后改工老生，民国六年（1917 年）2 月 10 日即旧历正月十九日满科，参见《马连良艺事年谱 1901—1951》，李世强著，中国戏剧出版社，2012 年 1 月。

学贾经过 予出科后，经友人某君介绍，从贾洪林先生学戏，先生为伶界闻人，对于剧学，深有研究，在戏剧中，自成一家。予亲受先生鍧铸，耳提面命，凡对于各戏之身段、做派、唱工、说白，先生教诲殷勤，循循善诱，获益良多。予所演各戏，类多经先生改口指正者。近来各方咸以予为贾派，予艺窳疏，实未得贾先生之真传于万一，贾派之称，愧未敢当。然予对贾先生，虽未正式行拜师礼，但亲承贾先生教导，亦忝居弟子之列也。

师老乡亲 老乡亲孙老供奉菊仙，为现在须生界硕果，老供奉之艺术，在戏剧界中，早有佳评，孙汪谭三派并称，可以概见，其艺术之过人，固为足下所详悉，毋待多赘。客岁，予在津沽演戏，造门趋谒，承老供奉青眼款待，对予倍极奖许，继由刘竹君先生、侯德山先生之介绍，拜老供奉门下[(2)]。老供奉为予说戏甚多，如最近新排之《安五路》，由蔡荣贵先生排就后，予复向老供奉请益，对于“持仗观鱼”一场，唱白做派，指示颇夥也。

(2) 民国十九年（1930年）3月，赴津拜孙菊仙为师。

赴闽演戏 予出科未久，即承福建省福州某舞台之聘，赴闽演戏。[(3)] 合同本订三个月，及抵福州，登台之日，园为之满，不得入园怅怅而去者，不知凡几，而该地舆论界中人，亦咸表示好感，演唱以来，日日满座，声誉鹊起，予以艺术窳疏，谬膺盛誉，殊感惭恧，惟力自奋励，冀以副知许者诸公之雅望而已。合同满后，予即拟北归，终因各界之挽留，未得成行，虽继续演唱，至一年有六个月之久，方始离闽北返。此为予在京外得名之始。

(3) 民国六年（1917 年）6 月 10 日离京，19 日抵达福州，搭其三叔马昆山之上天仙京班，23 日出演广资楼，三天泡戏为《失街亭》《八大锤》《琼林宴》《洪洋洞》，演至次年 7 月，8 月 3 日启程回京，并在杭州作短期演出，20 日回到北京，再入富连成社深造。参见《马连良艺事年谱 1901—1951》，李世强著，中国戏剧出版社，2012 年 1 月。

京沪演唱　予二十岁时，应上海亦舞台之聘，南下演唱，与名武花李永利同台。永利有子，曰李万春，时年十一岁，性极颖慧，能唱之戏，不下十余出，予极爱之，以为此子，终非池中物，为之说《南阳关》戏，不一二日，即能纯熟，登台演唱，腔调说白，以及做派，均极其自然，其资质之聪，实天授非人力也。万春此日之能誉满平津者，在髫龄时，早已大露其峥嵘之头角矣。予在沪亦舞台演唱两个月，颇受春申人士欢迎，合同满后，予即北归，此予第一次赴沪演唱也。翌年，又应亦舞台之聘，南下演唱，予之赴沪，此为第二次。至第三次赴沪，则在共舞台演唱，第四次赴沪，则复搭亦舞台，第五次赴沪，则在申江亦舞台演唱，合同满后，由沪转南京，在花园饭店，演唱三个月，始北归，是行也，颇受宁人士欢迎，其热烈之状，较之沪尤甚焉。翌年，又应上海天蟾舞台之聘，南下演戏，此为第六次赴沪也。第七次赴沪，系在丹桂第一台演唱，第八次，系搭共舞台，第九次，为大舞台，最末一次，则为去年赴沪，亦在大舞台演唱也。予此十年中，每年赴沪一次，共计十次，又由沪转南京一次，在宁在沪，均受一般人谬许，成绩甚佳，予只自愧艺术窳拙，不足以副受（爱）予诸公之盛意，今而后自努力研究，致力于艺术之途，惟以资质鲁钝，尚望诸公教而益之，则尤感矣。(4)

(4) 首次赴沪演出系在民国十一年（1922 年）3 月，搭沈少安之亦舞台；

民国十二年（1923 年）2 月第二次赴沪，仍搭亦舞台；

民国十三年（1924 年）2 月第三次赴沪演出，仍搭亦舞台，3 月 15 日，全班迁入云南路申江大戏院，改名为申江亦舞台；

民国十四年（1925 年）9 月，出演法租界郑家木桥老共舞台，此系第四次；

民国十五年（1926年）2月，应丹桂第一台之聘，与尚小云联袂赴沪，此为第五次；

民国十六年（1927年）1月底，第六次赴沪演出，搭顾竹轩之天蟾舞台，与周信芳同台；

民国十七年（1928年）3月，率春福社南下，出演丹桂第一台，为第七次赴沪演出，系首次率班在沪演唱；

民国十八年（1929年）11月，应荣记大舞台之聘，率扶荣社基本演员第八次赴沪演出，演至次年元旦；

民国十九年（1930年）1月，梅兰芳访美过沪，为筹集演出费用，应邀合作，再次出演荣记大舞台，共计九天，返京后陆续组扶荣社、双永社出演京津，再次来沪公演，系在民国二十年（1931年）1月，出演荣记大舞台，与杨小楼、新艳秋合作。

民国十一年（1922年）7月，亦舞台辍演后，经南京北返，曾在下关英商百利公司新新舞台演唱一周，民国十三年（1924年）5月，申江亦舞台辍演后赴南京，21日，出演下关花园饭店大戏院，先后与琴雪芳、何雅秋、盖叫天合作，与高庆奎、白牡丹（荀慧生）打对台，营业极盛，演至7月27日，次日起辍演。

伶官世家 予家唱戏，除予而外，予诸叔，及诸侄辈，亦均习戏。予之三叔昆山，艺老生，予之四叔振东，艺小生，予之六叔沛霖，亦艺老生。诸叔当时出演平津沪各处，亦颇负盛名。予三叔之子最良，亦艺老生，前者在平广德楼，及天津、青岛等处演习，颇蒙各顾曲家赞许。

排演新戏 年来梨园竞排新戏，以资号召，旦脚中之排演新戏者，自畹华、慧生、小云后，继起极多，风起云涌，而老生之排演新戏者，则未之闻。予以戏剧之所趋，社会之所重，知老生戏所以不见重于人之故，而排演新戏，实不容缓。且老本老生整本之戏甚多，类多失传，若不极力提倡，将成广陵散矣。于是不惜重资，购觅秘本，聘请名师，排演《武乡侯》《秦琼发配》《刺庆忌》《安五路》《清风亭》等戏，先后演唱，极得一般人士赞许。老生之排演新戏，不以旦脚为主体者，自予而后，继续而起，大有人在，未始非老生界之好现状也。予现决着手排演《屈原投江》(5)、《苏武牧羊》，及《假金牌》等戏。按《假金牌》，系明万历间孙伯阳故事，极有历史之价值，实有排演之必要。而《屈原投江》及《苏武牧羊》，亦均系历史有名之故事，在戏剧上，实有演唱之价值，故予急于排演也。予近来排演新戏，多承敝师蔡荣贵先生，极力指导，获益良多。蔡先生为戏剧中之先进，家藏秘本甚多，对予不吝指导，使予之得能以艺术贡献于社会者，皆先生之力也。

(5) 民国十四年（1925 年）搭朱琴心和胜社时期，曾据清逸居士所撰《怀沙记》剧本排新剧《汨罗江》，后未演。

拿手戏剧 予所习之戏颇多，在科班时，初习武生，凡《探庄》一类之戏剧，均已习过，迨后改演老生，对于唱工、靠把等戏，亦均演唱，最近又趋重于做工老生一派，所常演者，除上述之《武乡侯》《秦琼发配》《刺庆忌》《安五路》《清风亭》等戏外，其余如《夜审潘洪》《一捧雪》《定军山》《南阳关》《珠帘寨》《连营寨》《失街亭》《三顾茅庐》《十道本》《盗宗卷》《借东风》《四进士》《乌龙院》《梅龙镇》《应天球》等戏，亦颇受一般人欢迎，然未敢自谓拿手戏剧也。

即席挥毫 予幼年时，即坐科学戏，对于习字绘画，既为时间所限，又为天赋所缺，偶尔涂鸦，殊足以贻笑方家，而爱予者，向予索取书画，虽欲藏拙，而终不可能也。承足下谬爱，故敢率尔献丑，惭愧殊甚。至于绘画，予本初学，更不足以博方家一粲，承荷嘱绘，敢不如命，但予日前因友人之约，赴西山游览，遂将画具携去，在西山勾留数日，临地（池）写生数幅，及返城时，画具未曾带回，留遗在西山友人家中，现已去函，请乘便送来，故此时未能绘奉，俟画具取回时，自当绘写一幅奉正于方家也。

戏剧感想 予对于戏剧，并无所谓感想也。盖予自幼年坐科，至于今日，无时无刻，不在戏剧中讨生活，予既系伶界中人，以戏剧为职业，则对于戏剧，自应极力研究，期有所得，以贡献于普通社会上。梨园自近十年来，旦脚戏剧，日新月异，实呈进步之象，而须生之戏，已有不能与旦脚戏相抗衡之势，且老戏亦因之失传者，日见其多，故予在数年前，即力提倡须生排演新戏，且以身作则，搜觅秘本，聘请名师，继续排演，顷间已为足下略言之矣。

予近四五年来，排演整本戏剧，不下二三十出，须生之排演新戏者自予始，自予而后，须生界之排演新戏者，接踵而起矣。或谓整本新戏，为外江派，而一般人或加以指摘，然老例戏剧，类多整本，而演者或以避难就易，择其容易讨好者，截头去尾，终成为零折之戏剧，而戏名与事实，遂风马牛不相及，国剧精神，丧失甚多，因之失传者亦夥。此等现状，实为戏剧界之危机，若再辗转相传，因陋就简，预知十数年后，国剧之菁华，将斫丧无遗，实非国剧之好现象也。予辈习伶业，此保存国剧及提倡艺术之责任，固为予辈应有工作，不能自暴自弃，以贻国剧前途之忧。且予所新排之出，大多数为旧来之剧，而外间失传者，如《安五路》《十道本》《应天球》《借东风》等，均为从前老伶工所常演者，不过近来舞台上，仅演其一折或二三折，遂使整本好戏，因之失传，而聆者亦常以不能窥其全豹为憾，此种责任，实为现在演者，所应担负者也。

予上所言，非予自高其位置，故非逾分之语，盖戏剧为社会教育之一，与中等以下之社会，接触之时候，而转移一般普通人之心理与精神，亦关系至巨，是戏剧本身，遂成为艺术之一种，而间接直接，影响于社会实大，以是而言，在舞台上演员，其责任何等重大。且国剧为我国旧时特有艺术，以今人表演古人之事实，以古人为今人之借镜，所谓善善恶恶等因果，虽近于迷信，然揆之于古人以神道设教之苦心，实未可厚非，只以年久失传，兼之辗转相沿，丧失益多，予辈既投身伶界，则对于保存及整理之责任，责无旁贷。但一人之智识有限，而国剧之真谛无穷，尤赖乎同人等之合力提倡，潜心研究，并盼评剧界、舆论界，加以指导，加以确定，则吾国国剧之兴，始有望焉。若恃一二人之力，而欲挽回国剧之颓势，戛戛乎难也。予之言此，非徒作高阔之论，以自鸣得意，亦不过欲同人知责任之所在，而不自行放弃也。

马君言至此，轩主因为时已久，且有事他去，未便滞留，以误工作，遂向马君告辞，互为珍重而别。

二

原载1933年7月4—5日《华北日报》(北平)

在这高唱提倡旧剧时代，北平梨园业乃呈萎靡之势，此固因继起乏人，角色零落，但司戏剧教育及当代名伶，亦应负起挽救责任，以图复振，庶几中国独有之乐剧，不致从此没落也。记者昨日下午特访马连良，就询学戏方法及其复兴意见。

由阍者延至客厅，屋北向，光线颇不充足，内中名人字画杂陈，尤以于右任对联一副，笔法遒劲，殊为可贵。记者经引入后，马君之弟，笑谓记者：家兄昨晚工作忙碌，今早八时才睡，刻尚未起床，诸多慢待，坚请稍候。

当与座谈，约半小时后，马君着白绸衫阔步而出，略事寒暄后，首述其学戏历史。

“本人先世住阜成门外，临阜成园甚近，前辈伶人大多于该地产生，余生而嗜戏，七岁时即常流连于阜成园，当时直一小戏迷也。如是者约半年，由人介绍乃从樊顺福先生游，樊先生习花脸，兼授老生。因余性顽皮，中间遂起龃龉，乃又改入喜连成。时该科尚为牛（原文误作‘刘’）姓者所办，余入科一年后，由沈氏接办，始改为富连成，坐科七年，遍习各剧，即去福建演戏约一年半。”

“人谓马先生尝拜孙菊仙为师，然腔调绝不相类何故?”

“余出科后，曾到天津演《十道本》，适孙先生在场观剧，竟蒙赞许，于是由刘景然介绍，拜孙先生为师[1]。但孙派专重唱工，其他可以稍忽略。本人坐科时，常观贾洪林演戏，私相学习，颇得神似，故于唱工上忽略，乃与孙派大相径庭。今之见于戏台者，谓为学贾则可，但拜孙菊仙为师，亦是事实，且本人出科后磕头认师，亦仅孙先生一人而已。”

“闻马先生出科后，中间一度停演，确否？”

“唱戏最注重人缘，又须时常练习，使之不致放松。本人生平，除与尚小云由上海回平后，歇伏二月，此后并无有一月之间断，而本人能有今日者，或亦因此，盖人缘为梨园界所最注重也。”

“学戏方法如何？”记者问。

“学戏并无特殊方法，只在个人能否刻苦，亦须在自己的‘心’，如欢迎哪一门即学那一门。”

“嗓音系天成，抑能由刻苦中磨练出来？”

“若言唱工的嗓子，说一句迷信话，只有在于运气，但亦有从苦练出来的。本人出科赴福建演戏回来后，感嗓力之不足，知非刻苦用工不可，乃每日微明即起，赴东直门外念喊。凡调嗓不单是‘喊’，必须整段的‘念’，直至嘴中起沫，以至于木始止。约三年功成，然后嘴里有力，绝不致发生任何困难。”

“腔的运用与喜悲剧有关否？”

“若言腔的运用，只可意会，不可以言传。因腔并无一定之腔，随所演之剧中人身份而定，如有规定，则必至于千篇一律，不成其为腔矣。至喜悲剧，系在二黄西皮调上分别，与运腔并无关。”

“唱工出声与收声有分别否？”

“此类恐无分别，以前有所谓‘喷口’者，但现在已失其真矣。”

“十三道辙究由何种韵书蜕化而来？”

“或言从《中州音韵》，但亦有谓由《五方元音》《中原音韵》，本人只知其为一种剧韵而已，字正腔圆一说，究为老法，至应用时，当随时而有变化。如‘马’字，普通读‘马’（上声），但亦有读‘妈’（阴平）者，‘号’有时读‘皓’，因其腔而读成声。不过敝行人学戏，大多寒苦居多，没工夫去读书，当初戏班又系口传心授，故‘臭’（尺救切）读为‘嗅’（许救切），辨读办，如此者甚多，迨出科后，始就人改正，实为过去之最大错误。”

“你个人的拿手戏为何？”

“这不敢说，也不敢说拿手，不过改编新剧，老生实自余始。因见《四郎探母》《打渔杀家》过于演俗，故着手将不常演之旧剧改编，如《借东风》《四进士》，加其首尾，必使观者与演者，知本剧之始末，就观者论，不失本剧菁华，就演者论，亦得知剧中人身份，于是，装者自真，观者自明矣。”

“做工与道白如何始能类真？”

“道白最要在嘴里有劲，这功夫则非苦练不能有成效。如《十道本》之道白，由第一道至第十道，调门均须一律，不得有所高低，念出来方不发生音调不和之弊。做工在状剧中人身份，随本剧而定其行止。”

“对白与单白有分别否？”

“此即其名词上分别，实际并无轩轾的地方。”

“何谓‘定场诗’，用意何在？”

“‘定场诗’为本剧之首，词意系表现本剧过去，或未来，以及现在心内所蕴蓄，或对景生情之言词。余前此曾与名评剧家苏少卿谈剧，苏谓：《打渔杀家》的船有尺寸。余当答：船固有尺寸，但如剧中各种均用行头，则恐非戏台所能容纳。关于此，即知戏只在神似，而不必件件状真耳。”

“主角与配角之关系，如何始能配搭齐整？”

“凡演剧须合潮流，北平现在观众所注意，尽人皆知。此次周信芳来平公演，论艺术诚属不错。其在上海演《南天门》，重在火炽，但来在北平，人则称之为外江。因海上重布景，角色在次。现在北平的配角，抱定‘卖力气挣钱，不卖力气也挣钱’主义，多方赶场，形成对于彼之职务漠不关心。敝师兄侯喜瑞，即坏在赶场上，郝寿臣固不论其为人，但于演剧特别专心卖力，为余所钦佩。网罗配角，应以此为标榜。”

“剧业退化原因？”

“在此国难时期，各省均有同一之病态。以前北平不能挣钱，到上海即可得到多数报酬，但目今上海因开销太大，赚不到钱，故于约角不得不慎重。前数年，各角在，每日甚至能赶三次堂会，国都南迁后，此路又告断绝，现在就是余叔岩出来，不卖命亦同样赚不到钱。”

“角色零落、后起乏人何故？”

“余在剧界，外号人多称为‘革命’，因余从喜改良积习[2]，故扶风社近加入叶盛兰，叶在富连成，知者自与在扶风社不同，因此一举，以后遂有知叶盛兰小生确有过人之处。此外，为环境所逼，因以角色零落者，如李多奎不如罗福山挣得多，并非李多奎艺术不及罗福山，实因李演者多主角，多在前，罗福山演配角多在后，故一出《吊龟》，反不如配《四郎探母》佘太君拿得多。又如梅兰芳《宇宙锋》之赵高，能拿八元，而演《草桥关》正角戏，反拿二元，故一般人争趋于此，故而零落。”

“现每有一知半解角色，即登台演戏，是否零落之又一因？”

“现今剧界规矩，完全失去。以前四喜班不准在三庆唱，搭班尤非常困难，故本行谚云‘搭班如投胎’，言其困难可知。假使听几次戏即想登台，则何必到科班去受那七年有期徒刑。余年已三十三，自始至终，未敢放松，尚不敢演《珠帘寨》，现在居然有敢冒然而唱者，殊不知《珠帘寨》意义何在，一心只想学马连良，殊不知马连良受罪之苦耳。”

“此种弊窦，当用何法以资补救？”

“在这无规则时代，实无法补救，因不能结束，则不能挽救，深为可叹。”

“戏广告种种特殊名词标榜，是否应求改良?”

“余最反对此项所谓‘泰斗’等等无谓宣扬，表演何戏，何人所演，标明即得，此种无谓名词，大多系第三者之所为。”

“对于剧评意见?”

“剧评须重‘评’字，评某角优劣，当言其所以然。目今评剧界，率以空空洞洞，人云亦云，实失其评的真谛云。”

(1) 1930 年 3 月，经报界名人刘髯公介绍，在天津拜孙菊仙为师。按刘景然殁于 1929 年 4 月 6 日，享年八十六岁，此处系误记。

(2) 原文如此。

三

采访人：景孤血

原载1938年6月11日—7月2日《新民报》（北平）

本月七日下午七时余，记者因负本报使命，特至崇外翟家口豆腐巷名须生马温如（连良）宅访问。当承于燕室中接见，其室中阴森，凉度颇适于夏日，案上除马君之各种大小照片外，即南鸿北鲤函信鳞栉，布置异常精优。马君衣白色短衣，其潇洒流宕，体任自然，无殊在台上表演，因叹古人“百闻不如一见”，信非虚语。尝闻外间颇有传言，以为马君夙昔倨傲，迄今一见，始知人言之謷，因坐对马之言谈姿态，真觉不愧“温如”也。兹将访问所得，汇志于后。

家世近剧

记者问：素验马君世奉天方古教。但其家世，请略见告。

马君答：先父西园公，弟兄六人，公其长也，世居西城。先父业商，开设清真茶肆于阜成门外，箭楼对面，为西城最著名之“门马茶馆”。

记者问：“门马”一名，即为贵肆字号乎？

马君答：否！此茶肆名“长顺馆”，“门马”乃俗称也。先父曾与谭鑫培老板交有旧谊，故对内行先进，异常接近。彼时凡有票友崛起，必先至“门马”清唱，然后逐渐入阜成园，自是始来南城。故内行中如孙菊仙、刘鸿升、金秀山、龚云甫，诸老先生，皆常来此，鄙人耳目熏染，后来之入科班，稍觉驾轻就熟者，亦以此焉。最后在门马消遣之票友，乃书子元先生。彼时书先生衣枣红绸袍，乘坐骡车，傔从围随，声势赫奕，后曾搭鄙人之班，在前演戏，盛衰代谢，思之可畏。鄙人之为此言，乃正自警惕，非敢骄盈。时鄙人方五岁，此光绪三十一年事也。

记者问：当日贵号中为百戏杂陈乎？抑仅止皮黄清唱乎？

马君答：仅止皮黄清唱，但有一次，则言之可笑。乃彼时海禁初开，科学未臻发达，初创留声机，人竟以为怪事。鄙肆曾以留声机（当时谓之“话匣子”）号召，售一满座，人各壶茗一瓯，中置留声机，咿呀啁哳，高唱入云，众皆相视而嬉，此所谓“话匣子卖满堂”，亦可见彼时之风气矣。后鄙人学业□成，先父则孜孜为善，老而弥笃，凡鄙教清真寺之修葺、清真小学校之组织，先父对其经济方面，莫不竭力补助，故所得之董事长、董事等名誉头衔，无虑十数，而鄙人十数年来所献甘旨之仪，亦因之用罄。殆前年归主，鄙人方始知之。今日思及，不禁愈兴风木之悲。幸家慈今尚康强，虽已六旬，而精神矍铄之至，是鄙人之得稍尽寸草借报春晖者也。

子女成行

记者请询马太夫人之氏族，马君答：姓满，亦鄙教中之望族也（记者案：是日未得与马君相晤之先，曾获见马太夫人，其豪迈之气，可谓巾帼丈夫，信非是母不能生是子焉）。

记者问：久闻马君哲嗣甚多，其数为何，请以见告。

马君答：先室王女士，今已逝世五年，继聘陈慧琏女士，乃广陵人，今年二十八岁。先室淑慎，陈女士则富机智。鄙人终岁牵于献技，家事往往不顾，故胥赖以经纪扶持。内子亦嗜国剧，或有所献替，鄙人见有可采用者，间亦采纳之。有女二人，子五，长、七皆女，二、三、四、五、六则男孩也。长女名静珊，现在学校肄业，七女尚幼，未取学名。至于男孩，则为崇仁、崇义、崇礼、崇智、崇信。

言时，适马之七小姐来，面目韶秀，而谈吐毫不避人。手持一黑光眼镜，因圆径太大，坚腻马君赴市场为易之。言讫，即自架于目，灼灼向人，而镜大目小，几占全颊三分之一，姿态滑稽，如影片上之小明星。马君向之问曰："梅兰芳好吗？□□□[1]（不在四大名旦之列者）好吗？"

（1）原文如此，下同。

七小姐曰："梅兰芳好！□□□不好！"

马君曰："□□□何以不好？"

七小姐曰："□□□嗓子哑！"

又问："□□□好乎？张君秋好乎？"

曰："张君秋好！"

曰："张君秋何以好？"

曰："张君秋嗓子好！"

记者戏谓："七小姐此言，实足代表今之一般顾曲家也。"

因又戏问："七小姐亦能唱吗？"

马君曰："能唱'苏三离了……'"

七小姐甫闻此言，即连曰："我不唱！我不唱！"

马君挥之令去曰："不唱速去！在此则令汝唱！"七小姐乃仓皇而去。

记者询其年，甫五龄耳。因叹"一人善射，百夫决拾"，马君为名艺术家，即其最幼小之女公子，乃亦能对于戏艺下评断语，岂非熏陶有素乎。

家世以艺

记者问：闻令郎中有从事于贵业者，皆渐有声于时，不知辈行在几？

马君答：此皆黄口髫龀之孺竖，何敢言有声于时乎？长子崇仁，夙昔（习）武生，因鄙人于坐科时，开蒙即从茹莱卿老先生学武生工，以《探庄》之石秀为第一戏，今愿崇仁习此，实本初旨。无如武行必须富于实地经验，仅凭教师看工，似难臻于上乘。方今李鸣举（万春）乃少壮派之中坚分子，其剧团中人，莫不勇健，且镇日露演，有席不暇暖，突不容黔之势，故令崇智加入永春社中演唱，且曾面嘱鸣举，万勿顾徇余之虚面，无论神将官兵，皆可令其扮演，所谓"习伏于神，业精于勤"也。闻已能演《佟家坞》之胜官保等。异日有无成就，要视其自发奋否矣。

(1) 原文作“崇智”。

记者问：闻尚有一习大面者，是否在富连成，请以见告？

马君答：此乃鄙人之四小儿，名崇智，今已送入富连成科班六科习业，遂易崇为元。[2] 此子幸尚不甚驽钝，刻正从诸老先生学习花面，如《战城都》之严颜等，皆在习学中。

(2) 民国二十七年（1938 年）7 月 15 日夜戏，初次出台，随富连成社出演新新大戏院，演出《除三害》，次年因病退社。

记者问：关于元智之私生活，何妨见示一二。

马君笑曰：小儿牙牙学语，有何私生活之可言。但此子既承先生错爱，则其幼稚行动，亦不无可得而言者。此子曾在育英小学肄业，刻下鄙人之六子崇信，仍在该校攻书。但以崇信之资质，似不如崇智，故学校当局颇有评论者，曰：“小六子（崇信）不如小四子（崇智）。”此语竟为崇智所闻，乃私下对崇信曰：“你还不好好儿地念书呐！将来念不出来，人家必在背后说你：看看他还是马老板的儿子呐！你就不怕笑话吗？”崇信经此激励，果然学业渐有进步，考试亦屡列前茅。当崇智之送入富连成，也颇有以其骄惰不能作苦为虑者，乃崇智竟能习而安之。其入富社，本与某君之子同时，而某君之子，一经考试，遂以不够资格而被摈斥，但某君若肯代为嘱托，一再力保，则其子依然可以入选，占学一工。无如其子既存畏难之心，其父亦恐不能作苦，竟致无结果而终。崇智本与此子结为小友，遂以言语讥诮之曰："你看看！你爸爸不疼你，不让你学戏，将来干什么去？你再看看，我爸爸疼我，叫我学戏，我将来也可以成为红角儿。"又曰："我爸爸那里有汽车，可是将来我有能为，自己挣汽车坐，绝不坐我爸爸的。"其言如此，是竖子之狂傲语，无非以博一笑耳。前此伊母于循例接见家长之日，前往看视，并带有许多食物。此在小儿常情，未有不恋母致荒学业者。乃此子则不然，只与其母落落数语，便促其母还去，曰："您快走罢，我现在正忙着学戏呢！"其母问："学何戏？"对曰："正学全部《应天球》中之周处。"言讫，忽忽竟去，其母反为爽然。又端午节夜，山西梆子张玉玺先生（即老狮子黑）演《赠绨袍》于新新戏院，崇智适在富社，未随众赴津，鄙人亦曾令其前来观看，以资揣摩。及至玉玺先生下妆后，彼亦遄返富社矣。但此子之年龄尚在幼稚，是否有成，殊不敢必。好在富社所教出之花面，至低限度，亦必能为武花配角，此则鄙人所敢保证者也。又其对于各种杂说，亦稍知涉猎。在富社中，常为其师兄沈世启君说《东汉演义》，故人缘亦佳。

记者问：不知马君昆仲几人，世言马君辈行在三，信乎？

马君答：鄙人手足，原为五位，伯仲二兄暨季弟均已弃世，刻下只有鄙人与五弟连贵。连贵夙习场面，擅打大锣。此外同族弟兄尚夥（案：是日马君所谈甚详，惟记者固定计划，系对京市所有名伶逐一加以访问，故此时只好从略，容于访问本人时，再作详细之记载），鄙人之辈行，诚在第三也。

学艺经过

记者问：马君之学艺经过，请以见告。

马君答：鄙人幼在清真小学肄业，但天生酷嗜戏曲，有时竟私自逃学到阜城园中看戏。彼时阜城园正演梆子，曾见王小旺先生之《云罗山》等，鄙人之年龄，则甫七岁也。故于入科后逢赵美玉之弟赵某（即后随周信芳先生最久之小生赵鸿林）亦演此戏于三庆园，遂告同学，谓鄙人曾于某处见之。鄙人于八岁时，奉先君命从樊顺福老先生学戏。樊虽花脸，而能说须生，即樊金台之父也。同学者有马德成之弟，名马武成，后为黄派文武须生。学习三月，樊先生之子有名"疤瘌"者，常窃其父之钱，樊先生疑系弟子所为，故于饮酒之后，辄对弟子加以海骂。鄙人虽幼，已略谙人事，雅不愿受此鲢鲤不分之骂，遂请于先君辍学。翌年（九岁）之正月十五日，乃入喜连成科班坐科。[3] 尝演梆子小生，饰《取洛阳》之刘秀（时《［取］洛阳》亦唱梆子），于马武得胜归营，唱"有小王嗳……"因调门矮而胡忽弦高，有人告之曰："长点调门!"鄙人一时心慌，竟又唱一句"有小王"，至今同科弟兄无不引为笑谈。继改学老旦，以《金水桥》《朱砂痣》"卖子"为最拿手，同科弟兄中之习须生者，无不畏之。后又改为扫边须生，与高百岁演《斩黄袍》，鄙人习苗顺，常独获满堂彩声。[4]

(3) 九岁，原文作"八岁"；坐科，原文作"作科"，下同。

(4) 民国四年（1915年）初，富连成社过班广和楼，聘高百岁搭班挑梁，童伶唱刘（鸿升）派老生著名，时马氏在科仍以饰演里子、扫边老生为主，如《金雁桥》之诸葛亮、《施公案》之施公、《朱砂痣》之吴惠全、《搜孤救孤》之公孙杵臼等。次年3月，合同期满，高百岁应聘赴沪出演丹桂第一台，马氏脱颖而出，以其为正角之戏渐多，如《雍凉关》《梅龙镇》《借赵云》《三娘教子》《打侄上坟》《武家坡》《审头》《法门寺》《铁莲花》《空城计》《官门带》《南天门》《清官册》《甘露寺》《盗宗卷》《临江会》《桑园会》《天雷报》《桑园寄子》《滚钉板》《洪洋洞》《乌龙院》等，戏码排压轴或倒第三（富连成社大轴戏码为武戏、群戏），声誉鹊起。

记者问：《斩黄袍》之苗顺，本为不重要之角色，马君演之，能获满堂彩声，敢问其故安在？

马君答：普通饰苗顺者，于罢斥后，多唱四句摇板，曰“龙书案下三叩首，好似鳌鱼脱钓钩。官诰压在龙书案，这是我为官下场头”。鄙人则否，“龙书案下三叩首”，乃唱一句散板，其下全唱快流水板，曰“好似鳌鱼脱钓钩，罢罢罢，休休休，得自由来且自由，早知为官不长久，且去深山把道修”，于“且去深山”添入拂袖、抖髯之做工，然后“把道修”三字，放一最高之长腔下场，观众遂以其新颖而欢迎之。

赴闽演戏

记者问：马君于此后何时出科？

马君答：鄙人于科中演唱既久，亦渐有顾曲家加以揄扬，后乃私淑贾鸿林[5] 先生。余叔岩先生，亦耳其名，时来赏观。有先辈张君，则数挈鄙人赴文明园观看谭老板之戏，俾有所遵循。[6] 民国六年，鄙人出科[7]，首先赴闽献技，出演之地点，在福州省城东街，名三山座，同行旦角为陈碧云，老旦乃邓丽峰。鄙人于打泡之第一日，所演为《失街亭》《斩马谡》，竟致大受欢迎。计在闽者半年，后赴杭州，作短期之露演，方始归来。即重入于富连成，而与茹富兰先生演《取南郡》《八大锤》等剧，皆在是时，其尤受顾曲诸公之赏鉴者，则鄙人之《南屏山诸葛亮借东风》也[8]。逮及民国九年，继王又宸先生之后，赴沪演戏[9]，地点为三马路亦舞台，同行旦角则为今之荀慧生先生，时以艺名“白牡丹”与沪上人士相见，尚屈挂二牌也。演《坐楼杀惜》《打渔杀家》《游龙戏凤》等，亦滥窃虚声。鄙人演至民国十年回京，遂搭入尚绮霞（小云）先生班内，时旦角除去绮霞先生以外，尚有王瑶青先生，须生除本人外，尚有谭小培先生、杨瑞亭先生，花面则为李连仲先生、郝寿臣先生，可称济济多才。鄙人搭大班后，能演《五彩舆》本戏，亦在此际。(10)除鄙人饰海瑞外，王先生饰冯莲芳，李先生饰徐海，郝先生则饰后部之胡宁，及鄙人后来自行挑班，亦曾演此，而易戏名曰《大红袍》，则以郝君饰徐海，王君幼卿饰冯莲芳矣。然此剧头绪纷繁，在大班中，断非一二日所能蒇事，故无法常演，深可惜也。

(5) 贾洪林。

(6) 民国二年（1913年）12月14日起，谭鑫培应俞振庭之请，在文明茶园演两期，每期四天，戏目为《桑园寄子》、《问樵闹府·打棍出箱》、《失街亭·空城计·斩马谡》、《阳平关》代《五截山》、《朱砂痣》、《奇冤报》、《战长沙》、《珠帘寨》等。

(7) 参见前篇一注(3)。

(8) 民国七年（1918年）8月31日，广和楼白天，二次入科后首次出台，与小翠花合演压轴《乌龙院》，园中水牌上书“特约福建新回超等名角马连良”，极受欢迎，包厢俱满，座客拥挤。每演《借东风》，虽在嗓音“倒仓”期，但念白精深，“语音苍老，音韵铿锵”，前台观众皆“哑然无声，仰面正视”，所谓“大哉，连良之魔力”（见《富连成社之佳剧》，沉睡，《顺天时报》，民国八年［1919年］12月6日，第五版）。

(9) 参见前篇一注（4）。

(10) 民国十一年（1922年）12月16日起，马氏搭梁德贵之玉华社，与尚小云、王瑶卿、谭小培、朱素云、刘景然、周瑞安、慈瑞泉、麻穆子、郭春山、罗福山、德珺如、朱桂芳、诸茹香、张春彦、李鸣玉、马富禄等同班，次年1月26日，中和园白天，与王瑶卿、诸如香、朱素云、吴彩霞、小金钟、李寿山、张春彦、马连昆、罗福山、王立卿等合演四本《五彩舆》，连演四天，饰海瑞。

《打渔杀家》

记者问：是时所演各剧，其名贵更当在《五彩舆》上者，请略示一二。

马君答：量人制戏，“名贵”二字，殊不敢言也。如鄙人与尚、谭二先生合演《战蒲关》，尚饰徐艳贞，谭饰王霸，本人则饰刘忠。此外较难得者，乃在《打渔杀家》。(10)

记者问：《打渔杀家》，为一习见之戏，有何名贵？

马君答：此《打渔杀家》，与普通之《打渔杀家》人位较有不同。因彼时所演之《打渔杀家》，乃“双”《打渔杀家》。所谓“双”《打渔杀家》者，即王先生、尚先生分饰前后部之桂英，谭先生与本人分饰前后部之萧恩。当商量分配戏码时，尚先生之前部桂英，王先生之后部桂英，本已确定。惟谭先生与鄙人之萧恩，尚在斟酌中。鄙人初亦承诺陪尚先生准演前部，继思王先生之桂英，除却与谭老板配演以外，轻不肯露，今若得与同台合演，实乃鄙人生平所最荣幸之一事，故当即改言愿演后部萧恩。谭先生亦识破鄙人心理，曾谓之曰：“爷儿们拿定了准主意呀！”因鄙人与富英师弟为平辈，谭先生乃如此呼之也。及至上台以后，鄙人时时注意王先生之行动，果然受益良多。当日配饰教师爷者，则为王长林先生，亦久与谭老板演此剧之前辈。鄙人承此提挈，荣有幸□矣。[11]

(11) 民国十一年（1922 年）12 月 25 日，中和园白天，与尚小云、谭小培等合演压轴《战蒲关》，饰刘忠，再与尚小云、谭小培、王瑶卿、侯喜瑞、张春彦、慈瑞泉、马富禄等合演大轴《打渔杀家》，饰后部萧恩。

独立成班

记者问：马君日后遂独立成班乎？

马君答：昔时名伶林立，欲挑一班，非有特殊之艺术不可，若五日京兆，一现昙花，画虎不成，必致贻笑于人。故当年之人，绝不敢于轻易言独立成班。鄙人自中和演后，仍时常为人“跨刀”。民国十一年曾与朱琴心先生合演《陈圆圆》等剧于华乐，又尝与于连泉先生演《坐楼杀惜》于郭仲衡先生《辕门斩子》之前。[12] 但以社会上之人士，欢迎者日众，鄙人经诸老名宿之赞成，与各友好之怂恿，遂毅然自挑头牌，于民国十六年七月十一日演全部《定军山斩渊》于庆乐戏院[13]，以钱金福先生饰夏侯渊，王长林先生饰夏侯德，张春彦先生饰严颜，是日溽暑蒸腾，而座无隙地，自此鄙人乃正式升为头牌角色，迄于今岁，整为十年零十月矣。此后即入于编排新戏时代[14]，而南北之爱好者益多，群起模仿本人之腔调，谓之“马派”，自顾殊惭愧也。

(12)《陈圆圆》一剧，系民国十四年（1925年）搭和胜社时期，2月7日白天，与朱琴心、郝寿臣、许德义、茹富蕙等合演于华乐园，饰演吴三桂；《坐楼杀惜》，则系民国十一年（1922年）搭普庆社时期，1月1日白天，与小翠花合演于吉祥园。

(13) 民国十六年（1927年）5月，经蔡荣贵、王长林等倡议，陈椿龄、李春林等合组春福社，以马氏为头牌老生，6月1日即旧历五月初二日在又一村饭庄祀神，9日即旧历五月初十日，春福社开幕，出演庆乐园，是日白天，与王长林、钱金福、张春彦等合演大轴《定军山》代斩渊，饰黄忠，另有《女起解》（王幼卿、马富禄）、《打龙棚》（郝寿臣）、《胭脂虎》（李荣升、诸茹香、姜妙香）、《英雄义》（吴彦衡）、《娘子军》（朱桂芳、钱宝森）等戏目。

(14) 马氏所谓新戏可分两种，一为新编本戏，一为旧戏重排，其搭和胜社时期，新编本戏如《化外奇缘》《陈圆圆》，均非专以老生为主角者，或生旦并重，或以旦角为主，清逸居士曾为之编《汨罗江》一剧，但排而未演。其旧戏重排，或去芜存菁，或增益首尾，或贯穿零折，如《流言计》、《广泰庄》、四本《节义廉明》即《四进士》一日演全、全部《甘露寺》即《龙凤呈祥》、全部《借东风》、全部《黑水国》等，则均肇始于和胜社时期，其所排新戏亦以此类为主。春福社时期，这两类新戏更为丰富，如《青梅煮酒论英雄》、全部《秦琼发配》即《打登州》、全部《捉放曹》、四本《取南郡》、《舌战群儒》、《兴周灭纣》、《马义救主》、《夜审潘洪》、全部《玉镯记》、全部《汉阳院》、全部《应天球》、《火烧绵山》、全本《火牛阵》、《鸿门宴》、全部《临江驿》、全部《公堂献美》、全部《白蟒台》、全部《范仲禹》等。又，马氏所谓之新戏，其“新”不仅在于剧本一端，从唱腔、做工、行头、化妆到舞台、剧场，从个人到配角、场面、龙套，是成系统的一个“新”的整体。

编排新戏

记者问：马君新戏之多，时下须生无两，请以其目见示。

马君答：此等即本人亦恐有记不胜记之概，今姑约略记之。则有《火焚绵山》、《楚宫恨史》、《要离刺庆忌》、《火牛阵》、《鸿门宴》、《取荣阳[15]·焚纪信》、《羊角哀》、《苏武牧羊》、《白蟒台》、《青梅煮酒论英雄》、《马跳檀溪》、《三顾茅庐》、《汉阳院·长坂坡》、《舌战群儒》、《借东风》、《甘露寺》、《安居平五路》、《化外奇缘》、《哭庙斩文》、《应天球》、《打登州》、《十道本》带“封官”、《三字经》、《夜审潘洪》、全部《范仲禹》、《清风亭》、《马义救主》、《反徐州》、《广泰庄》、《胭脂宝褶》、全部《一捧雪》、《大红袍》、《四进士》、《假金牌》、《天启传》，此皆本人独有之新剧，及后来时贤模仿者众，遂一一流行于世矣。

(15) 即《取荥阳》，戏班概以“取荣阳”称之，故有时戏报亦书“取荣阳”。

记者问：马君所演各戏，如《九更天》《一捧雪》《四进士》等，似不得谓为新编，今既概括于内，敢问亦有说乎？

马君莞尔而笑曰：此在今日，当然宜有是问，但鄙人亦必有内情可以奉闻者也。原老戏虽多，沿至后来有失传者，如《九更天》在民国五六年间，科班以外，渐多不带“滚钉”，《审潘洪》亦然，多“日审”无“夜审”。有只剩零星片断者，如《一捧雪》，从前《蓟州堂》是一出，《审头刺汤》是一出，《柳林相会》是一出，至鄙人始贯成一串，前饰莫成，中饰陆炳，后饰莫怀古，并添入“祭姬”“杯圆”诸事。有情节太冗长者，如《四进士》在昔皆四日演全、二日演全，鄙人始裁剪之，缩为一日演全，皆经鄙人整理，始成今日之状，其他亦然。如《甘露寺》“劝千岁”之一段流水板，在今日似已家喻户晓，但从前梅兰芳先生等演此，其乔玄一角，只有念而无唱，至鄙人乃扩而大之。

记者问：马君最先编排者为何剧？

马君答：乃《哭庙斩文》，即《战北原》《斩郑文》带《骂王朗》(16)，时为民国十八年间也。自《楚宫恨史》以后，所编排者不过《羊角哀》《胭脂宝褶》《反徐州》等，为数渐少。今后即将再努力于排演新剧，尚望舆论界不弃，赐以指导批评。

(16) 总名《武乡侯》，民国十六年（1927年）

3月5日夜场，首演于上海天蟾舞台，饰诸葛亮，周信芳饰郑文，刘汉臣饰秦朗，马连昆饰司马懿，惟未带《骂王朗》。又，民国十四年（1925年）3月1日，华乐园白天，演出《武乡侯散布流言计》带“木牛流马计”，自“祭泸江班师”起，至“骂王郎”止。

排《春秋笔》

记者问：马君近日所排新戏，是何名目？

马君答：即全部《龙灯赚》《春秋笔》也。此剧本为梆子旧本，最古者昆曲中亦有之。在昔老元元红（郭宝臣先生）演此为最有名。鄙人获此本久矣，然恐其不真，又以太重技巧，京师为百戏所汇之区，鄙人曩在科时，虽同班弟兄有习此全部之拆头《杀驿》一出者，鄙人既非本学，事搁多年，此时诚不敢臆造。故刻下特商请秦腔名宿张玉玺（老狮子黑）、李子建（李世芳之父）二先生帮忙代说身段，至必要时，尚拟延聘秦腔须生名宿高文翰（老说书红）先生来京一行。至其穿插结构，取精去粕，化俚为文，则由吴君幻荪任之。其本事乃一义仆失落幼主，被主母释放，得为驿丞，后其主人被罪，此义仆遂代主饮刃而亡，尚有历史上有名之檀道济唱筹量沙等。好在星期一（二十日）晚，本人特烦玉盛社全班演此于新新戏院，其前尚有《富贵寿考》《梦鸳鸯》《胡迪骂阎》等，均可一观，惟其间之小关节，将来难免与敝社所演者不同耳。

胜《一捧雪》

记者问：马君之《一捧雪》，驰名久矣。其情节为莫成替主赴难，今此剧又为义仆替死，二者得勿雷同乎？

马君正色答：从来吾国有一谚语，谓“卖瓜者不说瓜苦”！诚然，但鄙人对于戏剧则敢云：人之艺术容有高下，而戏本之价值，乃公是公非，断断乎不可迁就言之。此《春秋笔》，以鄙人所见，其不与《一捧雪》同者，有十点之多：（一）《一捧雪》为玉杯而贾祸，此则以史笔直书被诬，宗旨尤为正大。（二）《一捧雪》之影射《清明上河图》，全为影射，此中之“唱筹量沙”一节，纯与史合。（三）《一捧雪》中写莫怀古人太糊涂，鄙人演时曾删去许多，如“杯圆”一场，陆炳提议与莫昊结亲，莫怀古则曰：“我乃一主，他是一仆，如何使得？”于是被陆炳痛加数责，斥以不当忘莫成于地下。此皆足以寒义士之心，故鄙人演时，特为删去。此则写王彦丞宽大为怀，故食此报。（四）《一捧雪》中写主人好酒贪杯，此则写仆人以醉失事，二者正为相反。（五）《一捧雪》之旦角，只重《审头刺汤》，此则前部义释承恩，后部乔装小生，俱有大段话白。（六）《一捧雪》花脸太轻松，此于“别家”“困营”时异常繁重，且首尾俱上。（七）“杀驿”时主角须生戴圆翅纱，穿青素，为皮黄班，历来未有之扮相。

（八）《一捧雪》“换监”时，莫成、莫怀古同场，此则两不见面，愈显替死者纯出本心，亦可避免人替己死者之太无心肝，一味冷酷成凉血动物。（九）《一捧雪》中之张龙、郭义二人寸步不离，此则“杀驿”时之两差官如尹邢互避，全不见面，于情事更为周匝严密。（十）《一捧雪》中全无武场，此则有战摩尔连捷（人名），文武俱全。虽然，此所谓佳者，乃其本身之佳，非敢以诩鄙人艺术。好在梨园向有“人保戏戏保人”之说，若此者，则“戏保人”也。

本戏来源

记者问：马君本戏如此之多，敢问其来源所自？

马君答：鄙人性嗜艺术，尤好新戏，凡有珍本，无论何工，亦肯以重资购归，因曾拜孙菊仙老先生门下，故得其赠本不少，又得到刘景然先生戏本（如《拷打吉平》）甚多。最近演之《反徐州》《春秋笔》，人知是梆子班原本，不知鄙人曩翻之《假金牌》，亦梆子本中之《三上殿》带《三上轿》也。鄙人曩在开明演戏，曾闻王长林与李顺亭二先生谈一老剧，曰《梁灏夸才》，即《三字经》上之“若梁灏，八十二，对大廷，魁多士”数语所本，王先生欲以授之余叔岩先生，李先生乃阻之曰：“你还嫌他的戏不够唱呐！咱们带了走罢！”于是此《梁灏夸才》一剧，竟成绝响。鄙人时方欲学《三字经》，亦不少暗阻，鄙人乃下大决心，誓欲学得《三字经》而后已，果然学成。鄙人又藏有梆子班之《全家福》剧本，主角为韩擒虎之父，在北国招亲种种趣事，今因忙于《春秋笔》，此事殆将缓商。又当王长林先生在世时，鄙人曾谈及《胡迪骂阎》，王先生则曰："我有这出戏！你如果喜爱时，本人可以陪演。"因王先生为武丑本工，有此戏中之小鬼也。惜鄙人牵于他事，未及着手，而王先生已逝世矣。今虽有此心，不敢再造魔也。全部《九莲灯》，鄙人亦有此昆本，乃朱素云先生在世时所转让。其尤可喜者，鄙人更藏有一本，乃唐人尉迟恭日收黑白二氏，此本穿插紧严，场制生动，惜乎尉迟恭一角，乃大净扮演，鄙人不敢越俎代庖。然借此亦可见鄙人收藏剧本之多矣。其间为秦腔者，几占全数十分之六，此其来源也。

不吝改错

记者问：马君之《假金牌》，今已自动不演，请问其故？

马君答：鄙人自幼坐科，无暇多亲文墨，后始涉猎经史文字。《假金牌》一剧，本以孙安为主角，而以张居正、张秉仁父子，皆勾花脸，植为穷凶极恶。鄙人考之于史云："居正性深沉机警，多智数。及揽大权，登首辅，慨然有任天下之志。劝上力行祖宗法度，上亦悉心听讷（纳），十年来海内肃清，治绩炳然。"是绝非严嵩之比矣，何忍诬之于身后？故决意自动放弃不演。鄙人生平类此者甚多。如《天启传》一剧，即全部《走雪山》，后有人告以"天启"乃熹宗之年号，若曰“天启传”，仿佛以天启为主角矣，遂易名《官庄堡》，既而终以曹振邦史无其人，与海瑞、邹应龙有异，年来亦不再演之。又如《楚宫恨史》，本名《楚宫秽史》，后鄙人谛思：平王纳媳以致覆楚，此乃千古恨事，今人演之，宜著其恨，以为后人示戒，岂可以宣古人之秽为快，乃改名“恨史”。《苏武牧羊》中之苏武，初误于“中郎将”，戴荷叶盔，后乃易为纱帽。《刺庆忌》之庆忌，初为绿脸勾金，并不挂髯，似《飞叉阵》中之牛邈（在上海时，杨小楼先生曾扮演之，亦为鄙人最荣幸之一事），后因与王僚之年龄不符，乃易为勾黄脸挂黑扎。从前有□摭此等而攻击鄙人者，或只见一次，或不许其改过，要之，均极可笑。须知鄙人绝对不吝改错，亦唯其是而已。

一字之差

记者问：适闻马君高论，足见盛德虚心。整个剧本尚且如此，是平日之词句中，更当多所改革矣。

马君答：“改革”二字，殊不敢言。但苟有所知其为错误者，则定能立改正之。虽然，人苦不自知，若自以为误而仍蹈之者，殆无是理。不过剧词中往往有错已数十年无人领会者，是虽“一层窗户纸”，苟无人捅破，则恐终身不能知之。如鄙人借□浪得虚名之《群英会》，前部饰鲁肃时，即有一大错，君觉之否？

记者答：未觉。

马君曰：孔明借箭，讨三日限而去。鲁肃怀疑，对周瑜问："那孔明借箭，莫非有逃走之意吗？"姑无论周之答词如何，此"借"字可云异常荒谬。因孔明借箭，不但鲁肃此时不知，即孔明请鲁肃预备快船，放乎中流，鲁肃亦不知也，是以有"浑身战抖"之种种身段。若鲁肃已先知孔明有心借箭，则不必忧惧可知。是此"借"之一字，势非改"造"，曰"那孔明造箭，莫非有逃走之意吗"不可。然鄙人演此已十余年，演者自演，听者自听，即学者自学，亦依样葫芦。日前，鄙人演此，幸有萧长华先生在无线电中聆及此语，深感不安。后于晤面时，即告鄙人以此语之失当，鄙人憬然大悟，以后演时，定当改正。继又思之，鄙人以此剧浪得虚名，后进诸君子，多有释（嗜）痂之癖，群相模仿，此处仅改一字，恐仍易囫囵听过，故鄙人以后演时，当多加念词，俾易引起注意，不致再以讹传讹。

不怕人学

记者问：梨园界过去诸老先生，多深恶人之学己，马君乃能屏除成见，且为后之学者作种种便利，可谓盛德也已。

马君答："盛德"二字，实非鄙人之所敢居。不过：鄙人有一陋见存乎其间。大抵生人各有所长，亦各有所短，各有所能，亦各有所不能。如鄙人演《借东风》，傍人亦演《借东风》，不能谓鄙人全好旁人全不好，亦不能谓鄙人全不好傍人全好。譬如彼之"借箭”，小过节好，我即可以采之以补我之不足。彼之“打盖”小身段好，我又可以采之以补我之不足。若果一无所取，则我不必恶其学我，恐即早有第三者代劝其卷旗息鼓矣。是故我之四成好，更可因学我者得六成好，得八成好，吾亦何为恶其学我者之多乎？若夜郎自大，唯我独尊，则将永无长进，好亦止于此已，不好亦止于此已，则其艺术不必己怕人学，即求人学，亦必至于无人肯学焉。

动心表演

记者问：适闻马君之论，可称转益多师，“江海不择细流，太山不择细壤”矣。然马君之长处，不止在唱而已，若表情尤为隽绝，请问其术安在？

马君答：人之天赋，各有不同，人知演戏须手口相应，不知尤须“心面相应”也。此其大旨有三字诀，则为“真动心”。

记者问：何为“真动心”？

马君答：即以台上之古人为真我是也。仍以《群英会》为例：如饰鲁肃，则真动为友着急之心，饰孔明，则真动虔诚祈祷之心，苟所动之心无误，则面上之表情，亦必能立竿见影，形与俱化焉。且此种必须谓之“真动心”者，诚以世间亦不少“假动心”之表情，其结果仍归失败。

记者问：何谓“假动心”？

马君答：此种动心，必须为戏中人而动心，非为一己之表演好坏而动心。如心中先盘算于我之此种动心，面上是否带形？则其所动之心，先已不诚，纵能勉强装作许多张致，亦必“假门假事”矣。如抖髯一事，能抖至快而匀整，瞬去瞬来，欻若飙风，诚应谓之艺术。然试问剧中此人亦何为而抖髯乎？以此事为不然，可以抖髯，勉强用力，可以抖髯，病体支离，言不成声，可以抖髯，大悲呜咽，抽噎提气，可以抖髯，真气上涌，可以抖髯，惊惧战栗，可以抖髯，绝不可以若卖艺然，平白无事即大抖其髯也。但人于异常变相之神态下，若一味抖髯不已，且根根（据）顺序，以去以来，此又过于机械化矣。鄙人演《马义救主》之“滚钉”一场，被四校尉围架，手扶钉板，向闻锣鼓声催，脑中辄嘤然一声，头已麻木，颌下之髯口，亦不知是否仍旧抖动，然鄙人无暇顾及也。《一捧雪》之法场亦然，如醉如痴，面无人色，仿佛气短神虚。此情在观众或不尽知，内子慧琏则深知之，每劝鄙人以不必如此傻卖力气，因身体亦须自保。鄙人亦非不知自爱精力，无如每演皆然，盖亦见景生情，初不自知耳。

仍仗功夫

记者问：马君此种“真动心”之功夫，即所谓善于“内心表演”者，人若如此，何愁不为艺术界之名宿？然世罕其人何也？

马君笑答：［乐］剧与话剧不同。纵使精于内心表演者，功夫仍不可无。因人之精神肉体，往往不能合一。如适间鄙人所谈，只需见景生情之一霎，固鄙人演至滚钉板头已麻木，假使长此麻木，尚能终场乎？更如演《一捧雪》，后且须饰陆炳，世间岂有昏头嗒脑之陆炳哉？故必须精神与肉体合一，此乃曾用幼工所致，所谓“习伏于神”也。否则，因此而使精神受重力之刺激，则难赓续演完矣。鄙行之人，所以多享高年，尽多古稀大耋者，亦以此也。闻外国之女演员，有时演剧过悲，致不能完了而即闭幕，此在乐剧则不可能，姑不必论易人演唱，观众之不认可，即临时赶扮，亦来不及矣。

反对布景

记者问：马君近方努力提倡旧剧，外间相传马君有反对布景之说，确乎？

马君答：吾人演戏，择其善者而从之，其不善者而改之，无从说起“反对”二字也。然鄙人对于布景，则从不主张用之。何则？以其妨碍艺术之进展，转移观众之目标也。因中国剧历来即以歌舞合之，见重于世。其循进之成（程）序，有歌诗，有文武舞，故仍须以单人之技巧为重，古来相传旧有切末，亦是辅佐角色之所需。布景绚烂，诚足取悦一时，然势必演成布景之斗争。甲有真山，乙则有真水，丙能制火，丁则造雷，如累塔然，非尖不止，若积薪然，后来居上。然以真迹言之，又何如去看影片之为愈乎？

记者问：然则旧日宫中之戏，多有以布景选胜者，非欤？

马君答：宫中之戏，与外间不同。因宫中演戏，以“开心”“破闷”为主。凡太激太悲壮诸剧，皆不能演。又难于一味风花雪月以免轻佻亵渎，如此避忌多端，真正之艺术早已不能充量发挥矣，故以布景为掩饰之具耳。大抵布景愈多，愈妨碍演员之动作（如在山上，则举手投足皆须慎重，以防人与山之俱坠）。鄙人曾有一亲身经验，敢以奉闻。鄙人尝演《安居平五路》，经友好之劝怂，略置布景。待孔明出场，满台布景，于是台下观众予以十分热烈之彩。此一场中，彩声始终未断。鄙人当时高兴之至，遂格外卖力。后饰邓芝，亦鼓舞如前。乃自此场之后，台下竟寂无彩声。鄙人扪心自问：非但后部未敢松懈，且倾全力以赴，而所得结果如此，殊令人灰心短气。旋于卸装以后，静言思之，皆此一场布景之贻害也。使非如此，则前场之彩声不致如山鸣谷应，后场亦不至噤若寒蝉。然假定后有金殿布景，更制加大能真冒火之油鼎，则恐后之彩声又将远胜于前。换言之，有此两种布景，即不必以我马连良前饰孔明后饰邓芝，亦能得到如此多数之彩声，斯可为布景妨碍艺术之切确证明也。故鄙人决定以后必不再用布景，以免喧宾夺主，自掩所长。

兼擅苏丑

记者问：适因谈及宫中演戏，闻宫中演戏者多以反串博笑，马君亦常演反串戏乎？

马君答：既名反串，当然不能常演。鄙人在沪，曾演过《连环套》中之黄天霸。在京封箱，则演过《打面缸》中之周蜡梅。但鄙人前已谈过，曾学武生，今演《连环套》，亦在反串非反串之间。惟鄙人在坐科时，曾以演丑为绝活儿。此丑又为苏丑性质，一系《快活林》中饮酒之糟蛮子，一系《五人义》中之问字相公，当时最博美评。

肃清场面

记者问：久闻马君对于改革国剧，曾抱有莫大之计划，可否再赐以一二伟论。

马君答："改革"二字，虽系鄙人之本旨，但能言之而不能行之，则亦抱愧滋多矣。兹请先略谈肃清场面。场面之不当在台上明显之处，固矣，是以梅先生、程先生与戏曲学校演剧时，皆置纱屏，以为之障。鄙人对此，亦主张甚早，无如实地推行，甚多困难。及至新新戏院落成，乃另制纱壁，使全体场面，皆□坐其后。此两壁者，因建筑采宫殿式，人遂戏呼之为"九龙壁"。然此"九龙壁"不惟可以隐蔽场面，且可为立于台上观剧者之便利焉。虽然，鄙人对此，尚有进一步之见解，愿以就正高明。夫今之场面，即古之乐工，未闻古来奏乐时，愿闻其乐，而深恶其工也。此何以故？因假定全体乐工，均服一律之制服，共坐一围，整齐严整，则古人且有以太常乐工入画者，又何不可坐于明显之处乎？亦甚美观也。无如历来鲜有注意及此地者，沿至晚近，愈加放佚。将帽向后歪扣于脑门者有之，冬天衣大棉袄而以围脖拦系如“玉带横腰”者有之，长短不齐，谐笑并作，一个乌龙高悬，十包茶叶抵挂，于是自台下观之，乌烟瘴气，乱七八糟，虽以至佳之演员，亦为之减色矣。故必须以纱为之隔蔽，然后虽裸体打鼓可也。是以鄙人演剧，有时场面亦可在外，非必拘于一隅。鄙人又常对场面诸君劝导，切勿自轻，即令为一打小锣之角色，安保台下无一二人为此小锣而来购票，是即当前收获。若必自馁，视打小锣为无关重要，此之谓自暴自弃矣。故鄙社中之场面，比较尚稍整齐。

整顿龙套

记者问：扶风社中之龙套，不单衣帽整齐，即精神亦多涣（焕）发，料系曾经整顿之故。

马君答：当然！此亦台上断断不可不加以注意者也。因无论如何角色，行至台口一亮像时，而两傍侍立者乃四秽恶乞丐，观众必不因此一角而恕四人。然龙套之在从前，本为角色代办，今除学校、科班以外，决难仍此办法，只好另雇专人。是以各戏班中常有龟背驼肩，满脸皱纹之龙套，其势辄使人不欢。鄙社对此等龙套，虽仍旧予以应得之分，而决不令其上台。因此等人之生计，亦多堪虞，若竟摈斥不用，亦非恤老之道。其年轻者，则有三种必需之条件，即一、剃头；二、洗澡；三、穿靴。不徒令其如此，亦额外予以三项之补助钱。

记者笑谓：京师习惯，即人家之有婚丧讲“执事”者，亦必以此三事为先决条件，曰：“剃头，洗澡，穿靴子！”二事可云一类。

马君拊掌笑曰：诚然！人间婚丧，且须如此，况演剧乎？

注意配角

记者问：龙套之整顿既闻其旨矣，敢问马君对于选择配角之严格何若？

马君答：鄙人慎求配角之理由，极其简单，质言之，即须各尽其责而已。再进一步言之，此实俗谚所云之“使人钱财，与人消灾”（此钱财非指组班者之钱财，因演戏须以上座方能养众，即使顾客之钱财也）。若对本身应尽之责任，漫不注意，或随便开搅之角色，则与本人平夙之宗旨不合，难再相处矣。大抵戏班之事甚难，有油滑取巧者，有自以为是者，有马马虎虎者，有［傻］卖力气者。就中除却傻卖力气之角色，如肯听话，尚可录用外，其余三者，皆与鄙人难以久常。如《甘露寺》中孙权之对乔玄，虽已心厌恶之，但绝不能加以申斥，何则？孙权之为人，非一味糊涂者流，对于友朋如周瑜、鲁肃者流，尚知敬重，况乔玄为乃兄之岳，尊为国老者乎？及后曰：“想是那诸葛亮的火大，烧得你在这里胡说八道。”亦非忿郁已久，不能便出此言。

乃鄙人昔与某君演此，甫一露面，某君即对鄙人所饰之乔玄，大加申斥，甚至即一赐座之微，亦怒气冲天，此自以为是者也。又有某君随鄙人在青岛演剧，是日为《八大锤》，某君无事，乃在后台与群众玩笑，语秽至不可闻。鄙人云："你既闲着没事，何不扮一旗牌上去，亦助声势！"此君不惟不听，反勃然大怒，以为鄙人令其扮一旗牌，似有意侮辱之。不知旗牌与旗牌不同，如此《八大锤》中之二旗牌，一生一净，与王佐同上，仅此寥寥三人，若再以二名烟容菜色者充数，未免有负观众盛意，且旗牌、报子、皂隶，在过去皆有专剧（如《起布问探》《番儿》《醉隶（皂）》等），鄙人为戏□人，彼不明了此旨，反加无理之怒，此油滑取巧者也。不但此也，即配角之服制、饮茶，鄙人皆有时加以纠正。如某君与鄙人演《群英会》之孔明，至三人猜火字时，忽发现金制煌煌之戒指一枚，套在孔明之指上。鄙人不觉咤异，因此君既非坤伶，何乃以此示其阔绰。况孔明不单是一男子，且为千古贤臣，此时羽扇冠（纶）巾，而手戴戒指。若孔明浮华如此，鲁肃尚不该戴金项圈乎？后又与此君演《甘露寺》，及至刘备匍匐膝行时，始发现此君未穿彩裤，着一杂色之便裤。语其材料，则京市所以讥诮"穷人美"之"唾沫葛"也。鄙人以为刘备如此之膝行狼狈，已是唐突古人不浅，乃更穿"唾沫葛"裤，则刘备更成何如人矣。遂以言规劝，此君始尚犯僵，然终以鄙人之言为有理，后乃不再犯此情形。

饮场有时

记者问：马君对于配角之服装，有种种纠正，业如上述矣，请问对于配角之饮场，意见何若？

马君答：饮茶案之老例，本不许可。无如人皆肉嗓，引吭高歌，既已费力，复不准呷水，亦非人情，则只好就僻静处饮之。既为调剂人之嗓音，则其间无甚累工者，更大可以减少饮场。无如积久相沿，饮场之真意消失，变为摆谱充阔之用，遂亦不顾在此剧中之时间矣。如某君与鄙人演一家庭伦理剧，鄙人饰夫，某君饰妇，二人因事争吵，鄙人正有大段念白，某君忽掉头去饮场，鄙人竟致自捣鬼话，心中实为怏然。其实在此剧中，鄙人之唱念较之某君多至数倍，某君之嗓，夙亦圆润，绝不至竭蹶。此种举动，除京谚所谓之“要菜”外，迨绝无第二名词也。

不准擅下

记者问：除去非时饮场之弊病，尚有随时上下之弊，不识马君亦注意及之否？

马君答：何谓也？

记者曰：剧中之有权威者，如元帅阉珰者流，其傍恒多侍卫，此等虽在无责任时，亦应矗立不动。以普通之《法门寺》论之，如宋巧姣唱过三句之后，去贾桂者即溜场下，殆至二六行将唱完，贾桂始行溜上。夫以皇太后、九千岁尚在高坐堂皇，听巧姣呼吁，贾桂何人？今乃悄然而下，尚复成何体统？然皆相沿不改，马君为戏剧革新之先进，岂可听其如此，而不为之厘正？

马君答：此层鄙人早已见到，且亦有所改正焉。如《三顾茅庐》一剧中，至后部博望坡烧屯、关赵交令，孔明初无“后帐歇息去罢”之明令，乃关赵竟直往后台而去。及张飞负荆，只剩鄙人与刘备矣。鄙人事后曾对饰关赵者说明此意，饰关公者时为鄙人之族兄春樵，闻鄙人之语则曰：“因为后边就没有事了，所以去后台卸靠。”鄙人则曰：“您前边若干力气都卖过了，何必忙在此数十分钟？须知孔明此时正式升帐，责罚张飞，必须正襟危坐，关张皆櫜鞬听其指挥，今若一任关赵溜下，已不啻自贬权威，尚成何孔明？”族兄听鄙人之言，后亦首肯。再演“负荆”一场，则扎靠傍立矣。不但此也，又有一次，亦演“张飞负荆”，刘连荣君饰张飞，负荆跪地，因箭衣之底衿，略有不适，检场人一时弄小聪明，竟趋前代为整顺。当时观众之目光为之一变，群集中于此检场人。鄙人正念大段话白，因之空气亦由张而驰。此又鄙人不怿之一事，皆以其破坏演剧之整个精神也。

礼义不愆

记者问：马君如此热心整顿，如水银泻地，无孔不入，令人钦佩之至，想社会人士，同情者必多。

马君答：鄙人此种，乃为整个之剧着想，绝非对私人有何挑剔。无如人之反省甚难，多有从之则喜，违之则怒者。鄙人此种严格的配角主义，社会人士，虽多嘉勖，而本行则未免落一部之嫌言，均谓“马连良的班难搭”，仿佛鄙人若何严恶，其实鄙人乃本“实事求是”之意，不料竟致此言。虽然，古人云：“礼义不愆，何恤于人言？”鄙人所以严格者，对戏绝非对人。凡有演剧肯卖力气，又能体验剧情之同业，鄙人绝对重之爱之，方且延揽之不暇，又何难搭之有乎？或曰：配角到底是配角，何必如此认真？鄙人则以为不然。因既称为一剧社，则不当分此畛域，众人好亦即是马某好，马某不好，亦即是众人不好，况“人人可以为尧舜”，中国古代圣人动以尧舜期望傍人，夫尧舜岂是可以容易做到者，圣贤乃以此相期，若必曰“我是配角，即可以不卖力”，何其自视甚轻也？且鄙人亦曾与人“跨刀”，若彼时即存此种心理，又安能得有今日？故云配角即可以不卖力气，未免沮人向上之心。然扶风社之难搭，亦非假事。

记者问：何谓也？

马君答：难搭原因，并非鄙人挑剔，乃社中配角向来齐整，若本身修养不足者，骤然加入，则相形见绌，未免知难而退矣。如由票友下海之某君，单演各铜锤戏，若《草桥关》《上天台》等，颇有时望，曾为鄙人配演《马义救主》之文天祥。乃其上高台时，竟与平日判若天渊，嗓亦缩回，大有捉襟见肘之概。鄙人初未明了何故？后细推测，乃因鄙社之《马义救主》，校尉、刽子手等，皆较他班为多，而且服妆鲜明，生气虎虎，某君究属票友出身，气魄有欠，遂不觉自馁耳。

记者问：以马君之训练配角如此其勤，必无失事矣！

马君答：亦未必然。古又（人）有云“善游者溺，善骑者坠”，如此小心，尚有时出错，况再漫不［经］心乎？如鄙社之龙套，十年未有舛误矣，最近演某武剧，竟上三龙套，其一龙套，在大箱上鼾睡未醒。此三龙套，已高举标子出台矣。台下自然大哗，此一方被喊醒之龙套，顿时骇至面色绯红。鄙人见状深觉不忍，乃亲自上前以好言安慰之，并代为扣钮，连谓：“不用着急！不用着急！”在鄙人非敢自诩慈善，诚以所恶者在其自以为是，不听劝导，非事事皆不谅人也。且欲言改良整顿者，尤不可不明责任。此龙套之误，误在头旗，以言责难，应对头旗，不可专责末旗。

改良服装

记者问：素谂马君对于剧中人之服装，多所改革，为国剧界放一异彩，敢问其详，请以见告。

马君答：此层，乃鄙人对于国剧之一小小贡献，其间且亦难保无误，是仍在热心国剧之诸公，时加匡正指导，则鄙人不胜欣幸之至矣。鄙人对于演剧之服装，过去向极注意，盖灿烂光明，令人一望即可以增长精神，发扬志气，诚以爱美之心理，乃人人所同然。其间色彩之协调，光线之匀整，即在欧西人士，对之亦视为演剧要源。在过去，鄙行中之老先生，对此多不讲求，以为有水纱、网子即可唱戏，此种心理，鄙人实不敢赞同。好在时移事移，今若再有此等见解之同行，鄙人他不敢言，只好云“我没他心里有根”，则亦“八仙过海，各显其能”而已。鄙人之对服装加以改革者，其大端诚不外乎求美观起见，然亦附有两种条件：一为“近真”，一为“复古”，而其间之“复古”者，有时亦即“近真”。夫国剧一道，从前人皆不加注意，其或视为下级娱乐，故皇帝、丞相等之服装，亦无人加以考订，总以“戏者戏也”为自欺欺人之小道而已。然近数年来，中国戏剧一门，风行世界，外国各名影星，如飞来伯、贾波林等皆尝化装如国剧演员（飞来伯曾摄一《蜈蚣岭》武松戏像，贾波林则在上海与鄙人合摄一《法门寺》，贾波林氏饰贾桂，鄙人仍饰赵廉[17]），其名流学者，来华作国际之观光者更不知凡几。皆以国剧为吾国若干年来代传艺术，咸与观摩，而往往问及鄙人，是否此种装束即为古代衣冠？此在平民，尚无大关系，惟以帝后、丞相、大将等之制服，彼邦人士，更格外认真。且中国戏之扮相原始，亦绝非全不似真者。试观明代大臣画像，其所戴之纱帽，是否与今之纱帽无大轩轾？其王侯所戴之帽，更酷似今之“黑大镫”“耳不闻”，故欲一口回绝之曰“中国剧演员所扮演之人物装束全与古违”，亦无正当理由。其间又有故意回黄转绿、移宫换羽者，试观南薰殿内之历代帝王画像，所有南宋高宗、孝宗等，所戴之冠，既非堂帽，又非平天冠，全为“一色相貂”。此若以皇帝头戴相貂而出台，本国观众必将视为无上怪剧。然谓古无相貂，又绝不可，是即回黄转绿、移宫换羽者焉。大抵过去为专制时代，梨园行之地位，未能完全提高，表演古代帝王，不但不敢求其必像，而且不敢不求其不像，为免有人以轻慢亵渎大不敬罪加以非难。时至民国，则此种羁绊已完全脱去，何必不再以真实面目相见。此又鄙人对剧中帝王、丞相、元帅、大臣等之服装所以为改易较多耳。

(17) 飞来伯，即美国默片时代男影星道格拉斯·费尔班克斯（Douglas Fairbanks），其以武侠义士形象深为世界观众包括中国观众喜爱，其汉译名为范朋克，亦称飞来伯。梅兰芳访美时，与其夫妇结为好友。民国二十年（1931 年）2 月，范朋克一行途经中国，顺道平津访问。5 日，梅兰芳在无量大人胡同本宅举办欢迎茶会，各界名流包括梨园行诸名伶均列席；7 日，在维克多·佛莱明导演下，由摄影师亨利·夏波在梅宅，为范朋克拍摄影片，范朋克扮演《蜈蚣岭》之武松。贾波林，即卓别林，民国二十五年（1936 年）3

月9日，卓别林携妻波丽德古黛、岳母亚尔泰德古黛及私人秘书日本人米盛义于下午一时抵沪，晚上，赴新光大戏院，观摩扶风社演出，马氏与小翠花、叶盛兰、马富禄、刘连荣、林秋雯等合演全部《双姣奇缘》，演出结束后，与卓别林及其夫人合影留念，原拟由卓别林化妆贾桂，再摄一影，因行程紧迫而化妆费时而罢。卓别林深为中国剧艺术所折服，原拟观摩十五分钟，最后一直到散席，还到后台参观，在米高梅影片公司代表的催促声中，卓别林在新光大戏院停留了一个半小时。梅兰芳初拟与卓别林同往新光观剧，后因事未去，由中国旅行社游览部、中国艺剧社理事翟关亮陪同，翟氏曾随梅兰芳赴苏俄旅行演出[见《与卓别灵半日游》，翟关亮，《良友》，民国二十五年（1936）4月15日出版第一一五期，第52、53页]。

摹自画图

记者问：马君所改革戏中之帝王、大臣等服装，请问有何根据？

马君答：所根据者多为画图，及《舆服志》等，惟《舆服志》上所载，或者尺寸不符（因古人之身材，多较今人为高大），或者容易妨碍艺术，故多以画图为折中之。

记者问：画图能悉如古制乎？

马君答：若古之《十八学士登瀛图》《麟阁功臣图》《睢阳五老图》以及《锁谏图》，与后之各代名臣、家藏喜容画像等，虽千姿百态，服制则无不如真。其历代帝王画像，尤无人敢以私意搀越。爰就戏中表演所适，略加损益，皆中古法也。

记者问：演剧化装，师法图画，此亦有前例乎？

马君答：《霓裳羽衣》分段制谱，何尝不以图画为之？且升平署所藏之身段扮相谱，亦皆为图画。扮相既可以图画存，是更无妨先师图画也。

记者问：人言"法图画者容易呆板"，马君今以模仿画图为主旨，其流弊无乃将致呆板？

马君反诘曰：何谓也？

记者曰：如某老伶工，善演关剧，世人多谓其为"画儿派"，实即此意。

马君答：鄙人所参酌于图画者，与此老先生不同。因此老先生之模仿图画，系模仿原画上之神气，鄙人所云之模仿者，仅其妆束，神情举止，仍为我之自身，又何僵板之有乎？且鄙人模仿古代衣冠，亦以不能妨害艺术动作为限，如峨冠博带，举止辄为所牵者，亦终不采用之。

记者问：马君对国剧旧有之服装，加以改革者，已有若干？

马君答：有整出改革者，有一种改革者，未知所问为何种也。

记者问：请先言整个改革者。

马君答：其整出改革者，曾有一出曰《新白蟒台》。

记者问：《白蟒台》已为新剧，何又加以“新”字？

马君答：此“新”字自有“新”字之意义，非随便云云也。因《白蟒台》一剧，普通所演多由《取洛阳》起，中加一场“王莽升殿”，令邳彤造台，而继之仍为《取洛阳》，下始串入《白蟒台》，于是马武之重要，几乎驾王莽而上之。鄙人从前，未敢妄谈改革，只好人云亦云，如常所演，心终耿耿。后又涉猎史鉴，愈觉诸多不符，其于王莽之个性，亦毫无所得。案王莽篡汉，动置（辄）以天为言，故火及渐台，犹曰：“天生德于予，汉兵其如予何？”剧中对此，全无表现。乃不揣冒昧，[加入]“王莽祭天”一段。所以卤簿仪仗，执事各官之服装，皆从古制，鄙人所饰之王莽，亦冠冕□黈，蟒案火龙山藻、两巳相背诸制。祭天时安有大段唱工，后则上巨无霸，与汉将开打，且有虎豹等套子，于夜场演于华乐(18)，颇不为大雅所讥。此虽名曰“白蟒台”，而内容所演，绝非固有，是以必曰“新白蟒台”也。

(18) 民国二十二年（1933 年）12 月 16 日夜戏，首演于天津明星大戏院；12 月 28 日夜戏，在京首演于吉祥戏院。

记者问：马君于《新白蟒台》以外，尚有何剧？

马君答：尚有一全部《胭脂宝褶》，即传奇上之《胭脂雪》《绣衣郎》也。鄙人在此剧中，前部饰永乐帝，后部饰白怀。其装饰皆与以前不同（马君言时，即以饰永乐帝之戏装摄影一帧见赠），所制之冠，即仿自古代画图，如所谓“小朝天”者（指其左右二小翅言之），尤其腰系之带，不敢以普通之鸾带溷之，乃宽幅，绣以团花，此仿古之“方圆毬路带”也。此种服制，创始于宋，而明之画像，尚多保存勿替，故鄙人于饰永乐之时，决仿着之。

记者问：此永乐帝之革新戏装，既闻命矣，敢问对于白怀之装，是否亦有改革？

马君答：此亦略有所改，因普通只戴硬青罗帽，故改以四方形戴鹅毛。然则不敢诩为全系鄙人改造，汉剧大王余洪元氏有此种头巾[19]，遂采仿之。至于其上之长寿字，亦本之余氏所为。

(19) 民国十八年（1929年）12月，马氏在上海演出期间，恰余洪元率汉班出演丹桂第一台，曾亲赴第一台观摩其《四进士》、《胭脂宝褶》即《失印救火》，此节所述头巾，即是时观摩所得；民国二十三年（1934年）2月，率扶风社出演汉口兴记大舞台，演出期间，并曾与余洪元同台演出义务戏，或当面请益，或观摩借鉴，受益匪浅。

记者问：皂隶头戴之巾，上缀鹅毛，当有所据，惟长寿字之镂花，似乎无本。

马君答：鄙人适已言之，所有帝王将相服装谬误之处，万不可不亟加以改正，其余引车卖浆之徒，古既无征，则亦只好沿习旧日扮法，而折中于各种戏班，择其比较善者而从之。且鄙人之主张，而以唯美为艺术，即所改革，亦必求与鄙人之审美宗旨不谬。如《清风亭》一剧，有人主张真将张元秀夫妇扮成臭要饭的形状，以为必如此方能合于剧情。是则大可不用演员，即从大街上找来两个“臭要饭的”，推之上台，不愁其不像真也，其如乃演剧何？鄙人此言，决非自相矛盾。换言之，即谓鄙人所改古代帝王将相之剧妆，不因其古其真而因其美，亦无不可也。

记者问：向见今之名伶与马君同工者，多服一种仿佛官衣，而下亦绣有海水江涯，此种曰官衣蟒，已风行海内，语所自来，皆曰是为马君所创，请问高意所在？

马君答：此亦仿自古之画图也。因“衮衣绣裳”，其来甚古。下衣无绣者，唯非贵官始然。唐人诗云“海图拆波涛，旧绣移曲折”，所云以海图入绣者，即为今之海水江涯，此在唐人，乃普通之绣样。故以褚遂良之品级，而下裳无绣，只着普通官衣，所未免贵□于贱，尊杂于卑，故鄙人毅然创此，不图遂风行一时焉。

记者问：考之清代服制，其补似皆缀于外套之上，疑即今之官衣，不识马君添制官衣蟒与此是否相等。

马君答：此等穿外套缀补子者，其内又必衬以蟒袍，蟒袍之下摆，必有海水江涯，则仍如官衣蟒之情形也。故鄙人所制之官衣蟒，不但合于古代大臣之画像，即以揆之清代，亦颇相似焉。又鄙人所以用制官衣蟒者，一般人皆以为乃黑色，或且加之议论，不知鄙人之所采者乃为石青颜色，决非普通之黑色。清代确乎以之为官服。况即以黑色言之，古人亦讲上元下黄，是元色又绝非贱者之服也。

记者问：剧中人之扮相有与清代相同者乎？

曰：有之如《雁门关》之萧天佐，即服此服也，而最不讲理者，则为《苏武牧羊》。在此剧中，有一场小金殿，非汉武帝方面升殿，乃单于王方面升帐也。有一花面，亦穿蟒戴相貂。夫以北国单于之臣，则亦匈奴而已，何得忽改汉人装束？且此剧既有汉庭金殿在前，多此一场，更为重复。鄙人方且有志改之，尚未暇也。此外鄙人最近即将上演之《马跳檀溪》，亦将有特殊扮相，刘备所戴，其形似四方斗而用红色，此乃仿古赤帻之意。因刘备败依刘表，其时之服，最费踯躅中。鄙人采用此种“仿古赤帻”之扮相，比较尚为顺情。

记者问：马君所创之冠服，初不止此，尚有一种乃儒生所戴，如《要离断臂刺庆忌》之要离，即戴此种新式头巾，敢问此名何种？

马君答：此名“两仪巾”，古人所谓之“两仪巾，后垂飞叶二扇”，即此巾也。此亦采自古之画图。

记者问：然则所衣天青之衣，下摆沿以花边，此绝非褶子，是何名义？

马君答：此亦鄙人所创，其名为襕衫。古云“利市襕衫”，即指此也。此本名当曰“襕□”，古人常于深衣之下，著襕及裙，名曰襕□，以为上士之服。又秀才之赴考者，亦多服此衣，故有“利市”之称。鄙人演全部《范仲禹》等剧，亦时着之。于此又忆及一笑话，可以奉告。即此物曾见之剧词是也。

记者问：是为何剧？

马君答：《击鼓骂曹》祢衡所唱之快板，中即有一句曰“脱却襕衫换紫袍”。不知者多误以“襕衫”为“蓝衫”，于是议论轰起，且有笔之于书者曰：祢衡所穿，明明是一件青褶子，何乃自称为“蓝衫”？为之辩者又曰：蓝衫即青褶！夫青褶自是青褶，襕衫还是襕衫，二者岂可混为一谈？是殆不知有“襕衫”二字耳。

记者问：聆马君所论，对于改良服装[20]，厥功甚伟，惟不知当日是否亦有赞助之者？又贵界中过去对改良装饰深表同情者，曾有何人？

马君答：鄙人在过去时，本亦不敢妄谈此“改良服装”之一事，惟于发动此议之后，颇得老先生一二人者之赞助，始敢放胆为之。

(20) 原文作“服妆”，下同。

记者问：所谓老先生者，伊何人斯？

马君答：如已故之名小生朱素云氏，即其人也。鄙人于排《要离刺庆忌》时，朱先生对于要离之服饰，即多所建议。因朱先生深通文学，又能翰墨之事，对古代之画图，所见亦夥，故能与鄙人互参订之。又朱先生本身，对于服装亦多讲求。如本身所著之靠，曾有一名曰锁子甲，其形仿佛排穗铠，最宜于小生演《白门楼》等剧穿着，其制为外间所罕见，鄙人今尚记其形式，曾与叶君盛兰提及，劝其可制一身，于演吕布时着之，其势固极美而真也。

记者问：马君对于古代武将铠甲之制，有何新发见者？

马君答：此层鄙人亦正在考虑中，原鄙人第一次演头牌戏，即为全部《定军山斩渊》，对于靠戏，亦岂能恝然。忆于数年以前，在济南演剧，因获入衍圣公府，于车服礼遗之外，复得瞻仰府内戏班从前所得之行头，无论盔头、蟒帔，器皆与今时所存不同，种类繁多，尚有因在锁扃中，不得机会参观者，殊深怅惘。鄙人当时曾妄作主张，以为此等大可觅一相当地方，公开展览，酌收票价，以示限制，因对于无论今之喜研戏剧者及演员，皆有莫大之裨益焉。中有一种长方靠旗，虽未明了其为何剧专用，但与《缀白裘》等所图无异，鄙见以为当系普遍之物，其式新颖而合于理，今人大可仿而行之。鄙人于未决定排演《春秋笔》之先，曾拟排一剧曰《全家福》，主角老生，乃韩擒虎之父，出征边塞，被获招亲，亦为扎靠角色。鄙意如能实现，则扎长方式之护背，惟此事即假定实现，亦当在《春秋笔》后也。

记者问：原来戏剧中之服装，亦有合于古者否？

马君答：皆合于古，不过其间有互相窜移者耳。其最肖者，为高方巾。其上折角，乃由汉人郭泰尝行遇雨，巾一角垫，时人遂故折巾之一角，以求其似。又如"风帽"一种，从前老人尚有戴之者（不必古人，清末民初且然），何得遽谓舞台上之装束，无一象真者乎？

记者问：闻马君灌音至多，为数共有多少？

马君答：鄙人生平最喜灌片，对之且有特别兴趣，因念人生于世，必须有一可为纪念，永传之于后世者。我辈既为艺人，则唯一足资后来之纪念者，厥为歌唱，故于灌音一事，极乐为之，且不自今日始也。其间有与同业合灌者，如与梅浣华先生合灌之《打渔杀家》、尚绮霞先生合灌之《探母回令》，多不胜记，而尤以本人自灌者为多，其间有许多出乃后来之已不演者，灌音之后，就可存为纪念也。所灌各种，亦有鄙人根本在各戏院即未露演者，如《大周兴隆》一剧，鄙人之唱片中虽有之，而在外并未演过[21]。又如《风云会》[22]一剧，鄙人在外亦未演过，而灌音中曾灌之。统计鄙人在各公司所灌之片，于民国十八年已有一百一十余种，似为同业中灌片之最多者，但以后又与王玉蓉女士曾合灌全部《武家坡》等，是其为数，殆又不止百十余种矣。

(21) 此处记录有误，《大周兴隆》，即马氏据老戏《渭水河》重排之《兴周灭纣》，民国十六年(1927年) 10月29日白天，与郝寿臣、王长林、鲍吉祥、马连昆、甄洪奎等首演于华乐园，民国十九年(1930年) 5月30日，为上海亚尔西爱胜利公司灌制钢针唱片一面。

(22) 即《龙虎斗》，蔡荣贵所授，排而未演，民国十九年(1930年) 5月30日，为上海亚尔西爱胜利公司灌制钢针唱片一面，后传诸弟子周啸天。

记者问：闻马君曾创办一灌音公司，事在若干年前？

马君答：此民国二十一年春季事也(23)，鄙人因鉴于灌片事业之在外国至为发达，盖其为用，绝不止于存演员之歌唱，如老人遗嘱，长官训词，名流演说，中人证语，皆可利用灌音，以资保留，其裨益于社会者，足以息争辩，杜纠纷，垂纪念，存善言。乃纠合教中同志，如马步云、洪继英、沈睦公诸先生，延聘美英技师各一名，其公司之地址，则在东城金鱼胡同内冰渣胡同。无如一种事业之成功，至为困难。当时往灌音者，虽不乏其人，如文学家俞平伯氏曾灌《游园惊梦》等，乃因尔时之时局不甚平静，加以此种事业之在京师，终鲜大多数人之了解，故其势仍难普及。又以彼时之社会局，对此不但不予提倡维持，反力加摧残破坏。鄙人于时已耗去若干金钱，复遭此打击，遂灰心铩羽，宣告停业矣。

(23) 名“马连良灌音制片社”，民国二十二年（1933年）2月24日开幕，地址东城金鱼胡同内冰渣胡同5号，系与沈睦公等人合办，经理马步云，副经理兼翻译洪继英，录音技师美国人蓝佑晋、英国人罗约翰，经营月余即停。

记者问：当日马君亦曾自灌唱片否？

马君答：灌有《天雷报》《假金牌》等数面。其片并非树胶所制，乃以赛银铜板为之，针亦用竹针也。

记者是晚与马君长谈许久，马君谈锋甚健，如泻瓻□□，几使记者记不胜记，辞归寓后，因约略记之，即此二十一日所刊载者。且以时间匆迫，亦难保所记无误，是在读者与马君见谅云尔。

四

采访人：林秀华

原载《华文大版每日》第二卷第六期（1939年3月15日出版）

在舞台口，有一位歌喉妙曼悠扬，表演敏活自然，风度潇洒流利的须生角色，只要他一出台，便会使台下的听众格外兴奋、愉快，他所主演的剧，是要使各个人都能了解而适合听众的要求。

这个人是谁呢？便是在本刊创刊号上的《伶工特记》中最末一段所说："循着美化的趋势，利用旧有的程式，发展自擅的天才而成为现在剧场最需要的一个骄子。"(1) ——一代伶人马连良先生，也就是本篇访问记所要记载的主人翁。

(1) 作者徐凌霄。

也许有人说："哦，原来是他，不过一个天才的艺人，舞台的成功者而已！"不错，马连良先生是一个富于演剧天才的人，他在舞台上算是成功了。但这并不算什么了不得。我们所要说的是在这个世纪中——中国固有的舞台艺术，几乎被一般所谓高尚的人物唾骂、轻视、讥笑到被淘汰的地步时，有一个大胆的艺人，不顾一切艰难与同行守旧思想者的讥诮，振臂而起，立誓以身作则，从事改良中国旧剧的污点——无论是剧本，是前台，是后台。几年来的努力，他得到同行及社会上大多数人的同情。使中国的旧剧，渐渐地走上了被人重视之途，虽然不是马先生一个人的力量，但说他是一位戏剧的革命者，总算可以吧？

趁着马先生未露演的时候，得一个机会去访问他，他很客气地接待访者，精神满好。健谈，善于词令，都和舞台上没有两样。

记者先恭贺他上次赴沪的成功，并且问他上次有没有灌片，据说原打算灌全部《清风亭》，但是因为离返京只有一星期的工夫，恐怕来不及而没有灌成。

“那么来北京灌片不可以吗？”记者问。

“因为灌片公司各家都有其地方的权益，所以上海的公司是不便到这里来的。”

谈到舞台的改革，不由说到北京的新新戏院。新新在北京这些守旧的戏院中，是唯一的新式剧场，舞台大，座位多，时代化的建筑对于听众们爱美的观感，是很有关系的。我们曾经听到许多在北京向来不听旧戏的人论调现在是这样：“除非到新新去倒还可以坐得住。”这样说起来，这功劳不能不归于马先生，因为新新是他一人所计划成功的。

马先生说：“外界不知道敝界人的思想是守旧到极点了。我时常对人说，虽然是旧剧，也应当有时代性，应合时代的潮流，比如谭老先生（鑫培）当初演戏的时候，有许多地方，他老先生如果认为不好，就自动地改良起来，于是在那时比谭老先生更老一辈的戏剧界人，便大骂谭老先生，到我们这时也是一样要求进步，所以思想稍微新一点的人，如果对戏剧上有什么改良，便一定会受人非难，老先生们都话为：‘毛孩子，懂得什么！'但是自信所做的事，是不出乎规矩的改良，是向善的，所以也不顾得人家的批评了。"

"马先生所排的新剧本，都是自己所编的吗？"

"所谓新剧本，有时候是失传的，有时候是原来的剧是全部的，渐渐被人摘其中精彩之一节来演唱，现在我们又重新整理，把人家已不演唱的头尾再联起来，完成一个全部剧。但这种工作，并不容易，因为头尾往往失传不可寻，自己当然不能凭空捏造，遇到这时，我便和诸位文学家、戏剧家共同研究，参考许多旧书，然后才编纂起来。"

"先生每编就一个新剧本，就排演露唱吗？"

"我每次都是编好两个新剧本才开始排戏，同时露演。比如最近所编的新剧本如《春秋笔》和《串龙珠》是同时的；《全家福》与全部《盗宗卷》(2) 是同时的。"

(2) 即《十老安刘》。

"先生既然把许多失传的剧本，重新整理，这种精神是人人佩服的，但不知先生对于自己所独会的剧，抱如何的态度？"

"我国人有一种习气，便是自己所会的不愿传授给大家，在戏剧界这种习气，尤其厉害，剧本的失传，自然也是这个原因。拿我个人的意思来说，是绝对反对的，因而我并没有许多了不得的独有脚本，但是我愿意把我所会的，使大家全会。说到这里，我来讲一个笑话：当年余先生（叔岩）有一次打算学某戏，这出戏很短，只是有两位老先生会，余先生已经得到其中一个人的同意，便请他去和那位商量，谁料那位说：‘得啦吧！咱们带啦走吧！’所谓‘带啦走’，就是带到棺材里去，结果这出小小的戏，算是失传了。”马先生说到此处，不住摇头叹惜。

我们把话题又转到舞台上去，谈到外国人对中国戏园子的憎恶，马先生说道：“在从前，我晓得外国人来中国戏园子看戏，最多不过两刻钟便返身而出，他们不是因为不懂戏，实在是因为不习惯戏以外的种种，如建设的不合卫生、听众的不知礼貌、通天的锣鼓响等等。所以十九外国人回国去以后都向人表示说：中国实在好，处处都好，惟有戏园子给人的印象太糟。试想这对于戏剧界的人是怎样的难为情呀！说起我改良舞台的动机，还是在前七八年英国萧伯纳先生来京，有一天我在华乐演《借东风》(3)，他也曾去看，第二天，我去拜访他，请他批评中国的戏，他说：‘我很不客气地问您，我昨天所看的戏，那吵人震耳的锣鼓声是表示什么？还有台上站着许多和剧中人所穿的不同的衣服的人是表示什么？’第一个问题，我回答他说：锣鼓不是每出戏、每场都有的，也如同西洋影片中的音乐，代表喜怒悲乐，比如打仗或事情很紧急时，便大敲锣鼓，以示紧张。第二个问题，我惭愧得很，实在没有法子答复人家，那些站闲的人是表示什么了。受了这个刺激，我决心改良舞台，尽自己的能力。中国戏剧的本身是很好的，他不是单为娱乐、消遣，同时也是辅助社会教育不足的一种工具，所以我们无论在哪一方面都要随时求进步与改良的。以我拿扶风社来做比喻，扶风社演戏时，台上绝对不许站一个闲人，'饮场'与夏天的'打扇'，一定不许要，戏中人甚至跑龙套的，不许穿便鞋上场，冬天不能穿大棉袍外套戏衣。但是请他们脱棉袍穿戏鞋也不是容易的事，总之，处处都要以善言开导的态度对他们，俗话说'投班如投胎'，现在应当反过来说，因为身为一班之主，才像投胎一样难呢!"

(3) 民国二十二年（1933年）2月22日华乐戏院夜戏。按民国二十二年（1933年）2月，萧伯纳访华，2月17日抵达上海，下午二时，上海各界在世界学院举行招待会，梅兰芳列席，萧伯纳曾就锣鼓问题向梅氏提出质疑："英国戏剧演时无锣鼓等声音，盖演剧时一有杂声，即损害观众注意力。而中国演剧时，颇觉过闹。"梅氏回答："中国戏剧有两种，如昆曲即为不闹之一。"

我们的谈话，已经占去很长的时间，健谈的人，也会感到疲劳的，便要求为马先生家庭摄影留念。于是马太太、马老太太和他的五男二女——其中第五子崇智[4] 因为在富连成学戏未能赶回，共摄了一个全家福。马先生的公子除了特别嗜好戏的外，其余都入学校，有好几位在育英中学念书，功课都很好，加之夫人贤慧，家庭之乐融融，是他人所不能比的。

（4）原文作“崇志”。

王泊生

采访人：王柱宇

原载1932年9月14—27日《世界日报》（北平）

图案画与旧剧有关者甚多
王曾研究西洋音乐

戏剧家王泊生，出身学界，历游南北各大埠。对于戏剧原理，及中外戏曲，皆有独到之研究。近在平市，偶一出演，所用剧本，皆古本略加改正之全本戏。其体格，特别坚实。每一登台，往往连演三四小时，而精神不懈。在今日剧界中，为异军突起者。记者特于昨日下午，前往王之寓所访问。据谈述各种心得，多为梨园界人所不能言者，分别录志如下。

住芥子园　王之寓所，在前外韩家潭十四号门牌东院内。记者入门，即见其中假山嵯峨，流水萦绕，绿树葱郁，幽静天然。后面有房屋数楹，甚宽敞。王请记者坐后，记者曰：王君寓所，别有一番幽趣。

王曰：此芥子园遗址也。清王安节，编辑《芥子园画谱》，即在此室内。此次，本人偕内人（吴瑞燕女士）来平后，为交通便利起见，乃继邹剑佩之后，寄寓此间，觉甚安适，勿任荣幸。惟门首湫隘，不甚壮观。好在表面虚荣，本人向不重视。问心既安，他非所计耳！

记者曰：然则此园风水，合住艺术家乎？

王逊谢，微笑曰：慕王安节先生之风雅，但不敢附此老之骥尾也。

记者问：王君此次，以何时来平？

王答：在去年春夏之交。

第一教师

记者问：王君原籍何处？最初以何时至北京？

王答：本人原籍直隶遵化县。民国八年，本人在原籍直隶省立第五中学毕业后，因酷嗜戏剧，即来京旅居，延师学戏。本人学戏之第一教师，为朱天祥先生。

记者问：朱先生之略历如何？

王答：朱先生之父，名朱莲芬，系一名伶。朱先生幼在小荣椿科班学戏，习老生。艺成后，为小荣椿班之台柱。所收门徒甚多，去年冬，始故去。余叔岩、贯大元、高庆奎、杨宝忠，皆曾经拜朱先生之门者也。

入校学戏

记者问：王君何以入学校学戏？

王答：本人在北京学戏，约年余。理想中，极盼有一学戏之学校。民国十年秋季，蒲伯英创办人艺戏剧专门学校[1]，本人欣然加入，从事研究，戏剧之有专门学校，此为第一次。但蒲之主张，不承认旧剧为艺术，所教者，除文学音韵外，即为表演话剧。而当时所收学生，其思想，皆极奇特。本人亦酷嗜旧剧者，因意见纷歧，至十一年秋季，学校即无形解散。诸同学散去后，在社会中，多有相当地位。此后，本人于十二年秋季，考入美术专门学校。

（1）由蒲伯英、梁启超、陈大悲、林宗孟、周作人等发起，校址在南横街一百十号，民国十二年（1923年）11月22日下午1时举行开学典礼，孙伏园、熊佛西等发表演讲，当年12月，发生“倒陈大悲”风潮，以致该校解散，风潮之下，陈大悲被免职，包括王泊生（学名光汉）、吴瑞燕在内26名学生被开除，后组廿六剧社出演京津。

问：在何系肄业？

答：图案画系。

问：王君从此改习绘画图案矣？

王答：本人之研究图案，亦为学戏起见。

记者曰：研究图案，所以学戏，诚闻所未闻。其理安在？

王答：旧剧与图案相关联之点甚多，如动作规律，以及脸谱服装之类，皆可利用图案也。

组美生社

记者问：王君在美专，亦曾研究旧剧歌唱乎？

王答：当时，内人亦在该校肄业，彼系中国画系。由同志多人，合组一“美生社”，所研究者，计为戏剧、音乐、舞蹈、绘画、文学五种。故本人之学戏，实未中辍。美专旋改为艺术专门学校(2)，则扩充为五系。约在民国十三四年之际，因赵太侔、余上沅自美国归，又在艺专另组一戏剧系。国立艺术专门学校中之有戏剧系，亦以此为嚆矢。本人乃入戏剧系。约一年，变更组织。本人乃由学生，一变而为助教。后因赵太侔等南下，本人又转入音乐系，研究“声乐”。盖音乐系中功课，只有声乐、器乐两种。器乐为提琴之类，声乐则为歌唱。不过，此为西洋音乐与歌唱耳。

(2) 民国十四年（1925 年）11 月 2 日下午 2 时举行开学典礼，章士钊、傅增湘等参加典礼，校长刘百昭，1926 年 1 月 27 日，林风眠当选为新任校长。

总司令部曾拨款办剧场
王拟重排《荆轲》在平出演

离开学校

记者问：王君研究戏剧，足迹遍南北。以何时脱离学生生活？

王答：本人之脱离学生生活，原因有二。一内人于民国十五年时，参加党部工作，任北平市党部监察委员。彼时，因时局关系，不便活动，非离开此间不可。本人亦以此间演旧剧者，多减头去尾，极少全本戏，而南中各种戏剧，多存古本之真，为实地研究之良好参考资料，乃与内人，共同南下。既抵沪，即转道赴常州、安徽一带，考察各当地之戏剧，略有所得。民国十六年秋季，南京总司令部政治训练部宣传处戏剧股，组设国民剧场于南京，主其事者，为欧阳予倩。[3] 盖国民剧场，即总司令部之宣传机关也。予倩约本人，前往帮忙，本人乃与内人，同赴南京。

(3) 民国十六年（1927 年）6 月，为向工农宣传革命思想，由南京总司令部政治训练部宣传处发起，于戏剧股内附设演剧宣传队训练所并开设国民剧场，时戏剧股股长为唐槐秋，欧阳予倩任指导员。训练所首期学员四十余名，8 月 2 日上午 9 时举行开学典礼，国民剧场则设在府东街亦舞台故址，8 月 17 日开幕，演员以南通伶工学校为主，有顾曼庄、葛次江等。后该剧团即由欧阳予倩率领，转赴上海。按采访者王柱宇本系王氏好友，国民剧场时期，亦在演员之列，相关内容可参见其《从军杂记》一文［《实报增刊》，《实报》社，民国十八年（1929 年）12 月，《杂纂》，第 21—48 页］。

国民剧场

记者问：国民剧场之组织及办法如何？

王答：国民剧场，系总司令部拨款兴办。剧场设备，以及戏衣用具，皆新购。其开办费，共耗去一万一千一百一十元。最初计划，共演三种戏剧，一曰旧剧，二曰话剧，三曰舞蹈，所用演员，一部分为梨园界人，一部分为总司令部职员。开办之日，预定第一日，招待总司令部职员。第二日，招待各机关团体。第三日，公开售票，收最低价格，其旧剧剧目为《荆轲》，新剧为《压迫》，舞蹈为《降魔舞》。其开幕第一日，来宾之众，几于场内无立锥隙地，而各界人等，多挤立门首，为数不下五六百人。因守门者，皆总司令部职员，武装佩带，并有士兵，持枪立岗。共同维持，秩序尚佳。正表演间，有伤兵数名，格于场外，不得入。经婉喻威吓，仍不得其谅解而祸乱于以发生。

伤兵滋事

记者问：伤兵虽多蛮不讲理，但堂堂京城之内，且为总司令部之宣传机关，讵有砸毁剧场之野蛮动作乎？

王答：伤兵在革命工作中，为一种之富于牺牲精神，而已经实行牺牲者，故一切阶级对之，俱至极优遇。但其中分子复杂，镇日闲居，无所事事，往往三五成群，拄其拐杖，或悬其一臂于项间，出外滋事，任意横行。警察不敢干涉，法律失其权威，日久性成，乃成一种不讲公理、不畏法律之特殊阶级。当晚，有伤兵五六名，坚欲入场，为门卫阻止。婉劝无效，继以威吓。伤兵大恚，举手榴弹，向门首墙上掷去。轰然一声，炸毙三四人。时，本人饰荆轲，正演剧间，闻此巨响，场内秩序大乱。经总司令部职员堵住大门，极力镇压，因此一炸弹后，伤兵即各散去。门外由军警从容料理，场内迄无所闻知，秩序始渐恢复。

昙花一现

记者问：此番虚惊，既经恢复秩序，则可继续演唱矣。

王答：肇事以后，虽无妨剧场之前途。但当时，即为孙军以五师兵力，偷渡江南，欲大举袭南京之际。总部运筹应战，炮响触耳不绝。市面萧条，人心惶遽，非复鼓吹升平之时机，国民剧场，乃因而停闭。迨时局稍定，国民剧场，仍无继续办理之希望。本人乃偕内人，转赴上海。此《荆轲》剧，极富革命精神，一度演唱，观者甚为兴奋。惟剧本不甚紧凑，本人现拟将该剧本，略加修正，在北平出演。以本人之意，似为戏剧界对于社会之一大贡献。

记者问：该剧为何种之戏剧？

王答：系全本古装旧剧，生旦净丑，各角俱重。将来出演时，尚希各界加以批评也。

梆子戏有西皮而无二黄
中国剧可分三大类

民众剧场

记者问：王君到沪后，此后行程若何?

王答：到沪后，在当地各剧团，演戏数日。[4] 本人旋以汉调剧本，多为古本，又偕内人，转道溯江而上，抵汉口。薄游月余，因当地京戏，太不规则，乃邀集京剧名伶多人，组成一班，在后城马路民乐园旧址演唱。[5] 私订合同三月，满期后，觉尚顺利，又续合同半年。但此续订之半年合同，尚未演毕，即接到赵太侔之快函，约往泰安，办理民众剧场。时为民国十七年十一月间也。缘济南遭“五三之变”，省府移往泰安，而该省教育厅长何思源，确信戏剧为一种之革命武器，乃召集富有革命思想之戏剧人才，在泰安成立一民众剧场。[6] 惟以遭逢时艰，经济窘乏，每月只由省府拨款八百元，一方研究戏剧，一方从事公演。当时，省府各职员，以及各县县长子女，加入研究戏剧者，可谓盛极一时。

(4) 王泊生在沪，参加堂会、剧社演出较多，民国十六年（1927 年）12 月 12 日，经徐朗西、步林屋介绍，在法租界共舞台客串三天，剧目为

《四郎探母》《上天台》《伍子胥》，民国十七年（1928年）1月7日白天，周信芳、欧阳予倩在天蟾舞台首演《潘金莲与武松》，特请王泊生客串演出《逍遥津》，戏码排在压轴。

（5）民乐园前身为新市场，系汉口最大的游艺场所，主其事者为冯百谦、刘艺舟，冯刘组织国剧社出演附设大剧场，特邀王泊生来汉加入演出。王泊生于民国十七年（1928年）7月6日离沪，10日抵汉口，就任大剧场主任兼游艺指导员。

（6）何思源于民国十八年（1929年）7月到任，教育厅所设民众剧场，聘王氏为主任、赵太侔任指导，并在京沪两地招聘演员。

省立剧院

记者问：山东省政府移回济南后，此民众剧场如何处分？

王答：山东省府之移往济南，在十八年夏季，此民众剧场即办理结束，转赴济南。省府乃以每月八百元开支之经费，扩充为八千元，在济办一“山东省立实验剧院”。中国之有省立剧院，亦以此为创举。此剧院内部，分学校、剧院两组。招收学生，一方研究，一方实习。学校为专门性质，入校资格，须在初中毕业以上。当时所收学生，约五十余人。本人在学校方面，为教务主任；在剧院方面，为剧务主任。至所演戏剧，原拟旧剧与话剧并重。但因旧剧学习，不易成熟，而话剧所需材料，亦比较简单，遂先演话剧。不意，约一年之谱，山东省垣，乃又遭蹂躏。

重返北平

记者问：然则此山东省立实验剧院之寿命，殆于此告终乎？

王答：十九年六月间，山东省城中，乃发生战事，省府竟致解散，实验剧院，亦当然在联带解散之列。[7]本人与内人，漫游各地，成功者固多，遭意外打击，因而破坏者，亦复不少。旅居数月，无复聊赖，乃倦游思返，重来北平，欲以稍息劳趾。此本人返平之原因也。

(7) 民国二十三年（1934 年）9 月，王氏赴济南参加山东省政府四周年纪念会，演出《文天祥》，为韩复榘、何思源所称赞，认为该剧“极有民族精神”，以为“戏剧原为教育中最接近民众社会者，为实行传递教育于民众”，决定恢复实验剧院，改名为山东省立剧院，仍由王氏担任主任，并制订各项计划与相关预算，11 月正式恢复，院址仍在民众电影院。前者实验剧院期间，所演者均为话剧，山东剧院时期，则国剧、话剧并重，所聘教职员有张永奎、谭伯玉、田瑞庭、庆福亭、桂月清、吴瑞年、陈宗娥、汪鑫福、马正权、郭际湘、庄少竹、朱桂芬、周健安、沈云阁、徐少枫、刘念渠、秦鸿云、铁璘甫、张焕庭、张少亭、田凤山、吴瑞燕、关丽卿、吴稚禅、王自立、张鸣琦等。抗战爆发后，剧院随之撤退，后辗转至重庆继续演出。

记者问：王君南下考察戏剧之所得，大致可得闻欤？

王答：本人考察结果，所最认识之一事，厥为京调、徽调、汉调、山西梆子、广东戏，腔调虽不一致，而其板眼、过门、锣鼓，以及一切组织，完全相同。剧本，亦极相类似，惟梆子一戏，只有西皮，并无二黄，此不同于其他四种处。

记者问：奉天评戏之价值如何？

王答：此为一种之地方土戏，其原作价值，多富含讽刺性。至新编各戏，则多迎合时人心理，卑鄙不堪，等于唱“奴在床中打牙牌”“月亮一出照楼梢”，无所取义，一味胡调而已。

各种土戏

记者问：然则各地土戏，另为一种之戏剧乎？

王答：中国戏剧，大别之，可分三大类。一曰昆曲，自有一种之特殊组织；二曰皮黄类，即京调、徽调、汉调、广东戏、山西梆子、陕西梆子之类；三曰土戏，如滦州影、奉天评戏、湖北之黄陂花鼓、天门花鼓、苏州之苏滩、上海之申曲，以及扬州戏、无锡戏、四明文戏、宁波戏等等是。盖所谓土戏者，多为描写一方一地之风俗人情。其剧情，多与他处格不相入。以入舞台，当地人闻之，或可开口而笑，感觉相当之愉快。但异乡人对之，则又视而不见，听而不闻，瞠目莫解所谓。因此难登大雅之堂，只能谓之土戏也。

一幕惊险动人之武技表演
汉调第一名伶为余洪元

一个武生

王又曰：本人由京赴沪之际，尚亲见一轶事，足资谈述。尚和玉君言：武生戏为真本领，此亦一例证也。缘南京国民剧场既停闭，时局稍定，本人乘车赴沪时，同车者，尚有女演员数人及沪上伶人若干。车行间，有一女演员，语同人云：彼系昆山人，欲在昆山站下车。但所携行李箱太多，下车时，需人帮忙。一演武生戏之张某，自告奋勇曰："有我在，无妨也。车着站时，我送汝下车。行李箱匣，我为汝搬运。"女演员闻之，甚为感谢。俄而车抵昆山站，女演员下车。其箱匣，则由张某，往来搬运至站台上。但当时，京沪车虽已通行，沿途尚不甚平静。火车着站，不过一二分钟，即又开行。张搬运数次，至最后一次，下车时，汽笛已鸣，女演员在车站上，遥呼曰："谢君！箱掷地下，君速登车。不然，不及赶上矣。"张热心过甚，不听，仍搬至堆放行李处。迨回其身，而火车已辘辘作响，向烟雾弥漫中开行去矣。

危险万状

记者曰：此君忠信，令人诚不可及。然则此张君，竟留昆山乎？

王笑曰：若留昆山，亦不成其为轶事。彼回身，见车已开行，大惊，亟飞奔追逐。好在，火车初开行时，速度甚慢。张疾驰追奔，尚在可望而不可即之间。厥后，车行渐速，响声较烈，张奔愈疾，若不能追上，车上同人，咸谓其非落车不可。正惶遽间，张腾身一跃，两手扳于最后一辆之闷子车厢边际。张欲翻上车顶，但扳着车厢之手，只有八个指头，其力虽大，亦无从施展。此后，火车前进愈速，烟筒冒出之浓烟，作放射状，笼罩于车顶之上部。同人眼迷，最后闷子车厢，又无路可通。一转眼间，车行已数十里，此君之生死存亡，盖已莫卜究竟，亦无从打听消息也。

竟能生还

记者问：此后火车着站时，亦曾根究张某之下落乎？

王答：昆山开行东去之车，以十八分钟着站，路程约三十里。车既抵站，同人正惊疑聚语间，张则自车门入，默然无语，憩坐于椅上。视之，面如白纸，汗涔涔滴。车行后，又数分钟，彼似已清醒，长叹曰：“‘法场得活命，死而又复生’，我之谓也。”众问故，张徐徐取手帕，自拭其汗，语众人曰：“适因追车不及，跃挂于车厢之后。上既不能，下亦不可。而汽笛之鸣声，与车轮之转声，互相唱和。呼救则无法可救，长此悬挂，亦与死相去，其间不能容发。惟生命所系，蝼蚁贪生，在此无可如何之际，只知出其全力，以一副生命，寄托于八个指头之上。乃支持既久，迄无停车消息，自料已无生还之希望。但有瞑目待死，更无他说。正危殆间，不知已历若干晷刻，火车忽然停止。开眸辨视，果已着站。乃跃身下车，此生不啻由鬼门关逃出也。”众闻语，咨嗟久之，又哗然而笑。此固武行中之一最大轶事也。

各戏人才

记者问：王君南下，与各种戏剧人才，应有相当往还？

王答：大抵各派名伶，俱有认识。其往来最密者，有徽调之马振良、陈玉龙；山西梆子之十二红；汉调之余洪元、小天宝等。余洪元之戏，在汉调中，谈者多谓其接近京调，其实，余洪元唱戏，不过往往推陈出新，以己意增减腔调，兼之嗓音极端苍老，为一种之乐音，故屹然成为汉调第一名伶。余洪元灌唱片甚多，究与京调截然不同也。

王除旦丑两角外余俱能演唱
今人写字仅系摹体

教师何多

记者问：王君学旧戏，共历几教师？

王答：本人对于旧戏，因兴味关系，自民国八年，以迄今兹，迄未中辍。所延说戏教师，因人数太多，至今有已遗忘者。能记忆者，朱天祥先生以外，约为奎派老生德建堂、孙菊仙之徒韦九峰、黄派武生瑞德宝、范宝亭之父范福泰、谭派老生鲍吉祥、陈嘉麟、王荣山、朱天祥先生之子朱佩芝[8]、靠把老生张小山、武生张焕亭及老票友周梅岑、溥西园（即红豆馆主）。昆曲，则有曹心泉，及苏人沈金戈、何金海。

(8) 原文作“朱沛芝”，后膺聘担任山东省立剧院教师。

记者问：范福泰系何角？

王答：各戏俱会。本人从其学戏，计共四出：《探庄》《蜈蚣岭》《麒麟阁》《上天台》。

以学书喻

记者问：为王君说戏者，非名伶，即名票，但各角俱有，各派兼备。王君唱戏时，究以何派为宗？

王答：本人唱戏，除旦丑两角外，皆可对付。至于派别，则在有无之间。因艺术一道，各有天才。一方模仿他人之成法，一方尤贵发抒个人之特长。若一味舍己从人，往往仅得皮毛，失去精彩。且于本人之天才，多委弃于无用之地，殊为可惜，亦不合于唱戏之原理。今请以写字喻：字之姿势，其美观处，当然不以钟王颜柳欧苏赵米黄等等之字体为限。不过，在各本人，发挥其固有天才，写成一种美观之字体。总之，其中若无天才，绝对不成其为美观。后人慕其美观，竞相模仿。意若曰：写字无体，便无写字资格。习尚所趋，乃至不顾个人之天才，专以模仿皮毛为能事。辗转相乘，因为菁华尽去，仅存糟粕，摹而较佳，遂为一世之雄。稍得形式，亦不失为书家。故今人写字，不能谓之写字，只能谓之摹体。唱戏亦然，殊失艺术之原理也。

各有短长

记者问：唱戏等于学书，已闻高论。但学戏不□摹派乎？

王答：各派各有所长，各有所短。吾人学□唱戏，应摹前人之长处，不应死后前人之成法。至于剽窃秕谬，尤属大忌。譬之谭派宜演《问樵闹府·打棍出箱》之类，他派演来，俱望尘莫及。但不得谓唱戏非摹谭派不可。如《文昭关》一剧，饰伍员者，应有悲壮激昂之英雄气。谭派演来，文弱委靡，与剧情不甚吻合。

若吾人演戏，以学谭为唯一途径，上得台去，一举一动、一唱一白，以及运用嗓音，除模仿谭鑫培外，无他工作。一般听戏人，其醉心谭调者，并不顾及戏剧原理，或尚感觉愉快。但外国人见之，必疑曰：此中国之英雄伍子胥乎？其实，演者之脑际，只有一谭派观念。至于伍子胥系何种人物？何种遭际？一律在所不问。戏剧原理，固如是乎？

咬字问题

记者问：学书唱戏，不应死守成法，已知之矣。但咬字一端，各派纷歧。王君之意，应以何者为标准？

王答：此为剧界一大问题。旧剧之老三派，为程长庚、张二奎、余三胜，新三派，为谭鑫培、汪桂芬、孙菊仙。程汪咬字，偏于徽音；张孙咬字，偏于北音；余谭两人，因系鄂籍，则又纯用湖北音。近今最流行者，为余（三胜）谭一派。此派势力，乃深入于社会之中，有时一种土音，亦可在剧中有效。如《探母》，“眼睁睁”之“睁睁”两字，依北音、依国语、依中州韵，俱应读为“ㄓㄥ”(9)，但余谭俱依湖北读法，唱为上口音，如“ㄗㄣ”(10)。今一般唱戏者，完全以此为宗法。若舞台之上，有人唱成“ㄓㄥ”，非得倒采不可。但何以此两字，须用湖北土音，其理又不可解。

(9)“ㄓㄥ”，汉语拼音为 zheng。

(10)“ㄗㄣ”，汉语拼音为 zen。

国语讨论席上大骂混账王八旦头发胡同之妙牌匾

南音之误

记者问：梨园界沿用湖北土音，究竟有无理由？

王答：此事并无理由，当系以讹传讹之故。但此种习惯，势力非常伟大。若单独更改，任何一人，亦无此魄力。又如学问之“问”、文字之“文”，依中州韵，其发音，应用英文V之短音，由上牙与下唇发出。今唱戏者，皆读为开口音，不带唇齿之音，此亦用南音处。盖应上口者，又不上口也。

记者问：老三派与新三派，何派咬字，最合中州韵？

王答：无论新三派或老三派，其咬字，皆以中州韵为标准。不过，因唱者籍贯关系，偶然有用其原籍土音之处。后之唱者，辗转沿习，以成牢不可破之格律。驯致各派歧出，门户水火。师授相乘，各是其是。此项问题，号称一时名伶，在社会中，握有相当势力者，似宜牺牲成见，共同开诚讨论，定一标准之读法。其标准读法之义，即中州韵究竟应如何读出。非于中州韵以外，另立一种之标准音韵也。

国语无用

记者问：以今日通行之国语，为唱戏之根据，可乎？

王答：国语读法，往往有不能行腔者。如“日”“迟”“知”等字，在戏中，为衣齐辙，读如“ㄖㄧ”“ㄔㄧ”“ㄓㄧ”(11)，用以行腔，用于念白，始能发出音韵。若依国语读法，读如“ㄖ”“ㄔ”“ㄓ”，为卷舌音，即无法行腔，无法使声浪送出。此唱戏不能用国语之例证也。且吾国国语，至今迄未统一。开一次会议，变更一次读法。而会议席上，大都意气用事，以人数多者，定取决之标准。南人较多，则南音优胜，北人较多，则又改成北方之读法。求能平心静气，牺牲成见者，为历来所未有。曩王璞与吴稚晖两先生，曾因南北方言之争执，于会议席上，大骂混账王八旦。于此可见国语之不易统一也。国语之不统一，尚有一显著之例证，如南北之“北”，北平读如“ㄅㄟ”，南音读如“ㄅㄛ”。(12) 今头发胡同西口图书馆门首，悬有长匾二面，匾之上端，皆为“北平”两字，而细看字旁之注音，乃一匾为“ㄅㄟ”，一匾为“ㄅㄛ”。图书馆固一文化机关，所揭于门首以示人者，乃“这北平不是那北平”，抑何可笑！此即历来会议，迭有更改之故。然则吾人欲根据国语，又将何从根据？

(11)“ㄖㄧ”“ㄔㄧ”“ㄓㄧ”，按汉语拼音分别读若 r-i、ch-i、zh-i（京剧上口字读音）。下文所列注音，意为“日”“迟”“知”三字，依国语注音，仅读为声母 r、ch、zh，其韵母“i”不明显，不利于吐字行腔。

（12）“ㄅㄟ”“ㄅㄛ”，汉语拼音分别为 bei、bo。

中原音韵

记者问：近今唱戏者，其咬字之法，固云派别歧［出］。但比较言之，当以何派为佳？

王答：唱戏咬字，用北平音固不行，用安徽音亦非是。就历史言，用湖广音，似比较适宜。但湖广音之所以通行，不过沿习太久之故。以原则言，仍宜用中州韵，始为大中至正。

记者曰：吾人听戏，每闻用湖广音入妙时，即觉韵味极浓，令人称快。岂湖广音最宜唱皮黄乎？

王答：京调与汉调相接近，用湖广音，亦自具有一种之理由，不过所谓“京调”者，已成一种之“国剧”。纯以湖广音为标准，原理上亦说不过去。其实，全用中州韵唱戏，只需艺术精到，其韵味尤至中正。决非用湖广音则有味，用中州韵则难听也。

记者问：旧剧唱“泪流脸上”之“脸”字，俱唱如“ㄐㄢ”，吾人说话，则完全读如“ㄌㄧㄢ”。(13) 相差悬远，南北皆然。问之梨园界人，但云唱戏应如此，至于理由若何，又不能答复。岂音乐所关，不得不然欤？

王笑答：此字并无理由，亦无问题。盖脸字在中州韵中，固读如“ㄐㄢ”，不过各地语音，俱误读为“ㄌㄧㄢ”耳。

(13)“ㄐㄢ”“ㄌㄧㄢ”，汉语拼音分别为 jan、lian。

孙菊仙只成其为老乡亲
唱戏应集诸家之大成

程之特点

记者问：所谓老三派、新三派之创造人，其行腔，当以何人为最佳？

王答：程长庚为戏中圣人，此无可疑问者。其唱戏，因体质健强，嗓音完全，每一戏，皆能体贴剧中人身份，体贴剧情，从哲理原理中唱出，高低疾徐，发扬委婉，各极音乐之能事。至于谭鑫培，完全本其长处，委曲婉转，尽量发泄，使尽酣畅淋漓之致。同时，其所短处，又无由掀露。故一般对之，亦能踌躇满志。但谭之为人，只能谓之艺术好，与程两相比较，则有小巫见大巫之憾。孙菊仙之嗓，扬之极高，抑之极低，洪亮沉着，应有尽有。惟功夫较差，字音不太规则，故只成其为“老乡亲”，供天津人之消遣。如余三胜、张二奎、汪桂芬，各有短长，然亦可谓伯仲之间。

谭之短处

记者问：谭鑫培之戏，亦有奉为圣人者。其于极高极低之音如何？

王答：谭腔长处，全在委婉平正。至于极高极低之音，则不甚充实。太高则不圆，太低又不沉。惟以功夫精到，为一般人所不能及。听者亦漫不觉察，誉为圣品。所谓“善掩其短，能著其长者”，此之谓也。孙氏用天然嗓音唱戏，妙则妙矣，然功夫既久[14]，相形自有逊色。

(14) 原文如此。

记者问：今人学戏，舍此数派以外，亦无所宗法。然则宗何派较佳？

王答：写字应兼摹各体，取其长处，运以本人固有之天才。如此写字，始可望成为名家。乾隆帝、成亲王，固书法名家也。观其笔意，则在钟王颜柳欧苏赵米黄等体之间。唱戏亦然，在初学时，宜各派兼习，固其根底，然后发挥个人之长处，运用各派之腔调。总之，唱出一腔一调，无一处无来历，又无一处系印报文章。所谓融会贯通，集诸家之大成也。

旁搜博采

记者问：谭鑫培之戏，系摹自何派？

王答：凡一技之成功者，必兼究并习，集诸家之大成。谭氏之腔，不惟于程余张之腔，兼收并蓄，且于老旦、青衣、黑头之腔，亦所采集。谭演《珠帘寨》之后部，至于采用滦州影之场面唱法。《珠帘寨》中各腔，多与黑头相近。由此可以证明：唱戏亦非专摹一派所能成功者。即以余叔岩论，彼在旧剧中，固已取得第一地位。但叔岩之腔，亦系旁搜博采而来。其唱法，虽宗谭腔，而运用灵活，只能谓之由谭腔脱化而出。现时论唱戏者，有“余派”之传说。可见余叔岩所唱，另成一家之作风。与食古不化、雕刻印板文字者，实不可同日语也。

身段做派

记者问：关于身段做派，王君有无意见？

王答：身段做派，近今演国剧者，尚无大差异。不过，尚有一种待研究之问题，则国剧发源于徽调，且又多取材于山西梆子。吾人探源溯始，是否今日之国剧，即为完全改良之戏剧？殊太难言。原来梆子、徽调，其做派身段，至极繁多，惟多过火之处。徽班入京之始，士大夫习于儒雅，多恶其鄙俚不文。至同治以后，梨园界因受批评结果，乃渐趋于儒雅之途。轻描淡写，不尚火气。改革之始，尚觉调节得法。但后之演者，习于偷惰，日濒文弱简单，失去原来精彩之处，不一而足。其实，原来身段做派，粗暴之中，自然有骨有肉，用意极端深刻。如《打渔杀家》一剧，今徽、汉调演来，其姿势特别繁多，为北平所未见。故吾人欲研究身段做派，须散往各地，考查各种之戏剧，始能寻出原来之意义。

今皮黄武场中多用“梆子点”
《探母》引子两种皆佳

《夜深潘洪》

大抵，京调之身段做派，彬彬儒雅，往往失之简单。徽、汉调，及梆子之身段做派，比较全备，而多流于粗野。求国剧之改良，在一种戏剧以内致力，尚难得其要领，何况限于一人一派？此项根据，最显著者，为《夜审潘洪》一剧。其身段做派，以京调为少、为最幼稚，徽、汉两调，比较繁难。而焕然大备，得淋漓酣畅之概者，又首推山西梆子。雅俗□有区别，本质尚待讨论。此亦戏剧改良之大问题也。

锣鼓家伙

记者问：关于锣鼓家伙，王君有无意见？

王答：锣鼓家伙，以文场言，自以京调为佳。但武场家伙，纯粹之“皮黄点”，在近今京调场面中，多已失传。盖家伙一道，无妨自由支配，视鼓手之意思，而结果不同。山西梆子之家伙，特别活泼紧凑。故近今京调武场，多用山西梆子之家伙。其真正之皮黄点，在鼓手，竟致盲然不解。究竟，皮黄点，原系由梆子点进化而来。改革之初，亦自煞费苦心。弃之不用，未免可惜。今能知皮黄点者，在京调鼓手中，仅一鲍桂山。鲍前曾为谭鑫培打鼓[15]，谭甚为倚重。其余如徐兰沅[16]，亦深知二黄点之来历者也。

(15) 鲍桂山，系杨小楼鼓师，擅打武戏，故于民国三十一年（1942年）8月12日晨，享年六十四岁，葬永定门外鲍氏祖茔。

(16) 原文作“徐兰元”。

运用板眼

记者问：板眼一端，原有一定标准。如二黄戏，系板起板落，西皮戏，起自中眼，而落于板上或中眼。但谭派用板，往往□出原则。西皮如《卖马》“两泪如麻”之“如”字，起于前眼；“麻”字尾腔，落于后眼。二黄如《朱砂痣》“难配鸾凰”之“凰”字、《宿店》“乱如麻”之“麻”字，皆落于后眼。余叔岩所灌唱片，《搜孤》“降麒麟”之尾腔，明明系二黄原板，则落于眼上。王君意见如何？

王答：板之为用，有“节拍”“节句”二义。应需之尺寸，以板志之，等于西乐之拍子，所以节拍也。每一句之终点，落于板上，如念书然，所以节句也。昆曲至每句末尾之字，必显然落于板上。不过行腔时在中眼，或前眼、后眼起落，可以自由支配。总之，每句末字必落于板上，实为不易之原则。吾人可于程长庚唱法中得之。谭派唱二黄，嵌一句之末字于后眼，此系特别例外，似不甚稳妥。所可原谅者，末字之下，尚有尾腔，可以补足，结果仍落板上。究竟，此种唱法，不过谭氏创之于前，学谭者宗之于后，流风所被，一般已然公认，遂成例外之原则。若出自他人，无名姓者，则是非起矣。

白之尺寸　又唱戏须以板眼为准，不仅限于唱腔，念白亦自有一种潜在板眼，大抵视行腔之尺寸为度。如《探母》之开场白，其尺寸，须如慢三眼。以下接唱“杨延辉……”始能前后连接。如念白急促，下接慢三眼，听者即感觉无形中之不快。此则须以意会，不能于形式上追求者也。

记者问：《探母》一剧，其出场引子，计有两种。一为“被困幽州，思老母，常挂心头”，一为“金井锁梧桐，常叹空随几阵风”，二者孰是？谈者谓：后之念词，系谭鑫培创出。念来铿锵入耳。惟文义似写秋景，与旦角接唱之“芍药开，牡丹放，花红一片”，系描写春景者，颇相冲突，不可以宗。王君之意见如何？

王答：此二引子，皆系古本。俱有相当理由，俱可沿用。唱者之嗓，宜用何词，即不妨沿用何词。后者之词，与旦角并不冲突，亦非谭氏创作也。

“长叹空随几阵风”不合原则

戏剧不必根据小说

研究引子

记者曰：愿闻其详！

王答：戏中引子，笼括全剧大意。写情者多，写景者少。《探母》引子“金井锁梧桐……”之原词，亦系写情，并非写景，玩文义自明。盖其用意，亦正表示“被困幽州”也。至于“被困幽州，思老母，常挂心头”之原词，则文义浅显确切，深合民众文学之旨趣。故二者俱佳，二者俱可沿用。而“金井锁梧桐”，与“芍药开，牡丹放，花红一片”之意，不相冲突之理，亦可不赘论。至此二种引子之来历，则“被困幽州……”系梆子戏之老引子；“金井锁梧桐……”系徽调原词。徽调在后，梆子在前。吾人宗最古引子，则用前者。以徽调为根据，则用后者。此追源溯始之先后说也。

问：王君谓“金井锁梧桐……”之词，系徽调念法，何以知之？

答：此剧徽调原词，载于怀邑王贺成编著之《梨园集成》中。此书，在近今各书肆，已难索购。本人在徽时，曾购得一部，稍近残缺。据云，除此以外，恐无第二部矣。

王言间，由其书箱中，取出古书一部，付记者。

记者视之，则《梨园集成》也。书系光绪四年出版。保存形式，殊极郑重。记者视其中《探母》引子，则为“金井锁梧桐，常怀嗟叹，几阵风”。

记者问：此词，与谭唱不同者，为“怀嗟叹”三字，其理何在？

王答：此三字，文义似难索解。想系当年之文人学者，代谭氏更易。文艺（义）较为通畅。究竟，念引子之原则，概分三个节段，如《南阳关》之引子，为“威风飘荡，统雄师，镇守南阳”。文义系三句，念出亦为三句。《探母》引子，如“被困幽州，思老母，常挂心头”，显然为三句。此“金井锁梧桐，常怀嗟叹，几阵风”，文义虽极费解，而显然为三句则同。至于改为“金井锁梧桐，常叹空随，几阵风”，以文义言，绝对为两个节段。而念时，又念成三个节段。盖改词之后，其佳处，在文义通顺，音韵铿锵；其劣点，又在念出时，不合引子之原则。因“常叹空随”四字，绝对不能独立成为一句也。文人喜改戏词，但苦于不懂戏，往往发生错误。于此可见改良戏剧之困难也。

改良剧本

记者问：然则改良剧本，当从何处入手？

王答：京调各戏，皆有来历。非出自昆曲，即沿用徽、汉调，及山西梆子之原调，而略加改窜者。京调词句，如发生文义不通，或不合剧情、剧理之事实，多系误会原词，或原词微有不合，因而愈改愈错之故。

欲改良剧本，首须根究原来出处，参合研究，再取文义、剧情、剧理、音韵，各种原则，审慎更以新词。改而不佳，不如不改。今内行唱戏者，只知为教师作转运公司，至于戏之意义、戏之变化、戏之来历，俱漠然不解。即研究戏剧文学者，亦绝不注意。任意改良剧本，编制新戏，如何有是处？

戏有来历

记者问：王君言，各戏俱有来历。以记者之经验，觉无来历者甚多。如《黄鹤楼》一剧，在《三国演义》中，万万找不出。然则《黄鹤楼》一剧，亦有来历乎？

王笑答：所谓来历，须分别言之。戏剧与小说，各为一种之艺术。质言之，各为独立的艺术，不相干涉。盖小说为物，亦系人造，与历史不必相同。故戏剧之编制，另成一种之作品，不必与小说一致。此《黄鹤楼》一剧，从事探寻来历，若戏剧之原则，非根据小说不可，则可谓之无来历。但戏剧原则，并不如是。故《黄鹤楼》一剧，自有其本身之来历，自有其本身之重大价值。未可一概论也。

《取南郡》一剧并非原作
王每日必赴图书馆

谈《黄鹤楼》

记者问：然则《黄鹤楼》一剧，来源出自何处？

王答：此剧系由昆曲原本改排。此昆曲原本，为一部之专书，书名《草庐记》。全书情节，完全系描写诸葛亮与周瑜，双方斗智之作。原书坊间已无售者，惟北平图书馆中，存有一部。本人曩曾竭两月之力，由该图书馆中抄出。原书剧目，总共九个节段。计为《三顾茅庐》《三闯》《长坂坡》《舌战群儒》《群英会》《黄鹤楼》《芦花荡》《回荆州》《取西川》。原书情节，一步紧一步，精神贯澈，极有精彩。且原书在《黄鹤楼》煞尾之处，刘备并不返回。其编制，较之今日皮黄中所唱，尤为奇妙。近今梨园界演此剧全本者，因不知此剧来历，至《群英会》以后，即无法接下，而改用《取南郡》。乃成剧中枝节，失去固有精彩。惜《草庐记》一书，不注作者姓名，亦无出版年号。中国古昔作者，往往不署姓名年号，殊为文艺界之遗憾。

戏之来历

记者问：京调戏之剧本，约有几种来历？

王答：约分三种，一为昆曲，一为梆子或徽、汉调，一为本身之创作。吾人于今日探寻各戏之来历，须竭长时间之力，向种种方面而根究。本人因对于戏剧，兴味特深，欲于剧界，有所补益。乃以行腔摹调，为第二步之功夫。独出其全力，研究剧理，探询原委。在旅居此地时期，每日必赴近处图书馆，披阅各种接近戏剧之书籍。虽风雪狂风，盛暑烈日之下，亦必照例前往。顾所研究者，贡献于舞台之上，见者乃漫不措意，或且訾其不合潮流。不过，本人既具此心愿，誓当奋斗到底，至于发财问题，本人殊不重视也。

戏之主义

记者问：剧本之主义，可分几种？

王答：剧本原著，各有重大之意义。约分政治、社会、哲学、感情、婚姻、阶级之数种。总之，无一剧不含有主义。故研究戏剧者，须了解戏剧之主义。欲了解戏剧之主义，须探寻戏剧之来历。不然，以讹传讹，或任意删改，至于失去原作之主要灵魂。则剧界之罪人也。

论《法门寺》

记者问：《法门寺》一剧，其意义何在？

王答：此剧，为一宣传佛教之宗教戏。剧中计共死去三条人命，迁延既久，沉冤难雪。而傅朋、孙玉姣、宋巧姣，且先后被捕系狱。宋巧姣释出后，虽欲上控，苦无机缘。值太后赴法门寺降香之际，不顾生死，叩门喊冤。在帝制时代，帝后权威，实无上尊严。乃因降香机会，使民女得以叩门喊冤。求之他处，万难办到。喊冤之际，刘瑾初欲置宋巧姣于死，后以系佛门善地，非杀人之处，宋巧姣方得以不死。不然，以刘瑾之专横，杀一民女，唇吻一动，早已毕命。何能雪此冤狱？厥后，因留得宋巧姣一命，乃能徐徐究出此案中实情。结果，死者得以瞑目，横遭诬陷者，赖以昭雪。非神佛之力，曷克臻此。故全剧结构，实所以宣传佛教也。又如《武家坡》一剧，系属妇女问题。所以勉励妇女之茹苦含辛，从一而终。《逍遥津》一剧，完全在攻击乱臣贼子。曹操之奸，至吃紧时，台下观者，往往举起茶壶，向饰曹操者掷去。在帝制时代之官僚，见此一剧，孰不良心发现，引为迴戒？各戏皆有其意义，于此亦可证明。

王之理想的戏剧学校谈
科班学戏不究理论

戏剧教育

记者问：戏剧在社会中，为一种之必需艺术，可无疑问。但欲改良戏剧，王君有无具体之计划？

王答：欲求戏剧之改良，当先从戏剧教育□手，为根本之整理。请以旧剧言：吾国教戏之旧法，为科班。但科班办法，太不完全。□戏剧之用意，极端深刻，其艺术，亦极端困难。在科班中，司教育之责者，不过本其所学，转而教授生徒。对于戏剧，大抵知其然，不知其所以然。所学错误，教授亦仍其错误。欲其参以己意，推陈出新，或旁搜博采，贯通融会，在梨园界历史上，曾不多见。欲改良戏剧，非设专科学校不可。盖旧法教育，系从演戏入手，徐图了解戏剧，为逆行的。事太简易，不足以言彻底改良。学校教育，系由原理原则研究，以求了解戏剧。其事繁难。但进展迅速，前途不可限量。故非设专科学校不可。

专科学校

记者问：王君之意，戏剧专科学校，应如何办理？

王答：本人曩曾有一计划，戏剧专科学校，对于戏剧艺术、戏剧原理，以及中国固有之各种戏剧、外洋各国之戏剧，须兼究并习。学校亦应分：小学、中学、大学之三种程度，分别加以训练。学生七八岁入小学，以一半时间学戏，一半时间读书。学生入校志愿，务期以终身研究戏剧。故所习功课，与通常小学不同。小学所读之书，偏重国文、小说。同时，训练思想，研究音韵。所学之戏不必习唱工、说白、台步、身段，而专练腰功、腿功、毯子工之类，以其练成健全灵活之体格。因此类学术，皆为戏剧之根底。从小用功则易，年事已长，则难期有成，且技术与思想，往往互为消长，不得不及早培养根底也。

训练方法

记者问：中学习何课业？

王答：学生至中学，始开始练习唱工、做派、念白、身段、台步之类。但在中学时代，尤宜注重理论，训练思想。其所习戏剧，须综合中国各地固有种种戏剧之原理与根据，研究而出。学生在中学毕业以后，可以造成一演中国旧剧之人才。

问：大学课业如何？

答：学生会通中国各种戏剧以后，在大学中，即进而研究外洋戏剧，如像真派、表现派（一名写实派）、浪漫派、新浪漫派、立体派等等戏剧之理论，俾作改良戏剧之参考。同时，可以发生巨大之创造能力。盖吾国旧剧，在世界剧中，自有其相当之地位。不能谓为高出一切，亦不致太落人后。惜研究无人，以成日渐退化、绝无进展之艺术。本人之意，各大学中，亦应增设戏剧一科，专事研究中国旧戏。不过，中国旧剧，从无系统的理论刊物。今各大学中，虽有戏剧一科，遂只研究西洋戏剧，而置中国固有戏剧于不问不闻，似属失计之尤也。

提倡扶助

记者问：吾国梨园界，只习技术，不究理论，当系思想固陋而然？

王答：国家之文化，全恃国家之提倡扶助。吾国习惯，对于戏剧演员，素不重视。对于戏剧教育，亦不加以提倡扶助。科班生徒，但知学得几出戏，登台鬻技，赖以糊口，幸而走红，便从中发财。无非一生计问题，迫使不得不然。倘国家加以相当之提倡扶助，使学戏者，可以解决一生之问题。则戏剧界人，又何乐不为？今名曰提倡戏剧，乃取中国固有之文化，委弃不顾。其心目中，所崇拜者，厥为西洋文化。知戏剧者，能不痛心疾首、三叹息耶？

徽调名家鲍文亭死难殓埋
戏剧演员多无常识

剧界孔子

王语至此，又白：学戏之不能解决一生问题，尚有一故事，可为佐证。近今徽调名宿马振良，亦曾为本人说戏，《南关道》、《八郎探母》、《打金砖》之后部、《马跳檀溪》、《大打嵩》等皆马氏所授。马氏之师，名鲍文亭，海州人。在清道光以后，先后办科班共十二科，为余、宝、福、玉、喜等字派，所教生徒，凡一千余人。盖鲍氏在戏剧界，不啻一杏坛设教之孔子也。所教生徒，艺成后，散往各处谋生。鲍之家庭，□一贫如洗，死时，年七十余□。鲍氏濒死之前，乃有一惨剧发生。

一幕惨剧

鲍病笃后，自知不起，而家徒四壁，不能调疾，亦绝不能治丧。所存者，惟剧本十余箱，都数千部。鲍力疾下床，爬行至一破庙前。子孙惶遽，不知所以，随之去。鲍呻吟而告子孙曰：趋归，将戏箱悉数运来。子孙辈遵命，将箱搬至，堆置庙前，高可丈余。

问：剧本竟如此其多乎？

答：徽调剧本，最为完全，如昆曲、皮黄、拨子、吹腔之类，诚应有尽有。此大批之剧本箱，堆□既竣，鲍语子孙曰：举火焚之。子孙不敢违，引火焚烧，光彻霄汉，历数小时，始成灰烬。鲍旋诫子孙曰：我以唱戏教戏为职业，一生辛苦，未尝享受。今病将死，而医药无资，殓埋之费，亦无所从出。我死矣，此生在人世中，得到一最大教训，即为人不可学戏，汝等志之，吾族人等，以后万万不可学戏。语毕，鲍氏长叹而逝。今徽地鲍氏之后，遂无唱戏者。此事，本人言之，实不寒而栗也。

老境困难

记者问：旧剧演员，动辄家私巨万。若鲍氏者，或浪费结果乎？

王答：此有两说。一说为研究艺术原理者，其艺术不必可以高出一切。此尚有资质关系，在戏剧中，如扮相、嗓音、体质，皆天赋所限，人事无法致力。故长于艺术理论者，不必即可发财。一说为凡艺术人，其心性，多为浪漫的。有钱到手，即随手散去，更不顾及异日。而旧剧演员，唱旦时期，不过二十年，唱老生者，亦不过可唱至五十余岁。在唱戏期间，收入丰富，往往任意挥霍。入老境后，不能献技，生活遂感困难。推原其故，亦可谓社会对艺术家之待遇，太不优良也。

何以浪漫

记者问：艺术家之性情，多为浪漫的。其原因何在？

王答：此则天性与习惯使然。盖艺术人之思想，全在审美。故其欲望，每欲获得愈（愉）快之境地。而艺术人之目的，在乎表现。中心所蓄，必表而出之。故其性情，多半直率，不工虚伪。有此二因，则处己待人，不暇瞻前顾后。想至如何境地，即做至如何境地。而今日之社会，为一虚伪的社会。尔虞我诈，互为虚伪之周旋。其尤甚者，则为政治舞台上之人物。其一举一动，莫不为虚伪的。其所赏识者，亦为虚伪的。酝酿结果，遂致工于虚伪者，获得胜利。性情直率者，乃非告失败不可。故中国之艺术人，其老境实危险堪虞也。

记者笑曰：艺术家之老境，固危险堪虞。新闻记者，在四十岁以前，能写能编，尚可勉维生计。至五十岁以后，精力渐衰，亦有生活困难之虞。岂独艺术家乎？

王答：不然，新闻记者常识充足，改业入社会，尚相当可能。至于戏剧演员，于社会常识，多漠然不解。乃最无办法者也。

旧剧与话剧之间互不谅解
新歌剧至今尚未产生

三种戏剧

谈至此，记者曰：今日谈话时间太长，王君当感疲乏。惟记者访问名伶甚多，都无系统之谈话。诚欲以王君之谈话，作一具体的根据。此外，尚有请益者，厥为吾国戏剧前途，应如何谋发展？且吾国戏剧，显然分出数派，互相排挤，不能原谅。王君可否为一归纳的发表？

王答：承访问，极所欢迎。内心所蓄，亦欲尽量披露。在今日，言吾国戏剧，可分三个途径。一曰旧剧（即京调，亦即所谓国剧），二曰话剧，三曰新歌剧[17]。此三种戏剧，各为一种之戏剧，不相冲突，俱有发展之必要。其中，新歌剧一种，在欲产生未产生之间。而原来旧剧与话剧之两派，则互不了解，以致互相攻击。其实，皆不加研究，纯以意气用事之故。吾人欲攻击一种之对象，首须对于其对象，有彻底之了解。若乃妄加菲薄，适成其为无知识之流而已。

(17) 系王氏提出的一个新观点，所谓“新歌剧”，简而言之，即“诗歌乐舞综合的有机组织”，借用传统戏曲的形式和手段，接合现代的舞美、化妆、装置，赋予新的内容与意义，以求传统和现代有机统一，形成一种既富传统美又能容纳现代戏剧艺术的新剧种，《荆轲》《岳飞》《文天祥》《戚继光》等，均为其“新歌剧”实践的代表作品。参见《中国戏剧演变与新歌剧之创造》（《中央日报》，1934 年 8 月 20—25 日，第二张第二版）。

不相冲突

记者问：然则旧剧与话剧之本质，究竟如何？

王答：旧剧与话剧，根本为两种之艺术。譬之物理与化学，根本为两种之科学。若习化学者，攻击物理；习物理者，攻击化学。宁非互不了解、无理取闹？盖旧剧尚情感，为整个的艺术，话剧尚理智，为演绎的艺术。今试设一比喻：梨花凋谢，为一事实。而诗人见之，则为诗以咏歌之，致其感慨。植物学者见之，又本其思考，研究其何者为花瓣？何者为花萼？何时可开？何时当谢？其所贡献于社会者，亦至不相同。且旧剧与话剧，观众亦不一致。嗜旧剧者，不必嗜话剧。喜话剧者，不必喜旧剧。而旧剧之座，则在千个以上。话剧之座，则不过五六十人，以至三五百人。欧洲有一话剧场，其名，为"五百座"，意系在话剧场座位中，最占多数者。由此言之，旧剧与话剧，在营业上，亦绝无冲突，其理亦可想见。盖话剧所以描写人生，旧剧为艺术中之艺术，新歌剧之旨趣在斗争。三者各为一种之艺术，俱应切实各谋进展。不过，本人之意，谋戏剧前途之发展，当分三个程序：第一曰旧剧，其次为新歌剧，最后始为话剧。

整理旧剧

记者问：请言其故？

王答：先言旧剧。吾国自辛亥革命而后，新的学术，以次产生；旧有文化，乃至为□意识之破坏。吾国旧有各种戏剧，遂成强弩之末，日渐澌灭。长此以往，二十年后，恐将根株尽绝。而吾国旧剧，自有其相当之地位，与相当之价值。亟须从事整理，恢复原来之生命。整理方法，则为考正剧本，统一舞台话。其次，新歌剧虽必须产生，但不能代替旧剧。其理：一、现代思想，不能以旧剧表现。今旧文学虽已解放，而新歌剧尚未产生。表现新思想，非新歌剧不可。故新歌剧自有其使命的途径，与旧剧不相混杂。二、欲容纳一般科学，如布景、光影之类，加入旧剧之内，事太勉强，不相调协。故新歌剧所负任务，与旧剧不同。三、新歌剧所以应时代要求，但如《葡萄仙子》《月明之夜》等等，本人认为，并非成熟之作品。至于《毛毛雨》之类，只能谓为小孩的玩艺，不足以言戏剧。故有由艺术原则，产生一种新歌剧之必要。究竟，新歌剧自有其途径，与旧剧无涉。有此三种原因，故本人主张，吾国旧剧，应提前根究来源，改正剧本；根据舞台发音原则，参考《中原音韵》，统一舞台话。以资保存吾国固有之国粹。若不知改良，于以讹传讹之□，各立门户，互不相容，恐吾国有价值、有地位之旧戏，将沦亡于最短时期之内，滋可惜也。

欧美人说话以舞台话为标准
现时话剧系移木棍子

论舞台话

记者问：新歌剧之舞台话，应以何者为根据？

王答：欧美各国，一个国家，有一个国家之舞台话。其发音，除尽准确之能事，深合舞台发音原则以外，其开合抑扬，尤使听者抱十分之美感。而欧美各国，幅员广大者，其各地方言，亦至极繁多，有如吾国京沪汉平粤之复杂。其各地语言，乃以舞台话为标准。不过，每一国之戏剧，种类亦夥。有时，一种之戏剧，非用本地方言不可时，则特别标出。与吾国旧剧中，太监有一种太监白，《探母》之公主，用一种之特种念白，其理正同。吾国在前清时代，以北京话为标准话。凡做官者，无论原籍何处，俱应习北京话。但所谓“京剧”者，其咬字与念白，又与北京话不同。则吾国在前清时代，其标准话与舞台话，即不一致。入民国后，有识者，力谋语言之统一，纷纷作国语运动。而或则主用中原音韵，或则主用北音，或又主用南人读法。各有主张，□闹意见，以致失去国语之信用。至于旧剧，亦又分出数派。关心语言者，无不痛心疾首，咨嗟叹惋。故谋舞台话之改良，尚与国语有关。说话固须统一，舞台话尤非统一不可。无论为旧剧，为新歌剧，抑系话剧，皆宜定出一种共同标准之舞台话。不过，问题太大，应由握有相当势力者，出面主张耳。

话剧太糟

记者问：话剧之发展，何以应居最后程序？

王答：话剧之基本，建设在新文学、新诗之上。现时，吾国之新文学，尚在萌芽时代。根本既极幼稚，何从产生好的戏剧。同时，纵有一种之好的戏剧，贡献于舞台之上，而一般观众，因成见太深，尚不认新文学，亦自不能认识新话剧。故话剧之发展，非至新文学昌明以后，绝无希望。近今演话剧者，可谓大糟特糟。剧本既不得要领，演员亦不自知其职责与使命。其重要一点，尤为话剧中所用之舞台话，不南不北，非驴非马。虽大声疾呼，而无表现其意义。观者但见其面红耳赤，唇吻启动，或因恻隐之心，不得不为之喝彩。究竟，所言何事？所演何戏？用意何在？直如中国人之听印度话，麻木不仁。以言艺术，固不得为艺术；以言营业，亦往往至于亏累不堪。此项问题，欲谋改良，欲谋进展，应非短时期以内所能办到，故整理话剧系属第三步工作也。

最后整理

记者问：话剧发展之困难，原因止于此乎？

王答：舞台上之动作姿势，以活泼为标准。但吾国为旧礼教势力弥漫之国家，日言革新，日言打倒腐化分子，而青云得路、荫子封妻者，仍为所谓旧礼教中之人物。其实，此种人物，亦不过为一种之仪式的。迎送周旋，应对进退，举止尚端庄，体格应木直。无论达官贵人，以至僮仆厮役，莫不皆然。此种形式，以入舞台之上，恍如几根木棍子，在舞台上移来移去。吾人以戏剧眼光看去，宁不可笑？欧美各国，训练演员，先从舞蹈学起，所以养成灵捷之体格也。吾国话剧演员，从未受此种训练，但知作诸丑态，聊混饭吃。不过，从理论方面，专摹日常生活，固失去话剧之价值；转效欧美之形式，观众又不了解。亦无可如何之事。其次，话剧原则：布景、色彩、线条、桌椅，俱应与动作吻合，而吾国今日之话剧建设，可谓一无所有。凡此种种，皆非短时期所能解决者，故本人主张如是。[18]

（18）王氏对当时话剧的抨击，持一贯态度与观点，民国二十四年（1935年）3月6日至10日，《中央日报》第二张第二版连载其《剧院设施意见书》一文，其话剧“非艺术”的观点，在南北文艺界中反响甚烈，一石激起千层浪，拥护者、反对者，纷纷著文讨论，壁垒分明。

王语毕，呼茶痛饮。记者云：王君宜休息矣？

王笑答：完了。

记者遂辞出。

通识文库

名伶访问记

武生 小生卷

李世强 编

生活·讀書·新知 三联书店

图书在版编目（CIP）数据

名伶访问记/李世强编．—北京：生活·读书·新知三联书店，2025.3.—（通识文库）．—ISBN 978-7-108-07989-3

Ⅰ．K825.78

中国国家版本馆 CIP 数据核字第 2025G5D533 号

目　录

武生　小生卷

武生

尚和玉

采访人：王柱宇

原载1932年8月20—24日《世界日报》（北平）

武工须由刻苦中练出
俞振庭之艺并非家学渊源

名武生尚和玉，在今日之武生界，资格最老。一般后起人物，莫不取为宗法。但尚年已六十，而精神矍铄。舞台之上，其猛勇雄健，直可辟易万夫。虽壮年人，亦自叹弗及。尚之魄力，每晚犹能演两出重头戏，求之梨园中人，实无与比肩者。记者特于昨日，赴宣外前铁厂五号之尚寓所，加以访问。兹分志其谈话如次。

丝毫不放松

记者问：尚君在今日武生界中，为老前辈。一切后学，皆以尚君为宗法。然则尚君之戏，由何处学来？

尚答：本人之戏，无所谓由何处学来。本人原籍，系宝坻县。入科学戏时，不在北平，而在玉田县之九和春科班。本人今年已六十岁矣。[1] 当年京东一带，科班甚多，凡十五个，九和春其一也。本人入九和春科班时，年仅十岁。其时，为光绪初年。当时，该班教武工者，姓许，其名尚不得其详。科班中人，皆以“双班许”呼之。同时教武工者，尚有邱姓、谭姓，俱不知其名。盖各县科班，其短处，为缺乏所谓“名家”之教师，而其长处，则在约束极严，不肯丝毫放松。

以言唱工，似乎无名贵气。而论武工，则因系刻苦练出，根底稍厚，比之繁华所在之服锦绣而厌粱肉者，有强弱之不同耳。

(1) 生于同治十二年（1873 年）。

常年跑外台

记者问：尚君出科后，在何处献技？

尚答：本人在科班，六年毕业，毕业以后，仍随班在平东各［处］演戏，谓之“跑外台”。

问：此“跑外台”戏，如何唱法？

答：四郊各处，每逢庙会，或有许愿求雨之事，则约请戏班，于庙前唱露天戏。其戏，以四天为一台。戏价若干，概与班主讲定，由班主一人支配。操斯业者，借以聊敷生活，成为一种之混混而已。

未师俞毛包

记者问：尚君学戏时，所唱腔路，为何种韵味？

尚答：当年所唱腔路，皆一种之老腔。转折简单，全恃气力。与今日所唱，迥然不同。盖歌唱一道，皆随时改良。时人喜听何种腔路，即唱何种腔路。在梨园行人，实无绝对之自由权也。

问：闻尚君之戏，得力于俞毛包者甚多。然欤？

答：一班心理，多喜好名。俞毛包之戏，在剧界赫赫有名，凡唱武生者，则曰“我之戏，俞毛包所授也”。其实，俞毛包并无门徒。不过，本人之师，有张玉贵[(2)]者，与俞毛包，为郎舅亲，有此渊源，在戏班中，本人偶亦向其领教。本人性情直憨，不好夸张，为先生述其真正事实耳。

(2) 后台尊称为“张老”，尝充俞菊笙管事，熟悉武把，对俞氏艺能知之甚详，尚和玉、俞振庭均从其问艺，子张增明，亦善说武戏者，曾充尚和玉之配角，为其打下手。又，原文作“张玉桂”。

关于杨小楼

记者问：闻杨小楼为俞毛包之高足弟子，然欤？

尚答：此亦好事者所附会，恐非出自小楼之口。盖文人捧人，扬之可使升天，抑之欲其入地，捧小楼者，苦于无从着笔，则事前先为俞毛包铺张，其下则曰“杨小楼为俞毛包之高足，唱做念打，无一不神肖毛包”，而小楼之声价起矣。其实，小楼之父月楼，与俞毛包为师兄弟，有此关系，小楼有时就正于俞老，何尝真为门徒乎？

问：俞振庭之戏，是否家学渊源，出于俞毛包所授？

答：俞老于振庭，并非教以一手，振庭之戏，系向同班教师学来也。

练武工往往使嗓音喑哑
近人唱戏多改慢为快

各派武生戏

记者问：武生一行，可分若干派别？

尚答：武生行中，只分靠把、短打两种。此外，有带唱□，如《落马湖》，本短打戏，但唱做亦颇繁难，而短打武生，又多无嗓，故武生能唱《落马湖》者，亦可谓之另成一路。《翠屏山》，亦短打戏，因有一段“石三郎进门来”之西皮快三眼，故武老生、文小生亦有唱者。大抵，能唱《翠屏山》之武生，其武工，必不甚出色。又如《独木关》，本靠把戏。因有几段摇板，非嗓佳不可，遂多由文武老生演唱。而武生能演《独木关》者，其腰胫武工，必又稍逊一筹。此武生行之大别也。

兼擅不可得

记者问：《四平山》《铁笼山》一类之戏，是否武生戏？

尚答：此类戏，当然为武生重头戏。不能演此种戏者，不得谓之武生。

问：杨小楼于此种戏，是否能演？

答：彼当然能演。不过，小楼有一种之公子气，演戏总图省力。兼之，彼具有一副佳嗓，能唱能念。

而唱念在舞台上，又极有叫座力，故小楼落得以《落马湖》《盗御马》一类之戏，一面偷懒，一面讨好。其实，此种之戏，并非真正武生戏也。

问：所谓真正武生戏，何者为靠把？何者为短打？

答：《长坂坡》《挑滑车》《伐子都》，为真正靠把。《恶虎村》《四杰村》《花蝴蝶》，为真正短打戏。前述之《落马湖》《翠屏山》《独木关》，为带唱者。总之，武生一行，不比别行，求门门擅长，不可得也。

予角去其齿

记者问：如尚君所言，予角去齿，为武生行之定例。然则能唱能念者，短于武工。武工见长者，又短于唱念。其故何欤？

尚答：此种原因，完全属于生理上之自然现象。盖练习武工，须使全身气力。同时嗓际亦极端费劲。练武工结果，声带多横涨，嗓音遂往往暗哑，不能出音。而唱工戏，则须用竖劲，引之使长。故能唱念者，短于武工，武工精到者，又短于唱念。小楼惟不用武工，会能保全其一副佳嗓。然小楼则因以成名，不可谓非走戏运也。

慢腔不讨好

记者问：武生戏带唱者，如《落马湖》，只有摇板、快板，《翠屏山》只有一段快三眼，《独木关》，则全系摇板。然则武生戏中，亦有大段唱工乎？亦有慢板乎？

尚答：武生职务，本在表现武勇，无引吭高歌之必要。但武生戏只能谓为唱工少、慢板少，不能谓其无大段唱工、无慢板。如《反西凉》之马超“叹五更”，完全为二黄正板是也。

问：黑净唱工，似无慢板？

答：黑净慢板甚多，如《御果园》《大回朝》及《黑风帕》之“独坐在雅稚府”等等，皆为慢板。不过，黑净与武生，同等之特点，其唱腔，总须实大声宏，不能太慢。若太慢，嗓音便来不及耳。其实，真正慢板，至今惟青衣有之。其三眼距离，常有令人不耐之势。至于老生，本有极慢之腔。如《天水关》之“先帝爷，白帝城”，亦慢无伦比。但繁弦急管，听之令人起劲，而缓唱徐行，往往费力不讨好。故近人唱《朱砂痣》之“借灯光暗地里”、《上天台》之“金钟响玉磬应”，皆催之使急，非复前人唱法。谓为今人不如古人也可，谓为今人巧而古人拙，亦无不可。

无嗜好精神乃能健全
杨小楼唱念有过人之处

练武功方法

记者问：尚君以何时入北京？

尚答：本人入北京之始，为光绪十九年。其年为慈禧太后之六十万寿。(3) 广招梨园行人，入京演戏。

本人随班入京，聊以应差。当时，本人无甚名誉，滥竽充数而已。

(3) 光绪十九年（1893 年）十月，慈禧五十九岁生日庆典，传同春、四喜、丹桂、宝胜和、玉成、义顺和等班在颐年殿演戏。

问：尚君入京，在宫内应差，首以何戏露演？

答：光绪十九年，为癸巳年。其时，本人年仅二十岁，出科不久。为人充小配角，每次不过拿几吊戏份，未敢演正戏也。

问：武功如何练习？

答：先练撕腿，将两腿扳成直线。次练拿顶，手据于地，腿立于上。次练围腰，将腰绕成卷筒状。练此种武功，其苦不堪言喻。但练成以后，即成铜筋铁骨，一生用之不尽。语有之“少壮不努力，老大徒伤悲”，亦可移作学戏之写照也。

问：唱武生者，往往于台上，以一腿站立，而□跷一腿，姿势亦□可观。此种功夫，如何练法？

答：此名金鸡独立。凡习武生，凡能撕腿、拿顶、围腰者，无不能之。但不常用，常用者，惟外江派而已。

戒除嫖赌烟

记者问：以尚君之戏，出科之始，当然即甚可观。

何以癸巳年间，只拿几吊钱戏份？

尚答：本人在当时，仅充配角。拿几吊钱，何足怪异？其实，当时演正戏者，戏份亦不甚多。盖当时，钱贵物贱，皆行使有窟窿之制钱。故算戏份，亦以几吊计，不以元计。忆在当时，市面并无多数洋钱。偶见一二元之站人洋钱，同人等必持以传观，视为奇货也。

问：尚君之武功，为一般所钦崇。今年已花甲，一晚犹能演双出大戏。其他名伶，俱望尘莫及。其致此之由，可得闻欤？

答：人能免除一切嗜好，其精神自能健全，岂只唱戏为然。盖嫖赌抽鸦片，皆伤身之具。本人自小迄今，无一沾染。其他唱戏者，则多于嫖赌抽鸦片，门门兼备。故比较上，似大有区别耳。

但吸“高关东”

记者问：尚君于不嫖赌不抽大烟之外，有别种嗜好乎？

尚答：本人茶水亦所全免。遑论别种嗜好？

问：尚君登台时，不饮场乎？

答：不勤茶烟。

此时，记者于怀际掏出香烟，敬尚一枝。尚璧返曰：本人不惯抽烟卷。言间，于桌畔掣出旱烟袋一管，长不及尺。语记者曰：适云无所嗜好，但此“高关东”烟，亦可谓本人之嗜好也。先生能之乎？

记者逊谢不能。尚遂燃火吸之，烟雾乃弥漫于客厅之内。

论现代武生

记者问：闻尚君所言，尚君于唱生唱净，似俱能唱？

尚答：在科班学戏时，生旦净丑，皆在一室之内。故凡属科班出身，无不全会者。且学戏之始，本门门俱学。至相当时期，始就擅长处，专习一工。本人一生唱武戏，而生旦净丑，无不能者。此固科班中一般之现象，不仅本人为然也。

问：武生行中之后起人物，何者为可造之材？

答：茹富兰、孙毓堃、吴彦衡、骆连翔、赵盛璧、沈富贵等，皆后起人物中之优秀分子。

问：杨小楼在武生界中，地位如何？

答：小楼家里好，嗜好多，贪懒。但其唱念，自有过人之处。在武生界，为难能可贵。

乐老道之挂名徒弟甚多
不肯用功者不如不学戏

公子多无用

记者问：近今剧界老成人物，多为小荣椿科班出身。杨小楼非小荣椿科班出身乎？

尚答：彼时，有杨隆寿者，成立小荣椿科班。广约梨园行之公子班，入科学戏。一方面，俱为亲友，颜面攸关，约束不能太严。一方面，公子习气，大都不肯刻苦耐劳，而以贪懒为务。故白天在科班学戏，至晚即回家睡觉。唱做念等功夫尚无大妨碍。至于武工，则万万练不好。所谓“不吃苦中苦，难为人上人”也。一切学术，大都如此。而学戏、练武工，尤有显著之结果。

问：武生行之老成人物，尚君不计，除杨小楼外，当推俞振庭乎？

答：小楼精于唱念，振庭长于武打，各有特点。小楼今年五十五岁，振庭五十四，各比本人小五六岁。武生行中，亦只有此两位老朋友矣。

挂名做道士

记者问：闻杨小楼系老道，然欤？

尚答：小楼系挂名老道。当时梨园行人，俱崇信道教。如谭鑫培、孙菊仁（仙）、十三旦（即侯俊山）、王长林等，俱为挂名老道，常往白云观烧香。白云观老道，则利用诸人，演义务戏募捐。盖白云观在同治以前，有一道士，系活神仙。故梨园行人，俱信之甚笃也。

问：何为活神仙？

答：该观有一道士，姓乐，一般人呼之为乐老道。此乐老道，为明代万历年间人，活数百岁，而精神满足。至同治帝宴驾，值国服，事前乐老道即飘然而去，不知所终。

问：乐老道此时殆死矣？

尚摇首曰：不，不，他死不了。

问：此乐老道收挂名老道乎？

答：此道士收得梨园行挂名徒弟最多。盖前往挂名为徒者，不必崇信宗教。推其心理，多半欲做活神仙耳！

如此“活神仙”

记者问：此乐老道，果有何神异？

尚答：乐老道神异甚多。彼离开北京之前，语梨园界诸挂名徒弟云：“今年挣了钱，留着过年花。”闻者疑其言之迂腐，不甚注意。彼走后，至次年春间，同治帝遂死。在“国服”之内，“天下”不得动乐器。梨园行人，因之赋闲一年。始悟乐老道“今年挣了钱，留着过年花”之言，为预言同治帝将死也。又乐老道出白云观时，且有卖切糕者。彼出制钱数百，买得切糕数斤。以手搓之，使成丸药。见人则赠以数粒曰：“留着治病。”接丸者知其神异，多携回保存。至次年，北京地面，瘟疫大作，死人甚多。但无论病至如何程度，服下乐老道之丸药，无不起死回生，霍然而愈者。此乐老道在北京之最后神异也。

记者笑曰：此乐老道，尚君见之乎？

尚笑曰：我光绪十九年才来。这话，不过听人说说罢了。

儿子不学戏

记者问：尚君有门徒若干人？

尚答：本人并无门徒。因武生行之戏，本人不愿教，门徒亦不愿学也。

问：尚君有公子几人？

答：小儿凡三。

问：学戏乎？

答：具（俱）未学戏，而在学校念书。

问：何以不学戏？

答：学戏固难，练武工尤难。膏粱子弟，偷惰性成。促使吃苦，千难万难。本人十岁入科，操斯业者，凡五十年。自问所有本领，不过如程继先君所言，只成其为棒槌，谈何容易学武戏？盖练习武功，不长期刻苦，已然不行。若更不肯用功，便不如不唱戏。本人之不令小儿学戏者，并非在行怨行，虑其学而不成，在舞台上丢人耳。

武生戏不能骗人
国剧学会会员不肯学武生

学戏与念书

记者问：唱戏能成名者，皆由刻苦中得来乎？

尚答：此亦难言。无论读书唱戏，一半源于天赋，一半成于命运。读书成名者，不见得于刻苦中得来；

做官的，不必真有本领。唱戏亦然。唱戏而红，不见得用过苦功；发财的，不必真会唱戏。可以下一句结论说：尽用功也不行，不用功也不行。有相当之天资，用过相当的功，再有点运气，便可以挂金字牌，成为名角。不过，此种说法，武生不在其内。因其他角色，皆容易偷学，容易讨好，武生则非有功夫不行也。

怎么算有饭

记者问：何种资质，可以不必用苦功而能成名？

尚答：梨园行有两种之天然长处。一是嗓子好，一是生得好看。有一条好嗓子，不问是味不是味，有板没板，听着也舒服。此种材料，宜于唱老生、唱黑净。要是脸子漂亮，不问有没有根底，令人一见而喜悦，行话谓之“有饭”。此种材料，宜于唱旦、唱小生。此两种资质，易于受捧。台下愈捧，台上愈有精神，台上愈有精神，台下愈叫好。循环相因，即成大号名角。但除此以外，至于演武戏者，全凭演员之精气神，使戏剧发生精彩，不容假借，亦不能骗人。非至酣畅淋漓、紧张达于极点时，台下绝不叫好。武生戏之难能可贵，亦即在此。

唱念的功用

记者问：唱念之功用何在？

尚答：唱腔可以醒脑。故人至烦闷至极时，听人唱戏，可以消愁解闷。或本人能唱，哼几口西皮二黄，亦可乐而忘忧。盖人生原系无意义的。喜固无所谓，悲亦自寻苦恼。吾人试平心细想：一般悲郁愤闷之发生，多系思想不彻底之故。人生不过百年，何必向苦痛烦恼中追求。一曲高歌，万念俱寂。一转眼间，头已白，鬓已霜。究竟持乐天主义者，通盘计算，不为辜负此生。音乐歌唱，在社会中，亦属不可少之供给者，职是故也。念白之功用，可以刺心。往往念白至入神时，可以使人笑，使人哭，使人兴奋，使人伤嗟。其感人深时，可以使听者放下屠刀，立地成佛。故论功用，念白之势力，实较歌唱为大，语曰“千斤念白四两唱”，此之谓也。

武功为实学

记者问：闻诸剧界人云，凡唱戏者，无论何角，俱应练习武功。然欤？

尚答：武功为戏剧之实学，唱念可自由参悟，武功非实地练不可。余叔岩之［唱］念做派，全有根底，全有造诣。兼之聪颖过人，往往能推陈出新，压倒前人。今唱老生而有实学者，推彼为第一人。但叔岩于武功一道，亦曾刻苦锻炼。其次，王凤卿于唱白神情，亦近今出色人物。彼自幼亦曾练武功。因武功可以看出演员之根底，非可凑合从事者也。

记者问：马连良何如？

尚不答。继云：总之，武戏一道，往往卖力不讨好。其刻苦程度，又足令人生畏。本人在国剧学会中，担任教授武生戏。开始教戏时，习武生者，有六七人。

本人为解说武生之难处，废然而返者，凡三四人，至今学武生者，只存二三人。但用功时，俱有望洋之叹。武生之难，于此亦可概见。

谈至此，记者视表，已深夜十一时半。急起告辞。尚送客间，且曰："谈谈很好！没事来串门儿罢。"记者遂作礼而去。

杨小楼

采访人：林醉陶（一得轩主）

原载1931年1月9—27日《实报》（北平）

前晚下午六时，轩主赴前外笤帚胡同二十号，访问杨小楼，承荷接见，座谈几及两小时，兹录其谈话如下。

杨君家世　予（杨君自称，下同）现年五十四岁[1]，原籍安徽潜山县人，十世祖为官，后业农，予祖父讳二喜，入军未成，改学戏，学武旦，同行咸称为“大刀杨二喜”，朱小元（朱素云之父）、俞润仙（字菊笙，俞振庭之父）等，皆予祖之门生。予父讳久昌，艺名杨月楼，初在徽班习武生，后改习老生，与俞菊笙合演《泗州城》，以饰猴子出名，故有“杨猴子”之绰号。与俞合演《泗州城》著名外，尚有《青龙棍》《五雷阵》《长坂坡》《探母回令》《牧羊卷》等戏，亦极受欢迎，在当年须生中，有文武全材之誉。

(1) 生于光绪四年（1878年）十一月初十日。

演戏经过　予八岁时，入荣椿班坐科（荣椿班为光绪二十年间杨隆寿所主办，馆址在李铁拐斜街，至光绪二十三年停办）[2]，同科诸人，刻下尚在者，为叶春善（富连成班主）、程继仙、蔡荣贵、谭春仲、郭春山、朱玉康、郭凤云（即水仙花）等。至十一岁，荣椿班解散，予遂在家练工。十三岁，出演于同春班[3]，是为予出科班后搭班演戏之始。迨后出演小富顺[4]、双奎[5] 等班。二十五岁，入宝胜和班（该班为二黄兼梆子之班）[6]。既而予学戏于俞润仙老板处，俞老板授予以《铁笼山》《挑滑车》等戏，后又拜谭鑫培老板为师，谭为予说《战宛城》，并谓《麒麟阁》与《状元印》，不可不学，并略为予说该二戏之唱词及做工。迨予出演于大栅栏庆乐园时[7]，颇得一般人赞许，予于梨园中具有薄名者自此始[8]。至光绪三十二年，予奉旨入内廷供奉[9]，慈禧太后最喜听予之《长坂坡》《金钱豹》等戏，每届初一、十五，入宫演唱，常点演此两剧，而赏赐亦独厚。皇恩优渥，予至是尚未能忘也。

(2) 即小荣椿班，光绪十三年（1887 年）报班挂牌演唱，除学徒外另串名角合演，该班后由迟玉泉接办，改名为小天仙班，光绪十九年十二月报班挂牌演唱，杨小楼系小荣椿二科学生，在科名椿甫。

(3) 光绪十九年（1893 年），内务府传外班出演中南海颐年殿、纯一斋等处，杨氏时以“杨三元”之名搭同春班，八月十六日，在纯一斋与钱长永合演《大神州》，该班承班人纪寿臣、周春奎，同班者有刘春喜、陈春元、程芝亭、迟韵卿、田桂凤、余玉琴、李棣香、李宝琴、郑盼仙、占正亭、吴松泉、范福泰、唐永常、杜蝶云、陆华云、赵仙舫等。

(4) 当为小福寿班，见《张荣奎访问记》

注[4]，光绪二十二年（1896年）十月初十日报班挂牌演唱。

（5）复出双奎班，光绪二十二年（1896年）七月初五日报班挂牌演唱，花名册中，杨氏以谱名“嘉训”列于小生行，同班者有杨隆寿、迟月亭、郑盼仙、吴彩霞、孙藕香、高四宝等。

（6）光绪二十八年（1902年）九月十八日，宝胜和班弓弦胡同副都统世宅代寿堂会，有杨氏《落马湖》《铁笼山》《拿谢虎》三出，时名“小杨猴子”，同班有德建堂、吴彩霞、冯黑灯、小汪桂芬即王凤卿等。是年十二月，刘春喜、谭嘉善、纪寿臣等人起同庆班，杨氏以谱名“嘉训”加入演唱。

（7）杨氏在宝胜和班之初，甚不得志，场上受尽同行挤兑，群讥为“象牙饭桶”，从此发奋练功。光绪三十年（1904年）5月1日天津法租界紫竹林聚兴茶园开张，系男女合演梆黄“两下锅”戏班，杨氏搭班演唱，系初次到津，戏报上初用本名“杨小楼”，后改“小杨猴”，先后与双处、小兰英、郭蝶仙、小桂凤（田桂凤）、周春奎、杨四立、朱玉康、一阵风、郭宝臣、冰糖翠等同台，戏码排大轴，所演剧目有《长坂坡》《金钱豹》《贾家楼》《铁笼山》《恶虎村》《八大锤》《挑滑车》《青石山》《金锁阵》《殷家堡》《水帘洞》《收关胜》《艳阳楼》《混元盒》《赵家楼》《连环套》等。此期演至6月21日，23日起过班大观茶园三庆班（后改名月桂班），与吕月樵、元元红、崔灵芝、牛春化、范宝亭、杨四立、万铁柱等同台，月底辍演。9月27日，再搭天津北门东大马路新开绘芳茶园庆华班，与茹锡九、曹宝峰、李鑫甫、牛春化、杨四立、尤金培、恩晓峰、周春奎等同班，戏码仍排大轴。此期演至11月3日，26日再搭侯家后街新开万福茶园同庆合班，与朱素云、周春奎、范福泰、韩乐卿、程全顺、谭均培、杨德奎、马云龙、银娃娃等同班，戏码排大轴。

次年即光绪三十一年（1905年）1月起改入日租界闸口西天仙茶园（俗称“下天仙”）鸣凤班，梆黄“两下锅”，男女合演，与小孟七、小桂凤（田桂凤）、白文奎、刘永奎、范宝亭、薛凤池、刘凤祥、元元红、海棠红、赛活猴、一杆旗等同台，戏码排大轴。

杨氏在津声誉极盛，回京后再搭宝胜和班，出演庆乐园，一鸣惊人，遂享大名，一洗前讥，并挑选入升平署当差。按庆乐园于光绪二十九年（1903年）闰五月初三日再建开市，首日昆弋安庆班，次日起宝胜和班进箱开演。

又，《五十年来北平戏剧史材》第二册页三二七载戏目四条（目一〇六四至六七），有标记“杨三元”戏码四个：《贾家楼》、《挑滑车》、《阳平关》（与郭厚斋、刘凤雍即刘春喜）、《水战收关胜》，戏码列中轴或大轴或压轴，当系再搭宝胜和班时。

(8) 宣统元年（1909 年）三月，搭同庆班，与谭鑫培合演于中和园，腊月起改入张淇林、王长林之四喜班，与张毓亭合演于中和园、庆升园、德泉园等处。宣统三年（1911 年）正月再搭同庆班，与谭鑫培合演于福寿堂、庆升园等处。民国元年 5 月搭喜庆和班出演同乐园，此数年为其最盛时代。

(9) 光绪三十二年（1906 年）十一月十五日挑选入升平署担任民籍教习，时年二十九岁。

及清帝逊位，民国建元，予始免供奉之役。民元，应吕月樵、白文奎之约，赴上海三马路大舞台演唱，至民二方返京。[10] 经此一度赴沪后，虚名益噪。民三，因鉴于北京戏园太陈旧，遂主张改建上海式之新舞台，与各同志组织建筑第一舞台，一仿上海新式之造法。落成后，予即在该台演唱，共计三年之久。[11]

(10) 民国元年（1912 年）7 月 24 日起出演于大舞台，泡戏《长坂坡》，同台有吕月樵、白文奎、沈韵秋、赵如泉、林步青、小桂枝、真小桂芬、何金寿、李连仲、傅小山等，演至9月1日。

(11) 民国三年（1914年）6月9日开幕，经理杨小楼、姚佩秋、殿阆仙。

民八，又赴沪，在天蟾舞台演唱，与梅兰芳同班，小婿刘砚芳，与外孙宗杨亦随予南下。记曾一晚，合演《大八蜡庙》，予去褚彪，砚芳去黄天霸，兰芳去张桂兰，王凤卿去施公，王长林去朱光祖，李永利去费德功，而贺仁杰一角，则由宗杨扮演，时宗杨年方七岁，为第一次登台，三代同演一剧，沪上一时传为佳话。在天蟾舞台共演两个月，即由沪赴汉口，与余叔岩同在汉舞台演一个月，方返北京。民十一，复赴上海，与尚小云、荀慧生、谭小培等，同出演于天蟾舞台，计两个月，始北归。(12)

(12) 民国八年（1919年）9月9日，杨氏出演天蟾舞台，与尚小云、荀慧生、谭小培等同台，泡戏《长坂坡》，演至10月20日，辍演后赴杭州进香，在第一台客串一周。11月12日起，再演于天蟾舞台，与盖叫天、三麻子同台，演至次年即民国九年（1920年）1月4日。再由沪赴汉口，与余叔岩合演于汉口合记大舞台。此节原文排版错串，以致前后颠倒。

民国十一年（1922年）6月1日起，杨氏再次出演天蟾舞台，与梅兰芳合演大轴《长坂坡》。6月29日夜场，杨氏（饰褚彪）、小翠花（饰张桂兰）、刘砚芳（饰黄天霸）、王凤卿（饰施公）、王长林（饰朱光祖）、郝寿臣（饰金大力）、许德义（饰费德功）、刘宗杨（饰贺仁杰，戏报名为“六龄童”）合演倒第三《大八蜡庙》，梅兰芳演压轴《牡丹亭》，杨氏、梅兰芳、王凤卿合演大轴《回荆州》。此期演至7月10日，时李永利搭亦舞台，未同班。

年来先后出演于新明、开明、吉祥、哈尔飞等处，以及天津各园，谬蒙各界赞许。现又应上海大舞台之约，定于古历二十四日南下，演唱半个月，预定古历年底返平演戏也。予现年逾半百，虽身体粗安，尚称健康，然已不如壮年矣，故对于平外演剧，久不愿往，此次承黄金荣老板，殷勤邀约，谊不可却，定期南下，预计两旬，即可北归，届时小婿砚芳，与外孙宗杨、宗年，均随予行，小别旧京，为时甚暂，古历年终，又可与爱我诸公，相见于红氍毹上也。

戏因人红　予自习戏以来，垂四十年矣，对于戏剧，并无所谓感想者，但以予之经过而言，大凡无论演唱何项戏剧，均视演者之艺术如何，而定其戏之声价，所谓戏因人而红者也。兹就予所演者而言，如《安天会》一戏，从前均演于头二三出，迨予演是戏后，对于唱做，尽心研究，遂博得一般人之谬赞，而演大轴戏矣。又如《楚汉争》一戏，予初与尚小云合排是戏，系贾洪林旧本，分前后部，两日演完，颇为内外行所推许。[13] 及后由齐如山删减场子，重编歌曲，且添入“虞姬舞剑”等场，由予与梅兰芳排演，一日演完，更名为《霸王别姬》。[14] 每次出演，轰动一时，其叫座力远在《楚汉争》之上，而斯戏之价值，亦随之而后来居上矣。其他如《摘缨会》一戏，迨予与余叔岩、梅兰芳合演后，亦为叫座戏之一，可见其一斑也。

(13) 民国七年（1918 年）3 月 9 日首演，第一舞台夜戏，仅演头本，4 月 6 日、7 日再演头本、二本，始为全本。

(14) 民国十一年（1922 年）2 月 15 日首演，第一舞台夜戏。

习太极拳 予前者患半身麻木症，颇感痛苦，幸由王伊文君介绍，聘陈发科先生，学习太极拳，予自习太极拳后，未及匝月，而病若失，每次登台，精神奕奕，前者演剧，每遇双工戏，或稍繁重者，时觉神有不足，自习太极拳后，虽连演双出，亦未觉疲倦，其效验如此，自后每天必学，无日或间，予于是益知锻炼身体之法，当以太极拳为最也。至于陈发科先生身世，足下或有所未详，兹并附此，为足下言之。先生为河南温县之陈家沟人，太极拳之学，为先生祖传秘授，当时太极拳最著名者，厥推杨陆禅，即杨班侯之父，亦陈家沟人，陈先生之先祖，亦以太极拳名，陈先生承其祖传，故拳术极深耳。

崇奉道教 予道教中人也，依道门规例，以"不说诳语，不谈人过"为主旨，故予自幼而壮而老，今年已五十四岁矣，至于终身，咸抱此八字做去，为予律己处世之不二法门。予受礼于道门，道号嘉年，又号超范子，故对于道门规律，守奉极严，未敢稍越一步也。

谈《白水滩》 《白水滩》一戏，现已十二年未演矣，前日报载予已二十年未演是戏，误也。记民二时，予应白文奎之聘赴上海大舞台，与毕永奎合演是戏，予之十一郎，毕之青面虎，颇为沪上人士推许。[15] 民八秋末，予又在北平第一舞台演唱是戏，是时俞振庭等在文明茶园演唱，两园毗连，互演好戏，以相争竞。有一夕，演《四白水滩》，十一郎与青面虎，均分四对，先后接连演唱。第一对为予之十一郎，范宝亭之青面虎；第二对为迟月亭之十一郎，□春芳之青面虎；第三对为朱湘泉之十一郎，田春喜之青面虎；第四对为予婿刘砚芳之十一郎，傅春茂之青面虎，上座之佳，为第一舞台从来所未有。自此而降，已十二年未演矣。予十余年未演之戏，固不独《白水滩》一戏也，即前

月在开明演唱之《金钱豹》，已逾于《白水滩》之数矣，乃好事者更而扩大其词，加以谬说，实不值识者之一粲也。(16)

(15) 当是民国元年（1912年）7月，毕永奎当为毕永霞，惟戏报未见贴演《白水滩》。

(16)《白水滩》一剧，杨氏在第一舞台成班期间尝数度演唱，如民国四年（1915）3月20日夜戏、民国六年（1917年）3月6日夜戏。另，《四白水滩》在民初北京剧坛亦是风行一时，如民国三年（1914年）8月21日白天，马春樵、盖奎官、小春来、姚宝森、五阵风、田春喜等在俞振庭之文明园；民国四年（1915年）3月16日白天，靳湘林、余小琴、方宝奎、余幼琴、陶玉政、侯春兰等在东安市场丹桂茶园永庆社，均曾演之。

谈《摘缨会》 《摘缨会》一戏，本为小生行之戏，当予坐科时，本在前列之出也，予从未演唱，至民国十三年间，第一舞台演慰劳将士义务戏，予与梅兰芳、余叔岩，拟同演一戏，该戏提调某君，向予商酌，遂决定演《摘缨会》，此为予演《摘缨会》之始。是晚，予去唐狡，叔岩去楚襄（庄）王，兰芳去许姬，而王长林去襄老，极得一般人欢迎。迨后予与叔岩、荀慧生同在新明大戏院演唱，亦曾演是戏两次，许姬一角，由荀慧生扮演，自是以后，即未演唱矣。前者某君在某报谈予身世，谓予坐科之时，演《摘缨会》之唐狡，艺术居程继仙之下等语，予与程继仙同科，固是事实，而继仙学小生，予学文武老生，隔行如隔山，小生之戏，予不但不能与继仙比，即继仙所能者，而皆予所不能，犹武生戏，予所能者，亦继仙所不能也。《摘缨会》之唐狡，是小生抑武生，固足下所详悉，无待多赘，然无论原例唐狡是武生或小生，予坐科时，实未曾演唱，而予之反串是角者，则自民十三第一舞台义务戏始，而于民十三第一舞台义务戏以前，予未曾演唱也。[17]

(17) 民国十四年（1925年）4月26日首演，新明戏院夜戏，杨小楼与余叔岩、荀慧生初次演唱《摘缨会》，杨梅余合演是剧系在民国十六年（1927年）6月12日第一舞台奉天海城赈灾义务夜戏，后因戏码太软，原排大轴《五花洞》取消，三人临时各加演一剧，散戏已是翌晨六时。

谈《状元印》 《状元印》一戏，为昆腔杰奏之一，当先严在世时，以演此戏出名，而殷德瑞老板当年，亦以是戏著，与先严互为伯仲，谭鑫培、张淇林、王福寿三老板，均有是戏，谭张是戏，与先严同，而王则别又一派，各有擅长，未可并论。予当年从谭老板学戏，谭谓《麒麟阁》与《状元印》，不可不学，并略为予说及该两戏做派唱工，予极膺佩谭老板之言，然尚未正式学习是戏也。民九间，张淇林老板，始为予说《状元印》之身段做派唱工，彼时仅知是戏，为谭派名剧，尚不知为先严拿手之戏也。学成，第一次出演于第一舞台(18)，贴为“谭派戏”。是晚，张淇林老板，到场参观，见海报贴为“谭派戏”，张令揭去，谓予曰：“是戏为汝家嫡传，你父在日，以是戏为最出名，应贴为‘杨氏家传’，不应贴为‘谭派戏’，盖鑫培与予（淇林自称）均学自乃父也。”近者某君，谓予学此戏，为王福寿所授，而谭老板改正之，完全错误。因王老板此戏，与予所学者不同，而当予正式学此戏时，谭已作古也。

(18) 民国七年（1918 年）8 月 24 日首演，第一舞台夜戏，桐馨社，与钱金福、许德义合演。

师张淇林 张淇林老板，为当代名宿，昆曲尤为擅长，予从张老板所学之戏，除上述之《状元印》外，尚有《麒麟阁》《安天会》《武文华》三出，而《宁武关》一戏，予亦从张老板改口，获益良多。张老板为人和易，对于后学之请艺者，循循善诱，而对于字音、阴阳尖团，丝毫不苟，诚可为后进之良师，尤足令予终身不忘者也。(19)

(19)《麒麟阁》首演于民国七年（1918年）3月16日，第一舞台夜戏，桐馨社，与钱金福、迟月亭合演；《安天会》首演于民国六年（1917年）4月29日，第一舞台夜戏，桐馨社；《武文华》首演于民国七年（1918年）8月4日，第一舞台夜戏，桐馨社；《宁武关》首演于民国七年（1918年）1月18日，第一舞台夜戏，桐馨社。

新排戏剧 予近来新排而未演之戏，计有数出，如《霸王遇虞姬》《战剑阁》及《父子降汉》等是也。《战剑阁》一戏，共计四本，第一本姜维屯田，第二本诸葛瞻占绵竹，三本哭祖庙，四本一计害三贤，予去一三四本之姜维，而第三（二）本则去诸葛瞻。是戏唱做念打均重，排演煞费苦心，大约自沪北归后，此戏或可出演也。又《父子降汉》一戏，自“上寿”起，至“闹昆阳”止，是戏预定予自去牛邈，脸谱颇为特别，系绿金脸，予婿刘砚芳去马援，予外孙刘宗杨去马洪，刘砚亭去马武，钱金福去耿弇，骆连翔去耿虎，刘春利去耿龙。耿虎、耿龙二角，有踝子种种身段，非素有根底者，不能担任，故予决由骆连翔、刘春利二人分任。马援一角，唱念做派，以及武工，均极繁难，予婿砚芳，久未登台，予拟令其扮演是角，或可勉强凑付，外孙宗杨，对于唱做武工，尚知门径，故令其饰马洪。是戏予家父子兄弟公孙伯侄，聚于一场，而砚芳宗杨，以真父子，而去剧中父子，尤属佳话。故一般友好，咸促予即日出演，但以场子关系，未能即日排就，尚有待于他，此尤予所抱歉不置也。(20)

(20)《父子降汉》，民国二十一年（1932年）5月26日夜戏，开明戏院，与刘砚芳、刘宗杨、迟月亭、张连廷、钱金福、王福山、邱富棠、关丽卿、李三星等合演。另，《霸王遇虞姬》《战剑阁》排而未演。

艺传外孙 予艺术未曾收授门徒，仅传于予之外孙刘宗杨。宗杨性极聪颖，颇好学，自习艺以来，进步颇速，予所演各剧，如《挑滑车》《连环套》《铁笼山》《状元印》《安天会》《艳阳楼》《长坂坡》《落马湖》《恶虎村》《麒麟阁》《水帘洞》《战宛城》《八蜡庙》《金钱豹》《武文华》《夜奔》《摘缨会》《定军山》《殷家堡》《霸王庄》《薛家窝》《白水滩》《晋阳宫》《阳平关》《飞叉阵》《贾家楼》《蜈蚣岭》等戏，宗杨均能演唱。内外行中人，均爱屋及乌，互相提携，故人缘尚佳，在梨园中，亦略具薄誉。但少年得意，转足为累，盖每因是而骄，反碍艺术之进展，故予对于宗杨，每以“精于勤，荒于嬉”及“满招损，谦受益”为戒，幸宗杨能听予言，将来或有成就之希望耳。在此时宗杨之艺，不过略知门径，须待研究者实多，幸其本钱（嗓子）尚有，亦一可造之材。

予年逾半百，所希望传予艺者，惟宗杨耳，平时督教极严，盖亦希望其有所获益耳。惟是宗杨身体羸弱，予以太极拳有益于锻炼身体，故令宗杨随予学习，数月以来，大著成效，宗杨进步尤速，因年轻学艺，较成年为易也。又宗杨之弟宗年，现年十四岁，嗓音较乃兄尤佳，唱黑头亦有音韵，将来亦或有希望。近日砚芳告予，拟令宗年，入富连成科班坐科，此举予极赞成。盖学戏者无论资质如何之佳，苟无正式根底，终流成非驴非马，殊非前途佳状，而在家习艺，究竟跟不上在班坐科，古人“易子而教”，此中实有至理在也。惟是近来科班颇多停闭，而称为健全者，仅富连成一班矣。富连成之科班主为叶春善，春善与予，为师兄弟，相处极佳，对于春善，知之亦极深，砚芳主张宗年入富连成坐科，故予亦极端赞同，俟由沪北归后，宗年当可入富连成也。

杨君言至此，轩主以时已不早，未便勾留，杨君留轩主，参观其习太极拳，轩主因时间所不许，未敢多事勾留，请俟之他日，遂珍重而别。

俞振庭

采访人：林醉酶（一得轩主）

原载1930年7月4—17日《全民报》（北平）

六月二十六日下午三时，轩主赴前外百顺胡同三十号斌庆社，访问俞振庭，承荷接见，谈逾一小时，同时李万春、蓝月春、萧春亮，均在座，轩主亦一一询问。兹录俞君简单谈片如次。

俞君家庭 予（俞君自称）现年五十二岁[1]，北京人，予先大父唱小生，予先父讳润仙，字菊笙，唱武生。予兄弟三人，予居长，次弟赞庭，三弟华庭，均习武生。予子六人，长子步兰，习旦，在斌庆社坐科，出科后，拜陈德霖老夫子为师；次子少庭、三子鸿岩、四子永兴、五子鸿年、六子顺群，均习武生。少庭、鸿岩，现均出科，少庭在京演唱，兼为予管理斌庆社事务，鸿岩则现在绥远演唱，永兴、鸿年、顺群，现均在斌庆社习艺。顺群今年，仅六岁，所能之戏颇多，质亦聪颖可喜，倘长大不荒废，或可以艺自糊其口也。予之家庭状况，大概如是。

(1) 生于光绪五年（1879 年）八月十一日，其名又作振亭。

演戏经过 今且言予演戏之经过矣。予当十三岁时，即学戏，习武生剧，先严亲为传授，如《金钱豹》《铁笼山》《水帘洞》等。十七岁，承先严命起班，与杨荣福、姚增禄、小荣春，组双奎社[2]（后为双庆社[3]），在广德楼演唱。十九岁，在广德楼登台[4]，第一日，演《金钱豹》，人缘特佳，谬承推许。未及，移文明园(5)，益增虚誉。既又被聘，数次赴津，先后出演于汇芳、下天仙等园(6)。及光绪三十三年，又被邀赴上海(7)，在中华大戏院演唱一月有余，虚誉益噪。光复后，又曾再度赴沪(8)，旧地重临，虚名更甚，而革命伟人，尤多加以青眼，先总理孙中山先生、先烈黄克强先生，均曾亲题玉照见赐，至今犹珍什贮藏，为毕生荣幸焉。

(2) 即复出双奎班，光绪二十二年（1896 年）七月初五日报班挂牌演唱，承班人为沈明、王和利，主要角色为杨隆寿、迟月亭、杨小楼、郑盼仙等。又，此处所记杨荣福、小荣春存疑。

(3) 即双庆班，民国三年（1914 年），戏班班名均由“班”改“社”，故又称双庆社。双庆班于宣统元年报班挂牌演唱，承班人李凤占、乔佩芳即乔荩臣，出演广德楼。在此之前，光绪三十一（1905 年）年十一月，俞氏搭田际云之玉成班，光绪三十三年（1907 年）与余玉琴、朱素云合组庆寿班，出演广德楼。

(4) 光绪二十五年十二月，四喜班外串堂会，俞氏与迟月亭合演《小金钱豹》，则其初出台之时，当在四喜班。

(5) 文明茶园于光绪三十三年（1907 年）正

月十六日开工，坐落于西珠市口煤市街南口天和馆旧址，按天津戏园样式新造二层楼房，后层设有包厢，专卖女座，俞氏、乔佩芳、李世俊等均为该园股东，俞氏出力甚多。是年九月落成开台，承平班出演，旋因“借势招摇情事”封禁。次年即光绪三十四年（1908年）三月二十五日获批再开，四月十八日开市，仍唱演承平班，时刘鸿升由沪回京，正式改工老生，进承平班演大轴，一炮而红，人称“赛叫天”。十月二十一日光绪帝卒，例行国服，各园停止演戏。宣统元年（1909年）二月二十二日，新天仙班在文明茶园开演说白清唱，该班系承平班改组，演至四月。七月初六日，双庆班进箱，开演说白清唱。

（6）光绪三十三年（1907年）四月十六日出演日界天仙茶园即下天仙，头衔为“少庙首”，因其父菊笙时为精忠庙四大庙首之一，故有此谓。又，光绪三十年（1904年）11月21日至26日，天津北门东大马路绘芳茶园特请“京都俞”串演大轴武戏六天，共演三个戏码：《金钱豹》《水帘洞》《混元盒》，或系俞氏本人而非其父。

（7）俞氏首次赴沪系宣统元年（1909年）十一月，十七日夜起出演美商兴记春贵茶园，三天泡戏为《四杰村》《鸳鸯楼》《花蝴蝶》，戏报贴“小毛豹”，同班角色有贵俊卿、李少棠、常春恒、张德俊、周蕙芳、马昆山、李百岁、小桂芬等，演至腊月初六日。

(8) 民国元年 (1912 年) 10 月 10 日起出演中华大戏院，与王又宸、田雨农、王蕙芳、九阵风、迟月亭、范宝廷、张荣奎、德建堂、麻穆子、陆凤琴、傅少山、小王桂官、小王桂花、筱洪庆等同台，泡戏大轴《金钱豹》。

组斌庆社 民国三年，予为培植梨园人才起见，组织斌庆科班，分材教育，至今已有四科矣。计第一科为“斌”字，第二科为“庆”字，第三科为“永”字，第四科为“喜”字。“斌”“庆”两班，现已出科，如徐碧云、小桂花、朱斌仙、小奎官、小寿山等，均斌庆出科之学生也。而“永”“喜”两班，未出科者，尚有一百三十四人，现在广德楼出演。除外约李万春、张妙闻、刘又萱、裘桂仙等，十数人外，其余均系斌庆社出科及未出科之学生也。[9]

(9) 斌庆社筹办于民国五年 (1916 年) 秋间 (见《组织新班》，《群强报》，北京，1916 年 11 月 12 日，第四版)，次年秋，警厅立案开演。

排难解纷 予性好事，喜为人排难解纷，以此而博薄誉，故为同行辈所谬许，或以慷慨勇侠见誉者，殊足令予汗颜。忆当年与刘鸿升同演，一日，刘鸿升唱《捉放曹》，因台下有叫倒好者，刘在台上，口出恶言，伤及座客，台下大起哄。翌日，有数百人，蜂集园口，散传单几万张，反对刘鸿升，声势汹汹，几乎发生不祥事件。经予亲至门口，向大家婉劝，极力调解。幸群众对予，尚表好感，始得和平了事，自是之后，刘始不复在台上骂人矣。(10)

(10) 宣统二年（1910年）七月二十四日（8月28日）白天，刘鸿升在文明茶园演《捉放曹》，唱至“陈宫一见咽喉哑”句，没拔“尖子”，“出了个旁岔”，台下倒好四起，刘氏摘下髯口就冲台下嚷“你们懂不懂戏”，台下也没人敢回应，然后继续演出直至结束散戏，相安无事。惟事后经各报纸宣传，呼吁警厅对此进行查处，甚而有闲人在文明茶园散发传单并进行围堵，始酿成事端。二十八日，外城警厅传唤掌柜纪雪堂、后台老板俞振庭，最终罚款四十元并登报启事予以了结。

拿手各戏 予秉承先严教训，亲授各戏，对于家严素称拿手戏之《金钱豹》《铁笼山》《闹昆阳》《水帘洞》《艳阳楼》《长坂坡》《金锁阵》《拿谢虎》《挑滑车》等戏，经先严严厉督责，下苦功夫，均能演唱，惟以质性粗卤，未能臻于妙化，不能克承父业，殊为惭愧。幸各界推及乌之爱，因先严之遗泽，对予加以青眼，感激之忱，何可言状。当少壮时，尚能黾勉自励，冀酬盛意于万一，而乃壮不如人，今老矣，有负厚望，抚心殊自疚也，惟时以是勖舍弟及儿辈焉。

长子步兰　予有子六人，顷已为君述矣。除长子步兰外，均习武生，而步兰以其非武生材，故令其习青衫。当坐科时，青衫之戏，可以演唱者，不下数十出，及出科后，令其拜老伶工陈德霖为师。陈为青衫之正宗，现负盛名之青衫，如梅兰芳、王瑶卿、王琴侬[11]、王蕙芳等，均出其门下，其艺之深奥，固毋予之赘述也。步兰得陈指授，获益非鲜，只以质鲁，恐有忝于乃师耳。

(11) 原文作“王琴农”。

三子鸿岩　予第三子鸿岩，初在科班习武生戏，未几，拜李桐来为师，习文武老生，学成之后，时出演天津、大连、奉天等处，在京出演极少，现在绥远演唱，颇受一般人欢迎。

保王钟声　予谈至此，予又忆及王钟声事矣。[12]当辛亥间，王钟声在天乐园，演唱新戏，以有宣传革命之嫌疑，竟被逮捕，当彼专制淫威之下，因“革命”二字之嫌，断丧我猛敢烈士，不可胜数，梨园中人，咸噤若寒蝉，不敢作一缓颊语，甚或下井投石者。予与王谊属同行，交仅数面，闻讯之下，激于义愤，为之极力疏通，幸得某权要之力，王始免于难，薄责释归，亦云险矣。[13]

(12) 宣统元年腊月，王钟声由纪寿臣推荐，由天津来北京，搭田际云之玉成班，在天乐园演唱新戏，后并搭俞振庭之双庆班，在文明茶园演唱新戏，观者咸受感动，轰动一时，甚而被召入庆王府演出“改良新戏”。宣统三年（1911 年）三月，田际云因“勾结奸民，以演唱新戏为名，阴图煽惑，貌尽义务，心实叵测”而为步军统领衙门逮捕，被逮人员尚有刘树楠、朱旭东、萧得霖三人。六月，由所谓全浙会馆值年出首，以“窝娼聚赌”罪名，再将王钟声拘留并交地方审判厅。闰六月初三日二案由地方审判庭判决，以赌博罪处罚外，王钟声判驱逐回籍，不准在京逗留，当即由审判庭移送外城总厅办理。闰六月十七日，王氏由大兴县衙门差人押解至前门西站出京，由京汉车递解回籍。辛亥革命爆发后，王氏潜至天津，策划北方革命。十月十二日（12 月 2 日）为直隶总督陈夔龙逮捕，次日未经审判即行枪决。

(13) 原文后接李万春、蓝月春、萧春亮、毛庆来四人访谈，其内容与《实报》所刊《李永利访问记》（一得轩主）什九相同，本编按主要访谈对象分行归类，此处不录。又，因《实报》所载略详于《全民报》，故本编《李万春》篇、《李永利》篇及所附蓝月春、萧春亮、毛庆来三人访谈，均采用《实报》。

刘砚芳

采访人：林醉匋（一得轩主）

原载1930年7月27日—8月7日《全民报》（北平）

二十五日午后七时，轩主赴前外小马神庙三号，访问刘砚芳，承荷接见，发表下列谈片。

予（刘君自称）名桐，小名小梧桐，现年三十八岁[1]，北京人也，妻杨氏，为杨小楼先生之长女。子三，长子宗杨，现年十八岁，习文武老生，能戏不下二百余出，除由予亲为之说戏外，并向家岳处请益，故凡家岳所演各戏，宗杨均能演唱。次子宗年，现年十三岁，在小学肄业，三子宗华，现年四岁，此予家庭组织之大概也。

(1) 生于光绪十九年（1893 年）。

演戏经过　予十岁时，入鸣盛和科班[2]习艺，艺名鸣福，与李鸣玉、小翠花、张鸣才等同科，习老生，学《定军山》《南阳关》《珠帘寨》等戏。十一岁，第一次登台，在灶王庙演《定军山》，第二次在庄王府演唱堂会。后在西单春仙茶园演唱多年，既迁吉祥茶园，至十八岁出科。民元，嗓音失润，改习武生，拜丁俊先生（丁永利之父）为师，学《莲花湖》《剑锋山》等戏。既又从家岳学戏，第一出为《连环套》，第二出为《冀州城》，演来颇受一般顾曲谬许，谓得杨氏真传。自是而后，凡家岳所能之戏，予均亲受指导，皆可上台演唱矣。迨后又从王福寿先生（即红眼王四）游，习《对刀步战》及《翠屏山》等戏，拜范福泰先生（范宝亭之父）门，习《蜈蚣岭》《探庄》等戏。王、范两先生，均梨园名宿，予得其陶铸，获益不鲜。及俞振庭老板之双奎社[3]，出演于文明茶园，邀予加入，遂在文明登台，同台有吕月樵等，初拿戏份六吊，后演正戏，拿戏份十二吊，是时伶人戏份，均极低微，不似今时之演戏，动辄以百计算也。在文明茶园演唱，极受内外行之赞许，此为谬膺虚誉之始。未几，姚佩秋老板组织新班（忘其名），在同乐园演唱，托人向予婉商加入，予因盛谊难却，遂离文明，改搭同乐，日拿戏份二十四吊。宣统元年，予入东安市场吉祥茶园演唱。翌年，予岳与张淇林老板，组四喜班，予亦加入。[4]民国三、四年间，在东安市场中华舞台演唱。[5] 至民国六年，家岳在第一舞台，组班演唱，予又搭入该班，与家岳同出台，每月包银六十元，在第一舞台演唱年余，极受一般人欢迎。[6] 民八，予随家岳赴沪，时予子宗杨，年方七岁，亦随予同行。至沪后，出演天蟾舞台，与家岳及梅兰芳同唱。曾一晚，演《八蜡庙》，予去黄天霸，家岳去褚彪，梅兰芳去张桂兰，王凤卿去施不全，王长林去朱光祖，李永利去费德功，而贺仁杰一脚，则由宗杨搬演，此为宗杨第一次登台演戏也（刘君言及此，因出一照见示，谓为是年在沪所摄之纪念品，照为刘君与其岳父杨小楼，及其长子宗杨合摄，即篇中所刊之写真也）。[7] 在沪天蟾舞台，演唱两个月，将北返，适夏月润在新新舞台，演唱义务戏，邀予参加，予以同行之谊，义不可却，遂在新新舞台演二天，计第一天《打棍出箱》，第二天《艳阳楼》，演毕，即北上归京。民九，予任第一舞台后台经理，因事务太繁，故演戏渐少，然犹时一登台焉。至民十一起，专管后台事务，除特烦外，概不演唱。民十二，组织小荣华社科班，出演于同乐戏园，予长子宗杨（时年十一岁）、次子宗年（时年七岁）及姜妙香之子姜少香、陈老夫子（德霖）之子陈少霖、王蕙芳之子王少芳等，均在小荣华科班演唱，每日上座颇佳。[8] 未几，因故停演，而小荣华科班，亦暂告结束矣。今春三月，予因某君之特烦，在开明演唱三天，计为《打渔杀家》《打棍出箱》《桑园寄子》三出。最近组织长胜班，由宗杨及赵少云、岫云等演唱，月前曾在开明演唱一次，因天气炎热，暂时休息，拟俟伏后秋凉，入第一舞台唱白天，届时予亦拟登台，与家岳（杨小楼）在第一舞台演夜戏，以上即予历年来演戏之经过。

(2) 该班系小科班，光绪三十四年（1908 年）报班挂牌演唱，八月，该班出演西单牌楼春仙茶园，脚色有小梧桐即刘氏、朱佩芝（朱天祥子朱桂芬）、韩佩钰、秦惠林、张漱芳、李静芳、唐芝芳、云子福、魁星斗、庆子福、保成、盖天红、九铃、小豆、胖奎、紫灵芝、喜庆、保彩、顺宝、海虎、升岩、康华等，刘氏系外搭班，一若梅兰芳之搭喜连成，是年三月，刘氏尚搭田际云所起之小吉祥班，与田雨农等同班。刘氏搭鸣盛和班历时甚久，自光绪三十四年八月至宣统三年（1911年）十一月，陆续出演三庆、吉祥、丹桂、庆升等园。

(3) 双庆班，参见《俞振庭》篇注（5）。

(4) 复出四喜班，承班人张淇林，领班人王长林，老板为杨小楼，宣统元年腊月十五日开张，中和园白天，杨小楼演出《恶虎村》，原订张毓庭演出《失街亭》，因张氏与玉成班过班手续不清，是日发生“捉拿张毓庭”事件，而该班不久亦散。

(5) 最迟至民国三年（1914年）旧历九月，刘氏已改工武生，用本名，时在第一舞台搭王瑶卿班。第一舞台于民国三年（1914年）6月9日开张，先后聘请王瑶卿、刘鸿升、刘永春、郭宝臣、崔灵芝、王又宸等组班演出，其间杨小楼偶亦参加演出，是年12月3日起，涉讼歇业。次年2月9日（旧历腊月廿六日）恢复演出，由杨小楼组班出演，是日夜戏封箱，旧历正月起逐日开演，刘氏随班演出，所演剧目有《独木关》《天飞闸》《四美图》等。民国五年（1916年）4月，第一舞台因纠纷停业，7月，由股东孙荩卿委托金仲仁、侯友云、王郁甫三人合办后台，白天约坤班懿德社，夜戏约杨小楼、刘鸿升合组之陶咏社，刘氏仍随班出演，此时杨小楼已非第一舞台股东。

(6) 系搭朱幼芬之桐馨社，杨小楼、梅兰芳首次同班合作，刘氏亦随班出演。桐馨社首日演出系在民国五年（1916 年）12 月 29 日，夜戏，梅兰芳、王凤卿合演压轴《汾河湾》，杨小楼、王长林、李顺亭、钱金福、迟月亭、慈瑞全、赵芝香合演大轴《落马湖》。

(7) 参见《杨小楼》篇注（12）。

(8) 民国十三年（1924 年）旧历十一月二十八日，荣华科班初演于同乐园，学生八十余人，外串有杨宝森、陈少霖、王少芳、姜少香、钱紫云、钱少仙、冯宇兰、吴碧兰等。

拿手戏剧 予所习之戏颇多，当坐科时，系学文戏，凡一切唱做老生之戏，如《定军山》《失街亭》《举鼎观画》《打渔杀家》《桑园寄子》《打棍出箱》《黄金台》《阳平关》《二进宫》《探母回令》《捉放曹》《状元谱》《连营寨》《珠帘寨》《南阳关》《汾河湾》《朱砂痣》《南天门》《翠屏山》《法场换子》等戏，均可演唱。迨后嗓子失润，改习武生，如《连环套》《冀州城》《莲花湖》《剑锋山》《状元印》《英雄会》《金钱豹》《武文华》《恶虎村》《安天会》《长坂坡》《艳阳楼》《八蜡庙》《东昌府》《洗浮山》《四平山》《白水滩》《狮子楼》《茂州庙》《对刀步战》《蜈蚣岭》《探庄》《铁笼山》等戏，亦均时常演唱。

刘君门徒 予所授门徒颇少，因予年来管理后台，事务极繁，日无暇刻，除自课宗杨、宗年二子外，内外行中向予请授业者虽多，而予以自己之艺，仅粗知门径，何敢自居人师，以贻笑方家。间或力辞不得已者，则每以他山地位，互为切磋，冀有进益。惟正式以师生之名，授业说戏者，票友方面，固不在少数，而内行方面，则仅有关丽卿，及小春来二人而已。

暑病新愈 月来天气，炎热异常，而中暑之病，亦极危险。予于旬前，偶因起居之不慎，遂受暑侵，病之来也颇骤，而症也颇险，几有性命之虞。幸得名医钱愚如先生，为予诊治，施回春之妙方，而予之病日渐轻减，至今日已全愈矣。惟遵钱先生言，家居静养，细心调摄，故未敢越雷池一步，偶一回思，亦云险矣。

悼朱素云 朱素云溘逝之日[9]，正予卧病之时，家人相戒无令予知，及予愈后，始得素云噩耗，殊深哀悼。素云之艺，自德珺如死后，首屈一指。素云工袍带小生，唱做均臻上乘，而雉尾小生尤为拿手，《黄鹤楼》《群英会》之周瑜，可称空绝，《监酒令》之刘章、《奇双会》之赵宠、《射戟》之吕布、《得意缘》之卢昆杰，亦极可观。近来绮霞排演新戏，素云之臂助尤多，惟穷苦戏非其所长。前者闻其演戏，正扮演间，忽婴急疾，未演而归，乃不逾旬，而遽物化，从此小生名脚又弱一个，是亦剧界之大不幸也。

(9) 民国十九年（1930 年）7 月 10 日下午 2 时，卒于北京宣外前青厂寓中，享年五十九岁。

戏剧感想 予对于中国戏剧，感想极多，今且以梨园环境而论，则戏剧之在今日，实有改良之必要，而且根本之问题，则在于提高伶人之智识，为目下改良之急图，兹特就鄙意，推而言之。

中国之戏剧，为写意类，如绘画之意笔者然。曹操大兵八十万，仅以龙套四人或八人表示之，至千军万兵，亦不过四人或八人耳。其他如执鞭则为乘马，把橹则为坐船，以手扶空而上下作升降步状，则观者无不知其为上楼或下楼也。诸如此类，不胜枚举，要皆以意摹刻，而聆者听者，不必真马真船，而知其为乘马坐船也。盖国剧既为一种艺术，仅用一种物质，即以做派表示其关系，则听者聆者，自能了解一切，固不必拘拘于真假也。由是言之，则改良国剧，自应由"写意"两字，研究而扩大之，则演来之戏，自可以起一般人之同感，而收改良社会之实效，庶不负于社会教育之美名也。且中国旧剧，因以讹传讹，而造成此每况愈下之局面，遂使所有旧剧，其本来之意义，丧失无遗，可为惋叹，不知昔人学戏，而得成名者，谈何容易。盖戏虽小道，而规矩甚严，一腔一字之微、一举一动之小，均有法度，不能随意为之，非幼年下过苦功夫者，曷足语此。至于坐科习艺，尤为学戏者之最大原则，盖科班之设，所以造就人才，培植后进，量材教导，日斯月斯，而其所学自有根底。譬如建屋，必先固其基础，否则，未有不倾圮者也，戏亦犹是耳。今人学戏，只慕虚名，随便找人说戏，学得一二折，即冒昧登台，或以拜某伶工为师之名，借以号召听众，影响所及，而国剧亦日渐退化矣。予学武生者也，今且以武生而论。武生一行，与其余各行，大不相同，其须秉承师授，尤较其他脚色为重要。盖武生之把子、身段，以及种种做派，均有一定之规矩，固不能随便凑付，可以了事也。在目下旧剧，赖以不失传者，幸有叶春善老板所主办之富连成科班，为保存戏剧菁英不少，否则，则旧剧之前途，更不堪设想矣。抑又有进者，伶人演戏，最要紧之处，为无论去任何脚，喜怒哀乐，爱恶恐惧，等等，必揣摩剧中人身份，及当时戏情，尽量表现出来，一折有一折之情形，一人有一人之特性，固不能千出雷同，彼所谓“装龙像龙，装虎像虎”者，庶几近之。然此非目不识丁者所可语此，必也明悉字义，善于体会，而始能贯通一切，无古今人我之分，其至低限度，亦必有受过普通教育之常识，始能无误。但梨园中人，泰半未受教育，今且以科班出身者而言，在科之时，既无相当之教育，出科之后，又忙于衣食，更无求学之机会，卒至不识字者，居其多数，而凭师友之口授，及自己之强记，鲁鱼亥豕，以讹传讹，而戏剧亦因是而日渐退化矣。欲救此弊，则非从在科时使其念书识字不可。盖演者苟有普通教育之常识，对于戏情、剧词、唱做等等，能从文字上研究出来，自与口授不同。予意以为科班，除习戏外，宜令学生有识字念书之机会，每日定二小时或三小时，授以普通教育，则在科之时以至出科之后，除师友口授外，自己亦可以从文字上精心研究矣。

刘君言至此，轩主以谈话时间太多，非病新愈人所宜，遂告辞，互为珍重而别。

李万春

二篇

一

采访人：林醉醄（一得轩主）

原载1930年11月27—30日《实报》

昨日（二十一）下午三时，轩主赴宣外大吉巷四十一号，访问李永利君。由乃子万春，及朱桂芬、萧春亮、蓝月春、毛庆来，殷勤招待。轩主首向李君询问一切，依次向万春、春亮、月春、庆来，诸人询问。谈叙几及三小时，对于个人学戏演唱之经过，谈述极为详尽。万春并即席给（绘）赠彩色花卉一幅。轩主因时间不我许，未便久留，遂互为珍重而别。[1]

（1）原文下接李永利访谈，见《李永利》篇。另原文所附蓝月春等人访谈，并见《李永利》篇。

李君言至此，轩主即转向万春询问，兹录其谈片如次。

李万春谈　万春现年二十岁，字鸣举，七岁，从家君练工，九岁学戏，由徐德增先生说《珠帘寨》，徐兰园先生操胡琴，然尚未正式登台。既又由崔凤鸣先生说戏，在上海亦舞台，客串三天，用“客串李”名，演《捉放曹》《辕门斩子》《打棍出箱》三戏，颇得赞誉。[2] 未几，马连良老板抵沪，出演亦舞台，与家君同班，马为万春说《南阳关》等剧。既而与荀慧生老板，同在天蟾舞台演唱，以《琼林宴》《空城计》《凤凰山》等剧，最受欢迎。[3] 后应常玉清先生之约，赴南京新舞台，演唱一个月。返沪后，又与荀慧生老板，同赴汉口，演唱一个月，慧生返京，又与白玉昆同唱一个月，始由汉返沪。[4] 休息匝月，即赴无锡，演短期四天，转赴安庆，在张□衙门演唱半个月，再赴扬州，演唱一个月，由扬州赴芜湖，唱短期五天，改赴镇江，唱义务戏三天后，赴威海卫，唱一个半月，由威海卫转烟台，与盖春来同台，唱两个月。适大连西岗某园主，派人来烟，约往演唱，由烟赴连，唱四个月，乃返上海，专工学武戏。[5] 既又随家严至哈尔滨。[6] 本拟稍事勾留，即行南返，因哈人之恳，遂在哈埠新舞台演唱，大受哈埠人士欢迎。万春虽非哈人，然以生养于哈埠，对哈埠不啻为第二故乡，以是益不思去，在哈演唱，共计一年又一个月之久。后因天津某君电招，遂离哈赴津，在第一台客串三天，既入新明大戏院，与碧云霞同台出演。唱一个月，转入陶园，与杨瑞亭同演，亦唱一个月。[7] 入北京，搭斌庆社，出演三庆园，计一年多，又移广德楼，亦一年多。[8] 迨梅兰芳老板赴沪，邀万春同行，遂南下，在上海大新舞台，演唱一个月，即北归，仍搭斌庆社，出演广德楼。[9] 唱一年余，又随梅兰芳老板赴沪，在大舞台演一个月，梅归京后，万春仍留沪，与家岳李桂春（即小达子），同演唱一个月，方返北京，仍入广德楼。[10] 迨后脱离斌庆，入双庆社，既改为咏评社，上月赴津，与王又宸、胡碧兰等，同出演于春和戏院半个月，至日昨方归北京，此万春十余年来演戏之经过也。

（2）民国九年（1920年）11月4日、5日、6日夜场，在亦舞台客串三天，头衔“谭派须生”，戏码排压轴或倒第三，三天戏目为《空城计》（与李永利、宋玉珊）、《打棍出箱》、《捉放曹》，与白牡丹即荀慧生、何月山、常春恒等同台。

（3）民国十年（1921年）1月17日天蟾舞台夜场，客串演出《打棍出箱》，因亦舞台翻修停演，其所聘演员李永利、何月山、白牡丹等亦以“客串”名义出演天蟾舞台（德兴和记），仅此一场。同年12月27日夜场，在亦舞台客串演出《凤凰山》，戏码排压轴，王又宸、白牡丹合演大轴《汾河湾》。

民国十一年（1922年）1月4日夜场，在乾坤大剧场客串演出《凤凰山》，戏码排倒第三，与李春来、绿牡丹、小三麻子、粉菊花等同台。16日夜场，天蟾舞台举行南北会串，邀请所谓“盖世奇童”即诸童伶参加，除李万春外，尚有客串孙、客串毛（毛韵珂子毛燕秋）、何小培（何颐馨子、何玉蓉兄），李万春与客串孙双演《凤凰山》。又，民国十一年（1922年）2月至6月，马连良应聘出演亦舞台，搭班期间为李氏说戏（参见《马连良》篇）。

（4）民国十年（1921年）8月，白牡丹即荀慧生、罗小宝、白玉昆、李永利、小桂元、沙香玉等因同记大舞台之邀，李万春随父同往汉口演出，28日出台，在汉口用本名上戏报，与黄智斌合演《凤凰山》等。李永利于10月回到上海，20日再入亦舞台。25日，白牡丹再次应聘亦舞台，与王又宸分演大轴。

(5) 民国十一年（1922年）1月21日即旧历腊月廿四日，与其父李永利及孟鸿茂，出演无锡新世界屋顶花园，夜戏，与三义堂小京班李瑞芳、刘善芳、方孝芳、李同芳等合演大轴《凤凰山》代《独木关》，戏报广告写“李樊春”；22日夜戏，演出压轴《空城计》，李永利与三义堂小京班合演大轴《收关胜》，次日即辍演。按马连良在沪演出时间系2月至6月，则李氏赴外演出时间大致可定。另，1月28日即旧历正月初一日起，其父李永利再搭亦舞台演出，直至7月，李氏此行由其师偕往（参见《侯俊山》篇所附项鼎新之访谈）。

(6) 民国十一年（1922年）7月8日起，上海各舞台再未见“李永利”戏报，其父子北返哈尔滨之时间大略可知。

(7) 民国十二年（1923年）5月2日起，天津新明大戏院开演“中国旧剧”，聘定角色有碧云霞、筱蕙芬、马春奎、关子延等。23日起见李万春戏报，泡戏《战马超》，陆续演出《薛礼出世》、

《劈山救母》（与碧云霞、筱蕙芬）、《珠帘寨》、《八蜡庙》（与马春奎）、头二本《墓中生太子》（与碧云霞、筱蕙芬、马春奎）、《南阳关》、《战猇亭》、《落马湖》、《打棍出箱》、《枪毙阎瑞生》（与碧云霞、筱蕙芬、杜云红）、《赵五娘》代“扫松”（与碧云霞）、《油坛记》（与碧云霞、筱蕙芬）、《黄金台》、《七擒孟获》（与碧云霞、李永利、关子延，饰演马岱）、《打渔杀家》、《南天门》、《翠屏山》等，6月29日起未见戏报。另，哈尔滨新舞台、天津陶园游艺场演出起止及戏目不详，待考。

(8) 民国十二年（1923年）9月8日白天初次出演三庆园，与蓝月春合演《战马超》，时同班者有俞华庭、杨保（宝）森、五龄童、俞步兰、计艳芬、王斌芬等。

(9) 民国十五年（1926年）11月15日出演大新舞台，泡戏与蓝月春合演压轴《两将军》，梅兰芳、王凤卿、姜妙香、姚玉芙合演大轴《御碑亭》，演至次年阳历元旦。

(10) 民国十七年（1928年）12月17日出演荣记大舞台，泡戏与蓝月春合演压轴《两将军》，梅兰芳、王凤卿合演大轴《宝莲灯》，谭富英在倒第三演出《定军山》，演至次年1月27日。1月30日、31日参加在大舞台、共舞台举行的赈灾会串，演出《战马超》（与蓝月春、毛庆来、陈嘉璘）《林冲夜奔》。2月1日、2日，与梅兰芳等在共舞台演出临别纪念戏，分别演出《阳平关》（与谭富英、侯喜瑞、蓝月春）、《八大锤》（与谭富英、蓝月春）。2月15日起再应荣记大舞台之聘，与李桂春同台演出，泡戏《百凉楼》（日场）、《闹天宫》（夜场），演至3月13日。

万春自学戏以来，承诸先进加以指导，为说各戏，除幼年时由徐德增、崔凤鸣两先生，所说各戏，昆腔则为方秉忠先生所授，《安天会》《水帘洞》《芦花荡》，则为涛贝子（勒）所授，《麒麟阁》，则为范福泰先生（范宝亭之父）所授，《林冲夜奔》则牛松山所授，关公戏则为王福连、林树森二先生所授[11]，《南阳关》《战宛城》《打严嵩》等戏，则为马连良先生所授，《八大锤》《碰碑》《骂曹》等戏，则为余叔岩先生所授，《恶虎村》《霸王庄》《长坂坡》《落马湖》《连环套》等戏，则为杨小楼先生所授，万春承诸先生不弃，加以指引，获益良多，惟以年幼质鲁，未能体悟，有负诸先生雅意耳。且万春自出演以来，承内外行之提携，与舆论之赞扬，尤为心感，以后只有潜心研究，不敢或懈，冀有以副诸公爱护之盛意，尚希不以谫陋见弃，进而益之，则尤为万春之所不敢请也。

(11)《名伶访问记（九十三）俞振庭（七续）》此节为“关公戏则为王福连、林树森二先生所授，后由李洪春先生改口”（《全民报》，1930年7月11日，第五版）。

至于万春绘画，不过率尔涂鸦，不足博大雅之一粲，承荷询及，益复惭愧。万春喜学画，系从赵华甫先生学百（博）古花卉，复从陈半丁先生学画，计一年，既又拜江采[12]女士为义母，江女士工花卉，有声于艺术界，万春承其不吝指教，并赐画谱极多，获益良夥。未及，又拜李毓如先生门，从先生学兰草竹木，又承李先生介绍，从金拱伯（北）先生学花卉者半年，此予学画之经过也。

(12) 原文作“江采蘋”。

万春年幼艺弱，承诸先生之提携，始得微博虚誉，鬻艺养亲，尚望评剧家、舆论界诸先生时加指导，俾得有所遵循，则感激良深矣。至万春家庭状况，家父顷间已为先生言之矣，恕不再赘也。

二

采访人：王柱宇

原载1937年4月6日—5月24日《世界晚报》（北平）

今日之国剧难分派别
一切已无固定界限

唱戏，有内外江之分。大抵，北平人听戏，对于外江派，往往发生一种之反感，而所谓外江派，在天津、上海、南京、汉口一带，又为一般所重视。不过，剧事至于今日，何者为外江派？何者为非外江派？已无绝对之界线。唱戏之条件，不外一嗓音，二调门，三腔路，四剧本，五布景，六衣饰，七化装。有人谓：即此种种，皆可判明是否外江派。今试分析言之。

嗓音沙哑

一、嗓音。谈者谓：国剧所用嗓音，在历史上，皆为黄钟大吕之音。大气磅礴，痛快淋漓。而今日之外江派，多为哑嗓子。则嗓音暗哑者，即系外江派。但所谓大气磅礴、痛快淋漓之嗓，在昔日，惟张二奎、许荫棠、孙菊仙、双克庭辈属之。谭鑫培以后，即趋重沉郁跌宕。而时下名伶，且多以沙哑之音见长。是以沙哑见长，不仅外江派为然。则嗓音之沙哑者，不必为外江派也。

调门太低

二、调门。谈者谓：国剧所用调门，在原则上，应以正工调为标准，调门太低，在六字调以下，乃非唱戏所宜。而今日之外江派，多用扒字调，则调门太低者，即系外江派。但唱戏用正工调，亦系过去之原则。近日名伶有言：唱戏贵有韵味。调门之高低，乃在所不问，且调门太高，往往失之尖酸。最好，用六半调与六字调，韵味乃见浓厚。则调门之矮者，不必为外江派也。

花妙离奇

三、腔路。演（谈）者谓：腔路，贵简老，而忌花妙。在规律，不尚离奇。今日之外江派，或以花妙见长，或以离奇动人，则腔路花妙离奇者，即系外江派。但今日之名伶，无论是否外江派，凡稍露头角者，即皆有自造新腔之必要。质言之，不能自造新腔者，不能取得名伶之头衔。则腔路之花妙离奇者，又不必为外江派也。

自编新剧

四、剧本。谈者谓：旧戏之演唱，以用古本为宜。编造新出剧本，为从前所无者，多系外江派。但今日之专演古本者，在名伶中，惟余叔岩一人。而余伶则久不登台，不常演奏。今日之名伶，往往以新编独有之剧本见长。质言之，求剧业之发达，恐非新编剧本不可。则自编新剧者，又不必为外江派也。

谭鑫培当年演剧常着破戏衣 近来童伶出科即自备行头

参用布景

五、布景。谈者谓：吾国戏剧之旧日情形，不用布景。一个戏台，无论演唱何种戏剧，皆为同一形式。在上场门者，为出口，在下场门者，为入口。出口与入口之间，为一固定的油饰之木板。木板上所绘花式，与剧情，完全无关。此木板之前，为场面人憩坐之地位。场面之前，为一小条桌。条桌之前，为演剧之地位。此为固定之状态，无变更之可能。至于外江派，多参合新剧布景，演某某戏，则用某某布景，则用布景者，即为外江派。但今日之名伶，如梅兰芳，如程砚秋，如马连良辈，演剧时，各有自造之布景。实际上，演剧用布景，已成一种之时代需要。泥守旧日成法，乃非落伍不可。即以演剧规则言，昔日演员出场，急走三步，其亮相地位，约在鼓架之稍前方。大抵，伶人学戏之始，皆以此为不二秘诀。但今日参用布景以后，一切场面诸人，皆匿置于帐幕之后方。舞台之上，凡观戏人目力所及，皆无所谓鼓架，而演员出场，自有其亮相之适当地位。则是利用布景者，亦不必为外江派也。

注重衣饰

六、衣饰。谈者谓：旧日演剧情形，演员职责，仅在“演”与“唱”，衣饰一道，无讲求之必要。谭鑫培演剧，往往着败旧之戏衣。然其演剧成绩，仍可取得“伶界大王”之头衔。今日之外江派，特别努力于戏衣之置备，往往一出之戏，每入场一次，则更换一次之戏衣。有入场七八次，凡更换七八次之戏衣者。则努力于戏衣者，亦即为外江派。但名伶之自备戏衣，不自今日始。时下名伶，无论为老生，为青衣，为花旦，皆以自备戏衣，为努力方法。且戏衣之式样花纹，尚日新而月异。一般座客，亦雅爱好之。今日之名伶，仅一言菊朋，宣称“不卖行头”。其意，乃趋重于唱与演。然效果如何，亦难断言。其他名伶，皆在自备新衣之怒潮中。童伶出科之始，各以购制戏衣，经费无着，引为莫大之缺憾。故注重衣饰，已成今日之风气。则努力置备戏衣者，亦不必为外江派也。

国剧化装较前有转变
多逐渐接近写真派

化装问题

七、化装。谈者谓：旧剧化装，与新剧化装，截然为二。饰老者，在旧剧，则于面部挂一髯口。在新剧，又系以儿童玩具式之“八字胡”嵌于鼻际，或以棉花，粘贴于腮间，状作络腮胡。表示骑马，在旧剧，仅以手持马鞭，则为人骑马上，放下马鞭，则为下马。

在新剧，又往往牵真马上台。此外，表示战争，在旧剧，则持木刀木剑木枪。在新剧，往往持真刀真枪，对杀对砍。总之，旧剧化装，为写意的，新剧化装，为写真的。其孰得孰失，乃为另一问题。今日之外江派，往往饰老者时，则于面部粘贴棉花，表示骑马，或用真马上台，表示争战，或用真刀真枪，则粘贴棉花状作胡须、牵真马上台、用真刀真枪者，即为外江派。盖旧剧与新剧，无混合之可能。谭富英与雪艳琴，曾合拍《四郎探母》之有声影片，谭伶依旧剧规则，面挂髯口，手持马鞭。至被擒时，且弃去马鞭，跌一抢背。此种情形，本属旧剧之当然办法。但夹用于写真派之电影作风中，未免令人可笑。外江派不知此义，参用新剧化装，乃为外江派之弱点。究竟，今日之名伶，无论是否外江派，其化装，实渐接近写真派。则化装而接近写真派者，又不必为外江派也。

外江问题

如上所述之种种，吾人对于国剧演员，辨明其是否外江派，乃无严格之标准。李伶万春，在国剧演员中，别具风格，自成一派。每应外江各埠之聘，常能轰动一时。李伶寓所，在骡马市大街迤南大吉巷。记者于其回平之始，前往访问。记者首问：一般谈者，多谓李君为外江派，李君之意如何？李伶答词，大意以为国剧至于今日，何者为外江派，何者为非外江派，已无绝对之界线。记者觉其所言，亦自具有相当理由。

因将其谈话情形，分别录志如下：

武戏之重要分子为“摔打花”
戏中武打全属表演性质

家学渊源

记者问：李君学戏，师承于何人？

李答：本人学戏，为时尚早。本人今年，二十七岁。于七岁上，即开始学戏。原因，家严在梨园界，为老资格。在南方各埠，颇负相当声誉。上海地方，有“三利”之徽号。此“三利”，一为李胜利，一为李长利，一为李永利。李永利，即家严也。家严自幼，习武打，腰腿功夫，颇极稳练。及长，因嗓音倒仓，始终未出，厥后，遂以“摔打花”，为唯一职务。此摔打花一角，在戏剧中，虽非主要地位，而武生，或靠把老生，演武打戏，即非有摔打花，为之辅助不可。盖戏中之有武打，完全属于表演性质，与真正之扑打，迥不相同。故凡演武打戏，全恃作配之摔打花，作激烈之跌扑。此摔打花之跌扑，愈形激烈，即愈足陪衬正角之神勇。质言之，在实际上，为正角者，并无真正之神勇，其所谓神勇，全恃摔打花之陪衬而出。此一摔打花之一扑一跌，表面看去，似受正角之支配，实则全属摔打花之自由动作，乃为摔打花之本身功夫。一般观戏人，但觉正角之神勇，而不察及摔打花之真实功夫。此种现象属于一般心理之盲点。

七岁登台　本人在梨园界，既属世家性质，故于七岁上，即随家严，练习种种之武功。本人之登台，即始于七岁上。其时，荀慧生方在上海演剧，剧报之上，不名荀慧生，而名白牡丹。盖荀慧生，在“白牡丹”时代，即已享名，为一般所重视也。当时，慧生新排《五子夺魁》一剧，剧中有大形之桃一，演剧间，桃裂，迸出小孩五人，作种种之武功表演。此五小孩，不数年间，各在梨园界，享有相当盛名。本人亦厕身其间，为五个小孩之一，且比较年龄，本人齿尚最稚。表演结果，后台诸人，深致赞许。但其时，本人虽稍知武功，而于戏剧之种种，尚未着手学习。自此以后，家严乃逐渐教以戏剧中之种种规则。厥后，家严并请马君连良，为本人说戏。马君所教本人者，皆为唱工文戏，而本人家庭，又出身武打，故至于今日，本人于文武各戏，俱能演唱。凡武生、靠把老生，以及唱、做工诸剧，尚无扞格不入之事。

国剧名伶多兼通武术
杨梅程诸人皆有武术业师

武戏角色

记者问：李君演戏，武功最为出色。然则，种种功夫，皆源出于家学乎？

李答：自来究习一种之技能，皆非经过若干之业师，不足以言成功。戏中武打诸戏，本全属表演性质。用于真正斗争，绝不相宜。故舞台上之武角，乃不得为武术家。中国武术，支派繁多，有表面文弱，而实力博大者。有气势蓬勃，而外强中干者。有外观花妙，而不甚适用者。有形式简练，而手头狠毒者。在武术名家，对于气势蓬勃、外观花妙之武术，往往嗤其专重表面，太不适用，则谓之为“戏台上的玩艺”。准此，则戏剧中之所谓“武功”，其意味，可想而知。究竟，武角之武功，虽重外观，不必适用，但如腰腿之稳健，与手头之准确，求恰到好处，希望成为一个之武功名角，则对于真正武术，即有兼究并习之必要。大抵，一般名伶，求以武戏见长者，多曾兼习武术。梨园界中，如杨小楼，固武生界前辈也，而杨氏，则曾学太极拳。如梅兰芳和程砚秋，本以唱做著称，而梅氏，亦曾学太极拳，其武术业师，为高子明；程氏，则曾从武术名家杜心五，练习轻身功夫。因有武术根底者，用于武戏，其身手即特殊精妙也。

兼习武术 本人在童年，一面练习戏剧中之武打，一面尚兼学太极拳。不过，因出外时期极多，兼之应酬太繁，除此以外，尚须排演新戏。对于真正武术，遂不甚精到。而于太极拳之大意，亦稍知梗概，于太极剑，亦略知门径。吾人于此，可下一说明曰：戏中武打与真正武术，本为截然二事。究竟，求演武戏，而恰到好处，即须参习真正之武术。惟真正武术，外观并不动人。则武戏演此，须以武术为体，以戏剧式之武打为用。然后腰腿稳练，手头准确，在舞台上，又不失其花妙动人之特长。盖务外观者，亦只好如此。本人适言：真正之武术家，亦有注重外观者。故求美观之武打，无论为戏剧，为真正武术，即有相为接近之趋势，而凡武剧演员，亦即有兼习武术之必要也。

梨园界中人常更易名字

小达子为李之岳父

太极传说

记者问：太极拳中，以记者所知有一高紫云，所收门徒最为众多。李君所言之高子明，是否即此高紫云？但通常之太极拳，属于杨班侯一派者，为六十四式。而此高紫云，年事已高，此时已七十余岁。据高自云：彼之太极拳，来源极古。太极祖师张三丰(1)，传一僧，僧得张三丰之传授，转而传之高紫云。故高之太极拳迥异众人，为一百二十八式。其式样之多，较之杨班侯派之太极拳，多出一倍。高之此说，未免荒渺难稽。原因张三丰之为人，果系出何朝何代，已无法稽考。惟明太祖创业时，所至征战，抵武当山，见有一人卧积雪中，该人附近，冰雪尽溶，热气蒸腾。问之，则张三丰也。此一说也，亦属一种之神话。总之，张三丰之历史，其最近而最可考者，当自明初始。张三丰以下，递传若干世之门徒，亦俱失考。惟据太极拳中人，叙述太极正宗之传人，概以王宗岳为起点。此后王传蒋发，蒋传陈长星，陈传杨禄禅，杨传其子班侯。班侯死去之日，距今已五十余年。现代之太极正宗为谁，众议纷纭，莫衷一是。总之，吾人以情理揣测，自张三丰，以至今日，最少已历五百年左右。高紫云自谓：系张三丰之嫡系徒孙，事涉荒唐，无法征信。李君亦知有此说乎？

（1）原文作“张三峰”，下同。

不必过问

李答：本人之从高子明，练习太极拳，系在童年时代。其时但知彼名高子明，不知其为高紫云。但高子明之年龄，确已七十余岁。其所教之太极拳，亦确为一百二十八式。则取而互证，从前之高子明，即今日之高紫云，亦未可知。梨园界中，常有更名之事。如昔日之程艳秋，今则更名“程砚秋”，昔日之白牡丹，今则更名“荀慧生”，昔日之五龄童，今则更名“王文源”。且“余叔岩”之名，亦系后来更改。盖余叔岩在最初时代，其名为“小小余三胜”也。敝岳父李桂春，昔日则名“小达子”。中国人习惯，往往一人数名，则更名一节乃属常见之事。至于此高老者之太极拳，是否太极正宗？在梨园界人而习武术，关于此项高深问题，已不暇过问。总之，既名之曰武术家，在武术方面，当然有其适用之处。程度如何，则系武术界之自身问题。吾人学得几手武术，以武术之意味，参用于舞台之上。最小限度，亦极美观之能事。因吾人之目的，在求美观，而不在打人也。

在北平登台常不演旧戏
赴外埠多演新排剧本

初学旧戏

记者问：李君谓幼年时代，曾由马君连良，学习唱做文戏。而在此时，李君出演，则概系新排之本戏。对于旧戏，则从不演唱。究竟，李君于旧有各戏，亦能演唱乎？

李答：梨园界人，演唱旧有诸戏，为固有本能。成绩如何，系另一问题。总之，无不能演唱者。盖学戏之始，凡种种原则，种种规模，任何童伶，无不以旧戏为根底。质言之，凡不能演唱旧戏者，即无演唱新戏之能力。不过，成年以后，因种种关系，有专演旧戏者，亦即有专排本戏者，而谓专演新排本戏之角儿，不能演唱旧戏，乃绝非事实。本人之嗓，曾一度倒仓，此倒仓时期，过去以后，嗓音复出。其韵味，尚宽大，其调门，亦颇及格。通常在家吊嗓，可唱工字调以上，登台演戏，亦够正工调，则于唱工一道，当然可以胜任。本人演戏，常在外江各埠，演新排本戏，为本人之原则。有时，演唱旧有诸戏，则属于例外。旧戏之中，如《四郎探母》《碰碑》《桑园寄子》《南天门》《洪洋洞》《朱砂痣》之类，此固绝对为旧戏性质。本人鬻技于外江各埠，常贴此类戏码，演唱成绩，亦殊不恶劣。但在北平地方，则绝不演唱耳。

在平不演

记者问：李君在北平地方，不演旧戏，其理安在？

李答：关于此项问题，原因太多。其最重者，约有二端：一、本人于旧有诸戏，老生方面，如唱工戏、做工戏，以及玩笑戏，以及靠把老生戏，武生方面，如长靠，如短打，凡此种种，皆可相当应付。但北平地方，为戏剧之发源地，老成诸人，皆为前辈。本人则属于晚生后辈、珠玉在前，本人即不必献丑。所谓不演唱，亦藏拙之一道也。二、北平地方，既为梨园界之根据地，则老生武生诸人才，多于过江之鲫。而论关系，则非亲即友，且为本人之尊长。本人若于北平地方，公然演唱旧戏，一般观众，比较成绩，自有种种之批评议论。无论小巫见大巫，先形气馁。纵幸而成绩佳良，亦自失晚生后辈之礼貌。故本人在此时，有一信条，即新排诸戏，在诸前辈，绝不演唱，则旧有诸戏，本人即退避贤路。而旧有诸戏，在诸前辈，一致努力，则新排诸戏，即为本人之良好机缘。途径不同，各行其是。论艺术既不相冲突，论感情，亦可以维持。本人觉此项办法，尚极妥当也。

新编戏剧亦取材旧本
全本戏性质有如说部

玩笑旧戏间亦演唱

记者问：李君精于武打戏，此为一般人所深知。究竟，老生之中，如《乌龙院》《梅龙镇》一类之戏，则属于玩笑戏，其作风，另成一派，与武戏性质，迥不相同。然则李君于《乌龙院》《梅龙镇》一类之戏，亦能演唱乎？

李答：本人所有信条，已如上述。凡属旧有各戏，为前辈名家，所认为拿手戏者，本人概搁置不演，以避贤路，《乌龙院》《梅龙镇》一类之戏，当然属于旧戏，老成人物，多以该类之戏，为拿手戏。在原则上，本人当然不能演唱。不过，本人演戏，既以新排本戏，为唯一途径，则属于本戏性质者，本人又有演唱之可能。而本戏取材，不外三种途径：其一，撷取历史上之一段轶事，编为有首有尾之本戏；其二，以旧日说部为根据；其三，根据旧有各戏，于传说上，或说部上，寻其源尾，编为大出之全本戏。有此原因，故旧有各戏，本人有时亦夹置于本戏中，演唱一二段，其唱做场面，定全为旧戏规模。如此，则本人虽不演旧戏，亦不免演唱旧戏。不过，一般老成人物，演唱旧戏，概以中间之一段特殊精彩为限，对于前后首尾，并不过问。盖梨园界在旧日规模上，每次演唱，概为九个戏码，故有所谓“前半工”“中半工”“后半工”。每一半工，计有三个戏码，且此九个戏码，尚须互相参合，互相错综。故每个之戏，亦只好减头去尾，摘演其中之一部精彩。阅日既久，所有全本戏，亦渐失传。近年以来，一般观戏人之心理，颇有变更。有嗜旧戏者，亦即有嗜本戏者。于是一般梨园界人，迎合观众之心理，亦渐分成两派。或以演唱旧戏，为唯一任务，或则专排本戏。大抵，旧戏之长处，全在局部表现。有该一段之演唱，而不看首尾，已足使人发生一种之观感。本戏之长处，有如说部，自始至终，全部描写而出。而在演者，每一本戏，非支持二三小时以上不可。精神稍感不继，即难对付终场。至于本戏之短处，则为前后精神，不免比较松懈，但求观众之明了首尾，亦只好如此。《乌龙院》《梅龙镇》两戏，各有新排之本戏，故本人于该项本戏中，间亦演唱。惟性质不同，亦无法避免。实际言之，表面虽似冲突，实际则并不冲突也。

演唱旧戏首须循规矩
但太合规矩又不易精彩

旧戏之难人尽皆知

记者问：演唱旧戏，根据旧有剧本，凡剧词，凡唱，凡白，凡哭，凡做工，以及武打等等，皆系固定成法。童伶坐科，若学得旧戏六七十出，出科以后，以唱戏为业，演唱一生，全为固定成法。在演戏人，无自出心裁之必要。至于排本戏，一切内容，皆须从新规划。如剧词，如唱、做、白、哭、笑，如武打，皆有排练记忆之必要。则比较言之，演旧戏，易于成功，演新排本戏，则难于练习矣？

李答：演唱旧戏，与演唱新戏，各有难点，各有易点。梨园界人，以演唱旧戏为原则。究竟，谈何容易登台演戏？语云“画鬼魅易，画犬马难”，因鬼魅果为何种状态，在一般人，不得而知。作画者信手走笔，但求成为一种之作风，已告无愧，至是否酷肖？是否恰如鬼魅之状态？此项问题，乃无顾虑之必要。因无法考证、无法对照者，自可由绘画人，自由操纵也。至于犬马，其状态如何，神理如何，则尽人皆知。作画者，除注意笔力，注意美观以外，其唯一注意之点，又有肖真之必要。稍稍失真，即可引起观众之非议。画犬马之难如此，唱旧戏之难亦如此。盖通常旧戏，凡剧词、唱、白、哭、笑，以及武打情形，尽人皆知。演戏人之职责，全在于规律中求精彩，稍有不合，一字之舛，则观众哗然非笑。以票友登台言之，大抵凡敢登台之票友，于剧词，于唱、做、白、哭、笑，于武打，着手练习，最小限度，亦有数年之经验。来回记忆，来回诵读，不知几千百遍。在台下，自以为纯熟已极，始敢登台。然而，一出门帘，往往张皇失措，台步错乱，身台（段）不整。忘剧词者有之，唱三条腿者有之，前后倒置者有之，荒腔走板者有之，胡琴过门已到，不知张嘴者有之。种种笑话，不一而足。内行学戏，虽系自幼习练，于种种规则，积若干年日之研究，比较娴熟。但一切艺术，有两种之最大困难：第一，非中规合矩不可；其次，太合规矩者，又不易表现精彩。伶人上台，以规矩为第一信条，但若处处讲规矩，而一出之戏，自始至终，不见精彩，则一般观众，乃不能满意。凡号称名伶者，一唱一白，一哭一笑，皆非有过人之长不可。合内行票友，以及能懂戏者，众目睽睽，欲博众誉，不綦难耶？

对旧戏有研究者排新戏极易
临时上场皆可编词

临时编词并不困难

记者问：旧戏之难，已如上述。然则新排本戏之难，当更甚于旧戏矣？

李答：本人适言，旧戏之难，难于尽人皆知。稍有错误，观众即致哗然非笑。至于新排本戏，凡内容种种，一般人皆不甚明了。故稍有错误，与临时变更剧词之事，乃不足为病。原因旧日剧本，其精神，其场面，其唱白做工之配备，每一戏，各有一种之特点。为演员者，若于各个旧戏之剧词、场面，学之烂熟，虽临时编凑为一种之戏剧，亦并不费事。梨园界，有一宗之笑谈，“不怕胡唱，只怕不唱”。盖演员上台，何种时机，须张嘴歌唱，概有一定之规则。且唱词之前，照例有胡琴过门。此胡琴过门一到，非立即张嘴不可。虽迟一秒钟，亦成一种之笑话，足以使观众哄堂。因凡老于听戏者，于胡琴过门，皆听之极熟也。但此必需张嘴之时机，为演员者，往往因一种之特殊原因，至于遗忘应唱之词句。胡琴过门已到，不知所措。此时，若该一演员，于各种剧词，记忆烂熟，无妨随口编唱一二句，以期渡过此项难关。事实上，亦无重大之妨碍，因各人所学，剧词容有不同。在观众方面，未便指为谬误也。不然，若胡琴过门已到，始终不敢开口。为琴师者，再拉一次过门，而该演员，仍不开口。此时，舞台之上，乃成一种之僵局，阖场观众，必致哗笑纷腾。所谓“不怕胡唱，只怕不唱”之理，亦即在是。不过，临时编词，非于旧戏烂熟者，无此工力。而烂熟于旧剧戏词者，又随口编凑，皆成合辙近理之绝妙好词。有此原因，凡旧剧演员，对于新排剧本，乃并不认为困难。大抵，一个戏班，新排一出之本戏，皆由编戏人，事前散发剧本，在演员方面，谓之“接本子”。此接本子之时期，有前一星期者，有前三五日者。往往老资格之演员，虽接下本子，亦不肯练习，不肯记忆。必演期已迫，始从事诵读剧词。有时，戏班方面，于公演之前，二三日间，召集诸演员，于家庭中，试行过排。而老资格之演员，一面走场面，一面尚手持剧本，对照念词。此种情形，在局外人，以为至时出演，必致闹出笑话矣。但至期，正式出演，则该演员之成绩，乃十分佳良。知此，则旧戏演员之编排新戏，并不困难，亦可推知。犹之熟于文学者，信手走笔，皆为绝世妙文也。

后台之隆重仪式为拜“祖师”
忌讳甚多谓“梦”为“打黄粱子”

剧界迷信

记者问：演员上台，有时，因一种特殊原因，至于忘词。据梨园界人谓：由后台出门帘时，非拜“祖师”不可。若忘去拜祖师之仪式，则上台以后，往往忘词。此说然欤？

李答：梨园界人迷信心理，比较极重。大抵，凡属内行，由后台出场以前，皆有拜祖师之仪式。公认属于一种之隆重礼节，非举行不可。事实上，有时，忘去拜祖师，则出场以后，确有忘词之事。以此言之，则似所谓祖师，果有何种之灵异矣。实则，此种情形，完全属于一种之心理作用。于神力问题，并无关系。盖迷信传说，势力愈伟大，愈足支配一般人之心理。梨园界人，自幼即拜“祖师”，以为“祖师”之神，可以直接影响于艺术成绩。故出场以前，即非拜之不可。有此一拜，其心理上，乃觉既经拜“祖师，”则出场以后之一切，即有“神”从中默佑，而艺术成绩，始有佳良之收获。不然，若竟遗忘，出场以后，其心理上，遂致惶惧不安。以为此次出演，非有错误不可。故结果至于错误，实其惶惧心理，为之造成，并非“祖师”有灵，可以使人忘词也。但此种习惯，积重难返，吾人置身梨园界，亦只好人云亦云。究竟，后台迷信，除拜“祖师”以外，其事正多，惟拜“祖师”乃为比较隆重者耳。

忌说梦字

记者问：梨园界之迷信，除此以外，尚有如何之事项？

李答：梨园界人，有一种之最大忌讳，凡“梦”字，皆宜避免。通常梨园界人，互相接谈，若云“昨夜做了一梦”，即云“昨夜打了一个黄粱子”，甚有谓“黄了一个梁子”者。盖“梦熟黄粱”，此为中国文学上之一宗故典，故以“黄粱”代表“梦”字。若于后台之上，有人误说“梦”字，则听者诸人，无不大惊失色。以为触犯忌讳以后，出场以后，必致弄出错误，至于影响艺术成绩也。其实，此种意味，与拜“祖师”之意味，完全相同。盖有一种传说者，一般心理，即认为情形重大。误触忌讳以后，乃致惶恐不安，而出场之后，即可以此惶俱不安之心理，造成错误。若根本不知有此忌讳，又绝无关系矣。此为后台之忌讳，亦不只一端。在前台上，又当别论。

后台不说“梦”前台不说“猫”
有所谓八大忌与十二小忌

前台忌讳

记者问：前台之上，亦有忌讳之可言乎？

李答：前台忌讳，与后台不同。即如，本人适言，后台之中，忌说“梦”字，有人误犯，必可招来不祥。但剧词之中，“梦”字极多。譬如《碰碑》中，六郎醒觉时，向令公说：“啊！爹爹！孩儿睡梦之间……”令公说：“哎呀儿啊！为父的，也得此梦。有道是梦梦相同，必有应验。”又《捉放》中，吕伯奢唱：“昨夜一梦大不祥，梦见了猛虎赶群羊。”又《汾河湾》中，丁山说“偶得一梦，甚是不祥”，迎春说“说什么夜梦不祥”。诸如此类，不胜枚举。总之，旧戏之中，凡有一种凶事，必以一梦，为之关合。在剧中人，对于“梦”字，脱口而出，殊无任何之顾忌。故“梦”字忌讳，仅关系后台。至于前台，并不适用。因旧戏情节，若下一番统计，总之凶多吉少，则利用“梦”之结构处，乃数见不鲜。若乃剧词之中，避用“梦”字，遂无法演剧。此类忌讳，在清宫之中，有一笑谈：当年，慈禧以太后当国，于宫禁之中组设戏班，随时演剧。独于《贺后骂殿》一剧，始终悬为厉禁。盖慈禧之乳名，为“贺格”，因避此一“贺”字，立致废弃《贺后骂殿》一剧，帝制权威，抑何可笑！

仅一猫字

记者问：前台忌讳，与后台忌讳，不同之点，大致如何？

李答：前后台忌讳不同之点，梨园界有一成语曰“后台不说梦，前台不说猫”。后台不说梦，已如前述，至于“猫”字，在《狸猫换太子》一剧中，用之极多。凡前台之上，无论为唱为白，皆避忌“猫”字。“猫”字本音，读如“貌”，平声，用注音字母注出，则为“ㄇㄠ”。唱戏，遇有“猫”字，皆读如“眇”，用注音字母注出，乃为“ㄇㄧㄠ”。此为旧戏之通例。在梨园界人，类皆知之。此一字也，与“脸”字，照例应读如“俭”大致相同。至其原因如何，尚不得而知。此外后台忌讳，在原则上，尚不只一“梦”字。据一般传说，有所谓“八大忌”与“十二小忌”。此“八大忌”，为“梦”“庙”“桥”“塔”“虎”“瞽”“聋”“哑”，其“十二小忌”，究为何种之字样？至今梨园界人，尚无能道其详者。实际上，后台之中，除一“梦”字，为共同遵守之忌讳以外，其余，“庙”“桥”“塔”“虎”“瞽”“聋”“哑”诸字，一般俱不甚注意。甚有不知此“八大忌”果为何字者。大致，忌讳太多，不胜记忆之繁，则阅日既久，亦俱忘去，忘去以后，亦可获得若干之便利也。

采旧剧精华编排新戏
训练配角颇感困难

新戏之难

记者问：旧剧之难点与长处，已如前述。然则，新编本戏，其难点与长处何在？

李答：新编本戏，其难处，亦至繁多。第一，所谓“画鬼魅易”，不过，原来规模，若稍有变更，在一般观众，亦俱无所察觉，在演员，尽有自由伸缩之可能。究竟，观众心理，一次入座，必能得到一次之满意。若看完一剧，而麻木不仁，事后，乃致惹起若干之非议。以是之故，无论新编一种之任何本剧，其情节结构，必可表现一种之精彩。所谓精彩，全恃重要角色，从旧剧中，撷取一种之精华，注入新编本戏之中。而何者适用，何者不适用，为演员者，即须煞费苦心，为之经营支配。且利用旧戏精华，注入新编本戏之中，尚须如水着盐，不见形迹。不然，若新编本戏中之某一场面，完全利用旧剧之某一场面，使观者一望而知，又致引起观众之哗笑。盖旧有各戏，于种种之结构穿插，可谓应有尽有，无美不备。吾人于今日之剧界，新编本戏，求离开前人之窠臼，事实上，乃绝不可能。有如今日之作文者，其种种文法，全为原来所固有，而每作一文，又不容完全利用古文之某一文法，必能脱化应用，始可成为今日之妙文。作文之难如此，编戏之难亦如此。

编排不易 其二，所谓利用旧剧之精华，注入新编本戏之中，其经营支配，全恃为正角者，独运匠心，期博观众之好评。然而，新编一出本戏，利用配角零碎之处，其事正多。而一般配角零碎，在梨园界乃属一种之苦人儿，辛苦一晚，所得不过数角以至数十吊。大抵，此类人物，头脑多极陈旧，欲求推陈出新，往往难于登天。此类人物之思想，其演剧之唯一信条，全在师传。师传如何，即如何演唱。甚至师传错误，问之，则曰“此师传也”。故新编一剧，召集若干之配角零碎，加以指授训练时，往往扞格不入。一个之简单场面，再四解说，或尚不能领悟。而舞台之上，凡配角零碎，稍有不合，观众即致哄堂。不如演唱旧戏，其场面应对，皆为一成不变之事。为配角零碎者，虽不受训练，亦不必训练。此种难点，在梨园界，引为最大关头。在观众，乃不知编排本戏者，当训练之际，不知凡费若干之周折，至于痛心疾首也。

今日戏剧营业与资本有关
新戏布景衣饰需款较巨

蜕化成法 其三，新排本戏，所有精华，既全由旧剧中，撷取而出。若编来编去，演来演去，仍用旧剧，改头换面。所谓“换汤不换药”，并无出奇制胜之处，则不如不编，不如不演。故新排本戏，虽不能离开前人窠臼，而表面看去，仍须有一种独立之作风。犹之，今日之写字者，其用笔之法，无非由前人成法中，脱化而出。然于今日之时代，亦成一种独立之作风，取得一种之“书家”头衔，则须不沾不脱。与前人之书法相对照，乃似是而非。若乃一个书法名家，而所书字迹，显然为“颜体”“柳体”“欧体”“苏体”“赵体”，此种字迹，即只能谓之儿童学书，不足取得书家之头衔。书法之难如此，新编本戏之难，亦如此。

布景切末 其四，吾人生当古人之后，既无法推陈出新，事实上，又不得不推陈出新。乃又不得不兼采新戏之风，期于旧剧以外，别树一帜。好在旧日剧本，全为写意派。其种种表现，皆须于神理中，加以领悟。一切景物，多半由演员之眼神中，描写而出。此种意味，乃全恃艺术之真实功夫。若程度稍差，无白描能力，则表演结果，观众必致麻木不仁。至于新剧意味，则为写真派，一切景物状态，舞台之上，往往有具体之表现，观众对之，可以发生一种之直接观感。不惟在演员，可以省去若干之工事，而且在观众，亦不必煞费思索。则兼采写真派之意味，乃为新编本戏之不二法门。但求景物状态之写真，谈何容易？凡旧剧之一切布景切末，在写真派戏剧中，即皆失去作用，每新排一剧，所需衣饰、切末、布景，以及种种之化装，消耗金钱，乃至不堪负累。故昔日之演员，但有演员，即可加入戏班，表演戏剧，除此以外，殊无任何之开支。至于今日之戏班，则于艺术与资本，此两个条件，缺一不可。究竟，戏剧一道，完全属于一种之营业。营业而佳，上座情形盛旺，该一剧之布景切末，可以长期应用。则其结果，可以赚钱，无亏本之危险。不幸而编出新戏，不能得到一般人之欢迎，一再贴演，终不上座，则该一本戏，即无继续演唱之可能。所有种种经营，固虚掷于无用之地。所有多金购制之布景切末，亦俱成为废物。此其结果，不惟不能赚钱，抑且非亏本不可。此种难点，乃为新编本戏所独有。在梨园界，成为一种之绝大问题者也。

每编排一新剧可接连演唱
顾曲者多辗转宣传

接连贴演

记者问：通常演戏，其戏码，概系逐渐更换。大致，一出之戏，演过以后，往往须历一两个月，始有重复贴演之可能。新编本戏之难，既如前述。而煞费经营之结果，出演一次以后，立时搁起。再演他戏，则又须经过排练。继续演唱，又为事实所不许。然则，新排本戏，亦太难维持营业矣？

李答：梨园界旧日习惯，每次出演之戏码，概系以次更换。此中理由，可分二端：一、以次更换戏码，始有号召座家之可能。不然，若经常演唱，观众即觉其可笑。二、在演员，以更换戏码，不肯回头，则可表示该一演员，能戏甚多。不然，若阅日不久，再行贴演，即似该一演员，并无博大之能力。究竟，此种意味，乃以旧日剧本为限。至于新编本戏，则不然。大致，每排一戏，无妨接连演唱。白天演唱该戏，夜晚亦演唱该戏，或今晚演唱该戏，明晚仍演唱该戏，且上期演唱该戏，下期亦无妨演唱该戏。譬如本期于星期六，白天演唱该剧以后，当晚，再演一次，至下星期六，白天仍演该戏，当晚，仍为该一戏码。如此，若营业情形而佳，尽可接连演唱至五六期，以至七八期，甚或十余期。故每一新排本戏之出，在戏班中，即有一劳永逸之希望。因根本为新排本戏，在观众，另有一种之心理也。

经常上座

记者问：新排本戏而接连演唱，可以永远上座乎？

李答：大抵，新排本戏，总在通商巨埠，或名城大邑，嗜戏人数，极为众多。一出之新排本戏，既经出演，第一次入座之观众，发现以后，即辗转告语，辗转传说。至第二次出演，则第一次之观众，乃介绍其家人亲友，前往参观。此第二次入座之亲友，又有其家人亲友，又可辗转告语，辗转传说。如此，因嗜戏人数之多，乃可接连演唱，而愈演愈上座。此种情形，可以电影为喻：每一电影院，租映一套之影片。在原则上，每天之中，多者三场，少者两场。接连映演，可至三四日，以至五六日。而影片之佳者，此数日中，每场开映，皆可上盛大之座客。不然，若该一影片，并无特殊精彩，则连映数日，上座情形，亦经常冷淡。故凡通商巨埠、名城大邑，有一种艺术成绩，不佳则已，只需有相对之价值，亦即可以卖得多数之金钱。盖语云“人嘴如风”，所谓“肉广告”之功效，比之书面广告，不止伟大百倍。凡电影院中，无不聘有专员，专编广告。每新到一影片，无不作盛大之宣传。“伟大名片”“长若干万尺”“惊险动人”之语，不一而足。然而，宣传自宣传，不能上座者，始终不能上座。此无他，无“肉广告”为之宣传耳。

上海最合宜排演新戏

交通便利顾曲者多

连续有效

记者问：大约新排一次本戏，可以继续演唱，至若干日期？

李答：此亦不必尽然。其继续演唱之时间，有适可而止者，有可以接连演唱至若干期，仍座无隙地者。大抵，凡一个排演新戏之戏班，其所有自编之本戏，必甚繁多。演至相当程度，或又换演从前排出之本戏。视观众之需要，或每隔数期，又连演新排本戏若干期。犹之电影营业，每租一片，概以连映三数天为原则。若上座情形，依然盛旺，无妨继续租映若干期，至上座衰弱之日为止。有时，极受欢迎之一套名片，轰动一时，连映若干期，至上座衰落以后，业已转往他埠。在原则上，无重来之可能。但阅日既久，一般观众，或又苦思该一名片。往往经过一二年以后，再将该片翻回，连映若干期。此卷土重来之时期，其上座情形，或较其他新片，更为热烈。故既属营业，即无一定之成法。最受欢迎者，其持续有效期间，即比较最长。换言之，不受欢迎者，其持续有效期，亦即最短。第一次出演，且不甚热烈，以后重复出演，必更无希望。不过，所谓欢迎，亦经（往）往因地而异。受欢迎于甲埠者，至乙埠，或又甚为冷清，为甲埠所不齿者，至乙埠，或又被一般重视。此种情形，亦不可一概而论也。

上海最佳

记者问：一出之新排本戏，继续演唱，其持续有效期间，比较最长者，当为何埠？

李答：此项问题，可分两种之原因。其一，该一地方，嗜戏人士，是否众多。若嗜戏人士极众，则以该地居人计之，一戏之出，即可接连演唱至若干期。假定该一地方之嗜戏人士，总数为五万人。每次上满座，约为一千人。则此五万人，继续入座，亦可支持至一个月以上；其二，该一地方，为交通往来之区，经过士商最为众多。则此持续期间，乃至不堪数计。北平地方，交通虽极便利，而远道来此者，大抵为政界人与学界人。此类人士，对于戏剧，并非唯一要求，入座与否，为相对的。故北平地方之座客，多为本地人而有戏剧嗜好者。至于往来人数最多者，厥为上海。水陆双方，皆极便利。且各地士商，一度赴沪，莫不存有一种娱乐之要求。有此原因，故论新编本戏，而持续有效期间，比较最长者，当以上海为最。本人演戏，以在上海时期为最多，其最大原因，即在是也。

“外江”剧业系整个经营
北平前后台划分

前后划分

记者问：上海地方，每新编一次之本戏，排熟以后，可以接连演唱若干期？

李答：上海地方之戏剧营业，比之北平，迥不相同。盖外江各埠，一个之剧院，有一个之戏班，乃为该一剧院所独有。质言之，譬如某一剧院，由北平聘请甲剧团公演，则此甲剧团，到达该埠以后，即继续在某剧院演唱。在此继续演唱中，甲剧团不得转至其他剧院出演。在某剧院，亦不得兼聘其他剧团，更迭演唱。北平市上之戏剧营业，则不然。每一戏班，在某一剧院出演，在一星期之中，最多，只占用两天。除此两天以外，则由其他戏班，更迭演唱。故北平市上之剧院，一星期中，可容三四个戏班，以至五六个戏班。原因，北平市上之戏剧营业，前后台，划分为二。前台方面，不过问后台事务，后台方面，不过问前台事务。一个戏班出演于一个剧院，其办法，有系戏班租用剧院，按期付以固定数额之租金者，则剧院方面，除收租金以外，于营业之兴衰，并不过问。或赚钱，或亏本，其权利与义务，皆为后台戏班，自行享有，自行负担。有由戏班，与前台订约，于营业项下，提出十分之四，或十分之三，作为剧院租金者。则赚钱与亏本，其利害关系，由前后台，共同负责。有此原因，则一个戏班，今日出演于甲剧院，明日或又转至乙剧院出演。所谓“期”者，即该次出演之日期也。

外江不同　外江之剧业，乃迥不相同。每一剧院，在前台，概有一组之班底，长期演唱。有时，派人来平，聘请一个剧团。其期间，或为一个月，或为两个月，合同之上皆经注明。则此一剧团，到达该埠以后，当然只能出演于该一剧院。且此剧团，既系包银问题，则出演时，为赚钱，为亏本，亦皆不过问。故外江各埠，经营剧业者，前台后台，系属整个之问题。而一个戏班，在一个戏院演唱，遂只能谓之演唱若干日期。大致上海地方，每新排一剧，若受一般之欢迎，则接连演唱，可至一两个月。甚有白天夜晚，皆为该一新戏者。故曰：上海地方，最宜编演新戏。其营业之盛，为其他各埠所不及也。

在上海演新戏极易赚钱
每一出常能续演一二月

经常上座

记者问：上海地方，每新排一出之本戏，其演唱情形如何？

李答：于上海地方，排演新戏，只需编制佳良，乃最为省力省事。大抵，上海地方之经营剧业者，概以新排本戏为原则。每一本戏之出，即接连演唱。譬如新排一二本《济公活佛》，出演时，□□皆为此一二本《济公活佛》。其持续有效之期间，近者可及一个月，最远或达两三个月，而每日上座情形，尚可同样盛旺而拥挤。有此原因，故长期在上海演唱之戏班，虽经常以编演新戏为职志，表面上似极费事。然而，排演之始，竭数日之光阴，产生一出之新编本戏，排熟以后，即可接连演唱，愈演愈熟。不惟并不费事，抑且较之演唱旧戏，尚为省力。必俟上座情形，渐告衰弱，戏班方面始继续经营，从事新编新排下期之本戏。往往新组一个戏班，组合之始，仅有一个之本戏，由全班中人，共同排演。此后，更当演唱何种之戏码，在全班中人皆不得而知。实则，有此一个之本戏，演唱结果，其营业情形，为赚钱，为赔本，早已揭晓。是否可以继续经营，已于此一个本戏之中，决其命运。故在上海地方，排演新戏，乃比较极易为力。

可及数月

记者问：上海地方，编演新戏，其营业情形，何以能持续有效至一个月，以至两三个月？

李答：本人适已言之，上海地方，商业之盛，甲于全国。水陆交通，皆极便利。故往来士商，蜂屯而蚁聚。譬如某一剧院，新排某一本戏，现正出演。则在一般人士之心目中，共知某一剧院，现正演唱某一新戏。而凡因事赴沪者，其心理上，又各存一尽情娱乐之要求。一至上海，乃向戚友，或熟识人，探询娱乐之途径。谈及戏剧，在戚友，在熟识人，必互相告语曰：某一剧院，现正演唱某一新戏，情节如何，兴味如何。言之凿凿，乃至眉飞而色舞。于是新到上海之士商，因戚友或熟识人之介绍，共为入座之宾。且此类往来士商，为数既多，则营业之支持，当然可及于久远，惟其演期极长，乃可输入于群众之心目中。

故演期愈长，营业乃愈佳。此外，上海地方，华洋杂处，居人聚多，该本地之嗜戏人士，亦复不少。闻某剧院，新演某一本戏，今日无暇，明日或可前往，则以当地人士论，亦可演唱至极长期间。合此两种原因，其一出之戏，支持至一二月以上，亦意中事也。

北平嗜剧之风显然分两派
一为旧式人物一为新派

北平情形

记者问：北平地方，每排演一出之新戏，其情形如何？

李答：大抵，北平地方，与外江各埠情形各有不同。不过，时至今日，北平地方，对于戏剧之趋势，亦稍稍转变。每排演一出之新戏，亦无妨继续演唱，至若干期。其异于外江各埠者，约有二端：其一，在北平演剧，终有“期”的问题。譬如一出新戏之出，在甲剧院演唱日期，为星期六与星期一[2]，又或因事实上之便利，以一昼夜为一期。星期六白天，演唱该剧，当日星期六夜晚，仍演唱该戏。此一期演过，必俟下星期六，每下星期日[3]，又或为下星期六之昼夜，始能在甲剧院，继续演唱，充其量，此在甲剧院停演之日期中，有一期或二期，转往乙剧院，或丙剧院演唱。总之，一出之新戏，不能在一个剧院之中，继续演唱，绝不休息。其二，在北平演唱新戏，虽系以“期”为限，间日出演。而此间日出演之次数，亦不容过多。至相当程度，即须更以其他新戏。不过，此其他新戏，或为新排本戏，或系早经出演之本戏，又翻回演唱，皆属可能范围。如上海地方，以一出新戏，连演至一二个月以上，则为不可能之事实也。

(2)(3)原文如此。

相对有望

记者问：北平地方，与上海地方，不同之原因何在？

李答：此其原因，亦不只一端。盖北平地方，在历史上，为旧戏之策源地。一般人士，对于旧戏之观念，最为切重。而旧戏演唱之方法，概系以次变更戏码，绝无一个戏码，继续演唱至两次以上者。若一个戏码，而继续演唱至若干次，一般人不明真相，不免多所非笑。此外，北平地方，有戏剧嗜好者，终以本地人士为基础。其外来过往之客商，比之上海，乃相差太远，欲外来客商之更迭入座，乃无甚希望。有此两种原因，故在北平地方，而演唱新戏，其持续有效期间，即不容过长。好在，北平地方嗜剧之风，在今日已显然分成两派：一派，为嗜旧戏者。对于新排本戏，往往发生一种之反感。此类人士，即非新排本戏之主顾。

一派，为新式人物。此派人物，往往兼嗜新戏与电影，而新戏与电影之出演，向以连续演唱为原则。故一个新排本戏之出，其踊跃入座者，即皆此类新式人物。则新排本戏，在北平地方，亦有相对发展之可能。至于将来趋势，更将转变至何种程度，尚不得而知也。

昔年北平人士反对外江派
近年麒麟童来平则受欢迎

全演旧戏

记者问：近年以来，北平嗜剧之风，显然分两派。然则，梨园界人之经营戏剧营业者，亦显然分两派乎？

李答：北平市上，嗜剧之风，至近年以来，虽显然分两派，而在梨园界人，经营戏剧事业，则又分为三派。其一，为全演旧戏者，如余叔岩，如言菊朋，如杨小楼，如郝寿臣，此类老成派人物，每次出演，概为旧日戏剧，于新编本戏，认为无演唱之价值。其出演时，凡入座者，可分两类：一，旧式人物，于旧戏观念极重者；二，后起人物，有学戏要求，入座听戏，乃为借资观摩者。此两类人物，在一般顾客中，总占少数。故上座情形，不能经常盛旺。其二，为全演新戏者。如所谓外江派之麒麟童辈，每次出演，概系自排之新戏。此类演员，在昔日之“北京”城内，乃无立足之地位。盖此间人士，在历史上，有一反抗外江派之心理，一睹演员之名号，系由外江输入，即不肯购票入座。纵为好奇心理所驱迫，做一次之顾客，而一听其腔调与做派，因与旧戏意味，不甚相合，则群起哗笑。故昔日之外江演员，多以至“北京”鬻技，为一种之畏途。

心理转变 究竟，所谓外江派，其腔调与做派，亦当然有其出奇制胜之点。不然，外江各埠之嗜戏者，亦自属于一种之娱乐。“耳之于声也，有同嗜焉；目之于色也，有同嗜焉”，吾人以情理言，唱能悦耳，做能悦目，已尽美之能事。何有于“外江派”与“京朝派”之分？不过，昔日之“北京”人士，其心理上，有两种之重大成见：一、昔日之“北京”人士，无论男女老幼，对于旧戏，多有相对经验。为唱为做，是否佳良，概有一种之标准观念。合于此标准观念则佳，与此标准观念不合，则认为“怪腔”“怪象”。二、昔日之“北京”人士，以为“北京”，为吾国首善之区。所谓“首善”，一切皆为首善。与“首善”之“善”不同者，即为不善。外江派之唱做，既与其成见不合，即与此间人士，格格不入。但近年以来，新潮澎湃。一般心理之转变，公认不合成见者，不必即不佳不良。且此不合成见之唱做，容有其独到之处。趋势如此，已渐成风气。故近年麒麟童来平时，其上座情形，乃十分拥挤。且旧式人物，尚有啧啧称羡麒麟童之唱做者。此为一般审美观念之进步，而值得梨园界人所深切注意者也。

老成人物演旧戏为后进模范
入座者多有志学戏之票友

新旧兼演 其三，为兼演新戏与旧戏者，此类人物，比较最为多。其上座情形，亦比较最为盛旺。所谓四大名旦，如梅兰芳、程砚秋、尚小云、荀慧生，老生如马连良诸人，每次出演，其戏码，为新戏，为旧戏，并不固定。有时全演旧戏，有时，又演自行编排之新戏。演剧于今日之北平市上，乃以此项办法最为相宜。原因，此时北平人士之心理，有两种成分，共同存在：一、不能演唱旧剧者，不能取得戏剧名家之头衔。故凡不演旧戏者，或致招徕一部分人士之反抗。而间一演唱旧戏者，恰足表现其根底佳良。二、新编本戏，在剧界，亦一种之创作家。且一个之新戏既出，一般人为试新起见，虽不常听戏者，亦可入座。有此二因，惟兼演旧戏与新戏者，含有迎合晚近潮流之意味，故此类人物，在北平市上之剧界，比较极占势力。释言之，求剧业发展，即非新编本戏不可，而专排新戏，又足招来一部分人之反感。此类人士，遂以编演新戏为方法，以间演旧戏为手段。信用既著，营业自佳。自来一般事业，皆非利用手段不可，不仅演戏一道为然也。

后起人物

记者问：近年以来，北平市上，颇有一类后起演员。其所演戏码，则全为旧戏，其故何耶？

李答：后起人物之专演旧戏，与老成人物之专演旧剧，其意味，迥不相同。盖老成人物之专演旧戏，其一唱一白，一做一动，皆为后起人物之模范。故凡老成人物而演旧戏，其入座者，大多数为有志学戏之票友，其余，始为嗜旧戏极深之旧式人物。总之：凡入座听戏者，莫不带有一种之研究心理。至于后起人物，而专演旧戏，其原因与作用，可分数端：一、既属后起人物，根本尚在学戏期间。所能旧戏，已不甚多，一次出演，有如登台实习。故后起人物之专演旧戏，乃不得为演戏。二、学戏尚未纯熟，当然无编演新戏之程度。三、学得三五出戏，偶然登台，乃为过戏瘾、出风头。其目的，不在卖钱，充其量为人演搭桌戏，专以销红票为能事。四、学至相当程度，能戏渐多，亦有能卖钱者。不过，此类人物而演戏卖钱，其所订价格，必至低廉，孺子妇人，小贩贸易，以少数之代价，入一次戏园，作一次顾客。其意味，乃在慰情，聊胜于无。此种演旧戏之意，则无足取焉。

昔年之汉口专嗜坤角戏
北平名伶多往献技

当年汉口

记者问：李君亦常至汉口，忆民国七八年间，记者在汉口时，曾见李君，于汉口大舞台，演唱《独木关》一剧，并带“枪挑安殿宝”。[4] 彼时，李君之年不过八九岁。以一孩童，在舞台之上，能唱，能做，能念，能打，一般观众，无不啧啧称奇。且李君童年时，面团团，两颊丰隆，眼神极佳，黑白分明。观李君之剧，有喜极欲狂者。此其情形，李君亦能记忆乎？

(4) 参见《李万春》前篇注（4）。

李答：当时，在汉口演剧，系本人学戏之始。屈指计之，忽已二十年。情形如何，早已忘去。家居无事，闻之家严云：其时，汉口地方，全系坤角势力。如恩晓峰、小兰英、赵紫云、十三旦、露兰春、姚玉兰、姚玉英辈，最为三镇人士所欢迎。剧院，则有汉大舞台、怡园、新民茶园及爱国花园、新市场。就中，惟汉大舞台，常演白话剧，其余皆为坤角势力。厥后，汉大舞台，有人出重资，延聘“北京”名伶，陆续前往献技，如余叔岩、梅兰芳、杨小楼、龚云甫、王长林、陈德霖诸前辈，皆在罗致之列。登台之日，上座情形，皆极佳良。此后，新民茶园、爱国花园亦曾一度改演大班戏。其时，家严率本人，获躬逢其盛。不过，学戏之始，人以小而著名，实则，谈艺术，乃不够程度也。

专嗜汉调

记者问：汉口地方，嗜剧之风，注重新戏乎？抑注重旧戏乎？

李答：汉口人士，对于戏剧观念，此时情形如何，不得而知。惟昔年情形，闻之家严云：汉口地方，有一种之家乡戏，谓之“汉调”。此汉调，表演之法，与北平戏，大同而小异。且其剧本之历史，比较最为悠久。谈皮黄者，谓今日之皮黄系由徽调变迁而来，而徽调之来源，又出于汉调。此说，尚近情理。盖皮黄规模，与汉调规模，确有极相类似之处。而汉调之中，亦有西皮二黄之分。不过，嗓音之运用，旨趣各殊。读音一道，在汉调，则全用汉口土音，此为皮黄与汉调，迥然不同之点。但由固陋而趋大同，此为进化之原则。一切皆然，不仅戏剧一端。究竟，在武汉三镇人士，喜汉调之全用当地土音，故嗜之极深。每过戏瘾，则以听汉调为务。至于皮黄，则谓之“京调”，言皮黄戏，系由“北京”输入也。大抵，武汉三镇人士之听“京调”者，概以试新为限。试毕，即可搁置不道。至于是否旧剧，是否新编，均无甚区别。唯一种风气，往往以时而异。昔日情形如此，今日或又事当别论。比年以来，嗜皮黄之风，大有举国若狂之趋势。此时之武汉三镇人士，或转而研究皮黄，亦意想中事也。

坤角唱大嗓以火气见长
惟孟小冬有男伶风味

坤角难佳

记者问：汉口人士，于皮黄，则嗜坤角。于当地戏，则嗜汉调。二者比较言之，究以何者为最占势力？

李答：唱戏之中，如老生，如武生，如老旦，如丑，如净，当然非男角不可。坤角所宜演者，仅为青衣花旦。因坤角而演青衣花旦，始有一种之天然风味也。世界戏剧，概系以男扮男，以女扮女，惟中国戏剧，以班而异。大班之中，饰女性者，亦系男角。坤班之中，饰男性者，亦系坤角，矫揉造作，未免多所不适。且坤角而唱大嗓，因衷气不足，往往曼妙有余，不见简老苍凉之气。质言之，坤角而唱大嗓，往往索然无味。自有坤角以来，如小兰英、恩晓峰辈，概系以火气见长。求字正腔圆、恰到好处者，乃难于披沙拣金。仅一孟小冬，以坤角而有男伶风味。除此以外，竟无第二人。故凡专嗜坤角戏者，往往意有别在。汉口戏园，多在租界上。昔年之坤角，多系于二黄之中，夹演梆子。上得台去，淫情浪态，令人肉麻。大抵，昔年之汉口，凡坤角而叫座者，皆系此种原因。则专嗜坤角者，乃不得谓之嗜戏。故以戏言，谓之嗜汉调则可，谓之嗜坤角，尚属褒词也。

试新而止

记者问：如李君所言，则昔年之汉口，可谓无甚懂戏者。究竟，北平之老成名伶，多曾前往献技，登台之始，亦能上满座。不懂戏者，何以有此种现象？

李答：本人适言，当时，武汉三镇人士，入座听戏，带有“试新”意味，即此意也。外江各埠人士，无论懂戏与否，总之，“北京”地方，为皮黄之策源地，凡“北京”极享盛名之角儿，必有其特殊之长处。此种抽象观念，乃尽人皆知。当年，“北京”名伶，次第前往献技，每到一二名伶，报纸之上，必大登其宣传广告。人名字迹之大，往往直径三四寸许，加以多方粉饰，可以使人触目惊心。故每个名伶，于开始登台之际，必可上满座。因一般心理，觉不入座“试新”，乃为人生之遗憾也。此“试新”之戏码，无论如何，总之，一度观听，已足慰其生平。下次再演何剧，即又不肯过问。有人问之，则曰“我已看过了”。大抵，此间名伶，前往献技者，多系有始无终。最长期间，不得超过一个月。曩余叔岩赴汉，登台之始，唱一出《卖马》可以上满座，过去二十天，上座衰落以后，一晚演唱全部《打棍出箱》，加演《打渔杀家》，而前往入座者，仍属寥寥无几。所谓“试新”而止是也。

北平人士富恋旧心理

《四郎探母》永远受人欢迎

愈旧愈佳

记者问：汉口地方，无论新戏旧剧，总之，某一演员，到达以后，登台之始，必可上满座，而连演至相当程度，即无人问津。上海地方，尚适于编演新剧。是上海人士对于戏剧，尚知所趋向。汉口人士，则毫无办法矣？

李答：表面言之，上海汉口两地，情形各殊。实际上，可谓一而二，二而一，并无分别。盖汉口人士之观戏，以“试新”为唯一要求，对于戏剧，并无深深之认识。故任何名伶，出演于汉口，绝无叫座至两个月以上者。此种情形，与北平地方，恰成反比例。大抵，北平人士之心理，唯一倾向者，为“旧”之一字。演员之资格，愈旧而愈佳，戏码之贴演，愈旧而愈妙。曩陈德霖晚年，以七十岁老翁，饰作娇小玲珑之幼女。其姿态，则庞然而大，其面颜，则臃肿不堪。但每一贴演《彩楼配》一类之戏码，则三街六市，轰动九城。其余诸老成人物，亦大率有此魔力。一出《四郎探母》，固旧戏也。在老成人物，以此为拿手戏，在后起人物，初学即由此努力。然无论为老人，为后进，每一贴演，必可上相当之座客。此无他，北平人对于戏剧，大多数俱有深刻之印象。故愈旧而愈受人欢迎。

仅为传舍 其余，实北平外，外江各埠，皆无此种现象。上海地方，何独不然？所谓上海地方，适于新编本戏者，其意味，亦“试新”也。与汉口情形，亦并无歧致也。不过，上海地方，交通便利，往来士商，比较极多。而一般人士，一度赴沪，又各有寻求娱乐之共同要求。新编本戏者，表示上海之戏剧，另具一种之作风也。往来士商既多，且到达上海，又多为其旅行之最终目的。勾留盘桓，阅日较长。有此种种原因，故新编一剧，无妨连演一两个月。“试新”人数之多者，其新编本戏，可长期上座，亦意想中事。武汉人士，论居人，本极众多，论交通，亦极便利。但当地人士，于戏剧，既无深刻之认识。过往士商，又多以汉口为转徙之传舍。由平汉路南下者，多为南人还乡，南人由家乡赴汉者，又多为转赴北平。此外，以水路言，长江上下游之船运，亦以汉口为中枢。然上下游士商，到汉以后，往往不及勾留，立即转购船票。欲其盘桓数日，赴剧团消遣，事实上，乃不可能。故经营剧业于汉口，最为困难。而最适当地人士之要求，仅为规模复杂、定价低廉之游艺场。此间名伶之赴汉，偶一为之而已。

所谓“四大名旦”皆为男角
“人体美”中外观点不同

男伶万能

记者问：若云戏剧原则，天然应以男扮男，以女扮女。男扮女、女扮男皆失之矫揉造作。然则男伶演女戏，坤角饰男子，即皆非所宜乎？

李答：近年以来，梨园界之趋势，颇渐倾向于男女合演。以男扮男，以女扮女。事实上，尚无不适之处。究竟，谓以女扮男，不甚合则可，谓以男扮女，不如以女扮女，则又失之不通。中国剧在世界戏剧中之，确有一种之独立作风。而此“独立作风”云云，亦即以写意为精神。既名之曰“写意”，故以男扮女，亦无不可。外国人之观中国戏者，于中国戏之精义，不甚了解。惟于中国戏中之女角，系以男子扮演，纷纷引为奇谈。观察结果，亦觉其别有风味。我国之梅兰芳、程砚秋，在今日之剧界，已立于领袖地位。在旦角之中，尤属一般旦角之模范。此二公，挟技游欧美，所至受人欢迎。其特点，亦属以男扮女。此外，今日之中国剧中，有所谓“四大名旦”。其四大名旦之人选，则除梅程以外，有尚小云、荀慧生，皆为男子，而坤伶不与焉。至今坤伶中之名旦，有师承于四大名旦，亦有私淑四大名旦者。总之，坤角之中，求于四大名旦以外，别树一帜者，乃不可能。知此，则中国戏剧以男扮男，固佳，以男扮女，尤佳。以女扮男，固不可，以女扮女，亦不见特长。此为一般之通例，无可讳言。盖以写意为能事者，惟男性为最佳，坤伶演戏，则不免减色也。

丰神酷肖

记者问：论中国戏剧，以女扮女，不如以男扮女之佳妙。其理由如何？

李答：化妆问题，首尚酷肖丰神。世界戏剧，概系以女扮女之原因，其最重一点，乃为外国女性之人体美，与中国历史上之女性人体美，意味悬殊。中国历史上之人体美，体格以葱秀纤弱为主，有此原因，故以女扮女，反不相宜，而以男扮女，反尽美之能事。此外，论嗓音，则男健而女柔；论衷气，则男实而女虚；论脑力，平均言之，女亦远逊于男。综此数因，则中国剧以男扮女，乃为出奇制胜之点。虽欲模仿欧化，亦不可得者也。

梅兰芳嗓音坚实秀润
即梨园界所谓“本钱十足”

各具眼光

记者问：李君之意，对于诸老成伶人，所最赞美者，当为何人？

李答：所谓钦佩，完全系个人眼光，与机会问题。个人眼光以外，容尚有特殊佳良、特殊崇高之艺术家，机会所及，因而致其钦佩者，不必其艺术，皆为他人所不及，所谓见仁见智，各具眼光。机会不同，意见歧出，此为一般所谓钦佩之原则，无可讳言。故本人之眼光，不必可以代表一般人之眼光。本人之机会，不必为不可变更之事实。本人欲述其钦佩人选，乃不得不先作此种声明。以本人之眼光所及，与机会所接近者，其最钦佩之老成人物，厥为梅兰芳、杨小楼、马连良、尚小云诸先生。此数公者，或为旦角，或为老生，与本人地位，迥不相同。故谈钦佩之点，不全属于艺术范围。盖谈一种之艺术，在发言批评之当事人，对于该项艺术，必有深刻之研究。最小限度，对于该项艺术，必有深刻之认识。若乃既乏研究，又无深刻之认识，斯不如不批评之为愈。往往一种之批评家，根本为门外汉，而高谈阔论，自命为有眼光。其所批评，多不值识者一笑。则一般批评家，亦当引为炯戒。此数人中，惟杨先生，系专门武生，与本人地[位]，尚相近似。但以后进人物，而批评先达，不敢谓之批评，举其所知，志其景仰而已。

本钱十足

记者问：李君对于梅兰芳，所钦佩者，何在？

李答：梅先生在剧界，为专门旦角。艺术问题，多所隔阂。故其艺术之高妙，究至如何程度，本人乃不甚深知。兹就本人所知者言之，约可分为三种：一、嗓音佳良；二、腔调新颖；三、表情老练。嗓音一道，因人而异。质言之，一万人之嗓，乃为一万种之意味。求两人之嗓门共一意味者，乃渺不可得。故论嗓音，实各有韵味，不容取此以例彼。究竟，嗓音之意义，以运用自如、发音悦耳为归宿。合于此种意味者，斯为佳良。稍有不合，即以次低劣。梅之嗓音，坚实而秀润，曼妙自如，可收可放，可抑可扬。随时应用，皆为妙境。在梨园界，谓之“本钱十足”。言唱戏之利用嗓音，有如经商之非利用资本不可。资本充足，始能自由规划其营业，嗓音佳良，始能唱出种种悦耳之腔路。本人觉旦角之嗓，无出梅公之上者，其所发音韵，似金石而非金石，似丝竹而非丝竹。在今日之梨园界，可以推群独步。此为本质问题，尚不涉及艺术。

舞台上表情分动与静
唱做念打均同样重要

惟唱最重　至于腔调，在梨园界人，比较最为重视。谈戏者，谓戏之条件，为唱、念、做、打。此四者，立于均等地位。实则，四者之中，惟唱最重。故人无内外行之分，一律谓戏之活动，为“唱戏”，无谓为“念戏”“做戏”“打戏”者。间有谓某某做戏甚佳者，不过言其局部的技能，不足包括全部能力也。通常梨园界人，家居练习用功，本系唱做念打，四者并行。究竟，须逐日努力，不可一日偏缺者，又为唱之一事。大抵，每一伶人，每日必由琴师，至其家庭，为之吊嗓。所谓吊嗓者，即练习唱工之意也。唱而佳，即成名伶。唱而劣，虽做、念、打，各极其妙，亦不能取得名伶之头衔。极而言之，凡不能唱者，乃不得有唱戏资格。高庆奎在梨园界，固亦有一部分势力者。近来，嗓音突然哑变，张口不能出一字。故虽能做能打，亦不能再登舞台。梅先生之腔调，多系自行研究，一腔之出，一般后起人物，即群相仿效。今日之旦角人物，学程、学尚者，虽不在少数，而比较言之，总不如学梅之众多。本人谈艺术，而又推梅为最者，原因亦即在此。

表情老练　做戏，虽系局部能力。究竟，舞台之上，求能引人入胜，即非表情佳良不可。而能唱不能做者，只能谓之为“半边”人物。至于表情意味，何以佳良？吾人可下一定义曰：凡表情老练者，即为个中高手。原因舞台上之表情，其重要一点，全在使观众明了。故舞台上之表情，与吾人之真实动作，迥然不同。有人谓：表情，无练习之必要，凡熟谙一般心理，凡熟人情世故者，用于舞台之上，即为绝妙之表情。其实，为此言者，必系不懂艺术之门外汉。盖舞台上之表情，分动静之两种时期。在静的时期，并无任何之动作。此时，一般观众对之，但觉有一种之姿势。至于动的时期，则一举一动，全系艺术问题。一般观众，于动之表现，即可明了个中之意味。故曰：舞台之上，不动则已，动必有所取义。大抵，表情之老练者，静时多，而动时少。因无动，不足表现其静的姿势。无静，又不足表现动的神理也。反之，不善表情者，上台以后，往往动静不分。静不见姿势，动亦无所谓。观众对之，必致麻木不仁。惟梅先生之表情，静时极多，而动时极少。然观众对之，觉其表情之处，乃能体贴入微。本人谓梅之“表情老练”，即此意也。

国剧介绍海外始于梅兰芳
梅待人接物和蔼可亲

中国文化

记者问：李君于梅兰芳关于艺术本身问题，已闻高论。此外，尚有何种赞美之点？

李答：本人于梅先生关于艺术本身问题，因立场不同，故只见及以上三点。再高再深，究至何种程度，本人即不便作管窥蠡测之论。至于艺术本身以外，本人觉梅先生之价值，不仅限于演戏。中国在世界上，立国最古。以四千余年之进展，其文化，亦自甲于全球。惟积弱不振，经济衰落，比之列强，竟致相形见绌，而世界各国人士，方肆其轻蔑之意。其实，文化为一问题，强弱贫富，又为一问题。不过，各国人士，因机会关系，不能认识中国之文化。遂谓中国文化，无甚可取耳。比年以来，国人方面，渐知中国文化，有向世界各国介绍之必要。分别努力，成效甚佳。就中，以中国剧介绍于外人者，实以梅公开其端。一行赴美，取得“博士”头衔，载誉归来。今而后，世界各国人士之心目中，乃共知世界戏剧中，尚有一种特殊作风之中国剧。共知写意派之戏剧，其兴味，尚驾乎写真派之上。而中国在国际上，亦渐提高其地位。吾人探源溯始，乃不能不归功于梅先生之努力奋斗也。

人格问题

记者问：李君论梅兰芳，尚有欲言者乎？

李答：除上述各点以外，梅先生之为人，尚有值得吾人钦佩者。吾国旧日习惯，对于戏剧演员，颇有轻视之意。官场之中，且有一禁例：凡优伶之家，三世以内，不得入试场。与妓女、皂隶，同其待遇。抨击艺术，莫此为甚。不过，在伶人本身，亦多不自尊重。语云“物必先腐也，而后虫生之”，此系定义，可以概况一般。中国戏剧演员，自谭鑫培以后，颇有提高之趋势。但旦角一行，仍不免于诟病。梅先生近年来，洁身自好，待人接物，又和蔼可亲。无论为梨园界人，无论为外界人，凡曾与梅先生往来者，莫不交口称道。此外，梅先生于一切不良嗜好，皆所引为炯戒，凡此种种，因本人与梅先生相处时极久，故知之极详。

杨小楼特长乃武戏文唱
后进人物欲模仿而无法努力

道大无方

记者问：李君对于杨小楼赞美之点何在？

李答：杨先生在中国剧武生之中，可谓别开生面，自成一家。谓之为前无古人，应无不可。杨先生为本人之“义父”，从事揄扬，似不免有感情用事之成分，存于其间。究竟，杨先生之艺术，无论智愚贤否，莫不交口称赞，公认为岸然不家。公道在人，吾人发言，亦无避嫌之必要。本人在武生界，为后生照（之）辈。一切作风，完全私淑于杨先生。故本人于杨先生，但知其道大无方，不可以言语形容。必欲言其好在何处，又不敢轻下一字。且本人之私淑杨先生，不过钦佩之余，处处欲追步其后尘。至于“学杨”与“杨派”云云，自知程度不够，亦不敢作此妄想。盖先生，身体魁梧，天然系一武生丰度。此一般武生，欲学杨，而无法努力者。其次，杨先生之嗓音，清醇之中寓刚健，无论为唱为白，口齿皆极清朗。音韵铿锵，不假雕琢，自然雄浑，大气磅礴。杨先生之此项特长，后进人物，尤欲模仿，而罔知所从。本人故谓：杨先生之长处，即为杨先生，其他人物，惟有望洋兴叹。所谓不能学、不可学者，杨先生有焉。

武戏文唱

记者问：杨小楼之长处，乃不可以言语形容。吾人若为下一简单形容词，欲差相近似者，亦可得乎？

李答：近年以来，一般智识阶级，对于杨先生，有一评语曰“武戏文唱”。此一语也，表面言之，似含贬的成分，实际言之，确为一种褒词。因舍此以外，欲得一差相近似之评语，批评杨先生，乃不可得也。颇有一部分不懂戏者，对于杨先生之道大无方，不能了解。则为之说曰：杨某者，年事已高，舞台之上，无努力之可能。故凡打凡做，莫不力从减省。甚有谓杨先生，贪懒不肯努力者。实则所谓不努力，亦即杨先生个人努力之处。吾人即不懂戏，而有目，可供吾人之观察，有耳，可供吾人之听闻。姑无论杨先生之戏，是否努力？是否贪懒？总之，吾人一听杨先生之唱与念，即可断定为英雄口吻，吾人一观先生之态度与做与打，即可联想及于古代之大将风度。吾人可为之说曰：“不做之做，是谓大做。不打之打，是谓大打。”杨先生惟能于不做不打之中，演出武勇惊人之武戏。故其品格，乃为一般所不及。所谓“武戏文唱”，亦此意也。(5)

(5) 杨小楼曾对编剧、画家吴幻荪言：欲求演戏技术之精当，必须破苦功夫，十二分坚固其根基。根基有准绳，不知发挥其内心，则是“戏唱人”，譬如傀儡，有其躯壳，而无灵魂。夫根基蒂固，如何可一造深入堂奥，发为自己性灵，则内心修养当矣，内行家所谓“人唱戏”也。余（杨自称）中年而后，亦尝涉猎小说及史鉴，曾发为幻想，虚拟戏中人之环境神理及个性，而肖之于舞台。初不自知合否，积久揣摩，乃渐得其音容，遍征询于有识者，始知其可，非一步而蹣到也。（见吴幻荪《志杨小楼一席话——天才艺术绝不可靠——演员端在根基坚实修养内心——不知发挥内心有躯壳无灵魂——“人唱戏”与“戏唱人”》，《北京益世报》1938年11月13日第五版）

武生表情异于武二花
须寓威严于秀雅之中

武生圣品

记者问：誉杨小楼者，谓为武生中之圣品，而武戏一道，当然以勇猛为依归。杨之姿态，文秀和蔼，杨之动作，平淡无奇。至于一般批评家，谓之为“武戏文唱”。究竟，武戏文唱者，乃为武戏之正则乎？

李答：武生之姿态，所以描写昔日之英雄。武生之动作，所以表现英雄之身手。一般演武生者，以为姿态不勇猛，不足以描写昔日之英雄，动作不剽悍，不足以表现英雄之身手。故出台以后，往往嗔目竖眉，有怒目金刚之风味。且臂之一挥，手之一指，足之一移，腿之一抬，处处气势蓬勃。其实，所谓英雄者，大抵威而不猛。语云“唯大英雄能本色”，可见英雄气概，乃寓威严于文秀之中。英雄身手，乃极灵捷简净之能事。彼努力太过，纯以火气见长者，仅足以描写张飞、李逵一流。但张飞、李逵，在戏剧中，不为武生，而为花脸。而武生与武二花，不同之点，亦即在此。准此以观，则一般所谓勇猛武生，与其谓之为武生，毋宁谓之为武二花脸。其当其否，不问可知。杨先生演武生，揣摩功深，已臻炉火纯青之候。姿态不见勇猛，而自然描写出英雄本色，动作不见剽悍，而自然表现英雄之身手。一片天籁，妙合无迹。“中庸”为圣人之道，杨先生演武生，恰得中庸之神理。则谓杨先生之戏，为武生中之圣品，亦切中事实，决非过誉也。

音韵准确

记者问：谈杨小楼者，谓其念白之佳，堪称独步。其理安在？

李答：唱皮黄，所用音韵，究以何者为准绳？言人人殊，聚讼纷纭。不过，一种之学术，若为之考古证今，必可近是。犹之研究国学者，若从《说文》《尔雅》入手，则根底稳固，绝无离经叛道之弊端。不然，若倡言维新，不知国学之自来，必致差之毫厘，谬以千里，不通之事，层见而迭出。皮黄近祖，源出徽调，徽调自来，又起于湖广。故皮黄所用音韵，天然应以湖广音韵为标准，若用北方音韵，则失鄙俗而固陋。大抵，前辈名伶，皆以用湖广音韵为主。不过，近年以来，新腔杂出，派别繁多，故纯用湖广音韵者，乃不可多得。然间有用湖广音韵之处，仍为一般所赞赏。杨先生在今日之剧界，已成硕果晨星。所用音韵，全为旧日规模。且嗓音清越，底气充沛，口齿明朗，故其念白，能恰到好处，如初写黄庭，今（令）人无懈可击。吾人听杨先生之戏，有如食蔗，愈后愈甜，余味盎然。非积数十年之研究、积数十年之经验者，无此功力。乃知任何学术，根底问题，最为吃重。率尔操瓠（觚）者，万难望其项背也。

武生均须兼擅长靠短打
非此不足以言全才

长靠短打

记者问：谈戏者，谓武生有“长靠”“短打”之分。杨小楼地位，乃属于长靠武生。故其作风，有“武戏文唱”之可能。此说然欤？

李答：所谓“武戏文唱”，当然系指一种作风而言，于长靠短打云云，并无区别。原因，长靠短打之分，乃以戏而异，并非以人而异。既名之曰武生，即凡长靠短打诸剧，皆能演唱。不能谓：我系长靠武生，不演短打戏。亦不能谓：我乃短打武生，不演长靠戏。犹之老生，有王帽老生，有做工老生，有靠把老生，有玩笑老生。凡老生，于王帽老生、做工老生、靠把老生、玩笑老生，即皆能演唱。一个之老生，饰帝王，穿袍服，则为王帽老生。饰家人，穿衫裤，则为做工老生。饰武将，穿铠甲，则为靠把老生。饰风流潇洒之人物，演玩笑戏，则为玩笑老生。犹之小生，有雉尾小生与扇子小生、穷生之分。凡小生，于雉尾小生、扇子小生、穷生，即皆能演唱。犹之丑角，有纱帽丑、方巾丑之分。凡丑角，于纱帽丑、方巾丑，即皆能演唱。犹之花脸，有铜锤花脸、架子花脸之分。凡花脸，于铜锤花脸、架子花脸，即皆能演唱。犹之旦角，有刀马旦、玩笑旦、闺门旦之分。凡旦角，于刀马旦、玩笑旦、闺门旦，即皆能演唱。若乃一种之角儿，于局部之中，又分为若干之科目，能于此者，不能于彼，此事实所不许，非并擅兼工，［不］足以言全材者也。

不能划分

记者问：事实上，一般演戏人，颇有谓某人为王帽老生，某人为雉尾小生，某人为纱帽丑，某人为铜锤花脸，某人为刀马旦、玩笑旦。其故何耶？

李答：此系言某一伶人之特长，并非言某一伶人之职务。譬之谭鑫培，于做工老生、靠把老生、玩笑老生，皆所并擅兼工。于王帽戏，亦非不能演唱。不过，谭之扮相，失之穷苦，演王帽戏，不甚相宜。故于王帽戏，乃搁置不演。譬之朱素云、德珺如，于雉尾小生、扇子小生，当然皆能演唱。不过，朱长于雉尾，故有人谓朱为雉尾小生，德精于扇子，故有人谓德为扇子小生。其他角儿，理由正复相同。武生一门，所谓长靠武生，系指饰大将、穿铠甲者言，所谓短打武生，系指饰绿林英雄、穿窄袖短衣者而言。剧中赵云，固长靠武生也，黄天霸，固短打武生也。但一般武生，能饰赵云者，必能饰黄天霸。盖长靠短打，乃为马上步下之分。既属武生，即所兼擅。杨先生饰赵云时，固多，饰黄天霸时，亦复不少。故论杨先生，谓其为长靠武生，不能短打，此亦绝非事实。吾人衡情度理，可以知其然也。

外江派武生如江湖卖艺
多在台上表演“盘杠子”

逾越范围

记者问：外江各埠，武生一角，往往于舞台之上，以腿作旋风舞。成圆形状态，继续翻舞，至六七十次以上。此种表演，谓之“打旋子”。其次数，愈多愈妙。又或于舞台上空、铁柱之上，作“盘杠子”之表演。其种类，愈多而愈奇。谈者谓：此种功夫，即短打武生之职务。然欤？

李答：此类武技表演，惟外江各埠有之。在北平地方，从不一见。且北平地方，舞台上空，根本无该项铁柱之设备。[6] 故该项表演，只能谓之为外江派，于长靠短打，并无关系。因北平地方根本无所谓长靠武生，与短打武生之分，而武生职务，亦即只有念白、表情，与刀枪冲突之种种。至于“打旋子”“盘杠子”云云，因非剧中所应有，乃不入戏剧之中。近年以来，谈戏者，对于外江派，与非外江派，颇难分出界线。事实上，从事分析，亦殊困难。然而，即此一点，亦可证明外江派之特点。盖一般所谓外江派之意义，言其无理由也。武生在戏中，虽以“武”为专责，究竟，其“武”之范围，乃以演剧为限。至于“打旋子”“盘杠子”，根本不入演剧范围。且“打旋子”与“盘杠子”之技能，系江湖卖艺之故智，在戏剧中，绝无理由。吾人于此，可下一定义曰：凡演剧，而无剧情剧理者，即系外江派。“打旋子”“盘杠子”诸技，于剧情剧理无干，谓之为绝对外江派，可也。

(6) 早年北京戏园，于台口上方亦悬设铁条一根，专备《花蝴蝶》《四杰村》《八蜡庙》《赵家楼》一类侠盗戏所用，以表现“梁上君子”“飞檐走壁”等情节，俗称“上栏杆”。讲究穿厚底靴上栏杆，在高空表演各种惊险技巧，如“前后鸭子”

“左右千斤坠”“铁板桥”“挂蜡”“横担紫金梁”等，名目繁多，尤以童伶为甚。民国元年（1912年）9月11日，武行童伶小春来，在北城德泉茶园演出《花蝴蝶》，“上栏杆”一场，发生事故，摔毙舞台。事后外城巡警总厅通告各戏园，将《花蝴蝶》《赵家楼》等戏“上栏杆”一场禁止，“以防危险，而保生命”，从此“上栏杆”绝迹于北京戏园。

真刀真枪

记者问：外江各埠，往往演《塔子沟》《铁公鸡》一类之戏，动用真刀真枪。在北平地方，亦所绝无。此种情形与剧情剧理是否相合？

李答：动用真刀真枪，在舞台上亦绝无理由，故动用真刀真枪者，亦系外江派。原因，中国戏剧，既系一种之写意派，则一切表演，概以写意为依归。所用刀枪之类，皆系木质者，表示其为写意也。外江各埠，欲于木质刀枪以外，推陈出新，故特制真刀真枪。其用意，可分两点：一、真刀真枪，在舞台上，系新发现之用具。观众欲试新，则有叫座之魔力。二、真刀真枪表示惊险。观众欲目击特殊惊险之表演，亦可以上座。故所谓真刀真枪，在外江各埠颇有卖钱之可能。究竟真刀真枪，在戏剧中，实太无理由。既系写意戏剧，何必动用真刀真枪？且所谓真刀真枪云云，亦不过易木质为铁质。其实，亦决非真刀真枪。需此铁质而无用之真刀真枪，有何取意？故动用真刀真枪者，亦即以外江派为限。

外江派演武戏骑真马上台
铁质刀枪不易舞弄

表演斗争

记者问：以木质刀枪，作斗争之写意，与以铁质刀枪，作斗争之写意，二者比较言之，有何区别？

李答：戏剧之意义，以写意为佳，无写真之可能。此为一般戏剧之原则，不仅中国剧为然。今试以动用刀枪，作斗争之表演言之：演戏者，表示其为斗争而已，非真正斗争也。不过，表演之佳者，分明为表演性质，而观众对之乃疑为真正斗争。其实，戏剧中之斗争，绝对为表演，绝对非真正斗争，可以断言。故戏中诸角，往往因职责不同，至于与观众，发生一种之感情作用。大抵，演者人格，为一问题，演者职务，又为一问题。假定一个之演员，人格至极卑污，但其职务，系为老生，所饰演者，多属正人君子一流。观众对之，因其艺术关系，或竟联想及于演者之人格。以为此老生，必系正人君子。又如一个之演员，人格极端高尚，但其职务，系为丑角，所饰演者，全系龌龊小人之辈。观众对之，或又联想及于演者之人格。

以为此丑角，必系龌龊小人。如此等等，不一而足。可见，艺术之感人，其表演势力，乃在真的事实之上。

万难肖真　武戏中所用刀枪，既系表演性质，当然以木质者为佳。因其密度极低，分量甚小，持以舞弄时，易于为力。而铁质刀枪，密度甚高，分量较大，用于戏剧之中，遂感周转不灵也。且舞台之上，至杀人之处，亦当然为表演性质，决无持刀枭首，至于劫然头落者。审是，则利用铁质刀枪，又有何益处？通常外江派用真刀真枪，虽系铁质，而并不开口，其刀刃枪锋，仍为钝的状态。则是与其用真刀真枪，而并无危险之可言，不如径用木质刀枪，明示人以并无危险之为崇高也。此外，外江派之表演武生剧，于利用铁质刀枪以外，尚牵真马上台者。在外江派演来，亦殊有叫座之魔力。喜其真马上台，足开舞台上之新纪元也。其实，中国剧之手持马鞭，表示骑马，乃为一种之特殊规则，意义至为遥深。分析言之，一、手持马鞭，足仍步行，而表示骑马。当人数过多时，始有秩序之可言。不然，若一律骑真马上台，舞台之上，不惟秩序零乱且无容纳之可能。二、中国剧，注重处处符合。手持马鞭，表示骑马，则台步身段，仍可看出，使戏剧之美，完全保留。若骑真马上台，则无所谓台步身段，与锣鼓家伙，尤无法符合。其余，不合剧理之处，其事正多，不遑枚举。总之，过于肖真，皆非戏剧所宜。外江派不知此义，宜其招来北平人士之反对也。

旧剧动作多为“写意”乃势所必然
但能肖真处无妨使其肖真

救济方法

记者问：所谓写意派戏剧者，以某一种形式，代表某一种意味之意。譬如手持马鞭则为骑马，出入门户以足之一抬为表示，其实并无门户之状态。至于由甲处至乙处，仅由剧中人，在台上绕场一周，仍用原来之桌椅，乃表示另为一个之家庭。如此等等，不一而足。究竟，所以如此写意者，其原因何在？

李答：戏剧非写意不可，乃为势所必然。原因，戏剧之构成，全系根据人事，作一种之描写。但人事之活动，往往一件之事，占用若干年之时间，占用若干里之空间。舞台之上，若真须占用若干年之时间、占用若干里之空间，即无法演唱。即如一个人，自出生以至经营一种事业，其间，动经二三十年以上。又如一个人，由北平以至南京地方，其间，已行出数千里以外。假使无写意方法，为之救济，则一出之戏，演唱至二三十年以上，费数千里面积之舞台。此其戏剧，如何演唱？戏中出入门户，并无真实门户者，因有门隔阻，即可遮蔽观众之目光也。至于绕场一周，示由甲处至乙处，当然为经济空间，不得不如此救济。

盖戏剧之意义，有肖真之可能者，无妨肖真。肖真而不得者，亦只好以写意为方法。此即艺术之精神，亦艺术之特点也。

赤背问题

记者问：若然，有肖真之可能者，无妨肖真。则《打鼓骂曹》一剧，依本事，为祢衡者，应赤身露体。在舞台上，欲露体，当然不可能；欲赤身，又属可能范围。常见汉调中之《打鼓骂曹》，祢衡一角，皆系赤身赤背。今日皮黄中之《打鼓骂曹》，祢衡一角，则着紧身短衣。其故何耶？

李答：舞台之上，赤身赤背，本为事实所许。马连良先生，演《雪杯圆》[7]一剧，至莫成替死时，则卸去外衣，赤身赤背，表示为就刑之死囚。由此言之，则《打鼓骂曹》一剧，为祢衡者，赤身赤背上台亦未始不可。据闻，从前皮黄戏中，演此剧，亦系赤身赤背上台。至于着紧身短衣，表示赤身露体，似过于写意。至于使观众，有不明剧情之嫌。但此种办法，创始于谭鑫培。盖谭氏生前，大烟嗜好极深。骨瘦如柴，肤多皱纹，赤身赤背上台，颇不雅观。故改着紧身短衣，开此剧之新纪元。而谭氏一切，皆足为后人之表率。厥后，演此剧者，遂以谭之办法为标准。谈者谓："禁止赤背"，为公共场所之通例。故今演《骂曹》者，亦不敢赤背。此则近于附会，并非事实也。

(7) 原文作“雪杯缘”。

现代老生对谭鑫培戏词均奉为圭臬一腔一动莫不竞相模仿

吐词为经

记者问：谭鑫培在剧界，当然属于人杰。究竟，其偶然事实，遂足为后人所宗法？

李答：今日中国剧，唱老生者，多宗谭派；唱旦者，不宗梅，则宗程；唱武生者，又宗法杨先生。大抵，既称某派，则于某前辈伶人之一举一动、一种形式，莫不竞相模仿。近似者，斯为上品，稍有不合，即贻观众之讥笑。《打鼓骂曹》一剧，依本事，依从前唱法，皆有赤身上台之必要。但谭鑫培上台，既着紧身短衣，则后之学谭者，亦自非着紧身短衣不可。今有人焉，号称“谭派老生”，而演《打鼓骂曹》上台时，乃赤身赤背，观众见之，必致大哗。至于该一剧，是否应赤身赤背？是否谭鑫培因体瘦，临时改为该种化装？凡此种种，理由如何？即皆无人过问。此种情形，大抵，凡负有一时重誉者，皆可握有操纵一切之魔力。谭之种种，足为后人之宗法者，其事正多。即如《卖马》一剧，在从前，皆派于前三出，作为开场戏。然而，一经谭氏演唱，竟成名剧。又如《卖马》之锏法，以及《骂曹》之鼓点、《打棍出箱》之踢鞋，在谭氏，号称拿手。今日之谭派老生，遂下全副精神，练习此三种功夫。所谓“大王”，宜其具有此项魔力也。

并无成法

记者问：闻之某伶人言，《四郎探母》第二场上场时，有唱词为“在头上，取下蝴蝶冠，身上脱去紫罗衫。圆毡帽，齐眉按，三尺青锋挂腰间。将身站在宫门等，等候了公主好上阳关”。厥后，有冯柱者，系一二路老生。其人口吃，往往说一字，而重说若干次。彼演《四郎探母》，唱至“将身站在宫门等，等候了公主”，于两个“等”字，因口吃，重说至四次。谭鑫培闻之，以为系绝妙好腔。以后，谭唱《四郎探母》，亦遂改词为“将身站在宫门院，等等等等候了公主”。此种唱法，至今所谓谭派老生，已成固定唱法。在梨园界，属于一种之笑柄。此说然欤？

李答：此一说也，姑无论是否事实。总之，唱“将身站在宫门等，等候了公主”固无不可，唱“将身来在宫门院，等等等等候了公主”，亦未始不可。如前者唱法，固极简净大方之能事；如后者唱法，亦属一种悦耳之腔调。伶人唱戏，各有腔路，各有宗法。立于模仿地位者，则极端歌颂，立于反对地位者，又尽量抨击。吾人平心论之，皆大可不必。颇有人谓：谭唱《宿店》，至“陈宫心中乱如麻”之行腔，因转腔错误，落于中眼，其下，又添一小腔，以救走板之穷。

至今唱《宿店》者，亦皆奉为圭臬。此项问题，究竟如何，吾人亦未便加以武断。本人觉唱而成腔者，实无固定之成法也。

今日之梨园界偏重青衣
梅兰芳亦膺所谓“大王”头衔

所谓大王

记者问：中国剧界，古今有所［谓］“大王”。今日之所谓“剧界大王”，公认为梅兰芳。昔日之“剧界大王”，则为谭鑫培。最近，言菊朋致函《世界晚报》，关于《四进士》之角色问题，有所声述。则谓：“当年谭大王在世时，演《四进士》一剧，不饰宋士杰，而饰毛朋。”乃迳称“大王”，而不称名。一般阅者，亦共知此“大王”，即谭鑫培之代名词。究竟，此“大王”头衔，何由而来？

李答：“大王”，系封建时代之一种名词。言“大王”者，表示在该一部分，握有无上权威者也。此类头衔，在前清时代，绝对无之。质言之，在帝制时代，皆所绝无。民国以来，凡属国民，一律平等。种种尊荣名词，废弃无用。于是种种团体，以及多人聚集之场，有一人焉，出类拔萃，则群以从前无上尊荣之名词，作为徽号。今学校中，于女生，则有所谓“皇后”，于男生，则有所谓“皇帝”。电影明星中，于女角，亦有所谓“皇后”，于男角，亦有所谓“皇帝”。故剧界之中，亦即有“大王”徽号之产生。所谓“大王”，不过谓其在剧界中，握有无上权威。实则，其产生也，往往不知所自来。沿用之际，抑又无人干涉。吾人顾名思义，亦不必认真也。

不必认真

记者问：谈者谓，所谓“大王”，乃于剧运有关。昔年之梨园界，偏重老生。故昔年之“剧界大王”，亦为老生。今日之梨园界，偏重青衣。故今日之“剧界大王”，亦为青衣。此说然欤？

李答：本人适言，言“大王”者，不过示其在剧界，握有无上权威之意。于艺术问题，殊无确定之意义。颇有人谓：“大王”者，雄长某一部分之意也。谭鑫培系老生，其艺术，无论如何高妙，即欲特上尊号，亦止能谓之为“老生大王”。于旦、于净、于丑，不足涵盖一切也。梅兰芳系青衣，其艺术无论如何高妙，即欲特上尊号，亦止能谓之为“青衣大王”。于生、于净、于丑，不足涵盖一切也。究竟，此一说也，未免进于固执不通。所谓“握有无上权威”之意，乃系比较言之。昔年之谭鑫培，在中国剧界，堪称第一人物。在个中人，固钦佩而尊崇之。在局外人、在一般人，亦群以谭鑫培一人，足为剧界之领袖。今日之梅兰芳，其势力，本人前已言之。故在个中人、在局外人，以及一般人，对于梅先生莫不有一“大王”之观念。若必欲分门别类，各举一个“大王”，“老生大王”“青衣大王”以外，尚有所谓“花脸大王”“丑角大王”，岂复成为“大王”耶？

马连良在今日已另成一派
李盛藻范钧宏皆马派人物

所谓马派

记者问：李君所赞美之梨园界人，除梅兰芳、杨小楼以外，尚有马连良、尚小云。究竟，李君于马连良赞美之点何在？

李答：马先生与家严，为多年老友。两家交谊，往来甚密。比之一般梨园界同人，尤为亲切。故本人在幼年，即由马先生说戏。至今，本人偶演老生习做诸旧戏，尚系宗法马先生。其实，本人之钦佩马先生，亦不以双方交谊，及师徒关系为限。盖马先生在今日之中国剧界，已握有高度权威。其一唱一做以及一种之建设，多足为后进人物之楷范。谈戏者，颇有“马派”之名词。实际上，凡后起人物之研究老生者，无论为内行，为外行，模仿马先生者，亦至为众多。内行如李盛藻，票友下海者，如范钧宏，皆以学马而享有相当名誉者。

如此特长 马先生之长处，何以足为后进人物之宗法？以本人之意，觉其道至繁，不可以言语形容。

言马先生之生质，则扮相秀雅，英气逼人。体格修伟，仪表超群。嗓音秀润，韵味极浓。此为一般学者，欲追步后尘，而无法努力之处。至其艺术功夫，则能创造新腔。于不失规则之中，独辟蹊径。大抵，所谓“马派”人物，其所努力者，不能逸出此项范围以外。此外，马先生于中国剧界之贡献，尚能编排新戏，改善服装。在剧史上，亦足垂不朽。是知欲在艺术界中，享有一种高尚势力，必有其出奇制胜之点。侥幸，绝无成功之事。谈戏者，对于马先生，亦不无微词。但自来一种杰出人才，一般议论，多系毁誉参半。而公道在人，真有特长者，终必掀露头角，取得名家之头衔也。

各有立场

记者问：颇有谈戏者，谓唱戏，以唱为主，而唱，又以字为唯一依据。马连良之长处，全在嗓音柔媚，运用自如。故随口唱来，皆成绝妙好腔。究竟，字音一道，则不甚讲究。于平上去入，颠倒不清者，俯拾即是。而马之品格，遂难臻上乘。李君之意如何？

李答：皮黄中之字音，其平上去入，本以湖广音韵为准绳。究竟，中国剧所用字音，在历史上，早已分成三派。老三派中之余三胜，固用湖广韵，而张二奎，则用“北京”韵，程长庚，则用安徽韵。新三派中之谭鑫培，固用湖广韵；而孙菊仙，则用北音；汪桂芬，则用徽音。今日之三派人物，余叔岩、言菊朋，固用湖广韵；而时慧宝，则用北音；王凤卿，则用徽音。故既称一代名家，即各有立场，各有所长，不容取此以例彼。譬之宗教，释道，为一种之主张；耶回，又各为一种之主张。若以耶回之主张，反驳释道之主张，此亦固执不通之尤也。

欲谋剧业发展非改进不可
保守人物形同古玩

改进问题

记者问：李君论马连良，所谓“创造新腔”“独辟蹊径”“编排新戏”“改善服装”云云，吾人若立赞美地位，当然认为过人特长。然在一般守旧派伶人，又认为不合昔人成法，多所非议。然则，为是为非？为优为劣？亦无甚界线之可言矣？

李答：本人适已言之，今日之中国剧界，显然分为两派。一、为改进派；二、为保守派。在改进派，对于戏剧之一切，莫不研究改良，研究维新，而在保守派，又于戏剧之一切，完全遵守昔人成法。此两派，实各有难点。盖既称改进，则非运用脑力、运用思想，研究推陈出新之法不可。而戏剧一道，系一种最公开之艺术。改进而佳，则一般人，欢迎而赞美。稍有不合，又为一般人，所讪笑而攻击。以一人之脑力，谋公共之欢迎赞美，谈何容易？此改进之难，非有强健过人之脑力，不足以言成功也。

适应需要　至于保守派，表面言之，完全袭自前人成法。其易于努力，已可想见。究竟，既称前人成法，则为一般人所共闻共见。稍有乖舛，众目共瞻。求模仿前人，而能恰到好处，亦殊戛戛其难。故改进与保守，各有其难能可贵之点。不过，今日之时代，求经营剧业，而适应一般之需要，乃非努力改进，不足以言竞争。大抵，经常出演，而营业佳良者，必系改进派中之出色人物。至于保守派，仅成其为古玩性质。偶一为之，尚可上座，接连出演，即非失败不可。则今日之戏剧，非另谋改进不可，已可断言。所谓“创造新腔”“独辟蹊径”“编排新戏”“改善服装”，当然具有其崇高之价值。虽百口攻击，亦仅成其为个人之私见而已。

并非外江

记者问：他姑无论，专从“创造新腔”言，毋乃近于外江派乎？

李答：本人适言，外江派与非外江派，并无绝对之界线者，即此故也。盖腔调一节，在大体上，本有一种之成法。不合于此成法之腔调，似即外江派矣？然而，所谓外江派者，亦漫无标准也。剧界中人，无论为外江派，抑非外江派，五十年后之腔调，与五十年前之腔调，是否完全相同？极而言之，十年后之腔调，与十年前之腔调，是否相同？皆为绝大疑问。大抵，每一杰出人才，必有其自创新腔，为一般所欢迎赞美。故创造新腔者，不必为外江派。此其理由，亦绝对可以成立者也。

程长庚三高足能各立门户
任何艺术皆半由学力半源个性

创造新腔

记者问：创造新腔，为必然事实，不以外江派为限。此其理由，亦有说乎？

李答：任何名伶，以至任何一个伶人，执业既久，必有自造新腔之产生。此系原则，无可疑问。盖唱戏一道，师徒相乘。一腔一板，虽有严格之限制。究竟，此为童伶学戏之情形。至于出科后，自由鬻技，即不免以意创造新腔。不过，此自造之新腔，若具有价值，为一般人所欢迎，则其他后起人物，亦必竞相模仿，而此一新腔在剧史上，亦遂成为一种之派别。不然，若无甚可取，甚或为人所不满，则此自造新腔，仅成昙花一现，不足以垂久远。犹之写字，在幼年生徒，入学之始，一点，一画，一勾，一勒，莫不以塾师之范本为依据。及学业既成，又自由走笔，以意创为种种之姿势，种种之格局。若系岸然名家，则其书法，可成一种之字体。又若碌碌无长，不为一般所重视，则该项笔意，旋即消灭。总之，人类复杂，凡习惯、性情、思想、意趣，即各有特点，不相从同。价值虽有等差，创造则为必然之事。唱戏者，因嗓音不同，习惯不同，意趣不同，无论如何模仿，而得之学力者半，而源于个性者半。此于一般原则，固不得谓创造新腔者，即为外江派也。

个性使然

记者问：任何名伶，其所唱腔调，皆得之学力者半，源于个性者半。试为例以实之！

李答：此其理由，尽人皆然。他姑无论，请从程长庚说起：程氏，在中国剧界，固堂堂名家。从之学戏者，似宜以程氏之腔调，为固定标准矣？然吾人夷考剧史，程氏传徒，凡三人，为汪桂芬[8]，为孙菊仙，为谭鑫培。此三人者，源出一本，乃各立门户。汪主清醇简净，孙尚大气磅礴，谭则沉郁妩媚，娉婷如美女拈花。赞者故谓：老子一气化三清，程氏庶几似之。盖程氏之腔，道大，无能名焉。得其一技片长，皆足成为名家。汪之嗓，高亢而坚实，故得程之清醇简净；孙之嗓，宽大而堂皇，故得程之大气磅礴；谭之嗓，低回而柔靡，故学成以后，乃有沉郁妩媚、娉婷如美女拈花之风味。是知一切艺术，皆系得之学力者半，源于个性者半。其始也，差之毫厘，其终也，乃相距千里。论唱戏，尤彰明而较著，今学谭者，亦然。总之，皆不得因其创造新腔，而遂目之为外江派也。

(8) 原文作“汪桂琴”。

外江派唱工无真实功夫
不外大声长气怪调奇腔

因人而异

记者问：程长庚之徒，乃分为三派。然则，谭鑫培以下，尚分成若干派乎？

李答：今日之唱老生者，十有九人，不问可知为谭派人物。此谭派人物，在今日之剧界，可谓遍剧院皆是也。然而，凡唱、做、念、打，以至一字一腔，相互之间乃彼此歧出，自成风味。在名义上，虽无各立门户之势力，而实际上，乃同是谭派人物，所有成绩，或竟相去天渊。今日之余叔岩、言菊朋、马连良、谭小培、谭富英、王又宸，以至王少楼、王文源等等，固皆列名谭派大纛之下者也。其中，比较与谭氏接近者，为余，为言，为王又宸，为谭小培，而取而互证，则论嗓音，已自成风味，迥不相同。论唱法，其字音、词句、板槽，以及眼之分配，以至腔调之转折，为长为短？为直为曲？亦彼此互异，曾无两人完全相同者。是知模仿为一事，个性又为一事。且模仿之际，或限于记忆力，或限于嗓音，或限于个人之认定，故其结果，乃划分为种种之区别。大抵，学书法，学为文，皆有此种意味。一师之徒，有翰林进士，即有举人秀才，甚有终身不能博一第者。唱戏，其小焉微焉者耳。

外江与唱

记者问：然则，唱工一道，何以见其为外江派也？

李答：吾人专就唱工言，外江派与非外江派之分，约可分为两点。第一，非外江派之唱工，概以昔日名伶为依据。纵因个人习惯生质，有所区别，而大体上，并无特殊不同之点。至于外江派，似于昔人腔调以外，显然别树一帜，取而互证，相差极远。则所谓外江派云云，誉之，无妨谓为迈进太过，毁之，又尽可谓为离经叛道。其次，非外江派之唱腔，注重真实工力，注重真实韵味。不见火气，自然入耳可听。至于外江派，则自成腔路。所谓工力，非真实之工力，所谓韵味，非真实之韵味。质言之，其所以制胜者，不为大声长气，即为怪调奇腔。火气蓬勃，外强中干。一言以蔽之曰，并非真实功夫。盖大声者，只需有嗓，即可张口乱喊也。长气者，只需体强，即可引之使长，至于无尽无休也。奇腔怪调者，只需小有聪明，即可信口胡唱，至于使人失惊也。总之，所谓外江派，乃含有贬的成分。故再下解释，凡创造新腔，而能悦耳者，即为佳良。凡创造新腔，而无价值可言者，斯为外江派。如此立论，似尚持平也。

外江派人物多生长南方
习与性成对北方语言不熟练

真实功夫

记者问：唱戏一道，所谓有真实功夫？与无真实功夫？所谓有韵味？与无韵味？乃为外江派与非外江派之分。究竟，非外江派，得一杰出之材，固属不易。外江派中，求一极受欢迎之人选，亦戛戛其难。总之，既有受人欢迎之魔力，必有其难能可贵之点。而号称外江派者，无论其受欢迎之程度如何，亦仅成其为外江派。以言品格，总难言乎大雅。其故何耶？

李答：此项问题，本亦值得讨论。大概，外江派而受人欢迎，必含有侥幸成功之意味。至于非外江派，成功，固足自豪，纵碌碌无长，亦不失为梨园界之忠实分子。故非外江派，若其道大行，往往可以另成一派。至于外江派，虽极一时之盛，亦不过如过眼云烟，瞬息而逝。如麒麟童，如常立恒，固屹然为外江派之巨擘也。然而麒麟童之下，曾无“周派”人物之继起（麒麟童姓周），常立恒之下，曾无以“常派”驰名者。此无他，价值不高，不足以资模仿，不足以垂久远而已。譬之书法，凡钟、王、颜、柳、欧、苏、赵、米、黄，等等，皆可自成一家。后之杰出书家，如何绍基，如张裕钊，虽亦走红一时，而所谓“何字体”“张字体”，仍不见于正式刊物之上。审是，则受人欢迎，为一问题，有无真实功夫？有无韵味？又为一问题。其情其理，至为明显。固不得谓凡受人欢迎者，必具有真实功夫，必有其特殊韵味也。

籍贯不定

记者问：通常外江派人物，系北人南去者乎？抑系以南人而学戏者乎？

李答：所谓外江派，其大体规模，仍源出皮黄。不过，生长此间之梨园界人，自幼熏染，自幼习练，所与往来者，非亲即友，皆为梨园界前辈。学成以后，自由鬻技，无论如何变化，亦不致显然成为外江派。通常，外江派中人物，多系生于南方，长于南方，成年以后，随意闲谈，皆用苏沪语言，而不能操北方话。盖其目之所见，耳之所闻，以外江派之腔调、外江派之做派服饰，最为众多。浸润既久，习与性成。故艺成以后，不知不觉，成为一种之外江派。大抵，此类生于南方、长于南方之外江派中人，其原籍，不必为苏沪江浙产，有系北人流寓南中，久而落籍者，有系北方人与南方人联姻，因而生育子女者。犹之今日之皮黄演者，说话时，全为此间口音，而考其原籍，又以江苏、浙江人，最为众多。吾人之籍贯，亦并不固定，生长何处，则为何处之籍贯而已。

唱昆曲与苏丑须利用南音
后起人物往往径用北方口音

籍贯无定

记者问：今日之外江派，多为北人流寓南中者，或系北人与南人联姻，生育子女。而此间梨园界人，又多系苏沪江浙原籍，籍贯之歧出，有如是耶？

李答：本人适言，吾人籍贯，并不固定。大抵，为生活所迫，职业所限，因而改换籍贯者，最为众多。北平地方，昔为国都所在，今为文化中心。故在历史上，以迄今日，南人而侨居此间者，乃遍地皆是。此项侨居北平之南方人士，因生活问题，因职业问题，留滞不返，动以数十年计。其本人口音，或乃同化于北平口音。至于所生子女，又完全为北平口音，于南方语言，且能听而不能说。此外，其子女，与本地人联姻者，亦不在少数。则其子女又生子女，更完全为北平口音，于原籍语言，甚至不能可解。南人侨居北平者，情形如此。北人流寓南中者，情形亦然。皮黄起源，来自南方。前清初叶，四大徽班入“北京”，此后逐渐演进，以成今日之皮黄。故今日之名伶后裔，凡系世代相乘、历史悠久者，即皆为南方原籍，不过，生长北平，遂为北平口音。南方之外江派，其来源，亦与此大同小异。究其原因，皆生活与职业，至于改造一种之籍贯也。

关联艺术

记者问：籍贯之来源往往如此，口音之转变，又往往如此。然则，于艺术问题，有无关联？

李答：吾人语言，所用口音，与唱戏艺术，所用字音，当然有重要之关联。口音之太不接近者，虽竭力模仿，竭力造作，终难成功。最显著者，昆曲一道，虽有南曲与北曲之分，总之，唱南曲，即非南方口音不可。盖“昆”者，系江苏“昆山”之“昆”。吾人顾名思义，可知有利用南方口音之必要。今日之昆曲，有夹演于皮黄中者，亦有单纯以昆曲组班者。无论为皮黄班中，夹演昆曲，抑系单纯昆班，大抵，各演员，不为南人旅平所生之子女，即系本地人物。以此之故，于南方口音，多不甚了了。其中，间存若干之规模，然而往往似是而非，至于貌合神离。其有不知有所谓南音，全用北平音韵者。则今日之昆曲，乃为北方之昆曲，非复昔日之风味，可以断言。此外，皮黄中，有一种之“苏丑”。所用字音，非用南方口音不可。但今日之苏丑，在前辈人物，尚知保留一部之成法，至于后起人物，往往径用北方口音。此则剧事之转变，前途有无注意之必要，值得吾人深长研究者也。

外江派演唱平剧多夹杂乡音
当地人听来或反觉悦耳

模仿之难

记者问：今日之剧界中人，唱昆曲，适用南音，而不用南音；唱苏丑，适用南音，而不用南音。此系生长地方不同，口音所关。究竟，南方各埠之外江派，唱皮黄时，亦有用南方土音者乎？

李答：唱戏，所用字音，最为众多。犹之说话，所用字音，最为众多。若非生于北平，长于北平，口音一道，无论如何模仿，总难成为纯粹之北平口音。南方人士，若旅平甚久，其口音，往往同化于北平口音。其自幼来平者，比较尤易同化。不过，在成年以后，由南方来平者，旅平时间，无论长短，对于本地语言，无论如何努力，总之，在本地人，听其口音，往往周旋三数语，即可知为南方人。此系事实，无法抗争。北方人之唱昆曲、唱苏丑，无法用纯粹南音者，其理即在于此。

习惯所关 外江派之唱皮黄，亦犹是也。当其学戏伊始，总在幼年时代。一字一腔，为严格之训练。其意味，乃如中国人之学外国话。为英语，则极力模仿英美人，为日语，则极力模仿日本人，为德语，为法语，又极力模仿德人、法人。究竟，此能外国语言之中国人，在中国人听去，以为等于外国人矣，而在各该外国人听去，乃一听而知为中国人。因其口吻之间，总难脱中国风味及习惯也。以此之故，南方之外江派，登台唱戏，往往流露南方口音。惟在南方，一般座家，乃见怪不怪。譬如在上海演戏，夹用苏沪土音，在汉口演戏，夹用武阳夏口音。当地人听去，不惟不能觉察，甚或因适耳，而特别赞美。而外江派在南方，遂亦具有一部分人叫座力。但北平人听去，将感觉其不堪入耳。故北方名伶，至外江鬻技，多半可以走红。而外江派角儿，无论如何高妙，来平出演，反受一般之讥笑。盖皮黄在今日，已成北方产物，最古来源，亦已无人过问。不然，纯粹北音之昆曲家，与纯粹北音之苏丑，在梨园界，将有不能立足之趋势也。

记者问：外江派唱皮黄，公然以南方口音，用于歌唱乎？

李答：大致，外江派以南方口音入戏剧，最通行者，多为小丑、花旦，以及涉于玩笑之戏剧。或源有意，或出无心。唱者不自觉察，听者认为固然。至于正式歌唱，尚不多见耳。

皮黄所用字音乃综合众长
适用国语之声湖广之韵

声韵并重

记者问：外江派人物，多为南方口音。究竟，若于艺术造诣、功夫纯熟者，则其唱戏所用字音，又当然适合于标准读法。然则，其说话，为南方口音，抑为北平口音？于艺术，有无关联？

李答：字音一道，析其成分，可分“声”与“韵”之两种。注音字母之字母，分为三大类：一曰声母，二曰介音，三曰韵母。介音在字音中，乃为拼音之必要。不用介音，亦可组为若干之字音。所谓“声母”者，吾人说话时，利用唇、齿、鼻、喉、舌之种种部位问题也。所谓“韵母”者，字音已出，结果，应落于何种意味也。唱戏一道，所用字音，亦分“声”与“韵”之两种。“声”，亦即利用某部官能，使其发音之意。所谓“韵”，又为平上去入阴阳之意。大抵，北平人而说北平话，于声于韵，概系北平口音，南方人而说南方话，于声于韵，又完全为南方口音。在他处人，模仿他人口音者，虽系于声于韵，同时努力。究竟，因习惯所关，往往合于声，不合于韵，又往往合于韵，不合于声。通常，南方人而学说北平话者，在北平人听去，一听而知为南方人。因其于声于韵，必有一不合也。

接近官话 依皮黄原则，读音一道，适用国语之声。有时，参用南方之声。至于韵，则适用湖广风味。唱戏者，念白时，一听而知为念白，与说话口音，迥然不同。因其声韵二者，系由综合而来也。前清时代，凡南方人而做官者，俱有练习一种“官话”之必要。此官话，非“北京”话，亦非南方话。其韵味神理，与皮黄中之念白，颇相近似。喜其于北于南，一律相宜也。故唱戏者，非了然此种声韵不可。稍有不合，斯落下乘。不仅念白如此，唱腔亦然。大抵，凡号称名伶者，歌唱之际，其一字一音，众人听去，几不知为唱腔。质言之，所有字音，夹于唱腔之中，乃与念白风味，并无歧致。等而下之，则念白与唱腔之字音意味，显然划分为二。于念白，则用综合式之声韵，于唱腔，又或径用北方土音。且唱戏之腔，系以字音为根据。根据不同，腔调亦即歧出。所谓名伶之腔路，往往自成风味。听之，觉有一种特殊愉快者，其原因，即声韵二者，无所舛误。外江派伶人，生于南，长于南，口音所关，习惯所关，乃至演成一种特殊之“外江腔”。故口音一道，与艺术，乃极有关联。

唱戏唯一方法系因字行腔
非有十足工力不能恰到好处

因字行腔

记者问：外江派人物，因说话口音不同，所唱腔调，乃至成为一种之外江腔。其故何耶？

李答：唱戏之意义，相当于一种之变相的说话。故吾人说话，字音非准确不可。戏中念白，亦非准确不可。以至戏中之唱，其字音，仍有准确之必要。盖唱腔一道，虽以腔为主，而腔之种类，亦至繁多。唱戏之唯一方法，系因字行腔。其不知此义者，乃以腔嵌字。换言之，亦可谓为以字就腔。因字行腔者，字准而腔佳，以字就腔者，字倒而腔劣。此为一般戏剧之通例，不仅皮黄为然。吾国戏剧，种类繁多。细析之，约为皮黄、汉调、广东调、苏滩、奉天评戏之数大类。何以成为皮黄之腔？何以成为国剧之腔？因所用字音，以中国之标准字音为准则也。何以成为汉调？因所用字音，以汉口之字音为准则也。何以成为广东调？因所用字音，以广东字音为准则也。何以成为苏滩？何以成为奉天评戏？因所用字音为苏州字音、为东北字音也。皮黄界同人，登台唱戏，各自为腔。其最大原因，则系读字之方法不同，故赘成为种种歧出之腔调耳。谈戏者谓：戏本无腔。但于歌唱之中，求读音准确，即非有种种之腔，为之连续，为之完成其音韵不可。故曰：腔者，乃上下连续，以及完成字音之必需□具。外江派人物，说话口音不（歧）出，韵味歧出，酝酿而成腔调后，当然另成一种之腔路。与北平伶人所唱，迥不相同。因腔为末，字为本，其本既异，其末自殊。理甚明显，不俟烦言而解也。

妙合自然

记者问：名伶之唱，概系依字行腔。而字在腔中，乃与念白之神理，并无歧致。其理亦殊亦玄深矣？

李答：一般事理，高妙无伦者，其理亦并不玄深。吾人听名伶唱戏，总觉其［一］字一音，一一送吾人之耳鼓。听者固极清楚，唱者亦不吃力。何者？因其揣摩功深，所唱腔调，能妙合音韵之自然也。不过，求于歌唱中，读为极准确之字音，乃非有十足工力，不足以言恰到好处。盖读字非难，于腔中读字，则难也。往往一种之腔，与各该本字之声韵，相差太远。读而不准，固贻识者之讥，读者求准，又难于行腔。在此等处，为名伶者，往往本其才思，本其经验，创为一种之腔路。不惟字音准，不惟腔调合，一般听者，且轰然道好。大抵，凡听众一致欢迎之处，必系妙合念白之处。其例正多，不遑枚举。

所谓秘本剧词腔路必特殊
票友学戏非先抄剧词不可

各自为腔

记者问：唱戏而因字行腔，乃最为困难乎？

李答：大抵，因字行腔，为唱戏之原则。此其理由，亦至明显。即如皮黄所用各种腔调之名称，不外倒板、原板、三眼、散板之数大类。此数大类中，又各分为西皮与二黄。此外，二黄之中尚有回龙腔、四平调，西皮之中尚有二六、流水、快板，而西皮二黄之外又有反二黄、反西皮。总计其数，不过十余种之腔路。以唱戏为业者，动以数十年计，朝于斯，夕于斯，此其工事，似甚简易，以言高妙，似不困难矣。然而，事实上，以唱戏为业者，往往执业终身，迄难言乎佳妙。盖腔路总数，虽止十余种，而一种之腔，又因剧词不同、字音不同，演为若干之唱法，千变万化，无尽无休。例如老生唱腔，《朱砂痣》之“借灯光”一段，与《上天台》之“金钟响”一段、《捉放宿店》之“一轮明月”一段、《过昭关》之“一轮明月”一段，同是二黄三眼，其唱法，似无歧致矣。然此数剧，实各自为腔，能唱《朱砂痣》者，不必能唱《上天台》；能唱《宿店》者，不必能唱《过昭关》。何者？因剧词不同，字音不同，腔调亦自悬殊，不容取此而例彼也。

秘本难得 以此之故，业唱戏者，竭全副精神，日日研究，年复一年。何种剧词，何种字音，应用何种之腔路。用何种腔路，则大雅不群；用何种腔路，则濒于俚俗；用何种腔路，则悦耳；用何种腔路，则不能动听。除此之外，同是一出之戏，有所谓老词，有所谓新词，有所谓公开戏词，有所谓秘本。梨园界人，学戏之始，往往因师承不同，剧词各殊，而腔调亦异。凡《戏考》中之剧词，皆视同无用之物，而票友学戏，亦非先抄戏词不可。因字句间，稍有一二字不同，其腔调，即随之而大异其趣也。所谓秘本，必有其特殊腔路。吾人入剧院，听名伶唱戏。其剧词，其腔路，本极公开，无所遁藏。然而，在听戏人，因听觉有限，记忆力有限，往往知其剧词，知其文字，不知其腔路。又或知其腔路，而不知其剧词，不知其文字。故一出之戏，连听至十余次以上，迄难学成一段。于是梨园行人，于其秘本剧词，多视同珍宝，不肯轻泄于人。余叔岩先生，每遇后起人物，赴其家中探望，必嘱家人“防偷东西”。所谓“防偷东西”者，非偷银钱衣物，而为偷剧词。知此，则知剧词之可宝贵，亦知唱戏一道，非因字行腔不可也。

名伶成功两要件缺一不可
既有秘本且贵有奇腔

别于毫末

记者问：为名伶者，对于所有秘本剧词，乃视同珍宝。究竟，得到该项秘本剧词以后，即可唱为特殊佳妙之腔路乎？

李答：唱戏者，因字行腔，别于毫末。即如剧词中之某一字，本为阳平声。众人唱来，迄难入妙，但若改为阴平字，唱去又极省力，且极动听。试举其例：《法门寺》“上马”一段之“郿坞县，在马上，心神不定”，唱至煞尾处，有一句为“请高僧，和高道，高搭席棚，超度尔的亡魂”。此“亡”字，系阳平。普通唱者，因腔嵌字，往往将此“亡”字，唱为“汪”字。不然，若唱阳平本音，乃又无法成腔。颇有一种秘本，不为“超度尔的亡魂”，而为“超度尔的阴魂”。将“亡”字，易为“阴”字，在文义上，似无甚区别。然在音节上，则一为阳平字，一为阴平字，用“阴”字，则高响清幽，既极动听，又恰合本音。此一个之字，关系唱工，乃如此吃重，则一出戏剧之秘本，当然有若干出奇制胜之处。局外人，一经解说，往往可以豁然贯通。不过，秘本为一问题，腔调又为一问题。有秘本而无腔调，仅成其为秘本。长于行腔而无秘本，根本无所依据，乃亦难成名家。名伶可贵之处，即在既有秘本又有奇腔。两种条件，缺一不可。总之，秘本问题，实占半数之势力。名伶之不肯以秘本轻泄于人，亦自有因。固非一得秘本，即可成为名伶也。

浩如渊海

记者问：然则，外江派之所以为外江派，不能得到剧词，亦其重要原因之一乎？

李答：综上所述，专言唱工，外江派之所以为外江派，约可分为三大要点：第一，所用剧词，多系得之《剧考》中，于前辈秘本，无法获得。则根据已失，无论如何，断难成为真正之名家。其次，外江派人物，既系南方口音，则剧词纵不舛误，而读音不同，亦可演成一种之轨外唱法。再其次，外江派之唱戏，往往不知因字行腔之定义。藉使一知半解，获得一种之剧词，而又深知标准读音之法，然唱成腔路，非失之太过，即失之不及。其甚者，听其唱腔，但知有若干不伦不类之长腔大花，至于韵味在何处，剧词如何，音韵如何，听者对之，亦俱茫无头绪。故外江派在梨园界，终属野狐参禅，难成正果。谈者有言：科举时代，三年之内，必可出一状元。而时至今日，三年之内，不能出一名伶。盖戏之为义，亦浩如渊海，难臻尽美尽善者也。

第一舞台最难上座
组班者多视为畏途

注意两事

记者问：李君论唱工，可算有三折肱之程度。但李君所赞美之名伶，尚有一尚小云。尚小云等于梅兰芳，亦系青衣，而尚之势力，又远不如梅。然则，李君赞美之点何在？

李答：尚小云先生，为四大名旦之一。论艺术，本与本人途径不同，隔靴搔痒，似难知其神味。但以本人所知，觉于今日之北平市上，能排演新戏，获得观众之热烈欢迎，此其创造精神，亦殊值得钦佩。且尚氏之排演新戏，时间比较神速，出品比较众多。在一般剧界，俱感不易为力。足见尚之脑力，特别丰富，尚之志愿，特别伟大。至于尚氏之排演新剧，是否享受一般之热烈欢迎，乃有一显著之例证。通常梨园行人，经营剧业，除戏剧问题外，其注意之点，尚有两种之习惯：一、剧院问题。何者易于上座？何者不易上座？二、时期问题。何时易于上座？何日不易上座？其剧院问题，普通最为一般所重视者，最近以前，为哈尔飞，为吉祥，其次，始为中和，为华乐，为庆乐。至于第一舞台与开明，乃认为最不易上座之畏途。今日之长安大戏院与新新戏院，开幕伊始，一般尚无所认定。至于时期问题，则公认星期六晚与星期日白天，最能上座，最不易上座之时期，又为星期一与星期四、五。大抵，合于此项条件，则营业佳良，不合，则往往亏本。

机关彩切　尚氏之最近排演新戏，其选择，乃超出此两个条件之上。于时期，则不必为星期六晚，不必为星期日白天，于剧院，不惟不用哈尔飞，不同吉祥，抑且不用中和，不用华乐与庆乐，在历史上，最不易上座之第一舞台，而尚氏乃认为良好之园地。每一演唱，必赴第一舞台。而第一舞台之建筑，迥异于其他剧院。其座位，则有三层楼。其容纳人数，比较最为众多。一般组班者，多不敢演唱。因售票不多，人数太少，剧场空气，即觉减色也。从前，本人常以自编新戏，出演于第一舞台，上座情形，在七八成之间，可谓侥幸成功，纯属“浑干”性质。乃近来，尚氏之新戏，贴演于第一舞台，往往座无隙地。此一冷静沉闷之舞台，得尚氏之新戏点缀，一变而为繁华热烈之歌场。此一问题，系本人对于尚氏，特殊钦佩之点。此外，北平人士，对于种种新戏之机关彩切，向不注意，而尚氏之新戏，利用新奇机关彩切，大足一新北平人士之耳目。此项特点，亦值得吾人钦佩而赞叹者也。

一般演关公戏者多类似偶像
出场以后动弹不得

红生问题

记者问：有时，李君亦演红生戏。李君对于红生，有何种之特殊见解？

李答：红生一角，在戏剧分类法上，本应列入老生类。盖红生者，即关公戏之特殊名称也。以外表言，关公在戏剧中，开全红脸，则列入净角类，似属可能。究竟净角之名，亦称“花脸”。所谓花脸者，一种色彩之中，尚夹有他种色彩，成为种种之花纹者也。关公之开脸，既系全红，绝无杂色，故换言之，亦即一种之特殊老生。大抵，老生一角，皆有兼演关戏之必要。不过，关公为吾国历史上第一武圣人，其身份表现，非特别崇高不可。演唱之际，若身段台风，工力稍差，即不如不演。而能兼演关戏者，乃为一种之特殊技能。故梨园界人，又专立一名称，谓之为“红生”。本人对于红生一角，有一种之意见：一般演关戏者，往往矜持太过。于是关公出场，几于并非唱戏，有如抬出关庙中之红脸圣像，动弹不得。本人觉：演戏是演戏，偶像是偶像。关庙中之偶像，绝对不能代表关公之为人。非用戏剧艺术，不足以描写尽致。本人故谓：演关戏者，仍宜注重艺术，不宜同化于偶像。不过，偶像派之红生，其心理上，对于关公，乃为崇敬太过。吾人对之，实亦未便厚非也。

一字之差

记者问：李君演红生戏，有无改善之处？

李答：本人在梨园界，属于后生晚辈，对于前辈艺术，不应妄下批评。不过，演关戏，而失之笨滞，属于崇敬关圣太过，演关戏，而略加改革，以期发扬关圣之精神，亦系崇拜关圣之一种必需贡献。以是之故，本人对于关圣戏，常有自抒见解、加以改革之处。今试举一例：《屯土山关公约三事》一剧，本人演时，改名“第一部汉寿亭侯”。其中，有词为“降汉不降曹”。一般老本，皆系如此。但本人之意，对于“降汉”两字，颇有研究之解地。盖关公当时，论国籍，当然为“汉”，谓关公为汉室之关公，天然应尔。至于“降汉”，则由何处降来？此一问题，本人认为老本大谬之处。不惟失之不通，抑且决非关公之口吻。本人出演时，乃大胆改为“事汉不降曹”。颇有若干观众，对于该一字之更改，特加赞许，并嘱以后，尚应努力改良。此项改革，本属一字之差，而有关关公身份人格，乃非改不可。其他改革，亦大率类此也云云。

小生

程继先

二篇

一

采访人：王柱宇

原载1932年8月8—13日《世界日报》（北平）

程长庚系单身北上
清乾隆时四大徽班始入京

名小生程继先，为已故剧界泰斗程长庚之长孙。继先在今日剧界中，亦已为老成人物中之硕果仅存者。谈戏剧者，莫不共钦长庚为剧中圣人，而长庚作古已久，其家世如何？艺术如何？大都管窥蠡测，或且因讹传讹，捉影捕风，迄无真确之传述。继先之技，亦殊名贵，且富诗书气，谈吐风雅。记者特于昨日赴宣外前铁厂二十二号程之寓所访问，据继先谈乃祖之历史，及小生之格律，甚为详尽。兹述如下。

程氏家世

记者问：程君原籍何处？

程答：先世祖居安徽潜山县城内石牌街，至先祖（长庚）始北上。原籍同族，人丁兴旺，在乡有务农者，亦有入仕途者。近支一脉，始入（而）流入伶界。

问：令祖北来之原因如何？

答：此则涉及家务矣。先世亦堪称富有，有叔曾祖某公，喜挥霍，不务正。将所有家业，耗费罄尽，至先祖之世，乃成无产阶级。先祖幼年有大志，不欲老死故乡，乃毅然北上，谋所栖止。但人地生疏，迄无所就，无已，始赴保定某科班[1]，坐科学戏。

(1) 和盛班，同科有杨明玉、潘阿巧、嵇永林、龙小生、大奎官即刘万义、索桂香等。

问：何以能入剧界？

答：原先曾祖凤鸣公，向在河南一带教戏，与剧界夙有渊源也。

道光年间

记者问：令祖到北京后，即寄寓本处乎？

程答：先祖至京时，初寓百顺胡同。其地址，在今斌庆学堂，右侧第三门内。该房，近已成乐户矣。厥后，屡有搬迁，不一其处。本人出科之始，并未唱戏，在恭王府小差。当时，即搬至德胜门内。以后，又搬数处，多在内城。最近，始移寓本处。

问：令祖北上，约在何时？

答：在前清道光年间。

问：一般人皆称令祖为“大老板”，其意，系谓令祖为三庆班之大老板。然则三庆班系由令祖由原籍带来乎？

答：不，先祖系一人北上。三庆班原有一班主。

艺术人格

记者问：原来之三庆班主为谁？

程答：其事已远，但知为陈姓[2]。其时，先祖在剧界，已享盛名。又兼性情耿直，心地忠厚。陈老板因年事已高，不欲管理琐屑，乃将三庆班让于先祖。

盖先祖实以艺术与人格，而取得三庆班之地位，并非因金钱势力，组织而成三庆班也。

(2) 即陈金彩。

徽调黄腔

记者问：当年三庆班所唱之腔调，是否为所谓“徽调”者？

程答：所谓徽调者，与今日所唱之腔，并无绝对界限。不过，泥古不化，只成其徽调，与时革新，即为今日之黄腔。盖徽调系由湖广音变化而来，由徽人唱出，遂谓之徽调。究竟，唱戏，系根据标准字音行腔，无所谓徽调，亦无所谓黄腔。有谓先祖时代之戏为徽调，近人所唱为黄腔者，皆不懂戏剧者之传述，其无理智也。

问：然则黄腔发源于汉调乎？

答：此亦无所根据。不过，汉调在前，且黄腔字音，又以汉音为根据，谓为由汉变化而来，亦可言之成理。

四大徽班

记者问：四大徽班入京，其来由如何？

程答：乾隆年间，时代承平，竞尚娱乐。值乾隆帝母后诞辰，四大徽班[3]乃相约进贡入京。乾隆帝大悦，在宫中设升平署，以容纳之，备宫中宴乐之需。

其三庆班，为安徽人所贡，四喜班，为江苏人所贡，春台班、和春班，为湖广人所贡。所唱腔调，一律属于所谓徽调者。因当时人士，只知为戏剧，不知为徽调也。和春班后，又有一小和春，则另为一和春，非当年进贡入京之和春班矣。老和春班，不久旋即消灭，本人尚未躬逢其盛也。

(3) 皆寓扬州之徽州籍盐商所贡，故称“徽班”。

茶园演戏

记者问：四大徽班入京后，亦在外间演戏乎？

程答：四大徽班入京之始，仅在宫中演戏，供皇家娱乐，大有“此曲只应宫里有，民间能得几回闻”之概。后，偶于市上演唱，不敢公然谓之“唱”，只能谓之“演”。“演”字之义，谓不过演习演习，以应异日之传差也。至今各戏院所出海报，亦谓之“演”，其故实基于此。又旧日戏馆子，不敢名曰“戏园”“戏院”，只谓之“茶园”。其意，不过为卖茶性质，至于歌唱，仅为演习而已。

程长庚比张二奎余三胜较高一筹
谭汪孙皆长庚门徒

双笛问题

记者问：从前戏中所用家伙，与现时是否相同？

程答：各种家伙，今昔并无歧致。所谓徽调者，自来即用胡琴引戏。但梨园界人，谈故事者，皆谓昔时系用双笛引戏，故戏名曰“二篁”。篁者，笛也；二篁者，即双笛也。此言，与事实稍有出入。原胡琴在各种家伙中，始终未变。不过，至嘉庆年间，曾一度改用双笛。降迄同治年间，又恢复原来状态，改用胡琴。且改用双笛之一时期，其事实真相如何，尚不明了。微闻改用双笛，并未彻底更改，仅系加用双笛，辅佐胡琴之活动。盖胡琴之音，尽洪亮清幽、委婉曲折之能事，在各种家伙中，最为名贵。质言之，可谓戏非胡琴，不能充分发扬。笛之一物，仅适用于昆曲中。故“改用双笛”之说，其语意尚有斟酌之余地。又二黄之义，谈者作“二黄”，据谓：黄腔发源于湖北之黄陂、黄冈两县，故曰二黄。持前说者，又谓作“二篁”，或作“二簧”，系指双笛言。此二说孰是，本人实亦不敢断言也。

昔之三杰

记者问：令祖（程长庚）之戏，向为世人所称道颂扬。闻与不闻，见或未见，内行票友，以及一般嗜剧人士，莫不交口相誉。顾代远年湮，往往因讹传讹，或则故意造作，多所粉饰，或且无风生浪，淆乱听闻。究竟令祖之戏，其妙处何在？其声名之扬溢，何以能绝后而空前？大致可得闻欤？

程答：先祖去世时(4)，本人甫七龄(5)，适当光绪六年也。顾本人虽在孩提之中，而于先祖音容，尤能记忆，且甚明晰。当年与先祖齐名者尚有二人，一为张二奎，一即叔岩之祖余三胜。此两老先生，与先祖，可谓鼎立而三。但先祖有昆曲根底，故字音最为准确，而唱做念打，无一不佳，比之张余两老先生，高尚一筹。此外，则因所学较高，门徒亦众，各成名家，师徒相得而益彰。此先祖享名独伟之种种原因也。

(4) 卒于光绪五年十二月十三日即 1880 年 1 月 24 日，享年六十九岁。

(5) 生于同治十三年（1874 年）二月二十四日。

长庚化身

记者问：令祖之门徒，最著名者，有若干人？

程答：先祖教戏，十行俱擅，故门徒之众，不可数计。盖三庆班，有第一、二两科。第一科为先祖之弟子，第二科为先严（章甫(6)）之弟子，但两科学生，皆出先祖一人所教，故可一律谓为先祖之弟子。其中享名最盛者，为钱金福、陈德霖、李寿峰、李寿山、陆杏林等。至今仅存者，只有钱老板及李七（寿山）二人。至现时所公认之三教圣人谭鑫培、汪桂芬、孙菊仙，亦曾拜门为先祖之弟子，其实，不过各得先祖之一技片长，乃至屹然为一派教主。近人谓：先祖之有谭汪孙三门徒，可谓“老子一气化三清”。言之亦殊有奇趣，非过事揄扬也。

(6) 程章甫，一名章圃，谱名知首，字筱端。

关戏波折

记者问：谈者谓，令祖之关公戏，特别珍贵。举止威仪，直为一吾人想象中之活关公。一日，令祖袍铠登场，观众屏息静观，肃然起敬。值剧情盛怒之下，令祖忽圆睁二目，透出杀气，直可辟易万夫。此时，台下一观者，因恐怖结果，遽然惊死座间。此事有之乎？

程答：此事亦殊近理，惟本人尚未闻知。所知者，关公戏，亦先祖之拿手耳。

记者问：令祖之关公戏，师承于何人？

程答：当年有米荫先者，乳名米喜子。演关公戏，独步一时，名头高大。先祖之关公戏，即为米老先生所亲授。先祖学关公戏既成，米老先生又逝世，先祖乃声誉鹊起，面（而）有“活关公”之雅号。但“道高一尺，魔高一丈”，世人方崇拜先祖之关公戏，关公戏乃突被皇室明文禁止，以后遂不复演唱。先祖固大为懊丧，世人亦深滋遗憾。

程长庚曾被御史锁拿
谭鑫培之戏十九得力于长庚

不演外串

记者问：清皇室以明文禁演关戏之理由何在?

程答：此事，只可谓之原因，不能谓之理由。盖吾人崇拜关公，状其音容笑貌于舞台之上，正使一般观众，知所景慕。禁止演唱，毋乃毫无理由。至禁演关戏之原因，实由于某御史与先祖为难。先祖之为人，性情方梗，又顾恤同班之寒苦同人。每有堂会，若约请三庆全班，先祖当然登场。至于所约班底，为其他戏班，仅约先祖一人外串，先祖即拒而不演。其理由为三庆班同人，所赖以吃饭者，仅为先祖一人。先祖与同人取一致行动，则全班可不冻馁。倘先祖一人，可以出演外串，则三庆班或且无人问津。先祖之不演外串主义，换言之，即“有饭大家吃主义”也。行之既久，早为一般所共知。然前清官员，势焰之大，炙手可热。先祖往往与达官贵人，发生意见，而怨毒以生。

御史为难

记者问：其事维何？

程答：有某御史者，其私邸有堂会戏，约先祖外串，先祖严词拒之，无法转圜。某御史未得要领，衔恨先祖刺骨。值新年，五城御史合办团拜戏于某衙署，所约者，非三庆班底。至时，则派人通知，约先祖外串。先祖照例加以拒绝。诸御史大怒，派官人前来锁拿。先祖在势力压迫之下，竟被锁去。诸御史喝令登场，先祖正色曰：笞扑所甘忍受，外串不敢应命。诸御史无法，先祖又无罪名，亦既释归。后某御史建议，谓先祖所恃以自豪者，厥为关公戏。若禁止演唱，则先祖将无法活动。乃公具奏疏，大做文章，谓关圣震古烁今，不宜亵渎于舞台之上，使无知伶人，任意扮演。公请悬为厉禁，以资尊崇。迨得"准奏"之批示，而关公戏遂实行禁演，永著为例。某御史既泄私愤，心乃大快。

无形开禁

记者问：今关公戏仍照常演唱，且汪桂芬、谭鑫培，以及新故之三麻子，亦俱以演关公戏著称。然则此项禁令，有无明文开禁？

程答：该项禁令，迄无明文开放。不过，皇室势力，一言可成法令。禁令虽出，日久乃忘去。偶有一种之戏，为宫中所爱悦，而需关公为配角者，亦由宫中传旨点出。此旨一下，在戏班中，不敢违抗，亦遂绘红脸，着绿袍绿甲，饰作关圣登场。一次不究，下次成例，因循数年，乃竟公然由宫中点出关公戏。此后大约在前清末造，即无形开禁，亦无人过问。但先祖一人，可谓众矢之的，终未敢试演之。[7]

(7) 光绪三十一年（1905年）五月，三麻子（王洪寿）由上海来天津，起大吉利班，演于北门东大马路绘芳茶园，以排演“关公戏”著名，如《古城会》《战长沙》《斩貂蝉》《水淹七军》《单刀赴会》《白马坡》《华容道》《斩车胄》等。次年五月，田际云约王来京，搭天乐园玉成班，专演“关公戏”，事前向外城巡警总厅递禀声明，请开禁演戏（见《为甚么禁唱关爷的戏》，《京话日报》，光绪三十二年五月廿二日/1906年7月13日，第675号，第四版）。又，《京话日报》7月20日第682号第四版，载《好戏可听》云：从先连官场，都禁止演唱关帝戏（这个理由，并不是迷信。当年天和馆卖戏，程长庚演《战长沙》，都老爷要座儿，没有闲地方，应酬得不好，因此大怒，不准再唱关帝戏），既要叫人学他，就不应该禁止。玉成班约来的三麻子，专演唱关帝戏，总厅并不禁止。

菊仙私淑

记者问：闻谭鑫培为令祖干儿，此事有之乎？

程答：谭老板与先严，曾换兰谱，为盟兄弟，故谭老板亦为先祖之干儿。当时与先父结盟者，共有六人。谭老板而外，尚有汪大头（桂芬），谭老板年最幼，在盟兄弟六人中为老兄弟（8）。而谭老板性诚笃，天资又聪颖，先祖最爱之，常语人曰“将来承吾衣钵者，谭氏子也”，乃不时亲为指授，加以纠正。计谭老板之戏，十九得力于先祖，而其神味，酷嗜（似）先祖者，亦最多。

（8）景孤血之《程继先访问记》亦曾谈及此，曰“当时结义弟兄六人，除去先严与谭老板外，尚有懿德堂主人蒋先生、钱宝丰先生、先师杨隆寿先生、李棣香先生，彼时谭老板最幼，鄙人以六叔呼之”，当以此说为准，见《程继先》篇二。按“懿德堂主人蒋先生”，即百顺胡同诒德堂蒋兰香。

问：其他拜门者如何？

答：尚有杨小楼之父月楼，亦曾拜先祖为门徒者，但先祖之技，不轻传授，谓彼无甚希望，不肯教诲。

问：杨月楼非唱武生者乎？

答：彼于老生武生，皆所兼唱。

问：孙菊仙如何？

程笑答：老乡亲（孙菊仙）之拜先祖为门徒有一笑

话。彼拜门徒，日伺先祖之侧，先祖始终不置可否。彼阴念谭老板为先祖之干儿，先祖则诲之不倦，遂亦与先严拜盟，进身为先祖之干儿，先祖则曰“此子一口天津字，不可救药”，竟终身未教以一字，至老乡亲之腔，仅有出于私淑先祖者。

王凤卿学汪等于汪桂芬学程
唱戏变音亦例外原则

程常骂汪

记者问：谈者谓，汪桂芬之戏，神肖令祖。究竟如何？

程答：谭汪孙三人中，得先祖之神味最多者，厥为谭老板。先祖于老乡亲，固未教以一字，于汪大头，亦所不屑教诲。故汪大头之腔，亦不甚逼肖。

问：汪桂芬非曾拜令祖为门徒者乎？

答：汪大头最喜摹先祖之腔，偶唱一两口，自以为惟妙惟肖。先祖闻之，辄掩其耳曰“此子辱没煞人，令人恨恨”，往往骂其为不成材的东西。盖唱戏一道，固贵有功夫，尤需嗓佳，亦须运用自如，不着痕迹，□□出神入化，自然尽善尽美。谭老板得先祖之佳□，即在运用自如，不着痕迹。汪大头之资质，不过中人，而邯郸学步，不免有矫揉造作之弊。故先祖深恶痛绝，不肯假以辞色。但汪大头意志甚坚，决心模仿先祖。

乃专习胡琴，为先祖托腔。迨胡琴技成，尚可胜任，自请为先祖操琴。先祖念汪亦近人之一，且舍此莫属，遂嘱其专司胡琴。汪随先祖操琴既久，多数腔调，皆为其窃去。间有不甚了解处，以问先祖，先祖亦不得不为之说明。而先祖之腔调，乃熟记于汪大头之脑海。

汪得皮毛

记者：汪桂芬何以走红？

程答：汪至晚年，嗓音渐近似先祖。加腔调烂熟，乃私喜勿任。先祖逝世后，世人思慕先祖，甚为悬念，汪以为有机可乘，乃又粉墨登场。一般人士，听闻之余，慰情聊胜于无，则惊为先祖复生，且汪又不常登台，偶一上场，自可轰动一时，此汪大头成名之原因也。但汪大头之摹先祖，仅在皮毛，而乏神味，以言真正传人，仍当属之谭老板。

问：王凤卿学汪桂芬如何？

答：凤卿之学汪大头，甚于汪大头之学先祖。全在皮毛，神味尽失，所谓一辈不如一辈也。

问：王凤卿之短处何在？

答：唱戏，要使人痛快。凤卿之戏，则听者感觉“恶心”，仿佛喉际作恶，哇然欲吐。此种唱念，应非戏剧之原则也。

恶心相传

记者问：然则令祖唱来如何？

程答：唱戏名言有曰“千斤话白四两唱”，因念重于唱也。先祖最注意念白，而嘴内有力，又能自然脱口而出，故称大中至正。譬如《文昭关》，说至“并无别路可通”，伍子胥说“不好了”。此“不好了”三字，各有功夫。“不”字为满口音；“好”字由喉头直喷而出，大气磅礴；“了”字余音袅袅，极雄健之能事。汪大头学来，使嗓学，而不使气力学。其音皆逼至喉底，直如被人捏住喉管，气结不得出者。听者若夙有胃病，闻此一声，非呕破肠肚不可。但大头虽恶心，晚年演《昭关》等剧，尚有是处。凤卿学汪，则更加恶心。因其所学者为恶心也。当年汪大头学先祖时，三庆班同人，皆竞相哗笑。有试摹其意味，资为笑乐者。至于凤卿，因无真实气力，故轻飘达于极点，天赋所关，亦殊无办法。

变音之例

记者问：汪大头学令祖，试为再举一例！

程答：又如《状元谱》中之“张公道，三十五，六子有靠”，此“靠”字下，先祖唱时，变音加“啊”字之音。汪大头学来，则因气力不足，唱成“六子有靠哦嘿”，此皆形存神亡之证据也。

问：“靠”之下，非变音不可乎？

答：此项问题，当年演戏人士，亦有谓“靠”字下之“啊”字，为闲字，应除去者。究竟，唱戏，以好听为主，以有神味为主。无变音之必要者，当然不必变音，非变音不可者，亦当变则变。“靠”字，属苗条辙，变音始有神味，不变则失之呆板。如《连营寨》“哭灵”，为苗条辙。“当年桃园结义好”之“好”字，“美女十名你不要”之“要”字，以下俱有变音之必要，亦可谓非变不可，固不得谓之闲字也。先祖出此“靠”字时，凭气力，凭嗓子，用“啊”字变音，唱来恰可动听，非偶然出此，无所研究者也。此例，如衣齐辙，亦不易放音，至煞尾处，往往变音放开。又如人辰辙，“八月十五月光明”之“明”字、“一言怒恼宋公明”之“明”字，其下若不变音，不加“嘞呵”，台底下将听不见矣。

程长庚之后裔至继先而止
继先自谓不免为棒槌

浪子回头

记者问：近人谈戏者，多谓同仁堂之周子衡，摹令祖，颇神肖，究竟如何？

程答：票友唱戏，为另一说法。此周老先生，本人并不认识，亦未听其唱戏。究竟如何，不敢断言。但有人传说，谓其甚佳也。以本人所知，从前摹先祖者，有两人可谓神肖。一为前清都察院正堂颜昫。此公幼年专好游荡，不喜读书，与先祖过从既久，极相得，曾换帖为盟兄弟。至三十岁以后，顿悟前非，伏案钻研书史，竟以成名。三十岁发愤读书，因而得到良好结果，亦浪子回头之佳话也。此公有时唱戏，先祖亦为之首肯。一为内务府巨公，时人称之为“豫王二老爷”，因其姓王也。此公唱来，亦殊近似先祖。两公俱已故去，其余，号称摹先祖者，皆自郐之下，不足语也。

长庚遗像

记者问：令祖之丰采如何？为魁梧奇伟一流乎？抑清癯一流乎？

程答：先祖之风采，殊瘦削。今国剧学会中，悬有先祖之《镇坛州》[9] 岳武穆戏像，甚逼肖。

记者曰：该戏像，本人曾于国剧学会中见之。色已黯败，非炭画，非油画。果为何种作品？

程答：当年炭画、油画之类，尚未传入中国。一般画像者，皆以手笔绘出，谓之“描真容”。描真容之手续，备极繁难。被画者，须装束完好，作长时间之蓝本，则画此种像，非本人请托，即无由画出。当年，有画家沈荣圃[10] 者，系一画像专家，与先祖交好。沈请于先祖，自告奋勇，代先祖画像。先祖同意后，遂由沈画出此戏像。沈旋摹出一同样之戏像，悬在其门框胡同营业处之门首，作为商标。后沈画像之名，乃传遍都门，收入亦大可观。今国剧学会中，所悬之像，为先祖处之一份。其被沈氏挂作商标者，不复知其下落矣。

(9) 即《镇潭州》。

（10）原文作“沈容甫”。

如此结局

记者问：尊大人（程章甫）之略历如何？

程答：先严之戏亦先祖所教。先严初习娃娃生，后因倒仓不出，改习打鼓，故三庆第二班学生，如钱金福、陈德霖等，虽系先严门徒，教戏仍归先祖。惟杨月楼之戏，为先严所教耳。

问：尊大人以何时作古？

答：先祖殁于光绪六年，后八年，至光绪十四年，先严又逝世。先严殂谢时，本人仅十五岁。

问：程君高寿几何？

答：今年五十九岁。

问：昆仲共有几人？

答：本人只有一弟，早已故去，未生子。至今惟本人一人而已。

问：程君有几位公子？

答：无子。有女二，俱已出阁。本人伶仃孤苦，与山荆相依为命。

程言间，唏嘘不止。

继先学戏

记者问：程君学戏之历史如何？

程答：本人系小荣椿[11]科班出身，与叶春善（富连成社长）、杨小楼、郭际湘（即老水仙花）、谭春仲、朱至（玉）康诸人同科。在家启蒙之师，为钱宝奎先生。钱先生旋故去，又从殷荣海先生，习昆曲老生。殷先生，亦先祖之门徒也。不二年，殷先生又作古[12]。改从师兄罗复林[13]，习武生。罗为先严之门徒。最后，又拜杨隆寿先生，习武生。杨先生，与先父及谭老板，皆系拜盟兄弟。后，杨先生起小荣椿科班，本人遂入科，改习小生。至今日，本人则专唱小生。小生在各行中，最为困难，非文武昆乱全会不可，又须兼工各行之艺术。本人幸幼习昆曲，习老生，习武生，根底略厚，勉可胜任。然粉墨登场，犹不免为“棒槌”也。

(11) 原文作“小荣春”，下同。

(12) 殷荣海故于光绪九年（1883年）七月十六日。

(13) 原文作“罗复临”，罗复林为三庆班武生，老生罗小宝之父。

继先不唱《叫关》《小显》《白门楼》唱戏之难等于看《聊斋》

小生派别

记者问：小生之派别，约分若干种？

程答：以戏种言，可分雉尾生、扇子生、靠把生、短打生、穷生，及冠生等。其冠生一派，惟昆曲中有之，如《奇双会》中之小生是也。但以小生格律言：既为小生，即须门门全会，始得为一完全小生。譬之唱老生者，总须兼能王帽、家人、靠把、箭袖，文武唱念做，完全可以胜任，始得谓之全材。不然，长于此而短于彼，即不得谓之整个的老生。

记者问：程君所唱，为何派小生？

程答：本人所习，各派均可充数。不过，本人嗓音不佳，限于天赋，其专门唱工戏，如《叫关》《小显》《白门楼》之类，至今不敢贴演。因演而不佳，不如不演，亦藏拙之一道。外间谓本人不能唱工戏，亦只好任其议论，不遑计及矣。

问：徐小香为名小生，其技艺如何？

答：徐老先生，为小生全材，文武昆乱不挡。余如王楞仙，亦小生全材，乃本人之师兄。其余诸人，所谓专工一派者，只好谓之今人不如古人矣。

不愿传徒

记者问：程君有门徒几人？

程答：只得二人，一叶社长（春善）之公子叶盛兰，一俞步兰。[14]

(14) 民国二十年（1931 年）10 月 6 日，收叶盛兰为徒，在丰泽园行礼，介绍人乐砥舟，首学《奇双会》；次年 6 月 22 日，收俞步兰为徒，在元兴堂行礼，首学《辕门射戟》。

问：程君之技术，为一班所钦崇，何以不多收门徒？

答：此项问题，外间多谓梨园行人心独，不肯传徒。其实，凡唱戏者，皆不愿教徒。原因教戏一事，既费精神，所得代价又少。宁唱三小时之戏，不愿教一小时之门徒。盖登台唱戏，有休息之机会，而教授门徒，则口讲指画，连唱带做，委曲解说，往往使人头晕眼花。故梨园界人，但能登台演戏，无一愿教戏者。必年迈力衰，不能登台，或嗓音太坏，不能唱戏，始不得不以教徒为维持生活之法。本人所收两门徒，皆颜面攸关，无法拒绝。以本人意思，实亦不愿也。

特别锤法

记者问：闻票友包丹亭[15]，曾拜程君之门，学戏几出？

程答：此君从本人学戏，仅学得半出《雅观楼》，旋即废学。此后，更延何人说戏，不得而知。

(15) 原文作“包丹廷”。

问：程君之锤法，另成一路。系从何处学来？

答：此亦无甚出奇。不过，该锤法，系在小荣椿科班，由杨老先生所授，比之其他锤法，有几手不同。

今茹富兰之《雅观楼》，其锤法，与本人相同，因其祖与本人同科也。杨小楼之《八大锤》，其锤法，亦与本人相同。但小楼此戏，从前与本人完全一致，现时，彼年事已高，身份较大，或有以意删改处。本人因未亲见，亦说不定也。

无穷无尽

记者问：如程君所言，演戏一道，实浩如渊海。但舞台之上，不乏率尔操觚，亦殊成名者，其故何欤？

程答：人不过四十，非竭半生之全力，不足以言唱戏。然学戏三五个月，亦自可以登台。请以围棋喻：初学者亦摆棋，苦心孤诣，研究三五十年者亦摆棋，程度虽相差悬远，而其摆棋则同。再请以读书喻：老师宿儒，可以作文，黄口孺子，亦可以作文。文章之品格，虽不便相提并论，而其作文则一。再请以看书喻：本人幼时，或教使看《聊斋志异》。本人以不懂为苦，以不识怪字为苦。后试看数篇，觉得谈鬼说狐，殊有奇趣。逾二三年，更取而复读，乃趣味愈浓。再逾七八年，细视字里行间，又觉逸趣环生，为从前所未发现。计本人看《聊斋志异》之过程，如此进步者，不下十余次。今偶读一篇，尤能发现新的兴味。将来至于何时，始能窥尽《聊斋志异》之妙秘，尚难预期。谈何容易看《聊斋志异》？谈何容易唱戏？不过，以皮毛言，唱戏仅属小道，以严格论，又与学问一道，有无穷无尽之叹耳。

二

采访人：景孤血

原载1938年10月1日—12月6日《新民报》（北京）

今之小生名宿，其巍然为鲁殿灵光者，殆莫如程君继先也，今晚则在长安戏院“小生大会”中，裒然为首席，演《群英会》“打盖”之周瑜，此盖实至名归，非比一般趋炎附势者所可同日而语也。记者因继萧君之后，必仍须访一品隆望重之老伶工，遂于上月之二十五日，往其寓所拜访（和平门外前铁厂廿二号）。当蒙程君亲自接待，遂开始访问，程君彬然儒者，貌颇清古，然与其台上之飒爽英风，又判若两人，信哉艺术修养上之精能，有远过于其他者矣。

记者问：程君之高寿几何？

程君答：业已痴长至六十五岁矣[(1)]。

(1) 生于同治十三年（1874 年）二月二十四日，一名继仙，谱名尊孔。

记者聆之，不胜肃然，因睹程君之面，不过五十许人，绝非一花甲外之长者也。

记者问：敢请程君贵籍。

程君答：籍隶安徽之潜山，今在京三世，即不啻为京师人矣。要其远祖庐墓之所在，则仍为潜山，鄙人既为其裔，凛诸“追远”之戒，亦不敢忘焉。

记者问：程大老板，为君之先德乎？

程君答：然，大老板乃先祖也。

记者问因梨园行人，谈及“大老板”三字，如奉神明，所谓“诸葛大名垂宇宙”者，既已知之，欲不再问。

程君则曰：关于先祖之事，尚有待于大笔纠正外间称呼之误者，敢烦倾听焉。原今之内外行人士，对于先祖之束身治行，无不加以钦慕者，惟其对于先祖之称呼，则又往往失宜，鄙人为之子孙，每见报章所载，辄知芒刺在背，心实为之不安。原先祖讳椿，字玉山，人各有名，本不敢妄禁人之呼唤，是以称之字而不名可，即名之而不字亦可。惟今日外间所盛传之二字，则先祖之乳讳也。每闻口腾纸载，辄觉痛心。夫以先祖诚有失行，则微论不肖如鄙人，所谓“虽有孝子贤孙，百世不能改也”，是鄙人亦不敢妄以尊祖者而钳缄众口。无如先祖之持躬端谨，久在众人洞鉴之中，当日即公卿朝士，亦多称之为“大老板”，则今日动辄称其乳讳之人，度亦必非意存轻薄，当系不知此二字者之为乳讳，遂于不知不觉中有此误称耳。或更疑此二字为先祖之艺名，则失之毫厘，差以千里矣。夫此名在鄙人之及身已发生如许称谓之误，倘再不加以纠正，则后来益将失其本源，此所以敢烦椽笔，于报端揭橥之也。

记者闻程君言毕，不胜钦敬，即问程君：所谓大老板之乳讳，岂即上“长”下“庚”乎？

程君答：然！至先父则讳章甫，初习须生，启蒙师为周天九老先生，乃周长山、周长奎二老先生之父也。复因嗓倒，乃改习打鼓，至今尚获蜚声于时。鄙人曾有一弟，旋于鄙人二十九岁时即故去矣。本人并无后裔，只有三女，长女次女皆已字人，惟小女尚侍膝下，今甫十龄耳。鄙人于十岁时，即在家中学剧，但非学习小生，乃为老生、武生，以昆曲为之根底，所学之剧，计有《十面》《仙圆》《疑谶》《封王》《弹词》《伏虎》等，后始兼学小生，如《雅观楼》《岳家庄》《镇潭州》《八大锤》等。

记者聆此，因思程君演剧，虽以花甲之年，其舞翎、抬腿、耍袖等功夫，尚如锦翼游龙，种种美观，绝非后生所能跻企，盖既有昆曲根底，而又曾专擅武生，人第赏其今日之姿式美观，而不知其当年之根基笃厚也。旷观程君所学，无不可以独将一军，而乃悉熔冶于小生之内。所谓“屈宋玉为衙官，降天尊作侍者”，宜其称绝一时，垂况百代矣。因问：外传程君曾坐科[(2)]于小荣椿，此言确否？

程君答：诚然。鄙人于十一岁，即入小荣椿科班坐科，艺名椿德，与杨小楼、叶鉴贞、郭际湘、朱天祥，及现存之郭春山诸君为师兄弟，先师则杨隆寿先生也。同人等从前有照相在天寿堂陈列，今恐无之矣（记者按：程君幼年在科班之摄影，乃匾上题名之误，今此匾尚在天寿堂）。[(3)]

(2) 原文作“作科”，下同。

(3) 程氏十一岁，即光绪十年（1884年）。按小荣椿班起于光绪八年（1882年）（见《中国京剧编年史》上，王芷章，中国戏剧出版社，2003年10月，第583页），光绪十三年（1887年）报班挂牌演唱，其报班花名册中，程氏以小名“程德子”列生行首席，小荣椿众学生所献之匾现存北京智化寺文博交流馆，匾文为“接续梨园”四字，立于光绪十四年（1888年）戊子五月初三日，首即程椿德。又，天寿堂，正文原作“天树堂”。

记者问：友人又传程君在科时，曾参加于《进美采莲》之中，合奏〔喜遇〕(4) 一套，确乎？

(4) 原文作“喜浴”，后附正云：“喜遇”二字，前被误排“喜浴”，因此只牌名〔寄生草〕，其首句为“喜遇庆元宵”，故也。

程君答：不谬，此儿时事也，然尚能记其概略。兹请述之。当日鄙人一组，共为八人，除鄙人之外，尚有唐永常、陆砚亭、朱天祥、郭际湘、李来子、朱四儿、唐春明，授者则浦阿四(5) 先生也。陆砚亭即今之琴师陆五，朱四儿者则朱天祥君之兄弟行也。其时唐永常打大锣，陆砚亭打鼓，朱天祥拍齐钹，郭际湘提琴（又名挽琴），李来子吹笛，朱四儿板与木鱼，唐春明打小锣，鄙人则打九音锣，且皆作为宫女之装束，亦贴片子，穿行头，此戏在今日已然绝迹，只剩《回营打围》一剧，亦只有科班学校偶然一演。不知此最足以养成场面人才，如唐春明、陆砚亭二君，非即良好证明乎？

(5) 原文作“溥阿四”。

记者问：敢问程君坐科至何时而满？

程君喟然叹曰：此则殊有负先师栽成之意，盖鄙人未至满科，即已离去小荣椿矣。然其间曲折甚多，请再缕述之。原鄙人至十五岁时，先父忽患□症。先父自先祖见背后，即执掌三庆班，子承父业。[6] 虽不能如先祖在日之盛，但恪遵庭训，一切悉承先祖旧制，尚无陨越。及先父既患此重症，不能再维持下去，乃将三庆全班，让与杨月楼先生承作，所订合同，为期五年，月楼先生允诺，而先父竟以是症卒致不起矣。鄙人于先父丧礼粗毕，即仍回小荣椿科班，每日出台。不料在此时期，月楼先生又病瘫痪，虽曰五年为期，但既撄此重症，遂亦无法，故作至二年，三庆班又不能维持，原系鄙人家产，杨君即以交还。时只先母主事，先祖父之弟子多人，其中亦有曾与先父为盟兄弟者，目击三庆班不绝如缕，为恐先祖父苦心孤诣所创事业，由是付之东流，乃齐来舍下，纷向先母要求，请准鄙人继演，借以维持于不坠。先母即曰：此吾家事，重劳诸君如此热心，未亡人宁有不感激者乎？唯是此子，既在小荣椿科班坐科未满，其一切之行动，均须先生做主，故此事仍须听命于杨先生，未亡人无法专行也。诸君既聆先母之言，咸以为实事亦诚如此，即转而面求先师。彼时科班制度甚严，随便参加与请退皆非易事。及诸君来见先师，先师询明来意之后，即当面加以拒绝曰：诸君因杨月楼君之病，乃来商之鄙人，使继先回三庆班。夫三庆班既无月楼则不能维持，此诚实事。但亦须知小荣椿科班之有继先犹之月楼也。三庆班既无月楼便将掉座，而小荣椿之无继先亦然。是以小荣椿之不可无继先，亦犹之三庆班之不可无月楼，诸君奈何夺此以益彼乎？坚持不允。当事诸君，为恐三庆班之自此而散也，邀说百端，最后且为先师齐下一跪。先师亦当时之“场面朋友”，认为若再断断不允，则迹近“难买难卖”，破坏同道义气，遂慨然允许，惟附有一项条件，即以此为折中之交换。

（6）三庆班系程姓家产，程长庚故于光绪五年十二月十三日（1880 年 1 月 24 日），其后即由程章甫领班，光绪七年（1881 年），演于西珠市口汇元堂，系与庆和园主人邓永泰合办（见《戏园多故》，《申报》，光绪八年九月初五日/申报

1882年10月16日，第二页）。

记者问：此项交换为何？

程君答：此项条件，乃鄙人可以继承先父执掌三庆班，惟不得逐日演剧，必须遇有堂会时，始可以三庆班之名义，在外出演之。先师之言曰：三庆班乃程姓之产，继先以子承父，其名甚正，余绝不敢干涉，惟继先之艺，究在小荣椿科班所学，若不在此班中演剧，则余之心血，不将徒费乎？此事遂如此而定矣。然鄙人终未待至满科而后去，则今日谈及，对先师不胜萦疚者也。

记者问：岂此办法，中途又有所变化乎？

程君答：非也。原此项办法既定之后，三庆园虽每日之上座无何大见起色之处，而堂会却日见其多。一日或有两三处堂会，实乃不胜其烦。

记者曰：此亦足见程君幼年艺术之佳矣，无怪杨隆寿先生以小荣椿班中之杨月楼期目之也。

程君曰：阁下过奖！此非鄙人之力焉。盖迩时承平富庶，京城仕官之家又多，益以会馆同乡接场团拜等，于普通婚嫁做寿添丁以外，吉庆堂会本多，加之先祖之遗爱昭著，所谓爱屋及乌，故三庆班中之堂会独多耳。会某年之四月，鄙人赴京西金顶妙峰山朝顶进香，而适有两处堂会，一为铁狮子胡同那公府，乃荣椿方面所应，一为西城中铁匠胡同英宅，则三庆班所应也。妙峰山距城颇远，由山麓至娘娘顶，斜行而上已有四十余里，归来即此双出堂会，于未去之先，曾有人劝以勿往，先师亦恐鄙人不能如期赶回，彼时鄙人年方幼稚，少习武工，竟不以跋涉为苦，即对先师曰：必能赶回。遂卒往金顶妙峰山朝顶而归。此两处堂会，若揆之常情，鄙人既累，亦可只演一处，无如那公府之主人那公之父，是为棍公(7)，与先祖父为换帖之盟兄弟，久闻鄙人在小荣椿坐科，滥叨时誉，今假堂会之机，必欲一观鄙人之艺术到底何若，此乃世谊关心，情不可却者，而中铁匠胡同英宅之堂会，亦有世交，况为三庆班中自己之事，亦断乎难以不演，只得抖擞精神，照常卖力，而不虞竟以累坏。又于卸装之后，单衣在廊下乘凉，热汗未消，陡被寒风砭袭，因之遂患大病。其势颇重，只好暂时辍演回家休养，鄙人时方年幼，苦无见解，为病所缠，因之竟对先师若有所怼，自今日思之，此实无知糊涂之处。比及痊后，遂亦脱（托）词不再再回小荣椿科班，而三庆班之营业，亦江河日下，杨月楼先生遂与鄙人商议，谓不如暂散，一俟我（杨君自谓）痊子（指鄙人）长，再通力合作，鄙人亦以为然，而三庆班遂从此解散矣(8)。

(7) 棍公，蒙古王公棍楚克林沁，卒于光绪十年（1884 年）九月，由其子那苏图承袭辅国公。

(8) 光绪十六年（1890年）闰二月初一日，杨月楼出演粮食店中和园，因痰症昏迷而回戏，此为其得病之始，其后三庆班一蹶不振。杨氏病势迁延，沉疴积久，于光绪十七年（1891年）六月初一日病故，十二月初二日，程继先、孙秀华、张紫仙以“复出三庆班”报班挂牌演唱，承班人为程氏，未及即散。三庆旧人不忍本班就此湮灭，便请同春班谭鑫培出头重整，光绪十八年（1892年）十月十五日以“复出安徽三庆班”报班挂牌演唱，承班人为谭鑫培、王楞仙、陈德霖，十一月十七日祀神，二十五日在大栅栏三庆园挂红开演，约在光绪十九年（1893年）十月散班，谭鑫培仍回同春班。光绪二十二年（1896年）十二月初六日，三庆班再次复出，承班人路玉珊、田际云、王楞仙、朱文英，角色有谭鑫培、周长山、李顺亭、王楞仙、张紫仙、李宝琴、钱金福、陈清泰、夏月润、罗寿山、王长林等。据《申报》光绪二十四年（1898年）九月十二日载《妙伶手翰》即“田际云来函”云“际云于［端］午节前即在内府请假半年，回籍修墓。迨出京后，所部之玉成并三庆班均未奉传进当差，两班顾曲，车马寥寥，因之三庆星散，玉成到津，在租界天仙部开演至今”，则三庆班于是年五月散班，其后未见复出。

记者问：程君第一次登台，即在小荣椿科班乎？敢问是何戏目？

程君答：鄙人第一次登台所演者，为《双观星》，地点系在恭王府，原鄙人从先系与陈嘉梁先生学昆曲，昆曲虽已略有所知，惟对皮黄尚无门径，乃由陈寿峰君介绍，始入荣椿科班。先固曾在恭王府中作第一次之登台焉。

记者问：此《双观星》一剧，程君所饰者为何角色？

程君答：乃为娃娃生工，所饰者则史建瑭也。原此剧之主角二人，一为史建瑭，一为高保童（即高行周），乃“五龙二虎擒彦章”之拆头戏，若带后场，则名“五龙斗”矣。其与鄙人同演者，为杨长林君，乃先师杨隆寿先生之次子，今代青年武生杨盛春君之叔父也。[9] 其后鄙人在小荣椿科班演《火云洞》《莲花塘》等剧，亦皆由杨君配演之，如《火云洞》中，鄙人饰红孩儿，杨君则饰孙悟空；《莲花塘》中，鄙人则饰小龙，杨君亦饰悟空，其余可以类推。

(9) 杨长林系杨隆寿长子，在科名椿林；杨隆寿次子乃杨长喜，杨盛春系长喜之子。

记者问：程君所演之《火云洞》与今日外间所演者同乎？

程君答：不同，因鄙人所演之《火云洞》纯为昆曲，不杂皮黄，非如今之以观音为主角者也。鄙人闻戏曲学校排此时，初认定系出自朱玉康、郭际湘二师弟手，后曾问之，始知其不然。

记者问：程君所演之《莲花塘》，斌庆社曾演之，亦与程君演时同否？

程君答：亦有不同，原《莲花塘》共为四本，斌庆社当日所演只头本，名《庆安澜》，为李寿山师兄所授，其牌曲无异，惟身段似有缺欠，诚以寿山师兄对此剧未蒙实授，只在内廷演时，曾在旁偷看，似乎未能脚踏实地。然大体尚为可观。

记者问：程君脱离小荣椿科班以后，即未再搭班乎？

程君答：鄙人于脱离之后，先师亦曾再来相挽。其时因营业之不振，乃谋改约成年之名角加入，如龙长胜、李顺亭、陈德霖、万盏灯、钱宝丰诸先生，皆在被约之列，其中亦有鄙人，先师允为开份，但鄙人对于先师之生误会，并非激于金钱问题，遂谢不往。后有满族闻人毓五先生者，起小丹桂班[10]，特邀鄙人。但鄙人抚躬自问，恐难对先师，并谢绝之，此后即入于当差之阶段矣。又鄙人在未入小荣椿科班以前，曾在嵩祝成班中演约一年，第迩时正值此班之尾声耳。[11]

(10) 小丹桂班，光绪十六年（1890年）九月初一日报班挂牌演唱。

(11) 嵩祝成班，光绪六年（1880年）由庞太监所起，以孙菊仙为台柱，光绪十年（1884年）十一月因孙菊仙改搭四喜班而散。光绪十二年（1886年）四月底，周春奎由沪回京，再起嵩祝成班，承班人周春奎、孙瑞棠，据《申报》光绪十二年（1886年）五月二十日所载《都下纪闻》，该班于当年五月初四日开台；又据同年十一月十三日所载《帝京载笔》，当年十一月，因周春奎改搭春台班而散班。程氏自述十一岁入小荣椿，则其所搭之嵩祝成班当系前者。

记者问：外间传说，有谓尊翁系大老板之承继子者，其说确否？

程君正色答曰：此乃全然无稽之事也。外传种种，鄙人亦粗闻之。原寒族同出潜山，京市只有先祖之一支派，别无所谓程姓宗族。先严的为先祖亲生，此事鄙行同人知者甚夥，惟先此之“上章下瑚”者，则叔，过继自鄙人之三祖父，但亦未回籍，至今仍在炭厂胡同居住，先兄程少堂亦无不知之者也。原先叔后入仕途，易名为“爕”，字“棣棠”，故先兄字少堂，亦有时书作绍棠，今其后人尚在炭厂胡同居住，回籍之说，不知何来。

记者问：请程君恕其冒昧，敢问大老板既有子矣，何又承继章瑚先生为子？

程君答：此则言之长矣，鄙人本不敢述先严幼年之过，但为证明外间讹传起见，姑略谈之。原先严幼年，性好游侠，凡借客弹丸、斗鸡走狗之事，靡所不好。先祖为本“恨铁不成钢”之心理，屡加训责。盖先祖性最严正，无论子弟门生，有过必痛加捶楚，至今三庆班之老人，尚有“坐科如坐监”之一语。既对先严痛加训责，后且送先严以忤逆，系之囹圄，先祖反倒托人情，且以荷校惩之。其实先严不过性耽游戏而已。姑举一事为证，先严既被荷校，先祖戒以不许为送美食，先祖母对于己之亲生，乌有不加怜悯之理，乃悄以饼饵肉脯等为先严送去，先严尚以游戏三昧之态度出之，自以手扯项上之枷，如《贾家楼》中之“五面枷”然，使之团团而转，意谓不能伤颈，毫无关系。彼时族人颇多来自潜山，因平日为商，往来京市，其习括帖者，又以三年会试来京，皆住于舍下，族中人亦多良莠不齐者，因彼见先祖与先严失和，则顾念宗亲之谊，理应调楚方是，乃竟因以为利，不无煽构，并怂恿先祖，以宗人承继，于是始有先叔过继之一事，此皆当日先祖父有子复以宗人承继之内情也。君闻此事之曲折如此，则愈可知外间传者之无稽矣。且先祖父与先祖母伉俪甚笃，均为平易近人，亦无可称“怪”之处。观于先严之在囹圄中，先祖母持肉饵等往食，则与先祖父之方正，殆所谓“严父慈母”各尽其道者。敢烦椽笔，代正外间所传，则又幸甚。

记者问：程君之入官途，敢问仕至何职？

程君答：乃恭王府之头等护卫，但久为恭忠亲王长子瀓贝勒之侍从，浮生如梦，倏而宦海，倏而梨园，言之殊可慨也。(12)

(12) 恭王府当差时期，程氏改名为德振亭，曾任“兵部员外郎”，其后走票时代，以此名著称于票界。除二黄票房外，程氏尤喜在子弟书票房演唱八角鼓带小戏，如《赵匡胤打枣》《打灶王》《马思远开茶馆》等［见《仕而优的一位艺人——鲁殿灵光之程继先》，光徒，《新华报》，民国二十八年（1939 年）9 月 23 日，第三版］。

记者问：程君二次露演，敢问是何年月？

程君答：鄙人于卸职后，闲居无事，终日玩愒而已。适值俞振庭君成立双庆社，以刘鸿升君演大轴，思及鄙人，遂浼之出台，于是又作冯妇于文明园，时鄙人年三十九，乃民国元年也。(13) 但演期无多，又以小犯意见，遂仍辍演家居，闲中无事，乃以走票消遣。所识外行友人愈多。时松树胡同李宅，有李君秉安者，乃李经宇先生之八公子，人咸称之曰“李八爷”者是也，其家组织票社，鄙人经盟兄锡子刚君之介绍，遂亦加入，时在此票社者，有陈彦衡、王君直、恩禹之诸先生，皆票界之第一流也。鄙人日与盘桓，所学赖以重温。后于民国三年，江梦花君在上海办亦舞台，因闻陈彦衡先生谈及鄙人，乃邀赴上海，时与同台者，有郝君寿臣、程君凤楼、沈君华轩等，但鄙人则为单独被邀者也。(14) 及归来后，值杨小楼君与姚佩秋君等合组第一舞台，鄙人又被邀加入。演唱半年，会逢俞振庭君重组双庆社，仍出演于文明园。(15) 角色齐集，有黄润甫、李顺亭、陆杏林、王长林诸先生，而谭老板亦被俞君约请，演唱三天，皆以鄙人为配。(16) 此三人（日）之剧目，计第一日为《举鼎观画》，谭老板饰徐策，鄙人饰薛蛟；第二日为《御碑亭金榜乐》，谭老板饰王有道，鄙人则饰柳生春；第三日为《八大锤》，谭老板饰王佐，鄙人则饰陆文龙。此在谭老板固格外垂青，然而鄙人则大受其罪矣。

(13) 宣统元年（1909 年）九月、十一月，程氏以“程继仙”名，搭俞振庭双庆班出演广德楼，剧目有《打龙袍》《磐河战》《探庄》《虹霓关》《绝缨会》《胭脂虎》《借赵云》等，同台有俞振庭、刘鸿升、李顺亭、刘景然、迟月亭、朱素云、路三宝、吴彩霞、王蕙芳、朱幼芬、陈文启、何桂山、李寿山、梅荣斋、罗寿山、王长林、迟子俊等。宣统二年正月，双庆班进文明茶园，未见程氏戏报。

(14) 系合兴公司共和中舞台，由王又宸、江梦花创办于民国二年（1913年）3月，前身为振声公司中华大戏院；民国六年（1917年）7月，沈少安在原址开办亦舞台。民国二年（1913年）10月，程氏与程凤楼、郝寿臣、沈华轩应聘来沪，同日出台，10月19日起演，演至12月5日，戏报名“程继先”，同台尚有王又宸、冯子和、白文奎、赵小廉、赵君玉、江梦花、李永利等。

(15) 民国三年（1914年）旧历八月初一日起，程氏搭俞振庭之双庆社，出演文明园。

(16) 民国三年（1914年）旧历七月，谭鑫培应俞振庭之请，在文明园演唱短期，中秋节后再度应邀出演，10月15日（第一天）演出《举鼎观画》，10月16日演出《捉放曹》（是日程氏与姜妙香合演《岳家庄》），10月17日剧目未见戏报，10月18日演出《战太平》（程氏剧目未见戏报），10月19日演出《击鼓骂曹》（是日程氏与荣蝶仙、金少山合演《贪欢报》）。又，民国五年（1916年）1月8日广和楼合庆社日戏，程氏与谭鑫培、黄润甫、谢宝云、俞赞庭等合演《八大锤》代“断臂说书”。

记者问：程君此言何谓也？

程君答：阁下不知，与谭老板配戏，诚属难之又难。何则？凡为他人配戏，只需小心即可，而为谭老板配戏，则往往啼笑皆非，尤以《八大锤》一剧，更使人无所措手足焉。

记者问：何言无所措手足也？

程君答：阁下不知，彼时凡聆谭老板者，其盼谭老板出台，如大旱之望云霓，然谭老板所演者岂能尽戏［之］头场即上，势须有我辈在前表演，即此已啼笑皆非。因如果草草了事，谭老板必认为不肯卖力，不够为己配戏之资格。若加工细演，谭老板虽不以为嫌，而观众又早急煞矣。若在今日，即为观众所不满，亦无非以阅看刊物等类，以资消遣。而在彼时，即通声大作，予人以特别之难堪。且在其他各剧，尚有可以略予通融之地步，独《八大锤》一剧，彼时规矩綦严，既曰"车轮战打四将"，则只可按部就班以打四将，今或有打三将或两将者，彼时又绝不许其如此。况谭老板亦极重规矩，岂可乱来乎？鄙人于派定戏码之后，回家即前三日已饮食不宁，默默祈祷，若家门有德，鄙人该当吃此戏饭，则是日万勿出错，否则是此生不应吃戏饭，非可勉强而成也。

记者曰：程君之言，殆为谦词。

程君曰：不然。事关个人之脸面问题，绝非可以苟且从事者也。且从前曾有许多同业，其艺术皆有相当造诣，徒以与谭老板配演不周，因之身败名裂，可不惧乎？乃是日竟尔邀天之幸，不但未被观众所通，尚粗得彩声。谭老板且扮好王佐，立于绣帘之后，看毕鄙人整出之“车轮大战”，倍加奖励。鄙人自此心始放下，而其后之浮名较有进益者，又皆出谭老板之赐也。

记者曰：程君艺术之佳，老而如此，少壮可知，谭老板之荣褒，自属在意中事。

程君答：不然，鄙人之艺术，实远不及先进诸位，不过谭老板肯予曲加优容耳。因谭老板为鄙人盟叔，与先严有金兰谊。当时结义弟兄六人，除去先严与谭老板外，尚有懿德堂主人蒋先生、钱宝丰先生、先师杨隆寿先生、李棣香先生，彼时谭老板最幼，鄙人以六叔呼之。其对鄙人之《八大锤》，尚肯格外包容者，殆追念与先严之交谊也。

记者曰：此愈为程君之谦词，因谭老板之盟侄非一，何以不闻对他人亦如是乎？惟《八大锤》一剧，小生累工，似在王佐之上，何以屈为配角，殊不可解。

程君答：从先《八大锤》一剧，的确为小生正角，王佐之地位，不过较重于《金兰会》而已。因此剧之小生，于打毕宋营四将后，即继之以“听书”，其后复有“射箭”“焚营”，与金营四将开打，放走兀术等事，以较王佐之后上先下者，实不可同年而语。惟自谭老板演王佐后，竟将此剧之轻重倒置，此乃角色之问题也。然行之既久，积重难返，使今日倘有演《八大锤》

而以硬里饰王佐者，则台下又必哗然矣。

记者问：谭老板以一代名艺人，记者访问所得，莫不称之，而对其脾气之好坏，则各有不同之说，程君为其盟侄，又曾与同台多日，究竟谭老板之脾气如何？

程君答：谭老板实如古人之有爱将癖。凡后进中之有出息者，奖掖无所不至，惟在台上不容人错。尤其痛恨自作聪明之辈，认为凡戏中之规矩皆有一定，即佳者亦只能在情理之中，所谓“寓神明于法度”，凡其任意开扰，与随便加花兑水者，无不痛挫辱之。至于不容人错，据谭老板自言，此亦决非苛刻，或故意阴人，盖少年气盛，看事太易之人，若不予以小惩，则不戒其车，必不能改，小予之以“碰钉”，正乃有意成全之也。

记者问：外传谭老板与配角如李寿山君之趣闻，信否？

程君答：外传谭老板之事，有真有伪，惟报载对李寿山君诸事，则确然不虚，第谈者尚未亲聆耳，此皆鄙人目睹之事，言之令人失笑。初谭老板演《失街亭》，李君为配马谡，至令推出斩时，李君忽来三笑，谭老板乃令“招回来”，问以“马谡你为何发笑？”以上外间所记者皆确，第言李君无词以“哭头”了之，则有小误。原谭老板令“招回来”，李君心知已坏，幸尚有火候，先念：“谢丞相不斩之恩！”谭老板始带怒念："非是山人不斩于你，我问你笑的是什么?"李君无词，乃曰："末将该死!"谭老板则嗤之以鼻曰"哽(哼)! 你真真的该死"，始命再斩。此"真真该死"四字，妙语双关，谓马谡以失守街亭真真该死可，谓李君以出乎规矩真真该死亦可，此实言之幽默者也。至于下脸后，谭老板在后台尚训饬之曰："寿山! 你别当我当面给你抖搂，我因为你是程四箴堂的徒弟，我怕你给师父丢脸，人要问你当初这戏是怎么学的? 好自然是好，不在这个上头!"李君则唯唯称是而已。又一次则为外传之《卖马》，至家院上报："大事不好啦!"李君即起〔哭牌子〕曰："嗳呀不好了!"谭老板俟其哭毕，徐问之曰："方才家院报道何事?"李君张口结舌，只得又曰："不好了!"最幽默者，即谭老板于其再哭"不好了"时，翻目以白眼睇天曰："我这才明白了!"台下一致哄堂大笑，是皆鄙人在此班中实事，可证外间传者不虚。又关于高士杰君与谭老板演《清风亭》之笑柄，事亦类此，外间报纸所载，亦大同小异，如以为高君误呼谭老板为"周家伯伯"，谭老板则张目向之曰："小哥! 你可认识我的儿子呀?"高君答以："我怎么会不认识呢?"谭老板复钉（盯）问之曰："他姓什么?"高君曰："他姓张啊!"谭老板则曰："你既然知道他姓张，怎么管我叫周家伯伯呀?"聆众无不哄堂。是皆鄙人在文明园时目睹同台之事，足可与报载者互相发明矣。有时台上之错，往往出人意料，较之有心“逗哏”者尤为可乐。因全属话挤话，一句不能让一句，于是笑话生矣。

记者问：外传《金马门》一剧中之李太白，从先有以小生挂髯演之者，其说确否？

程君答：此实未之前闻，以鄙意揣测，或系传闻之讹，因《金马门》中之安禄山，本来即以小生扮演，若李太白再以小生饰之，虽曰挂髯，究亦嫌其重复雷同也。管见如斯。小生挂髯，可以饰李太白，鄙人忝居演小生者之一，既未习闻其说，故不敢妄谈。

记者问：《翠屏山》之石秀，有以小生演者，此亦系老例乎？

程君答：《翠屏山》一剧，若照昆例，可以用小生扮演，但此剧若我能演之，必唱梆子，固然，今之演者复带“杀山”，依然为唱梆子，即其前实亦可以仍采梆子唱法，诚以全剧情势紧张，非用梆子之急弦促节，不足状出石三郎之煞气也。今之脚本，即仍为梆子旧词，不过梆子词多，皮黄词少，且有不雅驯者，今皆删去之耳。

记者问：所谓《翠屏山》中不甚雅驯之句，程君尚能记以见示乎？

程君答：在“吵家”中记有二句，上曰“猫儿食养不住金钱虎豹”，[下曰]“玉麒麟与犬马怎能同槽”，皆为石秀口中之唱词，姑不论上下所比全非人类，而石秀之在杨雄家中居住，全为口腹之计，即以词而言之，亦嫌太糙。自古闻有金钱豹，未尝闻有“金钱虎”，此为凑成十字句，遂以“金钱虎豹”联成一名，岂非可笑者乎？宜于今从删削矣。又在“吵家”时，迎儿骂人，石秀以掌掴其颊时，石秀亦唱二句，且为快板，今亦不见。鄙人至今耳畔犹有其音，但究竟是何字句，则已记不清楚。大约为还骂迎儿，其词难登大雅之堂，故减去之。此外尚有一剧，亦鄙人认为必应唱秦腔者，即《伐子都》[17] 是［也］。因此剧中之子都一角，其个性亦与石秀相近，同为行事见短，而又心狠手辣之人，况此剧重在后部颍考叔之“活捉”，其情节尤为刺激紧张，故以演梆子为最适宜也。

(17) 原文作“罚子都”，下同。

记者问：程君亦能演秦腔乎？

程君答：不能，因鄙人幼年专习昆曲，昆曲与皮黄尚比较接近，其与秦腔，则几乎若水火之不能并存，况鄙人亦无梆子喉咙，绝对不能演之。惟对于梆子之妙谛，尚略有所知耳。

记者问：程君昔与朱琴心君合作时，朱君演过一出新戏，名《梵王宫》，朱君所自饰之角色，名“耶律柳含烟”，其小生一角，即为明将花云，有女扮男装诸事，程君曾否饰过此角？

程君答：未也，然此剧之脚本，昔曾观之，繁重之处，在旦角而小生次之，如其“逛会”一场，正中坐一花面扮之和尚，两旁许多逛会之少妇长女，一壁为耶律柳含烟，一壁为花云。其旦角有上跷走“十字靠”势之“浪子”，又有“左右射雁”等身段，决非率尔操觚者所能为也。盖梆子班极重跷工，而此剧又有异乎寻常者焉。鄙人曩时曾与郭际湘师弟（即老水仙花）商议欲演此剧，无如鄙人与郭君皆为人挎刀，此剧之排演又费相当时日，遂予搁置不谈。然鄙人之花云虽未演上，而郭君却在沪曾演此剧中之耶律柳含烟，其饰花云者为李春来君也。(18) 核之鄙人空创此议，而李君在沪竟迩实行，言之亦滋愧矣。抑翻改梆子一事，必须并人之优点而保存之，否则，卤莽灭裂，难以望其好也。且皮黄中至今尚有残留梆子之痕迹者不少，则其戏皆自梆子所翻可知。

(18) 民国三年（1914年）2月，郭氏搭共和中舞台时曾演之，惟是时李春来未与之同班，民国二年（1913年）8月，两人同搭大舞台，但《梵王宫》一剧由贾璧云、吕月樵演之，民国四年（1915年）5月，两人再次同班大舞台，但未见合演此剧之戏报。

记者请程君略示其目，程君答：如《打金枝》一剧，其郭子仪今人皆挂白三，而谭老板昔年演时，则挂白满，鄙人幼年演此，亦挂白满。因郭子仪一角，在梆子班乃以花脸饰也，花脸无挂白三之理，是以郭子仪一角，亦挂白满。今人不知，其饰郭子仪者皆挂白三，不知此在身份上并无何等异同之处，只留此亦存梆子班之本来面目而已。又今人饰郭子仪，多戴金踏蹬，不知此亦并非老本如此，昔年谭老板演此时戴侯帽，鄙人亦戴侯帽，皆从梆子班之旧典型，俾勿失真也。

记者问：若秦腔班中之凡挂白满角色，虽素脸亦皆以花脸扮演，此种情形，在皮黄班中亦有之否？

程君答：是在皮黄班中，虽无此种办法，然角色有［带］演者，如老谭老板（谭鑫培先生之父）在世时，所演之工，乃老旦带红生，有时演《龙虎斗》，有时亦演《太君辞朝》，一饰赵匡胤，一饰佘太君，夫老旦、红生岂一工角色？而老谭老板乃能一身兼演，此皮黄班带演之证明也。

记者问：向聆程君妙奏，口中之字音准确，五声尖团，绝无飘倒，他人断乎莫及，不知何以致此？

程君答：此乃受自家传，非漫然者也。因先祖在生前，不惟演剧时上口，即在私下谈话亦皆上口，以是家人相习，无敢念飘倒之字音者。如普通俗语，以“雨淋”之“淋”，皆读成“伦”字，是以京市尝有“上头伦着”之一语，惟舍下从先即无人敢如此念。原先祖在世，如闻子弟辈谈及“伦着”，必厉声斥之曰：

"什么伦着？淋着！"一字如此，其他之字可知。至于"学"字亦然，先祖生前，主持三庆班，每于晚间濒睡之前，必引吭大呼："放学！"此"放学"二字之音膛相会，声如金石尤其余事，而"学"字必读成"胡铎切"，故三庆班之生徒，无一人不善念字者，皆先祖平日熏陶之力焉。

记者问：音韵一道，本来通乎学问，大抵学问有根柢者，念字必无大错。

程君曰：然。始吾以为非鄙行念字即不必上口，后乃知其不然，盖过去堂堂之恭忠亲王，其念字即同于戏词之上［口］也。如"本爵"之"爵"，每念必定上口，其念"刽子手"，绝不念成"贵子手"，必为"哙子手"或"馈子手"，原恭忠亲王实有大才，其所集之《萃锦吟》，妙如无缝天衣，君必曾以寓目。又如自作"觚棱回望知何许？秋水秋山路万重"诸诗，皆鸿才隽句，而念字乃同于鄙行之上口，则知有许多字是该如此念，非必待演戏而始然也。不过戏剧又终为戏剧，戏词又终为戏词。诗文讲韵，戏剧讲辙，未可太文反致难念。如《金锁记》中之蔡昌宗，新词出场所念定场诗，首句为"趋"字，第二字（句）为"书"字，第三句不谈，第四句乃为"湖"字，以诗言之，不出六鱼七虞，原无不可，然以辙言之，一为"衣齐"，一为"姑苏"，岂可混而为一乎？而且此等词句，往往因文义之过于高深，反致误事。

记者问：此何谓也？

程君答：梨园行人，年来固不少喜弄文翰者，而从先皆自幼年坐科，对于文义懵无所觉，遇及昆曲中之深文奥义，既不了解，又不敢改，因之遂讹舛百出矣。况今之戏剧多写本子，在昔则以口传心授者占大多数，日久天长，只有其音，而无其字矣。如《探庄射灯》，石秀之口中有一句曲文，乃“好叫俺困粮于地”，鄙人幼年习此时，教授即告以此文，且唱至“于地”三（二）字，以手指地，而究竟莫明其解也。及年龄痴长，深觉此句之不像话，鄙人略有片长，即不知之事，最肯向人请教。昔圣人以“不耻下问”可当文字，吾辈何人，到处皆为上问，而无下问。会以宴会之便，得晤戏曲学校校长金仲荪氏，鄙人因以《探庄射灯》中之“困粮于地”应作何解上问，金君亦莫得其解。后遂悟出“地”或为“敌”之一语，以问金君，金君亦言无“困粮于敌”之一语。鄙人又问：“然则有类似此种之成语乎？”金君答：“只有‘因粮于敌’之一语。”鄙人乃恍然曰：“是《探庄射灯》中石秀所唱之词定为‘因粮于敌’无疑。”原石秀假扮卖柴之人，混入祝家庄，因钟离老人而居，故以此词为言，则正吻合矣。然使在不甚喜求文意之人，则将依样葫芦，再以传人，仍为“困粮于地”，则将永远传讹亦。又如《蜈蚣岭》一剧，武松所唱之〔吹腔〕，中有一语曰“霹雳行野”，此又令人百思而不得其解者。“霹雳”

当为巨雷之代名词，此夫人而知之者，但加以“行野”二字，则又秘奥难通矣。此四字者，阁下能知为何字乎？

记者敬谢不敏，程君答：此非“霹雳行野”，实乃“迤逦行野”也。“迤逦”为远行之貌，武松以替兄杀嫂，夜奔梁山，故其前有曰“在月下，月下走荒郊”者，此云“迤逦行野”，则仍是“月下走荒郊”之意。如是者甚多，有未可一一殚述者焉。而其“羯鼓三挝——不通不通又不通”者，乃莫过于《八大锤》中之词。《八大锤》中，小生之引子曰“席略命元尧，辜负几时飘”，坐场诗曰：“遗庙丹青绿，空山水木飘。长江波浪涌，海水似涌潮。”此直不知所云，可谓极荒唐拼凑之能事矣。考之杜甫题孔明庙诗有曰“遗庙丹青落，空山草木长”者，但以移之此剧陆文龙之口中，又改“落”为“绿”，“草”为“水”，“长”为“飘”，全属无理取闹。或系当年编制剧词之人，腹俭无学，遂将题孔明庙诗，借来生用，而究竟文义字面，无一对者，实属此《八大锤》一剧之玷。鄙人当年演此，即欲加以改革，不过，本人之腹俭，恐亦不亚原来编者，是以未敢删改。今则茹富兰等，皆已改正，惟是何词，鄙人自惭衰老，《八大锤》一剧，恐难再演，遂不知是何语句矣。

记者问：程君演《群英会》饰周瑜一角，其白口中亦有许多与他人不同者，敢请所授。

程君答：《三国演义》一书，本无甚深文奥义，其原来之词句，摘以入剧，往往自成音节，故鄙人尝对及门诸生谈及，谓三国剧除去唱词必须后人编制以外，大部念白，最好即用原词，不只小生口中为然，即净丑亦莫不然也。乃同列诸君，或忙于剧务，不遑看书，或自小坐科，无暇识字，以致念白中时有讹误发生。姑以《群英会》一剧而论，从前若“游说”之“说”即念“说”不念“税”，“蔡瑁”之“瑁”即念“冒”不念“昧”，似此者所在多有。凡与鄙人同台，鄙人不顾其人之愿否，悉代改正。但此其粗枝大叶，而细致之处，有时可以意会不可以言传。如蔡中蔡和前来诈降，周瑜以问黄盖“看此二人是否真心”，此句本为“何以见得？”曰“何以见得”者，必有以见得也，或念：“怎见得？”此“怎见得”三字，固不能谓其不可，而究竟词旨之间，则无“何以见得”拢神，此皆其较细微者焉。至于其他有与同道诸君之不无出入者，请恕师丹老而善忘，因只能记自己之词，难举旁人之词矣。

记者问：净丑之词，有欠妥者在于何处？

程君答：如“打盖”时，黄盖从先的确皆念“不如弃甲倒戈，北面而降曹”，今人则多念“弃甲抛矛”，大抵成句中之文字，皆有一定，用则全用，不用则全不用，不可只用一半，“弃甲倒戈”为一成句，今只采用上之“弃甲”，而下接以“抛矛”，未免成两接纲。

况古来只有“抛锚”之说，未闻有“抛矛”之说，不知何人始创此新名词也。且“抛矛”二字之不如“倒戈”，其中尤有深意。何则？“倒戈”者有叛反之意，乃积极的，“抛矛”者则不战而已，乃消极的，与下“北面而降曹”意思不联，唯黄盖说出“倒戈”二字，周瑜乃可大怒，誓欲斩之，而后来即接黄盖诈降，此乃一贯之语言情事，今易“倒戈”为“抛矛”，其轻重之间，未免相去天渊。或云“倒戈”二字，不如“抛矛”之易念，为此说者亦不可谓之无理，然戏词若不顾情理，一味只求其好念，则结果必有以词害意之处。即以三国剧而论之，其中人名何啻数百？而有好念者，亦有不好念者。若遇不好念者即妄加删改可乎？故戏词终不可只顾好念，而忽略其原意焉。如戏词中之“耳”字，所用无一适当，原因乃由于贪其发音甚轻，念之容易，而不知早为通人所齿冷矣。抑此中又有文字之诋也。

记者问：何谓“文字之诋”？

程君答：鄙行同人，多半自幼坐科，未遑识字，此已数数言之。大抵戏词中之用“耳”字者，似皆当改用“耶”字，惟此字颇冷（就鄙行人言之，非谓普通人士），乃竟由“耶”误“耳”。盖鄙行中人遇有不识之字，又无从请教，只好以“蒙”法蒙之。如此“耶”字望之面生，即舍去其旁之“耳刀”，只念一半。识思“耶”字如去“耳刀”，岂非只剩“耳”字？于是“之故耳”“说客耳”皆由是而生。再遇钞本之人，偷工减料，“耶”竟钞“耳”，自此遂积重难返，牢不可破。故“耶”之变“耳”，亦非尽由于为其好念然也。且“耶”字本音“呀”，后来多念为“也”字平声，如“耶稣”之类，而戏词中之读用“耶”者，有时又讹成“也”。鄙人演《群英会》念“作说客耶”，有时转录之竟成“作说客呀”，或嫌“呀”字不文，仍改成“耳”，不知“呀”乃“耶”之音，并非“耶”之字也。由是可知其间转变颇为复杂，非一二言所能尽。识字已难，遑言念字？因此字既识不清，则念时纵然上口，亦无不错之理矣。虽然，此等处亦须视所扮演者之身份何若？不可执一而论，鄙人所学者为小生，剧中小生除少数以外，皆为知书识字，通音明律之人，故不可不求甚解。若在其他角色，尽有以言之愈不成文愈妙者，必如是，乃成佳剧也。如《连升三级》一剧中之店家，本为寡廉鲜耻之势利小人，原不通文，而欲掉文。其间望文生意（义），牵强支离，愈不像话愈合身份。如“魏大人就是魏延吗”，“念书的供哪位祖师”，皆为信口开河，胡说八道。今人或者昧于此义，而反以文言混入，以致闻之令人作三日呕。如其中之“追述既往”等词，出于小花脸之口中，不惟不令人喜，反令人厌矣。此非有所评骘，乃姑举其一，以例其余而已。

记者问：向有一剧中之词，有所怀疑，今敢请于程君，是否有误。

程君问：是何剧也？

记者曰：尝闻今之演《借赵云》者，于见张飞藐视之后，即曰："众将官！将人马撤回白壁。"向来闻有赤壁，未闻有"白壁"也。岂"下邳"或"邳州"之讹乎？三国剧有水淹下邳，当即其地矣。

程君答：不然，此"白壁"二字，乃根本念错，与"北邳""下邳""邳州"全无关也。盖邳州在徐州府东北一百五十里，距离徐州，决非甚远，赵云欲撤，即往远撤可耳，何必仅撤百里之遥。是全由于口传心授之误事。原"撤回白壁"不过"撤回北平"之讹耳。案其时赵云为公孙瓒之部将，刘备特向公孙瓒借之以破曹兵。公孙于三国时盘踞河北幽蓟，此"北平"者乃李广为右北平太守之北平，即今之永平府，其曰"撤回北平"者，正赵云声言欲从来处撤回，来自北平来，去向北平去，其曰"撤回北平"，即仍归公孙瓒是焉。惟以"北平"二字与"白壁"之音相近，故今乃讹成"白壁"，鄙人曩与扎金奎诸君演此，皆先以此相告，因二人之白口中皆有此二字，如饰赵云者念"北平"，饰刘备者念"白壁"，则恐成笑话矣。

记者问：程君对于本剧之一日演全者，卓见何若？

程君答：此乃时下风气，不如是则难以上座，鄙人对此，无何意见之可谈。若云为艺术起见，则鄙人对此，实不敢赞同。何者？以其为时间所限，无从容表演之余地，又安能望其"精警觉生"乎？譬之人食物者，惟细细嚼咀，始可以云知味，若忽忽而食，尚有何滋味之可言。昔之编戏分八本者，于首尾必须惨淡经营，以谋吸引座客。今则八本者一日演全，尚以何术继续招徕乎？既不上座，只好续排新戏，须知先习会之新戏，尚未能表演成熟，而后者源源而来，只能顾排戏，不能顾温戏，如是者，新压陈，陈压新，核之一出大戏，每年上台不过三四次之多，又何怪其不能佳乎？如鄙人之《奇双会》，浪得虚名，幸不见弃于大雅。然鄙人此剧，截至今时止，恐已满（演）过数百次之多矣，岂能初次学会即获得此种境界乎？是又知其必不能也。使鄙人当日学会此《奇双会》之后，仅演一两次，则又改骛他剧，他剧又仅演一两次，再去改骛他剧，如此终身，其艺术上之造诣如何，则恐不待蓍龟可知。况老本戏人人有事，即人人皆有俏头，惟排演之稍费时间耳。今以求其速成之关系，则主角而外，多为无所事事（实亦难以有事。何则？事多则费工夫，上演必慢也），于是观众之易厌可知，而演员艺术之不能进步可知。或在主角之意，以为观众皆系为己而来，余如白茅之藉璠玙。此又一大错而特错者也。尝观近年来之新戏，上来一个，无所事事，鄙行术语，谓之“素的”，而上来一个，又是“素”的，如此，则譬之席面，全已搁冷，谁人得而食之？尝有老顾曲家，对鄙人谈，谓看某戏某戏，时已数刻，尚未见有及精彩，而主角上台，三四场后即下，观众尚以为未完，并非不肯叫好，唯恐未到剧之重心，轻易开口，为知者所笑，岂知口未及开，后台已吹“挑子”，只得惘惘随众鱼贯而出，出门而散。此即“太搁冷了”之明证也。况老戏如更衣换装及歇场等均有一定，所谓人尽其力，必不使之中途竭蹶。今之新剧则否，非此处赶办不来，即彼处挨挤不上，结果只好令配角吃亏，或“马前”或“马后”，于是又无准词，瞎念一气，坐实“追述既往”四字，聆者早已嫌其絮耳矣。此乃指其令“马后”者。若夫令“马前”者，则此处明明有大段之唱念，乃皆不能充分发扬揭橥，于是该明场者暗场，该暗场者明场，此而尚得艺术之足谈乎？然新戏不足责矣，年来老戏乃亦有时如此，是尤令人可叹者也。原老戏既有一定之准时间，其演之而致需要“马前”“马后”者，必由于人之扮演不善，否则绝不能致此也。鄙人遇此，往往以直言得罪同侪。忆从先曾与某君合演《破洪州》，渠饰穆桂英，鄙人则饰杨宗保。乃某君忽以换装不及，令鄙人马后。《破洪州》一剧，与《得意缘》之类，迥乎不同。因《得意缘》一流乃言情戏，其生旦之中白口中固有伸缩余地，即小生自白，亦可以拖之使长，仍旧归入“追述既往”之类。此乃表演辽宋之两国交兵，穆桂英临阵产子，小生上阵之后，无多语言，即须与白天祖等开打，此君只顾一己之换装不及，而即开口令人“马后”，试思此后将从何“马”起乎？然鄙行有言，“救场如救火”，彼既请鄙人

"马后"，当然为换装不及，鄙人有何正当之理由，只可于入后台时责问，故此际仍须设法"马后"，不过处于实无办法之下，乃告知鼓师，起一段唱，鄙人遂"扯四门"，唱毕一段原板，旦角始上。按《破洪州》之小生，本来处于附庸地位，向无此段原板，鄙人是日所以唱此者，乃系不得已之通融办法。徒以鄙人年事较高，一向又不敢胡来，是日忽然演此，同行中多有引为怪事，转以"根据某派"前来问询，鄙人乃告以实无何种派别，不过为救急而已，众始释然。若在从先，是皆断断乎不许可者，因此等如果实在改装不及，则咎在管事。时间充裕而故意延迟，则咎在本人。他人非有一定"马后"之义务也。

记者曰：聆程君之韪论，则知凡事均属不能逾乎规矩。但程君之表情，又有"老子如龙"之概，昔人云"汪洋于法度之中"，此其所以难能可贵者欤。

程君答：盛情过誉，非所敢受。不过鄙人平日又有一论调，以为凡演戏之人，一自命演戏，已无是（足）观。原此事必须忘我，始能尽量发挥，一颦一笑，无不与戏中之情绪沆瀣为一，然后其所表演者方无矫揉造作之弊。否则，歪曲支离，勉强装扮，不惟难求其妙，及所谓"摇曳徒增其丑"矣。鄙人尝对弟子及再晚诸人言曰：俗语"唱戏的是个疯子，听戏的是个傻子"，此言实是，然二者乃有连带之关系，如唱戏之人，不能够疯子的资格，则台下听众，亦必不能有如傻子之现象。故凡演戏，而台下人言籍籍者，此必己之艺术尚不能使人成傻，则己亦不够疯之程度矣，此事岂易言哉？故本此宗旨，鄙人对于戏码之前后，亦从不争执。以为只需艺术造诣得叫好，观众亦必不辜负之。

记者问：外传程君之《奇双会》，必列大轴，证以近日之事，亦可之不确矣（案程君今日白天即与坤伶李慧君演此于庆乐，码在倒第三，二时即上）。

程君答：所言良是。不过鄙人此剧演为倒第三者实系初次，原鄙人虽无妄自高抬身价之谬见，只以名旦如梅浣华、尚绮霞、程御霜诸君，皆愿使鄙人配演此剧，自然必列大轴矣，实则鄙人无容心也。

记者问：程君与梅程二君合演此剧，常闻命矣。若与尚绮霞君演《奇双会》，其次数恐尚不甚多。

程君答：此事有为临时的，或即另邀鄙人外串之性质，其次数当然不如与梅程二君配演时之多。记某年夏历正月人日（初七日）尚君演此于中和园[19]，配饰赵宠者，原为朱素云君，讵料忽犯脾气，临时告假，戏不能上，观众汹汹，当地警察之巡官等，一面弹压，一面入后台来觅管事，质问有何善法，否则正月人多，秩序堪虞。管事只好告以换人。警官某曰：倘易人之后，观众不认，岂不又生风波？遂问其人选，管事告以某某，警官闻之，不住摇首（盖外二区之警察官吏对各戏园演员观众之良窳优劣情形，皆须了然于胸，彼时观众亦尚不如今日者之宽大），最后管事者提及鄙人，警官认为或者尚可对敷。于是管事人急以汽车来接鄙人，鄙人以事起仓卒，既无预备，又不明朱素云君之何以临时告假，坚不肯往。卒以彼等一再恳求，迫不得已，乃往赶扮登台。绣帘一启，彩声大作，鄙人心始如石坠地，对此捧场诸公，不禁铭感五内，乃格外竭尽末技以谢知音。此一事也，所得多寡不谈，而实觉荣逾华衮，故自此以后，凡贴是剧时，无论与何人配演，亦必聚精会神，不敢偷懒懈松，以防有负知音。后之一次，乃尚君赴津，戏码中有此一剧，适逢其会，形成营业竞争，恐万一上座有所缺陷，未免为声誉之累。前国务总理潘馨航君（复）乃告之曰：为今之计，既不得不有万一之防，而临时改码，又何类于示弱，何不遣人至京迎程君继先来，令配赵宠，如此则必无失败之理矣。尚君闻之，恍然大悟，乃由班中之管事人来相邀，至再至三，鄙人乃赴津与尚君配演，幸未贻讥于津门人士，此皆以柯亭爨竹，得见赏于中郎之事，故谨记不能忘也。

(19) 民国十二年（1923年）2月26日即旧历正月十一日起，程氏应邀搭梁德贵之玉华社，抵朱素云之缺，与尚小云、王瑶卿、谭小培同台，后以病辍，3月24日起未见其戏码。因朱素云随尚小云、王瑶卿赴沪，5月19日起，程氏应邀入承华社，为梅兰芳配演《一缕麻》《奇双会》，并演出《未央宫》《岳家庄》《状元谱》《雄州关》《临江会》等，出演开明戏院、真光剧场，同时应王松龄之松庆社之请，24日起在吉祥园演短期，戏码为《岳家庄》《借赵云》，与白牡丹（荀慧生）、孟小如、小振庭（孙毓堃）、九阵风、李鸣玉等同台。6月15日起，入余叔岩之胜云社（初借用王郁甫之同庆社班名），出演开明戏院，一周两场夜戏，与陈德霖、小翠花等同台，戏码有《得意缘》《连升三级》《未央宫》《鸿鸾禧》《贪欢报》《打侄上坟》《御碑亭》等。

记者问：程君对于《奇双会》有如此之成绩，敢问对于《奇双会》中有何故事可资谈柄者。

程君答：向者曾有人见询以《奇双会》中之赵宠，为何穿青官衣。此一题目，突如其来，实难答复，幸鄙人平日好问，乃亦问出相当理由。原此剧中之赵宠所作，乃为“褒城县令”，友人瑞君，于清末曾宰是邑，鄙人于未经某君下问之前，即曾以“在褒城有何特殊风土”询之瑞君，瑞君所答，竟有与《奇双会》中之戏装相同者，盖是时之褒城知县迎接上官，例穿“青素褂子”，其事极怪，而瑞君曾官是邑，又断非捏造可知。鄙人当以前清官服，乃穿红青外褂，其青素褂子必系国服忌辰，始可穿着，否则未有不遭人之忌讳者，若之迎接上官，则为以小迎大，愈宜恭谨，岂可著此不祥之服？瑞君则曰：地名褒中，当日褒姒即产于此，今在县境有褒姒墓，历任县官，皆似为褒姒守墓兼任洒扫之役，故此有县官送往迎来，莫非青褂一袭。此乃积习相沿[20]，莫知其所由来也。瑞君之言如此。若揆之史载：褒姒乃祸国美人，虽然为幽王之妃，实无功德于世，远非帝后可比，何以后世县官犹为之守墓？但中国官场，向有许多不可解之习惯，瑞君所言，决非欺我，则褒城县令之迎接上官既例穿青褂，戏台上又何不可穿青官衣乎？妙在戏中亦系赵宠迎接李泰，编剧者当系根据实地情形而来者也。

(20) 原文作“此女乃积习相沿”。

记者曰：余闻明教，足资益闻，关于理论考订方面，程君已发挥不少。惟前此程君所谈之演剧经过，仅及在文明园与谭老板合演《八大锤》而止，其后尚有多年，敢情程君赐教。请问文明园于谭老板演毕之后，何人续演？

程君答：谭老板在彼时，原已不常演出，故于演过三日之后，即行辍演，仍由鄙人与时慧宝、何佩亭、荣蝶仙、迟子俊诸君，其维系之。未几，孙菊仙先生来。[21] 孙先生长于先严，故鄙人呼之曰“孙大爷”。孙先生既来，首命其孙鹿鸣到鄙人处，鄙人逆知此老之用意，乃转以告知俞君振庭，惟声明只代介绍，并不涉及公事。于是孙先生即入文明园，首演《桑园寄子》。或以甫接谭老板之后，不可亦演此种路数相近之剧。孙先生则曰："他唱他的，咱唱咱的!"此老之个性倔强，如有姜桂，至老弥笃也。后此老忽发奇想，亦欲演《八大锤》，商之鄙人，鄙人曾劝孙先生不可轻动谭老板之拿手戏，最好多演《上天台》《舌辨侯》《逍遥津》之类，此老不惟不听，反欲"舍己之田，共人之田"，是谓舍长争短。鄙人既与谭老板演之于前，幸无陨越，岂敢再冒此险，亦卒未演。及孙先生辍演之后，梅兰芳君即入此班[22]，以后逐日轮流演于文明、吉祥二园。

(21) 民国三年（1914年）10月，孙菊仙在上海永记丹桂第一台辍演后，经津至京，10月22日（九月初四日）起出演文明园，泡戏《桑园寄子》，共演五日，次月11日在东安市场吉祥园演唱四天，此次在京演出剧目尚有《朱砂痣》《逍遥津》《骂王朗》《四进士》《火烧葫芦峪》等，配演者有陈德霖、龚云甫等。

(22) 民国四年（1915年）正月起，梅兰芳搭俞振庭之双庆社，同班角色有孟小如、王凤卿、高庆奎、俞振庭、王毓楼、程继仙、姜妙香、路三宝、胡素仙、朱桂芳、连红霞、龚云甫、谢宝云、李寿山、李寿峰、范宝亭、王长林、高四宝等。

记者问：梅君之新剧，大部多于此际排出，程君曾参加其何剧？

程君答：曾演《邓霞姑》中之丁润璧，其周生则姜妙香君所饰也。又在《一缕麻》中曾饰其傻公子，至于《牢狱鸳鸯》，则姜君一人所独演矣。(23) 其后吉祥之大梁，由梅君易为朱幼芬君，鄙人仍在其中。及梅君之班，复在真光、开明两地轮流演唱，鄙人亦在其中。(24) 在开明时须生为王凤卿、余叔岩二君，余君之牌，且在王君之前也。(25) 犹记一日，王君与姜君压轴矣，[演]《举鼎观画》，余君则与鄙人演《打侄上坟》，此亦不知派戏者有意为之，抑偶然凑巧，遂同配搭，于是迫于当时情势，只好各竭所长，可谓“便宜听主”矣。及余君入三庆园(26)，亦邀鄙人配演，如《借赵云》《九龙山》《雄州关》等，皆尝演之，余君有许多冷戏，亦皆于是时露演，如《太平桥》《泗水关》等，皆平日之开场剧。

(23) 民国四年（1915年）6月28日，《邓霞姑》首演于吉祥园，同年11月27日；《牢狱鸳鸯》首演于吉祥园，民国五年（1916年）5月20日；《一缕麻》首演于吉祥园，均系双庆社时期。

(24) 民国十一年（1922年）7月，梅兰芳由南通北返后，自组承华社，8月5日白天，先后出演真光剧场、开明戏院，班中小生为朱素云、姜妙香，程氏未加入；10月，承华社赴香港演出，年底回京，仍分演于真光、开明，班中小生仍为朱素云，程氏未同班。次年5月，朱素云随尚小云、王瑶卿赴沪演出，始入承华社，参见注(19)。

(25) 余叔岩与梅兰芳、王凤卿同班，始于民国七年（1918年）10月17日，系朱幼芬之裕群社，仅演三场，程氏亦搭裕群社，但未与合演。次年1月起，程氏、梅兰芳、王凤卿、余叔岩同搭姚佩兰、王毓楼之喜群社，出演新明大戏院，而叔岩氏之《太平桥》《泗水关》等所谓“冷戏”，均露演于此期，年底，梅兰芳等应邀赴汉口演出，裕群社报散。民国九年（1920年）2月，梅兰芳由汉口、南通演出后回到北京，裕群社恢复演出，程氏、余叔岩均未加入演唱。

(26) 民国十年（1921年）6月，余叔岩搭俞振庭之双庆社，在三庆园演夜戏，同台有朱素云、俞振庭、尚小云、九阵风、德珺如、钱金福、王长林、刘景然、裘桂仙、鲍吉祥、贯大元、郝寿臣、陈文启、诸茹香等，新排剧目不多。此次余叔岩搭复庆社之初，俞振庭曾邀程继先搭班（见

《都门菊讯》，《顺天时报》1921年6月21日，第五版），但终未践约。民国十二年（1923年）6月，余叔岩自组胜云社，邀请程氏加入演出，再次合作，参见注（19）。《雄州关》一剧，程氏历年搭梅兰芳之承华社时，与王凤卿演过数次，民国十七年（1928年）5月，程氏搭朱琴心之协成社，出演华乐园，6月，兼搭杨小楼、余叔岩之永胜社，余叔岩曾提议与程氏合演《雄州关》[见《剧界消息》，《顺天时报》，民国十七年（1928年）7月15日，第五版]，后未见演出，次年起余叔岩即息影舞台。又，《借赵云》一剧，未见余叔岩演出记录。

记者问：此二剧者，程君是否亦与之配演。

程君答：其《太平桥》一剧，虽有李存孝为小生工，不过一场而已，太形简单，鄙人故于是日改演它戏，此角由冯蕙林君扮演。至于《教枪换带》（即《泗水关》），其中高怀亮一角，虽亦系小生，但鄙人实未尝习此剧，亦难配演，改由其他角色饰之。未几，鄙人又与尚小云、王瑶卿、谭小培诸君，公演于中和戏院(27)。继之杨小楼、朱琴心二君之班，亦有鄙人，此一时期，颇为忙碌。(28) 至乙丑（民国十四年），则与徐碧云君演于中和，复且随其之沪焉(29)。

(27) 应为“中和园”，民国十二年（1923年）2月28日（正月十三日）起，程氏搭入玉华社，补朱素云辞班之缺，戏报贴“程继仙”，出演中和园白天，参见注（19）。民国十四年（1925年）9月起，中和园按上海舞台式样进行翻造，翻新后可售座一千二百余，徐碧云为股东之一，民国十五年（1926年）2月7日开台，由荣蝶仙、徐碧云之荣华社进箱开演，园名始改为“中和戏院”。

(28) 民国十二年（1923年）5月起，程氏陆续搭承华（梅兰芳）、承庆（杨小楼）、松庆（孟小如）、同庆（余叔岩）、胜云（余叔岩）等各班演唱。

(29) 程氏随徐碧云第一次赴上海演出，系在民国十三年（1924年）8月，出演于六马路申江亦舞台，同行有贯大元；第二次随徐碧云赴沪演出，系在民国十六年（1927年）2月（旧历正月），同行有谭富英。

记者问：程君与徐君合作之时期，对于徐君所编排之新剧，曾参加否？

程君答：此则未敢一律，凡鄙人自惴可以接本者始敢接本，否则人虽以之见尤，实未敢毁其素履以为诡随，计与徐君合演之剧有《二乔》[30]，鄙人则饰周瑜。

(30) 民国十五年（1926 年）5 月 29 日夜戏，首演于中和戏院，演员有尚和玉、谭富英、姜妙香、朱桂芳等。

记者问：老剧有《凤凰台》，即演大乔、二乔、孙策、周瑜之故事，徐君当日所排，是否即此老剧？

程君答：徐君所排，实非《凤凰台》也。其中颇多纰缪，使为原本《凤凰台》，则又佳矣。此外尚有《玉堂春》《蝴蝶杯》等[31]，鄙人皆与演之，《玉堂春》只一次而已。

(31) 前后部《玉堂春》，民国十五年（1926 年）11 月 27 日、28 日白天，首演于中和戏院，时程氏搭徐碧云之荣华社；《蝴蝶杯》，是年 12 月 19 日白天，首演于中和戏院，程氏参与演出。

记者问：此《玉堂春》，即普通之《玉堂春》乎？

程君答：亦非，乃全部《玉堂春》。所谓全部《玉堂春》者，殆不止"监会""团圆"而已，尚有王金龙归家[32]，其父母已为娶得正室曰娟娘，及苏三归来，娟娘不容，黄夜纵火，苏三复逃出王府，往寻王金龙，中遇刘秉义解粮，及解粮愆期，王金龙审问刘秉义，苏三代为说情等等，王于根据得书，则愧非所知。至于演《蝴蝶杯》，亦非尽翻自秦本。当其排演此剧，与鄙人商榷之初，鄙人即谓此剧在秦腔中，亦推杰作。因其穿插紧凑，结构精严，一角有一角之俏头，且不涉鬼神玄虚，在梆子戏中，尤属罕见，最好能请一梆子班之老角色——或老角而能演秦腔、演过此剧者，由其指导一切，但能不改之处，最好即可仍之不改，必其与皮黄实属不能通融者，方可酌加改易。乃此种主张，未蒙采纳，竟由另外一某君加以改纂，鄙人既饰此剧中之田玉川，深恐有负观客，不得已，乃“外道天魔”，就中加以许多表演，自与徐君脱离后，此剧亦久未动矣。

(32) 原文作“尚有苏三归家”。

记者问：当日徐君尚有一剧曰《虞小翠》，亦为生旦合演之戏，程君曾否扮演。

程君答：此剧鄙人只于堂会戏中曾一演之，营业戏则始终未演。原鄙人对于此剧，根本不甚赞成，因其对于《聊斋志异》之原文先有许多违反，如《志异》谓王太常处有狐来避雷劫，此时太常尚在年幼，而徐君之剧，则置避劫在后，是皆不同者焉。案小说与戏剧，并非刻版文字，此实不中窍要，故不敢苟同之。其间鄙人最不愿为者，即在小翠扮为虞姬之一段，因原书记载此事，不过曰：“复装公子作霸王，作沙漠人，已乃艳服，束细腰，扮虞美人，婆娑（娑）作帐下舞。”如此而已，不能真以《霸王别姬》串入也。而当日徐君授鄙人以此本时，亦欲真念“力拔山兮”四句，鄙人深不谓然。原此故事中之公子，本一傻人，《聊斋志异》原书中亦曰：“元丰，绝痴，十六岁，不能知牝牡，因而乡党无［与］为婚。”若能学《霸王别姬》，岂复成为痴人。故鄙人将本阅毕，即问之曰：“您是叫我陪着您演《虞小翠》呀？还是要学杨小楼、梅兰芳的《霸王别姬》呀？要学《霸王别姬》，那我可实在来不了。”嗣因瑞蚨祥东家孟觐侯君做寿，一再挽人关说，于堂会中必演此剧，请鄙人扮演此王元丰一角，言之再三，鄙人始对孟君曰：“这回我只当哄着您开一开心，下次恕不再演。”孟君颔之，鄙人乃在孟宅之堂会中一演此剧，后即未再与之合演。及去上海，又以戏事，小有龃龉。原鄙人同徐君至沪，第一日演《虹霓关》，有人劝徐君以前部跐跷，号召一气，鄙人则劝之曰：“此属大可不必，因君乃武旦出身，南北嗜剧诸公畴不知者？上跷而佳，则人必曰：‘徐本武旦出身，跷工当然精妙。’以‘三日不弹手生荆棘’为例，小有疏虞反累盛名。”又演《奇双会》，前场议加一剧，鄙人又劝之曰：“不必！因其时上座满坑满谷，《奇双会》又非不累，何必加戏？此时便已硬上加硬，倘至后半月，座为之减，又将如何？”此两说徐君俱未肯用，鄙人遂脱离其班。

记者问：程君平日演剧，曾反串乎？

程君答：愧非长才，仅此小生本工，尚以不胜为惧，矧之贪多务得，敢为反串乎？不过近年曾在福全馆张伯驹君之堂会戏上，演一“反串”《失街亭》，杨小楼君饰马谡，余叔岩君饰王平，王凤卿君饰赵云，主人饰孔明，鄙人则饰马岱。[33] 好在鄙人幼年曾习须生，此实不得谓之反串，加以马岱在此四将中解粮先下，除去随众起霸外，殆无所事事。在主人之意，乃以此四人者，轻易难凑成一起，是为“半骨董”式之《失街亭》耳。

(33) 民国二十六年（1937 年）2 月 28 日。

记者问：外传令祖玉山先生，惯能反串，除去须生本工以外，在《白良关》中，无论大黑小黑，皆能扮演，此言确否？

程君答：良然。先祖所能之剧，实不只须生一工，如《白良关》之大黑小黑，时常扮演，当时皆司空见惯，不以为奇也。所最怪者，即先祖濒弃养之一年，除去本工以外，所演新戏无数，而《法门寺》一剧，甚至配角亦不知大老板今日欲饰何人。

记者问：此言何谓？

程君答：原《法门寺》一剧，先祖自以饰“郿邬县”为主角矣。是年忽无定则，或饰刘瑾，或饰贾桂，或饰宋国士，令人难以预测。后竟考终，论者或以为此乃先祖特留遗爱于顾曲诸公之前也。惟先祖生平不饰包头角色，故《法门寺》中之宋巧姣，先祖绝未一饰之。

记者问：《法门寺》中之宋国士，不几为配角乎？

程君答：配角虽为配角，但过去在三庆班中之角色，人人皆能尽忠于戏剧，绝不以是否主角，而变更其卖力与否。先祖虽饰宋国士，而其一切表演，应有尽有，亦不下于饰赵廉者之卖力，此过去之剧所以为难唱，亦所以为整齐也。如先祖［班中］有殷荣海君，亦工须生，其名在今日之外界知者绝少，然先祖之《打侄上坟》，非以殷君配饰陈芝不演，徐小芗[34]先生亦然，而台下亦必以先祖饰陈伯允，徐先生饰陈大官，殷先生饰陈芝，而后为满意。殷先生之饰陈芝，不但与先祖与徐先生表演之处，如天衣无缝，即本人在台上单独表演，亦能得满堂好。由此可见，戏台上之艺术，唯其好而已，非必主角而后始能有所发挥也。然彼此之分量若不平衡，亦难望其佳。善乎徐先生（小芗）在昔曾有言曰："不观夫世之闻（斗）蟋蟀者乎？亦必上戥细细称量，必此虫与彼虫之分量平匀，然后始可开斗。况于人在台上表演戏剧?"是以徐先生在生前演戏，悉有"原来档"之角色，［少一］宫女丫鬟亦不肯演，鄙人从先颇不以徐先生之言为然，因如此岂不太觉拘束，而人事变迁，又安保其无以私事疾病，临时不能登台者。但至近年，始深服膺徐先生之［言］

为不磨之论。盖同此一剧也，换一零碎即不精彩，岂非徐先生之论甚正乎。关于此两种问题，鄙人皆有相当感触，盖尝身受之也。今姑举一事，以为之证明。鄙人曾与赵桐珊（即芙蓉草）、慈瑞泉二君，在中和演《红鸾禧》，赵君饰金玉奴，慈君饰金松，鄙人则饰莫稽，此剧本非重头，是日殆以后有大戏，不好位置，管事人乃派鄙等三人，无非调剂之意。鄙人恪本祖训，虽饰此不甚重要之莫稽，亦照常卖力，竟得台下若干观众之赞许。尝有一般观众，对鄙人演至较为卖力之处，不愿大声叫好，啧啧叹赏而已。然以此用之于《群英会》《奇双会》，或者尚不负其赏识，乃此剧亦复如此，虽曰有嗜痂之癖者多，而究竟人肯卖力，无论主角配角，台下亦一律知晓，绝无肉埋饭碗之虞。此事过后，又隔旬余，赵君晤谈，提及某日又在某处，亦演《红鸾禧》，依然为赵君饰金玉奴，慈君饰金松，不过饰莫稽者，非鄙人耳。据赵君言：同此一剧也，只易一人，便觉台下对之黯然之至，即赵君本身表演，亦似不甚起劲。鄙人乃慨然曰："《红鸾禧》中的这个小生，本来不是我应唱的。是拿这么一绰绰钱（程君言时，且以比划，形容不过几吊钱耳）的角色演的。咱们再不卖点什么，那岂不就太难了吗?"赵君为之首肯者再。凡此二事，皆足以见先祖与徐小芗先生所言者，的为经验之谈。鄙人窃叩一日之长，同行之中，即非小生本工，亦多不弃，而鄙人夙性耿直，有时亦往往舍己之田芸人之田，幸皆不以为忤，而欣然采纳之。

（34）即徐小香，下同。

记者问：是又何谓？

程君答：除前述《借赵云》之“白壁”“北平”以外，尚与某名净合演《穆柯寨》，某君饰孟良，鄙人则饰杨宗保。某君之白口中有曰：“将山寨踏为鸡粪！”鄙人不觉失笑。于卸妆后，面告某君曰：“此处之‘鸡粪’二字不妥，乃‘踏为齑粉’之讹也。‘踏为齑粉’者，犹言‘踏为平地’，即‘粉碎’之意。如念‘踏为鸡粪’，则成笑话矣。”某君谓：“老戏中确有此词！”鄙人曰：“诚然！但此不可出之孟良之口中也。《董家山》一剧中，其老周鼎之白口，本有‘踏为鸡粉（粪）’之一语，乃述尉迟宝琳在山下叫骂。然老周鼎系挂白四喜、戴一根翎子之角色，岂能与孟良之正净比乎？”此皆偶然发现者，故贸为改正，幸皆不以老悖见讥也。然此等亦改不胜改，尚有未发现者，不知凡几。至于小生一工中，其与从前演之不同者尤夥，是则见仁见智，反不敢深以为言矣。

记者问：是又何谓也？

程君答：如《玉堂春》中之王金龙，其出场引子话白，原有数句之多，说明因阅洪洞县上详案件，内有“谋杀亲夫”一案，疑是苏三，故特别加以注意，然后始上红蓝二袍，此与后之“果是苏三到来临”之“果”字方相呼应。又其后之得病，上医生，亦万不可少，所以与后来之“我的病又犯了”词旨相连也。今则有人饰王金龙，于打引子之后，转身入座，并家门亦未报，即上红蓝二袍，此不惟“果是苏三到来临”之“果”字毫无着落，且直不知此小生为何如人矣。又于中间减去“得病”一场，则后来病即病耳，何以言“又犯”乎？鄙人之为此言，或以“犯死心眼”为诮，不知剧中之词句，乃所以代表剧中人之心事也。若任意减省，全心里分，其观众岂能完全了解？况《玉堂春》中能减前次之病，绝不能减二次之病，则所谓“又犯”者，势必成为信口开河也。又如《拾玉镯》中之“傅朋买鸡”，小生对旦角所云之“我到别家去买”，玉姣谓：“你到别家去买罢！”小生尚应重一番曰：“我到别家去买？”旦角仍曰：“你到别家去买罢！”此段所以形容傅朋之借买鸡为名，故意延俄，意图饱餐秀色也。今之演者，只曰：“我到别家去买？”旦角接曰：“你到别家去买罢！”二者均失其旨矣。又小生于留玉镯之先，应唱一句：“似这等好婚缘岂肯错过？”下接自白，即说明将玉镯故意伪失于地，以为引诱玉姣之地步，既而乃遐想将玉镯抛于地上，为玉姣之莲钩所践，如何弯其柳腰拾起，如何戴于削玉藕臂，此所以为声容并茂也。愈想愈觉得意，始接唱“我何不留一物好结丝萝”，一笑而下如是。则其作手式，乃幻想孙玉姣之种种，非对观众表彰也。而今演者，有于唱毕“似这等好婚缘岂肯错过”之后，即作手式者，则在哑笛之中，台下观众，知其意欲何为？须知小生乃大小嗓，与须生大面不同，不能仅凭两句唱工，即代表全剧之重心也。此乃关系角色之个人者。年来又有剧中之小生场子亦与前大相径庭之处，如全部《儿女英雄传》之《悦来店》《能仁寺》，以前，华忠与安骥同行，因华忠卧病，不能同行，修书请安骥觅褚一官来，二驴夫暗起不良之念，于中途巧遇十三妹，始有后之若干节目发生。此在老本，其“华忠修书”一场以前，尚有三场，计安骥一人先上，后上华忠，二人同行赴淮阳，此是一场。二人同上，雇白脸狼、黄沙狗之驴，小生唱一句，华忠接一句退下，此又是一场。四人同行，华忠于半路途中跌下，因而住店，二人先下，白脸狼、黄沙狗互相计议，后下，此又是一场。然后始为华忠修书，命二驴夫，往寻褚一官。鄙人从先演时，皆属如此。乃近来与前居然大异，二人赴淮阳后，即是店房修书，所有中途雇驴与被跌落之两场，全付缺如。而华忠何以突然而病，白脸狼与黄沙狗与安华二人是何关系，竟全成前所言之“心里分”。考其大加剪裁之由，必以“一日演全”借为口实。不知所贵乎“一日演全”者，以能将数日所演之场子缩于一日演全。是不啻便宜顾客，故可贵也，若依然丢头搭尾，此又何如仅拣其中最精彩之一二出而演之，宁不愈于此种“贪多嚼不烂”之现象乎？大抵现今所演各戏，无不“码前”者，此亦不知是何缘故。如前此与某君合演《得意缘》，其狄云鸾出场以后，本有许多白口，首问卢生是否嫌疵自己，盖嗔其不在已之眼前也，尚有令卢生在旁伺候梳头，并曰“打打扇，倒倒茶，那才是你们作男子的道理呐”等句，然后始曰：“你怎么跑到一边儿发愁去，你瞧瞧，眉毛都愁到一块儿去啦。”此剧原以形容红房燕尔，少年夫妻，不无戏谑。且云鸾为娇憨女子，彼固不疑卢生心怀它志，与《探母》之铁镜公主绝对不同也。乃是日饰狄云鸾之某君，出场以后，并不先问：“你莫非是嫌疵我吗？”即曰：“你怎们跑到一边儿发愁去，你瞧瞧，眉毛都愁到一块儿去啦！”核之，出场即将白口减去一段。鄙人闻之，不胜惊讶，原此《得意缘》一戏与众不同，许多白口，此有来言，彼有去语，上答下应，皆有连锁之性质。今某君出门即欲“码”词，使遇死口之小生，不几将无词以对乎？然此剧本来太碎，使演者再无准词，则更难演之矣。如“教镖”一场，小生有一句为“好了！如今我要‘学而时习之’了哇……哦哦”，本当在唱散板“不比寻常”之后，今人则有移于数句之后者，以致全欠精神。总之，古人云“三十年为一世”，自鄙行观之，尤觉可信。不过当年鄙人所学如此，今谈及此，不敢不以原来之准词奉告，非敢对时贤有此雌黄也。唯求其当于理，切于事，如是而已。

记者问：此《得意缘·下山》，至后部时，小生于郎霞玉持枪欲刺云鸾，应唱一句“老岳母休动怒儿有话讲”，近聆演者唱此一句，其声至怪，甚以“嘎嘎嘎”加于其内，此在从先，是否亦如此演法？

程君答：此事属于个人之艺术者又当别论，事于此句之是否可以发怪，尚有相当之可商榷者存焉。原老派演此，至“儿有话讲”四句，亦确乎有一小腔，意近于怪，但其怪决非如此之甚，更无“嘎嘎嘎”者在内，乃其尾音于“话讲”二字采用“老胡（湖）广调”，其味确乎近怪（程君言下，曾为记者学之，仅于尾音二字发怯[35]），若君所云，则成变本加厉，不似小生直似丑角矣。与卢生之身份，亦嫌不太似也。

(35) 原文作“吻”，怯即“怯口”，乡音土调之意。

记者问：此《得意缘》一剧，闻前后共八本，过去科班，与近中人，皆有演为连台者，程［君］务亦知其根据否？

程君答：此剧之为全本者，固也。但就鄙人所知，则其动机不在宋元轶事，而编者实又别具匠心。

记者问：是何根据？

程君答：殆由于编者阅看吴江沈起凤之文言小说《谐铎》，喜其事迹香艳离奇，故即之编为《得意缘·

下山》。政盖沈起凤之《谐铎》中皆对俪之题目，如《森罗殿点鬼》《上清宫捉妖》之类是也。另有两则，一为《恶饯》，一为《奇婚》，此二者原为两事，非可绾合至一处者，而编戏之人，故逞才华，将《奇婚》《恶饯》冶于一炉。前部之“上山招赘”，则《奇婚》也，后部之“说破下山”，则《恶饯》也。惟于《恶饯》中无甚变化，《奇婚》中则减去许多荒诞不经之谈，而总以狄云鸾为此事之中心。至于由二本衍为八本者，或系上演之后，饱受欢迎，故为营业起见，不得不以历史上三五有名之人搀入，然变格成以武场为重，左打右打，不一其打，以视旖旎风光者，又全不同矣。鄙意此剧中之小生，似未可太偏重于武场，若欲学以武场见长，则演《伐子都》《八大锤》一流可矣，何必专以此等剧来炫耀乎？

记者因程君又提及《伐子都》，乃问之曰：《伐子都》带“金殿”一剧中，其小生接过酒斗，立时面目黧黑，观之令人惨沮，不识其何以至此？

程君答：此剧为梆子，梆子班作彩方法，神妙之至，非其本班之人，即鄙等虽为同行，亦视之无见，其迅速干净，诚似搬神弄鬼，此皮黄所不如人者也。至于《伐子都》之小生，尚非甚难，原其酒斗中藏有锅烟，人不能见，检场人以之递入小生之手中，此时颍考叔坐于高台，用云帚一指，小生即以口就斗中吹之，锅烟外溢，全以散粘面上，此素以美貌著称之子都，遂变成黧黑面庞也。此其功夫，惟在己之一吹。此一吹之劲，必须使锅烟沾濡己面，若皆吹溢于外，则不成功矣。此亦熟能生巧耳。

记者问：若此之类，皮黄中亦有之否？

程君答：皮黄与秦腔同为戏剧之一，且如《伐子都》之一流，不惟秦腔有之，皮黄班亦有之，岂能独无血彩乎？皮黄在昔，此种彩切虽不如秦腔，要亦不能太写意派，如旦角戏之《乌龙院》《翠屏山》，在昔皆应有彩，今乃一并减而去之。夫《乌龙院》曰“杀惜”，《翠屏山》曰“杀山”，既以“杀”为名矣，杀人乃不带流血，其事岂非滑稽之甚者？如以此等为无足取，即根本不演可也。大抵剧情有以肃煞惨厉为结穴者，“杀惜”“杀山”之外，尚有“盘肠战”“滚钉板”等，使无血彩，其剧即已消失剧情矣。如今之《马义救主》则尚带彩，其他若旦角之上彩者，竟不能再见矣。

记者曰：今之《界牌关》，似乎仍然带彩，其罗通之肠被挑出腹外时，亦似有鹃红猩赤之淋漓大遍。

程君答：即以此《界牌关》罗通之上彩言，便与曩昔大不相同，试观今之《界牌关》罗通上血彩，乃武生趋赴场面桌之前，由检场上近前，代为办理一切，甚至“连刷代抹”，于是此武生亦将假肠安于腰间，此以鄙人观之，只可谓为“当场抹彩”，不得谓为“当场出彩”。老例此彩乃在花面口中，花面即扮为吊客形之王伯超（内行或以谐意呼之曰“王八超”），用枪刺肚，口中之彩，随即喷出矣。

记者问：王伯超之喷如何？

程君答：因此剧中之王伯超为吊客扮相，将扎挂于颌下，其向外喷去，髯口适在颌下，故全无何等之妨碍。然此场台上只有二人开打，台下何啻十目所视，十手所指，故其彩亦最以最迅速者出之，使观众丝毫不觉其为花脸由口中所喷出者，否则如《双沙河》一流之明显吐水者，则不得谓之艺术矣。

记者问：此外《坐楼杀惜》之彩如何？

程君答：《坐楼杀惜》之彩，又［与］此不同。其彩不在宋江口中，乃在阎婆惜自己之口中，二人于互夺刀时，其彩即自喷出，而亦甚难。因与《伐子都》中须有同工异曲之妙，其自口中自喷，必以全染己脸，使粉颊立时殷红为适，如果未经训练，喷至满台，则其彩乃为白费，若再不善，未能喷着己脸，而误喷须生，则是杀人者有血，被杀者无血，其事岂非滑稽之尤者乎？至于《翠屏山》“杀山”，因台下（上）四人，其血彩则由检场人代喷，以有此暇预之时间也。当石秀迫杨雄起誓时，其检场人则早已预备妥协，只待向旦角面上一喷足矣。大抵从先之本戏中带彩者甚夥，鄙人所以举此三剧者，以在昔为必有血彩之戏，今则或已迥非曩昔，名同而实异，或则竟已去消，实乃记不胜记耳。

记者问：血彩之废，究为何理？

程君答：亦无甚理，不过有时太不卫生耳，其血彩之在身上者，尚无大污秽，惟在脸上者，如上彩之后，仍须相当时刻始下，则彩水横流，或至流入口中，果为本人口中所喷出者尚可勉强忍耐，若明知为对方或检场人口中所喷者，岂不思之恶心？况其未（味）入口，又粘又甜，且带腥热，的确大不好受，是以今人多由减而废之。

记者问：相传梨园老例，演此等带血彩戏，必须于祖师龛前，竭诚致祷，否则虑有不吉。如《九更天·滚钉板》之一流剧中，且须以鸡血漉钉，谓之“祭钉”，此中情形，乃太近迷信。

程君答：［此］言不然，凡此种种，俱为神道设教，如必视为迷信，则有悖前人惨淡经营之苦心矣。盖血彩戏之表演，必须严丝合缝□间不容发，否则必出笑话。戏班之事，若以苦口言之谆谆，听者犹未必不为藐藐。故以神道为言，则使演员可以临事而敬，庶不致有洒汤漏水之虞也。此外亦莫不如是，盖昔人有云“宁带千军，不带一班”，班者，即谓戏班也。或疑以千军较一班，自然难带，何以尚不如带一班者之麻烦。不知带千军者，必有生杀之大权，左右服从尚可，否则可以军法从事。戏班则不然，彼此绝无可以相制之法，如某人犯规，至大者无非革除其名。然彼果有意刁难，则亦无惧乎革除班外，故终无如何，倘敢对之加害，立触国家刑宪，故云“宁带千军，不带一班”也。其唯一补救之法，只有神道设教，使之不惧人惩，而愁神罚，此亦万不得已之苦衷也。其次即以己之立身行事感化之，如先祖之主持三庆班时。但此亦只能行之科班，因诸生俱在年幼，故可潜移默化，且学生中亦绝鲜顽冥不灵者，若在大班，则品流庞杂，来去无常，除却神道设教，始不致人自为政，破坏成规，此外殆无别法也。抑其用意，犹不止此。凡人不可以忘本，戏界亦然，梨园行中过去人才无虑千万，岂即无一聪明特达之士，何亦随班唱喏？然人之所贵者在能饮水思源，是以结束登场之先，必拜祖师，非仅求其保护，实以祀其原始发明者耳。此若推而广之，与田家之崇后稷，士人之拜仓颉，全无二意，岂可遽以迷信者少之乎？鄙人年老，所见较腐，或者非可语于新时代之潮流也。此外尤有一种防微杜渐之意存焉。

记者问：是言作何解释？

程君答：过去梨园行，走遍天下，均无冻馁，所以然者，不必演剧，只需行至有剧班之码头，即可生存。譬如鄙人赴外，不幸而致流落，如见本埠之戏棚，即可闯然而入，行“参驾”礼，如“和尚挂塔”，此其关键，全在行“参驾”礼时之是否如式，苟不如式，则众人必以为是假冒，非但无啖饭地，且须受众人之侮辱。若果一切中式，则均以为此乃地道梨园子弟之流落者，必先有人供以饮食，或衣裳之褴褛，亦可酌代更易，然后即由班主向之商洽，如愿在此搭班，必视其艺术之高下，为之“开份”，如不愿在此搭班，亦可代凑盘川，送而之他，所以成此一行，人不亲而艺亲也。若其根本不知有拜祖师之说，则当然无所谓“参驾”，虽欲依人啖饭亦不可得矣。是则为演员之到处皆不致无餔餟起见，犹有一意，即适所谓之“防微杜渐”是也。要知戏班中万不能采“门罗主义”，甲省之人，亦可加入乙省之班，乙省之班，有时又能加入丙省之人，此即“走外码头”之说也，然戏班相沿之手续，不一定为被聘请者始能加入表演，更无觅保证人之说。如是，则亦难免庞杂，而既然成一戏班，亦断无只三数人之理。故于新角之来投者，势必利用“参驾”，可以证明其身份，殆恐有奸宄藏于其中也。盖戏班中之角色，既其东西南北四方之人，则其平日之行径如何，无从保障，若以艺术之是否能似演员为断，则票友尽多胜似内行者，又岂能从区区之一唱一作，即可看出是否干这个的，此所以不能不以拜神之是否如仪，为身份之证明也。且设言从其唱作而考试之，则势必登台扮演，此中尤有难处，因使其艺术确乎有过人者，则只好承认其演员之身份，而究竟此人之行为如何，亦无法再问。若其既试矣而不善，则已予台下观众一种不良印象，为营业起见，断乎不可为也。

记者问：社会事业非一，何以戏班用心之深如此？

程君答：因戏班是以人为主体的，其中最易潜藏不宄之徒（指昔日之外码头、跑大棚、无公会组织者而言）。第一：演员必须化装，此化装则大有出入，除却须生、武生、小生之外，花脸以软硬五彩勾涂，台下殆难详辨谁某，即丑之既抹白鼻，亦易成鲢鲤之混，旦角更贴片子，则面部之高下宽狭，均有所易。声带若为花面青衣，亦与私下谈话者有别。其中最易蒙混者，乃过去演员皆于本名之外，更有所谓艺名也。其艺名之在今日，固已寥若晨星，而在昔则几乎人人如此，秦腔尤甚。曰某某红，某某花，本来姓名，不求其隐而自隐矣。此外若“天明亮”“水上漂”，使非内幕中人，畴知是何名字？此等假定曾作奸犯科不宄行为，一旦暴露，祸及本班，岂非横祸非灾乎？今于其“参驾”时，一切均能中礼如仪，是必幼而习之，长即衣食于是者，对其过去一切，则可不必鳃鳃过虑矣。今人不明此义，竟以“祭神”“参驾”等为迷信，一笔抹到。未免不问原始，而尽湮前人之苦心也。且演员之在台上，一经化装以后，非但净丑旦角不易辨认，即为胡（须）生、小生、武生等，有时亦令人不识庐山，此或者由于一勒水纱，则面部之广狭高下，亦有不同。更以小生、武生必须敷以脂粉，台下识之，遂懵不觉耳。如鄙人曩在文明园演戏时代，曾有一次，演毕下装，在后台有事未去。适有某君（当时曾记其姓名，今以老去健忘，全不知为谁何矣），与后台之人皆甚熟悉，惟对鄙人不识。既因攀谈渐稔，乃叩鄙人姓字，鄙人即以相告，此君乃讶然曰：“足下即程继先君乎？适来方在台下聆君之剧，一转瞬间，乃竟不能相识，可谓神矣。”鄙人即逊谢之而已。然在鄙人化装之时，亦未觉其与私下有何不同之处，或者此君目力有限耳。但此事多少亦可作为台上与台下不同之一佐证。

记者曰：程君客气，因彼时吾虽未觏，而目今观之，即仍与上台时判若两人，此君所言，定非目力有限。不过君之年龄，今已花甲有五，彼时不过四旬，而亦能使台下观之鲢鲤不辨，诚哉加人数等矣。惟向有一项疑问，今愿请教之于程君，是否小生角色，必以骨相秀美为唯一之条件？

程君答：此亦难言之也。原鄙人向已言之，此小生一工，必须尽会须生、武生等各种，然后为之，或始稍稍可观。盖有时须庄重如老儒，有时憨跳如童子，有时威仪肃穆如元戎上将，有时轻薄佻达近于女流，此唯在应剧而施，若本来之丰骨，能秀美者固佳，即不能者亦不必为不好，此事决非一笔所能抹杀者也。如过去昆弋班陈荣惠（会）君，其人本长于生丑，然于净末（记者按：生、末、外之界限，据程君言，乃生挂黑三，末挂黑满，外挂白满）旦角亦有时串演，偶然亦饰小生。鄙人曾观其演《下河南》之二相公。在皮黄班中，此二相公只上两场，为零碎中之零碎，而昆弋班中，则带“洞房”，其小生且有“叹五更”，最妙者乃其媒婆恐二相公与小姐有所沾染，特以绳系之，陈君饰此，“洞房”一场表情至妙，所有种种内心交战，踟蹰两难，无不表演尽致。以言其貌，则鄙人敢不客气地批评之曰："非但不美，而且不扬。"但即此《金鸡岭》带"洞房［叹］五更"之小生，使令皮黄班中之貌美者饰之，则不惟不能有加于陈君，而且不如远甚，是以小生之要素，丰骨秀美，谓之副因则可，非必以此为去取也。大抵艺术一道，其妙用有时可以转换人之形容，补救人之肢体。故高者不嫌其为高，矮者亦不嫌其为矮。过去梆子班有曰"天明亮"者，演花衫工，其身躯之高，虽不能比曹处九尺四寸，而亦确乎如晃竿相似。以如此等人，又演花衫，似乎该无啖饭处矣，而其跷工精绝，行路风流袅娜，令人不见行走之迹，以致观者无不为之叫绝，即内行多人，亦皆为之倾倒。是知东方艺术之微妙矣。惟不可概以写实者出之耳。

记者问：此言又何谓也？

程君答：因戏剧原以象征，故以有限之舞台，表演无限之史迹，更以静的舞台，表演人的动态。若必求其如真，此又事之断断乎不可能者也。如有一时期，外间风行以真畜上台，如牛马之流，皆驱之台上，此种蠢然之物，又未受过相当训练，非在台下随便溲遗，即大声吽啸，盖以受场面之震撼，罔有不失其故步者，而演员之艺术的表演，反被所扰，是直不如用马鞭云帚者之为愈矣。

记者问：若程君所言，此等牲畜，皆未曾受训练者。倘使曾受训练，如从先刘赶三先生演《探亲家》

之驴，则假上台，似乎亦无不可。

程君答：此所谓彼胜于此，若究其实，则亦不免蛇足。

记者问：此又何谓？

程君答：即以此《探亲家》而论，刘君之驴受有相当训练，亦能说“到”，彼即俯首帖耳立住。然此在老剧中原有许多可以用为科诨者，如于乡下妈妈上驴之后，应曰：“这驴怎么没有脑袋呀？”对曰：“倒啦！”谓其如果老倒骑驴也。乃此丑即借字抄音曰：“倒啦就算到啦罢！”（倒到同音）借机即以下驴，此本妙有水流花谢自然之致。又如《一匹布》中，沈赛花上驴，故意不走，反诘丑角曰：“它怎么不走哇？”对曰：“你糊涂！你走他才走呐！”二者同一机杼。所以使人一闻其言，即知乃以鞭子代表所乘之驴也。今既不以鞭子代表，乃用真驴上台，则丑角自然不能再问：“怎么没有脑袋？”于是“倒了就到啦罢”之老哏亦于以消失矣。况以真驴上台者，所以为像真也，不知由乡下到城里，亦绝非两转即能到达者，则所有真驴上台之一转即住者，仍不能谓之完全像真。故曰画蛇添足者此也。此外尤有一事可以证明，即已被焚毁之第一舞台是也。第一舞台之设计，在当日即有许多为求像真之处，不过结果适得其反，此亦可见“像真”二字，在戏剧中有时乃绝对行不去矣。犹忆第一舞台第一次演《御碑亭》，所有风云雷雨，皆欲用实在者，所谓真雨者，水法是也，乃于孟月华碑亭避雨之时，大下其真雨，为此谋者，固已极尽像真之能事矣，不料此剧演毕，演员皆各大哗，何则？雨虽非为真雨，水则的是真水，将各演员身上之形头，尽被淋坏。此在值日功曹与土地爷、土地奶奶之形头，好在全属官中，尚无所谓，若青衣、小生之形头，大都出自己有，受此一淋，则将□渍。且以青衣与小生所着之衣饰，无论皎月湖色浅粉，莫非娇艳颜色，受此一淋，势必不能再穿。核之演一次《御碑亭》，即须毁一次行头，演十次《御碑亭》，即毁十次行头，是戏份所得，未必即能足偿行头之损失焉。且青衣、小生，又皆衣裳楚楚之扮相，不能内着胖袄，受此水淋雨打，不胜寒噤，于是群起反对，水法乃因之停止。又有高人设计淋玻璃珠，使自亭角坠如垂露，结果亦未成功，是则所谓风云雨者皆告失败矣。然犹不肯即此甘心，乃于三者之外，独创所谓雷声也者，在人头上隆隆作响，试之居然有声，于是如法炮制。则于旦角唱〔二六〕时，雷声隆隆，此在设计之人，固已达到其像真之目的。不过，此第一舞台之建筑，本来即不收音，每人在前台歌场（唱），无论多大喉咙，总较在其他之剧台上减去三分之二。所有音声，满入后台，人在楼上扮戏，却能饱听前台歌唱，故有滑稽者曰："人家花了许多的钱，就为自己听的！"语虽近谑，其来有自。小嗓又不比大嗓，虽以原来之音，尚恐人未听准，乃凭空加入许多隆隆之音，核之旦角此一段〔二六〕，完全白唱矣。夫皮黄老戏，本以歌唱为主。此《御碑亭》一戏，尤应以歌唱为要点。盖以孟月华与柳生春二人同在碑亭避雨，各怀心事，至是孟月华认为假定柳生对己有不轨之行为，亦系前世命中所定，而柳生春则始终抱定不欺暗室之宗旨。此皆二人心事，故只能由唱中表现，是为全剧最重要之一幕。今乃使极笨重之雷声扰人听觉，如是，则此《御碑亭》一剧更何必演乎？

记者问：程君对于舞台建筑，新旧之不同，敢问有何感想？

程君答：若从光明伟丽，峥嵘轩敞论之，昔日之戏台，当然远非今比。不过鄙人在台上演剧之时多，在台下观剧之时间少。今谈个人之感想，只能就为台上演戏便利者言之。先言今昔舞台之不同，在昔舞台皆为四方势，有明显之台柱，以为□拄。所恶于台柱者，为其有时妨碍观众之视线，俗所谓之“吃柱子”是也。然演员在台上表演，有此柱子，却能作为目标。先言武戏中之翻跟头的，此乃最为危险之一事，因用力稍小，即将落于台心，非但被观众笑其无能，且亦妨碍他人之所在地，若用力稍大，亦易落于台下。在昔武行之翻跟头，皆自上场门对下场口，以台柱为目标，绝无太过与不及之事。今者台为原（圆）形，其台口类皆上哆而下削[36]，跟头落于其上，往往即被溜下。尤以兼演影剧之舞台，其两端更为陡削，在当初之建设者，就工程言工程，或者不无理由，而以台上演剧言之，则此其危险者良多矣。不特此也，旧式舞台之台柱，有时与戏中亦生连带之关系，如《拾玉镯》之刘媒婆，从先皆唱“我在那柱子后头哇”，今则改唱“我在那下场门”矣，此似乎可以通融。又如《状元谱》之陈员外责打陈大官时，小生亦应绕柱而走，今以无柱子，遂亦莫知所绕矣。此犹云可有可无，不足以之系念者，若《当锏卖马》，秦琼后于“当锏”之时，例应倚柱作打顿睡之形状，谭老板在昔，对于此等表演，例不放过，然其身后所倚靠者为台柱，故表演之，可以左右逢源，有“垂垂生意尽矣”之概。今已无柱，只能用椅恭代，其表演之为轻描淡写者，不问可知。又如《审头刺汤》，陆炳前去监斩，命将雪艳吊起，此在昔亦于台柱上另系一小黄绳，今则亦只好以椅子为之代表矣。不知此剧陆炳之吊雪艳者，乃非酷遇，所以防范不虞耳（或自尽，或被汤所辱，或竟刺汤，均在理想之内），若以普通用椅者为之，则近苛虐矣。且此为锦衣卫之大堂，非在任何监中也。不过既无台柱，则亦只好乞灵于椅。至于新式舞台之无准尺寸，对于演员之台步亦无法苛求者，尚在其次也。

(36) 哆，张口之意。时戏园舞台多呈扇形，故曰“上哆而下削”。

记者问：顷因程君谈及武戏之翻跟头，鄙人窃谓武戏不宜多演，未审程君以为然否？

程君答：的确！武剧无论是否大翻跟头者，亦不宜多演。盖人于过劳之后，非但力有所未逮，而且易于开搅也。盖人情于极端劳苦之余，便欲苦中作乐，而演剧所以娱人，若必求娱己，则与剧之原来意义，鲜有不失坠者，而且开搅之事，亦似甚怪，苟不开搅而已，一经开搅，则无时不欲开搅，有终身即自是而不可救药者，其弊不胜言也。忆鄙人于儿童坐科时代，彼时以岁月升平，演堂会戏者甚多，前已略言之矣。而一班中之武戏能上者，确无几人。故小荣椿科班，在昔虽盛极一时，而能演武戏者，仍不过十数人耳。况演堂会之主人，类多贵戚权要，遇其所点之戏，亦不敢以下乘者献之，故每逢演堂会戏，同科师兄弟中，无不引以为苦者。或者主人不谅，于深夜两三点钟仍点武戏，同人中于极苦之余，乃以开搅者为节劳。所有科诨，亦多为后台者，不管前台之是否发笑也。岂知行之既久，渐成习惯，虽在园中演营业戏，亦往往无故开搅，自是声誉日坠，向之出台即得好者，今皆淡然视之矣。教师沈易成先生，乳讳小金，即今武丑沈杰林君之父，本工花面，经先师杨隆寿先生延以教诸生者，见此情状，即对鄙人曰：“你还不看看呐！往常出台，台下对你是什么精神？现下出台，台下对你是什么精神，再不觉悟，以后就快没人理啦！”鄙人聆此，深加愧悔，即力改前之开搅毛病。一日，又演《八大锤》，鄙人饰陆文龙，及演毕全剧，沈先生乃召鄙人而训之曰："你看看，今天人家对你，又是什么精神，以后若照这么个样儿，就算成了。"鄙人自此乃绝不敢再开搅。稍长，见本行中有许多能人，皆以开搅而坎坷终身。如王福寿先生（即红眼王四），其本领确乎文武昆乱不挡，而演戏却总喜开搅，如演武戏之开打，本来老练精警，而下场非拉一"松架"，即亮一"狗像"，必使台下敞笑而后已。因之名伶皆不敢邀以为配，所有胸中之淹博，亦尽汩灭，曷胜惋惜之至。溯其当日开搅，一念之差，亦未必非欲苦中作乐，娱人自娱耳。此外尚有如鄙人之师兄李寿山君，亦以喜开搅者名世，自经谭老板之训饬后，始改正之。但所演仍嫌有不合理之处，如与鄙人同台演《群英会》，李君饰黄盖，当蔡中、蔡和诈降，周瑜念"[子]敬平日老实，今日忽然乖觉"时，李君有时乃自鼻中"哽哽"不已，此在后台，名之为"狗护食"，系表演花面角色之发怒者，黄盖与周瑜本为部署，此际黄盖忽在其主帅帐下大发脾气，此尚成何体统？是皆有悖剧情者也。鄙人与李师兄生前既系同门，交谊亦笃，今其人之墓上，殆已不只有宿草而已，鄙人之为此言者，全为就戏论戏，故不觉纵言之耳。

记者因当日曾有人以《镇潭州》中之〔点绛唇〕问题见询，迄今未得确解。程君乃梨园世家，祖孙皆以《镇潭州》名世（大老板之岳帅，与程君之杨再兴），因以请教之曰：不佞曩编某报时，有人询以《镇潭州》之岳元帅出场，念〔点绛唇〕，而派别不同。一派以水袖遮面，如其他各剧。一派则仅以手端带（此场乃披蟒扎靠），不以水袖遮面。此二种之不同者，理由安在？

程君答：此甚易辩。原〔点绛唇〕与〔点绛唇〕不同，有快有慢，有上板有不上板，此非可一概而论者也。故以同一〔点绛唇〕名，而其精粗之分晰甚殊。而且后来之〔点绛唇〕，有有准词者，有无准词者，甚至亦有无词者，干吹不唱，或于将吹毕时，随意以二字混入，此皆后来之现象，老例所无也。是以快者、无准词者、干吹不唱者，皆必须以袖遮面。试思其干吹不唱者，若不以袖遮面，则只闻海笛，而其人之口不动，岂非亦甚滑稽。反之，若慢尺寸者，亦绝不能以水袖遮面，何则？若唱已多时，其袖仍未放下，厥状不唯甚僵，亦有“只见楼梯响，不见人下楼”之嫌也。其在剧中，念〔点绛唇〕而不遮面者，初又不只一《镇潭州》之岳元帅，即《群英会》之周瑜，亦何独不然。诚以此二角色皆为正式小生、须生，乃历史上有身份之儒雅人物，且全剧所重在文而不在武，故其所念之〔点绛唇〕，尺寸必慢，慢则当然只能以手端带，不能以袖遮面。反之，若在其他之武剧中有念过〔点绛〕之后，名亦不遑通，即上报子报以对方讨战，立即会阵者矣。此尚何慢之可言乎？

记者问：程君此剧，本为一绝，故能言之洞明其源委者如此，不识除与余君叔岩合演此剧以外，尚有特殊之可记录者否？

程君答：亦无甚太特殊者，曾记过去有人为王懋宣将军（怀庆）欢迎宴上，发起大规模之堂会戏，其中戏目繁多，有人提议，派鄙人之剧目为《镇潭州》。鄙人饰杨再兴，自无疑义，其饰岳元帅者，则派定为杨君小楼，杨君亦鄙人同科之师兄弟，彼实不能此剧，既经派定之后，乃对鄙人曰："这出戏我实在不成，求师兄您给说说罢！"鄙人乃略为将词告知，好在科班出身，此等剧虽未演过，而毕生观看者亦不下一二百次，所有大略，当能胸有成竹，故于上台之后，居然毫无错误，完整而下。杨君本为正工武生，虽有时演《白龙关》等剧，此戏确乎从未一演，而在主持此堂会戏之提调人，其本心亦无非出于好奇，推其立意，不过以曾聆杨程合演之《镇潭州》，足以夸耀而已。在事实上，此亦确乎比较新奇之《镇潭州》也。

记者问：杨君此剧，视其本来之武生如何？

程君答：此本不啻"钻锅"，当然不能较其原来之武生为好。但在"坐帐""斩子"诸场，威严肃穆，不愧三军司命，神情台风，俱能"很像"。此"很像"云云者，为鄙行之习用名词，此可以意会，不可以言传。至于岳武穆像，究竟如何，则以今时代之人物，岂能获见宋朝将帅之庐山真迹，慎勿以词害意，则幸甚矣。

记者因程君谈及与杨同科，乃又忆及程君在科中所演之《火云洞》，因问：程君在科中所演之《火云洞》，与今戏曲学校所演者不同，既闻命矣，而与昆弋班中所演者是否亦为同一路子？

程君答：亦有不同，昆弋班所演者名“御制腔”，红孩儿出场，所唱者似为〔粉蝶儿〕，其词今已不记，仅知其中有“瘖瘵难忘”一句，如是而已，其辙当为“江洋”的。鄙人幼年所习，今并是何曲牌亦记不甚真（缘幼时所习，仅以曲牌之前四字记诵，今既忘其曲文，当然亦不敢再妄谈是何牌曲），只知为“发花辙”“麻韵”。又昆弋班演此，其圣婴大王（红孩儿）乃旦角应工，与《安天会》之哪吒以贴应工同一规矩，若鄙人等所演，只以武生应工，此又其不同者。至于鄙人当日所演圣婴与八魔将等皆有“火车子”，前已谈及之矣[37]，昆弋班中亦无之，则明明是两个路子，不问可知也。

(37) 前文未见谈及此点。

记者因前问程君演剧之过程未竣，中途又乱以它语，至是乃请程君赓述其经过。

程君答：自沪归后，未几，复搭入朱琴心君之班[38]，与之合演数月，其间新戏，间亦参加。

(38) 民国十七年（1928 年）5月，朱琴心回京后组协成社；11 月，再与程清芬合组成庆社，程氏与之合演新剧较多，如《无双》（5 月 27 日，华乐园）、《人面桃花》（6 月 17 日首演于华乐园）、《曹娥投江》（6 月 22 日，华乐园）、《红楼梦》（即《摔玉负荆》，12 月 8 日首演于开明戏院）等。又，《麟骨床》即《采花赶府》，12 月 9 日首演于开明戏院，程氏则与张如庭、关丽卿、诸如香、马富禄、李洪福等合演《御碑亭》。

记者问：程君与朱君合作时，于所参加新剧之目，可得而闻否？

程君答：所与合演之新剧，计有《曹娥投江》、《人面桃花》、《无双》、《桃花扇》[39]、《红楼梦》之《摔玉》等剧，历饰崔护、王仙客、侯朝宗、贾宝玉等，所演以文剧扇子生为多，就中如《桃花扇》等，亦不过一二次演而已。

(39) 或即朱琴心所排本戏《陈圆圆》，均未见贴演。

记者问：程君在朱琴心君之班中时，朱君曾将拆头剧之《采花赶府》觅得原本，名《麟骨床》，此中亦有小生祁化俗力降修罗等事，程君曾否饰此？

程君答：此剧之内情，因鄙人不甚了了，自维难以演到好处，是以朱君此剧，亦未参加。其后在程砚秋君之班，则新戏亦有数出曾与程君合演，如《聂隐娘》之磨镜郎、《金锁记》之蔡昌宗、《青霜剑》之董昌、《沈云英》之贾万策、《鸳鸯冢》之谢招郎、《碧玉簪》之赵启贤，皆尝扮演。[40] 后以弟子俞振飞加入，乃在前场专演老戏，本戏即未再参加也。以后除梅程二班以外，曾与陆素娟女士，合演数期。梅派诸剧，间亦参加，不过短期而已。

(40) 民国十九年（1930年）12月1日起，程氏搭程艳秋之鸣和社时期，戏报名为"程继仙"。又，俞振飞于民国二十年（1931年）6月来北京，经程艳秋介绍，拜程继先为师，29日起，搭鸣和社出演中和戏院，三天泡戏为《辕门射戟》《岳家庄》《玉狮坠》。

记者问：程君与梅君合作时，其新本剧亦尝参加否？

程君答：亦有不少参加者，如梅君最后所排之《生死恨》，鄙人在沪，尚为饰程鹏举[41]，不过此剧编制简单，小生亦无甚着力之处，大约只偏重于主角吴（韩）玉娘，对于小生即未遑注意描写，故如"私逃路见宗泽"一场，遽然而即升官，其来似皆突兀异常。此外在程砚秋君之《梅妃》中，鄙人亦尝参加，但所饰者，乃安禄山，因剧中之安禄山，如《金马门》，乃小生工也。[42] 近则联合尚（和玉）时（慧宝）朱（桂芳）诸君，长期献技于庆乐，所幸各界人士，不以衰老见弃，每期上座俱佳，此实宠逾非分，不胜惭悚者焉。[43]

(41) 民国二十三年（1934年）9月，程氏与梅兰芳、马连良、萧长华、金少山、叶盛兰等出演荣记大舞台，梅兰芳数排此剧。

(42) 民国十七年（1928年）9月20日首演于华乐园，班中小生为王又荃，时程氏搭徐碧云之云庆社。

(43) 民国二十七年（1938年）10月14日，首演于庆乐戏院，是晚，尚和玉演出大轴头二本《李元霸》，即《晋阳宫》《惜惺惺》，程氏则与陈少霖、慈瑞泉等合演《群英会》，自"蒋干过江"起至"借箭打盖"止，另有范宝亭、迟月亭、杨春龙、刘砚亭、张春彦、朱桂芳、孙甫亭、计砚芬、王泉奎等，程、尚以下，如慈、范、迟、杨等，年龄均五旬以上，朱桂芳亦年近过百，故人称"老人班"。

记者因与程君谈话时间过久，恐其劳倦，乃兴辞去，程君复送至门外，相揖而别。程君所居，在一角落，比经曲折归来，沿途所见危楼影直，大树风高，对此一代名艺人，实不胜其钦仰也。

金仲仁

采访人：景孤血

原载1947年第253—269期《戏世界》（北平）

从这一“金”到那“金”

的确，金少山的《名伶访问记》结束了，这并不是本人衷心愿意的事，实在是一切太“不凑巧”了。天下事固然有的可用人力打破这“不凑巧”的难关，然而必致一方上不甚圆满。这又何必呢？所以我决心牺牲了那一篇“访问记”。但在原则上是不容有变化的，于是又想去访问“金大爷”（金仲仁），并且我们是在古瑁轩中约定的。王大爷（瑶卿）和金，本来是最要好的朋友，而且数十年来如一日地开玩笑。甚至有一个月不见，王大爷就要飞书召将地把他请了来。最近王大爷还说了这么一个笑话呢：因为平市某画刊把一个西洋的裸体美人照片另给剪贴上一个中国名坤伶李玉×的脑袋，大家看着很感到新异。王大爷说笑话，说那天我也找一张“人体美”的照片，把“金大爷”相片的脑袋剪下来给他贴上。这不过是一说罢了，如果实地作起来，那才叫“哏”呢。又这么一天，金有一个多月没到古瑁轩去了。王大爷想请他来，可是又不愿意打电话，就作了一篇案照古文笔法的小品，题是“尤物先生传”，内容描写全是金的事迹，当然极尽挖苦带损之能事了，下款写的“张缄”，就寄往魏染胡同五号。金大爷在家里接到了这封信，还纳闷说“张缄”张是谁呢？及至“拆开一观”，不禁喷饭，当时又是笑又是骂，准知道是王大爷干的。第二天就来到古瑁轩，没掀帘子（那时还在夏天）先骂，说：“你又姓了张啦?”招得王大爷哈哈大笑。二老的交谊，由此一节，可想而知了。尤其去年禁烟，王大爷、凤二爷全戒净了嗜好，金大爷和金夫人（于连泉君之妹）亦把嗜好断得一干二净。不过金大爷在戒嗜后，常犯“血压高”“头痛”“言语迟钝”的毛病。他在今年亦是六十二岁高龄的人了。小生名宿，如今只有二位，金氏以外，就得属姜慧波（妙香）。姜是属虎的，今年五十七岁，比起金来还差着五岁。小生行自从冯蕙林、程继先逝世外，名宿就得属金。所以我决计由那一“金”（少山）而转到这一“金”（仲仁）。金氏住在魏染胡同五号，当我开始访问之先，曾打过去一个电话，正是金太太接的，约定第二天去访问。当我到了金宅，原来很长的一条甬道，里面两个门，一个坐西向东，一个坐北朝南，门上的两个电铃，按上边的是金宅，按下边的是杜宅。所谓“杜宅”也者，正是新自奎德社辍演、大名鼎鼎的杜丽珠。当我按了电铃一下，里面先奔出来一只狼犬，幸而狺狺了几声，还比较客气。然后出来一位年纪不大的女士，后来我才知道是金大爷的外孙女。她将我让进去，金大爷亦出来。他那屋子里的设备，纯粹是“乔木之家”，完全旧式，和古瑁轩一派。不大富丽，但亦没有“洋气贼光”。在我往里去的时候，正赶上这位杜丽珠杜老板满面红粉穿着黑色衣裳，惊鸿一瞥地跑进坐北朝南那一个门。从寒暄中才知道金大爷又摔了一下子，起先自己怕要爬不起来，幸而躺了一会，不怎么样，才慢慢地将身跕起。据王大爷说："这是'血压高'不够程度，好劲！"如果够程度那还了得吗？坐定之后，开始作如下的访问。金大爷年事在花甲以外，他又有血压高的毛病，所以这访问是片段的，不必编年记月，也许后边的事，说到前面来。但这无论如何，准是本人说的，不比辗转传述，那就疑信参半了。

贵族始于五虎棍

记者问：金君的阀阅，人人都知道是贵族，究竟真相如何？

金君答：鄙族确是满洲宗室爱新觉罗氏，乃是礼烈亲王（讳代喜）的后裔。本人是正红旗四族族长，和近支的载字辈宗室（清穆宗、德宗）同辈。在光绪年间，有礼亲王世铎，曾为军机大臣多年，他比本人小着一辈。后来的礼王承厚、承堃（前一个即是好养蛇的疯王），比本人小着两辈。现在所谓的礼王，比本人又小着三辈了。在前清袭爵奉恩将军，名字是春元，字仲仁。那时大家都知道鄙人叫"春仲仁"，后来正式下海，才冠上老姓，叫作"金仲仁"。[1] 本人那时的原职是"太庙献帛爵章京”，在毓月华贝勒（朗）任崇文门税关监督的时期，曾任委员。后来在贵胄法政学堂毕业[2]，又尝为参政员。至于下海唱戏那是后来的事，因为小的时候爱喜武工，什么“蹿跤”等等全会，有时跑到城墙的女儿墙上去“拿大顶”。所以本人后来对于小生有武工的戏不发怵者，就在彼时扎下好练的根基。后来为了没事，又加入走香会。彼时城内，香会特别普遍。雪池有一档子“五虎棍”，现在还有，不过已然换了无数的“把儿头”。那时我也在“雪池五虎棍”的香会中参加为一员，去那个“董四虎”（香会术语叫作“四根”），就是勾绿花脸挂红扎的那个，但也不是一定，遇有别的角没人时我也来。彼时承平无事，坐享钱粮俸米，饱食终日，就去打“五虎棍”，细想起来，真是太没出息了。

(1) 关于“春仲仁”时期演剧信息，最早在民国元年（1912 年）3 月，以“清客串”名入田际云之玉成班，戏码为《岳家庄》，时路三宝亦搭玉成班；4 月 18 日白天，以“清客串春仲仁”名入庆升平班，与刘佩云合演《岳家庄》，甚得好评，同班有许荫棠、德建堂、韦久峰、德俊如、孙怡云、常荣福、文荣寿、李佩卿、荣蝶仙、金秀山、金少山、金仲林、郎德山、高四保、王秀峰等；8 月 14 日白天，以“春仲仁”名在崇文门内广乐园演唱，与律喜云合演《岳家庄》，时北京各戏园以“男女合演”为尚，同班女角有林晓谱、尚俊卿、万盏灯、金玉珍等，男角有诸如香、赵芝香、杨华庭、律喜云、小小朵（杨宝忠）、小永春等；8月20日白天，在春仙园与孟蒲斋合演《双狮图》，同班男女演员有金菊隐、于小霞、小月芬、金秀山、龚云甫、瑞德宝等。9月19日，金氏在《北京新报》上刊登《姓氏声明》云：“鄙人原名春元甫仲仁，今因民国成立，五族大同，若仍用附名之姓，未免混淆，且本满族之人，多有加以汉姓者，缘因时之宜作普通之式，改爱新觉罗氏，译成金字，改为金仲仁，此后通函者，请书金仲仁为盼，此启。”随即以“金仲仁”名，加入东四牌楼魏家胡同广兴园演唱，同班有贾洪林、刘春喜、张增明、杨长喜、恩保之、李宝琴、荣蝶仙、何佩亭、朱桂芳、谢宝云、陈桐云、孙喜云、德子文、张文斌、金逸民等。

（2）筹建于光绪三十四年（1908年）二月，经议定章程、课目、考试、选拔诸多流程，于宣统二年（1910年）二月初七日正式开学，学堂办在煤渣胡同，总理贝勒毓朗，监督锡聘之，民国鼎革后停办，故址改作参谋部办公地。

七日攒成《乾坤带》

记者问：金大爷既是前清贵胄，后来因何学戏？

金君答：在清代的同治光绪年间，皮黄戏可以说是盛极一时，不但科班林立，就是那时的票房，也是很多，几乎到处皆是。因为在彼时的物价，花上十几两银子，就可以唱一台，绝不像如今的开销，一来就是法币几百万元之多。我从十四岁，就嗜爱国剧。后来渐渐和张小山先生在一起。这位张小山先生，就是在金老板（少山）《访问记》中提过的“切末张”。他本工唱文武须生，而且对于靠靠架架的戏，特有专长。本人有好多出戏，全是张先生所授，尤其本人对于靠戏比较喜爱，这也是受张先生的熏陶。即如《九龙山》的杨再兴，就是张先生所授。因为张演这戏的岳元帅有名，是以对于杨再兴的台词、把子亦很娴熟，于是给我说的这出杨再兴。

记者问：金大爷第一次登台，演的是什么戏？地点是在哪个戏院？

金君答：我第一次登台，就是“走局”，并不是在某一个戏园，依稀记得是西城六铺坑，某宅的一个堂会。戏码是《广泰庄》，可是我只去一个马僮。同台还有一出《乾坤带》，我是去的秦英。《广泰庄》的徐达，就是张先生去的。我这两出戏，全是第一次登台，可是学的时间是用“速成”方式，只有七天，便学会了两出。好在一个是扫边角色，一个也没有多少，总算平平安安地对付下来了。

记者问：金君所演的《乾坤带》秦英，是用铜锤花脸扮的，还是用小生扮的？

金君答：这层方才我忘说了。我在乍一走票的时期，并不是唱小生，乃是唱花脸，后来倒嗓，才专工的小生。这出《乾坤带》的秦英，仍按铜锤花脸唱的。后来正式下海后，倒演过小生扮的秦英，那出是《选元戎》，地址在第一舞台，同台是许荫棠的王子、唐玉喜的程咬金，后部有斗剑杀詹虎等。(3) 这戏里的秦英，扮相虽然也是珠子头、红箭衣，可是小生工绝不勾脸。当时会的只有两个人，一个是我，一个是陆华云。自从第一舞台散后，这剧在大班中，也就无人演唱了。

(3) 民国三年（1914年）11月1日、11月19日，许荫棠、金仲仁合演是剧于第一舞台，同台演员有杨小楼、王瑶卿、刘永春、贾洪林、王凤卿、路三宝、德珺如、孟蒲斋、黄润甫、王长林、姚佩兰、朱桂芳、迟月亭、许德义、李连仲、范宝亭、陈文启等。

记者问：张小山先生演的《广泰庄》，和如今的演法有没有什么不同之点？

金君答：大不同的地方，自然没有，不过后部的徐达扮相却是大不相同的。现在似乎是新式武生巾加后扇，穿紫箭衣，系鸾带，那时张先生演是簪甩发、扎红靠。徐达看见母亲戴着剑枷被押起来，还有好多甩发的做工。我演这戏的马僮，只有在六铺坑某宅堂会中演一次，后来又陪着张先生演，就去那个打硬扎巾、扎白靠、簪翎子、挂红扎、假扮山大王来抢掠广泰庄的郭英了。

霓裳雅韵《摩里沙》

记者问：金大爷那时同在一起的，除却张小山张先生外，还有哪些名票？

金君答：我们那个票房，当时命名是“霓裳雅韵”，常在一起的人，除了张小山外，还有学谭的乔荩臣（即是在后来各报上评剧署名“愚樵”的那位[4]）、李毓臣[5]、李吉甫、韩俊峰等。二李亦是演须生，韩之花脸，每逢《广泰庄》的“三冈”，就由他来。我们时常在太仆寺的庙里过排，和正式演戏一样，也全是扮上装，因为上场和场面做活的差不多全是票友，大家又多一半有行头，就是“拆掌子”“找手下”“软包进箱”，也不过十几两银子的事，大家随便担任一点，就绰然有余了。听戏的人，都是附近街坊，有人弄上几十条板凳，坐下就听，另外有人沏茶水，然后随便赏几个钱。因为那时戏园子不卖女座，这里听戏的都是街坊，妇女也可以入座。所以每逢彩排，反倒起满坐满，真比上座惨的戏园子，还透着火炽呢。

(4) 乔荩臣最初在《北京新报》(创刊于宣统二年十二月初七日）发表剧评，用本名，进入民国，先后在《京话日报》《实事白话报》发表剧评，即署名“愚樵”。

(5) 李毓臣，安定门外外馆路著名绅商，专事外馆贸易，曾与乔荩臣、俞振庭等合办文明园，并出资办承平科班（博智学堂），光绪三十四年（1908年）五月初六日病故，承平班不久亦散。

记者问：听说那时的票房，往往排演新戏，金君曾否亦参加过？

金君答：的确，彼时的票房排演新戏风气盛行，如同“遥吟俯畅”排过《聊斋志异》的《向杲》，叫作《义烈奇缘》，由乔荩臣君饰向杲，李毓臣君饰向成，李吉甫君饰太乙真人。这戏根本就是乔荩臣、李毓臣二君编的。我在票房，曾演过一出《摩里沙》，亦是秦英征西的故事，但和《乾坤带》《选元戎》全不相同。是载阔亭君在庚子后为张小山君排的，由秦英奉命征摩里沙、银屏公主饯行起，到秦英戴罪征番、救父招亲止。张小山君饰秦山，本人饰秦英，当时颇受欢迎。

肃王府内多趣事

记者问：在霓裳雅韵以外，金君曾入何种票房？

金君答：本人因入贵胄法政学堂肄业，中间亦有三四年间断登台。后来常在肃邸，和肃王善耆（即金璧辉父）等一起盘桓。肃王戏瘾极大，但是平心论之，艺术实不见佳。他们兄弟四人，除却三王爷不参加外，善二善四亦在一起演唱。其他贵胄如同载⁇庵（洵）、载野云（涛）、侗厚斋（溥侗）、伦叙斋（溥伦）亦往参加，那里几乎成了清末的贵胄票友大集团。并且亦常有内行人参加演唱，如同谭鑫培、汪桂芬、王瑶卿、［王］凤卿、俞振庭、杨小朵、何通海等。谭去的时间不多，顶红要算杨小朵、俞振庭。一个月三十天，在那里差不多要演十天。本人在当时以票友的资格亦常参加演唱，但为借台演戏的性质。和王大爷、王二爷认识，我们就始于此时，算一算到如今又该有多少年了。

记者问：肃王对于旧剧如此爱好，究竟他本人是唱哪一工的？

金君答：肃王本人，可以说是件件精通，反之，亦可以说是件件稀松。不过人到底是特别的聪明，因此就有许多哏事发生。例如他演《战宛城》，饰张绣，根本就没练过把子，拿着一杆枪，由见曹将起一直到“刺婶”，胡挑一出戏，请问谁受得了？然而他就是以

"王爷"的身份，在自己府里唱着玩儿。否则不必听戏的不答应，就是去典韦的也不干啊。但是也有外间办不到的排场。即如他演《探母回令》，不去杨延辉，不去铁镜公主，而去萧太后。就为的是好装"盗令""回令"时的台面。所有宫女，虽然仍用戏台上扮的，而一堂太监，却全用本府中真太监，一个个顶戴袍褂，全是真的，按照当差的真品级，在两旁一跕。然后他扮的萧银宗由后面走出来，就要的这个派头。而戏班里有几位老先生，头脑特别顽固，和他唱戏怵怵惮惮的，以是笑话更多。有一次何通海和他演《法门寺》，何饰刘瑾，肃王饰赵廉。当郿坞县上来，照例得给刘瑾跪下。其实这是剧中人和剧中人的动作，与演员身份无涉。何通海是一位老先生，一见肃王扮的赵廉给他下跪，当时他就站起来，一按桌子说："哎呦！这可受不了，王爷给我这草木之人下跪，准得折受死。我还要命哪！"说着就往桌外走。肃王当时大怒，也忘了自己饰的是赵廉，就用手指着他说："坐下坐下！起哄是怎么着？你要再诚心搅局，别说我革了你！"当这二位演到这出特别的"新"《法门寺》，连台上带台下的人全都要笑，却不敢笑出来。何老先生，人极古怪，彼时经济力很不好，有时肃王赏他银子什么的，他却不要，自称"命小福薄，擎受不住。王爷有破鞋什么的赏奴才两双吧"，亦可谓之怪人了。此外还有好些，都是外间熟知的事，也就不必赘谈了。倒是肃王府的

局给我帮忙甚大，我有好多出戏全是从那儿学出来的，如今总算指它吃上饭了。(6)

(6) 原文应接连载（四），原刊缺，以下接连载（五）。

正式师事德　如

记者问：金大爷在德泉演过之后，又在哪个戏园公演？

金君答：在“壬子兵变”以后不久，我和路玉珊（三宝）、罗寿山（百岁）等在同乐园出演，他们一个花旦，一个小花脸，加上我这个小生，正正合适。不久，同台还有杨小楼。(7) 我们演了一个相当时期，就在这中间拜了德珺如德二爷。一来德二爷在彼时小生行的资格颇老，和谭老板是儿女亲家，自然平辈；二来我们同是旗人，您是穆鹤舫相国（彰阿）的孙子，萨廉的侄子，确属世家，所以我就拜了您。不过我学的戏，多一半都是动枪杆的，靠靠架架，和您不是一个路子，虽然拜了您，事实上哪一句也不是您教出来的。至于您最得意的那几出，如同《叫关》《小显》之流，我根本也不是那种嗓子。

(7) 民国元年（1912 年）5 月，杨小楼由同庆班改搭喜庆和班，出演门框胡同同乐园。又，罗寿山于是年 12 月 6 日即旧历十月二十八日病故。

开始傍上王瑶卿

又后王大爷（瑶卿）知道我下海了，我们在肃王府本是很熟的熟人，他就和我说："咱们何不凑凑呢？"于是我就开始傍他这个角了。民国二年的年底，以及三年正月，我正式加入吉祥的永庆班，同台角色，除了王大爷、王二爷（凤卿）外，计有俞振庭、瑞德宝、陈子田、侯文泉、荣蝶仙、吴彩霞、张文斌、朱桂芳、许荫棠、马俊山、高峰瑞、沈杰林、李寿峰、赵芝香、麒麟童(8)、张喜华、吴稚禅、钱俊仙、朱湘泉、连红霞、迟子俊、朱德山、十阵风、余小琴、李佩卿等。那年的后半年，就和第一舞台订了合同。因为第一舞台是包银班，角色可多了，除却二王以外，有刘鸿升、龚云甫、路三宝、朱幼芬、我的师父德二爷（珺如）、沈华轩、何桂山、黄润甫、麻穆子、占正亭、孙喜云、张文斌、李顺亭、萧长华、朱桂芳、李连仲、陈文启、赵芝香、梅荣斋、连红霞、陈桐云、许荫棠、姚佩兰、小凤凰、慈瑞泉、陈玉林、艾云飞、杨长喜、迟月亭、许德义、十阵风、常俊亭、杨韵芳、刘佩云、刘砚芳、陆宝山、郭春山、曹二庚、陆金桂、刘顺奎、八仙旦、范宝亭、王长林、钱俊仙、屈兆奎、朱湘泉、王秀云、侯德山、王荣山(9)、谭春仲、陈春元、王瑞福、李福林、张荣奎、白福山、吴彩霞、方洪顺，还有好些，我简直记不清了。到了四年，又有变化，除却我和王大爷外，有杨小楼、九阵风、王蕙芳、贾鸿林、高士杰、李敬山、孟蒲斋、汪金林、范福泰范先生、刘景然、阎岚亭、傅小山、迟月亭、鲍吉祥、朱玉康、张彩林、胡长泰、刘砚亭、李宝琴、罗福山、狄宛舲、姚佩霞、钱文卿等，凤二爷、路玉珊等，就都过文明和梅浣华去同台了。(10)

(8)(9)麒麟童即王荣山，此处有重复。

(10)民国二年（1913年）2月即旧历正月起，金氏与王瑶卿等出演广和楼白天，8月，搭新庆社，与王瑶卿等出演文明茶园；民国三年（1914年）1月即旧历腊月，入永庆班（旋即更“班”为“社”），与王瑶卿等出演新开吉祥园（“壬子兵变”时被焚毁)。又，贾鸿林即贾洪林。

记者问：一个班怎容下这许多角色？

金君答：第一舞台组织，是包银班，原分两班人马。乍一开始，是刘鸿升、龚云甫主演日戏，王大爷、王二爷他们主演夜戏，可是配角不分昼夜准演一工。例如有一天，王大爷演《第一奇女》（即《十粒金丹》），我晚上没有事，白天就和姚佩兰、小凤凰、慈瑞泉等合演《马上缘》了。

王派本戏多加入

记者问：金君在傍王大爷以后，对于他的本戏是否全已参加？

金君答：如果说全部参加，自然不敢，但是大多数已然参加。在吉祥永庆班，民国二年腊月二十七八唱了两天，二十八日封箱。[11] 二十七日的戏目，有李佩卿《顶花砖》，麒麟童、时玉奎《战太平》，马俊山、韩雨田《草桥关》，瑞德宝《独木关》，唐少亭、金伯如《鱼肠剑》，许荫棠、连红霞《回龙阁》，侯文泉、陈子田《战长沙》，十阵风、余小琴《艳阳楼》，荣蝶仙、钱俊仙《马上缘》，大轴就是《万里缘》，王大爷的胡阿云，凤二爷的苏武，张文斌的卫律，我的李陵。后来在第一舞台，所有王大爷的戏就是节令戏，如同《天河配》的牛郎[12]、《盂兰会》的公子[13]，亦是我去。而我们常演的如同《金猛关》[14]，王大爷的金莲公主、王蕙芳的银鹅公主、我的孟强、黄三先生（润甫）的焦玉、张文斌的葫芦妈妈，亦颇受台下欢迎。此外如八本《雁门关》的杨延顺[15]、《棋盘山》的薛丁山，亦是我来。实则彼时好角太多，就是一出普通戏都能生色。即如王大爷演《破洪州》，我的杨宗保固是滥竽充数，而刘景然的杨延昭、李连仲的白天祖，说句不怕人骂的话，现在有那样的配角吗？(16)

(11) 据民国三年（1914年）1月23日即旧历腊月二十八日《群强报》，二十八日吉祥茶园封箱戏码为《连环套》（瑞德宝、福小田、方宝奎、范福太）、《金钱豹》（余小琴、十阵风、谭老豹）、《搜孤救孤》（唐少亭、金伯如、瑞四）、《黄鹤楼》（侯文泉、黄润甫、陈子田）、《虹霓关》（金仲仁、李寿山、荣蝶仙）、《金水桥》（许荫棠、赵芝香、连红霞）、大轴《荀灌娘》（王瑶卿、王凤卿、张文斌、范福泰、陆宝山、刘鹤亭）。

(12) 民国三年（1914年）8月27日，第一舞台。

(13) 民国四年（1915年）9月28日晚演于第一舞台，带灯彩转台，同演者有杨小楼、王瑶卿、贾洪林、王蕙芳、朱幼芬、李顺亭、迟月亭、张荣奎、范宝亭、许德义、王长林、张文斌、慈瑞全、钱俊仙、杨韵芳、朱玉康等。

(14) 民国二年（1913年）9月7日，文明茶园白天，新庆社。

(15) 民国二年（1913年）9月15日，中和园夜戏，新庆社。

（16）原文应接连载（六）、（七）、（八），原刊第二五八、二五九、二六〇号缺，以下接连载（九）。

始于《元宵》终《狮吼》

记者问：金大爷和慧生合作，参加他的本戏，第一出是什么？末一出是什么？

金君答：第一出，那很早，是《元宵谜》，末一出是《狮吼记》。我参加慧生的新戏，是始于郭廷章，终于陈季常。在上述的那些出新戏外，还有《河伯夫人》《晴雯》等，以前都漏谈了。这两出（《元宵谜》与《狮吼记》）外间传说，都认为是陈墨香先生所编，这是错误。《狮吼记》是墨香先生从昆曲《狮吼记》翻下来的，《元宵谜》根本不是陈先生所编，乃上海一位文人姓孙的所编，特特赠与慧生。这出戏不知何所根据，有人说：在书房女扮男装一场，很有些像梆子《合凤裙》。不过人名和后边的事迹，还不大相同。而慧生排新本戏，确乎是自此始。

为排新戏伤脑筋

记者问：金大爷随慧生演各新戏，以哪一出最为拿手？

金君答：全是蒙事，“拿手”二字，实不敢谈。就中比较稍有把握的是《荆钗记》王十朋。因为这戏的末场，小生事情很多。本人在开始演的时候，亦比较下过功夫，或者可自诩为老马识途。的确，本人随慧生演这些本戏的时候，是大伤脑筋的。现在鄙人记忆力大差，而且多病（头疼连续两个月），亦未始不是彼时消耗太多。最感困难的是慧生各戏，多半为陈墨香先生所编，陈先生个性甚强，有时不为俗工改其绳墨，因此往往与王大爷（瑶卿）发生争执。如果被认为不妥，甚至他能撂下不管，拂袖而去。但是彼此交谊，绝对无伤。本人无论学识地位，均不如王大爷，而且与墨香先生，亦为三十年之好友，更不能因此而致影响交谊。然在一方，墨香先生所编，有时的确未能利于表演。好在墨香先有一样最好，就是能够善善从长。在一出戏难于表演的地方，如果你去求他改作，也能艴然不悦，可是你如果在演出时，不一定按照陈先生所编，而比原本讨俏，他亦非常赞成，甚能勖勉有加。于是我演墨香先生为慧生所编各剧，更不能不大伤脑筋了。后来变成头一天演过的戏，第二天就全忘掉，到了下次再演，必须先看一次本子。不要说其他新戏，就是慧生的全本《玉堂春》，亦得先看一下本子。所有俏头等等，全是台上临时现来。统计我陪着慧生演的新本戏，不下四十余出，虽有繁简轻重之不同，而我在接本子的时候，确是下过一番苦心，则实无容讳言的。不想稍长几岁，脑筋就如此之坏，无怪有许多人根本就不接本子了。

再傍牡丹与砚秋

记者问：金大爷在办第一舞台以后，又在何处演戏？

金君答：我在第一舞台，由林颦卿、李兰亭等合同满期之后[17]，和舞台订的合同，亦就满期了。朱幼芬再度主张邀梅浣华入第一舞台演唱，及至梅入第一舞台，我和崔禄春发生摩擦，后来朱幼芬与崔亦起了冲突，舞台这一阶段，至此告终。后来第一舞台东家孙荩卿君，几回和我研究，仍要合作，终因环境关系，暂而不长。未几，黄玉麟来平。[18] 他那时还叫“绿牡丹”的艺名，因为也拜列王大爷门下，在第一舞台，我和他演过一个时期，像《龙女牧羊》等等，我曾给他配饰柳毅。至于民国十二年的冬天，黄玉麟又在新明戏院演唱，我亦参加，同台还有祝荫亭、黄润卿、茹富蕙和王大爷女弟子张云燕的父亲张铭武（演外江派武生）等，那就是后来了。我不但傍过“白牡丹”，还傍过“绿牡丹”呢（说到这里，他自己也笑了）。后来就在新明，陪着程砚秋，尝演《穆柯寨》《穆天王》什么的。那时程将倒过仓，嗓子正不大好，而从此就一天好似一天。又后由梁德贵起班，王大爷亦加入，这正是罗瘿公先生捧程最力时期。全班角色，除却王大爷和砚秋外，计有郭仲衡、张春彦、张鸣才、文亮臣、吴富琴、侯喜瑞、蒋少奎、慈瑞泉、曹二庚、周瑞安、傅小山等，小生就是我和王七爷（王又荃）。砚秋的本戏，全归王又荃演，我是仍给王大爷配，如同《金猛关》《悦来店》等（金大爷谈到《金猛关》的孟强，前稿有“扎红靠”一语，是记错了，此角先穿红褶子，后穿红箭衣，使双斧，原排始于朱素云，金君演的时候，在额上勾一个小紫月牙，以示红脸变型），只有一出，就是砚秋演的时候，亦归我来，那就是八本《雁门关》。

(17) 民国八年（1919 年）7 月，经朱素云介绍，第一舞台从天津广和楼约聘林颦卿、李兰亭来京演唱，由 8 月 8 日（旧历七月十三日）起开演夜戏，因价格低廉，罗致角色极多，如张荣奎、贯大元、书子元、姚富才、钱宝森等等，生意极佳，演至 10 月上旬，林颦卿、李兰亭出京去天津，林颦卿入广和楼，与杨瑞亭同班，李兰亭入大新舞台，与小兰英、小福安同班。林颦卿于民国十二年（1923年）再搭第一舞台，系由孙莀卿与盖叫天之四兄（负责后台）合办，金氏未预其事，2月16日（旧历正月初一日）起开演，同台演员有盖叫天、尚和玉（旋脱离）、李兰亭、刘永奎、陆树田、小如意等；当年7月，麒麟童、王灵珠来京搭入第一舞台，演唱未久，林颦卿即以戏码太靠前而辞；9月初散班出京。

（18）民国十二年（1923年）11月26日，黄玉麟（时年十七岁）由烟台抵京，寓果子巷贾家胡同六十四号姚佩秋宅；翌日，王瑶卿、程艳秋、郭仲衡等在王瑶卿家为之接风，席次拜王瑶卿为师；12月3日行礼，12月5日出演新明剧场喜兰社，泡戏《风尘三侠》，同班老生先后有祝荫亭、杨宝森、谭富英、余胜荪，武生为张铭武、茹富兰，排演新戏《龙女牧羊》等；演至次年3月5日，3月9日回到上海，其间仅2月7日（旧历腊月二十七日）在第一舞台参加正乐育化会义务戏演出，戏码为《翠屏山》。按1923年7月，俞振庭之斌庆社亦有一小绿牡丹出演三庆园，系俞氏之徒，工梆子花旦，演唱未久即辍，此时黄玉麟尚在沪搭春华舞台演出，非同一人。又，在京时，金仲仁曾妻之以女，订立婚约，后解除。黄玉麟于民国二十八年（1939年）偕弟天麟再次来京，出演长安戏院，此时已无第一台。

始终惋惜王又荃

记者问：何以那阵程御霜的本戏，小生一角，都用王又荃配演？

金君答：王七爷（又荃）这人，天生是个好小生的骨格，可惜缺乏名人传授，他虽然下了海，始终却无师父。因为那时罗瘿公先生给砚秋编的本戏，大部趋重闺房爱情一流，故以又荃为适宜。加之王大爷亦在那班，我和王大爷配戏甚久，不愁没有戏唱。而且我与又荃同是票友下海，我比他早着七八年，二人同隶一班，始而他还疑我有敌对之意，后来见我事事退让，感情日益融洽，渐渐有不会的戏，亦尝到我家来一块研究。同赴汉口的时候，有人给我烧了一个白瓷便装小像，又荃还用隶书给写了几句题词，和他作的像赞。对我推崇，愧不敢当。他本来娴于翰墨，分书隶书，都很不错。可惜后来走的路子不对，以致晚年景况欠佳，真堪惋叹。

请安喊“再来一回”

记者问：《雁门关》这出戏，从先金君演时最多，亦最博好评。究竟有何秘诀？

金君答：这出《雁门关》，原是连台本戏，至于演员沿流，在贵报刊的《王瑶卿访问记》中，王大爷已然叙述甚详了。所以梅浣华等乍排《雁门关》，杨八郎一角是由路玉珊反串。后来程继先、姜妙香二位，演这出戏，亦全是临时现“钻锅”。在朱素云故后，我因久傍王大爷，演的次数最多，而且不但在营业戏中常演，有很多次第一舞台的大义务戏，亦是常演五六本《雁门关》，所有好角，除去二王（瑶卿、蕙芳），龚（云甫）、陈（德霖）全都在内。杨八郎一角，例由我来。我因身体略胖，所以扮出套纱翎子蟒的扮相比较合适，又有武工，像“哭城”时摔座子还不“推班”。尤其是当过差事，习于礼节。这出《雁门关》，颇带宫廷味，所以陈老夫子的萧太后，有人说像慈禧。我在上海演这出，到八本，杨八郎给萧太后“请安”的时候，不但得到台下谬赏，而且有好多人和“叫幕”似的大喊“再来一个！”固然这是一出庄严戏，不能随便成了“噱头”，或者鄙人对于“请安”等事，习而安之，才使南中人士，看着不觉讨厌。总之，秘诀根本没有，亦无非是久练久熟，演的次数多了，熟能生巧，并无何等特殊。

舒明德与《南北和》

记者因在访问金大爷的时候，看到这屋里有许多戏像，如同和荀慧生摄的《绣襦记》等等，又有磁烧的便装像（即前记王又荃所题）。而另有两帧，是和他太太于女士（小翠花之妹）所照，两张都是《雁门关》，金君饰杨八郎，于女士饰青莲公主。公主自然是旗装，梳着两把头，燕尾，穿着旗袍。而金君的扮相，一张是戴套纱，簪翎子，蟠狐狸尾，穿蟒，一张却是顶翎，朝珠，补褂，皂靴，甚属新奇，因问金大爷：是否《雁门关》中，早先有这种扮相的？

金君答：这两张像，是十年前在大北照相馆所摄。那张戴套纱，簪翎子，蟠狐狸尾的是真正《雁门关》，这张顶翎袍褂的是我单摄过一个人的《马思远》舒明德戏像。后来有人提议，叫我和内人合摄一影，一时高兴，就照了这样的一张《雁门关》，本来不足据为典要的。不过从先在上海演《雁门关》，有时杨八郎是这种扮相，但叫《南北和》，不叫《雁门关》。论起理来呢，也未为不可。因为韩昌、耶律休哥、萧天佐等不也是这套扮相吗？然而在动作上却大感困难。“抚枕”的时候没有水袖，那怎样能行？“哭城”的时候没有甩发，难道还抡辫子？所以仍然得用武生巾褶子，或是甩发箭衣。

记者问：金君演《马思远》饰舒明德，亦是一绝，高瞻阔步，俨然真像刑部司官。这戏是何人所授？

金君答：太承夸奖，愧不敢当。我对饰舒明德这种角色，比较接近，说一句不客气的话，由于前半生就是“干这个的”（案金君在清代袭奉恩将军爵，曾任太庙献帛爵章京），而戏中的舒明德也是旗员，举止不无相同。而且痴长几岁，又赶上那一时代的官场礼制，这无非是凑巧而已。至于我这出《马思远》的舒明德，得自何人传授？说来使人不信，这出却亦是范福泰范先生所授。我前记范先生教给我《雅观楼》《探庄》，究竟他还许会盂绝海、栾廷玉、杨林之类，而这出《马思远》根本不是武戏，舒明德的嘴里又是昆曲，而范先生居然一样能教，而且没有“家里打车外边不合辙”的毛病。范先生传我冷戏甚多，有的我后来很（根）本就没演过，可见范先生的腹笥渊博何如了。(19)

(19) 原文应接连载（十一），原刊第二六五号缺，以下接连载（十二）。

戊午曾傍黄润卿

又后来在民国七年戊午，我曾同黄楚宝他们老先生黄润卿去到上海，出演于丹桂第一台，同台的角色有九阵风、王灵珠、阎岚亭、侯春兰等。演了几个月，我因故先回北平。那时润卿正演青衣花衫，而且演古装戏《天女散花》一类，记得还有个笑话，是上海有人认为这出戏得梅浣华专利，润卿不能演，其实那阵排戏还没有“报本子”之说呢。我在那次赴沪，还谬承各界延誉，同时亦和当地少年宣讲团、沪滨息游社等团体取得相当联络，而后来接办第一舞台，实与这次上海之行的观摩有关。[20]

(20) 民国七年（1918年），金氏初次赴沪，2月11日（旧历正月初一日）起，出演丹桂第一台，与三麻子、汪笑侬、麒麟童、黄润卿、王灵珠、九阵风、罗筱宝等同台，演至3月24日。

数度从荀海上游

记者问：金大爷在民国七年由上海返北平后，是否又曾出外到各地演唱？

金君答：凡是王大爷（瑶卿）几次赴沪，都是我同他前往的，以外荀慧生赴沪，亦是我与他同行，那时几乎每年要去一次。尤以民国十三年、十四年、十五年之间，去得更勤。十四年（乙丑）曾参加大新舞台的开幕[21]，同台角色，计有高庆奎、李吉瑞、王芸芳、王连浦、马富禄等，前五天的戏目，计为《醉酒》、《红鸾禧》、《破洪州》、《玉堂春》、头二本《虹霓关》、《穆天王》、《贩马记》、《铁弓缘》、《得意缘》，我都在内，分饰裴力士、莫稽、杨宗保、王金龙、赵宠、匡忠、卢昆杰。最后一次，是在中国大戏院，老生是安舒元，慧生病倒上海，后来由荀令香替演，这亦是我傍慧生赴沪的最后一回了。[22] 此外我同他到过山东（演章丘孟家堂会）济南、长沙、徐州等处。杜月笙先生家祠落成典礼堂会，亦有我剧目，是和言菊朋、徐碧云演《御碑亭》。同慧生从上海回来以后，又曾联合杨小楼、高庆奎、黄润卿、杨宝忠，在开明、吉祥等戏园演唱。及至慧生自己挑班，同台有谭小培、马富禄、王连浦、计砚芬，亦是在开明。还有一时期和时慧宝在吉祥，有一时期和谭小培、杨宝忠、刘雪亭、迟月亭、范宝亭、吴彩霞、李连贞、王连浦、王长林、慈瑞泉、马富禄等在三庆，亦是慧生挂头牌。这些本来都应说在头里，如今只好算是想到就说了。

(21) 民国十五年（1926年）2月6日（旧历腊月二十五日）下午二时，三星公司和记大新舞台举行开幕式，董事长李徵五、苏少卿、刘海粟、袁履登等发表开幕演说；次日起正式开演，系金仲仁第二次赴沪，随荀慧生同来，其他同台演员尚有李吉瑞、高庆奎、白玉昆、刘永奎、王连浦、马富禄、孟春帆、赵鸿林、王芸芳等，演至5月23日；次日起过班共舞台，与王瑶卿、言菊朋、王幼卿、王长林、林树森、李洪春、茹富蕙、小如意、赵松樵等同台，演至6月27日。

金氏第三次赴沪，系民国十六年（1927年）

6月，随朱琴心、时慧宝同去；6月14日起出演盛记大新舞台，同台演员尚有周凤文、王蕙芳、金少山、何雅秋、茹富蕙、时玉奎、韩长宝等，演至8月10日。同年11月再随荀慧生南下，11月8日起出演天蟾舞台，同台者有麒麟童、王芸芳、谭富英、张春彦、马富禄、金少山、刘汉臣、董志扬、吴彩霞、陆凤琴等，演至12月18日。

(22) 民国三十三年（1944年）4月3日起出演中国大戏院，演至5月20日，因荀慧生生病入院，次日起辍演。

由汉换班到南通

记者问：金大爷在随王、荀赴沪以外，还到过什么地方去？

金君答：在随慧生赴沪以前，我还到过汉口，后来又转到南通。赴汉口一行，本来是龚云甫、陈德霖二位老先生先去的，后来我同王大爷、杨小楼、王蕙芳又去参加。演了一个时期，王大爷和前台经理人发生意见，就先回来了。经理人因为和南通州的通俗剧场[23]有关，那时名新剧家欧阳予倩先生，正在南通。后来我们“走马换将”，欧阳先生到汉口来表演，我和王蕙芳、郭仲衡、慈瑞泉、福小田几位，去到南通州的通俗剧场演了一期。欧阳先生和王蕙芳在黄鹤楼前摄过合演（影），亦在此时。

(23) 应为更俗剧场。

本戏曾傍小翠花

记者问：金大爷曾傍王大爷、荀慧生、黄玉麟诸人以外，还和谁演的时间较久？

金君答：那就是小老板了（案即于连泉小翠花），我们演过很多时期，不但感情融洽，而且前一期的本戏，如同《红梅阁》[24]之类，都是我的原排。那出老本戏《富贵神仙》（即《西湖主》），我们也在一起演过，他饰西湖主，我饰陈明元。以后他每组班，就是我的小生。又在十三年前，我因断弦，由马富禄君作伐，将他令妹许配给我，续为箧室，即是现在的内人（案金夫人于女士，今年四十一岁，明敏干练，亦娴音律，曾在王大爷的祝寿戏中，粉墨登场，演《虹霓关》），我们两家往来和好无间，亲戚更是时常走动。在年后舍下有人过生辰，小老板还把我和内人接到于宅去欢宴呢。至于外传我们两家失和的事，也许是误传，也许有人故意蒙蔽记者先生，而恶意造谣。小老板演戏收入，置产不下七八所，但是都用先岳的名义办立手续。我在未和他结亲前，是丝毫不知道。而小老板自己名义的房产，只有两处，一处是虎坊桥即前富连成社社址，一处是永光寺中街，即前伪《三六九画报》社址，现在很是糟心。先岳在日，曾案女子亦有继承权，把一部分房产，给内人作了奁赠，我在订婚前全不知道，此事有马富禄君可以证明。后来内子结婚到这边来，我才知道她有房产。这事本来是先岳爱惜其女，我在事前，可以说是无权过问，而且亦用不着矫廉。况且彼时房价亦无今日昂贵。及至结亲以后，一切契纸字据手续俱已办清，小老板亦经同意。现在我因痴长几岁，不能演戏，家中食指浩繁，生计堪虞。征得内子同意，把房卖掉，换几个钱，经营其他事业。这有什么纠纷之可言呢？我们在一起唱戏的时候，是好朋友，后来结亲，是好亲戚，所有一切误传，均是不足置信的。至于小老板的家务，我可以郑重说：不是没有。因为小老板受他另一亲戚挟持，内子看不过，不是我累次三番地压着，恐怕早已法庭相见了。再说句讨厌的话，我今年已是望七的人了，旦夕入地，还活得了几天？何必参预人家的家务呢？因谈当初和小老板合作，不免有这一段啰嗦，希望不要见笑。

(24) 民国二十一年（1932 年）5 月 16 日夜戏，首演于吉祥戏院。

难难难难许多难

记者问：金大爷对于小生的个人本身问题，已然说得很详尽了，而究竟一般的小生，难在何处？

金君答：谈起这个问题来，唱小生的确乎是甚难。因为必须把台上的生旦两门，兼而有之。即如小生中有袍带的，而且有的是道学先生，如《御碑亭》的柳生春、《香罗带》的陆世科，就得有点老生的骨格。有扎靠的，如同《镇潭州》杨再兴和翎子生的周瑜、吕布，又得有点武生的威风。而《雅观楼》《探庄》，又得有武生的腰腿。《岳家庄》岳云一类，更得像娃娃生。此外有的就是装疯卖傻。而唱工大段上板的是准乎青衣（如《孝感天》）。有时遇见《花田错》《蔡家庄》《梵王宫》，还得会花旦身段（三剧皆演男扮女妆），所以并非能一门即行。而最难的是要古，自来旧有书香气，如同古瓷汉玉，不能像新瓷。这一点是太难。要知凡够得上小生资格的剧中人，不是世家子弟就是风魔秀士，不能"贼鬼溜滑"地像"拆白党"。可是一方还要倜傥风流，您说是难不难？因此，后起之秀有的很红，但是老名宿眼中看来，则毫无是处，这亦无非为了"汉玉"与"新瓷"而已的。[22]

（22）原文连载至此，未见后续。按本篇从

《戏世界》第二五三号起连载，至二六九号戛止，且中间缺期较多，连载（四）、（六）、（七）、（八）、（十一）部分内容缺佚，以及该杂志前期连载之《王瑶卿访问记》《王凤卿访问记》亦无法窥其万一，这些遗憾只能留待日后弥补了。

姜妙香

采访人：林醉酶（一得轩主）

原载1930年9月4—13日《全民报》（北平）

前日（二日）午后四时，赴宣外麻线胡同七号，访问姜妙香，承荷接见，发表谈片如次。

初学青衫 予（姜君自称，下同）字慧波，河北河间人，现年四十一岁[(1)]。自家大父始来北京，及家君丽云，改入伶界，艺昆旦，负名誉于梨园。予七岁，读书，八岁，在家中从家君学戏，既奉家君命，拜田宝琳、谢双寿二先生学青衫及昆旦戏。十岁在庆乐园登台，第一日唱《鹊桥密誓》，极得一般人赞许。庚子之变，各戏园多燹于火，于是各班演戏，均假于各会馆。庚子后一年，时予正十二岁，出演于前外鹞儿胡同平介会馆，极得九城人士谬许，自是在梨园中，稍具声誉。十五岁，搭洪奎班[(2)]，与贾鸿林、许荫棠等，在燕喜堂演唱，后移三庆园。十六岁，响九霄（田际云）成班于广德楼[(3)]，邀予加入，与王凤卿、刘鸿升（时唱花脸）同唱，合演《二进宫》，最受欢迎。十七岁，搭长春科班（班主为小生陆华云）[(4)]，与黄三、王凤卿、杨小朵、张毓庭等同台，出演于三庆园。时谭鑫培与王瑶卿，同出演中和园，二园为当时皮黄班之最佳者，互相以繁重之戏相号召。此三年间，为予唱青衫最负虚誉时代也。十八岁，予因堂会太多，每日常赶三四次，而予调高，且演戏不惜力，兼之当时常演之戏，为《祭江》《祭塔》《二进宫》《玉堂春》等繁重戏，极为吃力。是年冬末，予因精神身体，累乏太甚，至于咯血，遂而辍演，然以友谊敦促，有时或力疾一登台焉。

（1）生于光绪十六年（1890年）二月初四日。

（2）即复出洪奎班，光绪三十一年（1905年）五月二十七日报班挂牌演唱，承班人贾洪林即贾鸿林、陈素卿。

（3）即玉成班。

（4）光绪三十三年（1907年）十月初五日，陆华云卒，长春班随之报散，姜氏、王凤卿转搭承平班，其弟妙卿亦在该班演唱。

师陈德霖 陈德霖老夫子，为当时梨园名宿，对于予之青衫，老夫子极为赞许，每为予说青衫戏。既因予病愈后，身体羸弱，嗓子不宜于唱高调戏，时劝予保养嗓音，勿演繁重之戏。予因感老夫子爱护至意，商得其同意，拜老夫子为师。适俞振庭在文明茶园成班[(5)]，邀予与老乡亲（孙菊仙）[(6)]、贾鸿林等同登台。予因盛谊难却，从之，老夫子遂为予说《奇双会》《探亲家》、四本《雁门关》等省力之戏（按《探亲家》一戏，陈德霖系从刘赶三学来，因当时在内廷当差时，陈刘常合演《探亲家》也）。迨后又从乔蕙兰学昆旦，故得力极多。

（5）民国元年（1912年）9月11日即旧历八月初一日起，姜氏搭俞振庭之双庆班，出演文明茶园、广德楼。

（6）宣统元年（1909年）八月，孙菊仙由上海返回天津，搭下天仙演唱；十一月二十一日抵京，陆续在庆乐、吉祥、丹桂、天乐等园演唱国债、贫民院、孤儿院筹款义务戏，班底有玉成班、吉祥班、鸣盛和班等；十二月初八日离京赴汉口，然后回到上海。宣统二年（1910年）八月初一日再次来京演唱义务戏，出演吉祥、中和两园，演毕返沪；直至民国三年（1914年），经俞振庭之请，于10月7日再次抵京，搭双庆社出演文明茶园、广德楼，时姜妙香搭双庆班，尚未改工小生。

改习小生 未及，予以体弱，中气不足，遂改习小生。每早学武把，练功夫，故身体渐渐复元。予遂从陈老夫子学《奇双会》之赵宠、《风筝误》之韩琦仲、《断桥》之许仙，唱昆曲小生。老夫子为予说各戏之身段，因老夫子从前在内廷供奉时，与王楞仙同演昆曲，对于昆生之身段，老夫子固习见之而能详，故转以告予也。予改习小生后，第一次登台，系在俞振庭所组织之班[7]，出演于吉祥茶园，极得好誉，遂一意于小生剧，先后拜鲍先生（绰号鲍黑，忘其名）[8]、陆薇仙、陆杏林[9]、冯蕙林、江春山（绰号江耗子）诸先生为师，故所得益夥，如《断桥》《奇双会》《白门楼》《射戟》《风筝误》《游园惊梦》等戏，均为陆杏林先生所授，《九龙山》《借赵云》《得意缘》等戏，均为冯蕙林所授也。既又从家母舅陈嘉梁，学昆小生，家母舅之爷爷，即当时负有盛誉之陈金雀，工昆小生，由苏州来京，隶升平署，供奉内廷，以演《金雀记》著，故名“陈金雀”。陈金雀逝世后，子寿丰，即予外大父也，继承父业，亦以唱昆小生名，再传至家母舅嘉梁，家学渊源，克绍箕裘，自非粗知半解者比，予受其陶铸，故进步极速。同时，予又从茹莱卿先生，学武小生，练武把。茹先生为现在武生茹富兰之爷爷，在当时以武小生著名，予此时武工之稍有根底者，皆茹先生指导之力也。

(7) 民国元年（1912年），姜氏搭俞振庭之双庆社，民国二年（1913年），搭王瑶卿之新庆社；民国三年（1914年），再搭俞振庭之双庆社，均应旦行，未改工小生。民国四年（1915年）1月24日白天，文明园，双庆社，姜氏与谢宝云、连处即连云霞合演《孝感天》，饰演共叔段魂子，该角色由青衫扮演；1月30日白天，文明园，双庆社，陪程继仙演出《岳家庄》，饰演岳云母；2月1日白天，文明园，双庆社，与荣蝶仙、连红霞合演《虹霓关》，饰演王伯党，正式改工小生；2月5日，广德楼义务夜戏，与程继仙合演《双监酒令》，饰演刘章，程氏对其提携甚力，是日戏码另有《艳阳楼》（俞振庭）、《樊江关》（王蕙芳、李敬山、路三宝）、《双四郎探母》（梅兰芳、时慧宝、王凤卿、陈德霖、谢宝云、胡素仙、李鑫甫、迟子俊、慈瑞泉)、《打棍出箱》(小余三胜即余叔岩、时玉奎、王秀云)等。

(8)即鲍福山。

(9)原文作“陆信林”,下同。

与梅合演 迨后与梅兰芳合演[10],凡兰芳排演各新戏,如《千金一笑》《黛玉葬花》《黛玉焚稿》《太真外传》等戏,均由予饰演小生,前后共十余年。兰芳演戏,无论在京内外,均与予偕。计偕兰芳同赴上海者十次,赴东京者两次,赴香港者两次,赴广东省者一次,其演唱时之状况,述亦不胜述也。去年,予又同马连良赴沪一次。迨今春畹华游美,予因某项关系,未得同行,遂改与程艳秋合演。现艳秋拟于月底赴沪,届时,予又须与程同行也。

(10)民国四年(1915年)2月14日(旧历正月初一日)起,姜氏与梅兰芳同搭俞振庭之双庆社;3月3日(旧历正月十八日)白天,文明园,姜氏与梅兰芳、路三宝、李敬山合演头二本《虹霓关》,饰演王伯党,当系两人初次合演之剧目。

姜君家庭 家君今年七十一岁,家慈今年七十四岁,两老人身体康健,步履如常。家君当年习青衫,艺名丽云，在当时颇为一般人称许，现已数十年不现身色相矣。家慈为名昆小生陈金雀之孙女，予小排行为第二，大排行则为第六，同行辈时呼予为姜六。予大哥鸿卿工绘画，早卒，予七弟妙卿，艺青衫，亦早死，予八弟继尚，性聪颖，予最爱之，不令学戏，入陶氏学堂念书，乃因用工太过，卒至夭逝，可为浩叹。予子少香，现年二十二岁，从陈秀华学老生戏，前者曾在广德楼登台，数月而辍，近则在家练习，再过几时，或将在京中演唱也。

即席挥毫 至于予之绘画，系从金拱伯（北）先生所学，先生为北京名画师，工花卉，其绘事之精工，名闻中外。予承先生不弃，加以指导，凡花叶枝干，阴阳向背，以及染法之浓淡，何处用何色，何枝用何笔，先生靡不详细指示。只以质性卤钝，未能领悟，兼以职业在于戏剧，时间亦不我许，仅于戏毕归来，夜阑人静，偷半刻之闲，从事于笔砚间，故进步极迟，有负金先生雅意，殊为歉仄耳。今承足下询及，益深惭恧，率尔涂鸦，实有贻笑于方家也（姜君言至此，轩主丐其赠赐乙幅，以作纪念。姜君忻然命笔，即席挥毫，为绘牡丹一枝，红花绿叶，浓淡得宜，诚名笔也）。

戏剧感想 予于戏剧，本无所谓感想，不过就予个人的意见，以为小生戏在国剧中，当昔年时，实占在极重要之地位，梨园先辈中，以搬演小生著名者，亦极有人在，如徐蝶仙，如王楞仙等。其唱白、其做派，均有真正之艺术、独到之功夫，在当年实有空绝一时之概，惜予均未得亲承针炙，徒具有私淑之愿耳。近一二十年来，小生界日渐式微，而昔时小生戏之名剧，亦多因失传，成绝调矣。回忆当予初习戏时，小生界名宿，尚不乏人，但以予初本艺青衫，对于小生戏，未曾稍加注意，迨及予改习小生后，虽欲精心研究，然梨园小生界诸名宿，已多作古，学艺有心，问艺无人，此诚予毕生之大不幸，常引以为终身憾事者也。年来又从事于排演新戏，时间关系，对于旧有之名剧，益复生疏，故除普通旧戏，稍有研究外，其他多无从请益，言念及此，益复自痛悔矣。

姜君言至此，轩主因有他约，时不我许，遂向姜君告□，互为珍重而别。

通识文库

名伶访问记

青衣 花旦 老旦卷

李世强 编

生活·讀書·新知 三联书店

图书在版编目（CIP）数据

名伶访问记/李世强编. —北京：生活·读书·新知三联书店，2025. 3. —（通识文库）. —ISBN 978-7-108-07989-3

Ⅰ. K825.78

中国国家版本馆 CIP 数据核字第 2025G5D533 号

目　录

青衣　花旦　老旦卷

青衣、花旦

侯俊山　附项鼎新

采访人：林醉陶（一得轩主）

原载1930年8月8—21日《全民报》（北平）

老十三旦侯俊山，顷自张家口来平，吊唁老伶工陈德霖之丧，轩主闻讯，于一日午后四时，赴前外北孝顺胡同北口，罗圈胡同三号，永和堆房，投刺访问，承荷接见。侯君年逾古稀，而精神矍铄，步履劲健，谈话亦清晰有力，不类老年人，诚菊国之人瑞也。彼时在座有名伶项鼎新君，及侯君高徒牛德宝君。畅叙逾时，轩主邀侯君，共摄一影，以留纪念，侯君忻然同意，遂相偕步行赴北孝顺胡同南口丽丰照相馆，共摄三照后，珍重而别，兹录侯君之谈片如次。

演戏经过 予（侯君自称，下同）张家口人，现年七十五岁[1]，九岁时，在张家口某梆子班（忘其名）坐科[2]，习花旦，十岁，即登台唱戏，十三岁时，虚名噪起，遂称为十三旦。同治九年（十七岁）来京，搭全盛和班[3]演唱，十二年，入内廷供奉[4]，极称东太后老佛爷懿意，赏赐颇厚。当年梆子二黄，界限极严，而倾轧亦甚，且二黄盛行，梆子班人多贱视之，故外串之戏，均二黄班。及予来京后，颇得九城人士谬赏，始聘予外串演戏，于是梆子班始有外串矣。予与二黄班人，感情较洽，因外串时，见面极多，就中以徐小香[5]、程长庚二人，感情最好。记徐南旋时，予送至津，握手言别，黯然销魂，及今思之，如在昨日，而故人之墓木已拱矣，诚不胜今昔之感也。

(1) 生于咸丰四年（1854 年）十月十五日，

见周明泰《道咸以来梨园系年小录》及民国二十四年（1935年）6月12日《盛京时报》第（五）版所载之《老十三旦张垣作古》。据光绪十八年内廷《日记档》所载“（十二月）初四日，挑得民籍教习（旦）侯俊山，年三十五岁”，若生于咸丰四年，则光绪十八年选入升平署时当为三十八岁。

(2) 太原府喜字科班，在科名喜麟，头次出台，饰演《白水滩》之武旦徐凤珠；又言“其父名世昌，业农，洪同县人”［见《与老十三旦谈》，听花，《顺天时报》，北京，民国十年（1921年）6月20日，第五版］。

(3) 即全胜和班，同治十一年（1872年）五月初二日报班挂牌演唱，领班人张兴义，报班花名册未见侯氏。同治十二年（1873年）春刊《都门纪略》（京都名德堂藏板）载有其名，时搭全胜和班出演庆和、庆乐、中和、广和、天乐等戏园，并记其所演戏目有《三上轿》《断桥》《牧羊卷》《三堂会审》。同治十三年季夏中浣刊《都门纪略》言其仍搭全胜和班，记其拿手剧目有《五福堂》《珍珠衫》《双合印》等。同治帝病逝，侯氏回籍，光绪元年（1875年）冬月回京，仍搭全胜和班演出，时在国服期间，各戏班均为说白清唱（见《续闻都门演剧情形》，《申报》，光绪元年十二月十二日/1876年1月8日，第2页）。

（4）按同治十二年，内廷演剧仍由升平署内学太监承差，且同治十一年九月，因同治帝大婚，升平署请选民籍学生担任“十门角台、随手、管箱”而不准，则侯氏入宫承差之时日，当非同治朝，此处所记待考。据光绪十八年《日记档》，十二月初四日即1893年1月21日，侯氏入升平署担任民籍教习，时年三十五岁，光绪三十年（1904年）二月，以“两腿麻木暄肿，步履不能行走”为由辞差，未获旨允。

（5）据老伶工王福寿云：十三旦学《八大锤》于徐小香，学《花田错》于方松林，尊重前贤，虚心受教，其艺乃能冠绝一时［见《退思轩剧话》，可泣，《全民报》，北京，民国二十年（1931年）6月25日，第五版］。

赴沪四次　予赴沪演戏，共计四次。第一次在光绪三年(6)，时予二十三岁，是时上海尚无电灯，戏台上仅点煤气灯，市面上不若现时之繁华也。予是次在上海，演唱几及一年，至光绪四年方北归。光绪七年，又赴上海，此为第二次也，至八年方北返。(7) 十三年，再赴上海，此为第三次也，数月即归。(8) 第四次赴上海，为民国三年，在丹桂第一台演唱，匝月而返。(9) 赴沪四次，均极受春申人士欢迎，此非予艺术之优良，实上海人喜欢看老古董也。自民三后，沪上舞台，来约予往演者颇多，予以年事太大，远涉海洋，殊非所宜，故均婉辞谢却。

(6) 侯氏首次到沪系光绪四年（1878 年）冬月，十一月初六日（11 月 29 日）夜出演丹桂茶园新记，泡戏与秃扁儿、马顺荣、满天星合演《珍珠衫》，头衔为“京都内城府头次到沪真十三旦”，同班演员有孙春恒、大奎官、羊喜寿、王大喜、陈双喜、薛桂山、小和尚、谢梅卿、袁云林、冯永顺、曹吉夫、许万春、小连生、李棣香、江春山、周松林、侯长寿、张玉涵等，演至次年五月十一日（6 月 30 日），与秃扁儿、猫猫旦、薛三顺、满天星、盖天红、苏大玉、许万春等合演《三世修》。按光绪三年（1877 年）即有“童串”花旦小十三旦在沪（见《梨园声价》，《申报》，光绪三年四月初七日/1877 年 5 月 19 日，第三页）；十月二十三日（11 月 27 日）起与人参娃、一斗金出演大观茶园，“时年方十五六龄”［见《粉墨丛谈》，《京剧历史文献汇编》（清代卷）专书（下），凤凰出版社，2011 年 3 月，页 137］，演至光绪四年（1878 年）10 月 31 日；次月，侯氏莅沪，隶丹桂，故有“头次到沪真十三旦”之谓。

(7) 光绪七年（1881 年）十月二十五日（12 月 16 日）起，出演全桂茶园，夜场，泡戏《新安驿》，演至次年五月初三日（6月18日），夜场，全班合演灯彩大戏《保全灯》。

(8) 光绪十三年（1887年）五月十九日（7月9日）起，出演六马路中市咏霓茶园，夜场，泡戏《新安驿》，同班演员有熊文通、赛活猴、佛动心、十四旦、康黑儿、云里飞、张云亭、郭秀华、龙长胜、郝福芝、大奎官、毕富成、赵祥玉、赛秃扁、夜里香等，演至次年三月二十日（4月30日）；夜场，与一汪水、一条鱼、马胜龙、七百红、赛秃扁、赵珍玉、朱大成、毕富成、赵祥玉、增月泉等合演《大铁弓缘》，随后赴苏州宝凤园演出，辍演后北返。按《王韬日记新编》五月二十日条亦记十三旦事。

(9) 民国三年（1914年）2月19日（正月二十五日）起，出演上海丹桂第一台，夜场，泡戏《花田错》，同台演员有盖叫天、杨瑞亭、小杨月楼、粉菊花、八岁红、冯志奎、张德俊、郎德山、双处、吴小松、吴小石等，演至次月22日；日场，与八岁红、杨瑞亭、明海山、冯志奎合演大轴《黄鹤楼》，饰演周瑜；夜场双出，与杨瑞堂、盖叫天、张德俊、冯志奎合演全本《八大锤》，再演大轴《新安驿》。在沪时，寓四马路平安里许少卿宅。

陈曹结义 民八，王琴侬邀予来京，参与丁厚斋先生宅中堂会。[10] 初只唱《八大锤》一戏，及《八大锤》演完，予因在座诸公赞赏，遂自告奋勇，再演《伐子都》一戏。既又在总统府堂会，演《伐子都》，极得诸要人赏赞。[11] 越数日，王琴侬邀予赴津，唱堂会三天，计在周宅二天，吴宅一天，同行者，为陈德霖、王凤卿、王琴侬、诸如香、贯大元、曹心泉等[12]。予与陈德霖年最长，曹心泉次之，琴侬辈多为弟子行，但予性喜谐谑，每与陈戏，而陈口钝，每为予窘，琴侬为解师围，向予提议，与陈曹二人拜把，盖自拜把后，予自不能尽意笑谑也。陈与予及曹，均赞成其说，于是予三人遂共订金兰之好，予齿最长，为大兄，陈次之，曹最少，为三弟，由津返京后，即正式宴客。是时龚云甫与予及陈均极相善，闻讯，拟续加入，四方均同意，而予适因事返张垣而未果行。

(10) 民国八年（1919年）12月13日，江西会馆丁厚斋宅庆寿堂会，除侯氏剧目外，另有古调梆子《八十八扯》（小莲花）、《五台山》（裘桂仙）、《武家坡》（孟小如、胡素仙）、《三击掌》（陈德霖）、《乌龙院》（田桂凤）、《辕门斩子》（刘鸿升）等戏目。

(11) 民国九年（1920年）1月10日，总统府怀仁堂召开茶会宴请中外嘉宾，演剧助兴，戏目有《探母回令》（王凤卿、王瑶卿）、《八大锤》（十三旦、王又宸）、《浣纱计》（孙菊仙、王琴侬）、《四面观音》（陈德霖、王琴侬）等。

（12）王琴侬，原文作“王琴农”；曹心泉，原文作“曹沁泉”；下均同。

留须两次 民九，予又来京，在第一舞台演唱，先后计共十数次，返张后，予孙等以予衣食粗足，而予又年近古稀，劝勿登台，予然其说，留须以示决绝。未几，因友人之强，义不可却，遂剃须而再现身色相。[13] 至七十整岁时，予因年事太大，曾孙已娶妇，而有玄孙，犹复登台，强颜作妇人装饰声调，无乃太过，遂再留须，绝不再演，自是而后，予与戏台关系，遂作一总结束矣。

（13）民国十二年（1923年）9月27日，应张家口友人之请，外串堂会，剃须演出《黄鹤楼》《八大锤》，均为小生戏。

五世同堂 予有子一，于三十八岁时逝世，遗孙三，孙女三，至今已有曾孙一、曾孙女一、玄孙一、玄孙女一矣。当予七十岁时，张家口友人，及北京同行辈，咸称觞为予祝，是时适添玄孙，诸友遂提倡赠予匾额[14]，计共五方，赞颂予之五代同堂，及年臻古稀，佳句妙章，琳琅满目，予自惭德薄能寡，有负诸友之盛祝耳。

(14) 北京同行合赠匾额“五世其昌”，时慧宝书，见《天津商报画刊》1935年第十五卷第十三期第二页。

来平吊陈 予年来家居，出门殊少，间或来平访故，一谈旧欢，今年春间，曾一度来平，与予二弟三弟，畅叙甚欢，勾留数日，即行北返，是时二弟（指陈德霖）犹康健如常也。本月初三日（夏历）晨五时，予接到北京电报，不知何事，即派人送至邮局，倩友代译，至七时余，译电送来，予读其文云：“张家口，行宫巷六号，侯俊山鉴，陈德霖故。”予大恸，拟即乘车来京，惟其时车已开，因思明天赴京，接三尚赶得及，故遂于初四晨七时，偕次孙由张乘车开行，至同日午后四时到京，先到永和，洗脸后，即赴陈宅吊唁，一尽金园（兰）之情。二弟身体素壮，善于保养，且其年不过六十有九，较予尚少六岁，不意遽以微疾，先予而逝，诚为予意料所不及也。予春间来京，兄弟三人，聚首谈欢，孰料曾几何时，而二弟竟撒手西去，生死无常，实足予增无限之伤感也。

先期返张 予此次来京，初拟俟二弟出殡后，方行返张，惟以北平天气，较张垣为热，而予年事太大，不耐久留，且目触二弟丧事，家人号哭，尤为怆心，三弟心泉，及琴农、叔岩辈，咸劝予先期返张，而予又因明天张垣，尚有须出人情者，故决于明晨七时，由彰仪门外，乘火车返张，预计明日下午，可抵张垣。

拟再来平 予拟于旧历八月十二日，再次来平，因八月十五日（中秋）为老友某君之太夫人寿期，予现已向某饭庄，定写席票，届时送去，彼时已届秋凉，予当可稍作勾留，又可与足下再作畅叙也。

谈李万春 予因久离歌场，与梨园中人往还颇少，且复家居，京中除老伶外，其后起辈，多未谋面。早间李万春因项鼎新君介绍，来此谒予，晤谈之下，予甚爱李聪明，拟俟秋凉再次来京时，为李说《八大锤》一戏，庶将来此戏，不至失传也。

侯君言至此，轩主即转向项鼎新君询问，承发表谈片如次。

项鼎新谈 予（项君自称，下同）原籍浙江，寄籍北京，现年三十八岁，当八岁时入承平科班坐科，从陈春源（元）老师学文武老生。十岁登台，在平则门外福春园演唱，继徙文明园。十三岁，赴保定，出演三庆园，既又赴天津，在下天仙演唱。是年承平科班解散[15]，予遂转入鸿庆科班肄业，至十八岁出科。是年，予赴汉，在新民舞台演唱，共二年，返北京。未几，嗓失润，不复登台，转赴上海，完全为游玩性质，遇李永利，承其嘱为乃子万春说戏，遂居上海，迁往李寓同住。在沪五阅月，为万春说文武老生戏多种，适万春应烟台某舞台之聘，予遂同万春北上，在烟台住两个月，转赴大连。在连四阅月，又赴哈尔滨。在哈五阅月，万春应奉天电召，赴奉唱堂会戏，予亦偕往。演完，由奉返天津，住一个月，赴济南，住三个月，再返天津，遂来北京。此六年间，予均未登台，仅为万春说戏，故万春出演何地，予亦偕行焉。是年，予二十六岁，嗓音已复原，友人有邀演唱者，遂在北京吉祥登台[16]，重理我红氍毹上生涯矣。在吉祥园唱二十一天，赴天津，应升平戏院之聘，唱一个半月，返京休息。而天津天丰舞台，又派人来京约予，予以情不可却，又赴津，在天丰演唱两个月。返京后，转赴山西太原[17]，在新华舞台，唱四个月。赴阳泉，在中华戏院登台，唱一年。仍返太原，在新华舞台，又演唱一年，始回北京，暂行休息，现拟俟秋凉后，在京登台。予年来时在京外演唱，故与九城人士，晤面甚少，今幸得借此良机，与足下一叙，殊为荣幸。至承下询予之拿手戏，尤为惭愧。予才鲁艺疏，糊口而已，并无所谓拿手各戏也。不过学艺日久，比较上稍有心得者，为谭派各戏，如《定军山》《连营寨》《天水关》《南阳关》《琼林宴》《珠帘寨》《天堂州》《捉放曹》《乌盆计》等戏。予年来为李万春说戏，万春之聪颖，实有出人意料者，每戏一说即会，其腔调，其做派，尽善尽美，非聪明过人，曷克臻此。顷间由予介绍，来此谒侯老先生，老先生亦爱万春聪明，拟再次来平时，授万春以《八大锤》，老先生《八大锤》一戏，可称空绝，万春将来亲承指教，则演来必大有可观者矣。予教万春而外，又有红拂女士，女士身世，固足下所知，毋待多赘。女士之嗓，则天生浑厚，高而不亢，将来在坤伶青衫界中，占一席之地，可预言也。

(15) 承平科班，于光绪三十四年（1908年）六七月间报散。

(16) 原名项玉芬，民国十四年（1925年）3月21日出台吉祥园普庆社，改名项鼎新，演出大轴《珠帘寨》，同班演员有韩世昌、李连贞、金连寿、茹富蕙、苏连汉、小奎官等，是日系开幕演出。

(17) 民国十七年（1928年）春（见《革命闲话·太原赠楚曲家项鼎新》，江介散人，《太平杂志》，上海，民国十八年（1929年）第一卷第三号，页99），年底仍在晋［见《菊部丛谈》，《实报》，民国十七年（1928年）12月13日，第四版］。

项君言毕，轩主商得侯君俊山同意，偕赴丽丰摄影，以留鸿爪，侯君虽年逾古稀，而步履劲健，精神爽畅，步行数百武，略无倦容，摄毕，轩主遂辞归。

陈德霖　附陈少霖

李香匀

采访人：林醉醄（一得轩主）

原载1930年6月17—26日《全民报》（北平）

十二日下午四时，轩主赴和平门外百顺胡同二十六号，访问老伶工陈德霖，承荷接见，并由陈君次子少霖、学生李香匀，殷勤招待，谈及二小时，陈君发表下列谈片。

演戏经过 予（陈君自称，下同）字漱云，北京人，现年六十九岁[(1)]，十二岁，入三庆班坐科，与钱金福同科（钱今年亦六十九岁）。三庆班长为大老板程长庚，予辈咸称之曰师长。坐科时，予从程章甫（程继仙之父）习刀马旦，及昆腔旦。至二十岁，出科后，又从田玉珊[(2)] 先生习青衫戏。庚寅，入升平署供奉[(3)]，与谭鑫培、孙秀华、罗福山同班，既充任内监教师，迨国体变更后，曾先后赴南京、蚌埠、奉天、天津等处演唱，然均为时甚暂。民九秋[(4)]，应某君之邀，赴汉口演唱十天，即返京。

(1) 生于同治元年（1862 年）九月初五日巳时。

(2) 青衣田宝琳，号玉珊，生于咸丰三年(1853 年)，出身钱阿四（名玉寿）之瑞春堂，善胡琴，晚年为陈氏操琴。

(3) 光绪十六年（1890 年）五月初十日，同谭鑫培、孙秀华、罗寿山、李奎林一起挑选入升平署担任民籍教习，时年二十九岁。

(4) 民国八年（1919 年）11 月，随喜群社赴汉口，与梅兰芳、余叔岩、王长林、王蕙芳等合演合记大舞台，次年一月返京。

谭等合演　予当年在大内演戏时，与谭鑫培、谢宝云、刘赶三等合演极多，现已隔时太久，兼之予记忆力不佳，未能逐一奉告，仅就记忆力所及者，略为君言。予曾与谭鑫培合演者，有《南天门》《桑园寄子》《朱砂痣》《武家坡》《庆顶珠》《御碑亭》等戏；与谢宝云合演者，有《孝义节》《探寒窑》等戏；与刘赶三合演者，有《审头刺汤》《探亲顶嘴》《三娘教子》《芦花河》等戏。

刘之轶事　予言及此，忽忆及刘赶三之轶事矣，今并为君一陈之。刘赶三固以丑名于世也，但刘工丑外，兼工须生，刘有唱须生瘾，每堂会时，丑戏则索戏份颇高，丑戏之外，加送一出须生戏，不要钱，其须生戏，极有可聆，学余三胜，有逼真处。忆记当年予曾与刘，同在庆和园（大栅栏鸿记皮庄旧址，庚子被焚）演戏，某日予与刘原定《审头刺汤》，为压轴戏，大轴为杨猴子（月楼即小楼之父）、王楞仙、钱宝峰之《镇潭州》，予与刘因堂会误场，到园时，大轴戏已上场矣，且时天已黑，梨园旧例，不准点灯，予意拟告假不唱，刘则怂恿登台，改自"刺汤"起，不演"审头"，予诺之。迨《镇潭州》完场，予于帘内唱倒板一句，台下已表示欢迎，迨演至"洞房"时，刘则加唱大段慢板快三眼，“想当年太老爷待我恩厚”等句，模仿余三胜，极其神似，自始至终，极博得一般人欢赞，并无一人开闸。又刘曾与予合演《三娘教子》，刘去老薛保，说白至“打儿十下，如同百下”句后，刘加以科诨曰“你好好的念，回头带你吃爆羊肉”，台下闻之大乐，其不羁也如此。

旧戏重排 予数十年来，旧戏重排者颇多，如《戏目莲》（即《四面观音》）、《贺后骂殿》（由梆子改二黄）、《审头刺汤》、《宝莲灯》、《游园惊梦》、《奇双会》、《风筝误》、《昭君出塞》、《战蒲关》、《三击掌》、《上元夫人》、《麻姑献寿》、《四郎探母》、《落花园》、《二进宫保国》等戏，或由自己扮演，或交敝徒排唱。至于《奇双会》一戏，予曾与侗五爷在开明义务戏演过(5)，《二进宫保国》则仅在堂会戏中曾一度演唱也。

(5) 民国十二年（1923年）12月18、19日，救济同志会发起恤贫义务戏，在开明戏院演唱夜戏两天，19日，陈氏与红豆馆主溥侗合演《奇双会》，胡子钧打鼓，此一份《奇双会》在堂会演出甚多，如民国八年（1919年）七月初二日金鱼胡同那家花园梁鸿志宅庆寿堂会、民国十年（1921年）7月14日聚贤堂许宝蘅宅堂会、同年8月15日钱粮胡同聚寿堂内务部余宅庆寿堂会（票友言菊朋配李奇），均外串两人合演此剧。

及门弟子　予所授之弟子颇多，在社会中负有虚名者亦不少，及门弟子，除票友不计外，如梅兰芳、王瑶卿、王琴侬[(6)]、王蕙芳、黄桂秋、姜妙香、韩世昌、姚玉芙、俞步兰[(7)]、李香匀[(8)]、王红拂女士[(9)]等，至程艳秋为予弟子梅兰芳之门人，且与予为戚眷，故时来请益耳。

(6) 原文作“王琴农”，下同。

(7) 武生俞振庭长子，初习武旦，艺名俞小庭，后改青衫，改名步兰，字效华，拜陈德霖为师后出演三庆园，为余叔岩配演，后改小生。民国二十一年（1932 年）6 月 22 日，拜程继先为师，改工小生，在元兴堂行礼。

(8) 民国十九年（1930 年）6 月 4 日晚，在元兴堂行礼，内行到吴靄仙、时慧宝、王琴侬、果仲连、黄桂秋、韩世昌、俞振庭、时青山、俞步兰等。

(9) 著名女票友，民国十九年（1930 年）4 月 22 日在元兴堂行礼，后下海。民国二十二年（1933 年）9 月 2 日《时事新报》第四张第一版载《红拂女明晚登台》，言其名曰吴锦云，原籍苏州。又，陈氏弟子尚有尚小云，民国七年（1918 年）11 月 13 日，拜陈氏为师，在同兴堂行礼。

《四郎探母》　《四郎探母》一戏，予从前演唱，均系去铁镜公主，迨庚子年八月间，予与许荫棠，及予弟子王瑶卿合演是戏，由瑶卿饰铁镜公主一脚，予则改饰萧太后。但从前饰萧太后者，均系穿寻常旗装，梳两把头戴缎花，以戏情而论，萧太后当时偌大年纪，决无梳两把头戴缎花之理，且尊为一国之太后，掌把兵符重柄，升帐时亦绝不能穿便服，实有改良之必好（要），予于是遂改为戴钿子，朝珠，穿蟒袍外套。盖量度戏情，固不能泥古不化，而贻识者之讥也。自是而后，饰萧太后者，多改从予之装饰矣。迨后王琴侬从予游，学是戏，予为之说萧太后一脚，以琴侬唱做圆稳，扮相华贵，饰是脚为最相宜，至其服装，亦与予同，出演以来，亦受一般人之谬许，爱予者每以是誉予，转足令予汗颜矣。

研究字音　予谈至此，予又回忆幼年坐科事矣。当予坐科三庆班时，程大老板对各科学生，督促严厉，无论一字一音之微，亦不能随便了事，每谓予辈曰：你们将来如有字音之错误，均系你们自取，我并未曾教你们错误。故每遇念字错误时，即加以鞭责，必使其念字至于正准而后已，故时有一字之音，严厉教导，至再至三，历数阅月方念准者，以念一字之时间而论，足以学三四出整戏而有余，然大老板不顾也。当时予学《金山寺》一戏，至“许郎”之“郎”，曾念至十数次以上，非合韵不能竣事，于此可见昔人教导之深工夫，为近世之不可及也。故当时与予同班诸人，对于字音上，丝毫不敢忽略，予此时之得稍见薄名者，未始非大老板教导之泽也。

保养嗓子 予所习者，为正工青衫戏，所重咸为唱工，对于嗓子，尤当格外保养，故凡有危害于嗓子之举作及食品，应宜切戒，如终夜打牌，以及餐食生冷等物，均非所宜，予对于学徒，亦每以是为戒，盖保养嗓音，为予辈业伶者之急务也。但年轻好动者，每因是而至于临时倒嗓，后悔不及，是亦自取耳。

《祭江》《祭塔》 正工青衫中，如《祭江》《祭塔》二戏，近来演者极少，盖二戏唱工，均极繁重，非有真实本钱，及研究有素者，实未敢轻于操瓠(觚)，目下若再无人提倡，恐将成为广陵散矣。予现拟为李香匀说此二戏，盖香匀嗓子甚佳，习《祭江》《祭塔》，颇为相近，成绩如何，只视其能否下苦功夫为判断耳。至于余及门诸弟子，习此二戏者颇多，如兰芳、瑶卿、琴侬、蕙芳、世昌、桂秋等，予曾为之说过，颇有心得，但均不常演耳。

红拂女士 予及门诸徒，除已成名如兰芳、瑶卿等不谈外，香匀则本钱既有，且能用工，将来前途希望甚大，世昌昆曲既有根底，学皮黄自是容易，且嗓子尚可对付，予为其说戏多出，已能了悟一切，步兰亦为可造之才，至于女弟子王红拂，嗓音甚佳，若能尽心研究艺术，则将来造诣，正未可限量也。

陈君家庭 予今又为君述及家庭之状况矣。予有女一，子二，长子福喜，字少云，现年二十五岁，习里子老生，次子福寿，字少霖，现年二十岁，从予婿余叔岩，习文武老生，女适余叔岩，叔岩在戏界中，谬承虚誉，想为君所洞悉，毋庸予之赘述也。

李君寿文 陈君言至此，轩主偶抬头，见壁上挂有大兴县李文权君寿陈君六旬大寿文，对于陈君身世，谈之颇详，商得陈君同意，照录如次。

梨园子弟，盛于李唐，而有清乾隆朝，又为梨园近古之复兴时代，其后如程长庚、余三胜、张二奎者，皆名于世，陈君即程再传之弟子也，以昆曲青衣著名，又从大兴先哲孙春山公学韵学，遂研究新韵调之词句甚多，是为孙调，至今演青衣者皆宗之，不得谓非前进矣。君有弟子六人，王瑶卿、王蕙芳、姜妙香、梅兰芳、王琴侬、姚玉芙，先后执弟子礼，而传心法。光绪庚寅年，陈君初入升平署，进内当差，如谭鑫培、罗寿山、孙秀华等，皆同时之供奉也。频荷赏赐，为生平荣幸事也。又曾充内监之教授，排演《昭代箫韶》十数年，甲辰赏食双俸。然生平慷慨好义，凡有求者，无不应之，更无论其为亲友也，故充供奉二十余年，并无蓄积，晚年，则家誉益隆，家境亦渐裕。为人无嗜好，性情和蔼，从未与人有一语之争。生子二，长者福喜，忠厚如乃父，次者福寿，年仅十二，尤为聪秀，克绍箕裘，习老生业，去年总统府宴外宾时，第一次出台，即群以后起之秀许之，今年为陈君周甲之辰，爰述其一二事，以志梨园佳话也。

轩主至是，即向陈君次子少霖君，询问一切，少霖君发表下列之简单谈片。

陈少霖谈 予（少霖君自称，下同）家各种情形，均已由家严详细奉告矣，兹再补述予个人学戏之经过。予髫龄时，即嗜歌曲，家兄少云，学唱时，予每效声而歌，家严以予嗜曲，遂使学戏，至十岁时，可以演唱者，已有十余出矣，惟未曾粉墨登场也。十一岁时，总统府宴外宾，予承家严命，为第一次之出台。(9) 因年幼故，颇受赞许，自是之后，月或彩唱一两次。及民十六，家父命随姊丈余叔岩，学文武老生戏，自后日夕向家姊丈请益，家姊丈亦不吝指导，至今已三年矣，计已学就者，共有二三十出，如《宁武关》《四郎探母》《洪洋洞》《碰碑》《扫雪》《八大锤》《骂殿》等，家严以予年幼艺弱，现正在求学研究中，未许正式登台，惟间或于彩唱时，偶尔一现色相耳。

(9) 民国九年（1920年）2月28日即旧历正月初九日，总统府演戏庆祝春节，戏提调熙宝臣，后台管事王琴侬，陈少霖出台客串，同日并外串西拴马桩史宅堂会。陈氏初从王月芳学老生，民国九年起改从陈秀华学。

少霖君言毕，轩主又转向李香匀君询问，经李香匀君发表谈片如次。

李香匀谈 予（李君自称，下同）北京人，现年二十岁，毕业于艺文中学校，性喜唱，常苦不得其师，民十七冬，经友人介绍，从薄春秀君学青衫，如《玉堂春》《御碑亭》《汾河湾》等二十多出。去年今年，与邢君明（须生）等出演于庆华（乐）园等处，先后计有十余次，每次出演，均二三日，完全为玩票性质也。承老夫子不弃，许列门墙，携掖后进，谆谆教诲，现正由老夫子改正所学各戏之字音，并为予说未学各戏，虽为时无多，而予之获益，实非浅鲜，惟以质卤性笨，恐将来有负老夫子栽培之盛意耳。

李君言毕，轩主因有他务，遂辞归。

田桂凤　附刘凤缘

采访人：林醉陶（一得轩主）
原载1930年7月18—26日《全民报》（北平）

十五日午后四时，轩主赴宣外北柳巷三十五号，访问老伶工田桂凤，承荷接见，并由其门生刘凤缘，殷勤招待，逾时方辞出，兹录田君谈片如次。

学戏经过 予（田君自称，下同）字桐秋，现年六十五岁[(1)]，北京人，九岁时，即学戏，入老四喜班，从于士奎、张桂宝两先生，学闺门旦。十三岁，在北京四喜班登台[(2)]，唱《端节》《万花船》《洞房》等戏，该戏为梁先生（忘其名）所授，既又学《拾玉镯》《贪欢报》等戏。庚子前，入升平署供奉[(3)]，颇得老佛爷（慈禧太后）懿赏，在宫内所常演之戏，为《拾玉镯》《打樱桃》《乌龙院》《关王庙》《贪欢报》《战宛城》《送面》《杀狗》等，庚子后，始免役。自是常出演于京津间[(4)]，先后与谭鑫培，孙菊仙等，同出演于四喜[(5)]、同春[(6)]、同庆[(7)]、玉成[(8)]等班。[(9)]谭孙等每演压轴，而让予演大轴，在当年人缘极佳，颇受欢迎。民国而后，登台极少[(10)]，然每因友谊关系，或偶尔一现身相，虽承聆者不以衰老见弃，谬加赞扬，但清夜自思，只添惭恧矣。

(1) 生于同治五年十二月初五日。

(2) 据《观剧日志》（铁竹馆藏），光绪三年（1877 年）三月二十三日，四喜班，田氏演出《荣归》。

(3) 田氏并未挑选入升平署担任民籍教习或

充任民籍学生，系随同春班、小鸿奎班入宫承应演戏。据光绪十九年（1893年）《恩赏日记档》所载，六月初七日，升平署总管何庆喜跪奏“本署内外学生实不符（敷）应差，奴才叩恳天恩，传外边各班角色于光绪十九年七月初一日轮班进内排演差使，以便庆典承应”，故自本年起至光绪二十五年（1899年），京城各班，无论秦徽，均按期轮班入内承应，同春班（光绪十九年至二十二年）、小鸿奎班（光绪二十三年）在列，光绪二十六年（1900年）“庚子事变”后免，参见注（6）（9）。

（4）田氏曾以“小桂凤”名在上海演出，《粉墨丛谈》（申左梦畹生著）、光绪二十七年（1901年）十月二十四日《世界繁华报》所刊丹桂茶园戏报广告均言及此。其第一次来沪，系光绪九年（1883年）秋，搭天仙茶园，9月11日、21日、22日分别演出《小上坟》《双摇会》《打樱桃》，因自1881年7月起，《申报》所附各茶园广告只刊戏目，不列演员，偶尔刊登个别名角姓名如汪桂芬、十三旦、小桂凤等，故田氏首次赴沪演出起止时间不详，至晚，光绪十年（1884年）五月已回京搭春台班，参见注（9）。

光绪十一年（1885年）十一月第二次来沪，搭吴红喜（即月月红，将《贵妃醉酒》一剧传入北京者）之鸿桂茶园，十一月二十八日起演，泡戏《乌龙院》，声誉鹊起，与同班汉班演员蔡桂喜并称“双桂”，此期演至光绪十二年（1886年）三月二十六日，回京后搭孙菊仙、时小福之四喜班，参见注（5）。

第三次来沪系光绪二十七年（1901年），搭丹桂茶园，十月二十四日起演，泡戏《胭脂虎》，十二月二十一日，丹桂茶园为林宝奎（林树森之父）演搭桌戏，梆子班老前辈张国泰剃须演出《大回荆州》，饰演孙尚香，田氏与三盏灯、四盏灯、小双凤、筱喜禄、小子和、五盏灯、九盏灯等十二人饰演宫女，夏月润饰演赵云，夏月珊饰演鲁肃，张顺来饰演刘备。

（5）孙菊仙于光绪十年十一月起由嵩祝成过班四喜，直至光绪二十六年“庚子事变”四喜散班，《五十年来北平戏剧史材》第一册记载四喜班戏单，其中目八〇压轴《双摇会》，上注“田”，目一五八压轴《杀皮》，上注“柯”“李”“桐”“张”，“田”“桐”即是田氏。宣统元年十二月初一日（1910年1月11日），吉祥茶园鸣盛和班义务夜戏，两人再次同台，田氏压轴《温凉盏》，孙菊仙大轴《失街亭》《空城计》《斩马谡》，此系孙氏“庚子事变”出京后首次返京演出。

（6）新出同春班于光绪十三年十二月十三日

（1888年1月25日）报班挂牌演唱，承班人谭金福（鑫培）、周春奎，领班人王怀卿、陈春元，田氏以“田桐秋”名搭同春班，与谭鑫培分任大轴、压轴，名声极大，并以与谭鑫培、金秀山合演《战宛城》擅名，“每一登场，座无虚位”，后中西坊署以“淫荡不堪，有关风化”为由，于是年五月饬令禁演（见《菊部清谈》，《申报》，光绪十五年五月十八日/1889年6月16日，第二页）。后随同春班入内承应，最末一次记录为光绪二十二年（1896年）十月十五日。光绪二十二年（1896年）十月初二日，新出喜庆班报班挂牌演唱，仍以谭鑫培、田桂凤为首，同春班或于该月报散。十二月初六日（1897年1月8日），复出三庆班报班挂牌演唱，承班人路玉珊（三宝）、田际云、王楞仙、朱文英，领班人姚虎臣、谭嘉善、曹兆林、迟春祥，生旦两行以谭鑫培、张紫仙为首，未见田氏。

(7) 新出同庆班于光绪二十五年（1899年）二月二十三日报班挂牌演唱，承班人周春奎、金秀山、杨桂云（朵仙）、德珺如，领班人袁子明、钱国瑞、谭嘉善，生旦两行以纪寿臣、田氏为首，后谭鑫培亦入同庆，两人仍分任大轴、压轴，参见《五十年来北平戏剧史材》第一册。光绪三十一年（1905年）五月，田氏搭复出洪奎班，承班人贾洪林、陈素卿，同班演员有贾洪林、王凤卿、陈春元、黄润甫、姜妙香、赵宝林、茹莱卿、李顺亭、麻穆子等，次年洪奎散班，与贾洪林再入同庆班。

(8) 玉成班系田际云（想九霄）所起，初系小班，后改大班。王芷章《中国京剧编年史》1887年（光绪十三年）条云“本年三月响九霄在北京联合梆子艺人成立小玉成科班”，同年五月初五日《申报》载《燕兰新谱》云“瑞胜和班专唱秦腔，系杨娃子、黄胖儿、想九霄三人所创，四月某日某邸演戏赏赐颇丰，瓜分不均，致犯众怒，杨等因将诸武伶辞歇，诸伶怒甚，欲与寻仇，旋由某富翁劝解再三，令杨等借给白镪千金，俾诸伶另合一班开台售技，诸伶允之，随赴张家口邀得老生十二红、花旦盖兰州、双掌灯等，定于五月初六日开演，班名宝胜和”，应该是瑞胜和散班，部分演员成立宝胜和（今存宝胜和报班文书及名册日期即为光绪十三年，未写月日），田际云自立玉成班。

当年九月，田际云率玉成班赴沪，接办刘维忠新开老丹桂茶园（位于四马路），改名为新丹桂云记，十月初二日起演，演员除夏月恒外，均为“小”字辈科徒，亦是玉成班初为小班之证。后黄月山、周春奎、万盏灯陆续加入演唱，光绪十五年（1889年）十月初三日起，全班移往宝善街新开天成茶园演唱，次年九月初一日起，再回新丹桂。光绪十七年（1891年）五月初一日，玉成班在《申报》刊登启事，端午节后全班回京演唱。

光绪十七年（1891年）六月二十四日《申报》载《燕兰小谱》云："想九霄及黄胖约同金香玉、杨娃子、胖小生、飞来凤、一阵风等设立玉成班，择吉本月十一日在三庆园开演。"此"玉成班"为大班。《五十年来北平戏剧史材》第二册载目九三五、九三六、九三七三个玉成班戏单，其中《双摇会》注"余""田"，《下河东》注"慕"，《醉酒》注"余"，《杀皮》注"桂凤"，《恶虎庄》注"慕"，《庙中会》注"桂凤"，《恶虎村》注"黄润甫""慕凤山""黄月山"，"余"即余玉琴，"田""桂凤"即田氏，"慕""慕凤山"即穆凤山，其戏码均排大轴。按穆凤山光绪十九年（1893年）五月底赴沪，六月十三日起在天仙茶园演唱（同时在周凤林之丹桂茶园帮忙三天，戏码相同），因此行未予请假，内廷传差不到，内务府行文上海道提拿，八月初一日乘招商局新裕轮递解回京，枷示三个月，后即默默无闻。光绪二十年（1894年）九月来沪，搭六马路天福茶园，十七日起演至腊月十四日，与汪桂芬、李春来等同班，孙玉声（别署海上漱石生）言其"精神疲惫，演剧远不如前，唱未多日，病殁于沪”（见《三十年来伶界之拿手戏——小穆之黄金台》，《图画日报》第310期，1910年），依孙氏之说，上述三个戏单当系光绪十九年五月之前所演，则田氏初搭玉成班之时间大致可知。

《五十年来北平戏剧史材》第二册所载页一八五目六三四戏单一份，压轴《红鸾禧》，上注“田桐秋”，同页其他戏单戏码多标注“王三麻子”（《单刀赴会》《黑松林》）。按光绪三十二年（1906年）五月，田际云从天津约三麻子（王洪寿）来京开演“老爷戏”，则田氏此期搭玉成班时间可知。宣统二年（1910年），田氏亦曾再搭玉成班，同班有龚云甫、金秀山、孟小如等。

(9) 除以上戏班外，田氏迭次搭班情况如下：

光绪十年（1884年），以“田桐秋”名搭俞菊笙春台班，五月初六日、八月十六日，分别于三庆园、广德楼演出《杀皮》（与黄三雄、陆小芬合演）、《顶砖怕婆》（与黄三雄合演），戏码列中轴，同班演员有俞菊生即俞菊笙、汪桂芬、许荫棠、王仙舟、刘永春、何桂山、德珺如、胡喜禄、朱莲芬等。是年恭王府堂会，春台班全包外串代灯晚，田氏与杨月楼、俞菊笙、穆凤山、姚增禄、董凤岩、德子杰、高德禄、李寿山等合演《战宛城》代“盗戟”（见《五十年来北平戏剧史材》，第一册，刘半农、周明泰编，北平商务印书馆1932年8月）；

光绪二十三年（1897年）正月起，搭新出小鸿奎班（光绪二十一年四月初二日报班挂牌演唱，承班人陈永源）；

《五十年来北平戏剧史材》第一册载有增桂班戏目，田氏亦在班演唱，惟未注明时期，按田氏自光绪十三年至光绪二十二年搭同春、玉成，光绪二十三年正月起搭小鸿奎，光绪二十五年二月起搭同庆，搭增桂班或在光绪二十四年；

光绪二十九年（1903年）曾搭俞菊笙之复出福寿班，《五十年来北平戏剧史材》第一册载目五七八倒第三《杀狗劝妻》标“桂风”，目五八〇标“赵”“田”“贾”，“赵”即赵宝林，“贾”为贾洪林，其他未标注之《顶砖》《灰面》《双钉记》《小上坟》当亦属田氏所演戏码；

光绪三十一年（1905年）五月搭复出洪奎班；

光绪三十二年（1906年）搭同庆班，六月初十日白天出演中和园，与冯惠林演出压轴《庙中会》，谭鑫培、李成林、李寿山、崔禄春、王长林等合演大轴《别母乱箭》（目七七七，见《五十年来北平戏剧史材》第二册）；

宣统元年（1909年），搭余玉琴春庆班，演出《荣归》《红鸾禧》等，戏码排压轴；宣统元年

(1909年)、二年(1910年),亦曾搭俞振庭之双庆班,《五十年来北平戏剧史材》第二册载目六七六戏单一份,倒第四戏码《玉玲珑》,上标"桂凤"。

(10)进入民国后公演较少,参加义务戏或堂会演出较多,如民国六年(1917年)8月22日至24日,正乐育化会在第一舞台举行京兆水灾义务夜戏三场,田氏演出《战宛城》(与杨小楼、钱金福、郝寿臣)、《四双摇会》(与路三宝、杨小朵、黄润卿)、《鸿鸾禧》(与黄润卿);民国七年(1918年)11月7日,三井洋行假金鱼胡同那家花园演戏宴请北京各界,戏码共十二出,第六出由田氏、萧长华合演《送灰面》,12月26日,江西会馆言乐会彩唱,与红豆馆主溥侗合演《乌龙院》。民国八年(1919年)9月29日,第一舞台湖北水灾赈灾义务夜戏,与余叔岩合演《坐楼杀惜》,次日与德珺如合演《鸿鸾禧》。民国九年(1920年)4月18日,新明戏院夜戏,与沈华轩合演压轴《战宛城》,孙菊仙、裘桂仙合演大轴《洪洋洞》;5月22日;吉祥园妙峰山喜神殿义务夜戏,与王又宸合演《乌龙院》,其他戏码有《凤仪亭》(侯俊山、崔灵芝)、《朱砂痣》(孙菊仙、尚小云)、《八蜡庙》(杨小楼);次日,与小翠花合演《双摇会》。民国十八年(1929年)10月25

日，天津天升大戏院特邀田氏演出三场，分别为《坐楼杀惜》（与王庚生）、《过新年》（与茹富蕙）、《贪欢报》（与程继先、茹富蕙、钱富川）、《战宛城》（与王庚生、尚和玉、侯喜瑞、朱小义、茹富蕙、何连涛）。

拿手各戏 予当年常演唱之戏，如《拾玉镯》《梅龙镇》《虹霓关》《红鸾禧》《贪欢报》《打樱桃》《乌龙院》《战宛城》《关王庙》《胭脂虎》《玉玲珑》《万花船》《杀狗劝妻》《送面》《端节》《洞房》等戏，共计五十余出。在从前如《关王庙》《打樱桃》等戏，都可演唱，迨后因地方官厅禁止[11]，而不能唱之戏遂多。至于《万花船》《端节》《洞房》等戏，则因久不演唱，无人知晓，而予亦因不唱时间太久，戏本丢失，记忆不得，遂至失传，成广陵散，偶念及此，不禁有今昔之感矣。

(11) 光绪三十二年（1906年）闰四月，北京外城巡警总厅即有审核戏本、禁演淫戏之通告，宣统朝仍循其例。民国元年（1912年）4月18日，外城警厅再次传知各戏园禁止演唱淫戏，所禁戏目有《双钉计》《戏叔》《海潮珠》《瑞云庵》《送灰面》《芭蕉扇》《也是斋》《送盒子》《庙中会》《嫖院》《卖胭脂》《珍珠衫》《段家庄》《遗翠花》《迷人馆》《阴阳河》《狐狸缘》《双摇会》《拾玉镯》《送灯》《斗牛宫》《万仙阵》《小放牛》《日月图》《葡萄会》《赠珠》《大劈棺》《黄河阵》《双沙河》《杀子报》。

田君门人 予之弟子，仅有数人，外间所传予之门人甚众，或某某系予弟子者，类多失实。向予正式叩头为予徒者，男伶之中，计有姚佩秋、尚小云，及新从予游之刘凤缘，三人而已，女伶则有花云仙，及已逝世之云飘香[12] 耳。

(12) 民国十七年（1928 年）3 月 17 日病故于天津，年仅十八岁。

戏剧身份 戏剧虽小道，而其中动作，咸具有至理，非研究有深得者，未易语此。盖戏剧为搬演古人旧事，无论去任何脚色，一举一动，一言一语，必须与剧中人身份相洽合。今且以“思春”一项而论，《战宛城》邹氏之思春，与《虹霓关》东方氏之思春不同。搬演东方氏之思春，略过火亦不妨碍，因东方氏所处之地位，虽称夫人，然不过一山寨大王之压寨夫人耳，且当时尚有王伯党其人在场，演此必较为火炽，方合剧情。至于邹氏，系一诰命夫人，且张绣之叔，为宦阀名系，其身份自非小家者之比。在当时邹氏不过见鼠心动而已，既属屋漏，又无对方，故只可轻描淡写，适可而止，万不能稍涉过火。此点演者，尤当特别注意，固不能因其与《虹霓关》之东方氏，同为思春，而出于同样之搬演也。此不独《战宛城》《虹霓关》之旦脚为然，即任何戏之任何脚，亦莫不如是，必能于演戏时，无扮演者之我，而仅有戏中人之某某也。此种功夫，谈何容易，要在演者之能否深心研究、体悟一切为断耳。[13]

(13) 林屋山人步章五曾记田氏云：余识名花旦田桂凤时，田已五十余，辍唱久矣，而举止言笑与妇人无别。余曰：古人言“生成若天性，习惯成自然”，观子之状可见矣。田曰：不然，吾何尝不能作男子状。言已，即作男子状，无妇人态矣。余曰：子不复男子本色，何也？田曰：吾即饰女子，女子即吾本色，今吾虽辍歌，尚时时出应堂会，平时若复男子状，再饰妇女，必貌似神离。吾少年幸得邀名，垂老而丧之，可乎。扮相格于年龄，不能还少矣，并艺事而亦疏之，非自丧而何？吾独居室中，亦如是，非在人前，故献丑态，媚公等也［见《歌场杂话》，《大报》，上海，民国十四年（1925年）6月30日，第三版］。

梨园三“小”　梨园中有所谓三“小”者，即小生、小旦、小花脸也。三“小”唱做，虽属同门，然而身段各异，固未能丝毫蒙混，职是之故，无论学习何种脚色，必由同样之脚色指导，始能得其真谛，否则“差之毫厘，失之千里”矣。以闺门旦一门而论，做工较唱工尤为重要，无论一举手、一投足之微，亦均有规矩分寸，非精于此道不能。使苟从小生，或小花脸，学小旦戏，则其举止动作，必至似是而实非矣。如现在某某，固以闺门旦名于世也，然究其艺之来源，则为小花脸所教，故其动作时露出小花脸身段，徒供内行之指摘，是其明征也。

戏剧退化 中国旧戏，逐渐退化，于今尤甚，且以各项脚色而言，现在各项脚色，除老生一脚继起尚有人外，其余各脚，如旦，如净，如小生，如小花脸，均江河日下，一年不如一年。予习闺门旦者，今且狭义而谈闺门旦，现在闺门旦一项，已有绝断之虞。盖无论何脚，必有纯粹之艺术，专工之研究，始能得其真谛，若博而不精，旦丑混杂，多才多艺，固可嘉矣，其如不精何。虽剧风所趋，好奇立异，然所学非人，亦为戏剧进化之一大障碍，学齐语于楚人，而欲望其善齐语者，未之有也，顷予所言某伶之习闺门旦于小花脸，即其一例也。兼之提倡新剧之说盛起，而旧剧之菁华，亦因之而斩丧，而一般趋时者流，又复以戏剧革命家自负，或以新戏而唱旧法，或以旧戏而改新词，其结果则造成一种不新不旧、非驴非马之戏剧，正所谓“改而不良”，徒为旧剧之罪人而已，曷胜叹哉。

悼朱素云 现在戏界人才缺乏者，以小生一门为尤甚，自德珺如死后，仅朱素云一人而已，鲁殿灵光，巍然独存，素云其天之骄子也欤。论素云之艺，实有独到处，《监酒令》之刘章、《群英会》之周瑜，均耐人寻味。今者年未六十，遽尔物化[14]，此不独小生行之不幸，实梨园之不幸也。至于小生与小旦，关系尤深，相需亦殷。小旦之戏，十之八九，与小生合演，例如《杀狗》一戏，小生一脚，极为重要，此予前虽有在开明演《杀狗》之说，然终以缺乏相当之小生而未果，可见小生小旦之相需甚巨也。是素云之死，不但在梨园中，有重大之关系，而于小旦之戏，其影响尤深。目下小生界，程继仙之艺甚佳，然因多病，时演时辍，余子碌碌，未足道也。所赖以支持小生行者，素云一人而已，今更染疫死矣，其可慨又当何如耶。予与素云，过从虽稀，然对素云，极为赞许，死耗传来，为之不欢者累日，其素云家无积蓄，艺无传人，身后萧条，殊堪惋惜，一时名脚，结果如斯，能无浩然兴感。然而人海沧桑，浮生如梦，虽大圣贤，大智慧，大聪明者，亦不能逃出此一关，岂独素云一人已哉？

(14) 民国十九年（1930年）7月10日下午2

时，卒于北京宣外前青厂寓中，享年五十九岁。

田君言毕，轩主即转刘凤缘询问，刘发表下列之谈片。

刘凤缘谈 予（刘自称）现年十八岁，江苏吴县人，生长北京，卒业汇文高级学校。因予性嗜戏剧，遂入北平大学艺术学院，习旧剧系，研究戏剧，初习老生，如《戏凤》《探母》等，曾一度与票友青衫李率真君（现在哈尔滨献艺）合演《戏凤》，颇受谬许。既因嗓音关系，遂改习花旦，学《虹霓关》《珠帘寨》等戏，但当时仅与同学诸友，互相研究，尚未有师为予辈说戏也。花旦戏第一次登台者为《虹霓关》，与票友高博陵[15]君，同在开明露演一次。今年春间，经内行王琴侬老板及袁丽如先生介绍，拜田老板为师。[16]承田老板以不鄙陋见弃，许列门墙，为予说《戏凤》《鸿鸾禧》《翠屏山》三戏，循循善诱，获益不鲜。现正在研究身段做派中，惟予性笨质鲁，进步极迟，窃恐他日，有负田夫子栽培之恩，而贻门墙之玷耳。

(15) 高博陵，一作伯陵，时任北平京华美术专门学校中国画系教授，民国十八年（1929 年）12 月，与陈占元、赵华舫、萧润田、刘慧芳即刘凤缘等，在西四北大街忠顺饭店，发起成立霓裳研究社，研究戏剧、音乐、歌舞等，以发挥旧戏为主体。

(16) 原名刘慧芳，民国十九年（1930年）4月拜田氏为师，拜师后改名刘凤缘，陆续从学《坐楼杀惜》《鸿鸾禧》《翠屏山》《战宛城》《浣花溪》《玉镯记》《双铃记》《双钉记》《杀狗劝妻》等戏。田氏病故后再拜荀慧生为师，改名为刘艳云。

刘凤缘言毕，轩主因时间不我许，未便久留，因向田刘二君，互相珍重而别。

王琴侬（1）

采访人：林醉陶（一得轩主）

原载1930年6月8—16日《全民报》（北平）

昨日上午十时，轩主赴宣外南半截胡同二十五号，访问王琴侬，承荷接见，发表下列之简单谈片。

演戏经过 予（王君自称）原籍浙江山阴（鉴湖）人，红羊之役，先大父秋兰公，年八岁，逃难到京，遂家焉，迨后习戏，拜胡喜禄为师，习青衫，后为后台管事，至先严仪先公[(2)]，亦习青衫，拜时小福门。予名文鹓，字桐君，艺名琴侬，现年四十四岁[(3)]，当十三岁时，入福寿班（后改小庆寿[(4)]）搭班学艺（福寿科班，系在韩家潭）。庚子之变，大栅栏各戏园，均被焚，故改于南横街贵州会馆，及骡马市余庆堂（佛照楼客栈旧址）演唱。未几，予以嗓子失润，遂停演。至三十一岁，嗓子复原，复行登台，并拜陈德霖夫子门下。三十三岁，因李又苹、赵子安、王湘孙等之邀，九月赴汉口和济大舞台[(5)]演唱，原定唱半月，因汉埠人士挽留，续唱五六天，至十月间，即返京，自后在京中演唱，不复再往外埠矣。

（1）原文作“王琴农”，下同。

（2）安华堂王仪仙，一作怡仙。

（3）生于光绪十三年（1887年）四月十九日。

（4）此“福寿班”系光绪二十七年（1901年）许荫棠、陆华云、余玉琴、胡素仙、王瑶卿合股之复出福寿班，庆寿班为其后身，光绪三十三年（1907年）报班挂牌演唱。

(5) 即汉口合记大舞台。

师陈石头 予所学者，为正工青衫戏，老派青衫，照规矩演唱，不以新巧腔调取俏，然在此时已为落伍，不见重于世矣。所谓老派正工青衫之戏，如《二进宫》《战蒲关》《孝义节》《祭塔》《教子》《探母》等，各戏均重唱工，非满宫满调者，不能演唱。今且以《四郎探母》之萧太后而论，从前去萧太后者，服旗装，梳两把头，迨梅巧玲老板，及予师陈德霖演唱，以萧太后年龄身份，实非梳两把头者，遂改为戴垫子、朝珠，穿蟒袍外套矣。予此戏为陈夫子所亲授，故服装亦与陈夫子同，惟以质笨艺弱，不能仿摹于万一耳。又冯公度之老太夫人生日唱堂会，由予承办，冯要找老戏演唱，百思不得其佳者，乃商之予师陈德霖夫子，特烦与王凤卿合唱《贺后骂殿》，大博满堂彩声，自是而后，《贺后骂殿》一戏，遂为青衫须生之走正运戏矣。迨后予亦曾演唱，其做派唱工，咸照陈夫子所授者而演，颇承谬誉。至《战蒲关》一戏，亦为予师陈夫子之正工戏，故予对于是戏，得师传授甚多，忆曾与马连良、张春彦合演是戏，竟卖满座，盖当时旧戏叫座之能力，尚不弱也。从前青衫花旦，界限极严，未可丝毫羼杂，而纯粹青衫者，唱工必满宫满调，已如上述矣，而所演之戏，必须顾名思义（按青衫者，因其所穿着为元青色衫子得名），故除穿元青色衫子之戏外（如《教子》之三娘、《战蒲关》之王妾等），其穿着花色衫子之戏，概不能唱，且完全以唱工见长，音、声、收、放、长、短等，均有精深之研究，绝对不能随便也。予师陈夫子，对于此层，下有深功夫，故所得已入于神妙，而予亲承教诲，获益不浅。迨后梨园之风一变，一般旦脚，将青衫花旦，合而为一，随便演唱，于是而老派纯粹之青衫，已不可多见，而社会上之一般顾曲家，亦舍此就彼矣。

梨园公会 梨园公益会，发起人原为许德义、朱湘泉、李春林等，后加入者，为梅兰芳、杨小楼、余叔岩、尚小云、程艳秋等，及予共有五十名，均为发起人，该会完全为慈善性质，救济同业，施舍棺木衣服。(6) 迨后成绩很好，而梨园全体均加入，人数众多，遂分科办事，计分七行七科，七行者，即生行、占行、净行、丑行、小生行、武行、流行是也，七科者，即容帽科、剧装科、交通科、经励科、音乐科、容装科、剧通科是也。会中组织，有管账、正副值年、干事长、干事等，最近系梅兰芳、杨小楼、余叔岩为管账，尚小云为正值年，时慧宝、俞振庭为副值年，予则为干事长，但现因经费关系，全体已辞职，会中事务，除慈善外，其余均暂停矣。但梨园公益会，本以慈善为宗旨，梨园一行，人数既众，老弱残废者亦多，且自国都南迁，北平市面益形萧条，梨园本与市面为同消长，故失业者益夥，而待助亦弥殷，揆之组织梨园公益会之宗旨，则实有继续办理之必要也。

(6) 民国十一年（1922年）5月，许德义随杨小楼、梅兰芳、王凤卿赴沪演出，见上海伶界联合会所属长生会组织完善，回京后便约集同志出资效仿，会址设宣外贾家胡同达子营关帝庙许德义工房，因许氏办事大公无私，同行赞同者日多，梅兰芳等提议演义务戏募集资金以扩充经费、完善组织办法并报警厅立案，遂由许氏出面呈报，民国十二年（1923年）12月，经外城警厅批准立案成立梨园公益会，会址设樱桃斜街即梨园新馆，民国元年成立之正乐育化会正式结束。

学戏绘画　予性喜书画，当十八岁时，即从尹及郎先生学绘事，先生工花卉昆虫，对予不吝教诲，循循善诱，谆谆不倦，予所得于先生者极多，现先生逝世，已二十余年矣，回念指授之恩，不禁潸然欲哭。当乙丑之夏，日本东京，开书画展览会，予曾绘花卉昆虫八条幅，送往展览，当场售出者，计有六幅，其余二幅，则仍寄回，现留贮家中，以作纪念也。

梅之赴美　畹华（梅兰芳字）此次赴美，实为我国国剧无上之光荣，据畹华一行由旧金山、西雅图、纽约等处，先后来书，知在美受热烈之欢迎，实为忻慰。忆畹华临行时，梨园中人设宴公饯，当时席上，梨园同人，咸致辞赠送，予适忝列末座，亦有赠词，大意谓此次赴美，虽是畹华一人到美，但希望畹华回来，把美国一般欢迎畹华艺术之状况，传达到同行之心中耳中，则将来同行中艺术如畹华者，效其勇气，继畹华之后，宣传我东方之艺术于海外，则不但为我梨园界之光荣，亦我中华民国之光荣。盖畹华此次之赴美为初创，如压道车然，俟压道车已圆满到达，则继压道车之后而开行之车，亦可畅行无阻，到那时候，宣传我东方艺术既已成功，而我国剧之价值，亦足以遍传于世界，饮水思源，则未始非畹华此次赴美成绩，固不限于此时畹华到美之受欢迎也云云。但予对畹华此次赴美，不禁有无限之感慨，盖畹华因戏价之关系，致平时相与辅助各脚色，不能同往，而致许多有艺术价值之戏剧，不能演唱，或纵能演唱，而因配角关系，亦难到达圆满之结果，为可惜耳。

改良音乐　国家之治乱，人心之隆替，工音乐者，闻其声而知之，古语云“亡国音，圣人耳”，岂过言哉？今且以梨园之锣而论，在昔时之锣，与现在之锣不同，现在之锣，音高而浮，有混乱之象，与昔时之沉着不同，其余各音乐，如鼓，如弦，亦与锣有同病，以此点观之，亦即时局紊乱之一种特征，实有改良之必要，不过关于气运，实非人力所能转移也。

创办学校　敝行当人数众多，贫富均有，每以未受教育，而有不学无术之讥，是创办学校，为敝行当刻所不容缓。在予之意，现在所急于创办之学校，计有二种，即通俗学校，及戏剧学校也。通俗学校，为普及教育而设，盖敝行当贫穷同业之子弟，因家况之关系，无法求学，而于一般普通之知识，亦无从求得，为根本救济计，则非创设通俗学校不可，但经费一层，须考虑者尚多，是在于同业各人之能否热心提倡耳。至于戏剧学校，其关系既大，而组织尤有赶速之必要，盖戏剧为社会教育之一，其影响于社会甚巨，而敝界中人，热心于改良者甚多，不过因指导无人，或学非所用，遂使戏剧浸浸乎入于退化之列，前途危险，不堪言状。使苟能创立戏剧学校，一则可以便于后进之求学，一则可以研究改良之方法，旧戏之良者，保存之，扩充之，其不良者，改正之，删去之，量材教施，宏广造就，庶几乎可以挽危局而保菁华，以求其有益于社会，而不负社会教育之名也。

戏剧感想　予旦脚也，且与君谈旦脚。昔年唱戏，所谓青衫者，不挂正牌，均为辅助老生之作，而今时则反是，盖亦世俗推移，剧风更变，固未可同日而语，但当年纯粹青衫，必须唱正宫调，与花旦不同，而今者则青衫花旦，混而为一，虽不唱正宫调，而亦足以讨好于顾客者矣，此一时，彼一时，固非予辈落伍者所能知也。

拿手各戏　至询予拿手之戏，则予亦未自知，但予师事陈德霖夫子，对于各纯粹青衫之戏，均经陈之亲授，故所能者，多为纯粹之青衫戏，如《四郎探母》《四面观音》《战蒲关》《孝义节》《二进宫保国》《祭塔》等戏，循规蹈矩，不敢逾闲，此固予顷间所言，已列于落伍之中，诚不足博顾曲者之一粲也。

个人生活 今且述予个人之生活矣。予生平处世接物，一本“和气”两字，隶梨园界数十年，后台中人，无论大小，感情咸佳，其余如各界，亦无争无忤，且对于慈善事业之举，予尤乐为之提倡焉。予有子一，年十一岁，现在小学念书，女二，均在幼稚中，此予家庭中之状况也。

王君言至此，轩主因尚有他约，遂与辞，珍重而别。

荀慧生　附陈墨香

采访人：林醉陶（一得轩主）

原载1930年4月14—19日《全民报》（北平）

昨日（十三）下午三时，记者赴宣外南半截胡同九号，访问荀慧生，谈及二小时之久，兹节录其谈话大略如次。

演戏经过 余（荀君自称，下同）现年三十二岁，河北东光人，本姓筍，因姓僻，改姓荀。八岁时，即学戏，习秦腔花衫，由老伶工庞启发说戏，九岁出演天津下天仙，艺名白牡丹，第一日唱《忠孝牌》，迨后出演于保定、山东等地，人缘甚佳。(1) 民三，评剧家宋乐之、老伶工李鑫甫，恿余改习乱弹，并力陈改皮黄之利益，乃从陈桐云习花旦，此为余由秦腔改皮黄之始。是年，出演于北京湖南会馆票房，唱《胭脂虎》，内外行均赞许之，于是余改演皮黄之意益决，遂从路玉珊（三宝）学习青衫花旦戏。(2) 民七，赴上海，出演于亦舞台等处，至民十一返北京，出演开明，与杨小楼同班。(3) 民十二，又赴沪。(4) 民十三，由沪返京，改名荀慧生，出演于新明戏院，与杨小楼、余叔岩同班。(5) 是年冬，赴沪。(6) 民十四，回北京，新排全本《玉堂春》，此为排本［戏］之始，先后出演三庆、开明。民十五年冬，赴沪，民十六回北京。(7) 去年冬赴沪，出演荣记大舞台，至本月四日，方由沪回。(8) 现又定二十一日赴津，出演于中原公司妙舞台四日，此为余历年来演戏之经过也。

(1) 荀氏生于光绪二十五年十二月初五日即

1900年1月5日，其师庞启发为梆子花旦，荀氏乃写给庞氏为手把徒弟者，非科班出身。民国四年（1915年）10月14日《顺天时报》第五版《白牡丹出师志喜》（过听花）云“匆匆七年有余，闻拟于阴历九月初十日期满出师”，则荀氏写给庞启发的时间当在光绪三十四年（1908年）。

据民国三年（1914年）6月6日《顺天时报》第五版《白牡丹之韵史》（清门次郎）云，荀氏十岁时出台于庆乐园，次年演于福寿堂。

宣统三年（1911年），其师庞氏为三乐班（民国三年旧历正月起改名为正乐社）李际良聘为教师，荀氏随师入班演唱，至迟在宣统三年腊月初一日即1912年1月19日，已出演广和楼，是日白天，与庞三秃合演《紫荆树》（戏报有时写“小白牡丹”），同台者有赵凤鸣、尚小云、王小梅、常少亭、小金香、小金翠、王三黑、刘凤奎、高月霞、方洪寿、傅少山、玻璃钻、王子实、小小七岁红、川山甲及新由上海来京的董小桂生、董小桂春、董小桂和（均为武丑董德春之徒，与王桂卿为师兄弟）等。

民国元年（1912年）2月29日，“壬子兵变”，事后北京市面甚为萧条，为恢复市面，警厅准许开演女伶及男女合演，时三乐班出演广和楼、天乐园，亦引入坤戏，或“男女分演”，或“男女合演”，《白牡丹之韵史》言荀氏尝与坤角张桂林合演于广和楼。按《五十年来北平戏剧史材》（第四册）所载，民国元年（1912 年）10 月 29 日，广和楼白天三乐班男女合演，张桂林、孙佩亭、牛春化合演压轴《虐异报》，前场荀氏演出《七星庙》，9 月 6 日广和楼白天三乐班戏报则未见“张桂林”，而据外城巡警总厅令，规定次年阳历元旦起禁止“男女合演”“男女同班”，实行男女分台分班开演，则荀氏与坤伶合演时间可知。

（2）荀慧生入三乐班后，声名鹊起，爱好者组白社，荀为社长，成员称白党，中坚分子有刘述吾、吟秋籁、刘弢伯、朱佩弦、沈汉英、张梦词等，纷纷投赠诗歌，所谓“色艺丛中独擅场，佳名不愧傲花王”，《国华报》《戏剧新闻报》为白党舆论阵地，虽戏码靠前，但捧者遍池座，风头极健。时常上演剧目有《少华山》、《大劈棺》（与玻璃丑）、《英杰烈》（与韩桂喜、玻璃丑）、《紫霞宫》（与玻璃丑）、《高三上坟》（与玻璃丑）、《喜荣归》、《紫荆树》（与玻璃丑）、《双合印》（与高红玉）、《梵王宫》、《梅龙镇》、（与七岁红）、《辛安驿》、《挂画》、《扇坟》（与高玉红）、《蝴蝶梦》（与玻璃丑）、《池水驿》、《杀狗》（与高玉红）、《采花赶府》、《双挂印》（与韩来喜）、《少华山》（与高玉红）、《善宝庄》（与程德利）、《游西湖》、

《喜荣归》(与高玉红)、《合凤裙》(与韩来喜)、《卖绒花》(与玻璃丑)、《翠屏山》代“杀山”(与玻璃丑、韩桂喜、小小七岁红)、《麟骨床》(与高玉红)、《破洪州》(与韩桂喜)、《戏叔》(与韩桂喜)、《探亲家》、《小放牛》(与玻璃丑)、《点庄子》(与高玉红),均为梆子剧目。白党人士为其前途计,劝其改习皮黄,遂延陈桐云教戏,又从张彩林正音,渐弃梆戏。

民国五年(1916年)6月,荀慧生兼搭群益社(郭宝臣、崔灵芝、孙佩亭等所组之梆黄“两下锅”班),出演民乐园,所演剧目有《今古奇观》(即《棒打薄情郎》)、《杏花村》(与庞三秃)、《文章会》(与庞三秃)、《翠屏山》(与小双喜、刘义增)、《蝴蝶梦》(与孙佩亭)、《戏凤》(与孙佩亭)、《破洪州》(与范文英)、《双锁山》(与马少山)、《乌龙院》(与瑞德宝)、《高三上坟》(与刘义增)、《汴梁图》(与郭宝臣)、《辛安驿》(与范文英)等,梆黄兼演,尚未专工皮黄。

(3)此处记录有误,荀氏首次赴沪,系在民国八年(1919年)9月,与杨小楼、谭小培、尚小云等出演天蟾舞台,9月9日起演,三天泡戏为《花田错》、《贵妃醉酒》、《游龙戏凤》(与林树森)。演至次年(1920年)1月4日,杨谭尚回京,荀氏继续出演天蟾舞台,并将妻子接来,吴彩霞亦留沪，同台有三麻子、盖叫天、罗小宝等。2月8日演毕封箱戏，赴杭州第一台演出短期，2月20日（正月初四）再搭亦舞台。4月，梅兰芳来沪搭天蟾舞台，排《上元夫人》一剧，荀氏与沙香玉、诸云仙、姚玉芙合配女仙。此期演至6月15日，次日起歇夏，再应杭州城站第一台聘，二度赴杭演出，竟排《天女散花》《麻姑献寿》《嫦娥奔月》等梅剧，系蒋砚香所授，甚受欢迎，包银由四百金而增至千数。杭州演毕赴扬州，受聘广陵大舞台。8月，再入亦舞台，后因病嗓辍演。11月始复出，与高庆奎、绿牡丹等同台，演出《宝蟾送酒》《黛玉葬花》《千金一笑》等新剧目，聘请薛兰芳为之说青衣戏。次年（1921年）元旦连演二场，3日起亦舞台停锣翻建，高庆奎回京，荀氏入共舞台演出短期，男女合演，与吕月樵、何月山、张德禄、林树森、张文艳、孟小冬等同台，并在丹桂第一台参加四天班串。旧历正月初一日，亦舞台新张，仍应聘演出，与何月山、三麻子等同台，挂头牌，排演新剧《西湖主》，并参与演出本戏《诸葛亮招亲》（与王又宸、何月山）。8月3日夜场演毕，亦舞台辍演歇夏，荀氏去南京下关百利演出，泡戏为《麻姑献寿》《枪挑穆天王》《天女散花》，再赴汉口。10月25日，与王又宸联袂再入亦舞台，泡戏《天女散花》，戏码排大轴，排演《彩楼配》（吴彩霞所授）、《贩马记》（初拟以王又宸配李奇，后王去而改马连良）。次年（1922年）3月31日期满，辍演回京过济南，为第一舞台聘演，后因津浦路不通，折回上海，再入亦舞台。5月17日出台，仍与马连良合作，马去再与王又宸合演。10月，改入法界共舞台，演至11月7日，回京，过宁，为下关新新舞台聘演，再赴津，出演天福舞台，1923年1月期满回京，离京四年有余。回京后为刘砚芳所约，出演开明戏院，与杨小楼、余胜荪等同台。

(4) 荀氏回京后，颇不得志，民国十二年（1923年）8月，再应沈少安之聘赴沪，搭亦舞台演出，偕曹心泉及徒弟董含素（富莲）同来，与冯子和、谭富英、王桂卿、张国斌、王少芳、王连浦等同台，排演新剧《盘丝洞》。9月17日下午，在英美烟草公司影戏部拍摄活动影戏《西湖主》"射猎"一场，后在卡尔登剧院放映。此期演至次年（1924年）5月13日，回京后搭入杨小楼之松庆社，出演开明戏院。

(5) 民国十四年（1925年）改用本名荀慧生。1925年1月，杨小楼、余叔岩合组双胜社，旦角约荀慧生、陈德霖，出演香厂路新明剧场，仍以"白牡丹"名上戏报。9月初，因与陈桐云闹别扭而辞之，时正值梨园新馆成立不久，各行仿效上海制度，纷纷成立行科团体，此风丑行最先，继之者为小生行、音乐科、旦行，团体自保主张权利之风头正健，荀辞陈即引起小生行全体反弹，一致不予以配戏，只得辍演。旋解纷，再入双胜社，出演新明，以“文化进步”为念，改用本名荀慧生，10 月 2、3 日，双胜社在新明演夜戏两场，戏报改用本名，是为始。

(6) 所谓“是年冬”，系按旧历而言。民国十五年（1926 年）2月（旧历乙丑腊月），荀氏偕高庆奎、张鸣才、马富禄、金仲仁等赴沪，搭李征五之大新舞台，与李吉瑞、白玉昆、王芸芳、高秋颦、赵鸿林、孟春帆等同台，2月7日起演，泡戏《龙抬头》（即《彩楼配》），用本名“荀慧生”，排演《新玉堂春》《金钟罩》《元宵谜》等新本戏，演至5月23日（《荀慧生日记》记为“5月26日”，当系笔误），日戏《鸿鸾禧》，夜戏《元宵谜》，31日乘新铭轮北返。

(7) 此处记录有误。民国十六年（1927 年）10月末，荀氏偕谭富英、马富禄、金仲仁、张春彦、曹连孝、吴彩霞、计艳芬、孙甫亭、孙砚亭等应顾竹轩之聘赴沪，出演天蟾舞台，包银总数为一万六千元。11月1日抵沪，8日起演，泡戏全本《鸿鸾禧》，排演《丹青引》《绣襦记》《飘零泪》《香罗带》等所谓“四大名剧”及《荀灌娘》《盘丝洞》《元宵谜》《玉堂春》等本戏，演至12月18日，日场与麒麟童合演《割发代首》，夜场演出《玉堂春》，此期演出，舆论极佳。民国十七年、十八年，荀氏均未曾来沪公演。

(8) 民国十九年（1930年）1月底（旧历腊月），应荣记大舞台之聘，荀氏偕贯大元、芙蓉草、马富禄、金仲仁、曹连孝、吴彩霞等赴沪，旧历正月初一日起演，此期排演新剧甚多，如《埋香幻》《钗头凤》《妒妇诀》《鱼藻宫》《庚娘》《荆钗记》《柳如是》《杜十娘》《贩马记》等，演至3月24日期满，4月3日早船至津，乘车返京。

排演整戏 近十数年戏剧，多演零折戏，截头去尾，致令聆戏者，莫名其妙，于戏剧进化，殊有妨碍。余自民十三排演全本《玉堂春》(9) 后，知社会上对于整本戏剧之需要，遂聘请名家，搜觅秘本，排演全本整戏。六七年来，排演二十余出，如《荀灌娘》《绣襦记》《玉堂春》《鱼藻宫》《丹青引》《十三妹》《得意缘》《贩马计（记）》《钗头凤》《金钟罩》《元宵谜》《埋香幻》等，并烦老伶工王老板瑶卿，为余说戏，近又为余排演新戏多种。王老板为伶界名宿，循循善诱，余获益不鲜。至于各种昆腔戏，则亦聘请名师指导，《春香闹学》一戏，从前在沪时，虽曾演唱，但于字音腔调，因乏指导，失真颇多，返北京后，由老伶工曹心泉老板，为余改正，始得稍能就范。至于《钗头凤》一戏，亦由曹老板打谱，故该戏词曲腔调，颇能得文人［学］士之赞许。最近排演昆腔各戏，除曹老板指引外，并烦陈墨香先生代为打谱。原墨香先生为当代词曲大家，且对于昆腔，亦深有研究，余之获益益多也。

(9) 民国十四年（1925 年）11 月 13 日夜戏，在京首演于开明戏院（松庆社）。

戏剧感想　余对戏剧，感想颇多，非短时间所能尽言，但既承下问，又不敢不举其一二以答，其详当俟之他日也。戏剧上之人物，大半有于台上表演之驱迫，而令其为某种脚色扮演之人物，每每出乎戏剧定律之外，例如《红鸾禧》一戏，以剧情事实而论，金玉奴一脚，应以青衫为宜，盖矢志不贰，实非花旦扮演之人物所可能，而历来演者，均以花旦饰之，殊于戏剧定律不合也。且戏词为表现剧中人之语言，戏词之文俗，应以剧中人身份而定。金玉奴为一花子头之女，以当时社会而论，风气闭塞，绝无所谓平民女学校者，在出家微贱之女，既无识字念书之机会与可能，则其所发之语言，绝对不能有文藻词章之语句，况花子头之女乎？故其戏词不能过于铺张华丽，而至于完全失真。然此不独《红鸾禧》一戏为然，无论何戏，均不能逃出此范围也。

即席挥毫 至于下问绘画一事，盖余素性，爱慕翰墨，只以幼既失学，长又限于时间，不能分心研究，仅于演唱之余，就文人［学］士请学，始得略识之无，于是自民十三起，每日必作日记，将日间所作为之事，咸笔录之，至今六年，未曾一日间也。民十六，因友人之介，得识名画家胡佩衡先生，遂从先生学绘事。先生工山水，承其耳提面命，加以指导，而余遂得略识门径，遽尔涂鸦，贻笑大方，莫此为甚。迨后排演《丹青引》新剧，于台上绘画，亦不过聊以点缀剧情耳，乃更谬膺能画之名，益汗颜矣。客岁在沪，承名画家吴昌硕先生之不弃，列之桃李[10]，实足为先生盛所累也。

(10) 民国十六年（1927年）应天蟾舞台之聘南下，11月1日抵沪，次日偕天台山农（刘文玠）往访吴昌硕，荀氏拜行弟子礼甚恭，缶老赠以新作《丛菊》图，自此而入吴门。

此次北归 余自去冬赴沪，出演荣记大舞台，人缘尚佳，一般文人学士，以及舆论界诸君，亦时相过从。上月二十四晚，在该台演唱全本《玉堂春》，为临别纪念最后之一日[10]，其上座之佳，实为该台从来所未有。未及八时，而该台已无隙地，虽门口铁闸已关，而来者仍络绎不绝，吵闹喧嚷，不下百起，而园中座位满后，添加凳子，迨凳子已完，站立而观者犹多，乃商之邻近之小饭店，借用小方凳数十，跻跻跄跄，诚为余毕生之荣幸。余何人斯，得春申上人士之青眼，其亦黯然惜别之盛意也欤。余自今后，敢不勉黾自励，力求艺术之进步，庶毋负爱余者之雅意也。迨《玉堂春》演完，顾曲者犹不去，咸要求余便装至台上话别，余以盛情难却，不得不一破成例，乃匆匆易便装，出台与诸顾曲，道谢盛意，并致别忱，而当时顾曲诸人，又要求余由前台客座出园，于是由人丛中，分出一小道，余乃由小道行出，频频向顾曲诸人致谢忱，群众咸欢呼鼓掌，此诚为余终生之一大纪念也。至三十日，余由沪启程，乘榊丸赴青岛，转轮赴大连。轮抵大连码头时，见鹄立码头，表示欢迎者，不下百数十人，因出相见，握手道谢，但欢迎中，不认识者，居其大半，咸出名刺见赠，则皆绅商学各界知名之士也。余本拟即日换轮北归，惟各欢迎人咸强留一天，盛情不可却，遂改于翌日离大连，抵天津后，不敢稍留，即乘车返北京，时为本月四日矣。

(10) 按《申报》广告，全部《玉堂春》系3月23日（二月二十四日）夜戏，3月24日（二月二十五日）为临别最后一场，演出全部《十三妹》。此节所记“盛况”，当系24日晚，参见《小留香馆日记》（中国戏剧出版社，2016年1月，页101）。

虚心请益 余一生律己待人，只以“虚心”两字，为座右铭。盖智者千虑，必有一失，愚者千虑，或有一得，况不学无文如余者乎？大凡人之处世，不可自满，满则不但无进步，而且足以招祸，书不云乎，“满招损，谦受益”，盖亦明示吾人以虚心之语也。余业伶，对于戏剧界中，尤当有尊老敬长、恤孤怜幼之心，梨园中之恶习，第一是大压小，而翻场之举，尤为同行所最忌，故余演剧，二十余年，与梨园同事，感情颇洽者，职是故也。在余鄙陋之见，梨园中最应奉为圭臬者，只“不翻场”三字，否则，未有不受人之指摘也。惟是余性粗卤，或于不知不觉中，以致开罪于同行及各界，然亦系无心之失，知余者必可以谅余也。今承下问，殊深惭感，尚希不以鄙拙见弃，时赐教言，则尤为余之心祷者也。

荀君言此，［轩］主即拟辞归，适有客至，荀君代为介绍，则为余十数年来，笔墨神交之陈墨香先生也。因互致倾慕之忱，并述及来意，陈君一见如故，邀余再坐，并发表下列之谈话。

陈墨香谈 余（陈君自称）识慧生，十余年矣，对于慧生，知之甚详，兹略为谈述之。慧生聪□绝伦，好学不倦，而其对于戏剧上之见解，尤为中肯，其谈论剧词，须以剧中人身份而定，实能得戏剧原理上之三昧，非□慧如慧生者，曷足语此。至其虚心请益，不自骄满，尤为戏剧界之所罕见。余与菊界中人交，数十年矣，其能虚心好学者，当以慧生首屈一指。余于昆曲，略识门径，承慧生下问，故不敢不竭诚以告，尽其绵力，互相切磋，而慧生举一反三，进步神速，识有出于余意料之外者。至于慧生之戏德，尤为近来梨园所罕见。此非余过谀之词，君询之内外行，即可以实余言矣。此次赴沪，成绩之佳，殊可为慧生庆慰。慧生年富力强，前程正未可量，余窃愿慧生之勿［坐地］自划也。

徐碧云

采访人：林醉陶（一得轩主）

原载1930年9月14日—10月2日《全民报》（北平）

昨晨一时，轩主在开明戏院聆戏毕，赴宣武门外棉花九条七号访问徐碧云。斯时徐君始自开明戏院，戏毕归寓，闻轩主至，倒履出迎。谈叙几及一小时，轩主因时间不早，遂辞归寓，兹录徐君谈片如次。

徐君家世 予（徐君自称，下同）现年二十七岁，原籍江苏人，寄居北京。先祖讳文波，先严讳宝芳，予兄弟五人，长兄兰沅[1]，习文场，现为敝内兄梅兰芳操弦，次兄竹元，亦习文场，现为予帮忙场面，三兄斌寿，艺小生，现与予同演，五弟松元，现正在学唱老生，予行四，妻梅氏，为梅兰芳之妹，此予直系亲属之状况也。

(1) 原文作“兰元”。

坐科斌庆 予幼时在家，即习戏，学老生，至十岁时，入斌庆社坐科，学刀马旦，在三庆园登台，除刀马戏外，武旦戏亦时演唱，有时反串雉尾生，如《三江口》之周瑜、《八大锤》之陆文龙等，均极受台下欢迎。将出科时，内外行中人，咸以予嗓子甚佳，唱刀马旦，为可惜，赞成予改青衫，予极然其说，遂致力于青衫之研究，有时偶一登台，极受一般舆论之赞许，而予改习青衫之意益决。

改艺青衫 十八岁，予在斌庆社坐科期满[2]，出师后，拜梅兰芳为师[3]，研究青衣花衫各戏，极得畹华推许，遂以妹婿予，于是予与畹华，由师生之谊，而为姻娅之亲矣。至二十岁，始行亲迎之礼焉。

(2) 民国十二年(1923年)3月18日即旧历二月初二日满科，出科后拜陈啸云为师，习青衣老戏。

(3) 民国十二年(1923年)5月18日拜梅兰芳为师，习梅派花衫诸戏。

赴沪六次 予二十岁，应沈少安[4]先生之约，赴申江亦舞台演唱，与贯大元同行，唱二个月，即返北京，此为第一次赴沪也。[5]二十一岁，应黄金荣先生之聘，与马连良、周瑞安同赴沪，在共舞台，唱一个月，此为予第二次赴沪也。[6]二十三岁，又应沈少安先生之约，与谭富英同南下，在沪大新舞台唱两个月，是次在沪演唱，极受一般人谬许，名益显，此为予第三次赴沪也。[7]二十四岁，年底，应赵如泉先生之约，第四次赴沪，在上海舞台演唱，老生为张如庭，唱二个月。[8]由沪赴南京，在大舞台演一星期，再由南京赴杭州，在凤舞台唱一星期。二十五岁，偕谭富英南下，出演于上海舞台二个月，即北返，此为予第五次赴沪也。[9]二十六岁，偕高庆奎赴沪，同出演于上海舞台，唱两个月，此为予赴沪第六次。[10]在沪演毕，转轮赴汉，在老圃西舞台，唱两个月，始返北京。[11]

(4) 原文作“沈绍庵”。

(5) 民国十三年（1924年）8月22日起演至10月5日，申江亦舞台，期满后为共舞台挽留，10月7日起，与贯大元、程继先等在该台演唱三天。

(6) 民国十四年（1925年）9月18日起演至10月25日，共舞台，在沪期间为谋得利公司灌制唱片数张。

(7) 民国十六年（1927年）2月2日（正月初一日）起演至4月19日，大新舞台，同行老生谭富英，在沪排演梅派本戏《霸王别姬》。

(8) 民国十八年（1929年）2月10日（正月初一日）起演至3月17日，上海舞台，排演四本《新玉堂春》。

(9) 此处误记，徐氏第五次赴沪系在民国十九年（1930年），1月30日（正月初一日）起演至3月18日期满，上海舞台，同行老生为高庆奎。3月21日，参加上海舞台同德医院募款义演，与陈喜星合演《八大锤》，戏码排倒第三，压轴高庆奎、贯大元、金少山、曹连孝合演《战长沙》，大轴周信芳、荀慧生、刘奎官、曹毛包、张春彦合演《割发代首》。

(10) 截至采访日（1930年9月），徐氏在沪演出共计五次，其第六次赴沪演出系在民国二十年（1931年），4月17日起出演大世界齐天舞台，老生贯大元，演至5月4日期满。

(11) 民国十九年（1930年）4月下旬，应朱双云之聘，由沪赴汉口，出演老圃游艺场西舞台（原名立大舞台），三天泡戏《薛琼英》《四郎探母》《绿珠》。

五大名旦 当民国十二年时，予初自沪归，适北京《顺天时报》，举办菊选，以旦脚中之拿手戏为标的，由读者自由投票选举，额数为五，名之曰五大名旦，一时九城若狂，咸以是资谈助。结果，予以《绿珠》一戏，与梅兰芳、尚小云、程砚秋、荀慧生四君，一同入选。[12] 予以微末之技，谬忝其间，实甚惭愧也。

(12) 民国十六年（1927年）6月20日，《顺天时报》编辑日人辻听花发起"五大名伶新剧夺魁"投票，按其规则，"五大名伶"限定为梅兰芳、尚小云、荀慧生、程砚秋、徐碧云，投票评选"五大名伶"各自排演新剧中"最杰出者"，是为"剧选"而非"伶选"。投票至7月20日截止，23日公布结果，梅兰芳所排新剧以《太真外传》为第一（得票数1774），尚小云最受欢迎的新剧目为《摩登伽女》（得票数6628），荀慧生最佳新戏为《丹青引》(得票数 1254),程砚秋新剧最杰出者为《红拂传》(得票数 5985),《绿珠》一剧则公认为徐氏新剧代表作(得票数 1709)。

改建中和 北京戏园,除一二处为新式舞台外,其余类多旧式,聆者与演者,咸感不便。予叠次赴沪演唱,身临各新式舞台,睹其形式之壮丽,光声之配置,深以为北京舞台之改建,为不可缓,故第一次由沪返京时,即主张建筑新式舞台。适中和园出倒,予遂集合股本,鸠工改建。[13] 今日之中和戏院,即予当年参照上海舞台[14] 而改建者也。

(13)中和园于民国十四年(1925 年)9 月开始动工改建,主要由瑞蚨祥东家孟觐侯出资,次年 1 月改建完工,改名中和戏院,座位一千五百人,1 月 31 日(腊月十八日)举行破台仪式,2 月 7 日开幕,徐碧云之荣华社进箱,与王又宸、萧长华、姜妙香等合演《四郎探母》。

(14)上海舞台开幕于民国十七年(1928 年)旧历戊辰元旦,其原址为大新舞台。大新舞台由三星公司于民国十四年(1925 年)4 月起筹建,位于云南路福州路转角,即今天蟾京剧中心逸夫舞台位置,水泥钢骨建筑,运用聚声技术,实施科学施工,座位宽大舒适,设施先进完备,自称

“全国唯一之模范剧场”，次年2月7日开幕，徐氏集股翻建中和戏院所参照者当系大新舞台，其开幕时间与演出规制，亦系“仿上海大新舞台例”[见《中和戏院所见》，求幸福斋主，《上海画报》，民国十五年（1926年）第九十一期，第三页]。

排演新戏 予第一次排演新戏，为一二三四本《玉堂春》，演唱后，京津沪汉各男女伶，争相演唱，予于是又续排五六七八本《玉堂春》，亦具叫座之能力。继又以《玉堂春》□名《三世姻缘》，第一世为梁山伯、祝英台、马兰之□段三角恋爱恶姻缘，第二世为魏景元、蓝瑞莲、周文贵之又一段三角恋爱恶姻缘，第三世方为王景龙、玉堂春、沈洪之更一段三角恋爱恶姻缘也，辗转三世，始偿宿因。其第三世与第一世，均播之声歌，演之红毡，惟第二世无演之者，予于是排演《前世玉堂春蓝桥会》一戏（一名《再生缘》），前者在开明演唱，颇受九城人士欢迎。[15] 予所排新戏，除上述《玉堂春》及《蓝桥会》外，其余如《绿珠》《薛琼英》《虞小翠》《白凤冢》《无愁天子》《焚椒记》《二乔》《雪艳娘》《李香君》《蝴蝶杯》《芙蓉屏》等[16]，颇受一般人谬赏，而《绿珠》一戏，尤为名流所推许，故前者《顺天时报》选举五大名旦，予以斯剧而获选，殊为予毕生之荣幸。樊山老人，为诗歌纪其事，龙门声誉，尤足予惭感交兼也。予近排《莫愁》

《王宝钏》等新戏，已经纯熟，日内即可现诸红氍毹上，届时尚希毋吝指示，俾有以进而益之也。

(15) 民国十九年（1930年）9月4日夜戏，首演于开明戏院。

(16)《绿珠》，民国十四年（1925年）7月17日白天，首演于中和戏院；《薛琼英》，民国十四年（1925年）5月23日白天，首演于中和园；《虞小翠》，民国十四年（1925年）6月6日白天，首演于中和园；《白凤冢》，即《骊珠梦》，民国十六年（1927年）1月8日白天，首演于中和戏院；《无愁天子》，民国十四年（1925年）8月15日白天，首演于中和园；《焚椒记》，民国十五年（1926年）8月29日白天，首演于中和戏院；《二乔》，民国十五年（1926年）5月29日夜戏，首演于中和戏院；《雪艳娘》，民国十五年（1926年）7月2日夜戏，首演于中和戏院；《李香君》，民国十五年（1926年）1月20日夜戏，首演于开明戏院；《蝴蝶杯》，民国十五年（1926年）12月19日白天，首演于中和戏院；《芙蓉屏》，民国十四年（1925年）12月9日夜戏，首演于开明戏院。

樊山赠诗　徐君言至此，出樊樊山先生《观〈绿珠〉新剧歌》见示。[17]

(17) 原文以下抄录樊山《观〈绿珠〉新剧歌》，此处从略。

轩主阅樊樊［山］先生诗毕，徐君续言曰：樊老先生，为现时文坛名宿，举国同钦，对于予之《绿珠》一戏，尤为欢赏，先生赠予诗词颇多，提携后进，实足令予感激靡已也。忆予南下时，先生赠予四绝，记其第二首结句云“高楼一掷轻于燕，无此纤纤香坠儿”，殊为予毕生之荣幸也。

《遏云特刊》 今年夏间，予由沪赴汉，在老圃西舞台演唱，极受欢迎。抵汉之初，汉口既济俱乐部、亦社、云社诸君，为予发表《遏云特刊》，揄扬过分，愧不敢当。

徐君言至此，因出《遏云特刊》见示，该刊对于徐君艺术，极多美评，而汉口名人，题字尤多，殊足为碧云之荣光。(18)

(18) 原文以下摘录《遏云特刊》部分诗文，此处从略。

轩主阅《遏云特刊》毕，徐君又言云：予（徐君自称，下同）此次赴汉，极受一般人欢迎，自惭才薄艺拙，殊深惭恧，以后惟有自勉自励，冀毋负爱予者之盛意也。予自汉口北归后，与李万春一同组班，出演开明、中和、广德楼等处，颇得九城人士之谬许，实为荣幸，尚希舆论诸君子，不以拙陋见弃，时加教言，匡我不逮，则感激尤深矣。

徐君言至此，轩主以天已近曙，未便久谈，遂向徐君告辞，互为珍重而别。

程砚秋

二篇

附李洪春

一

采访人：一得轩主（林醉陶）

原载1930年8月22日—9月3日《全民报》（北平）

前日（二十）午后一时，轩主赴前内高碑胡同五号，访问程艳秋[1]，承荷赐见，同时李洪春亦在座，畅谈一时有余。艳秋即席书“菊国考察”四字，及《霜杰集》一部、近照二帧见赠，以作纪念，轩主因有他事，遂辞去。兹录程君谈片如次。

（1）1932 年 1 月 1 日起，改名程砚秋。又，本篇艺事经历可参阅《程砚秋史事长编》（程永江编撰、北京市政协文史资料委员会编，北京出版社，2000 年）。

程氏身家　予（程自称，下同）字菊侬，号玉霜簃主，现年二十八岁，正黄旗人（轩主按：满洲八旗，正黄最贵，盖潢胄也），世宦，先严为官旗营世职，隶内务府籍。予兄弟四人，予为季。国变后，冠汉姓，曰程氏。迨先严弃养，家渐困，予遂业伶。

学戏经过　十三岁时，拜荣蝶仙先生为师，从陈桐云先生习花旦戏，学《打樱桃》《打杠子》《铁弓缘》诸戏。将出台，请陈啸云先生试嗓，唱《彩楼配》一折，陈以予嗓甚佳，学花旦戏为可惜，嘱改青衫，并阻予登台演花旦戏。予极然其说，商得荣师同意，遂改青衫。从陈啸云先生学《祭江》《祭塔》《教子》《宇宙锋》及《彩楼配》五出。十四岁，出演于春［阳］友会票房，时余叔岩老板，因嗓失润，亦时在该票房玩票。予第一日登台，演《彩楼配》，由樊棣生先生为予打鼓。曲终，极得一般人谬许。

正式登台　十五岁，入丹桂茶园，与吴铁庵、水（小）花猴（水仙花之弟）、白牡丹（即荀慧生）、芙蓉草等同班，此为予正式登台之第一日。唱《祭江》《祭塔》等戏，颇膺顾曲谬许，尤以《彩楼配》最负薄名。至十六岁，满师后，拜乔蕙兰先生为师，学昆旦戏。既又从九阵风先生学打把子戏。

师梅兰芳　十七岁，奉罗瘿公先生命，拜梅兰芳先生门。梅先生为一时负名者，对于各戏，均有根底，承不以朽□见弃，不吝教诲，为予说头二本《虹霓关》《贵妃醉酒》《游园惊梦》等戏。其身段、唱工、白口种种，均详细为予指说，循循善诱，予之获益良夥。

研究新腔　既又问业于王瑶卿先生，先生艺学精博，凡各腔调，覃研极多。予从先生学习各戏新腔，先生为予说《金锁记》《青锋（霜）剑》《鸳鸯棒（冢）》《六月雪》[2]等戏，所得极多。如《六月雪》“未开言”快三眼一段，从前不是这种唱法，及先生改唱后，琴师每苦不能操弦，时向先生请正。迨后由徐兰沅君为予操胡，始得就范。予于是对于腔调，益极力研究。但皮黄均为四腔，无论新旧，均不能迭出四腔范围之外。如《祭江》《祭塔》，纵使如何运用新腔，不过于原有之腔外，加以小腔而已。其所谓小腔者，均由四腔之中，变化出来也。

(2) 此处记录有误，《六月雪》即《金锁记》。

请益石头 予与陈德霖老夫子，原有姻娅之亲，兼予为梅王门生，又系老夫子再传弟子，故时向老夫子请益，老夫子为予说戏颇多，如昆曲《天河配·鹊桥密誓》等戏，均为老夫子所亲授，故得力极多。

名流赞许 予自演戏以来，蒙罗瘿公先生青眼，极力提携，诗文赠赐，过分揄扬。而京内外名流，如樊山、畏庐、六桥、林屋、释戡、悔庐、茫父、叔雍、疑始、汉父、东史、剑丞、石遗、溦史、次公、苇怡、西园、小隐、凌霄、缪子诸先生（恕一时仓卒，多所遗漏），爱屋及乌，咸相赞许，贻赠诗文，琳琅佳句，光荣殊甚。予每自惭质性鲁笨，艺术粗疏，不足副名流诸公之谬许于万一耳。

排演新戏 瘿公先生，为予编排新戏极多。记最先排演者，为《梨花记》，次为《龙马姻缘》，三为《花舫缘》，四为《玉镜台》，五为《红拂传》，以次如《风流棒》《鸳鸯冢》《赚文娟》《玉狮坠》《青霜剑》《金锁记》《碧玉簪》《聂隐娘》《文姬归汉》《沈云英》《斟情记》《朱痕记》《梅妃》《小周后》等戏。或为瘿公先生手作，或为其他名士撰编，付予排演，荣宠殊深。惜予质鲁，未能尽情表演，有负剧本多矣。最近则由清逸居士，为予编演《柳迎春》等戏。居士为戏剧大家，编排各戏颇多，均为九城人士所赞，此次为予编演各戏，殊足令予感佩无已也。

感瘿公德 予坐科之时，蒙罗瘿公先生青眼，极承谬许，教诲爱护，无所不至。生我者父母，护我者罗公，没齿不敢忘罗公大德也。罗公，粤之顺德县人，讳惇曧，高志洒落，睥睨一世，以不得志于时，益恣情声歌，嗜音能制曲。聆予歌，极赞许，留之门下，班在弟子列，时出新曲，令予歌之。予感公意，乃引商刻羽，谱为新声。公不吝教诲，详为解说，恒终宵不倦，予获益良多夥。公复为诗文揄扬，一时都下名士，咸以公之誉予，争投诗［文］。予于今得博虚名者，饮水思源，皆公德也。公爱予挚，每为予说古今［以］来往先哲先贤之遗事，及经书之精奥。予于歌罢之际，辄执经问字，或敷缣作书。业有进境，公色然喜，否则，公必慊然。予因是益力学，不敢或怠，恐增公忧。予得略识之无者，皆公德也。迨公因旧病复发，医药罔效，扁鹊无功，曾几何时，公竟舍予而长逝矣。公性廉介，家无蓄积，予竭力为之治后事，葬于西山之麓，遵公遗命也。予得公提携，始得自食其艺，方拟稍图答报，以了宿心，乃天不稍假留，使予得报深恩于万一，而遽夺公以去，诚令予添终生无穷之憾也。

京外唱戏 予自演戏以来，在京中各戏园演唱，第一次在丹桂出台，顷间已略述之矣。其余，如三庆、开明、第一舞台、吉祥、华乐、中和等园，以及堂会等戏，述不胜述，亦不必述。京外较近如天津等处，亦无追述之必要。稍远者，如沪、如杭、如汉、如港、如沈等处，仅就予记忆力所能及者，略为君陈之。予第一次到沪，为民国十年（辛酉），时予十九岁，在亦舞台演唱。第一日，唱《女起解》，居然满堂，诚为意料所不及。在沪演唱一个月，转赴杭州。沪杭两地，均受一般人谬赏。至民国十二年（癸亥），时予二十一岁，在丹桂第一台演唱一个月，博得好誉。适余叔岩老板在沪，约予在共舞台唱七天，予诺之。合唱四天，余老板因事先去，予因成约在先，不得中辍，遂独唱三天，均得良好之结果。记曾一夕，唱《红拂传》，予时饮酒过量，已大醉，侯喜瑞饰虬髯公，登台时，予瞧侯已不认识，只听见板，照旧演唱。幸无错误，且得好评，而知其事者，咸争扬誉，益令予汗颜矣。民十四年（乙丑）初夏，又赴沪，时予年二十三岁，亦得美满之结果。民十五（丙寅）秋初，时予年二十四岁，应香港太平戏院［聘］，离京南下。过沪时，稍作勾留，又顺途游西湖。及抵香港，在太平戏院演唱一个月，受港人士之热烈欢迎，殊为予毕生之荣幸。民十七（戊辰），又赴沪，时予年二十六岁，在沪演唱一个月，转赴汉口，又演一个月，方北返。是行也，备受欢迎，人缘之佳，尤足令予心感无已也。今年夏间，应辽宁本溪湖铁矿公司二十周年纪念堂会，演唱三天。［演］毕，在东北大戏院唱一星期。又在壮（北）陵别墅演张长官暨其夫人双寿堂会二日，极蒙东北军政各要人青眼，揄扬益甚。而哈尔滨官商各界，电邀□赴哈演唱陕灾救济会义务戏，予以事关慈善，义不容辞，遂离辽赴哈。在大西洋电影院，演义务戏三晚。以包厢百元、散座十元之巨价，居然满座，诚为予意料所不及。义务戏演毕，因各方之要求，续唱营业戏三天，哈人咸争先恐后，誉者谓为哈埠所未有。予自惭艺疏质鲁，谬膺荣誉，敢不黾勉自励，冀无负知音诸君提携之盛意也。

程君言毕，轩主即向李君洪春询问，录其发表谈片如次。

李洪春谈 予（李君自称，下同）原籍山东，寄籍北京。现年三十三岁，家严春福，在山东坐科。予当七岁时，即练武工。八岁，入长春科班坐科，习文武老生，与张春彦、荣蝶仙同班。出师后，拜刘春喜为师，学靠把戏，如《定军山》等戏。拜吴连奎为师，学唱工戏，如《空城计》等戏。拜陈春元为师，学昆腔戏，如《夜奔》《夜巡》《打虎》等戏。未几，赴河南开封，拜郭（葛）文玉为师，学武生戏。既由开封转陕西长安，拜王九龄为师，学老生戏。由长安转老河口，演唱月余，先后赴安徽、亳州、颍州、蚌埠各地演唱。又由蚌埠赴汉口，经刘长林、王永利、杨德奎、杨庆云四君介绍，拜三麻子门，学关云长戏。在汉口与三麻子同演匝月，又随三麻子赴扬州，在扬州始正式请客，行拜师礼。又随三麻子到南京、上海等［地］演唱，最后随三麻子到北京，在庆乐园同台演唱，正(时)予年二十四岁也。未几，三麻子回南，予遂与徐碧云同在中和园演唱，复移三庆园演唱。迨后返上海，在共和舞台，与王瑶卿同演匝月，始由沪北上，入华乐园，与程艳秋同台。既又先后偕同程艳秋赴汉、赴沪，成绩均佳。今年夏间，又相偕赴沈阳，转哈尔滨，演数旬，其详细情形，已尽程君谈片中，恕不渎赘。

李君言毕，轩主因为时颇久，兼有他约，遂向程李两君道辞，互为珍重而别。

二

采访人：景孤血

原载1938年7月3日—8月1日《新民报》（北京）

六月三十日下午二时，记者特驱车于东城什锦花园六号，往访程御霜（砚秋）君，当承接见。程君所居，院多假山，细巘嶙峋，雨余绿众。其间一横额曰：小有可观。然其可观者，实又不止小也。入座以后，约数分钟，即承程君亲自接见，既乃肃坐开始访问。程君态度雍容，语音沉静，其貌益见丰腴。

记者首先展问程之氏族。

程君答：现年三十六岁，乃满正黄旗人，英煦斋相国（和）之五世孙也。[案：相国乃德文庄公之子，由翰林起家，后于仁宗时以协办大学士兼吏部尚书、步军统领。年方五十，即蒙赐寿，故具谢折有云："惟国家际周甲延禧之盛会，泽必同沾，而臣工无五旬拜赐之前闻，施真逾格。"又曰："统七校而周巡，俾先宿卫，首六官而步治，忝正卿阶。"至道光三年，为册封佟雅皇后，其夫人萨克达氏奉谕径诣后宫行家庭礼，相国亲偕夫人同入东华门，观者无不艳羡。程春海（恩泽）先生，与唐相权德舆与权县君同朝兴庆宫故事，取其诗句，属为《比翼朝天》图，事载相国自著之《恩福堂笔记》中。相国之公子，一为奎玉庭（照），一为奎芝圃（耀）。芝圃以道光辛未庶常授编修，玉庭以甲戌授庶吉士，相国作《示儿》诗有"应呼乃弟为前辈，敢向而翁认晚生"之句。成亲王曾为书一匾曰"祖孙父子兄弟翰林"，乃玉庭之长公子锡祉先生，又以乙未科编修擢司业，核之共为四代翰林，今御霜家尚藏"四代翰林"之印。所谓锡祉先生者，当即御霜之祖父也。]父某，亦为世职，今已弃养多年，家母康强如故，饮啖胜常。兄弟四人，鄙人最少，伯仲二兄，曾在京营禁旅任职，三兄名丽秋，亦工青衣，今已辍演多年。内子果氏，为湘林先生之次女，以癸亥三月十一日来归，其时曾有名流多道人为绘《并蒂芙蓉》卷子以祝，一时海内魁儒硕士，题赠如云。林琴南先生，亦以《添香修谱图》为赠，盛谊隆情，至今感之。生有三子一女，长男永光，年十五岁，现在瑞士世界学校肄业；次永源，年十岁，三名永江，年六岁，二人皆在育英学校读书。女名慧贞，年九岁，现在培元学校。

程君言既，即取近来摄之全家福像相假，内一年较长之女士，乃丽秋先生之女，御霜之侄女也，其长公子因在瑞士，故未能摄入。

记者既悉程君之家庭状况，不禁啧啧称赞，因悟程君演剧，不特端庄流丽，且十足地为一“贤妻良母”型，盖非偶然也。因以此言，述之程君。

程君笑曰：此“贤妻良母”四字，乃吾国代多魁儒哲士之主因。鄙人演剧，虽确乎多以此等为题材，无非蚊力蚁忱，以期尽本身当尽之义务而已。至云所表演者，既能充足流露所谓“贤妻良母型”者，鄙人实愧技巧未能臻于此境，闻君所言，弥增汗恧也。惟鄙人对于此种，性确有近，言之此中又自有其原因。

记者问：是种原因，程君可否见告？

程君答：此亦无它，即家慈训诫，有以使之然耳。原舍下为一旧式家庭，闺门以内，力谋肃雍，自先相国萨克达太夫人以后，辈守壶规，未之或易。家慈尤于相助先君，教迪鄙人昆仲，处处认真。当鄙人略谙人事以后，家慈即将过去本身所经历之事件，无论戚党母族之嘉言懿行，或不自检束，以致身败名裂者，一切可儆可效，一一说与鄙人。其方式初不外于“哄小孩讲故事”，然鄙人受此熏陶，先入为主，久之习与性近，遂不觉沆瀣一气，或者鄙人演剧，恰有此等题材，乃较接切耳。且鄙人从事剧业，曾有小小改革，外间不知，多以为思想极新，其实鄙人之思想极旧，不惟于旧道德，恪遵笃信，即于鬼神报应之说，亦不敢肖他人，侈言无之。此皆受自家慈之训迪。然二三十年以来，鄙人在外与各界周旋，幸无陨越者，亦有赖于此种思想为之。且鄙人常抱一种痴想，乃素被人所齿冷者，即人格之必不可不自修也。鄙人所以自称为“痴想”者，乃因鄙人不但欲自寻人格，且欲矫时之弊，由一身以及众人。尝谓：天地生人，百业虽殊，人格则一。以梨园行而论，其饮食男女，亦悉与人同，其间亦岂能有大异于人者乎？乃社会上对之恒有特殊之印象，举凡平人可为之者，则梨园行人不必可为。此种现象，鄙人尝为之不平。然返而自思，其弊之来，亦非无自，欲矫此弊，必先得一二洁身自好之人，无论受何种诱惑，如“灰使者”“木居士”，亦似槁木死灰，断然不可干犯，宁使人以少风趣、负情侬为讥诮，亦不改其素履，然后庶几使社会上人士之眼光，为之一变焉。但此种志愿，情知难以做到，故仅可谓之为“痴想”也。

记者曰：程君此种志愿，可谓宏矣。但能本此迈进，力求无懈，将来必有买丝以绣之者也。敢问程君之学艺经过？

程君答：鄙人家道，既因国变而中落，渐至饘粥不给，十二岁时，乃拜荣蝶仙先生为师，学习青衣、武旦、花衫各门。

记者问：程君第一次出演系在何园？所演何剧？

程君答：鄙人第一次出台，系于十三岁时，在春阳友会之彩排中，作为借台演剧，地点则在浙慈会馆，俗谓之为“折子馆”。当时春阳友会之票社中，人才辈出，如乔荩臣、恩禹之、祝荫亭、包丹庭、世哲生、铁麟甫、章小山、林钧甫、蒋君稼、松介眉诸先生皆在其内。鄙人第一次登台所演，则为《宇宙锋》，尚能为大雅所包容。后乃在东安市场内之丹桂园（即今丹桂商场旧址）出演，亦为老剧，非《祭江》即《祭塔》也。[1] 同台者有陈碧云君。时为泗州张燕昌太史所见，转以揄扬之于罗瘿公先生，此鄙人受知于先生之始也。后遂拜入梅浣华先生门墙，而新腔则实得力于王瑶青先生，老剧乃受益于陈啸云先生。至于昆曲则从老名宿张云卿、谢昆泉二先生拍曲，身段更得乔蕙兰先生。

(1) 民国六年（1917 年）1 月（旧历正月）起，搭春合社，陆续出演吉祥园、文明园，演出剧目有《祭塔》《朱砂痣》《祭江》《乾坤带》《武家坡》等。6 月，随其师荣蝶仙入鼓楼天和园，演出《别皇宫》，7 月，入同乐园松庆社。8 月，出演东安市场中华舞台，演出剧目有《金水桥》《朱砂痣》《天河配》等。9 月，搭春庆社，出演东安市场丹桂园，演出剧目有《武家坡》《别皇宫》《彩楼配》《宇宙锋》《朱砂痣》《二进宫》《祭塔》《桑园寄子》《探寒窑》《三击掌》《祭江》《战蒲关》等。11 月，随乃师搭刘鸿升班，出演中华舞台，演出剧目有《彩楼配》《女起解》《宇宙锋》《孝感天》《孝义节》等。12 月，再入丹桂园，与李多奎合演《朱砂痣》，其他演出剧目有《二进宫》《落花园》《玉堂春》等。此程氏出台第一年之大略。

记者问：顷观程君演《思凡》于新新戏院，字音曲韵，以及种种身段，无不老到精深，且准确，亦非后进所能，是则无怪其然矣。

程君蹙然曰：君实过誉，鄙人深愧未尽其学也。原鄙人之昆曲，乃与梅师同学，所期甚远，如《痴梦》《出塞》《乔醋》《小宴》《瑶台》《水漫》《狮吼记》《翡翠园》等，皆在本学之列，无如同学者太少，配角只有李寿山、姜妙香、姚玉芙三先生，梅先生排毕，即可演唱，姜姚二先生亦只好忙其所先，而鄙人之昆曲遂大受其影响，故今敢以之问世者，只有《惊梦》《琴挑》数出耳。惜其时之程连喜君，出科较晚，不然亦可为鄙人之一昆曲基本配角，然《琴挑》等剧，后即鄙人与程君合演者也。其《思凡》本为一单工剧，无须配角，故演来比较尚易耳。至《长生殿》之《鹊桥密誓》，鄙人亦曾演过，乃在梅先生演《天河配》时，因彼时之《天河配》，非只“莲池沐浴”“老牛破车”而已，后部尚有“鹊桥密誓”“天孙渡河”，明皇赐贵妃以钿盒金钗，一切悉照原来昆曲。梅先生演此，自饰织女，姜妙香先生饰牛郎，鄙人则饰杨贵妃，程连喜君饰唐明皇，此民国庚申（九年）七月间之大义务戏中事也。

记者问：程君之对昆曲，既下如许深工，宜其佳矣。敢问第一次出外是何年月？

程君答：鄙人第一次赴沪[2]时，乃民国庚申（九年）之秋，同行者为荣蝶仙先生、吴君富琴、王君又荃，与鄙人共为四人，须生则已故之王又宸先生也，地点在亦舞台，演期共为一月。次年因应陶宅堂会，事毕之后，则出演于共舞台，演期共为七日。[3]时由余叔岩先生担任头牌，乃演至五日，余先生有事先去，后之二日，仅由鄙人一身楮柱其间，幸亦无陨越焉。是年便道因游南通，承张啬翁（謇）为赋《倩倩行》以赠，词多溢美，非鄙人所克当也。乙丑（十四年）夏初，则为三次赴沪。[4]丙寅（十五年）赴港，出演于石塘路之天平戏院，所至并承欢迎如前。是年初秋，于自香港北旋之便，又往游杭州之西湖，以后迭次赴沪。至二十一年，遂赴欧考察戏曲音乐。二十四年，又偕同人赴川。二十六年，曾赴山西太原一带考察戏剧，因闻事变，急遽返京，中间亦曾作奉天、哈尔滨之游。此皆荦荦大者，余殆言不胜言也。

(2) 民国十一年（1922年）10月首次赴沪，9日起出演亦舞台，与王又宸、刘汉臣、张国斌、荣蝶仙、王又荃等同台，泡戏《女起解》。

(3) 民国十二年（1923年）9月二次赴沪，28日起出演丹桂第一台，与郭仲衡、荣蝶仙、侯喜瑞、张春彦、王又荃、吴富琴、文亮臣、增长胜、曹二庚、小杨月楼、刘奎官、高百岁、曹宝义等同台，泡戏《女起解》，并与俞振飞合演《游园惊梦》。10月25日（旧历九月十六日）华龙路二号陶宅太夫人六九寿辰，堂会三天，以第一台全班为班底，另聘余叔岩（偕徒杨宝忠）、钱金福、王长林、鲍吉祥等来沪演出，另有王又宸、白牡丹即荀慧生、小翠花等参加。堂会结束，11月8日，与余叔岩膺聘出演共舞台，泡戏全本《芦花河》。

(4) 民国十四年（1925年）5月4日起出演共舞台，与贯大元、郭仲衡、吴富琴、王又荃、张春彦、侯喜瑞、曹二庚、贾多才、盖叫天、赵松樵、林树森、王益芳等同台，泡戏《女起解》。

记者问：程君赴欧考察戏剧，其详可闻乎？

程君答：关于此事，鄙人本有专书报告。今日既承下问，敢不奉告，惟详则恐非一日所能谈罄，无已，姑从简直言之可耳。鄙人一行，乃于二十一年一月十四日自北京出发，同行者，有法人郎之万先生。是月二十八日始到巴黎，当蒙巴黎名教授兼国立大剧院秘书长赖鲁雅先生，引导参观各种剧院，并赠以题字，曰："将我的羡慕与友谊，送给大艺术家程砚秋先生。"又有法国著名戏剧家，兑勒先生，赠以题字曰："自我观之程砚秋先生，必能为世界纯艺术继承之一人，特签字表明我们的友谊，以为纪念。兑勒。"此外尚有音乐家维斯勒先生、蒿勒先生之题字，不及缕谈矣。时有许多学者，当面要求到其组织之学会表演中国剧，无如缺少音乐与配角，只好婉言以谢却之。鄙人又尝参观巴黎国立戏曲音乐学校，校中设有音乐陈列馆，乃其代表中国音乐者，只有一把胡琴，且为新制，既无松香，又无千斤无码。一见之下，不禁黯然，回告其校长曰："中国音乐，绝非如是之简陋，容俟有机会时，当送我国之重要音乐数种，以备贵馆陈列之需也。"此后在电影场中，身服长袍马褂，座上有人欲为之画像，亦婉却之。有时又一扮演男角之女演员，曾邀鄙人往其家中观所表演之单人剧名《夜舟》者，灯光配置，异常精巧。当日，此女演员曾要求鄙人舞剑，无如未携剑器，乃以舞细铜棍作为代替。此女演员，曾要求鄙人授以是技，终因时间之不许可，故未能授之。既而去巴黎后，乃到柏林，其欢迎者如前，承教育家裴开尔先生惠以题字曰："程砚秋先生，为大艺术家，素具热忱，至所钦佩。尤以时相晤谈，为盼。"德国教育部部长威瑟曼先生亦赠以题词曰："如果大艺术家程砚秋先生，为增进中国文化起见，能开一戏曲学校，实所厚望。"德国国家剧院经理体金先生赠以题词曰："得识中国大艺术家程砚秋先生，实为忻幸。"德国国家剧院乐队总指挥韩德荣氏之题词则曰："中国大艺术家程砚秋先生，来欧研究戏曲，余得识此奇异之人，实引以为幸。"此皆盛意殷殷，使人受之不恭，而鄙人在德，承以招待引导者，亦即此数先生也。比及参观普鲁士国立柏林音乐大学，则规模宏远，陈列室中，中国之乐器亦多。校长乃为布利兹先生，引导至三小时之久，毫无倦容，其所赠之题字，则云："得识大艺术家程砚秋先生，于其旅行欧洲之时，至以为欣幸。"时柏林有一远东协会，秘书长林德先生，曾为欢迎鄙人，而开一大型之茶话会，所到来宾，多为知名之士。鄙人因应林德先生之要求，曾干唱《祈祷和平》（即《荒山泪》）数句，本无音乐相伴，已亦知其不能美听，徒以林德先生诚意甚殷，只得献其薄技。乃承鼓掌欢迎，要求再唱，迫于热忱，又唱数句《骂殿》，于是许多戏曲音乐家，又重来与鄙人握手，使鄙人益觉惶恐矣。故林德先生之题词有曰“当此良辰佳会，大艺术家程砚秋先生，高歌于吾人之前，至所感谢”，即指此次之大型茶会也。旋在国家剧院，观其《无穷生死路》一剧（原文 Endless Strasse，主角乃哈里克氏），剧情颇为紧张深刻。后又至一各国侨民共同组织之化装跳舞场，见有许多以男扮女者，多胸乳菽发，乃知此固不仅中国为然也。是时由郎之万先生传达，谓国际新教育会议将在尼斯开会，中有戏曲音乐一门，劝鄙人前往参加，鄙人当然同意，乃于七月二十一日离去柏林，在瑞士复有一日之耽搁，三十日始到达尼斯。三十一日由郎之万先生，办理入会手续，八月一日即正式开会。此会凡每二年辄开一次，是年为开第六次之例会，主席为安斯女士，副主席即郎之万、裴开尔诸先生，当然与鄙人便利许多。遂由二位副主席之介绍下，使与会者五十余国之数百位代表，咸能了解鄙人之立场。九日，在会场中，各国代表，颇多奏唱歌曲者（并非国歌），众人因亦要求鄙人再唱一段。乃又将前已唱过之《荒山泪》《贺后骂殿》重唱一次，惟其词句，则与在茶会上所歌者较有不同。时有一波兰大学教授，所讲之题目，为“东方道德问题”，其言颇为恳挚。大意则曰：“我们西方正在倾向他，的确有研究借镜的价值，为什么东方的学者，反竭力模仿西方？真是莫名其妙。”其言如此，洵足发吾人之深省也。在此次之会场中，的确听到许多教育家、文学家、艺术家之高论，中国代表亦有讲词，何东小姐所讲为“中国教育新途径”，庄泽之先生所讲为“中国新教育”，鄙人之讲题，则为“中国戏曲与和平运动”。

记者问：程君之演词，可以见示乎？

程君答：此段演词，已由世界编译馆译成小册，鄙人处惜未存，容当觅得即以乞正。鄙人于演说词毕，即有一日本老人，以其慈祥面目，于热烈鼓掌声中，来与鄙人握手，其意甚可感也。至八月十一日，此会方毕。中间曾有三次旅行，一次到罗马边境。后于十二日，即到里昂，十五日应里昂中法大学之招宴，于是又唱数句，此次幸得胡琴伴奏。翌日，里昂《进步日报》刊曰：“以一种高贵而不可模拟的吸力，应热心青年男女的请求，即由其本国青年，用一种乐器，名‘胡琴’者，奏伴着，以圆润的歌喉、圆润的心情，作尖锐洪亮而又不用其谈话的声音歌唱……时而作急促之歌，时而作舒缓之歌，为吾人向所未闻的声音。此种敏锐的歌声，在欧洲人初次听见，是不很了解，但觉其可听。而在中国的知音者听之，就不禁心旷神怡了！”其言句句皆非鄙人所克堪，不过既有胡琴伴音，总可破其干涩耳。既又返回柏林，赁屋而居，开始搜求书籍、剧本、图片等种种工作。共计所获得之剧本，约两千余种，皆为教育界予学生等之参考书或教科书等，图片亦有五十余张。后又接到日内瓦世界学校方面来书，约鄙人前往授太极拳，因此学校乃由富于大同思想之拉斯曼先生，与莫瑞特夫人所主办，并无种族、国家、宗教、阶级、男女等任何歧视，故鄙人离开柏林以后，于十一月九日，到日内瓦。因放年假在即，暂时未能授课，到二十二年一月二十五日，方往授课。预定期限为一个月，惜以时间匆促，太极拳法，未能完全教与学生，鄙人即将离去日内瓦，但已将未完成之部分，授之该校中之体育教员矣。在授课前，承董事长拉斯曼先生设宴招待，拉斯曼先生曾云“欲将太极拳改成太极舞，使音乐参加伴奏”，西方人之重视中国艺术，于此可见一斑。在日内瓦之三个月的光阴，除授太极拳外，多消耗于游览风景。抵欧一年，平日除考察戏曲音乐以外，即为补习法文，在日内瓦时，则学习提琴，惜以时间太短，殊惭奏不成声也。至二月即返国，二十五日到巴黎，为向郎之万、赖鲁雅诸氏辞行。二十七日，重到日内瓦，乃为来取一部行李。二十八日到米郎，始作半日之勾留。在此半日中，方获得参观大名鼎鼎之米郎戏曲音乐院。从此曾到罗马，并参观与慕沙里尼住在比邻之国际教育电影学院。惜以时间过短，皆如走马看花，至今谈及怅然。在罗马有一剧院，乃各国戏剧演者之一试金石。凡有演员之欲在戏剧界享盛名者，必须到此一露身手，如在此剧院中受人欢迎，则以后无往不利，即全欧之各国人士，亦自然一致承认为好角色。反之，在此如不受欢迎，则其人之戏剧生命，前途已黯淡矣。因罗马继承希腊文化而来，乃戏剧之先进区、策源地，早为欧人之所公认，故有此等现象耳。鄙人曾到此剧院中观剧，讵知甫见半出，而动身之时间已到，遂匆匆地离开罗马矣。此后三月七日到维纳丝水城，十日上船回国，四月三日，抵上海，七日返京。以上乃鄙人赴欧之大略也。(5)

(5) 程氏欧游考察详细经过，参阅《程砚秋日记》，程砚秋著，程永江整理，时代文艺出版社，2010 年 1 月，第 101—263 页。

记者问：上述当为程君游欧洲时之实地情形，敢问程君对于今日本国之戏剧凋敝状况，将用何法以资补救？

程君答：方法并不敢说，不过愿将个人感想公诸爱好戏剧者之前，借以互相讨论研究可耳。考中国各地之戏剧，种类浩繁，派别庞杂，试举其目则有京调、秦腔、徽调、汉调、粤调、闽戏等，不下数十余种。此等欲谋戏剧之改进，必先使之能各自沟通，成一整个，然后再整顿之。或者以为此等戏剧之所以零星片段、涣散无归者，乃由于方言之不通所致。是诚不无症节。然实不足妨碍吾人所求之协合形式也。试观欧洲各国之语言文字本不相同，乃各国之戏剧演者，皆能以不同之语言，在罗马去猎取最后声名。此何以故？乃由于皆有全欧相同之乐谱也。戏剧之赖以发生教育效果者，除词句外，尚有音乐与表情等，皆由于乐谱为之决定，能了解其词句者固佳，若不能了解，即以国语在小册［子］上传播亦可。即令不能了解其语言，而并不用小册子，只需有各地方一致之音节与表情，其效果亦相同也。反观吾国，竟无乐谱。近年间或有之，但亦各为局部，自行其是，初无所谓标准谱者。

（记者曰：此即所谓之“没准谱儿”也，可发一笑。）

如从前之《九宫大成谱》等，今时已然落伍，姑不必论。而昆曲既衰，皮黄初名乱弹，其初或无必用谱之必要。然今日若欲以皮黄代表吾国戏剧，使之负起任何教育责任，则又断乎不可无准谱焉。因无论带有何等含意之剧，其中一段词句，若无准谱，则演员人人可以为政，随便增减或改易字句，甚或彼此以不同之音节唱出，则其情感不同，效果必异。故鄙人主张，新中国之戏曲音乐，必须厉行乐谱制，否则仍如一盘散沙也。然欧洲剧，亦有不足供吾人之模仿者，如化装一层，以皮肤之颜色，面部之位置，衣冠之服用，各有历史上之不同，吾人又何必效之。至于表情一层，亦有不能搬上中国之舞台者。因欧洲之伦理道德与风俗习惯，皆有若干不能同于中国者，尤以性爱关系，在吾国之舞台上必须婉转周折，而在欧洲，则不妨开门见山矣。倘若贸然施以盲目的模仿，其不被人以发狂抨击之者几希。尤以欧洲话剧，其对话可云冰冷之理智，更与吾国之要得到理智与感情调和之表情者，当然不同。然其表情之面面周到，则可以取法也。鄙意以为欧洲演剧术中之吾人必须效法者，厥推“发音术”。案演员发音之必须倚仗肺力，此乃生理学上所肯定者，不啻天经地义。反观吾国之演员，虽亦知养嗓，而只从节欲或服“铁笛丸”等方面着想，绝不留意于蓄养肺力，与伸缩肺力之科学方法。对于音色、音度、音调、音质、音势、音量、音律，更不知求了解，因之于用嗓时，亦不能依照生理上之定理。于是除天赋独厚、群以“铁嗓”相颂者外，余乃等于阴晴无定，每日即本身亦难保险，其弊胥在是焉。欧西演员之嗓，则每人肺部皆有大力在膨胀中，用之不尽，取之不竭，方便多多矣。又谈及“导演问题”，则亦西人比较认真。来因赫特曾对鄙人云：“每一新剧，至少其排演时期，必在三星期以上，而仍为每日用功不辍之排法。因排演时有十二分之成功，则上演时只能有十分之成功，若在排演时并无十分之成功，则毋宁不必上演之为佳也。”此来因赫特之言如此。鄙人曾到乌发电影公司参观导演，因而获见导演者之威严，全体演员，莫不绝对服从导演之命令。曾有一大明星，为在剧中之一言，作一姿势，经反复至若干次，导演者既不肯轻［易］放松其责任，而演员亦不敢犯吾国所谓之“名角脾气”，唯我独尊。导演戏剧者如此，导演音乐者亦如此。譬如柏林大学，所采者为单人教法，鄙人亦曾亲见某一教授，对一学生教与简单之一句词，同样反复唱至数十遍之久，亦云可嘉矣。

剧院比较，自外表上观之，则似乎法不如德之设备完全，德不如法之壮观美丽，其一致者，则无论法德，剧院后台之面积，总较大于前台。又其平日之光线，虽然为甚强，至演剧时，则必将光线驱逐他去，而利用机器，使空气为之异常流动。其后台面积所以必求扩大之故，则以缝纫处、铁工处、木工处，皆在其中，以备制作布景服饰等之用。此外更有演员之化装室、休息室、布景服饰及其他器具安置处所，无一不备。就其闲余者，则辟为储衣室、图书馆，绝非如吾国后台之箱上坐一花脸，帘后立一青衣之杂乱无章也。至其前台之面积，则普通者总能容三千座，最小之剧院，亦有仅容五百座者，但无论如何，前台亦不及后台需要之大焉。来因赫特之一座转台，曾邀鄙人往观。此一转台，分为四个间隔，相当于东西南北之四方面。当其第一间隔转向于观众而呈现一幕剧时，后台早将其他三个间隔上之背景人物道具逐一安插停妥。只需前幕一完，后幕立即转出，中间所费之时间，不过才一分钟耳。此种办法，在中国亦尝有人做到，但来因赫特有三种特点，则尚未能做到。此三种特点：一、能不因在后台布置待上之三大间隔而使敲木打铁，以及挪移沉重之木器声音传入前台，既搅乱观众精神，而又与正在表演中之剧情相混。因中国戏剧，有时需要从后台发出一种笨重之声音，此或为剧中表演有所工作（如头二本《晋阳宫》之修造晋阳宫），或为形容一种可恐怖之声音，自远而近（如《阴阳河》十鬼来捉李桂莲时，先以杈□力顿后台，使之登登作响）。今若以后台之笨浊声音，与前台混成一遍，则不单妨害观众之精神，抑且影响到台上所表演之剧情。二、转台转时，务使观众看不见其移转之痕迹，其不许有嘈杂声音，乱成一遍。反观吾国第一舞台，于未遭回禄时，其转台每在将转之前，必钻出许多便衣之人，七手八脚，将台毡卷成一卷，而台下观众，且有因此一组令动作迅速齐集而为之鼓掌者，此真可愧之事也。三、其转台每一隔间之背景、灯光，定与转台以外之舞台部分的色彩线条相调协，绝不能使宫殿[6]。总之，中国之转台，令人一望而知即为转台，此实“画虎不成反类狗”者也。

其欧洲剧之台上灯光，亦确有特长，无论诗意的乐国，月下的园林，海中的舟楫，岸头的黄昏，山上的云气，一切在诗人幻想宇宙中之伟大、富丽、清幽、甜蜜，在欧洲舞台，一一能供献与观众。若其功用，则又有如下之数种：一、使戏剧在舞台上，与台下之观众隔离，而不致混成一起，所以在剧场中台上与台下能借灯光分为两个世界。二、象征某个剧的意义，所以全剧必需要一种基本灯光。三、乃其灯光能随剧情之转变而转变，即以表现此剧之推进状态。所以全剧虽有象征整个意义之灯光，而其光度之强弱，与夫颜色之深浅，则常在运转变化之中也。四、乃能利用灯光映出剧中人之心理状态，即以加重演员之表现力量。五、借以表明季候之寒热，时间之迟早，天色之晦明，山林房屋之明暗等，是皆可资吾人之取法者焉。

至于票价问题，则欧洲之许多剧场监督，极力关心于群众之购买力，以其与兴趣乃相呼应者也。故其结果，能尽力使观众满足其兴趣，而又不使其增加过重之消耗与负担。许多学生、店员、工人，其对戏剧之兴趣，本甚强烈。然假定使之一次必须花出大量之金钱，则足以相当抑遏其兴趣矣，又必减少观剧之次数，庶不致因而影响其生计焉。如此，则不但悖于国家经营剧院之目的，同时亦有能使戏剧离开民众艺术立场之危险也。巴黎戏剧界，有类本市梨园公会之组织，其中出售年票，只需花去一百佛郎，或者更少，便可购得一张，任到何家剧院观剧，皆有同样之效力。此票在一周年内，完全有效，盖如此则不但可为观众经济力之稍疲弱者节俭，而各院表演之次序亦易安排，更无特别竞争之事，其□展之程度，亦可以平均也。至于每个人之零星购票者，则一次所耗，即须三十余个佛朗，此其差别，亦云可惊矣。在柏林亦有如此办法，或为收费百分之五十，或为组织一会，缴纳少数会费，即可由抽签而得到优等之座位，以较每次须用十数个马克始换一张入场券者，相去又天渊矣。此其代价，若以较之中国，无论法之三十余佛朗，德之十数个马克，皆在十数元以上，夫然则今日中国票价之索取一元至三元或五元之代价，似亦不为不廉，何必师法欧洲之办法？为是说者，殆知其一不知其二也。以时下之中国社会一般经济观之，则所谓一元、三元、五元之廉者，又何必不等于法之三十余佛朗、德之十数个马克之多乎？故必须采用此种办法，庶几提倡到学生、店员等引起观剧兴趣，而后方不至与社会隔绝。尤其在今日之中国剧界，亦窥破社会上一般之经济疲弱状况，故“平民化”“平民化”之呼声震耳，则孰若早行此法之为愈哉？

（6）原文如此，排版或有脱漏。

记者聆程君之说至此，遂不禁加以反问曰：然则时下程君每次公演之票价，仍有傍人微嫌其高者，何不略将票价减低，即以增高一般工人、店员、学生等观剧之兴趣乎？

程君莞然笑曰：诚然！但鄙人于此，亦确曾有数度之构思也。请君注意适来鄙人所谈法德两国之情形，彼之戏剧团体，乃整个的，一年之内，某人在某剧院公演，已有一定，所售之年票，亦为联合性质的，有此一票在手，则既可观此人，亦可观彼人，无所谓价高者受影响，价廉者占便宜。若我国之剧院，则其票价，乃为人自为政，无一定数目，一家减价，必致群起效尤，而其势仍等于摧残同业也。因社会上之经济疲乏状态，乃为普遍的，社会上之一般民众诚多困窘，然演员亦社会民众之一部分，又岂能经济状况，反人人舒裕乎？案吾国现在各剧院中所售之票价，有一元六者，有一元二者，有九角者，有六角者，有二、三、四角者，有一、二、三角者，既非同在一院先后公演，则亦只好听其如此（非谓不可救药，乃言救济必须从根本上入手，因所开销之大小，亦决难一致），此乃古人所谓“物之大小不齐，物之情也”。今若以角色比较齐整、物质比较健全之班，亦一再减价，则角色不甚齐整、物质不甚健全之班又当如何乎？以鄙人演主剧之秋声社来言之，物质角色，诚然不敢以齐整健全自许，但以较之戏曲学校之公演，自然较胜一筹。使鄙人之秋声社每次出演，亦仅售一、二、三角，请问戏曲学校所售之票价，数字又当如何？鄙人之为此言，并非因有戏曲学校之公演而遂不肯减价，此乃譬喻之词，幸勿误解。原不敢自谓秋声社能胜于其他各班，故只可以本人指导下之戏曲学校为比较也。且物质诚能辅助戏剧之色彩而进展。如最近来京之山西梆子，若张玉玺（老狮子黑）、李子健诸先生，其艺术确乎高超，惟有时受物质之影响（行头破旧之类），因而减低其美化程度，故售价仅一、二、三角，可谓廉之又廉，而上座竟不踊跃。倘使鄙社亦售价一、二、三角，则山西梆子班恐更影响矣。是乃物质进化之问题，其实鄙人之艺术，亦正不如人也。且减价之事，鄙人亦尝为之，时尚在中和戏院公演也。因徇各界人士之要求，曾于某一星期日以半价售票。鄙人又思，方今既承各界人士之热烈重视，是日苟以《弓砚缘》一流飨客，则不惟有愧良心，抑且难免人言之啧啧，于是乃露演《梅妃》一剧。岂知海报甫出，城郊轰动，中和戏院之面积又稍狭小，故后至向隅者，仍有数百人之多。是日星期，各院皆演佳剧，竟受中和之影响，上座多有欠佳者。鄙人目击此番事实，乃不再主张减价，此其本意，即鄙班之人亦有不甚了然者。多以为倘将票价减低，则上座益多，岂不与今之价目较高，而上座有时极少者一样？是殆不知鄙人之本心也。

记者问：然则，类似梨园士（公）会一流之组织，在外国必有重大之权威矣。

程君答：信然！因欧洲之戏剧从业者，其在社会上之地位，本甚优越。柏林之戏剧界，大部皆为大学毕业生，从事于斯，因彼以大学生来作戏剧之活动，较有力量也。有此种种，一般人之视戏剧家，遂如超越寻常之天使矣。当鄙人在柏林，受林德先生等隆重之招待时，因聆林德先生之演词，欲捧鄙人到三十三天以上，心实为之忐忑不安。实则在欧洲之戏剧家，几乎人人如此，无足为奇也。夫以欧洲戏剧家，其在社会上之地位，既优越如是，则似乎各人皆具有其相当之生活力，得用另有一种社会组织以资保障。然彼等对此，乃绝不肯漠视之。反观我国：基于一种传统观念，皆鄙视戏剧为小道，非教育工具，因而对于演员在社会上之地位，亦加轻视，则我剧界同人可不谋一取得相当联络之办法，以资生存乎？欧洲戏剧界之组织，诚有类似于吾国之梨园公会，所不同者，乃有活动之生存。如法德两国，其剧界公会之活动，最为主要，而宜为吾人所效法者，则有如下之三种：一、对于同人失业之救济；二、对于同人之职业介绍；三、办理同人之合作事业，如同人之消费、保险、信用等，皆属之。其剧界公会中，有“失业救济会”“职业介绍所”与各种合作社之个别组织。使每个组织，向各方面而努力，而另以剧界公会之委员会或董事会，为最高之指挥与考核机关，以监督其一切而进行之。关于救济办法，乃凡属剧界公会之会员，每有缴纳百分之五之所得税于会中之“失业救济会”，以为救济失业会员之生活问题准备。至于救济金额之标准，则依消费合作社之购买价格，以决定其最低限度之必要生活，使不致有靡费或不敷。其因疾病或衰老而致长期失业时，亦不能使公积金作巨额之支出，而另有“疾病互助社”“养老互助社”等，以济其穷。其剧界公会会员之由职业介绍而得到职业者，第一个月应缴纳所得税百分之十，除以一半作为失业救济所之公积金外，其余之一半，则入于疾病、养老、信用等合作社，以为公有基金。凡属剧界公会之会员，苟存储其个人私款于信用合作社，其所得之利息，较之存放于外间任何银行，并不减少，而信用合作社，即以此项存款，去谋公共福利。此无异于除直接付利息以外，又间接付其更大之利息于存款人也。在各种合作社中，以消费合作社为最主要。其所供给剧界公会会员之衣服、粮食、燃料、化装品等，固较购之其他之商店，价廉而又物美，且亦能代演员等购买廉价之车票、船票等等。至于剧院之入场券，则更易易矣。又凡演员之以疾病衰老至不能再活动于舞台上时，则亦必就其相当状态下，授以任何一种职务。如能受到某种技术下之训练，即可为生产合作社中之生产者矣。余若精神的生产事业，亦视其相当之技能予以位置（如予剧界公会会员之子弟以教育等），必不听其穷老抱疾而终也。凡此种种，假使吾人亦能学到，则梨园公益会之阵容，立时便能充实，吾人亦更能将在社会上之地位提高，殆无疑义。吾人于此，绝无何等野心奢望，但求如《礼运》所谓之“老有所终，壮有所用，幼有所长，矜寡孤独废疾者，皆有所养”，则至少至少，其功绩亦当较之每年仅只一次之“窝窝头戏”为大至百倍以上不止也。其实“窝窝头戏”之发起者，亦何尝非仁者用心。无如京市之剧业公会，若不谋一釜底抽薪之计，直是杯水车薪，无济于世。如过去世所熟知者，一则曰：主持其事之某君，因会中积金不足放赈，竟将己身之私有房产作抵在外借款矣！再则曰：过去红极一时之某君到会求助矣！此诚可敬可悯。要之皆无为彻底办法下之现象耳。至于外国戏剧家，其对联络工作亦极注意。如柏林之无线电台，常以极重大额之报酬金，从事延请外国著名之戏曲家与音乐家来奏其惊人绝技，而以之广播于全德意志，或更进而广播之于全欧洲。此不仅为使德国人或全欧洲人有聆赏外国戏曲音乐大家奏技之机会，乃为德国人与外国人交换戏曲音乐意见之办法也。反观我国，则外人剧团或乐队亦非未来表演，但其结果则归于彼此失败。何则？在外人之剧团或乐队，彼以长途旅行，所耗资斧，本已不少，故在此所售之票价，当然较昂，至低限度，亦须超过其在本国时之仅售卅佛朗或十个马克以上，而经济衰落之中国人，便因此只好徘徊于剧院门外。于是此一剧团或乐队，亦以难得多数观众而怆然以去矣。在吾人亦因之失掉一观摩参考之机会，甚可惜也。此其唯一之补救方法，只好仰仗政府帮助吾人之力量所不及，亦如德国政府之支出重量报酬于无线电台延揽外国戏曲音乐家之播音焉。

记者问：欧洲戏剧之佳点既如上述，是否其间亦有不适宜于吾国之一般情况者否？敢问。

程君答：当然。欧洲戏剧，亦有确不宜于吾人勉强从事模仿者。例如剧情之内容，一般所谓作风问题，是焉。因时代虽在同一时代，而环境则各不相同，所以剧情之内容，固不可忽略时间关系，尤不可忘记其空间之关系，要知从民族之经济生活与政治典型反映或再现于戏剧上，此犹之幼儿食乳，乃其本能，无所用于模仿外人也。而且作风之不同，不但随国家或民族而异，且随作者之生活与心境而各别，自然与人相同，固无不可，若勉强以学别人，则为徒然束缚自己、消灭自己而已。考中国戏剧，本有许多固有优点，欧洲人近且欲学吾人固有之优点，以期对其国内之戏剧加以改善，而吾人反有不满意于中国戏剧，看成绝无一丝半毫之长处，而以为非将西方戏剧搬来代替不可，是诚可为浩叹者也。使此辈假定能知西方之戏剧家，正在研究与采用中国戏剧中之若干物品，以助其表演实力，则彼亦当为释然矣。又何敢舍己之田，芸人之田哉？因中国戏剧，历来不用写实布景，此乃一般醉心欧化之人士所用引为遗憾者。彼以欧洲演剧，皆用壮丽伟大之布景，以为之烘染。然布景虽佳，终不能及大自然。于是在科学考验之下，仍被发现无可弥缝之缺陷。以此，历来未曾用过写实布景之中国剧，遂为欧洲人所惊奇矣。兑勒先生，曾以最诚恳之态度，对鄙人云："欧洲戏剧，与中国戏剧，皆自有其本身上之缺点，故俱应加以彻底之改善。但中国如欲采用欧洲之布景，以改良戏剧，则无异于'饮鸩止渴'。因布景为欧洲戏剧之缺点也。"来因赫特，亦曾对鄙人谈及，谓：“假定在可能以内，最好乃为不用布景，只借灯光之威力即可。不然，欲用布景，亦只好用中立性者。”来因赫特先生此言，颇能自行其志。因欧洲人士，无不知来因赫特之《奇迹》与《省迈伦》(Sumurun)之背景，皆为中立性者，与我国舞台上之紫色或灰色的净幔，为同一效果也。当鄙人将本国所有之净幔告兑勒、来因赫特及许多欧洲之戏剧家时，彼等皆曾表示意外之倾服羡慕。至于赖鲁雅先生，则更极端称许，认为此乃改良欧洲戏剧之门径焉。尝考提鞭当马、搬椅作门，以至于开门上楼之一切一切，在国内曾经有人攻击，以为乃中国剧之最幼稚部分，然欧洲则有若干人以为此乃中国戏剧最成功之地方。例如鄙人去岁在某一小剧院中，见一有名之戏剧家，对鄙人言：彼等能以木凳代马，以棒槌击木凳，即表示马在驰骋。兑勒亦曾提及此种办法，而以为是乃可珍贵之写意表演。此外如赖鲁雅、体金，许多人皆有同样之意见。鄙人屡以中国之办法，告知彼等，赖鲁雅、郎之万、裴开尔……许多曾经在中国观剧之学者，亦数将吾人表演之方法告知其本国人，彼等辄以极其折服之神气，而承认吾国之马鞭为一匹活马，比较其以木凳替代者强多多矣。《小巴黎报》之主笔，亦以最惊奇之态度对鄙人云：“中国戏剧，已经进步到写意的演剧术，是已富有极高之价值，君尚何为来吾欧考察乎?”敝人乍聆之后，以为不过一种外交辞令，后闻欧洲许多戏剧家言皆如此，始信非誉言也。至于“脸谱”一项，亦吾国至美之艺术。其以各种线条、颜色施于人之颧颊，不但从方法上可以示出人之个性，抑且能补足人之面部天生凸凹宽狭缺陷。乃吾国少数好为高论之人士，亦往往对之加以非难，谓为不似真人肌肉，此实刻舟求剑，不明事理者也。鄙人在欧洲时，兑勒曾向鄙人索去许多脸谱，在鄙人初意，亦认为此非以之陈列于某所，或拿去作为某种参考而已。及后来被邀往观欧洲名剧《悭吝人》时，竟于其中发现一登场角色，其脸□□而红，一望知为乃红色所涂□，绝非西方之天然棕色者明甚。由是乃知欧洲人方在模仿我国之脸谱也。因之“脸谱乃一种图案画，在戏剧上之象征作用有时能与灯光生同一效果”之声浪，在德法两国，已有多数之戏剧家，同具此种意见矣。鄙人于此并不敢说脸谱之必须采用，亦不敢说脸谱之必不可废，更不因见欧洲剧中之有一红脸人，便持之以为主张脸谱之论据。在鄙人之意，只觉反对脸谱论者，并非具有绝对理由，因反对脸谱而连带排斥中国戏剧者，更非具有绝对之理由也。

记者问：程君本身，是否对戏剧中之脸谱感有兴趣。

程君笑答：若就鄙人之私意，则对脸谱乃极端感有兴趣之事焉。君如不信，可以一事证明。

程君言至此处，因取出一簦面见示，鄙人谛视，乃为集锦书画，所有诸动笔者，皆为梅浣华、王瑶青、余叔岩、尚绮霞、杨小楼诸先生，名贵之至。而背面有脸谱四，一为红脸，一为金皴间彩之“金兀术”像，细腻生动，斑斓灿烂，乃为侯霭如（喜瑞）氏所绘。又相距在数股素纸以外，有脸谱二，一为水白色，蛇纹蚓皱，蜿蜒曲折，阴伏奸藏，对人欲语；一为水白地而以墨绘欹邪，又有软紫飞刺。一见之下，似曾相识，及观其款识，乃张玉玺老狮子黑也。因知程君不但对于脸谱异常嗜爱，即其对于艺术之立贤无方，不分畛域，亦为时下名伶之所罕见者焉。此二脸谱，似一为曹操，一为《匕首剑》之荆轲，大约皆为最近所亲绘者，因对程君云：观此足征先生之对脸谱为极端感有兴趣矣（采访人附正：七月二十日本栏所刊侯喜瑞君为程君所绘之脸谱，乃《金钱豹》孙悟空，张玉玺君所绘乃一须贾、一荆轲，特此附正）。

程君续谓：“独白”，在吾国之戏剧中亦为普通最习见之事，如“报家门”“打背供”等均是。此又曾受若干人之重大攻击，以为不近情理者。此若案站在“对白”之立场上来从事攻击“独白”，理由似极自然，不足为怪。然“独白”一事，的确非止中剧有之。如巴黎某女演员所演之《夜舟》一剧，本为话剧，而又为一人所独演者。故其中亦只有“独白”，而绝无对话。苟有人焉，以吾国之有“独白”者为不近情理，彼又庸知在此《夜舟》一剧中，“独白”以外，绝无对白乎？关于此事，虽非巴黎某女演员在学吾国剧中之“独白”，然亦可见欧洲戏剧之非绝对排斥“独白”也。鄙人尚有谬见，愿附于后。即以后之新创作，在可能状态以下，不用独白，此尚无不可。若绝对排斥“独白”，则又非是矣。此外尚有一点，即所谓之“舞术问题”是也。考中国剧中之舞术，与中国原来之武术本有极深切之关系。因中国舞术，昔分“文舞”“武舞”二种，“武舞”即以朱干、玉戚等象征战争。然演变至后来，其舞的器械，不必另有所制，如“刀”“剑”“棍”等之武术器械，即可直接为舞的器械。此见于古人之所歌咏，如《军中宜剑舞》《公孙大娘舞剑器行》等，此亦夫人而知之者。拉斯曼先生，曾主张改太极拳为太极舞，足征欧洲人士，对此根源于中国武术蜕化而成之舞术，确乎有同意焉。故基于此项意见，吾人此时应将中国武术，完全化而为舞术，皆成改“太极拳”为“太极舞”之类，不可使武术直接表演于戏剧中。

记者问：所谓使武术直接表演于戏剧中者，何谓也？

程君答：如外江戏中之真刀真枪、廿四把大刀之类，皆所谓使武术直接表演于戏剧中。此等不但难使外人见之，即吾国所谓之“京朝派”者，又何尝非鄙不肯为乎？

记者问：是则然矣。惟程君所言之“此时应将中国武术，完全化而为舞术”，其势恐将有所难能，而为事实上之不许可。

程君答：此乃切要工作，固知此时使中国武术完全化而为舞术不无相当困难，但鄙人于此已略得其门径，且有过去之成绩存在，鄙人愿为先生试举一例以明其可能，而非徒唱高调也。

记者问：是证云何，请程君加以指示？

程君答：此证非别，即戏曲学校之《平阳公主》是也。因《平阳公主》一剧中，颇重舞术，而其指授之者，则为国术家高君紫云。其平阳公主所舞，名如意双钩，乃其他剧中之所绝无者。按钩之为物，四锋八刃，在舞术中最难运用。剧中以为舞器者，尤仅此一剧。是即高君采用国术中之“罗汉钩”法，乃以武术为舞术之第一证明也。又如柴绍所舞之乾坤剑，亦案国术中之本家着法以为解数。至于平阳公主与柴合舞之对击剑，则由高君精心指授，系自太极、乾坤、罗汉三种对击剑法融合而成者，是知其事亦不甚难也。故鄙人始终认为此系当务之急。至于以西洋舞术参加入中国剧内，虽非不可能，而日前似尚无此必要焉。综计鄙人对于改良中国戏剧之建议如下：（一）国家应以戏曲音响（乐）为一般教育手段；（二）实行乐谱制，以协合戏曲音乐在教育政策上之效果；（三）舞台化装，要与背景、灯光、音乐一切调协；（四）舞台表情要规律化，严防主角表情之畸形发展；（五）习用科学方法之发音术；（六）导演者之权力，要高于一切；（七）实行国立剧院，或国家津贴私人剧院；（八）剧院后台要大于前台，完成后台应有的一切设备；（九）流通并清洁前后台之空气，肃清剧场中小贩与茶役之叫嚣；（十）用转台必须具有来因赫特之三个特点；（十一）应用专门之舞台灯光学；（十二）音乐须运用和义（声）与对位法等；（十三）逐渐完成弦乐主要之音乐；（十四）完成四部合奏；（十五）实行年票或减价优待观众之办法；（十六）组织剧界失业救济会；（十七）组织剧界职业介绍所；（十八）兴办剧界各种互助合作社；（十九）与各国戏剧音乐家联络，并交换沟通中西戏曲音乐艺术之意见。以上皆为鄙人一得之愚，常愿供献之与同人者也。惟鄙人对任何事件，皆主张作去，必须彻底，庶几行之而［去］此流弊。如场面之以纱屏遮蔽，此的确为改革国剧之一初步办法。然此种仅能宜于冬令，攒簇多人，且可取暖。反之，际此蕴隆时会，使多人骈坐一起，则汗气蒸腾，实欠卫生。故必须以□扇等物为之补救。今既无此设备，则亦只好听其出外而已。

记者曰：饫闻程君高论，遂觉以武术为舞术，其事本非甚难，特人皆不肯有此勇气先加尝试耳。闻程君舞剑之术至工，当亦得力于此，逆料昔时名流题咏亦必不少。

程君答：鄙人过去曾有不少种舞剑法，皆商榷于高紫云先生者。彼时虽未敢创为此论，而在个人则一向本此以下功夫也。至于名流题咏单及本人舞剑者，亦复不少，可谓珠玉琳琅，增色匪浅。惟鄙人若一一述之，恐有“老王卖瓜，自卖自夸”之嫌。

记者曰：此鄙人发问，程君何太客气？

程君遂以樊山老人之《雪中观程郎舞剑歌》一篇见示(7)，传观既毕，程君复曰：时鄙人甫二十余，樊山老人此作，非所克当之至，惟其提挈后进之心，则与瘿公先生等后先同揆，可感之至矣。今日谈及此歌，乃见此老生前之奖借，无非提挈后进，非敢遂以诗中之美词，居之不疑也。

(7) 原文以下抄录樊樊山《雪中观程郎舞剑歌》，此处从略。

记者问：程君之太极拳，今尚用功如前乎？

程君答：刻下仍由高紫云君继续指导不辍，惟遇有排演新剧，或其他杂件较繁时，乃暂停止。然非十分无暇晷时，必不肯轻于停止，以免亏此一篑之功也。

记者问：闻程君雅善书法，是不但工于舞剑矣。敢问从事研摹何体？

程君答：乃《张猛龙碑》，因其体力圆峭，瘦硬通神，故时时习之，此不但鄙人敢于胡乱涂抹，即鄙同人吴君富琴亦能工此体，盖相处既久，遂不自知习与俱化耳。

记者问：观程君之书法，极类瘿公先生，是否即为瘿公先生所授。

程君答：然！鄙人之作字，固非由于瘿公先生指授，不能得有今日也。惟起首并非临帖。

记者问：起首并非临帖，岂能得此成绩。

程君答：瘿公先生教授鄙人作字，乃命将先生与鄙人之书信，□纸于上如描红模，凡波磔勾勒，即照猫画虎，久之虽不必摹先生之原函于下，亦渐能成字矣。

记者问：瘿公先生之书法满天下，即以装潢成帖亦不为过，何用模仿其书信？

程君答：一来迩时鄙人尚不够临帖之程度，二来鄙人未习为文，即尺牍之学亦乏常识，故先生教以□纸于信上，兼亦习其词翰耳。

记者问：瘿公先生之墨宝，程君处必多存者。

程君即指北壁所悬一长幅曰：此即瘿公先生，于鄙人二十生日，所书之经也。字画端凝，气象整肃，十数年来，绢采墨晕，依然若新临池。此外尚有鄙人十八岁生日时，先生为书之经，笔意较此尤胜。

言下即欲为觅，记者因恐倒箧移奁，妨碍谈话之时间，即请止之。因问曰：程君亦尝书经乎？

程君答：曩于瘿公先生撒瑟以后，曾追念先生维持提挈之恩，每隔七日，辄以朱字写《金刚经》一部，向空焚化，以祈先生冥福，然惟尽此蚁忱而已，若书法则实不足称也。

记者问：夙稔程君能诗，亦尝吟咏否？

程君答：鄙人文且不工，何有于诗，此殆外间之误传也。

记者谓：不然，程君之诗，虽不常作，然绝非不能作者。

程君乃答：实只乙丑春际，有与金悔庐先生一书，附以小诗，题曰“怀瘿师”，俚鄙不文，未足以言诗也。

记者固请，程君乃为诵曰：“明月似诗魂，见月不见人。回想伤心语，时时泪满巾。西山虽在望，独坐叹良辰。供影亲奠酒，聊以尽我心。恩义实难忘，对月倍伤神。”此乃一时怆怀，拉杂堆砌，实不足以言诗也。

记者又谓：昔于某处曾见程君挽瘿公先生之联，词旨恺切，惜已强半遗忘。程君即书示之：“当年孤子飘零，畴实生成，幸邀末艺微名，胥公所赐；从此长城失恃，自伤单弱，每念篝灯制曲，无泪可挥。”信佳构焉。

记者问：瘿公先生为程君所编之剧共有若干出，并希望程君以个人之独有剧，撮要见告。

程君答：鄙人新剧，计有《梨花记》《花舫缘》《玉镜台》《红拂传》《风流棒》《鸳鸯冢》《赚文娟》

《玉狮坠》《青霜剑》《金锁记》《孔雀屏》《碧玉簪》《聂隐娘》《文姬归汉》《沈云英》《斟情记》《朱痕记》《梅妃》《荒山泪》《春闺梦》《亡蜀鉴》，尚有一始终未演者，即《小周后》(一名《南唐恨》)，最近尚有编排中之《燕子笺》。上述诸剧，瘿公先生实绝笔于《青霜剑》，故其属事比词之悲怆有异乎寻常者，此亦《中庸》所谓“动乎四体，发乎蓍龟”者也。以后各剧，皆由金悔庐先生为之，惟《燕子笺》则由吴幻荪先生所编，但鄙人存本而未演之剧，多不止此。盖鄙人每阅书至一故事，觉其可以编为戏剧，即延聘名家(如已故之清逸居士等)代为编纂。惟编成之后，又往往未符鄙人原意，即暂搁浅。如《聊斋志异》之《陈云栖》，鄙人即曾延聘某公编制，乃脱稿之后，未惬原意，即予搁置矣。

记者问：瘿公先生生前手编各剧，以何出最费脑力，且最得意？

程君答：当梅师享盛名后，所排新剧，多为唯美舞剧，而注重其情节之曲折者，尚未暇及，而瘿公先生，乃利用此良好时机，为鄙人所编，无不趋重人情曲折，如《玉镜台》《风流棒》等，人弃我取，遂使竖子成名，兼之亦为后来之编剧者，开一不二法门。先生尝言，所编各剧，以第二次之《花舫缘》，最费脑力。其叙唐伯虎与申飞云之姻缘缔合，如七襄锦，如五铢衣，极尽惨淡经营之能事，无如台下观众，对先生之布局穿插，未识苦心。先生得此经验，此后编剧遂亦改弦更张，多就梨园之固定程式中讨俏，而台下反大欢迎之。后先生与鄙人谈及，亦未尝不抱“大好大丑，小好小丑”之憾焉。至于悔庐先生所编，则以《文姬归汉》《荒山泪》《春闺梦》为众口称赞如一之作，非鄙人之私言也。

记者问：《小周后》一剧，其本事有无所本？

程君答：此剧中之本事，凡《盛世鸿图》（演宋太祖下南唐事，《竹林记》“火烧于洪”即出于是）、《寿春图》（演刘仁赡死节事，即富连成社所演之《南界关》《战寿春》），皆与无涉，以其去事实较远也。惟余聿云作之《量江记》，则略有采摭，因头本中之剧目有“清净寺拈香礼佛，樊若水设计量江”一出也。兹请述其头二本节目如下：“大臣议礼聚讼盈庭，后主迎婚观者如堵”；“劝崇节俭，张宪进忠言；旌奖直臣，周后知大体”；“清净寺拈香礼佛，樊若水设计量江”；“天子无愁，设宴移风殿；进士献计，筑塔采石矶”；“宋主图南先徽陪祭，徐铉使北徒托空言”；“澄心堂擅作威权，潘佑擅首；锦洞天强为欢笑，周后伤心”；“曹彬兴师池州不守，徐铉复命江南已危”；“贤后念乱婉劝临朝，张洎蔽聪果然误国”；“杀皇甫继勋，事已无补；住净德尼院，坐以待亡”。以上为第一本书，尚有第二本，则为“江上舟沉，朱令赟刎首；宫中火起，黄保宜焚书”；“觍颜事仇，徐铉劝驾；临难不苟，周后阻降”；“开门舆棕国亡家破，渡淮祭塔泪竭声嘶”；“故国堪悲，郑文宝同情薛九；王心已荡，宋太宗先纳乔妃”；“低唱新词无聊载酒，潜行秘计有意移花”；“青衣行酒耻所不为，金殿抗婚矢之以死”；“杯中赐鸩，南唐故主悟阴谋；阶下殉身，法眼禅师传偈语”。后以角色关系，未能上演。此外尚有演过一二次之新剧，如《陈丽卿》《费宫人》等，即本人亦难记全矣。

记者问：程君所演各剧，普遍地以何剧最受欢迎？

程君答：各地情况，略有不同，若以普遍言之，仍为演《金锁记》。因此剧不单在京，即沪汉亦然。曾有一次，鄙人在沪演剧，日期本定为二十天，而《金锁记》竟演至七次之多，核之已占三分之一时间矣。故知此剧为普遍的受欢迎也。

记者问：程君亦曾演老本戏乎？

程君答：曩曾与瑶青先生合演《梅玉配》，铭鄙人饰苏玉莲，受惠于瑶青先生者綦众，迄今追思，尚感于五衷，而鄙人于此剧中处处受瑶青先生之指导，无一处不精彩，无一场无神气，今虽欲再事排演，亦恐难如彼时之精彩也。

记者问：程君与瑶青先生合演之《梅玉配》，视今有无不同之处？

程君答：亦无大不同，惟玉莲扮相，现在之演者，多为旗装，不但“过礼”“治病”时为旗装，即放火逃走，住黄婆店中时，亦仍着旗装。鄙人演此，受瑶青先生之指导，“过礼”“治病”诸场虽着旗装，而放火逃走时则穿女褶子，帕打头，此种不惟有许多身段，非旗装所能使，而且玉莲逃走，必须改换汉装，亦以住于黄婆店中，免得傍人生疑也。此乃与今比较不同者，余尚无异。

记者问：程君对《梅玉配》一剧，有何意见？

程君答：一时代有一时代之作风，《梅玉配》一剧，其作风与今较异，所以亦不敢云有何意见。惟对其马桶上台一事，实不敢表示赞同。大约当日编此剧者，为贪小生——徐庭梅——可借此做出皱眉瞪眼、咧嘴龇牙之神气。不知此物欠雅，令人见之，即欲作呕。况今之住户用马桶者已少，青年见之，几不知为何物，又何必以此古物在剧台上作为周鼎商彝乎？《花田错》之春兰吓卞玑时亦然，鄙人皆主删而去之。

记者问：闻程君藏有昆曲钞本甚多，可为稀世之珍，敢问来源所自。

程君答：京师昆曲名家，藏本最多者凡三家：一为曹心泉先生，一为方星樵[8] 先生，一为陈嘉梁氏，鄙人所得则陈氏遗物也。原陈氏欠某家之债约数百金，即以此物为抵，共计三大包袱，涂乙行草，淋漓满纸。后嘉梁先生物故，其家人向某宅中索此，谓所值尚巨，非数百金所能乐售。某宅乃加以检视，将其完整者扫数抄誊，其余则以电话唤鄙人去，说明此事，并令鄙人全部留置，其性质颇含慈善作用，因嘉梁先生作古，身后甚萧条也。鄙人乃以二千元易得，然始终未能详加检视。后因魏匏公先生夙嗜昆曲，曾假去一部，年余送还，附函亟道其可珍贵，惟憾其残缺者太多。乃适有天幸，鄙人卒又配得全璧矣。

(8) 原文作“方星桥”。

记者问：闻程君言，此书既多孤本，何又容易配得全璧？

程君答：此事甚巧，因鄙人在沪演剧，适陈嘉祥氏又殁于沪。嘉祥为嘉梁之三弟，工于昆曲小生，身后又有一部剧本，亦以景况萧条，其家属遂挽友向鄙人恳求收买，因为数无多，又以三百元成交。及经检阅则大喜过望，盖嘉梁先生所缺之本，皆在嘉祥先生处，无意中遂配成完璧矣。此物后来曾有某方愿出代价六千元请鄙人转让，在鄙人本意，绝不愿以此牟利，至负陈氏昆仲于地下，遂谢绝之。此物已逐渐装潢成书，并由杜颖陶先生编为书目，惟仍繁多，未能一一涉猎，容稍有余暇，当请一二同好，代加检核，如发现其中有能翻为皮黄者，即将翻为皮黄，亦由鄙人从事公演，此意亦非射利，所以传当日作者之苦心耳。

记者问：此种剧本，是否以旦角戏为多？

程君答：是则未必，若作最后统计，恐终以生角剧为多也。

记者问：程君游欧之经过及感想既已述竟，敢问对于现在之国内剧界情形，有何观感改革？

程君答：此所谓“治道去太甚”者，然而已大难矣。近日本市观剧人士，似又有一种新的趋向，在老先生辈则喟然慨叹，以为是“奖人作恶”，鄙人则不敢作此言语，惟渐觉向来接受师友之批评指导，昔日卖力即得彩声之处，今皆无效，而近来观剧人士对之大加揄扬者，又多出演员本人之意外，故从先演剧可以预保上座成绩，今则亡人瞎马，凭天撞运而已。是种奖恶之风气，吾侪忝居演员，不敢轻言应加纠正，若夫终日评剧诸君对于此种恶风，万不可放弃纠正天责，庶几挽回狂澜，作砥柱之中流。

记者请程君举一事以为之证。程君答：譬之从先演《穆柯寨》。饰焦赞者于形容穆桂英之走，向小生曰：“我学一个穆桂英走给你瞧瞧!”只需婀娜翩跹，台下亦可报好。乃近来必将演员之名字提出，以为时髦。如饰穆桂英者为芙蓉草君，则曰：“我学一个芙蓉草走给你瞧瞧!”饰穆桂英者，如为吴富琴君、魏莲芳君亦然，而台下必以此花脸能“抓现哏”大加捧场，不知此既破坏剧之庄严，而又丧失演员互相尊重之规律。推之它剧亦然，如《女起解》中之“□□□[9] 的干爹”，亦竟成为老例，其弊未始非由观客成之。

(9) 原文如此。

记者曰：程君题论极是，无论观剧者与戏评人，与演员，皆当奉为圭臬焉。然其弊亦有乃由内行自作者。

程君答：是亦有之，如“饮场”一事为吾国所独有，以为润嗓之用也。然外国话剧，有时一幕能自至四刻钟，无论中国剧任何唱词之多，亦无其费嗓者，何以不闻有“饮场”之一说。况即以唱工多论，大段唱工亦绝［非］无过门者，过门中即可小事润浥，又何必非以水润乎不可？如鄙人曩演《二进宫》时，左右各一把小茶壶，鄙人乃严戒跟包，绝对不可再为鄙人饮茶，以免有“三人三把茶壶”之诮，然即此已闻有人以“三人两把茶壶”讥之，实未免于人言也。且过去饮场尚有固定之时刻，近来则想饮即饮矣。如《贺后骂殿》一剧，贺后大骂时，饰太宗者虽无事，亦应正其衣冠，尊其瞻视，及贺后唱完，饰太宗者唱“自盘古”一段，贺后虽无事，亦应平气静听。今则不然，往往贺后唱时太宗饮场，太宗唱时贺后饮场，鄙人极反对之。

记者问：以程君之地位，对于配角随意饮场似可以禁止，不知程君亦尝实行否？

程君答：敝人前已言之，演员须互相尊重，秋声社既非科班可比，任何人皆难互相约束，故敝人对于各同人之饮场与否，实属无法干涉。惟交谊较厚者，则可以劝正之。如《王宝钏》一剧，其代战公主一角，无论如何，当然亦无饰王宝钏者费嗓，前与某君演此，至《大登殿》时，某君之代战公主唱毕，鄙人接唱快板，即世所公知之“王宝钏用目来观看，代战女打扮似天仙”一段，乃代战公主此时倏然向其跟包人要茶饮场，鄙人心颇不怿，然彼已饮呷，只好默然。及后又与某君演此，鄙人乃事先告知某君之跟包，谓不可与之饮场，其跟包人嗫嚅曰：“他在要呢！”鄙人则曰：“要亦不可给他！”演后鄙人与之谈及此事，某君人本明哲，又与鄙人私交甚笃，颇不以鄙人之言为忤，及后再演此剧，遂亦不饮矣。然此亦由于与某君平日私交綦厚，且过嘲噱，否则其不闹僵者几希。但扰乱观众之视线，不止饮场，检场不熟，亦易妨碍演员之表演。

记者问：何谓也？

程君答：此种甚多，不胜枚举，姑仍以《王宝钏》一剧例之。如《大登殿》薛平贵唱“二梓童搀岳母待孤拜见”时，其老旦应以手中之龙头拐杖隔椅捅王允一下，王允回首，老旦指心做得意状，此点形容人之心理，本来淋漓尽致，亦足为世之贱贫爱富者戒，所谓“种瓜得瓜，种豆得豆”，虽下意识，要为旧剧中之优点。然此时之检场人例扔垫子，所以为须生下跪时用也。但此检场人如为老于职务者，必从右首扔垫，故老旦之以拐杖捅王允时，台下观众能明若观火。假令此检场人无此经验，故从左首抛垫，则所有老旦之得意神态、王允之倔强傲睨，乃统被其所搅矣。此例绝不止于《大登殿》，更如《审头刺汤》上大帐子，必须于雪艳唱【倒板】时收拾完毕，此事虽小，却有关系。因雪艳出场即接唱【回龙腔】之“脱下了素衣又换新”，继以“老爷呀”之一“哭头”，正见感时抚事触目伤情，致得一唱三叹之神理。若突于此时跑上两便衣人，踉踉跄跄上大帐，则所有哀婉肃穆之情绪，被其搅散无余，以下之【三眼】，虽再如何卖力，恐亦无补矣。

记者问：闻程君之论检场人，可谓动见垣方，心思极细。惟现今辅佐演员之艺术逐见减少，未识程君亦注意及之否？

程君答：诚如尊论，如不洒火彩，即其一事也。过去国剧中之火彩，有“盘香道”“满堂红”“十二连桥”“月亮门”等名色，今则日见其少，而往往互相替代，此实国剧艺术退化之一事。盖不洒火彩，有时影响剧情。如《连营寨》一处（出），若不洒火彩，尚有何情理之可言？其刘备之种种身段，不亦成为疯人乎？

记者问：外埠各戏院之不洒火彩，相传为防火警之故，不知确否？

程君答：此则不知。惟火彩以松香末燃着，断无可以发生火警之理。但外埠乃以火酒喷燃，此则不敢云可保险，或者有此因噎废食之事亦未可知。若知鄙人愚见，则此等技术乃万不可以言废者，以其足以帮助演员之表演，亦甚美观也。

记者问：近日报载程君将从李子健君学一出梆子戏，其事有无进展？

程君答：此事确然有之。因动机乃在鉴于各种戏剧之与皮黄不同者，第一即在音乐有异，故欲采撷别种戏剧之长处以入之于皮黄，须先明其音乐，有此一层，所以鄙人对于翻改秦腔使为皮黄一事，不能不加以慎重。前此承师子敬先生以《忠义侠》剧之脚本慨然相赠，鄙人非不愿为皮黄立时上演，惟既未见原来之表演方法，即贸然翻改，亦未必能存精去粕，以此迟迟。当玉盛社来此时，曾拟烦演此剧，讵料以角色之关系，亦难实现，故鄙人欲请李君指导一剧，其先决条件，即要“身段繁、锣鼓多”是焉，至为何剧，鄙人实心无适莫。外传《蝴蝶杯》种种，不得谓之事实，亦不得谓之非事实，要之，皆在拟议之中，今大致已决定，将为《赠剑联姻·百花点将》。此剧陈漱云先生（德霖）与王楞仙先生本在皮黄班中以昆曲路子演过，鄙人将于暑期休息中加以研究，惜《燕子笺》本亦在翻改排演，时间无多耳。

记者问：从先程君亦看过山西梆子否？

程君答：鄙人去岁赴太原即非为演剧，乃考察当地之戏剧，惜以时局关系，未竟全功，所见如《凤仪亭》《铁冠图》等剧。《凤仪亭·小宴》，吕布正戏貂蝉，王允蓦上，小生因觉难以为情，只得装醉，将头一低，做出鬼脸，其冠缕即自动下移蔽面。《铁冠图》之崇祯帝，能从桌上硬僵尸、铁板桥着地。类此者皆极难能，所恨来去匆匆，未能多事观摩也。

记者问：程君在外表演，时作旅居的生活，敢问各地演剧之概况有无与此地异者？

程君答：惟在四川时，其演剧之时间，与京市截然不同。因在四川时，每日日场，为上午十时开戏，十二时止戏，鄙人之全班至彼，乃变通成例，改为下午一时止戏。若有夜场，则下午七时开戏，九时止戏，而同人等散戏卸装后安寝，不过下午十二时，反觉舒适异常。

记者问：时间如此之短促，若遇大本戏又当如何？

程君答：大本戏直不能演，所演多为旧剧，曾有一次公演《龙凤呈祥》，自“甘露寺相亲”起至“回荆州”“芦花荡”止，即此一剧，时间已足，别无再演一二出帽儿戏之功夫也。然此行于川剧亦少得领略，鄙人所演之《亡蜀鉴》，即有采撷蜀剧《江油关》之处，亦差堪自慰矣。

记者问：程君之妙腔名满天下，故各地皆来延聘，程君亦不遗在远，究竟其妙腔之秘诀安在？

程君答：阁下此问，殊使人难以应对。原吾国演员之养嗓初无善法，更无保护发音器官之正确设施，则人之嗓音遂因之各异。鄙人之嗓，常生一种漫音，或名之曰“刚半音”、曰“鬼音”，此为鄙人特殊之音带作用。当鄙人曩于宣南魏染胡同寓居时，日往请益于瑶青先生，时更与陈子芳诸君，共同研讨。不过瑶青先生因材施教，后来小试新声，聆者或悦其异，嗜痂者多，乃遍行于宇内。评剧界诸先生因之亦各有所见，或者以为宜于悲剧。夫“华周杞梁之妻善哭其夫而变国俗”，此乃俗因之变，非“华周杞梁之妻”故意哭夫而求其变也。究其妙旨，仍不外乎“控纵抑扬”四字。倘世之同好不弃，肯赐模仿，则请于此四字加之注意，竭力研讨。有刚半音者可，无刚半音亦可，有鬼音可，无鬼音亦可，是必能成功无疑。当鄙人乍试新腔后，尚有一趣闻。因《六月雪》“送饭”一场，从先皆唱二黄原板，自鄙人改唱三眼后，有某先生之琴师，亦老先生也，竟大不高兴，曰：“自来《六月雪》即唱二黄原板，他们生要唱三眼，我偏不信，得找他们问问这唱二黄三眼的胡琴怎么拉？”后真来觅鄙人，质问二黄三眼之如何拉法。时为鄙人操琴者乃王少卿先生，及见此老先生来问，遂原原本本，当面演奏，某老先生始无言而去，自此某先生之《六月雪》遂亦改唱三眼矣。

记者问：程君对于配角之选择主张何若？

程君答：是亦极重要之问题，断断不可忽视者也。如鄙社从前演《红拂传》，以侯喜瑞君饰虬髯公，自然煊赫一时，无美不备。至于杨素一角，多以为是不甚重要之一角色，遂由花脸底包承乏之。不知杨素在此剧中虽非要角，但平昔亦有身份，且红拂与乐昌公主等皆对之而舞，是杨素以一身而与两主角（红拂、李靖）同场，主角愈佳，相形亦愈见绌，因之减去剧中之美不少，故其后于杨素一角，亦加意支配，不敢再以花脸底包充饰之矣。姑举此一出戏为证，余者亦可类推。

记者问：程君亦常到戏曲学校指导一切乎？

程君答：因校务现有金校长总持于上，诸同人同舟共济，各努力于全校剧务之发展，故觉本人无常去之必要，但遇有必要时，鄙人亦可前往，总之，皆须视事实上之需要与否以为转移。惟校对于以前之进行方针，有所纠正，此又可为先生告者。因戏曲学校从先之进行方针，乃使各科平衡发展，如演剧之成绩得六十分，其国文、算术、英语等，亦须严加督课，使之同得六十分之成绩。但此种办法不无错误，因从事戏剧者，必须职业化，然后方能有所成就。国剧一事，又绝非容易演习者，戏校所谓平均成绩之办法，适足妨碍其对戏剧艺上之进展。因案照中国古训所谓“艺之精者不两能也”，况戏校所谓之各科平衡发展政策，结果仍不能平衡发展。

记者问：何谓也？

程君答：戏校之剧艺，他校独皆无者也，而各门功课，则各校所共有者也。能与戏校之剧艺得同一分数矣，亦岂能与其他各校共有之功课亦得同一分数乎？截长补短仍不如人，而剧艺方面亦“五谷不熟不如秕稗”矣。故自今年度起，完全以剧艺为先务，其他功课，亦不因噎废食，如此，庶几能完成保存剧艺之本旨焉。况戏校既冠以“戏曲”二字，则戏曲正其特征（从前本名“专科”），亦不得以编（偏）重讥之也。

统计是日记者与程君之谈话时间达三四小时，程君能始终端肃不倦，足征修养有素。溽暑蒸人，爰与为别。归来甫出什锦花园，则夹道电炬皆灿放磷光矣。

老旦

龚云甫

采访人：林醉陶（一得轩主）

原载1930年4月20—24日《全民报》（北平）

前日（十八），轩主赴崇外三里河鞭子巷二条四号，访问龚君云甫。龚君宿病新愈，精神矍铄，虽年近古稀，谈话逾二小时，而仍未见倦容，乃孙涌泉君，殷勤招待，临行时，龚君赠以最近肖像及戏像各乙，兹录其谈话大意如次。

演戏经过 余（龚君自称，下同）现年六十九岁[(1)]，北京人，幼业玉器商，学琢玉手艺，在廊房二条宝珍斋玉器铺服务，但性耽歌剧，公余之暇，常学唱以自遣。当二十余岁时，陈三爷毓成，在元明寺组织票房，邀余加入，以后遂时在该票房玩票，习须生兼老旦，然尚未粉墨登场也。[(2)] 及三十余岁时，老乡亲孙菊仙，主持四喜班，对余极力提携，邀余加入。[(3)] 当时票界与戏班，界限极严，票友入班演唱，已属困难，而拿戏份更不容易，余之加入四喜，实孙君提掖之力也。既而孙君以余嗓窄，不宜唱须生，劝余专学老旦，余极然其说，自是不复再演须生，而专演老旦矣。[(4)] 未几，随孙君入宫供奉，每月俸米二十担，俸钱二两，凡遇演戏时之赏钱，每次十二两，老佛爷（指慈禧）爱屋（指孙菊仙）及乌，皇恩优渥，赏赐极厚。[(5)] 旧例，入宫供奉，每月初一、十五各一次，且常有临时加戏，故凡入宫供奉者，必日夕在京，不敢离开一步也。庚子后[(6)]，供奉者咸星散，余始赴沪[(7)]，出演于天蟾等舞台。迨后北返，恰刘鸿升在广和楼组织鸿庆班，力邀加入，遂在鸿庆演唱半年余。[(8)] 鸿升是次组班演唱，原为养众主义（轩主按："养众"为梨园行话，即维持二路配脚，以及文武场众人生活之意，每日演戏所入之款，除零杂开销外，即先开发配脚及文武场众人之戏份，至于台柱数脚之戏份，则俟众人戏份开销后，再就剩款多少分发也，最近尚小云在中和演唱数月，即养众主义之办法，此种主义，为梨园中人戏德之一），故逐日演唱不辍，戏佳价低，上座尤为踊跃。(9) 当时所演各剧，犹以鸿升与余合演《金水桥》一戏，最受欢迎，唱必满座，至于加凳焉。迨鸿升与余，受聘相率赴沪，而该班遂散。再返京后，与谭鑫培、王瑶卿、陈德霖等，出演于京中各戏园，为时颇久，记亦不胜记。(10) 惟忆于光绪末年，曾与王、陈等，合演于福寿班，排演八本《雁门关》，颇为九城人士所推许。旧事回忆，恍如目前，大有"壮不如人今老矣"之感矣。民七八间，在中和出演，唱大轴戏，戏码为《行路训子》，老旦戏常例，均系待客戏，或中场戏，演唱大轴未有也（以老旦为主体者，与须生，或青衫合演者不在内），是日居然卖个满座，实出余意料之外。又曾与谭鑫培合演《探母》，亦极得一般人赞许。十年前，梅兰芳在开明、中和等戏院，演《六月雪》，及《探母》，亦每临时邀余加入，惟余因年龄关系，演唱诸多不便，除不能推诿者外，每多婉词谢绝，但每逢演唱义务各戏，无不勉强加入，盖凡慈善之举，在吾辈伶人，自应一尽绵力，万不可自抬身价，见善不为，以自减其阴德也。客岁患嗽，年老血衰，卧床经月，未演唱者将年，春来宿病稍愈，然犹时好时作，医嘱静养，故未登台，再过几时，身体复原，或可一现色身，以与同好诸君，相见于红氍毹上也。

(1) 同治元年（1862年）九月十三日寅时生，名瑗，又名世祥，原籍浙江武林（今杭州）。

(2) 按其自述，龚氏当在光绪八九年（1882、1883年）间入元明寺票房，周明泰《道咸以来梨园系年小录》则言其于“光绪十一二年间入南宫园孙华亭之华兰习韵票房学老生”，据《龚云甫传略》[《大公报》，民国二十四年（1935年）3月1日，第十六版]，则言其“初入草厂五条孙士魁票房（在己丑庚寅间）”，即光绪十五、六年间。

(3) 据《道咸以来梨园系年小录》，龚氏曾经果桐来、迟韵卿约入小洪奎班演唱，不得意而去。按小洪奎班系陈丹仙于光绪十四年（1888年）冬月所起，《龚云甫传略》言龚氏曾拜陈丹仙为师学汪（桂芬）派，陈期望甚殷，但因龚氏“未及出演某宅堂会，所唱竟不成声”而弃之。龚氏入四喜班，据《传略》所言，系在光绪二十二年（1896年），时年三十四岁，其自述则云“三十余岁（光绪二十年前后），奋然入四喜班”[见《访龚伶云甫记》（中），听花，《顺天时报》，民国十七年（1928年）10月27日，第五版]。入四喜后，唱前三出，泡戏《审刺客》，月给车资三千五百文。因票友出身，备受内行揶揄，遂发奋刻苦，日受前台欢迎，月包渐增至十一千。

(4) 因得孙菊仙赏识，拜为师，孙以其嗓窄，不宜唱老生，且其时老旦行人才缺乏，劝改习老旦，另拜本班熊连喜为师。熊向搭四喜班，为老旦名宿，光绪十九年（1893 年），与张胜奎、高德禄承班四喜，与领班人胡德仲、杨荫堂、冯金福，人称“六贼”，熊充任后台管事。熊系所谓“带道师”，按龚氏自云“余本无师传，惟依自己研究而已”［见《访龚伶云甫记》（中），听花，《顺天时报》，民国十七年（1928 年）10 月 27 日，第五版］，《龚云甫传略》云“经票友张君授以袁锡斋腔调并《三进士》等剧本，艺乃益晋”。改老旦后首演《探寒窑》于庆乐园，接演《钓金龟》《行路训子》等，现存最早演出记录为光绪二十六年（1900 年）三月二十八日四喜班外串代灯晚，与陈德霖、唐玉喜、贾洪林、陆华云、许荫棠合演《回龙阁》，未久“庚子事变”，四喜班散。

(5) 孙菊仙于光绪十二年（1886 年）二月十五日挑选入升平署，时外学无专应老旦工者。光绪二十一年（1895 年）十一月二十九日，熊连喜挑选入升平署，直至光绪二十八年（1902 年）六月初七日病故（卒年五十四岁），六月十一日再挑选周长顺入升平署（时年四十四岁，隶福寿班）。光绪三十年（1904年）三月二十九日，龚云甫挑选入升平署，食粮二两，白米十口，公费制钱一串，后赏加一两五钱米，食三两五，每赏多在十二两上下，外学戏目有《孝义节》《秋胡戏妻》《回龙阁》《金水桥》《钓金龟》《探寒窑》《药茶计》《滑油山》《望儿楼》《别皇宫》《游六殿》《太君辞朝》《孝感天》《天齐庙》《行路训子》《焚绵山》《劝善金科》等。光绪三十三年（1907年）正月十七日周长顺卒，二月二十八日再挑得谢宝云入升平署，升平署外学老旦前后演变历史大略如上。

(6)“庚子事变”后，龚氏搭各班演出，尤以玉成班时间最长，其成名亦在搭玉成班时代，大略如下：

光绪二十七年（1901年），搭田际云玉成班，与德珺如、罗百岁、刘鸿升、张黑儿、杨娃子、时炳奎、韩处、金秀山等同班，田捧之甚力，名始显著，故生平以孙菊仙为第一知己，以田为第二知己。本年十一月二十一日（12月31日）《世界繁华报》载《梨园杂录》云“传闻春仙已派人到北京聘请老旦龚处，于明年正月登台”，然未见戏报。

光绪二十八年（1902）仍搭玉成班，本年六月初六、七日，麻花胡同继子受侍郎宅堂会，第二日为玉成班，戏码为《探寒窑》（与郑二奎）、《胭脂虎》（与德处、韦处、杨小朵）。

光绪三十年（1904年）仍搭玉成班，十一月初二日白天出演天乐园，戏目为《长寿星》（与恒处），本年入选升平署，可见其时已享大名。时琴师为陆砚亭（陆五），鼓师为扎顺卿（一作顺清，外号扎大立），管事为李溥泉。

光绪三十一年（1905年）仍搭玉成班，出演广德楼，或以"龚处"上戏报，或以本名上戏报。

光绪三十三年（1907年）二月，出演天津日界天仙茶园。

光绪三十四年（1908年）六月初一日南海传差，戏目为《钓金龟》（演二刻五）；八月初十日南海传差，戏目为《天齐庙》（与郎德山，演四刻）；十月，与杨小楼、杨韵芳、金秀山、沈全奎、贾洪林、郎德山、德珺如、讷绍先、张宝昆、杨小朵、贵俊卿、小桂凤、小桂芬、沈杰林、钱金福、孟小如、金少山、高四保等入文明园。

宣统元年（1909年）搭双庆班，出演广德楼，四月十六日义务夜戏（时在"国服"期间，娱乐均以"义务"为名进行，此举始于俞振庭之广德楼），与刘鸿升合演《斩子》。九月，搭余玉琴班，与许荫棠、孙怡云、路三宝、德建堂、德珺如、王长林、朱文英、朱素云、李连仲、赵仙舫、贾洪林、瑞德宝、高永峰、余小琴、八仙旦等出演丹桂茶园，时庆寿和梆子班有小龚处者，出演阜成茶园。十一月，搭玉成班，出演庆乐、丹桂、天乐等处；下旬，孙菊仙因国债筹募事，由沪回天津再来京。本月二十六日晚在大栅栏庆乐茶园演出《朱砂痣》，龚氏演前部“卖子”，另有十三旦之《红梅阁》，玉成班充班底。

宣统二年（1910年），仍搭玉成班，四月，搭余玉琴春庆班，出演丹桂。六月，卧云居士受文明园约请，演出《游六殿》《打龙袍》等戏，舆论所谓“嗓音腔调，纯乎是龚处的派头儿，不过是将一出台，未免稍有沉不住气的地方儿”。九月，不再以“龚处”之名上戏报，初一日，广德楼双庆班，参与演出四本连台《雁门关》；初三、初四日吉祥园义务夜戏，特请孙菊仙出台，龚氏前场演出《游六殿》《天齐庙》；十五日中和园义务戏，特请杨小楼演出《赵家楼》《冀州城》，龚云甫演出《孝义节》《行路哭灵》，各班约请频仍。

宣统三年（1911年）正月，搭双庆班，出演文明园。六月，全班排演《混元盒》，俞菊笙登台演出（戏报上仅书一大写“俞”）。闰六月（7月），搭乔荩臣之大舞台。十二月十八日夜戏，大舞台排演全部《杀子报》，龚氏饰演师母。

民国元年（1912 年）旧历三月，搭喜庆和班，出演门框胡同同乐园，与张毓庭、贾璧云、德俊如、黄润甫、朱幼芬、许荫棠、李连仲、郭厚斋、李顺亭、钱金福、王长林、许德义、姚佩秋、朱桂芳、茹锡九、慈瑞全、姚佩兰、萧长华、鲍吉祥、罗福山、方鸿顺、文荣寿等同班。七月，出演春仙茶园，戏目有《哭灵》《打龙袍》《骂曹》等。9 月 28、29 日，正乐育化总会假天乐园义演，原定戏码为《美人计》《朱砂痣》，因感染风寒，咽喉作痛，声哑步艰而罢，并亲持药方至后台表明心迹。11 月，应许少卿之聘赴沪演出。

(7) 民国元年（1912 年）11 月，与张毓庭、朱幼芬到沪，张毓庭未登台即暴卒。11 月 22 日起出演丹桂第一台，泡戏《吊金龟》，戏码列大轴，次日《行路训子》，第三日《太君辞朝》，戏码均列压轴，广告所谓“初次到申”，演至次年 1 月 12 日，上演新剧《沙桥饯别》，载誉而归。天蟾舞台系龚氏第二次赴沪演出，时间为 1918 年（民国七年）5 月，与吴铁庵同行，一月而辍。

(8) 刘鸿升民国元年（1912 年）12 月，自沪回京，新组鸿庆班，次年 1 月（旧历正月）出台，其初，班中老旦工为陈文启，龚氏未加入，现可见最早记录为 4 月 16 日（三月初十日）白天鸿庆班广和楼演出戏报，龚氏演出《吊金龟》。鸿庆班在广和楼常川出演，民国三年（1914年）5月散班。

(9) 时鸿庆班为京班角色最齐全者，（一）老生：刘鸿升、刘景然、王福寿、傅少山、李顺亭、韦久峰、陈福寿、沈全奎、金仲林；（二）老旦：龚云甫、陈文启、文荣寿、罗福山、陆荣福；（三）净：金秀山、金少山、郝寿臣、梅荣斋、普世亨、占正亭、何蕊春、白福山、小永春；（四）小生：德珺如、张彩林、陆宝山；（五）武行：九阵风、沈华轩、韩长宝、何佩亭、迟月亭、阎兰亭、杨长喜、岳春林、侯春兰、刘顺奎；（六）旦：朱幼芬、孙喜云、连红霞、席阔山、姚佩兰、陈桐云、陆凤琴；（七）丑：萧长华、王秀云、陆金桂。戏价极廉，仅三十六枚合三角，刘龚分担大轴，各排新戏（如龚氏之《沙桥饯别》即排于1914年5月18日），拴角众多，特别是二三路包袱角以及老角如李顺亭、金秀山、王福寿、刘景然等（秀山即殁于搭班期间即1914年5月4日），得以有吃饭生活之来源，故刘鸿升深孚众望。民国三年（1914年）6月18日，正乐育化总会改选，刘以九十五票当选副会长，可见其“养众主义”之得人心。民国五年（1916年）6月，龚氏与孟小如组班出演同乐，亦效仿之，不取戏份，所入票价概用以支给贫苦角色。

(10) 鸿庆散班后，龚氏与刘鸿升受聘去天津，11月搭余玉琴春庆社，出演丹桂，再搭田际云翊文社，出演天乐，排演新剧《夜会惊梦》(与张宝昆)，同台老生有谭鑫培、汪笑侬、王又宸等。次年(1915年)仍搭翊文社，5月搭俞振庭双庆社，8月搭刘鸿升升平社，11月入第一舞台，声誉极隆。

维持旧侣 鼓师扎顺清，扎金奎之父也，为余打鼓多年，后扎年老，手不灵敏，余演戏时，扎打鼓常有错误，或嘱余辞退之，另延鼓师，但余因扎从余多年，相处极久，今年已老，而乃子金奎，又在幼稚间，未能挣钱养家，使扎一旦失业，将何以为生，为维持久年伙伴生活计，自不能不竭力维持。迄后扎因病，不能打鼓，余不得不另觅鼓师，然每遇堂会演戏，则余必添扎鼓金一份，借以维持其残年生活，至终其身。[11] 又余当在宫供奉时，有赶轿车夫小王者，随余多年，迨国体改革，清帝逊政，余虽不再坐轿车，然尚用小王，名义上仍令其赶轿车，实则因小王年老，且伺候余久，未忍令其飘零以死也，盖余对于老年伙伴，在可能之范围内，无不尽余棉力，以维持其生计也。

(11) 民国十三年(1924年)12月，因扎氏年老无法上场，龚氏鼓师易为杭子和，然每演戏或堂会，仍为扎氏开份，借以养家。扎氏卒于民国十四年（1925年），享年六十一岁。

研究艺术　余所演各戏，除幼年时少数由师授者外，其余均系自己细心研究，其腔调须如何而后方能圆稳，身段必如何而后方能细腻，每每有一腔一字，或一举一动，研究多日，更改多次，始敢出演。近来习老旦者，如李多奎、文亮臣诸君，艺术均有可观，其间或仿摹余腔调身段，而外间遂有谓其为“龚派老旦”者(12)，余何人斯，而敢以一派自称乎，此不过爱余者过誉之言，实足令余汗颜也。

(12) 卧云居士曾拜龚氏为师，民国十六年（1927年）3月7日在同兴堂行礼，并在梨园公益会立案，正式入剧界，但龚氏自云“余本以不收徒弟为主义，与老师孙菊仙相同，去岁所以票友卧云居士行拜师礼者，为友人热心请求，不过诺为名义上之关系耳，其实余未曾听过居士之作，又未曾为居士说戏”[《访龚伶云甫记》（下），听花，《顺天时报》，民国十七年（1928年）10月29日，第五版]。其先有邓丽峰者，亦挂名弟子。龚氏外甥刘剑侠，票友老旦，则与马履云同拜文亮臣为师。

拿手戏剧　余对于戏剧，不自知何戏为拿手，不过常唱之戏，尚有数出耳，如《钓金龟》《行路》《哭灵》《骂曹》《滑油山》《太君辞朝》等戏，均为老旦之正工戏，而《金水桥》《探母》《雁门关》《斩子》《探寒窑》《孝义节》《打龙袍》等戏，或与须生合唱，或与青衫同演，或与黑头并重，昔年之谭鑫培、刘鸿升，今时之梅兰芳、陈德霖，每乐与余合演也。至于《探寒窑》之王母，其进窑、出窑之身段，最为繁难，当余壮时，致力研究，颇于戏情恰合，惟近来因年迈体衰，未敢尝试，盖恐偶一不慎，或至蹶跌，而成残废也。

四代同堂　余今年六十有九矣，人生七十古来稀，余不过差一岁耳，去岁苦喘，今幸告愈，未曾不可以自庆慰也。且长子汉章，年逾不惑，长孙涌泉，今年二十一，而重孙亦四周矣。涌泉卒业于青年会，对于英文，略知门径，将来或可以自谋衣食。余一伶耳，幼壮奔走献技，既博社会之谬许，老年残息之余，而得享天伦含饴之乐，天之赐我，未曾不厚也。余平日律己训子，每谓人之处世，方寸之心为最要，善恶祸福，全以方寸为转移，“福人福己，修道修心”八字，为余一生所奉为圭臬，未曾敢一刻须臾离也。古语所谓“祸福无门，唯人自召”者，其亦此旨乎。余窃愿余之子孙，凛此戒言，修此寸心，其毋负天赐之厚。余之言此，非余敢自炫于君前，不过自示其之凛戒，冀毋陨越耳。

戏剧感想 余对于戏剧，并无所谓感想，盖余自受孙老板知遇以来，演戏数十年，谬膺虚誉，今者年事已大，殊无与侪辈竞进之雄心，亦无挣钱之思想，不过因邀演者情不可却，偶然登台，随便演唱而已。其关于艺术者，亦仅视其人之发挥其个性为何如，而能尽心致力于研究，则自可以告成功也。鄙见如是，未审高明以为何如。

李多奎

采访人：王柱宇

原载1933年8月1—13日《世界晚报》（北平）

老生时代曾与程砚秋合演
龚云甫艺术超群而人格窳劣
李多奎倒仓后改习胡琴

老旦人才，惟龚云甫一人，前无古人，后无来者，盖其天赋与人力功夫，实各臻绝顶，为他人所不及也。然其艺术虽为一般所崇拜，而操行窳劣，又为比邻所不齿，艺术与人格，不能同日而语，其相去太远，有如是者。云甫物故后，惟李多奎一人，为个中翘楚，红氍毹上，一曲高歌，亦殊淋漓酣畅，使座客咸告满意。且李多奎之为人，彬彬儒雅，有文士风，偶与友人联袂往来于应酬之场，毫无伶人积习，见者乃疑为学政两界中人，而不知其为以老旦独步一时之李多奎。其处己接物，极为一般所称道，则艺术虽逊于龚氏，人格实高出龚氏之上，在伶人史中，乃不可多得之人物。记者特于昨日，冒雨赴前外鞭子巷十五号李之寓所访问，李接见，㧑谦备至，旋与记者为下列之谈话。

两梆子班

记者问：李君原籍何处？

李答：本人原籍河北河间，系牙庄村人，今年三十六岁[(1)]。家严于五十年前，由故乡来京，投身军籍，二伯父宝林公，于光绪十年以后，在京师组织两戏班，一曰宝盛合，一曰义顺合，皆为梆子班，同时演唱于京城，盖其时，梆子班甚为盛行也。[2] 二伯父以拉胡胡著名一时，一般呼为“胡胡李”[3]。该两梆子班，人才颇众，盛极一时。庚子之后，乃告瓦解，而宝盛合、义顺合之班名亦因而消灭。

(1) 生于光绪二十四年（1898年）十月初六日，名万选。

(2) 宝盛合，即秦腔宝胜和班。义顺合，即秦腔义顺和班。宝胜和班，光绪十三年（1887年）报班挂牌演唱，承班人薛景宗、吴永顺，领班人刘宝清、靳庆云。义顺和班，光绪十四年十一月报班挂牌演唱，承班人郭宝辰（臣）、孙荣华，领班人李雅亭、周如奎。

(3) 李宝林，为梆子名老生郭宝臣琴师，操胡胡有名，人称“胡胡李”。李氏（多奎）之父名宝珍，则为郭氏打梆子，弟兄均为梆子班场面好佬。

俱以“红”名

记者问：李君昆仲几位？

李答：本人仅有家兄一，曩家兄唱梆子老生，为十二红[4] 之弟子，因当时梆子诸角，俱以“红”名，故家兄名“葫芦红”[5]。厥后，梆子势力逐渐衰弱，家兄嗓又退化，始在家闲居，为本人助理一切事务，本人除唱戏外，其余事务，则委之家兄，事实上，亦殊不可少者。

（4）十二红，即梆子名老生薛固久。

（5）葫芦红名李万和，最早演出记录见于宣统元年（1909年）七月，三庆茶园庆寿和班，与小马五、六月鲜合演《三疑计》，据《正宗爱国报》（宣统元年七月）所刊戏报，该班系“梆黄两下锅”戏班，由科班学生及外串名角合演，角色有崔灵芝、十二红、马全禄、于德芳、于永海、周瑞安、一千红、盖陕西、穆春山、小玉芬、小龚处、玉娃娃、七金子、葫芦红、杨桂芬、韩小峰、小玉楼、冰糖翠、小花猴、小旋风、小马五、小灵芝、小子云、六月鲜、小龚处等。至宣统二年（1910年）四月，葫芦红仍在庆寿和班演唱，当系该班学生，入民国后先后搭群益社、福寿社、普乐社、春庆社演出，后为李氏管事，有子名世庆，富连成坐科，工净。

同班五人

记者问：李君系科班出身乎？

李答：本人系小庆寿合科班[6]出身，同学者，凡三十余人，皆以“多”名。此小庆寿合科班，乃清宫内监“尹白毛”[7] 出资创办。清室退位后，尹无力继续办理，于民国元年，由家严接办，历时年余，卒因财力不继，亦告解散。同学诸人，乃散而之四方，今尚在平津一带，以梨园行为业者，人已不多，计为王多寿、贾多才、王多芬、赵多元，合之本人，只有五人。多寿、多才，近在此间，唱三花脸，颇著声誉，多芬则在天津，为人说戏，已改名王云卿，多元则随马连良为琴师，深为马所倚重，行必与俱。除此以外，不复知其下落矣。

(6) 即小庆寿和班，光绪三十四年（1908 年）四月报班挂牌演唱，承班人赵文魁，领班人胡海平，惟学生均以“庆”字排名，故“小庆寿和科班出身”之说存疑。据宣统元年十二月精忠庙公告《请看梨园公议知单办法》所附签押各班名录（《正宗爱国报》宣统元年十二月十四日/1910 年 1 月 24 日），时庆寿和班承班人为周如奎、于永海，领班人则为张连城、郭华亭（王芷章《中国京剧编年史》宣统元年条误记为“庆寿班”），同时签押者尚有庆胜和班，承班人刘万隆，领班人胡海平，胡氏即小庆寿和班报班时之领班人。

宣统二年（1910 年）六月初一日，西安市场西安茶园庆胜和班开演说白清唱，李氏及其同科师兄弟等在班（见《北京新报》所刊戏报，戏报名“李多奎”），另有明海亮、王海林、双桂芬、金镶玉、双桂红、九岁红、七金子等。该班系小班即科班，“住地西四牌楼广济寺西廊下，学戏的小孩儿，大半是七八岁至十一二岁不等”（见《惨无人理》，《正宗爱国报》宣统二年二月二十八日/1910年4月7日）。庆胜和班报班年月未详，挂牌演唱时间不迟于宣统元年（1909年）四月（见《大闹〈翠屏山〉》，《正宗爱国报》宣统元年四月二十二日/1909年6月9日），演出由科班学生与外串名角合演，角色有十二红（薛固久）、十三红（孙佩亭）、盖天红、一千红、八百黑、金镶玉、九岁红、赵明亮、月月红、金菊花、玻璃丑、玉子红、盖九省、十三旦、草上飞、小来黑等（见《记西安市场》，《顺天时报》宣统元年七月十一日/1908年8月26日）。同年七月初二日，庆顺和班（王芷章《中国京剧编年史》宣统元年条：小庆顺和班，承班人周如奎，领班人张小金、赵德奎），在西安茶园开演说白清唱，李氏及其同科师兄弟等亦在班（见《北京新报》所刊戏报，戏报名“李多奎”），直至宣统三年六月十三日（见《正宗爱国报》所刊戏报，戏报名“李多魁”），后即未见庆顺和班戏报。由此推论，李氏当系（小）庆胜和班出身，其父所接办者当为（小）庆顺和班。李氏在科演出戏目有《搜孤救孤》《黄金台》《朱砂痣》等。

李氏同科者除上述诸人外，尚有李多明、爱多云、李多峰、马多福、于多福、任多亮、赵多昆、刘多明、于多禄、杨多顺等。又，赵多元，工老生，后改名赵桂元，倒嗓后改业琴师，先后傍王又宸、黄桂秋、马连良。

(7) 据汪侠公言：太监多王（王姓，当时习惯以名倒置姓前称呼内监及内务府官员）成立小庆寿科班，地点在前门外玄帝庙，由“胡胡李”总其成，教师有江（姜）疙瘩、韩玉春等，因其名“多”，故学生皆以“多”字为名（见《小庆寿科班》《全民报》1934年10月16日）。按“小庆寿”当系小庆寿和之误，参见前注。

突然倒仓

记者问：李君唱老旦，系自科班中学出乎？

李答：本人原在科班时学老生，为本人说戏者，有贾志臣、郭春元诸先生，因本人之嗓，濒于高亢，乃习汪桂芬派，能戏尚多，曾以《战长沙》贴演大出。时程砚秋尚幼，本人常与其合演《朱砂痣》[8]。不意民元之季，突然倒嗓，竭力嘶喊，终不得出，遂赋闲家居，不复登台。因本人坐科时，喜拉胡琴，家严乃使本人拜程春禄为师，习胡琴，拟充场面之用。程春禄先生，为胡琴名手，收徒凡二百余人，在梨园界极占势力。但琴师头衔，本人未能取得，竟因友人之约，赴山东地方，充路工处稽查员，易伶而服公，实非本人意料所及也。

(8) 民国六年（1917年）旧历正月起，程砚秋搭春庆社，正式出台演出，陆续出演于吉祥园、丹桂园、文明园，是年12月李氏加入春庆社，24日与程砚秋合演《朱砂痣》，27日演出《洪洋洞》，30日演出《碰碑》，次年10月，李氏搭福庆社出演三庆园，24日与顾德山合演《碰碑》。

高亢之嗓宜唱老旦
松介眉文亮臣与李为师兄弟
沪杜月笙堂会为龚最后登台

改习老旦

记者问：李君至何时，始重登舞台？

李答：至民国十三年，本人之嗓又出，其高亢之处，且有过于从前。(9) 唱汪派老生本以高亢为主，究竟，近年以来，时人心理，嗜谭之迷过深，求谭鑫培而不得，乃求之于余叔岩，求余叔岩不得，又求之于马连良、王又宸、王少楼、谭富英，对于汪派则格格不入。本人弃汪而谭，嗓音实不相类，因于十四年，拜罗福山为师，改习老旦。(10) 罗在老旦中，为老成人物，余叔岩、杨小楼每演《王佐断臂》，必以罗为配角，余叔岩演《别母乱箭》，亦非罗不唱。松介眉、文亮臣皆出其门下。此后，本人乃改以老旦登台鬻技。但本人之唱，得之罗老师者少，得之龚云甫者较多。

(9) 民国十二年（1923年）旧历正月起，搭姐夫梁德贵（华亭）所组之玉华社，出台中和园，仍唱老生工，戏码有《法场换子》《黄金台》等，评论曰“唱工颇好，扮相不佳，所唱各段，谨守绳墨”（见《中和顾曲略评》瓣香，《顺天时报》1923年5月9日第5版），同班演员先后有尚小云、王瑶卿、白牡丹（荀慧生）、谭小培、朱素云、程继先、周瑞安、朱桂芳、诸如香、吴彩霞等。

(10) 民国十三年（1924年）9月，加入梁德贵新组之玉华社，正式改工老旦，8日起出演中和园，捧者甚众，同班有高庆奎、王幼卿、赵鸿林、王长林、金仲仁、吴彩霞、张鸣才、侯喜瑞、王连浦、诸如香、黄润卿、尚富霞等。

谈罗福山

记者问：罗福山之唱工不甚高明乎？

李答：从前老旦一角，在舞台上最无势力，担任此角者，皆以零碎充数，偶有个中翘楚，亦不过以白口表情擅长，于唱工多不甚注意。罗老师之长处，全在稳健从容，描摹入微，唱工一道，无甚可取。好在，拜师学艺，只学规矩，至于神味韵调，皆自行揣摩，故一师之徒，有为龙者即有为狗者，青出于蓝而胜于蓝，尤比比皆是，所谓“大匠能使人规矩不能使人巧”，亦所谓“师父领进门，修行在各人”也。

与龚比邻

记者问：李君之艺术，如何而得之龚云甫？

李答：本人住宅在鞭子巷，龚老先生之住宅在鞭子巷二条[11]，近处咫尺，出门即到。因老街坊关系，本人与龚之公子少甫，时相往还，甚为亲密。盖少甫今年四十一岁，以世交言，与本人为同辈，本人每至龚宅，对龚行子侄礼。龚以本人资质尚堪造就，甚为爱惜，每有请益，皆不吝指教。偶值同台演戏，龚必在旁监视，有不合处，辄为纠正。盖同行嫉妒，系以势均力敌者言，至于爱才如渴，提携后进，又前辈老先生之美德，故本人愿求教，龚即愿授业。

(11) 参见《龚云甫》篇。

大义务戏

记者问：龚云甫与李君亦能同台演戏乎？

李答：事实上往往有之。如前年第一舞台大义务戏，有全本《甘露寺》之一出，系程砚秋、梅兰芳先后演唱，吴国太一角，则以本人演前半，龚老先生演后半。(12) 龚赴戏园演剧，照例于上场前半小时之谱，始肯前往，当晚，龚则于出演前二小时至后台，看本人扮戏，本人出台后，龚又于门帘之内，侧耳细听。在此情况之下，本人乃兢兢业业，汗出如渖，龚老先生厚爱本人之意，于此亦可概见。

(12) 民国二十年（1931 年）9 月 13 日第一舞台梨园公益会六省水灾急赈义务夜戏，与梅兰芳、杨小楼、龚云甫、程砚秋、马连良、尚和玉、郝寿臣、王凤卿、谭富英、程继先、李洪春、蒋少奎、刘砚亭、孙甫亭、扎金奎、贾多才、赵春锦等合演《甘露寺》《美人计》《回荆州》。

老成凋谢

记者问：此第一舞台之大义务戏，龚与李君之成绩如何？

李答：本人之与龚老先生，实有小巫见大巫之感，然本人一出门帘，则彩声大作，如风起，如云涌，满园座客，近二三千人，情形之火炽，乃非本人所逆料，本人亦不胜惭感。龚老先生出台后，彩声反觉消沉，此或一般心理，对于声誉太重者，希望心亦太切之故也。究竟，老成人物，硕果晨星，亦有爱护之必要。龚老先生风烛残年，此一度在平出演，即不复与此间人士相见于舞台之上。厥后，仅为杜月笙约往上海，唱得两天堂会戏，回平后，即日就危殆，延至去年四月间，乃与世长辞。龚死后，遗有房屋六所，备子孙收租度日之用，吾人欲再觅龚之音容，不可得矣。

龚云甫为绝后空前人物
龚在老旦界为革命始祖
陈文启种种无甚可取

龚为全才

记者问：龚云甫之艺术，究竟如何？

李答：龚老先生之艺术，合之天赋本能，可谓绝后空前，吾人无论如何努力，亦毕生难望其项背。其长处，分析言之，曰扮相佳，身段佳，做派佳，嗓音佳，念白有力，唱工超群。此外，一举一动，一应一答，一种之小神气，亦莫不尽老旦之能事。盖龚老先生之平居无事，一切语言、行动、状态，亦恰为一天然的老太太也。此种人才，吾人找遍梨园史，曾不一见，将来后起人物，吾人虽不便一口断定，决无同等程度，究竟，以吾人意想：龚之艺术与天赋，实难企及而致者，誉其为绝后空前，非谬赞也。

足垂不朽

记者问：龚云甫之出身如何？

李答：龚老先生并非内行，系票友出身。幼年，以贩卖玉器为业，雄于资财，因性喜歌唱，乃入票房学戏。初唱老生，因其嗓音洪亮宽敞，近于孙派，遂拜孙菊仙为师，并认为孙之干儿，故龚在老生时代，亦殊为人所称道。厥后，嗓音渐窄，而偏于高亢，或以其嗓音于老旦相宜，因转拜熊连喜为师，改习老旦。熊在当时，亦老旦中之翘楚，不过，规模多隘陋，腔调太简单。龚出其智力，推陈出新，发明各种做派身段，研究为各种之新腔，在老旦界，屹然为一革命始祖。在外间出演，往往以老旦戏演大轴，一般共称满意，入宫为内廷供奉，亦极蒙皇室所赞赏。一代名伶，足垂不朽。

谈谢宝云

记者问：龚以前，竟无以老旦驰名者乎？

李答：皮黄肇兴，已数百年，任何脚色，自有相当人才，不过，在龚氏以前，梨园行人以及一般社会之心理，公认老旦为一种之配角，扮相差可做派尚无大谬，即不失为一老旦资格。所拿戏份，亦至低微，至于以唱工著名之老旦，曾如披沙拣金，不可多得。在龚氏以前，最盛名者，为谢宝云。谢之扮相身段，酷似一老太太，唱工一道，亦堪胜任。但其腔调，究无甚可取。因其嗓音属于高亢一流，偶唱一句高腔，响彻云霄，极慷慨悲歌之致，听者多哗然道好。盖前无古人者，在当时亦自出色当行，群起叫好，亦有自然之势。但谢之头衔，为“一句好”。每次登台，有一句使人叫好而已。至龚老先生出，则句句使人叫好，字字使人叫好，一举一动、一咳嗽、一“哼”、一“哦”，亦皆可使人叫好，所谓绝后空前之人物也。

记者问：与龚云甫同时者当为何人？

李答：有一陈文启，数年前始死去。陈之体格，高而且胖，身段木直，块然无势，白口唱工，都无可取，但龚氏之外，求老旦人才，亦非此莫属矣。

卧云居士

记者问：龚云甫有徒几人？

李答：龚老先生仅有两徒，一为坤伶昆茂亭，一为票友卧云居士。卧云系前清宗室，为奉恩将军，曾入贵胄学堂。此贵胄学堂，以宗室中人为限，非二品以上者不得入。卧云之名，为玉铭，今年四十一岁，清廷退位后，卧云家道衰落，乃下海为内行。其唱法，皆师承于龚老先生，但近年以来，嗓音暗哑，衷气衰微，登台唱戏，难使人满意。梨园界因其身份高，又非内行出身，俱不肯携带，不得已而赋闲家居，收房租度日，家境甚为困难，亦前清宗室之末路也。

老旦咬字愈紧而愈妙
龚云甫抱病南下郭仲衡为随行大夫
近时老旦皆私淑龚氏

伶才之难

记者问：龚云甫之徒，仅为卧云居士及坤伶昆茂亭两人，昆茂亭在剧界，其名不彰，卧云居士之嗓，又不甚痛快，则龚氏以后，殆无继起者乎？

李答：研究此道，首须有相当资质，有天赋聪明，其次，始为学力功夫。仅凭资质天才，而造诣肤浅，固难成名，全恃学力功夫，而资质窳劣，天性顽钝，亦终无成名之希望。梨园行人，对于所能诸技，大抵秘不告人，其实，教为一事，学为一事，资质又为一事。教者和盘托出，而学者不能领悟，或功夫虽到，而限于资质，仍无佳良之成绩，故得名师者，亦不必即成名徒。自来如此，不仅唱戏为然也。

杜宅堂会

记者问：然则龚云甫之音容，其宝贵有如是者？

李答：龚老先生最后在上海杜月笙宅堂会中登台，亦足堪记录之历史。杜月笙在上海，以雄于资财著名，声誉煊赫，势力伟大。值杜生辰，派人来平，广约名伶前往演剧，龚老先生当然在被邀之列。但龚在当时，病魔缠绕，体质衰弱，恐长途跋涉，或有意外危险，固辞不去。约角者疑其索重价，乃曰：需钱多少，皆所不吝，但求前往，一现于舞台之上。能上妆固佳，不能上妆，清唱亦可。清唱不能，在台上稍坐亦可。往来磋商，龚终以病辞，约角者乃商于郭仲衡，请其为龚充随行大夫。郭向龚告奋勇，愿携带各种药针，于途间随时为龚注射，负完全保险责任。龚迫不获已，始应约南下。抵沪后，勉唱半出《太君辞朝》，并配一出《回龙阁》，至第三日，杜宅仍敦请上台，龚以性命攸关，迄未同意。[13] 返平后，竟于翌年死去。[14] 七十一岁之人，享年已属不少，然至□嗜戏人士，尚深致叹惋。观此，艺术之感人亦甚矣。

(13) 民国二十年（1931 年）6 月 9 日至 11 日，在上海浦东高桥杜氏祠堂举行杜祠落成堂会，龚云甫三日戏码为《龙凤呈祥》（9 日）、《探寒窑》《大登殿》（10 日）、《马蹄金》（11 日）。

(14) 殁于民国二十一年（1932 年）6 月 12 日即旧历五月初九日申时，卒年七十一岁。

咬字太紧

记者问：谈戏者谓龚云甫咬字太紧，似嫌过火，然欤？

李答：龚老先生之种种，实无一不佳，其咬字之紧，亦特长之一。盖咬字之松紧，以脚色而异，咬字最轻者，为花旦，为青衣，轻重适中者为，为老生，咬字最紧者，为黑净，为武生、小生，老旦一行，亦非紧不可。花旦青衣，咬字太紧，则嫌过火，不类青年妇女，老生太轻，则失之嫩而无力，太紧亦不自然，黑头武生，咬字不紧，则不符健壮之旨，小生咬字不紧，则类似青衣，老旦咬字不紧，又类似老生。且吾人经验，一般老太太之口吻，多濒于狠辣，故老旦咬字，愈紧而愈妙。龚老先生咬字之紧，亦一般人所不及者，若以通常评剧方法，取而评龚老先生，又近于不懂戏矣。

老旦一览

记者问：龚云甫之徒，昆茂亭、卧云居士以外，如李君之艺术，殆私淑龚氏乎？

李答：龚老先生之徒，本尚有一邓丽峰，但因资质不佳，现已改唱三花脸，私淑龚老先生者，本人而外，如松介眉，如文亮臣，私淑龚老先生之处，亦正不少。松介眉向在学务局当差，以嗜唱，往往走票，其扮相身段，尚近似老太太，擅长之处，全在白口，至其唱腔，则无甚可取，此系嗓音所限，无法致力者。文亮臣之扮相嗓音，亦合老旦资格，惟嗓音太干，往往难乎为继，唱一二句，则尽高响之能事，三句以下，又力竭声嘶，但在今日，谢宝云、陈文启、罗福山以及龚老先生相继凋谢，松介眉亦已作古，卧云又不常登台，文君亦堪称个中翘楚矣。

全本《钓龟》为老旦名剧
脚色职务之轻重因人而异
李多奎改老旦后始成名

所谓“能戏”

记者问：老旦之戏，约有若干出？

李答：此项问题，未可以一语答复。一般戏剧，多为合演性质，不过，每一角儿所负责任，有极重者，有立于对等地位者，有职务简单或不为台下所重视者。但责任之重轻，亦往往因人而异。如《卖马》，本老生重戏，若以一不知名小丑配之演，则台下但见有一老生，几于不见小丑。又若为知名之小丑，如以王长林与谭鑫培或余叔岩合演，则老生小丑，各有出色当行之处，台下人之心目中，对之一律重视，则此一出《卖马》，为老生之重头戏，亦为小丑之重头戏。又如《女起解》，本青衣重戏，配小丑者，若为萧长华，则青衣可以叫座，小丑亦可得满堂之彩声。是《女起解》一剧，可谓为青衣戏，亦可谓为小丑戏。各角立于对等地位者，如《武家坡》《坐宫》，为老生青衣合演之剧；《二进宫》一剧中，老生、青衣、黑净，三角皆须有同等工力；《黄鹤楼》一剧，则老生、小生、武生、黑净一律吃重。其职务简单者，大抵以扫边零碎充数，如《捉放》中之吕伯奢、《朱砂痣》中之吴相公、《托兆》中之六郎，各为扫边职务。其余，不甚开口之家院门子，皆以零碎为之。究竟，每一演者上台，无论职务为轻为重，总非娴熟过场，应对吻合不可，则重角固属一出戏，配角以至扫边零碎，亦为一出戏。老旦一角，在昔多为零碎职务，从龚老先生享名后，老旦地位，一跃而成一种之重角，总之正工戏不多，而为人作配角者极夥。故言老旦戏有若干出，实不易措辞。不过，概括言之，长于作配者，能戏极多。如近日之文亮臣，其能戏总在一二百出，彼饰《杀惜》中之马二娘，往往博得台下之盛大欢迎，乃本人所不堪胜任者。至于本人，则侧重唱工较繁之剧，属于正式责任者，不过三四十出而已。

老旦重戏

记者问：何为老旦之正式责任？

李答：如《钓龟·行路·训子·哭灵》，此一出戏，完全为老旦之正式责任，小丑、老生、花旦，皆以次减轻责任。如《六殿》《滑油山》《孝感天》《甘露寺》《断后》《三进士》《雪杯圆》，亦老旦之正式责任，其他如《探母》中之佘太君，如唱工平凡，亦为全剧减色。究竟，以上各戏，在从前亦皆为三四等角儿之职务，其《钓龟》《六殿》《滑油山》则演于前三出，在开场戏中用之，《孝感天》《甘露寺》《断后》等，则各以其他角儿为主，老旦上场，仅以对付完事，至龚老先生以后，始入大轴，为台下所特别注意。

票友长处

记者问：李君适言，由老生而改唱老旦，系出被动改行，则劝李君改习老旦者，果为何人？

李答：任何一种之事，大抵“当局者迷，旁观者清”，而且，票友界之批评眼光，往往有为梨园行所不及者。盖票友多为有学问、有思想之人物，而置身局外，头脑冷静，故其所言，梨园中人，亦取为参考资料。当本人嗓音由倒仓而复出之际，仍以唱老生为业，某日，于堂会中，唱得一出老生戏，有票友赵子宜、章小山两先生言于本人曰：以汝之嗓，唱老旦为最佳。本人试唱数声，两先生则极端赞美，本人乃下决心，改唱老旦。从前头，本人唱老生，迄无露头角之希望，改老旦后，乃竟进入“名伶”之列，本人实深惭汗，至今，本人感念赵章两先生之德，实无涯也。

有一技之长者皆我之师
李多奎唱《哭灵》非马富禄作配无法登台
龚云甫念《钓龟》引子不甚通达

崇拜票友

记者问：李君之推重票友有如是者，则所往还之票友，当不在少数。

李答：一般票友，本人皆喜结交，偶有垂询之处，本人必本其所知，尽量相语。前贵同事张慎之先生，独喜唱老旦，彼在北平时，时相过从，现彼在晋服公，亦时通音问。张先生扮相甚佳，唱腔亦多是处。忆前年中和戏院之新闻记者水灾筹赈义务戏，张先生串《六殿》，陆五为操琴，本人则在台上为之饮场，照料一切。台下人哗然聚语，佥谓陆五拉胡琴不足为奇，李多奎饮场，斯亦奇矣。其实，内行与票友交游，不过崇拜其道德文章，以朋友言，何事而不可作？自高声价，习气太深，本人所不为也。

谦德可风

记者问：李君之戏，除龚云甫外，尚就其他内行研究乎？

李答：文亮臣、孙甫亭，皆罗老师之高足，与本人为师兄弟，孙之能戏亦极多，与文亮臣在伯仲之间，梅兰芳演戏，往往以孙为配角，今孙随梅南下，尚未返平。孙与本人，交好最笃，本人有不知处，辄向孙请益。盖本人之意，凡有一技之长者，皆本人之师，有此原因，占便宜亦复不少。

《哭灵》之难

记者问：李君适言，全本《钓龟》为老旦第一名剧，其长处何在？

李答：《钓龟》之长处，在组织佳良。自出场引子起，至唱完摇板入场止，为一场戏。由慢而快，愈唱愈紧，虽止一场竣事，而工力足者，常能使听者满意。此种编注，乃旧本之长处。以下《行路》一段，腔调全备，词句极多，唱老旦者，以此段最为吃力。《训子》一段，唱工尚在其次，而白口最紧，描摹神气，颇费研究。至《哭灵》一段，一般迄少演唱者，此段之中有大段反二黄，非唱工有把握，嗓音又够用，绝不敢轻于试唱。此剧之难，因不易寻出适当小丑，亦往往不能贴演。盖老旦唱反二黄，仅《哭灵》中用之，小丑多无嗓，在《哭灵》中之小丑，又有正式唱腔，故《哭灵》一戏，求老旦难，求小丑尤难。今日饰张义鬼魂之小丑，推马富禄为第一，马之嗓，宽敞而有韵味，偶唱几句，常能获得盛大之采声，在《哭灵》中情形尤为火炽。不过，彼之叫座力太强，彼唱完后，本人即用，非用全副精神不可，不然相形见绌，舞台之上，实难为情也。故本人与马合唱，又觉省力，又觉费力，但唱完后又感十分之愉快，故本人唱《哭灵》，非马富禄之小丑，无法登台。马富禄之饰张义鬼魂，亦非本人不肯作配，相为倚重，不知何者为红花，何者为绿叶矣。

《钓龟》引子

记者问：《钓龟》一剧，李君之唱，与普通词句不同，其理由如何？

李答：本人之唱词，皆宗法龚老先生，故其词句与普通剧本异。不过，龚老先生之原词，亦有为本人所不合用者。如《钓龟》之出场引子，原本词句为"家无隔宿粮，饥寒实难当"，此原词本极妥当，龚老先生唱时，则念"囊中无钱钞，家无隔宿粮"。其用意，因龚老先生之嗓音，坚实宏敞，宜高音，且宜用鼻音。此"中"字，属中东辙，乃以鼻音为归者，龚老先生念此"中"［字］，沉着雄厚，有极显著之鼻音，故一上场，全场即为之悚然。究竟，在嗓音次于龚老先生者，则不宜沿用。且"囊中无钱钞"与"家无隔宿粮"，总其两句，总共十字，其中则有两个"无"

字，在文义音节上，亦殊不甚通达，故本人《钓龟》仍念“家无隔宿粮，饥寒实难当”之原词。

剧词以音韵铿锵为主
伶人唱戏往往就正于文人学子
龚云甫之窑门身段业已绝迹

又一念法

记者问：此《钓龟》引子，亦有念“家无隔宿粮，饥饿实难当”者，此一“饿”字如何？

李答：亦有如此念法者，其意，以为下句系承上句来，“家无隔宿粮”者，当然有断炊之危险，故上句仅言“无粮”，下句即应言“饥饿”，文义始能贯串，若下句兼言“饥”“寒”，则不甚通达。其实，文字连贯，须以意为之，倘泥于形式，即成笨伯。今既言“家无隔宿粮”矣，其穷困亦可想而知，啼饥者必号寒，此情理中事，当然“饥寒实难当”之语意，形容穷困比较有力，单言“饥饿”，乃有鄙俚之嫌。是欲求工稳，适落小家气中，故本人亦不取。

一段唱词

记者问：《钓龟》之第一段，四句唱词，龚云甫唱来，亦与一般人异，其原词如何？

李答：此第一段之四句，为二黄慢板，龚之因（原）词为“老天爷，睁开了，困苦眼；母子们，离去了，鬼门关。这也是，儿的孝心，感动天地；从今后，享荣华，就永不受那贫寒”，惟卧云居士与本人，学龚老先生之唱法，余人，词既不同，腔亦各异。但龚老先生之原词，亦颇有问题。末句中之“就”“那”两字，为垫字，在歌唱中为不可少，此应学龚老先生，无研究之必要者。第二句，“离去了”之“去”字，依普通剧词，应为“却”字，本人曩唱“离却了”，龚老先生则力嘱本人改为“离去了”，好在“离却”“离去”在文义上俱无不可，本人亦遂宗之。

费解之处

记者问：此第一句之“困苦”两字，似嫌费解？

李答：此“困苦”两字，在文法上，殊无理由，老天爷何曾有眼？此“困苦眼”又为何物？曩本人询之龚老先生，据谓确系“困苦眼”，系某文士代为其研究而出，因其音韵佳，故始终用之。究竟，此“困苦”两字，似指人言，并非老天爷另有一“困苦眼”，则“困苦”之上，又应加一“怜”字，文义始通。然加一“怜”字，既不易唱，文义亦太曲折，故本人唱时，改为“三分眼”，所谓“皇天有眼”，睁开一部分，文义上，似比较通达耳。

淋漓酣畅

记者问：剧中数段原板，亦有数种唱法，其得失如何？

李答：若单唱《钓龟》，则数段原板为最精彩处，唱来须淋漓酣畅，愈唱愈紧张，务使一般听者有意醉神迷之概。普通唱法，头两句剧词为“康氏女，坐寒窑，珠泪滚滚。骂一声，小张义，不孝的畜生”，用二黄慢板，意致平淡，文义迂缓。在张义说出“我也不养活你啦”，康氏说出“当真”“果然”以后，康氏盛怒之下，自不应如此从容。龚老先生则改为原板，剧词为“小张义，不孝的儿，听娘教训；听为娘，对我儿，细说分明”，文义紧凑，腔调火炽，每段煞尾，有若干垛句，一步紧一步，使听者聚精会神，毛骨悚然，乃龚老先生之过人处，本人亦宗之。

“窑门”身段

记者问：龚云甫之《钓龟》，出窑、进窑两种身段，为一般人所不及，谈者以此，为上“花老旦”之雅号，其用意如何？

李答：龚老先生之“窑门”身段，系形容窑门之矮，老年人出进，肢体晃漾，有摇摇欲侧之概。水袖飘拂，转动灵捷，见者因其曼妙多姿，无不哗然叫绝者。此身段与《行路》之出窑之身段，微有不同，大致相仿，今老旦界，用此身段者，惟卧云居士一人，惜彼嗓音塌中，不复与一般人相见于舞台之上，则此“窑门”身段，业已绝迹矣。

龚云甫独用左手持杖 右手为诸动作灵妙多姿 罗福山墨守前人成法

知白守黑

记者问：李君既常请益于龚云甫，则此“窑门”身段，何以未能学来？

李答：正式学生与额外弟子，当然有所不同。卧云居士因系龚老先生之正式学生，故龚对之有包教包会之义务，至于本人，本额外弟子，每往请益，不过于闲话家常之外，于无意有意之间，向其求教，彼之世交关系，不便拒绝，又爱本人之资质尚佳，愿为提携，大都能举以相授，无所吝惜。不过，名义既非师徒，彼即无包教包会之绝对义务。本人发问之后，彼必作一次答复，若本人不解，即不便再问，本人不嫌词费，根究下去，彼亦顾左右而言他，此乃梨园行人常有之现象，亦自在情理之中。“窑门”身段，动作之繁，运用之妙，决非一语所能了解，龚老先生曾为指点两次，大致已能领略，但蹲身而下，触于台板，俯仰转动之际，偶有不合，即致躺下，本人以为弄巧成拙，贻笑大方，不如知白守黑之为愈，虽无大功，亦无大过，故此身段，本人知之，迄未试演于舞台之上，则此项特长，在今日遂成卧云居士之专利品。

龚之独创

记者问：龚云甫唱《钓龟》，尚有其他异于众人者乎？

李答：尚有拐杖问题，龚老先生亦自成一派。盖老旦出场，因系年迈人身份，手中拐杖时最多，普通演员，概用右手持拐杖，龚老先生独用左手，此显然歧出之处。本人曾询之龚老先生，据云，彼用惯左手，亦无法改正。但其平居无事，一切动作，如吃饭持箸，伸手取物，仍用右手，不用左手。本人乃疑之。后本人观其演戏，注意研究结果，始知其左手持杖，自有特别妙用。原因持杖之手，为固着的不能挥仗，亦即不能转动，则此右手，因限于持杖作用乃成废手。若用左手持杖，乃不妨碍右手之种种动作。龚老先生于持杖之际，常川右手作诸式样，灵妙多姿，为一般所不及。此左手持杖，亦龚老先生自创一格之特点，负一时重望者，实非偶然也。

持杖旧法

记者问：左手持杖，既有特殊妙处，则李君持杖系用左手乎？

李答：持杖用左手并不困难，困难之点全在右手之种种动作。左手持杖，既系龚老先生之独创，则右手动作，其道亦有繁多。罗老师墨守前人成法，概用右手持杖，教本人者，亦用右手持杖，本人之学法如此，欲用左手持杖，于右手之种种动作，当然不能完全了解，且本人亦尝进言于罗老师：龚老先生既用左手持杖，吾人何以不改为左手？罗老师则曰：右手持杖，乃前人指授，辗转沿习而来，不可改也。龚氏自成一家，彼系票友出身，吾人亦不便干涉，终不可风。本人无法，故至今未能改如龚先生。罗老师所传持杖之法，尚有异于龚老先生，为一般老旦所公用者，即右手持杖之际，乃曲右臂，至于肩前，使成半圆形，此右手大指，顺仗直立，指尖向上，正对前方，如此，则身躯自然成伛偻之状，而步行之际，作极琐碎之脚步，头部左右晃动。关于此点，本人因其近于小气，自由改去。持杖之右臂，不曲成半圆形，大指不正对前方，为一种之天然姿势，脚步不取琐碎，头部不取晃动。此为本人折中办法，但罗老师之意，期期以为不可，所言亦自有道存焉。

曾在沪接演全本《钓龟》
老生青衣尚含蓄黑净老旦使足嗓
老旦戏以《行路训子》为最难

身份不同

记者问：罗福山之身段，系以右手持杖，曲成半圆形，而将直立向上之大指，正对前方，台步为琐碎的，晃脑摇头，其所言理由如何？

李答：此种状态，所以描写龙钟老妪，自有几分神似。但龚先生之一切，无一而不似老太太。其持杖，大指虽向上，而不正对前方，因其左臂并未曲成半圆形也。且其台步，为大方的，其姿势，绝不摇头晃脑。本人于龚老先生之台步身段及持杖之法，除不用左手外，其余皆宗法龚老先生。罗老师生前，曾面责本人，本人则与罗老师力争，且曰：老师之法，所以描写龙钟老妪，固也。究竟此类老旦，属于穷人态度，在《牧羊卷》，以其饿得可怜，用之最宜。但老旦充正角时，多为有身份之老太太，如《甘露寺》之吴国太、《探母》《斩子》中之佘太君、《徐母骂曹》《徐母训子》中之徐母，其身份是何等高贵；《钓龟》《行路》《训子》《哭灵》中之康氏，虽为贫婆子，然而康氏深明大义，为一贤德之母，玩其于《钓龟》中对张义之教诲、《训子》中对张宝之白口，皆可想见康氏之为人。凡此种种老旦，皆宜提高其身份，使观众对之有肃然起敬之慨，若一律摹出龙钟老妪态度，既属不近情理，且招观众之鄙视。此为不能尊重师意者。罗老师闻之，亦遂不置可否。老前辈之思想，以保守为原则，其泥古不化，有如是者。

难演全本

记者问：《钓龟》一剧，分“钓龟”“行路”“训子”“哭灵”四段，一般演者，多半只唱“钓龟”，唱“行路”“训子”者，即比较为少，唱“哭灵”者，更不多见，若学力本钱俱能够用，亦可一气演出乎？

李答：老生青衣，往往能演全本戏，总之，非嗓音圆润，衷气充实者不办。至黑净与老旦，则不能接汉（演）全本正工戏，概以一段而止。盖老生青衣，用嗓之处，注重含蓄，有十足之嗓，最多使出六七成，故出其余力，可以接演全本。如马连良、高庆奎，嗓音之圆润，衷气之充实，可谓高出一般人之上，固绰有余裕。余叔岩，则因衷气不足；王凤卿，则因嗓音太干，俱难演全本正工戏。其黑净一角，用横音过烈，老旦一角，用竖音极多，故俱无演全本正工戏之可能。

打破纪录

记者问：李君之嗓，愈唱愈高，亦曾试演此全本《钓龟》乎？

李答：任何铁嗓，若从《钓龟》起，唱至《哭灵》止，亦感难于应付。且《钓龟》以下，仅言《行路训子》一段，多数老旦界人，亦不敢贴演。因《行路训子》词多腔繁，入后，愈唱愈高，此一个之戏，可抵两个《钓龟》，本人演剧，最有畏心者，即此一个《行路训子》。至于《哭灵》，以费嗓之老旦，而唱最费嗓之反二黄，更属困难达于极点。龚老先生，以铁嗓著名，亦终身未接演全本《钓龟》，本人何人，而有如此魄力？惟沪上黄金镛，值其死去之父百岁阴寿，在沪法界梵王宫花园饭店，约请各名伶演剧，嘱本人演《钓龟》及《行路训子》，其后大轴戏，则为小翠花之《法门寺》《拾玉镯》。本人自《钓龟》起，至《训子》

止，连演而下，已感力竭，不意，戏已将终，而小翠花未至，后台中无法，焦急万状，于本人入场后，坚请本人勉为其难，接唱《哭灵》，以俟小翠花之来。本人固辞不获，勉强登场，唱完《哭灵》，万幸尚未拉稀，在老旦界，可谓打破纪录，然至今思之，犹有余悸也。

老旦仅有一出武打戏
郝寿臣将与李多奎演《徐母骂曹》
《探母》中之老旦最占便宜

《徐母骂曹》

记者问：老旦难戏，除《钓龟》《行路》《训子》《哭灵》以外，尚有何种吃重之剧，为比较难唱者？

李答：全本《钓龟》以外，如《徐母训子》《徐母骂曹》，因身份特别名贵，亦老旦难唱之戏，演来处处须占身份，处处须极义正词严之概。若稍涉小家气，有如三家村贫婆子，便非所以写徐母。郝寿臣以饰曹操著名，彼一再言于本人，嘱合演《骂曹》。盖近今唱工老旦，人才至为缺乏，彼之写曹操一剧，遂无贴演之机会，众中选将，乃推本人为差堪胜任者。但郝为极享盛名之粉脸，本人则属后进人物，粉墨登场，无客气之可言，本人以工力不逮，因辞不敢。而郝之意，以为非与本人合演不可，则将来或试行为一都之演唱，然本人终恐当场出丑也。

谈《药茶计》

记者问：龚云甫之能戏，亦甚繁多，除《钓龟》《训子》《骂曹》以及《六殿》《滑油》等等常演之戏以外，近来梨园界多不演唱，李君亦曾于此点努力乎？

李答：此外，如《三进士》一剧，亦老旦之重戏，唱工既繁，腔调亦备，在北平市上，已成绝响，本人拟努力研究，从事演唱。余如《药茶计》（即《斩浪子》）一剧，一般演者，嗓既不佳，腔又鄙俗，乃成前三出中之开场戏，听与不听，遂不成问题。其实，在龚老先生演来，腔调亦极完备，并不鄙俗。该剧全为二黄，自倒板起，而慢板，而原板，大都自成一腔，各极其妙。入后，散板尚多，愈转愈高，嗓佳腔美者，每唱一句，必有人喝彩。龚老先生尝以此剧唱大轴子，听者亦乐之不疲。本人现正研究，拟于最短间，在平市出演。

最占便宜

记者问：《探母》中之老旦一角，并不吃重，然而名老生名青衣，合演该剧时，在昔必龚云甫，近今必约李君，有非此莫属之势，其理由如何？

李答：《探母》一剧，为悲剧中之喜剧，大义凛然，令人发生无限感慨。一般堂会，多排出此剧，盖其情节、唱腔、过场以及脚色之整齐，在皮黄中，最为富含兴味也。此剧之老旦一角，责任甚为简单，唱来特别省事，但老生青衣互相对唱，既感累赘，又嫌沉闷，而“见娘”一幕，突出一老旦，则听者耳目为之一新，有如奇峰高耸，睹之令人精神焕发。不过，去老旦者，总须有十足之佳嗓，唱来音韵铿锵，味如饴糖，则老生可以省去若干之气力，红花绿叶，相得益彰。若去老旦者，为碌碌庸才，不能令人满意，则老生青衣，亦减色不少，欲图省力，更无望矣。故平津各处堂会，每约名伶合演《探母》，其老旦一角，昔属龚老先生，今属本人，每有一次约请，老旦之戏份，且最为高昂。其实，只需卖得几声高嗓，使出两处奇腔，既易讨好，又不费事。在龚老先生及本人，皆极愿配演此剧，钱多，事简，省力，讨好，且为剧中明星，唱戏之占便宜，无过于是者。

老旦披靠

记者问：老旦一角，似皆为唱工戏，其中亦有武工乎？

李答：老旦所以饰老太太，年迈力衰，等于《列女传》中之贤母身份，故武打一道，属于仅见。但梨园中人，无一不兼能武工，老旦一角，未便独阙。且八本《得意缘》中，老旦一角，尚披靠，作一场之武打，为正式交战之形式，而非出游戏。不过，以此一剧为限，不能得之于其他各剧中耳。

陆五之手法愈拉愈高
老生用音在横竖之间
逢人必断老旦最讲究

须有虎音

记者问：李君适言，老旦之用音，为竖音，此其所以异于老生者乎？

李答：老生用音，在横竖之间，偏重竖音者，必属汪桂芬、刘鸿声一派；偏重横音者，必属许荫棠、孙菊仙一派；至谭鑫培派，则恰在横竖之间，故唱老生实以谭派为最相宜。老旦一角，使腔时，全用竖音，台下叫好，即在竖音之高亢无伦处。不过，老旦之用音，尚有不可少者，即一种之“虎音”，此“虎音”又与横音相类似。使“虎音”时，总在一腔之煞尾处，尤以每段之末一字，非使极足之“虎音”不可。如“枉在朝中身为大臣”之“臣”字、“竹篮打水一场空”之“空”字之类，若“虎音”不足，即觉结束无力；且无“虎音”者，平平唱过，遂无老旦之风味。故老旦用音，可谓“或使竖音，或使横音”。龚老先生之“虎音”，因系孙派老生改行，故特别显著，本人竭力追求，然比较逊色不少。

五声之别

记者问：老旦念字，亦有阴阳平五声之区别乎？

李答：老旦与青衣为同类，皆属女性声口，青衣咬字与老生不同，比较男（尚）高一音，但其使力甚轻，不甚显著。至于老旦，用狠辣意味，则最为彰明。大抵念上声如平声，念去声如上声，念入声如去声，念阳平如阴平，念阴平更高响无伦。此例，最为一般人所共知者，如“我的儿”之“儿”字，本为阳平，老生唱来，极为低沉，跌宕荡漾，成为一种悦耳之低音，令人如饮醇酒，不觉陶然沉醉。老旦唱来，乃极力出以高亢，使成阴平之音，听者乃如食鲜果子，如饮酸梅汤，可以祛暑，可以醒脾。有人谓：老旦多倒字，实亦自有其五声，为写老旦，不得不如此。且“逢入必断”，此昆曲之原则，今皮黄中，老生唱来，尚不甚注意，若在老旦，则非断不可。每遇入声字，如“不幸”之“不”字之类，一出口即须截断，然后再出以下之腔。故老旦咬字，并非不讲五声者，不过旨趣不同，□便取而相提并论耳。

益友良师

记者问：李君之咬字，皆师承于龚云甫乎？

李答：龚老先生并非本人之师，偶为指点，并非长期就正，而罗老师之唱念，又不甚擅长，无已，乃就长于音韵之同业，随时请益，每与票友往还，亦必互相切磋。梨园行有高登甲者，为程砚秋、高庆奎之管事人，排本戏时，彼必任导演，高君读书，极有根柢，于戏剧，尤有深刻之研究。彼与本人，交谊最笃，本人唱戏，彼常在旁静听，有念字不准时，彼俟本人入后台，即为指正。此高君登甲，虽为本人之友，实亦本人之师，得其教益处，实非浅鲜。

愈唱愈高

记者问：老旦之唱，以高响为依归乎？

李答：老旦之长处，固贵高响，究竟，由矮处翻高，则有势而省力，且矮音中，常能使出虎音，故登台唱戏，总以不用尽嗓音为原则。最好，调嗓够正工者，登台唱六半或软工，调嗓够工半者，登台唱正工，乃能挥洒自如，游刃有余。不过，本人登台，往往愈唱愈高。出场唱正工，至中段，则渐高，再至末尾，乃唱至工半以上。如此唱法，既嫌过累，又失去若干之虎音，本人乃引为憾事。

记者问：李君之调门，愈唱愈高，系李君之习惯乎？何以不设法改正？

李答：此事，并非本人之意，系琴师之手法使然。盖老旦胡琴，以陆五为第一名手，龚老先生作古后，陆五则傍本人，彼手法如此，本人亦无办法也。

老旦胡琴须以顿挫胜
龚云甫曰“你他妈，倒是落一点”
陆五曰“唱罢！孙子”

陆五三长

记者问：陆五之胡琴，何以为老旦第一名手？

李答：老旦之异于其他名角者，一曰腔调花妙，二曰顿挫有致，三曰高响入云，故老旦胡琴之职责，亦须尽此三长，兼工并擅者，斯为上乘。而一般胡琴名手，或以花妙胜，而濒于幽细则宜于傍青衣，如徐兰沅、二片儿，遂成梅兰芳之助手；或以高响胜，又偏于直率，则宜于傍高嗓老生，如孙老之（元）是也。诸名手之中，独以顿挫胜者，则推陆五为第一，且其长处，除顿挫外，尚兼花妙、高响之长，故彼一上场，往往拉完一段头子，台下即彩声大作。具此三长，当然属于老旦之唯一助手，故昔日之龚老先生、今日之本人，非陆五操琴即难收淋漓酣畅之圆满结果，陆五非龚老先生，非本人，彼亦感觉兴味索然。自古圣君贤相，适然相值，即觉如鱼得水，琴师与角儿，其理亦然。

上下其手

记者问：操琴时，往往愈拉愈高，其理安在？

李答：彼之技术，既为台下所欢迎，则于兴高采烈之际，不免施展其本能，大耍特耍，以期完成十分之体面，而一般心理，皆有喜听高音之事，乃于唱者用力之际，突然紧拧其转轴，以期更响。但胡琴弦共为两根，彼于百忙之中，紧拧一根，其余一根又比较为低，音调遂不相合，彼侧耳再听，又不得不将其余一根更加紧拧，此后，愈唱愈拧，于百忙之中，上下其手，巡回拧转。有时，彼因紧拧转轴，尚来不及，则于迅疾之际，以左手大指将千金钩向下一按，结果两根琴弦，可以一齐增加高度。故陆五操琴，出场调门至定场调门，两端相较，往往高出一个音阶。

大开玩笑

记者问：陆五此种手法，在彼个人，因可得盛大之欢迎，在唱者，不感力竭乎？

李答：昔龚老先生与陆五交最厚，日常往来，开玩笑时居多。龚老先生常语陆五曰："你这小子，愈拉愈高，我可受不了！"陆五则曰："活该！你不愿意，找别人去，大爷不伺候你。"陆五此言，半真半假，龚先生对之，亦无如之何。一日，龚老先生出演于开明戏院，陆五操琴，本人则在旁静听，龚老先生唱第三段时，陆五已将弦索定至极高程度，龚老先生唱来，颇感吃力，于背身饮场时，回头向陆五曰："你他妈，倒是落一点！"陆五则努嘴曰："唱罢，孙子！"及龚老先生转身唱时，陆五将胡琴更拧更高，龚老先生大恚，然亦无如之何也。

中途断弦

记者问：若愈拧愈高，中途弦绷断，则将如何？

李答：民国五六年间，汉口大舞台来平广约名伶，南下演唱，一切名伶，十得八九，余叔岩、王凤卿、陈德霖、梅兰芳、杨小楼，以及一般老成人物，几于无一不在被邀之列。龚老先生抵汉后，登台之第一剧为《钓龟》。(15) 陆五在汉登台，当然亦属破题儿第一遭。彼上场后即拧满胡琴，高至无以复加，台下听者亦报以盛大之彩声。龚老先生唱时，陆五仍本其手法，愈拉愈拧，唱至原板垛句处，外弦绷然一声，折断为两。唱戏至吃紧时，突然断弦，乃无法救济，不得已，由副手另持一琴，勉强接住，然已为全剧减色不少。当时，汉人之迷信者，佥谓龚云甫将死于汉上，然事属偶然，于龚老先生之寿命，初无关系。不过，陆五之恶作剧，于此亦可概见。

（15）民国八年（1919年）10月，龚云甫应朱幼芬之约，赴汉口合记大舞台演出，系首次赴汉，演期一月，11月底回京，12月16日再次出演汉口合记大舞台，演出压轴《钓金龟》，梅兰芳、余叔岩合演大轴《打渔杀家》，另有《捉放曹》（王凤卿）、《银空山》（王蕙芳、郭仲衡）、《芦林坡》（朱桂芳）、《双狮图》（张如庭、姜妙香）等戏码。此期演至12月30日止。

李多奎事亲至孝
李盛全将拜李多奎为师
李多奎月得零用费三元

配戏之难

记者问：陆五之手法，虽愈拉愈高，究竟，李君之嗓，向以铁嗓著闻，胡琴高，尽可随胡琴唱下，亦殊无妨碍？

李答：一般社会，对于本人，佥以嗓佳相许，但推许过甚者，希望心亦最切。本人一出，则静俟发挥所谓佳嗓，以期满足其愿望，若嗓而不佳，事与愿违，即觉万分失望。好在，本人之嗓，无论是否常唱，家居亦不吊嗓，上得台去，尚可对付。不过，唱戏原则，总以调门稍矮为富含韵味，使嗓过足，遂成嘶喊，所最苦者，往往与人配戏，正角唱软工以下之调门，本人则异常吃闷，施展不出，为配角时，亦无可如何也。

不妨饮酒

记者问：李君之嗓，如何调护？

李答：凡嗓音佳者，大抵无须调护，嗓音不佳，调护亦无办法。本人于饮食一道，毫无禁忌，酸甜辣苦咸，一律不拒，且能饮酒，每饮可尽白干半斤，饮毕唱戏，仍不失为原来之嗓。

记者问：唱戏无须戒酒乎？

李答：酒性热而燥，若为高响之嗓，往往在饮酒以后，比较更为高响，不过稍濒刚烈。至于柔嫩之嗓，即以戒酒为佳。但此事亦有例外。如黑净一角，固以能饮酒者为多，程砚秋为名青衣，而在昔日，一次常饮尽白干一斤，此种原因，或于体质有关，无法为绝对之分析耳。

收徒问题

记者问：李君有徒若干？

李答：本人年既幼稚，于戏剧研究亦甚肤浅，此时，随时随地向人请益，尚在学徒时代，故于收徒一节，迄不敢开端。但梨园行后起人物及票界之喜唱老旦者，先后请为本人之徒，接踵而至，一再固辞，反起对方之疑窦。新毕业于富连成科班之李盛全[16]，近以倒仓，在家用功，久未登台，彼唱戏时，本人听之，往往有模仿本人处。盛全，为坤伶李桂芬之弟，李慧琴、李又芬，系盛全之二嫂，本人喜其聪颖，又迫于情面，拟收为本人之徒，将来收徒时，或尚有两票友加入也。

(16) 即李盛泉。

如此贤父

记者问：收徒一道，何妨来者不拒？

李答：此项问题，尚有另一原因。缘本人之家庭，完全为旧式的，本人一切行动，家严一律从事监督，其嫖赌抽烟诸嗜好，皆在绝对禁止之列。本人每赴园演剧，一切事务，皆由家兄料理，本人只任唱戏，其他皆所不问。戏份发下，则由家兄收去，持回舍下，交家严保管，家用之费，则向家严处领取，家中人等，每人按月领月费若干，作零用钱。家务中，事无大小，皆行家严做主。本人在家庭中，一小孩身份而已，本人与内子，每月向家严处，各领月费三元，此外，不得浪费一文，而收徒问题，亦须秉承家严之意旨。

提高戏码

记者问：尊大人治家有条，乃为贤父。家务事及收徒问题以外，关于演剧方面，尊大人当不过问？

李答：关于接洽演剧一节，亦完全由家严做主，家严同意，则为妥协，家严拒绝，本人即不敢演唱。本人对于戏码之前后，从不争论，往往为人演前三出，皆所不辞。但家严之意旨，主张以后出演，非后三出不唱。近来各班约本人演唱，常有为家严拒绝之事，多半系戏码前后问题。至于戏份多寡，尚在其次。好在，同业诸人，对于本人之家务问题，皆能了解，而曲予原谅，共知本人争持戏码，非出本人之自动也云云。

通识文库

名伶访问记

净丑卷

李世强 编

生活·讀書·新知 三联书店

图书在版编目（CIP）数据

名伶访问记/李世强编. —北京：生活·读书·新知三联书店，2025. 3. —（通识文库）. —ISBN 978-7-108-07989-3

Ⅰ. K825.78

中国国家版本馆 CIP 数据核字第 2025G5D533 号

目　录

净　丑卷

净

钱金福

采访人：王柱宇

原载1932年7月19—21日《世界日报》（北平）

戏剧得力于其父钱宝峰

脸谱务期富饶神理

钱金福在挽近剧界中，为硕果仅存之老成人物。间或现身舞台，一般观众，莫不特别注意。盖此老之一举一动，多昂然有古意，足为后进子弟之楷范也。记者特于昨日下午七时半，赴西草厂胡同山西街钱之寓所访问。入客房后，老者自内室出，着白纺绸裤褂，手摇芭蕉扇，向记者拱手让座。记者视之，面庞瘦小，清癯龙钟，不似舞台上之钱金福。疑□之遽问曰：老先生为鼎鼎大名之钱金福老板乎？曰：然。蒙赞许，甚愧！记者乃与钱为下列之谈话。

比谭老板小十四岁

记者曰：老先生在今日之剧界，为老前辈，每欲趋谒，苦无机缘。今幸得识尊范，三生有幸矣！

钱持记者名片，审视久之，曰：儿辈谓先生为报馆的先生。但老朽目力不佳，十余年来，不看报矣。此名片上之字迹，亦看不清楚也。

记者问：老先生高寿几何？

钱答：谭老板（鑫培）是属羊的。要是活着，今年八十六岁。老朽比谭老板小十四岁，今年亦已七十有二矣[1]。

（1）生于同治元年（1862年）正月十八日。

问：老先生有几公子？

答：小儿凡二。长宝森，承父业，习架子花脸。次宝荣，习老生，在家闲居。孙三，孙女三。长孙盛川，习武生，去年毕业于富连成科班。

同学存者仅有两人

记者问：老先生之戏由何处学来？

钱答：老朽幼年，在三庆班坐科。教师甚多，不一其人。

问：与老先生同学，至今健存者，尚有几人？

答：只得二人。一李七，即李寿山，今年六十五岁，一程继仙，系程大老板（长庚）之孙，今年未满六十。此二人，皆老朽之师弟也。

问：老先生之戏，得力于何人最多？

答：家严宝峰公，时在三庆班教戏。故老朽之戏，得力于家严者最多。家严去世时，年六十余岁，距今三十余年矣。

花脸分铜锤等三种

记者问：花脸之种类，共有若干？

钱答：铜锤、架子、武二花，皆花脸也。铜锤花脸，专重唱工，非佳嗓不办。架子花脸，重架子，重武工，腰胫两腿，须有功夫。武二花脸，则陪伴武生，仆跌翻跳。此不同之点也。老朽所唱，则专为架子花脸。

问：架子花脸，亦注意唱工否？

答：唱腔甚少，不甚注意。

老成凋谢后起乏人

记者问：老先生在从前，常与何人合演？

钱答：从前谭老板、俞润仙（即俞毛包）、杨月楼，合演时最多。不过，架子花与任何脚色，皆可配戏，不能固定。最近，老成凋谢，后起人物，多用不着老朽。惟叔岩、小楼，偶亦索老朽作配。

问：其故为何？

答：身份不同，戏份各异。譬之演戏正角，戏份为三十元，而配角戏份，乃非六十元不可。则此配角，无法约请矣。

问：以老先生之精神，此时当能照常演剧？

答：尚可以对付。

俞王叔岩均系弟子

记者问：老先生有弟子若干？

钱答：老朽未收专习架子花之弟子。俞振庭、王瑶卿、王凤卿、余叔岩之武打各戏，由老朽教授者甚多。

问：以老先生之眼光，现今唱老生者，以何人最为高明？

答：众中选将，余叔岩莫属也。

问：马连良何如？

答：彼在现时，唱得很红。但比之叔岩，则相去远矣。

毕生致力胥在脸谱

记者问：花脸之脸谱，以老先生所绘，最为名贵，其道可得闻欤？

钱答：花脸之脸谱，其实，前传后教，仍脱不了老门。老朽所绘脸谱，仍为前人成法。不过，黑白之分，为固定的。而花道之多，与面积之宽窄，其运用，则在绘者以审美功夫出之。务期富饶神理，有雄健美观之概。本人为一种之态度，上台又为一种之态度。若台上台下，无所歧义，则为下乘。

记者云：老先生上台时，威猛雄壮之概，望而可畏，及觌面相逢，乃为一慈眉善目之老者。可谓神乎技矣。

钱逊谢曰：毕生所致力者，亦止此而已。

“耍牙”——习之不辍久而技成
“踢鞋”——老谭叔岩并无歧致

练习“耍牙”煞费工夫

记者问：“耍牙”为老先生之绝技，至今能在舞台上“耍牙”者，老先生而外，惟今长公子，家学渊源，闻名于世。然则如何耍法？

钱答：状狰狞可畏之神怪，非“耍牙”不足以言淋漓尽致。此虽小道，而自有难处。盖以牙置于口内，赖舌与腮之运动，使其自由出入，成各种之形式。以戏剧言，亦饶有兴味，着手练习，亦自煞费工夫。

杨大麻子瞎说八道

记者问：老先生之“耍牙”绝技，师承于何人？

钱答：此技并非师授。当年，在三庆班演剧时，同班有杨三者，梨园行人呼之为“杨大麻子”。此人年六十余，以“耍牙”独步一时。老朽方在幼年，见而好之。问彼，彼秘而不传。但曰：汝试刻苦练习，自然可以成功。彼为是语，不过与老朽并无瓜葛，为应酬后生之口吻。老朽则深信其言，购牙一副，每日对镜练习。在初用功时，其牙之形式，往往不能自由出入，或不得出口，或两牙不同，一向内而一向外，一向上而一向下，甚或失于防范，掉出一牙。但老朽苦心孤诣，习之不辍，久而技成，亦所谓皇天不负苦心人也。

问：老先生既与杨三同台演戏，彼何得自秘其术？

答：梨园行人，嫉心最重。同台演戏，彼不过为搭班性质，绝对不负教授之责也。

两牙何曾用线拴上

记者问：老先生于“耍牙”之技，既已练习成功，则以后每演神怪戏，俱用之乎？

钱答：此事有一笑话。老朽习技既成，登台时，往往为之。但观众心理，有不可理喻者。在老朽中年，每一“耍牙”，自觉吃力，且迅速好看。台下观众，乃相顾腾笑曰：“是奚足怪？他拿线拴上的。”不惟绝不叫好，抑且奚落之声，杂起于座间。老朽在此种谬误揣测之下，遂愤而不耍。彼辈所谓“拿线拴上”，不知如何拴法。其实，“耍牙”一道，危险太大。万一在众目睽睽之下，耍掉一个，则倒好之声，立时庞然而作。老朽在休止“耍牙”期间，亦颇省去一番惊恐。休止既久，谈者渐知“耍牙”之可贵，而顿悟从前错误，有于座间，高声请求“耍牙”者，老朽见时有可乘，乃恢复“耍牙”之动作。蔓延以迄今日，其中实有一度之波折也。

凡名伶均各有长处

记者问：其他名伶，尚有别种之绝技乎？

钱答：凡属名伶，各有绝技。譬之马连良，以嗓音言，以咬字言，以行腔言，以及各种之功夫，当然较之叔岩，有天渊之别。但彼年富力强，底气充沛，唱来亦自有一种之浓味。且能演本戏，自始至终，精神满足，此过于叔岩。故成为一时之红运脚色。高庆奎，以格律言，似失之滥。然彼做戏卖力，且在一晚间，可以演两出重头戏，此又高庆奎之过人处。故亦走红一时，非偶然也。

老谭“踢鞋”也用手扶

记者问：谭老板演《闹府》之“踢鞋”，为一种之过人绝技。至今步其后尘者，惟叔岩一人，但谈者谓：

当年谭老板之“踢鞋”，踢起后，不用手扶，自然落于头上。叔岩踢起后，在落下时，非用手扶不可。此叔岩之“踢鞋”，不如谭老板处。然乎？

钱答：一般心理，最喜捧死人。总觉活人不如死人，致其感慨。其实，谭老板“踢鞋”，一样非用手扶不可。与今日之余叔岩，其踢法、接法，完全一致，并无歧异之处。

“踢鞋”功夫在乎腿劲

记者问：“踢鞋”何以非用手扶不可？

钱答：“踢鞋”在《闹府》中，不过形容范仲禹之疯魔状态。踢起为疯状，用手扶，亦未始非疯状。至于非用手扶不可之理由，因范仲禹所戴之高方巾，并非平面的，而为斜面的。且鞋系硬底，巾亦硬面，以硬碰硬，万无自由落于巾上，贴伏不动之理。其实，“踢鞋”功夫，不在踢，不在接，而在腿劲。原因谭老板武工甚佳，腿之一伸，可将鞋直送至头上正中地方。迨其徐徐落下，则用手扶置头上。此“踢鞋”之方法也。老朽骨鲠性成，不喜捧人，故为高论。就事言事而已。

［记者问］（前部报纸版面残缺）叔岩有青出于蓝、后来居上之势者，老先生以为何如？

钱答：常言说“山中无猛虎，猴子称大王”，叔岩在今日戏界人才缺乏之际，一般誉为□□，本属恰当。若谓过于老谭，老朽则期期以为不可。老朽从来喜说真话，不胡捧人。□□老朽与谭老板，并无交情，与叔岩，尚有戚谊。不过，□人论事，不得杂以感情作用。

记者问：老先生与叔岩，有何□□?

钱答：陈德霖［为］叔岩之岳父，老朽与陈家，有戚谊关系，□□为间接的亲戚也。

小培太笨难绍箕裘

记者问：学谭人物中，谭老板之子小培何如?

钱答：小培□谭老板之亲生儿子，因先天□□，其嗓音有时神肖乃父，□□于叔岩。但小培生性愚笨，身段太不灵活，做派亦鲜神理。且嗓音欠缺功夫，极不耐唱。常有“一嚼砂糖，再嚼屎橛”之憾。乃至难绍箕裘，碌碌无闻。此种现象，在梨园界，往往而有之。

程氏殂谢竟无嗣响

记者问：余胜荪向以学程大老板自居，究竟与大老板，有无相同之处?

钱答：程大老板为天生奇才，令人可望而不可即，殂谢以还，竟无嗣响。惟同仁堂（即乐家老铺）有周子衡者，幼喜玩票，学得程大老板之一两口，常以此自豪。胜荪好高骛远，为标新立异起见，拜周子衡为师。欲在梨园中，别树一帜。语云“取法乎上，仅得乎中；取法乎中，仅得乎下”。周不过一票友，未足以言中材。则胜荪所得如何，可以推知。且胜荪之嗓音，欲追步大老板之后，亦万万办不到也。

汪走红时比谭尤红

记者问：程大老板之戏，如何好法？

钱答：韵味浓厚，不可以言语形容。不过，其特点，厥为天生一副佳嗓，特别好听。昔年汪桂芬，为学程人物，往往有神肖处。汪走红时，比谭老板更红。汪如不死，谭恐难露头角。盖谭之红时，适当汪去世后也。汪且如此，程技可知。

问：王凤卿系学汪唯一人物，老先生以为何如？

答：彼虽学汪，但嗓音单薄而干滞，唱时，往往涨红面皮。勉强学步，神味遂失。以言学程，难矣！难矣！

问：程大老板究竟何种嗓音？

答：系一种之宽□。

问：许荫棠之嗓何如？

答：彼系奎派，学张二奎，与程□不同。

嗓音所限关系至巨

记者问：何以近人学谭者最多？

钱答：学谭不必佳嗓，学程则于天赋有关。但满街夜行道歌者，皆唱谭腔，因其易学也。

问：嗓音与唱戏，关系之大，有如是乎？

答：老朽毕生所引为憾事者，惟在嗓子不能唱。昔穆凤山，能兼演铜锤、架子各戏，以此红极一时。老朽于铜锤各戏，具（俱）能演唱。但限于嗓音，亦只好置于无用之地。亦无法之事也。

艺术而外尚需运气

记者问：谭老板之嗓，佳乎？

钱答：甚佳，固也，但谭老板在五十岁以前，嗓音并不见佳，只演武戏。后年事渐高，武戏已难胜任，则嗓音突又变佳，遂转而专演文戏。盖唱戏的一碗饭，艺术而外，尚有运气关系。譬之小楼，彼在二十余岁时，殊碌碌无闻。满三十岁以后，竟成一时红角。此亦运气使然之一证也。

梨园界人多能写字

记者问：梨园界以何人学问为最佳？

钱答：老朽说不怕丢人的话，干我们这行的，都没有什么学问。至多，能写几个字。二小儿在家无事，喜练篆文字。习之年余，亦居然能为人写扇子。何足以言学问？其票友下海者，则事当别论。老朽八岁学念书，九岁坐科学戏，则学问何处来？梨园行人，大都如此，不惧方家见笑矣。

裘桂仙

采访人：林醉醄（一得轩主）

原载1930年5月20—24日《全民报》（北平）

昨日（十九）午后三时半，赴宣外兴胜寺五号，访问裘桂仙。谈几及一小时，兹节略裘君谈话大意如下。

演戏经过 余现年五十二岁。十岁时，即入鸿奎科班坐科，拜老伶工何桂山为师，习正净戏。出科后，登台于北京各戏园，如《二进宫·保国》《探阴山·铡判官》《断密涧·带箭》等戏，均谬承台下欢迎，又兼演《取洛阳》《下河东》等，亦蒙赞许。至二十岁时，余即改习琴师，不复粉墨登场矣。(1) 谭鑫培入大内供奉，余为之操弦者，计二十一年。(2) 迨后国体变更，民国建元，俞振庭，王凤卿，要求余二次登台，余于是遂再现身于歌舞台上矣。(3) 忆二次登台，第一日系在吉祥园，与陈德霖，王凤卿合演《二进宫》。自是之后，遂复执业伶界。民八间，金鱼胡同那家花园冯耿光先生堂会，余与刘鸿升合演《双包案》。余去真包，而刘去假包，均极得一般人赞赏。迨后又与刘在旧刑部街卫戍司令部堂会，合演《上天台》，亦博得好评。民十二间，余叔岩在新明戏院登台，邀余与偕，凡叔岩所演之戏，如《捉放曹》《失街亭》《琼林宴》《群臣宴》等戏，非余合演不唱。同时还有王长林、钱金福诸人同台，故上座特佳，而叔岩之声誉，亦日益隆矣。(4)

(1) 裘氏号荔荣，小名官儿，生于光绪六年（1880 年），出身朱霞芬之云和堂，自幼习黑头。

光绪二十一年（1895年）在小天仙班（光绪十九年十二月初十日报班挂牌演唱，承班人迟玉泉）借台演出，擅演《鱼肠剑》《断密涧》《御果园》《白良关》《草桥关》《打龙袍》《二进宫》《黑风帕》《锁五龙》等剧，后入鸿奎班（即小鸿奎班，光绪二十一年四月初二日报班挂牌演唱，承班人陈永源）。光绪二十二年（1896年）六月入新出小长庆班（承班人时炳奎、徐玉玲），当年十月入新出喜庆班（承班人陈永源）。光绪二十四年（1898年）三月起搭新出春庆班（承班人徐玉玲）。以上均用本名“裘桂仙”，名列净行。光绪二十八年（1902年）十二月起，搭复出同庆班，名列场面，已改业琴师。

（2）裘氏于光绪三十年（1904年）二月二十一日起以“裘荔荣”名入升平署效力，充随手（胡琴），系“官中”琴师性质，非专为某一人伴奏，而谭鑫培早在光绪十六年（1890年）五月初十日即被挑选入升平署担任民籍教习。谭鑫培在外班演剧，琴师先后有孙佐臣、梅雨田、王云亭，其中以梅雨田为最久。谭氏光绪十年搭四喜班时，雨田即为随手，光绪十八年（1892年）十月，谭鑫培承班复出安徽三庆班，雨田与谢双寿、曹心泉、郝六、李春元、锡子刚等同列场面。同庆班时代，梅氏与王云亭、裘桂仙同班，谭之琴师，以梅为主，以王为副。宣统三年（1911 年）闰六月十二日，王云亭病故；民国元年（1912 年）10 月 8 日，雨田病故，乃专由裘氏为其伴奏并偕之赴上海演出。回京后即以二子谭海清、孙佐臣、徐兰沅担任，偶然亦约请陈彦衡为其伴奏，如民国元年（1912 年）10 月 18 日，同庆班出演庆乐园夜戏，谭鑫培演唱大轴《击鼓骂曹》，戏报即云“特约京外驰名胡琴圣手陈彦衡君尽义务”。

另，裘氏在宫当差时亦演戏，光绪三十三年（1907 年）《恩赏日记档》三月初三日有记：春喜传旨，再唱升帐高台之戏添开门刀，多派龙套。筋斗长喜、永山、德昌着学跷工，随手裘荔荣着上场唱戏。

(3) 民国六年（1917 年）9 月复出，搭俞振庭之双庆社，9 月 14 日白天，吉祥园，与王凤卿、王琴侬合演压轴《二进宫》，梅兰芳、俞振庭、姚玉芙合演大轴《五花洞》，陆续演出《捉放曹》（与王凤卿）、《碰碑》（与高庆奎）、《牧虎关》《草桥关》（与李连仲）、《忠孝全》（与高庆奎）等。民国七年（1918 年）8 月，搭裕群社，演出《白良关》《穆柯寨》等。

(4) 民国十年（1921 年）6 月，余叔岩搭俞振庭之复庆社，出演三庆园，裘氏与之同班。民国十二年（1923 年）余叔岩自组胜云社，邀裘氏搭班演唱。

谈《二进宫》 《二进宫》一戏，系须生、青衫、黑头唱工并重之剧。三脚之中，苟有一稍软者，即不能唱。杨波、李后两脚，能唱者固不乏人，而徐延昭一脚，则学者绝少。忆十年前，北京各戏园，如开明、新明、中和等，演唱是戏，须生则有余叔岩、王凤卿、王又宸、高庆奎等，青衫则有陈德霖、梅兰芳、尚小云、程艳秋等，而黑头均系由余扮演。生旦屡易，而净角不换，余之滥竽充数，殊有愧于方家也。

谈黑头戏 《断密涧》一戏，演者亦绝少。其原因则在于生净二脚之难并得，而李密一脚，尤为黑头中之正工戏。忆十年前，余与王凤卿，在吉祥合演是戏，极得一般顾曲者之谬赞，现已久无人演此矣。其余如《探阴山》《锁五龙》《遇皇后》《草桥关》等戏，均为繁重之作，实非可以随便“钻锅”了事。在现下黑头人才缺乏之时，研究黑头唱工极少，铜锤一门，诚恐有广陵散之虞矣。

戏剧感想 现在整本旧戏，失传甚多。其原因由于各脚之搭班无定，而一班之脚色，又每有单独人才之感。如青衫、老生，各为台柱，皆负盛名而能合成一班者，未可多见。且全本旧戏，各类脚色并重者极多，故排演极感窘难。兼之成班日期甚暂，不能长远，每每有一出全本尚未排熟，而班已局部改组，或完全解散。此等现象，殊为保存旧戏之一大阻力。现在中流砥柱者，仅富连成科班一处，尚能为旧来国剧延长一线之曙光。故整本旧戏，除富连成排演为最适宜外，几无第二班矣。要救此弊，必各脚能和衷共济，成立一较长远之班，搜集旧戏剧本，重新排演，则国剧或不至中斩。否则，仅恃富连成一科班，亦将有成为广陵散之一日也。

裘君二子 余有二子，因质性之关系，而习艺各别。长子喜音乐，故余授之拉胡，使其为琴师。手术尚可对付，为坤伶恩维铭琴师数年。恩伶现在奉天游艺商场演唱，故余子亦随之往。次子喜歌曲，且有本钱（嗓子），故令习戏，学铜锤花脸。现年十五岁，名裘盛戎，在富连成坐科，现已有三年之久矣。对于余平时所常唱之戏，如《二进宫·保国》《草桥关·回朝》《探阴山·铡判》等戏，已能演唱。将来或可传以衣钵，使其在社会上，得一啖饭之技也。

拿手名剧 至承问拿手之戏，余不自知其何戏为拿手。不过目下所最常演者，如《二进宫》之徐彦昭、《草桥关》《上天台》之姚期、《断密涧》之李密、《双包案》《探阴山》《铡美案》《遇皇后》之包拯、《御果园》之尉迟敬德、《黄金台》之伊立、《渭水河》之姜尚等，均受内外行之谬许。其余如《群臣宴》《华容道》《捉放曹》之曹操、《失街亭》之司马懿及马谡、《琼林宴》之葛登云，亦每与刘鸿升、余叔岩、王凤卿等合唱。至于《取洛阳》《下河东》等戏，壮年时亦常演，近已久不唱矣。

剧风大变 抑余又有不能已于言者。此时梨园崇重花衫，而生脚已近于反主为宾，几不能与花衫争一日之短长。其余各门脚色，如净、丑等脚，竟成为无足重轻之附属品，遂至剧风每况愈下，终必至于成为独脚戏而后已。不知戏剧各门：末、净、生、丑、旦、外、小、贴、付、杂，十项脚色，均有特别需要。无论何项戏剧，其中必含有二三项，或四五项之脚色（其间或有一二单独之脚色而演唱一戏者，然属例外），固不能以一脚而支持一班也。是以各脚之良否与全缺，影响全剧不少，俗所谓“牡丹虽好，必须绿叶护持”者，意同此也。黑头唱作，本为繁重之脚，既须本钱，又重研究，正所谓“卖力不易讨好”者也。风尚所趋，学者益少，窃恐将来，变成为广陵散矣。剧风至此，不禁令人有今昔之叹也。

李永利　附蓝月春

萧春亮　毛庆来

朱佩芝　常立恒

采访人：林醉陶（一得轩主）

原载1930年11月22日—12月9日《实报》

昨日（二十一）下午三时，轩主赴宣外大吉巷四十一号，访问李永利君。由乃子万春，及朱桂芬、萧春亮、蓝月春、毛庆来，殷勤招待。轩主首向李君询问一切，依次向万春、春亮、月春、庆来，诸人询问。谈叙几及三小时，对于个人学戏演唱之经过，谈述极为详尽。万春并即席给（绘）赠彩色花卉一幅。轩主因时间不我许，未便久留，遂互为珍重而别。兹先录李永利君谈片如次。

李君家庭　予（李君自称，下同）不登舞台多［年］矣，在此时除课子闲居外，已不作再现身色相想。承君下询，殊深感幸，今且先述予家庭之组织。予原籍河北省雄县人，现年四十七岁。[1] 有子四，女一。长子万春，现年二十岁，习文武老生。次子桐春，现年四岁。三子庆春，现年两岁。四子国春，为今年所生，现仅两个多月。[2] 女名春福，现年七岁。此予家庭组织之大概情形也。

(1) 字少魁，生于光绪十年（1884 年）正月初五日。

(2) 后夭折。又，桐春，原文作“同春”。

学戏经过　予十一岁时，在奉天福庆和科班坐科。福庆和为张德福老先生所创办，张与张国太同为牛皂老板徒弟。牛皂老板为梆子泰斗，两张均学梆子戏，故福庆和为梆子科班。予坐科时，初学架子花兼小花脸。开蒙戏系《过巴州》，去张飞，由王四先生说戏，李四先生教武工。李四为当年内廷护卫者，武工绝佳。既又学娃娃生（如《骂殿》之赵德芳）。同年，予在奉天盖平县登台。第一天，唱《乾坤带》（饰秦英），第二天，唱《阴阳报》（饰化子），第三天，唱《过巴州》（饰张飞），与月月红、溜溜旦、胡少卿、牛春化、紫才子、老红菊花（即吴昆甫）、郭桐来等同班，极得该地一般赞许。未及，由紫才子、老红菊花两老板介绍，拜郭桐来(3) 老板为师，专学武二花。郭为当年武小花脸之先进，对于武把，极负盛名，予因之获益不少。自是以后，予专工学武二花戏，不再演其他之戏矣。

(3) 郭桐来，又名同来，小名郭胜，天津人，著名武丑，以《三上吊》一剧闻名南北，光绪六年（1880 年）十月，尝与谭鑫培合演于上海丹桂轩仙兴。

演戏经过　辛亥年，予由奉赴哈尔滨，在同乐茶园演唱，人缘极佳，极得哈埠一般赞许。是年，在哈养长子常顺，即万春也。在哈唱戏二年，天津大观［茶］园，派高福安、刘凤祥来哈，接予赴津演唱。予遂携家由哈赴津，在大观［茶］园献艺。同台者，有杨韵圃、刘喜奎等。杨韵圃为老红菊花徒弟，唱梆子花旦，在津演唱，与予均为津人所欢迎。未几，上海亦舞台[4]派人来津，接予南下。予亦久慕春申风景，正拟往游，遂乘机往。抵沪后，与王又宸、白文奎、沈华轩、郎德山、李寿山等同台，极受沪人欢迎。在沪演唱之期颇久，共演十年。先后搭亦舞台、天蟾舞台等处，搭亦舞台共数次。除上述外，又与马连良、杨瑞亭、白牡丹（即荀慧生）、小杨月楼、绿牡丹（即黄玉麟）、沈韵秋等同班。搭天蟾舞台者亦数次，计一次与杨小楼、尚小云、李春来等同班，一次与梅兰芳、王凤卿、姜妙香等同班。其他因隔时太久，多不记忆矣。[5]民十一年间北上，遂专意为小儿万春说戏，不再登台矣。此予演戏之经过也。

(4) 共和中舞台，系亦舞台之前身，由王又宸、江梦花承办［参见《王又宸》篇注（6）］，民国二年（1913年）3月31日开幕，泡戏李氏与马春樵、苏云喜、一阵风合演《收关胜》，戏码排中轴，此期演至当年5月11日。

(5) 民国二年（1913年）5月16日至6月3日，石路（今福建中路）中市新天仙协记茶园，与贵俊卿、张桂轩、常春恒同台；

民国二年（1913年）6月18日至民国三年（1914年）2月24日，共和中舞台，与王又宸、白文奎、沈华轩、盖春来等同台；

民国四年（1915年）7月12日至8月29日，杭州第一舞台，与高福安、李兰亭、李桂芳、毛韵珂等同台；

民国五年（1916年）8月26日至民国六年（1917年）2月28日，上海法租界新开天声舞台，与贵俊卿、孙桂秋、彭瑞林等同台，《申报》所刊广告有云“前年曾演于中舞台，所演各剧一时无两，后之汉之甬及京津等处，所至无不令人欢迎”，此期来沪前之行藏大致可知；

民国六年（1917年）10月23日至民国七年（1918年）6月9日，上海天蟾舞台，先后与李桂春、盖叫天、小杨月楼、杨瑞亭、李春来等同台；

民国七年（1918年）11月23日至民国九年（1920年）2月5日，天蟾舞台，先后与赵君玉、杨瑞亭、李桂春、三麻子、杨小楼、尚小云、白牡丹、盖叫天等同台；

民国九年（1920年）2月14日至民国十年（1921年）8月3日，亦舞台，先后与何月山、冯子和、三麻子、李兰亭、贵俊卿、白牡丹、常春恒、绿牡丹、高庆奎、王又宸等同台；

民国十年（1921年）8月28日起出演汉口同记大舞台，与白牡丹、白玉昆、罗小宝、小桂元等同台，子万春亦随班演出，此期辍演时间待考；

民国十年（1921年）10月20日至民国十一

年（1922年）7月7日，亦舞台，先后与小杨月楼、杨瑞亭、白牡丹、王又宸、马连良、刘汉臣等同台，此后即携子李万春北返哈尔滨，再去津赴京定居。

注重私德 予对于戏剧，并无所谓感想者。不过以为人在世，无论在何界执业，对于个人私德方面，应加注意，而梨园中人，尤应侧重。盖名誉为第二生命，而私德与名誉，实互为因果。故戏剧与社会，关系最要。无论何时何地，均有接触之机会，而有转移之使能，以戏剧之列于社会教育之中，可以概见。故伶人所负之责任，除应有之艺术外，尤应注重个人私德。在戏剧上，无论一举一动、一言一语，均应以道德为依归，而在个人方面，则尤应以身作则，洁己自爱，不可稍有轨外之行动。

予演戏三四十年来，常以是自饬，且以戒予子，盖亦有鉴于斯也。窃思予同业中，以此而致亡身丧身者，不知凡几。故予常以是戒万春，如能已独立，能挣钱养家，虽三妻四妾，亦未为不可。设于此时而有荡检逾闲之举，则终身身败名裂，实非年轻者之可为，亦为年轻者所必戒。差幸万春尚能听予之言，对于个人私德，尤知注意，不敢为逾闲之举。然予以为年轻者，常以自己立志不坚，而外间引诱之者，又复防不胜防，遂至被动而蹈危机，终因是至于身败名裂，为人不齿。究其原始，皆其父兄之不善监督之咎也。故予对于万春，除艺术外，常以私德为言，而又恐其年稚识浅，被恶势力所引诱，而有轨外之行为，故对于万春之行动，除出告入对外，犹常时加以监视。此虽属于过虑，然为人父者对于儿子之责任也。予对万春，如此之严，固为足下所详悉，而此次赴津，尚有谓万春有不端行为者。此固有所需而未遂，故作挟嫌之语，实无足伤。然曾参杀人，贤如曾母，尚不免于投梭，杯影（弓）蛇影，转足以混淆黑白。但是非公理，自在人心，不辩自明，固毋待予之哓舌也。(6)

(6) 原文下接李万春访谈，见《李万春》篇之一。

万春言毕，轩主即转向蓝月春询问，发表谈片如次。

蓝月春谈 月春今年十九岁，上海人。七岁时，在上海拜李永利老板为师，学黑头，共十一年，至今年五月十三日出师。当七八岁时，敝师兄万春，出外演唱，月春因年幼，则在上海家中习戏，未曾同行。至九岁，始出台演唱。第一次与万春合演《凤凰山》，月春去盖苏文。第二次与万春合演《狮子楼》，月春去西门庆。第三次与万春合演《两将军》，月春去张飞。自是而后，万春每次演戏，无论远近，如汉口、无锡、安庆、扬州、镇江、烟台、威海卫、天津、大连、哈尔滨、上海，以及北京等处，月春均与偕行。予所学之戏，与万春合演者极多，如《师生反目》之徐达、《锤震金蝉子》之金蝉子、《佟家坞》之纪逢春及李芳、《走麦城》之徐晃等。其单独演唱者，如《艳阳楼》《铁龙山》《挑滑车》《金雁桥》等，亦均能演唱，但露演极少耳。至于月春十年来各处演戏之经过，均与万春同，万春言之详矣，毋庸月春之再赘也。(7)

(7) 参见《李万春》篇之一。

蓝月春言毕，轩主即向萧春亮询问，承发表下列谈片。

萧春亮谈 予（萧君自称）今年二十七岁，河北青县人。十一岁，即学戏，坐科奉天改良戏曲练习所，从谢鸿奎先生习老生戏。是年，即登台。第一日唱《天水关》，颇受欢迎。十二岁，嗓子失润，改习文场。未几，嗓子稍复原，改唱铜锤花脸，在东三省与高三奎等同演。十六岁，赴上海，旋赴烟台。适金少山（金秀山之子）成立瀛洲舞台，予搭入焉。是年，改唱武生。迨后由烟台赴天津，搭上天仙，再由津赴济南，搭庆商舞台。既而先后在济宁、滕县、蚌埠一带演唱。至十九岁，赴青岛，在共和舞台演唱。既由青赴沪，入亦舞台，唱一年余。复赴南通州、无锡、南京、杭州等处献艺。去年，由上海来北京，访外甥李万春，意拟小作勾留，即行南下。承万春挽留，邀入广德，一同演唱。予本随地为家，无可无不可者，遂留北京，与万春同演。此予十余年来演戏之经过也。

萧春亮言毕，轩主向毛庆来询问，发表下列谈片。

毛庆来谈 庆来现年二十四岁。原籍山东莱州人，生长北京。十二岁，入斌庆社坐科，为第二科学生。初习武旦，演《摇钱树》等戏，颇受一般顾曲谬许。既教师以庆来习武旦为可惜，令改习武生，［遂］专习武生，不复演武旦戏矣。武生戏第一次出台，演《白水滩》。迨后如《长坂坡》《恶虎村》《落马湖》《战宛城》《八蜡庙》《贾家楼》等正工武生戏，均时演唱。在斌庆坐科共七年，至十九岁时出科。与李万春、萧春亮、蓝月春等同演。万春新排本戏，如《佟家坞》《师生反目》《劈山救母》《洪秀全》《走麦城》《五鼠闹东京》等戏，庆来均加入演唱。万春每次出外演唱，庆来均与偕行。计同万春赴沪者两次，赴济南堂会者一次。至于同赴天津演唱，则次数甚多，述亦不胜述矣。庆来自维年轻艺稚，无长可言，殊不足以博方家之一粲。今承先生不弃鄙陋，殷殷下询，益深惭愧。倘希不吝教益，时赐诲言，以匡不逮，则尤庆来所深愿而不敢请者也。

毛庆来言毕，轩主又转向朱佩芝询问，发表下列谈片。

朱佩芝谈 予（朱君自称）现年三十六岁[8]，原籍江苏吴县，寄居北京。先大父讳莲芬，艺昆旦，家君天祥，艺老生。予十岁学戏，由家君亲授，开蒙戏为《取帅印》。既从吴连奎老板学，入承平社，吴老板首授予以《天水关》。后入鸣盛和科班，演文武老生。第一次出台时，在天寿堂，为姚佩秋老板所主办之义务戏。演《鱼肠剑》，家君饰专诸，予饰伍子胥，时予十一岁也，颇受一般人推许。至十八岁，予因嗓子失润，遂辍演，在平教戏，如祝荫亭、郭竹铭、德仁趾、吴铁庵等，均为予所亲授者。至二十七岁，嗓子复原，予遂应大连西岗之聘，赴连演唱。继而先后赴烟台、威海卫、天津等处演唱，最近在平津与李万春同台。予所能之戏颇多，对于唱工老生等戏，如《盗宗卷》《庆顶珠》《乌龙院》《状元谱》《打严嵩》《清风亭》《问樵闹府》《连营寨》《洪洋洞》《铁莲花》等，均为时演之戏。予艺疏学陋，谬承顾曲者赞许，殊深惭愧。尚希不弃鲁谫，加以指正，则尤幸感焉。

(8) 朱桂芬，号佩芝，又号桂卿，生于光绪二十一年（1895年）。

朱佩芝言毕，适常立恒至，与轩主寒暄毕，并发表下列谈片。

常立恒谈 予（常君自称，下同）现年二十二岁，原籍北京人。先严讳国泰，亦伶界中人，艺武二花脸，赴沪年久，故北京中人，鲜有知之者。予兄弟四人，予行四。长兄云恒，艺武生，次兄春恒，艺文武老生，三兄鑫恒，未学戏。当予七岁时，即从先严学武生戏，《夜奔》《探庄》等。既又从先兄春恒学文戏，如《朱砂痣》等。然均系在家庭学习，未曾正式登台也。十岁时，先君弃养，先兄春恒，奉先君遗命，令予入上海市北公学肄业。小学毕业后，改入民强中学肄业。而予因是益自奋发，研究功课，故对于中英文学，略知其大概。是时家兄春恒，先后充任上海伶界联合会会长，及丹桂第一台经理，家况稍裕，予因是得以安心读书。至二十岁时，先兄春恒，猝然遇害。[9] 予家骤遭变故，莫知所从。且自二先兄，弃世后，家中无人学戏，继续梨园。予遂决意弃儒学戏，冀得维持现状。自是而后，予即正式加入伶界矣。上述各节，即予家庭中之组织，与予学戏之经过也。

(9) 民国十七年（1928 年）1 月 27 日晚十一时半，常春恒在丹桂第一台门口遇刺，身中三枪，伤重不治，30 日晨一时十五分逝于宝隆医院，享年三十九岁。常氏坐科于宁波大连升班，光绪二十七年（1901 年）四月二十五日首次来沪演出，与父常国泰同隶新开春仙茶园，艺名“盖申童”，泡戏《鱼肠剑》。

予既又从刘筱衡[10] 老板学戏（刘老板当时唱老生，后改花旦[11]），初学《捉放曹》，既又学《九更天》。未几，予又从石秉奎先生学《打渔杀家》，及《珠帘寨》。二十岁，年底，上海丹桂第一台，演义务戏，予演《捉放曹》，是为登台之始，极受一般人赞许。[12] 翌年，在上海舞台演二天，第一天为《探母回令》，第二天为《法门寺》，益膺谬誉。[13] 既予以旧京为国剧发达之区，名伶辈出，且为予祖乡，故决意来平观光，遂于今年六月，由沪北上。抵平后，从张春彦老板学戏，习《盗宗卷》《天雷报》《汾河湾》等戏。复从鲍吉祥老板学全本《一捧雪》。张鲍两老板，均为剧界先进，故予获良多。予从前所学之《探母回令》《捉放曹》《法门寺》《打渔杀家》《九更天》等戏，均由张鲍两老板改口。计予已学就者，三十余出之多。现拟日内在开明演《探母回令》，与李万春及红拂女［士］同台出演，届时敢请莅场指示，曷胜荣幸之至焉。

(10) 原文作“刘小衡”。

(11) 刘筱衡幼年习老生，拜邵寄舟为师，初次出台系在民国二年（1913 年）10 月 11 日，二马路醒舞台（天蟾舞台之前身）日场，与其父刘永春合演压轴《打鼓骂曹》。十九岁倒嗓，改工花旦，民国十年（1921 年）6 月搭上海凤记宝胜公司天蟾舞台，头衔“超等花旦”，与常春恒、李吉瑞、赵鸿林同台。

(12) 民国十八年（1929 年）1 月 5 日（旧历冬月二十五日），丹桂第一台日场，以“客串立”名演出《捉放曹》，同台有刘筱衡、蓉丽娟、安舒元等；1 月 21 日（旧历腊月十一日），丹桂第一台夜场，以本名与刘筱衡（饰公主）、刘文美（饰萧后）、刘坤荣（饰六郎）、陆树田（饰太君）、陈鸿奎（饰大国舅）、韩金奎（饰二国舅）等合演全本《四郎探母》，琴师宋宝福。

(13) 民国十九年（1930 年）1 月 4 日，上海舞台日场票友会串，以“客串立”名与刘筱衡、刘永奎、杨四立合演大轴《法门寺》，仅此一场。

常立恒言毕，轩主因谈话时间过久，且有事他赴，未得再作勾留，遂起与李永利君等告辞，互为珍重而别。

郝寿臣

二篇

一

采访人：王柱宇

原载1933年11月25日—12月6日《世界晚报》（北平）

上星期与李多奎演《徐母骂曹》成绩极佳 最近尚拟与李合演《打龙袍》

名净郝寿臣，在今日之剧界，身份特别崇高。每一露演，必告满座。一出帘幕，则叫好之声四起。在热烈欢迎之下，空气又突趋沉寂。宁神定志，屏息静听。往往一字一喝彩，一动一鼓掌。求之近日歌场，魔力之大，殆推郝为第一人。虽程砚秋、梅兰芳、余叔岩、马连良、高庆奎辈，对之尚有逊色。盖郝君体质健壮，衷气极足。嗓音宽敞坚实，扮相魁梧奇伟。咬字沉重，表情深刻，为一整个之戏的结晶。故一般戏迷，癖而好之，有如饥渴。非如其他角色，尚可借助于外力，尚有偷惰之余地也。

品格崇高

郝君之艺术既高，其操守，自有异于众人。谈者谓郝君演戏，所悬条件，甚为严格。即戏份不足其定额不唱，搭桌戏不唱，一天两出戏不唱，配角不好不唱，戏码在前不唱。一般人遂谓其习气太大。其实，郝之为人，至极㧑谦。对于梨园行之后起人物，但属资质可造，则提携帮助，不遗余力。至于所谓演戏条件，完全为个人自由，处己对人，皆不足为病。郝与名老旦李多奎，交好极善。李为后起人物，郝则极端赞美赏识。常欲尽力庇护，助成李之令闻令誉。自本报披露《名老旦李多奎访问记》以后，因其中述有李多奎谈话，谓郝君拟与李合演《徐母骂曹》一剧，郝君见之，即言与李，从速贴演。遂于上星期日，实现于鲜鱼口之华乐戏院。

珠联璧合

自龚云甫物故后，因老旦界人才缺乏，郝之《徐母骂曹》一剧，迄未贴演。戏报一出，见者乃欣喜若狂。演唱之日，大有万人空巷之概。舞台之上，可谓珠联璧合，二君各得盛大之彩声。演毕，记者晤李君，据李君云：与郝老板演戏，既省力，又讨好。有生以来，此为第一次之痛快事。记者因请李君介绍，约期于昨晚赴崇外草厂十条粪厂大院(1) 郝之私邸，面加访问。承让至客厅，其中，整洁华丽，为一种之西式，书架之上，列洋装书籍甚多，有如一科学家。郝出见，殊和蔼可亲。就座后，乃与郝君作如次述之谈话。

(1) 奋章大院（今奋章胡同）之旧名。

有子读书

记者问：郝君原籍何处？高寿几何？

郝答：本人原籍平东香河县。先祖之世，由原籍来平，侨寓此间，以经商为业。先严时代，即于崇文门外南小市，开设木厂，售卖桌椅木器之类。本人今年四十八岁，生长此间。有小儿一，名德元，今年十九岁，现肄业于崇内船板胡同汇文中学。盖自先祖迄今，至于德元，旅居此间者，共四代矣。北平已成本人之第二故乡，谓本人为北平人，亦无不可也。

并非票友

记者问：闻郝君系票友出身，然欤？

郝答：本人并非票友出身，自幼即从事学戏。本人尚有家兄，亦系自幼学戏。本人尚有家兄自幼皆习铜锤花脸。厥后，先后倒仓，即告停顿。事历多年，家兄之嗓不出，遂在南小市桌椅铺内，料理生意。本人至二十岁上，嗓音又出，惟宽敞特甚，刚健不足，乃改习架子花脸。原因花脸之中，分“铜锤”“架子”“武二花”“短打”之四种。嗓音刚健者，宜唱铜锤。嗓音宽敞，扮相雄伟者，宜唱架子。长于腰腿功夫者，宜唱武二花。工于扑跌翻腾者，宜演短打戏。各从其宜，发展个人长处而已。不过，本人于铜锤戏，亦可演唱。《草桥关》一类之完全唱工戏，尚不便贴演，而《打龙袍》一剧，本人尚拟于最近期间，与李君多奎，登台一试。但成绩如何，殊不敢必耳。

小管一吹即响　大管甚难为力
金秀山终身赴先农坛喊嗓

花脸独异

记者问：花脸在梨园行中，比之其他角色，其难易如何？

郝答：花脸一行，比之其他角色，最感困难。因其他角色，皆可借助于外力，或有偷惰之余地。独花脸一行，完全为真实功夫，无所借助，亦不容偷惰也，试分别言之：老生一门，固以唱工胜者。然其嗓音，只取其悦耳，无雄浑之必要。且扮相身段，纯取自然姿势。资质而佳，无妨听其自然。不假人为之力，自然入妙。青衣以唱工胜，而其嗓音，以窄小为依归。花旦以美观胜，而其姿态，多源于天赋脸子漂亮。小丑以科诨胜，运用伸缩，有绝对之自由。惟花脸一行，则大异其趣。

大声之难

记者问：花脸之难处何在？

郝答：花脸之嗓，非雄浑健壮不为功。吾人喉头发音，小声则易，大声则难。譬之吹管，细裁如指者，一吹即响，无用力之必要。其粗而且大者，用全副气力，亦往往吹之不响。彼婚丧用之大喇叭，粗矣大矣。持而吹之者，提足衷气，用力吹之，至于面红耳赤，腮际肿起，如桃大，而所得成绩，既不甚响，且不能支持至长时间以上。以此为喻，可见巨嗓之困难。花脸唱戏，一字一句，自始至终，一律须宏敞坚实，无懈可击，乃尽淋漓酣畅之能事。只此一端，在舞台上，已属不易□力。而其他困难之点，尚极繁多。

脸谱研究

记者问：扮相身段之困难如何？

郝答：其他角色，化装一门，比较平易，可以想象而得之。独花脸一门，一人身份，有一人之脸谱。故于练习唱工以外，更须努力于脸谱之研究。而脸谱之中，有鄙俗可笑者，有望而可惊者。脸谱佳，则可以先声夺人，有起人美感之功效。脸谱劣，即唱做白打，门门俱优，亦减少若干之精彩。花脸行中，对于脸谱一项，有穷毕生之力，尚难臻美善之地步者。至于身体装束，总须魁梧奇伟。躯干渺小者，须扮之使大。身体羸瘦者，须扮之使肥。青衣花旦，身段婀娜多姿，易起观者之美感，今唱花脸者，以汹汹可怖、臃肿不堪之姿态，而欲使观者发生美感，其至极困难，亦可想见。总之，花脸唱戏，完全属于一种之戏，单重嗓音唱工，单重脸谱，皆所不能胜任。

喊嗓问题

记者问：唱花脸者，亦须逐日喊嗓、吊嗓乎？

郝答：此则不能一定。如昔年金秀山先生，固为专门铜锤花脸，其每日在家，吊嗓喊嗓，绝不间断。清晨，则赴先农坛城根，大声喊嗓，寒暑不辍。其嗓音，亦自坚实嘹亮，迥异一般。终身如此，载誉以逝。但本人于吊嗓、喊嗓，并不十分注意。明日有戏，今日或试唱一两段。至于晨起之际，则绝不喊嗓。不过，本人晚间睡眠极早。若无夜戏，在九点钟以后，即行就寝。黎明之际，则又起床。本人有自备之自行车一辆，盥漱后，即骑自行车出门，赴空气清新之处，绕行一二小时。此种运动，所以呼吸新鲜空气，求得身体之强健。其次，则为清除肺中积火。原因唱戏一道，完全利用肺中之气。肺中若有积火，或有痰沫，即喑不成声。或唱戏时，忽被痰沫隔阻，乃至不能按下。故唱戏者，非于清晨出外，呼吸新鲜空气不可。此种用功，属于无形的。然用功结果，实助益嗓音不少，所谓“遛嗓子”也。

清晨喊嗓有却病延年之功效
何桂山饮场并不用酒

喊嗓之利

记者问：然则遛嗓子之功用，亦甚伟大矣？

郝答：梨园行人，以演剧为业。一般见者，以为此种职业，系属一种快活职业。其实，艺术为供人赏玩之事物。赏玩艺术者，其观感，为快乐的。在艺术人，苦心经营，期得良好之成绩，其心理上，又为苦痛的。且扮戏上装，往往可以使生理上感觉不适。譬之唱花旦者，虽在隆冬严寒之际，亦必穿单夹衣。若穿皮棉，则臃肿不堪，失去美观之意态。唱花脸者，即时届盛暑，一般人汗流浃背，挥扇不停，花脸上台，亦必重重扎裹，穿极厚而肥之棉坎肩。此种苦痛，见者更不代为设思。故艺术人之苦痛，多为一般人所不了解。所可喜者，梨园行同业，求嗓音之佳，即不得不致力喊嗓或遛嗓子。清晨赴植物繁茂、空气清新处，尽量为深呼吸，或张口大喊，以期扩张肺量。疾病自可免去，身体自可健全。故昔时名伶，皆体强无病，益寿延年。至于咯血肺痨之疾，绝对无沾染之可能。此为梨园行人不幸中之大幸。彼养尊处优者，懒惰性成，不肯劳动。日上三竿，尚呼呼于黑甜乡。食宿无节，血液污浊。因而疾病丛生，促短寿算，所谓“逸预（豫）足以亡身”也。摄生之法，无论唱戏与否，每日清晨，为一度之野外运动。或大喊数声，或竟不喊，皆为天然卫生。先生试行之一日，至用餐时，必可多吃几碗。此为可以试验而得者也。

饮酒问题

记者问：保养嗓音之法，闻喊嗓、吊嗓以外，尚有种种之禁忌，如不饮酒、不吃辛辣之类。郝君于饮食一道，有无何种之禁忌？

郝答：嗓音之优劣，源于天赋者半，源于练习保养者半。不过，所谓保养者，仅为保养体力之健康。体力强，不染任何之病，若天赋充足，练习成功，其嗓音自抑扬曲折，各极其妙。至于食物禁忌，则在相对限制之列。近日梨园行人，如程砚秋、高庆奎、李多奎，皆能饮白干酒，辛辣不忌。而所唱腔调，皆悠扬可听，绝无妨碍。昔年何九先生（即何桂山）以酒量著名，每饮可尽数斤。本人亦嗜饮，常用陈绍，但以年远性醇者为度。各酒肆中之物，则摒绝不取。饮酒结果，仍能保持原来之嗓音。故知酒之为物，并不绝对妨害嗓音。不过，此种关系，尚于生理上有问题。有一种之嗓，一饮酒，则刚烈过度，唱不成声。此则在唱戏者，以习惯经验，自行审查耳。

记者问：昔年何桂山，酒量之豪，尽人皆知。闻其登台演戏时，亦须时时饮酒。故其“饮场”之茶壶中，非茶非开水，乃为白干酒。何桂山一面唱戏，一面饮酒，其嗓音乃愈唱愈佳。此事然欤？

郝笑答：酒之为物，固不能绝对为嗓音之害。以情理言，亦不过在嗜酒同人，喜其并无损害，无妨癖而好之。至于酒能助嗓，即又不近情理。何九先生唱戏，其茶壶中，仍为茶水之类。以酒饮场之事，乃传闻之误，谈者又故神其说。以讹传讹，不足置信也。

戏曲中之《火判》《嫁妹》与昔年何九所演不同 喊嗓时一律用“啊咿呔”

酒能红脸

记者问：又据谈者谓，何桂山唱戏，演《火判》一剧，饰火判官出场时，于后台上，并不勾脸。惟持壶喝酒，以数斤计。其时，为通常人之颜色，迨门帘启处，桂山侧身出场，使力一挣，酒意即涌现于面部。亮相之际，即成大红脸。不假涂饰，色彩天然，为梨园中之佳话。此事有之乎？

郝笑答：此皆谈者故神其说之词。花脸之脸，非着色不可。且绘脸时，层层堆起，如铜钱厚。台下观者，乃能望而了然，知为何种之脸谱，知为何种之剧中人，饮酒虽能使面部呈红色，究竟系从内部发出。远观之，与涂绘之红色，实大异其趣。以本人所知，并无其事。

《火判》《嫁妹》

记者问：《火判》及《钟馗嫁妹》两剧，郝君亦能演唱乎？

郝答：此两剧，为昔年何九先生之拿手戏。每一贴演，必致座无隙地。何先生物故后，其术不传。今日梨园界，遂无贴演者。盖一种名剧，自有其特别秘诀。法而效之，非心传口授，逐一指正不可。若乃得一剧本，或遮（摭）拾一二皮毛，公然上台，必至弄巧成拙，贻讥大雅。演而不佳，不如不演。今昆曲班中，尚有演者。但与何九先生［之］《火判》《嫁妹》，迥然不同。一次贴演，不过等于一种之普通戏。座客对之，殊麻木不仁，无所观感。观毕出场，亦遂忘之。盖两剧之在今日，可谓虽有若无矣。

身体康健

记者问：郝君之嗓，特别健壮雄浑。清晨喊嗓，当有一种秘诀？

郝答：练习嗓音，固须刻苦用功。保护身体之健康，尤为最宜注意之事。若体力不强，虽有佳嗓，而衷气衰弱，亦无法用出。故梨园行人，其嗓音之佳否，概与其体力，为正比例。今日余叔岩之嗓，非不佳妙，但彼有便血症，体质虚弱，故久不登台。以此而论，可概一般。至于喊嗓之法，所最宜注意者，务期将胸部、腹部、丹田，贯而通之，俾成一气。一张口，而丹田与肺，起直接联络。再由嗓发音，始有雄浑健壮之可能。不然，音发于喉，固喑不可闻。丹田与肺，不能直接联络，亦迂回无力。但贯通功夫，亦殊不易也。

三个字音

记者问：喊嗓所用之字音，以何者为依归？

郝答：喊嗓所用字音，无论为生、为旦、为净，皆用“啊”“咿”“呔”三字，引长其音，使力喊之。喊“啊”（ㄚ）时，则肺部尽量张开。喊“咿”（ㄧ）时，则肺部紧缩，力遏其音，从舌齿间挤出，一方入于鼻际。花脸之鼻音之佳否，其功夫，全在喊此“咿”字。喊“呔”（ㄉㄞ）时，则须提足丹田之气。同时，练习舌上之音。不过，喊老生嗓，在宽窄适中之间。喊花旦嗓，则遏之使窄。喊花脸嗓，则务扩大其横音。各从其是而已。

自取回音

记者问：喊嗓之际，闻须面对墙壁。最好，在墙壁上挖一洞。故清晨赴先农坛城根喊嗓者，多就城墙畔有窟窿之处，伏而喊之。其理由如何？

郝答：喊嗓为□发而出的。声闻愈远，愈称佳妙。但一般喊嗓者，或面对墙壁，或伏于洞口。据谓：唱戏须有回音。若向空际喊嗓，则随口放出，绝无回音。其实，此为一种之误解。吾人若喊嗓既成，上台唱戏，能面对墙壁或伏于洞口乎？至于喊嗓须对墙壁之意，不过利用其可以听得回音，以资鉴别其优劣。致力用功，始有审慎之可能。究竟，先农坛附近，自有一种之回音，可以听出。不必面对墙壁，更不必伏于洞口也。

郝寿臣之留声唱片共约四十面
裘桂仙昔年为谭鑫培操琴

此响彼应

记者问：先农坛附近，自有一种之回音乎？

郝答：吾人每日清晨，赴先农坛城根喊嗓，仅可向空际，自由发音。于"啊咿呔"以外，并试喊各种白口。往往一声"嗯咳"（场内所发之音），发出后，远方似另有一人，亦发一声"嗯咳"。其嗓音韵味，与吾人所发，完全一致。又或喊一声"马来"，则远方亦有一声"马来"。吾人听闻之下，直似远方另有一人，故意模仿吾人，出于奚落揶揄者。试唱一两句，其结果亦相同。吾人听闻之下，往往因恨而怒，恶声詈骂。而吾人骂出一句，远方亦还来一句。此种现象，即先农坛附近之天然的回音。因距离关系，恰可于发音数秒钟以后，覆而听之。但梨园行人，往往喜其神似，资为笑乐。喊嗓之际，即詈骂数声。此骂彼还，一若两人互相吵架者。声学之中，亦自有妙趣存于其间。

自听之利

记者问：喊嗓须取回音，以资审度，既闻高论矣。但吾人唱戏，若无回音，即不能自行听清乎？

郝答：吾人唱戏，概用全副精神，使力既足，则成绩如何，即往往不能自行辨别，所谓“当局者迷，旁观者清”也。譬之吾人灌留声唱片，当灌唱时，以为轻重适可，抑扬中节矣。但此唱片，制造既成，吾人置于播音机上，开机自听，始恍然大悟，何处太轻，何处过猛，何处扬而不足，何处抑而过甚。听之了了，每滋汗颜。可见，唱戏喊嗓，俱有自听之必要。而无法自听者，多自以为佳妙，实则他人听去，何者优，何者劣，一律了如指掌。其甚者，乃至非笑之声，起于座间，而在唱戏人，尚莫名究竟。此则不能自听，故［有］无自知之明之弊。而喊嗓者，实有自取回音之必要也。

开播音机

记者问：郝君历来所灌留声唱片，共有若干？

郝答：百代、高亭、胜利、蓓开、长城、大中华各公司，皆曾约本人灌有唱片。大抵，每公司所灌，总在三片至四片。综计其数，在二十片以上。每片两面，则为四十余面矣。本人在家，闲居无事，往往自开自听，非觉自鸣得意，实欲研究本人之秕缪，借为改善之地步耳。先生欲一听乎？当为先生开机。

记者甚喜，连称愿闻佳奏。

郝君去，□其公子德元，开播音机。极开声起，发音甚巨，有如真人说话，真人唱戏。郝曰：此播音机，系一柜状，须利用电力者，故发音极大。

记者屏息静听，共放完两面而止。一面为《白良关父子会》，一片（面）为《洪洋洞盗骨》[2]，唱者，一系郝君，一系裘桂仙。工力匹敌，各有韵味。惟郝君之嗓，宽敞而洪亮；裘桂仙之嗓，清醇极矣，但比较沉闷，有不能脱口而出之憾。

(2) 东方百代有限公司出品，1932 年 12 月录音，1933 年 8 月发行。

论裘桂仙

记者问：裘桂仙之戏如何？

郝答：裘君系纯粹铜锤花脸，所能各戏，皆偏重唱工。其嗓音，清醇嘹亮，入耳可听。咬字行腔，规则尤极谨严，较之昔日之金秀山，固属望尘莫及。然在今日铜锤人才缺乏之际，亦自称个中翘楚。惟近年以来，裘君已入老境。五十余岁，能唱铜锤，即为难能可贵。年迈力衰，嗓音稍觉沉闷，亦无可如何之事。

记者问：裘桂仙之次子[3]，曾与记者在某票房相识。票房中人，皆呼之为“裘二”。彼之胡琴，似甚工稳？

郝答：裘君父子，精于胡琴。民国元、二年，裘君常为谭鑫培拉胡琴，颇能尽职。盖裘二之胡琴，系得之于家传也。

(3) 裘氏长子振奎工琴，次子、三子早夭，四子盛戎（振芳）工净，采访时尚坐科富连成，此处记述恐有误。又，采访未久，当年12月31日即癸酉十一月十五日，裘桂仙卒，享年五十四岁。

郝寿臣为侯喜瑞捧场
金秀山唱戏常减头去尾

今之花脸

记者问：今日之花脸人才，除郝君与裘桂仙而外，比较精能者，尚推何种人物？

郝答：近今花脸人才，本极缺乏。然屹然为个中出色人物者，亦自不少。如钱金福先生，以及许德义、范宝亭、侯喜瑞，皆各有其独到之处。钱先生之扮相身段，特别名贵。在今日梨园界，为硕果仅存之人物。

惟其年事太高，已至七十余岁，登台献技，未免劳累过甚。实则及此时期退休，安享家庭之福，亦所应尔也。许德义在昔年，架子武工，各有过人之处。今亦届老境，而不常登台。求火候精到，而工力十足者，惟一范宝亭。架子武工，实臻上乘。至侯喜瑞，则系富连成科班之第一期毕业学生。所演各戏，俱能胜任愉快，尤属不可多得之全才。

论侯喜瑞

记者问：侯喜瑞之人缘极好，每一出场，彩声四起。惟其演剧间，似不甚卖力。有谓其工力不足者，有谓其已享盛名，无妨偷懒，至于怠忽从事者。最近，记者曾于哈尔飞，见其演《法门寺》一剧，应着力处，彼则随口道出，颇嫌松懈无力。一剧既终，有使人不能过瘾之遗憾。仔细思之，亦无余味可寻。所谓食焉而怠其事者欤？

郝答：喜瑞之戏，自有长处。字音好，脚步好，一切动作，规矩皆极谨严。上台演戏，即此已尽能事。不过，彼在近年，身份已高，不免有好逸恶劳、习于宴安之事。体质稍差，衷气渐弱。欲卖力，亦苦于不济。若谓其不肯卖力，尚系局外人揣测之词。盖艺人上台，一白一动，皆与名誉攸关，与生活前途有关。但能卖力，无不肯卖力者。昔时名伶，用功刻苦，而享受菲薄。今日梨园行中诸同业，往往艺术未臻绝顶，派头已然十足。此亦今人不如古人之一证也。

今昔之殊

记者问：昔日名伶，享受皆极菲薄乎？

郝答：昔时名伶演剧，无论身份如何崇高，所拿戏份，一天不过数吊以至数十吊钱。代远年湮者，姑置无论。谭鑫培在成名以后，号称为伶界大王。在老生界，独步一时。然民二开始售最高戏价之际，每座仅为一元。其时，银洋价格，每元合铜子不过十八九吊。然一般购票者，公认为戏价太高。一面踊跃入园，一面叹为听贵戏。梅兰芳在民四之季，一天所拿戏份，不过数十吊钱。其所享受，可见一斑。至于近年，所谓义务戏，因属向座客敲竹杠。但其所订价格，要亦随时代而推移。数年前，义务戏价，由三元增至五元，近来且增至十元八元。究竟，北平市上，生活程度，并非高涨，而戏价日高，无所底止。言念前途，实不容乐观也。

过去人物

记者问：过去之花脸人才，以何者为最出色？

郝答：本人今年，不到五十岁。其年代太远者，皆不及知。所及知者，为穆凤山、何桂山、金秀山、黄润甫。穆凤山之名，一般呼为“穆子”。黄润甫之名，一般呼为“黄三”。何桂山人称“何九”，金秀山人称“金麻子”。此数前辈，惟穆凤山之戏，于铜锤架子，并皆佳妙，可称绝后空前之人才。但其逝世时甚早，恰物故于光绪二十六年庚子变乱之际[4]。当时，本人年仅十六岁。对于戏剧，尚无具体之研究，竟未得其补益。何桂山所演各戏，多为古本，今多不传。金秀山专唱铜锤，实大声宏。惜其演戏，往往减头去尾，不肯一气演出。或断章取义，或从中截然分为前后本。当时，因戏价甚廉，座客亦不便吹求。至于黄润甫，完全为架子花脸。本人之戏，往往借为蓝本。黄有“活曹操”之号，其实，演架子花脸者，不必以曹操为限也。

(4) 穆凤山事，参见《田桂凤》篇注解（8）。

郝寿臣拟与马富禄演《法门寺》中之“逛花园” 座客闻吉兆即皆大欢喜

减头去尾

记者问：金秀山减头去尾之事实如何？

郝答：以演剧原则言，任何一剧，皆须演唱全本。如《捉放曹》，则须自“公堂”起，至“宿店”止。如《白良关父子会》，则须至“认子”止。《鱼藏剑》，须有“刺王僚”。《法门寺》，尚有“逛花园”一幕。金先生演来，往往不肯多唱。《捉放》不演“公堂”，自“行路”起。《白良关》不演“认子”，至“收兵”以后，在“哐哐”（家伙声）之处，戛然而止。《鱼藏剑》，不到“刺僚”，即已完毕。《法门寺》中，竟无“逛花园”一幕。此《法门寺》之“逛花园”，今日之老于听戏者，尚偶一见之。至于不常听戏者，多不知其中尚有一幕“逛花园”。同业中之后起者，亦遂不复学习。此一幕戏，在二十年后，恐成广陵散矣。

谈“逛花园”

记者问：《法门寺》“逛花园”，记者迄未一见。其情节如何？

郝答：此“逛花园”一幕，本无甚精彩。不过，可以将一幕分开，隔成两幕，且演者非有十足工力不可。王长林在日，本人常与其演此一幕。王逝世后，即迄未一露。因此幕用意，全在“逗哏”。饰贾贵之小丑，若能诙谐入妙，始能博得座客之欢心。至于饰刘瑾之花脸，尚在帮忙之列。小丑太弱，即不如不演。演法，系自“打道法门寺”后，太后即与诸从人，俱入后台去。戏台之上，仅余一刘瑾及贾贵。两人互相问答，谈论花园中景致之佳妙。言语间，皆使人发笑之句。今马富禄之戏，亦已渐臻妙境。将来，本人拟与马君试一演唱。成绩若佳，则此一幕剧，可复见于舞台上矣。

投人所好

记者问：将来，郝君与马富禄，贴演此剧时，最好于《法门寺》“大审”之下，注明“逛花园”字样。戏报一出，必可轰动九城。究竟，逗哏之大致如何？

郝答："逛花园"中之最重要一点，为水池旁有鱼。盖太后等入场后，刘瑾即曰："贵儿哇！看这花园里，景致很好，爷儿俩逛逛罢。"贾贵应声后，两人即于台上步行。随意谈论：花好树好。最后，行至台口，刘瑾即曰："这水池里，有很多的鱼。"贾贵向正座上，纵目四望，即曰："这池子里边，都是鲤鱼。将来，都得跳龙门。"此一语，系捧座客。因正座名称，旧日谓之"池子"，而"鲤鱼跳龙门"，为升官之兆。谓正座中之座客，将来都可以升官，座客即皆大欢喜矣。

如此逗哏

记者问：此外，尚望郝君更述一二逗哏之语！

郝答：刘瑾视台下座间，若有戴大圈黑眼镜者，即指告贾贵曰："贵儿！你看，好大一个龙睛鱼。"贾贵辨视久之，即向刘瑾曰："您看错啦，哪里是龙睛鱼，是这位老先生，戴着眼镜啦。"再如刘瑾遥视远处，随意指告贾贵曰："贵儿！你看，那是什么鱼？"贾贵问："在哪儿啊？"刘瑾即曰："你瞧！背上一个圆壳儿，底下还有四条腿，缩着脖子，那是什么鱼？"贾贵视毕，即笑曰："那不是鱼，是王八。您没看见他手里，还捏着手巾把儿吗？"此系向拿打手巾把的开心之意。总之，此一幕中，能使座客哄然大笑，即属妙构。实无甚情节可言也。

花脸之脸谱各有一种画法
周瑞安演《金钱豹》请人勾脸

种种人物

记者问：架子花脸，所描写者，曹操以外，尚有何种人物？

郝答：花脸之中，脸谱不一，描写古人者，亦自复杂。曹操为粉脸，所以写奸雄也。张飞、郑子明为黑脸，所以写鲁莽人也。包文拯（正）亦为黑脸，所以写正直人也。余如司马懿、徐彦昭、焦赞、孟良、尉迟恭、高旺、姚期等等，人格不同，各有一种之写法。至于《审李七》一剧，更为描写强盗凶犯。故花脸之中，人格至不齐一。非如老生一角，完全为正人贤士、才子英雄；非如青衣一角，完全为写烈女节妇，无妨一鼻出气，结果又常能博得座客之同情也。

脸谱以外

记者问：花脸之描写，以脸谱为止乎？

郝答：脸谱因为重要条件。究竟，一副死脸，无表情之可言，又失唱戏之旨趣。故脸谱以外，如眉间之运动，以及身段台步，一人有一人之特点，一剧有一剧之特点，一场有一场之特点。其中，眉目之表情，极属不易。因脸谱之堆于面部，颜料重重，如加髹漆者。偶有一种之表情，往往不能使台下看出。故欲求面部表情，至于深刻之境，使观众望而了然，殊大不易。所谓身段台步之种种，尚与其他角色相同，易为力，亦易于看出。无非按剧中人之身份，按当时情形，揆诸情理，本乎规矩，自可获得相当之成绩耳。

三种庞涓

记者问：所谓“一场有一场之特点”者，请为例以实之！

郝答：此种例证，甚为繁多。最近，本人常在华乐演《马陵道》一剧。此剧，为孙庞斗智，须写出庞涓之种种遭际。本人饰庞涓，自入山拜师，至下山投魏王，以及身为大元帅，各为一种之身份。出场时，其身段台步，显然不同。盖庞涓上山，拜鬼谷子为师时，为一种之求学时代。下山投魏王时，身挟韬略，改穿官衣，为干谒时代。任大元帅后，令出如山，叱咤风云，为得意时代。虽装束不同，而其描写之法，各成一种之台风，观者可以一望而知为何种身份。至于装束，其末事耳。

脸谱不同

记者问：花脸之脸谱，求之昔时名伶中，以何人为最佳？

郝答：花脸之脸谱，在原则上，本有一种之成法。但所谓成法者，仅为一种之印板，无甚可以注意之处。所最宜注意者，则各人面部之构造不同，其绘法，亦自各异。盖面部源于天然，绘脸功夫，系人为的。着色厚薄浓淡，花纹宽窄修短，稍有不同，即有美观与不美观之别。故同一脸谱，甲绘之则美观，乙绘之或又不堪寓目。此中神理，全在各人按其生理部位，以意审度，并无绝对规则。若谓昔日脸谱以何人为最佳，可以资为效法，此不通之论，其人必不懂演剧也。

自行涂绘

记者问：花脸之脸［谱］，皆系自行涂绘乎？

郝答：其他角色，皆可由他人代为扮戏，惟花脸一行，非自行涂绘不可。故学花脸者，于练习唱做白打以外，尚须练习绘脸之工作。比较言之，尚多一重困难。不过，其他角色，如兼演绘脸戏者，亦须自行练习绘脸之法。如杨小楼演《金钱豹》《霸王别姬》等剧，其脸谱皆系自绘。成一名伶，自有各种之特长。他如周瑞安，每演《金钱豹》一剧，必请人代为勾脸。此则后台上之例外情形也。

郝寿臣之《审李七》足上仍穿鞋
新排各戏为伶人之创作

谈《审李七》

记者问：《审李七》一剧，郝君演来，火候十足，在戏剧中，另成一种风味。有如食辣椒，令人感觉淋漓酣畅，大过戏瘾。不过，据读者谓：一般《审李七》者，李七一角，概穿鞋，不穿靴。因李七为恶人、为罪人，无穿靴之资格，无穿靴之可能也。惟郝君之李七，则穿靴而不穿鞋。郝君之用意何在？

郝答：李七一角，当然穿鞋，不能穿靴。本人所穿者，亦为鞋，并非靴。此处有本人之《审李七》照片，先生可看也。

言间，指壁间之小照一帧，令记者视之。

记者视小照，自发顶以及遍身衣饰，皆照成黑色，腿足部分，亦为黑色。惟足底有白色之底甚高，揣其高度，似在五寸左右。记者曰：此小照，亦似着靴？

郝答：先生可细视，足上所着，仍为鞋。鞋之上部，系裹腿，而非靴筒。不过，此鞋之底，比较为高，一般观者，遂疑其为靴。其实，靴鞋之分，系在有筒无筒，不问底厚底薄。且鞋底之高度如何，并无绝对标准。昔人靴鞋，其底俱较高。不似今人，靴底厚而鞋底薄。观者见鞋底较厚，遂疑其为靴，亦所谓囫囵吞枣，不求甚解者也。

教戏先生

记者问：郝君之戏，师承于何人？

郝答：本人在年幼时代，从一王先生学铜锤花脸。后又拜韩先生为师，学武工架子。韩先生系小荣椿科班之教戏先生，一般呼为“韩瞎子”。此韩先生，教徒甚多，长于武戏。如杨小楼，及今富连成科班社长叶春善先生，皆韩所教出者也。

记者问：科班中之“先生”，系何种职务？

郝答：科班中习惯，呼社长为“师父”，呼教戏人为“先生”。社长只有一人，教戏先生则有数人以至十数人。凡科班中学生，无论入科先后，即入科在前十年、二十年与入科后十年、二十年者，皆为师兄弟。如喜连成至富连成，其派名，各按“喜”“连”“富”“盛”“世”“元”“音”数字起名。“喜”字为第一科，“连”字为第二科，“富”字为第三科，“盛”字为第四科，“世”字为第五科。然各科学生，并无辈数之分，不过为入科先后之一证。譬如侯喜瑞、雷喜福与马连良、于连泉（小翠花），以及谭富英、茹富兰、李盛藻、叶盛兰、叶盛章等等，完全以师兄弟相称，皆为一师之徒。所谓“师”者，又系指叶社长而言。各教戏先生，系为一种之职员，一律呼之为某先生而已。

郝之创作

记者问：郝君之戏，完全得之师授乎？

郝答：“师父领进门，修行在各人”，拜师学艺，无非练习规矩。至于个中巧妙，则须个人心领神悟，自行揣摩。故同拜一师，有艺术精能者，即有窳劣不堪者。有曾拜名师，而不能成为佳徒者，亦有青出于蓝而胜于蓝者。亦所谓“大匠能使人规矩，不能使人巧”也。本人之戏，得之师授者固多，出于自行揣摩者，亦复不少。如《打龙棚》《打曹豹》《荆轲传》等剧，并未得之师授，皆由本人创出。盖戏之为物，不过一种情理。昔人创之于前，系本情理创出。吾人尽可衡情度理，运用戏剧中之各种规矩，以意创之于后。创作而佳，后之剧界，且将奉为蓝本。不然，新排各戏，实无法演唱也。

郝寿臣高庆奎正排演《赠绨袍》
郝有“卫生麻将”之雅号

新排之难

记者问：新排各戏，其唱做白与身段台步，亦有人教授乎？

郝答：一般编剧家，概为文人。对于戏剧，多半不甚了解。譬如花脸行中诸戏，编剧者指定为花脸，而于唱做白，以及身段台步，彼即知其然而不知其所以然。本人若不知，尚向何人请益乎？故凡排演新排戏剧时，演者得剧本后，即注意研究：剧中人果为何种身份？剧中情节，应如何描写？大抵，运用旧戏规则，自由为之支配。如绘脸，则须参酌何种脸谱，综合而成。唱出，应使何种之腔？白口，应于何处着力？他如做派、身段、台步，以用何种为宜？凡此种种，无一非自行研究不可。且既已号称名伶，为一般观者所重视，则于规矩之外，尚宜演出种种精彩，以期满足观众之欲望。若平平演出，至于使观者麻木不仁，斯于演者名誉，大有妨碍。故每排一新戏，研究场面，研究情节，研究唱白，研究运用旧戏规则之法，其苦痛程度，有甚于学子之为文。

记者问：郝君所演之《荆轲传》，是否与王泊生所演之《荆轲传》为同一剧本？

郝答：王泊生之《荆轲传》，与本人所演大不相同。盖王君之《荆轲》一剧，系以老生饰荆轲，以花脸饰秦王，则老生为正角。本人之《荆轲传》，系以花脸饰荆轲，老生饰秦王，则花脸为正角。此一剧，乃写热血英雄之作。饰荆轲者用老生，则等于写伍子胥、伍云召之类。于武勇之中，尚著其文雅。用花脸，等于写张飞、李逵之类。本为英雄，又见热血。各有其命意之点，不必强不同以为同。

记者问：郝君最近排者，为何种戏剧？

郝答：最近正排练《赠绨袍》一剧。剧情，系须贾与范雎义赠绨袍，赐食草具故事。本人饰须贾，写凶横之人，尚有一种义气。饰范雎者，为高庆奎君。其所描写，则为胸怀大志而遭际不可预期之有为之士。此剧情节，甚为紧凑，睹之大可发人深省。先生有暇，可一观也。

不肯收徒

记者问：郝君之戏，独步一时，似应出其余绪，授之青年后进。何以未闻郝君收徒之事？

郝答：传徒一事，最为劳累。一字、一腔、一行、一动，总须反复解说，至于舌敝唇焦。资质佳者，四五遍可会；资质劣者，十余遍乃愈说愈糊涂。梨园行人常谓“愿上台唱十天戏，不愿教一天徒弟”，可见教戏之困难。而一般名伶，皆不愿收徒者，亦职是之故。且本人对于身体健康、精神休养，特别注意。若反复解说，致使嗓音喑哑，未免太不够本。稍有余暇，打五圈麻将，亦消遣之道。授徒之事，本人极所不愿。兼之，本人于教授生徒，因素无经验，亦属门外汉。故直至今日，尚未收一徒弟，因此得罪朋友不少。

记者问：一般打麻将者，皆谓四圈八圈，郝君何以谓“打五圈”？

郝笑答：本人打麻将，非欲赢钱，全为消遣。一星期以内，偶逢场作戏，打一次麻将。少或五块底么半，多亦不过十块底么二。其牌数，以四圈为度，不得展长。谓五圈者，尚有一人做梦也。友人辈皆呼本人为“卫生麻将”，此之谓也。

一个票友

记者问：郝君竟未收一徒弟乎？

郝答：有一记名徒弟，曾于前年向本人行拜师礼。该徒，名樊效臣，系票友。其实，本人并未一一指授。不过付剧本，令其自抄。抄去后，令其回家自行揣摩练习。有不知处，本人偶一为之纠正。本人并向樊君谓：汝为读书人，深解文义。剧本有不通处，无妨自由改正。不过字音须好听，辙口莫舛误。至于拘泥剧本，则大可不必也。樊君年来，在倒仓期间，嗓哑不能成声。本人曾嘱其好自练习，静以待时。万勿随意登台，轻于一试。不然，艺术未精，嗓音难听，座客掩耳不乐闻时，汝则自诩曰："我乃郝寿臣之徒也。"果有此事，我即声明否认。将来，汝登台时，非得我之同意不可。除此以外，其余皆经本人婉言谢绝矣。

郝寿臣不唱搭桌戏
民国七八年以前郝常在教堂讲道

不受利用

记者问：闻郝君对于义务戏，往往拒绝，然欤？

郝答："见义勇为，当仁不让"，为人生公同心理。果属真正之公益或慈善义务戏，本人无不踊跃参加者。惟通常办义务戏者，多系假招牌卖酒，欲中饱私囊。有此情形，本［人］照例不加入。本人不抽大烟，不犯国法。任何强势力，本人决不甘受压迫、受人指使，以血汗所得，供给他人作娱乐之费。虽军警临门，亦悉听尊便。若将本人抓去，但在刑法上，可以寻出本人之罪名，本人必甘受处分。倘名义正大，并无黑幕，本人查实后，尽可效劳。至于办义务戏之前，发柬约本人赴宴，本人从不扰此一顿。盖本人唱戏与否，不以赴宴不赴宴为断也。此外，尚有公然以私人名义，约请梨园行同人，演唱义务夜戏者。此种义务戏，绝非义务戏，而为一种之"搭桌戏"。其办法，更无理由。果亲友有为难时期，窘于经济，本人酌予帮助，尚办得到。唱搭桌戏，希图发财，本人则不敢闻命矣。本人为耶稣教徒，一切知有耶稣不知有其他。应世方法，概本良心做去。良心过得去，便无妨办理。良心过不去，即坚决不干。谓本人习气太大，本人亦可不置辩也。

现身布道

记者问：郝君在耶稣教中，系何种部分？

郝答：本人系在“美以美会”。此教堂，即在珠市口。民国七八年以前，本人亦常至教堂，执行布道事务。当时，一般社会，以及梨园同业，知本人在教堂讲道，前往听讲者，非常众多。六七时许讲道，在四时半左右，男女老幼，即相偕而来，座无隙地。盖“郝寿臣”之名，其时已纷腾于一般社会。社会人士之前往听讲者，系欲看郝寿臣之本来面目。梨园行同业之人座旁听者，乃欲研究本人之演讲技术。故每次讲道，必告满座。好在，布道为一种之宣传性质，无论原因如何，但能招徕听众，但可宣扬真道，即尽布道之能事。该美以美会，其时亦获得良好之成绩。本人以一信徒资格，实甚为教会前途抱极大乐观也。

如此布道

记者问：近年以来，郝君尚赴该会布道乎？

郝答：本人布道既久，知者甚多。厥后，辗转传说，每日前往听讲者，必拥挤不堪，虽风雨之夕，亦不减其盛况。因教堂有人满之患，本人遂停止布道事务。且上台演戏之角儿，最忌以本来面目公开于稠人广众之前。不然，见惯生厌，乃于营业大受影响。本人之停止布道，此一重要原因。

记者问：郝君讲道之法如何？

郝答：一般人俱有迷嗜戏剧之心理。就本人听讲者，多系为嗜戏心理所驱迫。本人亦投入所好，往往以戏剧为材料。一日，本人讲至“神力”处，本人即曰：“《乌盆记》一剧，大家都看过的，当赵大夫妇谋害刘世昌时，赵大忽抬头，看见墙上所悬神像。赵大即悚然而惧，说道：‘我们谋害人，被这神人看见了。你看，他那眼睛，还会闪动哩。’这种事实，便是有神的证据。不过，在普通时期，渺渺冥冥。到得利害时期，神力便昭著了。”本人布道，大率类此。

郝寿臣早已退出梨园公会
郝欲办子弟学校伶人反对

梨园公会

记者问：梨园行中有“梨园公会”之组织，郝君当然为会中会员？

郝答：本人此时，并非梨园公会会员。不过，在梨园公会成立之始，本人亦曾加入。后因种种关系，又自行退出耳。

记者问：闻外间谈者谓，郝君系耶稣教教友，而梨园公会以祀神为重要条件，因宗教所关，故不得不退出。然欤？

郝答：本人虽系耶稣教徒，以“一神”为依归，究竟本人于神道之说，极所崇信。盖吾人生活于世上，冥冥之中，非有一种主宰不可。不然，何以一生一死，完全出于自然，非人力所能挽回？故梨园公会之祀神，本人并不反对。且各种公会之组织，系以人事为主。梨园公会祀神，不过一种末节，亦无反对之必要。该公会在成立之始，本人细思：一切事业，皆须结成团体，通力合作。若一般（盘）散沙，斯难求得进步。本人深然梨园公会之组织，故首先加入。但入会年余，见所谓“开会”者，无非一种之形式。一个有势力者，登台提倡，多数胁谄逢迎者，赞成于下。人多起哄，是非毫无。在野心分子，用意全在利用开会形式，利用多数人表决之名义，实行其鬼蜮伎俩，希望达到种种之野心目的。在追逐起哄者，无非希望于捧场结果，向有势力者建立一种之汗马功劳。至于真正应兴应革事宜，从无公正之处理，则有公会尚不如无公会之为愈也。本人知此内幕，乃决然退出。今梨园行人，以本人不入公会，引为遗憾。本人则以为加入与不加入相等，亦无加入之必要矣。

子弟学校

记者问：郝君最初加入梨园公会时，于会议席上，必与会中重要人物有一种之冲突？

郝答：事实上，并无何种冲突。不过，当时，本人有一提议：现时，外界团体机关，往往因一种之公益事业，约梨园行同人，为唱义务戏，募集基金或维持费。则梨园行自身之公益事业，更属轻而易举。同人等，或为世家，或为科班子弟，或为票友。其票友出身者，尚多文人。至于世家或科班出身之子弟，往往目不识丁，自幼即练习皮黄，从事于唱做念打。对于旧戏剧本已不能辨认。其新排各戏，更瞠目莫解。有此原因，乃于旧剧精华，无从发挥光大。戏剧前途，更无推陈出新之希望。本人之意，似宜以梨园公会名义，办一“梨园子弟学校”。先从小学办起，以次扩充至初中程度而止。将来，能唱戏，固为一良好之艺员。不能唱戏，改谋其他职业，或转入其他学校，亦有相当之知识。此为一举两得之法。最好，演一次义务戏，首先成立小学部。本人此议，甫发言，即有某强有力者，坚决反对。据谓：伶人最忌念书，一念书即失去伶人固有之身份。开办梨园子弟学校，乃不可能。此公之反对意见一出，众人即趋炎附势，轰然赞成。本人觉如此开会，殊失开会之本意，遂不得不退出。本人不惟不在梨园公会，梨园公会中，且无本人之牌匾。容我唱戏，我即唱戏；不容我唱戏，我即不唱。但梨园界遇有公益事业，由梨园公会出名，约请本人唱戏，本人仍热烈加入云云。

二

采访人：景孤血

原载1938年8月2日—9月3日《新民报》（北平）

因最近外间相传，名净郝君寿臣有决意留须退休之消息，记者为完成访问使命，乃于七月二十九日往访之于正阳门外奋章大院甲二十号郝君本宅，路上恰值最近在辅大毕业之郝君哲嗣绍臣君（名德元）往浴，言谈谦抑，蔼然可亲。及至郝宅，一经投刺，即承郝君亲自接见。郝君衣短衣，精神旺健，依然硕声茂嗓，体任自然，且亦并未留须。室中陈列郝君之舞台成绩甚夥，中悬一曹操、一包拯之两大立体剧照，精彩逼人。

记者因首以外［间］传闻所询之郝君，郝君答：退休之事，已成定局。因人生做事，譬之齿轮，乃随时代而进展。故“辐辏”二字，皆从车旁，然久用不息，则其轮将有所胶滞。鄙人从事戏剧四十余年，茹苦负重，今幸有此地位，为保持令誉，节省精神起见，决定退休。鄙人今年五十三岁(1)，但在此一二年中虽曰退休，如逢慈善大义务之类，仍可参加表演。至于报酬一项，绝不计较，只需能够开支，鄙人愿一尘不染。但至五十六岁之年，则决定卸甲摘鞍，无论如何，不再粉墨登场，此日之未留须者，尚有待也。

(1) 生于光绪十二年（1886年）四月初七日。

记者曰：急流勇退，郝君之决断实可令人钦佩。若在他人，必不肯毅然舍去利禄观念，此实非具有绝大定力不可。

郝君答：承君过奖，非所克当。原鄙人为一基督教徒，平日信主最深，以为自困苦挣扎中得有今日，此实荷主洪恩所赐。若人尚得陇望蜀，钟鸣漏歇犹不知止，则直辜负主之洪恩耳。且鄙人因幼年操劳过度，休养之机会无多，平日演剧，亦因之未免有时蹶蹶。教友东四华文学校袁校长（名子香）尝以之规劝鄙人，务须在相当期间，善为休养。乃于今年春季，忽又睹一事实，愈如明镜当头。的确，人若只为名利奔忙，其结果必有性命危险。因此，鄙人乃断然谢绝歌场，非敢立异鸣高也。且以鄙人之环境，今小儿德元业于辅仁大学教育系毕业，学业粗成，则鄙人教育子女之责已尽。德元幸尚不驽钝，诚笃亦有类鄙人，或者荷主洪恩，在社会上尚能谋得一席啖饭地位，鄙人亦何必不肯休养以贻晚节不终之讥乎？刻下鄙人终日无所事事，承友赠以《菜根谈》一卷，鄙人则终日展读，于体验有得处，即自加背诵，亦令小儿背诵之，觉其中诚有可以终身奉行者也。

记者聆及郝君之言，大为赞佩，因问郝君之家世。

郝君答：鄙人原籍，乃河北香河县人。先父亦为一艺术家，善于削木成器，清时承制工部彩灯，月有薪金，与后阁侯姓、夏姓，皆有名于时。鄙人长兄名寿山，亦习净角，今年五十有五矣，间以授徒消遣。三弟名铭，从事教育，学识优长，现在天津法租界二十七号路创设培才学校，自任校长，以后逐渐有扩充为中学之势。小儿德元之入辅大教育系者，即欲为乃叔之助也。鄙人之妻李氏，为富连成社武丑李盛佐之姑。小儿今年二十四岁，自入汇文小学、中学，以次升入辅大，亦已授室，有孙一人，名天恩，今已五岁；孙女一，名春容，二岁。一家和乐融融，鄙人以为皆主所赐，故小孙命名天恩者，即以永志不忘也。

记者问：敢问郝君之入梨园经过？

郝君答：鄙人自九岁时，即与家兄同习花面，但皆为正工铜锤。教师为一韩先生，双目皆瞽，本为科班教武行之教师。其起班者名杨五秃，后鄙人稍能自立，杨姓尚时来乞钱，鄙人辄以与之。鄙人九岁学戏，十岁即能挣钱，有时亦“钻桶子”。曾搭宝盛（胜）和班，与小桂芬配戏，鄙人兼饰须生。有时小桂芬演《文昭关》，鄙人则饰皇甫纳（讷），于唱工中使一花腔，博得满堂彩声。操琴者为梅雨田先生，睨之而笑，因《昭关》之皇甫纳（讷），例无使腔必要。鄙人以髫龄而知讨好，故梅先生睨而笑之。至光绪二十六年，则有何福有、贾玉书诸君组班，演于天津法租界三宜饭店隔壁之天福园，有景四宝、刘吉庆、王大喜、王凤山诸君，鄙人以童龄资格演。第一日演《大回朝》，第二日《龙虎斗》，家兄艺名小奎林，鄙人艺名小奎禄。时班中好角者为钱宝奎、郭际湘二先生，钱先生之《取洛阳》等，亦颇具号召能力。后积久渐衰，园主乃约汪桂芬氏，自上海返津。汪先生之来，甫下轮船，即由园方预备小轿请其乘坐。汪先生之装束极怪，髫头戴一铜箍，穿灰布道袍，黄云缎鞋。时天津角色，尚无海报大书姓名者，有之，自汪先生始，红纸泥金，见者皆以为异。当在地□中书写此海报时，鄙人年幼，为好奇心所驱使，曾往伫观，因误扮戏，致被师父夏楚。汪之前三日所演，第一日为《文昭关》，第二日为《举鼎观画》，第三日为《取帅印》，鄙人为配秦怀玉，京中富人东下往观者极夥，而拳匪之变作矣。鄙人等在津，闻京中烧杀之事四起，乃不得已辍演回京。中途向人探得路径，从水程改间道。惟时五月骄阳，着人如炙，韩先生双目失明，又须扛架行李，跋涉益甚。鄙人等方在童年，且以为嬉戏，众人或就柳荫乘凉，而先生反坐于赤塭。迄今回思，愈加惨沮矣。

记者问：郝君此后如何度过此变乱局面？

郝君答：大乱蜩螗，京师鼎沸，梨园行人纷纷改业，有打小鼓者，有卖白薯者，有卖柿子者，鄙人无法，亦只可卖白薯以博蝇头。旋因鄙人能说德俄二国语言，曾在德国兵营任短期翻译，而暇日用工喊嗓不辍。比经乱平，又过数年，倒仓亦渐复原，遂赴津演于北马路会（绘）芳园。第一日即演《草桥关》，亦大书戏报曰“北京新到超等名角”，乃于念大引子时，声彻云霄，众皆报以彩声。及后嗓音渐滞，琴师急为落弦，草草完场，亦已力竭声嘶矣。时班中有张俊亭、杰小亭、方春仙诸君，复有一丑角名“狗二格”，屈姓，乃屈兆奎君之宗人，咸对鄙人曰：“子之技术诚佳，然喉咙尚须善养。”于是铩羽而归。继以坐困非法，遂赴东省。首至辽阳，以无剧班，未能演唱，又至奉天。奉天亦无戏园，惟北门外有一戏棚，其状略如京市数十年前之天桥。微论不堪演唱，即无人介绍，亦难以演唱也。转至铁岭，资斧亦罄矣。先是鄙人赴东，并无目的，与二津人同行，而其中之一人，在半途忽遇仇家，大帮械斗，将其殴伤，鄙人幸未卷入漩涡。在津时，有刘三爷者，蓄三女弟子，皆能演剧，以“英”为名，津人谓之曰“三架鹰”。此刘三爷与韩先生曾为至交，鄙人尚晚一辈。及在营口困住，忽遇此刘三爷之弟字湘泉者，人咸称之曰“刘老爷”。“老”者，东省称“少”之谓。因刘氏弟兄中，湘泉最幼。鄙人与之邂逅于是，谈及刘三爷，自应事以父执之礼。刘君人甚爽慨，留鄙人下榻，盘桓数日，助以资斧，鄙人遂赴哈尔滨。此光绪三十一年秋九月事也。既入贤乐茶园，遇京班之朱子久、严宝恒诸君，时小香水亦在彼。鄙人于未正式公演之先，会逢道内道尹衙门堂会，朱严二君遂荐鄙人参加，首演《鱼肠剑》《黄金台》二出，极蒙赏识。此后遂在哈尔滨贤乐园中常川演唱。尚有赵金钟、何庆五诸君。当地戏剧甚为发达，另有庆丰茶园，则谢增真、飞来凤、小秃红诸君亦在彼演唱。此光绪三十一年十月间事。鄙人每日演两工戏，月终拿包银大洋四十元。时刘凤林君，艺名“万盏灯”，亦在哈尔滨。至翌年（三十二年）二月，改组名普和班，演于五道街之中和园，李桂春君（小达子）亦加入，以此营业益盛。突于大花朝日（二月十五日），自土娼家失火，于半日之内，延烧六千余家。火势自西北蜿蜒而来，如龙行箭激。是日鄙人演《天水关》，于下脸后，台上方演《取金陵》，而火势已盛。鄙人乃急挈行李，逃出园外，余人行李多有未抢出者。此一场浩劫，锦绣尽成灰烬，所有损失，惨不可言。众人乃群居于小店之内，幸鄙人尚小有积蓄，遂并赵何之以老板资格者，亦来仰食鄙人。未几，即有长春戏班中人来接普和全班至彼演唱。惟因回禄关系，诸人戏份反遭核减，鄙人向之包银四十元者，至是又被核减为三十元。鄙人心中颇为不怿，又以年幼，阅事尚浅，被同班之人怂恿，向园主方面要求长份，并云：“事如不济，同人等愿以辍演为后援。”鄙人性夙诚实，受人此绐，遂冒然向园主交涉。结果园主坚持不允，鄙人乃毅然辞去戏班，而同时挑唆鄙人争份之人反默然无语，是知人情之险□矣。鄙人此后遂重返铁岭，至刘老爷处。此番总为铩羽而归，殊觉愧对刘氏。在哈尔滨时，因该地之“黑瞎子布”红黄各色俱备，色鲜而值廉，乃购得少许。又有成套之洋瓷壶碗等，至是一并送与刘老爷，以为土仪。刘氏得此甚喜，更留鄙人下榻于是，扰加款待。继而再去营口，住于小红楼，组班人名孙坤一。见鄙人年幼，数以“老伙计”呼之，人甚诚朴。时与同班者除小香水外，又有武生盖叫天。鄙人第一日之打泡戏为《打龙袍》，饰国太者亦关内人。孙氏见之极喜，频呼曰：“老伙计！真成真成！快搬到我这儿来住。”鄙人自此遂安心在营口演剧矣。是时鄙人嗓亦开拓，又因逐日演剧，业精于勤，居然见者认为不无可取。虽曰无佛称尊，究已较有进步，然所能者仍只铜锤花脸而已。乃倏逢意外机遇，竟能兼演架子花，此实毕生所不能忘之一纪念焉。

记者问：郝君所谓毕生永不能忘之纪念为何事？

郝君答：鄙人在营口演戏，园方忽又聘到名角。此名角乃唐玉喜老先生之哲嗣，名唐永常，所工为文武花面，实大声宏，腹笥甚宽。案照外埠接来之名伶，彼时皆住于本园之第一层楼上，四围皆有群间，其地位之优越者，所居亦必冲要。唐君既为头路人才，所居当然为第一层楼之正面。唐君来营口之第一日，鄙人正演《黄鹤楼》之张飞，唐君一见，洒然异之，即对园主加以询问曰：“此非吾之同乡乎？”遂于鄙人下脸之后，声言欲与鄙人一语。鄙人得此机会，欣悦异常，当即往谒。唐君询知鄙人之兄，乃曰：“你是奎子的兄弟呀！那更不是外人啦！”鄙人于晚间复假一小馆为唐君洗尘，言愈款洽。唐君更至其室，以匙开启行箱，鄙人见其中之累累者，皆戏本也。唐君即向鄙人曰：“兄弟！你爱什么？敞开儿拿！”鄙人此际如［入］

宝山，然又不敢多取，遂取得六本。

记者问：此六本之目敢情郝君见示？

郝君答曰：此六本者，乃《战宛城》《连环套》《穆柯寨》《忠孝全》《碰碑》《落马湖》。后唐君又为鄙人指导身段做工，是为鄙人改架子花之始。故鄙人至今对《战宛城》《忠孝全》《连环套》三戏具有特长者，亦由此时为之基焉。故得有今日者，实出唐君之赐。此日言之，亦聊表寸心耳。至是年九月，又到烟台，出演于丹桂茶园。时任大梁者为张凤台，亦文武花面。至三十三年三月，唐君到大连，鄙人亦往演于青泥洼西山岗之群仙茶园，老板名李长奎。未几，遂与路玉珊（三宝）、马德成二君赴高丽仁川，在望京戏院演剧半年，乃京师德润□庄老板所约。路玉珊君系在京师即约妥，然后于半路复约得马君与鄙人。而至是，唐君所赠之剧本，遂一一生效矣。如路先生演《穆柯寨》，鄙人饰焦赞，或路君饰邹氏，马君饰张绣，鄙人饰曹操，则天然一出《战宛城》。鄙人又与马君演《落马湖》《连环套》，马君饰黄天霸，鄙人则饰李佩、窦尔墩。然即此戏犹不够一演，鄙人乃兼饰硬里须生，如《铁公鸡》中马君饰张嘉祥，鄙人则反串向帅，亦同受台下欢迎。初至时，园主为炊最精美之白粲，诚所谓长腰玉粒者，乃同人暴飱，恣意狼藉，因之人遂逐渐减为次种矣。中间鄙人曾一度回京省亲，但来去匆匆，无多勾留耳。在高丽献技时，路玉珊先生，对鄙人艺术颇加赏识，于鄙人回京后，即介绍搭入丹桂茶园[2]，时有王瑶青、金秀山、李连仲诸先生。第一日打泡为鄙人演《草桥关》，戏码列在倒第五，乃金秀山先生在倒第三演《牧虎关》。管事者则有陈某、屈某、李某、段某，鄙人于是颇叹此管事诸公非但对鄙人无提携之意，且有抑格之心，君子是知古人所云之“天下无如吃饭难”者，诚不我欺也。

(2) 郝氏出演丹桂园最早之戏报现可见者，为宣统元年十一月二十三日（1910 年 1 月 4 日），系搭余玉琴之春庆班。是日白天，与贾洪林合演《打棍出箱》，另有《伐东吴》（余莲生、高德禄）、《五人义》（张黑、李连仲）、《打龙袍》（刘寿峰、谢宝云）、《翠屏山》代“杀山”（朱素云、路三宝、瑞德宝、赵仙舫、沈全奎、张彩林）、《青石山》（余小琴、朱德山、高永峰、朱玉康）等戏目。

记者问：此言何谓？

郝君答：夫以金老先生之资格地位、声望艺术，件件皆出鄙人之上，此乃一定事实。鄙人虽不敢云管事是日宜请金老先生演一较轻闲之戏，但若肯顾全鄙人，则何妨令鄙人演一配角之戏。且倒第三与倒第五，时光有限，转眼即上，是皆故意使观众作比较观也。

况姚期为老白脸，高旺亦为老白脸，尤有故意重复之嫌。幸邀主天恩，是日平安唱过。其后金先生演《白良关》，鄙人亦尝为配尉迟宝林。而谭老板（鑫培）在丹桂演全部《琼林宴》[3]，鄙人亦为配过葛登云。而鄙人自此演《五彩舆》，却受知于王瑶青先生。

(3) 宣统二年（1910 年）正月二十六、七、八日，丹桂园义务夜戏，特邀谭鑫培演唱，戏报均见郝寿臣名；二十七日郝氏开场演出《五台山》，谭鑫培、王瑶卿合演压轴《汾河湾》，其余两日戏目不详。时同班演员有王瑶卿、金秀山、黄润甫、余玉琴、贾洪林、德珺如、余小琴、谭小培、小莲生、八仙旦、张二锁、余少琴、谢宝云等。

记者问：此言何谓也?

郝君答：是年王先生演《五彩舆》[4]，鄙人乃为配演胡宁。此胡宁一角，在《五彩舆》中，否惟不及徐海之地位，且亦无如叶宗满、汪汝贤之“柳林行刺”“水擒冯莲芳”两场重要。只一场夺顾慥之饭，一场威胁徐海捋髯投降，如是而已。不过鄙人天性认真，又稍走外埠，于“闯营”一场，将胡宁浑拙闷愣、“乍出牛儿不怕虎”之情形，形容尽致。王先生以此遂对鄙人谬加赏识矣。

（4）王瑶卿在丹桂园排演十本连台《五彩舆》，系自宣统元年（1909年）九月十六日起演，演员有王瑶卿、路三宝、陈得林、王凤卿、余玉琴、贾洪林、赵仙舫、朱素云、李连仲、瑞德宝、钱金福等。

记者问：郝君是时之戏份为多少？

郝君答：若言戏份，则仅止十二吊钱。故鄙人未几即与此班脱离，去之烟台、大连，先后与双克亭、小达子诸君演唱。此时则鄙人之架子花戏亦较多，如《普球山》一剧，即曾与小达子君合演，小达子君饰金头蜈蚣窦氏，鄙人乃饰铁膰杆蔡庆，亦颇受欢迎。及归来则民国元年矣，又经路玉珊君之介绍，搭入廊房头条第一楼内之大舞台[5]。此园为齐罗福洋行某君所组织，主角乃刘鸿升、路玉珊二君。鄙人第一日演《草桥关》，第二日演《白良关》，第三日演《铡美案》，比经开份，则乃前此率由旧章之"十二吊钱"而已。鄙人遂向路玉珊先生婉辞，路先生尚云："现下事少人多，请安心稍候，有我在此，必可令君满意。"鄙人当以天津方面有人来约，业经说定为词，路先生亦无如何。鄙人乃赴津，出演于下天仙，武生为陈月楼。及演毕回京，时李际良君与十三红君正组三乐社科班，今之荀慧生君，即曾在彼搭班，若尚小云君、沈三玉君等，皆在该社坐科。然当时台柱尤不止此，有董桂升、董桂春兄弟及七岁红等[6]，亦皆蜚声于时。桂升本为刘派须生，以“三斩一探”为拿手，喉咙清越，但苦无配角。用成年人，又嫌太高。鄙人时虽闲居而用工不辍，有梆子班管事人黄元禄君，亦在三乐社执事，与鄙人时时相遇，因鉴于董桂升之无配角，遂忆及鄙人，则以鄙人身材较矮，与童伶配剧，无驼人羊角之嫌也。一日，又值，卒然问鄙人曰：“君能‘三斩’否?”盖谓《斩马谡》之马谡、《斩黄袍》之郑恩、《斩子》之焦赞是焉。鄙人本来只会《斩马谡》之马谡，乃当时机警，直应之曰：“全会!”黄君大喜，遂为介绍入三乐社。第一日即定《斩黄袍》，鄙人诡曰：“别忙别忙！这出我虽然是学过，但因为是刘老板的戏，外边无人敢动，我已搁生，容仔细往回找找再说。”于是乃改为《失街亭》。鄙人曾入大班，又走过外埠，头场起霸，即得彩声不少。打泡既红，尚虚悬《斩黄袍》《斩子》一案，遂至谭春仲先生处，恳其指导。谭先生亦慨然相授，一夜两出，全被鄙人学会。及与桂升演之，异常讨俏。鄙人以此心感谭春仲先生，后演《打曹豹》《打龙棚》等，多邀谭先生为配。近年谭先生逝世，鄙人每逢演剧一场，则以大洋五角助谭先生之令正家用，虽蹄涔之水所补无多，亦聊尽鄙忱之一事。惜今休演，为之耿耿于心。时管事人为何庆成君，与鄙人开份，仍为“十二吊”，未免大失所望。争之无效，遂又辞出，仍以喊嗓用工不辍。因与李春福老先生相识，李春福先生者，即今李洪春、李洪福二君之尊人也。偶然谈及无《穆柯寨》本，鄙人乃出藏本与之，且为总讲，李先生甚高兴，亦以《李七长亭》之本相赠。鄙人翻撷一过，又如获宝藏，因此本虽仅有“起解长亭”，但在当时演者除黄老先生（润甫）以外，寥寥无几，今鄙人得此，亦千载难逢之机也。此后鄙人搭入太平和班，在广德楼演唱，角色方面，有孟小如、王蕙芳、胡素仙、张宝昆诸君，花面则为郭厚斋君。[7] 鄙人搭入之后，第一日即与王君演《穆柯寨》，带“焦赞烧山”，管事为张华亭君。及为鄙人开份，仍十二吊。或曰：张君与何庆成君颇有关系，鄙人为戏份而脱离三乐，故至此仍不能长。此乃揣测之词，未敢信其必然也。不过鄙人所至之处，总不能逾十二吊，天命欤？抑人事欤？鄙人既不肯以十二吊屈伏于三乐社，当然亦不肯因十二吊再屈伏于太平和，遂又脱离。既而搭入文明园（即今之华北戏院旧址）[8]，主事某君，邀来坤伶武生名桂云峰[9]，男女合演，鄙人首与桂女士演全部《连环套》，自“坐寨盗马”起，至“盗钩认罪”止，当时万人空巷，良以演头二本《连环套》者本少，况又益以男女合演之名义乎？操琴者为已故之裘桂仙君，后来亦为名净，愈觉花花相向，叶叶相当。又有坤伶名盖月樵者，亦搭入此班[10]，鄙人曾为配演《恶虎村》等。李吉瑞、刘永奎二君，有时自天津来演短期，至贴《连环套》一剧时，则李君饰黄天霸，刘君饰窦尔墩，管事人李君、迟君派鄙人饰梁九功，鄙人亦不拒绝，其念词且较别人为多，今鄙人弟子王永昌亦能演梁千岁者，鄙人所亲教也。主事人当日每于散戏后，必邀鄙人同往石头胡同天和玉饭庄吃饭，有三庆园东家张少鹏君作陪。彼时梨园行人多不注重衣饰，鄙人家又寒素，制一青洋绉大褂，不啻“盖城似的”（记者案：此郝君之谦辞，亦戏言也，然实有此语，故录之以昭俭德），有时着身紫花布汗褂即往吃饭。如是者一连七日，鄙人心下暗喜，因戏份始终未开，私计绝不能为区区十二吊钱之数。及演毕七日，主事人仍催令为鄙人开份。鄙人延企以望者久矣，一闻开份，不禁踊跃，然接份之后，则又气愤填胸，因之大病一场，几致不起。阁下试猜其故。

（5）参见《王又宸》篇注（2）。

（6）董桂升、董桂春，戏报贴“董小桂生”“董小桂春”，均为武丑董德春之徒，故冠以师姓，董氏弟子尚有董小桂芬即庞桂芬、小桂全、小桂和即马桂和、王桂卿等。民国元年（1912年）1月，董氏偕弟子由上海来京，搭三乐班（时尚未改称“三乐社”），旧历腊月初一日即1月19日白天起，出演肉市广和楼。时搭班之童伶尚有小小七岁红、川山甲、李洪春、李洪福（戏报贴“小洪春”“小洪福”）等。郝氏搭三乐班最早记录为旧历腊月初九日即1月27日，广和楼白天，与小小七岁红、小玉楼等合演《四杰村》。

(7) 民国元年（1912年）3月，搭太平和班，出演广德楼。

(8) 民国元年（1912年）8月起，搭双庆班，出演文明茶园，演至次年1月即旧历腊月出班。文明园时期，郝氏所演剧目颇多，地位较著，可记者有《群英会》代“打盖”（与朱素云、贾洪林、郝寿臣、李顺亭、李寿峰、迟子俊，8月13日）、《穆柯寨》（与九阵风、张宝昆、李寿山，9月11日）、《闹江州》（与牛春化，9月14日）、《华容道》（与王凤卿、何桂山，10月10日）、《定军山》（与王凤卿、李顺亭、李春林、李寿峰、李寿山，12月9日）、《连环套》（与李鑫甫、朱湘泉、甄洪奎、沈杰林、恒乐亭，1913年1月7日）。

(9) 桂云峰系搭太平和班，先后演出《落马湖》《翠屏山》《铜网阵》《巴骆和》《独木关》等黄派武生剧目。

(10) 盖月樵，民国元年（1912年）8月13日即七月初一日起，搭双庆班。

记者问：然则乃仍与郝君开“十二吊钱”份乎？

郝君笑曰：非十二吊，八十四吊也（七日共得八十四吊钱，分之仍为一日得十二吊钱）。鄙人受此打击，以致气病，虽欲不辞班亦不可得矣。病愈之后，已为民国二年，曾随王凤卿君赴津，出演于下天仙，未几仍回北京。至民国二年，田际云先生组织玉成班演于天乐园（即今之华乐戏院），仍用太平和之旧人，鄙人遂亦加入，自此乃多加入排演本戏矣。时同班者除孟小如、王蕙芳、贾洪林、李连仲、田雨农并路玉珊诸君，后有自南方来之周蕙芳君，亦为花衫，尝演《春阿氏》等，大受此地人之欢迎，而鄙人则以饰两外国人而享盛名。(11)

(11) 民国二年（1913 年）3 月起，搭玉成班。周蕙芳，民国四年（1915 年）4 月 27 日来京，搭田际云之翊文社，出演天乐园，排演本戏，风头极健。《春阿氏》一剧中，郝氏尝饰演提督乌恪谨。

记者问：戏中除《闹昆阳》《宦海潮》等出外，尚有饰外国人者乎？

郝君答：有！有！当日常演之《新茶花》《英国血手印》，皆须有扮德国人与英国人者，鄙人即以此二剧而享盛名焉。原彼时风气未开，一般中下阶级者，多无机会与西人接触，故名角之加入此二剧中者，亦鲜不失其故步。如贾洪林先生，戏路最宽，亦最渊博。

乃于《英国血手印》中饰一律师，足着皮鞋，犹以为靴，所走皆为台步。白口中有“我从伦敦来”一句，贾先生依然上口，一字一顿，致成“我，从，伦，顿，来”。因之不惟台下观众捧腹，即后台同人亦多以之开心，曰“我，从，伦，顿，来”。鄙人在《新茶花》中所饰，为一德国武官。第一，其服饰即难寻觅，而天缘凑巧，是日鄙人竟在东市上以二十元购得一套德国军装，且为少将制服。鄙人购得喜不自禁。然又苦于无从得其翘须，乃忆及从前有一皮袍，系骆驼腿毛者，其色正为黄褐。乃以剪剪下，对镜自粘，因鄙人从先曾任翻译，于德国武官之声音笑貌时常接触，所以粘法，更不外行。田际云先生在后台见之，喜悦之极。及鄙人登台，模仿西洋人之动作，如以手拽开新式之门，必回手訇然一推，向前闯闯而进。形态逼真，满园无不报之以好。叫操时，一字一句，亦悉用真正德国语音。散戏之后，观众互相疑问：“郝寿臣是外国留学回来的吗?”“郝寿臣是大学生吗?”自此每排新戏，必有鄙人在内。戏份始长至三元二角。初犹打厘，鄙人声明不干，乃又决定无论如何不再打厘。而田先生之私宅，本与天乐最近（在长巷下二条），每于演新戏后，即招鄙人与张文斌、李敬山、周三元诸君自天乐后门赴其私宅吃饭，以示慰劳之意。及创排《孽海波澜》未竣，梅君即应俞振庭君之约，改入文明茶园露演矣。[12]《孽海波澜》一剧之本事，即本京三四十岁人所咸知之张傻子虐待妓女，后经各界援助，投入济良所之故事。鄙人所饰，乃杨钦三先生。杨钦三先生名绍寅，乃彼时地方官宪之一，曾任陆军稽查总局长官，及后之军警督察长等，为人豪爽大方，有侠士风，故以花脸角色扮之。最妙者，鄙人饰杨钦三君，杨钦三君本人亦来看戏，一时台上台下有两杨钦三，至今梨园引为美谈。自此鄙人之名誉鹊起，各班乃争相罗致。时刘鸿升先生在广和楼，配角花脸本为黄润甫先生，因小有意见，黄先生脱离，其管事人为李玉贵、王玉甫二君，乃邀鄙人往演。[13] 第一日即为《失街亭》，第二日已派定《下河东》，鄙人尚未赴园，而管事所居因与鄙人邻近（鄙寓时居椅子圈），遣人来告曰“今日不必上园矣”。鄙人骤闻之下，自好如命办理，究尚莫名其妙。后来乃知李、王二君皆为田际云先生之弟子，田先生一闻李、王二君，拉鄙人入广和，当时怒不可遏，认为有拆玉成班台之嫌，遂找去质问。李、王二君以师生关系，不敢抗违，而田先生在梨园中之声势亦大，此事遂即中止。至民国三年，江梦花君，在沪办亦舞台，由李、王二君代邀京角，鄙人亦在其内。当时老生有王又宸、程凤楼、白文奎，小生有程继先，武生有沈华轩，旦有冯子和、赵君玉（但当时尚未全改），净有刘文奎诸君，上座昕夕不衰。[14] 归来遂搭入刘鸿升先生之鸿庆社，演于第一舞台。此后正为坤伶之黄金时代，梨园男士，人人自危，遂亦转徙靡定，鄙人曾散搭荣蝶仙君所组之班等。后赴河南，演于省城之丰乐园，同行者旦角为小桃红，武生为田雨农君，在彼曾与汪笑侬君相遇。[15] 后于民国六年，又搭入须生石月明君之班。既而又与林颦卿、王又宸、田雨农三君赴津。至九年赴沪。归来路经汉口，适大舞台王蕙芳君继朱幼芬君之后成班，坚留合作，于是角色方面，须生有郭仲衡、贯大元，旦角有王蕙芳、朱幼芬，武生有周瑞安，小生有金仲仁、王又荃，净角有福小田、范宝亭，丑角有张文斌、慈瑞泉诸君。直演至十年五月，鄙人始先回京，归来即得大病一场，数濒于危殆。而小儿德元在京，亦先得大病，父子同险，幸皆获痊，岂非主之赐乎？[16] 及病愈后，则在三庆园与尚绮霞、高子君（庆奎）二君合作，首演《火烧葫芦峪》，鄙人饰魏延。[17] 既又与李桂春（小达子）君演《连环套》。既入华乐，陪程御霜君演唱。是年又有济宁堂会，主人为潘前总理馨航（复）宅，因有罗瘿公先生介绍程御霜君前往，另外皆归赵世兴君所邀，有韩君青、谭小培、黄润卿诸君，鄙人亦在被邀之列。[18] 归来仍入华乐，则除高子君外，尚有三麻子、沈华轩诸君，连演《七擒孟获》等。[19] 此时鄙人最红之剧，乃与侯君喜瑞之《真假李逵》，每一出演，不啻小型新戏。戴兰生、何卓然二先生时刊印《名伶化妆谱》，曾摄一影以去。至十三年，则杨小楼、梅浣华二先生赴上海，鄙人同行，出演于天蟾舞台。后又随梅浣华、马温如二先生赴沪，演于共舞台、丹桂第一台等。[20] 近十年来，偶然出外，亦只抵津而已，曾与杨小楼先生在津露演，又尝与王少楼君同往，鄙人忝挂头牌，演《忠孝全》。至于最近之事，皆为有目共睹，无俟自言矣。

(12)《孽海波澜》一剧，最初由玉成班田际云创排，时在光绪三十四年（1908年）三月，普十饰演剧中张傻子。宣统元年（1909年）十月十六、十七日，田际云、贾润田再次排演于小吉祥班，所谓“改良穿场，时式装扮”。民国三年（1914年）9月，翊文社再次排演头二本《孽海波澜》，郝氏饰演杨钦三，刘景然饰演彭翼仲（《京话日报》创办人，清末启蒙、改良主义者），梅兰芳饰演孟素卿，王蕙芳饰演香云，李敬山饰演张傻子，9月26日、27日演于天乐园。民国四年（1915年）1月，梅兰芳由上海返京后，即改搭俞振庭之双庆社；3月14日白天，文明园，与路三宝、郝寿臣、高庆奎、李敬山等合演《孽海波澜》。

(13) 民国二年（1913年）5月2日起，郝寿臣搭入刘鸿升、龚云甫之鸿庆社，出演广和楼，泡戏《取洛阳》，是日大轴刘鸿升、黄润甫、金秀山合演《失街亭》代“斩谡”；5月3日白天，与周瑞安、张玉峰合演《溪皇庄》，未见黄润甫戏码；5 月 4 日白天，郝氏演出《审李七》，未见黄润甫戏码；5 月 5 日，鸿庆社官工；5 月 6 日白天，郝氏戏码为《下河东》，未见黄润甫戏码，次日起未见郝氏戏报。又，王玉甫，即王郁甫。

(14) 时亦舞台尚名共和中舞台，郝氏于民国二年（1913 年）10 月 19 日起演，泡戏与宋玉珊合演《下河东》，演至 12 月 7 日，系首次赴沪演出，以饰演曹操而名，并与冯子和、赵君玉、赵小廉、白文奎等合演新排本戏《穷花富叶》。

(15) 由沪回京，郝氏搭入刘鸿升之鸿庆社，与金秀山同班，出演广和楼，民国二年（1913 年）12 月 20 日白天，与侯春兰合演《青风寨》，次日与张彩林、王福寿合演《取洛阳》。民国三年（1914 年）4 月 12 日，谭鑫培在吉祥园演夜戏《托兆碰碑》，原定金秀山饰演杨七郎，因病回戏（5 月 4 日病故），临时改约郝氏，足见地位已足相埒。5 月 14 日广和楼白天，郝氏与德珺如、刘景然合演《忠孝全》；5 月 21 日，刘鸿升、龚云甫赴天津，鸿庆社报散，郝氏再入翊文社，出演天乐园。

民国四年（1915 年）2 月 5 日（旧历腊月二十二日），丹桂园永庆社夜戏，郝氏与金仲仁、德建堂、陆杏林合演《忠孝全》；大轴谭鑫培、汪笑侬、王瑶卿、刘春喜合演《珠帘寨》。3 月，过班双庆社，先后出演文明茶园、丹桂茶园、广和楼；28日丹桂茶园白天，与谭鑫培、谭春仲、郭益堂、陆金桂合演大轴《托兆碰碑》。

汪笑侬于民国四年（1915年）12月21日起，出演开封丰乐园，泡戏《将相和》，则郝氏搭丰乐之时间大致可知。

（16）此节所述较为纷乱错漏，编者据《顺天时报》《群强报》《京话日报》《申报》《五十年来北平戏剧史材（第四册）》梳理如下：

民国四年（1915年）12月下旬，郝氏由开封回京，搭入翊文社；12月31日天乐园白天，与田雨农、傅小山合演大轴《连环套》代"盗钩"；次日民国五年（1916年）元旦，与杨小朵、荣蝶仙、田雨农合演大轴《战宛城》。搭合庆社，1月8日吉祥园白天，与时慧宝、高庆奎合演压轴《逍遥津》，谭鑫培、黄润甫、程继仙、谢宝云合演大轴《八大锤》。6月，搭刘鸿升、杨小楼合组之余庆社，6月15日中华舞台白天，与杨小楼、钱金福合演大轴《连环套》；兼搭同乐园松庆社，与孟小如、荣蝶仙、龚云甫、沈华轩等同台。7月，金仲仁、王郁甫、侯友云接办第一舞台，刘鸿升、杨小楼、王蕙芳再组陶咏社，随之过班演唱夜戏，仍兼搭松庆社出演同乐园。9月起，搭丹桂园普乐社，与瑞德宝、白牡丹即荀慧生等同台，兼搭中华舞台富庆社（与沈华轩、九阵风、荣蝶仙、朱素云等同班）、同乐园松庆社（与孟小如、胡素仙、荣蝶仙、田雨农等同班）、民乐园春合社（与时慧宝、路三宝、黄润卿、瑞德宝、程继先等同班），郝氏此期演出较多，赶场甚忙。

民国六年（1917年）1月，搭刘鸿升班出演中华舞台，23日（旧历正月初一日）起搭第一舞台桐馨社，与杨小楼、梅兰芳同班，陆续演出《穆柯寨》（与梅兰芳、姜妙香、王凤卿、贾洪林）、《九龙杯》（与王长林、迟月亭）、《黄金台》（与许荫棠）、《忠孝全》（与钱俊仙）、《得意缘》（与路三宝、姜妙香）、《丁甲山》（与迟月亭）、《搜孤救孤》（与高庆奎）、《镇潭州》（与高庆奎、姜妙香）等。4月，兼搭玉庆社，出演中华舞台，与王瑶卿、王蕙芳、龚云甫、孟小如、胡素仙、张宝昆、讷绍先、刘景然、张文斌、余小琴、余幼琴等同班。7月4日起，搭余玉琴之春合社（梆黄“两下锅”），广兴园白天，与路三宝、周瑞安合演大轴《战宛城》，同班演员有郭宝臣、薛固久、时慧宝、尚小云、白牡丹即荀慧生、粉菊花即高秋颦等。8月22日，第一舞台京兆水灾义务夜戏，与田桂凤、杨小楼、钱金福合演大轴《战宛城》；次日与余叔岩合演《阳平关》，声誉渐起，以擅演曹操一角而名。9月21日起，搭谭海清之同庆社，庆乐园夜戏，与王又宸合演大轴《失街亭》代“斩谡”，陆续演出《审李七》、《忠孝全》（与李顺亭）、《下河东》等，12月散班。

民国七年（1918年）1月17日起搭三庆园瑞庆社，与周瑞安合演大轴《冀州城》《恶虎村》等，同班有荣蝶仙、尚小云、白牡丹、高庆奎、张宝昆等，后郭宝臣、崔灵芝、张黑陆续加入演唱。4月17日起，再搭王瑶卿、王蕙芳合组之诚庆社，文明园白天，与王又宸、张荣奎、董俊峰合演大轴《失街亭》，与龚云甫、德珺如、刘景然、王长林、李顺亭、韦久峰、许德义、沈华轩等同班。7月5日起，搭瑞庆社，三庆园白天，与王又宸合演大轴《打棍出箱》。10月13日起，搭福庆社，出演三庆园、中华舞台，与谭小培、龚云甫、尚小云等同班。

民国八年（1919年）1月，仍搭福庆社，2月16日（旧历正月十六日），中和园白天，与王又宸、荣蝶仙、张宝昆、张文斌、郭春山、陈文启合演《枪挑穆天王》《辕门斩子》。3月13日，中和园白天，与周瑞安、艾云飞、范宝亭合演《盗御马》《连环套》；同时兼搭俞振庭之双庆社，与盖叫天、小俊卿、高庆奎、芙蓉草、俞赞庭等同班。3月22日，东安市场吉祥园夜戏，与俞振庭合演《长坂坡》；3月27日吉祥园夜戏，与小俊卿、侯喜瑞、罗文奎等合演《失街亭》《空城计》《斩马谡》；4月1日吉祥园夜戏，演出《牛皋下书》。7月，搭杨小楼中兴社，27日三庆园白天，与王又宸、王少芳、李连仲、曹二庚、乔玉林等合演《失街亭》代“斩谡”，数日即辍。杨小楼应天蟾舞台之聘，与谭小培、尚小云、白牡丹赴上海，中兴社报散，因包银未妥，郝氏未与同行。9月，加入周瑞安、石月明、赵菊芳新组普云社，在三庆园演唱日戏；同时兼搭金仲仁承办后台之第一舞台，与林颦卿、李兰亭、邓兰卿、周三元等合演连台本戏《红蝴蝶》。10月24日起，搭王又宸新组男班，出演丹桂园。10月25、26日，天乐园约请孙菊仙演出夜戏《洪洋洞》《逍遥津》，特邀郝氏配演。

民国九年（1920年）1月3、4日，参加天乐园临时窝窝头会义务夜戏演出，21日（旧历腊月初一日）起，入姚佩兰之新明大戏院，与石月明、荣蝶仙、于德芳、裘桂仙、德珺如、麻穆子、余又琴等同班。2月，杨小楼自汉口返京，联合余叔岩，再组中兴社，仍邀郝氏搭班；2月14日三庆园封箱夜戏，与杨小楼、余叔岩、钱金福合演大轴《八大锤》。20日（旧历正月初一日）起，应聘出演汉口大智门合记大舞台，系由王蕙芳承办。今可见郝氏在汉口最晚一场演出，系6月6

日即旧历四月二十日夜戏，与高庆奎合演《白马坡》。6月中下旬回京（6月22日《顺天时报》第十版《都门菊讯》云“郝寿臣回京，有入天乐之消息”），时寓三里河。回京后即爆发“直皖战争”，往天津租界避乱者众，市面萧条，各班仅有富连成（广和楼）、斌庆社（三庆园）及坤班（中和园、城南游艺园）演出，名角均辍演，丹桂园被焚，新明大戏院改作伤兵调养所，继因奉系军人搅扰戏园，中和园坤班亦被迫辍演数天。8月中旬起，燕舞台（张黑、于德芳）、新明（坤班）、广德（恩晓峰、李桂芬）、同乐园（吴铁庵、小翠花）、文明（奎德社坤班）、广兴园（高警民、沈华轩）等戏园陆续开演。

又，此节原文有谓“至九年赴沪”，“演至十年五月”，当是误记。

(17) 民国九年（1920年）9月3日即旧历七月二十一日，因局势趋稳，俞振庭之双庆社在三庆园恢复演出夜戏，郝氏搭入双庆社，与俞赞庭、侯喜瑞、傅小山合演《三义绝交》，另有全本《孔明求寿》（“火烧葫芦峪”起至“七星灯”止，高庆奎）、《青石山》（俞振庭、九阵风）、《岳家庄》（德珺如）、《断密涧》（李鸣玉）等剧；开演第三晚起，尚小云、王凤卿入双庆社，合演《汾河湾》。郝氏此期双庆社搭班时间甚久，排演《打曹豹》(12月2日夜戏)、《瓦口关》(12月24日夜戏)等新剧。

(18)民国十年(1921年)3月起兼搭瑞庆社,出演华乐园;3月10日白天,与周瑞安合演大轴《潞安州》,另有《金殿装疯》(程艳秋)、《取帅印》(郭仲衡)、《悦来店》(荣蝶仙)等戏;是日三庆园双庆社夜戏,与俞赞庭、傅小山合演《盗御马》《连环套》。瑞庆社因内部纠纷,旋改组为咏平社,4月12日起散班。4月16日起,高庆奎、赵世兴合组之庆兴社在三庆园开演夜戏;6月,郝氏兼搭庆兴社。7月2日,潘馨航为子授室,在原籍济宁演戏庆贺,郝氏往演,回京后辞出双庆社,专搭庆兴社。7月31日白天,与郭春山、曹二庚合演昆曲《醉打山门》,方秉忠吹笛,由叶福海传授,是日高庆奎演出赴沪临别戏《珠帘寨》。高庆奎赴沪,庆兴社散,谭小培力邀郝氏搭入庆乐园玉华社,8月9日白天,与周瑞安合演《恶虎村》,次日与谭小培、周瑞安合演大轴《八大锤》,另有《樊江关》(荣蝶仙、程艳秋)、《巧连环》(王长林、王福山)、《下河东》(侯喜瑞)等;21日白天,演出新学之《芦花荡》,系叶福海传授。11月,高庆奎回京后,与赵世兴再组庆兴社,邀郝氏搭班;11月16日开幕,华乐园白天,与高庆奎合演大轴全部《失街亭》,同时兼搭俞振庭之双庆社。12月15日白天，华乐园，与高庆奎、张春彦、王又荃、文亮臣、诸如香、慈瑞泉等合演新排全本《乐毅伐齐》。

(19) 该剧系民国十一年（1922年）9月22日白天，首演于华乐园，连演三天，剧中三麻子（王洪寿）饰孟获，高庆奎饰孔明，郝寿臣饰魏延，李鸣玉饰马援化身，张春彦饰孟节，李洪春饰马岱，张鸣才饰王平，侯喜瑞饰孟优，沈华轩饰赵云，九阵风饰祝融夫人，黄润卿饰杨夫人，傅小山、杨春龙、高峰瑞、陆喜才、刘凤香、赵芝香、何喜春、张蕊香分饰男女跳舞员，剧中有高庆奎、沈华轩、郝寿臣、李鸣玉、李洪春、张鸣才六人对唱“联弹”一场，极受欢迎。

(20) 民国十一年（1922年）5月，郝氏第二次赴沪演出，与杨小楼、梅兰芳、王凤卿同行，5月29日起出演天蟾舞台，泡戏与杨小楼、王长林合演《盗御马》《连环套》；演至7月10日，回京后仍入庆兴社，9月起兼搭梅兰芳之承华社。

民国十二年（1923年）12月，第三次赴沪演出，与梅兰芳、王凤卿、言菊朋、陈彦衡、周瑞安等同行，12月7日起出演法租界共舞台，泡戏与言菊朋合演《空城计》，琴师陈彦衡；演至次年1月20日，回京后入春庆社。

第四次赴沪系民国十七年（1928年），时搭马连良之春福社，4 月 7 日起出演丹桂第一台，泡戏与马连良、黄桂秋、王长林、芙蓉草合演全本《朱砂井》，演至 5 月 20 日。

第五次赴沪系民国十九年（1930 年），与周瑞安同行，10 月 10 日起出演天声舞台，泡戏与周瑞安合演《连环套》，同台演员有雪艳琴、小达子、刘筱衡、安舒元、赵君玉、吕慧君等，演至 11 月 16 日。此后再未去沪演出。

记者问：郝君之净角，乃创造家也。因净角在过去初无自编新剧演唱者，有之自郝君始，敢请述其概略。

郝君答：过奖，实不敢当。鄙人天赋有限，虽欲妄有所为，苦无助手。谚所谓“单丝不成线，孤木不成林”者，实心有余而力不足也。大抵鄙人所较得意之剧，亦分二种：一为纯新创作，一为旧剧重排。如《法门寺》一剧，从前演者至多“上马”即完，往往不带“大审”，但前有“逛花园儿”，乃贾桂与刘瑾有种种插科打诨。然此戏若至“上马”时完，则案情终未大白，故必以带“大审”者为有始有终。鄙人提倡此剧，乃在三庆园时，与尚绮霞、贯大元二君合作，鄙人提议，得邀二君赞同，至今遂普及各班。又如《伐齐东》一剧，伊戾头场，从先黄润甫先生演过，所谓“双手会写梅花篆，执掌西凉半壁瓯”，与“一脚成仇恨，点点记心头”者，老人无不知晓，后来无形中竟欲消灭。鄙人在华乐时，曾提倡之。其《黄一刀》一剧亦然。《夜审潘洪》之“夜审”，在从前谭老板亦确与金秀山先生演过，但只一次。鄙人于民国十六年，则与马温如君首演是戏于华乐。[21] 此外若二十二年在华乐与高子君君之《造白袍》，亦为此种情形。皆地道之旧剧重排也。又如过去演《鱼肠剑》者，多易忽略“专诸别母”，只重在“刺僚”之唱，不知《鱼肠剑》一剧，专诸实较王僚为重，且若无专诸，则王僚亦不能死，是以“别母”一场最为重要。前人演《鱼肠剑》删去此场，或亦有所不得已。但为贯彻始终起见，实不可不添全之。鄙人初演此剧，乃在华乐戏院，高君庆奎饰伍子胥，董君峻峰饰王僚，鄙人则饰专诸，演至“别母”一场，台下居然有人坠泪，且楼上楼下为数不少，鄙人实不胜荣幸之至。因花面一工，究与青衣不同，能使观众堕（坠）泪，足征拙艺尚不无可观也。更有全部《应天球》[22]，自“周处砸窑”“王濬回府”演者先亦颇少，鄙人与马君连良演此，特前加“砸窑”后带“斩蛟”，鄙人饰周处，曾摄数影，所勾脸谱尚觉差强人意，因脑门自侧面观之，凸出一倍不止，鄙同行赵桐珊君颇加赞赏，即索去一帧。但以视老先生之演此，著名如叶中定诸先生，则又不觉小巫见大巫耳。

（21）民国十六年（1927年）7月23日白天首演于庆乐园（春福社），马连良饰寇准，王长林饰马牌子，姜妙香饰八王，吴彩霞饰夫人。

（22）民国十七年（1928年）3月，郝氏搭春福社，经提议，与马连良合排是剧而未演。8月，春福社改组为扶春社，郝氏退出，转搭言菊朋之民兴社。9月2日白天，首演全部《应天球》于华乐园，言菊朋饰王濬。9月28日，郝氏重回扶春社，次年1月20日，中和戏院白天，与马连良、张连升、王立卿、甄洪奎、高连峰、刘玉泰等合演是剧，马连良饰王濬。

记者问：郝君佳剧，尚有《打曹豹》《打龙棚》二出，他人绝未见演，为旧剧重排者乎？抑为从新编制者乎？

郝君答：岂旧剧重排者也，不过鄙人于中间曾妄有所变更，但此二剧，今后恐不克再传下去，以其路子较为难办也。如王永昌虽为鄙人弟子，以无幼工，亦恐难演《打龙棚》。其下《醉打曹豹》二（一）出，乃王君凤卿赠与鄙人之本，曾与郭春山先生合演。至《打龙棚》一出，则得自管事人崔君禄春，首在华乐演之。[23] 其难处乃在扎靠而唱二黄倒板，下接回龙腔之“你爱他，他爱咱”一句，无嗓者不能为，无工架者亦不能为。白口又如《斩黄袍》，须念山西音，以是人更不欲动之。此剧在从前，有姚起山君时常露演，而姚君本工乃为须生。不但此也，《火烧葫芦峪》之魏延，亦无人能演，统由姚君扮演。盖以从前之铜锤与架子花极为严格，铜锤皆无工架，架子花皆无嗓，在此互相回避之情形下，遂归于姚君扮演矣。

（23）民国十四年（1925年）6月7日白天首演于华乐园，时搭荣蝶仙之和胜社，与朱琴心、马连良、周瑞安同班。又，《打曹豹》参见注（17）。

记者问：郝君对此所改者何若？

郝君答：从先此剧之郑子明一角，扎黑硬靠，打硬扎巾，背黑靠旗，与周世宗、宋太祖站于一起极不协调。鄙人演此，乃扎软靠，不背靠旗。

记者问：尚有郝君最得意之《审七长亭》，其中以较旁人多“闹监”等场，是亦老本所有者乎？抑后来新添者乎？

郝君答：此以谓之重排亦可，以谓之新添亦可，因颇有曲折存乎其间也。原鄙人得此本于李春福先生，首次公演于广和楼，由王长林先生饰解差，恒乐亭先生饰陈唐，陆华云先生饰王梁，律佩芳君饰张氏。鄙人迩时演此，尚有缺欠，因与陈唐拜罢之后，应唱四句，其词为：“你主之罪我去挡，李七杀剐是应当。你若救我出罗网，好似佛祖法无量。”然李先生所赠之本，只有后二句，并无上二句。鄙人演毕，甫入后台，王先生即以见告，并云：以后演此，必须先唱“你主之罪我去挡”二句。迄今谈之，鄙人尚铭感五衷。其后之“闹监起解”，闻之王先生云：亦曾见老本记其大概。惟王先生究非花脸本工，不能举其全词，只好约略言之。鄙人即本此意，编出“闹监起解”，为易名曰《赛太岁》，头二本一气演完。[24] 但其后鄙人亦将此原本以八十元购得。见其开首有李七添画鸟头、后来挂帅诸事，惟皆不能如《审七》《长亭》二出之紧凑，遂亦未排。至鄙人所添之“闹监起解”，亦尚与原本无大出入，则亦不必再加增删矣。此剧为鄙人演来最红之剧，在上海时，马温如君曾为配饰陈唐，愈如锦上添花。后来回京，在华乐之第一日露演，即仍为《审七长亭》。

(24) 郝氏搭鸿庆社时期，即演此旧本于广和楼，民国二年（1913 年）5 月 4 日白天，演出《审李七》；12 月 24 日白天，演出《审李七》，25 日白天演出《长亭》，萧长华饰解差。新排《赛太岁》一剧，民国十九年（1930 年）1 月 3 日、5 日白天首演于华乐园（忠信社），头本“审七闹监”，二本“起解长亭”，亦分两天演完。

记者问：郝君之《赛太岁》既已脍炙人口，向见演此剧之饰李七者，有打腰包，有不打腰包，郝君则为不打腰包之一派，敢问此中有何理解？究竟以打腰包为是以不打腰包为是？抑老角是否亦打腰包？尚希不吝见教。

郝君答：以鄙人之愚见，仍以不打腰包为是，但其打腰包者，亦全非漫无本源。考腰包之制，并非仅限于罪人所用，如普通之妇女出门（如《法门寺》《走雪山》）、劳工工作（如酒保、樵夫之类），皆可打腰包。至于起解之人，因长途跋涉，渡水登山，为便利起见，亦可以打腰包。但其人必须文弱，如王梁之辈，或者虽系武人，而平日奉公守法，有勇知方，如《英杰烈》之匡忠，并非凡是起解者即要打腰包也。如《黄一刀》之姚刚、《打登州》之秦琼，何尝必打［腰］包。除此说外，更有一说，凡打腰包之罪人，皆为冤抑。姚刚剑劈郭太师，秦琼勾结瓦岗寨，虽然起解，不得以之为冤。本此以论李七，李七之暴躁矫健、咄咄逼人，岂能谓为软弱？况解差之白中，亦云："哪儿是我解着他，简直是他解着我呐吗！"故为表示李七之个性强烈起见，已不宜于打腰包矣。再论李七所作之案，打劫包府，火烧老妇，回马枪挑死小主人，则其起解，又不可以无罪例之。观于以上二种理由，李七实无打腰包之必要，故鄙人演此，绝不打腰包也。

记者问：然则郝君又言打腰包者亦全非漫无本源何也？

郝君答：此在当日，乃一时之权便问题，属于人事之缺欠，而非定例之必须也。原《审七长亭》之演者，多模仿黄润甫君，老角例来皆穿官中行头，不讲私制，黄先生晚年境又不舒，愈难讲求行头。在昔演员所穿之红裤，有时即为上手所穿之红裤（定例，上手黄褂红裤，下手蓝褂黑裤，皆由官中代制），而《审七》之李七，尤其只能许布衣不许穿绸着缎（本来表示其为犯人），黄先生昔在各班演此，有时后为武剧，红裤费去太多，则只好以黑裤替代，黄先生每不怿曰："给我来条腰包，盖上点罢！"故黄先生每逢演《审七长亭》外打腰包时，皆由红裤不敷分配始然也。鄙人曩自东省归来搭入东安市场丹桂茶园时，即与黄先生同台献技，此等已数见不鲜，故今之演《审七》打腰包者，乃学无红裤子穿之黄先生耳。

记者问：闻郝君之言，其《审七长亭》之打腰包与否，固已得到真实根据矣，惟不知黄先生在演此剧时，尚有与今不同者否？

郝君答：亦无甚大不同者，惟蓬头上所勒之黄条，向以布制，且系自勒，然后捻一小铲头形，无非因黄布之有余而已。今人或额外生枝，勒一大黄铲头，此皆非当日黄先生之本来面目焉。

记者问：郝君所演新剧始于何时？

郝君答：始于民国十六年，所排之第一部新剧，即为《鸿门宴》。[25] 与马温如君合演，马君饰范增，鄙人则饰项羽，其任编制者，则为吴君幻荪。因友人俞龢光君之介绍，蒙以是本相赠。鄙人方与马君合作，马君亦欣然愿就。不意其中忽又枝节横生，几因之罢排。其中原因，乃有第三者作祟，恐此剧既排，影响其本身事业，遂多方加以阻扰。鄙人当时力排众议，荏苒至一年之久，始克排竣。第一次公演，为民国十六年腊月，以此在华乐封箱。一时园中座无隙地，其阻扰者至是始知无效，遂缄口结舌矣。及次年（十七年）正月，再演于中和戏院，依然售票甚佳。其后马君与鄙人皆曾灌有唱片，而已故之吴铁庵君，以模仿马温如君著名，亦曾习范增，足征此剧曾红极一时。后来此本又经富社借去，云欲为高才生排演，迄今亦未能实现，鄙人则甚愿坐观其成也。然此剧在鄙人当日与马君演时，尚有一憾事。

(25) 民国十七年（1928年）1月8日即旧历腊月十六日白天，首演于华乐园，是日春福社封箱；29日即旧历正月初七日，再演于华乐园。民国十八年（1929年）2月17日即旧历正月初八日白天（扶春社）与马连良（范增）、姜妙香（张良）、孟小如（刘邦）、张春彦（项伯）、马春樵（项庄）等合演于中和戏院。民国十九年（1930年）2月16日白天（忠信社），与吴铁庵（范增）、孟小如（刘邦）、吴彦衡（项庄）、赵芝香（张良）

等合演于华乐园。

记者问：以二君合演此剧，岂能复有憾事？

郝君答：因吴君之才笔高华，词颇藻丽，所制唱念，多有近元曲之处，记忆甚费脑力，配角遂多不肯照念。结果，除范增、项羽二人悉依原词以外，余多现成陈腐之词，君子是知编剧之难也。至十八年，则与高子君君合作，演于华乐。鄙人所排之《桃花村》剧，亦随之出现。[26] 鄙人则饰花和尚鲁智深，亦吴幻荪君大笔，与《花田八错》之鲁智深醉打周通不同，与昆弋班郝振基先生所演之《桃花山》亦完全不同。其中亦得俞稣光先生之参酌，如花和尚与人拜堂，其赞礼之词，即有由俞先生添入者。于是又谬承观众之错爱，轰动一时。及十九年，则《飞虎梦·藕塘关》亦继之排演完成，亦出俞君稣光之手。而其动机，则由于小儿德元之偶阅《精忠传》，至“牛皋招亲”一回，蓦有所触，即商请于鄙人，谓可排演之。鄙人闻德元之言，深加欣悦，即请由俞稣光先生代为编制成功。第一次乃在华乐上演，是日连演两出新剧，一为鄙人之《飞虎梦》，一为马温如君之《宫门带》带“封官”，[前饰褚遂良]，后饰李渊，虽三层楼上，亦有人满之患。[27] 乃是日岌乎闹一乱子，即在鄙人方下，《十道本》续上之际，忽然三层楼上有一老妇，发现电线滋火。张春彦君方饰李渊，闻人声嘈杂，遽然即下，后经种种补救，始无危险。又至二十年，则由吴幻荪先生为鄙人编制《荆轲刺秦》[28]，鄙人勾红脸饰荆轲，其间之穿插结构亦与老剧《匕首剑》完全不同，因有须顾及荆轲乃为燕使之身份也。其中之“易水送别”，所唱〔醉花阴〕牌曲，亦由幻荪先生新制（记者案：吴君所填此曲，曾请名昆曲家叶仰曦先生制谱，叶君乃红豆馆主之弟子）。鄙人最满意者，厥为荆轲在秦始皇驾前朗读之国书，词旨充沛，极合表札体裁，读去抑扬顿挫，往往获得彩声（郝君当时曾背诵原词，惜太长未能记忆）。是年曾被推为华乐股东。二十一年，则与杨小楼先生合演《野猪林》。此剧原为清逸居士为杨先生所编，惟对鲁智深之描写似未充分，故鄙人又以之商于幻荪先生，改正“智清长老升殿”“花和尚念〔扑灯蛾〕跑场”等，即今所演是也。[29] 二十二年，则与杨先生合演《灞桥挑袍》。[30] 杨先生饰关壮缪，鄙人则饰曹孟德，只惜昙花一现，未能续演。是年又有《坛山谷姜邓斗智》出现[31]，亦为吴幻荪先生手笔，鄙人饰邓艾，杨先生则饰姜维，二人各逞机智，尔诈我虞，机械百出，鄙人有爬山等表演。是年与高子君先生合作，所排新剧，有全本《搜孤救孤》，鄙人饰屠岸贾；《赠绨袍》，鄙人饰须贾；《造白袍》，鄙人饰张飞；《史可法》，鄙人饰多尔衮。[32] 就中《赠绨袍》一剧，为身段之需要，曾借重梆子锣鼓，因梆子班旧有此剧名《吃草》也。而鄙人以之邀誉较多者，则仍推演《史可法》中之饰多尔衮。因系雀翎蹄袖，满身控行袍褂，气宇轩昂，外间骤然视之，几乎又如曩演《新茶花》之饰德国武官时。于是纷纷议论，以为真像蒙古藩王。其实鄙人为此，不过痴长几龄，犹及见清代亲贵之服色，谓为能似蒙古藩王，则亦颜之厚矣。

(26) 民国十八年（1929年）8月25日白天首演于华乐园（庆盛社），与王福山、范宝亭合演。

(27) 民国十八年（1929年）10月20日白天首演于华乐园（扶荣社），与马春樵、芙蓉草合演。

(28) 民国十九年（1930年）9月29日白天首演于华乐戏院（庆盛社），与赵芝香、陈喜星、蒋少奎、李洪福合演。

(29) 民国二十一年（1932年）11月27日白天，与杨小楼、关丽卿、刘砚亭、王福山合演于华乐戏院。

(30) 民国二十三年（1934年）2月4日夜首演于吉祥戏院，与杨小楼、何佩华、李洪福、傅小山、迟月亭等合演，系杨小楼第一次饰演关公；24日再演于开明戏院，演毕即收。

(31) 民国二十三年（1934年）8月25日夜首演于开明戏院，与杨小楼、迟月亭、钱宝森、陈富康、杨春龙、陶玉树等合演。

（32）全部《搜孤救孤》，民国二十二年（1933年）4月9日白天首演于华乐戏院，与高庆奎、李洪春、李慧琴等合演；《造白袍》，民国二十二年（1933年）12月2日白天首演于华乐戏院，与高庆奎、李洪春、吴彦衡、范宝亭、慈瑞泉、陈喜星、马连昆等合演；《史可法》，民国二十一年（1932年）7月3日白天首演于华乐戏院，与高庆奎、李洪春、范宝亭、慈瑞泉、诸如香、赵芝香、吴富琴等合演；《赠绨袍》，民国二十二年（1933年）12月10日白天首演于华乐戏院，与高庆奎、马连昆、慈瑞泉、陈喜星、范宝亭等合演，均系搭庆盛社时期。

记者因见郝君书斋，悬有此剧放大之像，因趋前仰视，见其正中所着，仿佛戏装之“智多衣”。然“智多衣”乃如今之旗袍，收蓄腋窝在内，此则狭不及乳，下出凉带不过寸许，不知何名，因以问于郝君。

郝君答：此名“牛舌领衣”，乃过去旗装之必需者。良以着马蹄袖者必有此“卷领”，“卷领”亦如护领，并非钉于衣上者，乃例钉于“牛舌领衣”之上，其色皆用“娇蓝”或“娇月”。此乃过去极普通之服色，今人少见，或以为是戏装，其实非也。

记者问：郝君对于服装既有如是之研究，不识于戏装亦有所改革否？

郝君答：鄙人表演武将，主张多扎软靠，除去前述之《打龙棚》外，若《飞虎梦》之牛皋等，鄙人亦扎软靠。盖凡能为主角之武将，其人多带几分滑稽意味，断不宜于偏重威风杀气着想，故改扎软靠，愈显体任自然。其邓艾一角，以奸狡著，更不宜于扎硬靠矣。鄙人在《煤山恨》中饰李自成[33]，除去特变渺一目之水白脸谱外，亦扎软靠。然此角根本无甚讨俏之处，鄙人于申斥杜秩亨卖主求荣之大段白口，乃系自加，不然更索寞矣。

(33) 民国二十一年（1932 年）10 月 30 日白天首演于华乐戏院，与高庆奎、李慧琴、李洪春、马富禄、范宝亭、李洪福、吴富琴、甄洪奎、郭春山、李玉泰等合演。

记者问：《睢阳城》一剧中，郝君亦参加乎？

郝君答：此剧虽由高子君先生饰张巡，但并无鄙人在内，其饰反面花脸尹子奇者，乃范君宝亭也。

记者问：郝君饰此清代服装之多尔衮，外间遂谓郝君如“蒙古藩王”，然则使郝君扮演普通之番汉装束，自必更有可观，不识郝君亦尝作此等装束否？

郝君答：在昔朱琴心君曾排一剧，名为《如是活佛》。[34] 剧情为辽宋交兵时期，孟良诈伪番汉而入辽营，因其公主佞佛，孟良乃剃发装作活佛，公主堕其术中，尽折便宜，卒使孟良完成使命而归。此剧无甚意思，亦只朱君一人曾演。惟彼时鄙人之扮相，则侥幸博得一般好评。至于鄙人最后所排之剧，除《串龙珠》[35] 系近事，尽人皆知外，则有三四本《连环套》与《康郎山（顺说曹晟）》[36]。

(34) 民国十九年（1930 年）1 月 19 日白天首演于华乐园（忠信社）。

(35) 民国二十七年（1938 年）4 月 23 日夜场首演于新新戏院（扶风社），郝寿臣饰完颜龙，叶盛兰饰康茂才，马富禄饰花婆，魏莲芳饰剜眼妇，马春樵饰郭广清，张蝶芬饰剁手妇，高连峰饰完颜乐，李洪福饰侯伯清，孙福亮饰老王子，连演两场。演出后受到日伪当局警告，编剧吴幻荪被传至宪兵队受讯，旋被禁演，郝氏遂退出扶风社，居家休养。

(36) 三四本《连环套》，民国十九年（1930 年）4 月由吴幻荪编就付郝氏，原拟与杨小楼合排，后杨小楼改排清逸居士本；民国二十一年（1932 年）4 月 7 日夜首演于开明戏院（永胜社），与侯喜瑞、刘宗杨、王福山、范宝亭、迟月亭、鲍吉祥等合演。杨郝合演，系在民国二十六年（1937 年）元旦，吉祥戏院夜戏，与刘宗杨、许德义、王永昌、陈丽芳、刘砚亭等合演；《康郎山》，民国二十六年（1937年）1月31日夜场首演于吉祥戏院，与杨小楼、刘宗杨、陈丽芳、李洪春、刘砚亭、许德义、王福山、茹富蕙等合演，是夜封箱。

记者问：三四本《连环套》，出于何人之手，请郝君见示。

郝君慨然答曰：此本乃鄙人折中于吴幻荪先生与清逸居士两本而成，其中尚有不少波折生焉。原鄙人与杨先生之《连环套》，既滥窃时名，遂有二本之提议。幻荪先生，为鄙人所编之二本，乃窦尔墩既将御马献出，随众到官。行至中途，被何路通无心泄机，说明盗钩者乃朱光祖。窦尔墩大怒，斥黄天霸为非英雄。天霸被激，即命众人释窦，并御马皆纵之去。众人苦劝不听，朱光祖再以言责天霸，天霸怒而赴连环套。窦尔墩既归山，责前守者之疏，予以扑扶，其人心怀愤恨。适天霸一人夜来探山，其人竟以情告，天霸大喜，乃至马所，盗回御马，并纵火焚山，窦尔墩惊起，遂二次认输到官。此本白口甚多，“盗山”时又多双身段，如《蜈蚣岭》之武行者。杨老先生年事既高，不欲涉险，乃排清逸居士之本，即今上“梁大兴行刺”者也。后鄙人演时，亦有所更易。如鄙人之独白中，即不少听从旧本者，亦折中之义尔。其《康郎山》一剧，鄙人乃饰牛皋，前武后文，鄙人于换穿官衣前后，大段白口，尚觉不负观众。惜只两演，杨先生即作古矣。鄙人演此，实有所师法。因过去之《蒯彻装疯》，一名曰《扑油锅》，又名《舌辩侯》，刘鸿升先生在世时，以此为拿手之一，时常贴演，鄙人于随刘先生演剧时，即尝留心窃取。故《康郎山》一剧，后部为“牛皋跳油锅”，鄙人即将当日观摩刘先生所得者，一一献之观众，以其较有本源，非一味“洒血”者比，因之遂获好评矣。

记者问：此《康郎山》一剧，未能获聆，何憾如之？不悉郝君亦与杨先生有曾拟排而未实现之本剧否？

郝君答：曾有全部《马超》一剧，亦拟由吴幻荪先生代为编制，其事竟未能实行。原杨先生与鄙人合作时，因鉴于马超与曹操之两大主角若合并于一台，必能异常声色。在《冀州城》中，鄙人曾案老本，不饰杨阜而饰曹操，有一场坐帐，夏侯发兵，但惜太短，鄙人必须额外加演一出，始足酬答观众美意。于是乃有此提议，拟自“马岱报信”演起，包括《反西凉》《战渭南》两大出戏，诸如“弃袍割须”“夺船避箭”“韩遂断臂”“许褚裸衣”诸节，洪纤毕举，一一罗织其中。鄙人演曹操剧，略有寸长，于其奸谲如鬼者或尚有相当揣摩。至于杨老先生之《冀州城》，久已脍炙人口，更拟于此剧中添入耍翎子等武技，以助美观。乃卒以种种关系未能实现，仍只一演老本之《战冀州》耳。

记者问：郝君既以演曹操剧著名，而《三国志》中曹操之事迹甚夥，何不编一纯以曹操为主角之戏？

郝君答：此意鄙人蓄之已久，曾欲摘取“宴铜雀台”为一本剧，鄙人饰曹孟德，以形容其酒酣耳热，志得气骄，思取二乔，谋成一统之神气。曾将此意商之于幻荪先生，幻荪先生谓：此事虽合于鄙人扮演，但戏块未免太小，其王朗、钟繇等之作诗赋，无法引之使长，只好由红绿两队曹将射箭夺袍着意生发，无如与四面八方皆难连属，竭力延俄，只演三刻而已。故此事遂亦作罢矣。

记者问：除去《三国演义》上之故事，郝君尚有拟编排之以为戏剧者否？

郝君答：有《陶母反诈》一剧，则为鄙人最早蓄意排演之剧，而卒亦未能完成者也。此剧本事为东晋陶侃（案老剧二本《荀灌娘》中即有陶侃，乃为引兵来破杜曾者，但系配角，并不重要）母贤子孝之故事，有截发留宾种种表演，后部则有陶侃运瓮，日以百瓮往来搬运于书斋。其个性亦与鄙人相同，虽为大净，若开红脸，亦无伤于孝子贤臣也（《刺王僚》之专诸且勾紫脸矣，又何伤于其为孝子烈士乎）。乃荏苒数年，卒亦未能编制公演。鄙人尝叹空欲有所作为，而无人能为助力。《陶母反诈》之卒未出现，亦其一事耳。

记者问：郝君所言之《陶母反诈》一剧，似不能以陶侃为唯一主角，因陶母一角，亦甚重要也，所谓

"非是母不生是子"。但此角色亦甚难觅，不知郝君当日欲排演此剧时，亦曾思及此否？

郝君答：诚如尊论，此剧既以"陶母反诈"为名，无论如何，其陶母一角，万不可轻易派人。鄙人当日有此动机之后，即曾商之于龚老先生。此龚老先生，即老旦角之圣手龚云甫先生是也。龚先生生平新剧最少，即其本人，亦以是为憾事。所有后来之旦角新戏，虽风靡一时，无如多以老旦为附庸，配角而已。故龚先生闻鄙人之提议，非常高兴，曾对鄙人云："只要你拿本子来，咱们就演。"乃以人事之牵系，竟未能克践前言，而龚老先生旋亦作古。今日言之，犹不胜黄垆之痛焉。

记者问：郝君亦曾演反串戏乎？外间对郝君常在大义务中反串之小张妈等，极致颂扬之意。

郝君答：多承厚爱，此不过鄙人游戏之作，未敢谬承奖宠也。不过贱性固执，凡事必实事求是，偶然反串，除去特殊之天赋不够外，皆必加意揣摩，不因反串而有苟且。如串演小张妈时，亦必聚精会神，虽不敢效某君之时常换一老妈者，亦对之多所观研。且鄙人之擅长此剧者，亦颇有说。缘鄙人之《八蜡庙》，在昔常演饰费德功。外传鄙人只能饰金大力者，似乎聆鄙人之戏稍晚。不信请阅民国二年老《群强报》引铭先生之戏评[37]，即可知之（原文有"第一得属穆凤山，唱上得味儿，打上泼拉敢摔，其次近年似属郝寿臣'逛庙'的唱儿好听”等语）。后来不唱之原因，则以此剧之费德功，多改由武生扮演，杨先生与俞振庭先生皆不时演唱，花脸唱法，被无形去消，非不会费德功也。且鄙人曾从唐永常先生习《落马湖》之李佩，前已谈及，后来曾与马德成君在高丽之望京戏院公演。夫以《落马湖》“水擒”较之《八蜡庙》，孰难孰易，此不待智者而后明了。鄙人既能《落马湖》带“水擒”之李佩，反不能演《八蜡庙》之费德功，有是理乎？迩时小马五之势力正在膨胀，演《八蜡庙》者，几乎无之不欢。故鄙人每每与之同场，无意中竟受其影响不少，一旦反串，则自有不求其似而自似者矣。然此终为游戏之作，幸勿挂诸齿颊焉。至于鄙人有时于《翠屏山》中扮演杨雄，此乃花脸应工，不但鄙人，即侯霭如君（喜瑞）亦有时露演此剧，从前之科班中亦有此等成例，故不得谓之正式反串。鄙人在华乐园时，某年七夕曾演一出《天河配》，鄙人反串织女，此更偶一为之，开心而已。惟在最早之华乐园中，荣蝶仙君演《马思远》，鄙人亦参加其中，非饰马思远，非饰王龙江，乃饰汉都老爷，即头戴顶翎身穿袍褂、赵玉拦街告状时所上之角色。此角乃以举动滑稽、令人见之浑身发松者为正格，虽曰老生工，必须滑稽老生为之，以去年逝世之甄洪奎君[38]演之最妙。鄙人饰此角色，在一般同业中以为必无如何讨俏。不料鄙人之举止，更能梯突脂韦，观众因之大噱。时程御霜（砚秋）之太夫人亦在座中观剧，认为大可嗢噱，故此事可由程太夫人证明。

(37)《戏评——八蜡庙》，引铭，《群强报》，北京，民国三年（1914年）1月17日，第五版。

(38)民国二十六年（1937年）12月30日卒于北京，享年五十一岁。

记者因是忆及《红拂传》一事，遂问郝君曰：《红拂传》中之虬髯公，郝君亦尝演之否？

郝君答：程御霜君本曾以此见委，无如是时鄙人已受天蟾舞台之聘，与梅杨二先生同去上海（民国十三年）[39]，故将此本璧还，至今心尚耿然。

(39)参见注(20)；《红拂传》首演于民国十二年（1923年）3月10日，时郝氏搭梅兰芳之承华社。

记者问：郝君对于脸谱一项，多所发明，请将心得略赐概述。

郝君答：脸谱一层，千变万化，各自有其不同。且是种艺术，绝非空谈所能明了，亦绝非此人之脸谱亦可施之彼人。盖人之面部，长短宽狭，肥瘦凸凹，均有不同，执一以求，则坏事矣。故虽有前人之极好脸谱，必不可贸然全予采用。盖笔画纵令无一不似，而人之面部既有不同，勾出亦万不能同。惟古人之脸谱有误者，是则不可不辨也。如剧中之奸雄，有大有小，小者绘三角眼，大者则否，因奸雄与奸雄亦有分别。专施暗箭，借剑伤人，飞短流长，蛊惑是非者，此小奸雄也。挟天子以令诸侯，专征伐，掌黜陟，思欲并成一统，囊括八方，文人受其笼络，武将听其指挥，此大奸雄也，二者截然不同。如曹操者，当然在“大奸雄”之列，欲征则征，欲诛则诛，欲斩则斩，欲伐则伐，才兼文武，总统师干，而普通脸谱，乃勾勒之使成一双“三角眼”，则是小奸雄也，此断断不可不辨者也。

记者问：郝君之绘曹操不当勾三角眼是矣，然则当勾何眼乎？

郝君答：孟德真形，虽有历代帝王画像，陈列之于南薰殿，无如不适宜于演剧。然则曹操之眼形，究其实际，折中之道，乃宜勾长眉细眼也。长眉细眼，足以代表人之富权术，多机智。操之用兵，确多可取，故应勾长眉细眼，以示其为大奸雄，桀骜之尤。况曹操之面貌，又绝非甚丑，姑不论“捉刀人乃英雄也”，即就剧论剧，《战宛城》中之邹氏曾云：“原来是个大白胖子！”故有“既来之则安之”之意向。夫大白胖子，其非老丑可知，而“长眉细眼”，又足见出其为“大白胖子”。凡此皆非彼勾“三角眼形”者所能知也。

记者问：老辈角色，亦有如此勾者否？

郝君答：过去黄润甫先生的确即案“长眉细眼”之法勾勒。因黄先生腹中颇有文墨，对于《三国演义》诸书，亦不时涉猎，故能善体曹孟德之身份。同时又有某前辈，亦与鄙人同工，黄老先生则呼此君为“乡下花脸”，所以然者，因某君之脸谱工架，虽皆可观，而有时演精细之角色，则难合身份，于是黄老先生遂以“乡下花脸”呼之。

记者问：外传郝君勾曹操之脸谱，有一定之笔数，勾毕时一笔不多一笔不少，究竟有无其事。

郝君答：此层鄙人实难答复。因鄙人执笔勾自己之脸时，实未遑计及共多少笔，故谓为有一定笔数者，似失之于矫诈。但习惯已成自然，故勾毕之时间，则又似成固定。假令鄙人执笔蘸粉勾时，一旁有人代为数记，则亦许真有一定笔数。要之，鄙人若于勾脸谱时鳃鳃顾虑于此，则脸谱恐亦勾不成矣。

记者问：郝君之曹操剧，如此出神入化，究竟凭个人之脑力研究有得欤？抑得名师之指授，拳守弗失欤？

郝君答：“大匠能与人规矩不能与人巧。”此等舍揣摩外，无第二方针。鄙人曹剧略有片长，乃深得力于友人陈君哲甫。陈君为天津人，讲席于燕京大学，与鄙人同为教友。初见鄙人所演之曹操剧，尚有若干未合身份之处，因曰：曹操乃魏武帝，万不可忘其身份。更为鄙人搜集之于正史，书一《魏武帝传》授之鄙人，令于文字中求其意境。故鄙人之曹剧，后来愈有进步者，陈君之赐焉。

记者问：郝君之曹操剧，驰名久矣，似不自今日始，既得陈君之指点，更当如添颊上三毫，惟其前之揣摩，吾等亦钦佩綦久，其间当不少轶闻可资谈柄者。

郝君答：诚如尊言，鄙人今对曹剧既得力于哲甫先生之指导，而自身之揣摩，亦在昔已然。当鄙人微时，与某君演《白马坡斩颜良》，鄙人饰魏武帝，某君饰关公。若论此剧之主角，当然为关公主剧，然魏武在山岗观阵，亦断不当如木雕泥塑之人，必被颜良有所震慑。然后关帝刺良于万众之中，始大出意料之外，而后闻关帝言张翼德“于百万军中取上将首级如探囊取物”，始可令书诸袍襟。故鄙人演此，于见颜良连斩宋延、魏续二将时，则出惊异之色；于大战张辽、许褚时，则露出忧惧神色；及闻关帝云“颜良不啻插标卖首”，则露出口唯唯而心不然之神色。一时台下好声，如连珠叠浪，对某君所饰之关帝反视若泛常。某君乃不躬自检点，而以为鄙人得好如此之多，是故予以难堪，怒气勃发，愤不可遏。斩颜良时虽极力讨好，无如心慌未免手乱，观众又为鄙人在山顶之“怕像儿”所吸引，愈无一人为之叫好。及至演毕卸装，某君之烈更怒，竟欲殴打鄙人，以为泄忿。众人争前排解，鄙人始未遭老拳。迄今思之，犹为可笑，然唯其如此，反不啻代鄙人宣传，不但不可怒，鄙人兼且感谢之矣。

记者曰：郝君之《白马坡》，愚虽未得瞻仰，但去岁曾观郝君之《长坂坡·汉津口》，于诸将围住刘备之时，遥遥向之抡指，神气活现。无怪当日饰《白马坡》之关帝者，黯然无光矣。

郝君答：过承荣奖，但鄙人实有缺陷，鄙人所自知也。缺陷惟何？即嗓音是焉。鄙人深知少年时“倒仓”之一关，最非容易度过者，身受其苦，每举以劝后学。盖节欲一事，言之匪艰，行之惟艰。鄙人之气本即有亏于幼，加之民十在汉口“努坏”[40]，否则所成就者，非敢夸口，必不只此而已。大抵花面之嗓，如隔苇吹灯。如人能于数步以外，一口将灯吹灭，如此，其嗓未必便适宜于唱花脸。必也，能于数步以外，持一苇管，从苇管中再吹灯灭，则必须丹田之力聚而不散，以之发音，自然苍老雄浑，余味□□也。

(40) 参见注 (16)。

记者问：然则在昔之演花面者，多全才乎？

郝君答：是又不然，在昔之全才，其难于今者，更不啻百倍焉。

记者问：是何谓也？

郝君答：从先之梨园行，最重义气，无论学剧演剧，皆各不相犯，各人有各人之专工。故学铜锤者，终年难动架子花脸剧，而学架子花脸者，亦终年难动铜锤。此非指其铜锤无工架，架子花脸无喉咙者也，乃谓兼斯二者之角色，亦只好各守壁垒，难越雷池一步焉。且过去各老角色，对于利心甚淡，又甚爱惜羽毛，从无见某人以某剧红极一时，遂群起加以仿效者。即有此心，亦恐效之不似，反被旁人齿冷，故有终身演架子花者，有终身演铜锤者。设使彼时之人，亦不守疆界，起而互凌，则其成就未必止此，而今亦不能有“某戏是某人的”之说矣。虽然，时势所趋，此界限亦不得不从而打破。不但净行如此，即青衣、花衫间，亦何莫非如此？是以过去之戏好唱，而现在之戏难唱，在昔无须全才即可成为超等角色，今日则文武带打而犹有求全之毁随时而来，此由于时代之不同也。故今之所谓全才者，皆似有特殊之情形（如本已归入零碎，忽然嗓音复出之类），而亦尚有保持老派义气各守疆界者。如侯霭如君（喜瑞）对《审七长亭》等剧皆从来不演，使其毅然为之，安保不在鄙人之上？顾从不一演，亦云可佩矣。而谭鑫培先生之《珠帘寨（解宝收威）》出现，旧派由铜锤花脸主演之《沙陀国》反致销声匿迹者，亦未始非由此等为之。

记者问：郝君此言又何谓也？

郝君答：此乃事实俱在，不难推知。因《沙陀国》在昔本为铜锤正工，趋重大段之唱。乃最习见之剧，社会上对之异常淡泊，而谭老板所为添入者乃起霸、对刀、射箭等，专重工架。此剧既为铜锤花脸之正工，则其无工架也可知，故自谭老板演后，其铜锤花脸已敬谢不敏，而架子花脸虽不惧起霸、大刀花等，无如喉咙又多不济，大段唱工，亦难以招架，于是自谭派之《珠帘寨》出，而铜锤工之《沙陀国》乃自然取消。且向已言之，从前之各不相犯者，又不只花脸已也，须生亦然。绛灌不文，随陆无武，其来久矣。谭老板此剧既陶冶文武于一起，故晚年之拿手好剧，又莫如《珠帘寨》为蔚紫蒸红也。

记者问：谭老板为梨园界超凡入圣之人物，今闻郝君所言，其善欢（观）静变，确乎不类寻常，而今日《珠帘寨》一剧，竟始终无再恢复从前《沙陀国》时代之演者，其理亦如新浴而出矣。微闻，谭老板在世时之轶闻颇多，郝君何妨就其与己有关者赐示一二。

郝君答：诚如尊论，谭老板轶事最多，使非鄙人目击身感之事，此时即欲言之亦恐有误也。当年鄙人曾与谭老板合演《空城计》，鄙人饰司马懿。(41) 当城楼之时，谭老板饰孔明，大段二六，每句皆有身段，决无简率苟且之处。当唱至“原来是司马他发了来的兵”，使在旁人，皆探出半身，向城下看，以示孔明之看司马懿发来多少人马，乃谭老板独不然，回身后看，神气湛然。不料因此身段，台上竟尔发生误会。原谭老板在当时脾气甚大，对于打鼓老等有时错误，从不肯加以辞色。是日在城楼上回身望后，本来为适应剧中人之环境，不料目光所注，正为打鼓老所坐之地位，打鼓老误为打鼓错误，故谭老板特瞋视之。其最妙者，打鼓既作是想，而后台诸人，亦皆作是想，于是管事人惴惴然于老板之发脾气。惟鄙人心知其谬，当时亦未便明言，仍旧按部就班，将此剧中之司马懿演完。打鼓人既至后台，即向众闲谈，谓今日在场上，并未将鼓打错，得以招致老板之瞋视。言下，大惑不解，诸人亦从而和之。鄙人心识其故，乃曰：是非老板瞋视，君等殆自起矛盾也。其人不信，诘问鄙人得以知晓？鄙人当告之曰：自来从城上观人，皆应向远方张瞩，若俟人至城墙根下，则自城上观之，反一无所见矣。况孔明之所以张望者，以司马之兵多也。故其上句曰“旌旗招展空翻影”，小说亦尝有言曰“尘头大起”。是孔明之欲看者，看其人马列出距离之远近，所以测其多寡之数焉。此为老板之善于做戏，与足下何干。于理，鄙人既有如上之解释，则众亦可以释然矣。讵知仍不相信，哓哓争辩不已。后其事闻于谭老板，谭老板即指鄙人曰：此子所言是也。因在城上望城下，断不容许直视，否则虽视亦无所见。余之为此身段，正所以验司马兵之多寡。寿臣年纪尚幼，居然能体贴剧情如此，亦云可嘉矣。

(41) 民国五年（1916年）6月4日白天，文明园合庆社，郝氏为谭鑫培配演《空城计》，戏码列大轴。是日白天，郝氏先在中华舞台余庆社前场演唱《审七长亭》，再赴文明园为谭氏配演。

记者问：聆郝君所谈之故事，则可知郝君之颖悟由于天授，且又肯加意揣摩，无怪成为一代之名伶也。敢问郝君对于戏剧中之词藻有无更改？其已改者何妨见示。

郝君答：是亦间而有之，惟或系当时之感触，本人非演至彼处，难以列举其词也。无已，只好先就老戏约略言之，且其应否如此，亦不敢妄定，惟就个人之浅见，以为似应如此耳。如《法门寺》中刘瑾出场之大引子，普通多念为“腰横玉带紫罗袍，赤胆忠心保皇朝”，鄙人独否，所念者乃为“权威镇朝廊”云云。然今之演者，始终以念“腰横玉带紫罗袍”者为多，甚或以鄙人之词为佶屈聱牙。夫刘瑾之为人果何如乎？其自报之头衔已曰“义儿干殿下，外加九千岁之职”，是又何须玉带紫袍然后增其煊赫（凡剧中人之自道其服饰者，皆有夸耀之意，如《辕门斩子》之杨彦昭自歌曰“论功劳才挣下玉带紫袍”，即为明证）。况刘瑾于被籍没时，抄出“玉带四千一百六十二束，蟒衣四百七十袭，衮袍八爪金龙四”，此皆见于正史，彼岂能玉带紫袍即沾沾自喜？此第一不妥之处。至于“赤胆忠心保皇朝”一语，置之刘瑾之身份，尤为不伦。因刘瑾专权乱政，后来以造反伏诛，曾自其家抄出“盔甲三千，弓弩五百”，世间岂有“赤胆忠心”之人而造反者。所谓“变紊成宪，桎梏臣工，杜塞言语，酷虐军民”之四项大罪，刘瑾无一不备，此又“赤胆忠心”之说法欠通也。今曰“威权镇朝廊”者，正与“执掌生杀之大权”“真称得起是一人之下，万万人之上”“够瞧好大半天的啦”为表里，似较“腰横玉带”之词为佳。至其定场诗之“满朝文武尊咱贵，何必西天把佛成”，本来毫无疑义。而近年忽有人改“把”为“拜”，“拜佛成”文义不通，于是又强为之解曰：“成”乃“诚”字之误，似为“何必西天拜佛诚”。鄙意认为，凡剧中之词句，能藻丽典雅者固佳，否则亦必须通畅达意，起承转合，一气贯通。夫既云“满朝文武尊咱贵”矣，则应以“何必西天把佛成”为正，以为此即是佛，何必更去求佛，文义至为明显。曰“何必西天拜佛诚”，岂谓不诚即可以致此贵乎？或嫌“何必西天把佛成”之意义仍不明了，则可以另外一故事以解释之。如从先有皇帝入庙，忽见佛像，皇帝欲为之下拜，又以己有九五之尊，乃为泥胎偶像叩头，不禁踟蹰，遂对侍从之大臣问曰：朕可以下拜否？大臣亦异常机警，谓皇帝曰：可以不拜。皇帝问其理由，则曰：彼是过去佛，陛下是现在佛，不能以现在佛，拜过去佛。皇帝甚喜。而《法门寺》中之刘瑾，即有以现在佛自居之意，故曰“何必西天把佛成”也。况此剧中之太后，已然称之曰“太后老佛爷”矣，则已俨然是佛，又何必真到西天去乎？此外在“大审”时，鄙人亦有所变更。

记者问：所谓变更之处安在？

郝君答：乃在带上孙玉姣时也。如普通于刘瑾审孙玉姣时则曰："小小年纪，不好好儿嗒习学针黹，瞧见一只镯子你就动了心啦。这得亏是一只镯子，这要是硬面镯子呐？"于是贾桂接口曰："那我就把它给啃啦。"鄙意认为此处以镯子来插科打诨，确无不可，以此事肇祸于镯子，故剧名一曰《玉镯记》。且揆之老例，上马后各人大唱，及孙玉姣上时，则两旁皂隶以小棍系一镯子，惟对玉姣言之，似乎不当。因玉姣乃一黄花幼女，拾镯出于一时之误，刘瑾虽非端人，此案则尚明大体，为顾全玉姣之颜面，似不便如此（因戏中对于玉姣之为黄花幼女颇能注重，如刘瑾问赵廉曰："县台！老皇太要见孙玉姣，她可以见得吗？"于是赵廉对曰："她乃黄花幼女，可以见得。"刘瑾更以之打诨曰："黄花儿幼女就可以见得，那么她要是金针木耳呐！"贾桂又搀谐曰："我早就把她勾了卤啦。"是对"黄花少女"重视之明证）。故鄙人移以责难傅朋曰："小小年纪，不好生读书，将来为国家作一有用之人，没事儿弄一只镯子胡入（读如汝）给（读如姑），这幸亏是个玉镯子……"以下仍串入贾桂打诨之词，不过移宫换羽耳。盖傅朋虽亦年轻，究属男性，不妨予以训饬，戒其将来，是为在上位者之当然口吻。诚以傅朋确为祸首，虽曰"孙玉姣卖风流门前站定"，假令换一少年老成之人，俯首而过，不借买鸡为名，故丢玉镯，亦可无此一场大祸。今仅予以训饬，岂非尚为从宽处分乎？

记者聆毕，不禁深赞郝君之能体验剧情也。

郝君又谓：此剧中之赵廉升官时，鄙人亦有与普通所演者不同之处，但其迹甚微，无如是之显著耳。至于“大审”中处分各人之词，鄙人亦皆侃侃而谈，不搀诙谐。如“拿去火车道上压死”“撕把撕把喂鹰”“叫她去当一名女招待”等等不在刑罚以内之词，鄙人亦概从芟削焉。非敢标奇立异，诚以此剧中之刘彪、刘公道，皆为杀人正凶，今当刘瑾亲提复审，必须定拟罪名，以偿死者之惨，此非可以胡说者。若一味搀谐，则使人不知到底为如何死法，究竟宋兴儿等之死，又将令何人偿命乎？似未可以只顾插科打诨，而即抹杀剧情也。

记者问：《连环套》一剧，亦为郝君之特殊佳剧，内中有一疑点，敢向郝君请教。

郝君答：何谓也？

记者曰：《连环套》中，窦尔墩所盗之马，旁人或念“日月骕骦”，郝君则曰“追风千里驹”，此二者不知何本，且请试言其优劣。

郝君答：鄙人之念“追风千里驹”不念“日月骕骦”者，原系当日获得唐永常先生之文如此，然后来不肯随众而改者，亦有一部理由，敢为阁下详陈之。原从先皇帝之物，皆为御用，马即御马，衣即御衣，凡有偷盗之者，罪莫大焉。凡剧中盗宝之事，目的皆在于宝之本身，惟窦尔墩则不然，乃报黄三太在李家店一镖之仇，目的不在御马之如何也。例来马之快者，曰“追风”，曰“赶日”“凌云”，可以随便起名，只需不违反“快速”之意即可。如不相信，试往今之跑马场一观，即可得其相似之名甚夥。且此马又非天子御乘之物，不过使梁九公乘之，虽有黄金镫、黄丝缰等，亦未必便为马中至宝（剧内“日行千里见日，夜走八百不明”等语，乃黄天霸脱为之词，借以引诱窦尔墩说出真话而已），故名之曰“追风千里驹”已足示其快速，何必定须沿用古代之马名乎？要知“日月骕骦”一物，乃古来名马，非如“赶月”“追风”等之可以随便沿用也。是乃关乎马之种类，马之出产地，非可任意掐造之。今之御马，既无正确之历史来历，则名之曰“追风千里驹”，似乎已无不妥，妄假古名，抑又何必乎？

记者问：聆郝君之言，自以仍从“追风千里驹”之一名为是矣。惟敢问“日月骕骦”之在剧中亦有所见乎？

郝君答：有之，如普通所演之《八大锤》“断臂”中王佐说书一段，即谓王钦若有意陷害杨景，因北国萧太后有一宝马，即名“日月骕骦”，令往取之。杨景奉旨，计无所出，幸有大将孟沛苍能说六国三川语言，伪装辽将，始将此“日月骕骦”赚归宋帝，而马则北望下泪，不食而死，是即又名“骅骝思乡”之故事。夫以“日月骕骦”有如是之灵异，岂可随便牵一马以名之。又记《列国志》载有某国之大臣，因喜爱人之骕骦马，力谋攫取，结果，马虽被其攫到手内，但马之本主岂肯甘心，于是后来勾结另一诸侯，共导大国以兵伐之，此又“日月骕骦”之典故也（按郝君所言，当为“囊瓦”故事。《左传》定公三年，曾载此事[42]）。

(42) 原作下引《左传》原文，略。

记者问：郝君对此一马名之微，皆能加以考订，择善而从，无怪演剧之佳，亦非与杨老先生（小楼）合作，难以相得益彰焉。敢问近时除与杨先生配演以外，尚与何人曾演此剧？

郝君答：在沪上时，曾与马温如君（连良）合演，马君反串黄天霸，由王长林先生饰朱光祖，取悦一时。[43]

(43) 民国十七年（1928 年）5 月 5 日夜场演于上海丹桂第一台，5 月 20 日白天再演一场。

记者问：郝君于公余之暇，以何消遣？

郝君答：鄙人个性，似与一般有异。凡娱乐之事，皆非所喜。近日惟以读书为事，所读之书，因鄙人幼年失学，无高深之领悟，故今兹所读者，亦多善书之类。如《菜根谭》一书，鄙人即常常读之，以为实处世之良箴也。鄙人所读之善书，亦不必囿于宗教，凡我国古圣先贤历代大儒之所以训示后人者，鄙人每乐读之。且鄙人之读此等善书，并非因自今休养起始行涉猎，从先即喜欢此等，身体力行，往往有得。陈君哲甫，为鄙人撰《明心图序》有曰：“吾友郝君寿臣，为艺界巨子。每于粉墨登场之际，常存警世救人之心。或饰权奸，则呈其不可一世之概；或饰匪徒，则纵其凶狠残暴之情。而于言词之间，时存彰善瘅恶之念，于是善念日增。”此虽推崇太过之言，要于鄙人之心理，则知之甚详者也。

记者问：《明心图》为何书？

郝君答：乃基督教徒之书，但其所言之必须“明心见性”，然后可以见道，则仍与宋儒所言无异。鄙人于民国十四年即斥资刊行之，此亦可见鄙人乐善之心，本不自今日始也。

郝君言讫，因觅得一卷相赠。此书自十六页后，为《附注圣贤格言》，其文皆中国善书中所习见者，如“行善如春园之草，不见其长，日有所增；作害如磨刀之石，不见其损，日有所亏”，诚非囿于某一宗教，如郝君所言。后更有一则题曰“时于庚午旧历腊月廿七日录《群强报》之《随便说说》”，文曰“谚云：朱门生饿殍，白屋出公卿。虽未必尽然，然富贵而贫贱，贫贱而富贵，犹暑往寒来、循环之理。每见世家轻薄子，开口便鄙笑他人为暴发户，何许人，独不思自己祖父亦从暴发何许人来。若徒仗先世余荫，虚华架势，大言不惭，不惟衰祸所伏，且为识者所哂。更有因亲族荣显，即便满面富贵，遍体骄矜，不顾他人指摘，此又小人之尤者也”，下属“寿臣”二字。文有一则，题曰“时于辛未正月初四日录《身世准绳》，此数语，为经世之语，随身携带，伴为良友焉”，其下亦属“寿臣”二字。凡此皆可见出郝君之治身有素，而且随时随事，无不留心也。其后又附有《处世格言》，据郝君之意，则谓：凡梨园行中人，其倒仓后之关口，最难度过，鄙人身受其害，故今愿本此宗旨，以告同业，故此处所辑之《处世格言》，有“好色必多疾病”“得意时不可不节欲”“失意时不可不节欲”“节欲断欲以早为上”等项目，即此意也。记者因于溽暑骄阳之期，使郝君促膝于室内，所言□□不绝，深为忻感。爰本“客去主人安”之意，起身告辞，而犹不能不叮咛于郝君之休演问题。

据郝君以极度郑重之态度相告曰：鄙人一生所经历，大部皆为坚苦卓绝之事实，前此已与阁下缕晰言之。此并非自鸣得意，或发何牢骚，乃欲借大笔书而刊布，所以使时人知为事之成功绝非易易也。故此事鄙人无事在家，亦数与德元言之。大抵吾人做事，不可贪多务得，不度德不量力。鄙人之“退休问题”，早有决定，息壤在彼，断非因环境之关系。因小儿学业渐已完成，亦既抱孙，此屋（郝君言时指其院落）筑成已十年矣，鄙人于是认为叨天之惠已多，尚何必如“负版虫”之不死不休乎？如某某君者，其资力富于鄙人甚多，徒以见机不早，今年竟以累死，思之亦为憬然。请君代我辟谣，则我之休演，决非有所逼而然也。

记者唯唯，因于门外互揖而别。

金少山

采访人：景孤血

原载1946年第242—252期《戏世界》（北平）

在访问过了“王大爷”“凤二爷”之后[1]，这第三位应当访谁？真使记者有些踟蹰了。要知：自从各报纸杂志扩大游艺记载以来，“名伶访问记”不仅是我这一份，但是我对“名伶访问记”，确有一个严格的观念，这在我以外作访问记的人，或者也许感觉到不是必需吧？我作“名伶访问记”，本来是预备案照“生旦净末丑”各行去问，不过事实上却不那么容易。假如第一名不去问王瑶卿，而必定要去访问一位老生，目下实无其人，王凤卿诚然是可以够得上一访问的价值了，但是“弟不可先兄”，自然就得由“王大爷”再访问“凤二爷”了。这不但在事实上如此，就是在人情上，也需要如此的。有的人以“名伶访问记”，只要是个“红角”，就可以去访问，这话我不赞成，因为“红角”又和“红角”不同。即如张君秋，现下几乎可以算是北平第一个“红角”，但我认为他就没有被访问的资格，这并不是看不起他，亦不是说他永远没有被访问的资格，或者再过三十年，他到五十七岁那年，自然就会有的访问了。因为“名伶访问记”之作，不但以志其人，而且还意在征信，尤其外间对于某一个名伶有种种的传说（新闻性者除外，例如经历、艺术），使一般爱好戏剧者将信将疑，或者聚讼纷纭，发生不同的传说，我们去问本人，当可一言而定了。即如外间很多人传说王大爷主张废跷，我这个问题去问他，承他很爽直的答复是：“我不会跷工，所以不能演上跷的戏，可提倡废跷干什么?”他并举出一生没演过《乌龙院》《戏凤》的明证。在我觉得，这才是可贵。又如西太后赏“凤二爷”在演《让成都》的刘璋末场戴侯帽下，这亦是很早的传说，及至我访问“凤二爷”，才知果有此事，而且戴荷叶盔，穿马褂箭衣披斗篷下，如此之类，不负我们前往访问的初衷。反之，一个红角，现在虽然能够特别叫座，而其经历毫无，或者他所知道的事，说句大言不惭的话，还没有我知道的多，我去访问他做什么?所以够得上被访问的人，必须有师承，有经历，能有心得发明创造，以及对剧界的供献更好，否则亦必能说些，作今人所应知而不知的戏剧演变源流，我认为惟有具备上列这些资格者，才是我所要访问的名伶。尤其：我这人绝不怙过，而遇有误记的地方，更喜欢被访问者本人加以订正，遇有遗漏的地点，更希望有第三者能来加以补充，因为够得上我所认为有经历的名伶，必是已有相当年岁，“师丹老而忘事”，在所不免，亦许我的年纪很小，对于当时情事不甚了了，说者有详有略，略的地方，就许误记，如果本人关着面子不愿订正，旁人更不能来给予补充，这事岂不要愈传愈讹么?有此好几层关系，我在王凤卿以后，想了多少次，觉得最适宜的只有访问金少山。一来，他是唱花脸的，和生、旦都可以差开，借资调剂；二，他是金秀山先生的哲嗣，家学渊源，又是老伶工韩乐卿（二刁）的弟子，有好多戏，脸谱扮相，都和旁人同而不同，这不但有所师承，而对于戏剧演变源流上亦很有关了；三，他在今年，已然五十七岁，而演戏的经历，实在不为不长，从一小在北平以及到上海去，各种演剧过程，有很多人不大明了，亦实有一记之必要；第四，外间对于他的传说，由在北平以及赴沪如同养猴等事，向有特别之多，究竟这些是否靠得住？亦很有借重他自己的口中而重新印证一下的必需。的确，金少山这个名伶，实在不是偶然的，有他这样的扮相，未必有他这样的身材，有他这样的身材，未必有他这样的嗓子，有他这样的嗓子，未必有他那样的工架、身段、功夫、神气，实是花脸中的魁首，就是有的时候嗓子微显“推板”，而工架身段之妙，亦可目为旷世无俦。记得在新新，有一次“花脸大会”[2]，第一是刘连荣的《白龙关》，第二是侯喜瑞的《丁甲山》，第三是郝寿臣的《审七长亭》，大轴是金少山的《御果园》（还有其他的戏，记不清了，反正主戏如此）。刘连荣在那天叹息着说：“花脸大会唱个什么劲？金三爷一个人能唱我们四个人的戏！”这话一点也不假的，因为少山把那三出戏中的欧阳芳、李逵、李七亦全来过。其实，其能戏之博，在北平还有始终没肯一露的，如同《红逼宫》的司马师、《取荥阳》[3] 的项羽、《宝莲灯》“打堂”的秦灿，居然全没上演过一回，由于他对同台角色的遴选甚严，我们更可以知道他对艺术是一个最爱羽毛的人，而他对于内行的种种，似乎也有“玩世不恭”而以能得真正知音太难之憾。观于世人，只知要他演《霸王别姬》《打龙袍》《二进宫》，而于演出不可一世的《庆阳图》《龙虎斗》《五台山》《打严嵩》，反倒很少有人烦了一演再演，以此可证真知少山的还是不多。既然都是“耳食之论”，则亦无怪“艺压当行”了，所以，我在数数考虑之下，觉得只有去访少山最为适宜。

(1) 即王瑶卿、王凤卿兄弟。因上海图书馆所存《戏世界》杂志缺期甚多，王氏兄弟之《访问记》未能收录本编，祈请读者见谅。

(2) 民国二十八年（1939年）7月2日晚在新新戏院举行，自“卢沟桥事变”之后，北京百业凋敝，为繁荣市面，自1938年8月10日新新戏院举行滑稽大会后，陆续在新新、长安等戏院举办花衫大会、武生大会、花脸大会、丑角大会等，名目众多，层出不穷。

(3) 即《取荥阳》，戏班群以“取荣阳”称之，每演此剧，戏报上亦书“取荣阳”。

他先住在琉璃厂的时候，我曾去过几次，那院子是相当幽美。如今他又迁居到椿树上二条的十号后门，那院子里，从前是荀慧生住在前门，后来李世芳住到后院，如今少山又住在后院，亦足见当初建筑的风水是和名伶有关。高台阶上，两扇小红漆门，里面深深的一截甬道，而露着红朱砂油的装修。我在按了一下电铃之后，不见动静，为了开着门，就想走进甬道里去，但是又觉得有些危险，因为少山是为养活“玩艺儿”的，虽然“大傻子”“小黑炭”（金的爱犬名）外传一瞎一死，可是究竟他有没有补充上？如果养了新的“玩艺儿”，我为访问而先挨一顿狗咬，亦未免太冤。后来终于鼓着勇气走进甬道里去，喊了两声，才有一位衣饰很朴素的少妇出来，说是“金三爷和朋友去吃饭，在两三个钟头后，也许回来，但是也许转到别的地方去，却不敢说一定”，记者只好答应在两三个钟头后再来了。及至到了九点钟，记者再去，门前电炬，已然大放光明，在三按电铃以后，出来一位十几岁的小学生，承他告诉我“金三爷已然打回电话，说是上了‘长安’”，我于是再买车赶到“长安”，原来这天晚上是大力士彭飞（中国泰山）和喜彩莲等表演，而所谓少山与在一起吃饭的也是彭飞，不过少山的厢是留了两个，一个是二十五厢，一个是二十六厢，都在南楼。我到楼上，却又扑了个空，厢座里一无所有。问起茶房，茶房说：“嚯！您找金三爷，那我们可说不定。昨天大力士都表演完了，他老人家才打着灯，迎着散戏的人进来！”听他这一说，我也没办法了，幸而孙焕儒君进来，我去问他，他说：“少山进来，咱们在这里先聊几句。”可是彭飞都表演完了汽车轧人，少山依旧没来。焕儒和我说："只好等明天了。"还好，戏散了场，大家一齐往外走，一个穿紫长毛绒大衣，两眼炯炯放光的彪形大汉走进来，由于他这一身紫，很会使人联想到他在台上扮孟良的威风凛凛，原来正是少山。自然，我也就随着拐回来。他见了人非常客气，一派"外场"，先到楼上化装室见了彭飞，又承为我介绍，后来我和少山说明原意，他很伉爽而又客气地用手拍着胸口说："我可说不出来什么呀！"又说："我是这儿（指北平）的娃娃，这点事儿，谁不知道？要是说不对了叫人笑话，明儿个咱们是一五一十详详细细。"他还客气着要到报馆来说，自然这是谦虚，而在这天晚上，他又把彭飞让到"金府"，大概是要作长夜之谈（或饮）了。以上是这篇《金山少访问记》的"前言"，亦可谓之"前奏曲"，而究竟怎样能"搭后语"，那请容自下期开始。

当记者再到金宅，正是一个晚上，虽在这样冷的天气，金君依旧穿着睡衣，赤脚拖鞋，其雄健之态一点也不像五十余岁的人。本来在这时期，有人约他到"烤肉宛"吃烤肉，为了记者的访问，于是使他不能不暂停留。说起他的家世来，他是老伶工金秀山先生的"老生子"，今年五十七岁(4)。秀山先生，以翠峰庵的票友而为"名净"，那才真是"金门本派"，名下无虚呢，少山自然是家学渊源、师承有自了。秀山先生，从前也是做生意的人（他的籍贯，凡嗜剧者皆知，无用赘述），在北平西四牌楼盒子胡同迤西，六合大院迤东，路北开着一座“同泰喜轿铺”，专门出赁花轿带应乐器，隔壁又是一座大茶馆，叫“泰吉轩”，又于附近开设“四义斋”画馆，并有“四义班”，是“托吼”的“大台宫戏”(5)，专应喜庆堂会，“钻筒子”唱皮黄。少山昆仲三人，他们大爷，叫作景泉，曾从画家李子光君学画画，李君号叫“画儿李”，后来不画画了，就给秀山先生跟包，帮着料理家务。二爷叫景祥，字仲林，能唱文武须生，可惜都已逝世。少山曾说：“可惜我们二哥故去了，不然像您这访问连来也不用来，一五一十地给您写了去，那手笔和记性，全比我强。”

(4) 生于光绪十六年（1890 年）四月二十日。

(5) 傀儡戏，演唱者俗称“钻筒子”。

幼年学娃娃生出台景泰

少山是从一小就拜过先生的，他的业师是德珺如先生，学的却是娃娃生。少山第一、二次出台，是庚子后，在魏家胡同和景泰园，在景泰园（隆福寺街，即今蟾宫电影院旧址），演的是《汾河湾》，饰薛丁山，同台饰薛礼的是刘景然，饰柳迎春的就是德先生（那时唱青衣，还没有改小生）；在魏家胡同，演的是《三娘教子》，饰薛倚哥，饰薛保的还是刘景然，饰王春娥的是吴顺林。后来还陪着德先生唱过《罗成叫关》的罗春、《探母》的杨宗保，有时兼演小丑，不过如《探亲》的傻小子之流。

七岁练《青龙棍》习小青龙

至于武功，从少山七岁的时候，就开始练习了，请的教师，是一位“双四爷”，即是曾给已故名武丑傅小山用武功的，还有一位“寇大爷”，这位“寇大爷”后来教出一对徒弟叫宝忠、宝庆，都是唱武旦的，曾搭入“同庆班”，至于少山谈到这二位有姓无名的原因：一来那时风气，只称呼什么先生，或是小名，再不然票友下海，就是某处某处；二来，那阵师道也尊，学生往往不敢问师父的名字叫什么；三来，少山正在年幼七岁的人，自然记不清很多了。他在练武功学武戏的时候，是和金仲林先生兄弟一起，尝学《青龙棍》，仲林先生的杨排风、少山的小青龙，所以他演武戏腰腿上有功夫，就是那时砸下的基础啊。

赴沪献技生净兼演
李春来授武老生戏
陪老乡亲演《寄子》台下掉眼泪

在辛丑年，为了北京的生意清淡，由秀山先生率领着，还有德先生、刘景然、刘春喜等人，他们联合赴沪[6]，出演的地点，是五马路宝善街春仙茶园[7]，所以叫“春仙茶园”者，因为老板两位，一位是李春来，一位是孙菊仙，“春仙”者，即是李“春”来之“春”，孙菊“仙”之“仙”。在没去上海之先，少山又从一位“赵五先生”学须生戏，“赵五先生”亦说不出是何名了，只知他还有个外号，叫“赵五妞”。少山所学的戏，有《挡亮》康茂才、《斩子》杨延昭、《御林郡》马芳、《太白醉写》李太白，这次到了上海，是娃娃生、小生、老生全来，而“金门本派”的铜锤花脸，自然不能忘掉，于是常唱《锁五龙》的单雄信、《御果园》的尉迟恭、《二进宫》的徐延昭、《断后龙袍》的包拯。同时，有一个律奎官，唱小花脸（后来改习场面，给高庆奎打鼓）[8]，但也能唱铜锤，有时少山和他贴“反串”《二进宫》，少山饰杨波，他去徐延昭。在上海的时候，少山因为兼演娃娃生，老乡亲（孙菊仙）尝和他演《桑园寄子》，孙菊仙饰邓伯道，他去邓元，到了把娃娃生绑在桑树上，邓伯道唱那一段，孙菊仙固然唱得凄凉悲壮，少山虽小，表演也很逼真，因此常常把台下听戏的人给唱得掉下眼泪来。这出戏，当时极受欢迎。李春来也很爱喜少山的材质，又教给他不少出，武老生戏如《阳平关》《凤鸣关》，全教给他，而李春来最得意的《八蜡庙》褚彪，也教给他。他随着秀山先生乍到上海，因为年纪还小，戏码老往前列，在开场正第二、三即是，后来台下人缘日见其红，渐渐地提升到中场，直到［光绪］二十八年三月，他才随着父师北归。

(6) 光绪二十七年十一月初十日（1901 年 12 月 20 日）夜出台春仙茶园，戏码为《草桥关》（金秀山）、《御果园》（金少山）、《宇宙锋》（德珺如），时金氏十一岁，随行尚有琴师王云亭（春仙茶园悬牌大书“特情胡琴好手王云亭”）、丑角王才宝，演至次年五月十四日（6 月 19 日）。

(7) 春仙茶园，系李春来一人独开，班名春台，光绪二十六年十月十六日（1900 年 12 月 7 日）新戏亮台，此时孙菊仙尚在天津。

(8) 金氏父子搭春仙茶园期间，同班有童伶花脸名二奎官者，亦十一岁，善演《黑风帕》《草桥关》《打龙袍》《锁五龙》等。

搭入玉成班
拜韩二刁为师
普世亨代勾脸

归来不久，他同秀山先生、德珺如先生就一齐搭入田际云的玉成班[9]，那时的玉成班，好角如林，皮黄梆子兼而有之，类如瑞德宝、张万顺、杨宝珍（即杨娃子）、孙佩亭（即十三红）、杨小朵、郑二奎、一声雷、罗百岁、郎德山、钱金福、董志斌、慈瑞泉、王子石，田际云是班主，自己也登台。少山在那时候，又拜韩乐卿（即韩二刁[10]）为师（韩是名架子花，现在的小生韩金福，即其哲嗣，所以少山和韩金福，亦论师兄弟）。

(9) 光绪二十八年（1902年）六月初七日，德胜门内大街路西麻花胡同继子受侍郎宅堂会，玉成班，金少山演出《黑风帕》，金秀山、许荫棠、孙怡云合演《胭脂虎》。

(10)“韩二刁”系韩乐卿之外号，本文又作“韩二雕”。

《取金陵》饰赤福寿要大刀花 “红眼王四”要把他给“捏死”

少山自己说：“您别瞧我这点玩艺儿不怎么样，可是当初我们老爷子为我下过大心。就说是花脸行的，只要那位老先生有绝的，就请来给我说戏，哪怕是专说这一点呢。所以我尽是师父，那真就够说好半天的了。”又因那时各班中的角色非常之多，老先生们健在，对于后起诸人的艺术，特别严格，质言之，就是有好些都看不上眼。其实，他所“看不上眼”者，无论在当时在后来，亦都是地道名伶。少山提起来，“红眼王四”（须生名宿，本名王福寿，文武昆乱不挡）和他同台的时候[11]，有一天演《取金陵》，少山饰赤福寿，九阵风（阎岚秋）饰凤髻公主，就由管事派了“红眼睛”一个曹良臣。少山和九阵风都在年青，演戏自然要讨好，可是九阵风是“红眼睛”的外甥，秀山先生又和“红眼睛”是盟兄弟，少山管他叫四大爷。“红眼睛”卸了之后到后台，气昂昂地就对秀山先生说：“喝！今天的这出《取金陵》可真叫火炽！”秀山先生一听就知他是话里有话，因说：“四哥您看他们唱得怎么样?”“红眼睛”说：“好好！一个是足抡大刀片（指少山），一个是又扭屁股蛋儿又带飞眼儿（指九阵风），这可真叫火炽，老先生们比不了。我告诉你说罢，他俩一个是我把侄（指少山），一个是我外甥（九阵风），要是我的孩子，全把他们‘捏死’!”秀山先生说：“他们有不对的地方，您可以给说说，叫他们知道，不是就可以改正了吗?”“红眼睛”听说，反倒把脑袋摇晃得“车轮子”似的，连说：“我说不了！我说不了!”少山在述说他的演戏过程中，由搭玉成班而想到这一回事，以见那时唱戏是多么不易。最后他的论断是“红眼王四”活到现在，得生生地气死。

(11) 民国二年（1913 年）金氏父子搭刘鸿

升、龚云甫鸿庆班时期。

玉成班《铡判官》人才济济
王子石饰仵作昔有今无

少山又说："而且过去在大班演戏，为了角色太多的关系，往往摸不着戏唱，虽然摸不着戏唱，可是也真不能不佩服那阵的角色整齐。即如我在玉成班的时候，正赶上排八本《铡判官》（《普天乐》），所有角色，现在想得起来的是我先父的包拯、德珺如德先生的颜查散、我师兄郎德山的阎罗天子，其余是钱金福的大判张洪、罗寿山的恶人李保、田际云的杨氏、郑二奎的柳金蝉、董志斌的油流鬼、恒乐亭的柳洪、罗福山的柳安人、刘景然的江万里，有个老旦张二的颜母、汪金林的宋帝、王子石的仵作，慈瑞泉在那时候，能来个门神。不要说别的，就是王子石的仵作，那种发托卖像的神气，敢说是现在没有。其余八国进宝的王子以及卖艺的王文、凤英，下至各殿的鬼卒、受罪的男女鬼，没一个不是硬角。而遇到这台戏的时候，我就得单唱了，那时有个唱老生的叫小菊仙，我们两个人，永远唱对儿戏。"

田际云主开铡破除迷信
韩二雕把场带看彩头

记者问："听说以前的《铡判官》不带'开铡'，不知玉成班演的时候，是否仍然不带'开铡'？"

少山答："本来从前四喜班演的时候，不带'开铡'，只把张洪打入木笼，带回阳世就完。原因是判官好比管账的，戏班，拿管账的最为值重，如果铡了管账的，于班中不吉祥。到了玉成班排演的时期，班主田际云头脑颇新，主张打倒迷信，他说：'在这戏里，大判张洪营私舞弊，擅改生死簿，为救李保，屈陷颜生，做的事情不对，实在该铡，如果仅仅演到打入木笼为止，不但不足以彰果报，而且更不足使官吏善于舞文、故入人罪［者］看过发生戒心。况且戏名"铡判官"，不带"开铡"，亦觉文不对题。'所以他的主张是必带'开铡'。那时他是班主，而且说的话亦有理，于是八本分四天演完，末本钱金福的判官，准带'开铡'，这出戏真是火炽极了，各人有各人的俏头，戏词穿插都好。现时我这里还存有八本《普天乐》的总讲呢。"

记者问："既有此本，金君何不排演？"

少山答："这种情形，请一参考前边说的历史过程就可以推知，因为根本是一本群戏，哪一个角，都得演得好，有一个人欠佳，能使满台减色，请问现在哪里去找这么些个好角去呢？就是找得着，也不能在一个班里，勉强凑到一个班里，请问得多大开销？怎样也是不成。我再磕个头儿说，包公和五殿阎罗天子、大判张洪这三个人，是‘香炉脚儿’的缺一不可，如今缺胳臂短腿，没有这个没有那个，要是凑合着唱，还不如不唱呢。尤其是那份彩头切末，如同酆都城、奈何桥、上刀山、下油锅、睡火床、抱火柱、女鬼抛叉等等，全都制不齐了，唱着更减精神。玉成班当初唱的时候，大判张洪，本来是我们韩乐卿韩先生的，因为韩先生是又把场子又看彩头，没有功夫，才让给钱金福钱先生来，如今既没有那么些人，又没有好彩头，那些东西隔了四十余年，就是有也只剩了架子，并不是我不排，实在有根本的困难。”

地狱切末系张小山所制
景泰《黑驴告状》饰范金哥

记者问：“此项地狱切末，现在还有没有地方去找？”

少山答：“此种切末系‘切末张’君所制，当时所制彩切，不但八本《普天乐》，就是《黑驴告状》中也有很多，如同‘还魂镜’‘铡床子’等等。张君名小山(票界有两张小山，一章小山，除却章小山演旦角外，那两个张小山，一个是唱花脸，一个是唱文武须生，所谓‘切末张’的张小山君，是唱文武须生），曾住本市太仆寺街路南，或者张君处还有模型。这出《黑驴告状》，我们在景泰园也演过，德先生的白氏，这位张小山张先生饰白雄，我去范金哥，‘打虎’一场，我记得他还背着我，也算得个票界老英雄了。”

搭入宝胜和时阵容
杨小楼以文戏打泡

一

记者问：“金君在玉成班搭有多少时间，后来又搭入何班献技？”

少山答：“在玉成班唱了三年，后来因故脱离。先父和德珺如先生搭入宝胜和，我和我师兄郎德山以及我们同门的几位号称‘八大怪’的，另外金仲仁、德子文等等，亦全跟着入了宝胜和［案德珺如先生门下各行俱有，有一位唱老生的耿华甫，外号人称‘土地脸子老生’，又有一位张荣禄，外号人称‘疤拉眼城隍爷’，有一位常荣福唱旦角，号叫‘驴头旦’，又有一位文荣寿唱老旦，外号‘喊棚号儿（北平棚匠，给人搭上喜丧事情的红白棚，在红事的头一天，白事除了“伴宿”的晚上，必留一人驻守看棚，在深夜曼声高喊，以示照料，俗谓之“喊棚号”）的老旦’，以上一共八位，通称之曰‘八大怪’，其实是出在那年头，好角太多，瞧不上后起，搁到如今，还怕不如这些位呢］。(12) 宝胜和在当时是梆子二黄‘两下锅’的组织，除了上述以外，角色唱二黄的是韦九峰、周春奎、郭厚斋、杨小朵、罗寿山、杨小楼、马德成、姚喜成、张喜华、刘文亮、德建堂、程永龙、程的师父陈×（忘了）寿，唱梆子的是大五月仙（姓商）、小五月仙（姓丁）、六六旦、达子红、杨瑞亭、福才子、刘小黑、冯黑灯、王小旺，当老板的是杨香翠、刘小银，管事的是阎五头，还有个胡兆奎，是后台管事，常常给我勾脸什么的。那时杨桂云先生（朵仙）还不时地下后台，去看杨小朵。最哏的是杨小楼，别看后来那么大的好老，那阵尽是笑话，大家管他叫‘山羊猴儿’。他头天打泡是唱文戏《回龙鸽》，简直地不灵，后来打了下手，戴个虎头帽，穿着黄褂子、红彩裤，比那三个人都高半头，打着打着，就成幺蛾了。而那时的程永龙却正冲，唱《铁公鸡》去张嘉祥，他师父陈×寿给配向帅，火炽紧张之至；又唱《收关胜》，在‘三张桌’上靴子，只登着一点桌沿，整个的靴底都在外面，翻下来好像个大蝙蝠似的，真不胜有今昔之感。”

(12) 现存最早金氏搭玉成班演出戏报为光绪三十年（1904年）十一月初二日，与□荣吉合演《御果园》，另有《朱砂痣》（与韦久峰、常荣福、文荣寿、荣禄、高庆奎）、《反唐邑》（与杨宝珍、张子良）、《长寿星》（与龚云甫、恒乐亭）、《群英会》（与贾洪林、金秀山、德珺如、黄润甫、李顺亭）、《翠屏山》（与杨小朵、罗寿山、十三红、小凤凰)、全本《溪皇庄》、《铁公鸡》(与李金茂、董凤岩、傅小山、张玉兰、陈小卿、李玉峰、瑞德宝、杨孝方)等戏目。

光绪三十年腊月初九日(1905年1月14日),玉成班承办天津绘芳茶园,金氏父子、德珺如及其弟子荣喜、荣吉、荣寿、荣福等均在班。

《五十年来北平戏剧史材》第二册载目一〇四三戏单一份,系光绪三十二年十二月二十日(1907年2月2日)宝胜和班在阜成园封台戏目,《忠孝全》上注"金""德",当系金秀山、德珺如,金氏父子搭宝胜和班之时间大略可知。

保护余叔岩三人打架
二道垛口要砸杨瑞亭

"在上述这些人中,还有一个小紫云,就是后来的余叔岩,那时正唱须生,我不是和他唱对儿戏,就是和杨瑞亭唱对儿戏。我们年纪仿佛,瑞亭叫'杨小四',因为是班主杨香翠的后辈,未免大家全都捧着他。我的性情不好,人家捧着,我看不上,因此我们三个人时常打架。有时叔岩看我没来,瑞亭发脾气,他不敢惹,等我来了,向我诉苦,我也不辨真假,就去找瑞亭打架,每打一回,被我大师哥郎德山知道了,不敢告诉我先父，因郎师兄是清真教人，就在西域楼给我们摆请，左请一回，右请一回，左打一回，右打一回，请了无数回，打了无数回，后来我郎师兄都说话了，说：‘你们哪儿是打架，简直是打我的西域楼呢！你们打得起，我请不起了。’最后一次，是在阜成园演戏，演完了假说到‘蜜罐’（在阜成门南约半里许，有一泉眼，其水清冽甜，谓其有类于蜜甘，故名“蜜罐”）去喝水，一直蹓到二道垛口（亦在阜成门南半里许，因有城墙垛口，故名），我们开了谈判，说：‘这有现成的大石头或城砖，你要真横，请照我脑袋砸一下，要不我就照你的脑袋砸一下！’幸而有人发觉得早，没出人命，弄到后来，他也哭了，我也抹了，家里大人说这不成，强制叫我们拜成了盟兄弟。我们这拜［把］子，是由那时候拜起来的，算到现在止，那该有多少年了。”(13)

(13) 按杨瑞亭自述：我在十四五岁时，真是顽皮不堪，豢狗闯祸以外，专喜与人打架。当年小余紫云（即小余三胜，后改余叔岩）、韦久峰、郎德山、金秀山、金少山父子等，亦常来我家宝胜和班露演，叔岩身体向来不好，人又懦弱，金少山则身体魁梧，强项异常，常常欺侮叔岩，我见而不平，时常与少山打成一片。郎德山每向我两人打躬作揖，从中调解，甚至由郎出面请客，在北京“三六扒”清真教门馆，郎常有和事酒之摆宴，而在座主角，老是我与少山二人。有一次，我与少山二人，不知为着何事，又扭成一团，彼此不肯相让，并同至天坛地方，觅一巨石，我先卧在地上，呼少山曰：汝敢取此巨石击我之额否？倘汝有此胆量，我即折服于汝。少山经我一激，上前取此巨石，作猛击状，但始终不敢近我之额。少山自己亦卧在地上，如法激我，我亦不敢下手，究竟人命关天，非可儿戏。自此以后，两人结识为朋友，而且感情颇笃，有殊常人。故我与金少山之结识，系从打架而来，越打得厉害，交情越密切，此亦所谓“化干戈为玉帛”欤？（见《唱戏五十年》，《小日报》，1947年5月1日，第四版）

“一字眉”赠与小川马
大栅栏闯倒“烟壶摊”

“那时宝胜和正是全盛时期，一出梆子，一出二黄，轮流演唱，后来渐渐地就是梆子戏少，皮黄戏多了，就是张喜华、刘文亮、姚喜成，他们那几块武戏，亦很受人欢迎。彼时有一位张勤果公（张曜）的孙少爷，我现在也忘记人家叫什么名字了，因为他的眉毛很浓，大家顺口就管人家叫‘一字眉’，这也是我们戏班中的一种习惯，只是代表纪念这人的特征，倒不是有意侮辱谁。这位‘一字眉’张少爷很爱看戏，尤其爱看我的戏，彼此颇有交谊，他送给我一匹‘小川马’。我本喜欢动物，得了这匹小川马，异常高兴，就整天骑着它。这天骑它进大栅栏，由西往东。著名摆烟壶摊、常在天蕙斋鼻烟铺门口摆摊的马二，他有一个哥哥马大，在同仁堂的门口，亦摆了一个烟壶摊。这匹小川马有点劣行，我正骑着它往前走，忽然由门框胡同出来一个人，肩膀上扛着‘梢马子’，也不怎么，我这匹马看见扛‘捎马子’的人，就岔了眼，向南一排（去声），正好就是这个马大的烟壶摊，当时稀里哗啦，摊翻人倒，好些烟壶全被摔破。我也下来了，好在他那烟壶，假多真少，而且和马二都是熟人，这种玩物，向来亦没准价钱，后来赔他无几的几个钱，也就算完了。这都是我在那一时期的‘哏’事儿。”

初演《穆柯寨》获奖摩托车一辆
“要冤您是您的儿子”红了这句巧哏

“宝胜和的花脸，梆子不算，唱皮黄的，先严以外，还有郎师兄（德山）、郭四爷（厚斋）等。起先和我先严配戏的，都是我郎师兄，后来他上了上海，郭四爷有几出不大灵通。有一天，先严想唱《穆柯寨》，您去孟良，却没有焦赞，我们爷儿俩坐在一辆轿车里，您问我说：‘《穆柯寨》的黑儿，你敢唱不敢唱？’我说：‘敢唱！’先严说：‘这戏可不好唱呀！’我说：‘不要紧的，能唱，您再给我说说。’先严说：‘这出《穆柯寨》的“黑儿”，你陪着我唱，不要说唱红了，就是对敷下来不砸，我给你买一辆摩托车！’的确，我想要一辆摩托车可不是一天半天了，那阵北京城里总共亦没有多少人有摩托车，我很高兴地又叫您给说了说。这天演的时候，老例有这么一个哏：焦赞告诉孟良，说元帅有令，叫他同着自己一齐去盗降龙木，孟良不信，说：‘兄弟你可别冤我呀？’焦赞打诨说：‘二哥！谁要冤您，是骚老虎日嗒！’我们爷儿俩唱到这点，也是我一时灵机，对先严说：‘我要冤您，是您儿子！’这一句可红了，立时彩声四起。因为在这戏里，本来是焦赞冤了孟良，同时我又真是您的儿子。所以这是一个‘挨’哏，亦是一个‘巧’哏，从此每演《穆柯寨》，到了这句是准红。先严亦特别高兴，回来之后，立刻花了五十三两银子一个大元宝，到交民巷的洋行里，给我买了一辆摩托车。我得了这辆摩托车，驾驶着满处飞跑，好不兴高采烈人也。从此我们爷儿俩就尽演对儿戏了。《穆柯寨》以外，亦常演《洪洋洞》，亦是您的‘红儿’，我的‘黑儿’。又常演《双天师》，您的真的，我的假的。最受顾客欢迎的是《父子会》，您的尉迟恭，我的尉迟宝琳，所谓以真父子扮假父子，这都是那时颇博好评的戏。”

花脸绝技日见其少
衔豆芽菜练习“耍牙”

记者问：“彼时花脸甚多，艺术不同，究竟有无特殊绝技？”

少山答：“说起这话来，又是‘接续前稿’。老先生们当然有其绝技，无怪乎看不起后来的人了。即如耍牙、吐火、跳判等等，现在可不是日渐失传？还有耍牙笏，用二指捏着转牙笏，耍翎子，种种，不但要有功夫，而且亦得有诀窍，如无诀窍，尽下傻功夫，亦是不行。而且彼时各行做身段，都不像后来那么‘厌气’，哆嗦的时候，好像‘蝎虎吃了烟袋油子’，又像‘摇头疯’，那叫什么功夫？老何九先生演《钟馗嫁妹》，往后一矬身，稍微一个亮相，只消脖子上用一点劲，当中的那朵大绒球，立时秃秃乱颤，绝显不出来怎样用劲的痕迹。又如何佩亭的《金沙滩》，杨七郎打完了‘哇呀呀’，接着就把两只獠牙吐出来，那两只獠牙是单摆浮搁，到了钱金福钱先生，就有线联着了。但是哪里就谈得到叼上獠牙了呢？起始一练习的时候，是耍豆芽菜，耍豆芽菜，能把两棵豆芽菜耍得上下翻飞，一棵朝上，一棵朝下，百用百灵，那才渐渐地能换牙。至于耍牙笏，必用二指粘一点唾津，然后拈起来悠，那亦是个诀窍，必不可少。还有耍翎子，只是下巴底下一点的劲，我有一次曾和已故程继先程四爷谈起来，花脸的翎子，有的戏在翎尖上应粘两块‘大角子’，以资衬劲。现在我看见一个耍翎子的，咱们也甭提是谁，那种耍劲，好！全成了‘擦桌子’了。像这些情形，自然无怪老先生们看着不顺眼。”

记者问：“还有嗓子一门，为什么从先的人，都是好嗓子，像唱弋腔（高腔）的花脸，那几出黑脸尉迟恭的戏，得用多高的嗓子？那时用那么高的嗓子，就有那么高的嗓子，现在不信再找人唱弋腔，谁唱得了？这不知是不出天生有嗓子的人了，还是功夫不到？”

少山答：“我说一句不科学的话，这简直是‘国运’，国运一衰，也就不出那种人了。要不怎说是‘盛世元音’呢？记得当年宝胜和‘破台’的时候，就唱高腔，那几位唱角儿的，如今实在没有。唱的戏如同《六郎上坟》等等，连我们都爱听。可惜彼时年纪还小，不知道和人家研究研究。”

脸谱得自“一韩二李”

少山又谈起脸谱问题，他说：“我的脸谱，除了先严亲传几出以外，普世亨虽然给我画过脸，可是后来我常勾的不是普先生脸谱，因为普先生是票友出身，内行老先生说有的还欠研究。我常勾的脸谱，除去先师韩二雕（乐卿）韩先生外，李寿山、李连仲，我们的脸谱都是一个路子。现在我还藏有钉的‘脸谱’本子来，哪天找出来，可以请您看一看。至于以前说的，也许是我说忙了，也许是您记错了，好在咱这是可以随说随补充的。”

一封书被骗到天津 “小紫云”改名“小小余三胜”

记者问：“金君在宝胜和搭班以后，曾否到别处去?”

少山答：“后来有一次被人用封假信给诳到天津，那里有个戏馆子叫作会芳茶园[14]，演了七天，家里人不知道是上哪里去了，特别着急，好容易得着信，才到天津去给找回来。和我一同被骗去的是余叔岩。他本来在宝胜和叫‘小紫云’，到天津去改叫‘小小余三胜’。我们是同去同回。”

(14) 天津北门东大马路绘芳茶园，下同。

田际云伪造假字条 金德二老天津“赶子”

“这趟天津会芳茶园的经过是这样：我算被骗去

的，人家‘小小余三胜’（余叔岩）可不能说是被骗了去的。因为他们在背地里，已然讲好包银。我这档子是天津人托的田际云，那时先严正有‘皇差’，在内廷演戏，本来是初一十五，但有‘续皇差’之说，一续就是好几天。田际云在一天的下午五六点钟，写了一个字纸，作为先严的口气，其实那字条说的是假话，这［字］条是给先师德珺如德先生的，大意说是天津有人来约，请德先生随便处理。德先生看那话口，像是先严已经允许，就叫我第二天下了天津。在那里头一天打泡是余叔岩的《失街亭》，彼时我不唱司马懿，在倒第二来的《御果园》。这一下两个人全红了。同台角色还有已故我们盟兄弟五爷范宝亭，那阵他的武戏正冲，一个跟头过顶多高。还有天津本地花脸苏廷奎等。那个班子亦是‘风搅雪，两下锅’，有一个开场的梆子花脸，尽唱《五梅驹》。唱了没有几天，先严的‘皇差’完了，就问德先生，德先生说我上了天津。先严一听很是着急，说：‘谁让他去的？’德先生说：‘您不是给来了个纸条儿吗？’先严说：‘我哪来了什么纸条儿？’及至取出一看，先严说是完全没这回事。于是老哥俩急忙到了天津会芳园，老板自然特别道歉，并托出人来挽留先严和德先生唱四天，连帮带续，倒唱了一个星期。那时的直隶总督似是杨文敬公（士骧），还在某衙门里唱了一天堂会。唱完之后，家严和德先生先回来，我们到底唱了一个月。我在天津薄有声誉者，实

在是这回扎的根基。”(15)

(15) 光绪三十年腊月初九日（1905年1月14日）起，田际云之玉成班接办绘芳茶园，金氏与其父兄（金仲林）随班赴津演唱，是日白天，金氏演唱《御果园》，晚场与姚凤山合演《锁五龙》，与田际云、德珺如、罗百岁、周春奎、朱素云、十三红、金福仙、张喜华、刘廷顺、溜溜旦、杨宝珍、瑞德宝、王子实即王子石、刘长林、金俊林、王雨田、马全禄、王九山、刘长瑞、马德成、活吕布、冯黑灯、李灵芝、文荣寿、常荣福、荣喜、荣吉等同台，腊月十三日（1月18日）封箱。

光绪三十一年正月（1905年2月），玉成班再次出演绘芳茶园，金氏父子未参加演出，正月初十日（2月13日），余叔岩加入玉成班演出；正月十六日（2月19日）夜戏，金氏搭玉成班出演绘芳茶园，与杰春虎合演《御果园》（倒第四），余叔岩、杨德奎合演《定军山》（倒第三），德珺如、常荣福合演压轴《虹霓关》，另有范福泰、范宝亭、周春奎、张喜华、王雨田、姚增禄、冯黑灯、天明亮、溜溜旦、活吕布、盖天雷、白牡丹等；正月二十一日（2月24日），金秀山出台绘芳茶园，与文荣寿合演《打龙袍》，演至正月二十八日

(3月3日)。金氏与余叔岩演至正月二十九日(3月4日),次日玉成班堂会带灯晚。二月初二日(3月7日)恢复演出,金氏父子、余叔岩均未参加;十九日(3月24日),余叔岩再入玉成班出演绘芳茶园,金氏父子未参加演出。

又,金氏与余叔岩在绘芳茶园合演剧目有《空城计》《斩马谡》《黄金台》《天水关》《二进宫》《鱼肠剑》。

二次再搭宝胜和
东天仙内剃头发

“我从天津会芳演毕回平,仍旧搭入宝胜和,那时还没什么大变化,只于杨瑞亭改了唱武生,买卖依然兴盛,可就是不久赶上孝钦后和清德宗相继宾天,立时‘断国服’停止娱乐,连头亦不许剃了,在一百天之内雷厉风行,各班全扣了锅。天津租界有个戏园子,叫‘东天仙’[16],他们竟不在乎‘国服’问题。我又到天津去唱,不要说别的,就是新剃的头,在马路上任意行走,亦没人敢问一声。我那时还小,以为得意,现在想起来,清廷末年的懦弱和外国人在中国的肆无忌惮,真使人悲观,不过彼时我的年纪尚小,不大懂得而已。”

（16）即奥租界天仙茶园，坐落河东奥界金汤桥大街，光绪三十二年（1906 年）七月十三日开台。

"说白清唱"应时需要
扮相古怪手帕当髯

"不久，我又回到北京，各班就唱起'说白清唱'的戏来。头一天上台，大家互相对看，没有不乐的。因为扮相五光十色，洋而又洋。我记得头一天，演的是《忠孝全》，我先严戴着困秋帽，身穿蓝洋绉皮袄，绛紫宁绸马褂，脚底下全盛的棉鞋，这就是王振。我来的大中军，也戴顶困秋，身穿灰市布棉袍，外套'犴嗒犴'皮马褂，成了'八大拿'中的金大力。同台还有德先生的秦继龙，普世亨的金鳌。最红的却属安泰，因为投军唱'得胜歌'，本来，就是高提梁的帽子，和'说白清唱'差不了多少。最可笑是韦九峰的秦洪，可斗了'活哏'。为的不准挂髯，他把一条白手绢系在脖子底下当髯口，刚一念白，手绢掉下来，又一唱，手绢又掉下来，随掉随系。他也是头上戴顶小帽，身穿袍子马褂，比扮上还带滑稽。前边有一出《打渔杀家》，萧恩披着大皮袄，又有《莲花湖》，去胜英的披着大皮袄，内穿小棉袄、小棉裤，系条汗巾。

不能挂白满髯，戴一个‘白鼻卡子’。韩秀亦歪戴小帽，披着大棉袄，还有被削鼻子的那个大肚子呢，这又没有鸾带之类，镟不起来，就弄两个大棉袄，一个开褉朝前，一个开褉朝后，当中用搭膊一系，而面鼻子如果不化装，孤苦伶仃的一个鼻子也不像样，就用红彩抹了两个孤拐，又画了个眼镜，活是酒糟的像儿。最开心是还有一出《铁龙山》的姜维，这哏可更大了。先戴一个‘黑鼻卡子’，示为‘黑满髯’，脑袋上不能戴小帽了：戴一个‘梢子帽’，插四杆靠旗子的空杆，不能上旗，每个杆上栓一块白手绢儿，却又大小不等，有方有尖。上身穿一件小棉袄。而‘起霸观星’，必须撕靠腿子下甲，这却没的可替。于是把官中用的下甲反过来扎上。因为官中下甲靠腿子里面都是布的，姜维这一起霸，活像‘无常到’和‘草鸡大王’。就这样子混了好多时期。至于乐器，先说不许打鼓，真的要打钱板子。后来通融着许打小鼓（单皮），不许动堂鼓，大锣是绝对不准通融，改为打铙钹，倒也很大的响声。”[17]

(17) 原文应接连载（七），原刊缺，以下接连载（八）。

《取洛阳》戴大额子盔
《庆阳图》小虎太偷懒

记者问："您在倒仓时期，除去《收关胜》之类，又学了多少出戏？先生是否仍是那几位？"

少山答："这时我连架子花带开场的戏，就全学了。先生又扩充了好几位，是范福泰（范宝亭的父亲）、何通海、方洪顺、丁连升（丁永利的父亲），从韩乐卿先生学的《取洛阳》《下河东》，从何通海先生学的《庆阳图》《清河桥》《摘缨会》《白壁关》《美良川》《滚鼓》《夜战》《西川图》，简直成了'一肚子杂合菜'了。"

记者问："我曾看过您的《取洛阳》，不但脸谱和一般不同，就是戴的盔头亦和旁人不同，好像是大额子盔，别人却打硬壳扎巾，是不是这样？"

少山答："对了！我演《取洛阳》，是遵照韩先生的扮相戴大额子盔，有时加'额子盔后扇'，有时加'夫子盔后扇'，理由是正要出战，必须大扮，扎巾近乎轻装。而且四将起霸应该一律，不能与众不同。况且四将的地位又是一般。这一类戏，近来演得时常走迹，主角以外，配角更多偷懒。即如《庆阳图》'打朝'，李刚固然要紧，'小虎儿'（李虎）也有好多翻的，不应随随便便。我在长安演过一次，就演得很不高兴。

因为‘小虎儿’减得太多，把戏倒给唱懈松了。”

沈长林故意阴人
《伐东吴》临时逃走

记者问：“金老板在文明园演戏是某一时期的事？”

少山答：“我曾两度在文明园出演。第一次的时候，还不叫文明园，是天和馆，后来这度园子才改作文明。(18) 那时是由刘鸿升演大轴，他在台上演《捉放曹》，摘下髯口来骂人，就是这个时期。(19) 如今想起来一件趣事，倒可以谈一谈。我在小的时期，就喜欢新时代的科学用品，以前也和您谈过了，为演《穆柯寨》，我先严给我买了一辆摩托车，其实在那时候，北平骑摩托车的还很少，不是人家买不起，是一般头脑旧的先生们，对于这些事根本就不赞成。我因随着先严很早地就到过上海，那里风气开化较早，演员的一切生活习惯，也和北方不同，在后台有好多人，都穿着西装，彼此西服革履的谁看谁也不新鲜，如同周信芳他们在上海，很早就穿上西装了，我受他们的同化，不！也可以说是天性，例如在天津东天仙的‘国孝’期间剃头，可见一斑。当剪发辫还不太盛兴的时候，我已然把头发推得和‘光葫芦’一样，但怕先严不答应嗔责，所以只在当中仍留小钱大的一块，有个小辫，后来自然是推得‘一扫光’了。入民国后，穿着西服皮鞋下后台，渐渐也有几位同人，喜爱这样打扮，李鑫甫就是其中之一。要说李的本事可真好，地道文武不挡。他亦是学谭的，不过学谭的方式不同。他不比王又宸、张毓亭学谭的腔、学谭的调，他是和谭老板赛戏。谭唱《定军山》，李也唱《定军山》，谭唱《洗浮山》，李也唱《洗浮山》，人家是拿‘戏路子’来学谭鑫培。他下后台，也是穿着西服皮鞋，披着长毛绒大衣。我们这一来不要紧，可就招了旁人的嫉妒，戏班里讲究‘阴人’，这回我们就遇见‘阴人’的了。那时有个谣传，是什么呢？据说是张勋复辟，大辫子兵杀小秃儿。这也不是谁传出来的，戏班人是专听这一套，风言风语的，外边已经吵嚷了好多日子。我深记得是个冬天，在文明园。这天我和李鑫甫的戏码是《伐东吴》，他的黄忠，我的潘璋。坐在文明后台，祖师爷桌头里，外首有一槽‘排插’，‘排插’挨着‘盔箱’。这天我和李鑫甫都穿着西服上身、西服裤子、洋袜皮鞋、长毛绒的大衣，彼此还瞧瞧你的衣料子是什么的，我的衣料子是什么的，哈哈！这阵可就出了‘阴人’的了。有个唱老旦的叫沈长林，他这个老旦，是扫边的老旦，像刘鸿升唱《斩黄袍》，他去个太监，念‘万岁可哭不得啦’之类。别看玩艺儿不怎么样，阴上人可真行。他看我们穿着西服下后台的，早就感觉不顺眼，故意坐在‘排插’外头向大家说：‘你们几位没事的不去看热闹？’后台好事人多，听他这一说，自然都争着问：‘什么事？什么事？’他说：‘喝！可热闹了！围得人山人海，前门五牌楼那儿大辫子兵杀小秃儿呢。是小秃儿穿西服的就砍，碰上没活儿。步步往南，你们到珠市口就可以看见了。’我听见这话不由一惊，就和李鑫甫使个眼色，他也是一惊。我们还怕沈长林是‘阴人’，隔着‘排插’向他脸上一看，他是谈笑自若，一点痕迹都不带。我和李鑫甫本来听前两天就有大辫子兵杀小秃儿的传说，所以一听沈长林撒谎，信以为真。李鑫甫低声说：‘这怎么办？’我冲他一摆手，不叫他说话。乘着大家正听沈长林说得热闹之际，一拉李鑫甫，一溜烟地就从文明园小胡同钻出来。路南有个车厂子，那里放着一辆轿车，赶车的是先严一个干儿子叫‘懊透李’。我和李鑫甫钻进去，脸上都带着惊慌之色。‘懊透李’问我说：‘三爷怎么了？’我和他使眼色不叫他言语，说：‘你把大棉袄剥下来！’他也不知是怎回事，我把大衣，上身，西服裤，连袜子都剥下来，穿上‘懊透李’的蓝大棉袄，又叫他把‘毛窝’脱下来，光着丫子穿上。”(20)

(18) 文明茶园于光绪三十三年（1907 年）正月十六日开工，坐落于西珠市口煤市街南口天和馆旧址，当年九月落成开演，旋因“借势招摇情事”被禁，光绪三十四年（1908 年）三月二十五日挑封，四月十八日开市，十月初一日戏报有

“金少山”在列，十月二十一日光绪帝卒，例行国服，各园停止演戏。宣统元年七月初六日，俞振庭之双庆班进箱，金氏仍在班，开演说白清唱，直至宣统三年（1911年）腊月。除文明茶园外，双庆班还出演于广德楼、吉祥茶园等处。民国元年（1912年）正月起，金氏随金秀山、德珺如、金仲林搭大玉成、庆升平、喜春奎等班，出演中和园、大舞台、人和园、春仙园等处。民国二年（1913年）正月起，与父师兄共搭刘鸿升、龚云甫之鸿庆社，出演广和楼。

（19）参见《俞振庭》篇注（10）。

（20）景孤血的《金少山访问记》在《戏世界》连载九期，此节以下连载第（九）因原刊缺佚而无法完美，而此次“访金”亦因各方面原因戛然而止，故只能以“残篇”来飨读者了。

刘砚亭　附刘宗杨　关丽卿

采访人：林醉醄（一得轩主）

原载：1930年12月10—19日《实报》（北平）

昨日（九日）下午二时，轩主赴宣外山西街八号，访问刘君砚亭，承荷接见，适刘君之侄宗杨亦在座，畅叙逾欢。轩主因向刘君询问一切，刘君逐一见答，末复向宗杨询问，谈逾二小时，轩主因时间关系，未便久留，遂辞归。兹先将刘君发表谈片，照录如次。

学戏经过 予（刘君自称，下同）现年四十岁[1]，北京人，膝下一子，现年四岁。舍弟砚芳，艺文武老生，为杨小楼老板之婿，舍侄宗杨，承父业，亦艺文武老生。予十五岁时，入承平科班坐科[2]，艺花脸，由吴和吉先生开蒙。吴先生为当时花脸名宿，获益良多，自是而后，凡文武昆乱之花脸戏，均学习过。如《安天会》之天王、《失街亭》之马谡、《二进宫》之徐彦昭、《法门寺》之刘瑾、《连环套》之窦二墩、《三国》戏之曹操、司马懿、张飞、《包公案》之包拯等，均能演唱。出台以后，极受一般人欢迎，予亦因是益自刻苦，不敢或懈，予至今日，得借艺以自糊其口者，饮水思源，皆吴和吉先生之赐也。

(1) 生于光绪十七年（1891 年）十月初六日。

(2) 承平班于光绪三十三年（1907 年）三月报班挂牌演唱，刘氏科名永龙，在科时尝演《恶虎村》《水晶宫》等剧。

演戏经过 予在科中，每次出演，极得一般人赞许。坐科七年，至二十一岁，期满出科。(3) 出科后，予独自搭班。翌年，予二十二岁，即与舍弟之外父杨小楼老板，同赴上海，出演大舞台，演唱两个月，无论演唱文武各戏，均受欢迎。(4) 北归后，即搭杨老板班，同出演于北京城内外各戏园，经杨老板提携，声誉益显。是时予嗓子极佳，对于文武昆乱之各花脸戏，均随意演唱，而顾曲者，均表示好评。未几，嗓子失润，予遂不再演文戏，专与杨老板配演武戏各剧，对于文戏，均不演唱。迨三十五六岁时，嗓子复原，始演文戏。自是而后，凡属花脸戏者，无论文武昆乱，均照旧演唱矣。及舍侄宗杨登台，予遂于配演杨老板戏外，并与宗杨合演，如《安天会》之天王、《连环套》之窦二墩等，均由予扮演。宗杨年虽弱冠，质性颇优，学乃外大父（杨小楼）极有是处，尚能得一般人推许，故予亦乐与之合演也。

(3) 光绪三十四年（1908 年）五月初六日，承平科班（博智学堂）股东李毓臣病故，后继无援，十一月报散，刘氏此说待考。

(4) 民国元年（1912 年）7 月 24 日起，随杨小楼出演上海大舞台，戏报名作“刘燕庭”，演至 9 月 1 日。

刘君言至此，适有友人来访，刘君辞至他室接谈，轩主即先转向宗杨询问，由宗杨发表谈片如次。

刘宗杨谈 宗杨现年十八岁[(5)]，幼年即在荣华科班坐科[(6)]，艺文武老生。荣华科班系家君刘砚芳所主办，宗杨除在科习艺外，并由宗杨外大父（即杨小楼）亲授以各戏。十二岁，出演于同乐园，是为宗杨演戏之始。[(7)] 第一日演《连环套》，第二日演《长坂坡》，当时外祖父，亦亲到场照料。十四岁，入广德楼，与李万春同演，幸尚能支持。迨后时出演于开明等处，前后台因敬外祖父，对于宗杨，极加提携，而舆论界亦时赐好评。宗杨年稚势弱，谬承虚誉，敢不竭力研究，以副诸公携掖之至意，庶可以无贻宗杨外祖父及父之累也。宗杨身体素弱，近来从陈发科先生习太极拳，早起同伯父（砚亭）练功，身体渐强。每日下午，由耿一先生吊嗓，调门已能唱正工调。吾外祖父属余唱戏，以念白为重，所以调嗓之事，不敢一日忽略也。宗杨之戏均为外祖父所亲授，故身段唱白，与他人不同，只学力尚浅，恐难登大雅之堂耳。

(5) 生于民国二年（1913年）。

(6) 参见《刘砚芳》篇注（6）。

(7) 刘宗杨初次出台，系在民国十二年（1923年）6月2日，西珠市口第一舞台演鄂灾义务夜戏，大轴《八蜡庙》，与杨小楼、余叔岩、梅兰芳、王凤卿、俞振庭、慈瑞全、侯喜瑞、钱金福、萧长华等同台，时名刘少芳，饰贺人杰，时年十一岁。

宗杨所学之戏，刻下文武各剧，已逾百出，兹详述各戏之名如次：计《连环套》《莲花湖》《落马湖》《珠帘寨》《白水滩》《取桂阳》《茂州庙》《罗四虎》《状元印》《黄鹤楼》《水帘洞》《南天门》《乾元山》《大神州》《贾家楼》《英雄会》《八大锤》《十字坡》《金锁阵》《黄金台》《失街亭》《诈历城》《摘缨会》《狮子楼》《长坂坡》《定军山》《恶虎村》《乌盆计》《乌龙院》《回荆州》《蜈蚣岭》《独木关》《麒麟阁》《南阳关》《安天会》《赶三关》《二进宫》《斩黄袍》《反西凉》《两将军》《挑滑车》《上天台》《连营寨》《林冲夜奔》《洪洋洞》《盗宗卷》《别寒窑》《汾河湾》《冀州城》《战樊城》《四平山》《辕门斩子》《困曹府》《捉放曹》《武家坡》《铁龙山》《回龙阁》《薛家窝》《打渔杀家》《探庄射灯》《让城都》《战太平》《伐东吴》《溪皇庄》《桑园会》《战濮阳》《金钱豹》《击鼓骂曹》《鱼肠剑》《朱砂痣》《状元谱》《战宛城》《青石山》《翠屏山》《节义廉明》《霸王别姬》《法门寺》《牧羊卷》《艳阳楼》《刺巴杰》《阳平关》《武文华》《打棍出箱》《断密涧》《霸王庄》《八蜡庙》《飞叉阵》《武挡山》《赵家楼》《托兆碰碑》《殷家堡》《淮安府》《后安天会》《游龙戏凤》《当锏卖马》《探母回令》《搜孤救孤》《桑园寄子》等戏。

宗杨除上述各戏外，近又从外大父（杨小楼）学《父子降汉》。是戏宗杨饰马洪，家外大父饰牛邈，家严（刘砚芳）饰马援，家伯（刘砚亭）饰马武，钱先生（金福）饰耿弇，耿龙、耿虎两脚，则由骆连翔、刘春利分饰，因龙虎二脚，须有要一次踝子也。此戏系东汉光武复国、马援降汉故事，自“上寿斩子”起，至“大闹昆阳城”止，戏情场子，极为紧凑，预定于短时间内在开明演唱。宗杨随家外大父与家严同演一戏者，只有一次。记民八时，宗杨方年方七岁，随家外大父、家严赴上海，出演于天蟾舞台。有一晚，演《八蜡庙》，家外大父去褚彪，家严去黄天霸，梅兰芳老板去张桂兰，王凤卿老板去施不全，王长林老板去朱光祖，李永利老板去费德功，而贺仁杰一脚，则由宗杨扮演，而予家公孙父子，集于一戏中，沪中人咸称为梨园佳话，及今思之，犹宛如昨日。[8] 此次再演《父子降汉》，则不但公孙父子，集于一戏，而且兄弟伯侄，亦同在一剧中，且宗杨父子，所饰之脚，亦为父子，尤为佳话也。

(8) 参见《杨小楼》篇注（14）。

宗杨演戏之经过，已如上述矣。今再述宗杨之家庭。家君艺名刘砚芳，外大父为杨小楼，此均为先生所详悉，毋待宗杨多述。宗杨兄弟三人，宗杨居长，次弟宗年，现年十三岁，三弟宗华，现年四岁。妹四，长妹现年十六岁，次妹十四岁，三妹十一岁，均在家读书，四妹八岁。次弟宗年，幼即嗜戏剧，能唱黑头，嗓音颇佳，其能唱之戏颇多，如《刺王僚》之王僚、《探阴山》之包拯、《斩黄袍》之郑恩、《盗御马》之窦二墩。其开蒙戏（师）为范福泰老板（范宝亭之父），与宗杨同师。初学武生，兼唱娃娃生，曾与家外大父（褚彪）、家君（院子）、家伯（费德功）同演《八蜡庙》之贺仁杰，颇蒙内外行赞许。其余如《乾坤圈》《乾坤山》之哪吒、《探庄》之石秀等戏，均能演唱。现家君拟令宗年，入富连成坐科习艺，正在商酌中，不久必可成为事实云。

至于家君历史，固为先生所知，兹再为先生一陈之。家君现年三十八岁，十岁时，入鸣盛和科班□艺，艺名鸣福，与李鸣玉、小翠花、张鸣才等同科，习老生，学《定军山》《南阳关》《珠帘寨》等戏。十一岁，第一次登台，在灶王庙演《定军山》，第二次在庄王府堂会。后在西单春仙茶园演唱多年，既迁吉祥茶园，至十八岁出科。民元，嗓音失润，改习武生，拜丁俊先生（丁永利之父）为师，学《莲花湖》《剑锋山》等戏。既又从家外大父学《连环套》《冀州城》。自是而后，凡家外大父所能之戏，家君均亲承指授。迨后又从王福寿先生（即红眼王四）游，习《对刀步战》及

《翠屏山》等戏，拜范福泰先生（范宝亭之父）门，学《蜈蚣岭》《探庄》等戏。王范两先生，均为梨园名宿，家君获益良多。及俞振庭老板之双庆社，出演文明茶园，邀家君加入，遂在文明登台，同台有吕月樵等。

未几，姚佩秋老板组班，家君加入，在同乐园演唱。迨后家外大父与张淇林老板组四喜班，家君遂入四喜。民六，家外大父在第一舞台组班，家君亦随家外大父登台。民八，赴上海，在天蟾舞台演唱，宗杨随行。返京后，家君在第一舞台［任］后台经理，因事务太忙，故演唱极少，然犹时一登台焉。民十一，家君专管后台事务，除特烦外，概不演唱。民十二，家君组织小荣华科班，出演于同乐戏园，时宗杨十一岁，次弟宗年七岁，均在小荣华社演唱，同台有姜妙香老板之子姜少香、陈老夫子（德霖）之子陈少霖、王蕙芳老板之子王少芳等，每日上座极佳。未几，因故停演，而小荣华亦暂结束矣。年来家君演唱极少，除管理后台事务外，均在家为宗杨、宗年说戏。所授门徒，内行有关丽卿、小春来等，至于票界中人，向家君请益者极多，不胜繁述也。

家君平时，对于宗杨辈，督促极严，时谓宗杨曰："学戏如筑屋，必先固其基础，然后始能成就。戏虽小道，而规矩极严。一腔一字之微，一举一动之小，必有一定之法度，不能随意为之，所赖乎幼年苦功夫，故坐科学艺，为学戏者之一大原则。盖科班之设，所以造就人才，培植英隽，量材教育，日斯月斯，而其所学自有根底。今人学戏，徒慕虚名，随便找人说戏，学得一二折，即冒然登台。或以拜某某先进为师之名，借以号召听众，影响所及，关系实大。至于武生一行，与其他各行，大不相同，其须秉承师教，尤较其他各行为重要。盖武生之把子、身段，以及各种武工做派，均有一定规矩，固不能随便凑付可以了事也。汝（指宗杨）幼年在小荣华坐班，已略知其大概，近年从爷爷（杨小楼）及予（砚芳自称）学习各艺，亦略有进步，宜一力猛进，潜心研究。至于汝弟宗年，予（砚芳自称）亦拟令其入富连成坐科也。”宗杨耳之熟矣。故对于戏剧，咸秉严命，潜心研究，终以资质愚鲁，未能升堂入室，殊为爱宗杨者羞矣。

宗杨语至此，适关丽卿至，轩主因宗杨之介绍，与关君谈话，兹录关君之谈片如次。

关丽卿谈 予（关君自称，下同）现年二十六岁，北京人，幼时在北京青年会习英文。但予性嗜戏剧，课余之暇，每至各戏园听戏，心极向往，每思学唱，然均以不得良师为憾。十七岁时，由友人某君之介绍，拜刘砚芳老板为师，学青衫，开蒙戏为《鸿鸾禧》。既又拜许少卿为师，习青衫戏多出，如《玉堂春》《珠帘寨》等，然尚未正式登台也。未几，程艳秋赴沪，予由某君介绍，入华乐园演唱，与郝寿臣、贯大元等同台，第一日唱《玉堂春》，极受台下欢迎，此为予搭班演唱之始。及后杨小楼老板赴津，嘱予同行，予遂赴津，与杨老板，及梅兰芳、余叔岩、郝寿臣诸老板，同出演于新明大戏院，共唱一星期，始返北京。与马连良，同在华乐演唱半年。去夏六月，因彭秀康先生之约，赴汉口立大舞台演唱一个月，期满北归。

迨汉口合同满后，予即北返，先后在平演唱，现已加入永胜社，与杨小楼老板同演。杨老板为剧界先进，武生泰斗，早已名扬海内外，予后生小子，得追附骥尾，同台出演，一登龙门，声价十倍，实为毕生荣幸，而杨老板之提携，尤足感激无及也。且戏剧虽小道，而趣味实多，予自有知识以来，对于戏剧，极端赞成，然以无人指点，求学无门，每引为终身之憾。幸敝师刘砚芳老板，不弃谫陋，许列门墙，加以指引，使知途径，予于是益知戏剧之具有特趣味。潜修所得，一知半解，而竟冒昧登台，尤足为知我爱我之忧。差幸内外行中人，推爱屋及乌之谊，咸加推引，互为提携，故出演以来，颇受一般人之欢迎，饮水思源，未始非予师造就之德也。自是以后，予当黾勉自励，研究艺术，冀有所进益，而无负爱予之盛意也。

关君言至此，适刘砚亭君送客返室，向轩主再三致歉仄意后，继续发表下列谈片。

改良戏剧　予（刘君自称，下同）学戏与演唱之经过，已如上述矣。予对于戏剧，艺拙学陋，不足博大雅之一粲，改良一层，何敢懵然而谈，以贻笑于方家？

惟承询及，不敢不一贡愚见，以为刍荛之助耳。现在整本旧戏，失传甚多，其原因即各脚搭班无定，而一班之脚色，又每有单独人才之感，如青衫、老生皆负盛名，而能合成一班者，未可多见。且全本旧戏，各类脚色并重者极多，故排演极感困难。兼之成班日期甚暂，不能长久，每每有一出全本之戏，尚为排熟，而该班已局部改组，或完全解散者，此种现状，殊为保存旧剧之一大阻力。现在中流砥柱者，仅富连成科班一班，尚能为旧来国剧延长一线之曙光。故整本旧戏，除富连成科班排演为最适宜外，几无第二班矣。要救此弊，必各名脚能和衷共济，成立一较长久之班，搜集旧戏剧本，重新排演，则国剧或不至中斩。否则，仅恃富连成一科班，亦将有成为广陵散之一日矣。(9)

谈富连成 富连成科班，为目下科班之翘出（楚），其造就人才，为数颇多。该班之能如是发达者，全恃乎叶春善老板之苦心，与教师之善教也。职是之故，人才辈出，为梨园光，故内行子弟，多令其入该班坐科，冀有所成就。目下在该班中负有盛誉之高盛麟、裘盛戎、叶盛章等，均为内行之子弟也。舍侄宗年，舍弟（指刘砚芳）拟令其入富连成坐科，予极端赞同。宗年天资聪颖，可以造就，黑头武生，均略有根底，自六七岁时即受家庭教导，经舍亲杨小楼老板及舍弟之严督，能戏颇多。惟是年幼学艺，非下苦功夫，不能得真正艺术，而入科学戏尤为初学者之不二法门。

且父教其子，万不能及师教其徒，舍弟决令宗年入富连成坐科者，亦古人所谓“易子而教”之旨也。

抑予又有不能已于言者。此时梨园崇重花衫，而生脚已近于反主为宾，几不能与花衫争一日之短长。其余各门脚色，如净丑等脚，竟成为无足轻重之附属品，遂至剧风每况愈下，终必至于成为独脚戏而后已。不知戏剧各门：末、净、生、丑、旦、外、小、贴、付、杂，十项脚色，均有特别需要。无论何项戏剧，其中必含有二三项，或四五项之脚色（其间或有一二单独之脚色而演唱一戏者，然属例外），固不能以一脚而支持一班也。是以各脚之良否与缺乏，影响全剧不少，俗所谓“牡丹虽好，必须绿叶护持”者，意同此也。黑头唱作，本为繁重之脚，既须本钱，又重研究，正所谓“卖力不易讨好”者也。风尚所趋，学者益少，窃恐将来，变成广陵散矣。剧风至此，不禁令人有今昔之叹也。(10)

(9)(10) 此两节文字，与《裘桂仙》篇同。

刘砚亭君言毕，轩主以为时间过久，未便久留，起与砚亭君，及丽卿、宗杨二君告辞，互为珍重而别。

丑

王长林

采访人：林醉陶（一得轩主）
原载：1930年5月12—19日《全民报》（北平）

八日下午六时，赴前外东北园八十二号，访问王长林。王君自卧病来，精神极佳，惟双脚柔软无力，不能下地，因其家人导至榻前，王君称病体不能下床，不敬之极，并与轩主握手为礼。畅谈逾一小时，语言洪亮，仍不减当年豪狂之概，录其谈话大意如次。

王君身世　余（王君自称，下同）今年七十有三岁矣[1]，回溯前尘，浑如幻梦，承君下问，敢不竭诚以答，惟因年老，记忆力衰弱，漏忘极多，请君谅之。余江苏苏州阊门人，与徐小香（蝶仙）为邻，苏州王为巨族，人丁极多，苏州郊外有王家村，全村均王姓，余亦王家村人，后迁入阊门居住者。余家业药商，在苏州最著名。余六岁，随父母来京，在后门开设玉鹤堂药铺，营业颇佳。余少时即喜戏剧，八九岁，拜王文隆老师门，学武丑戏。十一岁，出台大栅栏庆和园（鸿记茶店旧址，庚子烧毁），第一日演全本《牧羊卷》。十二三岁，入胜春魁科班[2]，该班为黄三老板所成立。斯时，余虽坐科，然又从王老师（指王文隆）学戏，计先后共八年，日夕不间。余之在梨园中，得略具薄名者，皆先师王文隆之赐也。

(1) 生于咸丰八年（1858 年）十一月二十一日。

(2) 胜春奎班，黄姓太监所办，同治十一年（1872 年）五月二十三日《申报》载《五月初四日京报全录》云：“召见军机，上谕据御史袁承业奏‘近闻太监在京城内外开列多铺，并畜养胜春奎戏班，公然于园庄各处演戏’等语，我朝纲纪严肃，从不准太监任意妄为，若如所奏各节，实属大干禁令，着总管内务府大臣、步军统领衙门、顺天府、五城一体严行查禁，并着嗣后随时稽察，如有前项情事，立即据实奏明，从严惩办。经此次训谕后，倘有太监在外生事，别经发觉，除将该太监严行惩办外，并将该管大臣及地面各官惩处不贷，钦此。”今存胜春奎班报班文书一份，未记年月日，该班附有小班，王氏系二科学生。

演戏经过　余自十一岁出台庆和园以来，及今年七十三岁，共计六十余年矣。此六十余年之中，由北京，而天津，而上海，而汉口，而奉天，以及北方各大州府，记亦不胜记。惟忆初次赴沪时，津沽尚无轮船通沪，余乘旧式帆船往，经月始达。(3) 是时沪上各角，最著名者，每年戏份不逾千两，惟当时物值低廉，即如余初次到沪演唱时，每年戏份仅八十两，而除衣食住开销外，尚余二十余两，当时京中人，谓赴沪演戏，为“发洋财”，于此可见。又当时谭鑫培在京，每日戏份，仅六吊钱，已为上上脚色，实不如此时之无论何种脚儿，每唱一戏，其戏份动以百计算也。

(3) 今可见王氏来沪最早记载系光绪二十七年（1901年），是年八月十七日，与丁灵芝（剑云）乘招商局新裕轮船抵沪，搭李春来春仙茶园；八月二十六日出台，泡戏《青石山》。其自述首次到沪系乘帆船，而新裕系招商局光绪十五年（1889年）订购于英国之铁壳轮船，马力1 500匹，非帆船（见《观招商局新裕轮船记》，《申报》，光绪十六年正月二十六日/1890年2月15日，第1页），王氏前次来沪时间待考。

供奉内廷　余于光绪十八年，入升平署供奉。[4]升平署之名，为乾隆帝所题。据一般谈论，谓“升平署”三字，皆不出头，所以表示该署之人，一生一世，永无出头之日也。余在升平署供奉，极博老佛爷（指慈禧）恩典，赏赐颇厚，所演各剧，如《胭脂褶》《打瓜园》《巧连环》等，亦极蒙称赞，每年俸粮，至六十余担，足以养一家而有余矣。

(4) 光绪二十一年（1895年）十一月二十九日挑选入升平署担任民籍教习。

接办春台　迨后余与俞润仙，同在春台班演唱。春台为润仙所成立，因亏空太巨，不能支持，至元旦时，衣箱不能入园，不得已商于余，让余接办。余当时年少气雄，亦踊踊欲试，遂允许之。接办之后，余即邀回汪桂芬、刘永春、许荫棠等（汪等本搭春台，因与俞发生意见而脱离），竭力整顿，营业发达，未及一年，而润仙掌春台班所负外债，均已清还，而且有盈余矣。[5]

(5) 光绪十五年（1889年）十一月初九日《申报》载《都门剩语》云："优人汪桂芬由沪回京，将入小洪奎班演剧，忽被前春台班主余菊生（即俞菊笙，名光耀，号润仙）控诸中西坊署，称其曾欠包银，刻经好事者向之调停，令仍归春台班演剧，十月二十六日已出台矣。"又，十一月二十一日《凤阙祥光》云："前报纪伶人汪桂芬被控于中城察院一事，兹闻有某邸平素喜观汪剧，乃于十月二十左右面饬，仍入春台班，十一月初一日已在前门外大栅栏广德楼开演矣。"是年九月初六日，有复出春台班报班挂牌演唱，所附花名册虽未见王氏，而其接办春台当即此时。

接办同庆　又谭鑫培曾主办同庆班，邀余加入，时合唱《庆顶珠》《琼林宴》等。及后，谭以亏空不能支持，经商洽再三，由余接办一年，而同庆班又赋中兴。前者接办春台，后之接办同庆，均幸同人努力，得以恢复现状，以大名鼎鼎之俞谭，不能维持之春台、同庆，而得由余之恢复，实非余一人之力，盖亦同人之和衷共济，化除成见，而后始能成效也。

《施公案》戏 日来梨园中，对于《连环套》一戏，有添排三四本，至窦二墩伏法之说，其实与历来所传事实不符。从前老戏所演《施公案》中，强盗不死者，仅有三人，即《连环套》之窦二墩、《落马湖》之李配，及《八蜡庙》之费德功。窦二墩于逃脱后，出家为僧，费德功则为褚彪所放，李配则于破落马湖时逃脱，及后五老聚会，其中有一人即李配，从前均演过，久年无人唱，故知者甚少。余于《连环套》，后尾结局窦二墩出家曲本，此时尚能记忆，现正在口授抄录，日内即完竣，然后再将该本，交与同行之人排演，已免成广陵散也。

必学全戏 近来唱戏者，无论何戏，只学一人，如习老生者，对于所习之戏，除老生一脚之唱白做外，其余各脚之唱白做派，概不之问，此为近来学戏者之通病。今且以《武家坡》而论，老生一脚，只学平贵之唱白做派，至于王宝钏之唱白做派，均不明了，其余各戏，亦与《武家坡》同。若在昔年则不然，凡习一戏，无论戏中何脚，是生是旦，其唱白做派，均须详悉，不过其本工之戏，较其他各脚色之戏，加以研究耳。

传授盛章 从前旧戏，失传甚多，不独余顷间所述之《连环套》等戏为然也。忆余师王文隆老板易箦时，语余曰：“你所得我之戏颇多，然尚不及我十分之一，其未传于你者，均为我带去矣。”言时不胜唏嘘。故事回思，不禁黯然。余今年已七十余矣，久病之身，所余之日无多，而余所得于王老师之戏，又将有失传之虞矣，余窃恐将来，亦为余所带去，故对于后辈来求学者，无不尽所知以告。现余决将各戏，传授于叶盛章，盛章聪明绝世，于余戏所得颇多，如《祥梅寺》《巧连环》《胭脂褶》等戏，均系余所亲授。盛章每日，必来此一次，余为之详说各戏种种身段。余所能之戏，前后为盛章说过者，已逾半数，此子将来，大可成就，继余术者，亦惟此子是赖矣。又余干儿子萧二（萧长华），近亦时来此处，听余说戏，将来亦可得余艺之一部分。至于余子福山，凡开口跳之戏，均能唱，但刻下自己成班，忙于后台事务，故唱戏遂因之而减少矣。

谈梅兰芳 与余幼年同演戏者，其后辈人此时最露脸，厥推梅兰芳。兰芳此次赴美，到处极受欢迎，为吾国戏剧界，增色不鲜。兰芳临行时，有将来返国后，拟创立戏剧学校，量材而教之计划，此举余极赞成，不过尚须视其办法如何，然后方能断其是否成功耳。至于兰芳此时之能成名者，完全由于其祖巧玲之戏德，而始能荫及其孙也。余言及此，又回述当年各名伶之戏德矣。

梅徐戏德 当巧玲主四喜班时，不骄不傲，在后台中，对于主脚，以至于打杂、跑龙套，均极和气，从未得罪一人，而同业生活，亦极力维持。当时徐小香，亦为前后台所称赞，而徐之戏德，尤有足道者。徐对后台配脚，视之如一家，每冬令，见后台中，衣服单薄，或衫履破碎者，令其跟包，询问其故。或以家口太重，入不抵出对者，徐调查其实，即令其跟包给与银钱，使其购买，并不准受惠人道谢，苟有道谢者，徐必怒曰："我看见便罢，胡道谢为。"徐与内府各权官名宦相友善，每年换季之时，徐即遍邀无名之班，至内府各阔宅演戏，以维持大家，而自己不拿戏份，演唱数天，则后台中均有衣服穿矣。故梨园中人，咸歌功颂德，称为徐大老板而不敢名。历来梨园名伶，称"大老板"者惟程长庚一人，以王九龄之艺，名满九城，梨园中仅称为"王九爷"，而徐则与程并称为"大老板"，可见梨园中之尊崇矣。又当时九城启闭时间有定刻，每日下午六时，城门即闭，故各戏馆咸于上午十一时半开锣，下午五时散戏，各大名脚，如程徐等，均不须催促，先时到后台待演，故无所谓垫戏，与刻下之自抬身价，非临场不到，非催促不行，甚或至于误场者，不禁有今昔人不相若之感矣。

戏剧感想 近来各戏园，争排新戏，以资号召，一若旧有戏剧，在此时有供不应求之虞，然但考其实，则大非矣。盖原有旧戏甚多，均系整本大戏，只以演者截头去尾，择易讨好、不费力者演唱，辗转相传，以至于今。而一般名脚者，又多珍秘其本，不肯传授后进，卒至大好戏剧，多为老辈带去，无论哪一个名脚逝世，必有几多好戏失传，戏剧前途遂益呈险象矣。此非余之过言也，试证之以往事实，何曾不如是，如余顷间所言之《连环套》《落马湖》等戏，是一明证。余之作是论调者，非余泥旧不知经变，实以近来所排新戏，精彩者固多，而无理取闹者亦不少。使从前之旧戏，均能传流至于今日，则演唱已极充足，实无须添排新戏之必要也。此时幸有叶春善所组织之富连成科班，多排整本旧戏，造就人才，而旧戏始赖之得以存留，否则，将来必至成为广陵散矣。

与谭合演　谭鑫培初习武老生，凡武老生之戏，如《连环套》《恶虎村》《八蜡庙》《五人义》等戏，谭无不演者。当时余常与谭合演，其最受台下欢迎者，为《五人义》一戏，每次贴演，无不满座。迨后谭习正工老生，余亦时与合演，如《庆顶珠》之大教师、《琼林宴》之樵夫等，亦极受台下谬赏。旧事回思，宛如昨日矣。

拿手各戏　至下问拿手各戏，余亦不知其何戏为拿手。不过演戏多年，较喜演唱而能受顾曲谬许者，略有数十出。惟近十年来，因年龄关系，血枯气衰，间有不敢常露者，如《祥梅寺》《胭脂褶》《巧连环》《庆顶珠》《连环套》《五人义》《打瓜园》《八蜡庙》等戏，在未病之前，尤时一试为之，虽得聆者诸君之赞扬，但抚心自问，殊不及早年远甚，大有“壮不如人今老矣”之感矣。

卧病以后 自卧病后，双腿麻木，一步不能移，起卧饮食，均必需人，而性尤激急。自知去日已多，来日已少，每以所学之戏，将来必为余带去为忧，虽医者戒余，不可浮躁，时以静养为劝，然每一念及传授之无人，而心益焦急，今幸得盛章，颇可造就，略为宽慰。近来精神颇佳，食亦不少，每次可吃两碗，惟枯卧一榻，无人可与言，一罄余满腹之闷气，益觉无聊耳。余以老病之躯，承不见弃，加以下问，尤深感激，错乱之谈，想当以衰老见原也。倘荷时加教言，尤为幸感焉。

高四宝

采访人：林醉陶（一得轩主）

原载：1930年5月25—26日《全民报》（北平）

前日（二十三日）下午四时许，赴东四礼士胡同六十三号，访高四宝，及高庆奎。先由高君次子联奎，出为招待，继邀进内室，与高君晤谈。高君卧病三年，脚足麻木，不能移步，卧躺椅上，而精神甚佳，言语亦极清朗。见余至，作谦语致意，寒暄后，即谈其数十年来演戏之经过，历历如数家珍。已而余辞出，由联奎君介绍，与乃兄高庆奎相见，畅谈逾二小时。兹将四宝，及庆奎、联奎昆仲所谈，分记如次。

高四宝谈 余（高君自称）名四宝，字士杰，现年七十四岁[1]，原籍山西省太原府榆次县人，予先大父来北京营商，遂家焉。至先严文桂，始入戏界，租赁戏箱，管理场面，当程大老板长庚演戏时，先严与朱廷桂先生，为大老板办戏。余十二岁，入小春和科班，习小花脸。[2] 出科后，与余玉琴、路三宝、谭鑫培等，先后出演于同庆、春台、福寿各班。[3] 当时余以演唱彩旦，为社会中人所谬许，与谭鑫培合演《铁莲花》，与余玉琴合演《大补缸》《能仁寺》，与路三宝合演《探亲家》，叫座力颇大。晚年，余不复登台，家居课子，以乐天年。至七十一岁，忽患脚足麻木症，经医调治，数月始愈。翌年四月，旧症复发，屡治不愈，现不能移步者，已三年矣。此三年之中，坐卧需人，而病则每三日一发，发则神经错乱，语无伦次，数时之后，始能复原。病不发时，除双脚麻木不能走动外，精神尚佳，食量亦大，每日可食干面半斤，饺子二三十个，与未得病时相若。予自入伶界数十年来，梨园中人，皆与予感情融洽，因余处世接物，必以至诚相示，尤以不谈人过自勉，且以是勖余之子若孙焉。予以为忠厚待人，虽不必获福，或可以寡过也。至余所学各戏，则以在科班时受益最多，惟《祥梅寺》一戏，为王二立所教。二立他戏，不甚著名，而《祥梅寺》之“走矮子”，极其神妙，余承其指导，颇知门径。当壮年时，每演是戏，辄承内外行之谬许。迨后年老气衰，两脚不耐久蹲，遂不演唱，最后在第一舞台，因友人强请，票唱一次，但“走矮子”一场，倍觉吃力，幸得勉强完场，未致丢丑，然而自是以往，予确不敢再度出台矣。其时余长子庆奎、次子联奎，均以技自活，养赡室家，温饱所资，供给无缺，余正可因时纳福，□游余年，遂不更作登台之想。乃与戏台脱离关系，伶工生活于此告一结束，此调不弹，十余年矣。辱荷请益，希请询之庆奎、联奎，当能详为君告也。(4)

(1) 生于咸丰七年（1857 年）八月三十日。

(2) 当是小和春班，同治九年（1870 年）报班挂牌演唱，领班人王允和。

(3) 同庆班，光绪二十五（1899 年）二月二十三日报班挂牌演唱；光绪二十五年（1899 年）十二月初九日，福寿班外串带灯晚，高氏与王楞仙、路三宝合演《鸿鸾禧》，与余玉琴、周长山、陆小芬、唐玉喜、冯韵峰合演《英节烈》；光绪二十六年（1900年）三月二十八日，四喜班外串带灯晚，高氏与刘七合演《逛灯》，与田桂凤、金秀山、陆金桂、罗寿山、赵仙舫合演《双钉计》，与田桂凤、谭鑫培、路三宝、罗寿山、陆金桂合演《翠屏山》。

(4) 后文系高庆奎、高联奎之访谈，见《高庆奎》篇之一。

萧长华

三篇

采访人：景孤血

原载：1938年9月4—30日《新民报》（北京）

名丑萧长华君，为今时丑角中之典型人物，近在新新两度主演丑角大会中之《荡湖船》，人人咸谓：萧先生岂徒不老，即少壮派之丑角，亦未有能及之者也。萧君之门墙满天下，若马富禄、茹富蕙、孙盛武、叶盛章、詹世辅，无往而非萧君所授。而萧君腹笥之博，若连台《三国志》《五彩舆》等，皆能一人指授，提纲挈领，自总其成。萧君京寓，在宣武门外棉花下六条，惟以演剧教剧之故，不常在寓。记者昨与晤于某处，因得访问如下。

萧君身躯洪硕，面目淳朴，言亦诚笃，一望知为梨园长者。记者因忆萧君在台上之情景，乃为十足流滑轻佻，亦一望知为儇薄小人，与此前后，判若两人。信哉，艺术上之造诣，真能宜大宜小，乍阴乍阳也。

记者首问：萧君，今年高寿？

萧君答：生于光绪戊寅，今年六十一矣。

记者乍聆之下不胜惊羡，诚以萧君之如此高年，犹能演《荡湖船》《五飞图》之一流动腰腿戏，且矫健翩跹，进退中矩，是非有过人之健康断不能为也。

记者问：萧君贵籍，闻系南方，敢请究在何处？

萧君答：鄙人祖籍新建，此新建为江西县名，明代大儒王阳明先生封新建伯，即以此县为之食邑也。后移扬州，以开设酱园为生，此乃前清道光三十年间之事。及后则历史上所谓“洪杨之乱”，渐自江南波及江北。所谓“江北大营”者，适在扬州，地方糜烂，闾里为墟。先祖等不得已，乃于咸丰三年，逃至安庆。当时夜行昼伏，窜迹草间，一路流离万状。幸至安庆，遇一官船，遂得附之北上。至京师后，即住于正阳门外樱桃斜街。嗣以人事萧条之不堪，先父乃入梨园。[1]其事迹彰著，当无俟鄙人之哓言也。鄙人手足二人，先兄长荣君，业经逝世，鄙人之名“长华”者，以依先兄之名，向下递排也。然未生之初，已得此名。

(1) 名讳镇奎，号星五，工丑，汪永泰之徒，卒于民国七年（1918 年）九月二十一日，享年七十八岁。

记者问：是此何谓也？

萧君答：彼时最有名之卢胜奎先生（俗谓之芦台子），为鄙人义父。于鄙人未生之前数日，即向鄙人先父曰：“尊嫂行将分娩，若为男孩，可继其兄之后命名曰‘长华’。”故鄙人之名，实为义父卢先生于未生以前所命。今复获字曰“和庄”者，则以侪辈与外界诸先生之台爱，非敢自尊也。鄙人幼年孤苦伶仃，四岁时先慈即已先背，乃寄寓于义父家。惟此义父，非卢胜奎卢先生，乃徐承翰君，字文波，苏州人也。至今思之，尚铭五衷。鄙人行年至九岁，即入塾读书，惟读至十一岁辄止，是以胸无点墨，举止不文（案此乃萧先生之谦辞，非真事也）。至十一岁，即正式学戏矣。

记者问：萧君自幼学戏，即习丑角乎？

萧君答：非也。鄙人于十二岁时，第一次演堂会，乃在全部《四进士》中饰姚宝童，其时鄙人正从周长山先生、曹文奎[2]曹六先生学须生，兼演老旦。其后在庆乐，曾演《赶三关》饰薛平贵（萧君谈至此，自谓："还挂过黑三呐！"神气滑稽，无愧名丑）。彼时凡演堂会剧者，多喜点《四进士》，而鄙人往往加入，串饰姚宝童。鄙人于此最好留心，熏陶既久，故上至宋士杰下至黄大顺之词句、身段，皆有深固之印象，今为学生说之，较比粗见本源者，即由彼时为之基也。鄙人至十八岁倒仓，倒仓前先已学丑，所拜之师为宋先生。宋先生乃继杨鸣玉先生以后之唯一苏丑〔杨鸣玉先生，当其殁后，合肥李文忠公鸿章特为叹曰"杨三已先（死）无苏丑"，即指此角〕，名宋万泰，俗皆称之曰"赶生"。宋先生本为地道苏丑，方巾戏尤为隽绝，鄙人今以蒋干、汤勤等剧，滥窃时誉者，即多荷先师栽成之恩。先师之大弟子，尚有陆金桂君（俗呼之为"陆大肚"），亦蜚声于时之演员也。鄙人始在四喜班效力二年，后在同庆班四年，玉成班三年，鸿庆班（以刘鸿声君演主角戏者）三年，后统归入第一舞台，嗣是以在科班教剧。及再搭班公演，则民国壬戌（十一年）。第一次到上海，于六月十三日出演，及返京后，则乙丑（十四年）同徐碧云君演于中和，丙寅（十五年）同梅浣华君演于开明，后乃加入承华社，历至长沙、汉口等地。至于去岁陆素娟女士合演等事，皆为最近，可不必一一殚述矣。[3]

(2) 原文作“曹文魁”。

(3) 此节参见《萧长华》篇之三《萧长华自述》。又，萧氏在富连成社专任教师后，虽不搭外班，但仍应外串堂会及义务戏。民国十一年(1922年)9月1日起，搭梅兰芳新组承华社，出演真光剧场，为复出搭班之始；次年，除搭承华社外，有时应杨小楼之约，与之配戏，出演开明戏院（松庆社）。其首次赴沪，系民国十四年(1925年)9月，与徐碧云、马连良等出演于郑家木桥老共舞台，18日起演，至10月25日辍演。

记者问：萧君入富连成社任总教习，系始于何时？

萧君答：事在光绪三十年六月十六日[4]，截至现在止，已三十年矣。光阴迅速，真如白驹过隙，而三十年来，沧桑迭变，静焉思之，能毋慨然？

(4) 叶龙章云（见本书《富连成社社长叶龙章》篇）：“迨至光绪三十年，东隅不靖，戏亦难演。是年二月，先严遂自东返京。此时已由牛先生授意先严，成立科班……于是始设此科班于琉璃厂西南园，延苏先生为助，至秋始粗具端倪。至是年之七月十六日，则萧先生被聘入社。”又云："武工则至三十一年始行添入，由罗宴臣先生教授。是年仅此十一人，曾应保定堂会，地点则在洞阳宫。"据萧氏自述（见后篇《萧长华自述》）："加入此班在光绪三十一年乙巳四月初五日，当时该班尚名喜连成。"记录者王雪尘按曰："喜连升时期，只有叶春善私房徒弟陆喜才、陆喜明、赵喜魁、赵喜贞、雷喜福、武喜永等六人，即后来所称'六大弟子'是也。第二年改名喜连成，即光绪三十一年乙巳四月初五日，由叶春善之坚约，萧长华带领学生十名，除上述六人外，犹有王喜禄、王喜源、耿喜斌、张喜虹等四人，赴保定洞阳宫演戏，是为萧君与富社最初之渊源。"

记者问：萧君既已专任富社总教习矣，其二次复又出山公演，敢问其动机何在？

萧君答：以为辅佐徐碧云君之故也。原徐君之父，为名小生徐宝芳君，与鄙人系通家至好，相处多年。徐君于十九岁满科（脱离斌庆社），时为民国十二年，彼既相浼以为之助，鄙人顾念亡友徐宝芳君之世谊，岂能恝然不顾，因于乙丑即与徐君公演于中和戏院。然梨园世家，本来非亲即友，既肯帮甲之忙，即不能再却乙之聘，故鄙人遂又搭入梅畹华君之班，总以盛谊相邀，故难摆脱耳。如民国十四年时，鄙人即分赶两班，遇有时冲突，尚须设法两全，然至必要时仍以在徐君之班演硬出时为多。如《天香庆节》《褒姒》《绿珠坠楼》《焚椒记》《薛琼英》《虞小翠》等，皆在徐君之班先演者也。(5)

(5) 徐碧云出科后，先后搭云兴社、双庆社、玉华社演出，民国十四年（1925 年）7 月，由乃兄徐兰沅组永平社，徐氏挂头牌，出演中和园，特邀萧氏加入，配演新编本戏甚多。

记者问：然则何以萧君后又脱离徐君之永平社？

萧君答：从先戏班中之规矩，乃为各不相犯，某人之戏，既以此为拿手而噪名，则旁人对之皆不肯再动，此不但为美德，且亦“养众主义”。况人与人之间，又各有所不同，宜于此者，未必即能于彼，是故各有所能，亦各有所不能，此无尚于争夺也。鄙人既搭两班，则只好各演各戏，然既为主角配戏，则于双方本戏，皆不能不参加。乃永平社之当局，颇有与梅畹华之班争强斗胜之概，于是戏码亦渐发生“顶着”之现象。鄙人介乎双方之间，亦有许多为难之处。缘鄙人既帮徐君之忙，又以与其先翁宝芳先生交谊至笃，安有不望其成功者？无如知己知彼，方能百战百胜，从来“舍己之田，耘人之田”，未见有能获得胜利者。况以梅之艺术造诣，又岂“生顶”所能成功？鄙人今为此言，绝非阿其所好，或趋炎附势，亦并非以成败论人，行年六十，硁硁之愚，久为各界所共鉴。在永平社当局之意或者志在速成，有“见贤思齐”之意，即徐君本人，亦不失为有志上进，无如此事绝非可以躐等者。在当时鄙人曾以此义相陈，始终未蒙采纳，鄙人不忍身见其败，乃退出永平社。此后如何，当为有目所共睹矣。大抵鄙人生平，对于竞争之事，例谢不敏，使争而胜，犹不主张为之，况又知其争必不胜者乎？

记者问：萧君不惟谦德，抑且老谋深算，惟演剧一道，若皆意存避忌，不识有无湮没之虞？

萧君答：此层可不必虑。因锥处囊中，终必脱颖而出，此与俗所谓之“有麝自来香，不必迎风跕”者，实同此一意焉。以鄙人本身之经历言之，当时本行中诸先进胜于鄙人者，车载斗量，而鄙人今亦滥窃虚誉者，其间又岂无说乎？原鄙人在四喜班时，地位甚轻，初未敢于多演正剧。时有罗寿山君，亦在班中，所演多为正剧，与杨桂云君（小朵）每日配演。惟罗寿山先生各处堂会甚多，又以宫中传戏，必须进内当差，所以园中有时势非告假不可。而后台管事人每值罗先生告假，即令鄙人代庖。以鄙人之艺术造诣，本来不敢代罗先生与杨桂云君配戏，无如彼时各班之管事人皆有相当权威，演员不敢不遵。鄙人即受此种命令，亦只好“顶着雷唱”而已。

记者笑谓：此萧君之戏言也。

萧君正色曰：不然。此“顶着雷唱”之一语，乃为曩日戏班中之口头禅。因过去各戏园中之情形，大非今日可比。如某人代某人登台，台下观众，对之不表欢迎尚为余事，若人缘稍差，能立时哄堂，或竟要求退票，种种纠纷，立时而生。以此二三路之角色，每逢遇此等事，即谓之“顶着雷唱”，诚非过甚之词也。惟鄙人则邀天之幸，虽亦时常“顶着雷唱”，乃不但未被雷击，反受雷之好处，台下因此却能得到良好印象。由是亦可见出凡人苟有寸长，必不致湮没一生也。自是鄙人复荷谭老板之提携，亦渐追随于诸先进之后矣。

记者问：萧君与谭老板配戏之经过，敢请见示。

萧君答：此事发动，亦出于鄙人之意外也。原鄙人在玉成班时，因荷田际云先生之青睐，凡有外串角色，即令鄙人配演。所谓外串角色者，乃根本未搭此班之艺员，而由班主要求烦演短期者，实即等于今之“特约”性质。此等同仁，苟非红极一时之人物，班主亦绝不肯请其外串，惟既为第一流之角色，则难免较有脾气，对于配角之挑剔，因之亦未免似严。故以本班角色，为外串角色配演者，亦一极难处之苦事，换言之，又不啻“顶着一雷”也。鄙人在玉成班中时常应付外串角色，幸承各方宽谅，从无一次之□事焉。谭老板在当时，亦常被请到玉成班外串，惟谭老板之脾气更大，等闲之人，即不肯与之合演。且等闲之角色，亦不敢与谭老板配演。有时用一新进角色，虽经管事人谆嘱再三，无如此人总怀畏惧之意，因而忘词者有之，不敢近前者有之，其戏则不得谓之完全。于是谭老板又必大发脾气，以是愈致无人敢为谭老板配演矣。当鄙人在玉成班中，既以善于应付外串之角色名矣，及谭老板来外串，只好硬着头皮与谭老板配戏，以在管事人之支配下，不得不然也。不料竟无陨越，数次皆然，谭老板不惟不发脾气，反对鄙人多所奖借，当时真觉受宠若惊。后谭老板在同庆班自行演唱，有时反感觉配角不甚得力，即向管事人曰："还是找那个在玉成班陪着我唱的小花脸来罢！"当时谭老板在班中所说之话，不啻纶音法旨，管事人奉命惟谨，即来找鄙人重回同庆班。鄙人先在同庆班时，本以演剧与管事人袁某相忤，被其辞退，此次重回同庆班[6]，前度刘郎，且系奉谭老板之命，真觉荣耀万分。及经谒见谭老板，谭老板又命鄙人至其寓所，问知先严、先兄之名讳，连曰："敢情你就是萧某人的少爷呀！那更不是外人啦。"褒慰有加。其后曾在新丰市场（在今之西直门内口袋胡同，即和声园旧址）演《天雷报》，谭老板饰张元秀，特命鄙人扮演贺氏。此外其他各戏亦常配演，迄今思之，谭老板之高眼慈心，实可令人钦感。其时鄙人之技术，更不过具体而微，即荷如此栽成，信不愧为一代"戏界大王"也。

（6）宣统三年（1911年）正月。

记者问：萧君第一次之脱离同庆，因与管事人袁某相忤，其间经过，可得而闻否？

萧君答：亦无大冲突，不过为戏的问题。原先师万泰先生精于苏丑，每与何桂山先生（即老何九）配演昆曲，如《醉打山门》之卖酒人即尝扮演，戏份为白银四两，盖彼时优秀之角色，所挣戏份多为银庄也。一日，管事袁某，忽令鄙人扮演此卖酒人。姑不论鄙人之艺术造诣，尚不敢与何桂山先生演此繁重昆剧，即以戏份关系，鄙人与先师所差悬殊，若演之而砸，是为先师减色，若演之而佳，推袁某之意，则不必再用先师，故对此命令，碍难接受，而袁某竟利用其管事权威，辞退鄙人焉。

记者问：当日之管事人，竟有如此之厉害乎？

萧君答：当日之文武管事，决非如今之以宽大为怀也。故过去有言曰“换班如投胎”，其难可知矣。姑不必谈上去错误之为各方所不容，即无人欢迎者，亦难逃管事人之关也。故不但严，实是严而且恶矣。不惟文管事者如此，即武管事，亦何独不然。今之各班武剧，其起打时，恒视主角为转移，只需大家能为主角陪衬，即可蒇事。若在昔则不然，各戏班中之武行，乃“换人不换把”[7]之打法，三庆班有三庆班之一定把子，四喜班有四喜班之一定把子，新加入之角色，如果当日所学健全，任何把子一律不挡，自然无何问题，否则只能人就把子，不能把子就人，且亦不管当初所学之如何花哨好看。所以外来之角色，使为文角，尚能对付搭班，若为武行，则纵有天大本领，其不被本班中人所“撅”者几希，安有如今日之容易搭班者乎？且无论文武管事之不易通融，即箱口上之管箱人，亦不易通融也。鄙人今为阁下谈一故事，此故事在当日，确为实事，但今亦不必谈其姓名，只作故事聆之可耳。有某武丑者，亦后来之好老也。中年时值班中演《殷家堡》，饰殷洪者本为老（武）花脸角色，夙有某种病根，一剧未终，骤然犯病，前数场之殷洪，尚无若何繁重，只好勉强支撑，对付演下。后部尚有起打被擒，在彼时无论殷洪，即黄天霸之角色亦不敢潦草，但以病体难支，乃在后台商得某武丑之同意，代打几场（其时一戏班中之角色皆多，决无只用一人之理，故虽演《殷家堡》，饰朱光祖者另有其人，此角则无角可去），某武丑以系殷洪抱病，遂慨然允诺。但不能不扮装也。及来扮装，不料管箱之人大哗，急命伙计请武管事，且口出谩骂之词曰：“殷洪几个儿子呀！这个是外家养的！”武管事至，亦大发雷霆，申斥某武丑为犯规。某武丑说明原委，管事人又归咎于原饰殷洪之角色，对之大肆咆哮。结果，此武丑之后部殷洪亦未能扮，仍由抱病之某武花脸勉强挣扎，此一出《殷家堡》始得完成。此乃鄙人目击之事。夫以天灾病孽，尚不准人休息，此诚失之太过，若在今日，恐早激起风潮矣。

(7) 原文“把”作“靶”，下同。

记者问：然则萧君以此之故，竟未一演昆曲乎？

萧君答：诚然，鄙人以有先师万泰先生在世，避免妨碍师之剧路，固不敢演昆曲。及先师归道山后，则指正无人，益不敢演昆曲矣。富连成社中之丑角昆曲，大都出自郭春山所授，鄙人无何帮助也。

记者问：萧君此言，自是实情。然近在新新戏院“国剧振兴会”主办之丑角大会中(8)，观萧君演《荡湖船》，其身段之老练，足为后进楷模。此剧虽非昆曲，而萧君应弦赴节之处，有非昆曲功夫所能演出者。且所饰之李君富，面上一味油滑轻佻，舞扇飚若花轮，作鸬鹚笑，与台下之朴质悫重，判若天渊，敢问是何缘故？

(8) 民国二十七年（1938年）8月6日夜戏，新新戏院；13日，再演一场。

萧君答：承蒙过奖，鄙人之艺术造诣，初不至此也。原先师万泰先生，以此为拿手剧之一，所授弟子，均能为此，鄙人所见既多，故能依样葫芦。盖此剧在从先，本为习见之戏，因旦角多以之为开蒙，借以练习跷工。凡练跷工者，切忌多演坐剧，而此剧中之船娘，则须作荡桨身段，无时无刻，不在荡桨，以示此船正在湖中泛行，故过去之旦角练习跷工者，又多舍此莫由。且荡桨者更须以双手向左右荡，其身子不妨欹侧，旦角之初“绑跷”者，又常苦左右倾跌，直立不稳，而此剧中之船娘乃官准其摇曳者。有此种种原因，《荡湖船》一剧之在彼时极为普通。且《荡湖船》中之旦角，亦念苏白，因之先师虽为丑角，亦有许多旦角从之来习此剧。鄙人借此机会，久练久熟，故对之较为略见本源。

记者问：在第二次之场面，似乎定弦太高，萧君引吭而歌，未免稍为吃力。

萧君答：此剧中之托腔，本来应用松胡，《打连厢》一剧亦然。今则官中多不为备，只好仍用普通之胡琴陪衬，其弦遂亦容易变高矣。至于过去演剧，初无自带胡琴之规矩，亦只好听官中胡琴所定之弦，勉强凑合而已。况鄙人所习，乃重念轻唱之角色，在从先亦有时遇到此处情形，皆是“听人家的”！彼定高弦则高唱，彼定低弦则低唱，况且倘欲较真，则应改用松胡，既无松胡，鄙人本不能一年三百六十日老唱《荡湖船》，人亦不能一年三百六十日老托《荡湖船》，若偶尔一日尚不能凑合，则难乎处同业矣。

记者曰：萧君之言，真乃忠厚和平长者之言也。使在他人，其不互相推避责任者，几希矣。敢问胡琴一道，亦有今昔异同之处否？

萧君答：今昔之不同者太多矣，其间又岂一事乎？姑以定弦而论，从先之老随手，未闻有在台上琅琅然定弦者，即不能一定便妥，亦应于大锣中定之。所以不致“吱喽吱喽”，扰乱人之观听也。今之随手，则大不然。其定弦时，唯力是视，有多大劲，即欲使多大劲，此在老角色中万万不容许有此情形，是即今昔之大不同也。

记者问：人言梅雨田君为胡琴圣手，不识其佳妙之处安在？

萧君答：若论梅君之技巧，实足震古铄今，为一时之绝雄。然外间徒知对梅君之胡琴致揄扬，则知梅君者浅矣。盖梅君对于场面之功夫，吹打拉弹，无一不具。其为人也，爱好贪多，虚心下气。凡同列中，有一特殊之技巧，彼必呼之为师，即请其人传授。人见梅氏谦抑至此，亦必不忍却其意，而以己身之拿手，倾囊赠之。夫泰山不择细壤，故能成其大，沧海不择细流，故能成其深。故梅氏之长，乃集众人之长也，其为一代圣手，不亦宜乎？虽然，梅君所以殚其心力者，本不在于胡琴，乃在于各种场面，岂知所学者竟非所用，所用者亦非所学，而其曾下大功夫者不必挣大钱，挣大钱者亦不必下大功夫。惜以不寿，四旬余即下世矣。

记者问：敢请梅君对于胡琴之绝处果又安在？

萧君答：其难在能随人变音。如本人之音，博大沉雄，则梅君所拉出之胡琴，亦博大沉雄。如本人之音，清刚激越，则梅君所拉出之胡琴，亦清刚激越。然人之喉咙，千变万化，岂能如一，而梅君所拉出之胡琴，亦能千变万化。当今之人，罕能及之。今请列举一事，在昔之须生，有名德建堂者。此君亦老把式，所工多王帽戏，如《取荥阳》《上天台》等。其嗓甚大，惟味则干艮难听，曾由梅君代为操琴，则其胡琴居然拉出干艮难听之音，闻者无不大笑，德君虽然怏怏，终亦无如之何。此其一端，即可证明梅君之本领矣。其人禀赋殊弱，见人讷讷若不能言，及其没也，无不惜之。同时之号称胡琴名手、圣手者，以鄙人所见，实无一人能逮之者。

记者问：然则自有胡琴以来，即未有过于梅君者乎？

萧君答：此言虽未敢作如是之肯定语，而大体上如梅君技巧之健全者，则卑人目中的确所见无多。不过胡琴名手，亦不能谓仅梅君已足，尚有樊三先生其人。渠之胡琴，能带打出手。每拉至兴酣意恣之时，则以胡琴作一斤斗，而其声仍在“洸儿”之内。梨园中人谈及樊三先生，亦无不知者，特此则近于索隐行怪耳。

记者问：场上演剧，倘若拉胡琴人起错，演员究竟宜本自家之路子，抑应随胡琴乎？

萧君聆及此问，乃稍现踟蹰，答曰：此等问题，在从先实无人以之列入研究范围之内，何则？排练有夙，演时自应严丝合缝，岂容到场上时两相冲突乎？是以胡琴如果起错，演者仍案原本，虽然近于“抖漏子”，则唱者亦不能遽以为非。但为求补救起见，则演员如能随着弦走，其事更佳。鄙社之迟世恭，曾于某日演《宫门带》“挂带”，迟饰李渊。出场之摇板，本应唱二黄者，乃拉胡琴人一时大意，忽然为起西皮摇板。鄙人时在后台闻之，异常焦躁，而世恭则于是日居然能随机应变，亦唱了两句西皮。小孩如此，可谓“开窍”。因此剧本来是二黄，彼所拉者虽为西皮，演员竟唱二黄，鄙人虽然忝为教师，亦不能嗔责之。大抵今日之演剧法，无论何人何戏，最好先对一对，此所谓小心无过虞者。老生常谈，阁下得勿笑其拘乎？如鄙人后日（案萧君说此话时，系在本月二日），将与于连泉君演《打杠子》，今日则已前往对词，诚恐临时在台上之盖口，有“抢碰”之处，则难以对爱护诸君之雅意矣。

记者问：本年夏历正月，曾观萧君与于君连泉演《小上坟》《荷珠配》双出，中间并不隔戏，以萧君之花甲添一，依然骨腾肉飞如此，足见其为寿征。且是剧重唱，而二君之调门迥殊，萧君乃能自压调门，因之愈觉吃力，足征戏德綦深，令人钦佩。

萧君答：又承过奖，何以克当？原《小上坟》一剧，旦角为正，鄙人之喉咙虽稍响亮，又岂敢强占正角之上风，以自炫乎？此与《荡湖船》之勉随高弦，其事虽异，其理则无不同。且此等举动，在今时虽已稍可变通，若揆之老例，则终为同人所讥笑。鄙人非为谦抑，实亦不敢冒此大不韪耳。

记者问：此事亦曾有所证明否？

萧君答：何必傍求于外，即本人亦尝身受其讪也。回溯当年在四喜班时，合演《群英会》，由贾洪林君饰鲁肃，朱素云君饰周瑜，鄙人则饰蒋干。而贾君之嗓，本已塌中，以致唱时竭蹶万分。鄙人是时年方幼稚，意气飞扬，台下人缘甫佳，即妄思有以自炫。乃于“盗书见曹”后，孟德杀过蔡瑁、张允，始悟为中计，以言语申饬蒋干，蒋干怒不敢言，及曹操下后，蒋干仍须唱“似这等大功劳全不升赏”四句，鄙人一时胆大妄为，唱至“莫不是怨周郎不来归降”之末句，于“不来归降”四字，放一长腔，博得台下彩声大作。比及退归后台，私心方且自喜，而罗寿山先生，竟过鄙人之前，悄语之曰：“老二呀！你这是怎么啦？不许这么样儿呀！你想想：人家鲁肃是个正儿！你要是这么一来，回头贾洪林后头的‘借箭’一段儿，怎么唱呀？你自顾这么一来，也不怕外头人家笑话。”鄙人经罗寿山先生如此规诫，不觉汗流浃背，自惭无地，当时深觉难对贾君。以后即洗心自矢，无论遇何嗓音发滞之正角，亦绝不敢啃人，而今日谈及此事，尚深感罗先生对鄙人所谈者之为金石良言也。

记者问：向观萧君演剧，台上台下，判若天渊，深以为怪，今乃知其晋德之猛矣。

萧君答：此亦由于先师万泰先生之教训，鄙人又何晋德之有乎？盖鄙人曩从先师受业，先师尝诫之曰：“丑之一行，因所饰者多非端人，外间遂亦疑其无品。其实饰圣贤者未必即为圣贤，饰肖小者亦何尝即为肖小乎？不过品由人立而已。尔等所饰虽为丑角，而于下装后，万万不可使人一望而知即系唱丑角者。不但此也，兼且不可使人知为梨园角色。夫如是，然后可谓不负为从鄙人所学矣。”此先师之言如是。故鄙人对于行习竭力避免，亦以不敢忘先师之训耳。先师又尝训鄙人曰：“似汝之材质甚钝，我亦不敢多教，以防汝之遗忘。但汝须记住，‘信’之一字，可以终身行之，断断乎不可忘记。此语在我今日言之，恐汝尚不能了解，然后必有验。若其无验，以后汝可不必临我之墓，若已有验，汝可于我之墓上曰：‘师父在上，弟子这厢有礼了！’”先生夙性滑稽，故其出语亦为“善戏谑兮”。而先师此言，自今思之，“信”之一字，果然终身行之无尽。是知先师之以训诲鄙人者深矣，真非言语所能形容其感激涕零者也。而数十年来，未尝一日断饭者，亦即此“信”之一字为之。

记者问：闻萧君惯以安步当车，为运动之一种，其言信乎？

萧君答：然！惟鄙人之每日必走路者，亦非专为运动始然也。因鄙人之见解，有时甚为固陋，此每日必走之一事，亦由于先存此种固陋见解于心而生。缘鄙人硁硁之愚，以为天既赋人以四体百骸，则万万不可辜负。人之有腿，何为者乎？天之赋人以腿，即为走路所用也。若汝即有此健全之腿，而犹不肯走路，出入必须乘车，则为辜负天予汝腿之本意，其势必至于不能走路而后已矣。岂徒不能走路而已哉？又必别生疾病，或瘫痿诸患，皆难保其不生。鄙人之走路，别无其他意义，只是不肯辜负此腿而已。况每日由舍下至富连成社，不过一二里路，即往他处亦无非宣南一带，惭怍甚矣。忆随梅剧团赴湖南演剧时，同人多往游岳麓之山，或以鄙人年纪较大，不肯同往，恐有蹉跌。鄙人因知衡山为南岳，乃五岳之一，既到其下，岂可以衰老自馁，乃曰："无妨，我虽年老，尚能爬一气，绝不使诸君担心也！"遂与诸同仁一起爬山，居然极欢尽兴而归。

记者聆之，不胜钦羡，因曰：考之清人孙文定公《南游记》，有关于衡山之记载，曰"连峰争出，高不可止，复岭互藏，厚不可穷。石壁插青，流泉界白，气勃如蒸，岚深似黛。顶在云中，有若神龙，其首不见，而爪舒鳞跃，光怪陆离。'火维地荒，天假神柄'，应不诬也。衡山七十二峰，其最大者五：芙蓉、紫盖、石廪、天柱、祝融。南岳庙在祝融峰下，谒庙后，望五峰，其顶皆在云中”。则其高也可知。今虽陵谷变迁，或交通上比较便利，而究竟岳麓山亦不为矮矣，萧君以花甲之年，乃能与同伴中之年少爬山，其勇气足愧今之少年，无怪乎步行于城内，毫无倦容也。

萧君答：又承过誉。惟鄙人年来经一部友人之劝谕，或为同行者非一人，或为时间不许可，亦偶然乘人力车往来，不过若非上述之情形，则依然徒步耳。

记者问：萧君之腰脚健爽如此，固已可贵，乃脑力亦复过人，否则何以胸中能包藏若干本剧？

萧君答：鄙人之脑力，最为顽钝，何得谓为过人乎？不过鄙人有一秘诀，乃在留心而已。当鄙人在各班效力之时，即对本剧特别小心在意。如鄙人之义父卢胜奎君（即芦台子）以演连台《三国志》著名，鄙人于其演时，辄仔细观看，看毕皆记于心中。是以今对由《激权瑜》《舌战群儒》起，至八本《取南郡》《取桂阳》止之三国剧，尚能粗见本源者，即由彼时常看得来，内行有云“千学不如一看”者，即指此等处也。

记者问：萧先生不但能说《三国志》，而且一人能说二十本《五彩舆》，此亦看之力欤？

萧君答：诚然，惟《五彩舆》一剧，鄙人则不止看过，抑且参加于其内而表演之也。

记者问：此事在何时期？

萧君答：迩时鄙人方在四喜班中充当配角，因之曾演此剧。其时饰海瑞者为孙菊仙先生，饰冯莲芳者则杨桂云先生（朵仙[9]）也。

(9)原文作“小朵”。

记者问：然则萧君所饰，乃顾慥乎？

萧君答：顾慥一角，鄙人何敢饰之，乃先师万泰先生所饰也，鄙人则饰魏鸿科[10]。

(10)即魏应科，下同。

记者问：魏鸿科何如人也？

萧君答：乃淳安县之生员，为顾慥介绍太宰汪鋐，替汪彩霞作伐者。后因已许冯三元，顾慥抢亲，误抢秦阿瘦，而鄢懋卿又命鄢富、鄢贵重到顾家，将魏鸿科吊打，即其人也，乃为边之又边。盖此剧甚费角色，丑角尤甚。当时除去鄙人师徒以外，尚有罗寿山先生饰鄢懋卿，郭春山君饰赵卞虎（即淳安县之四衙），鄙人则以技术上之造诣，不如此数公者远甚，故只能饰魏鸿科，若饰它角，则难以称职矣。

记者问：此萧君之谦辞也。向观此剧于富连成，饰顾慥者为孙盛武君，饰鄢懋卿者为贯盛吉君，饰赵卞虎者为高富权君，其饰魏鸿科者，则尊嗣萧盛萱君也。初意何以大材小用如此？今闻萧君之言，始知为克绍箕裘之故耳。果也，其饰魏鸿科念“什么干妈干儿子的，干爹还这儿吊着呐”诸句，酷肖萧君，可谓能干蛊矣。

萧君答：太承过誉，盛萱今年二十四岁矣，其对艺术，更为幼稚卑弱，故鄙人令其尚须多加自修，即此，将来之成就如何，亦不敢预定，乃更承挂诸齿颊乎？

记者问：萧君在当时忙于演剧以外，尚能留心及于全剧之穿插结构，可云心细如发矣。

萧君答：此又有何细心之处。不过鄙人在当时喜观各种戏剧，非但不限于以丑为正者，且亦并不限于本戏。只在台帘后面，亦不到前台，妨碍人之视线。不图后来教科班戏，竟因之得到许多用处，亦非鄙人之原意如此也。尤忆与谭老板同台时，一日场上正演《铁龙山》，鄙人无事，亦到绣帘后观看。彼时此等大块武戏，无不整齐火炽者，鄙人伫立观之，异常上瘾。忽然觉身后有人，视之乃谭老板也，急忙闪身旁立。谭老板则以手指鄙人而作一种似嘲似讽、若抑若扬之态度曰："真的，你也太爱听戏了！"鄙人闻此，不觉惶愧久之。盖谭老板之意，以为鄙人对《铁龙山》一戏，乃大可以不看者，居然今亦肯看，是以出此言也。

记者问：萧君何言谭老板已必以萧君为不看《铁龙山》也？

萧君答：鄙行中人，因久习于剧，对于此道，有时深以为苦，并不感觉何等兴趣，故其观剧之时间颇少。即令偶然观剧，亦不外乎下列三种情形：一、演员与本人有密切之关系；二、此演员乃由外埠来京，从未在此露演，故必须前往一观，非但以广见闻，且以知其路数；三、本人亦会此剧，而尚未明了“地方儿”，观人演此，不啻学习其地方尺寸，此外即以看场子者为多矣。如《铁龙山》一剧，谭老板之所以认鄙人为断无一观之理由者，乃因此为大块武戏，无论反正方面，如姜维、司马师、米当大王、陈泰、马岱、夏侯霸、郭淮等，并无一名丑角，鄙人岂能模仿“观星”之大起霸，或战女兵之“打八件”？故谭老板见鄙人立于帘后观看《铁龙山》，认为乃“太爱听戏”也。

记者问：姜维一角，相传从先乃为武花脸工，后由俞菊笙先生始改为以武生扮演，信乎？

萧君答：截行如截山，鄙人所习者为小花面，对此究竟如何，不敢下十二分之断语。惟《铁龙山》中之姜维，从先钱金福先生亦尝演过，其勾红脸扎绿靠之扮相，实亦不过《大兴梁山》关胜之类，今之《大兴梁山》中关胜一角，非尚以武花脸扮者乎？然鄙人所谈，因观《铁龙山》而被谭老板见笑之时期，姜维一角，即已由武生扮演矣。

记者问：《铁龙山》中之姜维，既闻命矣，然则《天水关》之姜维，又当由何角扮演？

萧君答：此则鄙人较有确知，其姜维一角，乃由铜锤花脸扮演，的然无疑。

记者问：过去演此剧者，与今有何异同之处？

萧君答：当然有其不同之处。盖从先演戏，最重完全，必须全头全尾，始能成一佳剧，今则多半减头去尾，而台下视之亦无异词，诚今昔之不同矣。如《天水关》一剧，从先必上老旦，今则多已减去，是非减头去尾而何？

记者问：萧君所言之老旦，所饰剧中人是何名义？

萧君答：乃姜母也。此剧中对姜维之为孝子，必有特殊之描写。故孔明之唱词有云“我不爱将军的韬略广，爱将军是一个贤孝的儿郎”，而姜维先亦有词曰“冀州县还有那年迈高堂”，孔明则曰“将军要见高堂母”云云，既曰“年迈高堂”，岂有不上老旦之理？今竟将此角色无形减去，始作俑者不知何人，此亦可云“觚不觚”矣。

记者问：此老旦之在《天水关》中有何表演，尚希萧君见教？

萧君答：此老旦在昔虽为例有，但亦无多表演，不过上来之后，即有旗牌接到汉营，故于姜维被困之时，孔明以“将军要见高堂母”诘之，正以有十足之把握耳。

记者问：以如此简单之场子，何以近来亦被减去？

萧君答：此场被减去之原因，似乎不在于老旦，而在于赵云。因此剧中之赵云，虽挂白三，却为戴帅盔扎白靠之角色，若上老旦，则赵云尚须易装，徒占时间，而饰赵云者又须卸靠，即箱上亦感觉麻烦矣。后乃一概从略，成为今日之形状焉。

记者问：赵云改装后，成何扮相？

萧君答：乃戴大页巾，穿青马褂，素箭衣，系鸾带，作为一种旗牌装束。见姜母后，诈称为奉姜维之命，前来迎母，即请至汉营去矣。不然，将姜维围困在垓心之时，魏延、马岱、关兴、张苞四将俱在，独无赵云，此又是何故欤？是以外江剧中有一武剧，名《贤孝子》，见者认为创举。实则此即三十年前之京朝派的《天水关》，不过今人演之从减耳。

记者问：《凤鸣关》一剧，今皆单演，不知从前有与《天水关》并为一演者否？

萧君答：有之，乃在孔明发兵、姜维未上之前，先上韩德父子五人，与赵云大战，即今拆唱之《凤鸣关》也。

记者问：相传从先《天水关》一出，乃须生之开蒙戏，信乎？

萧君答：是也！彼时每一童伶须生出演，总不外乎此一类剧，与今之情形，颇不相同。

记者问：此剧之孔明，并非需要娃娃腔，如《醉写》《金马门》之流，何以童伶必须从此演唱？

萧君答：因此剧之腔调齐全也。盖此剧中之孔明，前二黄后西皮，除去无反调、四平调等，亦不啻应有尽有，而花面扎靠又不需要大打者，亦仅止此剧中之姜维，故老伶工之授徒者，必愿使之先演此一路戏，以为艺术基础。非如今之童伶，每一出台，辄欲与成年之人，一争上下床也。

记者问：《天水关》一剧，既为习须生者所必先演，不识习旦角者，又以何剧为先务？

萧君答：此当然是演《彩楼配》，亦以此剧中之西皮倒板、西皮原板、二六板等，无不汇萃于一出之内，似乎较之习须生者之演《天水关》，尤为组织健全，是以在昔习旦角之童伶，又奉之以为金科玉律焉。

记者问：在昔亦有演唱全部《王宝钏》者乎？

萧君答：无之，盖此全部《王宝钏》一日演全，微论从先无人演之，即有之，亦恐难以叫座，即以鄙人来论，假定我为顾客，亦绝不肯花钱来听。

记者愕然曰：此何谓也？

萧君答：从先派戏，不但忌同配搭，忌同扮相，且忌同唱工，而此全部《王宝钏》中，通上到下，并无一句二黄。且以之为撒手锏者，无非西皮倒板、三眼、西皮原板、二六、快板，如是而已，除去“别窑”一场，稍有不同以外，絮絮叨叨，翻来覆去，无非只此种腔。如“梳妆打扮出绣房”与“有劳大嫂一声唤”，万无不同之理。而“昨晚一梦太跷蹊”与“昔日里有一个孟姜女”，又何分别之有乎？且也，此全部《王宝钏》中，二六太多，始自《彩楼配》之“手扶栏杆看端详”，以下如《探窑》《武家坡》中皆有二六，此已嫌太多矣。不意在《赶三关》中，代战公主之上，亦唱一段二六，此真叠床架屋之办法也。此外老生亦然，只一《武家坡》中，“一马离了番邦界”“八月十五月光明”“二月二日龙发现”，须连唱三个倒板，而老旦《探窑》时在车上唱一段，《大登殿》时又在车上唱一段，一似除此以外，别无办法者。老辈既不敢乱创花腔，如此重腔之戏，又岂敢一日演至“八出”之多乎？

记者问：从先之老演员，闻皆不尚花腔，而惟务嗓门高吭，此言是否？

萧君答：是也！因从前老角色所演之剧，惟重硬砍实凿，不知取巧偷奸。无论皮黄，即梆子亦复如是。而一逢全部《王宝钏》之多重腔者，遂无办法矣。此固前人之拙，亦前人之认真也。

记者问：在昔相传，谓有名元元红郭宝臣君，善演梆子，每在大栅栏之戏园，引颈高歌，行人之好事者，蹀躞于正阳门外桥头，亦能聆其雅奏，此事确否？

萧君答：事诚有之，不过阁下所言之地方，似有不同也。因正阳门外桥头，为最繁华之处，即在清末亦复热闹非常。而曩日之轿车，每一行动，雷声隆隆，郭先生虽有佳嗓，亦为［此］种喧哗之音所扰，难以听到。然则在大街之上，即不能听到郭先生之妙奏乎？是又不然。盖郭先生在大栅栏演剧时，人若行于护城河堤之上，至“高明远”后身，则郭先生所歌唱者，一字一板，恍如置身园内，其嗓音之大可知矣（“高明远”为当年北京著名三大茶馆之一，所谓三大茶馆者，乃天全、汇丰、高明远，皆带红炉。《帝京岁时纪胜》所云之“满洲桌面，高明远茶馆舍前门”，此即指此地也）。

记者问：曩闻谭老板曾从郭先生学习秦句，此事信有之乎？

萧君答：有之，惟并未学何全出，乃仅仅学十六句而已。

记者问：谭老板从郭先生学十六句秦腔，此秦腔是何词句，及为本来何剧上之所有者，萧君可否见示？

萧君答：向已言之，截行如截山，鄙人并未学过秦腔，是以对阁下此问，难以置覆焉。

记者问：然则谭老板学郭先生之十六句秦腔，究以用之何剧乎？

萧君答：此则略有所闻，乃用之于《盗魂铃》中，谭老板饰猪八戒，而其中穿插以种种科诨，可以随便歌唱各种时调小曲，而谭老板从郭先生所学之十六句梆子，亦于此一剧中大展歌喉，使人聆之几乎可以乱真，然二人既为相交，昕夕过从，则亦比较容易矣。

记者问：当日谭老板演《盗魂铃》，是否与今人所演者无异？

萧君答：谭老板在世时，此剧本不常演，偶然贴出，必致万人空巷。其穿插与今人所演亦无大异，不过谭老板乃武生出身，其功夫之美妙，有非今人所能逮者，又不徒以唱工见长也。

记者问：萧君在当年亦曾演梆子剧否？

萧君答：鄙人并不能演秦腔，不过当年在玉成班时，所演者多为“风搅雪”，即一出梆子一出二黄，鄙人所与配演者，皆皮黄也。

记者问：小花脸在剧中，有为皇帝者乎？

萧君答：有之，不过此为新戏，乃鄙人当日与徐碧云君合作时所演之《褒姒》，其幽王一角以丑扮演，是时即由鄙人承其乏焉。此外以丑角而为皇帝者，尚未之前闻。

记者问：以丑角而为皇帝，此例从前似乎无有，而《褒姒》一剧中之幽王，似乎从先亦为大花面扮演，久闻是说，未知确否？因萧君曾演此剧，用敢请教。

萧君答：诚然，幽王一角过去皆以大花面饰，此本老剧名《焚烟墩》，即指褒姒不笑，“幽王烽火戏诸侯”以媚之事。又有一零出剧，名曰《挡幽》，乃犬戎主作乱以后，幽王逃走，申伯奉命阻之，结果念在郎舅之情，终放之去。鄙人与徐君合作时，则以此剧颇费花脸，且以一时无适当之人才，故幽王一角，遂以鄙人扮演之。其饰郑伯友者，则尚君和玉也。

记者问：旧闻申伯一角，亦勾红脸，确否？

萧君答：因《挡幽》一剧，与《华容挡曹》《土台挡亮》(11)，共为“三挡”，其申伯、关公、康茂才三角，皆为红生，幽王、曹操、陈友谅三角，皆为大花面。既曰红生，则当然宜勾红脸矣。不过，除去《华容道》以外，其《挡幽》《挡亮》，皆列开场演之，有为省事起见者，遂不勾脸矣，若从严格，仍当勾脸也。

(11) 该剧名现作《挡谅》，以前戏班概称之为《挡亮》。

记者问：次于皇帝一等之国君，在戏剧中，亦有勾脸者否？

萧君答：只有战国齐王，多为小花脸者，如《海潮珠》之齐庄公、《黄金台》之齐愍王、《湘江会》之齐宣王等皆是，此外未之多闻。

记者问：其中亦有说乎？是否对山东人士有何嘲笑之处？

萧君答：此事出于偶然，绝非对山东人士有何嘲笑之处也。因戏班为任何码头皆去演唱者，而京师又为五方杂处之地，从先戏园与饭馆，尤有“水马不离槽”之势（各园定座，多经饭馆之手），而彼时之业饭馆者，亦以齐鲁人士为多，彼又何敢嘲谑山东人士乎。不过戏剧一道，重在褒贬，庄公私通棠姜，愍王纵妃杀子，齐宣王先信无盐娘娘，后亦听信谗言，皆为周幽王之类，故以小花脸扮之，亦示“予夺”之意耳。

记者问：由于《挡幽》一剧，昔有今无，则可知老戏之失传多矣。萧君必能道其一部，何妨略举数则以见示。

萧君聆及鄙人之语，颇现踟蹰，既而曰：鄙人生性古鲠，从来不解何为藏私，既承问及失传之老剧，当然愿举所知，不过此中有一困难，甚愿阁下谈此事时，于文字之前，加以说明。盖近年以来，人心渐趋复古，加以为好奇之心理所驱使，颇知注重冷戏，而每一闻有新奇之作，或为舞台上失传之多年冷戏，即有若干知名之士纷烦演唱，其会者固无关系，而亦实有耳闻目见，却未尝从师学习过者，如此事实上乃不能不为婉拒，因之遂易得罪人矣。如阁下所问失传之老戏，鄙人在丑言丑，亦略知一二出，但皆为开场之小戏，惟实实在在未尝学过，今欲言之，务请先切确声明，鄙人虽然见过，实系不会演唱者，否则恐又有人要求烦演，而一加拒绝，则为开罪于人矣，此亦鄙人不得已之苦衷也。

记者笑曰：此层请萧君释虑，因若承指示，不言则已，苟欲言之，则亦必将萧君所顾虑者，一一声述于前也，尚祈萧君示知其目。

萧君答：此等除去《荡湖船》《打连厢》之类，尚有《换布》《算卦》《吃面》等，皆昔所常演，今久无闻者也。

记者问：何为《换布》？

萧君答：此乃一闹剧，角色则为两丑与一玩笑旦。戏中并未述明是何年日月，仅有一妇人，幼年失教，泼悍无耻，每逢买物，必要讨相当之便宜。一日，有一货郎，来售棉花，此妇人因手中无钱，遂以所织之布换之，乃与卖棉花之货郎，花言巧语，冀得便宜，而此货郎亦针锋麦芒者流，不肯示弱。于是尔诈我虞，交易终未能成。但已互偷一块，此妇人偷去货郎之棉花，货郎亦偷去妇人之布，二人遂发生争吵。有街坊之老汉加以劝解，各述其理由，老汉代为搜检，果从货郎身边扫出妇人之布，而未能从搜（妇）人身畔搜出棉花，妇人虽得便宜，却仍莺嗔燕叱不已。老汉亦以货郎为真赃实犯，对之大加咆哮，货郎迫不得已，乃指破妇人藏棉花之所在，妇人大为失措，当时粉面羞红，将棉花取出，掷黏于老汉之额上，疾跑而下。货郎见棉花已湿，不能再用，遂亦认倒霉，盖纯玩笑戏也。

记者曰：此剧至今在山西梆子中尚有之，或名《布换花》，或名《花换布》，所表演者，与萧君之言无殊。初以为是梆子班之胡闹，今闻萧君之言，乃知亦为固有者也。但此种表演，似乎太亵。

萧君答：诚然。此等剧之在今日，已受天演淘汰。姑不必论有无外人加以禁演，即其本身已不能存在矣。盖过去剧园中之情形，与今日有异。第一，彼时妇女无论何人，一律不得入园看戏，则其所表演者固不妨稍涉猥亵。时至今日，幼童妇女无不入园看戏者，此等岂能随便上台乎？此乃指其前台方面，若后台方面，彼时不兴坤角，故于风化之禁网少弛。今则男女合演矣，此类戏又一万万不能存在之理由。

记者问：何谓《算命》?

萧君答：此又一失传之小剧，乃何文秀回家，其妻吴兰英算命之故事，穿插并无甚新奇。

记者问：此剧之内容，究竟可得而闻欤?

萧君答：《算卦》一剧，乃有何文秀者，亦宦门之子，路过山东，山东有陈巡抚者，与何之父有仇，遂派一扬州理刑名李纲清者，将何文秀密拿陷害。李纲清者，乃何父之门生，将文秀释放，而令其改装为云游道人，每日唱歌道情度日。因误入吴府花园，有吴兰英小姐，赠以金扣白银，暗订终身。事被吴父所闻，欲将文秀打死，与其女兰英一同用绳索捆绑，送入太湖，幸得吴母见怜，赠银使之逃走。夫妇逃至海宁，僦室而居，房主张堂，因见兰英貌美，意图霸占。伪言与文秀结义，以酒灌醉，自杀丫鬟，诬为文秀因奸不允所害，送至当官，屈打成招。后有御史恤刑，得释出狱，一路改名进京，竟尔得中状元，被封为七省盘查都御史之职，敕赐尚方宝剑，先斩后奏。文秀因与兰英三年未见，亦不知其生死，乃改装为卜者，暗地私访。其时兰英因夫陷狱，欲谋自尽，为一杨妈妈者解救，同逃于外。因念文秀，未识其行踪何往，乃延文秀算命，说破前情，文秀代为写状，令其于新任按院面前，拦马告状。其后夫妻见面，卒将张堂捕获到官，一鞠而服。兰英之父，因文秀已然显达，遂亦不顾前嫌，与之相认。剧情只演何文秀卖卜，吴兰英算卦，故名之曰“算命”也。

记者问：萧君所言此《算卦》一剧，记于《缀白裘》，十一集卷三中曾见之，即名《算命》。其中之角色，似无丑角，不识萧君所言之丑角系何人？

萧君答：在此剧中，其搭救何（吴）兰英同逃收留者，不有一“杨门姚氏”乎？此角色在昔虽云以老旦扮演，但至后来，则此老旦角色，已然改为丑角扮演之婆子戏矣。故过去有演《算命写状》者，多以此为主角。因何文秀与吴兰英夫妻之互相欲认不敢认的神色，全仗此饰婆子之角从中点染，始能生动异常。

记者问：此杨妈妈一角，既携吴兰英逃走，而于写状时，又肯亲自落名，则当然是一好人，既为好人，何以又由老旦改归丑角扮演？

萧君答：凡以丑角扮演者皆为坏人，此说实根本不能成立。因丑角凡系心直口快、性好说笑之人，皆可以丑角扮演。此杨奶奶（妈妈），既肯替干女儿出头告状，则为心直口快、性好说笑之人，殆无疑义，其以丑角扮之，亦非不宜也。如《四进士》一剧，其救杨素贞者，原动力本多出自万氏，而万氏一角，非以丑角扮演者乎？鄙人近且与马温如君演之，则此剧中之杨妈［妈］，以丑饰之，亦无不可矣。

记者问：何为《吃面》？向闻《泗州城》，有带

“吃面”之说，岂谓《泗州城》乎？

萧君答：非也。《泗州城》之“吃面”，乃水母娘娘于被神将杀败之后逃走，观音大士，先已知觉，遂又变为一卖面之老媪，水母娘娘逃至此处，腹中正然饥饿，乃吞食之，不料成一盘锁链，将水母娘娘锁住。此戏若在台上表演之，乃须用一切面铺之面幌子式彩纸，由武旦衔于口内，自桌上翻下，是为《泗州城》带“吃面”。今日富社演时，尚必带此场。而鄙人所言之《吃面》，则为杨七郎也。

记者闻此，实乃前所未闻，因问：《杨七郎吃面》中之杨七郎为何角色扮演乎？

萧君答：杨七郎之脸谱，在戏中初无二种，仍为黑瓢子，加云头，正中乃一白粉书之一笔虎字，是为花脸扮相，与其他各剧，固无悬殊也。

记者问：然则此剧即以杨七郎为主角乎？

萧君答：此等开场小戏，用人不多，无所谓绝对主角。此剧杨七郎之对方，乃一老丑，亦挂白四喜，戴小方巾，穿紫花老斗，系绦子，拿拐杖。犹之它剧中土地爷之扮相焉。

记者问：此《杨七郎吃面》，表演之于台上如是，而究竟杨七郎何必吃此面乎？

萧君答：《杨家将》中，不曾载杨七郎有瞪箭法、喝箭法乎？故潘洪于绑之标竿，用乱箭攒射之时，必须“脸蒙黑布”“耳灌黄蜡”，然后始能射死之，而究竟杨七郎何以有此本领，能“瞪箭”“喝箭”乎？则由于食此老人之面也。此老人者，亦为一神人，是以其面具有如许之神效。好在开场小戏，究其实际，不过神话而已。

记者因聆萧君谈及神化剧，遂问：《天香庆节》一剧，萧君曾演之乎？

萧君答：曾演之。原此剧乃为王长林先生之拿手，曩在第一舞台王瑶青先生演此时，即由王长林扮演赤兔。鄙人本不敢效颦献丑，后因为帮徐碧云君之忙，徐君饰玉兔，鄙人饰赤兔，曾一演之，借以点缀节令，而后来即未再演之。

记者问：前聆某班演此，于赤兔迎娶玉兔之时，有一段〔南锣〕，萧君演时亦有之乎？

萧君答：此剧本非鄙人常演之剧，不过曩与徐碧云君合作时，以此为本剧之一，一时既无相当人才，只好由鄙人承乏，今既事隔多年，已记不甚清矣。

记者问：前观富连成社演《太真外传》，由李世芳饰杨贵妃，而詹世辅所饰之杨国忠，亦于出场之时，即念〔南锣〕。聆之不惟美听，且在一般剧中，更显别致。至于下场之耍袖子、扇扇子等小人得志之神色，亦表演无一不佳。世辅之剧，多由萧君指授，社会上人咸知之，而在头本《太真外传》中之杨国忠出场念〔南锣〕，是否原排中即如此，抑萧君与梅畹华君同演时，特意将此一段〔南锣〕添入，以为讨俏动听计乎？

萧君答：此段〔南锣〕，既非原排如此，亦非为讨俏头，乃鄙人临时所改也，其间经过，尚可供为谈资。案此剧之原排，杨国忠出场乃念〔数子〕，而中为踵事增华，竟将某坤伶名列入。此女士者，盖亦与畹华一度发生亲族关系者也。〔数子〕已然编成，鄙人念之，亦既琅琅上口。不料是晚开戏之后，此女士者，亦姗姗而来，坐于粉白鸾绿、鬓影钗光之包厢中听戏，被徐兰沅君发觉，认为女士者既来聆剧，若于杨国忠之口中道及其芳名，未免易启误会，乃入后台，请鄙人删去之。鄙人一闻徐兰沅君之言，不觉大感困难。因改词之事，虽为舞台上所时有，不过改词与改词，又有不同，而于〔数板〕中之改词尤难。原〔数板〕为有板有眼之念头，念时必须紧凑，如一串牟尼，若念词稍有不熟，即难免于啐风吃栗。而此《太真外传》中杨国忠之〔数板〕，又系新排乍练，即此念之，尤恐有所失闪。倘于其中又窜改以新词，一时竟"吃栗子"，则不但于本人之声名有碍，抑恐于梅君之新戏无光也。然某女士者即坐于包厢之中，竟闻戏台上之杨国忠直斥其名，此亦人情所难堪者。再四思维，最后始想起不如改念〔南锣〕。〔南锣〕与〔数板〕不同，其最大之好处，在于有"小过门"，念毕上句，可于"小过门"中留为思忖之余地。于是决定改念〔南锣〕，即今日普通之词也。至于詹生世辅，人尚聪明，亦有演戏天才，只以正在倒仓期间，遂难断其未来之成就耳。

记者聆毕萧君之言，因问：戏词上之错字讹音，历来甚夥。萧君非但品端艺粹，而且学问优长，于同侪中之错误，想必不少改正之处。

萧君答："改正"二字，得以克当。不过鄙人赋性耿直，每有所见，如鲠在喉，不吐不快，所幸同行中类皆明达之士，故多不以鄙言为忤焉。忆与杨小楼君配演《落马湖》时，杨君饰黄天霸，于见褚彪时，例念一句"恳求老丈"。乃杨君念此，初为"冒求老丈"。鄙人在后台闻之，及杨君下装后，鄙人即谓之曰："方才你在'拜庄'之时，所念'恳求老丈'之'恳'字，得以读作'冒'字？"杨君愕然曰："我以为是冒昧之意也，故曰'冒求老丈'。"鄙人曰："此字音恳，恳乃恳求之意，若念为'冒'，则大错矣！"杨君曰："谨受教！"自是遂改《落马湖》中之"冒求老丈"为"恳求老丈"矣。又《霸王别姬》一剧，项羽所念，有"馘斩项王头"。此"馘"字在剧中的为少见之字，本音读"或"，乃有念为"阅斩项王头""要斩项王头"者。惟富连成社演此，仍为"或斩项王头"，但此非鄙人改正之力，乃王连平君所厘定也。王君之貌虽寝，而才兼文武，腹笥极博，所有富社之武剧，多出王君总其大成，初不只此"馘斩项王头"之一事耳。

记者问：此处萧君之所言者，似皆非大改革，其中亦有较重大之改革处乎？

萧君答：有之，即不自揣其简陋，欲改正神戏之一事焉。原梨园习惯，祀神时必演神戏，所谓神戏者非它，即《六国封相》是也。此剧出于苏复之所作之《金印记》传奇，上一黄门，一苏秦，唱〔点绛唇〕〔混江龙〕等，惟亦有今昔之不同。盖从先演此，尚有〔北村里迓鼓〕〔后庭花〕〔北梧桐儿〕等，并上六国使臣。今则只上一黄门官，唱毕〔混江龙〕，即可焚燎谢神矣。然鄙人对此，久有怀疑。因苏秦者，无非一奸险谲诈之小人耳，其以口说游说六国，又无非为一己之利益计耳。以此等人，虽骤猎高官，亦不足为后世法，不可以之荐于神明之前也。因昔人有言："纵横之说，童子羞之。"而《纲鉴》载，遂昌尹氏之说曰："昔苏轼有言'苏秦之为纵也，合天下之异以为同，联六姓之疏以为亲'，以谓事之甚难者。当是时也，秦人并吞之势已形，六国之君，皆不能如孟子所谓'行仁政，修忠信，以挞其坚甲利兵'，则为目前救急之计者，舍合纵之外，亦未有它策。苏秦适逢其机，故不旋踵遂合于一。惜乎秦之为谋，徒能捭阖其说，以利而啖六国耳！天下大势，利害所在，彼固不能深言之也。"是苏秦之说六国以合纵者，根本已无可取。况周显王四十五年，苏秦自燕奔齐，《通鉴纲目》载其事曰："苏秦通于燕文公之夫人，恐得罪，说易王曰：'臣居燕，不能使燕重，而在齐，则燕重。'王许之，乃伪得罪于燕而奔齐。齐王以为客卿，秦说齐王高宫室，大苑囿，以明得意，欲以鄙齐而为燕。"及慎靓王四年，同书又载：“齐大夫杀苏秦。”注曰：“齐大夫与苏秦争宠，刺秦杀之。”则苏秦之行径，全是一反复小人，何可以之献于神明之前乎。且苏秦既为燕相，则系燕臣，而乃通于燕文公之夫人，不惟淫乱，斯尤以小犯上。格言云“万恶淫为首，百善孝当先”，梨园行中，尤须服膺此训，今于神戏中间，使此淫乱小人袍笏登场，则戏曲教忠教孝之谓何乎？是断断不可［不］予以改正者也。故鄙人之有志改革神戏者，实乃基于上述苏秦不足献神之理由。然此等事件，若无人帮忙，亦难望其成就。幸有梅剧团之场面霍文元君，闻鄙人之倡议，亟赞成之，因于赴汉口、长沙之途中，在船内不时谈及，竟改成一支〔玉芙蓉〕。意义仿佛有许多国君，各派使臣，来至天朝献宝，惟其年月日时，难以杜撰，只得付之缺如，而所称者，则为寡君，虽曰含混，似与体制尚符。此戏成后，由霍文元君制好工尺，而又惧蹈愚而自用之讥，乃请齐如山君，代为斟酌，并求拟一缘起，而齐君又转请其友段君子立代为撰构，鄙人特邀段齐二君便酌。翌日，段君果然草为巨文，洋洋洒洒，诚大才也。

萧君谈及此文，因出以见示（记者案：段子立君，名鹤寿，籍隶山西，而寄籍大兴，为人任侠尚义，与瑞景苏先生为忘年交，于瑞殁后，特纪济其丧，风义久已著于士林），至是，记者遂请于萧君曰：录以付劂可乎？

萧君答：可。

记者因转录于此，下即段君原文也。

梨园祭祀改革刍议

戏剧有改良社会风俗习惯之责，应追随时代加以矫正，并非囿于所闻，一成而不变也。至于戏社，其地位虽微，然实为一国家社会之缩小，一切组织构造，均为一时代之反映，足以影响社会国家，而不容其违反潮流，贻讥于人也。窃案梨园往日如成立戏班，或封箱时，必择日祭神，例应献戏三出，即《加官》《封相》《金榜》是也。《加官》所用颂语，多与时代不合，不揣荒谬，另为拟定数项，应用各处，似尚较为适宜也。至于《封相》，系表演苏秦游说六国事，世人甚为艳称，而鄙人则至以为不然。此当就戏社本身，及国家大局，分别言之。考之正史，苏秦当战国七雄扰攘之时，历说燕、赵、韩、魏、齐、楚六君，六国纵合并力，以苏秦为纵约长，并相六国，于是秦兵不敢出者十五年。其后六国分离，纵约皆解，而苏秦通于易王母，惧诛，乃为燕行反间计于齐，欲使齐国内乱，使燕乘之。未及，齐大夫多与苏秦争宠者，使人刺秦遂死，司马迁以为与张仪皆为倾危之士，而苏秦尤为天下共笑。至于稗官之《列国志》，于苏秦更多丑诋，髯翁论苏秦乃反复小人之才。由上观之，苏秦纯恃口舌，挑拨离间，以取功名富贵，于国家未建功勋，且不能保其生命，而六国亦卒被秦并吞，是则其人不足取，其事不足法也。若就戏社本身而言，实不应崇奉此剧，一似组织戏社须似苏秦之舌敝唇焦，而始得成功者，是其开始即无同心合德之意，而其后六国瓦解，甚不吉利，使同人不能生良好观感，用之祭祀，神将不享，此其应改善者一也。若就国家大局言之，分崩离析，原为极不幸之现象，今戏剧既为改良社会之先驱，此时岂可推波助澜，仍以苏秦之挑拨离间，为美谈乎？此其应改善者二也。窃意我梨园界，不少明达有识之士，区区浅陋之见，当为诸位贤哲所共喻，不避僭妄之讥，谨以拙见改名目曰《万国来朝》，疏漏悖谬之处，尚希教正！

以上皆段子立先生原文，因代萧君立言，故有“我梨园界”之语。

记者录毕，仍以还之萧君。萧君续谓：案《万国来朝》之一类戏，从前本皆有之，如《天香庆节》中有暹罗国王与缅甸国王进宝，金乌始盗去宝珠。又如八本《普天乐》（即《铡判官》）中，亦有十国国王前来进宝，中皆安南国王、暹罗国王、高丽国王、琉球国王、缅甸国王、波斯国王等前来进宝。今以时代稍殊，为免夜郎自大之讥，改植为各国使臣捧表前来，此似尤有合于变通古今，且此在梨园行，更为古制共同之吉祥故事，今犹有可征者，不过人皆不甚留心耳。

记者问：其征安在？

萧君答：此不必旁搜远绍，可于广和戏院之舞台上观之，即足为此证明。

记者问：广和戏院，何能证明此事？

萧君答：广和戏院之台上不曾绘有大西洋、吐鲁番之各国服制人形乎？是即“进宝图”也。

记者闻此，不胜钦佩，因再问萧君之生活何若？

萧君答：除去有戏演戏，及到富连成社教导诸生以外，即置有茅屋数所，分在宣南内外，因今夏多雨，渗漏之处颇多，鄙人乃分往四处，往来监工，视其渗漏崩圮之处，随时加以修葺。此事似不免为贤达所笑，然饱食终日，无所用心，而又凛受“老悖不念子孙”之讥也。

记者因与萧君久谈，恐其劳乏，乃向之致谢作辞而出。归来又是满城灯火，匝地红云矣。

二

采访人：王柱宇

原载1933年3月25—28日《世界晚报》（北平）

富连成新出科之萧盛萱为萧长华之子
丑角用功以全力练习白口

小丑一行，自王长林作古后，即推萧长华为第一人物。且小丑之长处，全在语言诙谐，博得台下人之一笑。论嗓音之清脆嘹亮，咬字之平正准确，衷气之充实悠长，尚以萧长华为前无古人，今无来者。虽王长林，对之亦有逊色。近年以来，梅兰芳上台，常约萧合演，红花绿叶，殊极互相辉映之妙。萧在富连成科班中，常年担任教师。一般生徒，受其涵育熏陶，亦老成中不可多得之人物也。记者特于昨日，赴宣外棉花下六条二号萧之寓所，面加访问，萧接见后，与记者谈话如次。

萧之家世

记者问：萧君原籍，为本地人乎？

萧答：梨园行同业，多为南方人。过去者，如程长庚、谭鑫培，现存者，如梅兰芳、余叔岩、时慧宝等等，皆系出南中，蜚声北地。本人原籍江西，流寓淮扬。至先严之世，于前清咸丰年间，因发匪之乱，与先祖母、先伯，三人避难北来，即在此间落户。不过本人则生长此间，以出生地言，亦可谓为北京人耳。先严于七十八岁时，始作古。本人今年五十六岁，鬻技为生，足敷家口之温饱而已。小儿名盛萱，甫毕业于富连成科班，遗传性所关，亦习小丑。有子能承父业，本人于愿斯足矣。

门里出身

记者问：萧君之技，卓绝一时。果师承于何人？幼年亦曾坐科乎？

萧答：梨园行人，有为科班出身者，有为票友出身者，亦有为门里出身者。本人并未入科班。缘先严占魁公[1]，昔年以唱丑闻名一时，乃出其余绪，以教本人。不过，在家学戏，照例亦须延师，供逐日用功之指导者。至于个中妙秘，则原于世代相传而已。

(1) 其父名镇奎，参见前篇注（1）。

记者问：小丑一行，每日所用何功？

萧答：任何一种之学术技艺，皆非经常锻炼不可。其他各角，有唱工，有做派，有白口，以及化装表情等，须下相当之功夫。丑角亦然。不过他角练习，最注意者为唱工，丑角一行，最注意者，乃为白口。盖丑角职务，专在插科打诨，引人发笑，必其嗓音欠缺，无法以唱工见长，始入此途。在一般戏剧中，充正角、拿大份者，非老生即青衣，黑净、老旦亦有唱压轴之可能，独丑角登台，多为辅佐性质。嗓能唱者，皆不肯放弃其天然之长处，至于为人充配角。究竟，习丑者，亦自有其困难之点。如科诨逗笑一端，同是中国人，同说中国话，何以丑角说出，则令人笑不可仰；普通人说出，则听者麻木不仁？此即曾经练习与未曾练习之分。而以唱丑为业者，自非经常练习白口不可。

唱属例外

记者问：丑角亦有大段唱词乎？

萧答：以原则言，本无大段唱词。因就听戏者言，对于听唱之要求，概以全力注意于生旦净各角，而于丑角之希望，只在供给其张口大笑。若丑角上台，西皮二黄，一板三眼，刺刺不估（休），听者将恨之刺骨，则唱出大段戏词，亦有何用处。然嗓音较佳之丑角，往往自行编出较长之唱词，在剧中，聊资点缀，究亦例外之举，不可经常为之，至于惹人厌恶。盖他□可作红花，丑则处于绿叶地位，喧宾夺主，在情理上，实非所宜也。

戏中丑角一行无法对付
红豆馆主于《群英会》各角皆所兼工

逗笑之难

记者问：剧中小丑一角，似可以对付充数矣？

萧答：戏中角色，生旦净末丑，各角有各角之难处，各角有各角之特长。若言对付，其他各角，尚可发挥个人之长，掩饰个人之短。听戏者，若囫囵吞枣，尽可朦过。惟丑角一行，全恃生性聪颖，机警过人，始能胜任愉快。稍嫌呆笨，观众即觉索然无味。故丑角一行，实为无法对付者。质佳者既不肯学，鲁钝者又不能学，而丑角中之高明人才，乃如披沙拣金，不可多得。丑角之难，试再为申述其意。哭与笑二者，似均由天性中发出，不容加以勉强。然哭之一事，可以人为之力，迫使不得不哭。始终不哭，以棍击之，至头破血出后，遂不得不哭。至于使人笑，则完全为对方之自由。对方不笑，哀求之，固不肯笑，敲扑之，愈不罢（发）笑。故使人笑，乃为最难之一事。丑角纯以逗笑为务，故其责任，较之他角，尚属严格，无假借之余地。

两种白口

记者问：丑角既以白口见长，而丑之白口，与说话相等，则语言流利者，自能以白口见长。亦有练习之必要乎？

萧答：小丑之白口，分“中州韵”“京白”之两种。大抵，三花脸用中州韵，方巾丑用京白。[2] 所谓中州韵，即“成”“京”“兴”之类，完全归入“人辰辙”，而京白则完全用北京话。“成”“京”“兴”等字，与人辰辙即不生关系。但无论用中州韵，用京白，尖团字在所必讲，须分别清楚。且语气之断续，声音之重轻，又须出人意外。不然，即不能引人发笑。凡此种种，俱非长期练习不可。在台下听戏，以为台上之唱工白口，无甚出奇。其实，上得台去，一字一腔，一语一动，皆为千目所视，千手所指，稍有过失，乃如日月之蚀焉。其困难，有非局外人所能知者。往往一种之聪明人，无事家居，唱几句西皮二黄，自以为合拍中节，气死谭鑫培，亚赛程长庚。一旦上弦索，上锣鼓，即致荒腔走板，遗忘词句。若更粉墨登场，或且头晕眼花，嗓音暗哑，不能成声。而后乃知登台唱戏之困难。此种事实，在票友中，往往见之。仅一红豆馆主，于生旦净末丑，无一不能，无一不精。如《群英会》中之各角，彼俱曾扮演，无疵可指。此诚天才过人，又兼学力精到，非一般人所能企及。无论票友，即内行中，亦无与比肩者。

(2) 原文如此。

资格问题

记者问：登台演戏之困难，固如是乎？

萧答：天资学力，为一种问题。在昔日梨园界，尚有资格之分。如后生晚辈，学戏既成，随师入后台，不过备人呼唤，不敢擅云演戏。所谓备人呼唤者，即不能演正戏，只能充零碎配角之意。其正角，皆由前辈先进充任。缺乏何角，即由备人呼唤之后生晚辈，顶缺充数。故备人呼唤，亦非易事，因能戏须多，且须兼习数种角色也。如此，备人呼唤既久，诸前辈认为可造，始允其渐演正戏，亦不得遽充名角。谈何容易演戏，谈何容易演正角。今日则不然，黄口孺子，胎发未干，学得三五出戏，或者嗓大，或者扮相佳，居然属于名伶之列。盖梨园界至今日，已无甚规矩可言，而全恃放任主义矣。

昔时角儿每日拿一吊钱即须唱一出正戏
丑角在后台不受任何限制

昔时艰难

记者问：学戏既成，在后台上，只能备人呼唤。将何以维持生活？

萧答：此类后生晚辈，亦稍有收入。前清时代，贵胄富商之府第，常有堂会戏。此堂会戏中，收入较为可观，则提出一份，分给诸配角零碎。至于戏份，无论多寡，概与备人呼唤者无关。其实，从前戏份，亦不甚多。每日拿五百钱，合今日之小铜子五枚，即谓之拿车钱。每日拿一吊钱，合今日之银元五大枚，即须演一出正戏。若在今日，恐将令人笑掉大牙。虽当年钱贵物贱，有几百钱，即可维持一人一日之生活。总之，比之今日每月之包银，动以数千元计者，相差盖不可以道里计。本人为此言，亦见前人做艺之艰难。非如近年以来，人无论贤不肖，皆存一侥幸发财之希望也。

丑角脸谱

记者问：小丑与开口跳，是否同一角色？

萧答：开口跳系武丑，首须武工超群，其次，始为白口。小丑则为文丑，完全注意以白口逗笑。大抵，武工超群者，其嗓音必逐渐消失，无清醇嘹亮之概。以文丑见长者，无兼习开口跳之必要。倘资质在二者之间，兼究并习，用途较为宽广，自无不可。其实，小丑与开口跳，仍为两种角色，犹之武生与老生也。

记者问：适萧君言，小丑分方巾丑、三花脸之二种。何者为方巾丑？何者为三花脸？

萧答：大抵，戴八字胡或吊当胡者，为方巾丑。戴大髯口如花脸者，为三花脸。

记者问：常见丑角绘面，多于面部正中，用粉涂一斜方形，见之可笑。然则丑角绘面，只此一种画法乎？

萧答：丑角所饰人物，性质亦不一致，故脸谱亦不能完全相同。在有传授者，共有五六种之画法，于面部正中，绘一白色方块者，系专指方巾丑而言耳。

后台坐法

记者问：闻后台规矩，生旦各角，座位各有一定地点，不得随意乱坐。丑角一行，亦受何种限制乎？

萧答：照例，后台各角，老生老旦，坐大衣箱；武生黑净，坐二衣箱；旦行，则坐梳头桌；惟小丑一行，则不受任何限制，任何地方，皆可参加，皆能列坐其次。此种例规，有谓为丑角在后台，享受特殊权利者。其实，后台之上，不过为出台演戏之预备室，有何权利可言。其他各角，因需用之服饰而就座，所以维持后台之秩序。至于小丑，则有时作老生装，有时作旦装，任何戏衣，皆有穿着之可能，任何装饰品，皆有取用之必要。不能限制，遂不限制而已。

不限人格

记者问：丑角之台步身段，另成一种之风味。亦有何种规则乎？

萧答：丑角之台步身段，亦以使人见而失笑为原则。生净之台步身段，须落落大方，或雍容华贵，或潇洒风流。旦角之台步身段，曼妙婀娜。各视所饰之人物，而异其旨趣。丑角亦然，另属一种台步身段。练习用功，较他角为尤难，自有其相当之规则。剧中人身份不同，亦未可一概而论。

记者问：丑角所饰者，皆为坏人乎？

萧答：丑角所饰人物，有为阴险小人者，此坏人也。然小丑之职务，以滑稽成分居多，如《卖马》之王老好、《起解》中之崇公道，不过借以逗笑。例证尚多，安得一律谓为坏人乎。

做工繁重之老旦倒由丑角扮演 丑角之白口音韵类似小生

亦有好人

记者问：小丑所饰人物，亦有好人乎？

萧答：有之。如《让成都》中之王累，临难死节，在历史上，当然是好人一流。但王累在该剧中，照例由丑角扮出。且人之好坏，在伦理中，亦无一定标准。昔日所谓“盖棺论定”一语，在今日，尚属重大问题。清代洪杨之役，在昔谓为发匪，今则谓为民族革命之英雄。曾胡罗左，有谓名臣者，亦有谓为汉奸者。则历史中人，何者为圣贤，何者为奸佞，既难遽下断语，何人应由何角饰之，亦自成为疑问。如《献西川》一剧，今日皮黄中演来，张松一角，系风流名士派之老生，在汉剧中，则以丑角饰张松。人之好坏，尚不固定，角色之好坏，又焉能固定。

各从其是

记者问：《孟津河》一剧，饰张义者，例用小丑。以吾人之意思，似应用小生或娃娃生扮演。萧君以为何如？

萧答：昔人编剧，固难言尽善尽美。究竟，一剧之出，亦自煞费苦心。《孟津河》一剧，为老旦之悲剧。其中，若张义不说“做官的儿子不养活你，我钓鱼的儿子，也不养活你了”，则无从逗出老旦之伤感，无法唱出“小张义……”之一大段二黄原板。但该两句白口，又非由小丑口中说出不可。若用小生、娃娃生，即嫌不伦不类。再悲剧原则，非加入少许之滑稽不可。老旦之外，加一小丑，所以调剂剧场空气。不然一个老旦，摆出一副方面孔，加入一个配角，又为八股先生，生趣毫无，将不复成为戏剧矣。

记者问：《天雷报》中之老旦，似应由正工老旦扮演。何以又以小丑扮演？

萧答：此系原则。唱工重者，用正工老旦；做工繁者，用小丑，各从其是也。

界线不定

记者问：然则戏中各角，无固定之界限矣？

萧答：戏只是戏，有何固定之界限。昔日唱老旦者，绘面则为黑头，挂髯则为老生。如《碰碑》中之六郎，照例须由老旦扮演。通常有十八人，即可凑成一台戏，若限制严格，将如何演唱。今日《黄鹤楼》中之周瑜，亦有用青衣扮演者，乃昔时之遗风，因小生之腔路白口，实与青衣相近也。

自编词句

记者问：丑角之白口，与何角相似？

萧答：介于老生、小生之间。

记者问：丑角白口，其词句，往往不相从同，甚有夹用各种方言者。有无何项之规则？

萧答：丑角既以逗笑为主，若千篇一律，即嫌呆板。故唱丑者，往往自编词句，俾收推陈出新之妙。有关合时事者，有暗对主角者，亦有临时抓用眼前事实者，皆例外之原则。不过，无论如何翻新，总以不脱剧情为主。若一味撒野，离开剧情太远，编而不佳，不如不编。至于演剧之所在地，若为天津，为上海，为汉口，夹用一二当地土语，亦殊有奇趣。但以略略点缀为佳，倘过于卖弄，又为大忌。

记者问：萧君与梅兰芳演《女起解》，其白口特别繁多，而听者乃希望其愈多愈妙。该项词句，系萧君自编乎？家传乎？

萧答：随口编凑，聊博一笑而已云云。

三

萧长华自述

记录人：王雪尘

原载1947年12月5日—1948年4月4日《东方日报》

（不定期连载）

前清光绪十五年，我十二岁，二月初九日，初次登台，在宣武门外铁门财盛馆堂会，谭鑫培唱《桑园寄子》，票友陈子芳饰金氏，于宝菊之邓元，我唱邓方。

是年六月间，三庆班在广德楼排全本《四进士》，周长山之宋士杰、刘赶三之万氏、三七之姚廷春、李宝梁之田失、戴金林之姚廷美、陈德霖之杨素贞、周长顺之陈氏、刘桂庆之毛朋、陆杏林之田伦、黄润甫之顾读、高国栋之刘提、韩七之杨青、张长顺之杨春、丁锁之天才、我之保童、董志斌之土棍带看堂、浦昌林之教师爷带禁婆、陈库之土地酒保、张小芳之文昌真武、老崇先生（崇富贵之父）之下旨、陈小魁之陆炳。是戏演出，房上都卖人，可谓红满京都，三庆班凡有堂会，必唱《四进士》。

是年三庆班又排三国戏《取南郡》，有王楞仙之周瑜、周长山（［或］刘桂庆）之鲁肃、茹莱卿之甘宁、李顺亭之刘备、卢胜奎之孔明（卢病故后，改曹文奎）、钱宝峰之张飞、李寿峰之赵云（原为杨月楼，已病故）、迟心泉之陈矫、方洪顺之曹仁、彭福龄之牛金、李寿山之曹洪，角色齐整，每逢演时，我总去观看揣摩。光绪十九年时，周长山伯伯之总本，传到我手，我抄写了全部，后来我在喜连成敢排此戏，就是此时学得的。

光绪十六年，我十三岁，正月在四喜班庆乐园，陪孙菊仙唱《桑园寄子》之邓元，杨小朵之邓方，德珺如之金氏，带团圆，前面挂《打潼关》，胡大彩之镇守使，董凤岩之武将，刘来宝（傻奎之子）之石勒，沈易成、朱天德等之番将。是年孙菊仙在燕喜堂堂会唱《桑园寄子》，我也陪唱过，孔元福之金氏，有朱素云之弟朱玉龙唱邓方。

是年二三月间，我之须生戏出台（师父是曹文奎、周长山二先生），凡《赶三关》、《回笼鸽》、《江东桥》、《御林郡》、《芦花河》、《马蹄金》、《教子》（老薛保）、《醉写》、《黄金台》、《胭脂虎》、《二进宫》等戏，都曾唱过。是时我又带唱老旦、小花脸戏，如《打花鼓》《湖船》《缝衣》《八扯》《舟配》《查关》《闯山》《过年》《探亲》《变羊计》《女店》《打刀》《打杠子》《打皂》《打樱桃》《拾玉镯》《顶砖》《背凳》《喜荣归》《玉玲珑》等戏，皆汪桂林、姜永福两位师叔所授。

当我十八岁时，又投宋万泰老师门下学艺，专唱小花脸。先搭小鸿奎班。[1] 小老生为贾洪林、吴连奎，小旦为陈六十、陈七十、王瑶卿、阿桂、孟秋林、李紫珊（即真万盏灯），净角为黄三、裘桂仙、李马，丑为德子杰（即麻德子）、胡二庚、沈春元（又名狗二格），小生徐宝芳、蝎虎、阿金，与科班学生等。旋因班主陈丹仙病故，其班即散。后又有杨隆寿、刘吉庆、沈景丞、裕云鹏、迟至（玉）泉诸人发起，成立小天仙。[2] 内中角色有杨长喜、谭小培、马芷芬、刘庆星、陈六十、鲍吉祥、李马、裘桂仙、张凤台、李桂芳、方二群、侯春兰、杨五秃、李荔秋、侯凌香、秦五九、迟月亭、迟大亮、迟大合、胡二立、张增明、何佩亭（小阿九）、胡二庚、李马、姜永福、沈春元、田桂凤、徐宝芳、一汪水（蓉化）等，是大人小孩合演的。未满一年，即报散（按报散者，即散班之意也）。其后有天福班[3]、春和班[4]等等名称，角色有王玉芳（号白眉毛九）、时德宝、沈三元、何桂山（老何九）、陈清泰（三甫）、郎德山、郭厚斋、寿大巴、唐永常、王月芳、董凤岩、徐殿甲、姚增禄、金寿臣、路三宝、陆杏林、郭仙舟、刘永春、柴桂仙、姜永福、张四虎、裕云鹏、丁锁、张□、张二套、张虎、耿五、春长、刘春喜、周长顺、周长山、杨五秃等等，文武角色不少，我在其中混合有三四年之久，能拿三吊五百钱的戏份，大轴《审头刺汤》的汤勤，亦在此时陪着唱过。

(1) 新出小鸿奎班，光绪二十一年（1895年）四月初二日报班挂牌演唱，当系光绪十四年（1888年）陈丹仙所起之小洪奎班之继续。

(2) 杨隆寿等所起系小荣椿班，小天仙班系迟玉泉接办小荣椿班而改名者。小天仙班于光绪十九年（1893年）十二月报班挂牌演唱。又，迟至泉，当系"迟玉泉"之误；李马，工丑，原文作"黎马"。

(3) 天福班，光绪二十四年（1898年）八月初六日报班挂牌演唱，萧氏以小名“萧二顺”，列报班花名丑行之列。

(4) 新出春和班，光绪二十三年（1897 年）十二月初三日报班挂牌演唱，丑行演员有裕云鹏、李马等。

光绪二十六年正月，搭入同庆大班[5]。管事袁子明与我不和，戏份反只一吊钱，因未陪外串陈德霖唱《昭君》，给辞下来了。遂改搭四喜班，拿一吊五百钱。至是年五月，义和拳匪火烧大栅栏，变乱大起，梨园人多数改行，做小买卖以糊口。

(5) 同庆班，光绪二十五年（1899 年）二月廿三日报班挂牌演唱。

光绪二十八年壬寅，三月十九日，我搭入玉成班[6]，直到民国三年甲寅，杨小楼成立南大街第一舞台，我搭四个半月至九月十六日，我就告退了。因为自从在第一舞台日夜唱戏，对于富连成科班，无有排戏功夫（我加入此班在光绪三十一年乙巳，四月初五日，当时该班尚名喜连成），不忍荒弃学生光阴，与社长叶鉴贞感情又好，故此告退了第一舞台杨小楼的大班，就在富连成社科班内日夜工作。本来在腊月十五以后，师生们都忙着别事，不能再用功了，所以我定在九月十六开始，可以有足三个月的时间，替学生添工。当时东家沈仁山闻知成（我）不搭外班，意欲每日加我六吊钱，我摇首不要，因为这三个［月］的加工，是我补偿前面的荒课，不如等过今年，看我工课再定薪水，值多少，给多少，大家不亏心，我拿着也坦然。此后我的年薪，由二百块钱，涨到二百七。后来堂会多了，又涨到三百，这是后话。当时我给排的新旧本戏，有十本《五彩舆》（二三四科合演时，戏更多）、《三国志》、《暗室青天》、《庐州城》、《南界关》、《三顾茅庐》、《珠帘寨》、《四进士》、《十粒金丹》、《粉妆楼》、《梅玉配》、十本《得意缘》、《取南郡》、《落马湖》、《孟母三迁》、《奇双会》、《醉仙楼》、《雍凉关》、《双钉记》、《双铃记》、《十二红》、《双合印》、《飞虎山》等戏。又约请丑行郭春山先生帮忙，幸是诸学生天资聪敏，七八年中，后起人才，颇不乏人。

(6) 复出玉成班，光绪二十五年（1899 年）五月十九日报班挂牌演唱。

至民国十年辛酉，忽然遇到一件十分痛心之事，使我知道，和这下过心血的科班作一小别。

初次脱离富连成之经过

民国十年辛酉，三月上旬，有瑞蚨祥号孟君觐侯为其老太太庆寿，定富连成堂会，在三里河织云公所演唱带灯［晚］（按即是连演夜场之意），面嘱叶社长（名鉴贞，即今叶盛兰之父），是日六点半要上《竹林计》，因为老太太爱看大头和尚捉小孩，看完此戏，老太太回家烧香，就要歇觉的，千万叮嘱不许错钟点，当时答应下来。

到了那天，《竹林计》“火烧于洪”，本角是骆连翔，当天没有露面，四出寻找，并无踪影。到六点半已过，孟君不见此戏出台，向叶社长责问，社长回答骆连翔未到，已催去了。孟君道：“我不听这话，那天定戏的时候，你是社长，我曾当面嘱咐过的，今天不见这戏，可不成！”

叶社长仍叫伙计去寻骆连翔，其间有一位主人家的朋友说：“这戏就是骆连翔一人会么，还有别人会没有？老太太就是爱看那六个小孩累那个大头和尚，一乐了事，何必非找骆连翔不可。”于是有人说，张连廷会唱于洪，这才赶场扮戏，七点上场，老太太看罢，给了赏钱，欢喜而去，戏毕不提。

至三月十六日晚上，叶社长将诸位管事先生，约到北柳巷家中，说道：“织云公所孟宅堂会《竹林计》，骆连翔临场推诿，按戏班规矩，革出梨园。但是我跟他是两姨亲，他是孤儿寡妇苦小子，我要是办了就损啦。故此托付你们几位为难为难，从轻发落，叫他知道知道就是了。”

当时有［蔡］荣贵(7)言道：“后天官工（按即那天不唱戏之意），说公话的日子，这件事早就该办了。科班学生都是我们徒弟，不必说社长亲戚，申饬申饬他。要是外边搭班，这样可不行，连师父都给人笑话了。”

(7) 原文作“荣桂”，下同。

那时候我说：“可是徒弟们也有议论的，场面头目人，分包行戏都拿正份，惟有毕业徒弟唱三块武戏（按三块武戏者，旧时大班规矩，开场神怪武旦戏，中场短打武戏，后轴长靠武戏是也），行戏（按行音杭，堂会也）堂会也拿半个份，也不合理，何不给他们个整份。”

叶社长答应过十八给他们开正份，我说：“□在一天，明天十七，浙慈馆行戏，就给他们开了正份，十八祭神，他们也就没有要求了。”（揣萧老之意，盖原谅骆连翔之误场，由于戏份太少之故，因据理以力争。）

叶言：“那么明天行戏，叫毛先生都给他们开整份，可是你们提议的事，我是办到了，我托你们的事，可想着给办好了。”言罢大家回到铁厂总寓。

荣贵又说：“论亲戚也能说私话，论师徒也能［说］

私话，何必叫管事的办理，多此一举。”当时大家一笑。

十八日天明，在取灯胡同同兴堂饭庄祭神，有一天吃喝。十点钟拈香毕，叶社长发言：“学生们都归东院，管事的有公话说。”

学生们都归东院了，社长又请管事们去东院说公话。我说：“大家一道走。”

社长言：“干什么必定要□，你们管事的都卸肩膀啦?”

我犹未醒悟，言道：“你是主人，总得到场。”

社长只得勉强同到东院，高声言道：“学生们靠东头立，面向西排齐了，听管事先生说公话。”

此时苏雨卿[8] 面南坐，我向北，叶社长、蔡荣贵、宋起山三人坐西向东。宋起山发言：“我先报告，我同贾顺成，是天天跟着大队的，我们两人一前一后，我腿脚一瘸一点的，眼神照料不到，过大街，来往车马是多的，学生们不听指挥，起哄乱跑，半道还有买吃食的，一个不留神，漏下一个人，人多道长，我照看不过来，请给想想主意。”

(8) 原文作“苏雨清”，下同。

叶社长答言：“这事早就该说，有错就办。明天添四个大个的学生，在中腰里照看着，通前到后，两厢一个，如溜下一个，一前一后的两个人，同时报告，如不报告，责问两个人。还有什么公话。”

蔡荣贵接言：“这规矩也不是今天排下来的，我们小荣椿科班就这个样子。我们的教师，有位唐玉□先生，外号叫‘唐剥皮’。徒弟犯错，当时就打，刻不容缓。两个人打架，不分理由，一样责备。你们是没受过，不知道规矩，‘打通堂’是常行的，不算新鲜。我师弟罗椿［有］，在外城阜成园唱戏，天晚了一点，在平则门外险关城，城丁找到戏院子后台，告送下来，唐先生当时打罗椿［有］四十板子，顺腿流血。还有一个高椿官，外号叫‘大老妖’。有一天《铁笼山》‘背刀’的大铠，是一个叫‘大来子’的本角，他家里有事走啦，大老妖替他来的‘背刀’大铠。给唐先生看见啦，问‘大来子哪’，大老妖说‘他走啦，托付我替他来这个’。唐先生不问情由，也打了他。‘他走啦，你替他来这个。要是都走啦，你都替吧。受了他多少贿赂啦?’下台卸妆，大老妖就给唐先生打了，两条腿成了茄子颜色似的。这事小荣椿头科学生都知道，不然怎么叫‘唐剥皮’哪!”

叶社长接言：“这是古话。我昨晚托付众位管事的话，忘记了没有?”

我在这时，不得不开口了，说：“昨晚说的，不是骆连翔临场推诿的事吗?”

叶说：“好，还有没忘的。”

当时高声叫“骆连翔在哪儿”，骆从众人后往前面一站，叶社长说：“藏身人后头，就成了癞蛤蟆，躲得了五月端午吗？没听说先生这儿说谁哪？往头里站，听先生说。”

我就说：“前半月，织云公所孟宅堂会，有《竹林计》，头一天有催戏单催你啦，怎么当日你歇哑叭工，催你也见不着面，是什么道理？”

骆答：“我不舒服。”

我问：“什么病？”

骆说：“我头晕。”

我说：“头晕可以告假，你家里人怎么说不知道？你常去的地方代郡馆，也找不到，你哪里去啦？”

骆答：“我遛弯去了（按遛弯即散步之意）。”

我说：“这可不对吓。要是都遛弯去了，不上戏园子，戏还唱不唱啦？你是毕业学生，就是搭班的先生，催你的戏，不告假，歇哑叭工（按歇哑叭工者，即无故不唱戏，而又不告假也），不上馆子，就是临场推诿。梨园的规矩，你也不是不知道。我们富连成有恐学生坐了回子科，不知道梨园的规矩，也曾写出两大篇来。宽长足有整六尺，挂在廊檐下，天天在那里悬着，也讲给你们大众都听过。恐怕你们出了科，搭外班时有犯规矩，给外人说你们师父懒惰，管教徒弟不严。这临场推诿的规矩有两条，今天我再告诉你听听：（一）在后台扮好了戏，搽头不唱（按即卸除装扮之意），革除梨园，北京城各班不用。家有急事，或中途遇险，有人报告，情有可原，免罚。你那一天家里或半道，有什么急事么？你可以说。”

骆不语，我看在座众管事，无一人开言，无奈又说道：“这不过本科师父的班，可能容忍你，外头搭班，可使不得这样。人家不看情面，要是科班子弟受罚，岂不叫人笑话？千万不许再有此事，要是长此以往，大家都照你这样，戏班里还要规矩不要？假如你往后自己成了班，有这等事，你应当如何？未曾责人先正己。你想那天堂会，要没有这出戏，叫本家罚了戏价，寒蠢不寒蠢？事是过去了，今天是官工，说公话的日子，这件事关系大局，不能不题（提）。念你是寡母孤儿，你是浑人，不知深浅，跟你师父讨个情儿，免你处分，改过自新，神驾前烧香去吧。”

骆向叶社长拜揖，叶言：“便宜你，给先生（按富连成规矩，称叶春善社长为师父，教师俱称先生）作揖，大众□烧香去。”

骆又进到我面前，深施一揖，说：“先生，我那天不是成心给误事。”

我说：“也不用说成心不成心，你师父昨天叫我说说这件事，你并没有犯我什么事。”

骆又进前一步，像要说话，张连廷上前用手一拉，说一同烧香去。当时我也未解其故，大家烧香坐席，送神后各自回家。

廿一日广和楼白天戏，《三教寺》武戏毕。[9] 众人都走了，我跟着蔡荣贵最后走。走至夹道，蔡说："瞧，这水泼一地，怎么走？"我听见就穿进前台廊子，绕出堂门走，免得踩水。将进廊子，黑暗里，听得脚步声响，转瞬间对面跑过一人，迎面打来，未及躲避，又看不清楚，只听骂道："小子，我不是你徒弟，你辞了我，太爷不干啦。我打了你啦，有什么龛儿，接着你的，太爷走了。"此时只有扫堂二三人给拦开了。又听得说："众位劳驾劳驾，走啦。"我才听清是骆连翔打我，霎时晕坐在桌凳之上。有扫堂人等说："这孩子哪有这个样子的？"走到面前，连叫："先生先生，碰着你哪儿没有？"我喘着："没有，我算知道了。"众人劝道："千万别生气，不值得，不值得。"他们要送我走，我拦住了，站起身回到铁厂总寓。

(9) 民国十年（1921 年）4 月 27 日（旧历三月二十日），广和楼白天，何连涛演出大轴《三教寺》。"骆连翔事件"即发生于是日，参见《梨园风潮汇志》[民国十年（1921 年）4 月 30 日《京报》第五版]。

一会儿蔡荣贵赶到，问我方才有什么事没有，我摇手说："没有什么事，此刻众人正吃饭，不便说，你请回家。"蔡又欲问，我止住他，他只可走去。

社长尚未回来，我写了一张字条云：“叶社长台鉴，弟自到贵社，十有七载，蒙兄待遇，实在感激，交深不言浅，后会有期，长华拜。”写毕叫伙计送交社长家里。

当时走进两三个徒弟，低声言道：“我们都知道你在馆子里事啦，你别难过，我们给你出气，你要他什么样，告诉我们一句。”

我闻言道：“胡说！你们不这们办，我的名誉可能存在。如果办了，我的名誉扫地，涵养俱无，一辈子见不得人了，就算完了。我这不算受辱，事久自明，天地可知，千万不可做此事，那比要我命还厉害。快出去吧！”这两个拙汉才得走去，反倒吓了我一身冷汗。赶紧收拾衣服物件，锁箱子。

只见叶社长手执辞条进屋，慌张言道：“是怎么回事？何致如此？”

我说：“不能再言，后会有期，对不住。”

叶言：“不能不能，倒是怎么回事？”

我说：“君子绝交，不出恶言，事久自明，你也不必追问了。”

当时窗外交头接耳，窃窃私语，都说“骆连翔在馆子打了先生啦”，叶听见厉声跳脚说：“我不干了，我找连翔小××去！”迈腿就走。

我跟步拉他，被他一摔，我退后被板凳一拌（绊），倒在地上，知觉一昏迷，不知道了。醒来已坐在炕上，周身不得劲，见毛叔涵先生同叶社长、众学生，满屋是人。有哭者，有叹息者，我一时心中生悲，泪珠不禁夺眶而出，不敢放声，只得摇手道："何必这样，请你们大家放了我吧。"

叶毛二公安慰数语，叫学生们出去，留两个大学生在这屋里，[叶说]："换班看着先生，倒点水给他老喝，让他老歇一歇吧。"有斟水的，有打手巾的，放躺炕上，毛叶二公走去。

次日天明，我起身后，就出门回家。一人呆坐空屋，暗自垂泪叹息。想自己有何过处，受此羞辱，处世以来，未曾做过亏心之事。我正己克己，嗜好皆无，坚守信用，直到如今。教徒弟不屈才，不滥责，不误工，不偏向，不吃私，不受贿赂，有孤苦者必要加紧追工。有不明白地方，各处求教文人老前辈，学得清楚，才敢回来教给学生，不敢耽误人家子弟。我这样尽心勉力教导学生，反有这种暴徒来侮辱于我，我好灰心哪。看破了吧，告退了吧，冤宜解，不可结。当时主意打定，走到佛堂，立愿永不结怨，仁心到底，及早想开。

同家人吃饭后，未说此事，就出门遛弯去了。日暮回来，家人说：刚才来了姓韩、姓靳的两位，听说我不在家，说明天再来。我仍未告知家人。晚饭后没有事，同乡间做工的人，说了回子话就睡了。我真是难得有这样闲散的日子。

天明起来，有蔡荣贵、阎喜林、刘喜益、冯连恩等来家，蔡言："昨天一同走出门，只道你解手，我到干果铺买东西，回来知道有这么回事，故此我赶紧到学堂问你，你又摇头摆手，拦着叫我走。"

我说："我是挤上了，干什么又饶上一个，故此我叫你走。"

蔡说："嘿，这是一计吓。你还不明白，让他们支使傻小子。"

我说："现在不明白了吗？"

他说："晚了。"

我道："不然，我做事，抱定了天知地知。"

此时刘阎冯三位劝说："你老也别难过，也别生气，自己保重身体，比什么也强上，反正不能就这么算完了，必有下回分解。"

我说："我不要求分解。"

蔡又说啦："你我不求呀，前台馆子有议论，人家不能白瞧着。昨儿早晨我上学堂，咱们苏先生说：'怎么走啦？'我说你真可以喳，人家不走，还等什么吓。苏老泉（苏雨卿，大伙儿管他叫苏老泉）还说：'这也得说一声吓。'我说跟谁说吓，苏先生说：'跟他们师父吓。'我答道：三月十八日说公话，你怎么不言语？苏说：'我说了不是打我吗？'这时大家都乐啦，老苏真是老实人说老实话。苏又说：'学堂里先生们，都惦记着要来，分不开呀。'这两天分包，所以我们爷几个抓来瞧瞧。你那保重要紧。昨天韩靳二位来啦，说你没在家，他们也不好提什么。”

我说：“昨儿个到家，我也没提城里的事，今儿你来啦，才说破了。”

蔡说：“我冒失啦，得了，也不用瞒着啦，还是那句话，往宽里想，自己宽自己，越想越宽，还有人来呢。”

我说：“别来人啦，恐怕我不在家。”

蔡说：“不在家他们也得来，我们走啦。”又安慰了几句，送出门去。

饭后，微有细雨，忽然小□喊道：“叶大爷来啦。”我未及起迎，叶二兄手拿雨伞，进屋来了。赶快让座沏茶，我说：“天气有雨，大远道路的，二哥何必要来。”

春善说：“啊呀，前天夜里，我一宵也没有睡着，早晨起来，我就到学堂看你去，你已然走啦，我在屋里呆愣了半天，如失魂一样，我没脸见你呀。我叫伙计找头儿给馆子送信回戏，我得啦，到日子啦（按此乃自叹日暮途穷之意），事情太难为啦。想了这方面，料不到那方面，我想着不错，不料出这逆事，这是有人借劲拆散我们，班子不起了，患难朋友要紧。这次你饶恕哥哥无知，万没料到这忤逆东西，往后的事，哥哥不曾办到，也不能说，兄弟兄弟（连叫几声），我没脸见你啦。”言罢拿袖沾沾泪，很是悔恨的意思。

我接言："嗳，人也不是神仙，全都知道，朋友不过交的是心。我也不是今日说的，足有十年了。咱哥儿俩说的话有两回啦，大概你也没忘。咱们哥俩活着没有话说，死后到了地府，见了阎君，再理理肠子去（按即细说衷私之意）。我绝不改志，你也不必这么样子，大局事要紧，学生过多，事非经过不知难。程咬金有话，'遇事长见识'，我不要紧，你传道要紧。"

叶说："我不能传了，传不了喽，我太对不起人了。"

我道："说不上说不上，不要错念头，功过相连，大有关系，不说啦不说啦，吃茶吃茶，压一压心火吧。"

此时有邻居李某来说雨不下啦，小雨刚湿地皮，我说："好啦，雨过天晴，恐其再下，路又太远，咱哥俩路上谈谈，我送你老几步。"

叶言："我也不坐啦，老弟吓，千万别生闷气。"

我说："彼此一样。昨天靳韩二位一同来了，我也没在家。"

叶说："他们还要来哪。"

我说："千万千万别来，请你挡挡驾吧。"

出门走小道送了一程，他再三拦阻，才得止步作别。将将到门口，见大道上来了一辆轿车，车内是叶二哥之岳母，同骆连翔之妻。我喊出家眷，接待进去，让点心吃茶。

寒暄已毕，这位段老太太叫连翔之妻："给先生赔礼磕头，他老要不答应，不许起来。"

我赶紧拦着说："老太太，不许这么样，媳妇没有错。再说她是我们刘大哥春喜的姑娘，我们刘大哥跟我师兄徐宝芳是把兄弟，我们幼小在一块用工，我们是自己兄弟。他父亲虽没啦，我们交情尚在，不能叫她受屈。"说时叫内人给拦住着。又说："老太太，您大老远来这趟是何苦，刚才我叶二哥冒着雨就来啦，我跟他说了，我没有事，我不是鼠肚鸡肠的人（按鼠肚鸡肠乃量小之形容词），绝不记恨他。我不该三月十八那天说公话，得啦，我算长见识啦。"

段老太说："嗐，你不是真心眼么，说也是为好吓。那个傻浑小子，受人煽惑啦。得了，都瞧我啦，念他没有爹的孩子，揭过去。今儿我来了，讨个脸，你换换衣裳，跟我坐车进城，我接你来啦，这个脸可得给我。"

我说："老太太，我先谢谢你的好意。这个事不用你分心，你也不用管。你还是放心，绝没有别的事，把车打发了，只当我今天接你来我家住几天，吃点乡粮，没别的，贴饼小米粥，在乡下看看□，瞧个野景，你散散心，再叫你侄媳妇送你回家好不好？这事你不必多心，没事。"

段老太说："唷，那我说了半天，不给我这个脸。"

我说："你别挑眼，我这先给你磕头，你不知道这事，惊动不起你哪。”

段老太说：“我白来啦。”

我说：“你没有［白］来，告诉你啦，我不记恨他，还是那句话，没事，你老请放心。”（按萧谓没事者即绝不追究骆连翔之意）

段老太说：“没事，跟我走不得了。”

我说：“嗳哟，老太太您歇歇罢。”回身叫内人拿钱把车打发了，叫小女：“请大姐里屋坐去，请老太太上你娘屋里歇息歇息，咱们过阴天儿。”

段老太赶着说：“不不，不结，我家里儿有多少事哪，闲着再来。”

我说：“□□□请不到啦，您这是有气啦，挑我眼啦。”

段说：“不是不是，我怕你气坏喽，不放心，来劝劝你，都说开了好，你可千万别生闷气。”

我说：“我不那么傻，刚才哪还劝我二哥半天哪。”

段说：“好，他在家昨儿反塌了天啦，你要劝了他，比谁都强的，放心啦，姑娘，咱们娘俩走吓，我也不□说什么啦。嗐，这是我那个好外孙子，没事给捅这娄子（按即添上麻烦之意）。唉，别给车钱。”

我说：“这您不用拦着。”

段说：“这我给你添乱来啦。”

我说：“没有的话，我可不送您啦。”

她们走了，当晚无话。

次日中午，来了广和楼的少东王某、柜上人萧东瀛（行三）和靳四爷、韩文成（行三）四位，跟着又来叶雨田（行三，春善之弟）、李少泉二位。

韩先开言：“前天我同靳四大爷来啦，您哪出门啦，没见着，我们也待不住，走啦，反正不能老出门，我们老来，总有见着的时候，咱们‘车轮战’。”

我答道：“好主意，进门就泄漏计策，苏秦可不这们办事。”

萧三爷说：“好，碎话上啦。”

[靳老道]：“不通巷[10]，不赶快出来，要扒墙，又要上房，又要叫门，全办不到，结果低头丧气，还得向后转，这个湾绕他干什么？我今儿个先发发我的牢骚，好叫萧先生听着，心里顺顺气。前者，要我□这不是当着他亲兄弟叶三爷，他拜我为师，是我的徒弟，这我算外人吗？老板的亲信人在我耳朵底下吹风，说老板卸任没事啦，萧长华接正权，蔡荣贵□总管，领班头目人请姚虎臣啦，他们在三庆园楼上办的，你知道不知道？我一听就愣了，当时就找老板，老板跟我转两天影壁（按即避不见面之意）。我叫雨田去问他哥哥，他们两人不通话。可我是活老的人啦，临完了得叫人革出去，我写辞帖罢，也不能抖手就走。来得明，去得白，三天期限办交代。头两天不理我，第三天一早，萧蔡这二位先生到我家了，这不是拢对（按即使三人当面冲突之意）吗？见面我也不能开口就火啦，让他们

二位坐下，萧先生先问我。哎萧先生，咱们二位再演习演习。”

(10) 原文如此，应有脱漏。

我道：“你记得，你说吧，反正那出，你别减词儿。”

靳老又说：“好，我至死也忘不了，你哪差一点把我堵死。这少泉、雨田是我的徒弟，东瀛、王大爷你们二位不知道，我在家来个软窝脖儿，我可盘大了（按即言其躲在家中撒娇之意）。萧先生叫我声：‘四大爷，你有什么不痛快吓，老板叫我们来请示请示，怎么弄份辞帖吓？’我听说这话就火啦：‘你们二位来了，咱们就算透天啦（按即打开天窗说亮话之意），杀人不过头点地，我认命得啦，问我这套干什么？’萧先生真稳得住，说：‘我同蔡先生来啦吗，就算透天啦？我们两人做什么亏心事得罪你啦？我可不知道，你指教指教我。’我就说：‘什么不知道？’我可指指上面说：‘那是天哪。’萧先生看着堂屋说：‘你供的是祖师爷不是？’他跪下对神前说：‘弟子做的事，要装作不知，明知故问，叫弟子拐折怀子骨，咳，别在门口，要出胡同，别给我四大爷找麻烦。四大爷，我可起誓啦，你给我说，我做了什么事啦，要不说就算屈心。’你们听他起誓啦，我能不说？不能！我说：‘你这可是逼得哑叭说话。’

他说：‘哑叭也得说话。’那时候我只得说了。我说：‘你不是接任的老板了吗？姓蔡的大总管，领班头目人你请的姚虎臣，你们在三庆园楼上办得。我说啦，我说啦。’我还理直气壮地不含糊似的。萧先生真沉得住气，还对蔡先生说：‘真是纸里包住火。’我还答：‘那是你们自个儿说的。’他还说：‘四大爷消息真灵通。’损人不带脏字。又向祖师爷说：‘得啦，弟子应不了誓啦。我不知道这事，你老人家听谁说的？你得告诉我明白明白，我好改过。’哎你二位听听，问得我闭口无言。他老还是直斟问：‘你告诉我是谁，我得恭敬恭敬他。’蔡先生也开口啦：‘这可是好，真君子，得近乎近乎！’你说我这下怎么办？我就得认错。赶紧改口：‘我错啦，我白活了七十多岁，受人煽惑啦，叫我得罪人，你们二位恕我老糊涂，明日我请你吃饭赔罪。’萧先生说道一句：‘更好啦，吃一顿不成，得天天吃饭。’我借坡下，说：‘我请。’这位先生说：‘你老请吓？不成，得天天抱着祖师爷，这碗饭好好吃。’这句话臊得我面红过耳，他老先生真算有涵养，反而劝我：‘你也不用这么说赔罪，这是犯小人，人家大局要紧，咱们不犯上中计，你也别递辞帖，要不干咱们全不干，托钵另化（按即别谋出路之意）。你可把这个人告诉我说。’还是这一句。我急得无法，叫了他一声萧二叔，他又怪下我来啦，说：‘一口一个四大爷叫着你，怎么来这句？我就得了理啦，辈数也改过来啦，折寿我，你可又不对我［说］，可昏了场了。’［我说］：‘不知说什么才好，求你高抬贵手，别追问了。’这很成了罢，萧先生说：‘要是这么着，你把辞班这件事也打消，我回去见咱们老板，我也不提这件事，就说发牢骚，完事大吉。要不然，准是一场大是非。’（按以上俱叙往事）萧先生，今番这个事，我也得化这个冻（按化冻者即解此僵局之意也）。”

萧东瀛跟着说：“我们宗兄萧二哥（按萧长华行二，小字二顺），他老这个人，咱们老掌柜的都赞成。跟刘鸿升、金秀山一块配戏，没有胡来的地方，台底下多数赞美。非但是戏好，人品太好了，难得这个名，真不易。这一次事情，不说我这二哥，是披着人皮的主儿，没有不堵心的。这不当着少掌柜的，前天伙计给馆子送回戏条子，这层说得上吗？这是你们内里的事，回戏就能完吗？戏馆招着你啦（按意谓萧骆之事乃富社内部之纠纷，叶社长不应借此扩大事态而停戏不演也）？这是成千百万的营业生意，有合同，有年期月满，半截里止住，为什么来着？沈东家也说话啦：‘我拿钱起科班，为的是喜连成牛东家赔钱不干啦（按当喜连成时期，班主为吉林富商牛子厚，辛亥八月间，因事与叶春善龃龉，而革命军兴，黎元洪武昌起义矣，在风雨飘摇之际，青黄不接，萧长华曾以卖屋之银四百余两，移与富社，为维持生活之费，而后有沈玉山班主加入，乃得继续。当富社初创时，原名喜连升，班主牛子厚所命题也。继由叶春善改名喜连成，论者谓春善小名成儿之故也。自沈姓为班主，乃改名富连成云），这一班学艺未成的学生，没主儿管，故此我才接过来改富连成。这时候教出打师父的徒弟来，我的名姓也要紧，办不出样来，我还不干啦。’你说是谁对谁不对。”

王少掌柜的说：“这事是这么说，你要是知道错了，摇头办不了，我帮你个忙，天下人办天下事，道□要紧吓，我们出来调停调停，给人家顺顺气，假如调一个过，你成不成，到哪儿也得说理吓（按王某谓此事由叶某为起因，但得叶能知过，诸人皆知曲直，愿为之调和也）。话也不用太重叙了，萧先生和叶鉴贞，也不是一年半年交情啦，可算得是老世交。人非圣贤，不能无过，四大爷刚才的那句话，高抬贵手，你哪还得抬抬手，容忍这个浑小子初次犯野。别看这一个哪，还有一群小孩哪，谁管？真要是散了，再聚不容易，这一群小孩可苦啦。你是道学家，比我们看得开，明白的多哇。”

我答言说：“诸位高抬我，我也不糊涂。这一场事情我早就明白啦，我是受上了才明白的。前清时代那会儿，我就是挡箭牌。徒弟家里来人，给学生告假，回家有事，社长总打发伙计去问我，排戏不排？我想着总是我不排戏，他们师父（按师父指叶社长）就要排戏，他能排可不能提词儿，徒弟们忘了词，要挨打，学生们怕挨打，都愿意我排戏，能给提词儿。所以我逢到问我，我就说要排戏。敢情不是，我错会下意啦！

日子一长，报纸上骂话出来了，说富连成科班里，叶老板好说话，那个姓萧的好可恶啦。他们师父都肯放学生假，他不放工。谁家没点事，大老远地奔到学堂，给孩子请假，老板得问姓萧的去。他只要排戏，老板都不能放学生，这个姓萧的骂大啦，好可恶啦。我得这个美名，诸位想想，我都给祖上增光啦。后来我一侦查吓，敢则是原来如此。隔了几日，可巧伙计又来问我排戏不，我答言今儿我不排。登时就出城回家了。歇了一天，第二天回来，他跟我说：'昨儿我叫盛伙计来问你排戏不，为是来个转扇儿，你怎么来个原礼退回？'我伸手把报纸拿出来，指给他看，说：'我这挨骂还小吗？按这么样，这盘事大功告成，你是头功一件，不过得份公赏，是个赏下酒肉，席地而饮的角儿，没什么了不得。要是功德不圆满，我是个大罪魁，还不把我骂化了哇。报馆先生没白骂，这才把我骂醒啦（按当时梨园老辈，重视舆论如此，抚今追昔，骂者与被骂者，盖皆江河日下矣，能不慨夫）。'咱们老板说：'吠，谁登的报？'我答言：'绝不是我登的。'老板说：'既把孩子送科班学戏，三天两头告假，要学不出来啦，又说耽误了他们啦。'我又答言：'这话可以跟他们冠冕堂皇地说，科班有东有伙，成千动万的银钱拿着，可不是哄孩子玩儿的地方，这是一秉大公的事吓，咱们也不犯倚这事欺人啊。'他来个默默无言。今儿个我全都说说，一想就是两件，我先说这件。前二年夏季天气，哪月我不记得啦，直到如今我还纳闷。在晌午，我正过账写戏单，忽然竹帘掀起老高，只见我们社长揪着骆连翔，那时可还没有出科哪，推进帘内，大声言道：‘扒下裤子，扭过身叫先生瞧瞧。’只见臀下打的青紫之色，他又言我们是亲戚，还立眉瞪眼的。说完回身就走了。我愣了半天，问心细想，什么事我也没有搀言吓？你们测量测量，是怎么回事，至今我也没有明白吓。还有一件陈烦（按即陈久之烦闷事），是前清时候的事。咱们社长打小五（按小五名王喜秀，又号金丝红，为叶三雨田所宠，徇私袒护，当时常以此与萧为难），因为天寿堂［堂］会，秋天吃爆羊肉，小五就着柿子一起吃，唱戏时候，嗓子哑得一字不出。第二天打他，敲着撩着，指桑骂槐的，老含着有萧某看不下去之意。其实那天我在肃王府有戏，天寿堂的事，我是一字不知，今儿我们当着他兄弟在这儿，问问那时有这误会没有？”

叶老三雨田立刻站起说：“二哥，那是我犯浑蠢，你也没理我，臊得我没脸见你哪。事有十年开外，我今儿给你哪磕一个，别提啦。还有那些说不完的事，你哪开个道得啦。”说罢一跪不起来。

靳四爷跟着说：“我那一次也对不起你，这么办，给你下个参。”

韩三也说：“来罢，别愣着，‘在地无闲柱’，萧二爷你瞧，都给你跪‘一炷香’。”

我急得说：“有一得一，我给你每位磕仨头，咱们一个赔仨，好不好（按北方土语，真有极可爱处，如‘在地无闲柱’‘一赔仨’等皆是隽语，所谓忙中有闲事，插科打诨者是也，余爱萧老原文，所记皆当时实况，故不加删节，但予润色，以存其真云）？别难为人，诸位请起来坐下，勉强不如商量，我听诸位给我开一个道，可是得将他人比自己吓。”

众人说：“得，好啦，咱们起来，有道就好走。”

又坐定，我说：“哪一位开道？”

韩三爷说：“道有的是，我先让你验验伤。”

我道：“我刚说完验伤的故事，怎么您又来啦？我怕啦！”

韩说：“不结，这跟那事不同。”说着把靳四爷腿带解开，露出大腿，说：“您看看，前天我们爷俩来这儿，过铁道的时候，他老走得慌点儿，叫拉扬旗的那条铁丝绳，给他绊倒了。滚下坡五六尺远，两个磕膝盖的皮，都给蹭啦，有五分钟工夫没有言语。真是万幸吓，要不，我们昨天还来呢。怕您挑眼，今儿来让您看看，这老头儿，就这股劲，今天还要来，您瞧是真的不是，谁敢给他老人家做这伤吓。”

我看了说：“四大爷，前天我实没在家，上砖窑看热闹去啦，日落才回家，失迎您老。我有三黄宝蜡五虎丹，您拿着，您内里觉得怎么样？”

靳言：“我内里一点也没有事。”

我说：“我内里可不干净。”

王说：“得啦，又回来了，咱们趁早说真的吧。您就看四大爷老头儿一人，您也得□这个委屈，我们明天还来人，非但来人，还有局外人也来加入，您这一肚子委曲都知道。”

我说：“就是报纸上不知道，连芳回家告诉我啦。”（按连芳乃萧长华之侄，工小生，亦富社教师）

王说：“您不用说，明日您再瞧瞧报，如说一个不字，从此您别理我们这些人。”又对众人说：“怎么样？昨天一见那张报，就不成吗，您瞧说出来没有，说事不料事□□不成哪。”又向我说：“我们垫道去，平平正正的，都□中间。没错，明天您听有入耳的，拿我是问，您可别系扣，往宽里想，告辞了，别送别送。”

我说：“不能不能，礼不可缺也。我搀着四大爷。”

靳说：“别提醒，想起来我又疼来啦。”

六位上车进城而去，当天不提。

次日二十五，午刻又来张海波、杨万金两位，是靳四爷的徒弟，进门就说：“先生，我们来迟了，短瞧你啦，把你气着啦。”

我说：“没有，我没气没囊。请坐请坐，倒给你们爷几个找了事啦，我是给人洗耳朵哇。”

杨说：“你别说这话啦，有只知其外，不知其内的。”他□张说：“四大爷还有不知道的？那我怎么知道。这个科班没出来的时候，就有萧先生帮忙教戏（雪尘按：喜连升时期，只有叶春善私房徒弟陆喜才、陆喜明、赵喜魁、赵喜贞、雷喜福、武喜永等六人，即后来所称‘六大弟子’是也。

第二年改名喜连成，即光绪三十一年乙巳四月初五日，由叶春善之坚约，萧长华带领学生十名，除上述六人外，犹有王喜禄、王喜源、耿喜斌、张喜虹等四人，赴保定洞阳宫演戏，是为萧君与富社最初之渊源）。不用说啦，闲事不知□了多少，咱们老板捧把兄弟六爷徐春明，上保定府带着徒弟去演戏，非约萧先生不可，先生因跟社长好友，就为他脱离玉成班。”

张说：“这事我怎么不知道，我跟四大爷正一块儿在玉成班哪。”

杨说：“徐春明在保定府弄得一塌糊涂，借萧先生的洋钱，打车票把徒弟们才带回来，他们家里真是鸡飞蛋打，并没有抱怨。又过了一年多，喜连成请领班人，让头目人请我师父张国瑞跟李文瀚，在西河沿斌升楼，有我在内，谈闲话，说起这事，我才知道的，如今已是小二十年了。断国服，换民国，遭兵变，班子不能出演，教师都自顾不了，惟有萧先生耐性，一个人教，谁也不成吓。我的师父，因为平则门外月坛詹天佑家堂会，箱车赶包没出城，老板一责问，他一挂火，辞班不干啦。李文瀚那时早死啦，这才请四大爷主任的。”

张说：“这是往事。萧先生，昨日个我们俩没来，是到报馆质问他们去了，他们说有闻必录，我们说：‘那倒不是拦着了，可别添油拔灯吓，不是挑事了吗？铺有铺规，班有班规，报馆立场是秉公的，我们来报告报告你，是这么一回事，请你更正更正，别叫我们得罪人，可得罪不起吓。’人家很表示抱歉，说一定更正。今天我们把报纸拿来啦，先生看看，你就没有气啦。”

我说：“我倒不在乎这个，他骂得我口服心服，我□□情，要是屈我的心，我难过，对不起三才者（按三才谓天地人也）。”

他们听见“三才者”，哈哈一笑，张说：“得，您乐啦，好啦，明天约定大家一同来接请。”

我说：“慢慢，怎么个意思？说出来听听。”

张说：“一定顺心下气。”

我说：“不然，我没有记恨，弄点子装模作样，虚面假事，我可不认可。实对二位说，我要不看靳四大爷他老人家把腿跪得那个样，这个教戏的愿心，我不了啦。我自炼自格，没有拘管，我爱怎样便怎样，且比帮人家强得多哪。啊呀，我可失言啦。”

他们说：“这是实话。”

我说：“嗳，我话里头是话，他可是惯用这台的（按指叶某好以虚言脾［气］，但顾自己者也）。”

他们说：“不能不能。”

我说：“不能，可得注意吓。”

至此他们两人告辞了，我送出去，这样过了一天。我到乡下散散步，夕阳斜下，回家吃饭睡觉。

明天廿六日，早上才九句钟，门前来了辆轿车，下来九位，是萧东瀛、王某、张海波、杨万金、韩文成、靳四大爷、叶春善、毛叔涵，还有天寿堂掌柜的张玉山，都喊叫着进院了。

张掌柜的直叫："萧先生，恕我来迟。"

我急忙迎出："哎呀，怎敢劳动大驾。"

他说："早就该来呀，梨园界有功德的人，不能埋没了你老先生的呀。"

我连连谦谢："勿得过誉，请请。啊呀众位是连三又四的劳动，罪过吓罪过。叔涵弟你挺忙的，何必要来。"

毛说："二哥吓，我不能够不来。"

大家进屋了，坐定，我惦记着四大爷的腿伤，问他还疼不疼，他说："敷上药就不疼啦。"

张玉山说："萧先生起得早吧，净过面啦，咱们不用茶啦，进城喝去吧。"

韩三说："他那儿厢上茶了，不喝，回头不愿意。"

张说："对，都喝一碗。"又叫："叶二哥，咱们干吗来啦，丢急的咱们该说什么啦。"

叶春善说："二兄弟，哥哥学堂里有一大群孩子哪，成名不成，在此一举，我就这啦。"言未毕，他就跪下了。

萧东瀛说："靳四爷，咱们还是昨天那个方儿。"随着他俩就跪。

张玉山说："有我在内。"毛先生也跟着跪下啦。

我忙着陪跪，说："不要折寿，我只要合理，无不从命，请坐了说话，不必要这个，够使得。"

大家立身就座，张说："我既讨脸，必要圆满，请问你老有什么条件。"

我说："我没有条件，大敞着门，还叫我说明了吗？不能只有我，没别人，众位明白不明白。我不记恨人，我可忘不了，决不嫉妒。"

大家说："谢谢你，真海量大丈夫也。"

我又说："一头沉可不成。众位别说我不应典，我还要笑话呢。"

张说："那还是办事人吗？先生你请穿衣服，请你出洞下山。"

叶言："二弟，多帮帮哥哥忙。"

我说："心照不宣。"

叶说："好兄弟，没旷语。"

此时这位一言，那位一语，也记不得清楚。我随着大众一齐出门乘车，我是同张玉山坐一车的。进永定门，直到珠市口天寿堂饭庄，让座吃饭已毕，未见骆连翔到场。

我说："今天让诸位分心，又吵扰天寿堂张掌柜的地方，花钱又受累，我改日道谢，诸位可得赏脸。"

张说："这话说远啦，自己家园的地方，盼着天天有人来吵扰才好哪，你还要谢这个。"

我说："不然，人非草木，皆有良心，我就不懂点人事么？你要是拦我，这就谢谢，作为没有这们一回事，我算白吃，众位可别恼我。”

靳说：“掌柜的，别拦他，咱们一定都得扰。”

大家异口同声附和，我都谢了，又说：“诸位，我再提个醒，在城外头我说可别一头沉，到这儿仍然是我一个人，众位许是忘下一位吧？不圆满吓。”

大家看叶，叶说：“这个场上不能有他，他得听听，请他哪先上戏馆子。”

张玉山道：“对！这不是摆请，请朋友见面（按此谓非江湖拉台子之意），今日咱们大家这是吃早饭，不是搅场面，请他上戏馆子吧。”

当时萧王二人说：“我们二人先到馆子候驾吧。”先走了二位，然后大家出门坐车，我疑心到广和楼后台，再叫连翔来训饬训饬他，也是一个办法。

霎时到门前下车，见广和楼门首，王少东、萧东瀛同前台伙友，排班立候，让我看着真觉不安，一一施礼道谢。进到院内，王萧二位让我柜房落座，我直说不便，即到后台。苏雨卿、宋起山、贾顺成、唐宗成、蔡荣贵诸先生连忙起迎，笑道：“好了好了，来啦来啦。”

大家问好，箱行场面众人也过来见问，众学生高高兴兴，一齐喊叫，我当时心里也很感温暖。还礼寒暄过了，向祖师爷前焚香跪拜道：“弟子蒙祖师感应，又长了一番见识，弟子愿心已满。”

将要再言，萧、靳上前，一按我嘴，说："二哥，先生，别说啦，祖师爷全知道了，咱还得替他老人家传道哪。"二人将我架到账桌落座，众人当时又捧又架，说了多少话，也不好全部记下来，渐渐地他们都治公告退，照常理事。戏毕，我也回到铁厂总寓。晚饭后，叶社长到我屋里闲谈，东扯西扯，没有说到公事，夜深休息。

次日办公，教练各戏。上戏馆的时候，路过取灯胡同同兴［堂］饭庄，心里想我要回请，天寿堂掌柜的张玉山，若是有他本顿，未免不合式，不如借在别家吧。就到同兴堂柜房，定下四月初一的两介席，写了十六份帖子，到广和楼柜上，叫伙计各家分送。

到了四月初一日，上午十时，我先到同兴堂候客，客位到有萧东瀛、王善堂、张玉山、韩文成、唐宗成、苏雨卿、宋起山、张海波、杨万金、靳德钟、李少泉、毛叔涵、蔡荣贵、叶春善、叶雨田（惟有贾顺成因为带学生上馆子，不能来，辞谢了），俱已到齐。我说："诸位太赏脸啦。"

大家落座，吸烟吃茶，斟酒入席。一桌是张王二位掌柜的上座，一桌是靳韩二位，韩说："不能，请老板上坐。"

叶说："今天不能，这是主人派定的。"

蔡荣贵说："首席请入座，余者依年庚而论。"

当时大家围坐已定，主客略略谦谢，席上无话，饭罢散坐。我向诸位说："诸位受累赏光，我很感谢，我可从命回学堂啦，连翔还用我找去吗？总得把他约上园子唱戏，才算圆满。"

张玉山刚说了一句"总要圆满的"，叶老板抢着开言："众位，有连翔，算没我。"朝上磕了一个头，扭身走去。

众人都给愣住了，叶三也冲上磕了一个头，说："众位可别恼，我哥哥这叫不地道。萧二哥，你也别□，众位也别燥性，暴发的水，拦不住，打回溜的时候，再烦众位分心，咱们索性坐会儿，吃杯茶再走。"

张王靳三位说："这一来，老板可又不对，这不是反打一瓦罢。"

叶三道："行得开行不开，我知道他这脾气，不用管他，敬酒不吃吃罚酒，你看隔不了几天，该找着啦（按即无计可施之意），那个时候，请众位慢启拉音的管，就成啦。"

我说："这么着罢，我还是大开门，可有个定期，今天是四月初一，到十五，半个月工夫，要不应典，我可不应典啦。今天枉诸位大驾，我真谢谢，再叫诸位笑话，实在丢脸。"

众人都道叨扰，张玉山说："萧先生，按说今天请客，你得照顾我天寿堂，你改了这儿，是怕让不出账去罢。"

我说："嘿！你真猜着了，想着不合式，下次非扰你那儿不可。”于是大家一出门，我开付一切不提。

隔了几天，叶三上我屋里说闲话：“办事办得半途而废，不能一头儿沉吓，里头一个，外头一个，算什么事儿。这武戏天天乱七八糟，座儿也这样落，倒是怎么个办法呢。”

我这么一听，不能不说话啦，我说：“询办事人去，我是一直敞着门儿。老板那天，我刚一提头，他来个大关门儿，别人也不好说话，你也听见，难道说我去找他不成?”

旁边有大个儿李七，他搭话了（按李寿山亦富社教师，此时方进社(11)，于前事并未预闻也），说：“这件事我可不知道，进门才几天，我爱多说话，我可也听明白了。萧先生既没有事了，不记过他，你们得把骆连翔找了来，假模作样给先生赔个不是。他们师父得这么办，先生也不能叫打，这件事不就完了。很容易的事，你们弄得挺累赘的。”

(11) 民国九年（1920年）7月26日即旧历六月十一日起，李寿山正式入富连成担任教习，是日开工。

叶三说：“瞧，就这么一句明白话，可老没有人说。”

李七说：“那么找得着骆连翔找不着?”

叶说："怎么找不着，不是说来就来么。"

李七说："你就去找去，有我在这儿。"

叶说："先生，咱们就这么办了。"仓皇而去。

少时，叶老板进来了，说："这事不能这么办。"

大李七绷着脸说："应当怎么办？你不用胡闹了！唱戏的，这就揭过去，不那么办，你又办出什么来？先生这儿已往不究啦，你别再叫人笑话了！"

说话之间，天寿堂掌柜张玉山，带着骆连翔进来了，嚷道："叶二哥，连翔来了，先生在哪儿哪？"

叶三接道："先生在西屋哪。"

张见我说："萧先生，没有别的说的，得啦，跪下叩头！"

叶老板□道："什么，这就完了？那不成。"

张说："怎么？不成？再跟师父叩一番，得啦，打这儿他也长见识。"

老板又说："尽教你这样的，得啦，我也不用混了。"

张说："这时候你不用再说这个啦，不出气儿，我再给你磕一个。"

李七说："得啦，冲了张掌柜的，完了。"

老板说："不成，请大板子去，得受受规矩。"冲外头叫拿来。外头学生把大板子送了进来，老板指着连翔，叫他自己拿着，说："请先生教训教训他。"

连翔手托板子，跪在我面前说："先生，我简直该死，我领你的责。”

我听到这里，我就乐了，说：“今天你会说这两句话，你往后明白明白，就得了，起来起来，下次改过。”

老板说：“先生不打，我打！”

李七接着说：“打是该打，早就该打。你想有张掌柜的在这儿，打得下去，打不下去？”

张抢着说：“你就赏我个全脸儿，得了吗？”又拍着连翔说：“连翔咳，你可记着，下次可别来这招了，可行不出去吓，那我可管不下了。”

老板说：“今儿张掌柜的是他福星，给张掌柜叩头。又给李先生叩头，院子里头给师兄弟叩头。自个儿说‘众位师兄弟，别学我，别学我’。”骆连翔一一照办了，叶又叫他：“上馆子去，给祖师爷烧香，自己冲后台说‘众位师兄弟别学我’，给后台管事、前台柜房多叩头，便宜你，去罢。”

张玉山说：“萧先生，你赏脸，你宽容。”又有如此二个客气话，拉着骆连翔，他们去了。

李七这时一笑道：“这不就算完了吗？”

马富禄

采访人：王柱宇

原载1937年7月17日—8月1日《世界晚报》（北平）

使人发笑材料最受欢迎
旧戏多悲剧故利用小丑调剂

笑乐，为人生之一种最大需要。故新发现一种有兴味之笑谈，往往不胫而走。贾波林为笑片健将，亦属世界名人。因凡令人失笑者，即可博得一般人之欢迎也。中国戏剧，公认为一种之美的艺术。其成绩，大都可以起人美感。不过，旧戏之构成，往往以忠孝节义为骨干。故喜剧少，而悲剧多。其兴味，乃往往苦而不甜。在编剧时，乃用一种手段，夹入插科打诨之小丑。使观众对之，于万分抑郁之中，尚得龈然而笑。至于喜剧，利用小丑之时机，尤极众多。其笑之成因，原于小丑，情理彰然，不俟赘论。小丑一角，既为笑料之主体，则凡科诨、姿态以至歌唱、化装、身段、台步、武技等等，在在有使人失笑之必要。而小丑任务，又多系描写奸险小人、流氓市侩，或狠毒婆子。生质或艺术，稍涉窳劣，乃不令人可笑，而令人生恶。意趣既乖，兴致斯无。时至今日，求一尽如人意之小丑，殆难于披沙拣金。

雨中过访

有马富禄者，旧为富连成科班学生。在今日之国剧界，可称第一名丑。帘幕启处，徐步登台，往往手未动，口未开，而彩声四起，观众为之哄堂。盖其生质既佳，艺术亦殊精到。目之于色，耳之于声，有同嗜焉。凡享盛名、受群众称道者，自有其出奇制胜之处。所谓名下无虚，未可幸而致也。富禄之为人，虽出身科班，而粗识文字。性情和蔼，有书生气。其所居，在宣武门外，棉花八条一号。记者寓所，则在棉花七条，相处密迩，常于门首，觌面相逢。每见，富禄必控背躬身，致其寒暄。但除此以外，殊无任何渊源。盖北平人习惯，对于街邻，有亲善之义务，而既无正式接洽，即无登门造访之必要也。昨午，大雨倾盆，地下流水潺潺。记者以事自外归，适富禄伫立门首。见记者，因点首曰："盍来此少憩!"记者喜，从之。富禄延入，招待备至，而雨势绵延，经久不息。枯坐无聊，与谈梨园状况，及其个人演戏之心得。觉妙绪环涌，齿颊流芳。既归，认为属于一篇访问记之良好材料。拉杂写出，亦足为阅者破闷。当时谈话情形，大致如次。

小丑能唱系应有功夫
且须能兼唱各种角色

唱为本能

记者问：每日回家，经过尊府门外，常闻吊嗓之声。马君之嗓，高敞洪亮。有时，唱老生，类似孙菊仙一派。有时唱老旦，其痛快淋漓，接近龚云甫。然则，小丑一角，尚有唱之必要乎？

马答：此项问题，亦至难言。唱做念打，在旧剧中，各为一种之专长。而既名之曰“唱戏”，当然非唱不可。知此，则戏中角色，无论为生，为旦，为净，为末，为丑，即各有唱之必要，各有唱之必要，亦即各有吊嗓之必要。本人在旧戏中，为小丑，梨园行人，呼为“小花脸”。此小丑，在戏剧中，属于一种之独立角色。则本人之吊嗓，本人之唱老生，唱老旦，甚至唱大花脸，皆为本人之应有能力。因小丑一角，其能力可以自由发展，并无限制。故唱之能力愈大，愈足成为一种之角儿。惜本人之嗓，偏于宽大，能唱大嗓，而不能唱小嗓。不然，若能唱花旦，唱青衣，乃更足显出小丑之能力。不过，一般外界，不明真相。以为唱小丑，无唱之必要。于是，见本人能唱，引为奇谈。其原因，乃为事实使然，而非原则所许。

人的问题

记者问：一般外界，疑小丑一角，无唱之必要。其原因大致如何？

马答：一般外界，疑小丑无唱之必要。重大原因，仅在晚年（近）以来，小丑界人物，多不能唱。盖近年以来，做戏中重角者，非老生，即青衣。次之，始为黑净、为老旦。于是子弟学戏，凡有嗓者，即皆是走入老生、青衣，或黑净、老旦之途。嗓音苍老，则学老生，嗓音秀润，则学青衣，嗓音宽大坚实，则学黑净，嗓音曼妙畅酣，则学老旦。科班之中，开始教戏，即令生徒试嗓，应唱何角，乃于此规定。万无本有嗓音，而学小丑者。戏班之中，需要唱工角儿，又为一问题。故科班学生，而专习小丑者，乃为无嗓之孩童。根本已无嗓音，技能又习于做派、念白，长大成人，成为角儿以后，当然成为不能唱之小丑。吾人入戏园观剧，觉小丑诸人，曾无开口上胡琴者。阅日既久，亦遽视为固然。一般外界，疑小丑之不能唱，属于当然事实。重大原因，即在于此。其实，非小丑本身之不需唱工，乃为小丑人物之不工歌唱也。[1]

(1) 原文应接连载之三，原报缺期，以下接连载之四。

正角与配角无显著区别
余叔岩常饰《失街亭》之王平

并非配角

记者问：然则，小丑一角，在戏剧中，立于配角地位乎？

马答：戏中各角，除零碎、龙套、底包以外，如老生，如末，如老旦，如武生，如小生，如青衣，如花旦，如黑净，如架子花，以及小丑，要皆各有责任，各为一种之角儿。事务虽有轻重繁简之分，而孰为正角，孰为配角，乃非一言所能尽。大抵，能力大、程度高者，观众即谓为名角。能力小、程度差者，观众即谓为饭桶。故正角亦可成配角，配角亦可成正角。例如《四进士》一剧，若干之角儿，各有施展之可能。最好，各展其长，俾收淋漓酣畅之效果。而以情理言，宋士杰一角，似为正角，毛朋一角，似为配角也。但昔年，谭鑫培以大王身份，曾饰《四进士》中之毛朋，则观众之视线，或将集中于毛朋，而于宋士杰，反漠然无动于衷。是正角亦可变为配角，配角又可变为正角也。此其例证，甚为繁多。又如近年以来，余叔岩常为人饰《失街亭》中之王平。《失街亭》一剧，当然以诸葛亮为正角，王平为配角。但余叔岩有饰王平之可能，而王平之地位，又可压倒诸葛亮矣。一般习惯，往往认小丑一角，在剧中立于配角地位。其实，仍为人的问题。生、旦、净、丑，显然为比并的。必欲派小丑为配角，此又不通之论也。

拜师原因

记者问：马君出科以后，亦曾拜名丑为师乎？

马答：本人系富连成科班子弟，故本人即富连成科班学生。出科以后，亦未拜任何人为师。不过，往往有一种之科班学生，出科以后，更拜一名伶为师。每对人谈话，则称“某某先生，系我之老师”。此其用意，约有二端：一、在科班时，因机会所关，未能学得充分之能力。自由鬻技，苦于能力不足，无已，惟有另拜一师以资补习。二、一般习惯，最重虚荣。徒以师贵者，往往有之。拜得一个之名伶为师，消息传出，一般皆另眼相看。稍有片长足称，或竟大露头角。故曰：莫为之前，虽美而不彰也。有此两因，于是昔日之科班子弟，今日为某一名伶作入门生徒者，成为一时风气。究竟，科班责任，全在教戏，生质果佳，又肯努力，在科班中，朝夕学习锻炼，出科以后，未有不能力十足、应付有余者。至于虚荣问题，借重他人荣誉，作自己排场。本人之意，觉大可不必。富连成科班，教小丑者，有萧长华先生、郭春山先生。此两教戏先生，能力皆极博大。本人毕业后，自问所学，尚足应付一切，而性情所关，又不喜掠人之美。故迄于今日，年近四十（马君今年三十八岁[2]），科班以外，并未拜一师傅也。[3]

(2) 生于光绪二十六年（1900 年）六月初六日。

(3) 民国十九年（1930 年）7 月 6 日，华乐戏院庆盛社夜戏，高庆奎、郝寿臣、马富禄合演大轴《连环套》，马氏饰演朱光祖，武丑应工。事为武丑前辈傅小山悉知，以为马氏抱演武丑，违反梨园旧规，遂阻拦演出，经调停始罢。事后，经提议，马氏拜傅小山为师，7月10日在两益轩行礼。然经此风波，马氏心灰意冷，后未再兼演之。

富连成科班中社长称“老师”
“盛”字派以上皆为师兄弟

一师之徒

记者问：富连成科班中，担任教小丑者，为萧长华与郭春山。马君在科班中，专习小丑。然则，萧郭两人，为马君之师乎？

马答：富连成科班，有社长，有教戏先生。凡科班学生，皆呼社长为“老师”，而称教戏先生为“先生”。一般习惯，“先生”即“老师”，而在富连成科班，“先生”与“老师”，乃划分为二。此其原因，亦自有理由。盖同在科班学戏，当然皆为同学。而一个科班中之学生，即当然为一师之徒。究竟，科班教戏，乃与学校授课不同。学校授课，同是一班学生，即同习一种课程，故其“老师”，为共同的。至于科班教授，则系分门别类，各组分别究习。教生者，不教旦，教净者，不教丑。以是之故，学生在科班中，已似分出界线。毕业以后，难免产生派别。故同科学生，皆呼社长为“老师”，而呼教戏先生为“先生”。所以团结科班之团体，法至良也。昔日，富连成科班，系叶春善为社长，则叶春善先生，即富连成科班子弟共有之“老师”。本人遇萧长华，则呼以“萧先生”，遇郭春山，则呼以“郭先生”而已。

共分两辈

记者问：然则，凡富连成学生，皆为一师之徒。而相互之间，皆为师兄弟矣？

马答：昔年，在叶春善先生未死以前，凡富连成学生，皆互称为师兄弟。此种办法，原有一种之理由。究竟，其中亦自有一种之弊端。即富连成科班之初期学生，多在四十岁以上，而近年新入科之学生，又多在十岁以下。四十岁以上者，与十岁以下者，互称师兄弟，于理已嫌未当。且早年毕业之同学，多已娶妻生子，其子嗣，又多入富连成科班为学生。父子互称师兄弟，尤觉有乖情理。即如本人之长子，名世啸[4]，今年十二岁，已入富连成，学大花脸。则本人与世啸，亦将互称师兄弟？好在，叶社长早已作古，今为富连成社长者，系叶老先生之哲嗣龙章。盖彼等为“章”字辈。叶盛章，名在科班学名，与宗派名之间。上一字为科班派名，下一字为宗派派名。叶盛兰，名瑞章，皆本人之师弟。故自今以后，凡富连成科班学生，即皆为师弟龙章之徒。富连成之派字，为“喜连富盛世元音[5]”。侯喜瑞、雷喜福为喜字派，马连良、马连昆为连字派，谭富英、尚富霞为富字派，李盛藻、陈盛荪为盛字派，李世芳、毛世来为世字派。盛字派以上，皆为师兄弟，元字派以下，则减低一辈。惟世字派之中，值交替之际，有属上一辈者，亦有减低一辈者。

（4）马世啸为马氏之侄。

（5）实际按“喜连富盛世元韵”排名。

演员人格与表情系截然二事
萧长华为人乐善好施

无关人格

记者问：曩曾为萧长华，写一《访问记》。在未识面以前，颇疑萧之为人，属于滑稽一流。乃晤谈之下，觉其为人，诚笃而谨愿，大似乡下人初入城市者。有人谓：萧之性情，异常悭吝。然欤？

马答：萧先生之为人，确系诚笃谨愿一流。但舞台之上，又滑稽突梯，令人忍俊不禁。盖艺术与人格，显然为两种之意义。皮黄角色，概因人格而定。忠厚道德、光明正大之人物，则为老生。性情直戆、铁面无私者，则为黑净。居心奸险、手段辣毒者，则为粉脸。刁狡狠毒、卑鄙龌龊者，则为小丑。一般观众，往往误认艺术为演者之人格。其实，艺术表现，仅为描写剧情之一种工力，于演员人格，系截然二事。名老生，不必为忠厚道德、光明正大之人物。名黑净，不必性情直戆、铁面无私。名粉脸，不必居心奸险、手段辣毒。以此例之，则名小丑之人格，当然不必刁狡狠毒，不必卑鄙龌龊。据传言：某地外台戏，有《风波亭》一剧。演至秦桧定计，陷害岳武穆处，有一观戏人，竟持刀上台，刺杀饰秦桧之演员。此种事实容或有之。足见观众心理，确有误认艺术为人格者。萧先生以诚笃君子，因艺术所关，乃启观众之误会，亦在情理中。不过，萧先生虽诚笃谨愿，而克己则有之，悭吝则非事实也。

并不悭吝

记者问：萧长华并不悭吝，亦有说乎？

马答：事实胜雄辩，此为一般原则。萧先生之自奉，异常俭约。无事，出外归家，往往不坐车而步行。其居家度日，尤极俭朴。但此种操行，完全属于克己。至于待人，则迥然不同。遇公益事项，尤能急公好义，慷慨解囊。关于此项问题，有两宗最大事件，可为铁证。梨园公益会创办之始，经费无着，由各有力名伶，自由设法救济。其时，各名伶之唯一方法，皆在演义务戏，欲其由腰包中掏出，竟无一人。而萧先生独能捐助三百元，殊不吝惜。又梨园义地之购置，在在需钱，如梅兰芳、程砚秋、尚小云、谭小培、杨小楼诸人，有捐三百元者，有捐二百元者，以下一百元、五十元，各有等差。司其事者，乃为萧先生。征集款项之始，萧先生则慨然曰：“捐款自由，绝不苦人所难。有不足处，我一人包办。”此种表示，除萧先生外，竟无一人承诺。结果，不足之数，凡五百余元。萧先生如数捐出，绝不推诿。此两事也，梨园界人，共闻共知。则萧先生之处世接物，并不悭吝刻薄，抑且乐善好施，可概见矣。

小丑本无腔　萧长华之腔远宗卢台子

天然左嗓

记者问：萧长华之嗓，似极能唱。其唱，且独有一种之韵味。有人谓：萧长华之嗓，为铁嗓。然欤？

马答：伶人学戏之始，凡有唱者，概习唱工角色。惟无嗓者，始走入小丑之一途。此系原则，无可讳言。萧先生之嗓，在戏剧中，可谓无嗓。因其嗓，为左嗓，而非真嗓也。不过，所谓左嗓与真嗓，究竟有何区别，在局外人，往往不能划分。真嗓而劣，即似不如假嗓。假嗓而佳，又似过于真嗓。颇有人谓：嗓而能唱，唱而成腔，亦足斯矣。何必过问其为真嗓与左嗓？此种口吻，乃为不懂戏剧之谈话。盖唱戏以真嗓为主，无可疑问。凡属左嗓，即不够唱戏资格。大抵，真嗓之长处，气发丹田，直冲而出。故其韵味，至极浓厚，既耐唱，且妙合胡琴之音调。左嗓不然。发于喉头，力逼而出。其韵味，演而不浓。既不耐唱，且与胡琴之音调，往往格格不入。个中人物，深知此种意味。究竟，在局外人，以情理测之，亦可知其然。萧先生之唱，不甚著闻。偶唱一二段，听之，虽亦可成腔。然总非真嗓，不耐听闻。吾人试设想：若经常听萧先生之唱，或且因其嗓音，不伦不类，至于发生厌恶。所不然者，萧先生之唱，属于偶然事实。听者以不易获得，遂惊萧先生之生质，有嗓能唱，至于所有缺点，一律曲相原谅。此为一般共同之心理，不甚正确者也。

摹刘赶三

记者问：萧长华有《老黄请医》一剧，为其拿手戏之一。出场之始，唱为大段二黄原板。听其腔路，颇极新颖诙诡之能事。然则，该项腔路，为萧长华自创之新腔，故能迥异一切乎？

马答：此项问题，言之可笑。自来所谓新的创作，往往为过去若干年之陈旧规模。在一般人，因经验中，并无该项印象，遂疑为新的创作。此种事实，往往有之。萧先生年事已高，属于老成人物。本人适言：小丑本无腔，以一时名伶之腔为腔。皮黄源流，以程长庚为近祖。程氏以下，摹其腔路者，极为众多。而模仿唱戏，以嗓音接近为原则。当年摹程而得其神髓者，唯一卢台子。程氏作古以后，卢台子之唱，乃为人重视。同时，有名丑刘赶三，因嗓音接近卢台子，又以摹卢台子为能事。今老年人，尚有亲聆刘赶三之唱者。萧先生之嗓，又与刘赶三相近，故萧先生之唱，完全摹自刘赶三。吾人生当今世，求刘赶三、卢台子之腔，已渺不可得。惟用间接方法，可求之于萧先生，实则萧先生之唱腔，乃为一种之古玩，谓为自创新腔，毋亦可笑之甚耶？

今日之老生嗓须幽细沉着
不必洪亮宽敞

两种问题

记者问：马君谓，学戏之始，凡有嗓者，皆走入能唱之一途。惟无嗓，或有嗓而为左嗓，始不得不习小丑。此为事实，无可讳言。究竟，马君之嗓，则能唱老生、老旦，能唱武生，能唱黑净。此何故耶？

马答：唱戏之嗓，有两种问题。一、够不够问题；二、好不好问题。所谓够者，能高能矮，能大能小，能宽能窄，能收能放。凡宫商角徵羽之音，无一不备。歌唱之际，欲如何，便如何。且其种种之音，妙合丝弦。扬之，则如天马行空，响遏行云。抑之，则低回沉郁，至于调底。此之谓够。大抵，开口歌唱，以够为原则。至于好不好，乃系另一问题。细析之，唱老生，须兼备亮音、脑后音、沙音、哑音、润音之数种。唱老旦，须兼脑后音，与沙哑之音。唱武生，以洪亮为主。唱黑净，以宽敞为归。以上种种，缺其一二种，皆不得谓之佳嗓。如唱老生，仅有亮音与脑后音，而无沙哑之音，则其韵味，接近尖酸。严格立论，即非唱戏之正则。昔年之刘鸿声，是其例也。唱老旦，仅有脑后音，而无沙哑之音，则其韵味，过于单薄。此外，唱武生，失之窄狭，唱黑净，失之曼妙，则其韵味，皆不正确。此类伶人，例证繁多，好或不好，皆于此别之。本人之嗓，谓为够嗓，则可。谓为嗓佳，则不甚高明。故用之于小丑，尚可自由挥洒。若专唱一工，又嫌无甚特长。盖唱小丑，尚比较有博大之能力。专唱一工，必可招来吹毛求疵之批评。本人知难而退，故不为也。

偶亦反串

记者问：马君之嗓，比较接近何种角色？

马答：本人之嗓，洪亮宽敞有余，幽细沉着不足。唱小嗓，当然决无希望。大嗓之中，唱老生，尤其今日之老生，宁可失之不洪亮、不宽敞，不可失之不幽细、不沉着。此亦潮流所关，无法抗争。本人之嗓，偏于洪亮宽敞，而短于幽细沉着。故本人唱老生，乃不甚相宜。武生一角，本以洪亮宽敞为主，则本人之嗓，宜于唱武生矣？但武生职责，以台风为主，以武打为能力。至于唱工，仅为附属工具。本人自幼习小丑，虽亦兼习武工，而腰腿功夫，总嫌不足。故本人唱武生，亦非当行。各种大嗓之中，比较与本人之嗓相接近者，为黑净，为老旦。有时，本人演反串戏，唱黑净，或唱老旦，颇得一般之好评。但偶一为之则可，改为经常事业，事实上，又各有困难。本人尝谓：生旦净丑，皆为角色。生旦固能走红，小丑独不能掀露头角乎？因安之若素，不欲改弦更张矣。

大花脸之嗓以浑阔为佳
若接近老生则不甚正当

一出反串

记者问：马君反串大花脸，曾演何种之戏？

马答：《法门寺》之刘瑾一角，固属大花脸之正工戏。剧中描写刘瑾以阉官资格，干预朝政。为形容其势焰煊赫，炙手可热，故凡一言一动，在在使人注意。长于念白表情者，大有一字一喝彩、一动一鼓掌之概。近年以来，郝寿臣与侯喜瑞，皆以此剧，作为拿手戏之一。生质功力，各有独到。一般观众，每遇刘瑾出场，即非常注意。故凡功夫稍差之大花脸，皆视为畏途，不敢率尔操觚。其时，本人常谓：任何戏剧，无所谓正角配角。有功夫者，配角可称为正角，功夫欠缺者，正角亦可降为配角。今以《法门寺》一剧而论，如赵廉、宋巧姣、刘瑾之三人，孰为正角，孰为配角，已难划分。老生佳者，则以赵廉为正角，青衣佳者，则以宋巧姣为正角，大花脸佳者，又以刘瑾为正角。除此之外，甚至，贾贵、刘标、宋国师，皆可成为剧中正角。所谓“事在人为”，亦所谓“戏在人为”也。

某次，某班中，派定《法门寺》一剧，以本人饰贾贵。至准备上场时，饰刘瑾者未至。后台管事大窘，坚请本人饰刘瑾，而以另一小丑，代饰贾贵。本人无法，许之。不意，出场以后，颇受一般之好评。此后，《法门寺》之刘瑾，竟成本人拿手戏之一。唱片公司并曾为本人，灌制该剧唱片。本人之反串大花脸，当以此剧，比较最为著闻。

两个花脸

记者问：今日之大花脸，最著名者，有郝寿臣及金少山二人。郝寿臣久居此间，金少山初次北来。近月以来，颇有谈者，谓金少山之戏，乃可压倒郝寿臣。此说如何？

马答：郝寿臣与金少山，本各有所长。大抵，郝之拿手戏，偏重架子念白，金之拿手戏，偏重唱工。盖郝之嗓，过于坚强，用于唱腔，则宛转艰难。金之嗓，比较柔和，用于唱腔，则自由曲折。故一则为架子花脸，一则为铜锤花脸。不过，架子与铜锤，有时，亦无固定之区别。互易其职责时，亦往往有之。是郝之与金，亦有比较价值之可能。吾人平心而论，花脸之嗓，究以雄浑壮阔为宜。郝之嗓，用于架子花，已臻最上资格。金之嗓，用于黑净，乃有老生风味，存于其间。故郝之戏，无可批评，而金之戏，毁誉不一。不过，厌故喜新，此为一般共同之心理。郝居平久，一般见惯，遂不甚重视。金由南方初来，观众喜其唱腔委婉，痛快淋漓，多哗然誉之。究竟，谓为压倒郝寿臣，又未免过甚其词也。

老旦在戏剧中多系充配角
每次出演最多仅得八元

老旦易改

记者问：马君反串老旦如何？

马答：老旦一角，最重唱工。只需本钱充足，唱老旦，即已不成问题。本人之嗓，颇与老旦相接近。至于所谓唱工、念白、身段、做派等等，凡科班中人，因昕夕相□，目染耳濡，无不能对付者。今日之某名老旦，最初学戏时，本习老生。但彼倒仓而后，嗓音复出，乃与老旦相接近，遂改唱老旦，无师自通。三数年间，值龚云甫死去，一般苦思龚民（氏）之痛快淋漓，而渺不可得。忽得此君，喜其本钱充足，雅爱好之。故出演不久，一跃而成第一老旦。大班中出演，非此君担任老旦，不足胜任愉快。唱片公司灌唱片，欲灌老旦之腔，亦非此君莫属。甚至童伶中之时世宝，本无甚长处，但以能摹某老旦之腔，遂亦为人所称道。唱片公司，亦竟以模拟之腔，灌入唱片。听者不察，或以时世宝之赝鼎，为某老旦，而轰然道好。是某老旦之在今日，已握有无上权威。于龚氏之后，称第一人。可见，老旦之长处，全在唱工。唱工而佳，余皆不成问题。本人之嗓，既接近老旦，则改唱老旦，亦未始不可。任何戏码，皆可对付也。

收入不佳

记者问：马君之嗓，既宜唱老旦，而改行一节，又并不困难。值今老旦人才缺乏之际，何不改唱老旦？

马答：此项原因，可分二端。一、老旦一角，在戏班中，根本不甚重要。通常唱老旦者，皆立于配角地位。实则，若干之戏剧，尚无用老旦之必要。唯一龚云甫，用其嗓音、扮相、身段、表情等等，皆为一天然之绝妙老旦。故以老旦资格，屹然为特等名伶之一。究竟，龚氏以后，老旦之地位，又因人而异，至于降入配角之中。纵演正工戏，又多派于前三出。此以地位言，本人无改唱老旦之可能也。二、吾人演戏，根本为戏份问题。利之所在，无可讳言。某君在今日，虽为第一老旦，然而，戏份所得，每次不过八元。八元之中，尚有开销。琴师二元，鼓师一元。此外，因其跟包者，不外用人，而用其令兄，跟包人开销，尚可省去。即以此计之，每次出演，亦只挣五元。且此项数目，尚为最高度。有时，上座不佳，并有打折扣之必要。则本人若改唱老旦，充其量，每次可挣八元。不然，或将不如某老旦之势力，其收入，乃愈不堪问。无利可图者，本人亦当然不肯唱老旦也。

旧剧一种角色须兼备众长
欠缺某种能力即非全材

因人而异

记者问：然则，马君之意，小丑地位，比之老旦地位，较为高尚乎？

马答：此亦难言。昔日，龚云甫之地位，乃与谭鑫培、杨小楼一般特等名伶，并驾齐驱。今日之第一老旦，仍仅成其为配角。不然，何以第一老旦之戏份，总共只有八元，且为最大限度？本人以小丑资格，每演一剧，所得戏份，尚为三四十元。且此项数目，尚为本人之纯益。无须自用胡琴，亦无须自带鼓手。本人权衡利害，故专演小丑，不肯改行。至于偶演大花脸，偶演老旦，皆属反串性质。由此言之，何种角儿，在剧界，地位是否崇高，乃以生质与能力为断。演老旦，而嗓音、扮相、身段，各达老旦之极点，唱工、念白、字音、表情，各极老旦之能事。如此，老旦之地位，亦可崇高。不然，以今日之第一老旦言，除嗓音痛快以外，其余如唱工、如念白，已无足称者。至于扮相、身段、表情，更无老旦之风味。则其地位，又当然降低。今再以小丑言，若第一小丑，而能力有限，生质不佳，其地位，亦自不甚崇高。又如一种之小丑，凡唱、做、白、武技、身段、表情，各臻上乘，此其地位，又当然属于特等人物。盖因艺术而异，非因角色而异也。

能力有限

记者问：小丑之能力，如何而称崇高？

马答：角色之分，大致为老生、老旦、青衣、花旦、武生、小生、大花脸、武二花、小丑之数种。老生之能力，须兼唱工、做派、武工；老旦之能力，须兼唱、做、白；青衣之能力，须兼唱、做；花旦之能力，须兼泼辣、闺秀；武生之能力，须兼长靠、短打；小生之能力，须兼扇子、雉尾；大花脸之能力，须兼铜锤、粉脸；武二花之能力，须兼架子、摔打；小丑之能力，须兼文丑、开口跳。全备者，斯称全材。不然，长于此而短于彼，其地位，即以次降低。今日之角儿，往往唱老生者，能演文戏，不能武工。又或专能唱，不能做；唱青衣者，往往能唱，而不能做；花旦，有泼旦、闺门之分；武生，有长靠、短打之别；小生，分为扇子、雉尾；大花脸，分为铜锤、粉脸；武二花，分为架子、摔打。于是小丑之中，又分为文丑、开口跳，且文丑之中又分纱帽丑、龌龊丑，如此等等，皆能力有限之故。演小丑者，若能兼擅文丑、开口跳，兼演纱帽、龌龊诸剧，其地位当然崇高也。

《小放牛》与《连环套》为小丑名剧 无武工者不能胜任

不容划分

记者问：戏中角色，既以兼备众长为宜。何以小丑之中，又有文丑、开口跳之分？与纱帽丑、方巾丑之别？

马答：此项问题，譬之昔日文艺，有诗、词、歌、赋之区别。既属文人，即应兼擅诗词歌赋。不过，因性之所近，学力所关，有擅长一二种者，有欠缺其一二种能力者。故有所谓“诗翁”“词人”。其实，谓其擅长某项文艺则可，谓其专工某种文艺、于其他种种皆不通门径，则不可。唱戏亦然。即如作古不久之王长林，有时而唱文丑，有时而唱开口跳。不过，开口跳诸剧，以武工为主，而武工一道，又非体格健全不可。故王氏在昔年，多演开口跳，入晚年后，与跌扑不宜，又多演念白表情各戏。于是谈戏者多云：王长林者，本习开口跳，至晚年，始改为文丑。此种口吻，皆不懂戏之言。不过，王长林以外，如傅小山，因其专工扑跌，不适念白表情，乃专演开口跳，竟无文丑诸剧。如萧长华，因其专工念白表情，兼能歌唱，不能武工，乃专演文丑，竟无开口跳之戏。此种情形，只能谓之能力有限。严格论之，皆不得为一个之整个角儿也。

兼工并擅

记者问：马君演戏，于文武各剧，皆能演唱乎？

马答：本人在科班时代，凡文武、唱做，兼究并习。故文戏而纱帽丑、方巾丑，武戏而开口跳，皆所能演。大抵，能唱能做者，于种种文戏，必皆能对付。惟武工一道，既须生质佳良，又非经常练习不可。故能演武戏与否，乃成绝大问题。近年以来，丑角之中，有两戏，颇为一般所重视。一为《小放牛》之牧童，二为《连环套》之朱光祖。《小放牛》一剧，且歌且舞，自始至终，曾无休息之时机。非身手活泼、武工娴熟者不敢问津。《连环套》一剧，“盗钩”一场，全为朱光祖之任务。种种武工，可以一齐表现。故近年以来，《连环套》一剧，往往不演“盗钩”。因人才缺乏，不堪胜任也。本人于此两剧皆称拿手，故本人在小丑中，尚称全材。惟此两剧，非合手不可。如《小放牛》，若花旦不佳，则无演唱之可能也。如《连环套》，更须人才齐全，而以黄天霸一角，不甚高明，亦无演唱之可能。有此两因，故本人于此两剧，亦不常演唱。究竟，此为机会问题，而非能力问题也。(6)

(6) 原文应接连载之十三，原报缺期，以下接连载之十四。

杨春玉演《捉三郎》吐舌如缢鬼 垂于下颏前方他人无法仿效

出奇制胜

记者问：马君谓，昔日名伶，各有其出奇制胜之点。所谓出奇制胜之点，大致如何？

马答：所谓出奇制胜之点，即一般人所不能及者。小丑一角，昔日最著名者，为杨春玉。此杨春玉，系小荣椿科班学生。与叶春善社长、郭春山先生，为师兄弟。彼有一出奇制胜之特殊技能。每演《活捉三郎》一剧，至遇阎婆惜时，其舌，突然吐出口外，垂于下颏之前，凡长三寸许，望之，俨如传说中之“缢鬼”。盖传说中之“缢鬼”，谓人当缢死以后，舌出唇外，垂于下颏之前。故旧日画家，凡画“缢鬼”者，皆作此种状态。旧剧中，每饰“缢鬼”，亦作此种表演。一般见者，一见而知为“缢鬼”。不过，此种状态，为生理上之变相。健在之人，因生理限制，无法使其吐出而垂下。于是，旧剧中，凡饰“缢鬼”者，皆于嘴唇之旁，粘一红纸条，下垂于下颏之前。因真正之舌，不能作该项表演也。古今惟杨氏一人，能以生理上真正之舌，自由吐出，自由垂下。此其技能，当然独臻绝顶。其他小丑界人，虽欲模仿，亦无法努力。昔日名伶，所谓出奇制胜之点，大率类此。若他人易于仿效，亦不见其出奇制胜也。

两类绝技

记者问：所谓出奇制胜之点，即皆如杨春玉之舌出唇外，令人不可企及乎？

马答：昔人出奇制胜之点，当然以不能企及为原则。其例甚多，不遑枚举。不过，此不可企及之意义，亦至不确定。分析言之，可分两种意味：一、绝对无法仿效者。此其例证，如谭鑫培演《打棍出箱》，至"闹府"出场，将其足下之鞋，踢入空际。距头上，约三尺远近。此时，即蹲身而坐。其鞋，下坠时，不偏不倚，可以落在头顶之上。此一绝技，至今唯一余叔岩，因用功极勤，尚可相对仿效。除此以外，其余诸名老生，竟无能者。二、仿效而不佳者。此类例证，甚为繁多。如谭氏以剧界大王身份，独于王帽诸老生戏，弃而不演。其不演之原因，非不能演，演而不佳耳。又如谭氏之《卖马》"耍锏"，以及《骂曹》"击鼓"，亦谭氏之绝技。究竟，此两绝技，在其他诸人，即皆可对付。因佳不佳，为一问题，能否对付，又为一问题也。总之，合此两种意味，皆可谓出奇制胜之点。故昔年谈戏者，谓《闹府》之"踢鞋"、《卖马》之"耍锏"、《骂曹》之"击鼓"，在谭氏，可称"三绝"。凡此绝技，在他人，皆有退避贤路之必要。但今日之人物，往往不自度量，只需可以对付，即敢公然上场。此则人格问题，他人无法干涉者也。

叶盛章之拿手戏为《时迁盗鸡》
常练武工者嗓音必退化

猛烈武工

记者问：谭鑫培不演王帽戏，非不能演，乃在演而不佳，不如退避贤路。然则，凡演而不佳者，皆以不演为宜乎？

马答：此项问题，本人适言，全属人格问题。系个人之绝对自由，他人无法干涉。大抵，凡一言一动，处处顾全人格者，必其为人，具有伟大之人格。深虞细行不矜，或贻盛名之累。至于根本无人格者，则又为所欲为，尽可肆行无忌。以是之故，凡善士与恶人相处，占便宜者，必为恶人，而受损失、受欺负者必为善士。何者？一则守身如玉，一则胆大妄为。故事实方面，显然一为强者，而一为弱者也。今日之演员，不学戏则已，学会一出戏，即非上台不可。至于成绩如何，至于比较如何，皆不顾虑。所以然者，根本无赫赫之名，故亦无所谓累耳。本人在科班中学戏，凡文丑、开口跳各戏，俱可对付上场。但本人自问：如《时迁盗鸡》一类之戏，因其武工，非特别火炽不可，而本人因种种原因，颇不相宜。此剧在今日，惟师弟叶盛章，最为拿手，遂搁置不演，仅让叶师弟专美。故论本人在小丑中，文武兼备则可，谓其“不挡”，则不敢妄自尊大也。

退避贤路

记者问：马君于《时迁盗鸡》一类猛烈武工之戏，不甚相宜。其故安在？

马答：此类戏剧，武工须极火炽，适已言之。本人不适演唱之处，约分二端：一、该类戏剧，以身手活泼为宜，而体格笨重者，即难臻妙境。叶师弟体格矫健，精悍短小，故着手演唱，较为合格。本人之体格，比较丰肥，必欲演唱，乃嫌不伦不类。二、凡猛烈武工，皆非经常练习不可，稍稍停顿，即致退化。有此原因，而凡经常练习武工者，其嗓音，必致退化，且有喑哑之危险。如叶师弟，经常练习武工，其嗓音，乃至张口不能成字。又如昔年之傅小山，亦经常练习武工者，傅之嗓音，亦极薄弱之能事。此为剧界通例，一般以唱工见长者，皆视练武为畏途。本人之嗓，比较尚称够用。圆润宏敞，秀美天然。但若练习武工，而日日为之，不半年间，嗓音必致倒闭。且戏之统计，以猛烈之武工，比较极少，而适用唱工者，乃最占多数。本人权衡利害，惟有牺牲此少数猛烈武工之戏，留此一副嗓音，从唱工方面，扩充势力。有此二因，而有唱有不唱之关键，于以取决。至于专练武工之角儿，必其嗓音、生质本极有限，人弃我取，亦无办法之办法。此则无可讳言者也。

昔时名伶演剧所得极菲薄
每次仅收入大钱数吊

今不如古

记者问：马君谓，昔日名伶，各有出奇制胜之点，令人不可企及。今日之角儿，往往碌碌无足称道。即此一端，乃有古今人不相及之叹。此其理由，究竟如何？

马答：所谓古今人不相及，乃为一般人事之原则。中外一理，不仅中国为然。有人谓：欧美文化，以次改良。大抵，昔时固陋，而今日文明。是中国之“古今人不相及”，为今人不如古人，欧美之所谓“古今人不相及”，又为古人不如今人矣？实则，地不分中外，今人之思想，皆远逊于古人。即以科学言，古人发明于前，今人改良于后，发明之难，当然难于改良。今日之改良科学者，在昔时欲其创始发明，恐难于登天。以此证之，今人不如古人之理，已极显著。此外，新旧《圣经》，在欧美文化中，乃为天经地义。但创作《圣经》者，系古人而非今人，今人欲改良《圣经》，亦不可能也。唱戏一道，何独不然？吾人以意推测，人类之递嬗，概为逐渐衰弱的，故古人之脑力伟大，今人之思想卑劣。于是一般事物，皆系古人开其端，今人承其绪。

三大理由 中国戏剧，萌芽于汉调，祖述于徽调。四大徽班入北京，属于徽班名伶之革命时期。事涉创始，人才亦自齐全。吾人偶谈剧史，觉昔时名伶，艺术程度之佳，若有神助。今人虽竭毕生之力，亦难酷肖而逼真。今人不及古人，其理一也。其次，古人之心性，诚朴耐劳，今人之心性，日趋虚伪浮薄。故昔人每作一事，大都能坚忍不拔，苦心孤诣，敬慎将事，不怠不荒，有不逮处，则焚膏油以继晷，恒兀兀以穷年。即如本人适言，谭鑫培之“三绝”，皆竭若干年之精神，刻苦练习揣摩而来。其成功，亦在意想中事。至于今人，努力一种之技能，只需可以对付，即从此罢休，不更谋精进之道，结果，自无特别惊人之处。古今人不相及，其理又一也。此外，今日之剧界中人，尚有一种之致命伤。昔时伶人，地位并不崇高，演剧所得，至为菲薄。虽头等名伶，演唱一剧，往往仅得大钱数吊，合之今日之币制，不过铜元数十枚。自来人生事业，凡遭际蹇劣者，其意志亦极坚强，思想亦极锐敏。昔时名伶，生活既非优裕，嗜好低减，亦自有刻苦之可能。反之，际遇通达者，养尊处优，宴安耽毒，前途希望，乃至此而止。今日之名伶，艺术不必高尚，但能受一般之欢迎，成为名伶以后，每演一剧，动需数十元，以至数百元，较之昔时名伶，不止超过百倍。如此，日追逐于应酬娱乐之场，欲其练习技能，欲其刻苦，亦无可能。古今人不相及，其理又一也。[7]

(7) 以下《世界晚报》相关版面均缺，该报于是年底停刊，次年元旦起改为《新民报》晚刊。

通识文库

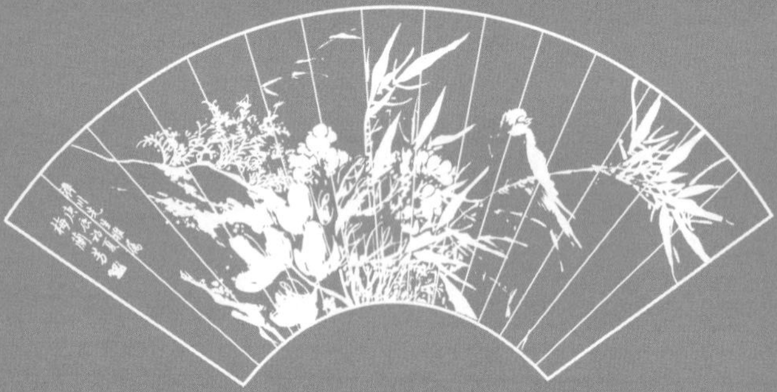

名伶访问记

场面 昆腔 票友 科班卷

李世强 编

生活·讀書·新知 三联书店

图书在版编目（CIP）数据

名伶访问记/李世强编. —北京：生活·读书·新知三联书店，2025.3.—（通识文库）. —ISBN 978-7-108-07989-3

Ⅰ. K825.78

中国国家版本馆 CIP 数据核字第 2025G5D533 号

目　录

场面　昆腔　票友　科班卷

场面

曹心泉

采访人：王柱宇

原载 1932 年 6 月 3—6 日《世界日报》（北平）

曹现任中华戏曲专校国剧主任
所成曲谱不下数百种

中华戏曲专科学校国剧主任曹心泉，为徐小香（谭前之著名小生，与程长庚齐名）之徒，工小生，尤长于昆曲及乐律。曾为前清内廷供奉，西太后每有吟咏，辄由曹制曲。入民国后，为礼制馆乐律主任。现在梨园行中，文武昆曲戏剧音乐兼通者，惟曹一人。且曹读书极多，为梨园行中之唯一学者。曹有子瑞石，充梅兰芳、尚小云诸班之场面，次子二庚，为现今名丑。曹一生所成乐谱，不下数百余种，该校拟为刊行全集，名《曹心泉乐谱》（梅兰芳诸名剧中用谱，大多为曹所谱），其价值可知。本报记者，特于昨日，赴韩家潭四十七号曹之寓所访问，所谈多足供研究戏曲者之参考，兹分志谈话情形如下。

曹之家世

记者问：曹君籍贯何处？

曹答：原籍安徽怀宁县。先严春山公，于咸丰年间，北上入都，有声于梨园界，本人则生长此间。

问：尊大人当与程长庚同时？

答：先严系嘉庆二十五年生人，小于程大老板二岁。本人系同治五年生人，亦已虚度六十八岁矣。

记者云：曹君精于音乐戏剧，一般极所推崇。昆曲为一种之雅乐，学理深邃。兹有所请益，愿以教授启蒙之法教之。

曹笑曰：戏剧一道，贵能雅俗共赏，无所谓高深。盖高深之极者，与粗浅同其旨趣。学问且然，戏剧何独不然？

黄钟大吕

记者问：近今谈戏者，动称“黄钟大吕”之音。黄钟大吕其音如何？

曹答：近人为文，务求高古，不究实际。人云黄钟大吕，我亦云黄钟大吕。究之，黄钟大吕为何物，亦不求甚解。大都以“钟”“大”两字测之，疑指洪亮而言，则大谬矣。盖黄钟大吕，系音阶之名称。黄钟即今所谓“正工调”，大吕即今所谓“工半调”。最初谈戏者，其意谓：唱戏须底气充沛，以够正工、工半者为合格。近今所谓名伶，嗜好繁多，体质虚弱，常唱六字调，至多大半，亦可走红一时，殊非戏剧之正则，其后演者，乃因讹传讹，深滋遗憾。

昆曲以明代腔调为根据
《琵琶记》最宜于排演

十二音管

记者问：工尺谱之音阶，与西乐中之音阶，再与黄钟大吕相对照，其比例如何？

曹答：此点，本人已制成“十二音管”，可为中西音乐之标准。

言已，嘱从者携音管至，置案上。管为竹制，凡十二。黄钟最长，以次为大吕、大簇、夹钟、姑洗、仲吕、蕤宾、林钟、夷则、南吕、无射、应钟，应钟为最短。管之上端，各有缺口，如洞箫。曹持管吹之，自成音调。旋谓：中乐之合、四、乙（一）、上、尺、工、凡，等于西乐之1、2、3、4、5、6、7。再以十二音管合之，则黄钟为上，大吕为上半，大簇为尺，夹钟为尺半，姑洗为工。至于凡音，昔人谓即蕤宾，实则仲吕为凡。吹笛时，放开第一指，而按二三两指，余则全开。林钟为合六，夷则为半音，南吕为四五，无射为半音，应钟为乙，属最高音。不过，研究音律书籍，由汉迄清，可谓汗牛充栋，大抵各本所见以为据，而疵缪杂出，所谓有书不如无书也。

昆曲来源

记者问：昆曲来源如何？

曹答：昆曲之有谱，始于宋代。其名，即谓之“雅乐”。不过一种之发明，在创始时代，规模大都简单，经逐渐改进，始告完善。宋代始创昆曲时，如儿童念书，一字一音，仅以道出本字本音，即告完毕。若登今日之舞台，必令人失笑。盖一字不能用两音，一音亦不能容纳两字，与音乐须复杂之原理，实背道而驰，故仅成其为原始的昆曲。至元代，腔调始渐趋复杂。降迄明季，有魏良辅者，始改为昆曲，而腔调乃焕然大备，时人谓之“水磨腔”。因其来回转折，循环不绝也。现时所唱昆腔，即以此为宗。

昆曲蓝本

记者问：昆曲始创后，如何演唱？

曹答：在始创时，不过以同好友朋，组为一种之小团体，在室内演唱，以资消遣。参观者，亦不过知好友朋，并未入梨园。后文人学者，因其雅俊可喜，纷纷加入研究演唱。至明末清初，擅长昆曲者，乃人才辈出，而传奇著作，亦时有所闻，《桃花扇》一书，实杰作也。

问：《西厢》与《琵琶记》，优劣如何？

答：二本各有所长，殊无轩轾。不过，演昆曲者，以《琵琶记》脚本为较多，因其情节复杂，有表情之余地也。《西厢》曲本甚多，王实甫、元微之、董解元，各有作品，今日市上发售之《六才子书》，为王实甫作，与元微之原著不同。但王著不能入唱，有唱不下去者，有四声不对者。惟董解元本，恰可入唱。故至今唱《西厢》者，皆用董解元本。至《琵琶记》，系高则诚著。高为宋元间人，内容比较复杂，演昆曲者，多奉为蓝本。

问：《西厢记》一书，其势力最为普遍，而《琵琶记》之势力，则甚形逊色。其故何耶？

答：此系文字问题，而非戏剧问题。因《西厢》词意艳丽，恰可引人入胜，而《琵琶记》在文字上，比较枯燥。故从字里行间看去，遂觉《西厢记》优于《琵琶记》耳。

中州韵并非河南土音
杨梅余等亦工昆曲

中州音韵

记者问：昆曲字音，以何者为准则？

曹答：以江苏昆山音为准则。因改造昆曲之魏良辅，系昆山人也。元代周德清著有《中原音韵》一书，其字音之研究，为研究音韵学者所祖述。清顾亭林弟子范昆白，又作《中州全韵》。字音之学，乃称完备。其书，四声俱分阴阳，比之从前音，多出数百字。现梨园界唱者，皆以此书为标准。此书，在近时坊间，亦有发售者，惟多残缺不完。

问："中州韵"亦晚近演戏者之一句口头禅，但中州是否即河南省之中州？

答：即河南省之中州。但"中州韵"三字，系以书言，非指中州地言。近今谈戏者，以为"中州韵"系以河南中州之口音为准，实则河南中州人之口音，与唱戏、与"中州音韵"之字音，迥然不同。盖亦误解"中州韵"矣。

皮黄之误

记者问：昆曲发音，与皮黄发音有无歧异之点？

曹答：以原理原则言，应完全一致。不过，现时梨园行人，谓各有不同。如“楚楚”“睁睁”，在昆曲中，系唱本字，其音为“ㄔㄨㄔㄨ”“ㄓㄣㄓㄣ”。在皮黄中，则又唱成上口音，为“ㄘㄨㄘㄨ”“ㄗㄣㄗㄣ”。此种唱法，系湖北土音，并非标准音。内行人因讹传讹，牢不可破，此应改良者。又皮黄分十三道辙，昆曲则分二十一韵。如人辰辙，在昆曲中分为三韵，曰“真文”“庚亭”“侵寻”。其庚亭，读如ㄗㄧㄣ、ㄉㄧㄣ；侵寻，读如ㄑㄧㄣ、ㄙㄧㄣ。以视皮黄，实比较完备。他如“居鱼”与“苏模”两韵，皮黄中往往相混。譬之“绿花深处”之“处”字，应归居鱼韵，读如“ㄔ”；而皮黄则念本字，读如“ㄔㄨ”，混入苏模韵。皆为音韵学上所不许。[1]

(1)“ㄔㄨㄔㄨ” “ㄓㄣㄓㄣ”，汉语拼音为 chuchu、zhenzhen；

“ㄘㄨㄘㄨ” “ㄗㄣㄗㄣ”，汉语拼音为 cucu、zenzen；

“ㄗㄧㄣ”“ㄉㄧㄣ”，汉语拼音为 zin、din；

“ㄑㄧㄣ”“ㄙㄧㄣ”，汉语拼音为 qin、sin；

“ㄔ”“ㄔㄨ”，汉语拼音为 chi、chu。

复兴问题

记者问：近今谈戏者，多谓昆曲在戏剧中，应在天演淘汰之列。因歌唱一道，声浪须能普及于一般，至少在一个剧园以内，有普及之势力。但昆曲注重读字，而声浪遂比较短促。其势力，似不能及于三丈以外。在一个剧园以内，坐于远处者，亦听之不甚了了。曹君以为何如？

曹答：昔人唱昆曲，无论剧园之大小，座之远近，一字一音，皆可送入一般听者之耳鼓。谓其不能及于三丈以外，或指近人所唱而言。盖近人体质，日就虚弱，歌唱时，多为六字调，不够黄钟大吕之音，乃有此种议论。其实，昆曲本身何尝不能及于三丈以外？

问：昆曲势力，至于今日，似成强弩之末，以曹君眼光测之，将来有无复兴希望？

答：以本人意思，甚望昆曲有复兴之一日。盖昆曲之身段表情，每能描绘入微，不似皮黄之粗枝大叶，一览无余。质言之，皮黄粗而昆曲细，有雅俗之差异。现中华戏曲专科学校，对于昆曲，极端重视，正极力培养昆曲人才。富连成科班，对于昆曲，亦认为一种之必修科。盖知音乐者，咸知昆曲之不可废。将来之能风行一时，亦意想中事也。

名伶重视

记者问：现今名伶，于昆曲似不重视？

曹答：不然，凡为名伶，无不重视昆曲者。梅兰芳、杨小楼，皆有其昆曲拿手戏。至梅兰芳之新排各戏，往往杂用昆曲。因戏剧至入微时，非昆曲不能胜任愉快也。

问：余叔岩以皮黄名家，彼亦工昆曲乎？

答：不解昆曲者，不能成其为名伶。余叔岩于昆曲一道，自幼即有根底。盖皮黄之唱做白哭笑，以及身段表情，借镜于昆曲者，常寄寓于无形之中。余叔岩曾师事本人，学昆曲二十余出。彼近患溺血症，正学《搜山打车》一剧，未竣事而废学。但彼之志愿，仍有“假我数年，足以学昆曲，可以无大过矣”之概也。

笛音可以分出生旦净末
徐小香当年文武昆乱不挡

制造新谱

记者问：闻梅兰芳之剧，由曹君谱成昆曲者甚多。然欤？

曹答：此事往往有之。盖新排之皮黄剧，大抵酌量剧情与字音，以二黄、西皮、摇板、快板各腔，分别唱出。有时用二黄、西皮、摇板、快板等腔，俱不适宜者，若用昆曲唱来，则香艳旖旎，妙到极端。在此等处，则有夹用昆曲之必要。梅兰芳之《太真外传》，在盘内歌舞一场，其应用何种腔调，曾煞费研究。后兰芳请本人谱成昆曲，以登舞台，颇为一般所称道。其一例也。

问：记者于音乐一道，为门外汉。请问以新词谱入昆曲之方法如何？

答：此分两种，其原词，即按曲牌制成者，若音韵不合，则为之改正。至于原来词句，如诗词类，系一种之文艺的作品，在昆曲中，并无牌名，则按其字音之四声高下，配以工尺。又按其尖团字、单双音，何处应行腔？何处应短促？何处应并为一音？何处应引之使长？求其抑扬顿挫，合于音乐之原理原则而已。

问：原词无论如何，皆可谱成昆曲乎？

答：此则难言。因文艺与音乐，截然为两事。有在文艺上极富神理，而在音乐上唱不成腔者，则以意义相类似而音韵迥然不同之文字，斟酌更易。盖戏虽小道，而非剧学文学，俱有相当造诣者，不足以言胜任也。

徽调汉调

记者问：谈戏者，皆谓皮黄发源于徽调，而徽系由汉调变迁而来。如曹君所云，昆曲与皮黄，既关系密切，然则昆曲与汉调，亦有渊源否？

答：昆曲与汉调，在系统上，并无关联。以本人之意，昆曲来源最古，汉调之产生，或发源于昆曲，亦未可知。总之，皮黄价值，无论如何，系为集各种腔调，融荟而成，则别无问题。至昆曲与皮黄、与汉调，不同之点，为昆曲绝对用中州音韵，皮黄及汉调，可用湖北土音。皮黄与汉调相同之点，亦即俱适用湖北土音。

问：近今科班，学皮黄者，最多有三、四百出戏，即可登台应付而有余。昆曲脚本，共有多少？

答：自宋元以讫明清，代有传奇之出。脚本之多，未可数计。本人学戏时，脚本二千余出。至现今登台演戏之伶人，不过会得几十出戏。

中西音乐

记者问：徐小香先生，为曹君之师。徐先生所能，为昆为乱？

曹答：徐先生文武昆乱，皆为名家。不过，徐先生所唱，系徽调。今日所谓乱弹，则专指皮黄耳。

问：曹君最初，在梨园界，担任何种工作？

答：本人初在三庆班，专司吹笛。光绪年间，奉旨入内廷，为宫中制谱改谱，成绩尚不恶劣。

问：吹笛之神妙，可得闻欤？

答：吹笛在昆曲中，本以合唱，单独演奏时甚鲜。不过，笛音虽无生旦净末之别，而妙手吹来，即无人歌唱，亦可分出为生旦，为净末。盖笛音实有传神之妙也。

问：西乐亦可唱昆曲乎？

答：西乐以钢琴、提琴最为高明。钢琴如鼓上撒豆，断而不续。提琴虽悠扬洪亮，各尽充沛之能事，但哼哼唧唧，终有俚俗之嫌。虽（惟）中乐之细微，有传神无形之妙，可以描出人性。故昆曲非与笛音相合不可。

问：曹君师事徐先生，所宗何派？

答：昔日学戏，只学规则，无所谓派。至于韵派，则各本其资质，发挥其特长。如程长庚以沙音胜，张二奎以洪亮胜，余三胜则以巧妙胜，不似今日之唱戏，非谭即汪，与夫所谓梅程诸派之别也。

改正剧本

记者问：戏剧为一种之教育，而往往有一种之剧本，或者音韵拗口，或者文义不通。似乎有研究改良之必要？

曹答：此点，各方颇为重视，正进行讨论。现中海设有南京戏曲音乐院研究所，从事研究改良，本人为研究员之一。其工作，系取各种剧本，择其音韵拗口，或文义不通者，酌予增益删改。将来，此项□脚本制成后，首先由中华戏曲专科学校学生试演。不过，成绩如何，尚不可知耳。

问：中华戏曲专科学校学生，有无公演消息？

答：以该校学生程度，亦已可以登台公演。但公演问题，首须衣箱齐全。该校成立以来，一切费用，皆为纯粹消耗的。与富连成之一面教学，一面公演，得有相当收入者，情形不同。该校同人，现正筹划公演。其衣箱一项，亦正进行购制。但该校所取衣饰，对于旧日规模，既稍有更改，又与现时所谓海派衣饰，不相雷同。每件皆由该校指定尺寸花样，或绘成图式，而合于学生着用者，逐一订制。大约此项筹备，在两个月内，可以竣事。其他问题，则易于解决。该校预定以本年八月间，为学生开始公演之期，至时必可实现。

徐兰沅

采访人：王柱宇

原载1935年6月11日—8月13日《世界日报》（北平）

梅之琴师以徐兰沅[1]为主王少卿为副
徐兰沅回平后访问者极众

中国近代，艺术界有三怪杰：一曰画家齐白石，其作品，畅销于东西两洋；二曰围棋神童吴清源，在日本棋院中，属于第一流国手；三曰名伶梅兰芳，世界各国，莫不极端重视。有此三事，亦见吾国人士之脑力，不弱于世界列强。而吾国之艺术程度，并不落伍，大足为醉心“洋化”者之当头棒喝。吾人于此，对于中国国粹，宜知特加努力，毋甘食人唾余，徒贻东施效颦之讥也。此次，梅兰芳应苏俄文化委员会之聘，出国献技，情形如何，颇为国人所重视。而报章所载，半属宣传性质，不免夸大其词。且个中真相，亦往往详其所应略，而略其所应详。道远传言，大都如此，无足怪也。

(1) 原文均作“徐兰元”。

如鱼与水　最近，梅兰芳一行，由俄归国。梅之本人，偕其少数随员，转程赴沪，更往英法旅行。其同行赴俄之诸演员，皆留平未去，则此后梅氏所至之处，是否演剧？一般遂多所怀疑。不过，中国剧之演唱，唯一重要之辅佐品，厥为胡琴。演舞台戏，固以胡琴为准绳，随意清唱，最低限度，亦非胡琴不能开口。一般人遂又注意梅之琴师，是否随行。盖若带有琴师，即不登台演剧，或有不化装而清唱数段之机会。至于未带琴师，乃绝无歌唱之可能。程砚秋至法国旅行时，值巴黎教育会议开幕，曾因诸会员之敦促，空口“干唱”（此“干唱”之意，即无胡琴而歌唱，言其如鱼失水，痛苦不堪也。砚秋每对人谈及，则谓为“干唱”）《荒山泪》一段。此种唱法，开剧界未有之先例，不可以风。是梅之此行，有无琴师，即足为其是否唱戏之根据矣。

两位琴师　梅兰芳有自用琴师二人，一为徐兰沅，一为王少卿（梨园行人，呼之为“二片儿”）。戏剧界人，无论为内行、为外行，往往盛称王少卿，为个中第一人物。因其手音强烈宽大，而花腔繁多，情形火炽，在琴师中，足开一新纪元也。其弟王幼卿，每登台，必由少卿操胡琴。至大段唱工之处，场内空气，即突然紧张。一般座客，群以全副精神，注意于胡琴。拉唱结果，胡琴所得彩声，往往超出唱腔之上，少卿在琴师界，亦遂成为怪杰，有后来居上、压倒前人之慨。少卿之意气，乃有高不可攀之势。然梅氏登台，则以徐兰沅拉胡琴，以王少卿拉二胡。胡琴之势力，可以操纵唱工，二胡之职务，仅为胡琴之辅佐。换言之，即梅之琴师，以徐为主，以王为副，则徐之技术程度，已不问可知。

接见维艰 此间新闻界人，知徐兰沅留平，而和平门外南新华街路东之竹兰轩胡琴铺，系徐所开设，因纷纷赴竹兰轩，访问徐君。盖梅兰芳苏俄之行，若由徐君口中，得出谈片若干，即属一种之重要材料也。但徐君因远道回国，应酬纷繁，私人事务，亦自众多，各处奔忙，对于新闻界同人，未及一一接见。记者因与徐君为素识，且徐君在琴师界，属于第一人物，久拟录述徐君之经验与心得，公诸报章，供剧界中人之参考，备嗜剧同人之玩索。遂于日前，赴徐君寓所访问。徐君接见后，据谈梅兰芳此次赴俄演剧情形，及徐君对于胡琴之意见，甚为详尽。兹录志其谈话如次。

徐兰沅学樊山书法真伪莫辨
外人看梅兰芳照例揭帘幕

徐之书法 记者既至徐之客厅，则见地下铺有对联一副。方书就大字，墨渖未干，尚无下款。细视其字迹，乃绝似樊山所书。徐自内出，记者问曰：此对联大似樊山手笔。但墨渖犹湿，而樊山早已作古。此何人所书乎？

徐笑答：本人初学涂鸦，不值方家一笑。

记者异之，亦笑曰：樊山生前，悬有笔单。如徐君之技，大可伪署“樊山”，付南纸店中卖钱矣？

徐答：樊山在世之日，一般醉心樊山书法者，求真迹而不得，则转向本人索赝品。琉璃厂诸南纸店，以有利可图，竟纷纷乞于本人，书得对联若干，空其上款。有愿购者，该南纸店即按收定洋，约日取件。更乞本人填书上款后，可以骗得十元、二十元不等。更有求书中堂、匾额者，则其数更可观矣。

酷似樊山

记者问：受此项骗术者，当然无甚眼力？

徐答：悬笔单卖字，全属名誉问题。所谓名家书法，则可大卖其钱。若非名家，书法虽妙，亦无卖钱之希望，字迹究竟如何，乃为另一问题。樊山在世之日，各南纸店，群以本人所作赝品，酷似真迹。一日，戏以本人书成了对联，尚缺上款者，送至樊山，请为补填上款。樊山审视一过，竟不疑，加书上款。至此，各南纸店之售卖樊山书法者，遂不求真迹，而专求本人之赝品。本人作此狡猾者，凡数年之久。镇日伏案走笔，应接不暇。及樊山物故后，真迹既告断绝，赝品亦遂无法销售。至今，偶为人书对联之类，见者或疑樊山尚在人间。于此可见写字卖钱者，无甚真正价值。不过，利用一般人之虚荣心，资以从中取利耳。

艺术常识

记者问：书法一道，是否属于艺术范围，一般论者，言人人殊。或谓：艺术成绩，以有目共赏为原则。若限于某一部分人，可以了解，其他通常人，不能感觉兴味，此种成绩，即不得谓之艺术。书法一道，在习字中人，以为其味无穷，而在不懂书法者，又不知好在何处。故书法不得谓之艺术，然欤？

徐答：此亦难言。艺术成绩，固以使人了解为原则，而观察艺术、领略艺术者，要须具有相当之常识。即如戏剧一道，当然为一种之艺术。然而，在徘徊歌场、流连忘返者，方觉戏剧之中，有无上佳趣。在不懂戏剧者，又感觉其为张口乱喊，感觉其为锣鼓喧天，心烦意乱，且遥避之不暇。外国人看外国戏剧，以为妙极矣，中国人对之，则瞠目不解也。中国人看中国戏剧，以为妙极矣，外国人对之，又瞠目不解也。戏剧且然，何况书法？

先声夺人

记者问：若然，梅兰芳一则赴美献技，再则赴俄演剧。彼美人与俄人，其所欢迎者，为何事乎？

徐答：此项问题，可分两部言之，世界各国演剧原则，概为以男扮男，以女扮女。中国剧在历史上，则男女剧中人，皆以男人扮演。梅兰芳在中国剧中，因旅华外侨之赞赏，惊为男子酷肖女人，游扬于各本国之报纸。于是梅兰芳之名，遂蜚声全世界。各国人士，争欲看此中国之梅兰芳，不惜远道聘请，前往献技，借以扩充眼界，一也。其次，梅兰芳于舞台之上，乃以其对于外国剧之常识，转而观察中国剧。其所批评，有妙合戏剧原理处，即有因格于成见，不解所谓处。大抵，演奏之际，绝无鼓掌之声，迨戏终闭幕以后，又按其习惯，举行“揭帘幕”之故事耳。

梅在外国演剧平均可揭帘幕五六次
梅演剧之际并无彩声

照例办法

记者问：所谓照例“揭帘幕”，其意味如何？

徐答：揭帘幕者，一剧既终，演员俱入后台，台口遮蔽舞台之大帘幕，放落而下，表示闭幕以后，而台下座客，掌声雷动，使已入后台之诸演员，再登舞台，揭起帘幕，与座客作最后之晤面也。此项揭帘幕办法，在东西各国，最为通行。大抵，艺术精良之戏剧演员，在演剧中，必可得到热烈之欢迎。台上演剧人与台下座客，遂发生一种之感情关系。演剧既毕，诸演员齐入后台，而台下座客，觉诸演员音容已杳，咫尺天涯，此后晤面，不知当在何时。因感情所驱迫，万不得已，乃至异想天开，希望诸演员，于演剧已毕之时机，再登舞台，作最后之晤见。遂使闭幕以后，据座不去。同时，大鼓其掌，敦请诸演员出台。此时，诸演员因众人之盛意难却，惟有相偕出台，揭起帘幕，向台下座客，鞠躬致谢。作谢后，又入后台，放下帘幕。台下座客仍然依依不舍，掌声大作，久而不辍。诸演员乃重复出台，再揭帘幕。如此，艺术愈精，魔力愈大，揭帘幕之次数亦愈多。此种办法，相沿成风。于是名伶进入后台时，照例必有数次之揭帘幕。梅兰芳在美国、在苏俄演剧时，闭幕以后之揭帘幕，平均总在五六次左右。其受欢迎之情形，似极火炽矣。但吾人以冷眼观察，觉所谓揭帘幕者，仅为一种之照例性质，其是否为良心崇拜，则系另一问题也。

不甚了解

记者问：何以知为照例性质？

徐答：演剧场中，若座客皆能了解该种之戏剧，台上演至妙处，必可获得盛大之彩声。倘演员方面，出其全副精神，演至极度佳妙之处，而台下座客，竟无一彩声，此种现象，即为座客不懂戏剧之证据。盖艺术之佳者，往往使人忍俊不禁。惟其忍俊不禁，彩声乃自然拥现而出。中外剧场，其理正同。梅兰芳在外国演剧中，一出戏剧，自始至终，绝无一人鼓掌。必台上已空，帘幕下垂，一般座客，始共知为剧已终场，起而作盛大之鼓掌。此种情形，无论揭帘幕次数之多寡如何，总为无意识之表示。各国人看他国戏剧之意味，大都如此，无足怪也。

原来装饰

记者问：揭帘幕时，已入后台之演员，如何而再次出台？

徐答：剧终幕闭，照例有一种之欢送掌声。此欢送掌声，连续至较长时间，不肯罢休，即为非揭帘幕不可之表示。演员乃以其原来装饰，重行出台。在台口稍稍站立，即向台下鞠躬而退。盖演剧之际，诸演员之动作，为剧中人之动作，揭帘幕时之动作，则为演剧人之动作。其意义，迥然不同也。一度揭帘幕，入后台后，若台下掌声，连绵不断，或且愈演愈烈，乃有再揭帘幕之必要。如此，揭过数次帘幕时，至最后，掌声不甚众多时，即可不必再揭。再揭，亦无所谓。梅兰芳至揭帘幕时，当然以原来女装出台。其意味，在外国又为仅见，因外国剧既以男扮男，以女扮女，则揭帘幕时，各演剧人之动作，无甚奇特。至于梅兰芳，则戏以男扮女。剧中人之动作，为女性姿势。揭帘幕时演剧人之动作，乃一变而为男性的姿势。外国人见之，当然觉其为别有风趣。不过，梅剧团之每次出演，概为四五场，各场闭幕时，亦各有照例揭帘幕之事，不以梅兰芳一人为限也。

梅剧团在俄常以起打或舞剑为一场 十余人一行有时感觉缺乏

演剧情形

记者问：梅兰芳此次赴俄，每晚尚演剧四五场乎？

徐答：梅兰芳此次赴俄，一行共十余人，谓之“梅剧团”。此十余人，当然各有能力，无一闲员。每次出演，概由此十余人，分别演出四五场。大抵，自晚八九时起开演，至十一二时闭幕。演剧时间，共为三四小时。所谓“四五场”者，非四五出，亦非四五幕也。譬如共演四场，开幕时，由武行人，专演一幕打出手，减头去尾。打完出手，谓之一场，即闭幕一次。第二场，由其他演员，唱一出正戏。闭幕后，第三场，由梅兰芳。专演一幕舞剑或舞帛，亦谓之一场，又须闭幕。以下并以梅兰芳为主角，演一出正戏。此正戏演完，而一晚之戏毕矣。

照例揭幕

记者问：此四五场，每次各有闭幕之举。若非梅兰芳，闭幕时，尚有揭帘幕之事乎？

徐答：本人适言，揭帘幕属于照例行为者，因其中实有照例意味也。梅剧团在莫斯科演剧中，梅兰芳以外，无论何人，进入后台时，概有揭帘幕之事，不过，若有梅兰芳，则揭幕之程度，可至六七次左右。若为其他演员，不过揭一两次，即已无甚掌声。此种情形，可谓源于艺术者半，源于名誉之大、至于先声夺人者亦半。总之，一批演员献技既毕，非揭帘幕不可，乃为必然之事。换言之，若观众对于所演戏剧，完全不懂，甚或对于各个演员，不感兴味，以致发生厌恶。当其演毕入后台时，亦必大鼓其掌，敦促诸演［员］出台，奉行揭帘幕之故事。此中意味，似有为演员敷衍颜面之性质。不过，尚有真正属于良心上之揭帘幕者，则不可一概论也。

尚可对付

记者问：十余人为一剧团，其中，尚有场面助手诸人。登台演剧，不感缺乏乎？

徐答：皮黄诸剧，有需多人合演者，亦有二三人即可演唱一出者。譬如，全武行一类之整出戏，全本《失街亭》《南阳关》《长坂坡》一类之戏，当然非人多不可。至于二三人即可演唱者，譬如专演《武家坡》《梅龙镇》《汾河湾》一类之剧，尚复不少。此外，以十余人合演一剧者，尤极众多。梅剧团赴美赴俄演剧时，大抵专演需人不多之戏剧，其配角繁众者，只好不演。盖长途旅行赴外邦演剧，多一人即多一人之靡费，需款太多，无力负担，为一问题。实际上，中国剧之精彩，亦不以演员之众多为限。吾人于各个需人极少之戏剧，择其比较大同者，贡献于外邦人士，未始不足以尽中国剧之特长。必欲一行百余人，限于经费，固万难办到，平心论之，亦不必多此一番消耗耳。

勉强充数

记者问：此十余人，凑成一台戏。其勉强充数之时机，当然在所难免？

徐答：此种时机，亦良有之，好在，中国剧中之生旦净末丑，细析之，尚有所谓小生、武生、青衣、花旦、老旦、彩旦等等。至于在外国人观察，又不甚了解。则任何一人，互充配角，敷衍场面之事，乃甚繁多。言及此点，尚有一笑谈。本人原系琴师，专以拉胡琴为职务。于登台演戏，为生平所未究习。至万不得已时，本人亦曾粉墨登场，滥竽充数。此种情形，在后台诸人，无不匿笑，而出台以后，列坐于台下之外国观众，亦竟视若罔然。但若在中国内地，本人决无此大胆，贻剧界同人以羞辱也。

徐在《打渔杀家》中曾饰一花脸出台
梅在俄每座售卢布二十元

两度出演

记者问：徐君在外国，常有粉墨登场之事乎？

徐答：本人在外国，粉墨登场，不过毫无办法，不得已时，偶一为之。盖本人习技，最初，即专学胡琴一门，与其他内行，由唱戏改习胡琴者不同，故于唱、念、做、台步、身段，皆为门外汉。从前，梅剧团赴美时，曾因演员不敷，由本人饰一鬼魂。此次，在莫斯科演《打渔杀家》一剧，又因演员不敷，由本人饰一插刀之花脸。综计本人粉墨登场之事，生平以来只此二次。本人以拉胡琴为业者，凡三十余年。每于操琴之际，见诸登台演员，所谓唱、念、做、台步、身段，似无甚奇特，及本人着戏衣，由门帘内走出，乃觉手足无措，太不自由。出场入场之动转，尚有舛误之处。在外国且如此，若在国内登台，其遑遽又将何如？所谓“眼高手低”，又曰“事非经过不知难”

者，此之谓也。

化装操琴

记者问：梅剧团在外国演《打渔杀家》，桂英一角，当然系梅兰芳之任务，而徐君在梅剧团之任务，当然系为梅兰芳操琴。则梅兰芳演剧之际，徐君正忙于操琴，同时何能粉墨登场？

徐答：此种情形，说来最为滑稽。盖《打渔杀家》一剧，有时用胡琴，有时不用胡琴，而以不用胡琴之时间，比较最多。当时，派定由本人出场后，本人即于开演以前，绘面着戏衣，至开幕时，本人即以化装拉胡琴。若应本人出场，本人又放下胡琴，成为演员之一。好在，本人拉胡琴时，与该剧中人无关，而该剧中人出场时，又无拉胡琴之工作。两种任务，遂不相冲突。且梅兰芳演该剧，场面诸人，照例皆在幕后，与台下观众之目力，不生直接关系。故本人在幕后化装操琴，仅成幕后之笑柄。至于入场观剧之外国人，乃不知幕后尚有此离奇现象也。

剧场不同

记者问：此次，梅剧团在俄演剧，每日上座情形如何？

徐答：莫斯科之戏院，内容不同，故上座情形亦不能一概而论。大抵，各个戏院之建筑，因见解不同，形式极不一致。有容二千余人者，即有容七八百人者，座位有三四层楼者，即有无楼者，有座间地势，台口地位极低，而愈后愈高，成为斜面形者，即有平面者。总之，歌剧场之建筑较大，话剧场之建筑较小。若出演于话剧场，则上座非满不可，若出演于歌剧场，则最高之楼座，或有空闲无人之时机。不过，最小限度，亦可上八成座。

竟无华人

记者问：梅剧团系中国戏剧，出演于莫斯科后，一般旅俄华人，当然纷纷前往购票矣？

徐答：梅剧团在莫斯科，出演凡十余次，所有座客，竟无一中国人。此种情形，乃出于吾人意料之外。原因，苏俄在此时，已为共产国家。一般农工商业，皆为国营性质。对于中国人之寄居该国者，待遇特别苛刻。除维持其最低度之苦生活以外，绝无收入盈余。大抵，辛勤工作之所得，每月不过卢布一二百元，而此一二百元卢布之数，在俄国，乃为最低度之收入。盖今日苏俄货币，全属纸条，并无现金。所谓卢布，即不啻一种骗人之废纸，价格之贱，至于不堪形容。通常三数友人，饭庄小吃，至算账时，动需卢布百余元。梅剧团在俄演剧，每座售卢布二十元，此种价格，并不甚高，但在穷极无聊之华人，则无此资力也。

梅剧团在俄时华人不敢上前问讯
赴俄之行梅兰芳赔累万元

下等奴隶

记者问：华人在俄，竟无资力听一次中国戏乎？

徐答：要白俄失败、政体改革之际，对于无权无势之中国人，轻者驱逐出境，重者没收其财产，迫令同化于赤党，而名曰“同化”，实则供其做苦工。每月所得，除果腹外，绝无施展之余地。故直至今日，在苏俄境内之华人，仅成赤党之最下等奴隶。衣履破烂，胼手胝足，故国迢迢，无法飞回。其痛苦，不啻人间地狱之生活。谋生不易，求死不得，焉有资力听戏？

欺人太甚

记者问：华人在俄，既受无边之苦痛，何以不设法回国？

徐答：远道回国，当然需一宗之旋（旅）费。今日旅俄之华人，所得既微，无法储蓄，且其国内通行之货币，又完全为纸卢布，携以出国，乃无法行使。有此原因，遂无就道之可能。此外，苏俄边境，对于出国入国诸人，盘问检查，最为严厉。已入赤党者，自由私逃出国，即罹极刑之处分。此项禁令，亦不能回国之一重要原因。不过，事实上，属于真正之赤俄，在平民方面，其所受痛苦，与华人相较，亦相差无几。

欲入剧场听戏，皆无法办到。通常购票入座者，概系所谓委员阶级，富者少而贫者多，富者逸而贫者劳。此种不平等状态，较之专制国家尤甚。其“共产”名义，未免欺人太甚也。

不许交谈

记者问：在俄华人，若与梅剧团人，于路间相逢，亦表示其欢迎之意乎？

徐答：大抵，同是中国人，忽于异域相逢，即不啻所谓“乡亲”者。欢欣之意，必油然而生。梅剧团在俄时，同人偶然出外散步，地面警察，皆极端保护。有时，见一中国人，双方晤对，当然一望而知。但相逢之下，同人方欲与其向讯作礼，该中国人似欲有言，即又现出惊惶之色，遥遥避去。其意，如有极大之恐惧者。事后，据闻：已入赤党之华人，对于外来旅行之华人，绝对禁止交谈。彼等见同人，若竟交谈数语，作别以后，在同人当然不负任何责任，在该上前交谈之华人，立即为警察捕去，予以拘禁处分。盖滞俄华人，所受苦痛，最为剧烈。该国当局，为预防泄露秘密起见，遂不得不从严限制耳。

操纵金融

记者问：该种纸卢布一元，约相当于华币若干？

徐答：此种折合，并无标准可言。盖苏俄境内，唯一通行之货币，仅为该种纸卢布。外国人往该国旅行者，亦非行使该种纸卢布不可。该国尚设有一种之兑换机关，外国人士欲取得该种纸卢布，即须持美金，前往兑换。兑换之价格，为美金一元三四角，兑纸卢布一元。以此价格为标准，则卢布一元，竟合华币四元之多。究竟，此项办法，不过该国当局吸收现金之一种政策。其价格，乃为该兑换机关所自行规定，无理由之可言。实际行使之际，通常最低度生活者，食黑面面包，往往焦烂不堪，上抹臭黄油，每顿亦动需三数元。证以中国生活情形，则卢布每元之价，尚不及华币一角。该国当局之操纵金融，手段未免太辣。以此之故，外邦人士，皆不愿赴俄旅行，受其限制操纵，而在该国，亦不愿外邦人士之前往窥探。此次，梅剧团赴俄之行，回国后，统计结果，前后共由梅兰芳赔累华币一万元左右。以经济言，则太不值得耳。

梅剧团赴俄平民无法观光
各商场中有游人无顾主

物贵钱轻

记者问：所谓卢布者，对外，价格未免太高，而行使于苏俄境内，又未免太不值钱矣？

徐答：卢布，在苏俄境内，当然与废纸价值，相差不远。实际上，此废纸之卢布，亦无缘入于平民之手中也。该国办法，凡日用必需之件，如用餐一事，向餐馆取食后，共食去若干，值卢布若干，不过由餐馆方面，记其账目，按月由工资中扣除。结算盈余，始以卢布找付各该本人。其用途，所以备消耗娱乐诸事之需。所余无多，对于必需消耗，尚感困难，更求娱乐，当然绝无希望。故梅剧团在莫斯科演剧中，所有座客，全系所谓平民中之贵族人物。旅俄华人，固无缘列坐其间，一般低级劳动者，亦无法一扩眼界也。

有账无钱

记者问：梅剧团在莫斯科，生活状况如何？

徐答：梅剧团赴俄时，一切生活之需，自有文化委员会照料供给。譬如用餐，食毕以后，即有人写入账目中，按时报销。此种生活中，有一种特殊情形。即入理发处理发，为同人之自由行动，然理发既毕，彼知为梅剧团人，即挥手令去，不惟不索钱，且无所谓写账。原因苏俄境内之种种事业，全为国家经营。在工作诸人，固无所谓赔本，亦绝无赚钱之机会。不过，物品原料，有一种之支出，即非有一种之报销不可。不然，乃无法缴账。故餐馆一类之处所，即有写账之必要。至于理发事业，仅为工作性质。有人前往理发，即工作一次，无人理发，又无妨休息，并无物品之支出，亦无原料之消耗。其本国人，虽有写账手续，不过所以限制次数。有此原因，梅剧团在俄，理发一事，尽可任意觅理发处，入内为主顾。在同人，固有莫大之便利；在各该理发处，亦无任何之损失。且好奇心理，人性所同。彼等为同人理发后，犹极表欢欣，若不胜其荣幸。

毫无生趣

记者问：若然，则莫斯科之景象，亦殊萧条不堪矣？

徐答：一般工作场所，各执其事，固无所谓热闹。至于繁华所在，亦有商场之组设，有如上海之三大公司，天津之劝业场，北平之东安、西单等市场。入夜，则电灯辉煌，百货陈列，映眼通明。一般男女老幼，徘徊流连其中者，情形亦殊热闹。但吾人留心考察，所谓徘徊流连其中之人物，十九为穷极无聊之劳苦工作者。东张西望，走来走去，竟无甚出资购买物品者。盖一般经济，因当局操纵结果，已成困惫不堪之状态。普通人民，除生活外，不惟无力听戏，抑且无力购买比较奢靡之器具什物。该种商场，遂等于一种之具文，聊状观瞻。好在，在各该商品陈列所中服务诸人，亦仅为一种之工作性质。但求无过，不求有功。货物是否可以销售，乃无人过问。在当局，以公家钱办公家事，亦［无］所谓亏本，偶售一次物品，仍属一种吸收货币之手段。人民遭际至此，似无生趣之可言矣。

难养儿女

记者问：苏俄人民之经济状况如此，生有子女以后，将如何教养？

徐答：据闻，苏俄人民，于自生之子女，每个应供给以十八年之教养费。在一般工作者，生活中，大半属于“混吃等死”之性质，收入所得，更无盈余之可言。此十八年之教养费，如何可得？无已，乃于受孕之始，即设法打胎。不幸而生出子女，只好弃置不问，一任公共之处理。其意味，在苏俄，为一种之“公生子”，在中国，又不啻一种之私生子矣。

莫斯科人不知有中国之胡蝶
开会欢迎只知有一梅兰芳

胡蝶赴俄

记者问：梅剧团赴俄时，电影女明星胡蝶，亦在莫斯科。苏俄文化委员会是否同样招待？

徐答：胡蝶赴俄，并非应文化委员会之聘。缘在当时，莫斯科有一万国电影明星比赛大会，胡蝶之意，似欲前往参加该项比赛。但彼到达莫斯科后，该项比赛，早已闭幕。其中国明星冠军一席，已为他人攫去。且获得此冠军者，并未亲身赴俄，不过由影片成绩中评定。则胡蝶之行，即大可不必。彼长途跋涉，仅足供其游览之用。梅剧团演剧，彼固无缘参加，梅剧团应酬，彼亦不便同行。惟私人晤面之际，不免相为寒暄，打几句乡谈。同是中国人，互认乡亲之事，事实上，亦只好如此耳。

冷落可怜

记者问：梅剧团之应酬，胡蝶竟不同行乎？

徐答：外国人对于中国人之拍制之电影，从来不甚注意。盖中国电影之拍制，完全出于模仿外国。所谓模仿外国者，又仅得皮毛，难著精神。则外国人对于中国电影，方訾其幼稚可笑，绝无观摩参考之必要。其尤甚者，所谓中国电影明星，拍制电影时，其一动一言，往往如演文明新戏。一望而知为表演，与真实情景，不甚相同。非如外国电影之神化，令人疑为真情真景，并非表演而来。在外国人，遂认定中国电影另成一种之作风，不入世界电影之列。有此种种原因，胡蝶在中国之地位，虽屹然为美人、为明星，而在外国，乃不知有所谓“胡蝶”。至于梅剧团，根本为中国戏剧。外国人公认：中国戏剧，自有中国戏剧之特点，足供世界戏剧界之参考，足供世界戏剧界之观摩。故苏俄人士，对于梅剧团，极表欢迎，对于胡蝶，又置而不问。梅剧团在莫斯科时，当地各团体，时有开会欢迎之事。往往胡蝶与梅剧团人，在一处闲谈时，值欢迎人众大至，首先即问：孰为梅兰芳？梅出应后，又问：此女士为谁？答称：此中国电影明星胡蝶女士也。此言一出，欢迎诸人即蜂拥梅氏而去，胡蝶因无人周旋，往往至于羞惭满面。其实，电影明星与戏剧名伶，在中国，虽似立于平等地位，而外国人视之，乃显然歧出。于中国名伶，则喜其有特殊价值；于中国明星，又鄙其无足重轻。此中理由，亦易于索解。胡蝶之冷落于莫斯科，非偶然也。

多难了解

记者问：梅剧团出演于莫斯科之际，一般观众，认为中国戏剧，有何种特点？

徐答：外国人看中国剧，不能了解之处，当然极夥。如嗓音，所谓大小宽窄，以及调门问题；如唱腔，所谓西皮、二黄，所谓慢板、原板、倒板、摇板、快板；如念白，所谓音韵，所谓尖团字；如化装、做工、表情、台步、身段，以及种种之习惯，既为中国戏剧，当然于中国历史，于中国情形，有密切关联之处，凡此种种，外国人当然以不解之处为最多。总之，外国人之观察中国戏剧，概本其对于原来戏剧之思想与经验，作一种之比较，下以一种之批评，其所批评，乃为中国戏剧之外观，而非中国戏剧之内容。以言评戏，似谈不到。究竟，外国人立于客观地位，批评中国戏剧，其所议论，或有独到之处，言中国人所不能言者。则外国人以中国戏剧为参考资料，中国人亦无妨以外国人对于中国戏剧之批评，作为参考资料也。

俄人论梅兰芳之手开剧界未有之奇
中国剧以歌舞白合组而成

两种特点

记者问：外国人立于客观地位，批评中国戏剧，有何言中国人所不能言者？

徐答：中国人批评中国戏剧，其对于戏剧，无论有无研究，无论眼光程度如何，总之，其老生常谈之点，不外为化装如何，嗓音如何，唱工如何，念白如何，做工如何，表情如何，台步身段如何，以及词句之优劣，是否擅长运用家伙点。凡此种种，皆为外国人所不解，即亦为外国人所不能谈。梅剧团此次赴俄，俄人所批评者，有最重之两点：一、为梅兰芳之手，其种种姿势，妙含若干之艺术精神；二、中国戏剧者，以一种戏剧，而包括歌剧、话剧、舞剧之三种特点者也。此两点，在中国人，因司空见惯，遂不认其为特点，且无人讨论及之。故曰：外国人之批评中国戏剧，乃为言中国人所不能言者也。

手之艺术

记者问：外人论梅兰芳之手，如何而为特点？

徐答：世界各国之戏剧，无论为歌剧，为话剧，为舞剧，演剧人之两手，总无甚艺术。若以中国戏剧之眼光，批评外国戏剧，无妨谓之为“死手”。至于中国戏剧，臂之一屈一伸，手之一动一指，各有若干作用，可以代表一部分艺术之精神。比较言之，皆为外国戏剧所无法企及。而梅兰芳之于演剧，各种条件，皆特别努力、特别注意。往往自行研究审度，发前人所未发。其手之动作，尤能苦心孤诣，演为若干之美的姿势，在艺术界，乃为别创一格。不过，中国人之于梅兰芳，往往轰然道好，人云亦云，究竟梅兰芳好在何处，迄鲜道中肯綮者。梅兰芳之手，仅成其为梅兰芳之手，中国评剧家，更无一人道及。外国人看来，遂觉梅兰芳之手，是开剧界未有之奇。当时，莫斯科新闻界，竟将梅兰芳之手的种种姿势，拍成小照，载之报章。谓为特点，良足当之无愧。

三者兼备

记者问：外国人论中国戏剧。以一种戏剧，包括歌剧、话剧、舞剧之三种特点，其说如何？

徐答：中国戏剧之萌芽，始于舞蹈。大抵，始创戏剧者，见及歌舞相兼，有登台演唱之价值。于是制为种种曲牌，合以舞蹈，俾成一种之戏剧。此歌舞相兼之戏剧中，有时非以念白连缀，无法衔接，无法形容之情节，则又稍稍加入若干之念白。故中国戏剧之创始，即为有歌有舞有白。盖歌、舞、白，各有引人入胜之长处。歌，为一种适耳之音；舞，为一种悦目之色；白，所以传达剧中人之意思于观众。以哲理言，三者兼并，乃成一种良好之戏剧。此为固定事实，无可疑问。中国近代戏剧，因时代变更，微有不同之点。即昔日之戏剧，首重歌，次重舞，白之一事，最为附带条件。今日之戏剧，统计而分析其成分，乃为白最多，舞次之，歌最少。此种分析，系按普通言之，尚有唱工比较最为繁重之剧，在今日之剧界，已成强弩之末。实力既差，当然不能据以为断。总之，中国剧，实合歌、舞、白三种要素为一堂者。外国戏剧不然，为歌剧，则全属歌唱；为舞剧，则全属舞蹈姿势；为话剧，则全属对白。如此，虽各有一部分之叫座力，然而，各有所长之中，亦即各有所短，不如中国戏剧之三者兼并，总揽其长。苏俄文化委员会，曾以此点，制为一种之重要记录，留作改良戏剧之参考。

世界各国推重中国之艺术
学中国戏比较难于努力

互相羡慕

记者问：外国戏剧，以歌、舞、对白，各为一种之戏剧。中国戏剧，则以三种条件，合组而成。究竟孰优孰劣？

徐答：此为难解决之问题。近代环球交通，文化一端，往往互相羡慕，互相模仿。中国人方疑列强之强，原因于种种文化，起而追步欧美。同时，在东西两洋人，研究结果，又公认中国文化，因历史最为悠长，发明建设，足以雄长于世界。如绘画，在中国人，方竞学西洋画，认为系属真正之艺术。在日本人、在法国人，又评定中国绘画，有特殊之艺术精神。如赌博，在中国人，方崇拜五十二张之西洋扑克。在美国人，又醉心于一百三十六块之中国麻将。如下棋，在中国人，方宗法外国，制为种种之军旗（棋），在日本，又极力提倡围棋，在法国、在奥国，又纷纷研究象棋。比较优劣，遂难以一语断定。吾人平心而论，国家之强弱贫富与文化之优劣，各为一事，不能成为正比例。故世界各国，虽富虽强，成（反）而极端注意中国之文化。则吾国人士，承贫弱不振之余，一方旁搜博采，研究两洋之文化，一方对于吾国固有之文化，尤应慎重保存。不然，国粹既亡，国魂乃灭。徒言模仿外国，恐亡国之祸，不旋踵间，已于洋化声中，演成事实。此吾人不能不提前觉悟者也。

各有所长

记者问：以记者之经验与观察，总觉既名之曰戏剧，即须兼备歌舞对白之三种要素。若专以一种为条件，制成一种之戏剧，不免索然无味。徐君之意如何？

徐答：此亦不可一概而论。中国戏剧当然具有一种之戏剧精神，至于歌、舞、对白，亦当然可以各成一种之戏剧。盖歌之一事，为一种起人美感之艺术。如吾国之各种小调岔曲，固完全属于歌唱性质，然在杂耍场内，上座数额，亦往往可至二三百人。如大鼓书，固单纯以歌为能事者，而在大鼓名家，竟有号召五六百人之魔力，则歌剧可以独立，其理明矣。舞之一事，在吾国最古时代，亦独立成为一种之艺术。至于对白，吾国对口相声，亦属于一种最简单之对白戏。又如评书，更纯以念白，叙述描写一种之事实。且其动作姿势，亦含有一种之表演意味。不过系以一个演员，代表若干之剧中人而已。此项简单对白戏剧，亦各有叫座之势力。吃紧之际，尚可使一般听者，意醉神迷，发生若干之情感。故吾人论外国戏剧，不容固执中国戏剧之成见，遽指外国戏剧为无意味。但在崇拜外国之中国人，亦未便妄自菲薄，硬派中国戏剧为腐化、为落伍，致贻外国人之窃笑也。

繁简不同

记者问：中外戏剧，既各有所长，则洋式之戏剧，当然有逐渐输入中国之可能矣？

徐答：中外戏剧，各有所长，此为固定之事实。究竟，以吾人之意思，相互比较言之：中国戏剧，既包含歌舞对白之种种精神，则究习之际，亦自比较困难；外国戏剧，既专以某一条件擅长，则究习之际，亦自比较简单，而易于努力。换言之，亦可谓为中国戏剧之内容，比较复杂；外国戏剧之内容，比较简单。以外国戏剧之经验，转而观察中国戏剧，则觉意味深长；以中国戏剧之经验，转而观察外国戏剧，即感兴致淡薄。大抵，吾国之单纯歌剧、歌舞、对白，其营业总难维持久远，总难发挥光大，其原因，亦即在此。

外国人不懂西皮二黄故不懂胡琴
胡琴之构造不合科学原理

胡琴一物

记者问：外国人对于中国戏剧，其见解批评如此。

对于辅助唱工之胡琴，其见解批评如何？

徐答：本人适言，外国人对于唱者嗓音之大小宽窄、调门之高短、唱工之腔调板眼等等，既皆绝对不懂，则于附属品之胡琴，亦当然绝对不懂。不懂结果，当然无所谓见解与批评。此种情形，在音曲界，乃成一种之原则。大抵，赏玩一种之音乐，最小限度，亦非有该种音乐之常识不可。程度愈高，兴趣愈浓，反之，程度愈低，兴趣亦愈趋淡薄。其太无常识者，乃至格格不入，丝毫不感兴趣，甚且发生反感，徒滋厌恶之心理。故中国之琴瑟琵琶、笙箫笛管，为外国人所不懂，号称世界音乐之钢琴、外勿铃等，在中国人，又多不能感觉兴味。经验与音乐之关联，有如是者，胡琴之为外国人所不懂，又其小焉者耳。

难期输出

记者问：音乐之嗜好，与经验程度，为正比例，故钢琴、外勿铃之类，在昔为中国人所不懂者，降至今日，中国亦多爱而好之。外国对于中国之一切文化，既极端重视，欲加以参考观摩，则至相当时机以后，中国之乐器，安知不能入于世界乐器？而胡琴一物，或有普及于全球之可能乎？

徐答：不然。以本人之意思，觉世界乐器，尽有输入中国之可能，中国乐器，多无转行于外国之希望，而胡琴一物，尤难出国门一步。此有两种理由：一、胡琴一物，根本为西皮二黄之辅助品。外国人无法唱西皮二黄，故外国人亦无应用胡琴之必要。二、外国之一切制造，完全以科学为根据，而胡琴一物，绝对与科学无关。若以科学原理，转而研究制造胡琴之法，即属背道而驰，永无成功之一日。本人此言，决非门外汉。盖本人于和平门外南新华街路东，开有竹兰轩胡琴铺，凡制造胡琴之法，本人最为留心研究，研究结果，始断定胡琴一物，为不科学的乐器。乐器而与科学原理无关，外国人虽欲研究，亦无法努力矣。

辅助唱工

记者问：胡琴在乐器中，以辅助唱工为限乎？

徐答：中外乐器，概分弦乐、管乐、打乐之三类。此三类乐器，音波各有短长，而胡琴之构造，其音波，在中外乐器之中乃最为短促。胡琴音波之短促，长处在宜于合唱，短处又在不能独奏。勉强独奏，总嫌颤动次数太少，无浓厚之韵味。故胡琴一物，在梨园行人，通常呼之为“随手”。随手者，即依傍唱者之意，言其无独奏之能力也。吾人以拉胡琴为职业，无不欲力谋提高胡琴之地位者。究竟一种之事，有一种之真理。胡琴之地位，在唱工之下，乃为不变之事实，吾人不必妄自菲薄，亦未便自相标榜。随手则随手耳，固不足为荣，亦不足为辱也。

不能独奏

记者问：胡琴竟无独奏之时机乎？

徐答：胡琴所以合歌，亦所以合舞，歌舞以外，尚有填补空白之任务。合歌者，所以托腔也；合舞者，一方所以使舞姿生色，一方所以免除观众听力之寂寞也。此外，唱者开口以前，须以胡琴导引，唱腔既毕以后，须以胡琴过渡。又或唱者于行腔之际，中途喘气，略事停顿，则以胡琴足成其神理。在此等处，即属填补空白。所谓导引、过渡、足成神理之处，表面为独奏，实际仍以辅助唱者。通常学拉胡琴人，往往一人拉胡琴，而无唱者，其苦痛，即不堪言喻。听者感觉缺乏，尚系另一问题。故随手仅成其为随手，殊无独自拉奏，资以悦人之希望。

陈彦衡灌有〔柳摇金[2]〕〔山坡羊〕等片 不能以同样方法制造胡琴

妙合舞姿

记者问：胡琴牌子，如〔小开门〕〔夜深沉〕等，单独拉奏，亦殊悦耳。则胡琴一物，似有独奏之可能矣？

徐答：本人适言，胡琴之作用，为合歌、合舞以及填补空白，共为三种。属于合歌与填补空白之两种作用，当然与唱腔发生极强之联络关系，用于独奏，绝不可能。其合舞之牌子，独奏之际，似亦成为一种之独立的音乐。究竟，所谓“合舞”者，胡琴之与人的动作，亦即有强固之联络。如皇帝出场以前，先出龙套若干。此龙套次第出场，行动之际，则拉〔小开门〕。又如《骂曹》一剧，打鼓之际，则拉〔夜深沉〕。吾人在剧场听戏，一听〔小开门〕之胡琴，即可联想出皇帝。〔夜深沉〕用于打鼓之际，当然互为依傍，不容离开。舞剑之际，亦有拉〔夜深沉〕者，但吾人闻此胡琴，即可联想及于一种之舞姿。若但闻胡琴，不见人之动作，即可感觉重大之缺乏。故曰：胡琴者，无独奏之可能者也。

(2) 原文作“柳腰紧”，下同。

胡琴唱片

记者问：留声片中，曾由陈彦衡，灌有胡琴数片。此非独奏之证据耶？

徐答：胡琴不能独奏，乃为绝对之定义，无可疑问，陈君彦衡所灌之〔柳摇金〕〔山坡羊〕等，各为一种合舞之牌子。当时，以为单独拉奏，亦颇悦耳，故为灌制数片，希望赚钱。究竟，合舞之牌子，骤听之，虽似属于独奏，细寻之，则又与舞姿紧连。梅兰芳曩灌制《霸王别姬》留声片时，至舞剑处，曾由本人拉出一段牌子。如此，似为独奏性质矣。但该唱片之名，则为“梅兰芳唱霸王别姬”，并非“徐兰沅胡琴独奏”。且听者至胡琴拉奏之际，其思想中，直似有一梅兰芳，在留声机内，持剑而舞。以仅闻其声，不见其形，引为莫大之遗憾。此种情形，亦胡琴不能独奏之明证也。至于外国音乐，往往以一种乐器，灌入唱片之事。因其有独奏之可能，单纯听去，即足尽悦耳之能事。故西乐独奏之唱片，往往可以畅销。胡琴在乐器中，既不能独立，灌为唱片后，亦自不易销售。近年以来，遂无以胡琴灌制唱片者。

不合科学

记者问：徐君谓，胡琴一物，不合科学原理。所谓不合科学原理者，系制作胡琴人，不懂科学乎？抑胡琴一物，根本不能应用科学方法乎？

徐答：胡琴用于中国戏剧，为第一重要之辅助乐器。其销数，在中国境内，亦最为可惊。倘有应用科学方法之可能，吾人即不懂科学，亦无妨延揽科学专家，用作技师或顾问。无如此项乐器，较之世界乐器，其构造，迥然不同。若用科学方法研究，决无成功之希望。则吾人惟有听其自然，谓为“不科学的乐器”而已。

并无标准

记者问：胡琴之构造，不隶属科学范围，其理由如何？

徐答：一般西乐，无论为弦乐，为管乐，为打乐，总之，其原料之面积、长度、宽度、厚度、坚度、密度，种种必具之条件，在发音方面，各有一定之规律。故可绘为图样，说明其面积、长度、宽度、厚度。为木质，则限于何种之材料，为金属质，则限于何种之火力锻炼。合于此种原则，则发音佳，稍有不合，则发音不良。故西乐之制造，多用机器工作。每一次，共制数千数万之乐器。其所发音，即皆为一致的。胡琴不然，以同样方法，制造两具之胡琴，然而往往一具佳至极点，一首（具）乃不堪应用。不过，中国乐器，以此种意味为最多，不仅胡琴为然。

外国乐器有钱即可购买
中国良好乐器价值无限量

中国乐器

记者问：中国乐器，以不合科学原理者为多乎？

徐答：中国艺术，与各国艺术，有一最大不同之点。即外国艺术，最重形式，而略于精神；中国艺术，专尚精神，而略于形式。譬如绘画，西洋画以写生为主。主物以外，尚写出光线，写出阴影。绘成以后，取而与真实景物对照，其艺术之佳者，往往跃跃如生，几如一张之着色照片。至于中国画，则偏尚写意。往往以极浓而黑之线条，表现山水、人物、树石等等。若从形式观察，与真者相差，未免太远。不过，注视之际，若联想及于真实景物之神理，则又确为山水，为人物，为树石。以科学言：则西洋画为合于科学原理，而中国画太不科学矣。音乐一道，亦犹是也。大抵，中国乐器，其佳良与否，不能以科学眼光鉴别。譬如：七弦琴之一物，为中国历史上最名贵之乐器。同是一块木板，而其优劣程度，往往相去天渊。最优者即属无价之宝，最劣者乃至一文不值。然验其木质，察其长短宽窄，厚薄之度数，无法说明其理由也。吾人以中外乐器，比较言其价值：外国乐器以科学方法制成，每具之用途，大致立于平等地位，无所谓劣品，亦无所谓特殊佳品。中国乐器不合科学原理，制成以后，任何人亦不能预期其为优为劣。甚至能否应用，在制造人，亦不敢保险。其结果，所谓优劣，乃出于吾人意料之外。以此之故，凡外国乐器，只需有钱，即有法购买。败旧以后，无妨立时弃去。中国音乐家则不然，得一具良好之乐器，往往视如生命，竭力保存，愈旧而愈佳。二者意味，似各有短长。但吾人为中国人，究竟中国人之富于感情，乃为外国人所不及。

不能预期

记者问：中国乐器之制造，其优劣，乃无法预期。请详言其故。

徐答：今即可以胡琴而论，其发音之点，不外一、担子；二、筒子；三、皮子。担子，为一段之竹竿，而竹竿之生理，其竹节之疏密，距离之长短，管质之厚薄，乃等于人身之构造。语云：人心不同，有如其面。言心术之歧异，千奇百怪。有如面部之构造，迥不相同，各为一种之状态也。竹之生理亦然，竹节有疏有密，距离有长有短，管质有厚有薄。有疏密停匀者，有长短悬殊者，为厚为薄，更在不可知之数。筒子，为一段之粗径的竹筒。而此竹筒，其生质之坚实如何，虚空如何，亦各有不同。皮子，为一块之蛇皮。此蛇皮，有厚者，有薄者，有紧者，有松者，亦太不一律也。故吾人之制造胡琴，乃不容预定一种之标准，如曰：担子之疏密，应为何种之比例；各节之距离，应长几寸几分；管质之厚度，应为几分；筒子之生质，应为何种之坚度；皮子之厚薄松紧，究竟如何如何。如此规定，如此限制，即属万不可能之事。因规定限制以后，不惟于自然生长之原料中，无法寻出该项适当之材料，且其所规定限制，事实上，亦不能预期，亦不敢断定为良好之胡琴。故制造胡琴同业之中，即无所谓固定之成法。盖无机物之原料，往往可随吾人之意思，加以制造。至于有机物，则全持天然之生长。生理既不同，又不能以吾人之意，为之左右。此种事实，属于当然之原则。外国乐器，以无机体为最多，以科学方法制造，为情理所许。中国乐器，概以有机体为主，故不能以科学原理，相为准绳。胡琴之担子、筒子、皮子，皆有机体，即当然不能应用科学制造矣。

制造胡琴之法可以意会不可以言传

有高明胡琴无胡琴大夫

全恃经验

记者问：胡琴之制造，既无固定之标准，为优为劣，亦无法预期。则徐君所开设之竹兰轩胡琴铺，其制造方法如何？

徐答：制造胡琴，虽无固定标准。究竟，亦自有一种抽象之条件。如担子之竹，以坚实为佳，筒子之竹，须在坚空之间。所谓坚空之间者，不过坚，亦不过空也。验担子之法，首先视其竹节如何，距离如何。鼓击之际，以发音最坚实者为佳。若不甚结实，即为不适用。验筒子之法，为厚为薄，于发音方面，有极大关系，固须加以审查，而坚度若何，亦为最重要。通常吾人验筒子时，往往以手指甲弹之，使其发音。若为“打打”之音则过坚，若为“堂堂”之音，又过空，过坚过空，俱不适用，最好发出“当当”之音，乃为坚空适中。凡此种种，完全得自吾人经验之中，其差异之点，别于毫末。且其神理，可以意会，而不可以言传。若欲制为成法，印行一种之刊物，事实上，即万难办到。因担子之竹节如何，距离如何，坚实至如何程度，筒子之厚薄如何，如何始为在坚空之间，如何始为“当当”之音，除以经验审查外，殆别无他法，非如科学方法之能条分缕析，加以证明者也。

修理困难

记者问：胡琴已经制成后，在夙有经验者，亦可一望而知其为优为劣矣？

徐答：观察胡琴之优劣，亦只能鉴别形式。然而，所谓验看形式者，不过属于大致问题。最重要之手续，非自行试拉数声不可。试拉之际，发音佳，则为优良之胡琴。发音劣，即属不堪应用之具。故一望而知胡琴之优劣，乃为不可能之事。不宁惟是，胡琴之发音，凡在九部以上，在高音佳而低音劣者，亦有宜于低而不宜于高者。若其他之音，一律优良，就中有一部之音，颇嫌刺耳。此时，吾人欲矫正其不良之点，惟有加以精密审度，逐一考查。无论何种高手，亦难一试而知弊端之所在。譬如有人拿胡琴一具，告本人云："此胡琴工字发音不良，汝试拉之，请言其弊在何处，并请加以救治。"此时，本人接而拉之，亦但知其工字发音之欠佳，至于弊在何处，亦难以一语断定。不敢概然曰："此胡琴，须加滴松香。"亦不敢概然语人曰："老弦过粗，二弦须换。"或曰："码子不良。"于此时，一加修理，遽成良好胡琴，亦事实上所不能。关于此点，琴师界有二语曰："有拉胡琴的高手，并无治胡琴的大夫。"

码子关系

记者问：胡琴码子于发音有无重大关系？

徐答：胡琴之发音，于担子、筒子、皮子以及丝弦、马尾之间，负联络责任者，全恃一码子，为之绍介。故胡琴码子，在胡琴中，亦占有重大势力。则码子之坚度如何，体积如何，高度如何，皆须自行审度，自行鉴定。以后，购码子时，即按所处之条件，验看挑选。或指定一种式样，嘱胡琴铺，代为制造。在胡琴铺，并无何种之成见。因码子一物，亦无所谓固定之优劣状态。用于甲胡琴适宜者，用于乙胡琴，或又不能发音。甲琴师认为佳品者，乙琴师或又弃而不用。凡此，亦无所谓固定成法。故曰：胡琴者，不科学之乐器也。

折断一根丝弦须两根并换
蛇皮是否佳良亦不可预期

两根丝弦

记者问：胡琴之两根丝弦，其关系如何？

徐答：丝弦一物，本极普通，随处皆可购取。究竟，胡琴所恃以直接发音者，全为马尾与两根丝弦相摩擦。发音之洪亮问题，源于担子、筒子、皮子。发音之是否准确，则源于丝弦之粗细与密度问题。细而密，则音高；粗而疏，则音矮。通常调节高低，使其合于各个音阶之手续，谓之“定弦”。定弦之际，大抵，向里外两根空弦，各拉一音，验其为尺为合，是否调协。过矮，而欲稍稍增高，则紧拧转轴，使该一丝弦，趋入细密。过高，而欲渐次减低，则松退转轴，使该一丝弦，趋于粗疏。此外，为工为四，为凡为一，为六为上等等，亦须一一验明，是否准确。定弦而能调办，拉出一种之琴谱，始无所舛误。不然，手法虽妙，亦难成声。在个中高手，往往凭耳力之鉴别，即可断定准确与否。不过，若欲为慎重之定弦，尚须以笛音合之。以上所言，系定弦问题。但定弦手续，属于人力，而丝弦之本质，有无调办之可能，亦极关重要。若丝弦不适应用，任何名手，亦难使其归于调协，则挑购丝弦，以及料理丝弦，吾人皆不能不加以考虑也。

慎重料理

记者问：挑丝弦之法如何？料理丝弦之法如何？

徐答：拉胡琴人，有手音软者，有手音硬者，而各处所售卖之丝弦，粗细松紧，种类繁多，吾人各随其宜，自由挑购。何者为老弦，何者为二弦，搭配调节，须加精密之审查。购买回家后，尚须以重量金属物品，系于丝弦之一端，垂直悬挂。经过相当之时日，此丝弦之粗度密度，始稳定适于应用。且此丝弦之长度，亦应与担子之长度，相为伯仲。突然中断，加以连接，固为事实上所不许。以较长之丝弦，缠绕于转轴上，遇有折断之事，乃由转轴上放下若干之丝弦，继续拉用。此项办法，亦属拉胡琴之大忌。因转轴上，缠绕丝弦过多，其所发声音，即劣败不堪听闻也。其甚者，一具胡琴，共为两根丝弦，若二弦折断，此二弦，当然非更换一根二弦不可。吾人更换此二弦时，其未折断之老弦，亦应同时更换。盖两根丝弦，以转轴之势力，紧绷于胡琴之上，经过相当时期，其两根丝弦之密度，即发生均等的变化。所发声音，亦能保持调节之势力。若一根折断，仅更换一根丝弦，则不免一松一紧，一疏一密，成为畸形的状态。所发声音，亦致参差不齐。于成绩方面，可发生重大之影响，不可不注意及之也。

一块蛇皮

记者问：皮子与胡琴之关系如何？

徐答：胡琴一物，所赖以发音者，第一重要之条件，厥为皮子。不过，皮子在胡琴上，为一种之经常消耗品。得一佳皮子，用若干日后，因天时空气之影响，往往至于损破。此后，尚须更换新者。皮子而不甚良好，遇机亦有换去之必要。比较言之，担子筒子，遂为固定的装置，皮子一物，仅成临时需费。所谓皮子者，系一种之蛇皮。该项蛇皮，以疏密厚薄适中者为最佳。过疏，则音散漫而微；过密，则音狭窄而锐；过厚，则音太刚；过薄，则音太柔。挑选料理，亦煞费审度。然蛇皮之佳良与否，亦殊不可预期。蒙一次蛇皮，发音佳，则携去拉用。发音不良，惟有剪破以后，另蒙一张之法。其神理，又别于毫末，无法以科学方法鉴定。胡琴之构造，根本如此，无足异也。

一具胡琴永远拉用终生不坏
八音兼备之说不甚可靠

制造胡琴

记者问：制造胡琴，其能否佳良，能否应用，因种种关系，皆漫无把握。则徐君所开设之竹兰轩胡琴铺，其能否佳良？能否应用？亦不能预期矣？

徐答：既名之曰胡琴铺，则所制胡琴，当然俱有应用之可能。不然，用者以数元之代价，购得一具胡琴，乃至无法应用。如此，尚有何人购买？若制出胡琴，长期搁置，无人购买，则此胡琴铺，亦将无法维持其营业矣。盖所谓不能预期者，系不容以科学方法，作确定之标准。实际上，吾人本其经验，选择材料，测验其是否合用，是否佳良。往往制成以后，各成良好之胡琴。不过，此中理由，仍所谓“可以意会，不可以言传”。经验是否丰富，与制造是否佳良、是否合用，遂成显著适当之比例。故制造胡琴，非于拉胡琴之技术，有相当经验不可。不然，门外汉而制造胡琴，鲜有不失败者。

愈古愈佳

记者问：徐君在竹兰轩发售之胡琴，有何种长处？

徐答：本人以拉胡琴为业，凡二十六七年，对于胡琴之种种，当然有相当之审查与研究。大抵，本铺发售之胡琴，皆曾经本人之审查。虽各个琴师，手法不同，好恶各异，而每具胡琴，必有一种之用途，实可断言。故凡喜拉胡琴者，无论为内行、为外行，一致赞誉本铺之胡琴，最为适用。本铺胡琴，于材料之选择，总以耐用为主。任何一具胡琴，皆能经久拉用，永不损坏。购置一具，若慎重保存，必可终生相伴。年代愈久，音发且愈佳，无过刚过柔，以及刺耳之弊。不过，所谓永不损坏者，系以胡琴主物，如担子、筒子、轴子、弓子之类而言。至于皮子、丝弦、马尾，以及码子之类，则属于当然消耗品，欲其永不损坏，乃为不可能之事。其实，任何乐器，各有一种之消耗，不仅胡琴为然耳。

来历失考

记者问：胡琴之来源如何，可得闻欤？

徐答：谈胡琴者，向无系统之考据。本人所闻，似在明末清初间，即有此物。但究发源于何年，其缘起如何，又不得而知。或谓：胡琴者，胡地之琴也。究竟，所谓胡地者，自古迄今，并无竹之一物，而胡琴构造，乃以竹为大宗。则胡琴之“胡”，是否作胡地解，又成问题。以吾人意想，一切文物，皆由增减变化而来。则胡琴一物，亦当然由其他弦乐类之乐器，增减变化而来。最初创造之始，不必用于戏剧，因时代之递嬗，始用以入皮黄。总之，其具体考查，则不得其详。

姑存其说

记者问：有人谓，胡琴一物，兼备八音。此说然乎？

徐答：谈胡琴者，本有此项传说。据云：一具胡琴，兼备金、石、丝、竹、匏、土、革、木之八音。钩子，为金；担子顶端之小圆盖，昔用石质，为石；丝弦，为丝；担子，为竹；筒子，为匏；松香，为土；皮子、马尾，为革；轴子，为木。如此，八音兼备，似可自圆其说。究竟，担子上之小圆盖，是否为石质，有无用石质之必要，极而言之，担子之上端，有无用小圆盖之必要，皆系绝大问题。筒子一物，根本系竹质，并非匏类。若弃竹用匏，必致喑不成声。即此两点，可见兼备八音之说，不甚可靠。矫揉附会，故神其说，此为吾国人之特长，吾人亦只好存此一说，聊备一格而已。

内行学胡琴先学锁喇笛子
互相救济曰“救场如救火”

皆须拜师

记者问：学拉胡琴，与学唱戏，为同样事实乎？

徐答：学拉胡琴，与学唱戏，为两种之事，而非一种之事。门类不同，投师之手续各异。学戏，有内行票友之分，学胡琴，亦有内行与票友之分。自由练习，友朋研究，偶然上台，为人拉戏，属于消遣性质者，谓之票友。自幼投师，学习场面，属于职业性质者，谓之内行。初系票友，至相当时机，亦可下海，以拉胡琴为职业。此下海之际，仍须按手续拜师。拜师以后，亦即成为内行。不过，论出身，则谓之票友出身而已。通常以唱戏为业之内行，亦有擅长胡琴者。究竟，彼唱戏，固为内行，兼工胡琴，偶上台为人拉戏，仍以消遣为限，不得作为职业卖钱。必欲以胡琴卖钱，仍须按普通票友下海手续，照例行拜师礼。不然，即不容于场面诸人，至于无法工作。如杨宝忠之改业胡琴，即系由演员而改充场面者，彼登台以前，亦曾拜场面师父者也。

种种乐器

记者问：学拉胡琴之程序如何？

徐答：大抵，学习任何一种之技术，其方法，概有内行与票友之不同。内行入门，有固定之程序，非按部就班不可。至于票友，往往一蹴而就，省去若干之过程。以操琴言，拉胡琴之任务，即拉胡琴耳。故票友学胡琴者，概系开始即持胡琴练习，对于胡琴方面之附属乐器，多所不谙。其内行学胡琴者，开始并非练习胡琴。第一步练习笛子、锁喇，能吹出简单牌[子]，即改习月琴。月琴练习成功，再习南弦子。南弦子习成以后，始习胡琴。故凡内行出身之琴师，于南弦子、月琴、锁喇、笛子，必兼工并擅。胡琴之技佳，则为人操琴，至用锁喇处，则放下胡琴，改吹锁喇；至用笛子处，则放下胡琴，改吹笛子。凡此，皆为琴师一人之任务。再如习胡琴不成，则为人弹南弦子、弹月琴，亦可糊口。彼票友出身之琴师，往往除拉胡琴以外，别无所能。纵其胡琴技术，至极佳妙，亦不能成为一个完全之琴师。至用锁喇、用笛处，只好请人代庖。好在，用锁喇、用笛子时，南弦子、月琴，与胡琴同时停止，请人代庖，事实上，亦尚可能。究竟，此为感情问题，而非职司问题。若该不能吹锁喇、不能吹笛子之琴师，与弹南弦子、弹月琴者不睦，该两人袖手旁观，即陷于无办法之中。该不完全之琴师，乃无登台鬻技之可能。

互相救济

记者问：遇台上应吹锁喇、吹笛子之处，若琴师不能自，有请人代庖之必要，而该弹南弦子与弹月琴者，袖手旁观，生视误场，如舞台上规则所许可乎？

徐答：一台之剧，演唱之际，若有贻误之事，凡有能力者，皆有尽义务顶替之必要。故曰“救场如救火”，言其急不能待，不容袖手旁观也。但互相救助顶替，虽系舞台规则，总属例外帮忙性质，事实上，可帮则帮，无法帮忙，彼亦无责任之可言。若竟无人顶替，则负责之人，实难辞其咎。梨园行人，遇此种义务帮忙之处，往往故意规避，作一种不推诿之推诿。总之，习胡琴而不工锁喇与笛子，在场面中，即非受人排挤不可。因其推诿不肯帮忙之际，表面情形，亦似出于不得已。在管事人，亦无法质问，只好归咎于负有专责之琴师也。

梨园行人妒忌心理特重
琴师非兼工笛子锁喇不可

袖手旁观

记者问：弹月琴、弹南弦子者，故意推诿，袖手旁观，亦有一种之方法乎？

徐答：弹月琴、弹南弦子者，与拉胡琴人，同为场面执事人。且场面诸人，尚有上下手之分。如打鼓板者，为上手，打小锣者，则为下手；拉胡琴者，为上手，弹月琴、弹南弦子者，则为下手。相互之间，既为同事，又或为上手，或为下手，地位有高低之别。以同事关系言，有相互救助之义务，以地位言，有委托性质。则在琴弦停歇之际，由弹月琴、弹南弦子者，代吹锁喇、代吹笛子，似无法推诿。究竟，嫉忌心理，人性所同。在原则上，拉胡琴人，非兼工锁喇、笛子不可。令拉胡琴者，徒居上手地位，而未备上手之众长，未免于心不甘。弹南弦子者与弹月琴者，乃于事前，暗中磋商，设法规避。开戏以后，值琴弦并歇，若将吹锁喇，彼弹南弦子者，即伪向弹月琴者曰：我欲入厕，少待即来。言已，往后台去。其是否入厕，系另一问题。此时，弹月琴者，仍坐于场面上。拉胡琴人不得已，惟有向弹月琴者婉言乞求，请为代吹锁喇。弹月琴者闻语，尚故意谦逊曰："你吹罢，我吹得不好。"拉胡琴人急不能待，惟有哀恳帮忙。弹月琴人初犹佯为首肯，向怀际掏取"哨子"。缘舞台上规则，凡吹锁喇时，皆用公用锁喇，而由吹者自带哨子。彼掏取之际，则故意失惊曰："坏了，我这哨子吊（掉）啦。"言间，即俯身作寻觅状。一面以锁喇推付拉胡琴人曰："还是你吹，我没法吹了。"如此推诿，拉胡琴人即陷于毫无办法之中。有此一次误场，该拉胡琴人乃无人雇用，失去登台之资格矣。

文场师父

记者问：学吹笛子、锁喇，学弹月琴、南弦子，学拉胡琴，若各为一个教师，则场面人之拜师，亦殊不易矣？

徐答：场面之中，只有文场、武场之分。拜师学文场，则拜一文场师父；学武场，则拜一武场师父。所谓文场师父，系总括锁喇、笛子、月琴、南弦子、胡琴，五种教授任务而言。为师者，不过按其先后次序，分期教授。程度有浅有深，不许越等躁进。自始至终，皆为一个师父。

先教笛子

记者问：学吹笛子如何而练习？

徐答：初学吹笛子，系学吹极简单之牌子，有如

《鱼藏剑》中伍员吹箫之小腔之类。为师者，但说明何者为上为合，何者为凡，何者为工、尺、上、一、四等之部位。为徒者，即自行练习，稍稍成腔便为合格。故胡琴门中之所谓笛子，并非指昆曲所用之笛子。因昆曲所用之笛子，则与胡琴技术相等，成为一种之专门技术也。笛子学成，乃进而学吹锁喇。

次学锁喇

记者问：学吹锁喇，如何而练习？

徐答：锁喇用途，有时吹一种之牌子，有时用以合唱。不过，锁喇之合唱，通常只限于二黄原板。且唱锁喇者，其腔多简单，无甚特殊腔路。初学笛子时，已记明几种牌子，至学锁喇时，尚可移用。为师者，说明工、凡、六、五等等部位吹法以后，再为说明二黄原板之吹法。其乐谱，亦非常简单，直率无生气。能吹之使响，能吹出乐谱，又为学成。但在此时期以前，仍无上台资格，仅为学场面之初步。以后始学弹月琴，以次上台，一面学习，一面工作。

学月琴之乐谱仅有两种慢板头子过门
月琴成功以后始学南弦

初学月琴

记者问：学弹月琴之法如何？

徐答：学弹月琴，为场面人练习弦乐之第一步。

月琴发音之部位，凡分里弦、外弦两大部分。为师者，说明何处为尺，何处为工、凡、六、五，何者为合，何者为四、一、上，学月琴者，即以曾经学习之简单之乐谱，依法试弹。弹而成腔，则进而学弹皮黄乐谱。学弹皮黄谱之手续，系由为师者，开出两个乐谱，一为二黄慢板之头子及过门，一为西皮慢板之头子及过门。此两个乐谱，音符至为简单。有轮廓，无花妙悦耳之腔路。此两个乐谱，既已弹熟，既已弹成腔路，即可上台，充场面下手。为师者，教徒之道，亦止于此。除此以外，皆无所谓教授，有时加以指正而已。

两个乐谱

记者问：皮黄腔路，至为繁多。所谓教师者，于月琴乐谱，既以说明二黄慢板与西皮慢板之两个乐谱为限，则上台充场面之际，遇他种时机，将如何应付？

徐答：教师之开出两个乐谱，不过使为徒者，练习手法，练习既久，何者为高音，何者为矮音，如何为抑扬，如何为转折，即已运用烂熟。且月琴一物，完全随胡琴为转移。故只需弹熟两个乐谱，即可上台。遇二黄慢板、西皮慢板，当然不成问题。遇他种时机，亦尽可依胡琴之腔，随手弹去。大抵，初上台之际，于各种音调、各种腔路，经验太少。所弹月琴之音，与胡琴之音，不免多所参差。若为日既久，于唱者腔路，于胡琴音调，各有相当之经验。此后，其月琴技术，必可日见精进，与胡琴音调，有成为正比例之可能。总之，练习月琴之法，自来如此。按各个腔路、各个音调，一一而指授之，此必无之事。必欲一一指授，事实上，固不胜其烦，而所传之徒，亦必属于笨伯一流，无成功之希望。

以次进步

记者问：教师所开乐谱，既至极简单。若唱者之腔路，特别复杂离奇，将如何应付？

徐答：梨园行习惯，概将一次之戏码，分为三个阶段。譬如一晚之戏，共为九出，则第一第二第三之三出戏，为“前半工”；第四出至第六出之三出戏，为“中半工”；最后之三出戏，为“后半工”。举凡唱角，以及琴师、月琴、南弦子，皆有此三种之区别。在唱角，专唱前三出者，谓之前半工；唱中间者，谓之中半工；唱后三出者，谓之后半工，而后半工之中，又有“大轴”“压轴”“倒第三”之殊异。场面诸人，亦与此相同。总之，愈后，乃愈佳；愈在前方，程度愈卑劣。而所谓卑劣者，大抵仅具轮廓并无神理。通常学月琴者，上台之始，当然弹前半工。前半工而能胜任，即可转入中半工。中半工之腔路，比较复杂，胡琴之音调，亦自比较繁多。弹中半工既久，经验渐多，手法渐灵，再升至后半工。弹月琴之技术，乃止于此。

改习南弦

记者问：学南弦子之法如何？

徐答：学月琴而能弹后半工者，即可练习南弦子。

学南弦子时，手续至为简单。但由为师者，说明各个音阶之部位。至于乐谱，与各种腔路、各种音调，已于弹月琴中，记忆烂熟，尽可自行贯通，无一一指点之必要。经验方面，亦俱不成问题。不过，第一步，仍弹前半工，以次，而弹中半工，最后，始弹后半工。此项程序，与月琴完全相同。

有终身充下手不能拉胡琴者
南弦子与小锣声闻极远

胡琴最终

记者问：学胡琴之法如何？

徐答：学胡琴之法，至为简易。原因胡琴发音之部位，与月琴发音之部位，完全相同。所差异者，胡琴系极（拉）使发音，月琴则弹之成调耳。学场面者，既已有弹月琴之能力，且因逐渐进步，由弹前半工而弹中半工，由弹中半工而弹后半工，更由月琴而改弹南弦子，复经三个之阶段，则该学徒，于一切腔路、一切音调，必已完全熟谙。至学胡琴之际，不过易弹而拉，无须读乐谱，无须记腔路，其事当然简易。此后，由拉前半工进而拉中半工，再进而拉后半工。其程序，亦与月琴、与南弦子，初无二致。大抵，究习任何一种之艺术，能按部就班者，其事必甚简易，而且根底稳固。不仅究习音［乐］为然。

主从不同

记者问：拉胡琴之法，既与弹月琴之法，完全相同，则但能弹后半工月琴，即可一跃而拉后半工胡琴矣。何必于改拉胡琴时，尚须由前半工开始，经过中半工，以入后半工乎？

徐答：弹月琴与拉胡琴，其事虽同，责任则大相悬殊。盖合唱之乐器，终以胡琴为主，余如二胡、南弦子、月琴，各为附属弦乐。所谓上手下手者，分量当然歧出。通常听戏者，往往但闻唱与胡琴。唱者开口，则所听者，为腔为字。唱者休息，所听者，又为胡琴。至于二胡、南弦子之声，几于静听不闻。故拉胡琴者，非有十足之把握不可，稍有不合，即显然露出破绽。而二胡、南弦子、月琴等，遂无妨随胡琴为左右，纵有错误，亦不易发觉。孰难孰易，其理彰然明矣。拉前半工胡琴之难，难于拉后半工二胡，比之月琴，相去何只天渊？

天才所限

记者问：徐君适言，尚有学胡琴不成，终身以弹月琴、弹南弦子为业者。其理安在？

徐答：此种现象，在梨园界，屡见而不一见。原因歌唱与音乐，独唱独奏，则其事甚难。随唱随奏，则易如拾芥。通常嗜戏人士，因听戏既久，于各种腔路，俱有明了之印象。有人歌唱，试以小声摹随，则抑扬婉转，不爽毫厘，但令其单人独唱，又不能成一腔，甚且不能开口。又如学校唱歌，全班生徒，齐声歌唱，可谓无一不能唱。然一一令其歌唱，则有优者，有劣者，有不能开口者。此种例证，不胜枚举。故场面中人，其天才不逮者，往往弹后半工之南弦子，或月琴，优乎有余。拉前半工之胡琴，乃不敢动手。音乐之与歌唱，其理正同。不然，恐琴师人才，不堪数计，而月琴、南弦子之人才，将无处寻觅矣。

有浮有雄

记者问：月琴与南弦子，在附属弦乐中，势力孰大？

徐答：此两种弦乐，骤听之，似以月琴势力为大，而南弦子则喑不可闻。以实际言，月琴有繁弦急管之慨，触耳纷陈，而音波过短，浮而不沉。南弦子音韵较弱，非沉静至极点时，不能感觉，而音波极长，沉着老到。通常谓：月琴之音软，南弦子之音硬。此为一般用语，吾人亦可想见其意味。此项问题，尚有一显著之譬喻：如场面上之大锣与小锣，吾人骤听之，以为大锣之势力大，而小锣之势力小矣。其实小（大）锣之音，一发即散，闻于近而不闻于远。至于小锣，则发音坚锐，可以传达于较远之处。吾人以常识断去，殊觉离奇，而证以声学原理，固极相吻合也。

后半工场面永无替人帮忙之事
二胡在梅剧团时代始发明

三个半工

记者问：场面诸人，何以有“前半工”“中半工”“后半工”之别？

徐答：此为向日戏班中分班工作办法。登台演剧者，演正戏，每人演一出，至多二出。至于场面诸人，以全副精神，贯注于舞台之上，担任附属工作，若以演剧人与场面人，互为比较，则演剧人之唱做念，缺一不可，而有入后台休息之时机。场面人专司辅□，而顷刻不能休息。其责任，演一出戏剧之精神，相当于辅助三出戏剧之精神。通常演一次戏剧，共为九个戏码，则以三班场面人，分别伺应。戏剧之精彩，入后愈佳，故场面之责任，入后愈难。但戏剧之组织，内容有繁有简，阅时有长有短。全为短时间之戏，固为九个戏码，若于后方演一出之全本戏，又或减少一二个之戏码。所谓一出戏，有恰为一出戏者，有等于两出戏、三出戏者。则此后方之一出戏，即或以两出为后半工，或以一出为后半工。有此原因，分班工作之办法，遂只能以某半工计，不能以出计。此系剧界历来规则，今日尚沿习成例。

分班工作

记者问：场面诸人，共为三班。若至值班时，该班琴师，尚未到达，则将如何？

徐答："救场如救火"，此为舞台上之原则。至相当时机，上出戏码演毕，下出戏码即非出场不可。停演以待琴师之来，为事实上所不许。则凡属琴师，凡有拉胡琴能力者，即皆有负责顶替之必要。不过，场面人才，既有前中后三个半工之阶级，而虚荣心理，人人所同。前半工人顶替中半工职务，中半工人顶替后半工职务，彼尚愿效劳。后半工人而顶替中半工职务，中半工人而顶替前半工职务，彼即不肯甘心。好在，场面事务，属于届时交班性质。前半工演毕，则由中半工人接班。中半工演毕，则由后半工人接班。届交班时，若下半人尚未到来，此上班人即不能下班。事实上，凡代人顶替者，即皆为上班人顶替下班职务。通常担任后半工职务者，乃永无代人顶替工作之事。究竟，后半工人，皆由前半工、中半工改升而来，则今日之后半工人，不为人顶替者，从前亦必当负为人顶替之责任者也。

加入二胡

记者问：场面之中，尚有二胡之一种。学二胡之法如何？

徐答：二胡一物，在皮黄历史上，为从来未有之一种乐器。至梅兰芳时代，始由本人与王君少卿共同讨论，于文场三种弦乐（胡琴、南弦子、月琴）以外，加入二胡一种，用以合青衣之唱，最为妙曼悦耳。[3] 此项弦乐，其形式，与胡琴微有出入，而其拉法，则与胡琴完全相同。通常拉二胡者，无所谓练习，但能拉胡琴，无不能拉二胡者。不过，二胡一物，发音较软，在文场中，遂成为胡琴之附属品。大抵，胡琴技术，若稍欠火候，则为人拉二胡。初学胡琴时，亦往往先以二胡上台。经验渐多，即可逐渐自拉二胡。研习程序，似在南弦子与胡琴之间。但事实上亦有胡琴技术甚佳，而为人拉二胡者。此种情形，则为场面中之例外。如王少卿，彼在现时，本为胡琴名家。然梅兰芳上台时，则以本人拉胡琴，王少卿拉二胡，见者固不得以此而讥少卿。本人与少卿，向为世交，其胡琴技术，当然属于第一等。双方感情尚佳，不欲徒自夸大，为识者所匿笑也。

(3) 民国十二年（1923年）9月8日、9日，梅兰芳之承华社在真光剧场首演前后本《西施》，首次在文场中加入二胡伴奏，影响深远。

老生唱时不宜夹用二胡
二胡筒子最初系蒙蟒皮

仅成副乐

记者问：究竟，此二胡在文场弦乐中，占何种地位？

徐答：二胡之于胡琴，既立于副乐地位，其拉法，又与胡琴完全相同，则二胡之势力，当然在胡琴之下，南弦子之上。若以练习次序言，即能弹南弦子、充后半工任务以后，应先拉二胡，后拉胡琴。但二胡之与胡琴，究有同等意味，故能拉二胡者，同时亦可拉胡琴。专拉胡琴者，有时亦无妨为人拉二胡。如王君少卿之在今日，当然为著名琴师，然梅兰芳演剧时，彼概为本人拉二胡。可见胡琴之与二胡，并无绝对界限。不过，二胡在皮黄中，不仅属于副乐，且拉奏之际，尚以青衣一角为限。至于其他诸角，皆非所宜。而二胡之分量，乃不甚重要。因青衣歌唱之际，不用二胡，亦无不可也。

限于青衣

记者问：二胡既以用于青衣一角为限，若一出戏中，有青衣，有老生，则将如何？

徐答：老生唱时，若夹用二胡，殊极难听。当年，本人与王君少卿，创始夹用二胡时，内外行人闻之，莫不一致赞许。厥后，其他诸青衣角儿，无论为男角、为坤角，戏码在倒第一、倒第二者，即皆起而仿效，夹用二胡。一似不用二胡，不成其为著名青衣者。同时，老生诸角，亦有喜其热闹，欲夹用二胡者。究竟，二胡之音，全为一种靡靡之音，使人沉醉则有余，使人兴奋则不足。用于老生，乃觉不伦不类，不如不用之为愈。若遇青衣、老生合演之戏，则青衣唱时，夹入二胡，老生唱时，将二胡停止不拉。再如对口之处，并无停止之机会，惟有勉强一律，俱夹二胡。此种情形，以偏重青衣者为限。倘为偏重老生之戏，老生方面，即不满意。盖二胡一物，本系由小调中借用而来。小调意味，以靡靡之音为最佳。青衣意味，又与小调之神理相近。故二胡仅适用于青衣，不适用于老生。

源出苏滩

记者问：二胡系由小调中借用而来，其说如何？

徐答：二胡原名“苏胡”，系南方苏滩中合唱之弦乐。苏滩，为南方之一种小调。其音靡靡，其意缠绵。拉奏之际，是一种“嗡嗡”之声。听之，使人如饮醇酒，不觉陶然沉醉。初，本人与王君少卿，以拉胡琴之法，与胡琴合奏，其音调协，有刚柔相济之妙。以后，苏胡一物，遂由苏滩而输入皮黄之中，在皮黄进化史上，足开一新纪元。但今日之二胡，与原来之苏滩，尚微有不同之点。至今文场中人，仅知照例沿用，至于二胡之来历与沿革，迄鲜能道知者。

大同小异

记者问：今日之二胡，与原来之苏胡，有何不同之点？

徐答：苏胡与胡琴，不同之点甚多。最重要之一点，则胡琴筒子上系蒙蛇皮，苏胡筒子上，系蒙蟒皮。蛇皮之音，较脆而刚，蟒皮之音，较宏而柔。最初，王君少卿拉用时，尚系蟒皮，而王君惯性，酷似（好）强烈之音。过于柔弱，彼即感觉不能满意。遂由王君始创，蒙蛇皮于苏胡筒子之上。拉用既久，殊觉痛快淋漓。以后，一般仿用苏胡者，亦即弃蟒皮而不用。至于今日所谓二胡，一律蒙用蛇皮，皆系仿照王君办法。其实，喜拉刚音，属于王君之性情习惯。彼拉胡琴，亦偏于刚烈方面。易蟒皮为蛇皮，与原来夹用苏胡之取意，尚不甚相合，然相沿成风，已无法纠正矣。

接换丝弦仅须一分钟左右
胡琴断弦后由弹月琴者接位

保险胡琴

记者问：二胡之用途，以记者观察，似可担负胡琴之保险。若正值唱者歌唱之际，胡琴之丝弦，突然中断一根，唱者即感觉十分之苦痛。自二胡夹入皮黄以后，与胡琴同样拉奏，即令胡琴之丝弦中断，唱者尽可随二胡唱去。此时，拉胡琴者，可以乘机换弦。然欤?

徐答：在二胡夹入皮黄以后，有时，本可担任胡琴之保险。究竟，二胡之音，总嫌柔弱。单独用以合唱，即嫌疲软。且二胡一物，既以用于青衣为限，则其他角色，遇断弦时机，将如何救济乎？依文场规则，自有救济胡琴断弦之法。则二胡担任胡琴之保险云云，事实上，仅为部分的。

月琴副职

记者问：文场规则，如何而救济胡琴之断弦？

徐答：胡琴断弦，此为舞台上常有之事。而中断以后，乃至使唱者减去若干之精彩，故文场方面，不能不预为保险之地步。向例：其保险责任，概属于弹月琴人。通常在出场之际，琴师定弦时，弹月琴者，亦出其自带之胡琴，与琴师同时定弦，使成同样之调门。定妥以后，置于身旁，备而不用。若胡琴之丝弦，突然中断，该弹月琴者，即放下月琴，代为拉奏。此时，琴师乃自行换弦。而换弦之时间，因训练结果，最为神速。约在一分钟左右，已告完毕。总之，场面之上，不致使唱者陷于无办法之中。旧日规则如此，今日情形亦然。

敷衍僵局

记者问：弹月琴之程度，较之琴师，尚差两级。在胡琴丝弦中断以后，能司代为拉奏之责任乎？

徐答：大抵，经常以弹月琴为职务者，皆为文场老手。操业既久，于拉胡琴之法，于唱者之腔路，必皆所熟谙，代为拉奏，事实上，乃属可能。故弹月琴人，通常有一小盒，藏于身旁，成为例规。此小盒内，所盛之物，为拨子、胡琴码子、丝弦、锁喇哨子、笛子膜、阿胶等。拨子，所以弹月琴；胡琴码子、丝弦，系备拉胡琴之［用］；锁喇哨子，所以备吹锁喇；笛子膜、阿胶，所以备粘笛眼。技术无论良窳，总为必具之本能。代行琴师任务之际，虽难言乎佳妙，必可敷衍僵局也。

任务稍变

记者问：徐君曾言，为琴师者，应兼司笛子、锁喇之任务。何以弹月琴人，又须负笛子、锁喇之责？

徐答：琴师兼吹笛子、锁喇，此为旧日规则。近年以来，文场任务，业已稍稍变动。其任琴师者，于其他一切乐器，皆不过问。由弹南弦子者，兼司吹笛子、吹海笛（即小锁喇）、打堂鼓，弹月琴者，兼司吹副笛、吹大锁喇，以及负胡琴保险之责。划清职守，以杜临时推诿之弊。

断弦原因

记者问：胡琴断弦之原因如何？

徐答：胡琴断弦，原因甚多。一、弦质不坚；二、恰值接头之处；三、丝弦上于胡琴以前，密度尚未稳定；四、调门陡高；五、手法过笨；六、拉用过久。原因弦之制造，过生过熟，即为丝质不坚。而丝弦之制成，系以若干之短丝，连一根之丝。纵遇接头处，人目不能辨认。上胡琴以后，因紧拧结果，遂致脱离而中断。通常上胡琴之丝弦，概须经过重量铁器之坠压，上胡琴后，始无突然紧张，致有不胜牵掣之弊。若坠压尚未稳定，则因不胜牵掣而折断矣。此外，一个角儿，概有经常之调门，不致突然过高，亦不致突然过矮。若陡然使其增高调门，无力负担，又非折断不可。至于手法问题，因琴师之惯性不同，有重有轻，若手法过笨，因极度之摩擦，固可折断丝弦，而拉用过久，丝弦已经相随之耗损，亦折断原因之一也。

预防丝弦中断的方法很多
陡增调门使琴师无法预防

丝质平坚

记者问：胡琴断弦，最为舞台上之大忌。为琴师者，预防胡琴断弦之法为何？

徐答：预防断弦之法，亦应分析言之。一、丝质之坚否，吾人亦不易测知。通常购买丝弦，概系整根极长之圆圈状态。购回后，截成每次需用之长度，以重量铁器，坠压至相当时间，即上于胡琴，作一种试验之拉奏。若紧拧转轴，立即折断，此为丝质不坚之象征。则该购回之整根丝弦，即应一并弃去，另购新弦。因恐用以上场后，有中途折断之虞也。此项甄别之法，尚有一弊害。即试弦之际，若有折断之事，原因所在，不必系丝质不坚之故。有时，试弦时所用之丝弦，恰值接头之处，试拉而断，乃疑系整根丝弦之本质不坚。其实，除此接头处以外，余弦皆属可用，而因一度之试弦失败，弃之未免可惜。究竟，掷弃丝弦，损失甚小，临时误场，流弊太大。吾人宁可受此无妄之小牺牲，绝不使其冒险上场，至于得到无偿之损失也。

接头之处 二、预防接头之法，乃为吾人所不能预料。惟有以重量铁器坠压时，使其经过较长之时间，在极度稳定以后，比较尚有把握。究竟，所谓接头，其工事亦甚细密。坠压之际，既可胜任，试拉之际，偶紧拧转轴，亦殊无妨。及正式上场，拉奏即久，又因突然脱离而断折。此种情形，乃为防不胜防者。不幸而遇此项情事，惟有仰赖于弹月琴者之救助，另换新弦而已。

调门陡增 三、陡增调门，在专傍一个角儿者，乃为必无之事。因该一角儿之调门，久为该一琴师所习知。故于丝弦之选择及料理，各有相当之准备。矮则为矮，高即为高，忽增忽减，为情理所不许。惟公共应场之胡琴，其唱者之调门如何，皆为难测之谜。甲角儿仅唱扒字调，乙角儿或竟唱至乙字调以上。突高突矮，琴师方面，遂有无法预防之苦痛。

手法笨重 四、拉奏胡琴，系以马尾摩擦丝弦。且马尾之上，尚擦有松香。吾人拉动弓子，只需加以相当之压力，即可使其发出适中之音韵。彼不喜（善）拉胡琴者，希望胡琴发出强烈之音响，而手法欠佳，拉而不响，则益着力，愈着力而愈不响，愈不响乃愈着力。但胡琴之二弦甚为纤细，彼马尾之猛烈摩擦，有如刀割。拉奏不久，已割继（断）半根二弦，更稍稍着力，乌得而不折断？此项弊端，预防之法，惟有于练习之际，对于手法之运用，着力之轻重，加以精确之审度。始终如一，毋嫌不响而过于用力。其中意味，有不可以言语形容者。

拉用过久 五、丝弦之应用，有一定之时间与耗损。大致，二弦每根，可以应用七天。但此七天之中，何日断折，乃为不预期之事实。若以一根丝弦，拉三出戏，可以相对保险，不致折断。究竟，一台之戏，价格崇高，而一根丝弦，所费甚微。本人为预防折断计，每拉一出戏，必换一根二弦。至于老弦，则每三出戏一换。其实老弦比较粗，若无意外侵蚀，用至数月以上，或尚不致断折。不过，老弦上入胡琴后，拉用过久，其本质，即与新弦迥不相同。若逐日更换二弦，而老弦永不更换，拉奏之际，其里外两根丝弦，所发之音，乃不能调协。吾人更换老弦之意，盖不在预防断折，而在明其调协也。

一个琴师携两具胡琴最为可笑
西皮二黄同用一具胡琴

两具胡琴

记者问：有人谓，琴师上场，每人应携两具胡琴。开戏时，定出同样之调门，以一具拉用，一具闲置于近旁。遇有断弦之事，立即换用另一胡琴，则所耽延之时间，比较最短。此法如何？

徐答：琴师上场，一人携两具胡琴，其排场，似极伟大。然吾人视之，总觉可笑。大抵，外江派琴师，或琴师中之票友，往往有此种办法。实则多此一举，有如画蛇添足。盖一个琴师，携一具胡琴，此为原则。且为琴师者，执业半生，求一具佳良之胡琴，亦难于披沙拣金，不可多得。更欲求得两具合手之胡琴，乃为必无之事。因胡琴之与琴师，日相依傍，愈久而愈合手。一切习惯特性，皆已用之娴熟。若一人用两具胡琴，则两具俱不合手矣。至于保险问题，向例属于弹月琴人。耽延一分钟之时间，亦殊无关宏旨。本人适言，断弦之原因种种，多半可以人力为之预防。则预防得法，即可无断弦之危险。本人以拉胡琴为业者，已二十七八年。此二十七八年中，中途断弦者，不过二三次。若时时断弦，其琴师之技能，亦不问可知矣。

分出皮黄

记者问：谈者谓，胡琴之构造不同，发音之高矮各异。有发音高者，则宜于拉西皮；有发音矮者，则宜于拉二黄。故一个琴师，须兼备两把胡琴。遇西皮，即用音高者；遇二黄，又用音矮者。附带作用，始为保险，备临时断弦之救济。此说然欤？

徐答：胡琴因材料不同，发音亦即有所出入。本有宜于西皮、宜于二黄之分。究竟，胡琴之优劣，有不可以言语形容者。本人所办之竹兰轩胡琴铺，其中胡琴，构造形式，完全一律。在不懂胡琴者视之，固无所歧。在以拉胡琴为职业者，骤视之，亦无法辨别。惟有试拉数声，始知发音程度。而该项胡琴，价格参差，至不相同。有每具仅售三元者，为最低价，其最高价，则又达三十元，数额相差，乃极可惊。此无他，用途有宽窄之殊，有运用无阻者，即有用途有限度者。总之，凡以拉胡琴为职业者，即非求得一具佳良之胡琴不可。既称佳良，则西皮二黄，绝无扞格之事。言西皮二黄，各用一具胡琴者，似又带有票友习气耳。

耳音不佳

记者问：陆五在琴师界，以名家著称。但彼断弦之时机，至为频繁。曩民国六七年间，龚云甫应汉口大舞台之聘，前往献技。其第一日戏码，为《孟津河》。此剧，当然为龚氏之拿手戏。但此开始第一次出演，唱至原板垛句处，情形至极紧张之际，胡琴乃突然断弦，致起一般之怀疑。其原因如何？

徐答：龚云甫初次赴汉出演之日，梅兰芳并未同往，本人即未与陆君同台，原因如何，乃不得而知。(4) 以本人所知，胡琴定弦，非准不可。定妥以后，在一段唱词之中，最好一气拉下，不得随时紧拧轴子。有一种之琴师，因耳音不佳，于里外弦之是否准确，漫无把握。拉奏之际，忽觉外弦过矮，则于中途紧拧下方之轴子。但此外弦增高以后，当然又不调协。无已，又紧上方之轴子，增高里弦之调门。及此里弦增高，外弦又矮，又非紧凑下方之轴子不可。如此，自段首至段中，可以增高一个调门[5] 以上。如段首为半调，唱至段中，已至乙字调左右。循环递增，乃无止境。丝弦之强度有限，乌得而不断折？

(4) 龚氏第一次赴汉演出，参见《李多奎》篇注（15）。民国八年（1919 年）12 月 16 至 30 日，龚云甫第二次出演汉口合记大舞台，与梅兰芳同班，时梅之琴师为茹莱卿；民国十一年（1922 年）10 月，梅兰芳应香港太平戏院邀请，自组承华社赴港演出，茹氏因病不能同行，琴师一职始由徐氏专任。

(5) 原文作“补调门”。

梅雨田以单弦拉奏之说属于谣传 胡琴构造非兼用两弦不可

单弦拉奏

记者问：胡琴断弦，为不能避免之事实。闻胡琴名家，在断去一根二弦以后，尚可以一根老弦单独拉奏。所拉之腔，与两根丝弦拉出者，完全相同。并闻某胡琴名家，于为人托腔之际，故意折断一根丝弦。满场人得此警报，以为胡琴出险，非陷于僵局不可。

但某胡琴名家，则以一根丝弦拉奏，愈拉而愈见精彩。此时，可以获得盛大之采声，而某胡琴名家之大名，亦于以震动梨园界。此事有之乎？

徐答：吾国人士，有一种之特殊惯性。欲攻击某一人，则造为种种之谣言，尽量诋毁，无所不至。欲赞扬某一人，则捏成若干之事实，故神其位，以相流传。曩梅兰芳之祖梅雨田，以胡琴名家，独步一时。誉之者，遂谓：梅雨田常以一根丝弦拉奏，备受一般之欢迎。此项传说，谓即梅雨田之事迹。事近荒唐，未免过甚其词，与事实不符。吾人不便附会其说，至于自讹传讹也。

仅可对付

记者问：在断去一根二弦以后，以一根老弦，单独拉奏为不可能之事实乎？

徐答：事实上，以一根老弦，单独拉奏，亦勉强可以应付。原因胡琴之老弦，空弦为合，属于很低之音。以下，按下第二指，增高一部之音，为四。再按下中指，则为乙。按下无名指，则为上。上再下，即转入三（二）弦。二弦之空弦为尺，按下第二指为工，按下中指为凡，按下无名指为六，按下小指为五。五以下，尚可顺丝弦而下，递增其音。此种音阶部位，最为普通。今若二弦断去，老弦独存，吾人尽按丝弦发音之原则，以次推去。如上音以下，本应转入二弦，而二弦即已折断，惟有以全部音阶，求之于一根老弦之上。其顺序，即上以下，为尺；尺以下，为工；工再下，为凡、为六、为五，则以一根老弦拉腔，似属可能。究竟，一根丝弦，长仅尺许，用以担任九部以上之音阶，终觉作用有限。至胡琴之腔路无穷，极力对付，尚感无边之苦痛。且胡琴各部之音，合、四、乙、上，属于老弦；尺、工、凡、六、五，属于二弦。丝质之粗细不同，发音之强弱宽窄各异。各有任务，不容紊乱。必欲以一根老弦，供全部音调之用，调门虽合，而所发之音，终觉不伦不类。与由两根丝弦发出之音，迥异其趣。故二弦断去以后，以一根老弦拉奏，至多可以对付一半句唱腔。以后，仍非换弦不可。至于单拉一根丝弦之说，则不可以风也。

构造所关

记者问：杂耍之中，有一种之“单弦拉戏”。其所拉之腔，亦至曼妙。何以胡琴一物，不能以单弦拉奏？

徐答：一种乐器，有一种之构造。胡琴之构造，系两根丝弦。故拉奏胡琴，亦非具有两根丝弦不可。若以一根老弦，用至上音以下，其尺、工、凡、六、五等音，即以次单薄，以次微细，至于不能发音。通常单弦拉戏之胡琴，为一种之特殊状态。丝弦之长度，较之胡琴老弦，总在两倍以上。依丝弦发音之原则，较短者，音波较短；较长者，音波亦较长。故单弦拉戏，属于可能，而胡琴专用一根老弦，遂觉无可施展。且单弦拉戏者，仅司行腔之职务，至于头子、过门，则又非借助于胡琴不可。盖头子、过门、还头之类，敏捷灵妙为依归，故有用两根丝弦之胡琴之必要。拉头子、过门之类，而用单弦，即成为笨伯矣。

昔年琴师以梅雨田为第一人
孙老元仅存四梁四柱

胡琴圣手

记者问：梅雨田之胡琴技术，究竟如何？

徐答：以吾人所知之胡琴名家，当然推梅雨田，为个中第一人物。此公之长处，全在手音佳，手法妙，而能恰到好处。盖胡琴之发音，全在两根丝弦，而两根丝弦之所以能发音，又重赖于丝弦之支点，下端固着于码子之上。因马尾摩擦丝弦，而震动码子。因码子之震动，而波及于蛇皮、筒子、担子，于是发出悦耳之音韵。此项问题，属于下端之支点。而于上端之支点，则可分为两部：一为钩子，二即吾人之手指。如拉尺、合两音，为空弦。其支点，则为钩子。至于四、乙、上、工、凡、六、五等等之音，皆非按以手指不可。凡此种种发音之支点，又全属于吾人之手指。胡琴之构造佳，即为下端之支点优良，占有半数之势力。更加吾人之手音优良，音韵乃成完璧。此二者，缺一不可。若胡琴之构造优良，吾人之手音佳，又有曼妙之手法，拉出乐谱，始极悦耳之大观。究竟，胡琴之重要一点，又为恰到好处。盖中庸斯为圣道，太过亦犹不及也。

论陈彦衡

记者问：据徐君言，则梅雨田在琴师界，堪称“圣手”。何以一般谈者，群推陈彦衡为胡琴圣手？且百代公司，曾为陈彦衡，灌制留声片数面。留声片之上，尚标明“胡琴圣手”字样。其故何耶？

徐答：此项成名，完全属于机会关系。一般谈者之谓陈彦衡为胡琴圣手，概系根据百代公司之留声片。而百代公司之灌制留声片，又属于营业性质。唱片之上，欲如何，便如何，外人固无法干涉。不过，陈君彦衡，在琴师界，当然属于头等人物。且陈君系票友出身，其为人，富于诗书气。故内外行人，一致推许。总之，较之梅氏，则又相形见绌。陈君原籍四川，因随谭鑫培久，于谭之咬字行腔，俱有相当之记忆。至晚年，彼已返回四川省原籍。在其故乡，以教戏为职业。所说谭腔，当然比较真切。琴师下场，往往如此。据闻，数年前，陈君业已作古。身后萧条，令人感概系之。

谈孙老元

记者问：梅雨田与陈彦衡，皆为已故名家。[6] 至今尚存之老成人物，当推何人为最佳？

徐答：至今尚存之老成人物，当然孙老元为巨擘。梅陈两氏，合之孙君，昔年皆曾为谭鑫培操琴。孙君之特长，第一为手音强烈，洪大响脆。拉奏之际，如金石，如裂帛，触耳动听，最足惹起听众之注意。或疑孙君之胡琴构造，与一般胡琴，迥不相同。故所发音韵，大异凡响。其实，孙君所操之琴，仍为通常构造。谓为优良则可，谓为构造特殊则非事实。盖孙君之琴音洪大，全为手音绝佳之故。即适间所言：得优良之胡琴，又得上端特佳之支点，故觉分外出色。若易以他人之胡琴，由孙君拉奏，其所发音韵，较之他人，亦必洪大而响脆。更若以孙君之胡琴，转付他人拉奏，亦将喑不可闻。故曰："利器"与"善事"，各占半数之势力也。惟近年以来，孙君历在外埠鬻技，其所拉奏，吾人听之，但觉其为"四梁四柱"，棱角具在，神理全失。此中原因，并非孙君之技术退化，实缘胡琴技术，不养小，不养老。练习胡琴，非十年左右，难言成名，不养小也。五十以后，又渐次减失原来之特长，不养老也。吾人言念及此，不禁喟然兴叹。

(6) 梅雨田，民国元年（1912 年）10 月 8 日即旧历壬子八月二十八日殁于京寓（今多误为阳历 8 月 28 日），享年四十八岁；陈彦衡，民国二十三年（1934 年）1 月 26 日即旧历癸酉腊月十二日殁于重庆陕西街宅中，享年六十五岁。

拉胡琴技术不养小亦不养老
胡琴作用在托腔故无乐谱

老而退化

记者问：胡琴技术，不养小，不养老。幼小时代，学艺未成，故碌碌无名。至于既已成名，入老境后，似应日见精进。何以逾过五十，又逐渐消失原来之特点？

徐答：本人执业迄今，尚仅四十四岁。入老境后，逐渐消失原来特点之事实，系由吾人本其观察所得，总计而来。究竟原因如何，乃不敢遽下断语。吾人以意推想，约为以下二端：一、生理之变迁；二、手法之笨化。盖胡琴上端之支点，既以手指为最占势力，则手指之骨肉，在健壮时期，为一种之生理，在衰老时期，又为一种之生理。大抵，健壮时期，骨肉停匀，所发音韵，亦自刚柔适中。又逐渐衰老，即渐次骨胜于肉，所发音韵，亦即偏于刚烈，消失原来之神理。此生理变迁说也。此外，老年人之骨质，概为石灰质多于胶质，故运动之间，亦比较笨滞。且入老境后，各部神经，亦渐趋迟钝，则耳音与手法，亦自比较蹇涩。拉胡琴者，全恃耳音佳、手音佳、手法妙，老年琴师，有此种种原因，欲其不消失固有之特点也得欤？

手法问题

记者问：所谓手音佳，已闻之详矣。所谓手法妙，其道如何？

徐答：所谓手法，在中西一切乐器之中，皆极关重要。往往同一乐谱，由甲手奏出，抑扬多姿，婉转可听。由乙手奏出，又毫无意味。此无他，手法之程度悬殊耳。盖手法势力，无论为管乐、为弦乐、为打乐，皆有权支配。管乐之作用，在吹，而按管者，手也。弦乐之作用，在拉与弹，而用以拉者弹者，亦手也。至于打乐之作用，则完全用手敲击。故手法之程度如何，乃为音乐程度之绝对标准。且弦乐一种，在西乐中，全在以拉为唯一作用，如外勿铃之类，右手拉使发音，左手则置而不用，仅成乐器体重之支点。[7] 在中乐如月琴、南弦子以及胡琴，则概以左手按作丝弦之长度，以右手弹之或拉之。故中乐之手法又为特重。通常西乐之音乐家，各有固定之乐谱。技术而佳，不过可以眼看乐谱，手弄音乐，能曲尽乐谱之妙处者，斯为上选。至于中乐之胡琴，则并无乐谱。所有头子、过门、还头，以及合唱之等等部分，完全随手拉奏，绝无一定之成法。有人谓：欧美文化，重在形式，故有法致力；中国文化，重在精神，乃不可捉摸。欧美之音乐家，人才辈出，中国之名音乐家，世不多见。其原因，盖非偶然。则拉胡琴之偏重手法，亦可以推知矣。

(7) 此处或系记录者笔误或徐氏理解有误，外勿铃即小提琴，其左手指法极端重要，非文中所谓之“仅成乐器体重之支点”云云。

并无乐谱

记者问：欧美文化，处处以科学为根据。故形式整齐，易学易教。中国人惟不通科学，事事无具体之成法。则胡琴之无乐谱，乃为中乐之缺点，不能谓为中乐之特长。此说然欤？

徐答：音乐之妙处，全在神化无方。若依形式求之，即成笨伯。通常学胡琴者，概只读熟一个西皮慢板，及一个二黄慢板之头子、过门，即逐渐由弹月琴，而弹南弦子。随胡琴既久，即已熟记各种之胡琴腔路。随唱既久，即已熟记各种之唱腔。故练习胡琴，无熟读乐谱之必要，而胡琴名家，亦俱无所谓乐谱。且胡琴天职，系在托唱。唱者之腔路，因人而异，唱者之板眼，亦运用各殊。托甲之唱腔之法，不能移用于乙丙丁戊等等之唱腔。则学成固定乐谱，亦无法应用。惟有凭灵敏之耳音，曼妙之手法，随机应变，以期恰到好处。故曰：胡琴者，无法利用乐谱者也。

胡琴调门音阶无所谓固定
昔人唱戏非正工调不可

调门问题

记者问：然则中乐之胡琴技术，其难能可贵之处，较之西乐，为尤甚矣？

徐答：西乐之奏法，以口吹，以手弹，或拉，或打。中乐之奏法，亦为吹，与弹，与拉，与打，则中西乐器，作用相同，各有难处。但论音乐家之成功，西乐方面，在能奏新出之乐谱，有如驷马之驾轻就熟。其甚者，乃至于新出之乐谱，可以举一反三，即不看乐谱，亦可奏出一二段，与乐谱所载，若合符节。至于胡琴，成功以后，则贵触类旁通，畅行无阻。固无所谓新乐谱，亦无所谓旧乐谱。于任何角儿、任何腔路，皆能随手对付，稍有不合，即为角儿所摒弃。故吾国有俗谚云“斗米月琴，石米箫，十年胡琴拉不高”，谓胡琴者，不易成功之乐器也。据此推论：西乐以乐谱为标准，胡琴则绝对无乐谱。价值孰高，已可推知。且西乐之调门，为固定的。如C调、D调、E调、G调、A调、B调等，乐谱规定为何种调门，则一律按何种调门奏去。至于胡琴之调门，则无所谓绝对标准。全恃琴师之斟酌损益，务期恰合唱者之声调。此一难点，又为西乐所不及。

抽象标准

记者问：胡琴调门，有六字调、正工调、乙字调等，此非所谓调门乎？

徐答：此项调门名称，仅为抽象的标准。若专以此项调门为标准，即感穷于对付。如六字调与正工调之间，则有所谓六半调；正工调与乙字调之间，则有所谓工半调；六字调以下，尚有所谓扒字调；扒字调之上，尚有所谓软六字调。此外，并有硬六字调、软工调等等之名称。若以笛眼之工音，作定弦之标准，当然为正工调。而软工调、硬六字调、软六字调、扒字调等等，又将如何定弦乎？且所谓扒字调、软六字调、硬六字调、软工调等，亦非有效标准也。余如软于软六字调者、硬于硬六字调者、软于软工调者，细析其毫末之殊，乃至不胜列举。有此原因，故谓胡琴无所谓调门，亦无不可。彼调门云云，不过一种之抽象的标准。吾人称人或自称："此正工调也"，"此乙字调也"，"此不够六字调"，不过状其调门高矮之梗概，大致不差而已。西乐之调门，既为固定的，则音乐人员奏乐，于调门问题，乃无审慎之必要。故西乐比之胡琴，又可减少一种之顾虑。

昔重正工

记者问：如徐君所言，则唱者恰为正工调，琴师即可以笛音为标准，无顾虑之必要矣？

徐答：戏剧与音乐，究应以何者为标准之调门？此项问题，乃不易解决。以吾国情形言：大致，昔日重高调门，近年则渐趋于低矮。昔人唱戏，以正工调为标准。嗓音不及正工调者，即无唱戏之资格。故昔年琴师，通常以笛音定正工调上场。至于唱者之嗓音如何，可无过问之必要。至时，若唱者之嗓感觉痛苦，甚或力竭声嘶，难乎为继，琴师方面，亦不负任何责任。终场以后，倘唱者愤然质问琴师曰：“汝所定调门何以太高？”琴师尽可侃侃而言曰：“我所定调门，并不过高，系正工调。然则汝喜何种调门？”此时，倘唱者答称“须软工调”，或称“六半调”“六字调”，琴师即可冷笑曰：“汝不够正工调，亦登台唱戏乎？”此项争论，属于琴师之胜利。其嗓音调门，在正工以上者，与琴师磋商，增高若干之调门，尚有通融之余地。此项情形，限于二三十年前。在今日情形，固迥非昔比。究竟，以笛音定弦，事实上，亦有若干之弊端。

以笛音定弦后调门逐渐低减

琴师所称调门不足为据

笛音之弊

记者问：以笛音定弦，当然尽准确之能事。徐君乃言，其中尚有弊端。其故何耶？

徐答：通常定弦，当然以笛音为标准。以一人吹笛，一人定弦。定妥以后，本为某种调门，绝无问题。所谓弊端者，即胡琴之定弦，全恃转轴之伸缩力。而转轴着于担子之上端，并无固定之把握。往往定弦时，极度紧张。及拉奏逾时，因手指之按捺，马尾摩擦丝弦之震动，丝弦缩力之牵掣，其转轴，即逐渐松化，其调门，亦逐渐低落。故定弦以后，持之上场，如为正工调，开始拉奏时，当然为正工调。但一出之戏，长者七八刻，短者二三刻。一面拉奏，调门即一面低落，而戏已上场，不容再以笛音定弦。若听其自然，不加整理，自开场至终场，可以低落半个以至一个之调门。若从事整理，又无标准相依据，而以笛音定弦之法，至此穷矣。

全恃耳音

记者问：以笛音定弦，既不能恃为依据。然琴师定弦，果以何者为标准？

徐答：琴师定弦，非练习耳音不可。所谓“耳音”者，即凭吾人之耳力，辨别嗓音及乐器之调门。最初练习，似漫无依据，以高为矮、以矮为高之事，往往有之。而练习既久，吾人之脑海中，即觉有种种之笛音，成为一种之标准音。何者为工，何者为乙，何者为六，定弦时，手拉胡琴，以吾人脑海中原来之标准音合之，定出调门，即可大致不差。如此，持之上场，固可对付。拉奏至中途，胡琴调门低降以后，临时紧拧转轴，增高调门，亦可随时应付。故以耳音定弦，乃为运用无阻之办法，而不能以耳音定弦者，在琴师界，遂落下乘。吾人于后台之上，见有以笛音定弦者，总觉其顽固可笑。逆料其上场以后，必将陷于左右为难之中也。

大致不差

记者问：琴师定弦，只需大致不差，即可用以合唱乎？

徐答：胡琴调门，以原则言，当然非准不可，而以事实言，又无所谓准确。原因胡琴一物，根本为合唱之具，而唱者之嗓音果为何种调门，此则难决问题。盖唱者之嗓音，有时而高，有时而矮。往往因天时之燥湿，因饮食之凉暖，生理上发生变化以后，即致增高或低减。故今日唱正工调，明日或增高而为工半调，或减低而为软工调[8]。且其原来之嗓音，是否确系正工调，亦殊不可预期。则吾人拉胡琴以前，向唱者询问：要何种调门？唱者答称：正工调，或六字调、六半调、软工调云云，亦仅为抽象的指定，不可确信。有此原因，则琴师之定弦，只需大致不差，其理明矣。

(8) 原文作"工半调"。

琴师派定

记者问：唱戏者，逐日歌唱，其调门如何，尚无绝对之把握乎？

徐答：本人适言，琴师定弦，通常既以耳音为标准，则以笛音定弦之事，乃不可多见。沿习既久，则唱者之嗓音，果为何种调门，不能自知，惟有询之于琴师。于是琴师一语，遂使唱者奉为金科玉律。如此，唱者嗓音之调门，乃为琴师所派定，则可发两种之弊端：琴师之技术，有优有劣，其耳音之辨识，亦自有准有不准。若琴师之耳音不准，其所称调门如何，即为随口乱派。唱者所恃为根据者，已根本错误，其原因一也。此外，一般唱者，皆喜高调门，若琴师谓其调门太低，彼即郁郁不乐。则为琴师者，为迎合唱者之心理起见，惟有以低为高，致其钦崇之意。是琴［师］所谓正工调、工半调云云，或为善颂善祷之谥词。此调门不足为据之原因又一也。

今日所谓调门比之标准调门减低 王凤卿高庆奎唱正工调

聊博欢心

记者问：琴师对于调门，何以非指矮为高不可？

徐答：梨园行人，以嗓音为唯一根本，嗓音佳，则谓之“有饭”，言其有饭吃也。嗓音劣，则以次失去唱戏之势力。故唱戏既毕，有人谓其嗓音佳，则喜溢眉宇。若径谓其嗓音劣，又嗒然若丧。而所谓佳者，大抵愈高愈有运用自如之可能。通常内行中人，于唱完一出之戏以后，往往向琴师询问：今日调门如何？琴师倘告以真实调门，彼必不甚满意且不胜其愤慨。则为琴师者，与其实告而使人不快，何如指矮为高，博其一时之欢心。如唱者为六字调，琴师即曰：今日嗓佳，够六半调矣。或进一步曰：够软工调矣。更甚者，无妨曰：今日之嗓大佳，正工调亦已过去。琴师之口吻如此，究竟如何，在唱者，亦无法证明。欣喜之余，且深感该琴师之盛德不置。则琴师方面，何乐而不为？此种情形，在票友界、在随口歌唱者，亦往往如此。总之，为琴师者，绝不愿告人以矮调门，至于惹人心烦也。

调门减低

记者问：若然，则今日之梨园界，以至票友中人，各无真正调门之可言矣？

徐答：当凡属唱者，皆自喜其调门之高，则凡为琴师，无不指矮为高者。不约而同，相沿成风。故琴师中人，偶为不识之人拉戏，遂无法定调门。唱者告以正工，实则或系六字调。唱者告以六半，实则或系扒字调。有此流弊，琴师乃极感困难。不过口头表示，虽不足为其真实调门之根据，而吾人代为打出若干之折扣，亦必相差不远。若唱者自称要正工调，吾人定六半调也。唱者自称要六半，吾定六字调可也。此项办法，已成今日剧界之通例。故在今日而言调门，与昔日之调门，迥不相同。径谓今日之所谓调门，比之标准调门，减去半个调门，以至一个调门，亦无不可也。

潮流所尚

记者问：调门问题，既愈趋愈下，然则今日唱戏，不如古人矣？

徐答：此项问题，乃不可一度断定。唱戏一道，以悦耳为主。听者喜高调门，则高调门为佳，听者喜矮调门，则矮调门又为佳。今日之唱戏者，充其量为正工调。如王凤卿、高庆奎，听去乃觉其调门过高。其实，不过属于正工调，在昔日，为仅够唱戏资格。其他名伶概在正工调以下，是昔日不够唱戏资格者。为乙字调，以至乙字半调，然昔为佳唱，以入今日之舞台，或又恶其过于高响，令人心烦。遽谓昔人唱戏，俱系佳嗓，今人唱戏，全无资格，此种批评，亦未免失之不通。盖今日之高嗓，往往被淘汰于梨园界，不惟不能受一般之欢迎，且失去唱戏之资格。一言以蔽之曰：潮流所尚而已。

谭不可及

记者问：然则高调门与矮调门，亦各有所长矣？

徐答：大抵，唱高调门者，其韵味神理，全在脆亮之音。唱矮调门者，其韵味神理，又在沙音，及疙瘩腔。而比较言之，则矮调门，尽可以入神力，造作一种之疙瘩腔，成为一种之韵味。高调门属于天籁，往往无韵味可寻。故高调门之难，难于矮调门。谭鑫培之戏，前无古人，后无来者。其制胜之点，即在以正工调之亮音，而能唱出韵味。故唱高调门者，自愧弗如，唱矮调门者，亦难望其项背。所谓个中人杰，固有其过人之长，令人无法企及也。

余叔岩家居吊嗓可唱乙字调
昔人务高调不惜力竭声嘶

演进结果

记者问：唱戏潮流，昔日趋重高调门，今日又以矮调门为佳。比较言之，属于演进之表现乎？抑系人心不古，逐渐退化，属于退化之象征乎？

徐答：本人适言，谭鑫培惟能以正工调，唱出韵味，故难能可贵，此最佳之嗓音。等而下之，嗓音稍次，即是走高音者，难于入味，走低音者，又往往韵味悠长。以哲理言，则吾人唱戏，宁可失之矮，不可失之高。因唱戏以动听为主，贪高而难听，不如趋矮之为愈也。昔人唱戏，不知此义。刻舟求剑，坚持正工调为主之成见，而佳者难得，遂使毫无韵味之高嗓、大嗓，亦可成名。其不及正工调者，无论能力如何，韵味如何，亦俱埋没于“调门不够”之空气中。吾人平心而论，总觉固执不通。剧界风气，由专尚高音而趋重矮调，当以谭鑫培一人为关键。盖谭氏之嗓，虽够正工调以上，但其制胜之处，则全在高音中之低音。沉郁跌宕，低回无限，韵味盎然，使人如醉如痴。厥后，谭派腔路，既已风靡一时，一般致力描摹者，即愈趋愈低，以成今日之现象。吾人推广言之，老生而外，如青衣，如黑净等等，亦以唱矮调门为比较有韵味。故谓今日为演进之结果，亦无不可。

挥洒自如

记者问：然则今日之所谓名伶，皆不能唱高调门矣？

徐答：此亦不必尽然。盖嗓音一物，概有伸缩之余地。通常唱六半调者，使其唱正工调，亦可对付，再令其唱六字调，亦属可能。不过，每一唱者，各有一种适常之调门。调门适当，则抑扬尽致，挥洒自如。过高，则有限实力，窘于行腔之弊。过矮，又为调所拘，无法施展其固有之本能。一般内行，家居吊嗓，其调门，则极力求高。及正式登场，又必减低半个调门，以至一个调门。喜其绰有余裕，绝无力竭声嘶之弊也。故余叔岩登场，常唱六半调，而家居吊嗓，又往往唱正工调、工半调，有时，竟唱至乙字调。今人唱戏，惟不限调门，乃能以唱者之意思，自由选择调门而有唱出韵味之可能。昔人唱戏，惟限于正工调以上，遂不得不削趾适履，竭力务高。唱而无韵无味，在所不顾。唱而上吊、唱而难乎为继，亦只好听之。古今人唱戏，不同之点如是。则“昔重高调，今尚矮腔”云云，只能谓大势所趋。必谓今人不如古人，又为顽固不通之论。譬之余叔岩、马连良，促其上台唱正工调，原非不可能之事。但唱来毫无韵味，至于力竭声嘶，故不取耳。

耳音鉴别

记者问：今人唱戏，调门渐次低落，此为一个问题。如徐君言：琴师所称之调门，又太无标准。则琴师为人拉戏时，惟有按唱者所称之调门，酌打折扣，作定弦之标准。究竟，如此定弦，仅可谓为大致不差。然则，大致不差，即已尽定弦之能事乎？

徐答：一般琴师，大致可以分为两部。一、公用琴师；二、自带琴师。其公用琴师，执业既久，于班中各角之调门，必知之有素。其自带琴师，傍该一角儿既久，于该一角儿之调门，亦必早已洞悉。惟新来一角儿，由公用胡琴拉戏，或为琴师者，新傍一个角儿，始有询问调门之必要。总之，熟识之唱者，调门往往增减变化，新遇之角儿，所称调门，又不见准确。则吾人负担胡琴任务之际，惟有凭其耳音，审察角儿之调门，而施以相当之应付。不必过问其为何种调门，能与唱者之嗓音相合，斯为尽职。若仅大致不差，固不足以尽定弦之能事也。

昔人唱戏八两念白四两唱
不能以唱者一言为根据

以白为准

记者问：琴师凭耳音而定调门之办法如何？

徐答：吾人执琴师业，以托唱为唯一任务。托唱而妙合自然，始告无愧，托唱而扞格不入，即为有忝厥职。则定调门之法，不能据唱者一言以为断，而有以耳音审察之必要，乃为事实使然。至于以耳音定调门之法，根据亦至繁多。大抵，旧戏原则，开场之始，多半先念引，次念定场诗，次念开场白，以下，始开口歌唱。而唱者之嗓音如何，大致亦可于引子及念白中得之。不必开口歌唱，始能听出调门。则唱者念引子时、念坐白时，琴师即可据以定弦。此项根据，乃较之唱者自称之调门，尤为可靠。故琴师上场，不必向角儿询问调门，亦可应付裕如。此外，尚有开始即为歌唱者。总之，其正式行腔，必经相当之过程，决无一开口即使一长腔之事。则琴师之斟酌审察，自有相当之机会。绝不陷于无法定弦之中，至于调门不合也。

临时增减

记者问：开始即为歌唱之戏，如何定弦？

徐答：开始即唱之戏，尚有数种。有唱倒板者，有唱散板者，亦有唱正板者，唱原板者。如唱倒板，其一句倒板，胡琴是否与嗓音相合，最易察知。如胡琴过高过矮，即于唱完倒板以后，敲动家伙之际，赶速定弦。如唱散板，则唱完一句，随时可以定弦。其正板、原板，各为三个半句，凑成一句，而其行腔处，又全在第一句之煞尾。则唱者唱出两个半句以后，若调门不合，即须于小过门处，赶紧移动钩子，作暂时之救济。盖拧动转轴，固为增减调门之法，而移动钩子之部位，亦增减调门之一法也。

今昔不同

记者问：但听引子或念白，即可听出调门乎？

徐答：歌唱行腔，固有调门高矮之分。念引子、念口白，亦自成为调门。大抵，唱腔之调门高，念白之调门亦高；唱腔之调门低，念白之调门亦低。此项标准，亦可大致不差。不过，唱腔之与念白，往往不能一致。今昔情形不同，各有审查之法。昔人唱戏，最重念白，歌唱次之，故昔日有一断语曰“八两念白四两唱”。则比较言之，念白之调门，尚比之唱腔为高。今人则不然，偏重歌唱而忽于念白。一般听戏者，亦殊不重视念白。故唱者上台，于念白之处，往往敷衍了事。习之既久，亦群以矮调门之念白为有韵味。于是念白之调门，又较之唱腔为矮。此种办法，大失唱戏之原理。如梅兰芳辈，则极力矫正，务期唱腔念白，属于一个调门。然吾人执琴师业，往往有不能以专傍一个角儿为限者，趋势如此，吾人固不可不知也。

固执之弊

记者问：一般琴师，皆知根据角儿之嗓音，作定弦之标准乎？

徐答：吾人平心论之，胡琴一物，根本为托唱之具。故胡琴与唱，为合作的，而非分业的。且胡琴在合作成分之中，又为被动的，系为附属性质。故根据嗓音定弦，亦琴师技术之一种。往往有一种固执不通之琴师，以唱者一言，作为唯一之根据。唱者称正工，则拉正工，唱者称六字调，则拉六字调。唱而苦于无法施展，彼固不管，唱而至于上吊，彼亦不问，胡琴唱腔，若不相关联者。且曰：“我所拉之调门，固无舛也。”如此，因而与唱者发生争执之事往往有之。此种琴师，乃无为人拉戏之资格。

琴师谬赞调门之高属于一时权宜
孙老元的性情见于老谭

自由支配

记者问：唱者自称之调门，若唱来难乎为继，而琴师降落若干调门，并未征求唱者之同意。此时，不与唱者发生争议乎？

徐答：所谓调门云云，以胡琴之弦，适合唱者之嗓音为原则。若唱者自称为正工调，实则其嗓音乃不及六半，为琴师者，拉正工调而使唱者感觉艰窘，即不如自行移换，降落为硬六字调。唱者行腔之际，但能感觉舒适，即可深自庆幸，决无坚持到底，非何种调门不唱者。且所谓调门如何，亦非询之琴师不可。琴师方面，若与拉唱者，有相当之交谊，无妨正告曰：“君所谓正工调，嗓音乃不够，实则硬六字调耳。”如此，该唱者亦可自知其真实调门如何，不致糊涂到底。不过，尚有一种之唱者，既须唱来舒适，又贪调门高响。而嗓音所限，二者不可得兼。总之，为琴师者，不能迷信唱者之一言，作定弦之标准。惟有听其嗓音，自由为之伸缩，期于唱者感觉舒适，有挥洒自如之概。因若嗓音太矮，胡琴过高，至于成绩不良，其责任乃在琴师，而不在唱者。故对琴师于调门，为求成绩佳良起见，有自由支配之特权。但遇无甚交谊之唱者，与其告以调门甚矮，而至于发生争议，不如委曲赞誉曰：“君之嗓大佳，今日情形，正工调亦已过去。”彼既喜唱时之舒适，又以为调门甚高，必可十分满意。此系琴师之权变，亦无可如何之事也。

今昔难易

记者问：据徐君言，昔人唱戏，以正工调为标准；今人唱戏，则各随嗓音之适宜，而调门以次低落。是昔人唱戏，有固定之调门，今人唱戏，调门至为复杂。然则为琴师者，亦昔易而今难矣？

徐答：琴师今昔之难易问题，演者言人人殊。一般评戏家，有谓昔日琴师难，而今日琴师易者。其说曰：昔日之梨园界，为角儿者，无论名与不名，一律用公用胡琴。不过程度差者，唱前半工，或中半工，最优者，唱后半工。琴师之程度，亦有前半工、中半工、后半工之分。总之，若拉后半工胡琴，既已上场，则此后半工角儿，无论为何种角儿，无论具何种惯性，无论有何种特长，且无论为何种戏剧，皆须一一对付。不能诿为不知，诿为未学。则为琴师者，非有博大之能力，不能胜任。至于今日之角儿，但能唱后半工，即各有自用琴师。一个琴师，专傍一个角儿，则该一角儿，为老生，为青衣，用何种调门，具何种惯性，有何种特长，能唱何种戏剧，常有何种腔路，即皆所深知。如此，是今日之琴师不难，而难于充昔之琴师矣。究竟，此种论调，乃自表面言之。以实际言，则充今日之琴师难，充昔日之琴师易。一般事理，无一而非逐渐改良，逐渐进化，由简单而趋复杂，由轻易而趋困难。本人自前清宣统二年起，即上台为琴师，故于今昔情形，知之甚悉，得之于经验中者，自不同于耳食而来也。

曾傍老谭

记者问：徐君执业中，亦曾为老生拉戏乎？

徐答：谭鑫培至晚年，由孙老元操琴时极多。但孙君性情，与谭常相忤犯。日久，谭深恶其人。故谭氏晚年，亦常使本人操琴。当时，本人年仅二十余岁。上台时，敬谨将事，往往汗透重衣。见者亦疑琴师年幼，或将不能胜任。然本人为谭氏操琴之际，差幸尚无殒越。至今思之，犹觉不胜荣幸也。

老生旦角皆昔易而今难
今日之旦角人人自造新腔

昔人分类

记者问：徐君于老生，曾傍谭鑫培；于青衣，则常随梅兰芳。以徐君经验，何以今日之琴师，难于昔日之琴师？

徐答：此项问题，理由不只一端。昔日之角儿，分门别类。老生一门，则有王帽老生，有做工老生，有靠把老生。此三类老生，各为一种之人才。如《上天台》《牧羊卷》之类，为王帽老生。如《宝莲灯》以及《战蒲关》之刘忠等，为做工老生。如《定军山》《南阳关》之类，为靠把老生。旦角一门，则有青衣、花旦、刀马旦。此三类旦角，亦各为一种之人才。如《彩楼配》《祭江》一类之戏，为青衣。如《乌龙院》《翠屏山》一类之戏，为花旦。如《穆柯寨》《虹霓关》一类之戏，为刀马旦。大抵，老生一门，嗓音充足，实大声宏者，即做工不佳，不能武打，亦可专唱王帽老生。唱来果有韵味，尽有享盛名之可能。其长于表情，念白真切者，即唱来不见精彩，又无武工，亦可专唱做派老生。演戏而能动人，已足大红特红。又如腰胫稳健，刀枪纯熟，即嗓音喑哑，表情粗疏，亦可专唱靠把老生。只需于唱做可以对付，能著苍劲之精神，仍不难成为一个名伶。此外，旦角一门，但嗓佳唱工，即为良好之青衣。举止风骚，描摹入微，即为良好之花旦。武打以外，稍能唱做，即为良好之刀马旦。不宁惟是，小生一门，则有扇子、雉尾之分。花脸一门，则有铜锤、架子之别。武生一门，又有长靠、短打之殊。丑角一门，又有所谓文丑、开口跳。文丑之中，又分小丑、纱帽丑。故昔日名伶，往往以“王帽老生”“做工老生”“青衣”“花旦”“扇子小生”“雉尾小生”“铜锤花脸”“架子花脸”“长靠武生”“短打武生”“小丑”“纱帽丑”“开口跳”，屹然各为杰出人才之一，今日情形，则迥不相同。唱老生者，于王帽戏、做工戏、靠把戏，唱旦角者，于青衣戏、花旦戏、刀马戏，皆非并擅兼工不可。此项风气，老生则创始于谭鑫培，旦角则创始于梅兰芳。自时厥后，唱老生、唱旦角者，遂感若干之困难。若能力稍差，偏于一隅，斯非个中全材。本人常言：角儿唱戏，昔易而今难。则琴师之技，亦自今难而昔易。盖今日之琴师，即专傍某一角儿，而某一角儿之戏，固不以一种性质为限。是专傍一个角儿之能力，尚较公用琴师之能力为博大也。

今重新腔

记者问：此外，今日之琴师，尚有何种之困难？

徐答：昔日唱腔，今人则谓为老腔老调。所谓“老腔老调”者，即形容其腔调简单、笨滞不灵之意。盖昔人唱戏，偏重实力，偏重天籁。只需嗓音充足，自可唱出韵味。一般听戏者，亦不暇他求。今人唱戏，因听众心理上之要求，因努力竞争之结果，天籁以外，尚非加以人工之锤炼不可。此项人工锤炼，钩心斗角，出奇制胜。不过，近日之老生门中，远之则宗谭、宗汪、宗孙、宗刘，近之则宗余、宗马，纵有斟酌变化之处，亦不离此数人之成法。惟旦角门中，则派别歧出，五花八门。号称“四大名旦”之梅程尚荀，当然各角有各角之新腔。不能自创新腔，即不足以言名旦。此外，一般稍负时誉者，降及坤伶中之优秀分子，亦莫不以自造新腔为能事，亦若不能造出新腔，即不堪立足于梨园界者。其种种新腔，千奇百异，运用板眼，各有依归。则为琴师者，以原来习成之技术，应付此层出不穷之新腔，较之昔日琴师，自不可同日而语。故曰：琴师的技术，昔易而今难者也。

一般胡琴之长处往往成为缺点
胡琴绝技可分喜怒哀乐

三种缺点

记者问：徐君言，拉胡琴须能恰到好处。此“恰到好处”之意义如何？

徐答：所谓恰到好处，其事最为难能可贵。一般拉胡琴者致力之点，不外一、胡琴发音宽大；二、头子、过门花妙好听；三、托腔吻合。具此三种特长，即可成为一个之好琴师。但所谓恰到好处，则不在此三点以内。吾人拉胡琴之责任，所以辅佐唱工。若胡琴之音，过于宽大，浮于唱者嗓音之上，则听者所感觉者，仅为胡琴之音。至于唱者之嗓、唱者之字音、唱者之腔路，乃至为胡琴所压倒。如此拉胡琴，是不仅失去辅佐唱工之功效，抑有扰乱唱工之嫌矣。此专务宽大，并非良好胡琴之原因，一也。胡琴既为唱工之附属品，则听众之目的，系为听唱腔，而非听胡琴。而炉火纯青之唱工，则妙在于沉静稳练之中见特长。若胡琴之头子、过门过于花哨，一般听者，喜其繁弦急管，以移人听闻，而或轰然报以采声。唱者尚未开口，听众之神情，已被胡琴之花腔所淆乱。喧宾夺主，乃为唱者之诟病。此专务花哨，不能成为良好胡琴之原因，又一也。此外，托腔吻合，当然为胡琴之天职。然仅足以言吻合，不能为唱者生色，又非个中绝技。故专务吻合，亦难成为胡琴之名手。

恰到好处

记者问：然则恰到好处之意味如何？

徐答：所谓恰到好处者，亦可分为三点言之：一、胡琴发音宽大，此为当然事实。但其宽大之程度如何，则有审慎之余地。大抵，胡琴之音，总须在唱者嗓音之下。拉奏胡琴之际，务使胡琴之音，混入嗓音之中，使唱者之一字一腔，可以扩大其势力。而听者对之，又仅知有唱腔，不知有胡琴。不啻水中着盐，绝无痕迹。此种胡琴之音韵，斯为上选。二、胡琴之流利圆融，此亦当然事实。不过，所谓流利圆融者，应以在范围之中为限。若故作长腔大花，翻为离奇怪诞之花样，希望博得听众之采声。即令掌声雷动，震撼屋瓦，而轶出范围之外，终属野狐参禅，难成正果。三、胡琴托腔，吻合无迹，亦胡琴之依归。究竟，若具有个中绝技，尚可于平正稳健之中，为唱者生色。盖胡琴之头子，拉奏于唱腔之前。吾人虽不应故为宽大花妙之音响腔调，亦应于拉奏头子之际，对于听众，付以深刻之暗示。盖腔路虽有西皮二黄之分，而喜怒哀乐，各因剧情而不同。如同为西皮，在《武家坡》之薛平贵唱来，则为喜为乐，在《捉放曹》之陈宫唱来，又为怒为哀。同为二黄戏，《朱砂痣》之韩员外唱来，即为喜庆时机，而《洪洋洞》之杨延昭唱来，又为死的表演。为琴师者，若拉《武家坡》，则应将喜乐之意味，于胡琴过门之中暗示于听众。若拉《捉放曹》，则应将哀怒之意味，于胡琴头子过门之中，尽量形容。使唱者尚未开口，听众已了然曰：此怒的哀的歌唱也。又如拉《朱砂痣》，则须有雍容华贵、喜溢眉宇之意味。又如拉《洪洋洞》，则须一片苍凉，飕飕有冷气。不然，即不足以尽死之意味。凡此种种，吾人操琴既久，于各种腔路，各已拉奏烂熟，拉胡琴之际，不须注意腔路，完全以剧情之神理，由丝弦与手音间，传送而出。如此，在琴师之中，始称绝技。其工事，可以意会，不可以言传，惟细心人，乃能领会得之。

谭氏暮年由徐操琴三载
谭氏唱戏最后可高一个调门

各有惯性

记者问：所谓恰到好处者，如上所述而止乎？

徐答：以普通情形言，如上所述，已尽恰到好处之能事。不过，若专傍一个角儿，表面虽似简单，实际却多一分困难。盖公用胡琴，为琴师者，无妨按普通方法，加以应付，至于个人专备之胡琴，为琴师者，即非熟知该一角儿之惯性不可。而此个人之惯性，往往出于一般情形之外，不容取此以例彼。若琴师固执不通，斯为自备胡琴之角儿所摒弃。为琴师者，多以傍角为长期职业，不幸而见弃于角儿，入于公用琴师之中，在梨园界，遂落下乘。故琴师中之负有盛名者，于某某角儿之惯性，当致力揣摩，总期相机应付，可以博得所傍角儿之欢心。

傍谭之难

记者问：所谓惯性，请为例以实之！

徐答：本人傍谭鑫培，系在其最后出演之三年中。缘谭氏演剧，以梅雨田操琴时为最多，梅氏物故后，即改由孙老元操琴。[9] 其中，陈彦衡虽常为谭氏操琴，究以堂会戏为限。[10] 不过，陈君之于谭氏，因醉心其艺术，往往追随听戏，致力揣摩，故陈君在胡琴中，亦以名家著闻。且孙老元之性质，既与谭氏扞格不入，谭氏心甚恶之，故最后三年之中，又使本人承乏。盖谭氏之意，认为孙君年事已高，手音过于刚烈，在演剧方面，亦殊不利，故欲觅一青年琴师，务期免去刚烈之弊，而归于雅淡平和也。谭氏性情，最恶琴师大耍花腔。此外，彼之调门，有时而矮，有时而高；彼之嗓音，有时稍强，有时稍弱。为其操琴，非委曲应付、加以相当调剂不可。且谭氏为人，不喜多言，琴师之委曲应付，须以意得之。若琐屑询问，彼又勃然大怒，不肯多所解说。琴师之傍角，乃以傍谭氏为最难。

(9) 梅雨田殁后，陈彦衡、孙佐臣、王云亭、裘桂仙、谭嘉瑞（谭鑫培次子，人称“谭二”）、徐兰沅均曾为谭鑫培操琴。

(10) 民国元年（1912 年）10 月 18 日即旧历壬子九月初九日，谭鑫培演营业戏于庆乐茶园，戏码为《击鼓骂曹》，因梅雨田新故，即由陈彦衡为之操琴，戏报大书“特约京外驰名胡琴圣手陈彦衡君尽义务”。

自讨无趣

记者问：谭氏上场，若琴师大耍花腔，则将如何？

徐答：某日，谭氏演《失街亭》。至中场，上城楼后，将唱西皮慢板时，琴师某君，忽兴至，于头子之上，大耍花腔。听众闻之，即轰然叫好。不意，头子拉完，谭氏应开口而不开口。某君疑谭氏忽然忘词，无已，再拉一头子。此第二头子拉毕，谭氏仍不开口。此时，某君又拉第三个头［子］，阖场听众，以为谭氏真忘词矣。惊愕间，谭氏之第二子，一般呼为“谭二”者，亦疑其父忘词，当于身旁，告谭氏曰：“爸爸！爸爸！‘我本是卧龙岗。’”谭氏回首视谭二曰：“我知道‘我本是卧龙岗’，这出戏我唱了几十年，唱滥啦。他会拉胡琴，你让他多拉一会。”听众闻之，轰然大笑，某君不胜愧赧，汗流浃背，始平平拉去，谭氏即继续唱下。此亦喜拉花腔者之巨大惩创也。

嗓音特性

记者问：谭氏之嗓，如何而有高有矮？如何而有强有弱？

徐答：谭氏唱戏，在开场时，无论西皮二黄，概用六字调。入后，乃愈唱愈高。至最后，可以唱至正工调。盖西皮二黄，同为一具胡琴，若拉二黄，用尺、合定弦，为六字调；改唱西皮，用工、四定弦，虽高一个调门，亦仍为六字调。一般角儿，有西皮矮二黄高者。谭氏开口，一律用六字调，而入后愈高。此点，即与一般角儿不同。谭氏之惯性如此，但唱反二黄，嗓音又稍弱，其调门，则须低降半个调门。此又与一般角儿不同之点也。

谭唱"宿店"用西皮胡琴相差无几
谭氏最后登台唱《洪洋洞》

谭之《捉放》

记者问：谭鑫培唱戏，开始调门，为六字调，至最后一段，可以增高至正工调。唱反二黄，较低半个调门。此种惯性，琴师亦易于记忆也？

徐答：此为谭氏大致之惯性。究竟，谭氏之惯性，尚不止此。如《捉放曹》一剧，"行路"时为西皮，至"宿店"时又变为二黄。依嗓音原则，如由先唱西皮，再改唱二黄，则应降落一个调门。谭氏唱此剧，则与众不同，唱"行路"，至"听他言吓得我"一段，已唱至正工调。"宿店"改唱二黄时，似应降落一个调门矣，然其调门，用西皮胡琴，稍稍降落，不及半个调门，即可唱"一轮明月照窗下"一段。以下，改唱二黄原板，愈唱愈急，总之挥洒自如，决无艰窘之虞。唱至最后"这是我自己做事差"四句，尚能尽量发泄，高唱入云。此即谭氏生质过人，令人不可企及之处。琴师者，皆非一一深知不可，不然，乃不足发挥谭氏之特长。

最后兴奋

记者问：谭鑫培唱戏，调门愈唱愈高，其理亦殊奇矣？

徐答：谭氏之嗓，本可唱乙字调。不过，谭氏之意，认为唱高调门而无甚韵味，不如唱矮调门，使其韵味浓厚。但有时，谭氏忽然神经兴奋，又非唱高调门不可。最奇者，那家花园之《洪洋洞》，系谭氏最后登台之一幕。当时，为欢迎陆荣廷之堂会戏。谭正抱病，气息微弱。使者衔命，交涉数次，谭始终以病辞。而主办该堂会戏者，赫然震怒，非促谭氏登台不可，且谓：倘不肯出演，即抓拿谭氏，按大烟犯治罪。谭氏之于大烟，嗜好极深，又值抱病，当然视如性命。阴念被官所抓去，受拘囚，受处分，因不准吸烟而死，不如抱病登台，以身殉戏而死。遂应使者之约，勉强登台，演《洪洋洞》一剧。又为节省时间起见，自原板“为国家何曾有半点闲空”起，未演“盗骨”。谭虽抱病登台，而一腔怒气，无可发泄，其调门，较之往昔，尚增高若干。且悲郁婉转，特著精彩。演毕归去，病即不起，不数日，旋死去。其频（濒）死以前之最后一剧，居然成绩绝佳。一般谈者，尤滋怀疑。盖禀赋特殊者，故有取之不尽、用之不竭之趋势耳。

《托兆碰碑》

记者问：谭氏唱反二黄，何以又降低半个调门？

徐答：凡反二黄之戏，皆为悲郁惨淡之表演。如《托兆碰碑》、如《乌盆计》等，唱来须如泣如诉，故以矮调门为佳。若偏于高响，则失去沉郁跌宕之旨趣。故谭氏唱反二黄，无不极力向矮调门唱去。盖歌唱之际，仍以情理为上。但顾力鼓其喉，发出高响之音，而触耳纷繁，全无情理，尚复成为唱戏耶？谭氏于《托兆碰碑》一剧，尚有一习惯。依此剧原则，照例应挂白髯。通常演者，用一具白髯而已，谭氏不然，前后分两种髯口。唱“托兆”，自倒板起，至“六郎上了马能行，手指潘洪发恨声。我儿若有好和歹，把我的老命与贼拼”，“托兆”完毕止，戴通常髯口。第二场，唱反二黄，出场时，即改挂另一髯口。此另一髯口，虽亦为白髯，但极稀薄，迥异寻常。原因髯之一物，虽系毛质，而挂于口腔之前，歌唱发音之际，总有若干之阻扰。用足嗓唱出，尚无甚妨碍。至于唱反二黄，则有阻扰音波之危险。谭氏更换髯口，与近人唱戏，时时更换衣饰之作用，绝不相同。时时更换衣饰，属有外观问题。一剧用两具髯口，则为事实使然也。

谭氏应天津下天仙之聘从人曾受虚惊
自备髯口铁丝较细而软

未带髯口

记者问：谭鑫培若唱《托兆碰碑》，即须携带两具髯口矣？

徐答：携带髯口，依梨园界规则，应由勒水纱人负责。某次，谭氏应天津下天仙之聘，前往演唱。[11]抵津后，派定三日戏码：第一日唱《失街亭》，第二日唱《打鼓骂曹》，第三日唱《托兆碰碑》。至第三日，赴剧园时，勒水纱人老阎，觅取髯口。不意由北京启行时，一时疏忽，老阎匆匆部署，只携一具白髯，其比较稀薄之白髯，则遗忘未带。老阎大惊，明知谭之性情，甚为刚烈，若不事前通知谭氏，临时不换髯口，必致发生风波。乃与谭二诸人，秘商救济之法。谭二亦大惊，谓阿爷执拗过甚，无商筹之余地。若径告以未带第二场髯口，触怒阿爷，则当日之《托兆碰碑》，必不肯出演。而票已卖出，将有若干之不利。诸人谈论久之。最后，始决定用瞒天过海法，敷衍此一僵局。此一事也，乃成一宗之笑谈。梨园界人偶一谈及，犹觉令人喷饭。

(11) 清末光宣之际，天津共有三座天仙茶园，其中日租界闸口天仙茶园俗称为“下天仙”，东门外袜子胡同天仙茶园俗称为“上天仙”，奥租界天仙茶园俗称为“东天仙”。所记或系宣统三年事，是年腊月二十二日（1912年2月9日），谭氏应赵海亭之请，离京赴津，在“下天仙”演唱四天，戏码为《失街亭》《洪洋洞》《托兆碰碑》《火烧连营》。

瞒天过海

记者问：如何谓之瞒天过海法？

徐答：诸人因未带第二场白髯，讨论既久，迄无妥善之法。老阎焦急久之，即告众人曰：事前与老板磋商，既不可能，惟有严守秘密，临时相机对付。第一场既出演，至第二场，只需善为说辞，即可含糊过去。不然仅演“托兆”不唱反二黄，此必无之事。众人无法，惟有一听老阎做主。届时谭氏挂白髯出场，唱“托兆”之际，老阎即乘此时机，于后台公用髯口中，觅得一具白髯。该白髯，比较第一场之髯口，略见稀薄，而形式大概，则与谭氏自备者，无甚歧异。盖往日名伶，虽亦自备戏衣以及各种用具，不过取其合用，至于外观，殊无优劣之分。不似今日之名伶，动辄自备华丽特殊之戏衣用具，与公用物品，迥不相同也。老阎觅得该公用白髯，稍稍拂弄，而按谭氏之面部形状，整理其铁丝轮廓。整理就绪，乃藏于暗处。谭氏唱毕“托兆”，进入后台休息，该伪造之白髯，无人提及，亦不使谭氏窥见。迨家伙［点］已到，应由谭氏出场时，老阎即持该伪造之白髯，付谭氏。谭氏接而挂之，觉不甚适宜，旋取下，问老阎曰：“这是哪来的髯口?”老阎随口答称：“这是老的。”其意，盖谓：此髯口，系从前所用者，并非近日新购。谭氏唱戏数十年，何者为“老的”，已茫然不能记忆，不疑。因家伙点已到，遂挂之出场。该次险象，幸未演成事实。

相当不适

记者问：此伪造髯口，果适用乎？

徐答：公用髯口，与自备髯口，当然有不同之点。盖公用髯口，因各人面部不同，铁丝之轮廓，即不能一致。甲挂时，以宽为宜者，乙挂时，或又非窄不可。丙挂时，须稍曲者，丁挂时，或又以稍直为佳。有此原因，各人取挂时，概将其铁丝，置膝上，部署整理。则其铁丝，乃比较刚硬，不然，斯断折堪虞。至于自备髯口，因铁丝轮廓，始终如一，无整理之必要。其铁丝，亦自较细而软，取其轻便适口也。谭氏初接该伪造白髯，挂于面部时，感觉不甚适宜，即铁丝过刚之故。出场以后，其铁丝触于唇际，自有相当之苦痛。故一面歌唱，一面动摇其上唇，极显不安之状。听众见之，不解其故。谭氏心理，则以既系“老的”，今日挂上，容有不适之处。一剧既终，竟不知为赝鼎。

谭氏“幼年演《八蜡庙》褚彪所挂髯口”网子水纱髯口靴子皆自备

夸示友朋

记者问：谭鑫培挂用公用髯口，始终不能察觉，斯亦奇矣？

徐答：老阎之以鱼目混珠，原因即系谭氏生性执拗，无磋商之余地。演剧既毕，似无妨实告矣。究竟，性情之执拗者，始终执拗。若事后实告，谭氏亦非大发雷霆不可。故该项瞒天过海办法，迄无一人敢向谭氏道及，则谭氏之于该伪造白髯，亦即始终认为系“老的”。可笑之处，亦即在是。当日，谭氏演《碰碑》既毕，退入后台。照例由老阎代为除去水纱，谭氏即自行卸下髯口，持于手中，坐而休息，一面由老阎代为解带除衣。此时，一般与谭氏素识之票界友人，于后台上，围于谭氏之畔，纷纷致其颂扬之意。就中，有殷君者，与谭交好最厚，即向谭氏曰：“今天唱得真好。”谭氏得意之余，擎手中之伪造白髯，指示殷君曰：“这髯口的来历，你不知道，告诉你罢，这是我幼年，唱《八蜡庙》的褚彪用的。”殷君及众友人，不知真相，纷纷注意细视，以为确系远年古物，称道不置。老阎与谭氏诸从人闻之，则匿笑不止。此一事也，可见性情执拗者，往往感情浓厚，疑系其幼年所用之髯口，虽身受相当之苦痛，亦所甘心。同时，亦见昔人唱戏，并不注意于衣饰行头之美观。不然，公用髯口之状态，即绝无认假作真之可能也。

心理舒适

记者问：谭鑫培生性执拗，故在未戴髯口之时机，其跟包老阎，非设法蒙混不可。若生性圆融者，亦无妨实告矣？

徐答：此亦难言。盖一般名伶之于髯口，皆非自备不可。若挂他人髯口，即感相当之不快，至于挂公用髯口，其心理上，更觉心烦意乱，憎恶之意，至于不可形容，而上台演戏，以心地舒适为主。彼票友演剧，对于跟包人、扮戏人以及场面诸人，皆非有相当之开销不可。不然，后台之上，以至登场之际，伺应诸人，往往故意刁难，使其难堪。以不常登台之票友，又遭无妄之打击，乃至一腔愤怒，无可发泄，其唱，其做，其白，即往往颠倒失次。因而荒腔走板，因而忘词者，皆为常有之事。故既为票友，于种种之开销，即万不可少。不然，不如不登台演剧，内行演剧谋心理上之舒适，其理一也。如谭氏在津，未戴髯口之一次，乃以临时蒙混，为唯一方法。纵其生性圆融，而与其告以借用公用髯口，至于惹起若干之不快，不如蒙混一时，以期谋得心理舒适之为愈也。

自备之物

记者问：凡属名伶皆自备髯口，其用意何在？

徐答：此即谋心理舒适之意。今日之名伶，凡属演剧中需用之具，一律由个人自备。自身需用之具以外，如门帘、桌围、椅披，亦多由私人购买，专备登台之用，则髯口一端，可无论矣。至于昔日名伶，其自备之物，通常为三大件。所谓三大件，即网子水纱、髯口、靴子，是也。此三物，是否合用，为一问题，心理之舒适与否，又为一问题。网子戴于头上，则有大小之别。髯口挂于面部，则有狭阔之殊。靴子穿于脚底，更与脚之状态有关。此项问题，属于合用与不合用之分。其关系，亦殊切重。故昔日名伶，其自备之三大件，无论品质如何，总之极为重视。而靴子一物，往往破烂不堪，尚不肯舍去。此无他，着用愈久，愈称合用，至于外观是否美丽，且不暇顾及耳。

余叔岩往往赤足着戏靴 谭唱《坐宫》几乎成为瘸腿

心理作用

记者问：自备网子水纱，自备髯口，自备靴子，关于适用问题，已于上述。至于心理舒适问题，其道如何？

徐答：唱戏戴网子，勒水纱，部署极为坚实。唱戏之际，即往往汗气蒸腾，入于网子水纱之中，而各人之汗气，迥不相同。为自己之汗气，则心理感觉舒适，为他人之汗气，心理即感觉不安。自备网子水纱之意，所以解决头部之心理问题也。髯口一物，适当口腔之前方。唱戏者，一腔一字，无不从髯口直冲而出，而各人口中之气味，亦迥不相同。为自己之气味，虽臭亦香，为他人之气味，虽香亦臭。自备髯口之意，所以谋口部之心理问题也。至于靴子，更与足趾有密切关系。而一般原则：凡是趾间发生之臭味，为自己足趾，则嗜之如兰麝；为他人足趾，又恶之寇仇。且穿靴子之法，亦以性质不同，不能一律。有于袜子之外，尚裹以若干布片者，有径穿线袜者，有非穿布袜不可者。如余君叔岩之惯性，则往往脱去袜子，以赤足穿入靴内，据谓：甚为舒适。总之，穿靴之法，无论如何，其可以使靴筒之内，发生一种之臭味，则为不能变更之事实。自备靴子之意，又为解决足下之心理问题。故一般名伶，不愿向人借用网子水纱，不愿向人借用髯口、借用靴子。同时，自己之用具，亦不愿被人借用。种种原因，则全属心理作用。不过，心理作用，往往可以影响于事实，不仅唱戏一道为然耳。

借用戏靴

记者问：然则凡属名伶，即无互相借用网子水纱等物之事矣？

徐答：天下事，有原则，即有例外。平时不肯借用者，一旦遇特别时机，不得不借用者，亦只好借用。谭老板之性情，固以执拗著称者，天津下天仙之《碰碑》剧中，竟挂公用髯口。此尚属于瞒天过海，心理方面，并无抵触。此外，尚有一次，出演于某戏园，曾向俞振庭借用靴子。双方既属世交，在俞振庭，自不得不借；在谭氏，当无可如何之际，惟有勉为其难。盖靴子一物，大小程度，往往因人而异。登台唱戏，固非穿靴子不可，若临时借用靴子，而大小不合，亦殊感困难。在时间仓猝之际，可以借得勉强合用之靴子，犹不幸中之大幸也。

也是笑谈

记者问：谭鑫培在某戏园，借用俞振庭之靴子，其原因如何?

徐答:此事,亦梨园之一笑谈。向例:名伶由家中赴戏园,最早亦在出演前一小时左右,到达后台。稍稍憩坐,即开始扮戏。扮妥,家伙点一到,立即出台。因赴戏园太早,无所事事,不惟无法忍耐,且有与人应酬、伤损精神之积弊。故以届时到达,最为妥当。不过,跟包人则须提前赴园,部署一切耳。当日,谭氏出演于某园,戏码系《四郎探母》。而谭氏自备之靴子,共为二双。一双为厚底,一双为薄底,靴筒之长度相等,靴底之厚度,相差则可二寸许。谭氏既入后台,由跟包人,穿上戏靴。及于后台上,试行数步,乃觉两腿长短不齐,竟如瘸腿。翘足细试,始知跟包人收拾戏靴时,误持一只厚底,一只薄底者。谭氏盛怒之下,跟包人惶恐万分,而时间已到,不容往来携取,惟有于后台上,借用俞振庭之戏靴。但谭氏之足,较俞稍小,则包布片数块,着以登场。

谭鑫培喜为人起外号
《二进宫》之垛句不应抢接

像是活佛

记者问:谭鑫培之跟包人,一则于赴津时未戴髯口,一则于演《四郎探母》时误带戏靴。然则谭氏性情,必不甚乖张。不然,跟包人亦不敢如是之玩忽也?

徐答：谭氏之为人，亦喜说笑。不过，若与彼相处而佳，一切皆有商洽之余地。若拂其意旨，逢彼之怒，又往往愈弄愈僵，至于无法挽回。总之，谭氏至晚年，因年事已高，在梨园界，地位又极尊崇，其一言一动，必以长者自居。当面与人以难堪之事，皆出于不知不觉之间。忆某日，在后台上，由某君带一唱里子者，至谭之近旁，向谭请安。谭氏视之，不识其人。某君乃介绍曰："此人名张得禄，唱里字（子）甚佳。"谭向张，注视久之，见其人之两眉，连接为一，有如当日达赖活佛之状态，即摇首曰："此人不叫张得禄，像是活佛。"后台中人，无不匿笑。自此以后，凡梨园行人，乃群呼张得禄为"活佛"，其"张得禄"之名，遂置而无用。当时，张得禄一见谭老板，遽蒙恩施"活佛"之雅号，其难堪之意，亦可想而知矣。

白马先锋

记者问：谭鑫培亦长于为人起外号矣？

徐答：谭氏为人起外号之事，往往有之。一日，谭演《失街亭》既毕，还入后台。卸装之际，有与谭共话者，谭便中询问："适间饰赵云者为谁?"从人答："那是'饽饽田'家的，人们都叫他'田饽饽'。"谭摇首曰："不，我看他像'白马先锋'。"盖所谓"白马先锋"者，系民间一种迷信用品。于白纸上，印有人马状态。其人形，肥而矮，头戴帅盔。据谓：若小儿受惊，遍身发烧，神志昏迷，即为失魂。失魂以后，烧化"白马先锋”，可以收魂云云。而当年演《失街亭》中之赵云，非戴帅盔不可，田饽饽之身形，亦肥而矮，饰赵云，戴上帅盔以后，即不啻一“白马先锋”之状态也。谭之此言一出，梨园行人又群呼“田饽饽”为“白马先锋”。谭在梨园界，握有无上权威，一言之出，等于皇帝之圣旨，而于此可见谭氏为起外号之才具，亦甚为敏捷也。

捉弄对方

记者问：谭鑫培往往与人以难堪，其事实，当甚繁多？

徐答：谭氏与人合演戏剧，偶触其怒，必设法使对方当场出丑。故与谭配戏，无不兢兢业业，小心谨慎，惧触谭氏之怒。一日，有票友书子元，与谭合演《二进宫》。[12] 书习花脸，在票友中，颇著声誉。此《二进宫》一剧，至“锦家邦来锦家邦”以下之原板垛句一段，依原来规则，三人互相衔接处，必俟前一句唱完，第二人始于以下一板，接唱第一字。如此递接，不容紊乱。而票友唱来，又往往贪其火炽，前一人尚未唱毕，后一人即唱下句之第一字，压住前一人之末一字。此项办法，已成为票界通例。不过，如此抢接，非三人同样抢接不可，若他人不抢，自己亦不应抢，惧触他人之怒也。当日，唱至该项原板垛句处，谭氏依原来规则唱下，书君则旧病复发，突然抢接一板，压住谭氏之末一字。谭氏恶之，但原谅其为票友，未与较量。厥后，书君得意之余，乃又抢接一板，至此，谭氏忍无可忍，乃思得一法，使书君当场出丑。以后，此书君，竟不敢再露头角于票友界。

(12) 民国四年（1915年）12月25日广和楼夜戏，参见《谭小培》篇注（8）。又，原文“书子元”均作“舒子元”。

书子元被谭鑫培暗算一蹶不振
王瑶卿与谭配戏最称合手

当场出丑

记者问：谭鑫培唱《二进宫》，如何而使书子元当场出丑？

徐答：《二进宫》一剧，唱至垛句之处，以三人合唱，互相紧接，各板之中，并无过门，在全剧中，最见精彩。往往三个名伶，各逞本领，互卖气力，火候强者，即显□优胜，火候弱者，乃显然相形见绌。故紧凑达于极点，使全场听众，精神为之一兴奋。且各板之间，尺寸前后一律，若稍有不合，听众即共闻共知。同时，鼓板胡琴，亦无法应付。为名伶者，遂特别注意，深虞有走板之事。当日，书君子元，于谭氏之上句，连抢两板，将谭氏所唱末字压住。谭氏大恚，乃佯不介意，开口接唱时，突将末一字，唱于两板之间。此时，书君子元惟知抢接，急不暇思，径唱下句，以第一字压住谭氏之末一句。但该段垛句，第一字与末一字，俱非在板上不可，若出口即误，以第一字唱于两板之间，以下各板，即一律错误，乃至腔不成腔，板不成板。书君开口，即误将第一字唱于两板之间，听众闻之，遂觉其铸成大错。鼓手琴师，亦为之手忙脚乱，一时无法纠正。在场诸人，莫不报以倒采。谭氏之恶作剧，有如是者，而在书君，又系咎由自取耳。

绝不对词

记者问：谭鑫培使人当场出丑，亦殊属一种之技能。不然，不能若是之敏捷也？

徐答：谭氏使人当场出丑，可谓一种绝技。盖谭氏之于戏剧，融会贯通，至于烂熟。所谓板眼，已不复注意，而随口唱来，自然应节合拍。故临时变通，捉弄对方之事，亦至为巧妙，使人防不胜防。谭氏唱《武家坡》一剧，最合手之青衣，当推王君瑶卿。两氏唱来，工力匹敌，堪称天衣无缝。易以他人，往往被谭氏所暗算，至于满面羞惭。曩某著名青衣前辈，曾与谭氏合唱《武家坡》，唱至“八月十五月光明”一段，因无法接腔，竟至面红耳赤，几于不能终场。盖今日之名伶，与人合演一剧，事前皆有“对词”之必要。所谓“对词”者，即出演之前，由合唱者之双方，各述其互相衔接处，证明是否吻合，以免临时参差之一种准备。谭氏不然，演任何戏剧，概不对词，一律直接上场，对方临时张皇之处，亦当然在所难免也。

画犬马难

记者问：《武家坡》为常唱之戏，既称著名青衣，又属前辈，尚无法应付乎？

徐答：谭于《武家坡》一剧，与众不同之处，甚为繁多。如对唱快板之际，至后方“怀中取出银一锭，将银放在低平川。这锭银，三两三”处，通常唱者，唱“这锭银，三两三”皆为上句之腔，谭唱“这锭银”为上句之腔，唱“三两三”即改为下句腔。如此唱来，遂觉特别好听。又“进窑”时，窑门外大段唱词中快板“两军阵前遇代战，代战公主好威严，她将我擒过马雕鞍”，形式上虽系三句，实际上则为两句。一般学比（此）戏者，往往唱成“三条腿”。谭氏唱来，则上句下句，至为字明。故愈属常唱之戏，愈见巧妙。不然，即不足以出奇制胜，故曰“画鬼魅易，画犬马难”也。谭氏唱《武家坡》，至“八月十五月光明”一段，其“他倒好”“倒也安宁”“小军造”三半句，尤为特别，与众不同。某著名青衣前辈听之，认为生平所未闻。每接一句，皆有难堪之处，至今梨园界老成人物，多知其事。

某青衣前辈与谭唱《武家坡》曾栽跟头
谭氏在戏台上常怒目琴师

青衣难关

记者问：《武家坡》之“八月十五月光明”一段，谭鑫培之唱法，青衣何以难于应付？

徐答：此段唱词，有四句，系青衣与老生对答，一问一答，共为一句。第一句，青衣唱“我问他，好来”，老生唱“他倒好”。第二句，青衣唱“再问他，安宁”，老生唱“倒也安宁”。第三句，青衣唱“三餐，茶饭”，老生唱“小军造”。第四句，青衣唱“衣服破了”，老生唱“自有人缝”。互相问答，每人开口时，皆系紧接上板，如此，始见精彩。不过，青衣与老生，开口之处，方法不同。盖西皮原则，每句概由眼中起，落于板上。［青衣所唱］为上半句，故从眼中开口，老生所唱为下半句，故从板上开口，落于板上。一般唱《武家坡》者，完全如此。某著名青衣前辈，蜚声剧界，已数十年。自谓唱之烂熟，无注意之必要矣。不意，彼唱出“我问他，好来”以后，谭氏于“他倒好”三字，一齐直冲而出。“他”字在板上，“好”字竟在中眼，此三字，总计只历半板。某著名青衣前辈，闻谭氏已唱出“好”字，急欲接唱“再问他，安宁”。但唇吻甫启，猛然觉悟：谭氏之“好”字，不在板上，若紧接开口，此“再问他”之“再”字，即唱于板上，以下，乃不可收拾。于此一刹那间，又赶速咽回。俟板响后，始接唱“再问他”。以下，谭氏接唱“倒也安宁”时，某著名青衣前辈预防谭氏之急促，早作预备。但谭氏唱“倒也”二字，又至极从容，历一板半，至第二板中眼，始出“安”字。某著名青衣前辈，以为此句可无问题矣，即拟于“宁”字出口后，紧接“三餐”之“三”字。不意，谭氏于“安宁”以下，尚唱一小腔。至此，某著名青衣前辈，乃惶惑无主，不知所从。正惊疑间，而谭氏之小腔，早已完毕，某著名青衣前辈听之，谭氏之小腔，又落于眼中。经此几番打击，遂至面红耳赤，头晕眼花，不复能继续接唱。场面诸人，遇此僵局，惟有拉一过门。某著名青衣前辈，惊心稍定，不便俟过门拉毕，即于过门之中，接唱“三餐，茶饭”。谭唱“小军造”时，又系一齐直冲而出。此时，某著名青衣前辈，虽勉强接住，而不安之状，已悉露毕至。满园座客，无不匿笑其大栽跟头矣。

琴师不易

记者问：谭鑫培唱戏，往往使配角当场出丑。而琴师若触其怒，彼竟当台申斥。但彼于琴师，除申斥外，尚有与琴师为难之方法乎？

徐答：谭氏对付琴师之法，亦至为繁多。有时若托腔不严，彼唱毕一腔，往往回身，怒目琴师。此种表演，为座客所共见，乃为一种之奇耻大辱。此外，尚有故意形容琴师错误之法。如同一三眼，而有极缓慢者，亦有极急促者，有在缓急之间，须无过不及者。原板、快板、散板等，亦各有尺寸。一剧有一剧之剧情，不容紊乱，不容错误。若琴师于拉头子时，尺寸不合，或失之过慢，或失之过急，谭氏则力矫其弊，使听众共知为琴师之过失。譬如该一剧之三眼，以缓为宜，而琴师所拉之头子，稍失之急，则谭氏开口时，乃加倍缓慢。假定其板之速度，以距离一尺为宜者，若琴师拉作九寸，与一尺之标准速度，相差固不太远。然此种情形之下，谭氏开口，竟故意唱为一尺二寸，是唱腔与胡琴头子，相差至三寸之多矣。又如以急为宜者，琴师稍失之缓，谭氏开口，必又加倍急促，总期琴师有无地自容之概。谭氏有此僻性，故琴师多畏之。

陈彦衡为谭操琴曾贻笑柄
快"三眼"之名荒唐不经

白圭之玷

记者问：谭鑫培故意与琴师为难，亦有相当之证明乎？

徐答：此事，往往有之。一日，谭氏唱《托兆碰碑》，由陈君彦衡操琴。谭氏唱毕"盼姣儿不由人，珠泪双流，我的儿吓”以下，但例应拉原板头子，用双花。表面听去，似与三眼相接近，但一般票友群呼该种板名为“快三眼”。陈君彦衡自恃手法之妙，拉成速度较高之三眼，以为系“快三眼”也。但三眼之头子，速度纵高，较之原板之速度，总嫌迂缓。谭氏听之，不能耐，于唱“七郎儿”时，竟唱成速度最高之原板。打鼓者固大吃一惊，陈君彦衡于以下之小过门，乃致手忙脚乱，几于无法应付。听众闻之，莫不轰然失笑。陈彦衡以胡琴名家，而遭此打击，在陈君之艺术史上，遂为白璧之玷。故为琴师者，于各种腔路之尺寸，非有具体之成算不可。

外行口吻

记者问：《托兆》中“七郎儿，回雁门，搬兵求救”一段并非“快三眼”乎？

徐答：内行师徒相传，仅有所谓“三眼”“原板”，无所谓“快三眼”。曩梅雨田与人谈戏时，最恨有人称“快三眼”。一闻此“快三眼”之语，梅即愤然曰：“什么是快三眼？我不知道。”盖正板之板眼，须拍三眼者，即为“三眼”，须拍一眼者，即为“原板”。而“三眼”之中，有尺寸极缓者，亦有尺寸较速者，再速，非挽（拍）一眼不可，乃成“原板”。总之，尺寸极缓者，为“三眼”，尺寸较速者，亦为“三眼”，固不得取尺寸较速者，谓之为“快三眼”。因所谓快慢，并无绝对之标准也。譬如《宿店》之“一轮明月照窗下”一段，为“三眼”，《二进宫》之“千岁爷，进寒宫，休要慌忙”一段，亦为“三眼”，《洪洋洞》之“自那日，朝罢归，安然睡定”一段，仍属于“三眼”。有人谓：《洪洋洞》之“自那日朝罢归安然睡定”一般（段）尺寸较速，系“快三眼”，此皆外行口吻，不值识者一笑。至于《托兆》之“七郎儿，回雁门，搬兵求救”一段，以及《桑园寄子》之“曾记得，弟在世，何等光景”一段，其胡琴头子过门，不过以原板而用双花，其实该两段唱腔，固为原板，则无可疑问。因拍板时，无论如何，只能点出一眼，而无点出三眼之可能也。若径谓该两段为“快三眼”，内行闻之，又将笑出眼泪矣。

谭二大窘

记者问：谭鑫培既常与琴师为难，则一般琴师，皆见之如虎狼乎？

徐答：谭氏性质，梨园界人，无不共闻共知，而琴师之中，即群以与谭氏操琴为畏途。某次，谭氏应天津某剧园之聘，适谭氏与孙老元发生龃龉。谭氏盛怒之下，不用孙老元。赴津时，即携其次子谭二前往，由谭二操琴。谭二手法较笨，拉反二黄，不能胜任。迨抵津，该剧园派出三天戏码，其第三日，则为《托兆碰碑》。至第三日，谭二大窘，不敢负责。适该班中，另有琴师某君，亦素以拉胡琴享名，颇资以自豪者。谭二乃与某君榷商，请其代庖。而接洽数次，某君迄不承诺。谭氏诸从人，佥谓：某君如不代庖，则当日之剧，无法出演。公请某君，勉为其难。某君慨然曰：欲我操琴不难，拉一出《托兆碰碑》，非酬以五十元代价不可。众人闻语，相顾失色，盖当时戏份，不甚昂贵。谭氏演一出《托兆碰碑》，所得仅百元左右。琴师勒索五十元重价，实开从古未有之奇也。

某名琴师不敢为谭拉戏临时逃走 琴师须技术高而有胆量

临时逃匿

记者问：某琴师同意为谭鑫培拉一出《托兆碰碑》，索报酬五十元。因价格太昂，遂作罢论乎？

徐答：谭氏从人，因某琴师索价太昂，以为万难办到。但琴师所得，不取之于角儿，而取之于戏园，此项难题，乃向戏园方面说明，商请改派戏码。戏园方面，初接此项通知，亦认为万难办到。及讨论既久，鉴于事前票已售出多份，而购票人之希望，又皆以该《托兆碰碑》一剧为唯一目的。若临时改派戏码，不惟惹起若干纠纷，恐事前购票者，尚非退票不可。且依营业情形，该五十元之款，亦并不困难。为维持信用起见，惟有破费此五十元之重价，救济该一难关。商讨结果，戏园方面惟有勉强同意。谭氏从人还告某琴师，不意某琴师得此还报，乃大惊失色，一转眼间，竟不辞而别，罔知所之，当日之戏仍由谭二敷衍终场。

故意为难

记者问：某琴师自高声价，既已达到目的，何以届时又逃匿无踪？

徐答：原因某琴师之索价五十元，并非勒索高价，实则彼于谭氏，早怀戒心，欲其为谭氏拉戏，盖无此胆量。不过，彼在琴师之中，素以高明自居，梨园界人亦颇相为推崇。彼有生以来，虽未傍谭氏，而以情理揣测，若为谭氏拉戏，必可胜任，当日，谭氏从人之属望于某君，亦非偶然，某君之胆小情虚，尚出于众人意料之外。彼因众人之敦请，承诺，则惧临时遭谭氏之白眼，至于一生英名，付于流水。不允，又惧为众人所窃笑，以后亦无颜于琴师中充高手。思维再四，始出此故意为难之手段。明知五十元之重价，事实上，绝难办到，则彼既可不受登场之惊恐，又得自高声价，维持其历来之英名。乃戏园方面居然破格承认，初非某君意料之所及。结果，图穷匕见，不得不以一跑了事。某君之胆小，固属可笑，亦见谭氏上台，难乎其为琴师也。

胆量太小

记者问：胡琴技术，为公开的。众人公认某君之技术，可为谭鑫培拉戏，而某君本人，乃胆小情虚。其原因何在？

徐答：谭氏唱戏，事前不与配角“对词”，亦不与琴师“对腔”。所谓“对腔”者，一戏有一戏之唱法，一人有一人之腔路，而为名伶者，大抵各有一种之特别行腔，与众人迥不相同。故通常名伶，在出演前，概与自用之琴师，试拉试唱，谓之“对腔”。往往一种之奇腔，由琴师几经模拟，迄难吻合，故“试（对）腔”一事，乃为不可少之过程。不过，角儿之程度过高，则不择琴师，可以自由伸缩，操纵胡琴，琴师之程度过高，亦不择角儿，可以临机应变，委曲对付，在行内口头语，谓之“台上见”。言尽直接上台，无事前说明之必要也。谭氏唱戏，神化无方，决无成法可言。今日唱长腔者，明日或以短腔了事，今日落板上者，明日或落中眼。有此原因，故事前“对腔”，亦无所用处。大抵，为谭氏拉戏，须兼备两种条件：一曰技术高，二曰有胆量。具有相当之技术，上场以后，沉着应付，不慌不忙，乃足以言胜任。若但有胆量，而技不高，固非误事不可。反之，技术虽高，而胆量太小，至于临事张皇，亦往往越弄越糟。彼票友唱戏，在台下，则字正腔圆，有板有眼。及上台以后，又无字无腔，板眼错乱，即胆量太小之故。某君之不敢为谭氏拉戏，非技术不高，胆量太小耳。

座间私淑者太多谭氏亦敷衍了事
当年琴师每剧得一二十吊

相机应付

记者问：谭鑫培唱戏，已烂熟于胸中，故临时自由伸缩，皆成佳构。究竟，所谓谭腔，当然有一种出色当行之处。其迥异寻常之谭腔，在久傍谭鑫培者，当然知之甚悉。上台以后，亦可大致不舛矣？

徐答：本人适言，为谭氏拉戏，须以一种沉着态度，相机应付。所谓“相机应付”者，即并无固定成法之意。故为谭氏拉戏者，非于各种腔路，一律洞悉不可。谭氏之唱法，本有一种习惯腔路，而为琴师者，又不可怀有一种之成见。一面拉奏，一面又注意其口气，稍有变化，即须立时抓住。谭氏行腔，有时急转直下，有时直拉过一二板，有时落板上，有时落中眼，甚至落于第三眼。凡此种种，属于临时变更者半，属于高兴不高兴者亦半。盖其出色当行之谭腔，亦非固定事实。为琴师者，若固执成法，鲜有不失败者。

不卖力气

记者问：谭鑫培演戏，何以有高兴与不高兴之分？

徐答：演戏，为一种之营业。谭氏每次出演，座无隙地之时机固多，而因急风暴雨，大雾严寒，不能满座者，亦常有之事。若人满为患，万头攒动，谭氏一见，当然兴高采烈。万一座客寥寥，不甚拥挤，谭氏对之，又当然不甚兴奋。大抵，人愈多而精神愈足，其所有本领，往往和盘托出。座客较少，则心灰意懒，往往敷衍了事。此种现象，一般名伶，多所难免，不仅谭氏为然。此外，亦有座客太多，谭氏又敷衍终场，不肯卖弄气力者。故其情形，亦未可一概而论。

预防剽窃

记者问：闻之剧界先进云，当年，程长庚演戏，有一怪癖，座客愈多，彼愈不卖气力，座客愈少，彼愈告奋勇。据谓：人虽多而不懂戏，即不如不多；人虽少而能懂戏，又胜于拥挤不堪。此种怪癖，不甚合理。谭鑫培于座客太多之际，又出于敷衍，殆亦蹈袭程长庚之故智欤？

徐答：谭氏之意，与程大老板，迥然不同。盖谭氏之卖力不卖力，不与座客之懂戏与不懂戏为标准也。原因名伶登场，等于教员之授课。谭氏出演之际，一般醉心谭氏艺术者，必相率而至。列坐听戏，不啻生徒之受业。故无论为内行，为票友，造诣至相当程度，即所至考察名伶之戏剧，以期旁搜博采。其所得进益，乃较之得诸教师者，尚高出若干倍。则名伶演戏，一方面为供人娱乐，一方面又为教授生徒。以权利言，遂受若干之损失。谭氏出演时，视台下座间，若有志偷学者太多，即平平唱去，不著任何之精彩。盖其艺术之宝贵，不甘为人从旁剽窃而去。卖一张票，教人唱一出戏，未免太不值得也。

操琴价格

记者问：某君故意为难，拉一出戏，索洋五十元。在当时，可谓开从古未有之奇。然则当时之琴师，每拉一出戏，可得若干之代价？

徐答：近年以来，所谓头等琴师，拉一出戏，得洋数十元之事，已数见不鲜。但在当时，琴师之价，拉一出戏，佳者不过十二吊，以至二十四吊。一元、二元者，即不可多得。厥后，因谭氏上台，迄难得到相当琴师，于是谭氏之琴师价格，乃陡增为大洋十元。此十元一剧之重价，凡属琴师，无不垂涎三尺。然摄于谭氏之威严，一般琴师，又望望然去之。故琴师界有一语曰“洋钱好挣而不好挣”，其意味，亦可想见。

昔日舞台乐器总共用九根丝弦
今弹月琴者只弹一根弦

傍谭得名

记者问：谭鑫培出演时，琴师于每一剧所得，为大洋十元。此项价格，已为最高价乎？

徐答：当年，傍谭氏之琴师，一剧可得十元，在梨园界，已足令人失惊。除谭氏以外，其余，任何名伶，亦无此奇昂之价格。而谭氏之于琴师，往往难得相当人选。有能力不够，琴师胆虽大，而为谭氏所拒绝者。亦有能力尚佳，谭氏颇示许可，而琴师胆太小，不敢负责上场者。其时，本人年仅二十余岁。谭氏于众中选将，称本人曰能。本人亦颇有胆量，居然不辞。故该项权利，乃为本人所得。至今思之，犹滋荣幸。盖每剧得洋十元，不足以言发财，其事尚小。而本人在幼年时代，乃因傍谭氏而享名于琴师界，则影响于本人一生者甚大。同时，琴师界诸先达，对本人，多怀嫉忌。但事实使然，亦无如之何也。

批评月琴

记者问：谭鑫培除唱戏外，对于场面乐器，亦有所研究乎？

徐答：谭氏为人，异常聪颖。彼擅长歌唱之结果，于场面乐器，亦能触乐器，粗知大概。不过，谭氏性情，终属高狂一流。好大喜功，事事以长者自居。其自命过高、不符事实处，数见不鲜。而当其出言夸大之际，一般听者，因其地位关系，亦不敢发言抗辩。一般谈话场中，往往有种现象，固无足怪。如月琴一物，在场面中，本属最初步之弦乐。究竟，谭氏自幼习唱，并未究习场面。则彼于弹月琴之法，当然属门外汉。一日，谭氏乃语人曰：“老凤，弹月琴也弹不好。是我教给他，他才弹了。”此老凤，随谭氏弹月琴多年。其技术当然得之师傅，并非得之谭氏。谭氏之口吻如此，闻者亦只好一笑置之耳。

言之成理

记者问：谭鑫培论月琴，亦能言之成理乎？

徐答：所谓聪颖人者，言论口吻，当然具有相当之理由。谭氏论月琴之言曰：“从前，是九根弦上台。现在，只剩下六根弦了。月琴，是四根弦。此时，弹月琴的，只弹一根弦。老凤，就弹一根弦。昨天，我在家，拿一把月琴，弹四根弦给他听。他见了，才改过来。什么事，都得我给说。多麻烦!”谭氏此言，理由当然充足。胡琴之弦，为两根，南弦子之弦，为三根，月琴之弦，为四根，合胡琴、南弦子、月琴，三种弦乐，本为九根丝弦。实际上，一般弹月琴者，则只弹一根弦。故谭氏所论，闻者亦无法反驳。

无关宏旨

记者问：月琴之丝弦，既为四根，而弹月琴者，又只弹一根。谭氏之意，又主张非弹四根不可。其得失如何？

徐答：依月琴原则，共应上四根丝弦。弹月琴时，其按音之部位，与胡琴完全相同，不过，里弦为两根，外弦亦为两根。弹时，为里弦，则同时拨动两根里弦，为外弦，则同时拨动两根外弦。所以同时拨动两个丝弦者，即在取其调协之意。但一般弹月琴者，往往贪拨动时之简便，最初，即只上入两根丝弦。弹里弦，仅为一根，弹外弦，亦仅为一根。如此，已减去两根丝弦。且弹月琴人，执业既久，又为拨动之便利，只弹一根外弦，于另一里弦，则弃而不弹。则音调既比较简单，用以合唱、合胡琴，亦为一种之畸形状态。好在，月琴一物，终属附属乐器，究竟如何，于歌唱与音乐，不生重大之影响。谭氏之纠正，固属有理，而不予纠正，亦殊无关宏旨也。

一般弹月琴者往往以高音代矮音
谭鑫培于拉胡琴粗知门径

以高代矮

记者问：月琴之弦，共分里外两弦。而一般弹月琴者，只弹一根外弦。譬如外弦为“尺工凡六五”，里弦当然为“合四乙上”，则弹一根外弦，即仅有“尺工凡六五”之音。若遇“合四乙上”之音，将如何弹下乎？

徐答：一般丝弦，皆有一种循环利用之法。即以拉胡琴而论，本以胡琴与唱腔，高矮吻合为原则。但若唱者之腔，矮至极点，而此矮音，乃在胡琴音阶中，寻之不出。在此项问题之下，有一变通救济之法，即不能向极矮处拉去，可转向备高处拉去。因胡琴音阶之矮，至“合”字而极，再矮，遂无处下手。至于高音，又无所谓尽头处。外弦如“六”“五”以下，尚可拉出数部之高音。且极高之音，与极矮之音，取而搭配，亦甚吻合。故以高音救济矮音之穷，成为乐器之通例。弹月琴者，专弹一根丝弦之法，即在以高音代替矮音。于是不问高矮，专在一根丝弦上活动。其一根里弦，竟至虽有若无，永无利用之一日。如此，在弹月琴人，可以获得若干之便利。因月琴一放，抱于怀际，弹外弦，则比较顺手，弹里弦，则又比较困难。左右两手，俱感相当之苦痛也。

乐器皆然

记者问：极高之音，与极矮之音，居然甚为吻合。其理亦殊奇矣？

徐答：此为音乐上之原则，无足怪异。譬之，通常按风琴者，共按三部之音，其中每距七个音阶。此三部之音，同时按下，乃为调协的，殊无参差之弊。最矮之1、2，与六个音阶以上之1、2，固极相吻合。同时与十三个以上之1、2，亦极相吻合。若错按一部之音阶，矮者按2，高者按1，即又显然不能调协。此为高音可与矮音甚相吻合之明证。今更以合唱言之，若一人按琴一人歌唱，唱极矮之音，固可吻合，唱较高之音，唱最高之音，亦可吻合。再如，一人按琴，由多数人歌唱。其中有男、有女、有成年人、有幼小儿童、有嗓门极高者、有嗓门极矮者，总之，无论高矮，只需为调协的，即可一律与琴音相合。凡此例证，不胜枚举，不仅月琴胡琴为然也。

喜充前辈

记者问：谭鑫培粗知月琴，故偶谈月琴，亦能言之成理。彼于胡琴，亦有何种意见乎？

徐答：谭氏于各种乐器，俱能粗知大概。谈及胡琴，彼亦自居于老前辈之流。一日，谭氏语人云："我拉胡琴的那孩子……"语至此，故作遗忘之态，思索良久，问左右曰："那孩子像是姓徐？"左右答称："叫徐兰沅。"谭氏闻语，始恍然曰："就是徐兰沅。那孩子拉胡琴，拉反二黄，像正二黄。是我拿来一把胡琴，拉给他听。教给他拐弯，教给他的手法，他才会了。"此一事也，亦良有之。曩本人拉反二黄，确有类似正二黄处。谭氏曾以胡琴比式，为本人解说。本人回家后，自行练习，觉谭氏所言，实有至理。不过，谭氏之于胡琴，究属门外汉。偶然本其天资聪颖，从局外观察，乃为幸而言中。未便以此一事，作为谭氏长于胡琴之根据。总之，谭氏之于一切比较年轻者，一律认为后生小辈。谈及一人，必故作遇妄之态，先称："为某姓乎？"以下，或呼其人之小名。其甚者，乃至将某人之父之小名，亦随口呼出，以示其为长辈。且语言之间，往往兼带做工，兼带表情。此则谭氏之特性，一般人无法反抗者也。

梅兰芳之新腔多系王少卿发明
谭鑫培乖张梅兰芳和蔼

傍吴彩霞

记者问：徐君幼年，傍谭鑫培三年。厥后，即改傍梅兰芳乎？

徐答：谭氏死后，本人曾傍吴彩霞数年。(13) 当时，吴彩霞在梨园界，以青衣颇享盛名。其戏码总在倒第一、倒第二之间。盖剧事至吴彩霞时代，青衣一角，已渐为一般听众所重视。不过，至梅兰芳以后，始屹然成为二（一）重角耳。缘本人既因傍谭氏，而享名于琴师之中，则其所得份银，自比较昂贵。通常碌碌无闻之角儿，即感觉价格太高，无力雇佣，戏班之中，亦不肯开支此一份之奇贵份银。故此后，本人之傍角问题，乃不易解决。质言之，不得其人，惟有长期赋闲。非本人之不愿率忽傍角，一般角儿，多望望然去之也。

(13) 谭鑫培生前，徐氏除为谭氏操琴外，还在富连成科班担任“后半工”琴师，为马连良、李连贞、小翠花等操琴。谭氏病故后，又为王又宸操琴有年。

少卿人杰

记者问：徐君傍梅兰芳后，何以非与王少卿合作不可？

徐答：王少卿在琴师界，当然为后起之秀，其方法，花妙达于极点。听众方面，崇拜少卿之技术者，颇不乏人。不过，胡琴品格，花妙与稳健，可谓各极其盛。在角儿方面，往往闻而畏。梅君以少卿手法，偏于花妙，本人之手法，又以稳重见长，乃使本人拉胡琴，而使少卿拉二胡。互相扶助，互相衬托，乃能恰到好处，无过与不及之弊。故本人与少卿合作，乃为天造地设，双方俱感极大之便利。此外，少卿为人非常聪颖，往往推陈出新，造成若干之新腔。而梅君在今日之梨园界，可谓享有无上之声誉，后来居上，压倒一切前人，梅君良足当之无愧。即称空前未有之名伶，当然非自唱若干之新腔不可。梅君除本其思想，自编新腔以外，亦常向少卿及本人征询改造新腔之意见。此项新腔，以少卿发明者，最占多数，故本人之与少卿合作，尤有不可一日离开之趋势。后生可畏，本人于少卿，实致有钦佩之意也。

谭梅之殊

记者问：梅兰芳之性情，亦与谭鑫培之性情，有同样之乖张乎？

徐答：自来最享盛名之人物，其性情，大致可分两类：一类人，为特别乖张，狂妄无度；一类人，为虚心好问，和蔼可亲。大抵，前一类人，必其禀赋特殊，有过人之脑力。独标己见，不受任何人之规劝。其成绩，往往有一种出人意料之表现，足以自成一家。谭鑫培之性情属之。后一类人，生性必极圆融。旁搜博采，集合多数人之长处，为一己之长处。结果，常能大中至正，不偏不倚。梅兰芳之性情属之。故谭鑫培与梅兰芳，在梨园界，各为第一人物，而其性情，则迥不相侔。

闻过则喜

记者问：梅兰芳之为人，并无骄矜之态乎？

徐答：梅君之为人，不愿当面阿谀，而最喜闻过。彼演毕一剧，回家后，有人向其赞美，彼不过照例应酬，而不甚满意。又如有人云：今日之戏，唱腔不甚好听，做工不甚细致。彼乃甚为欢欣，诚意接受。或为新排之戏，演毕后，有人向其谈称：某一场面不佳，某一穿插不合，某一唱词不妥，某一说白不通。彼闻之，尤极端感激。不过，向其批评过失后，彼必转询，究应如何改良。对方说明改良之法，如事属可能，彼下次出演时，立即照改。但若对方只知批评过失，不能指出改良之法，彼又一笑了事。盖其闻过则喜之意，目的即在勇于改正，非故为矫情之态，欲以博得㧑谦之荣誉也。

梅兰芳酷喜诚实不事虚伪
一般角儿皆愿闻上座甚多

谦而由衷

记者问：梅兰芳之性情，究属㧑谦一流？

徐答：谦之美德，梅君本能躬行实践。不过，一般所谓谦者，多与“伪”之为道相近。本人常谓：彼不识字者，见“㧑谦”两字，往往读为“伪谦”，以此为高明所窃笑。实则今日之谦谦君子，皆为“伪谦”，而非“㧑谦”。盖其谦之功夫，只在口头、在形式，其良心上，乃大谬不然。譬如名伶，有人盛称其唱做之佳，彼闻之，必连声谦逊曰：“不好不好，见笑见笑。”其实，乃为照例周旋，决非至自认为“不好不好”，决非自以为“见笑见笑”。不宁惟是，甚且暗自思忖曰：“我的戏，当然好，谁不夸奖？你夸奖我算得什么？”如此，因谦之一事，遂为世诟病。梅君之性情，第一长处，在诚实，其次，始于诚实之中著谦德。如闻过则喜、勇于改过，皆其例也。

痛恶虚伪

记者问：梅兰芳亦酷喜诚实、痛恶虚伪乎？

徐答：梅君之痛恶虚伪，其例甚多。即如每次出演，上座人数之多寡，本难预期。而近年以来，梅氏在平出演，常在开明戏院。此开明戏院，在本市剧园之中，建筑内容，原极良好。究竟，论地址之适中，则不如哈尔飞、不如吉祥，以至不如中和、不如华乐。通常非专诚听某一角儿之戏者，即不肯赴开明。故开明戏院上座之希望，比较乃极困难，而一般梨园行人，遂佥以出演开明为畏途。梅君赖艺术之超群，每在开明出演，上满座时固多，而上六七成人之时机，亦复不少。梅君演毕一剧后，往往向左右询问销出票额若干。同时，并询及同时出演之各园上座若干。左右实告，梅君即费一番之研究。若故意为梅君捧场，作一阿谀之饰词，梅君必怫然不悦。此种情形，与［梅］君素识者，类皆知之。即此一端，亦可想见梅君之为人。

报告不实

记者问：询问上座若干，尚有所谓阿谀之饰词乎？

徐答：此种向角儿捧场之口吻，在今日梨园界，已成一般之通例。大抵，凡属角儿，无不自命极高者。如本戏园内上座多，则希望其他戏园上座较少，若本戏园内上座少，则希望其他戏园上座更少，于是一般向角儿捧场者，乃利用角儿之心理，作种种之谀词。譬如本戏园内，上座不及八百，而其他戏园，上座在百左右。捧角儿者，既向角儿曰："今天咱们这儿上满座了，别的园子，全都不行，有上三四百人的，也有上二三百人的。"角儿闻之，则大喜过望矣。又如本戏园内，不如其他戏园上座之多。而捧角儿者，犹必曰："今天，还是咱们这里上座多，其他某园某园都不行。"甚至，本戏园内上座仅一百人左右，而其他戏园，或上七成座，或上八九成座。如此似无捧场之可能，然在捧角儿者，尚可善为说词曰："今天，是天气不好。快开戏了，忽然下了一阵雨。"或曰："这几天，时局不靖，人心恐惶，听戏的人都不敢出门。别看咱们这儿上座少，某园销出红票很多，还不如这儿。"总之使角儿闻之，感觉一种之安慰。此种劣习，于角儿本身，并无若何之补益。且誉之既久，恰足养成其自满之心理。梅君不取，常欲获得真实之报告，俾作下次出演之参考。

下次派戏码以上次售票情形为标准
梅兰芳曾研究云母石胡琴

上座多寡

记者问：上座数目之多寡，亦足为下次演剧之参考乎？

徐答：上座多寡，虽属营业问题，要亦观众心理之一种表现。盖观众心理，往往随时变迁。有时嗜旧有之戏，有时嗜新排之戏，有时注重歌唱，有时注重做工，有时酷喜古装，有时酷喜戏装，而观众太多，无法一一探询。惟有于上座情形，加以研求。大抵，听一次梅君之戏，购票价格，动需一二元。兴味高，则购票情形踊跃；兴味薄，则购票情形冷淡。故售票数目之多寡，不啻为一种投票性质。售出票额多，则是赞成人数多也；售出票额少，则是赞成人数少，即亦反对人数多也。有此原因，上次售票情形，乃为下次出演之改良标准。上次售票多，无妨推广其意，派出下次之戏码，上次售票少，下次派戏时，惟有另设他法。故研究戏剧者，于上座数目，亦非注意不可。

可资参考

记者问：梅兰芳演剧既毕，如何询问上座情形？

徐答：梅君每次出演，如同时出演者，尚有程砚秋、尚小云。演毕，梅君必询问：本园上座若干？程砚秋上座若干？尚小云上座若干？如本园上座较多，他园较少。梅君必又细思本园上座较多之原因，以及他园上座较少之原因。各园戏码，互相对照。又在本园人少，而他园上座较多，梅君必又反复玩索，务期得到个中之真实内幕。下次出演时，即设法改良，期避免上次之覆辙。梅君号称个中巨擘，而有时上座情形，则不如程砚秋、不如尚小云。其中原因，虽极复杂，而戏码之软硬，究属重要条件之一。年来，梅君之于戏剧，仍力自反省，俾求精进，绝不傲岸自尊，至于一切于抹杀也。

性喜研究

记者问：然则，梅兰芳亦富于研究性乎？

徐答：梅君对于任何事物，只需有相当价值，无不悉心研究。曩众和风琴厂发明之云母石胡琴，本人因其新颖可喜，曾携得一具赴梅君处。梅君见而大喜，当即自行试拉数声。且曰："倘此项发明，可以成功，亦中国剧界之一最大贡献。"但试拉之结果，觉所发之音，究与胡琴不类。旋属本人试拉，梅君旁听近听逾时，又行至距离较远之处，遥遥静听。总之，其声音，太近则嫌重浊，太远又音韵薄弱。厥后，梅君仍觉该项云母石胡琴，既经苦心孤诣，发明此种成绩，倘经若干之改良，或有成功之一日。又与本人，将该项胡琴一一拆卸，加以审慎改良，后再拼凑成为胡琴。但该项胡琴之特点，全在一片所谓云母石，而矿物质之发音，与蛇皮所发之音，总不一致。几经改造，最后，乃认定云母石胡琴，终属云母石胡琴，不容与蛇皮胡琴，相提并论。此项研究，始作罢论。此一事也，亦见梅君之为人，特富于研究性也。

并无成见

记者问：谈者谓，徐君于和平门外南新华街路东，自行开设有胡琴铺一处。为营业竞争起见，故徐君对于此云母石胡琴，不甚赞成。此说然欤？

徐答：本人此项口吻，演（谈）者多滋怀疑，亦所难免。不过，吾人以制造胡琴为业，云母石胡琴与蛇皮胡琴，同一耗费工料，同一需用工人。而众和风琴厂之专利权，终有相当之期限，期限满后，任何人皆可仿制。吾人制蛇皮胡琴，可以卖钱，制云母石胡琴，亦可卖钱，固不必坚执蛇皮胡琴之成见，为音乐前途，故作种种之阻扰也。

制胡琴的工作偏重计划
配合担筒须有拉胡琴经验

计划配合

记者问：制造胡琴，属于工艺问题乎？抑系计划问题乎？

徐答：自来任何制造工事，属于计划问题者，最占重要成分。属于工艺问题者，不过匠人工作，无关大体。梓人之家，其床缺一足而不能理，今日之工程师，亦犹是也。制造胡琴一道，其理亦然。譬如截竹为担子、挖竹为筒子、削木为轴子之等等工作，以及刮之使圆、磨之使光，属于工艺问题。此担子、筒子制成以后，外观虽无所轩轾，实质则显然歧出。若从事挑选，何者优而何者劣，从事配合某一担子，应配某一筒子，配就以后，声音之程度如何。辨别其优劣，定其价格之贵贱。凡此种种，则属于计划问题。大抵，工艺问题，其事小，普通匠人，皆可为之。计划问题，其事大，非于拉胡琴一道，具有高深之经验，不能担任。同一外观之胡琴，有值三元一具者，即有值三十元一具者。优劣之殊，别于毫末。在匠人，又往往混淆是非，不足以言计划也。

自行担任

记者问：凡制造胡琴者，其营业主人，皆须有拉胡琴之高深经验乎？

徐答：胡琴一物，不重形式，偏尚音韵。形式特佳者，音韵或又窳劣，形式平常者，音韵或又佳良，故从事挑选，从事配合，从事试验音韵，种种心得，皆须由拉胡琴经验中得之。一般胡琴铺主人，不必皆有拉胡琴之经验。然执业既久，亦可于经验中得出相当之经验。本人执琴师业，凡二三十年。担子以何为佳，筒子以何者为良，应如何搭配，配合结果，音韵究竟佳良与否。以本人经验所得，皆确有一种把握。故本人虽不能为木匠、为竹匠，而本人所开之竹兰轩胡琴铺，其挑选材料、配合担子筒子，以及试验音韵、标定价格，皆由本人一人任之。

徐言间，持出照片一纸。据谓，系其试音之姿势。记者因其属于拉胡琴之标准姿势，乃乞归，制成铜版。

梨园行人往往希望他人嗓音变坏
一个音乐师之三十年纪念

老境堪虞

记者问：徐君执业琴师，所得既丰，而必开设此胡琴铺，亦殊太劳累矣？

徐长叹答曰：本人之开设此胡琴铺，目的不在发财。本人适言：琴师职业，不养小，又不养老。壮年时期之收入，不过赖以赡养家口。将来，一入老境，[精]神即趋迟钝，手法又不灵敏。恐于梨园界中，求敷衍生活而不可得。惟从事工商业，若经营成功，尚为养老方法之一。盖我国政治与社会情形，对于工作人之老境，从无顾恤之法，往往一种之著名工作人，届老境后，以政治言则非淘汰不可，以社会言不惟不相拥护，抑且从而攻击揶揄之。故凡属工作人士，无不以老境将届，为岌岌可危之事。吾人未雨绸缪，为将来谋啖饭之地步，其中，乃含有无上之悲哀。若谓本人之开设此胡琴铺，属于乐观的事业，又不谅甚矣。

为人奚落

记者问：琴师若入老境，乃有人攻击揶揄乎？

徐答：国人习惯，往往有一种之恶劣心理表现。即不能自修，又畏人修也。此项嫉忌之心理，以梨园界人为尤甚。如唱戏之角儿，自己技术不良，嗓音不佳，则嫉视技术精良、嗓音佳妙，有人谈及某一名伶，彼不自反省，乃曰："这小子嗓子还不坏。"幸而该名伶，嗓音忽然变坏，彼则喜出望外矣。又如琴师，自己之手法不灵，则嫉视手法灵敏者，有人谈及某一著名琴师，不欲努力，而曰："这家伙，最好得个半身不遂，让他拉不好胡琴。"幸而该著名琴师，忽罹奇疾，或手法笨化，则彼鼓掌称快矣。至于该劣变之当事人，是否老成人物，是否应加相当之原谅，皆无人过问。故曰：中国社会，乃不为老人作地步者。人在壮年时代，不自预谋，将来即非受困苦不可。

拥护老成

记者问：一般对于艺术家之待遇，外国情形，不同于中国乎？

徐答：此项问题，此次，梅剧团赴莫斯科时，本人曾亲见一事，可为例证。其时，有一歌剧团，照例应于半夜十二时闭幕者，当晚，忽提前于十时即告停止。据闻，系该音乐队中，一拉外勿铃之音乐师，于当晚在该园，开三十年纪念会。盖该音乐师，执业迄今，已三十周年也。纪念会举行时，舞台之上列小案约二十余条，每一小案之后，据坐一人。幕开，一人偕该音乐师出台，行抵台口。该人介绍毕，即演述该音乐师之历史。演述间，满园观众有时屏息静听，有时掌声雷动。此人演说毕，鞠躬而退。以下，由坐于小案之后者，次第至舞台口演说。有向该音乐师握手者，有与该音乐师亲脸者。台上人演说毕，更由诸来宾，次第上台致其欢欣之意。或赠银盾，或赠鲜花篮，一一布置，罗列满台。忙乱庆祝，直至后夜一二时，而满园观众，不惟无一人废然引去，抑且毫无倦容。事后据某俄人云：该音乐师，虽有三十余年之奏乐史，而彼在音乐界，并非出色人物。本人于此一事，乃有一种之感想：盖外国人如对于老成人物，一致拥护奖励，故执业为音乐师，亦有极大之兴趣。反观我国社会，则一致与老成人物为敌对。假定本人于某戏园内，开三十年纪念会，恐一般座家（客），将纷纷出座引去，而梨园行人，除本班或有直接关系之友人以外，其同行人物，亦必窃窃非笑。至甚者，且互相诮谤曰："活该他三十年纪念，四十年又怎么？他死不死？"吾人言念及此，乃觉不寒而栗。吾国社会，亦太不仁厚矣。

徐言至此，咨嗟不已，记者遂辞去。

昆腔

陶显庭

采访人：紫萍

原载1934年3月16—24日《醒民日报》（河北定县）

此次定县戏剧研究社邀来昆弋名伶在塔南游艺园出演，虽然“阳春白雪”，能欣赏的很少，可是陶显庭的老生、郝振基的活猴，却真能博得多数观众的好评。盖他的唱工做工，均已脱俗，显然和一般跑龙套者有差别也。

陶伶是中国昆弋界最知名的角色。不但工唱做，而且对于昆弋的源流、派别，都有相当的认识，对于现代昆弋界更有伟大的贡献。那么，关于他学习昆弋的历史、经验、心得等，一定都是大家所愿知道的。现在便把访问陶伶所得到的一切写出来，献给读者，特别是爱好昆弋的人们。

一、介绍陶显庭

陶显庭是河北省安新县新安镇马村人，今年六十五岁了，体格还是很强健，精神还是很饱满。看他饰《醉打》的花和尚时，声音那样地圆润，举止那样地稳健，便可想到他卸装后的样子。

安新县新安镇一带是昆弋伶人的渊薮，但就马村——陶住的村子说，差不多百分之八十的居民都会唱昆腔，像白玉田、白云生、白建桥等，都是在这种村子里生人。所以陶自十三岁时起即开始学习唱工，迄今已五十年的工夫。那么，现在的成就，要算是应有的获得。

陶初师白永宽，白绰号曰傻子，即清时北京颇得光绪之父醇亲王厚遇的恩庆班班主。陶彼时习武生，做工武艺精通，当时驰名京东，各班皆以邀得陶伶为荣。约三十余年之久，陶以气力稍差，且自己喜静惮劳，乃改唱老生。此约在民国五六年，伊正在北京宝立社唱演。

据陶言，京东钱筱山也是他的老师，其实这不过是稍有成就以后陶所访问的朋友罢了。

陶唱老生，嗓音圆阔，如珠走盘，终知名国内。曾为美国胜利公司收制唱片，近来，昆弋界一天天地衰落起来，后起无秀，而陶伶更算是绝无仅有的昆弋明星了。

二、昆戏的类别

一般人常把“昆”“弋”混为一谈，甚至把“昆腔”代表所有的昆戏，这是一个极大的错误。

据陶伶说：“昆戏”的类别很多，可从两方面来说。

（一）按“用韵”说，昆戏可分为“南曲”和“北曲”两种：

“南曲”唱时用南韵，谱中无“一”无“凡”，大概都是南方的土音，不是正宗，只时兴于南方。就和山西梆子用山西韵唱一样，终究不如京戏用官话道白、国音唱词容易使听众领会。

“北曲”唱词道白，均用北韵，亦即用“中州韵”作标准。一切“工”“尺”韵都在谱中，唱起来音调清晰，不但听起来容易懂，还饶有韵味。其次，“南曲”和“北曲”所用的乐器也不一样，南曲用横笛和唱，北曲则用三弦。不过，现在却已混乱了。

（二）按音乐的配置、和唱的调门来说，又可分为“昆”“高”“弹词”三种：

“昆”即“昆腔”，唱时有笛随和，每唱够一个相当段落才有一场锣鼓；

“高”是高腔，又叫“弋”。唱时没有任何音乐随和，每唱完一句，必打一阵锣鼓，和定州秧歌的局势相合。有时角色唱完，还要打鼓的续调接唱；

“弹词”只有一出戏，只是一个角色手里拿弹着琵琶在弹着唱。

三、昆弋的沿革

昆戏是中国最先具备戏剧条件的戏剧：导源最古，萌芽于唐，形成于宋末元初，盛行于清——这是和陶伶谈“昆曲的沿革”所得答案的几个要点。说详细一些：

……最古时候，人们祭神多用巫觋歌舞。歌，象征着现在的唱工；舞，象征着现在的做工。这便是戏剧的起源。

唐明皇被大法师叶法善引入月宫里，听了仙女的歌唱，归而作《霓裳羽衣曲》，设立梨园，选童子三百人，自己担任教授，这便是戏班的创始，所以直到现在，各戏班还是供奉“老狼（郎）神”。这“老狼

（郎）神”就是唐明皇。同时更有“唱戏的不供奉老狼（郎）神，装谁不像谁”的俗话。不过唐朝的曲子，多是很短的小曲罢了。

直到宋末金朝，才有表演一套故事的戏剧出现。

元朝的戏剧，可说是集以前的大成：曲调有了一定，格律也非常谨严，这是北曲。当时编出的剧本也很多，王实甫的《西厢记》便是代表作。

明以后，北曲的格律大破，调子可以参加转变。比方说元朝一出戏，只准四折（就是变四套调门），而现在都可多至六折七折了。据说这多是南曲。

昆腔始自明朝，实即南曲。明魏良辅作《琵琶记》[1]谱，大受当时一般人的欢迎，乃一天一天时兴起来。因为魏是江苏昆山县人，所以才叫昆腔。

(1) 原文如此。《琵琶记》作者应为高明。

“弹词”和说大鼓书的形式一样，够不上戏剧。

相传：唐明皇宠爱杨贵妃，以至安禄山叛变，长安丧失。当时长生殿伶官李龟年逃亡各地，以沿门歌唱为生，那时他唱的歌调，就是现在的“弹词”。

“弹词”的戏出很多，金朝董解元的《西厢记》就是“弹词”。不过，现在却已没人会唱了，连现在我——陶伶自称——所唱的“弹词”一首，还是自己破功夫按工尺谱慢慢排来的哩。这正是叙述李龟年逃亡各地謳歌的一段。

“高腔”——“弋”，出自清朝。谣传雍正纳一昆腔女伶，入宫而生乾隆，因而昆曲盛行。经清朝掌乐官改其韵而变为高腔，词和昆曲一样，只是唱调稍有变更——参看昆曲的派别——音韵也很淳厚典雅。惟高腔单调，伶人演唱，不易做到好处。同时唱声苍老，顾音不顾字，周折过多，听众也不易领会。费力不讨彩，已再没人学唱了。

四、昆曲的内容

昆曲的内容，最好分两方面来说：

(1) 剧本方面

整个的戏剧是合“动作”“言语”“歌唱”三者而成。常见剧本中有“曲”“科”“白”字，这“曲”就是表示“歌唱”，“科”表示“动作”，“白”表示“语言”。此外还有“宾”字，表示两人对说，“科白”表示“言语”“动作”同时——这是读剧本或编剧本必有的基础知识。

昆曲剧本不比编其他皮簧、梆子等唱本，唱词无论如何编的，和了韵便算完事。编昆曲制词固然要典雅深奥，调子更需要细心推敲。比方说，一字分几韵，在什么情形之下什么人应当唱什么谱调，做什么动作，用什么音乐配和……不是富于情感、习于世态人情，兼有文学和艺术天才的人，绝对不能做到好处。

(2) 舞台方面

按“前台”，即按出演的角色说，有“末”“旦”“净”“丑”，一般说来，末旦是剧中正色，支派很多，剧本中的名称又和行家的普通称呼不同。按行家说，主要的末分“白胡子”“金王帽”“正生”；旦分“老旦”“青衣”“小旦”。“白胡子”又称老外，金王帽又称“黑三”，“正生”又称“小生”；“老旦”又名“花包头”（“花包头”——最早时唱老旦的包头都是用花绸子或花洋布，所以称作花包头。后来因为一个上了年岁的老太婆，打扮得太华丽了，有些不合身份，这才改用黄蓝绸子，改称老旦）。说起来非常有意思：白胡子和老旦正配一双老夫妻，金王帽和青衣正配成一双少夫妻，正生和小旦正配成一双小夫妻——说到这个地方，陶伶也笑了。

金王帽和青衣最不好饰：

金王帽——黑三，须生装束，而以小嗓演唱，调子老于小生，而细于老生，且唱韵［难］于一般角色，这类韵调，普通说来，“伬”“仜”（“仜伬”——昆腔戏中共分高奏低奏两韵。高奏用“仜伬”表明，低奏用“工尺”表明）总占大半。黑三角色甚多，如《哭像》唐明皇、《扫花三醉》的吕洞宾都是。“青衣”不饰铅粉，唱做介于老旦花旦之间，和黑三有同样的难处，真可谓“难夫难妇”了！如皮黄戏《坐宫盗令》中之饰萧太后者是。

此外更有“红脸”“花脸”“黑脸”“黑胡子”“武生”。“红脸”动作须郑重，嗓音须宽朗。“花脸”又分文花脸、武花脸、小花脸，文花脸又名袍带，武花脸又名毛净，小花脸又名“丑”。“黑脸”即二黄戏中的“铜锤”。“黑胡子”常以老生改饰，如诸葛亮等角色。“武生”分大武生、小武生，大武生穿□靠，小武生短打，常戴罗帽，穿锦衣。各种角色，各有各的风头，各有各的格律，不似其他戏可以随意顶替，不是各有专门人才，绝不能演到好处。

五、昆弋的前途

昆弋不比一般戏剧，必须有音乐常识、文学根底、艺术天才的人才能欣剧（赏），所以在专制时代，常扮演于皇宫王府，伶人多受皇帝王公所宠爱。而现在却再没人能欣赏，昆伶亦没人再另眼看待。同时昆伶界又不知迎合社会所好，偏要处处墨守成例，妄自尊大，所以这几年越发零落了。

就现在昆弋界来说，武生除郝振基与我——陶自称——外，恐怕没人能承继吧？而且旦角则只有韩世昌和庞世奇两人，韩已年老，只庞一人，还济甚事！看来，昆戏本身，已根本不合现社会需要，而昆弋伶人又不自长进，相信最近将来是会被淘汰的。

说时，表现着一副极沮□的神情。

郝振基

采访人：秀峰

原载1934年3月27日—4月7日《醒民日报》（河北定县）

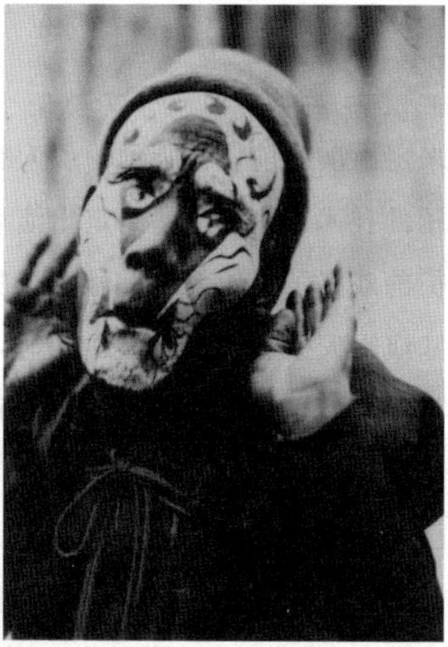

日趋没落的昆弋，除去少数士大夫之流的人物以外，能够欣赏的人，真少到极点了。此次，定县戏剧研究社特邀宝立社名伶在塔南游艺园出演，虽说有昆弋界泰斗陶显庭、郝振基参加公演，可是当时园里上座的情形，还不及跑大棚的花衫马翠仙等演唱时涌（踊）跃！我想，昆弋的酷嗜者一定要“摇首兴叹”了。

不过，陶郝俩人，对于昆弋艺术，确实下过苦功夫——尤其是郝振基饰猴子，更有独到之处。记者为的不埋没一个艺术家的苦心起见，曾费了半日时光去访问郝伶。现在，把访问的经过记下来，供献给爱好艺术的读者。

一、活猴素描

当郝振基未来定出演之前，常听到一般人在背后赞美郝振基饰猴子的技术。在郝振基到定出演后的第一日，又看见满街的戏报子上，都用大号字很醒目地写着“活猴郝振基演唱安天会”的预报。当时，记者的心虽也曾剧烈地跳动，但是因时间不允许，到底没顾得去看。

次日清早，已经起了要访问郝振基的动念。所以在当天散戏之后，就冒着削脸的冷风，顺着塔南小街，去寻找郝振基的寓所，找到一个小茶馆的门外一问，才知道郝振基就在小屋子里吃茶哩。

一进门，光线非常黑暗，几乎看不见人。在西头一条土坑（炕，下同）上，有一堆人正在围着桌子吃茶。细心一看，在炕的中心人丛里，发现一个眼光闪闪、小头瘦脸的人，正在缩着脖子蹲在炕上，一面搔痒一面说话。说话时，不住地挤眉弄眼，咂嘴耸鼻，骤然一看，活活地像个活猴。

“哪位是郝老板？”记者用极和蔼的口吻向土炕上的人们这样问。

正在吃茶的那位猴头猴脑的人，带着惊疑的神色立起来了，屋子里霎时起了一阵骚动。“请坐，请坐”的声音，使小屋里的空气骤然紧张起来。记者坐在炕边的一条短凳上，谈话开始。

二、活猴的身世

据郝伶自白：“原籍河北大城，以后迁居平东玉田县台头村。祖父郝光甲是前清的武状元。台头村离天津不远，是一个一百多户人家的小村子。村里读书人很多，个个喜欢昆弋，都是祖传，约有几百年的历史了。”

“我（郝伶自称）是票友出身，并非坐科。当年练习短打武生，以后改唱花脸。二十年前到过祁州，也到过贵县（指定县）。后来在平东各县散唱，并未成班。还到上海去过一次，出演于丹桂第一台。上海人士，都爱好昆弋，在那里唱了四五个月，观众们都很踊跃。以后又回到天津，在大舞台露演。”

“民国初年，曾自己搭（组）班，义和班、兴顺成、基顺合，都是个人一手创成的。”

“打一班戏，至少也得千八百元。那时，因为无人唱老生，所以又练习老生。本来，昆弋与皮黄不同：皮黄，须生能唱小嗓，青衣也能唱须生戏。昆弋则不然，唱花脸用横音，唱老生用竖音。唱花脸的不能唱老生戏，唱老生的一唱花脸戏，就要坏嗓子。所以，陶老板（指陶显庭）虽说是著名老生，却不能唱花脸戏。我，能饰孙悟空，能饰张飞，也能饰方孝儒（孺）。不过，现在老了，已经六十五岁，所以唱猴戏时不敢带短打。”

说罢，一阵咳嗽，象征着老年人的暮气。这一点，丝毫不像猴子的举动。可是咳嗽停止以后，用手掌把鼻涕一擦，紧接着嘴和眼［动］了一动，脖劲向下缩了缩，又有些猴子的神气了。

三、活猴的活师傅

满屋子沉默了，记者听得出了神。炕上南头，花衫白玉田身旁的小花猫，也在呼呼地打鼾。

“郝老板饰孙悟空，名震全国，人人都用‘活猴’来形容。到底怎样研究，才学到这种地步呢？”

郝伶经记者一问，突然兴奋起来。用手把坐在他身旁的刘庆云——宝立社老生，系已故名伶李宝珍门徒——一推：“请到炕上来坐着谈谈好吗？”

记者坐到炕上以后，郝老板的话又开始了："人是'万物之灵'，只要肯下苦功夫去虚心研究，没有不成功的。我饰猴子，虽说有点心得，也是由于大家的抬爱。猴子戏，在昆弋中，不过四五出，如《南（安）天会》《花果山》《火焰山》《火云洞》。猴子的举动，和原始的人类动作相仿佛。所以，学猴子时，必须头、眼、嘴、身手、走路，处处留意才成。如果只嘴眼一部分像猴子，走起路来像猪八戒，那不成了四不像吗？"

满屋子的人都笑了。郝振基带着微笑的神色乘机会吐了一口唾沫，本能地用手掌擦了一把，接着又说："无论学习什么角色，固然需要下苦功夫练习，可是也得有相当的天才才能学到好处呢。"

"是的，是的。那么郝老板的师傅是谁呢？"记者对郝振基的话表示赞同以后，又这样问。

"我的师傅吗？谁也猜不着。不是祖传，也不是哪一位名伶。我和杨小楼不同，人称小楼为'杨猴子'，小楼是跟他父亲老杨猴子学的。前几年我也和杨小楼、梅兰芳一同在北平相处过，可是杨小楼现在也不能翻斤斗了。"

一段话，把记者说糊涂了。不自主地问："郝老板，你的师傅到底是谁呢？"

郝振基不慌不忙，身子微微移动了一下，又装了一袋烟，一面吸一面说："别忙！听我慢慢告诉你。在二十年以前，我有一位朋友，在天津做生意。那位朋友平素很喜欢猴子，家里养活着四五个。后来，那些猴子太淘气了，常把他的帽子偷去，把他的窗户撕破，有时，竟在他的被窝上大便。他气急了，非打死它们不可。那时，我正在学猴子戏，乘机会向他讨了一个。以后，那个活猴子，就成了我唯一的师傅。我走到哪里，也把它带到哪里。没事的时候，就和它玩一玩，随时观察它的举动，留心它的动作，揣摩它的神色，模仿它的形态。日子久了，到做戏的时候，自然就举止逼肖了。”

郝老板说到起劲处，竟拿着烟袋锅子，要起猴儿棍来了！炕上的人们都两手捧着嘴，笑得直不起腰来，好似猴子吃桃一样。倒茶的人也只顾傻笑，把水倒了满桌子。

四、活猴谈“玩票”

“郝老板虽说是票友出身，比较坐科出身的高明多了，可见行行出状元!”记者点着头这样赞扬郝老板。

“无论是作（坐）科出身，无论是票友出身，只要肯下苦功夫，一定有好成绩表现出来。现在的人们太浮浅了！稍有点成就，就觉得了不起似的。就按现在一般票友们说吧，他们只知道玩票是唱戏，那么，他们知道玩票到底是怎么回事？哼!”郝老板非常自傲地从鼻孔里“哼”了一声。

“那么‘玩票’到底是怎么回事呢?”记者也是知晓得好唱戏而不是坐科出身的人，算是“玩票”，至于“玩票”的来历，压根儿就没听得说过，所以在当时听了郝振基的话以后，急忙这样问。

“先说‘票’吧！玩票的人们，他们晓得玩什么票？邮票？火车票？都不是吧。只要一说到玩票，就不能不谈到前清的皇帝。在前清时候，康熙、乾隆、顺治，都很喜欢昆弋，尤其是顺治皇帝，那简直是个昆腔迷！当他登极以前，无论如何不登极。他以为登了极的时候，就不能再随意唱戏了。后来，皇后没有办法，才和各大臣商议，允许他在登极以后还可以唱戏。制定一种龙票，凡是能唱昆弋的人，都留下姓名，每人发给一个龙票，按期入朝演唱。演员入朝的时候，手抱龙票，先行君臣礼节，而后演唱。后人说谓‘玩票’，就是指着那时的龙票说。所以，在前清时候，凡是昆弋界中人，都可以入考场；其余唱普和（通）戏的人，就不准考。可见昆弋界人在当时的地位是和现在不同的了。”

郝振基目不斜视地说明了“玩票”的来历，直了直腰，抬起头来看了屋子里的人们，表现着“了不起”的神色。记者也不禁五体投地，肃然起敬。

五、活猴的牢骚

郝振基一段话，引起了演员们的一阵牢骚：

“犹太音乐家魏西琴在保定时，最喜欢昆弋。他认为在中国唯有昆弋够得上音乐二字。”花衫白玉田，一面用手理着自己的长得几乎看不见耳朵的长头发，一面用极不平的口吻很悲愤地说。

“哼！山东主席韩复榘更爱好高腔，他家里的人，谁不会唱?”善于唱《嫁妹》的侯玉山，突然嚷了两句，满屋子人们的目光，都集中在他一人身上了。紧接着，七言八语，东一句，西一句，一阵嘈杂，都是发牢骚的话。

这时郝振基却沉默了，一动也不动，只是呆着两眼出神，令人一看，直是个死猴子了。一会儿，长嘘了一口气：“唉！什么也不用说。在前清时候，昆弋界的人比谁地位不高！当年，我和玉田他大爹——白玉宽——在七王府、四王府、醇亲王府里唱戏的时候，那是什么样子！醇亲王为我们打‘荣’字班，禁卫军统带楷亭给我们抄戏词。唱什么戏的人都不能入考场，唯有我们可以。现在呢，拿着我们——有陶显庭在内——与杨小楼一样的角色，还不如一群妓女似的坤角儿呢！皇帝不推翻，我们也不能落到这般光景！”

郝振基说罢，又长叹了一声，满屋子充满了沉闷的空气。

六、活猴的命运

记者为的打破屋子里的沉默起见，当时又问到郝振基家乡的现况：

“郝老板，贵县距离山海关很近，去年日军作战时，贵村受损失一定很大。那时，郝老板就在家里住么?”

郝振基始才抑制住的牢骚，经记者一问，又发作起来。苦丧着脸说：

“现在我这样大的年岁，本来不打算再到各处去奔波了。无奈，生在这样的一个国家，哪能由得自己！去年，日军侵到滦东的时候，我正在家里，眼看着亲爱的故乡就要被日军的炮火所轰炸。我才一个人，背着一个简单的小行李，跑到天津！我到天津以后，国家的局面，一天严重一天，人人都恐慌得要命，谁还有心娱乐！所以，那时候我们的生活非常狼狈。后来，塘沽协定签了字，大局比较安全了，才从天津到北平哈尔飞戏院去。在北平演了几个月，又到保定大舞台唱了一个多月。这次，应贵县戏剧社之邀，到这儿来出演，哪里想到是这种情形！”

七、活猴的行止

“郝老板还打算在定县勾留多少日子?”记者见郝振基对定县的观众表示悲哀，所以又这样问。那时，郝振基到定县出演还不过三天的光景。

郝振基经记者一问，忽然犹豫起来，支吾着说：

“还没有一定，反正也没有几天的耽误了。”

“从这儿［往］哪里去呢?”记者又问。

“也没有一定！大概是到祁州去吧。”还是带着支吾的口吻这样答复。

当时，记者非常为这样一个殁落的名伶惋惜。因为昆弋的酷嗜者（帝王），失掉了政治地位，以致昆弋的著名演员，也遭了同样的厄运。可见时代是不留情的！所以，记者又问：

“那么，安国县人士对昆弋的兴趣比较定县人如何?”

立刻，屋子里的空气又由沉默而变为紧张了，霎时恢复了初进门时的状态。七言八语地齐声说：

“祁州人喜欢昆弋的，比定县多多了！各学校里的学生们都学习昆弋。尤其是教育局的先生们，爱好昆弋的更多!”

人们原来苦丧着的脸上，又微微带了些笑意。

八、老活猴制小活猴

“学猴子要能学到郝老板这种程度，真是太不容易了。不知道现在除了郝老板以外，还有人能饰猴子不?”

“自然有啊！不过是好的太少了。因为饰猴子和旁的角色不同，稍微有一点不相像，就露出马脚来了。”郝振基直了直腰，又恢复了原来“目空一切”的神气。

郝振基在昆弋界，是很有数的角色，不过因昆弋的本身日趋殁落，所以虽说是这样的名伶也难抓到广大的观众。当时，记者忽忆及北大教授刘半农等所组织的“昆弋维持会”，于是又问：

“［郝］老板知道北平的昆弋维持会的详细计划吗？”

“大概知道一点，究竟详细计划如何，还闹不清楚。”郝振基又这样笼统地答复。

“他们那哪儿成，非昆弋界的人都参加不行，光他们几个人那有什么用处！”白玉田也乘机会发表自己的意见。

“那么，郝老板饰猴子的技艺这样好，难道没有拉扯一个得意的弟子么？”记者又问。

郝振基沉思了一下说：

“有，徒孙侯永奎还不错。”

“那可以说是个小活猴吧！”记者微笑着说。

哈哈哈！一阵乱哄哄的笑声。

夜幕渐渐地落下来，小屋子里的光线起（越）发黑暗了。茶炉上点了一盏小灯，颤□地放着微弱的光芒，表示着夜神降临了。

咚！咚！咚！戏台上的鼓忽然响起来。

“快要开戏了！”炕上的人们这样嚷了一声，都立起来了。

记者于是点头作别。

韩世昌

采访人：景孤血

原载1938年12月8日—1939年3月4日《新民报》

前当记者访问萧长华、程继先二先生时，即得外间读者屡次来函，谓昆弋班之名伶，是否亦在访问之列？或竟照直请访问韩白等人。为此，遵重读者之意见，先往访韩君青（世昌）。月之六日下午，记者先以电话，征求得到韩君同意，遂赴正阳门外德泰皮店，韩君京寓作长时间之访问，以下皆为记者与韩君问答之词也。韩君所寓之德泰皮店，在打磨厂六十号。而韩君所居，又为大院落中之一小跨院，其室光线暗而古朴，除去室内悬有数轴匾额以外，直令人怀疑此是否大名鼎鼎之唯一昆曲艺员韩君青所居。朴悃无华，即陋巷君子之风也。君青貌较曩昔稍瘦，而精神一如往昔。于道契阔之后，即开始访问。

记者问：请示韩君籍贯家族情况。

韩君答：籍隶河北高阳县，河西村，今年四十一岁。先世业农，兄弟四人，鄙人其季也。自结婚后生有二女，长女已殇，今只次女，甫七龄耳。全眷即寓德泰皮店，鄙业师侯瑞春先生，亦与隔垣而居。

记者问：敢询韩君学艺经过？

韩君答：此则言之长矣。原自清季醇贤亲王（俗呼为“七王爷”，京都人士则直称之曰“七爷”）所成立之王府科班（恩庆、恩荣）(1) 报散以后，所有高腔人才，遂分为两大支流，一派入于京东，一派流落高阳。鄙人十二岁时，年幼居乡，其村中每岁必演六七次昆弋戏，而同乡之习此者尤夥。耳目熏染，渐与之习近，乃从韩子峰先生习武生，时犹未能正式学演某剧，惟终日翻跟头而已。然此日之武工颇具□□，亦以此时为之基也。后又从郭凤鸣先生学习小花脸，以用违所长，亦不为台下所欢迎，□欲使从其他之教师，另外用工。舍间又以鄙人年幼，殊不放心，至十四岁，始从侯瑞春先生改学旦角。因侯先生与鄙人有戚谊，乃鄙人之表兄，从之学艺，自□□□也。始学者乃为《青石山》与《春香闹学》，盖取其易为也。然亦非只一人所授，如《火云洞》一剧中之红孩儿，乃为王益友先生授与鄙人者，故在当时所从与学者，并非一人。不过在鄙人学艺时期，有一绝大暗礁，此暗礁非它，乃有若干之老先生不肯轻易以绝技相授是也。原昆弋班自分为两大支流以后，皆在乡间演唱，各人所得之报酬甚微，故老先生辈，皆不肯传人。彼之意思殆以多授一徒，即不啻对己多树一敌焉。其亦由于经济所压迫，非尽可以量小而少之。鄙人既已改学旦角，在外稍稍公演，虽所至不少欢迎，而上演之机会绝少。会有老伶工郭凤祥君，亦工旦角，每日多演正戏，适以患病，不能登台，而班中又无其他旦角可以替代，遂由鄙人代演。此班名庆长，乃鄙人第一次参加者，不图以此反峥嵘大露头角。及郭先生病愈，以台下人缘不能有加于鄙人，遂亦不肯再演，所有各剧，均由鄙人演之。鄙人至十五岁时，即已倒仓，十六岁已有音，十七岁即复圆。至十九岁，时为民国六年腊月，昆弋班受天乐园主田际云先生之聘，乃来北京，即正式出演于天乐园。[2] 彼时鄙人所演之剧，直无所谓头牌二牌，更无所谓打泡。计第一日所演者乃《贞娥刺虎》，其前尚与郭蓬莱先生演一《张别古寄信》，鄙人饰玉天仙，又在《大占魁》中亦扮一角色。且昆弋班中，无论任何角色皆应“跑兵”，鄙人亦不能例外焉。

(1) 爱新觉罗·奕譞，生前封醇亲王，谥贤；昆弋小恩荣班，光绪十四年（1888年）五月初九日报班挂牌演唱，领班人刘福泰。

(2) 民国七年（1918年）1月13日即旧例腊月初一日白天起，荣庆社出演天乐园，戏码有《通天犀》（侯益隆、马凤彩）、《芦花荡》（张小发）、《刺虎》（韩世昌）、《蜈蚣岭》（韩子峰）、《山门》（陶显亭）、《寄信》（郭蓬莱）、《饭店认子》（陈荣会、侯益太）、《闹学》（韩子云）等。

记者问：何谓“跑兵”？

韩君答：即皮黄班中之“跑龙套”，鄙班谓之“跑兵”。是岁同来者有花面侯益隆君，登台之第一日，侯君演《通天犀》饰青面虎，列为大轴，台下观众，甚欢迎之。以后日必满座，同人等皆欣喜非常，而观众之对鄙人捧场者，亦日见其多，然鄙人所收入之戏份，则实不堪过问矣。

记者问：其数可得闻否？

韩君答：鄙等戏份，与京师梨园诸君之拿法不同，乃论季者，鄙人每季，则仅拿七十吊钱。延至民国七年三月十八日，鄙人以收入太少，岌乎不足生存，乃向班中之主事人要少稍长戏份。讵料竟遭驳斥，不得已，即作休演之准备。事为园主田际云先生所闻，即对班中之执事人云：此园所以能容君辈久占者，以有侯韩二人不无叫座之能力也。若二人辍演，则此园只好另邀其他角色演唱。此言既出，执事人等恐无园可演，乃肯接受鄙人之要求。

记者问：彼等接受韩君之要求，所谓要求之条件，可得而闻否？

韩君答：昆弋班之情况，本来即甚清苦，虽鄙人要求增长戏份，亦不能超越范围。盖鄙人之所要求者，乃对观众稍稍涨价，非为执事诸公，增加负担也。其办法大致规定：每日如上座三百人，鄙人则拿加钱一元，上五百人，则拿三元，如上至一千人，则拿九元。因此办法乃系对公众的，非欲使负担专专出之于某一人也。此后则于民国八年，被邀赴沪，九月到达，首上演于丹桂第一台。[3] 是时同台者，计有高庆奎、麒麟童（即周信芳）、王灵珠、元元旦诸君，在昆曲组同往者，则有侯益隆、马凤彩诸君。打泡戏为《游园惊梦》，倍承沪堧人士之热烈欢迎。自沪北返后，十一月至天津，首演于天福楼，后乃移于天津大舞台，同台者有坤伶金月梅、金少梅母女、武生于德芳诸君，打泡戏则为《春香闹学》。其后刘鸿升君即派管事人王玉甫君（后亦为鄙人办事）来津，迎鄙人入第一舞台，商明轮演大轴。因彼时刘君之“三斩一探”，红遍京津，其在第一舞台与杨小楼先生演唱，即为轮演大轴之办法。鄙人自顾铨材，实不敢允喏。后以面商之于刘君，刘君谓：“你来罢！没有错儿！这个班子是我自己起的，难道说我自己还砸自己。”鄙人乃予应允，然心下固未尝不惴惴然。[4] 每逢刘君演《辕门斩子》诸剧，鄙人码列在前，自无所谓。若《刺虎》《思凡》等，皆在刘先生后上演，倘一“起堂”，不几难堪乎。所幸尚无此等情事，亦顾曲诸君之宽容也。此次为赁园演剧，刘先生为老板，先予以三千元之押金。乃后与园主孙氏发生违言，园主即曰：尚有星期五、星期六、星期之三天“好日子口”，请君续演三天，稍弥所损而后去。刘君愤然曰：不演即不演，三天何为？自是遂辍演矣。旋有张家口某园（其名鄙人则已忘记）[5] 来约，即与同班二十余人赴张，打泡戏非《佳期拷红》即《贞娥刺虎》，初意边塞文化落后，以昆曲演于此地，成绩正不敢保，乃上座亦佳，此则出乎人之意料以外矣。归来之后，即与王又宸先生合作，演于华乐，其时天乐始改华乐。第一日为王君之《托兆碰碑》，鄙人与侯益隆君之《梳妆掷戟》，旧地重游，当然较易受人欢迎。[6]

其后因邦畿大旱，骄阳为虐，高阳一带，赤地千里，于是无论高阳与京东之两派演昆曲者，遂齐集京师，上演于同乐戏院，此时人才最多，冶两派于一炉，鄙人忝挂头牌，如是者甚久。[7] 后于民国十三年，移入城南游艺园，后又演于吉祥。[8] 中间鄙人曾数到保定府献技。入十七年，曾在三庆一演，由于马连昆、萧连芳二君主持一切，乃上座虽佳，后台内部却发生纠纷，有某某等在舍下（即德泰皮店）即彼此互殴，因之剧亦辍演矣。

(3) 民国八年（1919 年）12 月 7 日即旧历十月十六日起出演丹桂第一台，戏码列大轴，泡戏《游园惊梦》，侯益隆、马凤彩、郭凤祥合演倒第三《钟馗嫁妹》，高庆奎演出压轴《奇冤报》，同来者尚有陈荣会，演至次年 1 月 4 日，戏码为全本《钗钏记》。

(4) 第一舞台普庆社，民国九年（1920 年）3 月 24 日即旧历二月初五日起开演，是日夜戏最后三个戏码为《战北原》（刘鸿升）、《刺虎》（韩世昌）、《下书》（侯益隆）。

(5) 即庆丰园。

(6) 民国九年（1920 年）10 月 27 日华乐园开张，韩氏搭王又宸班演出，时荣庆社出演同乐园，韩氏未参加。

（7）民国十年（1921年）3月起，韩氏再入荣庆社，出演同乐园，间在吉祥、新明演唱。

（8）民国十三年（1924年）7月26日起，韩氏与郝振基、侯益隆、陈荣会、马凤彩、陶显庭等再组荣庆社，出演城南游艺园，日夜两场；9月16日起全班转入吉祥园，演唱白天。

记者问：韩君之技，深得力于吴赵二老（吴瞿安、赵逸叟[9]），其间经过，可得而闻否？

韩君答：此则言之长矣。原鄙人在天乐献技时，刘步堂先生，方在北大，以同乡之关系，特加照拂。自往捧场不足，又特拉同学以往捧场。于是天乐园中，遂日有刘与王小隐、顾红叶诸先生之足迹。吴师方任北大教授，诸君遂在吴师面前，竭力游扬。吴师不信，曰：北方人哪里能演昆曲？诸君仍坚持之，后乃请师命驾天乐园中一观。鄙人是日演《玉簪记》之《琴挑》，饰陈妙常，亦不知师在台下，与刘王顾诸君一起同观也。及师观后，诸君遂以问之，吴师曰：就是那个唱《琴挑》的小孩还不错！鄙人时年十九，故吴师云然。后即在杏林春正式行礼。[10] 其事迹近见刘步堂先生已在某报发表，语语翔实，无俟鄙人之赘言。此后即为鄙人从吴师学技之时期。时吴师在京住东板桥，鄙人则住正阳门外天桥附近之福顺厚（在旧地名紫竹林），其间相距甚遥。鄙人则于每日天乐散戏之后，随侯瑞春师同往受教，及自紫竹林起行，则已黄昏矣。彼时京师之物质生活尚低，即从福顺厚至东板桥，亦只需用铜元七八枚即可乘人力车而至。不过，以鄙人是时之经济力论之，即此每日十余铜子之负担，亦不敷余。乃与侯师每日皆步行前往，所幸来自乡间，不以跋涉为劳也。而顾红叶先生，则每日前往，代听电话，以防吴师之外出。犹记某日正逢盛夏，天上乌云密布，鄙人正在吴宅，时已夜深，即仓皇欲去，师曰：此间尚有闲舍，何妨即以下榻。鄙人等皆辞谢，比经出门，行无半里，即雨似瓢盆，滂沱而降，暑月衣单，鄙人等遂全成落汤之鸡矣。不得已，乃赶至一人家之门楼下暂避，讵料雨势愈来愈急，遍地皆成泽国。时已深夜，欲觅一车，虽重金亦无从去觅，延至次日天明，始拖泥带水而归。然此等尚非重大困难，其间所感到困难者非他，即吴师之语言，瑞春先生与鄙人全听不懂，此真大感其难，只好由刘步堂先生代托翻译。盖吴师之语言纯为苏音，入耳只闻一遍绵蛮，始终难辨其为何词。尤有困难中之困难，乃吴师所授，并非普通语言，全为曲文，鄙人又无学识，入耳之后，更一字不懂。转以询之侯先生，侯先生亦然。不得已，只好先下死命功夫记住，归来之后，再检出曲文，双方互证，始略略知为何字。然吴师所授之工尺唱法，经此一番麻烦，又早忘记矣，只得慢慢重找。第一出所学者即为《拷红》，至今每一演此，未尝不似吴师尚俨然监临于上焉。且北人之语言，又天然与南方异。第一，念字全无入声，此以幼年曾学诗赋讲求音韵之人，或者能无大误，若鄙人则来自乡间，未尝读书，安知所谓韵学，于是困难益多。其实四声反切，并不难懂，苦于幼年无人以之见告耳。如“得”之一字，北人所念，全为平声，然只一字不误。

(9) 名申鑅，字子敬，晚号逸叟，江苏武进人，即下文所称之“赵师”。

(10) 据民国十九年（1930年）7月1日《全民报》所载《名伶访问记（八十三）韩世昌（四续）》（第五版），韩氏经北大学生泰州顾君义介绍，“得识吴瞿安先生，许列门墙，于二月十八日，假座杏花村，行拜师礼，先生首为余改正拷红”。民国七年（1918年）5月28日《顺天时报》载“燕侠”文章《韩世昌初演拷红》，言此剧为“北京大学教员吴君所教”，则韩氏拜师行礼之期当为民国七年（1918年）3月30日即旧历戊午二月十八日。

记者问：何字不误？

韩君答：乃乡下赶大车人，执鞭指挥骡马，口中吆喝之声，曰：“得！”此字似近于“大”，乃真正之入声，而北人口中只此一“得”字，念得正确，亦可谓礼失而求诸野矣。鄙人从吴赵二师学习，实以字音为第一苦事。如《翡翠园》中之“状元”二字，鄙人从先演此，只照北方之音，而赵师聆之辄觉不奈，曰：“你听听！又‘撞园’啦！又‘撞园’啦！”后乃授之念法（案韩君于当面曾念出此二字之正确音韵，惟愧记者无才，未能从楮墨中加以形容耳）。其时吴师脾气尤大，故有时不敢细问。及前岁鄙等全班赴苏，再谒吴师于里第，则觉吴师之脾气大减，昔如秋阳之烈者，今如春泽之温。曾亲对鄙人等云：“你们也别死案着我这个路子啦！该变通的就变通罢，不然更没人懂了！”吴师此语，乃慨乎其言之，因今日之昆曲，无间南北，皆日趋于汨灭。如仙韶（霓）社在南方，亦难出苏州一步，偶然在南京露演，上座一样寥寥，是知吴师此言，乃有为而发之也。至于吴师南下，则为民国十二年，因其时军阀交哄，南北势如鼎沸，苏常一带，且有兵事，故吴师乡思甚急，遂星夜归南。濒行之前，尚为鄙人说《桃花扇》之《寄扇》诸出，工尺甫行打好，师已南归矣。若《霞笺记》《西楼记》等，则又后来南游之所学焉。吴师以外，复有赵师，后更迁居于此（即德泰皮店），即住于此间之南屋，昕夕指授者七年之久。乃赵师即仙逝于此院[(11)]，鄙人于生前事师如父，于其饰终大礼亦盍敢苟且简率？特备棺椁衣衾，卒送其榇归葬于乡。自二师一去一殁之后，而鄙人之艺事，乃渐荒芜，迄今思之，不胜于邑焉。忆在民国七年，有陈仲骞先生发起赏音社，在江西会馆，除去吴赵二师以外，尚有袁寒云诸先生，而梨园老名宿如孙菊仙、陈德霖、陆金桂诸先生，亦时常共演，所演之剧如《钗钏大审》等，其时昆曲确有复兴之趋势。及鄙人在津，以一短出之《春香闹学》贴演，座客亦喧阗满座，今乃联合数出演于一日，而上座寥寥，此其原因，实亦思之莫名。即以配角言之，鄙人亦敢断言，实尚无今日之讲求，乃盛衰之势，则大异矣，思之慨然。

(11) 殁于民国十二年（1923 年）5 月 18 日下午 3 时，享年六十七岁。

记者问：韩君在京师演剧时，都中各报曾遍传时有国会议员亦名韩世昌，因与韩君同名，彼乃挟其议员之威，强迫韩君改名，此事确否?

韩君莞尔笑答：此事诚为当日都门报纸之有趣材料，然而事实上，却根本无此一回。鄙人在当时，且不知有是事，后阅报纸，方始知之。然此与鄙人同名之韩议员，既未遣一价之使，亦无片纸只字，来令鄙人改名。此万万不敢厚诬此君者。事后微闻之，乃韩君在某处宴集，同辈数人，酒酣耳热，攘臂而起，曰：现在名伶亦名韩世昌，与君同姓同名，盍令之改易。此韩君在当时并无表示，不过唯唯阿阿而已。后遂宣泄于外，而此韩君实无此等夜郎自大之思也。此外尚有一事，可以证明，此事确为乌有。因其时之大总统，正为徐公世昌，而公府堂会，依然有鄙人之戏码，不过戏单上易“世昌”二字为“君青”耳。其时尚有徐公之族长，于徐公寿辰，向之戏言曰：“我送你一出戏，韩世昌的。”徐公则扬目应之曰：“噢！你说的是韩君青啊！”在徐公且无令鄙人改名之意，况此韩议员乎？盖其时鄙人既薄有微名，故所有文士投赠之瑶章等，皆于报纸上发表，此事既亦刊诸报端，则不免有所扩大，其真相不过如是而已。回忆鄙人在京师献技时，以承吴赵二师及热心嗜曲诸公之爱护，各界遂亦多不耻下交。惟人海鱼龙，或有误视其行止者。实则鄙人来自乡间，京尘未涴，仍为一村夫而已，酒食仅于征逐，或叨陪末座耳。然以此之故，亦难保其不开罪于人也。

记者问：韩君尝演之剧，有《火云洞收红孩儿》一出，此剧似与从前京师小荣椿科班所演者不同，敢问所歌是何牌曲？及其根据？

韩君答：此剧之曲牌，除〔点绛唇〕外尚有〔江儿水〕等，至其根据，则本为弋腔也。原鄙乡高阳，起初所歌诸曲，皆以弋腔占大多数，昆曲甚少，故鄙人之艺，非经吴赵二师改正难以献于通都大邑者，即以鄙班中之同人，过去无不受弋腔之熏陶甚深，所歌之曲牌，字音工尺，往往有异于昆腔。如《火云洞收红孩儿》一剧，本为弋腔，鄙人学此于王益友先生。

其时此剧之曲牌已不完全。请言其不完全之故。昆弋既被驱逐出京，散而分之京东与高阳二处，此昆弋班乃真“到民间去”矣。惟乡间人对于戏剧之欣赏绝少文士，的为一种大众娱乐，故其词藻结构等，遂罕为人所注视，而武戏因之当阳。是时，弋腔之在高阳，正不失为颠沛流离之状况。又加以地方凋敝，人民救死之不暇，遑言看戏？即曰可以看戏，又何心领略生旦之细腻风光，故此时之昆弋班，几乎竟成以武戏为主体矣。而且以有限之武行，每日须演若干出武戏，于是变本加厉，有许多武戏中之唱，竟尔失传，此《红孩儿》亦其一也。如鄙人乍学戏时，起首亦先学武生，此事之经过前已言之，亦因受此种环境之赐予耳。昆弋班至于今日，可谓昆多弋少，而不知过去之情形，与此正正相反，乃弋多昆少。且有许多出戏，今日演之为昆，而昔却演之为弋者。如小生之《长生殿·闻铃》、净之《醉打山门》(12)，在今日张口之“万里巡行”与“古木槎丫”，迨已无人不知为昆曲，而曩时皆为弋腔，牌曲词曲，则与昆无殊。类此者尚夥，是不过聊举此二剧者，以为之证明。

(12) 昆弋班名宿郭蓬莱曾言：高腔滥觞于清朝中叶，乾隆时海内宴定，谕令班头创新调，以昆腔纯用苏音不易明了，改用京字，凡宫中串戏，必杂以一二高腔，而宫外固未盛行（见《弋腔非高腔之管见》，步，《京报》，1934年7月15日）。按荣庆等诸昆弋班之“弋”即高腔，行内俗呼为“唱高的”。

记者问：过去弋腔之盛行，诚如尊论。弋阳腔其来最久，亦诚如韩君所言。记清代圣祖曾有谕太监者云：“又弋阳佳腔，其来久矣！自唐霓裳失传之后，惟元人百种，世所共喜，渐至有明，有院本北调，不下数十种，今皆废弃不问，只剩弋腔而已。近来弋阳亦被外边俗曲乱道，所存十中无一二矣。独大内因旧教授，口传心授，故未失真。尔等益加温习，朝夕诵读，细察平上去入，因字而得腔，因腔而成理。”（案此段记者与韩君言时，乃稳括其意，今因记录，遂抄附原词。）况后来董以醇贤亲王之提倡，宜至千年不替，何以一衰致此？不识今之贵社中尚有能演之者否？

韩君答：若言灭绝亦未灭绝，不止如《滑油山》一流，鄙班在今日演之尚为弋腔。即如《黑驴告状》一剧，白云生君未改演小生前，饰范仲禹之妻，亦唱弋腔。不过在今日演之，绝难受观众之欢迎，且多讪笑，故虽有善弋腔者，亦只好卷而藏诸。醇贤亲王之提倡弋腔，的确不遗余力。至于科班被解散，而且将各生徒驱逐之原因，则鄙人年幼，仅闻侯瑞春先生言之。原此恩庆、恩荣两班在京师时，尝出演于广德楼等处，而所演各剧，亦极重彩切。如《金山寺》一剧，曩在广德楼上演时，水漫水法，皆甚新奇。都人士往聆之者亦万人空巷，不殊聆今之小科班也。而饰白蛇之旦角某君，方在髫年，玉貌珠喉，极为贤王所爱，每演则无之不欢。而所有科班中之生徒，其服制亦完全一致，着则同着，更则同更。一日，此某旦角者独自出外，从某宗室之门前经过。某宗室者，乃西城著名之亡赖，又以系出天家，莫敢予侮，凡地方官，无不仰其鼻息，不第与之往来也。某旦角路经其门，忽有猛犬吠声如豹，自内奔出，便啮某旦角之股。此君方在童年，逃避不迭，误落沟中。狗至，且啮碎其衣。衣即全科班中之制服，诸人所同。幸经某宗室之仆人也，闻声叱狗，某旦角向之理论，此仆人怙主之势，又欺某旦角年幼，语极不逊，某旦角哭泣而归。班中之司事者，见某旦角头面皆被泥淖所污，衣服亦遭破碎，厥状狼狈之至，乃惊问其何以致此？某旦角乃哭诉所遭，且请对某宗室加以惩处焉。时班中执事之人，颇明大礼，认为七王爷年事已高，此等琐碎之事，不当以之上渎，不惟未肯追究某宗室之无礼情事，反威吓此旦角以不可声张。其事本已解决多半，乃适逢其会，七王爷又因事见此旦角，以其未着制服，深加不悦，亲口向之询问。某旦角正年幼，且又适受此种侮辱，无可发泄，乃对七王爷一一哭诉。七王爷立时大怒，令召九门提督，根究此事，欲对某宗室者加以严惩。时任九门提督之某君（韩君云：记系荣仲华——禄），与某宗室交谊极厚，乃来在七王爷之驾前，代为苦求。最后七王爷始为之霁威，而命九门提督转谕某宗室，必须亲身在通衢要巷，向某旦角谢罪，而手奉新衣一袭，躬致歉词，否则不能恕之。其时七王爷贵为帝父，九门提督某君，能代某宗室乞恩至此种程度，已出意外，乃一一遵谕。及回衙后，遂请某宗室来以是语之。某宗室心固不甘，但以七王爷之势，莫可如何，乃一一如命。所定地点，则在宣武门外桥头，此中亦有深意。盖七王爷所提出之严惩办法，乃纯为某旦角之面子问题，故云在通衢要巷。而彼时醇亲王之御邸，则在宣武门内太平湖。九门提督某君，生恐至期七王爷派府中之苏啦等明察暗访，若在距离醇邸较远，则七王爷，或无所闻，故其地点，必在宣武门外桥头也。此风既播，至期观者千人，某宗室为西城著名之豪家，民人受摧抑者不知凡几，闻此事者，无不大快于心，故皆不约而同，欲观其事，而某宗室，虽深以为耻，无如何也。候此旦角扬扬而至，乃亲捧新衣一袭以献，呼之为弟，柔声巽气，与前迥乎不侔。于是受其害者皆大声叫好。某宗室老羞成怒，曰："此乃七王爷府之伶官，若辈勿以余之所为卑下。若等有敢扪以一指者，且齑粉矣！"众皆吐舌而散，虽九门提督某君在当时亦未尝不代某宗室难堪也，以此积怨甚深。及七王爷薨没[13]，任九门提督者仍为某君，乃代某宗室为报复计，驱逐昆弋班，而昆弋班之流落京东与保阳一带等处者，亦自此始也。尝闻过去鄙班之老伶工言，当被逐出京时，颠沛流离，其苦万状，而昼伏夜躐，乞食于乡。至今日在老伶工等言之，尚有谈虎色变之惧。而自此一逐以后，弋腔之元气大伤，迄今日就灭亡矣。

(13) 殁于光绪十六年十一月二十一日（1891年1月1日）丑刻。又，光绪十八年（1892年）八月二十日，西单牌楼砖盘院胡宅堂会，外串昆弋小恩荣班（见《宣南鸿雪》《申报》光绪十八年八月三十日/1892年10月20日，第1页）。

记者问：此时之昆弋班，如此流离失序，其为北京生人之老伶工，亦同此被逐奔蹿乎？

韩君答：彼时之昆弋班，既为七王爷所设立，生徒方面当然以北京人为多也。如胡庆和、胡庆元诸先生，何尝非皆北京人乎？陈荣会先生亦然。斯时皆不得免奔蹿。不但此也，陈先生且因之获得徽号，名曰“大葱”。

记者问：此“大葱”二字，何以为陈先生之徽号？

韩君答：言之可笑。原陈君既在恩荣科班，洎乎被逐，陈先生蹿伏于野，露宿无食，枵腹难堪。时正值秋初，人家园圃中，尚有大葱未刈。陈先生以饥饿难当，乃拔人之大葱而食之，至被其人所窘辱。后来陈先生与班中人谈及之，众乃其为陈君上一徽号曰

"大葱"。此名呼至后来，一味开心而已，而揆其致此之由，实有是段痛史存焉。

记者问：韩君言，过去之弋腔甚多，今皆失传。不识尚有一二可以举名者否？

韩君答：如《斩丁香》，又名《丁香显魂》，昆弋皆以二字命名，故包括之曰《斩香》。实即全本之《文章会》，中间之丫鬟，亦名萍儿，实亦皮黄中《打樱桃》之萍儿也。鄙人初观京戏之《打樱桃》，即怪其命名与弋腔之《斩香》一般无二，后乃知为本来即此一剧耳。此亦犹之近来富连成社之《跑驴子》，本名实为《霞笺记》焉。当富社此剧披露之初，即有某某诸君之见询，鄙人亦茫然不解。后以转讯问我之诸公，此剧中之主角为谁某？讯者告以有张丽容、季玉、郎有财等，鄙人始恍然曰：是乃《霞笺记》也。今只剩此一出，遂以忘其本源。此《斩香》与《打樱桃》，亦如是耳。《斩香》中凡三旦角，一萍儿，一小姐，一即被斩之丁香。《斩香》在过去之鄙班中尚不时演之，亦非太僻之戏也。

记者问：若今日之角色中，不知尚有能演此《斩香》一剧否？

韩君答：尚有之，但角色已难保其完全。所谓有萍儿无丁香，有丁香无萍儿也。如朱玉鳌先生今虽健在，而一木难支大厦，欲演全剧，戛戛乎其难矣。

记者问：朱玉鳌先生在此剧中饰何角色？

韩君答：乃饰黄巢，如在《洞庭湖》中饰杨么也。此剧既名《斩香》，而现在只有斩人者无被斩者，尚何能演出乎？大抵此一时彼一时，人习昆曲，且不足以维持，遑言弋腔。况年来角色中亦不出彼时之嗓，故由种种言之，弋腔亦非亡不可也。

记者问：韩君前谈之演戏经过，仅至民国十七年即止，可否请赓续以之见教？

韩君答：鄙人忝为演员之一，既曰演员，则当然以演戏为终身职业，故所演生平各剧，实已不可胜数，即其前所演之剧曾以报告之于足下者，亦不过十之六七耳，未敢言无挂漏者焉。如在十七年前，曾在三庆与石月明、九阵风（即阎岚秋）、朱素云诸先生，尚合作一时期。至民国十七年之秋，八九月间，大连满铁方面，即有人来约，乃赴东瀛，为庆祝天皇陛下加冕之大礼也。[14] 据闻满铁方面自山本总裁以次，对于约聘中国艺员前往庆祝之问题，事前曾在大连，经过多数专家之讨论。有主张延聘皮黄演员者，有主张延聘昆弋演员者，一再考虑，垂一月之久，最后归纳各方面之意见，乃决定延聘鄙人等前往。因友邦文化发源甚早，对于中国昆曲之歌舞合一，研究之者，大有人在。且昆弋之组织，又较纯洁，非如皮黄戏情之复杂，足以使友邦人士容易了解，故最后决定终由鄙人等前往。当时鄙人因不谙日语，乃特聘黄君子明为翻译。同行之人选，计有田瑞亭、侯玉和、耿斌福、小奎官、张荣秀、王益荣，暨侯永奎、庞世奇、吴祥珍诸君。一行遂自国内出发，扬帆东渡矣。

(14) 民国十七年（1928年）10月2日，韩世昌、黄子明、侯永奎 侯瑞春、马凤彩、田瑞亭、侯叔田、张文生、侯玉和、侯建亭、王益荣、小奎官、郭岚亭、张荣秀、文泽、张恒吉、耿斌福、庞世奇、吴祥珍、凯玉山、马祥麟等一行人离京赴津，乘船赴大连。10月6、7日出演大连协和会馆。9日，乘香港丸赴日。12日上午十点抵达神户，改乘火车，于下午三点抵达京都（即西京），下榻东山南禅寺最胜院。18日出演京都，剧目为《思凡》《闹学》，19日剧目为《佳期拷红》《游园惊梦》，次日起重复两日所演戏码。再赴大阪，25日，在朝日馆演出《思凡》《闹学》。26日抵东京，在新桥演舞场演出三天，每日剧目相同。30日乘火车离开东京。11月6日回到北京。参见《韩世昌年谱》，北京燕山出版社，2016年10月，第48—57页。

记者问：韩君等一行东渡，所演之戏剧，皆为某出，请以见告？

韩君答：当由满铁方面来人协议之初，曾由鄙人之管事开列戏单，请其任意挑选，凡为夙习之剧，皆可应承。一时所预定之剧目甚夥，如《思凡》《闹学》《游园惊梦》《琴挑》《佳期》《蝴蝶梦》《刺虎》等，皆在预定之列。惟此时亦仅有见其剧名，而未遑研究其情节者，如内之《蝴蝶梦》一剧，且须带彩棺椁以行，因既曰“蝴蝶梦”，当然准带“大劈棺”也。惟此时鄙班中之同业，即有人提议，此次东渡献技乃为庆祝大典，所演各剧必须以纯粹吉祥者出之。今如《大劈棺》一剧，鬼魅杂出，且又有凶器（即劈棺时之棺）陈列于台，未免有违庆祝之旨。在当日之拟定有此者，或观其戏目名曰“蝴蝶梦”，以为当系一双彩蝶，骀宕春风，上下翩翩而舞，殆不知其有鬼魅凶器，乃极不祥之戏也。是必须将此种情形，明白陈述，以免与庆祝之宗旨相忤，则负罪滋深矣。又《贞娥刺虎》一剧：虽作者用意，在表彰古来贞娥之义烈，但于庆祝大典中有此哭泣杀伐之音，亦觉欠妥，总以不演为宜。鄙人既闻其言，深觉有理，乃以告知翻译黄君。黄君亦以为然，即以此意告之友邦负责任者，并云：《蝴蝶梦》与《贞娥刺虎》，演之并不费力，非惧其劳，实以恐违庆祝之旨，故不敢演也。而友邦之负责接洽者更属贤明，一闻此言，即全体通过，此《蝴蝶梦》与《刺虎》二剧，遂完全不演矣。首在大连，假座满铁之公会场（记者案，此系根据韩君所言，名字有无出入，记者不得而知，祈阅者见谅）演《琴挑》，其一出已忘之矣，颇受东瀛人士之赞赏，至今言之，殊深惭悚。亦有许多友邦名士名媛，握手寒暄，实极人生之隆遇。后至西京，则演《佳期》，因为《西厢》故事，东人耳熟能详，其受欢迎者，一如在大连时。至于庆祝正戏，则为《闹学》《游园惊梦》《思凡》三出，皆每一剧辄演重回，作轮流倒替式的。即有许多明星，亲入后台，对鄙人加以慰劳，并摄合影。后于大阪《朝日新闻》讲舍，一演《思凡》。乃从大阪方面之要求也。至演过三日庆祝戏后，任务本已完了，嗣有人代为撮合，请表演短期之营业戏，既与合同无妨，鄙人当然赞成，乃在东京新桥戏院表演二剧，一为《闹学》，一为《思凡》。鄙人既约定在东京之新桥戏院演营业戏，其戏目已规定为《思凡》《闹学》，时复有许多人士，因夙喜研讨我国之《西厢记》，爱其词藻之清新秀丽，欲烦鄙人演唱而不得，乃请驻日之中国公使汪衮父先生（荣宝），向鄙人声叙此意。鄙人本无所谓，认为只此末技，任何皆不足值大雅之一顾，今既劳动许多名家令演《西厢记》，若不演之，岂非辜负人之雅意。惟剧院方面，夙重信义，因已定为《思凡》《闹学》二剧，遂以宣传售票种种方面诸多不便，要求仍维原议。鄙人对此双方之盛情，几有莫知所从之概。最后卒以事实战胜理想，在新桥戏院所表演者，仍为《思凡》《闹学》二剧焉。此后即未再演。

记者问：韩君在东瀛时，除去演剧而外，作何消遣？

韩君答：亦无所谓消遣，不过合同初订其演期为半个月，后只演三日即止，鄙人益无所事事。在西京演毕，即将同行之演员一部，资遣回国。每于无剧之日，辄游览山水，东瀛秀区，明丽为亚洲最盛，每一登临，令人徘徊不忍遽去，虽稍跋涉，不惟不觉其劳，胸襟反为之开。惜鄙人不文，无词以记，迄今偶一回思，梦魂尚欲飞绕其间也。而其国人之精神，可以“儒侠”二字为之概括，其他愧非所知。

记者问：韩君归国以后，其演剧之经过，尚望赘述？

韩君答：亦无甚可记。至十八年，鄙人返国以后，曾赴津之春和、天升等园演唱，后又一度加入斌庆社，逐日露演于广德楼。但此时北京人士对于昆弋班之观念日趋淡薄，鄙人乃赴家乡居住，度其田园式之生活，渐无意于再露演矣。时庆生社已成立，社长为侯海云君，全班正献技于石家庄，白云生君亦在其内。后此班中又发生意见，白君乃与其夫人李凤云女士同赴京东，拟搭入京东之昆弋班，夫妻二人，乘坐大车，驰骋往来于风沙之域。乃既至京东，复不为彼班诸氏之所容，白君乃至乡下，来觅鄙人，欲自成班。鄙人初无演意，经白君一再敦促，乃加入庆生社，仍在石家庄、保定一带演唱。未几，而太原成庆园方面，又有人来约，但其所约者初限于鄙人一身，未及全班也。鄙人乃向约角声言：如欲约则请约全班，否则虽约一人，其代价亦必与全班相等。此约角人乃与园方往返磋商，最后鄙等始同赴太原。[15]

(15) 此节所记甚简，《韩世昌年谱》所述亦略，编者据《顺天时报》《京报》《全民报》《北京日报》《大公报》梳理如下：

民国十八年（1929年）1月23日起，韩氏搭斌庆社，出演广德楼，是日白天，与小奎官、耿斌福合演《游园惊梦》，次日与陈富瑞、小奎官合演《蝴蝶梦》（按小奎官、耿斌福等斌庆社弟子曾拜侯瑞春为师学昆戏，故韩氏出演广德，得以配戏无虞），演至3月17日（《钗钏记》）辍。同时，白云生、郝振基、陶显庭所组之庆生社（社长白云生，成员尚有王益友、朱小义、张德发、李益仲、崔连和、李玉林、白玉田、白建桥、侯玉山、唐益贵等）亦由保定来京，1月20日（腊月初十日）白天起出演三庆园，同乡诸人欲撮合韩氏加入合作，婉拒［其中曲折甚多，见《大公报》1935年4月20日第十六版所载《瞻韩忆录——侯瑞春一席谈（四）》］。4月中旬，庆生社出京赴正定，并入宝立社演出，朱小义、张德发留京搭皮黄班演出；4月18日，韩氏参加天津新明大戏院参加中国红十字会赈灾义演四天，戏码为《大劈棺》《思凡》《佳期拷红》《刺虎》。8

月31日，与龚云甫、雷喜福、裘桂仙、马富禄、张连升、小桂花、钱宝奎等在华乐戏院合演夜戏一场，韩氏演出压轴《思凡》，时白云生、郝振基、陶显庭、侯玉山、庞世奇、王益友、张荣秀等所组之庆生社出演于东四商场春庆戏院（8月10日起）。9月3日起，韩氏再入广德楼演唱夜戏，大轴，戏码《牡丹亭》，同班有张竹轩、王盛意、孙盛辅、魏莲芳等；9月9日，庆生社辍演，全班赴天津，出演天祥市场屋顶新欣舞台。12月7日，韩氏应邀在天津特别三区法国桥北天升大戏院演出三天，与津市名票童蔓秋、王庚生、马竹筠及马凤彩、耿斌福、马连昆等同台，时白云生、庞世奇、陶显庭等之庆生社仍在新欣舞台演出（次年2月改名宝立社，过班南市第一舞台，3月31日起散班）；12月14日、15日，韩氏应邀在天津春和大戏院演出两天，戏码为《钗钏记》《思凡》《长生殿》（自"絮阁"起至"小宴"止），配角为童蔓秋、小奎官、耿斌福、刘春升、周斌秋、马祥瑞、票友许君等，并参加天津同咏社曲会；12月18日，开明戏院夜戏，与小奎官、耿斌福、刘春升、杨斌昌合演压轴《蝴蝶梦》代"劈棺"，郝寿臣、王少楼、张春彦合演大轴《捉放曹》。

民国十九年（1930年），韩氏在京，或参加义务戏，或演堂会，或搭皮黄班作短期演出。1月14日，参加开明戏院北平市公安局筹款昆曲义务夜戏，与刘仰乾合演《折柳阳关》；3月3日，参加开明戏院北平报界公会筹集基金味喻社昆曲义务夜戏，与刘仰乾合演《佳期》；6月4日，参加李香匀拜陈德霖仪式；6月14日下午，接受一得轩主林醉陶采访，访问实录刊于《全民报》（6月27日—7月3日连载）；8月16日晚，三庆园搭桌戏，演出大轴《佳期拷红》；8月25日起，加入杨菊芬班出演吉祥园，一周两场戏，戏码排压轴，25日与小奎官、耿斌福合演《佳期拷红》，26日演出《思凡》；9月25日，华乐戏院昆曲公演，演出《折柳阳关》，另有《挡曹》（黄旭东）、《别母乱箭》（王剑锋）、《闹学》（赵淡秋）、《琴挑》（张润宇）；10月9日，杨菊芬班移哈尔飞戏院，该院所聘昆旦为庞世奇；11月3日、4日，搭徐碧云班，在哈尔飞戏院演夜戏两场，戏码为压轴《芭蕉扇》、大轴《春香闹学》《游园惊梦》，徐碧云反串小生柳梦梅；11月12日，华乐戏院中国大学民众小学筹款义务夜戏，演出《刺虎》；11月27日、28日，华乐戏院北平丹华公余学校经费筹款义务夜戏；12月27日，与徐碧云、贯大元应聘在天津中原大剧场演出五天，戏码为《刺虎》《佳期拷红》《思凡》《西游记》（与王益友）、《春香闹学》《游园惊梦》（与徐碧云、徐斌寿、小奎官）、《蝴蝶梦》。

民国二十年（1931年），韩氏返里居住。6月，庞世奇、陶显庭、白云生、白玉田、侯玉山等（宝立昆弋社）出演天津泰康商场四楼鸿记舞台，营业不佳，经白云生提议，派侯海云到高阳河西村邀请韩氏加入合演；10月6日，韩氏由高阳抵京，同日，宝立昆弋社全体亦由津来；10月12日白天，出演中和戏院，戏目有《盗甲》（许金修）、《麒麟阁》（朱玉鳌、白玉珍、张义长、李益仲）、《相梁刺梁》（白云生、张荣秀）、《山门》（陶显庭）、《通天犀》（侯玉山）、《花果山》（郝振基）、《佳期拷红》（韩世昌、崔祥云、小奎官、常连太），此期演至11月8日，先后出演中和、吉祥、华乐、开明等戏院，深受欢迎，辍演后全班出京，赴保定、石家庄演出。

民国二十一年（1932年），2月，韩氏脱离宝立昆弋社返乡。

民国二十二年（1933年）1月5日，韩氏应邀加入李万春之永春社，在天津春和大戏院演唱五天，戏码有《闹学》《刺虎》《思凡》《游园惊梦》《佳期拷红》《瑶台花报》《蝴蝶梦》《梳妆掷戟》，同台演员有毛庆来、小奎官、耿斌福、于斌安等，均昔日广德楼斌庆社旧人；5月27日（旧历端午节前一日），白云生再组之庆生社（成员有庞世奇、陶显庭、侯益隆、侯玉山、郝振基、王益友、李凤云、马祥麟、侯永奎、魏庆林、崔祥云、孟祥生、马祥瑞、李鸿文等）出演天津法租界天祥市场新欣舞台；9月2日起停锣散班，回家务农；9月中旬白云生、郝振基、侯益隆、唐益贵、王益朋、白建桥、李凤云、马祥麟、吴祥珍、侯永奎、魏庆林、孟祥生、崔祥云、马祥云、王少友、陶振江等再组庆生社来京演出，在粮食店南口四明戏院演唱白天；21日起陆续在哈尔飞、广兴园、吉祥、华乐等处兼演夜戏，票价极廉，从一角到四角五分不等，在齐如山等人鼓吹提倡之下，营业甚佳，马祥麟、侯永奎、魏庆林、吴祥珍等青年演员脱颖而出；演至10月20日，次日起再赴天津，改名“共合同义社”出演天祥市场新欣舞台，庞世奇、王益友、陶显庭加入演唱，一月期满；11月22日再度赴京，仍在四明、开明、吉祥、哈尔飞、华乐等处日夜演剧，成员有白云生、郝振基、侯益隆、马凤彩、李凤云、唐益贵、侯益太、白玉珍、陶振江、崔祥云、吴祥珍、孟祥生、马祥麟、侯永奎、魏庆林、邢文杰、王云鹏、刘福方等；26日，韩氏偕师侯瑞春来京；12月7日，韩氏再次加入庆生昆弋社，华乐戏院白天，与崔祥云合演大轴《佳期拷红》，次日与崔祥云、马祥麟合演大轴《游园惊梦》，后陆续出演各院；12月25日停锣。

民国二十三年（1934年）1月5日，韩氏、白云生、侯益隆、马祥麟、侯永奎等在吉祥戏院演出夜戏二场，白云生反串小生，与韩氏合演《西厢记》《紫钗记》，时天津马鸿启、庞世奇、陶显庭、郝振基新组昆班，马某许以包银制，白云生庆生社之崔祥云（小生）、孟祥生、唐益贵、侯汝林、田瑞庭、田柏林、白鸿林及文武场面十余人转搭庞世奇班，于1月2日起出演哈尔飞大戏院，由于配角问题影响庆生社营业，白云生与马某发生冲突；1月10日下午，白云生为对方殴伤住院，韩氏等人为避纷争，12日赴保定演出，庞世奇班演未数日亦离京。1月25日，韩世昌、白云生、侯益隆等由保定回京后，在前门外观音寺春明戏院演出夜戏，白云生从侯瑞春建议，正式改工小生，该班仍名庆生社，并由丰润、玉田等处聘来弋腔演员多人加入演出；4月24日，全班以"荣庆社"之名赴保定演出；5月27日起出演石家庄同乐园；6月，赵戴文在晋鼓吹"佛教艺术化"，以莲宗剧社名义邀请韩氏等人赴晋演出《归元镜》；7月6日，全班抵达太原，8日起出演承庆戏院，排演十七本《归元镜》；28日，全班返回石家庄，再次出演同乐园；9月，陆续出演正定、定州、保定等处；10月，仍在保定演出，演出十七本《归元镜》及义务戏；月底，全班回京，仍寓德泰皮店，白云生、侯益隆、侯永奎、马祥麟等寓陕西巷华丰楼；11月5日起，仍以“庆生社”名在京演出，吉祥戏院夜戏，韩氏与白云生、李凤云合演《狮吼记》，后陆续出演哈尔飞大戏院、华乐戏院等处。

民国二十四年（1935年）2月24日，全班出演天津天祥市场小广寒剧场，演至4月14日，全班回京；23日，哈尔飞大戏院夜戏，演唱新排《金雀记》，侯永奎演出新学之《单刀会》。8月18日，郝振基来京加入庆生社；25日，哈尔飞大戏院赈灾义务夜戏，始易名为“荣庆昆弋剧团”（即荣庆社）。9月6日，荣庆社再次出演天津天祥市场小广寒剧场。10月19日，韩氏因女秀冬病故（卒年十六岁），临时回戏；27日，白云生率荣庆社回京。11月15日，韩氏回高阳葬女事毕，全班再演于天津天祥市场小广寒剧场。12月21日，荣庆社在小广寒排演新戏全本《霞笺记》。

民国二十五年（1936年）1月12日回到北京；13日，出演吉祥戏院夜戏，演出新排《赠剑联姻》，次日，哈尔飞大戏院夜戏，演出《奇双会》。3月，原拟去太原演出，后因战事紧张而罢；19日，庆乐戏院夜戏，演出新排《风筝误》；

25日，与日本歌舞家花园歌子同台出演于庆乐戏院。

记者问：韩君等至太原，不识演于何地？

韩君答：乃在成庆戏园。原来在此园中演剧者多为秦腔角色，后来乃由园方约得坤伶美素娟女士逐日公演，以日久未免稍使人心厌倦，故班中主特聘鄙人加入，以壮声势。虽其初意只在延聘鄙人一人，但在此鄙人甫行加入庆生社之初，若鄙人只顾一身之利益，又岂足以对同侪乎？及至太原之初，预定每日只演一出，系由鄙人主演，列在大轴，其前则为美素娟女士之皮黄。此种办法，亦如鄙人与京班诸君共演之时期也。

记者问：韩君既到太原，首演之剧为何出？

韩君答：乃《佳期拷红》。自是鄙人即在美素娟女士之后，日演一出，颇受当地人士之欢迎。时同行者尚有数十人之多，终朝坐食，无所事事。鄙人因侯永奎君之艺术颇有可观，故商之班主，即由侯永奎君，每日加演一出武戏，如《夜奔》《夜巡》《蜈蚣岭》之类，但如派出《水漫》《断桥》，则由侯君饰伽蓝神，二者合并为一矣。太原本属三晋，旧尚秦腔，即皮黄亦占少数，故鄙人等以昆曲与三晋人士相见，尚能耳目一新。时太原之一部政界领袖，亦多来聆曲，有张君者，每次辄购二三百张之池座票，分贻友好，由是辗转相邀，而“座上客常满”矣。

记者问：闻韩君等有《归元镜》一剧，即为彼时所排，敢请韩君以其经过见示？

韩君答：此则言之愈长。原三晋人士，多有崇拜佛教者，而《归元镜》者，乃清代杭州报国寺住持智达上人所撰（一名《摆篮者》，又名《传灯录》），其本意则在劝人行善，往生净土，故以庐山、永明、云栖三祖之事迹为主，演为传奇，共四十分，专在劝人念佛，戒杀持斋，求生西方，以三祖作标榜，故其规约有“善男信女欢喜助资、搬演流通者，现生禧寿双隆，没世必生净土”云云。因有山西闻人赵君者，发菩提心，欲令晋省人士演之，以资受福。因有楚君者，服务京师，此赵君曾嘱令楚君物色能打工尺谱者，将此剧打出工尺（原只有曲文无工尺），转令楚君之所属者演之。惟楚君晋人，其属下者亦多晋人，晋人土音甚重，“门”“蒙”不分，何能歌唱昆曲？故有人以此与侯师瑞春言之，侯师认为恐不易成功也。后鄙人等既至山西，乃议即由鄙人等代排，全戏共四十出，约于二年以内排竣。惟此时之《归元镜》只有曲文，尚无工尺，据晋省人士之意，拟请侯师代打工尺，侯师谢曰：“这可断断不敢。”于是乃改请最近故去之曹老先生心泉。曹先生为著名之曲学大师，海内识与不识无不知者，今之《归元镜》工尺，即为曹老先生所打，故皆深谐律吕，演来婉妙异常。至其合同上所订之报酬方法，乃由赵君等月以二百元津贴昆弋班之苦况，二年期满，共计两千四百元。惟此办法，侯师瑞春，对之首先反对。

记者曰：以昆弋班之苦况，得此不无小补，而侯君反对之者何也？

韩君答：以此种办法，流弊甚多也。盖戏班之组织，离合无定，此非严刑峻法之所得而约束。况昆弋班在于过去，即三日一离，五日一聚，迄未能有健全之团体长班。今若贸然与人订定合同，则在此时班中之角色倘于日后他去，此又当用何法以善其后乎？皮黄容易“钻锅”，昆曲则非如是之简易也。鄙人深以为然，故于订立合同之日，首先声明，本人不在其内，而晋方之赵君等绝不认可。不得已，鄙人乃立于首名之地位。其实鄙人决非贪此微利，亦以为全班计不得不从权也。然而后来果生流弊，一如侯先生所言。

记者问：此何谓也？

韩君答：不观今日两班之分裂乎？此即无以报赵君等之雅命者焉。所幸者，因人事之变迁，山西方面之补助费，于发过数月以后即未能再到。否则人倘以此见责，又有何词以对乎？而流弊更有不止于此者。乃有一部分之同业，业经将钱支去数月，今既分离，平日友谊攸关，讵好立时大索，故今日昆弋班之《归元镜》正在停顿状态中也。

记者问：此种补助费之支配，是否均分性质？

韩君答：均分固为平等待遇之办法，但此《归元镜》之补助费，乃为演员排戏之酬劳，夫既曰酬劳，则当视此演员之卖力如何？又必视在剧中所饰之地位如何？若只为一零碎角色，则无从谈其卖力之程度矣。故其办法亦按角色之戏份酌量支配，此乃权利义务之交换条件，非有私意存乎其间也。而一部同业，遽以为是等于冰山之可靠，一味长支，今既分裂，不知何日始能履行合同上之条件而偿此债焉。

记者问：韩君等排演此剧，在京市曾作一二度之公演(16)，唯外间知者不多，未识所演为何节目？又此本传奇，纵有曾见之者，因全剧凡四十分，亦未必便知为何出，请韩君以之见示。

韩君答：鄙等京市所演者，虽于海报上仅贴曰“归元镜”，而演法亦不相同，非于今日所演如是，下期所演者仍如是焉。盖此剧本，有一最大之不便于公演之处。

(16) 民国二十三年（1934年）11月9日，吉祥戏院夜戏，韩氏与马祥麟、白云生、侯永奎、侯益隆、侯汝林、王荣萱、马凤彩、魏庆林、张文生、王少友、唐益贵、李凤云等合演八本连台《归元镜》：《传灯总叙》《方便归元》《受嘱传灯》《诸天护法》《殿开神运》《群贤集社》《真主驱魔》《虎溪三笑》，共演十刻钟；14日，哈尔飞大戏院夜戏，续演后八本：《湖舟放生》《公庭鞫断》《肠断闻音》《仁贤临难》《恩沾蠲释》《割恩云水》《观音普渡》《刀断三截》。

记者问：此何谓也？

韩君答：因此剧中，乃在阐扬佛教净土三祖之故事，三祖者，庐山、永明、云栖，并非一时代之人，尤非一时代之事。如从《受嘱传灯》起（第二出）至《发愿受嘱》（第十出），皆为庐山之故事。所谓庐山者，乃远公也。远公遁迹庐山，与众名士结为“莲宗胜社”，并与高士陶渊明、道士陆修静等友善。世俗相传，有《虎溪三笑图》，因远公平日送客，向不过溪，偶因三人谈话相契，遂尔忘机过溪，及虎一鸣，三人皆笑，后人图之，即曰“虎溪三笑”，此在本剧第六出《群贤结社》以内。由第十一出《梦验佳祥》演起，至二十六出《遗嘱传灯》止，皆为永明大师之故事。由第二十七出《暗垂接引》起，至第四十出《遗嘱西行》止，皆为云栖大师之故事。非但观者不易分晰清楚，即在演者，亦往往分晰不清也。此其头绪纷繁，乃最不宜于演者。诚以当日编剧之原旨，即非为世人耳目之娱，所以为劝善之用焉。

记者问：然则韩君等所演，究竟为全剧中之某一部分？

韩君答：有时为庐山大师之故事，鄙等所演，即第七出之《真主驱魔》，大致为有无明火部嗔心魔王、爱欲三娘痴心魔女、无厌天王贪心魔君、睡魔神等四人，被远公禅师逐出，彼等分持刀、棒、锤、绳四物，又去进攻。战败招宝神与华光太子，结果却仍被远公禅师所逐，以戒、定、慧三真，分为三菩萨，一执剑，一持珠，一持镜，将魔驱散。此出全为寓言，乃言欲破贪、嗔、痴、睡之四魔，非用戒、定、慧之力不可也。惟此出之唱工颇少，仅有〔豹子令〕〔驻马听〕等，不过关目甚为新颖，角色亦比较齐全，如嗔魔为净，贪魔为丑，痴魔为旦，睡魔为副净，招宝神与华光亦以末与小生分饰之。至于角色方面，亦易于调剂，如以侯益隆君饰睡魔等，尚不致失于一偏，以庐山大师一部之事也。另外所演者，与此又复不同，乃演永明大师之事，由《湖舟放生》起，至《仁贤临难》止，其本事较之前述，稍为复杂。乃永明大师，于吴越时为江涨税司，俗家姓王，字冲元，与妹二人同居。大师性喜放生，每遇鱼虾等物，辄买以放生。因私囊无多，竟致暗用官钱。一日，偕妹赴湖中放生，适有赵公子者，见大师之妹貌美，即过船调戏，大师之妹被迫愤欲投湖，幸大师与院子放生归来，乃逐赵上岸。而赵知为王税司之妹，遂以大师专用官钱放生，监守自盗之罪，一面首明上司，一面具禀到府。府尹许自新，乃拿大师到府，律以私盗国课之罪，依律拟斩，绝不待时，将于众安桥示众。其院子闻讯，报知大师之妹，急去与兄诀别。其时南海观音大士，已知永明大师之因以国课放生而遭刑宪，乃将普门品中金刚三昧示现法场。及至午时三刻，则观音立于云端，金刚神绕场，其刽子手中之刀，折为三段。全剧演至此即一小束矣。此二折者，一言修道必须以戒、定、慧战胜贪、嗔、痴、睡四魔，一言放生慈悲之旨，均为上祖（庐山、永明）受灯成道之本。鄙等既受赵君之嘱托，故当然将其重要者，先与世人见面。惟所惜者，尚有云栖一祖之重要事迹未能实现之舞台，而班中同人则已分裂矣。

记者问：韩君等所演此自《湖舟放生》至《仁贤临难》止之《归元镜》，其角色如何分配？

韩君答：除白云生君饰永明［大］师外，鄙人则饰王小姐，侯永奎君饰院子，过去亦曾在哈尔飞、吉祥等戏院公演之。

记者问：韩君在此剧中所歌之曲牌，可得闻否？

韩君答：《游湖放生》中计有〔意难忘〕〔二犯桂枝香〕，《肠断闻音》中计有〔夜行船〕〔不是路〕〔香柳娘〕〔园林好〕〔江儿水〕〔川拨棹〕等，皆为鄙人独唱，尚有与小生合唱之〔窣地锦裆〕等。其重要仍在闻院子报信，特往法场，与乃兄诀别之两场也。即院子于其中，亦有不少身段。盖揆之剧中惯例，无论昆弋徽秦，凡有往法场与亲属诀别者，其唱念必皆激切。如其词有曰“喘吁吁气衰，喘吁吁气衰，举步难抬，我双趺趺损无如奈”等句，则其急切可知矣。

记者问：韩君等所演永明大师之事迹，自《湖舟放生》起至《仁贤遇难》止，当然够一演矣。而演庐山大师之故事，若只《真主驱魔》一出，岂够一演？

韩君答：鄙所谓之演第七出者，乃演至七出为止，亦系自第一出之《传灯总叙》演起，非谓凭空只演此第七出之一出而已。盖自《传灯总叙》上韦驮起，包括《方便归元》《受嘱传灯》《诸天护法》《殿开神运》《群贤结社》，至《真主驱魔》而完。其角色除前述之侯益隆君饰睡魔外，鄙人亦尝加入饰爱欲三娘痴心魔女，张文生君饰嗔魔，王荣轩君饰贪魔，不过鄙人只上一场，故有适间之云云也。

记者问：最近韩君又继续排演何剧？

韩君答：乃在致力于全部《伏虎韬》。

记者问：此剧之内情如何？及其排演经过，尚希韩君见示。

韩君答：此剧为清代之吴江沈起凤作。沈氏字桐威，又字蒉渔，世间流传之笔记小说，有曰《谐铎》者，传颂艺林，咸以为是足继蒲留仙氏之《聊斋志异》不朽名作，即沈氏之游戏文章也。又因著有《红心词》，遂自号为红心词客。其著述传奇五种，计一《报恩缘》，一《才人福》，一《文星榜》，一《桐桂缘》，一即《伏虎韬》也。此君对此传奇之自序，则曰："《报恩缘》戒负心也；《才人福》慰穷士也；《文星榜》惩隐匿也；《伏虎韬》警恶俗也。"内中尤以《伏虎韬》

一剧，在乾嘉时代风靡异常，清文士石韫玉先生云：“红心词客传奇四种，沈蕡渔先生作也。其所著词曲，不下三四十种。当其时，风行于大江南北。梨园子弟，登其门而求，多踵相接。岁在庚子甲辰，高庙南巡，凡扬州盐政、苏杭织造，所备迎銮供御大戏，皆出自先生手笔。”其曲本编制之佳如此。鄙等得此本时，亦非常之艰辛，始从内廷获得此本，然苦无工尺，既无工尺，则当然无法排演。后来乃由曲学家傅惜华君处得一钞本，亦为乾嘉时物，带有工尺。于是如获至宝，而急倩人抄写，连工及料，费去二十五元之多。共计十一小册，皆为折式，墨书而朱注工尺，然后由侯师费去许多心血，始导演而成。全部共为二十九出，兹已排演竣事者，共有九出，即《开宗》《说法》《探风》《学问》《乔逼》《卖身》《选妾》《允亲》《奇枷》也。此剧结构诙奇，乃谓上界罗刹女误将胭脂虎放走下凡，幸有伏虎罗汉下界为马侠君学士，以计降伏之。虽曰寓言，而其关目俱足以讽世。如设立大雌宝殿，妒妇张氏升殿审理各案，几使阖郡之人，无一不葡萄架倒，实有化腐成奇之妙。而侯师费去三年心血，始完成此剧，惜鄙人未能演好耳（记者案：此剧韩君等业于八日晚在吉祥公演，此所记者乃演前之词，故云然也）。

记者问：韩君于此饰何角色？

韩君答：乃妒妇张氏，其饰轩辕生者，则白君云生也。

记者问：此剧演至《奇枷》，是否已能作一结束？

韩君答：所谓《奇枷》者，乃马学士购得一妾曰谢兰芬，以赠轩辕生，而被张氏将轩辕生并谢兰芬用蝴蝶枷双双枷起，故名“奇枷”。惟此剧至此，仅能告一小小段落，全部既有二十九出之多，当然不过三分之一而已。其后尚有轩辕生伪为投水以死，公差来迫张氏，张氏惶恐无计，鬻身以解，是皆出于马学士之计策。后来更使轩辕生伪作冤魂索命，有许多鬼卒，及牛头马面等持刀欲伤张氏，张氏大恐，乃誓改前非，复有城隍神所证。所谓城隍神者，乃马学士所为也。最后则为大雌宝殿改名大雄宝殿，张氏于彼受戒，此实真正完成为《伏虎韬》。

记者问：然则韩君等演过此九出之后，仍将继续向下排演乎？

韩君答：此则鄙人与侯师均在考虑之中。以理言之，固当一气贯通，排至《伏虎》，惟此剧中之张氏，乃粉旦性质，原本即如此写，后来乃一再被赚，与鄙人之本工，实不甚相宜，故不敢苟且从事也。

记者问：何谓粉旦？

韩君答：此“粉”字并非作猥亵解，乃昆曲固有之名词，如皮黄班中所谓之泼辣旦者是矣。

记者问：此剧是否有意抄袭《狮吼记》之成本？

韩君答：鄙人苦无学识，虽演《狮吼记》，亦仅至《三怕》而已，但汪庭讷氏之《狮吼记》原本，却尝涉猎之。窃意此本，乃有意翻《狮吼记》也。何言有意翻《狮吼记》？因《狮吼记》中谓柳氏奇妒，后来虽经苏东坡加以劝惩，既愈而又重犯，卒致阴谴，赖佛印以法力始得拔出地狱，是其庄论，真以鬼神之事为有也。此则虽有鬼卒、牛头马面等等，但皆为马学士所伪造，即城隍神亦由马自乔装，可谓青出于蓝矣。

记者问：顷闻韩君伟论，令人益智之处甚多。惟不知韩君假定不再继续排演《伏虎韬》时，又将排演何剧？

韩君答：据侯师之意，如不继续排演《伏虎韬》，则将继续排演《桃花扇》矣。

记者问：《桃花扇》似为贵社已有之剧，何为新排首演？

韩君答：诚然，鄙班中有《桃花扇》，过去之陶显庭君曾主演之，后来之魏庆林君亦尝演之。但彼之所谓《桃花扇》者，与鄙人此次欲演之《桃花扇》不同也。原陶君或魏君所演之《桃花扇》，乃以外角（饰史可法）为主，内容包括《争座》《和战》二出，其角色方面有高杰、黄得功、刘泽清、刘良佐等，而《桃花扇》之主角，若从严格来谈，当然乃我李香君、侯朝宗也。在此三（二）出中，不但无李香君，根本即无一旦角，只有小生（侯朝宗）一人，但亦于戏末始上，干念一支〔香柳娘〕之牌子而已。而《桃花扇》正名题义曰“桃花扇”者，乃李香君于侯去后，为之苦守媚香楼，及田仰强聘，香君以侯生所赠之诗扇乱打，破额溃血于上，而杨龙友即用以绘为桃花，由是始得名为桃花扇。若过去彼班中之所演者，更无是扇，只有一派开打，此真名实不符之事。故鄙人等此次排演，乃以生旦为主，不上史可法、高杰诸人也。此剧之工尺，亦吴师所打。吴师于民国十二年，南下之先，曾为鄙等打得此谱，因事荏苒，多年未排，故侯师拟以之继续《伏虎韬》之后，为鄙人上排也。

记者问：《桃花扇》一剧，共计有四十折之多，韩君岂能于一日之间演尽全部？

韩君答：当然不能于一日之间演尽全部。若鄙人所拟上演者，乃《访翠》《眠香》《却奁》《守楼》《寄扇》等五出。因此五出，《访翠》《眠香》为侯李定情之始，而《却奁》则见香君之持正，《守楼》则可见香君与侯生情好之笃，而《寄扇》则正为《桃花扇》之本题，皆非向之傍枝末叶者可比焉。且全剧旦角之唱工，大略将尽于此，计有〔梁州序〕〔节节高〕〔沉醉东风〕〔川拔棹〕〔摊破锦地花〕〔北新水令〕〔驻马听〕〔沈醉东风〕〔雁儿楼〕〔得胜令〕〔乔牌儿〕〔甜水令〕〔折桂令〕〔锦上花〕〔碧玉箫〕〔鸳鸯煞〕，凡十六支曲牌之重，而《寄扇》一出，即“冻云残月阻长桥，闭红楼冶游人少”之一折北曲，久已脍炙士林矣。

记者问：韩君等此剧诚佳，惟恐世人狃于故常，未必觉得视《伏虎韬》为新颖？

韩君答：此层固然亦在理想之内。但此剧的为一有价值之传奇，况经吴师曾为打出工尺，若仍搁置不排，未免可惜。昔人云：正其谊不谋其利，明其道不计其功。夫营业戏固以牟利为目的，但昆曲似亦不可太重营业，故鄙等决计不顾营业上之能否成功，亦必排此戏也。如昔人曾云："《桃花扇》笔意疏爽，写南朝人物，字字绩水绩声，至文词之妙，其艳处似临风桃蕊，其哀处似着雨梨花，固是一时杰构。"又有人云："《桃花扇》，奇而真，趣而正，谐而雅，丽而清，密而淡，词家能事毕矣。前后作者，未有盛于此本，可为名世一宝。"（记者案：此皆韩君敷陈大意，由鄙人考得言者原文，故著之于此）况鄙班之白云生君，亦有一剧，名《左良玉》，乃自《抚兵》演起，至《截矶》为止。核之鄙班中人，对于史可法、左良玉诸公，俱已有详尽之描写，而独遗李香君与侯生，未免冠履倒置，故鄙人等决议于《伏虎韬》之后，即继续排演《桃花扇》焉。

记者问：韩君等自晋归来，又往何方公演？

韩君答：乃在石家庄、真定、定州等处公演，又于保定演义务戏。时有人提议欲往祁州一行，而或言其地瘠苦，乃谢未往。既而再至京师，未几，则班中分裂矣。此事言之痛心之至，然外界人对于鄙班亦有拆台之行为，此则言之愈滋痛焉。

记者问：其间经过，可得而闻否？

韩君略事踟蹰曰：此事本无一谈之价值，然既承下问，则姑言其略可耳。乃鄙人之同乡某剧学家，其人与鄙人尚有戚谊，而夙日颇不慊于鄙人。

记者问：以韩君之朴悃无华，对客诚笃，何以反开罪于夫己氏？

韩君答：此则言之长矣。原鄙人初来京师，茫然无所谓一定请何人帮忙、请何人指导之目的，此君虽在京师称剧学家（时或尚无此种名词），但鄙人的为乡间竖子，本来不知，非有意轻慢之也。及鄙人后由王小隐、刘步堂、顾红叶诸先生之帮忙得拜吴师，此君又复不悦。盖其心理上认为无论以乡谊、戚谊言之，鄙人皆为隶其麾下，受其指挥，而不应当受此一般“大学生”之指导焉（时王刘顾诸君皆肄业于北大）。其实鄙人初无目的，而彼遂疑我藐视之矣。此一问题，固为某君不慊鄙人之根，但其结怨之由，尚不止此。其时某君方为梅浣华先生帮忙，梅君亦时演昆曲，如《出塞》《玉簪记》《闹学》《惊梦》《翡翠园》等，此君为谋增加梅君势力起见，乃来约鄙人加入梅君之班，为梅君配戏，所许条件甚优。其实鄙人绝无所谓“头牌欲”，况以梅君之艺术，鄙人即为之配，亦不足耻。不过彼时昆曲将见抬头，天乐园中座客常满。此等顾客，鄙人固不敢云皆为一人而来，或者亦占多数，今若一旦弃而从梅，似亦有辜各界人士之热望。且以鄙人之艺，在昆弋班中虽谬窃虚誉，若舍己而从梅君，亦未必保险，加以吴师、赵师、田际云老板，种种知遇，鄙人皆未敢恝然舍去。实则鄙人若于迩时听从某君之劝，加以梅班，则此时积之蓄，未必不多于今日。诚以鄙班中之大梁，亦未能如皮黄班中之二牌旦角。但以环境如是，实未敢苟从也。乃此君对于鄙人不能谅解，只怨鄙人虽以乡谊、戚谊，而亦拂其面子。自是对于鄙人，渐有整个排斥之计划矣。及鄙班自外返京，上座日见其衰，某君乃以此为由，组织一种团体。[17] 此团体骤然聆之，仿佛研究昆曲之一学术团体，而事实上则无可讳言，乃为派销红票之问题也。莅会诸君，本皆昆曲之爱好者，目击昆曲日败，怒然心伤，对于些须红票之代销，本来亦无难色。惟此君所提议者，尚有附带之问题。于是一经提出，莅会诸君，遂皆嗤之以鼻矣。

(17) 昆弋学会，民国二十二年（1933年）12月年成立，会址设北京大学第二院，发起人有汪申伯、马幼渔、陆颖明、余上沅、马隅卿、曾觉之、刘澹云、杜颖陶、孙云生、傅惜华、郑毅生、林公铎、孙楷第、傅潜波、郑振铎、林徽因、唐立厂、杨梦游、郑颖孙、周荑生、梁思成、叶公超、戴梦松、范莲青、夏康农、赵元方、罗膺中、施天侔、陈伯早、齐如山、顾羡季、段子立、张恨水、刘半农。李薰风之《昆曲杂感》有云："昆弋学会目的，自然是研究性质，事实上呢？我们每月必须为韩世昌等伶人，销票若干，以为提倡，这也就是会费了。”［《华北日报》，民国二十六年（1937年）7月8日，第八版］

记者问：不识此君又有何种提议？

韩君笑答：其提议无它，乃反对鄙人也。当时在座多为名流，闻此大为不满，即有人加以反驳之词，略谓：吾侪因恐昆曲积渐失传，故本诸爱护之心理，亟愿加以提倡。然提倡之术，不外各竭各力，各尽各心，似不应有此派销红票式之办法也。即曰昆弋班之演员，困于经济，不得外界物质上之援助，恐难以支持继续，是吾人所以设法维护者，乃昆曲团体，非为一人，尤不应干涉人家内部之事。况韩某于过去数年，对于昆弋，不无微劳，吾侪既以提倡昆弋为名，当然一视同仁，不分畛域，岂可党牛怨李，是丹非素，如君所言，并非大家结此团体以维护昆曲，直是援助私人以快恩仇也。某君闻此公正之言，默无一语。故其团体不过于开一二次之谈话会后，即无形中解散矣。但此君仍嗾鄙班之一部同仁，反对鄙人。案鄙班中本为老板股分（份）之制度，乃独无侯师与鄙二人之老板股份，既饶成见，合作益难，最后乃终出于分裂之一途，而某君对于鄙班一部同人于分裂后之援助能到某种程度？此又世所熟知之事，鄙人不愿多谈也。(18)

（18）民国二十五年（1936年）4月15日，哈尔飞大戏院夜戏，韩氏与白云生、魏庆林、王少友、刘福芳合演大轴《奇双会》，另有《挑滑车》（侯永奎）、《刺虎》（马祥麟、侯益隆）、《花果山》（郝振基）等戏码。是晚演出后，荣庆社“焚券分箱”，荣庆社由侯永奎、马祥麟担纲，另约陶显庭、白玉珍加入，韩氏、白云生、魏庆林、王少友、刘福芳、张文生、李凤云、王荣萱、唐益贵及鼓师侯建亭等十余人退出，约在津教曲之王益友，加入在安国一带演出、侯炳文之祥庆社；26日起，出演天津天祥市场小广寒剧场，另有侯玉山、崔祥云、侯炳武、刘庆云、王祥宝、孟祥生、王金锁、冯慧祥、郭文范、杜景贤、萧建勋、刘东生、白建桥、张荣茂等，并成立复兴昆弋社科班，子弟十五人（高和义、张小楼、柴福增、魏玉丰、张玉芳、赵树桐、张玉禄、王春喜、刘福芳、赵小良、冯惠祥、徐福喜、郭文范、陶鑫泉、傅永森），由其师侯瑞春总其事，韩氏、白云生、王益友任教师。

又，《韩世昌年谱》“1936年”条云：11月3—4日，随“祥庆社”在开明戏院演出，之后，随“祥庆社”开始全国六省二市巡演。所谓“11月3—4日……开明”云云，实为民国二十年（1931年）演出记录，韩氏随祥庆社巡演，始于

1936年6月1日，见本篇注（19）。

记者问：于分裂之后，韩君等又往何方献技？

韩君答：鄙等乃全班而赴山东济南，此民国二十五年夏历四月间事也。[(19)] 至则演于迩时之进德会，合同本定三十一天，后在山东省立国剧学院又演三日，共为三十四天。其受欢迎之程度，较之任何商埠皆极热烈。有邢君者，为当地名士之一，特纠合许多骚人墨客，对于鄙班，鼓吹风雅，不遗余力。故于一月之内，得诗甚多，当即汇为一篇，曰《明湖顾曲集》，宣纸朱印，装订古雅，雕镂精良，今市多有见者，阁下想已寓目矣。

(19) 民国二十五年（1936年）5月31日，演出临别纪念戏，6月1日晚，全班乘津浦车赴济南，次日早九时抵达；8日起出演进德会京剧场，韩氏与白云生、崔祥云、魏庆林合演大轴《白蛇传》，侯玉山、张文生合演压轴《通天犀》，上座一千四百余人，最高票价七角，比平津演出时均高。在济期间，全本《铁冠图》一剧备受欢迎，多次应军界邀请为士兵演出是剧。

又，《韩世昌年谱》所记韩氏"巡演六省"事极简，间有错讹，编者据巡演地报刊报道、广告略加注解，见后文。

记者问：韩君始至济南，所演是何剧目？

韩君答：乃《水漫》《断桥》，后在国剧学会（院）所演之剧目计有《钗钏大审》《铁冠图》等，鄙人一饰云香，一饰贞娥。

记者问：韩君等在济南，除去演剧以外，尚以何种消遣？

韩君答：亦无所事事，不过应国剧学院之聘，为学生等教授一二出昆弋剧耳。但鄙人自唯才薄德鲜，殊不足以教授人之子弟，未敢妄施指导，只由鄙班同人之魏庆林、侯玉山诸君，以其较拿手之戏剧，授之一般高才生耳。

记者问：侯君等在济南山东省立国剧学院内所教授者为何剧目？

韩君答：其详亦已忘却，仅记侯君所教之剧为《通天犀》，因系侯君拿手剧之一也。

记者问：此《通天犀》一剧，亦不时演之，而全剧剧目，亦见于《曲海总目提要》，不过此剧之著者为何如人？及贵班中从先演此，是否亦仅至“劫法场”止？统希韩君有以见教。

韩君答：此剧以鄙人所知，其情节亦不过如《曲海总目提要》卷三十九所载，此外他无所知，但传奇中之青面虎实为明代人，故剧中之刘仁杰者，为刘挺之孙，其来源似乎另外有所根据，未必即与皮黄班中之《艳阳楼》同出一源也。至于此剧之作者，则鄙人实愧不知。因此剧列于焦氏《曲考》中，惟谓无名氏作。故以鄙人之无学少识，确乎不敢妄指作者为谁也。至于鄙班演此剧，亦多失传，从先尚能演全四出，曰《投到》《回寨》《下山》《劫救》，今则只剩《下山》《劫救》二出矣。《投到》一出，乃十一郎，因其主人程老学被柏达捕获，遂往自行投首，所以伏后被问斩刑之一幕。《回寨》乃许飞珠半路遇程老学，带之回山。今以人才缺乏之关系，只能先上青面虎，唱〔醉花阴〕矣。但如此办法，实为不得已。因在《投到》一出中有“小人无奈，只得将刘仁杰所赠通天犀付与小姐，收为聘定”之语，此全剧所以名为“通天犀”之所本，今既不能演全四出，则人亦不知此剧何以名为“通天犀”矣。鄙等在济，所以由侯玉山君特将此剧授之国立剧院之高才生者，实系双方皆恐后来失传之故。缘此剧中之青面虎确乎有许多技巧，非它剧中所有，如青面虎见程老学害怕，一面打“哇呀呀”，一面撕其“红铃铛髯”，下却以靴勾椅，将椅勾至下场门前，面朝下场门而坐，复从其上向台口回视作“夜叉探海”等身段，此皆它剧中所无有者，倘今不设法保存，则恐后来失传，可惜孰甚焉。

记者问：韩君等在济演过三十五（四）天之后，又往何方献技？

韩君答：鄙等自此遂赴开封，演于该埠之广智院，时已五月初旬。[20]

(20) 由西北文化协进社邀请资助，祥庆社以“昆曲旅行剧团”名义开始巡演。民国二十五年(1936年)7月26日晚九时，全班乘津浦车离济，次日晨抵徐州，转陇海车，晚七时半抵开封。8月4日晚起，出演广智院，剧目有《长生殿》《游园惊梦》《狮吼记》《鹊桥密誓》《凤仪亭》《玉簪记》《钗钏大审》《金雀记》《翡翠园》《霞笺记》《火焰山》《烂柯山》《绒花计》《归元镜》《蝴蝶梦》《三笑缘》等，9月3日合同期满。经河南省政府挽留三天，7日，再为省军政界演出《奇双会》；9日，全班经郑州乘平汉车赴汉口。

记者问：韩君在开封，又以何剧打泡？

韩君答：乃全部《长生殿》，鄙人所实演者即《小宴》《惊变》《埋玉》三出之杨贵妃也。其时广智院之经理为梁君子科，对于交际，夙所擅长，故鄙班之营业状况，竟足以为各埠之冠，故虽公演至三十一天，盛如一日。名流若邹少稣诸君，皆有诗词，以为宠赠。更如祝鸿年先生，时亦客豫，复不少奖掖之词。此外名流甚多，不可殚记。时为五月端阳，熏风乍拂，各名流中或以诗词题于箑面之上，俾其奉扬仁风。后于一月期满，鄙等全班，即赴汉口，演于新记大舞台。[21] 首日打泡之剧目为鄙人与白云生君合演《奇双会》，鄙人饰李桂枝，白君饰赵宠，魏庆林君饰李奇，亦荷客于汉皋之名士，珠玉纷投，满目琳琅。

(21) 民国二十五年（1936年）9月10日，乘晚车抵汉口，全体社员佩戴新制徽章，蓝底白字“西北文化协进社韩世昌祥庆社昆剧团”；15日起出演法租界鑫记公司汉口大舞台，三天泡戏为《牡丹亭》《狮吼记》《西厢记》，最高票价一元一角，并为武汉女大师生演出《贞娥刺虎》，演至10月7日。

记者问：韩君历年演剧，皆不少名士名流以诗文题咏，此固韩君艺事精能之处，足值各大文豪不吝瑶章所致，惟于《明湖顾曲集》外，似尚少专集，不无遗憾，其实正可汇为一编，以志鸿爪。

韩君答：词曲一道，本与文士相近。在有清乾嘉以还，名士之工于倚声者尤多。几乎每一文人，于诗词集之外，皆有一二种传奇，其中不能歌唱者固多，而可以正式演于红氍毹上者，亦复不少，因是爱屋及乌，故喜聆昆弋班者，确以文人为占多数。如鄙人者，本无寸长足录，徒以借演昆弋之光，故各方之以诗词宠锡者美不胜收。鄙人早有汇辑成编，俾此蚁名，得附骥尾，传之千古之意。不过鄙人来自乡间，对于刊书一事，夙无经验，诚恐卢后王前，有所失当，反以之贻笑方家，是以迟不敢为耳，容后稍有寸进，必当将此十数年来所得诸公惠赐之文字，付之剞劂，不徒为雪泥鸿爪之留迹，亦庶几传鄙人于无穷耳。

记者问：韩君所得外人投赠之作，亦有存稿者否？

韩君答：既然多为褒奖鄙人之作，安敢不加保存？故此室中之匾，如“君山一发青”等，皆为数十年前之旧物，鄙人尚在加意保存中，此外凡有昔日投赠之作，鄙人固无不什袭珍藏之也。

记者问：韩君于无戏之日，以何种为消遣？

韩君答：亦无非温习各种剧词身段而已，或者即以《六十种曲》作为闲书小说一流，观其故事。虽然了解者较少，却能深感兴趣。诚以昆曲一道，凡属“干这个的”，无不易于启发对文字上之智慧。如向所谈及之《伏虎韬》，无论能否歌唱，鄙人对其词句，亦为爱不释手也。

记者问：韩君读此《六十种曲》既熟，当然腹笥甚博，何不广排新戏，以资号召？

韩君答：此事确非易易，因昆曲非比皮黄，不能有词即唱，故有词者必须附有工尺，而后始可上演，是以《六十种曲》虽有词句，苦无工尺，即不能演。且昆曲之唱法，一支曲牌，有一支曲牌之唱法，即曰同一〔新水令〕，亦有粗细之不同，故虽会此戏者，亦不敢云必会彼戏。况于词曲以外，配角之难，亦非等闲也。

记者问：此言何谓？

韩君答：非只一端，姑以词句言之，亦非易易者焉。如皮黄班之配角，皆有官中固定之词句，倘为王公贵人之家院，即可念曰“侯门深似海，不许外人来”，如为普通人家之院子，即可念曰“有事忙来报，无事不乱言”。至于昆曲，则各有固定之词句，如《伏虎韬》中，秀娘要五色棒时，张夫人令丫鬟以五色棒授之，其丫鬟应念二句，上曰“孙夫人房中宝剑”，下曰“柳娘子座下青藜”。此上句所指，乃为三国时之孙夫人洞房中摆列刀枪故事，下句所指者，则《狮吼记》中柳氏用以打陈季常之物，故其最后《三怕》出中，小生唱〔清江引〕曰“从今安受这青藜杖”。该固非有奇特，不过此剧中之对子，只能用之于此一戏，故欲使一词人人皆可念诵，昆曲即曰有之，亦绝不多。如此处所切贴者，在以二物（剑、杖）陪衬出五色棒。此外尚有专指一事言之者，如《风筝误》中之《咤美》出，其丫鬟掌灯来时，所念之词，厥为“只道欢娱嫌夜短，谁知寂寞怨更长”，此决非一般普通之词所能比拟者。是以每次排一新戏，其配角所念之词，先已非短时间内，所能蒇工矣。

记者问：如韩君所论，似亦非甚难者。

韩君答：不然！因鄙班之同人，类多来自乡间，幼而失学，长且弥甚，此确乎难以苛求也。如人以一诗见赐，己复作为一诗以和之，此“和”字试问当作如何读法？

记者曰：此无疑的，当读作“胡卧切”，去声，乃《广韵》所谓“声相应”也。

[韩君曰]：而鄙班之同人，则多读为平声。此字在《风筝误》中，所在多有。如第八出《和鹞》之“和”字，即应作去声读，至于《惊丑》《咤美》二出中之此字尤夥。而鄙人读作去声，班中反有以错误为疑者，即此一端，亦可证其余矣。且以昆弋而排新戏，其难有不止此者。

记者曰：此又何说？

韩君答：因昆弋曲牌，皆有整套，故有“南北合套”之名词。今欲于一日之内，演尽全部，势不可能，若分数日演之，则亦无贵乎为本戏矣。是以在此盛兴一日演全之空气中，鄙班演《三笑缘》或《霞笺记》仍分二日演竣，岂本意所欲为哉，亦有大不得已者存焉。盖古人传奇不同杂剧，必以四十出为一部，此四十出内，固然可以择其不甚重要者减去，然若于一出之内，遇有大套牌曲，此则未免占去许多时间，非同皮黄，一场可以占去一二刻，有时一场亦不过五六分钟也。鄙班鉴于此种情形，故有时遇有不重要之场子，即以牌曲代演（如《钗钏记》等），惟此则究非昆弋之正。因以昆弋班遇有昆弋场子不唱，岂非自相矛盾乎？以言剪裁，亦非易易。如鄙班从先所演之《九莲灯》，由《宿庙》起至《闯界借灯》止，固然为一整个。但有时后尾结以《烧宫》，此在本剧上，尚隔若干出始上火灵圣母。鄗班如此演法固亦完成“富奴救主”之节目，而于戚青霞之一节，又难以顾及，是则昆弋本戏之难也。

记者曰：每一出中之牌曲，似亦不必完全唱完。如世所熟知，《长生殿》中之《弹词》，其〔货郎儿〕之〔八转〕照例不唱，而〔梁州第七〕亦可以不唱，如是则时间或能充裕？

韩君答：此事亦复难言。因前人制曲，自我作古，唱全则可，唱不全则不可。《弹词》〔货郎儿〕之〔八转〕，即鄗班中陶显庭、魏庆林诸君，先后亦皆不唱，此乃“前人有路后人行”之办法。若此时由鄙人等所排出之新戏，即有好多不演，是非保存昆弋，直成破坏昆弋之所为也。阁下谈及《弹词》，鄙人敢以一事作证。当陶显庭君在同乐园初演《弹词》之先，曾贴出一预告条，曰“旧戏重排”云云，乃此条贴至一年之久，陶君《弹词》，始得正式与顾曲诸君相见。在昆弋中类似《弹词》者正复不少，虽不能言人人之资质皆必一年而后会，即曰数月，已觉其迟矣。如最近鄙等所排之《伏虎韬》，就中马侠君一角，原以魏庆林君扮演为适。无如魏君年事较高，对此恐非短时间内所能习会，遂改由赵小良君扮此角色，而魏君转饰不甚重要之官学老师（训导）矣。以此种种问题，皆为鄗班排演新本戏之暗礁。故鄗班之同人白云生君，有时所排新戏，只能一己加倍牺牲，大唱而特唱，虽有配角，亦皆不甚重要。如近所排之《西楼记》，自《楼会》起，直演至《错梦》，共为八出（包括《楼会》《庭训》《阖忤》《鹯逐》《缄误》《拆书》《玩笺》《错梦》），而夷考其实，只有白君伉俪一味苦唱，而白君所唱尤多，计有〔懒画眉〕〔大迓鼓〕〔一江风〕〔红衲袄〕〔集贤宾〕〔二郎神〕〔琥珀猫儿坠〕〔新水令〕〔折桂令〕〔雁儿落〕〔收江南〕〔沽美酒〕〔清江引〕等牌曲，就中《玩笺》一出，尤为繁重异常。此其原因，即由于训练配角之不易，毋宁使主角多卖力气耳。试观此《西楼记》一曲中之配角，几乎皆有白无唱，正坐此种为之。

记者问：此《西楼记》一剧，韩君亦能演否?

韩君答：此剧鄙人在昔亦曾演之，惟仅能演《楼会》一出，鄙人所饰之角色，亦为穆素辉。在同乐园时，尚一再演唱，惟其中旦角之唱词不多，只以〔楚江情〕一支曲牌为重，余则有〔懒画眉〕等。今若演之舞台，亦恐未能餍诸君之望也。

记者问：此《西楼记》一剧，虽以人少而演之，比较简便，但其剧情似乎亦太单调，不易得到普遍之满意。

韩君答：此《西楼记》一剧，今本不易演全，而其结构，亦实不敢恭维。记前人（记者案：似系全椒金兆燕）云："有奇可传，乃为填词，虽不妨于傅会，最忌出情理之外。《西楼记》于撮合不来之时，突出一须长公，杀无罪之妾，以劫人之妾，而赠萍水之友，结构至此，不谓之苦海可乎?”此所谓“人之妾”者，即穆素辉，言其于既随池三爷之后，复被须长公劫去，仍以归诸叔夜也。观此批评，则可知为欠佳。但此等剧，在戏班中则谓之为“人缘戏”。

记者问：何谓“人缘戏”?

韩君答：惟视主演之角色，台下人缘对之何如也。因此等无疑的只为一人大唱而特唱，若台下对于此人人缘夙佳，当其上台，唯恐遽下，则不妨演。若对此人之印象本来不甚良好，而此人尚在台上大唱不已，则其不被人轰下台去者，已为邀天之幸矣。尚敢多演乎?而白君人缘甚佳，故演此亦受欢迎。即如《牡丹亭》中之《拾画叫画》，亦如是耳。然近来台下观众之心理，亦远非昔比，有时诚非鄙等所能揣摩者。如近来尚绮霞先生所翻排之全部《渔家乐》，鄙班于未分裂时，亦尝照其法演唱，自《赐针》起，至《相梁刺梁》为止，但其上座之成绩，则一样凋零，故云观众之心理，有时亦难以揣摩也。但若使昆弋而勉学皮黄，则有断断难以实行者矣。

记者问：如此等处韩君亦可举一例否?

韩君略事沉吟，答曰：此亦不难。惟鄙人向无是昆非黄之心理，此其所言，乃为事实举证，非敢对人所排之新戏有何雌黄，甚望阁下善为之词，勿使同业中有所误会也。如《绣襦记》一剧，乃演郑元和、李亚仙之故事，本出自唐人白行简之《李娃传》，而其古今所艳传者，厥为郑元和唱莲花落，其事流传甚久，故前人有画《风雪郑元和》者，即为郑唱莲花落时之形容也。在元人杂剧中以此为题材者，如高文秀之《郑元和风雪打瓦罐》、石君宝之《李亚仙花酒曲江池》；至明人杂剧，则周宪王亦有一本名《李亚仙花酒曲江池》。此三种中，虽所重不同，即如石本较为普遍，然亦有郑元和“挽歌送殡”等情节，故其题目仍曰“郑元和风雪卑田院，李亚仙花酒曲江池”云云。必于元和被打之后，天降大雪，使李亚仙往觅。至于明代院本即鄙等所演之《绣襦记》，乃郑若庸作，更于元和被郑儋打死以后，有《收留》《教歌》等出，即谓有扬州阿二等将元和救去，教以各种讨饭之法，皆谢不能，后乃唱莲花落。此剧闻富连成社有之，即名《教歌》，当为阁下所深知者，鄙班演此，乃由刘福芳君主演之。至于《绣襦记》中，更有一出，名为《鹅雪》，犹在《教歌》以后。原词为〔沽美酒〕，略云：“鹅毛雪满空飞，破草荐盖着羊皮。残羹剩饭在口中吃，李亚仙恁怎知！破帽子在头上戴，破布衫露出肩胛。腰间系着一条烂丝绦，脚下穿一双歪乌辣。上长街，又丢抹，咱便是郑元和。只为家业使尽待如何！劝郎君休似我！劝郎君休似我！”以下即为大段莲花落，所谓“一年才过不觉又是一年春”者是焉。此词音节铿锵，佳妙之至。据云：虽出明院本中，实亦元人所作也（记者案，明人沈景倩云：“《拜月亭》之外，余最爱

《绣襦记》中‘鹅毛雪’一折，皆乞儿家常口头话，镕铸浑成，不见斧凿痕迹，可与古诗《孔雀东南飞》‘唧唧复唧唧’并驱。余谓此必元人笔，非化治间人，所能办也。后问沈宁庵吏部，果曾于元杂剧中见之，恨其时不曾问得出自何词？余所见郑元和杂剧凡三本，俱无此曲。”韩君所云，当即指此也）。基于上述种种之理由，则郑元和之于风雪莲花落似乎必不可以减少。乃曩观皮黄中演此，则无如是之麻烦，仅于郑儋打死元和以后，即遇李亚仙来觅，此其接笋处固甚新颖，但于无形中即将《教歌》《鹅毛》等出减去，除此在鄙班，又岂敢如是乎？然鄙班亦非绝对不排新戏，预备排演前述之《桃花扇》外，于后部《长生殿》亦将努力赶排。

记者曰：韩君等从先已有《长生殿》矣，何又言及“赶排”二字？

韩君答：此次赶排与前不同，拟自《见月》演起，计为《见月》《雨梦》《觅魂》《寄情》《重圆》等五出，如是，则《长生殿》之全部完成矣。

记者问：韩君等在汉口演毕，又往何方献技？

韩君答：乃自汉之湘，其受欢迎弥甚，名土（士）宗子威、刘盅园诸先生，日夕以诗词见赉，后且汇为一编，名曰《青云集》，“青”指鄙人之字，“云”则谓白君云生也。

记者问：此《青云集》亦如《明湖顾曲集》之已经出版否？

韩君答：未能出版。因全编抄竣者只为半部，乃由湘寄京，其后半部，未及付邮，道路已然有阻，是以鄙人所存者，亦仍此前半部耳[22]。

(22) 原文后篇摘抄《青云集》部分诗词，此处从略。

记者问：韩君等赴湘，出演在何戏院？

韩君答：乃在万国戏院。[23]

(23) 民国二十五年（1936年）10月16日起，出演长沙万国大戏院，三天泡戏为《奇双会》、前后部《西厢记》（分两天演完），第四天演出《狮吼记》；11月18日，全班返回汉口。

记者问：打泡前三日之剧目如何？敢乞见示。

韩君答：乃为《奇双会》《赠剑联姻》《狮吼记》也。

记者曰：《奇双会》一出，本为吹腔，似非真正之昆曲，何以韩君用为打泡之一戏？

韩君答：此乃鄙班同人共定之议。因每到外埠，未能谙其地方人士嗜剧之程度，故不得不以浅近者为敲门砖，是亦不得已耳。

记者问：韩君等在湘出演之时间何若？

韩君答：共为一月零五天，此一月零五天中，又应当地中国文学会之聘，在湖南大学演剧一日，乃为民国二十五年之十一月一日也。演剧地点，则为四方塘青年会，除郿班同人演剧五出以外，尚有对剑、国乐、水火流星等助兴。是日来宾济济，盛极一时。

记者问：韩君等所演之五出昆戏，皆为何目？

韩君答：一，唐益贵君之《刀会》；二，魏庆林君之《桃花扇》（《争座》《和战》）；三，白云生君之《长生殿》（《迎像》《哭像》）；四，侯玉山君之《钟馗嫁妹》；五，为郿人与白君、梁君合演之《渔家乐》（《鱼钱》《藏舟》《刺梁》）。同时并发行《湖南大学中国文学会特约昆弋团表演特刊》，其间执笔撰文者，亦皆宗子威、志黄等贤乔梓一流也。此后郿人等即离去湖南矣。

记者问：韩君等离湘何往？

韩君答：郿班之预定行程，如九江、安徽、南昌三处皆在接洽之列，且已具有端倪，并闻南昌某园，业经张出海报，徒以侯师未能亲往接洽，以致又起波澜。郿等乃将全班折回汉口，演于新市场之第一剧场，打泡三出，仍为《奇双会》《赠剑联姻》《狮吼记》。(24)但为期不久，不过两星期，即赴南京，首演于南京大戏院。(25) 时与吴师亦得相晤矣，并有黄甘草、童曼秋诸先生，皆为文学巨子、昆曲大家。吴师乃代为具名，柬请新闻界联欢，即设宴于夫子庙之老万全，到者皆一时名流，大可称为“盍簪盛会”。席间吴师亦极得意，因指郿人向黄甘草先生问曰：“此子尚为仆作脸否？”黄先生连曰：“作脸作脸！”其实鄙人正愧半生碌[碌]，徒玷师门耳。时童曼秋先生在座，亦云：“昆曲本来非如大江之天限南北，故凡有地方之见存于心中者，其识见已落下乘矣。今之曲家，皆知推重苏州，然苏州之昆曲，何尝能出里闬一步？使作长足之旅行，更恐易于失败。今以一小小之韩世昌，乃能远征至于十省之多，此足使南北交口称赞，而‘昆必出苏’之观念，至此尚不欲打破之可乎？”在座诸公多有韪此说者。但鄙人对此，则为诚恐诚惶之不敢接受。今日所以转述此说于阁下之前者，绝非有以自恃，乃见曼秋先生提挈后进之一遍苦心也。此外若上海方面黄金荣诸先生等，对于鄙班，亦亟加护持，及在南京大戏院演过两星期后，即入上海之恩派亚大戏院（地点在法租界八仙桥）。[26] 演期本定为一个半月，但分两期演唱，故未几即转入四马路跑马厅之大华剧场[27]，共演一月零二天。当在恩派亚戏院公演时，大舞台之全体同人，对于鄙等之技术谬加赞赏，竟特烦三戏，并允代销池座票六十张。此六十张票，固非多数，但能出之于本行，则鄙等受之逾荣矣。

(24) 演至12月9日，当晚为援助绥远一日捐义务戏，全班合演全部《铁冠图》，自“对刀步战”起至“贞娥刺虎”止。此次新市场演出二十天，成绩远逊第一次，所谓“异常失败”［白云生语，见《韩世昌白云生暨昆弋全班赴沪》，《朝报》，民国二十六年（1937年）1月12日，第二张第七版]。

(25) 12月12日全班抵达南京，寓夫子庙前海洞春旅馆。14日，公余联欢社昆曲股褚民谊、溥侗、童曼秋等在社为韩氏等接风。15日，韩氏与白云生、侯玉山等参加公余联欢社游艺会。17日，雪夜，吴瞿安在秦淮水阁老万全菜馆招待南京戏剧、文艺、新闻界朋友，为韩白暨昆弋班作宣传介绍，并赠诗二首，其一：春城二月夕阳迟，每感当筵竹肉丝。今日重逢应一笑，江南不是落花时。其二：曾掐檀槽教小伶，吾才远逊《牡丹亭》。君家若演《湘真阁》，阑夜还当侧耳听（《湘真阁》为拙作短剧，屡演沪上，韩白两生从未演过）。新闻界采访频仍，韩白二人侃侃而谈，提出"昆剧京剧化"的观点。19日起，全班出演姚家巷南京大戏院，系包租性质，最高票价一元，泡戏全部《铁冠图》、《翡翠园》（日戏）、《奇双会》（夜戏）、全部《长生殿》，因"西安事变"，南京市政当局以"蒙难期间"为由，22日起全市停止娱乐三天，25日恢复演出。30日下午六时至六时半，韩氏与白云生在中央电台播唱《长生殿》一折。次年1月4日，韩氏演出弋腔《双合印》，10日期满。此次在宁演出深受观众欢迎，既蒙吴师赞许，又获田汉等新剧家肯定，戏座常满，成绩极佳，秦淮歌女王熙春等人亦时来观摩。11日晨，全班乘宁沪早车赴沪。

(26) 民国二十六年（1937年）1月13日起全班出演上海恩派亚大戏院（位于今淮海中路、嵩山路口，1951年12月24日改名为嵩山大戏院，后改嵩山电影院，今已拆除），亦系包租性质，最高票价八角，第一期十四天；1月26日，鑫记大舞台演员小白牡丹、张竹轩、李瑞来、焦宝奎、李君玉、曹宝义、孟宝山、筱文林 陈鹤峰、郑元麟、张白云、刘坤荣、张翼鹏、刘振庭、张铭声、刘云龙、张菊厂、韩素秋、张二宝、韩素兰等联名特烦祥庆社演出《安天会》（张文生）、《钟馗嫁妹》（侯玉山）、《金山寺》（韩世昌、白云生），再续七天，挽留五天，演至2月7日。

(27) 大中华剧场，原为书场，在大中华饭店（系一家旅社，即今西藏中路200号大中华大楼，现为民居）内，系由恩派亚经理张伟涛介绍给大中华经理戴步祥，民国二十六年（1937年）2月8日即旧历腊月二十七日，祥庆社昆弋文武剧团在大中华剧场演出封箱戏，戏码为《兴隆会》（张文生、冯慧祥）、《张飞闯帐》（侯玉山）、《弹词》（魏庆林）、《金雀记》（韩世昌、白云生）；2月11日即旧历正月初一日正式开演，演至3月14日。

3月16日，全班乘沪杭车赴嘉兴演出；17日出演银星大戏院，五天四昼，场场满座，第一日戏码为《御果园》（唐益贵、张永茂、王荣萱、杜景贤、徐福喜）、《学舌》（李凤云、刘福芳）、《通天犀》（侯玉山、冯慧祥、张文生、王荣萱、刘庆云）、全部《奇双会》（韩世昌、白云生、魏庆林、王少友、李凤云、刘福寿、赵小良、陶鑫泉、马小有）。22日回到上海，当晚再次出演恩派亚大戏院，演七天，27日最后一天，与苏滩、昆剧女角施湘芸合演《西厢记》。

记者问：此三剧者为何剧？

韩君答：乃《水漫》《嫁妹》《安天会》，遂在恩派亚戏院，一一上演。此后又赴无锡，演于该地之中南大戏院，共为两个星期。继之又至镇江，演于铁城戏院，日期为二十天。由镇江而苏州，演于阊门外某戏院（院名据韩君云已忘）。旋由苏州而杭州，演于明星大戏院。继至嘉兴，演于银星大戏院（地址在钟家桥）。[28] 惟以嘉兴之码头过小，无论昆曲，即皮黄亦难久驻，故仅演至一星期，此为鄙班在外公演时间最短之剧院，其他皆为起码两星期也。于是又踅回上海，再度踅回上京，上演于大中华，与常立恒、黄桂秋二君合作。鄙等在前场演昆曲，常黄二君，在后场演皮黄。此种办法，本来两无妨碍，喜聆昆弋者聆昆弋，喜聆皮黄者聆皮黄，足可各行其是。鄙人囊与刘鸿升、王又宸二君合演时，即为如此。无如今之观众，似与从先有异，聆昆弋者不聆皮黄，聆皮黄者不聆昆弋，以致演十天后，即赴烟台，演于丹桂戏园者八个月又零三天。此固不能皆如始来之盛，又但既维系至如此长期，亦非鄙等始料所及焉。后于返京之先后，又在天津之新中央出演四十三天，小广寒出演两个月。以后皆为近一年来之事，当无俟赘言矣。[29]

(28) 见注 (27)。

(29) 民国二十六年 (1937 年) 3 月 31 日，全班乘京沪早车赴无锡，下榻公园饭店；4 月 1 日晚出演中南大戏院，戏码为《大点魁》(全班合演)、《倒铜旗》(唐益贵、侯炳武、王荣萱)、《夜巡》(马心有、崔祥云、张永茂)、《通天犀》(侯玉山、刘庆云、张文生、冯慧祥、王荣萱)、《奇双会》(韩世昌、白云生、刘福芳、王少友、魏庆林、李凤云、孟祥生)，晚九时半在国泰电台播唱一小时；8 日，参加当地曲社天韵社会唱，韩氏演唱《游园》，白云生演唱《哭像》《惨睹》，杨荫浏演唱《絮阁》，华燕臣擫笛。

4 月 14 日，全班赴镇江，当晚出演铁城大戏院，戏码仍为《大点魁》《倒铜旗》《夜巡》《通天犀》《奇双会》，最高票价四角半；24、26 日二天，票友焦西辰加入客串，演出《刺虎》《贩马记》，谢莼江擪笛，吴梦先二胡；27日最后一天，戏码为《千里驹》《夜奔》《乌江自刎》《惨睹八阳》《翡翠园》。

4月28日，全班赴苏州；29日起，出演真光大戏院，第一晚泡戏为《醉打山门》（陶鑫泉）、《安天会》（张文生、魏庆林、侯炳武、杜景贤）、《钟馗嫁妹》（侯玉山、王祥寅、萧建勋、王树亭、张永茂）、《奇双会》（韩世昌、白云生）。5月2日晚，镇江中山纪念堂暨江苏乡贤祠筹建委员会假西门大街荣记大舞台举行筹款义演，韩氏应邀赴镇江参加义演，演出《刺虎》，与杨瑞亭、高百岁、常立恒、周筱芳、刘仲秋、郭建英、王熙春等同台，演出结束再赶回苏州。此期演至5月8日，最后三天，曲友庞织文、李云梅、陆麟仲、吴礼初、听香馆主、纫秋馆主等加入客串。在苏期间，虽春雨连绵而营业极盛。

5月9日全班抵杭，《浙江新闻报》为之出《昆弋剧专号》一张；10日起，出演杭州影戏院，戏码为《醉打山门》（陶鑫泉）、《安天会》（张文生）、《钟馗嫁妹》（侯玉山、王祥寅、萧建勋）、全班《贩马记》（韩世昌、白云生），最高票价四角，演至24日，25日全班返沪。

6月，全班计划北返，应南京新华大戏院经理陈云山邀请，再赴南京演出。6月15日，田汉在丹鸣街家中设宴招待，座间除韩氏外，尚有国立戏剧学校教授马彦祥、明星影片公司编剧阳翰笙、高百岁以及秦淮歌女王熙春（已拜黄桂秋为师）、蔡国斌等数人，韩氏为歌高腔；16日晚，在秦淮水阁老万全菜馆设宴招待文艺、新闻界，吴瞿安在座，韩氏与白云生歌《桃花扇》之“寄扇”“哭主”，均为吴氏制谱并擫笛；17日起，出演淮清桥新华大戏院，原订与黄桂秋、马最良之皮黄班合作，因院方拖欠包银，黄马未按期出演，是晚泡戏为《通天犀》(侯玉山)、《狮吼记》(韩世昌、白云生)，最高票价八角，后减低到五角；30日起，黄桂秋、常立恒之正谊社加入合作，昆班唱大轴。7月16日，正谊社辍演，祥庆社经挽留再演三天；7月18日最后一场，演出《贞娥刺虎》《相梁刺梁》，在宁期间，吴瞿安为其制订《桃花扇》曲谱并付排演。

8月初，全班北返，准备由烟台乘船去天津，为当地丹桂舞台挽留，演出七天，期满后又为进德会挽留演出，最高票价五角。随着“抗日战争”全面爆发，全班被困烟台八个月，幸赖当地士绅商民帮衬维持，日日演剧，虽座不能常满，但每演必有若干收入，全班七十余人得以维持生活。次年3月6日，候船北返。

民国二十七年（1938年）3月15日上午8点，全班乘怡和公司泽生轮抵津，当晚起演于法租界新中央大戏院，泡戏为《夜奔》（张小楼，时年十三岁）、《嫁妹》（侯玉山、崔祥云）、《奇双会》（韩世昌、白云生、魏庆林），后约郝振基、朱小义加入演出，侯永奎、马祥麟连日赴院观摩，与韩白相谈甚欢，一笑泯恩仇。阔别一年十个月，韩白暨祥庆社全班回到天津，足迹遍历六省，所至有声，为宣扬、提倡昆曲不遗余力，冷暖自知，各地舆论均以“苦干”“奋斗”称之，宜乎其实。全班得以保存，平安北返，亦是全班同心戮力、同甘共苦的结果。

在新中央演至4月26日，次日，全班赴京，白云生因事赴沪，韩氏在京仍寓德泰。29日白天，出演庆乐戏院，戏码为《贞娥刺虎》（韩世昌、唐益贵）、《通天犀》（侯玉山、张文生、冯慧祥）、《安天会》（郝振基）、《弹词》（魏庆林）、《林冲夜奔》（张小楼、王春福）、《五台山》（陶鑫泉）、《赐福》（魏玉峰），最高票价五角，满座，《刺虎》一折由中央电台现场转播；次日白天，出演新新戏院，后朱小义加入，陆续出演华乐、吉祥等戏院，在京演至4月15日，是日白天，在吉祥戏院演出《游园惊梦》，继在华乐戏院演出夜戏《相梁刺梁》。

5月16日，全班应约赴津；21日，出演天祥市场三楼小广寒戏院；28日夜戏，白云生到津加入演出，与韩氏合演大轴《奇双会》。此期演至7月14日，韩氏演《西游记》一折，饰红孩儿，白云生反串《拾黄金》。16日早车全班回京，17日白天，出演吉祥戏院，戏码为《金雀记》（韩世昌、白云生）、《安天会》（郝振基）、《芦花荡》（侯玉山）。

记者问：韩君等此次在外，作长途之旅行，同往者除韩白二君外，尚有何人？

韩君答：若魏庆林、侯玉山、张文生、王金锁、唐益贵、王荣萱、孟祥生、王祥寅、王少有、马心有、郭文范、刘庆云、杜景贤、崔祥云、冯惠祥、李凤云、刘福芳、侯炳武、陶鑫泉、张荣茂、徐福喜、王树亭、邓满义、赵小良、白建桥、萧建勋、萧章定、徐墨池、郭凤祥等[30]，不下百人。

(30) 冯惠祥，即冯慧祥；王少有，即王少友；马心有，即马心友。

记者问：所演之剧目，亦多与本地相同者乎？

韩君答：主戏大致相同，惟在前场所演之戏，实较在京市为多。此因京市演剧之风气，非全部连台大戏不可，以致占去多数之时间。外间则不然，尽有可以在前者多唱之余地。加以京市观众之习惯，日场起码须至两点钟始能大批上座，若在开场演戏者，亦不过八九人耳，有时且四五人。外省则不然。往往戏尚未开，人数已达三分之二，故前场之戏，亦不能太软也。计在外部所演之开场戏，而此地恒不得机会一演者，如《反五关》（侯炳武君饰黄飞虎，郭文范君饰陈桐，马心友君饰陈良，杜景贤君饰于化，崔祥云［君］饰哪吒，冯惠祥君饰黄天化）、《倒铜旗》（包括《斩子》《郊谈》《扬兵》《大考》，魏庆林君饰罗义，王荣萱君饰罗成，侯炳武君饰秦琼，唐益贵君饰东方望，郭文范君饰中军，郭凤祥［君］饰罗夫人）、《洞庭湖》（唐益贵君饰杨幺，郭文范君饰牛皋，侯炳武君饰岳飞，徐福喜君饰花步芳，杜景贤君饰王贵）、《英雄台》（冯惠祥君饰赵美容，郭文范君饰李豹，孟祥生君饰丑丫鬟，崔祥云君饰高怀德，李凤云女士饰大宫女）、《千里驹》（侯玉山君饰孔猛和尚，张文生君饰李梦雄，白建桥君饰刘廷鹤，冯惠祥君饰李桂珍，刘庆云君饰富有，陶鑫泉君饰正德帝，马心友君饰刘瑾，包括“莲花寺救驾”等节目）、《斩秦奇》（崔祥云君饰秦奇，张文生君饰关公，萧建勋［君］饰马童）、《打马》（冯惠祥君饰杨排风，郭文范君饰孟良）、《撞幽州》（侯玉山君饰杨七郎，侯炳武君饰杨令公，郭文范君饰韩昌）。此外若《酒楼》《冥勘》《训子》《五台山》等，陶君鑫泉皆曾演之，鄙人之《归元镜》，其院子一角，因侯永奎君不在，亦由陶君任之也。他如张荣茂君之《六国封相》，刘福芳君之《状元狗洞》，白云生君、李凤云女士之《扫花》《三醉》，唐益贵君之《敬德洗马》，崔祥云、张文生、王荣萱三君之《反西凉》，亦曾与外埠人士相见。不特此也，如《洮南府》一剧，本非真正昆曲，只以当年在同乐园公演时，全体武行甚多，几乎无法位置，乃由王金锁君等，共同排演《大洮南府》，无非以真刀真枪之一路大打为俏头而已，乃时时亦叫满座。此剧后因昆弋观众之眼光提高，久矣未再演唱，而此番在河南广智院不惟上演，且头二本分二日演全。如二十五年八月二十一日，曾演二本《洮南府》，是日大轴为鄙人之《钗钏大审》，前有《洞庭湖》，《洞庭湖》前即《洮南府》，王金锁君饰赵云七，陶鑫泉君饰贾红太。至九月二日，特演头本，是日大轴为鄙人之《蝴蝶梦》，《洮南府》在倒第三，王金锁君饰李金玉。同乎此者，尚有《红门寺》《铁公鸡》二剧，此在广智院亦曾上演。《红门寺》之上演，为八月三十一日，是日大轴为鄙人之《归元镜》。《红门寺》在倒第三，魏庆林君饰于成龙，王金锁君饰参将，郭文范君饰法秉。《铁公鸡》，一为八月八日，是日大轴为鄙人之后部《西厢记》，一为八月十一日，大轴为鄙人之《断桥》，其人选则为王金锁君之张嘉祥，冯惠祥君之铁公鸡，郭文范君之陈国瑞，杜景贤君之洪秀全，徐墨池君之项（向）荣，王树亭君之铁金翅。台下观众对此迅雷风烈之开打，亦与文戏一样欢迎。徒以归来之后，上座反无外埠之盛，以致勉强维持，戏亦少矣。然较之昔日，亦不为少，盖以净丑、武戏日少，生旦之戏日多耳。犹忆鄙等到南京时，瞿师下问前三日之剧目，侯师对以《奇双会》《赠剑联姻》《狮吼记》，瞿师意不谓然，乃嫌其过于通俗也。又不知《赠剑联姻》为何剧，乃曰："《赠剑联姻》，是个什么？"侯师答："即加前场之《百花点将》。"师乃颔之，然意仍嫌其通俗。侯师乃以凡戏须使大多数之观众欢迎，必须先易后难，不可先深后浅。师乃颔之。

记者问：关于昆弋剧之散失者甚多，韩君前亦略言之矣，何妨再以其目见示？

韩君答：向亦言之，乃以净丑戏之散佚者为最多也。姑以今尚能演之《铁冠图》言，昔之跑竹马者，今皆死亡殆尽，只剩一人矣。如其中之《诉庙》《劝降》，今皆减去，《芦祭》亦有时不演。此等愧非本工，语言不详，而尚有一出"小金殿"，今亦无人演之。

记者问：此"小金殿"所演是何故事？

韩君答：乃李自成占据神京以后，将吴三桂之父吴襄等完全捕获，中有刘宗敏（即《拷掳》一出中之正座花脸）讯问陈圆圆、坐小金殿一出。此出另有名词，惟在昆弋班相沿则曰"小金殿"。"小金殿"，其旦角扮陈圆圆亦上。是固不如《守门》《杀监》等出之重要，然于历史上及本事上皆有莫大之关键。因吴三桂所以请清兵者，即为陈圆圆之故，此《圆圆曲》中所谓"痛哭六军齐缟素，冲冠一怒为红颜"者是也。今无此场，则吴三桂之罪不著。是以较之《哭庙》《劝降》诸出，似为重要，而后来亦演佚矣。此一剧如是，其他类此者，笔不胜书也。至于弋腔之散失，更可惜矣。如今之皮黄班中有《打严嵩》一剧，但皆无头无尾，所有如何收留裘马二匠，及打后又如何，全无下文，而弋腔在当日确乎有全部《打严嵩》，今久湮灭。各（另）有全部《西岐记》，即《封神榜》是也。自女娲庙起，至封神台止，所有《封神榜》之精华，全在其内。今之《反五关》，及过去鄗班曾演之《翻天印》，皆为其中之一部。人知秦腔有全部之《封神榜》，不知在弋腔中亦有之，绝不后人也。又有九出《金印记》，乃演苏秦故事，今之《六国封相》，则已沦为鄗班之帽儿戏。与此相等者，更有九出《玉杯记》，即何庭（文）秀回家之全部故事。从前京朝皮黄班中有《何文秀算卦》一剧，即此全部中之拆头也。他如《九仙献瑞》《五代恩荣》，亦为彼时习见之剧，今皆亡矣。《九仙献瑞》为一神化剧；《五代恩荣》，即高怀德之女嫁石守信故事。因述窦禹钧父子阴功济物，事出五代，乃名《五代恩荣》，闻尚绮霞先生曾将此剧翻为皮黄，名曰《千金全德》，实即前身之《五代恩荣》。上述皆非纯净丑戏，其纯以大面为主者，则有下列焉。如红净戏之以关公为主角者，曰《河梁会》，曰《赠马》。《河梁会》，即三国故事之周瑜请刘备赴东吴，将谋加害，孔明在吴，闻之亦焦灼非常，赖有关公保护，吴人始不敢下手。今之皮黄演此曰《临江会》，弋腔则名之曰《河梁会》。《赠马》者，乃曹操以吕布之赤兔马赠与关公也。亦有以敬德为主者，如曰《敬德打朝》《敬德闯宴》《敬德钓鱼》《敬德赏军》。其曰《敬德打朝》者，即殴任城王李道宗之事。曰《钓鱼》者，乃唐王访之，敬德伪作渔翁，匿不肯出，此在昆曲之《拾金》中亦有一段，是乃其全豹也。曰《赏军》者，即皮黄班中之《薛理（礼）征东》，因薛理（礼）之功，俱被张士贵之婿何宗显冒去，敬德为访薛理（礼）不得，乃假赏军为名，欲得白袍薛理（礼），皮黄中之《独木关》后，亦有此事，其全部实出于《金貂记》焉。而《打朝》亦有两种，于普通者外，尚有一出名曰“怯[31]《打朝》”，词句多堪发噱者，在昔之内廷亦尝演之。鄙班曩在京市之同乐园公演时，或以鄙班为怯，而不知弋腔固有以土音歌者，如此所云之“怯《打朝》”，在昔且受内廷之赏识，是又非可一概而论者矣。

（31）原文作“呦”，下同。

记者问：除却净丑等角之剧，其为旦角最繁重者，又为何剧？

韩君答：鄙人生时，弋腔即已衰落，故凡此所言者，皆系师友耳食之论，非能身有所受焉。以鄙人所知之旦角戏而失传者，除前述之《斩丁香》等以外，有曰《猴变》者，即《高老庄》。惟此剧与皮黄、秦腔不同，乃注重孙悟空之化身。猪八戒迷惑高小姐，孙悟空来，奉唐僧之命，降伏八戒，悟空乃变高小姐之化身。此剧虽以孙悟空为主角，但趋重其化身为高小姐，故仍为旦角重戏。其特殊者，乃在以一旦角而须做出种种孙悟空之表情，故曰《猴变》。“猴变”者，言以猴而变高小姐之芳容也。又有一剧，曰《女诈疯》，从先侯益才君且能演之。

记者问：此《女诈疯》非即皮黄中之《宇宙锋》乎？

韩君答：否！否！鄙人因不擅此剧，故于其本事语焉不详，大致则知为随唐时事。因有女子，与军师徐勣有姻缘之分，而神人惧其以明珠暗投也，乃遣六耳猕猴守之，待有求婚者来，苟非徐勣，则令其诈为疯魔之状，以是始获葳蕤自守。[32]

(32) 原文应接连载四十，原报缺，以下接连载四十一。

记者问：适才韩君所谈之各失传戏，今尚有会者否？

韩君答：鄙之开蒙师侯瑞春先生即全能之，侯师之《守门》《杀监》王承恩，向负盛名。曩日与徐廷璧先生排《铁冠图》时，徐先生以《守门》《杀监》王承恩不得其人，意将《守门》《杀监》二出，略去不唱，侯师大加反对，乃自饰王承恩。且侯师之《守门》《杀监》有与其他人不同者，他人皆作自刎，侯师则为雉经，与正史尤相符。前言诸失传之弋腔戏，侯师不惟能之，且有许多秘本，如向所言之《女诈疯》，此本今在某评戏家处，久假不归，侯师遂亦置之。

记者问：近观翻成皮黄之《渔家乐》，心有所疑，因《鱼钱》等出，韩君亦曾连贯演之，敢请教其异同之处？

韩君答：此问题殊非鄙人所敢置答，因前谈《绣襦记》一剧中，业已再三陈明，鄙人对于皮黄，本少经验，尤其对于本戏之拆穿剪裁，懵然不知。对于昆曲与皮黄之异同，认为此乃各有所宜，绝不敢以已之昆弋，而强去絜人之皮黄也，是以此亦一是非，彼亦一是非，要之，戏剧一道，不外乎情理而已，如其中之《赐针》必在《卖鱼》之前，此即所谓情理也。

记者问：此言何谓？

韩君答：当圣母以如意宝针赐与邬飞霞时，曾言"此针着人皮肉，即能自动走入人心，毫无痕迹"，故后来之"刺梁"时，梁冀虽死，亦无伤痕可验，万家春乃批其本后曰"冤家到了，速速自裁"云云。是飞霞之所以敢于代马瑶草前来者，恃有此针也。虽然，刀剑中人，未必遽死。若此针刺着梁之皮肉，而圣母之言不验，梁冀不死，又将如何？邬飞霞虽曰女侠，亦不应如是之冒失荒唐也，是则必有所试。然以之试人，纵使验矣，而死者何辜？况以之试于猛兽，手无兵刃，又何能剖其心而验之。此所以必须《卖鱼》在后也。因卖鱼未罄，圣母赐针，飞霞不信，曰："沾肉辄入人心，已将何以持之？"圣母乃以"既赐汝针必不伤汝"为告，复令其以之试验于鱼。飞霞乃拣一篮中较大之鱼，以针略着其鳞，鱼即向空一跳而死。飞霞再以手擘开鱼身，此如意宝针止在鱼心，是以有恃不恐，乃敢身入虎穴，非漫然也。且梁冀死时，从先之老角色皆有一跳，其形正与鱼同，即以是为照应耳。今若先将篮中之鱼售净，再得圣母赐针，又以何者为试乎？过去即在鄙班中演《刺梁》，其饰梁冀之花脸，于被刺时，亦有似鲤鱼偃沙之一跳，正以映带前此取试于鱼者也。大抵虽神话戏，亦贵在能自周旋，不太悖乎情理，鄙人自惭于皮黄非所深谙，但于是则逆料其或无大不同也。又《刺梁》之先，必仍有《相梁》。因梁冀朝罢归来，被万家春于无心中相其三日之内当死，梁冀怪而问之，万家春以有人行刺为对，梁冀问其能否躲避，万家春谓可以躲避，约以"无非不要出入，静坐衙斋，紧防外人往来"。梁冀对此实施遂变本加厉，"只在内室与歌妓们欢乐"，此正为邬飞霞造成良好之机会。因若在平日，则梁冀左右，必有许多祗从，岂容邬飞霞假扮之马瑶草一人进前乎？是以梁冀所谓明察秋毫之末而不见舆薪，只顾防范外人，而不知祸起萧墙之内也。其万家春之入梁府，亦情非得已。故净之白中，亦有“相士禁锁耳房，三日后再放”之语。且相梁冀之词，与相飞霞之词，并不重覆。相飞霞时唱牌曲，相梁冀时则纯重白口，若植为万家春与梁冀同上，则如《打渔杀家》之郭先生与吕子秋矣，岂万家春与梁冀为一党，故在其府中走动如狗乎？此外尚有可注意者，即马瑶草先逃走，飞霞后与万家春同去，而清河王与简人同各自派人接来，彼此接错，其接错之理由甚正，因邬飞霞诈称为马瑶草，马瑶草诈称为邬飞霞也。于是马与清河王互相疑讶，而邬飞霞却欲打简人同，谓其冒充。此又昆曲与皮黄不同之处，但是中亦有待商之点甚多。因清河王刘蒜与马瑶草并未识面，其彼此疑讶者，自系意中之事。然邬飞霞与简人同，又何致有争吵之举乎？原在昆曲《渔家乐》上，马融以“由命由人”之说，与女持议相左，乃以瑶草嫁简人同，简人同初不肯纳，马瑶草致欲投江而死，简人同正在为难，而邬渔翁与邬飞霞父女过之，且邬氏父女在简人同未与马瑶草结婚之先，即曾加以周济，至是遂由邬渔翁权作主婚，又作媒妁，邬飞霞且为作临时伴婆，此均见于《纳婚》一出之内，是邬飞霞与简人同，不但相识，且系旧相识，其代马瑶草，亦以简人同赴河东，即以瑶草为托。今谓二人别无几日，见面遽尔争吵不知为谁，是又岂在情理之内乎？

记者因与韩君论及昆黄之不同，乃忆韩君固曾一度学演皮黄，即问之曰：闻韩君曾有一度学习皮黄，其间经过，可否见示？

韩君答：此事之动机，由于前此赴沪时，沪方名流，以及剧业闻人，多以鄙人尚具演戏天才，不过所习为昆，似乎路途狭窄，劝以改习皮黄，又有人以加入梅剧团之说进。实则友好之嗜昆弋者，则又绝不主张鄙人兼习皮黄。既以言者谆谆，遂不敢听之藐藐，乃先聘得冯蕙林君学花衫戏，此民国十一年之事也。[33] 所学会之剧目，计有《虹霓关》（包括夫人、丫鬟两工）、《马上缘》、《南天门》、《玉堂春》等。后于十二年，遂又拜入陈漱云先生（德霖）之门[34]，所学之剧如《孝义节》、《落花园》、全部《红鬃烈马》，包括《花园赠金》《彩楼配》《三击掌》《探寒窑》《武家坡》《大登殿》，并代战公主之《赶三关》《银空山》等完全学会，惟无《别窑》，因此戏即在陈先生生前，亦不会演，其来也，似系自南而北[35]。鄙人每日清晨赴坛根喊嗓者，亦三年之久，无间寒暑，未尝一日辍。但自民国十四年[36] 赴日献技以后，先师未几亦归道山，此调遂搁置不弹矣。

(33) 民国九年（1920 年），即有人提议韩氏兼习皮黄；民国十年（1921 年）7月，正式付诸行动，聘师学戏。

(34) 据民国十四年(1925 年)5 月 3 日《顺天时报》第五版《都门菊讯》所载“韩世昌现从陈德霖学青衣戏”,可知其大概时限。

(35) 原文作“自北而南”。

(36) 当系误记,应为民国十七年,参见注(14);陈德霖卒于民国十九年(1930 年)7 月 27 日,享年六十九岁。

记者问:韩君之皮黄戏,在外亦尝公演否?

韩君答:仅有两度堂会演于明场,自此遂偃旗息鼓,不敢问世。第一次,系在奉天会馆(即今哈尔飞瑞园之旧址),陈仲骞先生之太夫人做寿,同人彩觞,鄙人之《彩楼配》乃于此席作处女演。第二次则在南池子马宅,所演亦为《彩楼配》。原鄙人对于陈师之腔,实所钦佩,故在当时刻意模仿,对于陈师所谓之“八大腔”者,至今尚识于胸中,惟以此腔虽佳,若演员之嗓音,则又非真力弥满者不办。若鄙人在今日,恐即歌四句原板之微,亦必须经过三日吊嗓以后,其难可知矣。

记者问:韩君既已费去如许功夫,何以“为山九仞,功亏一篑”?

韩君以最直率之态度回答之曰:一言以蔽之,即为艺不精人也。原鄙人既已浪得虚名,今一旦而兼习皮黄,况又拜列陈师之门墙,此诚不鸣则已,鸣必惊人，然后无妨一试。今既无加于人，不徒已之浮名日损，即在陈师，亦恐以不舞之鹤贻讥于世人。在昔荀子有言曰“艺之精者不两能也”，鄙人之艺，去精尚远，而其所谓“不两能”者，则固已身受之矣。

记者问：是何以故？

韩君答：因昆曲与皮黄之发音术迥乎不同也。皮黄之旦角乃用假嗓，普通之谓青衣为“小嗓”者以此，其唯一要素，在用立音高音，昆曲则有时须用横音，二者之发音术绝不相同。然昆曲亦非全无高音，有时一声高唱，响遏行云，是以皮黄班中之旦角，必须嗓子发宽者，始能歌昆曲，否则尖细不沉，即令勉强之，亦只觉其呦呦之声太多，此截然不同之处也。或者等(由)演弋腔者改习皮黄比较容易，因弋腔尚直音也。

记者问：韩君等所演之《双合印》，即《广平府》，是否弋腔？

韩君答：然。

记者问：此弋腔之《双合印》与京朝班演之《双合印》有何同异之点？

韩君答：大体无不相同。此剧之来源甚古，从先即在鄙班演之，其董洪一角，亦较现在为繁重，在水牢中有大段之弋腔，今皆减去。所最不同者，即皮黄班中之丫鬟名瑞莲，鄙班则名桂春，以字面之鲜艳美丽言之，桂春诚不如瑞莲，不过老例如是，未敢或违耳。

记者问：昆弋班中向来无跷，何以在此剧中独有？

韩君答：此亦老例，然其中不无过程可言。因跷之一物，确发源于梆子，而梆子之来，较之皮黄在前，当昆曲未衰时，梆子已然崛起，不过彼时之梆子与今不同，且有带曲牌名如〔山坡羊〕〔驻云飞〕等，魏长生所演，即为此类，故跷之为物，虽滥觞于梆子，而《双合印》中有之，不足为奇。此亦犹之梆子班中亦常有整支牌曲，或全剧皆唱昆腔，皆非后来所偷，而其牌曲有时亦为〔梆子山坡羊〕〔梆子驻云飞〕之类，更不足奇矣。盖昆弋班中之小戏，尚有许多彼时所谓之杂剧，实际昆黄交替中之产物，如《打刀》《打杠子》之类，此非即今日皮黄中之所常见到者乎？大抵鄗班中所演各剧，其时代绝不一致，有为元曲本文者，如《训子》《刀会》《张飞负荆》《女弹词》等，皆为元人杂剧，亦有传奇，如《牡丹亭》《玉簪记》等，亦有上述昆黄交替中间之产物，除《打刀》《打杠子》，余若《一匹布》《打面缸》《绒花计》[37]，鄗班中亦时时列为开场。此则《缀白裘》中固已谓之梆子腔矣，是知《双合印》之上跷者，诚源渊于梆子，特此梆子非后来之梆子耳。如谓鄗班带演梆子，人必哗笑，实则确乎尚有许多梆子戏在，不知者必以为是欺人之谈矣。惟其唱法亦与今异，盖仍近于弋腔也。

(37) 韩氏在开封广智院曾演出《绒花计》，

饰二小姐惠芳，亦踩跷，见“霸野”之《听戏看戏要独具隻眼特具双耳盲从的便说不上是赏鉴家》[《全民报》，民国二十五年（1936年）9月14日，第七版]。

记者问：韩君前此对于弋腔多所声述，不识本身所习之弋腔，在今日尚能公演否？

韩君答：言之滋愧，鄙人对于弋腔实未学好，不敢以之欺骗嗜曲诸君。原弋腔之难，难在昆曲上。第一，虽系干唱，而事实上仍有工尺，此若非烂然于胸中者先已不办。鄙乡之习弋腔者，当其初学乍练之时，因无准稿，亦有用笛带之者，惟既成声，则势须屏笛不可，夫既无工尺，何以能用笛带？而若于演时亦用笛带，尚成何弋腔？是知其甚难也。此外念字更有不同于昆黄之处，鄙人在昔学弋腔时，首习小生，学演《目连传奇》中之《刘氏回煞》傅罗卜（即目连），乃于曲子中有一“惊”字，特殊难念，鄙人习至二月之久，犹不能，而此《刘氏回煞》之一戏遂终于未敢上演。且鄙人之嗓，亦不够演弋腔之用，不惟不够演弋腔之用，即演皮黄，亦嫌不够，故昔从陈师用工，喊嗓三年，结果乃致咯血，不得已而作辍。若言演弋腔，则又岂至咯血而已乎？

记者问：然则在昔弋腔诸名宿，何以皆有好嗓？

韩君愀然答：此事言之甚怪。大抵音乐一道，关乎国运，弋腔正兴，则自然有高嗓之人才，及其衰也，求之亦不可得。此不独弋腔，即皮黄亦然。譬如在昔不够正工调者不能演正生，而过去之皮黄班中，可以唱正工调者反多于今日。加以“一人善射，百夫决拾”之原理，此弋腔在昔盛兴时亦所以多人才也。

记者问：今日之弋腔名宿，尚有存在者否？

韩君答：或者在鄙乡附近，尚有老人，亦未敢云全无。此弋腔后来不知何以流入川中一部，曾闻川人演之，但弋腔之帮腔者，仅能帮末一字，此则有帮至二三字者，学时亦未全按工尺，以致演时为百声呶作，难悦世人之耳。前年鄙等赴汉献技时，曾目击之。

最后记者复问韩君对于提倡昆曲之意见，韩君答：虽然鄙班上座日见凋零，然古人云“得一知音，死可不恨”，是以鄙人对此少数座客，亦愿以诚挚之态度感谢之。鄙人技拙力微，或有以提倡昆曲之功归之，此断断乎非所敢受。不过有鄙班同人在此摇旗呐喊，为华北尚留一昆弋之淡薄印象，此则或为事实过程。但长此以往，则恐并此淡薄之印象亦将难存于世，是固不得不盼朝野名流，一致设法代为维持，此乃昆弋之存在问题，非为同人哺啜计焉。

记者因已数度访问，恐韩君疲劳，乃辞出德泰皮店，撮记如上四十五日所述。

马祥麟、侯永奎

（荣庆昆弋社）

采访人：王柱宇

原载1936年5月25日—6月21日《世界日报》（北平）

四大徽班入京昆弋逐渐式微
该社杰才为侯永奎与马祥麟

昆乱并重 昆腔、弋腔，在中国戏剧史上，为来源最古、价值最高之戏剧。时代递嬗，内容略有变更。总之，其词句之典雅，规则之美伦，比之其他戏剧，不止超过数倍。清代乾隆以前，徽班尚未入京。占有戏剧之全部势力者，厥为昆弋班。自四大徽班入京以后，时人心理，群趋于西皮二黄。于是昆弋势力，乃逐渐式微。但其时，老成人物，仕宦绅商，对于昆弋之观念，仍非常浓厚。故昆弋戏剧，赖以持续不坠。直至有清末季，以迄民国初年，昆弋两腔，遂成强弩之末。不过，皮黄剧中，夹用昆弋之处，至为众多。且皮黄名伶，仍以能兼唱昆腔者为全材。通常评剧家批评某一名伶，誉其能力博大，则曰“文武昆乱不挡”。所谓“文武”者，言能唱做，亦能武打之意。言“乱”者，谓“乱弹”，即皮黄，亦即昔日之徽调也。言“昆”，即昆曲。有此原因，故徽班中人，亦非兼习昆曲不可。近二十年来，昆弋戏班之在中国，尚得一息仅存者，赖有此耳。最近以前，韩世昌在平，北平市上之昆腔声浪，犹断续传播于吾人之耳鼓。不意，因内部发生意见，韩竟去而之津。至今北平市上之仅存者，仅为荣庆昆弋社之一班人物。

勉维现状 名既不彰，营业自不佳良。差幸，此一班人物，自知势力微弱，团体尚极坚固。因公同会议，决定无论在任何戏院出演，取价特别低廉。至于营业收入，除开销外，第一步，提归公有，作为众人饭食之需。此外，尚有盈余，始按成分配若干，作为各人之零用。如此办理，属于必需开支，自极轻微。营业问题，乃得勉强维持。盖不如是，不足以图存。行见此来源最古、价值最高之昆弋班，将归于冰消瓦解也。今荣庆昆弋社中，论老成人物，曰陶显庭，曰郝振基；论具有叫座力之后进青年，曰侯永奎，曰马祥麟。全班五十余人，皆寄居于陕西巷华丰楼公寓。故该公寓，谓之为公寓也可，谓之为该社社址也，亦无不可。记者特赴该公寓访问，由侯永奎、马祥麟两君，同出接见。据谈该社之种种情形，甚为详尽。兹分别录志如次（以下侯马两君，各有答词。故统以“答”字代表，不冠姓氏）。

现与其他戏班相同无固定戏园
从前专演于一戏园不利□多

轮流出演

记者问：本社现时，在平出演，其办法如何？

答：现时，本社在平出演，与一般戏班相同，并无固定戏园。随时与各戏园接洽，有空闲时间，则由本社出演。其地点，约为哈尔飞、吉祥、华乐诸戏园。盖戏班之出演于戏园，究以轮流转动，并无固定戏园为宜。此种办法，其利有三：一、顾客之中，仅有一部分之戏迷，于嗜好某一戏班之某某数角儿以后，不问在何处出演，不问路途之远近，总之非追逐入座不可，则地点虽有更动，而长期顾客，并不因之减少。二、往往有一种之顾客，限于事务，限于时间，不容远道听戏。距离近，则作一次顾客，借酬素志，距离过远，只好作为罢论。于是常在东城演唱之戏班，住西城者，或永远不得一见。常在西城演唱之戏班，住东城者又始终未得问津。轮流出演于东西城，或南城，则各处住居之人士，皆有就近听戏之便利。三、亦有一部分之顾客，不问戏班如何，专投一个之戏园，则轮流出演之际，亦可吸收此类顾客，使有参观本社戏剧之机会。有此三利，故现在本社之出演，亦采取一般戏班之办法，较之从前专演于某一剧园者，相差甚为悬远也。

记者问：从前，何以专演于某一戏园？

答：曩昆弋社之出演，概在前门外门框胡同内。当时，北平人士，共知门框胡同内有一昆曲戏班，其他戏园，决无昆班之踪迹。盖前后台关系，成为一种之固定联络也。有此原因，于是凡来园听昆曲者，皆长期入座之老主顾。而距离较远者，兴味较淡者，又或专投其他各园者，皆无接近昆弋之机会。年复一年，此一组昆弋戏班，在戏剧界，竟成一种之特别区域。而一般顾客之习惯，皆为物以类聚。常听昆弋者，即与常听昆弋者为友，常听皮黄者，又与常听皮黄者为友。究竟，今日之时代，皮黄之风，盛极一时。一般青年士女，呼朋唤友，群趋于诸皮黄戏班。其流连昆弋剧场者，率皆老成人物。而日月不留，老成逐渐凋谢。昆弋之主顾，遂逐渐减少。其营业状况，亦遂不能维持。厥后，营业倒闭，前后台之契约解除。此昆弋戏班，始得轮流出演于各戏园。则将来前途，或有光明之希望，亦未可知也。

一般人能唱昆曲者百不得一
北平人至今已稍有昆班印象

逐渐消沉

记者问：从前，昆班出演，专在一个戏园，影响于营业者，如是其巨乎？

答：从前，昆班出演，以一个戏园为限。其弊端，不仅影响于戏班之营业，实可影响于昆班之前途。盖一般心理，愈近则愈亲，愈远则愈疏。在昆班受制于一个戏园之时期，皮黄之道大行，而一般人对于戏剧，足以发生美感之原因，除戏剧之本身问题以外，厥有二端：一、能了解者，即觉其美。中国人看中国戏，觉其美，外国人看外国戏，觉其美，此无他，能了解耳。反之，中国人骤看外国戏，外国人骤看中国戏，皆不能发生快感，此无他，不能了解耳。今再以电影喻：在有电影常识者，共知外国影片，优于国产影片。然在不具电影常识者，充其量，只能看国产影片。此中原因，亦皆为能了解与不能了解之分。二、入座听戏，赏玩为一问题，研究与摹习为一问题。一面摹习，一面愈增若干之美感。今昆班出演。限制于一个戏园之内，与其他部分之顾客，已起若干之隔离。根本既不了解，当然难起美感。从事摹习，更谈不到。经过二三十年之酝酿，老成相继凋谢，青年瞠目不解。于是夜行道歌者，皆为皮黄之声，求一能唱昆曲者，乃百不得一。如此，昆弋势力，乌得而不逐渐消沉？故曰：昆班专演于一个戏园，其弊害，实可影响昆班之前途也。

相当转机

记者问：昆班轮流出演于各戏园后，亦有相当之转机乎？

答：曩韩世昌在平，与本社合作时，早已采取轮流出演之办法。其时，本社同人，共知时势所趋，营业不振，演剧以外，关于各人所得之要求，希望最低，故售票价格，比较低廉。轮流出演之际，因票价低廉，大致尚可上三四成座。经同人勉力支持之结果，此间人士，至今已稍有昆班之印象。自兹以往，若能继续奋斗，则昆班势力，或将恢复原来之盛况。盖时人心理，在过去，为求新的。故皮黄之后，有奉天评戏、河南坠子等等，皆得盛极一时。将来趋势如何，虽漫不可期。但求新而不得，往往又趋于返古。今日之中国，在在足以测出返古之见端。昆曲之来源最古，而价值最高。复兴之事，亦自有相当希望也。

韩世昌演戏每座取加钱一角
荣庆昆弋社系众人合作性质

加钱问题

记者问：韩世昌在平，公议勉维现状之法，进行顺利乎？

答：当时，历在各处演唱，上座情形，虽不甚佳良，而每次出演，总可售出三百票左右。以每座票价五六角计之，统前后排，以及楼座散座，约可收入百元。除戏园方面扣除以外，尚有七八十元之纯益。若平均分配于众人，生活一节，当然不成问题。但在当时，本班之中，韩世昌以外，尚有白云生。此两君，因叫座力较大，乃不肯平均分配，而索“加钱”。所谓“加钱”，系以座计。韩君所索条件，为每座收洋一角。若每次上三百座，即须共提“加钱”三十元。白君条件，亦与韩君相等。如此分配，除韩白两君，提去“加钱”以外，全班六十余人，已所余无几。假定总收入为一百元，首由戏园方面，提去二十元，其余八十元，韩君提去三十元，白君提去三十元，则下剩者，仅为二十元。以六十余人，平均分配此二十元，每人所得，不过三角钱。而总收入一百元，尚为较好之营业。每人得钱三角，维持低度生活，尚可敷衍。更若售票情形不佳，则每人所得乃至二角、一角不等。如此，最低度之生活，亦无法维持。

奋斗到底 众人之中，啧有烦言。佥谓：演戏而无饭吃，何如不演戏？遂商于韩白两君，改订办法。最好，演戏所得，第一步，平均提出众人之必需生活费。此外，尚有盈余，则分别等差，分配各角儿之戏份。众人如此请求，亦在情理之中。盖平均分配生活费以后，于韩白两君之收入，虽有相当亏损，而团体工作，究非维持公共之生活不可，不然，若生活已不能维持，则团体将不能存在。求前途之发挥光大，更不可得矣。结果，众人此项苦衷，不蒙韩白两君见谅。其取“加钱”之态度，始终不变。如此，相持不下。众人群情愤激，皆不愿演唱。韩白两君力争不得，遂相偕脱离本班，赴津别谋出路。此后，韩白两君，因在昆弋界，颇负时誉，其生活，当然不成问题。而本班诸人，尚有五六十名，念有韩白两君，而生活不能维持，不如自行设法，维持众人之生活。此荣庆昆弋社，即韩白两君，退出本班以后，自行组合，务期奋斗到底之团体也。(1)

（1）参见《韩世昌》篇注（18）及相关章节。

韩白离平后每座票价减低一角
近年以来绝无昆弋科班之出现

生活解决

记者问：今日之荣庆昆弋社，出演于此平市上，每次收入，约为若干？

答：韩世昌、白云生，两君既已离去，现时团结合作之五十余人中，比较能演重戏者，论老成人物，当然为陶显庭、郝振基。而时人所好，群以趋时为务。至于老成人物，无论艺术程度如何，总之不能令人满意。质言之，即程长庚复生，恐亦不能叫座。青年之中，仅吾二人（侯永奎、马祥麟）差堪胜任。但过去历史，吾二人则蛰伏于韩白两君势力之下，骤演重戏，其名不彰，言叫座力，当然比较薄弱。本社在此状况之下，惟有减票价，投一般贫贱之心理。现在，本社每次出演，所定票价，正座前排每位，只收四角，连加捐在内。其余散座，价格更低。以最近情形言，每次上座数目，约为二百余人。总计收入，约为八十元左右。此八十元，由戏园方面，提出二成，尚余六十元之谱。好在，本社规约，任何人，不得索“加钱”。其第一问题，乃为平均分配各人之必需生活费，则维持现状一节，可以不成问题。综计韩白两君离开本班之影响，仅为每座票价，减低一角。除此以外，其上座情形，乃相差不远。且同社诸人，俱得解决其生活问题，则又不幸中之大幸，吾人值得欢欣者也。

出路狭窄

记者问：本社为戏班性质乎？抑科班性质乎？

答：今日之戏班，大抵，成立一个班名以后，值出演之期，则全体活动，共作一次之营业。但休息期间，除少数主要角儿以外，其余，如三路角、配角、里子、零碎之类，尽可加入其他戏班，冀博少数之收入，故三路角、配角、里子、零碎诸人，收入虽微，而所入辄合，出演机会极多，其生活，乃亦不成问题。本社虽为戏班性质，但任何同人，除在本社出演以外，更无其他同样戏班，可以自由加入。本社在戏班之中，出路亦至狭窄也。至于科班，概为一个或一组东家，出资兴办。而投资问题，非有获得重利之希望不可。昆弋势力，既极衰微。从事习练，比较又极困难。所费较巨，希望且无把握。故近年以来，绝无昆弋科班之出现。现时，本社中人，无论老幼，竟无一科班出身者。(2)

(2) 采访次年即民国二十六年（1937年），荣庆昆弋社出演天津劝业场天外天游艺场卧月楼期间，为培养后继人才，成立小科班，由高阳、饶阳两县招收男生二十一人，教师高五庄、景和顺、马凤彩、侯益太、侯永奎、吴祥珍、白玉珍、马祥麟、侯玉和，学生年龄，最大者十六岁，最幼者十岁，计王荣复（十六岁，花面）、宋荣兴（十六岁，小生）、侯荣昆（十五岁，老生）、赵荣曲（十五岁，官生）、张荣德（十五岁，武旦）、王荣盛（十四岁，文丑）、梁荣万（十四岁，大净）、宋荣年（十三岁，小旦）、吴荣富（十三岁，武净）、高荣贵（十三岁，武生）、许荣长（十二岁，青衣）、董荣春（十二岁，老旦）、常荣英（十一岁，花旦）、常荣雄（十一岁，武丑）、侯荣起（十岁，刀马旦）、侯荣志（十岁，丑）、于荣重（十四岁，老生）、张荣发（十二岁，花旦）、侯荣国（十岁，武生）、高荣粹（十岁，武生）、赵荣喜（十岁，正旦），是年6月5日晚场，在卧月楼首次公演。

皮黄科班有利可图故极众多
学昆弋戏三年以后始能登台

皮黄易学

记者问：一般办科班者，纷纷办皮黄科班，而不及昆弋。其原因何在？

答：此中原因，至为复杂。言其荦荦大者，可分二端：一、办皮黄科班，学戏较易；办昆弋科班，学戏较难。二、办皮黄科班，有发财之希望；办昆弋科班，无利可图。原因办科班者，名曰养成戏剧人才，实则无非欲从中取利。通常科班办法，概供给学生之衣食住。所谓住，不过多数学生，合住于一所房屋之内。所谓衣，不过冬一棉袄，夏一布衫。所谓食，不过窝头与小米粥。以如此低度之维持费，训练一年之谱，即可演戏卖钱。演戏所得，除必需开销外，至于所有学生，分文不取。其盈余，完全属于科班主人之收入。故所费不多，而希望极大。此为新成立之科班，已有本少利大之结果。至于成立多年之科班，所费更微，获利更多。大抵，入科学生，经过三四年之训练，其资质佳者，早已取得名伶之地位。各能演唱正戏，有如老伶工。不然，演配角、里子、零碎之类，亦优乎有余。至于新入科之学生，以教以摹，三数月，已能跑龙套、翻筋斗，则科班之中，乃竟无一吃闲饭者。且今日之皮黄，盛极一时。每一出演，叫座极易。以最小限度之开销，维持营业，较之通常戏班、开销较巨者，自有竞争之可能。所获利益，当然优厚。若办昆弋科班，结果乃反是。一般资本家，审度利害，故不为也。

昆弋难工

记者问：办昆弋科班，结果何以与皮黄科班相反？

答：学昆弋戏，较之学皮黄戏，其困难不止超过两倍。若办一昆弋科班，从事训练学生，最小限度，非三年以后，无法登台。此三年期间，虽以最简单之生活方法，对付学生，而所耗数额，总极可观。且今日之时代，偏重皮黄，漠视昆弋之意味，过于显著。所教学生，纵能登台，而演戏结果，能否够本、能否敷衍必需之开支，已成问题。希望赚钱、希望发财，更无论矣。总之，开办科班与开办学校之意味，完全相同。开办学校之口号，曰培植人才。但培植人才而不能赚钱，即无人培植人才。至于开办科班，更完全为牟利性质。昆戏早已不能赚钱，故昆弋科班，早已无人敢办。

票友能演昆弋戏者百无一二
昆弋演员概由父兄传之子弟

绝无票友

记者问：今日之昆弋人才，既无科班出身者，然则皆系票友出身乎？

答：所谓票友，言非以演戏为职业，偶然逢场作戏，试演一二出之戏剧也。大抵此类票友，不过性情所近，因浸润既久，亦能领略一部分唱戏之法。此时，再延请内行，略加指点，说明规则。遇相当时机，即蹈暇练习，以至蹈暇粉墨登场。此种演法，在皮黄中，往往有之。盖皮黄戏之腔调板眼，凡老于听戏者，类能知其大概。至于身段、台步，以及种种之做派神情，无妨以意为之。好在票友登台，目的全在消遣。内行而看票友戏，虽觉荒谬绝伦，笑不可仰，而一般人对之，总觉其为票友，处处曲予原谅。荒腔走板处，则为之大度包涵，稍有片长足取，且为之哗然道好。北平市上之票友，俯拾即是，原因即在于此。至于昆弋，则迥异皮黄。一切种种，非极端娴熟，不能登台。北平市上，嗜戏人士，最为众多。然能演昆弋之票友，百人之中，不得一二。偶演一二出，且困难如此，公然组班，经常以演昆弋为职业，其难处，更可想见。故今日之昆弋班人物，固无一科班者，而票友出身者，尤事实所不许也。

皆系家传

记者问：然则如许昆弋演员，其戏剧，何由学来？

答：昆弋班同人，大抵为昆弋演者之后裔子弟，全属家学，并非师授。不过，艺成以后，尚不免就正于老成人物。此为偶然请益性质，与教学性质不同。盖先世父兄，毕生之精神，研究此昆弋戏剧，而辛勤所得，演于舞台，既不足以之言发财，授他人而无利可图，又无人愿学。但昆弋戏剧，惟价值崇高，学习始感特殊之困难。一般人不知重视，昆弋界人乃自相重视。他人不能学、不肯学，惟有授之于家中子弟。因子弟与父兄，朝夕相处，故有学唱之机会。而为子弟者，无论愿学与否，迫于父兄之命，亦不得不学也。大抵，昆弋同人之学戏时期，以此种情形，最为众多。不过从事学戏，得有相当门径以后，又各感觉相当之兴味，至于欲罢不能，至于不能不学。惟学戏为一问题，演戏又为一问题。学成以后，出路如何，在同人等，又不暇计及也。

唱昆弋之难较皮黄不止两倍
昆弋戏词与腔调一般人不解

此难彼易

记者问：两君（侯永奎、马祥麟）谈，学皮黄如彼其易，学昆弋如此其难。究竟，所谓易，所谓难，可得闻欤？

答：皮黄与昆弋，论化装、论台步身段、论做派表情，既名之曰戏剧，当然具有同样意味。不过，论唱工，则显然有难易之分。吾人但看，一般人，若具有戏剧嗜好，作得几回座客，即可引吭高歌，大唱其西皮二黄。至于昆弋，则不然。听戏之经过，时间无论久暂，欲其学唱一段，事实上，乃不可能。即此而论：皮黄之易，昆弋之难，已不问可知。此外，尚有种种之做派，在皮黄，不过取其与人事接近，在昆弋，则于与人事接近以外，尚富含若干之艺术规则。两相比较，难易亦大相悬殊。总之，谓昆弋之难，不止超过皮黄两三倍。此为事实问题，无可讳言者也。

剧词腔调

记者问：一般人对于皮黄易于摹习，厥故安在？

答：唱戏之必需条件：一、非有剧词不可；二、非熟知腔调不可。而皮黄剧本，所在皆是。以言细微部分，虽彼此歧出，有所谓“好戏词”与“不良戏词”之区别，究竟，种种流传于社会之剧词，要皆大同而小异。严格立论，本有适用者，即有不适用者。但勉强入唱，任何剧词，总无不能上口者。即如《朱砂痣》《三娘教子》《武家坡》《四郎探母》《碰碑》《洪洋洞》《乌盆计》《捉放曹》《女起解》《二进宫》《探阴山》《牧虎关》《钓金龟》《滑油山》一类之戏词，随处可以得来。不然，买一部《戏考》，凡生旦净末丑，乃各应有尽有。然而在昆弋，则无此类剧词之流行也。至于腔调，在皮黄，无非西皮二黄。虽细析之，有所谓西皮倒板、西皮原板、西皮慢板、西皮摇板、二六、流水、快板、二黄倒板、回龙腔、二黄原板、二黄慢板、二黄摇板、四平调、反二黄原板、反二黄慢板、反西皮摇板、反西皮二六等等，要之，其板之拍法，不过有一板一眼、一板三眼，以及有板无眼之分。其余，且无板可言。一般人只需有自行拍板之常识，了然于一种之唱法，即可取此例后（彼），互相沿用。佳良与否，虽系问题，而开口歌唱，总属可能范围。在昆弋，无此便利也。

唱戏功夫在利用腔调唱本音
同是一种腔调不容取此例彼

剧词歧出

记者问：皮黄唱法，凡属一种腔调，无论何种剧词，一律可以通用乎？

答：严格立论，唱皮黄，亦不容取此以例彼。盖唱戏，与吾人说话之意味，完全相同。吾人说话，各个字音，以真切准确为主。不然，若倒字满口，有如此间人口吻中之“怯口”。则听话者，或将不能了解。唱戏一道，亦犹是也。单人唱时，属于自道性质，当然以一般观众了解为主。虽两人以上，时（对）口歌唱之处，其神情，似剧中人互相问答。实际上，仍非使一般观众了解不为功。故板名腔调，自成意味。而咬字须真切，发音须准确，则初无歧致。质言之，用二黄唱出，咬字发音，固须真切准确，用西皮唱出，咬字发音，亦须真切准确。推之而用倒板、用摇板、用三眼、用原板、用二六、用快板等等，其咬字发音，亦皆非真切准确不可，则其揆一也。然而，腔调有固定之尺寸，有固定之神理，剧词则彼此歧出。故唱戏之功夫，全在利用种种之腔调，唱出各个本字之字音。如此，则甲剧之或种腔调，与乙剧之或种腔调，迥然不同，不能互相通用矣。

腔调不同

记者问：然则皮黄之难，亦无法取此例彼矣？

答：唱戏而以此例彼，当然难登大雅之堂。即如人所共知之《空城计》与《捉放曹》。《空城计》中之“我本是，卧龙岗，散淡的人”一段，与《捉放曹》“听他言，吓得我，心惊胆怕”一段，言其腔调，同为三眼西皮。腔调相同，过门相同，似可取此以例彼矣。实际上，乃迥不相同。以显著之处言，《空城计》之第三句“下南阳”以下，有长腔，而《捉放曹》之第三句“只望他”以下，无长腔也。《捉放曹》之“马行在夹道内，难以回马”一句，两个长腔，聚于一处，《空城计》中，无此腔也。其所以不同之故，非前人故为奇腔，捏造一种之成法。不过，字音不同，其行腔乃不得不变，不得不因时制宜，而成此天然应尔之腔调耳。显著之点如是，细微部分亦然。如《空城计》中之第一句，“我”为上声，“本”亦上声，“是”为去声，“卧”为去声，“龙”为阳平，“岗”为阴平，“散”“淡”“的”三字皆去声，“人”为阳平。《捉放曹》中之第一句，则完全不同矣。

各剧字音不同不容取此例彼
昆弋同一曲谱而有种种唱法

原理不许

记者问：字音不同，唱法即不一致乎？

答：适言《空城计》西皮三眼之第一句，与《捉放曹》西皮三眼之第一句，因其音韵不同，故唱法各殊。盖若以同样之方法唱，不惟有倒字之弊，抑且不受听，以致使人不懂也。《捉放曹》之第一句，“听”读阴平，“他”为阴平，“言”为阳平，“吓”“得”为入声，“我”为上声，“心惊”二字为阴平，“胆”为上声，“怕”为去声。试与《空城计》之第一句，诸字音，相为对照，其平上去入阴阳，竟无一处相同。则唱《空城计》，当然不得用《捉放曹》之腔，唱《捉放曹》，亦当然不得用《空城计》之腔。因《空城计》之腔，以《空城计》之剧词为根据，而《捉放曹》之腔，又以《捉放曹》之剧词为根据。各随其宜，故无互相移用之可能也。此两段剧词之腔，不得相互移用，其他剧词，亦莫不皆然。同是二黄原板，然而《琼林宴》之“我本是，一穷儒，太烈性”一段与《乌盆计》之“老丈，不必胆怕惊”一段，腔调则迥然不同。同是二黄慢板，然而《宿店》之“一轮明月，照窗下”一段与《二进宫》之“千岁爷，进寒宫，休要慌忙”一段，又唱法各殊。故言皮黄，严格论之，亦自有其难点。取此例彼，皆非原理所许。

入门不易

记者问：然则，昆弋之难，不与皮黄相同乎？

答：以原理言，唱昆弋，唱皮黄，当然同样难。不过，以言入门，则昆弋较难，皮黄较易。盖皮黄之腔调，总之大同而小异。若学会某一种腔调，再遇同样之腔调，稍稍经人指点，即可上口。且唱皮黄而纯熟，遇一新剧词，无妨应用某种腔调，自由支配唱法。不过，为琴师者，非耳音迅速、手法灵妙不可。盖其转用腔路之责任，不在唱者，而在琴师也。昆弋不然。各种曲牌，至极繁多。同为一种曲牌，因字音之不同，唱法即显然歧义。故一剧有一剧之曲谱，一段有一段之曲谱。吹笛者，按谱吹腔，歌唱者，即宜按谱歌唱。其责任，须双方共同遵守。吹笛错误，固与唱腔格格不入，歌唱错误，又与笛音不能调协。吾人从事学唱昆弋，即非谙熟各种之曲牌、各种之唱法不可。则其入门之始，所感困难，当然远在皮黄之上矣。

昆弋剧词非注明工尺谱不可
任吹笛者须于各剧并擅兼工

剧词罕见

记者问：学昆弋入门，比较困难，乃难于各段唱词，曲谱不同，唱法不同。但若唱词流通，使一般人共知其字句，则昆弋势力，或尚比较普遍。然通常《剧考》一类之书，以及种种剧词刊物，大抵，有皮黄而无昆弋，其故何耶？

答：适已言之，皮黄腔调，大同而小异，取此例彼，尚属相对可能。一般人随口歌唱，但有一种之剧词，按各种腔调之原则唱去，虽不必佳，总可上口。故皮黄剧词，有普及之可能。一般人因相对可以应用，亦遂纷纷购买。皮黄势力扩大之原因，即在于此。至于昆弋，则不然。各段剧词，唱法即不相同。纵有剧词，闻者亦无法模仿练习。则以剧词付印，俾便阅者之摹习，最小限度，乃非注明工尺谱不可。而印刷剧词，附注工尺谱，其困难之点有二：一、工尺谱，在一般人，多不能了解，费尽心力，乃无所用处；二、通常皮黄剧词，一个小册子，可容若干出之戏。剧词既多，取价亦廉。若印刷昆弋剧词，而附印工尺谱，所占篇幅，即比较为多。一册之书，遂不能容纳若干之剧词。材料既少，价格又昂，购买人为经济打算，乃不肯惠顾。有此二因，故昆弋剧词，在社会中，乃极少见。至于摹习既成，无人了解，不足引起其兴味，则又一问题也。

吹笛之难

记者问：昆弋之曲谱，为固定的，皮黄之腔调，为活动的。则昆曲之吹笛，与皮黄之拉胡琴，孰难而孰易？

答：昆曲之吹笛，与皮黄之拉胡琴，言其至极，皆漫无止境。盖昆曲之吹笛，在个中老手，以任何戏剧，皆可应付为佳。而每一出戏、每一段词，既皆自成腔调，故吹笛者之程度，非于各出戏剧，并擅兼工不可。对于某一出戏，若无把握，即不能担任吹笛。

至于皮黄，虽新排一出之戏，在琴师，为从来所未闻。又或新来一个角儿，在琴师，不知其剧词，不知其腔调。只需耳音迅速，手法灵妙，亦敢上场，担任操琴。孰难孰易，亦可想见。不过，皮黄琴师，技能佳者，托腔较稳，决无参差之弊。若技能不佳，遇新编剧词，遇新来角儿，乃不免互相参差，不能臻于稳妥之境。此则程度问题，要非绝对不可能之事也。

皮黄唱法因人而异派别繁多
昆曲笛手于新排戏亦敢担任

并无派别

记者问：昆弋之难，乃在各剧各段，因字音之不同，自成腔调。皮黄之易，乃在取此例彼，而无妨以意变更腔路。然则，皮黄无固定之成法，昆弋为不易之规则。一则变化多端，一则泥古不化矣？

答：皮黄无固定成法，腔调因人而异，故今日皮黄老生之中，有谭汪孙三派。就中谭派比较盛行，而诸谭派人物，又彼此歧出，自成腔路。则其唱腔之复杂，变化之多端，可以推知。但真能腔腔入妙，字字不倒者，不可多得也。昆弋不然。一出戏剧，一段剧词，无论何人唱来，所有腔调，皆完全一致。故昆弋剧中，只有角色之分。若同一角色，决无派别之可言。实际上，昆弋唱法，虽彼此绝对相同，但同一角色，有唱而佳者，即有唱而劣者，有成为名角者，即有只能充里子配角者。此中原因，属于资质不佳、嗓音太劣者，固居半数之成分。而戏曲一道，总与天才有关。富有天才者，在某种不易规则中，自能宛转入妙。不然，即所谓泥古不化，仅成一种之笨伯。由是言之，有规则之难，遂难于无成法之难矣。

出神入化

记者问：昆曲之吹笛，既有固定曲谱，在练习之始，为求能力博大起见，固感望洋兴叹。但学成以后，按谱吹笛，更无其他顾虑。至于皮黄之琴师，在练习之始，各种过门，其事甚简。而学成以后，各人之唱法不同，尽可自由变更。求托腔工稳，又漫无止境。则高明之琴师，难于高明之吹笛矣？

答：拉胡琴与吹笛，各有困难，各有出神入化之程度。通常琴师，有所谓“傍角”之办法。大抵，此傍角者，对于所傍角儿，其唱腔如何，先已知之烂熟。且出演之始，尚与所傍角儿，作一种之练习，作一种之试办。则皮黄唱法虽因人而异，但经过演习与试办，仍为一种之固定成法。是昆曲吹笛，与皮黄之拉胡琴，正复相同也。不过，皮黄中之高明琴师，于各种腔调，记之烂熟。往往无论何种戏剧，无论何种角儿，俱敢公然上场，应付裕如。所托之腔，恰能如合符节。此种办法，谓之“临时抓腔”。而昆曲中之高明笛手，亦可不问戏码，径行担任吹笛。质言之，即新排一戏，新编一腔，彼亦运用无阻。此则属于技能之出神入化，故可得心应手也。

音曲旋律事属当然并非造作
某中国人奏西乐可不看乐谱

天然规则

记者问：皮黄中之琴师，技能精到时，可以不问为何种之戏剧，不问为何种之角儿，临时抓腔，若合符节。昆曲中之笛手，技能精到时，可以不问为何种之曲谱，不问为何种之剧词，担任吹笛，恰如音韵。若然，则不必根据曲谱，不必根据腔调，随意拉奏，自能入妙。其故何耶？

答：此种理由，骤聆之，似极玄虚。实际上，并不离奇。原因音曲一道，其旋律，大致有一种之天然规则。开始如何，中部即如何，结果亦即如何。虽变化多端，自成腔路，要皆不能离开此项天然规则。彼新编戏剧、新编腔调、新编曲谱者，若为戏曲音乐名家之作，吾人听去，乃觉天然应尔，并非人力造作。其原因，即所谓天然规则也。闻之音乐界人谈称：有某擅长西乐之中国人，参加欧美同学会之万国音乐大会。奏乐之际，每人各持一种乐器，每人之前，各有乐谱一册。盖对谱奏曲，为西乐之原则。而新编乐谱，日新月异，在音乐界人，无法以脑力记忆也。当时，该中国人，竟能不看乐谱，独自吹笛，至三数分钟。而所吹之腔，与乐谱所载，乃不爽毫厘。究竟，该项乐谱，又为该中国人所生平未见。有此一举，中国人在西乐界，亦遂取得崇高之地位。此无他，惟其程度高深，故能本音乐之天然规则，自由吹弄，与乐谱所载，恰相符合耳。

不看乐谱

记者问：该中国人，不看乐谱，自由吹笛，其原因何在？

答：西乐奏乐之向例，合奏时最多，独奏时极少。值独奏之际，依向例，又由持同样乐器者，分别继续演奏。在合奏时，乐谱终篇，当然有用手翻谱之机会。若系独奏，大致，至终篇之际，例由他人接奏，则翻谱一事，乃不成问题。当时，该中国人加入西乐大会，欧美诸人，甚为注意。值该中国人独奏之际，持同样乐器者，皆袖手旁观，无人接替。一篇乐谱既终，该中国人两手弄笛，绝无翻谱之机会。在会诸人，故意为难，亦不代为翻谱。该中国人无法，只好自由吹弄。历三数分钟，而吹笛如故。厥后，一美国妇人，始上前代为翻谱。此一事也，乃为中国人之一种荣誉，值得纪念者也。

唱皮黄之嗓有优劣不分高矮
昔日不够正工调者不能登台

嗓之优劣

记者问：两君谓昆曲为固定之腔调。每剧每段，概因字音不同，制为一种之乐谱。故任何人唱来，皆为同样腔调，而此同样腔调之中，有唱而佳者，即有唱而劣者。优劣之原因，属于嗓音者，亦占重要成分。究竟，此嗓音，何者为优而何者为劣？

答：昆曲之嗓，其优劣之分，与皮黄不甚相同。盖皮黄之嗓佳者，有两个重要条件：一、为圆润灵活；二、为韵味浓厚。凡生硬板滞、韵味单薄者，即为劣嗓，除此以外，别无任何之条件。至于高矮问题，为乙字调为六字调，以至于扒字调，皆在所不同。有此原因，故在唱戏者，但求圆润灵活，但求韵味浓厚，高而唱乙字调，固属可能范围，矮而唱扒字调，愈亦无可无不可。通常能唱正工调者，或嫌过矮，不能尽展其长，则唱乙字调，以求畅达，以求嘹亮。又或嫌吃力，至于转折不灵，至于韵味单薄，则唱六字调，以求圆润灵活，以求韵味浓厚。甚有绝对不能唱正工调，绝对不够六字调，自由选择一种之矮调门者。如此，俱有唱戏之可能，但在昆曲，则绝对不然也。

标准调门

记者问：唱戏，尚有所谓标准调门乎？

答：昔年唱戏规则，凡登台唱戏，皆非唱正工调不可。不够正工调之嗓，即不能登舞台。此正工调，即标准调门也。当年，谭鑫培唱戏，本系正工调。不过，谭氏至晚年，衷气渐弱。且其韵味，又以沉郁跌宕见长，故其调门，往往减低至软工调，以至六半调。厥后，摹谭者亦遂群趋于低回委靡之途。嗓佳者，且矫揉作伪，力从低音走去。嗓劣者，更自庇于谭派大纛之下。相沿成风，低乃愈妙。家居吊嗓，已用软工、六半诸调，至于登台唱戏，更减至六字调、扒字调，以求舒适。听众见惯不怪，视若固然。于是长于用六字调、长于用扒字调者，皆能取得头等名伶之头衔。至今谈皮黄者，乃不知有所谓标准调门。皮黄琴师之中，仅一王少卿，力持标准调门之态度。无论何人唱戏，由彼操琴，彼则不问调门，径定正工调，唱者苦之，彼乃理由充足。但少卿终系琴师，并非唱者。琴师而守标准调门，殊无任何之困难。唱者而守标准调门，今日则不可多见也。

唱昆曲者非全用正工调不可
皮黄班中尚有减低调门办法

固定调门

记者问：昆腔亦有调门高矮之分乎？

答：昆曲只有乐谱之分，并无调门之别。无论何人唱来，概系一种之调门。此调门，即以工为工，以尺为尺，以上为上，以合为合。依皮黄口吻，即为一种之正工调。嗓佳者，唱此固定之正工调，嗓劣者，亦非唱此正工调不可。故天然嗓音，若恰为正工调，而又圆融流利，韵味浓厚，唱时，始能抑扬入妙，无太过与不及之弊。其嗓音高亢者，则须抑之使矮。嗓音低矮者，又必强之使高。但依歌唱原则，嗓音太高而抑之使矮，即不能发扬尽致，且有不能施展气力之苦痛。嗓音太矮而强之使高，又苦于转折不灵，驯致力竭声嘶，至于喑不成声。但为原则所限，亦只好勉为其难。通常皮黄中人，嗓音［佳］者较多。因其专务圆融流利，专务韵味浓厚，更无调门高矮之顾虑。其条件，自较为宽泛。至于昆曲界人，则嗓佳者绝鲜。因其求圆融流利、求韵味浓厚以外，尚须恰为正工调。受此严格限制，无通融活动之可能。于是学唱昆曲，乃难关重重，有才难之叹。

通融问题

记者问：然则唱昆曲者，其调门，绝无活动之余地乎？

答：唱昆曲，改用他种调门之事，间一有之。盖今日之皮黄角儿，非兼工昆曲不可。不兼工昆曲者，即见欠缺一种之能力，不得谓之全材。然而所谓皮黄中之名角，大抵嗓矮者多，嗓高者少，而一般现象，总不及正工调。改唱昆曲时，勉唱正工调，事实上，或万难办到。迫不获已，惟有商之吹笛者，改用其他调门。但胡琴定弦，欲增高调门，则紧拧转轴。欲减低调门，则拧之使松。自由增减，其事甚易，至于拉奏之际，殊无任何之问题。吹笛不然。各个笛眼，为固定的。轻吹重吹，调门并无歧致。更改调门之法，有于各个音阶，一律变动。如欲减低一个调门，则以尺为工，以上为尺。如欲减低两个调门，则以上为工，以乙为尺。吹弄时，完全准此变动。此种技能，至极繁难，非个中老手不办。在初学，必致手忙脚乱，且有吹不成腔之虞。总之，如此通融，惟皮黄角儿中有之。盖为维持其名角身份起见，不得不尔。至于昆班，无此办法也。

昆曲字音准确听者易于了解
皮黄中往往有长腔罔知所止

字音准确

记者问：昆曲调门，以唱正工调为原则。昆曲曲谱，有固定之工尺谱。其长处何在？

答：唱戏，本与说话同一作用。说话，须字音准确，不然，听者即不易了解。唱戏，亦当然须字音准确，不然，听者尤不易了解。且吾人通常说话，一人与一人相问答，字音稍有含混，对方尚可以意会得之。

至于登台演说，一人于台上发言，众人静听于台下。其人数，往往数百人以至数千人不等。则演说家之口音，尤非准确清楚不可。演说界人，皆以用北平音为唯一条件。此无他，求字音之准确，务期听众一致了解耳。至于唱戏，以各个字音，夹入腔调中唱出，其最易含混不清，更属意想中事。一般唱戏者，往往使听戏人方面，但知为唱戏，不知其所唱何字。此其原因，不过调门不准，腔调参差。各随其天然之嗓，自由唱成一种之腔路。因口音之失当，腔调之荒谬，遂致倒字倒音耳。在皮黄中，惟少数名伶，因嗓音佳良，研究字音，确有把握。故其歌唱，与吾人说话之意味相等。所唱何字，一一送入听众之耳鼓。此为披沙拣金，不可多得之事。昆曲不然，只需嗓音佳良，以正工调，唱出固定之腔。一般听者，即皆能了解。昆曲规则之严格，其长处，即在于此。

读字为主

记者问：皮黄之异昆曲者，其最大特点何在？

答：皮黄之唱法，在名伶，字音本极准确。究竟，皮黄腔调，过于参差。有时，至极短秃。字首（音）以外，更无余腔。有时，唱为极长之腔。至于历时数分钟，行腔十余数。听者对之，但觉其哼哼唧唧，罔知所止。此种情形，在青衣为尤甚。旦角咬字，本以轻□为上。唱青衣者，口音既比较含混，腔路尤复杂达于极点。往往剧词原文，不过三四十字，而青衣唱来，至于使人莫名其妙，至于使人不能忍耐。所唱何字，除能唱戏者以外，绝鲜知者。此种意味，不能谓非皮黄之弱点。昆曲行腔，无此现象也。无所谓过门，无所谓行腔，笛音导之于前，唱者随之于后。各个字音，务期恰如其平上去入。故其主要任务，乃在明了读出字音。至于稍有余腔，则为读字起见，不得不然耳。

南曲用昆山音北曲用中州韵
皮黄发音通常川鄂音为标准

南北两派

记者问：昆曲字音以何者为标准？

答：昆曲之咬字发音，共分两种：一、用北方字音；二、用南方字音。北方字音，以中州韵为标准；南方字音，以昆山音为标准。因昆曲之命名，乃发源于江苏昆山，而昆曲之中，又分“南曲”“北曲”也。吾人唱昆腔，有用南曲者，亦有用北曲者。以原则言，用南曲，则用南音；用北曲，则用北音。如“玉”之一字，在北曲中，径读为“玉”，即注音字母之“ㄩ”，读去声；在南曲中，又读如“约”，即注音字母之“ㄩㄛ”。[3] 南北曲发音之不同，其事繁多，大率类此。不过，事实上，北人而唱南曲，无非少数显著之字音，有变更之必要，必欲一字一字，全如昆山音，乃不可能。反之，南方人而唱北曲，亦仅少数显著之字音，非变更不可，必欲一字一字全为中州韵，亦不可能。故今日之昆曲，大抵，北方人唱来，即系南曲，亦用北方音，而南方人唱来，虽为北曲，亦读南方字。事实使然，亦无可如何。吾人不便唱为高调，径谓昆曲读字之严格，绝无通融之余地也。

（3）“ㄩ”“ㄩㄛ”，汉语拼音为 yu、yo。

中州音韵

记者问：昆曲中之北曲，用中州韵。谈皮黄者，亦谓为中州韵。然则北曲咬字发音，与皮黄相同矣？

答：谈皮黄者，亦谓以中州韵为标准。究竟，事实上，乃无所谓中州韵。今日之唱皮黄者，动曰谭汪孙三派。总之，其读字方法，究全以北平话为标准。换言之，乃为一种之国语读法。至于发音，孙用北音，汪用徽音，谭用鄂音。此北音、徽音、鄂音之中，无所谓中州韵也。且今日之唱皮黄者，谭派之腔，盛极一时。于是一般研究皮黄者，求音韵之准确，群以湖北音为唯一之途径。无论内外行，遇湖北人，往往一字一字，征询其读音之法。余叔岩在今日之皮黄老生中，为第一人物。余则语人曰：“我为湖北人。湖北同乡之来舍寄居者，往往有之。家居闲谈，双方概用湖北家乡话。故我于湖北音最有把握。”谭小培、谭富英父子，在今日之皮黄界，亦属一种之标准人才。而谭氏父子，则语人曰："吾家原籍，在或（武）昌宾阳门外，故舍间诸人，多能湖北话。"此种口吻，皆表示其发音之准确。故曰：皮黄发音，无所谓中州韵也。

国语不易统一唱戏自多歧出 南曲之中往往如江浙人说话

音韵歧出

记者问：昆曲所用之中州韵，与皮黄所用之国语读法、湖北音，比较言之，孰优孰劣？

答：此项问题，关系重大，非一语所能解释。音韵一道，在吾国历史上，代有文人学者，起而研究辩正。今日之研究国语者，与研究音韵之意，正复相同。不过，昔日研究音韵之用途，所以作诗词歌赋之规律。今日研究国语之用途，所以供文言一致之标准。用途方面，彼此歧出。昔日研究音韵者，往往因人因地，有所改革变更。今日研究国语者，迭开会议，所得结果，要视出席会员人数之比例为断。若北平人较多，则主张用北平话为国语。若江浙人较多，又主张兼采江浙口音。又如湖北人较多，或且以湖北居天下之中心，车船往来，四通八达，非定湖北话为国语不可。以此论之，音韵敢断言：无论为研究音韵，为研究国语，决无固定之规律、固定之标准。音韵、国语且然，唱戏一道，亦犹是也。今日之皮黄界，用鄂音者固多，用徽音、用北平音者，亦复不少。无妨各行其是，更无比较批评之必要。昆曲与皮黄，其字音稍有歧出，亦只好听其自然而已。

记者问：今日皮黄界中，用鄂音者，盛极一时。故“南腔北调”一语，几成不易之原则。昆曲发音，若改用鄂音，事实上，亦可能乎？

答：皮黄用鄂音，有一不可变更之规律。如“行”“程”“明”“定”诸字，皆入“人辰辙”中，而十三辙中竟无“行”“程”“明”“定”一类之辙口。如此唱戏，乃大雅大群，觉有一种之特殊风味。皮黄如此，昆曲亦然。至今，惟梆子、奉天评戏、河南坠子、大鼓、单弦、说书之类，对于“行”“程”“明”“定”诸字，仍保留本音，不入人辰辙。吾人听去，总觉其粗俗刺耳。故谓昆曲之中，尚有鄂音，亦无不可。究竟，所谓“行”“程”“明”“定”类字音，入人辰辙，此为南音共同之原则。昆曲发源于江浙，应作江浙音论。皮黄发源于汉调，始能谓为湖北音。除此之外，唱皮黄者，如余叔岩、言菊朋，往往如鄂人说话。在昆曲中，乃绝对无之。南曲之中，尽有如江浙人说话者，此则源于根本问题。事实上，为不容改革者也。

昆曲末尾一字有如皮黄辙口
北曲中之咬字不必令为北音

南腔北调

记者问：昆曲中之北曲，以用中州韵为主。然而，“行”“程”“明”“定”诸字，唱时仍相当于皮黄中之人辰辙。然则昆曲亦系一种之南腔北调主义乎？抑系仿照皮黄之办法乎？

答：昆曲之中无所谓辙。其末尾一字，乃以音韵为标准。故模仿皮黄云云、南腔北调云云，遂非事实。不过，有时，不在唱腔之内，不在曲牌之内，间有一种之上口白。其尾音如为“行”“程”一类之字，仍如皮黄读法，列入人辰辙。譬如《昭君出塞》一剧，第一场，〔杂板令〕：付念“朝臣待漏五更冷”，众念“五更冷”。付念“铁甲将军去跳井”，众念“去跳井”。付念“一跳［跳］了七八个，不登，不登，又不登”。依北音，“冷”“井”“登”三字应读如“ㄌㄥ”“ㄐㄥ”“ㄉㄥ”(4)，但昆班演来，此“冷”“井”“登”三字，仍读如“ㄌㄣ”“ㄐㄣ”“ㄉㄣ”(5)。听去（下文残缺十数字），此种办法，似乎南腔北调矣，似乎模仿皮黄之法矣。究竟，此为昆曲之规模。犹之唱皮黄者，因皮黄发源于湖北，遂保留若干之湖北音也。

（4）“ㄌㄥ”“ㄐㄥ”“ㄉㄥ”，汉语拼音为 leng、jing、deng。

（5）“ㄌㄣ”“ㄐㄣ”“ㄉㄣ”，汉语拼音为 len、jin、den。

例外之例

记者问：皮黄唱法，如“明”“文”“宁”“人”“刑”“银”诸字，皆列入人辰辙。两君谓：昆曲唱法，与皮黄之例正同。但有人谓：昆曲中之北曲，全用北音。任何字样，为北音者概读北音，无活动之余地。究竟，此说然欤？

答：昆曲中之北曲，一切字音，本以北音为主。但全用北音，属于原则。于煞尾一字，夹用南音，属于例外，此例外之例，亦正繁多。适言《昭君出塞》一剧，最后一段，旦唱“减容貌，瘦损腰。手托香腮，泪珠流落。御弟，我宁作南朝黄泉客，不作北方掌印人。泪洒如珠，泪洒如珠。恨只恨，毛延寿歹心的人。实指望，托孤奉君。你看那，碧天连水，水连云。泪斑斑，带月披星。举头儿，望不见汉朝城”。此一般（段）唱词，前两句，为一韵，以后，全为一韵。“人”“君”“云”三字，本为一韵，但“星”“城”两字，若读北音，且与以上三字，不能归入一个辙口之内。究竟，此两字，并非转韵。唱时，当然一气唱下。故曰：昆曲煞尾之一字，与皮黄之例正同也。

"城"与"臣"出口虽同收音则异
唱皮黄音节可转而字音不变

"城""臣"之殊

记者问：此《昭君出塞》中之末段，"举头儿望不见汉朝城"之"城"字，若读如"臣"，则与皮黄相同矣？

答：昆曲所用字音，终极严格，与皮黄迥不相同。"城"终为"城"，并非"臣"。在皮黄中，"城"之与"臣"，则完全相同，绝无歧致。至于昆曲唱法，与皮黄同而不同之点，即出口之际，与收音时，颇有区别。如此一"城"字，南音读如"ㄔㄣ"，北音则读如"ㄔㄥ"。[6] 皮黄唱来，无论为"城"为"臣"，一律读如"ㄔㄣ"。出口时读"ㄔㄣ"，收音时，仍用原音到底。昆曲不然。出口时，读如"ㄔㄣ"，则与皮黄相近。但收音时，又入于鼻际，成为北音读法。诸如此类，甚为繁多。即以《昭君出塞》一剧而论，其中有一段，词为"怀抱琵琶别汉君，西风飒飒走沙尘。朝中甲士千千万，始信功劳一妇人。愁黯黯，雾沉沉，咬牙切齿恨奸臣。今朝别了刘王去，若要相逢，一似海样深"。其"君""尘""人""臣""深"等字，各读本音，原无问题。

收音问题 又如以下尚有一段，词为"第一来，难忘父母恩。第二来，难割舍，同衾枕。第三来，损害黎民。第四来，国家粮草都费尽。第五来，百万铁衣郎，昼夜辛勤。今日昭君舍了身，万年羞辱汉君臣”。其“恩”“枕”“民”“尽”“勤”“身”“臣”诸字，各读本音，仍无问题。不然，其中，若加入“城”“程”一类之字，其唱法，见亦必与“望不见汉朝城”之“城”字，同样出口，同样收音。皮黄中，因行腔往往极长，一字之出，有时由高音而转入低音，有时又由低音翻入高音。故有“阳出阴归”“阴出阳归”之例。昆曲之中，向无极长之行腔，出口无所谓收音“阴出阳归”“阳出阴归”。惟读法方面，出口时，与收音时，颇有相为歧出者。但在皮黄，音节高低，虽有活动之可能，而读法问题，则须始终如一。遇极长之腔，无论历十余板，出口如何，收音亦即如何。注意之点，各有旨趣。总之，昆曲是昆曲，皮黄是皮黄，二者不相从间也。

(6)“ㄔㄣ”“ㄔㄥ”汉语拼音为 chen、cheng。

该社每次出演必印剧词散发
昆曲歌舞相连绝无呆板姿态

散发剧词

记者问：昆曲注重字音，但因其词句及腔调，一般人不能了解，乃至不能普及。居今日而求昆班营业之发达，亦綦难矣？

答：今日皮黄势力普及之原因，乃在剧本甚多，剧词所在流行。一般听者，依词听腔，当然易于了解。至于昆曲，今日坊间所售剧词，皆系古本。且剧词之外，尚有夹注工尺谱之必要。故卷帙浩繁，价格奇昂。每部之书，动需数十元。在一般人，既非以演剧为业，亦自不愿购取。剧词既难普及，营业自不易发达。盖购票入座，台上所唱何词，且瞠目不解，宜其无兴味之可言。关于此项问题，本社已筹得一法。每次出演，必将大出剧词，印为单页，散发于各个座客。所印剧词，限于篇幅，无法加注工尺谱，而原词具在，总较不解所谓者，稍胜一筹。此项办法，在今日皮黄班中，每遇新排之戏，即印刷剧词，散发于各个座客。至于旧有诸戏，乃无散发剧词之事。今昆班于旧有剧词，尚有散发剧词之必要。事实使然，亦无如之何也。

且歌且舞

记者问：昆曲之做派，较之皮黄，亦有困难之点乎？

答：谈戏者，谓西洋戏剧，将歌、舞、白，分为三种之戏剧。故西洋戏，有所谓歌剧、舞剧、话剧。中国剧不然，以歌、舞、白，归纳为一种之戏剧。表面言之，亦殊近理。不过，严格立论，归纳歌舞白为一种之戏剧者，惟昆曲足以当之。盖昆曲之唱，既无胡琴头子，亦无过门。一人上场，非歌即白。且无论为歌为白，总之，歌白之际，必有一种之做派身段。此做派身段，即所谓舞姿也。其舞姿，与歌与白，无不处处相合。故演唱昆曲，比较严格，而比较劳累。此外，尚有专由一人歌白，另由一人，依式而舞者。此种办法，则属于昆曲之变态。皮黄不然。上场以后，歌白之际，不必有身段做派。往往一种之时机，或坐而不动，或直立台上，歌白久之，迄无任何之动作。至于胡琴大拉过门之际，更不歌不舞，有如一个死人。此种情形，在昆曲中，乃绝对无之。故曰：归纳歌舞白于一种戏剧之内者，惟昆曲足以当之也。

听惯昆曲之后转而嗜好皮黄
以他种剧本编昆曲乃不可能

厌故喜新

记者问：昆曲且歌且舞，非歌即白。故上场以后，迄无休息静止之时机。至于皮黄，歌白之际，往往静止不动。且原板慢板之类，唱腔之外，尚夹用胡琴过门。而胡琴大拉过门时，演员因静候胡琴过门，更毫无动作。此等部分，为昆曲与皮黄，迥然不同之点。究竟，比较言之，以何者为宜?

答：皮黄剧，往往有极长之行腔。总之，腔多而字少。且行腔之际，换气之机会极少，不能换气之机会极多。有此原因，故唱腔之外，不能不夹用过门。以音曲原则言，长腔之后，当然应留休息之余地。皮黄之长腔最多，较长之胡琴过门，亦自不少。昆曲不然，其唱腔，以读字为主。较长之腔，已最为鲜少。故唱腔之前无头子，唱腔之中无过门。所谓“且歌且舞，非歌即白”，原因亦即在此。不过，一般心理，往往厌故喜新。在听惯昆曲之后，皮黄肇兴，一般听者，因其组织编制之新颖，往往有极长之腔调，遂爱而好之。皮黄之能代替昆曲之势力，此为最大原因。但准此厌故喜新之心理，听惯皮黄以后，又觉其腔调之长，往往使人不耐。至于今日，奉天评戏之势力侵入北平。虽其组织简单，词句鄙俗，情节卑劣，而一般听者，尚因其字多而腔少，比较能达剧中人之意思，至于感觉兴味，至于嗜之如狂。则此后之最近将来，一般人士，或能以嗜好皮黄之心理，转而嗜好皮黄（评戏），亦意想中事。究竟，何者为宜，吾人亦不敢求下断语。

新编之难

记者问：近来，皮黄戏班，往往采用他种剧本，编为新剧。昆曲之中，亦能采用他种剧本编为新剧否？

答：昆曲来源最古，故他种戏剧，往往采用昆曲剧本，编为新戏。此种事实，以皮黄班中为最多。盖此项采用昆曲剧本，编为新戏之皮黄之剧本，演至今日，早已成为古本矣。至于昆曲，改编为皮黄，虽属可能，而以他种剧本，改编为昆曲剧本，乃绝不可能。

原因昆曲剧词，最为文雅。他种剧词，最大限度，亦不过通俗。其甚者，或且失之鄙俚不通。以文雅剧词，改编为通俗剧词，其事当然甚易。以通俗剧词，改编为文雅剧词，其事当然困难。且今日之戏剧家与文学家，遽能新编昆曲剧本者，恐亦不能多觏也。

学界人漠视国学故不喜昆曲
近来入座渐多为青年学子

大有转机

记者问：谈者谓，剧词，以通俗为原则。皮黄剧词，比较通俗。且系由口中唱出，故听者易于了解，有雅俗共赏之效。昆曲剧词，过于深邃。且口中唱出若干文字，故听者多难领略。此亦营业兴衰原因之一种。此说然欤？

答：此说由表面言之，似有相当理由。而究其实际，则大谬不然。昔日昆曲盛行时代，一般听者，固不嫌其深邃，至于不解。盖嗜之既深，因经验关系，自可感觉一种之兴味。一般戏剧，皆于经验，有密切关系，不仅昆曲已也。不过，文学程度，与音曲嗜好，亦有相当之关联。昔日文人学子，以诗词一道，为必修科目。故于种种文义、种种曲牌，各有相当之认识。其听昆曲，当然可以感觉兴味。至于今日之学校，于国文，且不重视；于词曲，更不研究。所注意者，乃为外国文，为白话文。欲其听昆曲而兴奋，当然困难。但此种现象，已成过去时代。最近以来，吾人于上座情形，加以推测，似已大有转机。文学前途之幸，亦昆曲前途之幸也。

座客人品

记者问：最近上座情形，可以测出何种之转机？

答：两三年前，入座听昆曲者，多为年在四十以上之男性，而以长髯大袖者占最多数。此其原因：一，妇女多无高深之文学程度。听惯皮黄，转而听昆曲，乃觉其沉闷，觉其索然无味。二，青年人物，概为学界出身。对于昆曲，不惟不能了解，抑且深恶而痛绝。一种之游艺场所，既无青年人，又无妇女，其营业之衰落，可想而知。但证之最近情形，则迥异从前。本社每次出演，上座数目，虽止在三百人左右，然入座者，青年人已多，女学生尤不少。每值大出戏上场，则纷纷掣出印发之剧词，对照静听。此种情形，乃为昆曲前途之良好现象，亦即文学前途之转机。盖一般青年学子，在两三年以前，对于国学，不甚注意。犹之绘画者，专习西洋画，而漠视中国画。近年以来，各校中，中国画之势力，渐次恢复。而诸青年学子，亦渐知国学之可贵，于种种国学，相对努力。不然，欲其购票听昆曲，不可得也。

皮黄无标准调门往往不调协
昆曲有七个调门则实为一个

标准调门

记者问：皮黄之唱，并无标准调门。昆曲之唱，则有固定之标准调门。有人谓：惟皮黄并无标准调门，故各随嗓音唱来，自成风味。然则昆曲规则，过于呆板矣？

答：唱昆曲，有绝对之标准调门，唱者无法自由变更。此其规则之严格，当然有极大之用意。盖一台之戏，任何角儿，最好遵守一个之调门。对唱之际，其音节韵味，始能调协。不然，若两个角儿上场，其所用调门，迥然不同，对唱之际，听者乃觉其可恶。皮黄班中，对于调门，漫无限制。往往两三个角儿，同时对唱，调门相差悬远。有甲唱乙字调，而乙唱扒字调者。其中，相差三个调门。不惟听者感觉不快，琴师亦无法拉胡琴。通常两个角儿之调门，若相差不多，譬如甲唱六字半调，而乙唱软六字调，其间相差，为一个调门。此时，琴师即取折中办法，拉六字调。甲唱迁就稍矮，乙唱迁就稍高。对唱之际，尚可以勉强相合。至于相差太远，双方无法迁就，必欲迁就，乃互不成腔。其救穷之法，惟有使琴师，临时更换调门，或各用一琴师，互相接替。此种现象，事实上，往往有之。但在听者，总觉不伦不类，失去对唱之旨趣。昆曲既有标准调门，一台之戏，无论容纳若干角儿，其所用调门，则定全一致。在音曲中，当然尽调协之能事，较之皮黄，有过之殆无不及也。

可分两说

记者问：此标准调门，在昆曲中，绝无变化之可言乎？

答：所谓标准调门，并非名称上，无所变更。其用意，约分二端：一、标准调门者，共同遵守之调门，无变更之余地者也；二、标准调门者，各戏皆为一个之调门，名称上，虽有变更，实则变更等于不变更也。其第一义，无可疑问。其第二义，尚有说明之必要：原因昆曲所用调门，共为七个。一曰小工调，二曰凡字调，三曰六字调，四曰正工调，五曰乙字调，六曰尺字调，七曰上字调。大抵，每一曲谱，于牌名之下，概注明为何种调门。如此，似有高有矮，并不固定，无所谓标准调门矣。但事实上，吾人唱来，仍为同样之调门，亦即所谓标准调门也。

唱戏者不问调门觉无所歧义
弋腔不用笛相随惟用板与钹

名异实同

记者问：名称上，虽有七个调门，事实上，仍为一个调门。此其理由，不亦奇欤？

答：此言，表面似属离奇，实际并无离奇。在七个调门之中，有最高之调门，即有最低之调门。以最高调门，与最低调门相较，其间相差，似极悬远。究竟，调门高矮，其理由何在，乃值得吾人之研究。吾人以唱戏为业，在经验上，觉无论何出戏剧，无论何个曲谱，无论何种调门，皆为同样调门。故吾人学戏，教戏者唱之于前，吾人随唱之于后，不必过问其为何种调门。唱时，即皆为同样的。原因，制曲时，若工尺字较高，而吾人之嗓，无法随之而高，则其所定调门，即较低。又若工尺字太低，而吾人之嗓，不容随之而低，则其所定调门，亦即较高。准此言之，则凡谱中所注调门，为最高者，其工尺字，必最低；谱中所注调门，为最低者，其工尺字，必最高。是换言之，所谓七个调门，亦即一个调门也。通常昆班中人，若其嗓音太低，即最低之谱，亦必觉其甚不够用。又若嗓音过高，虽唱极高之调门，亦必嫌其嗓音过高。此无他，其天然嗓音，在标准调门之下，或在标准调门之上而已。

就事论事

记者问：若然，则编制曲谱者，何以不用一个调门，而用七个调门？

答：吾人唱戏，只知就唱戏立论。譬如，吾人学唱时，对于调门如何，本无过问之必要。但其结果，吾人检阅曲谱，始知调门不同，工尺悬殊。亦留心考察，始知调门与工尺谱，往往为反对的。调门高者，工尺谱必低，调门低者，工尺谱必高。至于编制曲谱人，何以用此高调门，而低降工尺谱？又何以用此低调门，而提高工尺谱？吾人乃无从解答。犹之，本社，为昆弋社。此“昆”，为昆曲；“弋”，为弋阳腔。吾人但知唱昆曲，用笛；唱弋腔，不用笛，而干唱。弋腔之中，夹用板与钹。昆曲有南北曲之分，弋腔无所谓南曲。昆曲有若干之牌名，弋腔亦有若干之牌名。吾人唱昆曲，则所唱者为昆曲；唱弋腔，则所唱者为弋腔。至于究竟何以为昆曲，何以为弋腔，吾人乃不得而知。总之，学理与事实，各为一事，不必相为关联也。

昆曲繁难无利可图故无坤角
白云生之妻嗓高出一个调门

竟无坤角

记者问：昆弋班中，何以竟无一坤角？

答：昆班之中向无坤角。此中原因，至为繁多：一、利之所在，众人趋之。皮黄盛行之时期，以唱皮黄为业者，可以发财。故皮黄伶人，男性固多，女性亦复不少。昆班之在今日，维持生活，已极困难，欲资以发财，更无希望。故今日之昆班中，概为老成人物之子弟，其练习昆曲之用意，无非觉此含有崇高价值之艺术，从此中断，从此消灭，未免可惜。至于发财希望，乃绝对无之。则青年女子，欲其练习昆曲，当然不可多得。二、昆曲规则，过于繁难，过于严格。最小限度，不许出宫冒调。且歌舞相连，无暇可偷。男性习之，已视为畏途。女性人物，当然更知难而退。三、唱皮黄者，并无固定腔调。所谓名角，往往自造奇腔，或张口大喊，至于力竭声嘶，或使长气，或临时添出花腔，但求使人叫好，并无绝对限制。昆曲则不然，如歌如舞，概在一定范围之内，不许自造奇腔，不许张口大喊，不许使长气，不许添花腔。故昆班中人，往往费力不能讨好。求成为一个名角，乃非常困难。女性人物，当然因不易讨好，而不肯练习也。

天然关系

记者问：昆班女眷，亦有因机会接近，从事练习昆曲者乎？

答：昆班女眷，练习昆曲者，惟白云生夫人一人。彼之技能程度，尚相对可以出演。惟彼之嗓音，较之同人，无论何剧，总觉高出一个调门。与同人演唱，调门遂格格不入。此种现象，亦昆班无坤角之绝大原因。适间所言，唱昆曲，有一种之标准调门。凡唱昆曲者，不可失之过高，亦不容失之过矮。而女性之嗓，因声带较窄，发音即较高。欲其迁就标准调门，若唱小嗓，乃不能用假嗓。用假嗓，为唱小嗓之原则。唱小嗓而用本嗓，不惟难听，抑且不够小嗓之资格。通常唱皮黄之坤角，若与男角合演，其调门常苦不相吻合。但皮黄并无标准调门，故事实上，尚勉强可以对付。昆曲既受标准调门之限制，女性遂因天然关系，无法加入。白云生夫人，练习已成，而不能出演。结果，昆班之中，乃竟无一坤角。于此，亦见昆曲之严格也云云。

票友

红豆馆主（溥侗）

采访人：王柱宇

原载1932年10月14—15日《世界日报》（北平）

皮黄与昆曲高腔最相接近
昆曲亦应宗中州韵

红豆馆主溥西园，为前清宗室。其人操行清高，思想透辟。于吾国旧剧，尤极有研究。偶一登台彩串，举凡生旦净丑各角，文武昆乱各剧，无一不能演唱，无一不臻佳妙。戏报一出，轰动九城。北平人谈“侗五爷”“侗五将军”，莫不肃然起敬。盖馆主名溥侗，与傀儡溥仪，为同宗兄弟行也。记者特于昨日，前往其旧刑部街二十八号意园寓所访问。接见后，与记者谈话如下。

各行其是　记者至时，馆主着短衣，似在客厅内用功。门房人报，馆主急入内更换长袍出。与记者接见，殊极㧑谦。坐定后，记者曰：闻馆主高雅，特来拜访。

馆主逊谢曰：光降极所欢迎。惟舍间与贵社，近处咫尺，应来贵社拜访。承先施，愧不敢当。

记者曰：馆主于戏剧一道，研究极深，久为一般所钦仰。特来叩请教益，幸不吝训诲。

馆主曰：岂敢岂敢。

记者曰：今谈戏剧者，或曰话剧索然无味，不足引人入胜；或曰旧剧固陋可哂，为落伍的戏剧。究竟，二者孰优孰劣？

馆主曰：天地间，原无真正是非。话剧在艺术，自有其长处。吾人立于旧剧方面，亦自确信旧剧为一种之艺术。各行其是，两不相涉而已。

来源失考

记者曰：咬字为唱戏之根本。今昆曲与皮黄，其咬字发音，显然有歧出之处。而皮黄方面，近今最流行者，厥为谭派。谭派发音，则完全以湖北音为根据。岂皮黄发源于汉调乎？

馆主答：近今所唱之皮黄，实由徽调变化而来。当年三庆班主程长庚，固为徽班首领。而其所唱腔路，与今日所唱，则大同小异。以是知今日之京调，与徽调相较，乃一而二、二而一者也。至于咬字，无论为昆曲，为皮黄，皆应以中州韵为主，即高腔一戏，亦应以中州韵为主。不过，演者唱来，各带其原来之土音。沿习既久，乃有歧异之处。谭鑫培来自湖北，故其唱戏，带有湖北音。若谓皮黄发源于汉调，尚无所根据。盖汉调与徽调，孰先孰后，至今迄难寻出来源，实无法考证也。

高腔最早

记者曰：记者为湖北人，距四川甚近。幼年曾见有高腔戏，系四川戏班。北京亦有高腔乎？

馆主答：北京当年有一种之高腔戏。其唱，不用笛管丝弦，俟唱至末尾，则打家伙。此唱高腔者，至今尚可寻出少数之老成人物。本人曩在绍兴，见有戏馆子，及购票入园，则高腔也。绍兴之高腔戏，与北京之高腔戏，大致相同。惟唱法及微小场面，略有出入。而四川、云南，亦各有高腔戏。考宋代戏剧，其唱时，亦系单唱，不夹用音乐。以此推之，则高腔在戏剧中，发源最早。而高腔、昆曲、皮黄，皆互有关联。至于梆子、广东戏，则另成一种之戏剧。与以上三种戏剧，不同其类也。

无名英雄

记者问：昆曲亦应以中州韵为主乎？

馆主答：昆曲当以中州韵为主。不过，往往有一种之苏州人，唱昆曲时，读如苏州口音。乃其用本地土音，而不自觉其谬误处。不能谓另成一派也。

记者问：与谭鑫培同来者，尚有何人？

馆主答：尚有一瞿姓者，唱花脸，亦甚佳。但至今无传说其人者，其后辈子孙，亦已不知下落。

记者问：此人何名？

馆主答：从前演戏，不贴戏报子，亦不似今日在报上登广告。后台人呼之为“瞿大个儿”，亦俱呼之为“瞿大个儿”。究竟何名，则不得而知。

馆主未赶上程长庚之戏
宋代以词曲取士之说并无根据

三派鼎立

记者问：今皮黄中，念“睁睁”为“ㄗㄣㄗㄣ”，念“楚楚”为“ㄘㄨㄘㄨ”，皆湖北土音。[1] 此种唱法，是否适用？是否合于唱戏原则？

馆主答：此种念法，不惟谭派如此，汪孙两派亦如此。今唱戏者，曾受高等之戏剧教育，始知此种唱法。未受高等教育，则不解也。

(1)“ㄗㄣ”“ㄘㄨ”，汉语拼音为 zen、cu。

记者问：此两字，若念本音，不□上口，则如何？

馆主答：若不上口，不惟难听，而且难唱。

记者问：谭汪孙三派，孰优孰劣？

馆主答：谭鑫培、汪桂芬、孙菊仙，各得大老板之一长。盖此三人，均曾亲受程大老板之教诲者。吾人学戏，嗓音体格，与何派相近，尽可摹习何派，固无所轩轾，亦不容吾人妄下訾黄也。

谈程长庚

记者问：程大老板之戏，究竟何如？

馆主答：程大老板之戏，大中至正，不偏不陂。不过，本人亦仅得诸耳食，□未赶上程大老板之戏。盖程死去时，本人年方八岁。孩童时代，虽曾听其戏，但不能懂戏，直言之，等于未听。故不敢为具体之断定。

记者问：程大老板之嗓音如何？

馆主答：与汪桂芬之嗓最相近。

记者问：程大老板，于谭汪孙三人以外，尚有嫡系传人乎？

馆主答：当年摹程者，所在皆是，亦犹今日一般人之摹谭腔也。不过摹而神似者，实不易得。有一全先生，摹程最为酷肖，早已作古。其次，则为同仁堂之周子衡，系以摹程著名者。此老亦于七八年前死去。此外，则难言矣。

昆曲来源

记者问：昆曲发源于何时？

馆主答：吾国戏剧，从无有系统之记载。欲以一断语，说明绝对的界线，诚戛戛其难。但吾人甚愿及此时期，创始的为一系统之记载。吾人所知，明代传奇最盛，然不得谓昆曲发源于明代。元人百种曲，在词曲上，为有价值之专书，而南北宋，词曲亦盛极一时。不过，有人谓宋代以词曲取士，则无根据之谈也。更溯而上，唐明皇设梨园，教子弟歌唱。意者，此即昆曲之最古来源乎？然唐代以前，则漫不可考。故欲研究一绝对的来源，殊非易事。

记者问：近因皮黄，系自徽调变化而来，已闻高论。今以青衣言，陈德霖之腔，当然与徽调不同。梅兰芳之腔，又与陈德霖［不］同，则腔调并无固定之成法，可以推知。然梅兰芳在青衣界，已成固定之派别，一般习青衣者，多以梅为归依。实则梅兰芳之奇腔、花腔，亦系由其本人所创造。但沪上伶人，每唱一奇腔花腔，听者即谓为外江派。如来北平演唱，台下非扔茶壶上去不可。究竟，何以为正宗？何以为外江派？愿闻其详！

馆主曰：前已言之，天地间原无真正是非。喜听何戏，即称道何戏可耳。孰优孰劣，固难判断。孰善孰恶，又有何标准？且吾人又何苦得罪人乎？

馆主与记者语至此，门房来报：客至。记者急起身作辞。馆主送至门首曰："今天太对不起，有点事。改天约时再谈。"记者遂致鞠躬而去。

科班

富连成社社长叶龙章

采访人：景孤血

原载1939年3月18日—7月21日《新民报》（北京）

记者因近日京市名伶，除去一部历史资格较浅、未至访问时期者外，有若干名伶，非忙于演戏之日不暇给，即被邀出外，为谋可以有继续性者，乃只好求之于科班、学校矣。富连成社，已有三十六年之历史，名伶辈出，西至秦陇，东北抵哈尔滨，南极香港，罔不有富社之出科生足迹，而其蔚为红伶者，亦复车载斗量，人才已及六科，实为京剧之大本营，名伶之策源地。虽过去有人辑为《富连成社三十一年史》[1]，但由是年距今，又过五稔，人事上当然不少变化，即该社今后之新计划，亦恐非彼书所能包罗万有。爰即驱车本市虎坊桥该校，作一详括之访问，当由该社社长叶龙章氏，亲出招待，开始作下列之访问。以下均为记者问，叶君答。

(1)《富连成三十年史》，唐伯弢编著，民国二十二年（1933年）出版。

记者首问叶君之履历，叶君答：鄙字文甫（亦作文黻），今年三十四岁，世为皖之太湖人，先严（记者案：即叶鉴贞先生，讳春善）生鄙昆仲五人，鄙人为之长，二弟荫章现习场面，三弟盛章习文武丑，四弟盛兰习小生，五弟世长习文武须生，叨窃时誉，粗为社会知名。鄙人曾肄业于成达学校，未尝习戏，先严晚岁患疾，不良于行，乃以社务传之鄙人，实觉才轻任重，赖有先严余荫，及萧先生（长华）等群贤为辅，始得维系。甚愿社会上之嗜剧大雅，共相策励，则不第为鄙兄弟之幸，亦诸生徒之幸也。

记者问：富社成立之缘始，及其演戏过程，尚烦见示。

叶君答：此则言之长矣。原前清光绪二十八年，吉林富绅牛子厚先生，在彼埠创有戏园，由作盔头之某君，代邀京角往演，先严亦在其中，遂于是年之腊月初八日由京起行。彼时东北各省交通不便，又受人给，伪称所购为头等车票，实则仍分坐二三两等。先严在铁闷车内，与屈兆奎先生同坐，而所坐之位，却为石灰墩上。一路寒风猎猎，车门偶开，即有冷风袭人欲噎，先严与屈先生各布皮裘，而将足伸于开褉里面以资取暖。但火车尚不能直达，更须行半日之旱路。先严饱受此种风霜，嗓乃喑哑，一字不出矣。先严焦灼，即向牛先生请辞，牛先生曰：勿尔！君既远来，辛苦匪易，虽不能登台，可任后台管事以分余劳。先严是年即在吉林度岁焉。

转瞬即至二十九年，先祖母因系念先严，屡次致书，唤令先严遄归。无如先严在东，深为牛先生所倚畀。凡有京方寄去之书信，皆经牛先生先期检阅，如催归之一类函件，则皆匿不以示矣。延至二十九年之四月，先祖母因盼子情切，乃倩苏雨卿先生（为本社苏富恩、富旭、盛贵等之尊人）又书一函寄去，而于函上插以鸡毛。此为过去一种制度，所谓“八百里加紧”之公文，皆有此鸡毛，亦即古人所谓“羽檄”之意也。函内并撰文曰：“不来晚矣！”此函幸而未被牛先生所见，先严接得，大惊失色，乃坚向牛先生处请辞。牛先生善于星命之学，即以六壬课卜之，曰：无妨。仍不放先严归。先严在东，先后排得多剧，如七夕之《渡银河》等，牛先生因之更为倚重矣。时与先严同往者，除屈兆奎先生以外，若刘春喜先生、慈瑞泉先生，皆曾在彼献技，营业愈佳。迨至光绪三十年，东隅不靖，戏亦难演。是年二月，先严遂自东返京。此时已由牛先生授意先严，成立科班，而先严则迟不敢为。因鉴于过去不少科班，皆靡费东家不少钱粮、教师不少心血，而其结果则昙花一现，树倒猢狲亦散。惟牛先生则确认先严为必能成功之人，一再辞谢不获，始行应允。及先严返京，牛先生遂自东寄银三百余两，此款即为科班之开办经费，存于京市之打磨厂新大同店源升庆票庄，此票庄即为牛先生所开设者。而先严则抱定决心，实报实销，绝不敢使一文浪费，乃每次取银辄以十两为度，最多者不过十两，少则有之。于是始设此科班于琉璃厂西南园，延苏先生为助，至秋始粗具端倪。至是年之七月十六日，则萧先生被聘入社。萧先生之来，先严大得臂助，舟楫盐梅，实利赖之。此时仅有学生六人，即世所谓之“富社六大弟子”也。此六大弟子者，乃陆喜才、陆喜明、赵喜奎、赵喜贞、雷喜福、张喜洪[2]。当此六大弟子来时，多有穿开裆裤者，其稚如此，家严彼时非为师长，直为佣保。即家慈亦帮助一切，秽者涤之，绽者补之，将息煦养，不啻所生，先严更终日操持，几致手足胼胝，日不暇给，凡物不求逞于一时，即为生徒购制之履，亦多从乡式，俗所谓“踢死牛”者是也。其后又有生徒五人入社，此五人者，乃耿喜斌、王喜禄、王喜沅、吴喜永、段喜盛[3]，合之六大弟子，共为十一人。武工则至三十一年始行添入，由罗燕臣[4]先生教授。是年仅此十一人，曾应保定堂会，地点则在洞阳宫，为彼时著名之老道士庙，然在光绪年间，不时演戏，俞润仙先生（菊笙）从前且曾往演之。此时之生徒十一人，在科班中，即有患癣疥者，由于受湿潮之故。经先严加意为之调治，已然痊愈，及至洞阳宫演戏，所食多为“龙子会”之猪头肉。其地之售猪头肉者亦如此地之白肉馆，所用之灶，两端而沟通其下，如北京人所用之“连二灶”，由此端盛出，再用彼端之汤罩之，汤则仍此一汤。不料此物极富发性，生徒食后，已愈之湿疥，又多发作。演《探阴山》，饰油流鬼之生徒，赤臂而满涂以黑药，将彩裤卷至膝下，赤露其胫，光足，亦满涂以黑色之药，皆为其患疥所上之药，不能涤下也。而前台观众，见此小鬼之腿胫裸露，且黑色模糊，反以其肖鬼而加以欢迎。自洞阳宫返后，仍未敢冒然露演。及至三十三年，生徒陆续添入者则有康喜寿、高喜玉（元元旦）、王喜秀（金丝红）、律喜云、周喜增、周喜茹等，已至六十余人，即出台于广和楼。先是先严与牛先生所商定之班名，非喜连成，乃喜连升，及至出台于广和楼，始改今名。(5) 演至三十四年，因孝钦显皇后与德宗景皇帝两宫相继上宾，海内遏密八音，时谓之“断国服”，无论如何，必须停演。及国服期满，改入广德楼，历戊申（光绪三十四年）、己酉（宣统元年）、庚戌（宣统二年）、辛亥（宣统三年）至壬子（民国元年），凡五个年头，始改入三庆园(6)。

(2)“六大弟子”中无张喜洪（虹），乃武喜永。

(3) 王喜沅，原文作“王喜源”，据《富连成三十年史》（修订本，同心出版社，2000 年 9 月）改订，下均同；头科学生中无“吴喜永”，或为吴喜昆，或为吴喜年。

(4) 原文作“罗宴臣”，下同。

(5) 喜连成班，光绪三十二年（1906 年）九月报班挂牌演唱。

(6) 民国元年（1912 年）2 月 18 日即旧历正月初一日起，喜连成出演三庆茶园。

记者问：在此时期，生徒较前当必益众矣。

叶君答：诚然。在广德楼时，有不少搭班学艺者，如梅兰芳君、周信芳君（即麒麟童）、林树森君［时名小艺（益）芳］及小穆子等，均在科中，惟其时间之长短不等，如周君在本班中，献技之时间仅为两月，梅君较长，所演各戏，皆为正工青衣，如《祭江》《彩楼配》《落花园》《三娘教子》等，惟《五花洞》则曾演之。彼时梅君所拿之戏份为八干（即今之八十枚），后渐长至二十四干，则梅君已有高就矣。当在壬子出演三庆园时，同台尚有坤伶，但所演者多为梆子。[7] 试举其名，如水上漂、玻璃翠、小月英、张秀琴、小翠喜、明月英、赵美玉等，皆曾加入。所谓张秀琴者，即今张君秋母是也，是时方演正工秦腔青衣，如《牧羊卷》等，此段故事，实一佳话，恐外界人士，知之者尚鲜。虽然，若平衡鄙社三十三年来演剧之赔累，实以是年为最多。

(7)“辛亥革命”爆发后，即有人提议京设立落子馆，开演女戏。1912 年 2 月 29 日“壬子兵变”后，北京地方，市场异常萧条，商民生计艰难；3 月底，外城巡警总厅准许香厂、天桥等处安设棚摊、开演女戏（落子、蹦蹦戏），同时取消斋戒忌辰停演戏禁令、允许添售女座。4 月中旬起，前门大栅栏及城内各戏园陆续由天津、东三省添聘坤角，其初，犹按《管理戏园规则》第八条规定，“配戏时，限定坤角与坤角配出，不得男女合配”，旋即以“恢复市面”为由同意各戏班男女合演。喜连成班亦不能免俗，于是年5月起，开始添聘坤伶演唱，有赵美玉、孙月秋、小飞英、李翠芬、金凤仙、于紫云、明月英等等。

记者问：此何以故？

叶君答：因鄙社此时与社会人士相见，已有短短之五年历史，其中比较精彩者，仍为武戏，如康喜寿之长靠短打，且能剧之夥，不可类计，是以凡另聆鄙社之戏者多不喜坤伶。即以旦角论之，如元元旦之武工、身段、扮相，在在亦非坤伶所能望其项背。故坤伶在它班中，或可以广招徕，而在鄙社则为赘瘤。加以此等坤角并非生徒，又异搭班学艺，必须给其相当戏份。时逢鼎革之初，疮痍未能尽复，有此种种原因，是以赔钱为独多耳。迨至是年之十一月，阳历元旦，奉警厅谕，实行男女分演，班中之坤伶，始行去尽。(8)癸丑（民国二年）元旦（旧历）乃重入广德楼，甲寅（民国三年）仍在广德楼演唱，乙卯（民国四年）重入广和，至民国二十六年，始入华乐戏院，以迄于今，核之以在广和楼演唱之年较久，共计二十二年，此鄙社演戏之大致过程也。

(8)民国元年（1912年）8月，外城巡警总厅奉内务部令，以男女合演“事关正俗”“于社会风俗实有妨碍”为由，饬知各戏园，“仿照上海、汉口办法，改为男女分台开演”，并传各园商人来厅告诫，规定9月11日即旧历八月初一日起，坤角另行组班演唱［见《通告》，《北京新报》，民国元年（1912年）8月30日，第五版］。后以正乐育化会禀请，考虑演唱合同期限等情，准延至阳历年底，自次年元旦起实行男女分演［见《通告》，《北京新报》，民国元年（1912年）9月17日，第五版］。直至民国十七年（1928年），京市舆论开始出现提倡“男女合演”事，但未果；次年，义务戏演出间有“男女合演”，如8月30日，开明戏院清真中才小学义务夜戏，马连良、雪艳琴合演《坐楼杀惜》。民国十九年（1930年）1月，北平市公安局修订《管理戏园规则》二十一条，由市政府核准公布，未再提及禁止“男女合演”等情；1月30日即旧历正月初一日白天，广德楼斌庆社（俞振庭、孙毓坤、刘又萱、雪艳琴、雪艳舫、郭仲衡）、吉祥戏院同盛社（刘宗杨、赵少云、绮鸾娇）及城南游艺园（孟丽君、安舒元、韩月樵、梁桂亭）率先实行“男女合演”，此后“男女合演”戏班逐渐增多。

记者问：富连成社，从先为喜连成社，不悉自何时始改为富连成社？

叶君答：此亦言之甚长，亦始于壬子之秋。原壬子之营业不佳，赔累甚巨，已如上述，而牛子厚先生遂无心再作，乃议全盘出倒。外馆之沈，亦为京师巨商，而沈仁山先生又嗜戏曲，由先严接洽妥协，乃于是年之七月十六日，归沈君接办，而“喜连成”三字，即成过去，“富连成”三字，遂播诸众口矣。[9] 时二科之连字生徒已渐露头角，若至一旦停办，则为山九仞，功亏一篑。故仁山先生有慨然之表示曰：予之接办喜连成，非以牟利，乃悯二科生徒，若于此时星散，则前功尽弃。至于头科学生诚有出过力者，然为牛君出力非为我沈某出力也。嗣后之二科人才为最盛者，亦未始非仁山先生是念，奠其始基。未几，三科之沈生入科，萧先生遂为命名曰“富贵”，亦寓善颂善祷之意耳。

(9) 民国元年（1912年）8月28日即旧历七月十六日，富连成班开市，出演三庆茶园。

记者问：贵社中之生徒，约以几年分为一科？

叶君答：约略计之，可分为五年一科，但不能俟此科之生徒完全期满始招新生，亦以有备无患之储才办法，俗所谓之“顶针续麻”也。如头科生尚在演戏，而二科之王连平君已从罗燕臣先生学习武工，以后诸生，均案此等方法行之。

记者问：贵社生徒命名，在从先有以艺名者，如小翠花、金丝红、元元旦、小穆子、小德子等，后来则已按科命名，此其何以前后异趣？又诸生之名，是否由社长亲字？

叶君答：当日科中之生徒，并无艺名之说，不过有为搭班学艺者，其本来之艺名，已渐为嗜剧人士所知，一方为保存其固有之名誉计，一方为招徕顾客计，始沿用旧名。而本科基本生徒之艺名，则均为外人所赠。盖彼时之社中，时常接到外界不具名之函件，或具名亦不知为何人，特以种种赞扬之词，代为诸生赠号。戏班正在欢迎多事之人，因此项多事之人，换言之，即必为鄙社之长期顾客也，故有某“花”、某“红”、某“旦”之称谓。其实科中另有本名。至于为众生徒命名之责，不一定由社长，如鄙社过去之生徒名字，多出萧先生手。初取之名，不外吉祥生动，后来动辄百十以上，乃就其上之姓字为别，如马而名之连良，即取“马氏五常，白眉最良”之意。而韩生徇是，亦可以名富信。原梨园一行，优孟衣冠正宜以古人为法。有时颠倒亦能生趣，如迟世恭、迟世德(10)之类。然间亦感觉到困难，如陈盛荪，为陈福胜先生之孙，所入恰为四科，应排盛字，盛胜嫌名，萧先生乃为取名曰盛荪，不啻言明乃福胜之孙也。而又虑同科生徒，或以之开心，则于孙上添草，成兰荪、芳荪之字义。以其又为旦角，与此尤宜。它如朱盛凌（已故）在科中时，本为取名曰“盛龄”，以其身体夙弱，名之曰盛龄，亦希望其“克享遐龄”之意。乃印戏单、写戏报时，往往嫌龄字之笔画过多，竟减写为“凌”字，此凌字之音虽与龄同，惟意义则大相反，乃有凌夷、凌辱之意，甚或凌迟之凌，亦是此字。果也，出科未久，即病殁矣。又有一花脸，乃三科［学］生，旗籍姓寿，萧先生为取名曰富耆，亦希望其长寿之意。乃亦夭折。总之，人生修短有数，固不系于命名，而为人命名之时，则不可以不祥之字面（而）加之。其中亦有至今尚未确定者，如苏富旭之在科中，有时名富旭，有时亦名富宪，此其原因，言之可笑。因为之命名时，正值三科排《取洛阳》，其中有一花脸为苏宪，众即借字抄音，而呼富旭为富宪，实则萧先生所为定之名字，确系从九从日之旭，此则成为一人双名矣。

（10）原文作“尉世德”。

记者问：报载贵社之六科以下生徒，将以“韵、庆、福、来”四字命名，此事确否？

叶君答：此事确然有之。因鄙社自元字生徒以下之命名，久已煞费踟蹰，所以然者，因必须与“喜、连、富、盛、世、元”能衔接为两句成语，而此字之上下，又皆能易与其他之字发生意义。前此所拟议者，尚有雍、熙等字，然均不妥。后经多人之拟议，遂以“韵、庆、福、来”四字足之，因其可以成为“喜连富盛世，元韵庆福来”之一联也。

记者问：“福、庆”二字，似记前人有用过者？

叶君答：过去之斌庆社、福清社，诚有“庆、福”二字之命名，不过所有生徒，为数无几，况鄙社之生徒，若排过韵字以后，则起码又在五年以外，虽有少许斌庆、福清二科班出身之同业，则以年龄悬殊，亦不致混淆。

记者问：贵社从先曾有秦腔之教授，不识何时始废？

叶君答：鄙社成立于清末，迩时秦腔之势未衰，故鄙社为营业计，亦添有秦腔教师。其时皮黄教师除萧苏二先生外，有罗燕臣、宋起山、茹乐（莱）卿、韩乐卿诸先生，而教秦腔者亦有李寿山（艺名一条鱼，非皮黄班花面之李七先生）、勾顺亮、苗永顺诸先生。然以观众之不同，梆子在鄙社中，其吸力竟尔无多。然所演出之老戏，如《云罗山》《黑风洞》《白蟒山》等，确有成绩存焉。惟彼时之秦腔，实不啻一种回光返照，教者无多，学者甚夥，各教师非常之忙，或且居为奇货，为营业计，竟致得不偿失，遂于民国四年，由先严将其取消。所有搭班之角色，听其自去，生徒之习梆子者，则一律改工，如今之吴富琴、刘连荣[11]诸君，皆曾一度学习秦腔者也。惟有裴云亭（即明娃娃）

乃仁山先生之义子，若以搭班演戏者一例看待，未免不情，乃由萧先生之提议，令改皮黄武生。首习之戏为《反西凉》《战冀州》之马超，演来亦极博得台下观众之欢迎。此君后入天桥演《金堤关》（《火烧裴元庆》）、《武松杀嫂》等，艺事渐不如前，驯至无声无臭，亦可惜矣。当秦腔作回光之返照时，其势反较前为盛。故二科生徒，几乎无一不习秦腔者，即今之马连良氏，亦曾习《取洛阳》之小王子（秦腔者），即此一端可知（记者案：此事当作马君之访问时，马君亦尝自言之），而民四以后，鄙社中即不复再有秦声矣。

（11）刘连荣，净，原工梆子旦角。

记者问：叶君之接任社长者，乃在叶前社长之生前抑于仙逝以后乎？

叶君答：鄙人摄事之初，先严实尚未见背也。缘先严创办此富连成社（先为喜连成社），其间茹苦负辛，劬劳僇力，往往于一计划甫有端倪，而营业上又为之挫，加以种种人事之牵制，所谓“遘闵既多，受侮不少”。中间又历辛亥之变，人心惶惶，使无毅力者，早已不敢继续作去。继之壬子正月之京师兵燹。此时即以诸生童之食宿与夫如何保护周密，已是煞费苦心，故无时不在风雨漂摇之中。于是或主解散，或主出外，先严则以事至中途，万无退缩之理，况此诸生学业未成，正所谓“五谷不熟，不如秕稗”，岂非“贼夫人之子”。即以教务言之，亦须巡视抚辑，无夏楚则生徒不知就范，专恃夏楚，则有伤师长之慈，或者其生徒天生桀骜不驯，有为恩威之所不能济者。先严坐是遂得瞑蹶之疾，偶一发动，则昏不知人。此皆由数十年来积劳之所致也。当光绪二十八年，先严适为二十八岁，是乃筹备喜连成社之时代。至先严三十岁，则喜连成组织成功。至民国二十三年十一月十一日而卸事，共计任事三十一年。在此三十一年中，实已心力交瘁。适鄙社赴山东演戏，先严亦随众往，在彼即得风痹之症，不良于行。归后社务只可委命鄙人代理。及二十三年秋冬之际，先严之病势日增，十一月十一日为祖师诞辰，即于是日正式授鄙人以社务。因鄙人是年亦正为三十，先严与诸老先生之意，以为鄙人亦于三十岁内接事，可为箕裘之绍，言之滋愧。迨至转年（二十四年）之十一月二十四日，先严即弃鄙人兄弟等而归道山矣。

记者问：叶君前言未曾学戏，证以前社长之传统，恐系谦辞？

叶君答：学而未成犹之未学也。先严在日，鄙人亦曾粗习武工（如斤斗、小翻等），又曾习得一出《黄金台》。虽已演之台上，不过彼时年龄太稚，亦未起名也。后乃改入学校肄业，此道遂致久疏，故未敢以能者自承也。缘先严在世，对愚弟兄与众同视，不惟不优于众人，甚或加严于同辈。如当武行之众生徒用工时，舍弟盛章，必身为之倡，首先以戳顶等技术矗立许时，余者亦如数矗立。故舍弟等之艺事，粗有根基者，即在此也。

记者问：叶君以身受时代教育之知识分子，来办此科班，当然有大量合于时代教育之设施。惟关于剧务，尚有所疑，因尝闻人言，谓科班所教之路子，与时下各大班有异，故有人谓科班为“不通大路”，此等现在有无改革？

叶君答：此则言之长矣。鄗社之戏，诚有不同于外间所演者，但所谓“大路”，究竟应以何为根据，此又亟待商榷者也。夫演剧一道，窃以为不外乎“情理”“艺术”二者而已，演实现之人生者，不外乎情理，演美化神话者，不外乎艺术，二者俱无，尚何戏剧之可言乎？故鄗社对此二者不敢漠视，而外间不察，反以为是不通大路，得毋言之小过乎？且鄗社既为科班，亦实有断断不能同于今之所谓大路者也。今试为阁下分晰言之。第一，人以子弟送来鄗社肄业，无不望其大成就者，然人之资质不一，而童伶不能不倒仓，倒仓以后，准能恢复与否，更未可定。故老例任何角色皆由跑龙套起，所谓进可以战，退可以守，庶免不稂不莠，误人子弟于一生也。然科班之制，最宜普遍，故前贤定制，龙套有时出全堂之标子，上至三十二名，合唱〔五马江儿水〕，此所以为使生徒皆有跑龙套之机会，而科班更不宜有龙套专人也。但亦不能妄加人数，故皆于班师回朝时为之，如《太师回朝》《激权瑜》中之闻仲与周瑜，巍坐高台，由全堂龙套“倒脱靴”下，此乃先贤定制，非鄙社所创为焉。不过今之大班乃以生计为前提，无所谓学习，是以常备龙套只有八人，实为全堂之四分之一，欲上三十二人，则必须开三十二人之份。《激权瑜》演者无多，而《太师回朝》又沦为开场帽儿戏，故大班之不能上全堂标子者，非有任何理由，乃不得已也。人以司空见惯，遂疑鄙社之上全堂标子者为不通大路，岂非未一考核其本原乎？或疑本社以生徒众多，而故加炫耀，此犹皮相之论，不知为训练起见，亦事实上所必需。此外类是者尚夥，未可一一殚述焉。又如大班中之偏将，或者竟尔不上，即上亦不报名，鄙社为完成其剧之组织起见，则必须大上。如《祥梅寺》一剧，其黄巢造反以后，必须扎靠，使大刀，此所以为后来斩树之用也。今之大班开场，或者黄巢穿蟒，而以宝剑挥斫。夫以树之不高，则了空亦可以不必上树矣，其树既高，又岂挥剑便可以削断了空之人头者乎？况以造反者而穿蟒，世间又安有此缓带轻裘之雍容贼盗？而造反者又必有党羽，故鄙社于是且上四将，计为一绿花脸、一紫花脸、一生、一丑，即朱温、孟觉海、卞应随、班方腊，后来在《太平桥》《雅观楼》中皆有其事迹。此等岂可谓之必通大路而使黄巢穿蟒使剑者，翻为正扮乎？或者则为多唱，亦大班中所简略者，是又情理与艺术上均有当然者也。如《黄鹤楼》之张飞，在大班中仅唱四句，鄗社生徒，则有一大段之〔快流水〕，然后〔扑蝴蝶〕下。此就情理言之，张飞闻刘备、赵云过江而焦灼，定有刘备倘为东吴所害，誓与报仇之表示，故此大段唱词中，张飞曾有“俺大哥在东吴若是把命丧，咱老张全凭着手中蛇矛胯下乌骓杀他搅海与翻江”，此乃情理上所宜有。再以音节言之，此段之铮锹鞺鞳，倘使有嗓之生徒歌之，亦未必不美听焉。又如《法门寺》之“上马”一段，鄗社之刘彪唱词，亦较大班为多。因此剧之组织，有如四梁八柱，缺一不可。“上马”之时，由赵廉之“刘公道做事真胆大”引起，核计为四人每人一段。今日之大班中则刘公道唱，刘媒婆或不唱，或刘媒婆唱，刘彪不唱，其实若全不唱，亦无不可，惟刘公道、刘媒婆之唱，或较刘彪多出两倍，此则甚失当日前人编此剧时之苦心也。而刘彪之词，又非秘不可传，故鄗社凡演《法门寺》至“上马”时，其刘彪亦有大唱，所以为昭五雀六燕之平耳。他如《打龙袍》中之亚父陈琳，其唱工亦较大班为特别之多，因若述事不明，仁宗未必即肯赦回包拯也。其实，此等大唱，在大班之名伶中，亦有时照唱，即舍去理论，亦不见得鄗社之必为不通大路。如鄗社之《审头刺汤》，非至必不得已时，其汤勤必用倒板唱上，而大班中近亦不乏此等，但视演员之嗓音如何耳。余如扮相一层，鄙社亦确有与今之大班小异者。除上述之《祥梅寺》外，如在《三国志》中，曹操误中周瑜之计，错杀蔡瑁、张允，此二角色，在大班中因只一场，或不一定扎靠即上。若在鄙社，不但扎靠，且勾固定脸谱，戴大额子盔、翎子，因此二人俱为水军上将，操故用为都督，使系等闲之辈，周瑜又何必用此机关而假操手以杀之乎？又如《雍凉关》一剧，本为文剧，而鄙社演之，则于司马懿接驾之先，上诸将起霸，所谓诸将者，若陈泰、郭淮、张郃、王双等，皆在其内，且均扎靠，花脸亦开硬五彩之脸谱。此在大班，以经济力固不能为，即管事人有此命令，角色亦未必接受。所以然者，上去之时间，尚无勾脸之时间大也。但以此剧之整个故事论之，若非司马懿大耀兵威，诸将皆橐鞬从事，魏主岂能遽信贾诩之奏乎？故城门甫开，贾诩即问司马懿曰："你是前来接驾，还是前来劫驾？"司马无言，乃被斥。是鄙社所演，不但多上角色，而且多出一场，然为完成此故事之情理起见，亦恪遵老例者也。同乎此者，尚有《四平山》一剧，鄙社演之，必带"元霸观像"一场。因临潼山救驾时，不但李元霸未生，即李世民亦未生，元霸何从而知秦琼乃其敬（救）父恩人乎？所以窦太真引之观画，元霸不知秦琼为何如人，窦太真指示之，元霸暴怒，曰："此乃瓦岗贼寇，待孩儿抓他下来！"窦太真遂与说明临潼山救驾一事，故后来秦琼追赶元霸，元霸不敢伤之。今之大班演此剧者，多数减去此场。鄗社则不演《四平山》便罢，苟演此剧，必带“观像”，其用意亦犹之乎《雍凉关》之上诸将起霸焉。又如《战太平》一剧，定上一将失采石矶，则以剧中花云所唱有“早知道采石矶被贼抢”之词也。此外若《法门寺》之宋国士，大班中多穿青褶子，鄗社演之，则穿富贵衣。因宋国士若使稍能自给，亦必不致使宋兴儿佣于刘公道之家，而肇生朱砂井之惨祸，穿富贵衣者，所以示其贫寒耳。此皆卓荦大者，仅就所知而言，挂一漏万，愧言之不能详也。至于脸谱亦然。如《九更天》之太宰，它班即勾红六分之闻太师脸，鄗班除三目外，乃勾金三块瓦，所以示其有种种之灵异焉。且鄗社此种脸谱，原系案照老例勾勒，近有剧学专家，研究所得，此人乃《未央天》传奇中之闻朗，非闻太师，则知鄗社所勾之不作红六分者，亦非师心自用也。不过，近年尚觉未能竭力保守老型之扮相，言之滋愧。如鄗社从先所演之《连环阵》，其荀林父部下之四员大将，计为公子虔、公子度、孙良臣、曹公子首，此四人者，因其官阶俱属大夫，乃扎靠而戴纱帽，略如《安天会》中之温天君，后来终以台下观众望而生疑，不得已而易去之。惟鄗社之剧，有时因为独有，故改去而又改回，以无从作比较，遂亦暂仍旧制者。如《宦海潮》中之于福，此人本为于天求家之老仆，故其扮相乃为挂白三，戴青罗帽，穿青素，束腰，白袜，厚底鞋。旋因人言，此剧本为清代实事，其主角郭盛恩等既以顶翎袍褂，此角何以仍穿古服？鄙社接受此种建议之后，遂将于福改穿时装。但因仆役之时装，在国剧中从来无有，只可以意为之，乃扮出似一茶房。似茶房尚无不可，而后来被冻饿死之做工，遂亦完全废掉矣。因不挂白三，则无从抖髯，不穿青素，更无水袖。此角之死，实不下于《南天门》之曹福，今既完全免去做工，僵尸亦甚难看，乃一律从删削。此种措施，不啻因噎废食，反对者更多，鄙班乃决予改回。是从尝试以后而失败，非敢不信人言。又如鄙社之《甘露寺》，从先本来不重乔玄，佛寺时虽有念白，而宫中确乎无唱。及后马温如（连良）君增添唱词，宇内模仿，鄙社亦不敢故步自封，除将场制有所变更以外，并命沙世鑫及舍弟世长等，诣马君处，就而请教焉。余在鄙社中同一须生戏，而作工有不必尽同于它班者。如《桑园寄子》之邓伯道，于被贼兵冲散之后，必走一掉毛，此在大班中或尚有为之者。若夫《浣花溪》之崔宁，于杨子琳造反，改易高方巾、宝蓝褶子后，鄙社无论以何生徒饰之，亦走一掉毛。于此总括言之，凡鄙社所有被人指为不通大路之处，俱不外乎“唱多”“做多”“场子多”而已。诚以教授生徒之原则，与其学而不用，不能用而未学，多者繁者可以从新删减，若根本即不知有此，尚何科班出身之足贵乎？彼时恐亦将不免怨怼鄙社误会为藏私矣。况年来之所谓“通大路”

者，有时变本加厉。譬如四人念至“我等登高一望”，此在科路，必真上桌子，所以借桌子而示其为高也。若在大班中，则仅凭一说，并不真上桌子。如是无乃太简乎？

记者问：饫承高论，顿释疑团。敢问贵社截至现在止，已有多少生徒？

叶君答：先严组织此科班之原始，仅有六大弟子，即武喜永、陆喜才、陆喜明、雷喜福、赵喜魁、赵喜贞[12]是也。后来头科共有七十四名。其人之姓名如下：除上述六大弟子，则有李喜泉、梁喜方、刘喜益、周喜增、周喜如、康喜寿、王喜秀、张喜虹、张喜海、律喜云、马喜连、侯喜瑞、吴喜年、阎喜林、钟喜久、高喜玉、金喜堂、陈喜山、梁喜华、郭喜庆、郝喜桐、彭喜泰、李喜年、穆喜忠、刘喜升、李喜龙、时喜文、金喜武、王喜利、何喜春、裴喜莱、营喜森、迟喜珠、田喜源、陈喜光、陈喜星、应喜芝、李喜安、牛喜明、郝喜伦、张喜良、吴喜昆、张喜广、田喜丰、张喜汶。内中如王喜秀，后为本社教授，不幸于去年六月病故，律喜云亦故去，赵喜奎则先故于哈尔滨。武喜贵、王喜沅、谢喜银三人皆失目，武喜长后改厨役。另有先后故去者十九人，名不在档册中，统计头科七十四名，确知故去者二十二人。[13]

（12）赵喜贞，原文作“赵喜珍”。

(13)《富连成三十年史》（修订本）记第一科学生共七十三名，其中已故十九名，计王喜翠、彭喜凤、张喜和、律喜云、梁喜祥、王喜乐、张喜公、钱喜卿、孙喜恒、张喜槐、王喜顺、段喜盛、耿喜斌、陈喜荣、李喜兰、徐喜延、王喜禄、李喜楼、陈喜德。又，李喜泉，原文作“李喜全”；张喜虹，原文作“张喜洪”；李喜年，原文作“李喜平”；裴喜莱，原文作“裴喜成”；牛喜明，原文作“牛喜朋”；张喜汶，原文作“张喜文”。

至于二科之生徒，则有何连涛、骆连翔、高连甲、王连魁、金连寿、冯连恩、钟连鸣、马连良、马连昆、张连福、萧连芳、于连泉、于连仙、唐连诗、赵连升、赵连城、苏连汉、王连平、杨连禄、张连崧、晏连功、曹连孝、诸连顺、梁连柱、张连庭、方连元、刘连荣、高连登、崇连卿、陈连虹、王连阔、韩连宴、宝连和、常连贵、李连英、郭连颐、廉连颇、姜连彩、陈连胜、陈连清、金连玉、英连杰、于连沛、杨连森、徐连仲、刘连湘、常连琛、高连峰、高连海。内中有改场面者，如高连第已改打鼓，张连洲已改拉胡琴。又有改作他艺者，如常连安改说相声。亦有改习手工业者，如李连双改铜匠。尚有故去者十二名，如程连喜、罗连云、姚连增、殷连瑞、李连贞、王连浦等，共六十五名。

以上生徒，俱为喜连成社者，前后二科，共计一百三十八名。[14]

(14) 张连庭，原文作“张连廷”；陈连虹，原文作“陈连红”；王连阔，原文作“王连润”；常连琛，原文作“常连珅”；高连海，原文作“何连海”。又，《富连成三十年史》（修订本）载二科已故九名（截至1932年），计郝连桐、白连科、张连林、赵连华、张连芬、王连浦（修订本误作“王连甫”）、殷连瑞、李连贞、周连钟。

至乙卯（民国四年）所收之生徒，则均以富字命名，为富连成社者矣。计有沈富贵、方富元、苏富恩、茹富兰、茹富蕙、韩富信、吴富琴、邱富棠、贾富通、段富寰、赵富春、范富喜、张富有、耿富斌、张富相、庆富余、尚富霞、张富芬、钱富川、高富厚、杨富茂、赵富台、马富禄、高富远、高富山、唐富尧、董富村、李富秋、陈富涛、赵富荣、刘富诗、高富权、何富清、李富万、王富祥、李富臣、陈富瑞、翟富夔、苏富旭、宋富亭、张富盛、程富云、阎富林、陈富康、奎富光、陈富芳、张富良、李富斋、傅富铭、荣富华、樊富顺、谭富英、陆富安、董富莲、白富爵、孙富德、杨富业、白富宗、英富翰、冯富堃、杜富兴、杜富隆、任富宝、张富农、龚富洪、李富阔、张富藻、那富荫、有富珠、盛富增、翟富仙、董富庆、冯富润、刘富玉、李富仁、刘富轩、王富鼎、青富如、青富秀、张富华、傅富国、宋富寿、李富珍、曹富勋、宝富和。此中亦有改场面者，如刘富溪改打鼓。其故去者，则有前所述之寿富耆等七名，共九十五名。(15)

(15) 段富寰，原文作“段富环”；有富珠，原文作“存富珠”；任富宝，原文作“任富保”；张富华，原文作“张富利”，《富连成三十年史》（修订本）第三科学生载有“张富华”，而“张富利”则名列“已故”（截至1932年），据以改之。

《富连成三十年史》（修订本）言第三科学生共九十四名（已故七名），实列姓名者九十三人，遗漏“白富宗”，另有董富绅（工小生，拜冯蕙林为师）、董富森（工丑，后任杨宝森宝华社管事），均未列入，叶龙章在科时曾名叶富和，则第三科学生有九十七名。

至庚申（民国九年）续起四科，除去舍弟盛章、盛兰、族弟盛茂外，则有苏盛辙、苏盛轼、苏盛贵、王盛如、王盛意、赵盛璧、孙盛辅、李盛斌、李盛荫、李盛藻、陈盛荪、李盛佐、李盛佑、孙盛文、孙盛武、谭盛英、王盛芝、王盛海、冯盛和、冯盛淇、冯盛泉、张盛禄、浦盛艾、赵盛湘、孙盛元、穆盛楼、陈盛泰、董盛士、韩盛信、刘盛仁、刘盛通、刘盛道、刘盛常、韩盛岫、郑盛厚、徐盛昌、徐盛达、马盛林、李盛国、张盛侯、萧盛萱、魏盛有、钰盛玺、关盛明、贯盛吉、贯盛习、殷盛勤、何盛清、张盛余、张盛有、杨盛梓、黄盛仲、许盛奎、郝盛群、薛盛忠、吴盛宝、吴盛恩、罗盛公、罗盛远、陈盛德、邱盛月、邱盛华、陈盛霞、赵盛台、徐盛安、黄盛湧、朱盛陶、海盛阔、杨盛春、李盛泉、朱盛富、高盛虹、周盛铭、孙盛云、侯盛伯、毛盛荣、杨盛清、翟盛庆、方盛臣、张盛利、鲍盛启、裘盛戎、马盛勋、马盛雄、高盛麟、孙盛芳、朱盛业、林盛竹、戴盛来、董盛村、全盛福、朱盛康、李盛成、朱盛祥、李盛睦、钱盛川。内有故去者二十名，即仲盛珍、许盛玉、南盛山、刘盛莲、吴盛珠、朱盛龄、萧盛瑞等，共一百零五名。(16)

(16) 李盛佑，原文作“李盛右”；张盛禄，原文作“陈盛禄”；董盛士，原文作“董盛世”；刘盛常，原文作“刘盛长”；张盛有，原文作“张盛存”；郝盛群，原文作“郝盛郡”；鲍盛启，一作鲍盛起；马盛林、李盛睦，名不见《富连成三十年史》第四科学生名录，名录中有“张盛樵”者，未见于《访问记》，另胡盛岩（工老生），均未见录。按《富连成三十年史》第四科共收录有姓名者一百一十六名，其中已故十四名（截至

1932年），本节记有姓名、尚在世者九十九名，已故二十名，共为一百一十九名，言“共一百零五名”，当系误记。

至戊辰（十七年）续起五科，除舍弟世长外（初名世良，后改世长），则有华世丽、富世兰、马世禄、阎世喜、汪世升、谭世英、袁世涌、袁世海、江世玉、贾世珍、鲍世平、段世培、杨世群、张世成、罗世明、朱世良、吴世甫、柏世顺、刘世昆、张世琛、高世泰、高世寿、朱世有、朱世奎、李世斌、陈世鼐、张世万、李世源、苏世卿、曹世嘉、曹世才、李世章、张世桐、耿世忠、耿世华、徐世岩、李世庆、郭世钧、裘世戎、李世琦、刘世勋、姚世茹、沙世鑫、罗世宏、王世栋、余世澄、冯世宁、马世昭、李世瑞、韩世植、迟世恭、迟世尉、李世存、陆世聚、苏世詹、张世惟、詹世辅、谭世秀、张世谦、陈世铎、郭世诒、陈世权、俞世龙、费世威、费世延、陈世峰、萧世祐、徐世和、何世通、王世袭、郭世恩、张世侯、毛世来、沈世起、刘世亨、班世超、屈世远、王世霞、王世纲、王世祥、王世昌、阎世善、徐世光、徐世亮、虞世仁、时世宝、谢世安、张世蓬、李世芳、傅世云、贾世福、赵世璞、诸世芬、马世啸、朱世富、艾世瑞、程世杰、于世文、鲍世希、李世信、刘世庭、艾世菊、张世宗、张世年、张世本、张世孝、陈世佐、陈世宽、刘世臣、刘世联、苏世文、苏世武、叶世茂、石世三、朱世业、陶世珠、方世铸、王世玺、王世续、杜世汉、赵世德、金世贵、苏世明、魏世宗、罗世保、李世润、李世林、杨世春、陈世鼎、迟世敬、徐世宸。此外有故去者，邱世沛等六名，开除者四名，逃走者李世祥、罗世汉等二名，共计一百四十三名。现今所有者则为第六科，此第六科之生徒，有尚未起名者，而亦未能截止新生，故其详难以统计，至其上台逐日公演者，则有黄元庆、刘元彤、陈元碧、郭元汾、李元瑞、李元芳、茹元俊、卢元义、马元禄、高元虹、高元阜、白元鸣、白元瑞、钱元通、范元濂、哈元章、殷元和、杨元勋、高元峰、张元秋、雷元硕、杜元田、王元锡、余元龙、刘元馨、樊元吉、李元宸、戴元福、黄元钟、慈元善、卢元仁、白元洁、孙元彬、孙元增、罗元琨、李元睦、茹元棻、茹元蕙、吴元友、张元礼、杨元湧、姚元秀、李元荫、陈元昌、苏元轼、马元麒、高元升、赵元襄、王元信、广元长、萧元茂、娄元廷、马元甫、殷元贵、庆元祥、李元钰、徐元华、张元桂、马元亮、阎元靖、张元奎、杨元才、苏元奇、王元兴、康元健、蒋元荣等，其未命名及中途退社如朱元红、马元智等，尚不在内。

记者问：此等学生多为内行之子弟，抑外行之子弟乎？

叶君答：此乃兼而有之。如雷元硕乃雷喜福君之子，马元智乃马连良君之子，茹元俊乃茹富兰君之子，朱元红乃朱琴心君之子，高元升乃高博陵君之子，殷元和乃小奎官君之子，李元瑞乃李一车君之子，此外不可胜计。然亦有纯粹外行者，不可一概而论也。

记者问：就中如雷、马、茹诸生之父，在昔皆为贵社之学生，如此则是父子皆隶贵社矣，伦序得无少乖之感。

叶君答：此亦先严之所以授职于鄙人原因之一也。记先严授职之时，亦布告一纸，请君一阅，即可知其概略。

记者乃请叶君觅得此布告之原文，其言曰：

> 溯自前清甲辰年，余成立梨园科班以来，迄今已有三十余载，受业弟子，传到五科，出科学生，数百余人。现头二科学生，年岁均在四旬左右，娶妻生子，徒孙又复入科学艺。自思如再以本身名义收徒，不但辈属称呼紊乱，且感情亦恐因而生疏，此诚非所宜者也。况余年已逾花甲，积数十载之操劳，心力交瘁，是以去岁赴济垣演剧，致患喘病，经年未痊，精神衰弱，亟应养息，遂将社务暂委各位先生暨头二科大学生分别办理。原意于此数人中选任一继承师位者，时阅数月，各生均抱谦让，终未得遂初衷。会长子龙章，由外返京，余乃令其入社，协同料理，数月以还，各事条理尚见井然。复经大众余生，公推其担任

师席，各（余）再四思维，深恐伊学浅年轻，难膺艰巨，迭经诸位先生及各关系友好，极力推举，让无可让，只可暂令试行管理，余仍从傍监察，俾免有措置失当之虞，如斯则名位既定，辈次分清，余亦可借以休息矣。惟是社中事务繁冗，个人智能有限，尚望大家本往日之精神，共同维持，努力前进，务期蒸蒸日上，永垂久远，本社实利赖之。至于小儿龙章，既为师表，务要秉心公正，对于学艺生徒，量才设教，随时爱护，日常食宿，饥饱寒温，多要当心，人之儿女，即己之儿女，处事要名正言顺，待人要忠厚和平，纵或有欠明了之点，大家均当参加意见，开诚评定，是为至要。切切此布。社长。二十三年十二月旧历十一月十一日[17]。

此篇文字出自萧先生手，又经傅佩芝先生加以润色，而先严与鄙人授之经过，亦昭然若揭矣。

(17) 原文作“十者日”。

记者问：贵社之剧目，共有多少？

叶君稍事踟蹰曰：鄙社之剧目之统计法，与一般稍有不同。因鄙社所演各戏，有为流动性的，换言之，即此一时期与彼一时期不同，因诸生之入社时间不定，出科之时间亦无一定，往往一戏排妥，而主角之或出科或脱离，此戏当时即已不能再演，于鄙社之剧目表中，遂亦不敢登之，故据鄙社之剧目表以统计之，则不免有遗珠之叹矣。过去之《三十年史》中所附之表，亦只能代表本年，而非历来所有之戏单。故上有加洋若干者，乃为应堂会之用耳。如二十本《五彩舆》，乃本社独有之戏，而此时以人位之不全，遂难演唱，此在为应堂会所用之戏单上绝不敢载，恐人案图索骥，当时即点是戏也。然若谓鄙社即无此一页历史，亦岂得事实之平？兹先录现在常演之剧目如下：

《天官赐福》、《富贵长春》、《财源辐辏》、《卸甲封王》、《满床笏》、《百寿图》、《清河桥》、《摘缨会》、《大回朝》、《金马门》、《庆阳图》、《药王卷》、《风云会》、《战潼台》、《八扯》、《二龙山》、《武当山》、《九里山》、《进蛮诗》、《渭水河》、《御碑亭》、《阳平关》、《取荥阳》、《赶三关》、《南阳关》、《战樊城》、《长亭会》、《文昭关》、《浣纱河》、《鱼肠剑》、《刺王僚》、《焚绵山》、《庆顶珠》、《状元谱》、《捉放曹》、《奇冤报》、《胭脂褶》、《群英会》、《甘露寺》、《二进宫》、《朱砂痣》、《战城都》、《打严嵩》、《献长安》、《战太平》、《定军山》、《昊天关》、《天水关》、《双狮图》、《芦花荡》、《铁莲花》、《洪洋洞》、《玉玲珑》、《九龙山》、《桑园会》、《宫门带》、《群臣宴》、《武家坡》、《法门寺》、《雍凉关》、《伐东吴》、《琼林宴》、《一捧雪》、《马义救主》、《教子》、《寄子》、《换子》、《卖马》、《碰碑》、《胭脂虎》、《南天门》、《借赵云》、《乌龙院》、《华容道》、《汾河湾》、《美龙镇》、《清官册》、《取帅印》、《上天台》、《金水桥》、《诈历城》、《八义图》、《盗宗卷》、《珠帘寨》、《回荆州》、《博望坡》、《蔡家庄》、《英雄义》、《牧羊卷》、《红桃山》、《探阴山》、《连环套》、《状元印》、《白门楼》、《长寿星》、《白良关》、《选元戎》、《大神州》、《望儿楼》、《斩黄袍》、《喜封侯》、《玉堂春》、《孟津河》、《锁五龙》、《断密涧》、《飞虎山》、《女起解》、《天齐庙》、《打龙袍》、《牧虎关》、《下河东》、《岳家庄》、《孝感天》、《祥梅寺》、《马上缘》、《断桥亭》、《浣花溪》、《小过年》、《五花洞》、《穆柯寨》、《穆天王》、《绒花计》、《探亲》、《打刀》、《破洪州》、《审头刺汤》、《虹霓关》、《樊江关》、《醉酒》、一至八本《梅玉配》、《白水滩》、《连升店》、《打皂》、《借靴》、《奇双会》、《打面缸》、《顶花砖》、《入侯府》、《一匹布》、《董家山》、《贪欢报》、《喜荣归》、《龙凤配》、《打杠子》、《琵琶缘》、《铁弓缘》、《荡湖船》、《卖饽饽》、《取雒城》、《通天犀》、《收关胜》、《取金陵》、《金山寺》、《花蝴蝶》、《娘子军》、《小放牛》、《九江口》、《九龙杯》、《金钱豹》、《击曹砚》、《普球山》、《下河南》、《荷珠配》、《莲花湖》、《剑锋山》、《薛家窝》、《罗四虎》、《红门寺》、《铁龙山》、《摇钱树》、《李家店》、《溪皇庄》、

《殷家堡》、《落马湖》、《钱塘县》、《浔阳楼》、《无底洞》、《攻潼关》、《河间府》、《青石山》、《对刀步战》、《黑狼山》、《采石矶》、《蟠桃会》、《朝金顶》、《鄚州庙》、《恶虎村》、《洗浮山》、《泗州城》、《八蜡庙》、《蜈蚣岭》、《金锁阵》、《安天会》、《贾家楼》、《夺太仓》、《儿女英雄传》、《战濮阳》、《连环阵》、《战宛城》、《百凉楼》、《得意缘》、《伐子都》、《打瓜园》、《金兰会》、《太湖山》、《闹昆阳》、《宁武关》、《八大锤》、《双断臂》、《界牌关》、《武文华》、《五人义》、《摩天岭》、《独木关》、《水帘洞》、《艳阳楼》、《翠屏山》、《巧连环》、《双龙会》、《四平山》、《挑滑车》、《马鞍山》、《嫁妹》、《庐州城》、《打韩昌》、《竹林计》、《战马超》、《潞安州》、《四杰村》、《闹学》、《冀州城》、《战渭南》、《赵家楼》、《神亭岭》、《三迁》、《长坂坡》、《姑苏台》、《嘉兴府》、《昭君出塞》、《功宴》、《思凡》、《天河配》、《麻姑上寿》、《芦花河》、《恶虎庄》、《打城隍》、《东皇庄》、《黄鹤楼》、《三岔口》、《火牛阵》、《王莽闹》、《花田错》、《大小骗》、《太行山》、《善宝庄》、《宝莲灯》、《雄州关》、《白马坡》、《辕门射戟》、《三进士》、《双沙河》、《临江会》、《药茶计》、《过巴州》、《反五侯》、《美良川》、《瞎子逛灯》、《盘丝洞》、《廉锦枫》、《红线盗盒》、《春秋配》、《太真外传》、《落花园》、《夜奔》、《三江越虎城》、《三顾茅庐》、《宦海潮》、《御林郡》、《永平安》、《大名府》、《清风亭》、

《霸王别姬》、《除三害》、《飞波岛》、《双观星》、《探皇灵》、《铜网阵》、《哪吒闹海》、《打樱桃》、《凤鸣关》、《凤凰山》、《瑞草园》、《长生乐》、《忠孝全》、《武松打店》、《查头关》、《霸王庄》、《巴骆和》、《广泰庄》、《开吊杀嫂》、《滑油山》、《游六殿》、《铁公鸡》、《三字经》、《宇宙锋》、《铡包勉》、《铡美案》、《战滁州》、《凤还巢》、二本《安天会》、《虎囊弹》、《水淹七军》、《贞娥刺虎》、《双合印》，此皆人所共有之戏。

至于鄗社独有之戏，则有《青峰岭》、《碧霞岭》、《夺剑印》、《打鸟》、《小磨房》、《仙圆》、《黑沙河》、《九花洞》、《杜宝劝农》、《洒金桥》、《小天宫》、《丑嫖院》、《洞天歌》、《西河舞》、《云锦裳》、《临淮梦》、二十本《五彩舆》、《里海坞》、《荥阳关》、《洞庭湖》、《渑池县》、头本《北侠传》、二本《北侠传》、《徐良出世》、头一二三四五六本《藏珍楼》、《佛手橘盗银壶》、《娟娟》、《昆仑剑侠传》、《侠义英雄图》、《完璧归赵》、《酒丐》、《白泰官》、《南界关战寿春》、《战官渡》、《生辰纲》、《石猴得道》、《三箭定天山》、《打鱼舟配》、《骨牌灯》、《智化盗冠》、《神火将军》、《雁翎甲》、《沂州府》、《三进碧游宫》、《火烧大悲楼》、《十僧闹花堂》、《小方朔大闹尹家川》（最近新排）、《请清兵》、《登台笑客》、《暗室青天》、《目连救母》（带“罗汉堂”）、《三侠五义》、一至八本《取南郡》、《高唐州》、《凤仪亭》、《咬脐郎》、《翠凤楼》、《青门》、《高平关》、《北诈》、《取桂阳》、全部《金瓶女》、《花子判断》、《东昌府》(非擒郝文僧，乃《水浒》戏之“收没羽箭张清”事)、《跑驴子》、《青州府》、《粉妆楼》，以上诸戏，因人事之关系，现在虽不能全演，要为鄙社已往之成绩。

至于普通戏之向已漏者，尚有《雅观楼》、《青龙棍》、《夺锦标》、《扈家庄》、《醉打山门》、《扫秦》、《雪杯圆》、《英杰烈》、《遇龙馆》、《胭脂判》、《占花魁》、《战合肥》、《麒麟阁》、《盗魂铃》、《双铃记》、《双钉记》、《丑荣归》、《十二红》、《山羊县》、《五台山》、《宣化府》、《反五关》、《十美图》、《庚娘传》、《大保国》、《困曹府》、《三家店》、《枣阳山》、《骊珠梦》、《杀四门》、《审七长亭》、《乾元山》、《闺房乐》、《三击掌》、《芦林坡》、《回龙阁》、《太平桥》、《湘江会》、《战磐河》、《打銮驾》、《汉寿亭侯》(《古城训弟》)、《秦良玉》、《黛玉葬花》、《火烧人皮纸》、《拾玉镯》、《双怕婆》、《荐诸葛》、《东平府》、《五雷阵》、《跌桥挡亮》、《战北原》、《拾黄金》、《两狼关》、《战长沙》、《双包案》。此外尚有演一两次即未再演者，已不能记忆矣。

又当鄙社在从先延聘秦腔教授之时，尚有若干梆子老戏，如《万寿堂》、《云罗山》、《浪子烧灵》、《高三上坟》、《红梅阁》、《紫霞宫》、《海潮珠》、《秦琼表功》、《镫打石雷》《乌玉带盘山》等，鄙社亦尝演过，普通之梆子戏与二黄同名者尤夥。自裁汰梆子以后，即无生徒再学，而另外尚有若干出之梆子戏，乃由坤伶带艺带来者，故鄙社不愿列诸鄙社之戏目中也。

记者问：贵社所谓之独有戏者，以何为断？

叶君答：凡戏非近人之编制，即老本之遗留，鄙社所藏，当然亦不外此二种。近人手编者无论矣，而老本遗留，则必有前人演过，不过此时无第二家演唱，则鄙社虽不归入独有戏类，事实上亦不许可也。鄙社之戏，如二十本《五彩舆》、《胭脂判》、《十二红》皆为当年四喜老本，而八本《取南郡》则为三庆老本，八本《三侠五义》则为小荣椿科班老本，其《西河舞》《临淮梦》《云锦裳》出自从先张远伯先生赠本，《庐州城》乃教育部本，《暗室青天》，乃梁贞瑞公巨川赠本，《请清兵》为徐庭璧先生所授，《雁翎甲》为沈金戈先生所授，《娟娟》《昆仑剑侠传》《金瓶女》《酒丐》为尚绮霞先生所授（并赠本），《三进碧游宫》《佛手橘盗银壶》皆为李子健先生赠本，原为梆子，而翻作皮黄者；《跑驴子》则为迟子俊先生赠本，《小方朔大闹尹家川》乃李桂春先生赠本，《智化盗冠》为吴幻荪先生编本；《白泰官》则舍弟盛章自己编本。此外如《战官渡》《三箭定天山》《神火将军》，皆出本社教授王连平君之秘本。《双合印》为王长林先生所授。其《花子判断》《丑嫖院》诸剧，则出自萧长华先生所授。近来亦有本戏而大家参酌者，如《石猴得道》、二本《安天会》、《徐良出世》、一至六本《藏珍楼》等武戏，皆由舍弟与王君商榷，得其助力为多。虽然，鄙人所谓之独有戏者，乃以千真万确现只鄙社一家所独演者为断也，不但仅有其他一家演唱者不敢列入以外，即它班之有同名或以之并入一大戏中者亦不敢列入之。如《金兰会》一剧，其先亦为鄙社独有，近来戏曲学校亦有此剧，鄙社乃不敢再称为独有。惟各班所演之《洞庭湖》，则与鄙社名同而实异，故不妨仍列之于独有戏中。因鄙社此戏，始于杨幺坐帐，屈原公献计，并无《镇潭州》《九龙山》之情形在内，其后部之岳云、严正方比锤等事，则有老本《五方阵》，确与它家不同，乃敢列为鄙社之独有者焉。又如《庐州城》一剧，原为鄙社所独有，因后来戏校演此，仍为吕万春、刘凤英事，而易其名为《烽火媒》，鄙社遂亦不敢以此自诩矣。又如《红门寺》，只永春社偶然一演；《宦海潮》，平戏班中虽为常演之剧，而其他皮黄戏班中则亦无有，鄙社皆不敢以独有之戏归己。其《三江越虎城》亦只外来角色偶然一演，鄙社亦不以其为偶然一演之戏而谓系他人所无。更如《王莽闹》《十美图》二戏，以名义言之，实亦鄙社所独有，惟《王莽闹》之情节，近来已由荣春社采入全部《东汉》；《十美图》则由李少春君采入其《收董平》，鄙社于是不但不愿再称《东平府》为独有，即《十美图》亦不愿称为独有矣。至于《三侠五义》一戏，外间或亦有同名者，但鄙社所演，乃为一至八本，自白玉堂觅展熊飞起，至独龙桥水擒白玉堂止，中有花神庙、开封府、文光楼、茉花村等，无花蝴蝶，故以独有者归之。此外如《占花魁》《双合印》《胭脂判》《十二红》等，始终为本社毕业之演员在外联合演唱，然鄙社亦不敢以倒树寻根之说例之。惟鄙人接事较晚，统计或有遗漏，即此粗计，则鄙社之纯独有戏尚得一百零七出之多，上述情形者，犹不在内。是固由于先严之督率勤奋起见，要亦诸位教授克竭所长之力，如萧长华先生之说二十本《五彩舆》，乃以一人而抱总本，并非小花脸专说小花脸，须生专说须生之类，而此本戏之情节又复波诡云谲，异常之复杂，使头脑不甚清晰之人，即观之亦难了了，况以身在局中，而亲为诸生讲解者乎？且鄙社之戏，由于萧先生所排，多有与人同名异实者，如普通流行之《春秋配》，无非自姜绍辞家，拷打秋莲，演至采花砸涧而止，充其量亦不过前加衍行访友，行窃醉擒，义释金坡，衍行寄妹，李华送友，衍行上山，如是而已，其巡按何德福等，往往未之见也。鄙社经萧先生一人所授，则有金坡送银，屈陷李华，义仆送信，挝鼓鸣冤，上官卖女，行窃误认，追鸾坠井，姜绍回家，从井救人，黑虎害命，巡按私行，计擒黑虎，秋鸾入庵，验尸惊变，巡按释疑，衍行攻城，判斩李华，法场救友，李华逃遁，三人庵会，衍行受降，上官偿命。凡此种种，皆为今日它班之所绝无者（过去只有梅浣华先生曾一度演唱），然它家所标，亦曰“全本春秋配”，鄙社演此，亦只能曰“全部春秋配”而已。更不敢以归入独有戏类，而语其内容，则又实为本社之所独有也。

记者问：贵社近来所有之教授，俱为何人，敢乞见示？

叶君答：除去萧先生与王连平君之外，则有苏雨卿先生、宋起山先生、尚和玉先生、朱桂芳先生、雷喜福、张连福、刘盛通、律佩芳、魏莲芳、郝寿山、苏连汉、钱宝森、宋富亭、郝喜伦、茹富兰、苏富旭、冯富堃、段富环、郑正芳（昆曲教员）、何玉华（乐歌教员）诸位先生，惟此教员诸君，因人事之波动，有暂时不能到鄙社教授者，其名义犹存。其在平日必能在社者，则为鄙社出身之萧连芳君等。上述诸君以外，尚有遗漏，如郭春山先生、诸连顺君、苏盛琴君、李盛泉君。此皆指最近之一时期者，若自鄙社成立计算，则有不可胜计者矣。因鄙社生徒各戏，唯其是而已矣，绝无门户宗派之见。如过去《九江口》一剧，因程永龙氏，演此最佳，其子富云，又在社中肄业，即请程将此授之三科弟子。他如李世芳、毛世来等之《穆柯寨》，曾由梅兰芳氏改正，沙世鑫与舍弟世长之《甘露寺》，曾由马连良氏改正，舍弟世长之关戏，曾由李洪春氏指授，此皆择善而从，不主常师者，三十余年，此类之事，亦不可胜计，是聊见其一斑耳。在近期之已故教授尚有张彩林先生、郭德顺先生、王喜秀先生，去者有刘喜益所（君）等，病者有阎岚秋先生，舍弟盛兰，亦尝授六科生以《蔡家庄》《八大锤》等。总之，此等无论有无代价薪金，要之皆鄙社诸生各剧之所从出也。

记者问：贵社延聘教授之仪式如何？可得而闻否？

叶君答：仪式虽然有之，亦甚简单。不过推举一人司仪：（一）全体就位；（二）社长焚香叩拜祖师；（三）新任教员焚香叩拜祖师；（四）全体学生向新任教授行叩首拜见礼；（五）新任教授向先进老先生及同仁致敬；（六）社长致介绍词；（七）新任教授致词；（八）先进老先生训话；（九）礼成。如是而已，所谓礼本人情者是也。其诸生之出科仪式，与此亦大同小异，仍为（一）全体师生就位；（二）社长焚香叩拜祖师；（三）本届出科学生，焚香叩拜祖师；（四）出科学生向师父、教员、介绍人、中保人、家长行叩拜礼；（五）社长及全体教员向家长、中保、介绍人相向致贺；（六）在科学生向出科先进互行致敬礼（鞠躬）；（七）社长致训词；（八）教员致训词；（九）家长致词；（十）学生答词；（十一）来宾及中保、介绍人致贺词；（十二）社长致祝词；（十三）礼毕。其新生立字，亦有仪式，乃为（一）全体就位；（二）社长焚香叩拜祖师；（三）新生焚香叩拜祖师；（四）新生向师父、师叔行叩拜礼；（五）向各教员依次［行］叩拜礼；（六）向家长及介绍、中保人等行礼；（七）社长向各家长、中保、介绍人等致贺；（八）师长致词；

（九）教员致词；（十）宣读新生入社志愿书；（十一）家长、中保人等请在志愿书上盖章；（十二）礼成。此为鄙社之三种大典，因科班所重者，厥为造就人才，此虽形势（式），然无师何以授徒，无徒何以成科班，而出科入科，又关乎此儿童之一生生计，故鄙社对此三种典礼，极为重视之。此外则有（甲）元旦团拜；（乙）三月十八日祭祖师；（丙）五月二十三［日］祭武昌兵马大元帅；（丁）八月二十七日先师孔子圣诞；（戊）十一月十一日三圣老郎神先师圣诞；（己）年终祀神封箱。以上典礼，皆循例举行，圣诞除先师孔子以外，皆演神戏，从先不外《加官》《封相》，今已改演萧老先生所拟定之《万国来朝》，武昌兵马大元帅圣诞，则演《八仙上寿》。惟祀孔典礼，与鄙行祖师之圣诞不同，乃有下列：（一）全体学生肃立前院神位前；（二）由何玉华君（歌唱教授）操风琴唱《卿云歌》；（三）社长焚香祀孔；（四）识字班教授傅珮（佩）芝先生率领众生行三跪九叩礼；（五）唱《孔子赞》第一节；（六）社长致词；（七）识字班教授讲述孔子意旨（如“忠恕于人”等题）；（八）众学生唱《孔子赞》第二、三、四三节；（九）礼毕。因鄙社与各戏班不同，所招收之生徒，其间固有曾在小学肄业，然亦尚有一字不识者，故有识字班之组织，所以免使诸生，仍似从前之不识文义，诸多误念，“狼毒”“睡手”时有所闻也。案本社考试新生之七项科目，本为（一）身体检查；

（二）年龄身材；（三）面貌标准；（四）五官知觉；（五）发音口齿；（六）识字程度；（七）口试问答。是其不识字者原在不取之列，但以内行子弟或为鄙社之一二科毕业生之子弟，经保送入社，其间信有难以严格者，故以此识字班补救之。每届年终，由鄙人再就此识字班加以考试，分别有所奖罚。又以科班与儿童之关系綦大，自近年起，每逢四月四日之儿童节，亦举行庆祝会，召集全体，由鄙人与文科教授分别讲演，说明儿童节之源流意义，最后并由学生合唱自制之《儿童歌》，其词略曰："我们的儿童节，就是今天，这快活的日子，绝不平凡。百余个小朋友，正在幼年，这活泼精神，真是欣欢。从今日开始，不要贪惰贪玩！研求艺术，努力向前，预备将来，剧艺发展。大家齐喊着，努力迈进！向前！向前！"并分别予以点缀，如手巾之类。至于其词诚属浅显，亦如诸生之毕业祝词，但求儿童明了，亦难以使之高深也。

记者问：所谓诸生之毕业祝词，可得而闻否？

叶君答：此亦浅显之至，不过为"七载寒窗，入室升堂。继续努力，与社增光。不忘社训，处世有方。自强不息，艺业无疆"。如是而已。亦以对儿童讲话，难以徒尚词藻也。

记者问：贵社之儿童识字班有考绩之说，不知教员与学生，有无惩奖办法？

叶君答：惩不敢云，奖则有之，惟对教员之自由缺席者，亦有相当之制止，如二十六年三月十日，曾有通知，大意谓本社各教员，如会议或典礼，通知而不到者，应受缺席处分（罚薪，或记过）论，亦以人数众多，不如是难以服众也。至于奖赏，有时为普遍的，如犒箱会，每人（以在科学生为限）或赏给大洋四毛，年终放假，赏给学生每人车钱一元之类，其数诚微，然鄙社生徒一二百人，自先严即抱"养众主义"，即已出科在本社服务之生徒，亦无大量戏份（实因开支浩大之故），此圣人所谓"不患寡而患不均"是也。然有时因学生之特别卖力，亦当予以特殊奖赏，如二十五年九月五日，鄙社学生黄元庆，演《林冲夜奔》，因有特殊之成绩，特予奖洋十元，并以布告于各生，略云："查学生黄元庆，本年排演《夜奔》等剧，颇知勤奋用功，一经公演，尤能场场努力不懈，似此孜孜向上学子，殊堪嘉许。兹特由社发给优秀学生奖学金洋十元，以资鼓励，而奖有功。除通知家长代为具领保存外，用再布告周知。"即以奖励其余。至令通知家长代为具领保存者，则以鄙行与其他不同，若听凭小孩子自行花用，或致乱购食品，因以防碍嗓音，故必令其家长代为保存也。此外为恐儿童过事苦闷，亦就可能范围以内，假以娱乐机会，每年除夕有同乐会，或演映电影，祖师圣诞，或亦约什锦杂耍、大鼓单弦等助兴（白凤鸣、曹宝禄皆曾参加）。或于除夕以胰皂、手巾、铅笔、日记簿等，上标吉祥词句，令诸生以钓鱼之方式为钓彩之戏，特在平日，则无暇及此矣。

记者问：贵社诸生，在最近之一二年中，尝有被邀灌制唱片之事，究竟有无总目？

叶君答：鄙社之诸生，灌制唱片，乃曾于二十六年，四月八日，在东交民巷、平安大楼，应百代公司之约，时间为下午七（旧）时，由段富环君率领，舍弟盛章，从旁指导。计毛世来、江世玉灌有《得意缘》（自"教镖"起，至"说破"止），王世续灌有《失街亭》，迟世恭灌有《除三害》，刘元彤灌有《玉堂春》，杜元田、刘元彤、谢世安灌有《桑园会》，共计六片。至入夜十一时始返社。及十九日，仍由富环与舍弟盛章率众生徒二次灌音，计有李世芳之《金瓶女》，王世续之《借东风》，李世芳、谢世安之《四进士》，盛章与毛世来、詹世辅之《浣花溪》，黄元庆之《林冲夜奔》，盛章之《藏珍楼》，高元升、姚元秀、高元皁、曹元第之《仙圆》。此等唱片制成之后，在今日之中央电台尚不时播送。此外更有毛世来、詹世辅之《探亲家》，毛世来、詹世辅之《小上坟》，时世宝之《钓金龟》等，亦俱为百代公司出品。至于国乐唱片公司后来亦曾约请李世芳灌片，则为世芳出科以后之单独行动，非用鄙社名义者矣。

记者问：贵社之武戏，有许多惊险绝妙之表演，颇可制成影片，不识亦有行之者否？

叶君答：东亚观光局，曾将盛章之《智化盗冠》，摄成影片，此为去岁十月二十一日之事，不过为时三分钟，只摄及智化从四执库之房顶用锯锯开天花板，以戳顶下之一幕，其他则未遑及。至于《徐良出世》等，外间虽亦谬赞，以为有可制片之价值，今尚无人行之。

记者问：贵社以三十年之历史，造就人才，无虑千万，敢问其教授方法，可得而闻否？

叶君答：鄙社教授生徒之法，亦不过为“因材施教”之四字，无他妙巧也。如需生开蒙，多数为《黄金台》，花衫先教《打渔舟配》，若武生则必从“跳刘海”起，以次学《陈塘关》《造化山》《淮安府》等，不敢少有躐等。或因资质俱不甚佳，亦有始终教以配角者，此实由于材料不够所致，外间不明此旨，或谓鄙社教戏有偏，不知苟非其材，即勉强以重头戏授之亦不胜任，即为经济教授之时间起见，亦不敢做如是之措施也。至于鄙社普通之用工法，乃诸生之在社者，现在届六时半起床（若在冬日，则七时起床，此因四季之天时不同，昼长夜短，或夜长昼短，须随时而定），练习四种基本功夫，此四种基本功夫者，如“拿大顶”“下腰”“踺子”“跑虎跳”，平均为二时。从先鄙社之办法，对此四种功夫，乃不论所习为何行，即青衣、老旦，不必起打者，亦须如法练习。后来一度恐有偏畸，或致武多文少，为加紧赶造文戏角色起见，曾对学文戏者减去此种训练，现在决予恢复从前之一律制度，所有新生，皆须用此四门功夫。惟其学文戏者，则先一时半收工，中间或净面或休息，然后再学文戏，至十一时用饭毕，其有事者即须成队赴戏园矣，至于无戏、初级程度之学生，则用四种较此又浅之功夫，时间为每日之二至四时，另有教授看工。所谓四种浅显之功夫，乃“压腿”“踢腿”“飞脚”“蹚子”，此四种较之“拿大顶”“下腰”“踺子”“跑虎跳”，比较为入门之初步。至下午则在社之诸生于五时半用晚饭，其有戏之学生，则必须至七时始能用饭也。入寝之时间，在社诸生，为十时半，若有夜戏之诸生，则须至十二时以后矣。然有夜戏之诸生，可于翌晨八时起床，以示体恤。

记者问：贵社之文戏教授，于何时到社教戏，其间亦有无一定时刻？

叶君答：当日鄙人原已代为规定，于每日之上午八时到社，开始教授，无如各教授多有在各班中分担职务者，乃无法如期到社（上午虽非演戏之时间，但有时参加其他各班排演新戏，或有私人之弟子学艺，亦均在上午），又有学生于同一时期分学两三出戏，其势亦难记忆，甚者反致淆乱脑筋，故迩来各教授亦不必定于八时到社矣。然每日教授之时间，又必为二小时，如教授有晚来者，则二至四时尚有许多无事之学生在社，即由此等教授为之上课。至教昆曲者，则于每夜行之。

记者问：此又何说？

叶君答：因昆曲较为费力，夜间如无夜戏，则诸生之头脑，亦比较为冷静，故昆曲总以夜间教之为适。且昆曲多为群曲，如〔水仙子〕〔五马江儿水〕〔泣颜回〕等，科班教授，务求其普遍，白日分学各工者甚多，故必于晚间始可群学昆曲，亦为便于群唱时所用也。

记者问：贵社教授何戏，是否由社长或总教授指定？

叶君答：此亦不拘。如本戏等当然由鄙人与舍弟盛章征得萧老先生之同意，然后始能开排，如遇普通俗戏，则由教授方面先交换意见，然后声请总教授通过，即可开排矣。如《武家坡》一剧，诚为俗戏，然必须生、旦两行之教授分工合作，故无论生行教授起意，或旦行教授起意，二人必先接洽妥协，一教薛平贵，一教王宝钏，同意之后，禀明总教授，总教授认为可行，即予通过。但亦有可以通融者，即非群戏、非戏（对）儿戏之独角戏是焉。盖内行教戏，有教开场帽儿戏之说，无专教零碎角色者，是以遇有一剧之中除去主角多为零碎，即由此教主角者代教之。譬如《取洛阳》，为科班必有之戏，例由花脸行之教授教之，然此剧中除去光武、邓禹、岑彭、杜貌之外，皆为花脸（马武以外，计有苏献、吴汉、姚期、王元、苏虎等），而光武、邓禹、杜貌皆无多事，其岑彭之小生，亦罕有特殊表演，则由教马武者，一人教之。所为在台上演之，如锁与钥之不容枘凿也。亦有专重一场，此一场须与主角之举手投足相吻合者，此亦由教主角之教授带教之。如《东昌府》中之施公，以借宿玄坛庙，郝文僧持刀入室之一场为最重，余则旅进旅退，是虽为文角，而王连平君教授黄天霸、郝文僧诸人，遂并此须生亦教授之矣。大抵戏与戏有不同，难以执一而论，鄙社教戏，亦须因时制宜，亦有教授教全戏而对于主角未能全教者。如《广泰庄》（《三请徐达》）一剧，其武教授对于“三刚”、郭英等均一一教授，惟于主角之徐达，只能教以打法，而对于唱念则不敢问津，所以然者，因此剧乃正工须生主演，非武生工，故不敢以教武生者教之也。

记者问：此等各人学成各工之后，有否攒集响排之必要？

叶君答：当然有此必要，在鄙社视此，且为极重要之过程。案鄙社之规定，系俟有三四出戏各人俱已熟悉之后，即择日（以晚间无夜戏之时期为多）在社中之二重院内，布毯于地，所有文武场面齐集，将规定之剧目，逐一响排，鄙人与舍弟等坐于廊上观之，从先原教此剧之教授不一定参加改正，最近则已规定原教此剧之教授，亦来此监临。遇有不合，随时改正，间以夏楚示儆，但非必不得已时亦未尝以扑教临之。所排各剧，悉与台上毫厘无异，不准偷工减料，凡有不洽，则由一而再，由再而三，必求其是而后已焉。且所列响排之戏，必使之足够一日所演，自帽儿戏以迄大轴，其中之一次不成者，仍将再做第二次、三次之响排。如以《财源辐辏》《战北原》《摇钱树》《望儿楼》《扫地挂画》《贺后骂殿》《太湖山》列于一日，以《八仙上寿》《五湖船》《舟配》《六月雪》《斩子》《东昌府》列于一日，以《飞波岛》《马鞍山》《舟配》《贺后骂殿》《东昌府》列于一日，则有再排、三排者矣。如《财源辐辏》为一纯粹吉祥之帽儿戏，开场第二之《战北原》为一生一净之唱工戏，《摇钱树》则为小武戏，《望儿楼》乃老旦独挑，然其戏近于悲苦，故下以《扫地挂画》之玩笑戏调剂之。又以无生旦之对口戏，不得谓之完善也，则以《骂殿》列于其后，大轴为全武行之《太湖山》，则足当大轴矣。盖如此不惟熟悉其戏，兼之亦可算准时间也。

记者问：贵社诸生作响排时，其服装是否与在台上一致？

叶君答：本无所谓服装，然于技术之有关系者则仍之。如生角之应穿蟒、穿褶子者皆照常穿着，因以练习水袖也，其蟒衣尤甚，扎靠者亦必扎靠，此皆以防穿惯便衣，当时有不俐落之处，则偾事矣。旦角之穿蟒帔，凡有水袖者亦然，皆为做身段时不僵。其穿箭衣、打衣者可以便服，然系鸾带者亦必照系，以防其在剧中有踢鸾带的表演（如《东昌府》之黄天霸），而在同一武戏中应穿高底靴子者则亦必须穿着（如《东昌府》之关太），其旦角之应绑跷者（如《打渔舟配》中之周玉姐），亦照例绑跷。至于上高台、过桌子等，更与台上一般无殊，如有错误之点，与唱之不卖力处皆须一再三反。如《东昌府》之郝素玉，唱时潦草，立令重新再唱，实无小嗓，只可使大嗓，亦不准其偷工减料。《东昌府》之下手，不待天霸打镖即自行衔上彩镖，两次皆然，则以竹质刀批责之。[18]

(18) 原文连载至此，未见后续。

后记

这本书既然叫“名伶访问记”，自然是对“名伶”采访或对话的一种记录。

我个人对清末民初的京剧状态有着浓厚的兴趣，这是个从衰颓向复兴转变的关键阶段，那时候京津沪三地的报刊上出现了许多对京剧业态或名伶艺事的评论、报道，偶尔也会发表一些“角儿”的隽语，更多的仍是写文章之人心里、笔下的那个“角儿”和“那出戏”。我们知道，京朝名伶好与人周旋，但凡是个角儿，其周边都会形成一种“熏染”的气候。有些角儿，特别是“归隐”的角儿，这个瘾儿特别大，王瑶卿的古瑁轩、余叔岩的范秀轩都是代表，实则谭鑫培的英秀堂何尝不是呢？但是正儿八经地采访他们，完整记录他们对自己历史、京剧掌故、表演理念的讲述，在整个20世纪20年代之前几乎没有。戏者，小道也，玩票的无暇文字，耽于纸墨的又未见得重视这个命题，直到民国十九年的到来。

《全民报》创始于1929年，其首脑是恒大同，也是旧京一位老戏骨，写过一系列京剧掌故文章。该报有一个戏曲专版，专栏文章以汪侠公、庄清逸的为主，外加些投稿，戏评、诗文、词赋之类，实则是《顺天时报》的继续。1930年初，该报新来一位记者，叫林醉陶，别署一得轩主，他做了一件有意义的事情，就是有系统地采访北京的一些名伶，并将访谈记录刊诸报章，他的这个专栏就叫"名伶访问记"，他不是第一个访问名伶的人，但他的确是第一个系统记录名伶访谈的人，厥功甚伟。

他是这样来表述他做这件事情的动机的：

> 京师为国剧发源之地，产生名伶，甲于全国，而一般老伶工，丛集于是，谈国剧典故者，咸推许之。轩主不才，来京也晚，未及见程汪之艺，然而名伶辈出，代有闻人，虽时序推移，而艺术益见发达。因遍访名伶，作艺术之商榷，对于其个人之历史，及戏剧之经验与感想，亦详加探询，集思广益，而成大观。或可为改良戏剧者，作刍助耳。

从当年 4 月开始，他陆续采访了王又宸、荀慧生、龚云甫、余叔岩、郝寿臣、杨小楼、王长林、裘桂仙、高四宝、高庆奎、王琴侬、陈德霖、韩世昌、俞振亭、田桂凤、刘砚芳、侯俊山、程砚秋、姜妙香、徐碧云、王凤卿、孙菊仙、马连良。当年 10 月，这位林先生另谋高就，去了管翼贤办的小报《实报》，这个栏目便又存续了几期，直至 1931 年 1 月。

我们现在看这份“名伶”名单，若以“四大名旦”“余马高三大贤”为一个时代，这些被采访者里面，有许多他们师长一辈的老角儿，我们后人居然能从这些采访片断里，去了解他们的想法乃至理念，虽百十字，亦是字字珠玑。

1937 年 8 月 31 日，一得轩主的“名伶访问记”专栏又出现在《全民报》上，一共刊载了三篇，分别是李万春、杨小楼、荀慧生，但是其主要内容仍是 1930 年对这三人采访内容的不同写法。

继续林醉酶“名伶访问”这个命题的是《世界日报》的记者王柱宇。王柱宇（湖北人，解放后为北京市前门区政协委员，1961 年病故）亦服务于《实报》，兼职于成仿吾的《世界日报》，他在《实报》有个“谈话”栏目，在《世界日报》有个“访问”栏目（后转至《世界晚报》），前者侧重于议论，后者专注于对话。王柱宇并不以“名伶专访”为其主旨，社会百业都是他的采访对象，除了戏曲演员，他还做了不少曲艺杂耍演员的访谈，比如大金牙、白云鹏、连阔如、荣剑尘、华子元、金万昌、滦州影、马元凯等等。他采访京剧名角有叶春善、余叔岩、钱金福、程继先、尚和玉、王泊生、余胜荪、时慧宝、程砚秋、言菊朋、萧长华、李多奎、郝寿臣、谭小培、谭富英、高庆奎、马富禄、笛师曹心泉、琴师徐兰沅，以及荣庆昆弋社侯永奎、马祥麟与名票红豆馆主溥西园。从1932年5月到1937年8月，最多的一篇采访要连载两个月，毕竟专栏的版面有限。他与林醉陶不同，虽也票过戏，但不是一个与名伶经常“走动”的戏迷，他是一名记者，超脱立场、客观记录的记者，他的问题有时很直率，让被采访者无法回答；有时很幼稚，却也能引来一些精彩的回应。他不是“圈内”的人，所以他不会掩饰，对于名伶之间的一些善意的“批评”或带有主观情绪的“攻讦”，他并不替他们“回护”，忠实记录是他的职责。他是湖北人，他对“湖广音”以及京剧的“湖广”传统有一种刻意“追源”，这在许多采访中都能发现。有趣的是，他获得了一些不同的答复。他的采访内容，在京剧“技术”方面，记录了大量实用的信息，既是一种带有学术性的探讨，也是一种基础知识的普及，比如字音，这是其独到之处。

日伪时期，华北伪政权有一份机关报，即隶属于新民会的《新民报》，1938年1月创刊于北平。6月，剧评家景孤血（笔名瓜子生、古雪、小王）在《新民报》开设“名伶访问记”专栏，至1939月7月，陆续刊登了马连良、程砚秋、郝寿臣、萧长华、程继先、韩世昌、富连成社社长叶龙章七人的访谈。景先生懂戏，对皮黄有深刻的研究，这七篇访谈的内容中，对于表演理念的对话新颖独特，一些名伶的观点甚而是“反潮流”的，对当下戏曲研究领域流行的“表演理念”，无疑是当头棒喝，令人醍醐灌顶。

以上这三位先生的“名伶访问记”，其内容极具史料价值，珍贵性不言而喻，伶人自身脱下戏服，现身说法，他们的职业精神、他们对皮黄历史的认知、他们在表演理念上的思考、他们对剧目编演的心得，乃至于个人修养、戏班管理、教育体系等等，涉及京剧艺术的方方面面，传递出的信息领域非常广阔。特别是一些名伶，如田桂凤、程继先、马连良，他们对戏曲表演理念的认知与实践，可以让我们深刻地反思传统戏曲表演的美学特征到底是什么，对传统的认知存在哪些误区，有着很好的比较与纠偏价值。这些“访问记”也是研究、还原这些名伶的重要资料，让他们更有“立体感”，舞台表演是“行”，话语措辞是“言”，言行合一，可以让我们多了解他们。的确，很多被采访者，特别是前辈名伶，他们的思想进步性、对自己职责的认识以及思考的维度，今天的演员若能有所体会，必定有所收获。

景孤血的访问记刊登之后，京津两地的游艺类杂志，如《立言画刊》《游艺画刊》《一四七画报》《戏世界画报》《星期五画报》等等，也陆续开辟“名伶访问记”栏目，刊登一些老角儿、当红名伶和青年后进的访问记。有些文章很有价值，比如王瑶卿、王凤卿、侯喜瑞、天津票友王庾生等的访问，可惜原刊散失较多，无法成篇，而其他各地报纸、戏曲刊物，有时也会有一些坤伶或青年伶人的访谈文章，但缺乏系统性与连续性，很多是泛泛而谈的新闻稿，价值不高。

最后，回到第一句话的主体——“名伶”。

我编订这本《名伶访问记》，只录京昆两行，不杂其他戏曲。对于“名伶”，我是根据时代标准来确定的，以“四大名旦”“余马高三大贤”作为一个时间轴，他们的晚辈基本不采入此书，因为我看重的信息或史料要符合两个特征：“早期”与“大家”。前者能补史料之不足，对京剧早期的面貌与特征有补充、丰富的作用；后者能够从“言”的角度来完善我们对他们的认知与理解，因为他们是“大家”，所以更有示范性与标杆作用，作为偶像，一言一行，对当代演员而言，更有引导力与说服力。间有票友，亦为“名伶”“掌故”之谈。已故陈志明先生与王维贤先生编有《〈立言画刊〉京剧资料选编》一书，该刊所登诸“名伶访问记”尽悉收入，故本书不再收入，其他各报刊所载“访问记”则视其“主角”或“内容”，选择部分内容编入本书。本书各篇出处及注释相关引文出处均在篇内写明，故亦不在书后胪列，读者有意，自可按图索骥，探寻究竟。

本书承嘉鹏老弟赐序，字字珠玑，立论宏远。本编本不拟安置照片，因出版社之请，勉力为之，多承马龙、孙红侠、刘新阳、虞凯伊、李想诸师友惠赐，嘉鹏亦以北昆诸大家照片相赠，得以完全。本书内容驳杂、篇幅较多，本人所写注释有时也赶上正文，各类原始资料亦累累，这些都要编辑杨柳青师妹（我们都是徐师的琴弟子）一一校对，工作量很大，本书得以出版亦是得其垂青。我之力薄，全赖诸贤。

最后，还是那句话：正确的属于当时的记录者，错误的属于我。

李世强

参考文献

著作类

《五十年前观剧日志》(抄本)，铁竹馆藏。
周明泰：《道咸以来梨园系年小录》，几礼居戏曲丛书，1932年。
周明泰：《五十年来北平戏剧史材》，几礼居戏曲丛书，1932年。
傅谨主编：《京剧历史文献汇编（清代卷）》，凤凰出版社，2011年。
傅谨主编：《京剧历史文献汇编（清代卷）续编》，凤凰出版社，2013年。
王芷章：《中国京剧编年史》，中国戏剧出版社，2003年。
王芷章：《清升平署志略》，商务印书馆，2006年。
谢思进、孙利华：《梅兰芳艺术年谱》，文化艺术出版社，2009年。
李世强：《马连良艺事年谱（1901—1951）》，中国戏剧出版社，2012年。

报刊类

《京话日报》，北京，1904—1923。
《顺天时报》，北京，1905—1930。
《北京日报》，北京，1906—1935。
《正宗爱国报》，北京，1908—1913。
《北京新报》，北京，1910—1912。
《群强报》，北京，1913—1936。
《晨报》，北京，1916—1928。
《北京中华新报》，北京，1916—1923。
《北京益世报》，北京，1916—1948。
《京报》，北京，1918—1937。
《实事白话报》，北京，1920—1932。
《平报》，北京，1921—1938。
《世界晚报》，北京，1924—1938。
《世界日报》，北京，1925—1948。
《全民报》，北京，1928—1947
《实报》，北京，1928—1944。
《华北日报》，北京，1929—1949。
《国剧画报》，北京，1932—1933。
《民声报》，北京，1934—1937。
《新北京报》，北京，1938—1943。
《实事白话游艺报》，北京，1938—1939。
《戏剧报》，北京，1939—1943。
《申报》，上海，1872—1949。
《沪报》，上海，1882。
《字林沪报》，上海，1882—1900。
《新闻报》，上海，1893—1949。
《采风报》，上海，1897—1900。
《游戏报》，上海，1897—1910。
《同文沪报》，上海，1900—1905。
《笑林报》，上海，1901—1910。

《世界繁华报》，上海，1901—1910。
《寓言报》，上海，1901—1907。
《时报》，上海，1904—1939。
《晶报》，上海，1919—1940。
《金钢钻报》，上海 1923—1937。
《上海画报》，上海，1925—1932。
《戏世界报》，上海，1935—1945。
《大公报》，天津，1902—1949。
《津报》，天津，1905—1909。
《中外时报》，天津，1909—1910。
《益世报》，天津，1915—1949。
《春柳》，天津，1918—1919。
《新天津报》，天津，1924—1944。
《庸报》，天津，1926—1944。
《北洋画报》，天津，1926—1937。
《天津商报》，天津，1928—1937。
《天津商报画刊》，天津，1931—1937。
《银线画报》，天津，1935—？。
《天声报》，天津，1937—1943。
《中央日报》，南京，1928—1948。
《南京晚报》，南京，1929—1949。
《新民报》，南京，1929—1950。
《朝报》，南京，1934—1947。
《锡报》，无锡，1912—1948。
《新江苏报》，镇江，1929—1949。
《苏州明报》，苏州，1925—1949。
《东南日报》，杭州，1934—1937。
《河南民报》，开封，1927—1948。
《国民新报》，汉口，1912—1926。
《武汉日报》，汉口，1929—1949。
《湖南国民日报》，长沙，1928—1949。